The New Cambridge Medieval History
Volume III *c*.900-*c*.1024

③

新编剑桥中世纪史

第三卷　　约900年至约1024年

[英] 提姆西·路特（Timothy Reuter）主编

顾銮斋　等译

CAMBRIDGE

中国社会科学出版社

审图号：GS（2021）887 号
图字：01-2009-0816 号

图书在版编目（CIP）数据

新编剑桥中世纪史. 第三卷，约 900 年至约 1024 年 /（英）提姆西·路特主编；顾銮斋等译. —北京：中国社会科学出版社，2021.9

书名原文：The New Cambridge Medieval History, Volume Ⅲ, c. 900 - c. 1024
ISBN 978-7-5203-7777-5

Ⅰ. ①新… Ⅱ. ①提…②顾… Ⅲ. ①欧洲—中世纪史—900-1024 Ⅳ. ①K503

中国版本图书馆 CIP 数据核字（2021）第 018323 号

出 版 人	赵剑英
责任编辑	安　芳
责任校对	郝阳洋
责任印制	李寡寡

出　版	中国社会科学出版社
社　址	北京鼓楼西大街甲 158 号
邮　编	100720
网　址	http://www.csspw.cn
发 行 部	010-84083685
门 市 部	010-84029450
经　销	新华书店及其他书店
印刷装订	北京市十月印刷有限公司
版　次	2021 年 9 月第 1 版
印　次	2021 年 9 月第 1 次印刷
开　本	650×960　1/16
印　张	67
字　数	1180 千字
定　价	268.00 元

凡购买中国社会科学出版社图书，如有质量问题请与本社营销中心联系调换
电话：010-84083683
版权所有　侵权必究

This is a Simplified-Chinese translation edition of the following title published by Cambridge University Press:

The New Cambridge Medieval History: Volume III, *c.* 900 – *c.* 1024.

ISBN 9780521364478

© Cambridge University Press 1999

This Simplified-Chinese translation edition for the People's Republic of China (excluding Hong Kong, Macau and Taiwan) is published by arrangement with the Press Syndicate of the University of Cambridge, Cambridge, United Kingdom.

© Cambridge University Press and China Social Sciences Press 2021

This Simplified-Chinese translation edition is authorized for sale in the People's Republic of China (excluding Hong Kong, Macau and Taiwan) only. Unauthorised export of this Simplified-Chinese translation edition is a violation of the Copyright Act. No part of this publication may be reproduced or distributed by any means, or stored in a database or retrieval system, without the prior written permission of Cambridge University Press and China Social Sciences Press.

Copies of this book sold without a Cambridge University Press sticker on the cover are unauthorized and illegal.
本书封面贴有 Cambridge University Press 防伪标签，无标签者不得销售。

伦敦维多利亚和阿尔伯特博物馆收藏《公元 980 年的瓦谢莱夫斯基象牙容器》（版权属于维多利亚和阿尔伯特博物馆）

总编委会

主　　任　武　寅
副 主 任　于　沛　郭小凌　侯建新　赵剑英
成　　员　（以姓氏笔划为序）
　　　　　王大庆　王以欣　王加丰　叶　民　刘　健
　　　　　杨巨平　李　政　吴宇虹　汪连兴　宋立宏
　　　　　张　强　陈仲丹　陈志强　陈　恒　金寿福
　　　　　胡玉娟　拱玉书　宫秀华　祝宏俊　顾銮斋
　　　　　晏绍祥　徐晓旭　徐　浩　徐家玲　郭　方
　　　　　郭沂纹　黄　洋　曹宏举　彭小瑜　裔昭印
顾　　问　刘家和　朱　寰　王敦书　庞卓恒

编辑工作委员会

主　　任　赵剑英
副 主 任　郭沂纹　魏长宝　王　茵
项目统筹　郭沂纹　张　湉　安　芳
成　　员　刘志兵　宋燕鹏　张　湉　安　芳

新编剑桥中世纪史

编 委 会

大卫·阿布拉菲亚（David Abulafia）
罗莎蒙德·麦基特里克（Rosamond McKitterick）
马丁·布雷特（Martin Brett）
爱德华·鲍威尔（Edward Powell）
西蒙·凯恩斯（Simon Keynes）
乔纳森·谢帕德（Jonathan Shepard）
彼得·莱恩汉（Peter Linehan）
彼得·斯普福德（Peter Spufford）

本卷主编　　提姆西·路特，南安普顿大学中世纪史教授

本卷译者　　顾銮斋，山东大学历史文化学院教授
　　　　　　　李增洪，聊城大学历史文化与旅游学院教授
　　　　　　　王建波，内江师范学院政法与历史学院教授
　　　　　　　于　民，潍坊学院历史文化与旅游学院教授
　　　　　　　侯典芹，烟台大学马克思主义学院副教授
　　　　　　　刘立壹，山东建筑大学外国语学院副教授

本卷审校　　侯萍萍，山东大学外国语学院副教授

总 译 序

《剑桥古代史》《剑桥中世纪史》与《剑桥近代史》是剑桥大学出版社出版的三部世界史名著,代表了西方史学研究的趋势和水平,在西方史学界乃至世界史学界享有极高的学术地位,国际史坛习称为"剑桥三史"。其中,《剑桥近代史》的第2版以《新编剑桥世界近代史》的中文译名,已由中国社会科学出版社出版,成为我国学人及广大世界史爱好者的重要读物。

《剑桥古代史》初版于20世纪前期,自70年代开始由英语世界及法国、德国等国的知名学者和专家进行长达30年的重写,由原来的12卷扩展至14卷19册。新版《剑桥古代史》将初版中公元3世纪的古代史下限推到公元7世纪左右,大量增加关于古代埃及、西亚文明与早期希腊历史,以及社会经济史、文化史的内容,在古代文明的起源、古代经济的一般特征、古典文明与东方文明的关系、古代世界的转变等一系列根本问题上,取得了重大突破。

《新编剑桥中世纪史》共计7卷8册,与旧版《剑桥中世纪史》相比,在编写体例和篇章编排上更为清晰明了,突破了传统政治史的旧框架,试图呈现"全面的历史",将经济、社会、精神、文化等领域纳入论述范围,提供了对中世纪更为全面、翔实的记载。值得注意的是,新编系列摆脱了以往将欧洲视为世界全部的"欧洲中心论",反对将欧洲各国历史机械拼凑或简单相加,力图从整体上考察中世纪欧洲各国的历史发展轨迹及相互间的影响,反映了一个世纪以来西方学术研究的繁荣与进步。

多卷本《剑桥古代史》(14卷19册)和《新编剑桥中世纪史》(7卷8册),由于篇幅巨大,内容涉及史前史、古埃及史、古代近东史、古希腊史、古罗马史、基督教文明史、伊斯兰教文明史等丰富的历史与多种文字，其中包括大量古代文字，如埃及象形文字、西亚楔形文字、古希腊文、拉丁文等，翻译难度极大，此前一直未能组织翻译出版，这不能不说是中国世界史学界的一大憾事。

改革开放以来，我国世界古代史和世界中世纪史学科取得长足进步，在高校与科研院所中形成了一批受过良好的专业和外语训练的研究队伍，翻译《剑桥古代史》与《新编剑桥中世纪史》的条件逐渐成熟。由于历史学是其他各门人文社会科学的基础，翻译出版两部巨著，不仅会改变中译本《新编剑桥世界近代史》"一只孤雁"的状态，把体现世界史学高水平的"剑桥三史"全部介绍到国内，而且对推动我国世界历史学科，特别是世界古代史和中世纪史学科的建设和人才队伍建设，着力提升中国世界史体系及世界通史研究水平具有重要的学术价值。迄今为止，《剑桥古代史》和《新编剑桥中世纪史》尚无英文之外的译本，中译本的完成和出版，将是这两套重要历史学著作的第一个译本，对于提高我国世界史研究在国际学术界的地位，以及提高我国的文化软实力都有重要意义。

为了将这两部史著翻译成中文出版，中国社会科学出版社于2008年购得了两部著作的中文版权。2010年初启动了由著名历史学家、时任中国社会科学院副院长武寅研究员主持的"《剑桥古代史》《新编剑桥中世纪史》翻译工程"。2010年下半年，该工程被批准列为中国社会科学院重大科研项目和国家社科基金重大招标项目。

在首席专家武寅研究员的领导下，翻译工程集中了全国科研机构和高等院校世界古代中世纪史一流学者组成翻译队伍；聘请国内世界古代、中世纪史老专家作为顾问；组成了由具有较高学术水平和组织经验的世界史专家、出版社领导及相关人员参加的翻译工程工作委员会（简称总编委会），负责翻译工程的日常工作，确保翻译、出版工作的顺利进行。

"翻译工程"不是简单的、一般意义的翻译，而是将这种翻译建立在深入研究的基础上，在某种意义上，这是难度更大、任务更为艰巨的研究性课题。两套史书共27卷册，涉及语种众多，国内和海外对人名、地名及专有名词的译法多有不一。课题组首先组织翻译了各卷册名词索引，又由专人将其汇编成两大本《世界古代史译名词典》和《世界中世纪史译名词典》，作为翻译工程的指南，将来可作为我国世界古代、中世纪史研究和翻译的工具书出版。两部史著不仅涉及的语种多，涉及的学科门类也多，增加了翻译的难度，课题组反复多次请教了不同语种不同专业的专家，解决难点疑点问题。在忠实翻译原著的同时，为便于读者理解，适当增加了译注，在一定程度上反映了国内外最新研究成果和中国学者的观点。

虽然时间紧、任务重，课题组成员发扬艰苦奋斗、精益求精、甘于奉献的精神，按时完成了任务。在此谨对课题组全体成员表示感谢，感谢首席专家武寅研究员，她自始至终率领大家攻坚克难，并从头到尾审阅了全部书稿；感谢于沛研究员做了大量组织工作并审阅了大部分书稿；感谢郭小凌教授和侯建新教授，在完成本卷册翻译任务的同时，还分别担任了古代史和中世纪子课题的负责人，做了大量组织和审稿工作；感谢所有译者，他们拿出宝贵时间，完成繁重的翻译工作。特别感谢刘家和、朱寰、王敦书、庞卓恒等国内著名老专家，作为顾问全力支持翻译工程。感谢中国社会科学院科研局和国家社科规划办提供的多方支持，有力保证了"翻译工程"顺利进行。感谢中国社会科学出版社赵剑英社长在人力财力上给予大力支持，感谢郭沂纹副总编做了大量具体的组织统筹工作，感谢前社长孟昭宇和原副总编辑曹宏举等关心和支持本课题的所有人，没有他们的支持，本课题也不可能顺利完成。

剑桥翻译工程课题组
2017 年 12 月 17 日

《新编剑桥中世纪史》译序[*]

《新编剑桥中世纪史》(*The New Cambridge Medieval History*)的中译本终于要与华语世界的读者见面了！它将与新版《剑桥古代史》中译本一道陆续出版发行，无疑是奉献给中国学界的一道丰盛大餐，尤其助力于我国的世界史学科的基础性研究，想到此，相信付出8年艰辛劳动的译者们无不深感欣慰！

旧版《剑桥中世纪史》是著名的"剑桥三史"（剑桥古代史、剑桥中世纪史、剑桥近现代史）之一，酝酿于1904年，出版时间从1911年至1936年最后一卷完成，前后耗时33年之久。[①] 自面世以来，一直被认为是同类作品中的扛鼎之作。大约20世纪中叶前后，随着西方新史学的兴起，"剑桥三史"的内容渐显陈旧，[②] 此后旧版虽多次有略加修改的重印本，仍不能满足时代要求，因此剑桥大学出版社决定先后启动"剑桥三史"的重新编写工作。1995年，英国剑桥大学出版社首推《新编剑桥中世纪史》（以下简称《新编》）第二卷，自此各卷相继出版，到2005年，共7卷8分册英文版《新编》全部问世。从20世纪80年代后期酝酿重编事宜到全部出齐，《新编》也经历了大约20年。这是一部欧洲史的著作，虽然该书也涉及并写到了近东和北非等地区，仍不能称为世界史作品，然而，它的学术影响却是世界性的。

---

[*] 天津师范大学郑阳博士帮助搜集了相关资料，在此致以谢意。

[①] 参见 P. A. Linehan, "The Making of the *Cambridge Medieval History*", *Speculum*, Vol. 57, No. 3 (Jul., 1982), pp. 463-94. Linehan 是《新编剑桥中世纪史》8人编委会的成员之一，他的这篇文章详细地介绍了老版《剑桥中世纪史》的来龙去脉。

[②] 甚至有人戏称为"鸡肋"，比如，约翰·阿珀斯博士是批评者之一。他于剑桥大学获得博士学位，从事黑死病和瘟疫史研究。他在回忆旧版剑桥中世纪史时说，在其攻读博士学位时无人推荐他去阅读这部作品，包括其导师克里斯托弗·布鲁克在内，尽管该书第七卷涉及他的研究时代，而且该卷主编之一的扎克利·布鲁克还是其导师的父亲。参见 John Aberth, "Review: *The New Cambridge Medieval History*, VI: c. 1300 – c. 1415", *Speculum*, Vol. 77, No. 4 (Oct., 2002), p. 1324.

一

　　每部史学著作都不可避免地留下时代的烙印。《新编剑桥中世纪史》和旧版《剑桥中世纪史》作为具有谱系关系的两部史著，既有联系又有区别，从内容取舍、写作风格不同到编纂体例和史学理念的变化，都可以品味皇皇巨著背后的时代沧桑。《新编》与旧版主要有哪些区别，或者说什么是《新编》的主要特点？

　　其一，《新编》撰写体例和内容都发生了变化。剑桥大学史学编纂体例的传统是兼顾主题和时段两大要素。① 旧版各卷也兼顾了两大要素，只是政治性主题被强化，各卷大都依照特定的政治主题编排。诸如罗马基督教帝国与日耳曼各王国的建立、日耳曼人和西方帝国、东罗马帝国、帝国与教廷之争、教廷的胜利、帝国和教廷的衰落等，显然是一部典型传统的政治史和军事史，显示了那个时代的史学特征。19世纪末以降，兰克学派盛行于世，在史学方法上强调实证主义，叙事内容则以政治史研究为中心。剑桥大学的史学圈深受其影响，其代表人物阿克顿勋爵主编的《剑桥近代史》把西方的政治史推向新高峰。旧版《剑桥中世纪史》则紧随其后。英国史学界对于政治史的过分强调显然限制了《剑桥中世纪史》的研究视野和内容取舍。②

　　《新编》编排的方式以时段要素为主，诸分卷依时序相衔接；同时各卷试图紧扣住该时段最具典型特征的历史画面，重视政治，也不忽略经济、社会、文化与艺术等方面。而且，关注下层社会的历史，关注非精英团体的历史，打破了旧版以英雄人物为焦点的传统。③ 有人认为这种撰写体例有进步也有缺陷，最大的缺陷莫过于主题过多而无法形成有机整体，神形俱散。例如，巴克拉克在对新编第二卷所作

---

① 参见 J. O. McLachlan, "The Origin and Early Development of the Cambridge Historical Tripos", *Cambridge Historical Journal*, Vol. 9, No. 1 (1947), p. 83.

② 参见 B. Bachrach, "Review: *The New Cambridge Medieval History*, II: *c. 700 – c. 900*", *Speculum*, Vol. 74, No. 1 (Jan., 1999), p. 217; E. Peters, "Review: *The New Cambridge Medieval History*, IV: *c. 1024 – c. 1198*", *The International History Review*, Vol. 28, No. 2 (Jun., 2006), pp. 375 – 8.

③ P. Freedman, "Review: *The New Cambridge Medieval History*, V: *c. 1198 – c. 1300*", *Speculum*, Vol. 77, No. 1 (Jan., 2002), pp. 122 – 3.

的书评中,就批评该卷由于过多强调社会、文化等当下学界热捧的各个研究维度,致使难以归纳出该时段的历史特征。① 阿珀斯在评论《新编》第六卷时,毫不客气地指出该卷各章之间缺乏整合性,只见树木不见森林。② 不过总的来看,《新编》的体例普遍受到好评,一些学者认为,即使上述那些问题存在也无伤大雅,因为从受众角度看,这部作品主要面对具有相当研究基础的学术群体,属于专业研究生使用的大型教科书,大多数人只是查阅相关部分,很少通读全书,因而在一定程度上回避了该书撰写体例上的缺陷。③

其二,改善编纂组织方式,研究视域涵盖整个欧洲。19世纪末20世纪初,民族主义思潮盛行,以致引发世界大战,这给旧版《剑桥中世纪史》留下深深的伤痕。第一次世界大战爆发后,剑桥大学出版社特别委员会决定罢免所有参与《剑桥中世纪史》撰写的"敌对国家"的学者,并以"自己人"取而代之。据此,所有来自德国、奥地利、匈牙利甚至俄国的作者皆遭排斥出局,而这些作者本是当时相关领域的一流学者;取而代之的学者往往相形见绌。④ 结果旧版《剑桥中世纪史》迟迟不能成书,质量也大打折扣,皆为后人所诟病。第二次世界大战后,人们对于民族主义及其引发的灾难进行了深刻的反思,推动了《新编》编纂的国际合作精神。作为一部英语学术著作,《新编剑桥中世纪史》的非英语国家的撰稿人在各卷中均占有一定的比例,最低占24%,最高则达到46%。⑤ 此外,《新编》展现了更为公允的学术立场。以《新编》第二卷为例,主编麦克科特里克及其英籍同事对欧洲大陆历史事件客观而准确的叙述和分析,颇受好评,远非旧版可比,后者的一些表现被斥责为强烈的"盎格鲁

---

① B. Bachrach, "Review: *The New Cambridge Medieval History*, II: c. 700 – c. 900", *Speculum*, Vol. 74, No. 1 (Jan., 1999), p. 219.
② John Aberth, "Review: *The New Cambridge Medieval History*, VI: c. 1300 – c. 1415", *Speculum*, Vol. 77, No. 4 (Oct., 2002), pp. 1324, 1327.
③ D. Shanzer, "Review: *The New Cambridge Medieval History*, I: c. 500 – c. 700", *Speculum*, Vol. 83, No. 2 (Apr., 2008), p. 436.
④ 例如,第八卷第四章涉及15世纪的神圣罗马帝国,取代德国学者科伊特根(Keutgen)的是英国学者拉芬(R. D. G. Laffan),在给当时《剑桥中世纪史》主编之一的特纳(J. R. Tanner)的信中,拉芬坦言:"我阅读德文很慢,困难重重,因此几乎不能阅读任何重要的德文著作,尽管我有时提及它们;虽然我希望明天去学习这门语言,但在相当一段时间里却无法精通。"见 P. A. Linehan, "The Making of the *Cambridge Medieval History*", *Speculum*, Vol. 57, No. 3 (Jul., 1982), p. 466.
⑤ 根据《新编剑桥中世纪史》各卷撰稿人情况统计得出。

中心主义"。① 旧版《剑桥中世纪史》的所有主编均有剑桥大学的背景，而且一人通常兼管数卷，权限过大，交接无序，无可避免地影响了作品质量。②《新编》的最高编委会由 8 名国际学者构成，各卷的主编向编委会负责，从而有利于编纂组织工作公允有效地推进。

《新编》的研究视角囊括整个欧洲，麦克科特里克指出，《新编》第二卷致力于通过跨学科的方法探究整体欧洲的发展。③ 各卷大多都有北欧、东欧地区的专门章节，而且波兰、捷克、立陶宛、挪威等国的学者直接参与了各卷的撰写并取得了丰硕的成果。④ 同时注重欧洲与周边非基督教文明的互动。事实上，欧洲整体史以及文明互动的观念在《新编》各卷中均有表现。伊斯兰教世界在《新编》中具有更重要的位置，比如《新编》第四卷第二部分中有两章专门探究相关时期的伊斯兰世界。⑤ 对此，彼得斯认为新版欧洲中世纪史的研究视域扩展到了东方和南方的新边界。⑥

其三，史料翔实，并力求史料与分析并重。剑桥史学一向以扎实敦厚的研究院风格著称于史学界，《新编》承继了这一传统，而且原始资料的来源范围更加宽泛。不仅包括各种传统的档案与法典，个人信件、税单、货单、徽章、忏悔书、墓志铭、印章、社团手册和工艺品等都纳入涉猎范畴。近几十年最新考古成果的贡献也相当醒目。应该说，《新编》比旧版的史料基础更为坚实和广阔。各卷末所列参考及进一步阅读书目，占该卷总篇幅的 15% 以上，是全书的重要组成部分。一方面重视原始资料，另一方面重视吸纳和展示当代学者的最新研究成果，浏览参考书目可掂出成果之厚重，也感受到明显的时代气息。《新编》另一个明显的新特征是，加强了历史解释和评论的力

---

① J. Campbell, "Review: *The New Cambridge Medieval History*, II: c. 700 – c. 900", *The English Historical Review*, Vol. 113, No. 452 (Jun., 1998), p. 684.
② 关于旧版《剑桥中世纪史》的编辑组织的变化以及各位执行主编的问题，均见 P. A. Linehan, "The Making of the *Cambridge Medieval History*".
③ Rosamond McKitterick, ed., *The New Cambridge Medieval History*, II: c. 700 – c. 900, Cambridge, Eng.: Cambridge University Press, 1995, pp. xvii – xviii.
④ 例如，T. Noonan 在《新编剑桥中世纪史》第三卷中关于东欧地区的研究便十分出色，被认为具有很高的学术价值。见 J. Contreni, "Review: *The New Cambridge Medieval History*, III: c. 900 – c. 1024", *The International Historical Review*, Vol. 23, No. 3 (Sep., 2001), p. 633.
⑤ David Luscombe & Jonathan Riley-Smith, eds, *The New Cambridge Medieval History*, IV: c. 1024 – c. 1198, Part 2, New York: Cambridge University Press, 2004, chap. 22, 23.
⑥ E. Peters, "Review: *The New Cambridge Medieval History*, IV: c. 1024 – c. 1198", *The International Historical Review*, Vol. 28, No. 2 (Jun., 2006), pp. 377 – 8.

度。它保留了兰克学派实证主义的方法,同时在相当程度上摒弃了述而不论、怀疑论及不可知论,后者曾被调侃为"外交"型历史学家的风格。秉持述论并重的原则,而且不失时机地介绍其他相同的和不相同的观点,无疑使史学思辨更富有张力。

二

下面,笔者对《新编》各卷做简要介绍,以方便读者阅读。

《新编》共7卷8分册,探讨的时段自大约公元500年至公元1500年。其中第一至三卷探究中世纪早期的欧洲历史,第四、五卷探究中世纪盛期的欧洲历史,第六、七卷探究中世纪晚期的欧洲历史。各卷情况大致如下:

第一卷主要阐释6—7世纪欧洲发端时期的背景历史。先以导论方式介绍了晚期罗马帝国、蛮族入侵以及相关史料及其解读。继而以时段为序,以地域性政治实体为单元分别讨论了这一时期的历史。最后一部分以专题的方式探究了犹太人、王权、地中海与北海经济等问题。考古材料和各种非文献史料的运用是本卷的亮点,伊斯兰文明和拜占庭文明在本卷中占有一定的分量,显示了开阔的视野。

第二卷主要阐释8—9世纪欧洲文明形成时期的历史。本卷重点探究以法兰克王国为中心的蛮族王国对欧洲的塑造性作用,包括政治观念、统治方式、社会组织、教俗关系、文化生活等各个方面。本卷分为四个部分。第一部分一般性介绍8、9世纪欧洲各王国和各族的政治史;第二部分分析王权、贵族、经济制度、军事组织、乡村社会等专题;第三部分阐述教宗制度与仪式,以及教俗关系;第四部分从不同方面系统地探讨了8、9世纪的欧洲知识与文化的历史。

第三卷主要阐释"漫长的10世纪"(可上溯至9世纪末下推及11世纪20、30年代),欧洲封建制、庄园依附制出现与形成,欧洲的政治格局和政治版图由此奠定。本卷分成三部分,第一部分为经济—社会史的各类专题,第二和第三部分以加洛林帝国地域为界,分别探究"后加洛林欧洲"各国,以及"非加洛林欧洲"各地区的历史。欧洲在这一时期完成了从古代世界向中世纪世界的转变,欧洲核心区各王国开始了自我认同的历史进程。

第四卷主要阐释 11—12 世纪政教二元架构下的欧洲。本卷分上下两册，基本内容大多涉及教会或教会与俗世的关系。上册作为专题史，论述了宗教和世俗两个世界的发展与变革，包括人口、农业、贸易、城市、教会改革及其与东派教会、伊斯兰世界和犹太人的关系等。下册侧重于政治史视角，探究教俗重大政治事件的进程与发展，包括教宗制转型、欧洲各王国、各地区精英阶层的兴起与政府组织的发展等。

第五卷主要阐释 13 世纪的欧洲历史，以西欧地区与外界边沿地区的互动为研究框架，从多个维度凸显"扩张"这一时代主题：如天主教会的扩张、欧洲人口的急剧增长和经济扩张，以及王权的深度发展等。

第六卷主要阐释 14—15 世纪欧洲的历史，凸显 14 世纪进步性的一面。传统上认为 14 世纪以灾难与衰退为特征，特别是黑死病损失了欧洲三分之一的人口。本卷在客观分析大灾变的同时，指出 14 世纪是旧事物衰落、新事物萌生的时期，例如战争技艺的提高、近代国家的起源、市民阶层的兴起与宪政的发展、农民社会地位和生活水平的提高等。总之，进步隐含于混乱和衰败之中。此外，把东欧作为独立主体进行叙述，是个明显的变化。

第七卷主要阐释 1415 年前后至 1500 年左右的欧洲历史，重点是欧洲民族国家的发展。而各国的案例呈现出多样性特征，无论政府和政治体制发展，还是贵族的地位和作用均如此。另外，与第六卷强调 14 世纪的进步一样，本卷也力图扭转一些非理性的传统观点，多角度展现该时期欧洲所取得的成就，正是在这一背景下，欧洲文明步入现代。

三

《新编剑桥中世纪史》的权威性举世公认，被世界各国历史学科及其他相关学科图书馆列为基本藏书，某种程度上具有了工具书的性质。这种学术性极强的鸿篇巨制，翻译难度相当高，非置身其中是难以体会的。将艰涩的学术语言译成流畅、准确的中文绝非易事，不仅需要深入了解已经逝去的且千变万化的语境，还要排除古希腊文、拉丁文、古英文、阿拉伯文等不常见文字和死文字的干扰。不仅如此，由于是大型系列学术专著，一些规定性语言要求卷内一致，还须各卷一致，中世纪史与古代史也须避免矛盾和误解。仅仅人名地名的统一这项工作就耗费了我们大量的精力和时间。工作初期我们花费了几乎一年时间，逐渐消化有可能产生歧义的数万词条。2013年初，在天津师范大学专门召开了"新编剑桥中世纪史译名研讨会"，对有争议的人名地名"会诊"，反复讨论，逐条敲定。在上上下下的若干回合中，几乎每个词条译法，都集中了大家的意见，最后编成涵盖上万词条的《中世纪史译名手册》，供译者使用。这不是说我们做得很好了，只能说尽力了。由于水平有限，仍难免疏漏和错误。杨绛先生曾云：翻译就像是抓虱子，再小心也不免有落网之虫。那就请大家与我们一起来抓虱子吧！不论译名还是译文，诚恳地期待读者批评指正。随着我国世界史研究水平的提升，也期待着更好的中译本问世。

参与《新编》翻译的各卷册主持人名单如下：

第一卷（$c.500$—$c.700$）徐家玲教授（东北师范大学历史文化学院）

第二卷（$c.700$—$c.900$）郭方研究员、李桂芝副研究员（中国社科院世界历史研究所）

第三卷（$c.900$—$c.1024$）顾銮斋教授（山东大学历史文化学院）

第四卷第一分册（$c.1024$—$c.1198$）彭小瑜教授（北京大学历史学系）

第四卷第二分册（$c.1024$—$c.1198$）陈志强教授（南开大学历史学院）

第五卷（$c.1198$—$c.1300$）徐浩教授（中国人民大学历史学院）

第六卷（$c.1300$—$c.1415$）王加丰教授（浙江师范大学历史系）

第七卷（$c.1415$—$c.1500$）侯建新教授、刘景华教授（天津师范大学欧洲文明研究院）

在《新编》中文版即将问世之际，我对上述主持人表示衷心感谢，对各卷的译者们表示衷心感谢。数年愉快的合作留下美好的回忆。《中世纪史译名手册》的审校工作，彭小瑜教授、徐家玲教授倾注了大量心血，谨致以敬意。感谢项目首席专家武寅研究员，没有她出色的领导，很难组织起如此庞大的、来自几十所高校和研究机构的学术团队。感谢赵剑英、曹宏举、郭沂纹、魏长宝、王茵等中国社会科学出版社的领导、编辑和工作人员的辛勤工作。在译名手册的编纂中，初选上来的数万词条需逐一查重、核准，天津师范大学欧洲文明研究院陈太宝博士默默做了大量的基础性工作，翻译微信群的交流活动等，青年教师刘芮付出劳动，在此一并表示谢意。

是为序。

侯建新
2016年1月17日
于天津师范大学欧洲文明研究院

译　者　序

　　经过十年的期待和努力,《新编剑桥中世纪史》第三卷译文终于要跟读者见面了。在此,谨向国家社科基金重大项目兼中国社科院重大项目剑桥史翻译主持人武寅、《新编剑桥中世纪史》翻译主持人侯建新、《新编剑桥中世纪史》第三卷校对专家侯萍萍、中国社会科学出版社、责任编辑安芳等致以衷心的感谢!

　　《新编剑桥中世纪史》第三卷(以下简称第三卷)主要研究欧洲10世纪的历史。为了获得一个完整的景观,该卷从9世纪90年代写起,一直写到11世纪30年代(1024年),涵盖近一个半世纪,因此作者以"漫长的10世纪"来形容这个阶段的历史。翻译过程中,译者深切感受到著者的治学境界和撰写特点,也认识和理解了著者笔下10世纪的"漫长的"历史。

　　这是一个公权衰微、群雄并起、领土纷争、端绪丛生的时代。在这样的历史背景下书写民族国家的产生和近现代政治地理的形成,著者的潜意识里通常会形成一定的参照系。就第三卷的著者而言,即以日耳曼民族或拉丁欧洲为本位,以现代的欧洲版图和9世纪之前的加洛林帝国为参照。现代的欧洲版图当然不会或很少出现在书写的字里行间,但它一般不会淡出作者思考的场域。而加洛林帝国,则是西罗马帝国解体以迄欧洲民族国家形成前的唯一一个地域广阔、对欧洲政治地理影响深远的帝国,对于参照系的形成具有重要意义。正是在这样的参照系中,作者建构了第三卷的解释框架。

　　这个框架以基本问题为基础。所谓基本问题,是指那些具有贯通性、普遍性,蕴含这一地区总体性历史趋势的问题,如奴隶制向农奴制的转变、聚落形态的演进、权力和权利模式的变动等。奴隶制向农奴制转变是后加洛林时代的普遍现象。日耳曼人推翻西罗马帝国后,奴隶人数并没有减少，反而由于战争频仍、社会动荡而大增。这就意味着加洛林帝国时代的农奴化是一项漫长而巨大的工程。但到 11 世纪，资料中已经不再出现关于奴隶的记录，说明农奴化已经基本完成。这种农奴化在加洛林帝国时代是一种普遍、广泛的现象，而且贯穿了"漫长的 10 世纪"，因此说这是一个基本问题。再如聚落形态的演进。日耳曼人入侵之时，仍然处在原始社会末期，入侵之后便存在一个从游牧而定居的过程。但同样因为政局不稳，社会动荡，居住变成了一种避险的方法。也正因为如此，由游牧而定居经历了一个漫长的过程。直到 10 世纪末，才以贵族设防的居住地为中心，形成新的村落，从而完成了聚落形态的转变。这无疑也是一个基本问题。按著者的设计，这些基本问题构成了第三卷解释框架的基础。

这样，著者以相对静态的经济发展、统治形式和宗教文化等历史事项为基础，以相对动态的民族国家的建立和欧洲政治地理的形成为主干，附以异族占据的边沿地区，建立了它的解释框架。经济、宗教、权力、文化具有贯通性、普遍性特点，帝国与王国具有时限性和局域性特点，而伊斯兰、斯拉夫等非拉丁民族相对拉丁民族而言则具有外在的、依附的特点，将这些民族独立成章，可以更好地体现欧洲史观的日耳曼或拉丁欧洲本位论。解释框架既已形成，著者便选取相关资料，通过分析论证，建立了"漫长的 10 世纪"的史学体系。

作为一部由多人撰写的综合性著作，方法的选择十分重要，既不能千篇一律，也不能放任而为。"漫长的 10 世纪"史的突出特点是史料极为稀缺而且杂乱，这决定了著者的撰写首先要挖掘收集史料，甄别考订史实，因而必须采取传统的实证主义方法。

史料特别是一手资料是历史书写的首要条件之一，而时间越是久远，史料的获取就越是困难。"漫长的 10 世纪"当然算不上久远，甚至连古代都算不上，但它有自己的特殊性，这就是作为征服者的日耳曼人刚刚走出原始社会不久，欧洲即陷入了长达三四百年的衰落时期——生产停滞，文化凋敝，生活困顿，以至于"漫长的 10 世纪"也被西方学者视为文化知识停滞不前的时代——口头符号交流回归，象征性非语言交流盛行，文本读写似乎一直处在衰落之中。这种情况导致了"漫长的 10 世纪"较其他时段更缺乏史料，关于拉丁欧洲本土的历史记录少之又少，许多新兴国家甚至没有留下任何原始记录，以至于有些事项只能依托神话、传记、文学作品、绘画等去了解。这种情况决定了第三卷的撰写必须采行传统的实证方法，尽管有些学者责难这种方法陈旧了，可是，离开这种方法又如何解决史料稀缺和杂乱的问题呢？实证方法的使用，较好地处理了历史书写与史料匮乏之间的矛盾，在一定程度上保证了第三卷叙述和分析的信度。

由于第三卷的著者来自多个国家且不只是英语国家，这些国家的中世纪研究又都有自己的主导叙事和学术传统，因而著者的研究具有不同的偏好和习惯，有的倾向于保守，有的倾向于创新，这使第三卷在方法上又呈现出多样性的特点。但是，实证主义方法的坚持与其他方法的使用并不矛盾，实证提供基础或前提，以保证撰写的客观性和真实性，其他方法则可以在此基础上追求差异性和创新性，因此客观真实与差异创新相辅相成。方法的多样性反映了作者不同的治学风格，体现于第三卷全书，则是形成了一个开放的体系，在一定程度上收到了"异彩纷呈"的效果。这也许正是主编追求的目标，所以他在序言中说，"如果仅仅邀请操英语国家的历史学者撰稿，也会有很多便利，但不足之处在于读者读到的研究方法可能会过于单一"[1]。

概念的使用，在一定程度上反映研究成果的创新价值。第三卷的撰写重视概念的使用，这主要表现为赋予了它的核心概念（也是《新编剑桥中世纪史》全书的核心概念）"封建"以一定的新的内涵，因而具有创新意义。从史学史的角度看，西方学者一直遵循启蒙运动特别是19世纪以来的学术传统，将封建视为一个法律、政治概念。这种状况一直延续到马克·布洛赫时代方稍有变化，他的《封建社会》一书虽仍然以法律、政治为主体，但也涉及了经济内容，只是这种涉及在规模和程度上还比较有限。著名经济史家波斯坦认为，《封建社会》的经济内容之所以太少，是因为作者的另一部著作《法国农村史》[2]重点研究了庄园和依附农民问题，所以从略了，在这个问题上，两书可以相互补充。[3]但通读《法国农村史》就会觉得，它其实是普通的法国中世纪经济史，而不是封建主义概念中的经济史。

---

[1] 提姆西·路特主编：《新编剑桥中世纪史》英文版第三卷"前言"。
[2] 马克·布洛赫：《法国农村史》，余中先、张朋浩、车耳译，商务印书馆1991年版。
[3] M. M. 波斯坦：《封建社会英译本1961年版前言》，见马克·布洛赫《封建社会》上卷，张绪山译，商务印书馆2004年版。

类似的成果在西方学术界多有所见，也都是单独研究中世纪的经济史，而与封建主义的概念无涉。阐明封建主义的概念，应该有足量的经济内容予以支撑，所以在我们看来，《封建社会》的问题还是传统学术影响的结果。遗憾的是，布洛赫关于封建概念的创新并没有收到应有的效果，西方学术界的封建主义或封建制度史研究仍然坚持狭义的概念，局限于法律与政治方面，即使在布朗 1989 年为《封建社会》英译本撰写的序言[①]中，也没有提及这一创新，以至于雷诺尔兹在讨论封建主义的概念时不得不特别强调和肯定马克思主义学派广义的封建主义概念中经济的重要性，同时对狭义的封建主义进行批评[②]。那么，时间过去了半个世纪，第三卷又是怎样解释封建的概念呢？著者在第一部分中即多章叙述了经济的内容，第一章写农业经济与乡村生活，第二章写商人、市场和城镇，从而将农业、工商、乡村、城市等经济的基本内容纳入其中，而不再以法律与政治为限，这就在一定程度上走出了西方学术史的传统。特别是将经济置于第一部分也是全书的前端，似有将其视为社会基础或经济基础的意味，从而呈现出对马克思主义学派的认识明显认同的趋向，反映了西方学术界中世纪研究的新发展。

与此同时，第三卷还使用了"封建革命"（feudal revolution）或"封建突破"（feudal mutation）等概念。[③] 按主编的解释，这一概念包括多方面的内容，即上文所说的若干总体性历史趋势。在我们看来，这一概念首先吸收了马克思主义学派的论点，而且是作为革命或突破的首要因素。其次是以革命定性，给予了"中世纪"以高度评价。前者反映了西方学术研究的一种基本趋势，即学术派别的趋同与合流，而用革命来肯定这些变化的价值，则不仅提升了"中世纪"在欧洲历史上的地位，而且洗洁了文艺复兴时期人文主义者给予中世纪的污名，对于客观认识和评价中世纪的历史地位具有积极意义。

第三卷的学术亮点很多，难以尽述，现在来谈谈撰写的难度，而难度，在某种意义上更能体现作品的学术价值。第三卷撰写的难度是

---

① T. S. 布朗：《封建社会英译本 1989 年版前言》，见马克·布洛赫《封建社会》上卷，张绪山译，商务印书馆 2004 年版。
② S. Reynolds, Fiefs and Vassals, Oxford, 1996, p. 3.
③ 提姆西·路特主编：《新编剑桥中世纪史》英文版第三卷第一章。

显而易见的。这是一个由近三十人组成的国际化著者团队,仅对这个团队进行日常的学术组织协调,其难度即可想而知。按主编的设计,原计划还有犹太人及其生活等几章,但因事件突发而不得不阙如,因而留下了遗憾。"漫长的10世纪"又是一个公权衰微、私权林立的时代,群雄并起,征战绵延,使得研究对象错综复杂,千头万绪。而欲将这些史事纳入同一个解释体系,就必须进行适度的匡正或纠偏,将那些不合解释框架的史事予以砍削或整齐。而所谓适度,言说容易,具体实施则难之又难,以至于主编提姆西·路特说,读者在整体解读10世纪时,"最好不要把这一时段当成什么'之前'或'之后',而宁可把它当作它自身"①。他这样说并非无意将第三卷的撰写统一化,而且也肯定希望统一化,但事实上很难。例如关于"前加洛林时代""后加洛林时代"等时段的划分,他显然希望著者都采用这种分期方法,所以在序言中频频使用了"前加洛林时代""后加洛林时代"的表述,更在大纲中赫然突出了"后加洛林欧洲",而且将此设计为第三卷的主体。既然做了这种设计,为什么又说"最好不要把这一时段当成什么'之前'或'之后',而宁可把它当作它自身"?显然,是设计和撰写的难度造成了主编的无奈!作为译者和读者,我们理解主编的心理,也理解这种开放性的处理方法,因为在第三卷撰写出版时还不具备条件将史事的杂乱予以较大改观,而各国学者的理论观点和撰写方法更难以整齐划一。在这方面,撰写中国综合历史著作的学者是难以体会的。

但是,第三卷的难度主要还不在此,而在于史料问题,概而言之,主要表现为以下几点:一是稀缺,难以搜求;二是错杂,难以识别考析;三是识读困难,许多是手稿,还没有得到整理。正因为如此,西方学者称"漫长的10世纪"为"黑暗的世纪"(*dunkles Jahrhundert*)、"被人遗忘的时代"(*secolo oscuro*),认为是中世纪研究难度最大的世纪之一,以至于主编提姆西·路特在第一章简介中大部分篇幅是谈史料问题。

从提姆西·路特的论述中即可见,资料稀缺首先表现为许多地区和国家没有留下或极少留下关于本土或当地的历史记录。西部欧洲,

---

① 提姆西·路特主编:《新编剑桥中世纪史》英文版第三卷第一章。

包括拉丁西欧、伊斯兰西欧如此,东部新兴国家如罗斯、匈牙利、波希米亚和波兰、斯堪的纳维亚诸王国等也如此。甚至连统治近达六十年之久的勃艮第国王平静者康拉德,也没有记录传诸后世。有些地区不仅本土没有史料遗存,周边地区的史料也没有相关记载。错杂是指鱼龙混杂,真假难辨,特别是在确认事件发生的顺序和当政者的谱系时错讹丛生。法兰克、盎格鲁-撒克逊和拜占庭以及阿拉伯、犹太旅行者的一些著述,有的涉及拉丁西欧的历史,但这些叙述的形成往往是随心所欲,错误信息太多,使得拉丁西欧的很多历史线索不时中断或陷入错乱。除此之外还涉及一个语言问题。10 世纪的欧洲,接承前世的衰落,经济尚未复兴,文化依然荒疏。这不仅导致了历史记录的匮乏,也使一些教俗学者文化知识素养严重欠缺与低下,所以一些著述缺乏正确的文法,难以解读。

就资料的种类而言,第三卷所覆盖的地区与其他地区并无多少不同,大致包括:史书、编年史、传记、官方文件、教会立法、信函、神话、史诗、寓言、民间传说、建筑艺术品等。但是,这些资料很少可以直接引用。编年史如著名的基辅罗斯的《往年纪事》,匈牙利稍晚时候的《图解编年史》等,早在 19 世纪已经受到实证主义者的严厉批评,以至于后世的历史学家难以将这些作品视为"原始资料"。这一时期出现了不少传记作品,特别是《圣徒传记》,许多在相当程度上都是虚构的,其中的人物、事件、地点和时间等,往往不准确甚至错误。这一时期也诞生了不少历史学家,但是,他们的作品的可靠性和客观性,以至于他们的文化形象,也早已受到实证主义者的批评、否定和剥离。后来,马丁·林泽尔提出了"10 世纪的真相问题",并就此展开讨论,而卡尔理查德·布吕尔(Carlrichard Brühl)更将威德金特和里彻尔等人视为小说家。通常认为,史学家的记载是可靠的,值得信赖的,但现在看来,10 世纪的史学作品还远非如此,如要引用,首先要剥离文学元素,然后进行史实考证,而联系那时作者淡漠的历史意识,就更可以想见考证的难度了。

另外,这时也创作了不少神话、史诗、寓言和民间传说等作品,这些作品中无疑包含了许多历史信息,但必须进行细致的剥离后方可引用。更为重要的是,这一时期留存了多种官方文件,如王室令状、证书和教会立法,教皇的信件和特权凭证,以及大量的非王家令状材料。这些都是揭示"10世纪的真相"的无价之宝。但遗憾的是其中很多还没有得到整理，而得到整理的各种版本的质量也参差不齐。有些无法知晓制定的过程或背景，甚至不知道是否颁发实施，因此难以用于这个时代的历史书写。

史料的匮乏，可以通过地下考古来补充，书面信息的错误也可以通过考古资料来更正。但学术界一般认为，在关于"漫长的10世纪"的历史研究中，考古发掘发挥的作用还只是体现在后加洛林时代的城市史研究中，在其他领域，例如聚落模式的演变过程，则没有发挥多少作用。而且至少在目前，考古成果的缺乏使西方学术界在这方面还未寄多大希望。在实物考古方面，如绘画、雕像、金器、手稿等，情况要好一些，但建筑遗存的状况则不乐观，保存较好的10世纪建筑只有为数极少的基督教建筑，而没有世俗建筑。所以，近期看来，考古资料对于改善第三卷撰写的难度还不具多少意义。

史料遗存、整理的状况如此，我们便可以想见撰写的难度了。但是第三卷的作者却不畏艰难，砥砺前行，最终著成了这样一部体量庞大的实证性专著，这就为欧洲中世纪史的研究做出了重要贡献，从而在学术史上获得重要地位。而从史学史的角度看，欧洲中世纪史研究发展到今天，已经发表出版了大量的著述，这些著述在史料上无疑为第三卷的撰写提供了基础，特别是兰克学派，在这方面做了大量工作，使杂乱无序、错讹丛生的10世纪的历史得到了很大改观。也正是兰克学派的客观主义史学，使第三卷撰写的若干不能而成为可能。从这个意义上说，第三卷的形成，也是欧洲中世纪史研究的一部集萃集成之作，必将在学术史上留下多彩的一页。

至于如何评价科尔韦的维杜金特（Widukind of Corvey）、兰斯的弗洛多阿尔和里彻尔（Flodoard and Richer in Rheims）、诺曼底圣－昆廷的杜多（Dudo of Saint-Quentin）等人及其作品，将他们定性为史学家还是小说家，在我们看来，应该坚持历史主义原则，将他们和他们的作品置于当时的语境中进行认识，而非仅仅聚焦于作品的史实。历史发展到10世纪，所谓史学，仍然与文学连为一体，中外无不如此。作者以文学笔法书写历史或将历史写成小说，是时代使然，而不是作者刻意而为，这是那时历史学的本色。从史学史的角度看，以今天的尺度去衡量，作者的历史意识还很淡漠，史实在他们的观念中的分量还比较有限。而当我们以学科分类后的历史学概念审视他们的作品时，我们实际上忽略了这一事实。由此论及"十世纪的历史学家"，其实也混同了 10 世纪与现代两个时间概念，忽视了两者之间的不同。而以现代的尺度衡量或要求那个时代的作者，也就难免脱离实际，从而降低了他们的历史地位。

  第三卷撰写的难度已如上述，那么，第三卷翻译是否也具有难度呢？回答是肯定的。原著涉及了多个语种，还包括了几个古典语种，这就决定了翻译的难度。另外，著者中很多来自非英语国家，他们都有自己的表述习惯，这也给翻译带来了不便，如此等等，余不一一。工作启动之前，我们已经充分估计了这一难度，所以在译者的遴选方面做了大量的工作，重点考察了选择对象的中英文能力和专业基础，经过长时间的劳作才确定了现在的团队。团队成员都有良好的中英文基础，在学科方向上，或从事世界古代中世纪史研究，或从事英国史研究，都已经取得显著成绩，且都有丰富的翻译经验。李增洪教授已经是翻译领域的著名学者。他参与翻译的马克·布洛赫的《封建社会》[①] 由商务印书馆作为"汉译名著"出版，曾被评为社科类"十大畅销书"之一，至 2019 年已 6 次再版印刷。此外，他还主持翻译了罗伯特·福西耶的《剑桥插图中世纪史》（950—1250 年）[②]，参与翻译了诺曼·戴维斯的《欧洲史》[③]。于民教授翻译了劳伦斯·斯通的《贵族的危机：1558—1641》[④]。刘立壹副教授翻译了《〈论语〉名言》[⑤]。侯典芹副教授也有译作定稿，已交出版社，待出版。王建波教授则通过考试获国家人事部颁发的英语笔译中级资格证书，现为中国译协会员。正是上述译者的资质为第三卷的翻译提供了条件，保证了译稿的质量。

  译稿完成后，团队成员依次进行了自校、互校和三校，之后受出版社委托，又聘请山东大学翻译学院的侯萍萍副教授对校稿进行了审校。如果说团队成员都有一定的翻译资质，那么，侯萍萍老师的研究方向即为汉英翻译，是真正的专家。审校过程中，侯老师提出了很多

[①] 马克·布洛赫：《封建社会》（上下卷），商务印书馆 2004 年版。
[②] 罗伯特·福西耶：《剑桥插图中世纪史》（950—1250 年），山东画报出版社 2008 年版。
[③] 诺曼·戴维斯：《欧洲史》，世界知识出版社 2007 年版。
[④] 劳伦斯·斯通：《贵族的危机：1558—1641》，上海人民出版社 2011 年版。
[⑤] 《〈论语〉名言》，李慧今译，刘立壹英译，齐鲁书社 2006 年版。

问题和建议，对译稿质量的提升提供了很大帮助。此外，我们还延请山东师范大学的孙小娇博士帮助整理汇总修改的译稿，从而进一步保证了译稿的质量。

  但是，翻译是极难的事情，即使是翻译大家的译文，也难以做到尽善尽美。由此看第三卷的译稿，虽然团队成员尽了最大努力，仍难免存在问题和疏漏。这方面，还希望得到读者的理解，更期待专家学者的批评指正。

顾銮斋

2020 年 3 月 26 日于山东大学

目　　录

地图一览表 …………………………………………（1）
插图一览表 …………………………………………（2）
作者简介 ……………………………………………（4）
前　言 ………………………………………………（6）
缩写语 ………………………………………………（9）

第一章　导论：解读10世纪 …………… 提姆西·路特（1）

第一部分　一般主题

第二章　农村经济和乡村生活 ………… 罗伯特·福西耶（29）
第三章　商人、市场和城镇 …………… 彼得·约翰内克（72）
第四章　统治者和政府 ………………… 珍尼特·L. 纳尔逊（106）
第五章　教会 ………………… 罗莎蒙德·麦基特里克（146）
第六章　修道制度：第一波改革 ……… 乔基姆·沃拉斯彻（184）
第七章　知识生活 …………… 克劳迪奥·莱奥纳尔迪（212）
第八章　艺术家和赞助人 ……………… 亨利·迈尔-哈廷（244）

第二部分　后加洛林时代的欧洲

第九章　奥托家族的国王和皇帝 …… 伊克哈德·缪勒-莫顿（269）
第十章　10世纪的萨克森和易北河斯拉
　　　　夫人 …………………………… 杰德·阿尔索夫（303）

第十一章　10世纪和11世纪早期的巴伐利亚
　　　　　……………………赫尔维格·沃尔弗拉姆（330）
第十二章　洛泰林吉亚………………迈克尔·帕里斯（348）
第十三章　勃艮第和普罗旺斯，879—1032年
　　　　　……………………康斯坦茨·布里坦·布夏尔德（367）
第十四章　意大利王国…………………吉斯佩·塞吉（386）
第十五章　西法兰克：王国………………简·邓巴宾（412）
第十六章　西法兰克：北部公国…………大卫·贝茨（441）
第十七章　西法兰克：南部公国……迈克尔·齐默尔曼（464）
第十八章　英格兰，900—1016年…………西蒙·凯恩斯（502）

第三部分　加洛林帝国以外的欧洲

第十九章　欧洲的俄罗斯，约500—约1050年
　　　　　………………………………托马斯·S. 诺南（533）
第二十章　波希米亚和波兰：西斯拉夫人国家
　　　　　形成中的两个范例…………耶日·斯切尔兹克（564）
第二十一章　匈牙利………………………科内尔·巴卡伊（591）
第二十二章　平衡的拜占庭，886—944年
　　　　　　………………………………乔纳森·谢帕德（613）
第二十三章　保加利亚：巴尔干地区的另一个
　　　　　　"帝国"………………………乔纳森·谢帕德（630）
第二十四章　拜占庭的扩张，944—1025年
　　　　　　………………………………乔纳森·谢帕德（652）
第二十五章　拜占庭与西方世界…………乔纳森·谢帕德（674）
第二十六章　10世纪的南部意大利
　　　　　　………………………………………G. A. 劳德（697）
第二十七章　穆斯林统治下的西西里和安达
　　　　　　卢西亚………………………………休·肯尼迪（722）
第二十八章　西班牙各王国………………罗杰·科林斯（750）

附录　统治者及其世系表 …………………………………（776）
原始资料 ……………………………………………………（803）
按章节排列的二级著作目录 ………………………………（821）
索　引 ………………………………………………………（897）

地图一览表

（本书地图系原书插附地图）

地图 1	斯堪的纳维亚和波罗的海地区的城市定居点及商业中心	(73)
地图 2	11世纪早期的大主教区和主教区	(148—149)
地图 3	10世纪和11世纪早期的修道中心	(185)
地图 4	德意志	(270—271)
地图 5	洛泰林吉亚	(349)
地图 6	勃艮第和普罗旺斯	(368)
地图 7	约公元1000年的意大利王国	(387)
地图 8	约公元1000年的法兰西	(413)
地图 9	10世纪的英格兰	(503)
地图 10	9世纪和10世纪欧洲的俄罗斯	(535)
地图 11	波兰、波希米亚和匈牙利	(565)
地图 12	10世纪的保加利亚	(632)
地图 13	1025年的拜占庭	(654—655)
地图 14	南部意大利	(698)
地图 15	约公元1000年的西班牙半岛	(751)

插图一览表

卷首插图
伦敦维多利亚和阿尔伯特博物馆收藏《公元980年的瓦谢莱夫斯基象牙容器》（版权属于维多利亚和阿尔伯特博物馆）

原书第230—231页之间的整版插图
插图1　卡尼古，11世纪早期卡尼古的圣马丁教堂
插图2　10世纪晚期罗德的圣西利亚库斯教堂（源自马尔堡的图片档案馆）
插图3　10世纪晚期科隆圣潘塔里安教堂的西部内景
插图4　牛津伯德雷恩图书馆收藏，温彻斯特-特罗珀出版社出版的10世纪晚期带有中世纪复活节圣事中四句问答的一页（版权属于牛津伯德雷恩图书馆）
插图5　埃森大教堂收藏的10世纪晚期礼仪用剑鞘
插图6　科隆大教堂收藏的约公元970年的杰罗耶稣受难十字架
插图7　埃森大教堂收藏的埃森玛蒂尔达女修道院公元971—982年的游行十字架（源自马尔堡的图片档案馆）
插图8　10世纪晚期埃森大教堂西部内景（源自马尔堡的图片档案馆）
插图9　埃森大教堂收藏的10世纪晚期孩童奥托三世的皇冠（源自马尔堡的图片档案馆）
插图10　特里尔大教堂收藏的公元977—993年摆放圣安德鲁脚的圣物箱（源自马尔堡的图片档案馆）
插图11　孔克10世纪的圣菲斯雕像（源自马尔堡的图片档案馆）

插图12　埃森大教堂收藏10世纪的"黄金圣母"雕像（源自马尔堡的图片档案馆）

插图13　巴黎法国国家图书馆收藏的约公元1000年利莫日出版，拉丁文手稿5（2），共173页的圣马蒂亚的第一部《圣经》，其中《使徒行传》中的首字母页（源自巴黎法国国家图书馆）

插图14　伊夫雷亚的卡皮托拉雷图书馆，第86号手稿《伊夫雷亚的沃蒙德主教的诗篇》，其中展示的约公元1000年哈巴古的站立像

插图15　伊夫雷亚的卡皮托拉雷图书馆，第85号手稿《伊夫雷亚的沃蒙德主教的主礼圣事书》，其中展示的约公元1000年墓旁一名妇女悲伤的情景

插图16　沃尔芬比特尔城市档案馆收藏的狄奥法努皇后的婚礼名册（源自马尔堡的图片档案馆）

插图17　亚琛大教堂收藏的《亚琛福音书》中展现的约公元996年皇帝奥托三世庄严就职的情景（版权属于亚琛主教座堂）

插图18　佛罗伦萨巴杰罗博物馆收藏的10世纪拜占庭象牙雕刻基督升天坐像

插图19　弗留利地区奇维达莱意大利国立博物馆第136号手稿，共17页的《特里尔大主教埃格伯特诗篇集》，其中展现的是公元977—993年鲁奥德普雷希特向大主教呈送书籍的情景

插图20　班贝格国立图书馆收藏的第53号手稿文献，制作于塞翁的两卷本《主教仪典书》，其中展现了1014—1024年，皇帝亨利二世由两位主教陪同庄严地进入教堂的情景（源自班贝格国立图书馆）

作者简介

格尔德·阿尔特霍夫（Gerd Althoff），明斯特大学中世纪史教授。

大卫·贝茨（David Bates），格拉斯哥大学中世纪史教授。

康斯坦茨·布夏尔德（Constance Bouchard），俄亥俄凯尼斯学院中世纪史教授。

罗杰·柯林斯（Roger Collins），爱丁堡。

简·邓巴宾（Jean Dunbabin），牛津大学圣安妮学院研究员。

罗伯特·福西耶（Robert Fossier），巴黎第一大学历史学教授。

彼得·约翰内克（Peter Johanek），明斯特大学区域史教授。

休·肯尼迪（Hugh Kennedy），圣安得鲁斯大学历史学高级讲师。

西蒙·凯恩斯（Simon Keynes），剑桥大学三一学院研究员。

克劳迪奥·莱奥纳尔迪（Claudio Leonardi），佛罗伦萨大学拉丁文献学教授。

G. A. 劳德（G. A. Loud），利兹大学历史学高级讲师。

亨利·迈尔－哈廷（Henry Mayr-Harting），牛津大学教会史教授。

罗莎蒙德·麦基特里克（Rosamond Mckitterick），剑桥大学中世纪史教授。

伊克哈德·缪勒－莫顿（Eckhard Müller-Mertens），柏林洪堡大学历史学荣退教授。

珍尼特·L. 纳尔逊（Janet L. Nelson），伦敦国王学院历史学教授。

T. S. 诺南（T. S. Noonan），明尼苏达大学历史学教授。

作者简介

米歇尔·帕里塞（Michel Parisse），巴黎第八大学中世纪史教授。

提姆西·路特（Timothy Reuter），南安普顿大学中世纪史教授。

吉斯佩·塞吉（Giuseppe Sergi），都灵大学中世纪史教授。

乔纳森·谢帕德（Jonathan Shepard），剑桥大学彼得学院研究员。

耶日·斯切尔兹克（Jerzy Strzelczyk），波兹南大学历史学教授。

赫尔维格·沃尔弗拉姆（Herwig Wolfram），维也纳大学法国高等教育研究院院长。

约阿希姆·沃尔拉什克（Joachim Wollasch），明斯特大学中世纪史荣休教授。

迈克尔·齐默尔曼（Michael Zimmermann），巴黎大学中世纪史教授。

前　言

　　没有人比一卷的主编更清楚编订《新编剑桥中世纪史》一书的困难了，而有人认为所有此类著作的编写者对相关知识皆持过时的实证主义态度，如虑及此，则困难尤甚。旧版《剑桥中世纪史》第三卷《德国与西欧》初版于1922年，由惠特尼（J. P. Whitney）任主编。如果本书撰写的目的只是希望比前书更权威地叙述这段历史，那么，本书的编写的确看起来有些问题。不过，定期评点一下现状，不仅是重要的，也是必要的，特别是在过去的70年里，研究早期中世纪史的方法已经发生了根本性变化。如此，学者们便可以为更多读者介绍自己专业领域的研究现状，学生、老师和公众也可借机一览那些按照大致相同要求、写于大致相同时期的关于同一主题的叙述。虽然过程不会那么快，但结论无疑会过时，只能如此，别无他法。如果整个框架如20世纪早期那样还是政治史的框架，那么这部政治史便是一部更具宽泛意义的政治史。同时希望，本书比20世纪20年代流行的政治史更具可读性。在本书导论以及每一章的开题部分，我及撰稿人都陈述了政治史与研究中世纪史的其他方法之间的一些联系。

　　本卷与下一卷大致以1024年为界，这种分期借鉴了较早出版的《剑桥中世纪史》的方法。很明显，这种分期除了对德国、意大利以及（或多或少）拜占庭的历史外，没有直接的意义，所以涉及其他主题的各章都做了适当调整。而无论怎样分期，本质上都是在政治史视域下所做的考虑。这样做的好处是显而易见的，我们不必再纠结于目前正在争论的关于"中世纪大转变"（Great Medieval Shift）发生时间的两种对立观点，即，是发生在1000年左右从上古世界到中古世界（或从奴隶制到封建制）的转变期间呢，还是发生在1050年左右从"古风社会"（archaic society）到"旧的欧洲秩序"（Old European

Order）的转变期间。关于这些以及其他阐释框架，导论部分已有诸多讨论。

相对于阿克顿、惠特尼和坦纳（Tanner）的时代，当前的知识环境宽松，编者协调不同稿件间的阐释及阐释风格几无压力，虽然也希望在"事实"方面尽量少存分歧。在英国、欧洲大陆及北美有诸多研究早期中世纪史的方法，读者如能深刻认识到这一点，那的确有很大的好处。为此，本卷的撰稿人相当国际化，而不只是来自操英语的国家。如果仅仅邀请操英语国家的历史学者撰稿，也会有很多便利，但不足之处在于读者读到的研究方法可能会过于单一。从知识上评估现状，不仅要考虑当前所思，还要考察这些思考产生的路径及原因，尤其要强调而不是掩饰国别史学传统之间的区别。在导论部分，我试图陈述这些传统的内涵，并探究它们的优劣。

本卷包括三部分。第一部分包含了不易也不宜从地理上划分的主题。第二部分包括九章，分别论述加洛林帝国分裂后出现的各国家组织（polities），其中一章专论英格兰，不管从制度、文化，还是政治上看，英格兰都是后加洛林秩序中的重要部分。最后一部分专论非加洛林的欧洲，包括拜占庭和处于欧洲的伊斯兰国家组织，以从东北到西南为序安排各章。为了避免太多章节篇幅过小，本卷和第二卷划分了职责。10世纪和11世纪早期的斯堪的纳维亚半岛的历史以及凯尔特宗教史的内容纳入第二卷。而从最早到1054年的俄罗斯史则全由本卷叙述。原计划专章讨论西欧700年到1050年的犹太人和犹太人生活，后因撰稿人离世而又不能及时找到在规定时间内完成撰写任务的替代人选，不得不阙如。本来计划撰写的关于领主（Lordship）以及战争（Warfare）的几章，也遭遇了同样的情况。关于这些章节所涵盖的内容，我在导论一章略有述及，而这一章的篇幅也因此略有增长。

每章都附有第二手资料的参考书目（包括尾注未提及的著作），但引用一手资料时，则只标出简要标题，书后附统一的一手资料参考书目。地名拼写依照剑桥大学出版社的惯例。中古人名拼写在某种程度上是一个偏见与习惯的问题。编者整体上偏向符合英语国家的习惯、更国际化的而不是过时的拼写模式：如用鲁道夫（Radulf/Rudolf），而不是拉尔夫（Ralph）或拉乌尔（Raoul），用奥多（Odo）而不是欧德斯（Eudes），用亨利（Henry）而不是海因里希（Heinrich）、恩里克（Enrico）或亨瑞（Henri）。结果可能是有些名字会显得陌生，但这样做有利的一面是，可以对生活于10世纪人们的名字进行统一。在20世纪，分处不同国家和地区的欧洲学者对中世纪的同一个人冠以了不同的名字拼写。像 Raoul 和 Eudes 这些传统的形式在索引里可以相互参照。技术术语基本上以拉丁语或本地语形式保留，首次出现时给予解释。

  在完成这样一项艰巨任务的过程中，我得到了很多人的帮助。我向所有撰稿人致以谢意，尤其是那些对我延迟送达删改意见，而仍旧体谅有加、谦恭有礼的撰稿人，也向那些按期交付稿件而忐忑等待的撰稿人致谢。1994年，我迁往南安普顿时，虽然还未全部完工，但本卷大部分材料都已准备就绪；尽管撰稿者更新了他们的参考书目，他们对正文内容也仅仅做了几处微小的修改。1994年以来的延误有几个原因：健康状况不佳；在大学里担任其他职责；尤其是随着其他各卷的出版，体例已经确定，这迫使我不得不重做本以为已完成的编订工作，原先认为不用做的工作还要去做。本卷的读者不会因延误而遭受影响，但一些撰稿人却饱受其苦。对于他们的忍耐宽容，我感激不尽。

  对莎拉·汉密尔顿博士（南安普顿大学）和埃莉诺·斯克林博士（剑桥大学彼得学院）深表谢意，她们在本卷准备的最后阶段帮我核对引文和参考书目。特别感谢金蒂·纳尔逊、乔纳森·谢泼德和克里斯·威克姆，感谢他们友善的帮助和为我在谋划本卷及应对撰稿人时所遇到的知识和心理难题所提供的无私建议和支持。在整个准备阶段，我和罗莎蒙德·麦基特里克互提了很多建议，并就各自编写的一卷交换了大量信息，为此我想在这里表达我的谢意。还要感谢她在本卷酝酿阶段的多个关键节点给我以急需的支持。最后，我还要向威廉·戴维斯和剑桥大学出版社的全体人员致以诚挚的谢意，他们自始至终给我以帮助，且在书稿提交前给予了耐心的等待。

提姆西·路特（Timothy Reuter）
顾銮斋 译
刘立壹 校

缩 写 语

AASS	*Acta Sanctorum quotquot toto orbe coluntur*, ed. J. Bollandus *et al.*, Antwerp and Brussels (1634–)
Adalbert, *Reginonis Continuatio*	Adalbert of St Maximin, *Reginonis Continuatio*, ed. F. Kurze, Regino of Prüm, *Chronicon*, pp. 154–79
Adam of Bremen, *Gesta*	Adam of Bremen, *Gesta Hammaburgensis ecclesiae pontificum*, ed. B. Schmeidler, *MGH SRG* 11, Hanover (1917)
Adhémar, *Chronicon*	Adhémar of Chabannes, *Chronicon*, ed. J. Chavanon, *Adémar de Chabannes, Chronique publiée d'après les manuscrits*, Paris (1897)
AfD	*Archiv für Diplomatik*
AHP	*Archivum historiae pontificae*
AHR	*American Historical Review*
AKG	*Archiv für Kulturgeschichte*
An. Boll.	*Analecta Bollandiana*
Annales ESC	*Annales: Economies, Sociétés, Civilisations*
AQ	*Ausgewählte Quellen zur deutschen Geschichte des Mittelalters (Freiherr-von-Stein-Gedächtnis-Ausgabe)*
ASC	*Anglo-Saxon Chronicle*, trans. Whitelock, *EHD*, pp. 145–245
ASE	*Anglo-Saxon England*
BAR	British Archaeological Reports
BEC	*Bibliothèque de l'Ecole des Chartes*
BHL	*Bibliotheca hagiographica latina, subsidia hagiographica* VI, Brussels (1898–1901), *Supplementum, subsidia hagiographica* XII, Brussels (1911); *Novum supplementum, subsidia hagiographica* LXX, Brussels (1986)

	Bib. Mun.	Bibliothèque Municipale
	BL MS	London, British Library manuscript
	BMGS	*Byzantine and Modern Greek Studies*
	BN lat., BN n.a. lat.	Paris, Bibliothèque Nationale, manuscrit latin; nouvelles acquisitions latines
	BSl	*Byzantinoslavica*
	Byz	*Byzantion*
	Byzbulg	*Byzantinobulgarica*
	BZ	*Byzantinische Zeitschrift*
	CBA	Council for British Archaeology
	CCCM	Corpus Christianorum, Continuatio mediavalis, Turnhout (1966–)
	CCM	Corpus consuetudinem monasticarum, ed. K. Hallinger, Siegburg (1963–)
	CCSL	Corpus Christianorum, series latina, Turnhout, (1952–)
	CFHB	Corpus fontium historiae Byzantinae
	Clm	Munich, Bayerische Staatsbibliothek, Codex Latinus Monacensis
	D(D)	Diploma(ta), cited by number in the following editions:
	D B I	Berengar I, king of Italy, *Diplomata*, ed. L. Schiaparelli, *I diplomi di Berengario I (sec. IX–X)* (Fonti per la storia d'Italia 35), Rome (1903)
	D C I	Conrad I, king of east Francia, *Diplomata*, ed. T. Sickel, *Die Urkunden Konrad I., Heinrich I. und Otto I.* (MGH Dip. regum 1), Hanover (1879–84)
	D C II	Conrad II, emperor, *Diplomata*, ed. H. Bresslau, *Die Urkunden Konrads II.* (MGH Dip. regum IV) Berlin (1909)
	D Ch S	Charles the Simple, king of west Francia, *Acta*, ed. P. Lauer, *Recueil des actes de Charles III le Simple, roi de France, 893–923*, Paris (1949)
	D H I	Henry I, king of east Francia, *Diplomata*, ed. T. Sickel, *Die Urkunden Konrad I., Heinrich I. und Otto I.* (MGH Dip. regum 1), Hanover (1879–84)
	D H II	Henry II, king of east Francia and emperor, *Diplomata*, ed. H. Bresslau, H. Bloch,

	R. Holtzmann, M. Meyer and H. Wibel, (MGH Dip. regum III), Hanover (1900–3)	xx
D Hugh	Hugh, king of Italy, *Diplomata*, ed. L. Schiaparelli, *I diplomi di Ugo e di Lotario, di Berengario II e di Adalberto (secolo X)* (Fonti per la storia d'Italia 38), Rome (1924)	
D L IV	Louis IV, king of west Francia, *Acta*, ed. P. Lauer, *Recueil des actes de Louis IV, roi de France (936–954)*, Paris (1914)	
D L C	Louis the Child, king of east Francia, *Diplomata*, ed. T. Schieffer, *Die Urkunden Zwentibolds und Ludwigs des Kindes* (MGH Dip. Germ. IV), Berlin (1960)	
D L G	Louis (the German), king of east Francia, *Diplomata*, ed. P. Kehr, *Ludwig des Deutschen, Karlmanns und Ludwigs des Jüngeren Die Urkunden* (MGH Dip. Germ. 1), Berlin (1932–4)	
D Lo	Lothar, king of west Francia, *Acta*, ed. L. Halphen and F. Lot, *Recueil des actes de Lothaire et Louis V, rois de France (954–987)*, Paris (1908)	
D Lothar	Lothar, king of Italy, *Diplomata*, ed. L. Schiaparelli, *I diplomi di Ugo e di Lotario, di Berengario II e di Adalberto (secolo X)* (Fonti per la storia d'Italia 38), Rome (1924)	
D O I	Otto I, king of east Francia, *Diplomata*, ed. T. Sickel, *Die Urkunden Konrad I., Heinrich I., und Otto I.* (MGH Dip. regum 1), 2 vols., Hanover (1879–84)	
D O II	Otto II, *Diplomata*, ed. T. Sickel, *Die Urkunden Otto des II.* (MGH Dip. regum II.1), Hanover (1888)	
D O III	Otto III, *Diplomata*, ed. T. Sickel, *Die Urkunden Otto des III.* (MGH Dip. regum II.2), Hanover (1893)	
D Ra	Radulf (Raoul), king of west Francia, *Acta*, ed. R.-H. Bautier and J. Dufour, *Recueil des actes de Robert Ier et de Raoul, rois de France, 922–936*, Paris (1978)	
D Ro I	Robert I, king of west Francia, *Acta*, ed.	

	R.-H. Bautier and J. Dufour, *Recueil des actes de Robert Ier et de Raoul, rois de France, 922–936*, Paris (1978)
D Ro II	Robert II, king of west Francia, *Acta*, ed. W. M. Newman, *Catalogue des actes de Robert II, roi de France*, Paris (1937)
DA	*Deutsches Archiv für Erforschung des Mittelalters*
DAI	Constantine VII Porphyrogenitus, *De administrando imperio*, ed. and trans. G. Moravcsik and R. J. H. Jenkins (CFHB 1 = Dumbarton Oaks Texts 1), Washington, DC (1967)
DC	Constantine VII Porphyrogenitus, *De cerimoniis aulae byzantinae*, ed. I. I. Reiske, 2 vols., Bonn (1829).
DOP	Dumbarton Oaks Papers
DOT	Dumbarton Oaks Texts
EHD	Dorothy Whitelock (ed.), *English Historical Documents 1, c. 500–1042*, 2nd edn (London, 1979)
EHR	*English Historical Review*
EME	*Early Medieval Europe*
ep(p.).	epistola(e)
Eparch	*The Book of The Eparch*, ed. and trans. J. Koder, *Das Eparchenbuch Leons des Weisen* (CFHB 33, Series Vindobonensis), Vienna (1991)
Flodoard, *Annales*	Flodoard, *Annales*, ed. P. Lauer, *Les annales de Flodoard publiées d'après les manuscrits*, Paris (1905)
Flodoard, *HRE*	Flodoard, *Historia Remensis ecclesiae*, ed. M. Stratmann, *MGH SS* XXXVI, Hanover (1998),
FmaSt	*Frühmittelalterliche Studien*
fol.	folio
FSI	Fonti per la storia d'Italia (Instituto storico per il medio evo) (1887–)
Fulbert, *Ep(p).*	*The Letters and Poems of Fulbert of Chartres*, ed. and trans. F. Behrends, Oxford (1976)
Gerbert, *Ep(p).*	Gerbert of Aurillac, *Epistolae*, ed. F. Weigle, *Die Briefsammlung Gerberts von Reims (MGH Die*

	Briefe der deutschen Kaiserzeit II), Weimar (1966)
HJb	*Historisches Jahrbuch*
HZ	*Historische Zeitschrift*
JEccH	*Journal of Ecclesiastical History*
JL	P. Jaffé, *Regesta pontificum romanorum*, 2nd edn, ed. S. Loewenfeld, with F. Kaltenbrunner and P. Ewald, Leipzig (1885–8)
JMH	*Journal of Medieval History*
Liudprand, *Antapodosis*	Liudprand of Cremona, *Antapodosis*, ed. J. Becker, *Liudprandi opera* (*MGH SRG* XLI), Hanover (1915), pp. 1–158
Liudprand, *Historia*	Liudprand of Cremona, *Liber de rebus gestis Ottonis Magni imperatoris*, ed. J. Becker, *Liudprandi opera* (*MGH SRG* XLI), Hanover (1915), pp. 159–75
Liudprand, *Relatio*	Liudprand of Cremona, *Relatio de legatione Constantinopolitana*, ed. J. Becker, *Liudprandi opera* (*MGH SRG* XLI), Hanover (1915), pp. 175–212
MA	*Le Moyen Age*
Mansi	J. D. Mansi, *Sacrorum Conciliorum nova et amplissima collectio*, Florence and Venice (1757–98)
MGH	*Monumenta Germaniae Historica*, with subseries:
AA	*Auctores antiquissimi*, 15 vols., Berlin (1877–1919)
Cap.	*Capitularia. Legum sectio* II, *Capitularia regum Francorum*, ed. A. Boretius and V. Krause, 2 vols., Hanover (1883–97)
Cap. episc.	*Capitula episcoporum*, ed. P. Brommer, Hanover (1984)
Conc.	*Concilia. Legum sectio* III, *Concilia*, II, ed. A. Werminghoff, Hanover (1906–8); III, ed. W. Hartmann, Hanover (1984); IV, ed. W. Hartmann, Hanover (1998)
Const.	*Constitutiones et acta publica imperatorum et regum inde ab a.* DCCCCXI *usque ad a.* MCXCVII *(911–1197)*, ed. L. Weiland, Hanover (1893)
Dip. Germ.	*Diplomata regum Germaniae ex stirpe Karolinorum: Die Urkunden der deutschen Karolinger* I, ed.

xxiii	*MGH* (cont.)	P. Kehr, Berlin (1932–4); II, ed. P. Kehr, Berlin (1936–7); III, ed. P. Kehr, Berlin (1956); IV, ed. T. Schieffer, Berlin 1960)
	Dip. Kar.	*Diplomata Karolinorum: Die Urkunden der Karolinger* I and III, ed. E. Mühlbacher and T. Schieffer, Hanover (1893–1908)
	Dip. regum	*Diplomata regum et imperatorum Germaniae: Die Urkunden der deutschen Könige und Kaiser* I, ed. T. Sickel, Hanover (1879–84); II.1, ed. T. Sickel, Hanover (1888); II.2, ed. T. Sickel, Hanover (1893); III, ed. H. Bresslau, H. Bloch and R. Holtzmann, Hanover (1900–3); IV, ed. H. Bresslau, Berlin (1909)
	Epp.	*Epistolae* III–VIII (= *Epistolae Merovingici et Karolini aevi*, Hanover (1892–1939)
	Epp. sel.	*Epistolae selectae in usum scholarum*, 5 vols., Hanover (1887–91)
	Fontes	*Fontes iuris Germanici antiqui in usum scholarum ex Monumentis Germaniae Historicis separatim editi*, 13 vols., Hanover (1909–86)
	Form.	*Formulae Merowingici et Karolini aevi*, ed. K. Zeumer, *Legum sectio* v, Hanover (1886)
	Leges nat. Germ.	*Leges nationum Germanicarum*, ed. K. Zeumer (*Lex Visigothorum*); L. R. de Salis (*Leges Burgundionum*); F. Beyerle and R. Buchner (*Lex Ribuaria*); K. A. Eckhardt (*Pactus legis Salicae* and *Lex Salica*); E. von Schwind (*Lex Baiwariorum*), 6 vols. in 11 parts, Hanover (1892–1969)
	Lib. mem.	*Libri memoriales*, and *Libri memoriales et Necrologia nova series*, Hanover (1979–)
	Nec. Germ.	*Necrologia Germaniae*, 5 vols. and Suppl. Hanover (1886–1920)
	Poet.	*Poetae Latini aevi Carolini*, ed. E. Dümmler, L. Traube, P. von Winterfeld and K. Strecker, 4 vols., Hanover (1881–99)
	SRG	*Scriptores rerum Germanicarum in usum scholarum separatim editi*, 63 vols., Hanover (1871–1987)
	SRL	*Scriptores rerum Langobardicarum et Italicarum saec. VI–IX*, ed. G. Waitz, Hanover (1878)
	SRM	*Scriptores rerum Merovingicarum*, ed. B. Krusch

MGH (cont.)	and W. Levison, 7 vols., Hanover (1885–1920)	xxiv
SS	*Scriptores* (in Folio), 30 vols., Hanover (1824–1924)	
MIÖG	*Mitteilungen des Instituts für Österreichische Geschichtsforschung* (1922–1944, *Mitteilungen des Österreichischen Instituts für Geschichtsforschung*)	
EB	*MIÖG, Ergänzungsband*	
MMS	Münstersche Mittelalterschriften	
MS	Manuscript	
NA	*Neues Archiv der Gesellschaft für ältere deutsche Geschichtskunde*, continued as *Deutsches Archiv für Erforschung des Mittelalters*	
N.F.	Neue Folge	
n.s.	nova series, new series	
PG	*Patrologiae cursus completus, series graeca*, ed. J.-P. Migne, 161 vols. (Paris, 1857–66)	
PL	*Patrologiae cursus completus, series latina*, ed. J.-P. Migne, 221 vols., Paris (1841–64)	
QFIAB	*Quellen und Forschungen aus italienischen Archiven und Bibliotheken*	
Radulf Glaber, *Historiae*	Radulf Glaber, *Historiarum libri quinque*, ed. with English trans. J. France, Oxford (1989)	
RB	*Revue Bénédictine*	
Regino, *Chronicon*	Regino of Prüm, *Chronicon*, ed. F. Kurze, *Reginonis abbatis Prumiensis Chronicon cum continuatione Treverensi, MGH SRG* L, Hanover (1890)	
RHEF	*Revue d'Histoire de l'Eglise de France*	
RHF	Académie des Inscriptions et Belles-Lettres, *Recueil des historiens des Gaules et de la France*, series in folio, eds. M. Bouquet and M.-J.-J. Brial, revised by L. Delisle, 19 vols., Paris (1869–80)	
RhVjb	*Rheinische Vierteljahrsblätter*	
Richer, *Historiae*	Richer, *Historiae*, ed. and trans. R. Latouche, Richer, *Histoire de France (888–995)* (Classiques de l'histoire de France au moyen âge), 2 vols., Paris (1930, 1937; repr. 1960, 1964)	
RISS	*Rerum italicarum scriptores*, ed. L. A. Muratori, 25 vols., Milan (1723–51); new edn, G. Carducci and V. Fiorini, Città di Castello and Bologna (1900–)	

xxv	*s.a.*	sub anno
	Sawyer	P. H. Sawyer, *Anglo-Saxon Charters: A Handlist*, London (1968)
	Settimane	Settimane di Studio del Centro Italiano di Studi sull'alto medioevo (Spoleto 1955–)
	Skylitzes, *Synopsis*	John Skylitzes, *Synopsis historiarum*, ed. I. Thurn (CFHB 5, Series Berolinensis), Berlin and New York (1973)
	SM	*Studi Mediaevali*
	StMGBO	*Studien und Mitteilungen zur Geschichte des Benediktiner-Ordens und seiner Zweige*
	Thietmar, *Chronicon*	Thietmar of Merseburg, *Chronicon*, ed. R. Holtzmann (*MGH SRG N.S.* IX, Berlin (1935)
	TRHS	*Transactions of the Royal Historical Society*
	Vat. (lat.; pal. lat.; reg. lat.)	Bibliotheca Apostolica Vaticana, MS (latinus; palatinus latinus; reginensis latinus)
	VSWG	*Vierteljahresschrift für Wirtschaftsgeschichte*
	VuF	Vorträge und Forschungen, herausgegeben vom Konstanzer Arbeitskreis für mittelalterliche Geschichte
	Widukind, *Res gestae Saxonicae*	*Widukindi monachi Corbeiensis rerum gestarum Saxonicarum libri III*, ed. P. Hirsch and H.-E. Lohmann (*MGH SRG* LX, Hanover (1935)
	Wipo, *Gesta*	Wipo, *Gesta Chuonradi*, ed. H. Bresslau, *Wiponis opera* (*MGH SRG* LXI), Hanover (1915), pp. 3–62
	ZRG	*Zeitschrift der Savigny-Stiftung für Rechtsgeschichte*
	GA	*Germanistische Abteilung*
	KA	*Kanonistische Abteilung*

第 一 章
导论：解读10世纪

本卷内容包括9世纪90年代迄11世纪二三十年代的历史，即被确当描述为"漫长的10世纪"的欧洲史。尽管本卷也将这一时期的拜占庭史和伊斯兰侵略欧洲史包括在内，但是，本章主要强调西欧拉丁语区，包括原来的拉丁区和收复失地之后的拉丁区。我将试图勾勒研究这段历史的学者当下关注的图景，以及普遍认同的特征，尽管我也知道，这种概括的学术影响很可能不及包含实际内容的以下各章。如何将这一时段作为一个整体进行理解和描述，是由一系列外来因素决定的。学术界认为，"漫长的10世纪"的基本特征是由若干总体性趋势构成的，在能够审视这些趋势以及它们在多大程度上形成这些特点之前，我们需要检视这些外来因素。其中最重要的就是可以使用的资料的性质：是客观的，还是感知的。但是，另外两个因素几乎同样重要。第一个因素是在职业研究群体中业已使用得颇具影响的解释框架和阶段划分，不管是传统的，还是晚近形成的。第二个因素可能更为重要，即这个群体在大多数情况下是在特定的历史编纂传统中进行研究和已经进行研究。

很多人认为，漫长的10世纪，比后罗马其他时段的欧洲史更缺乏资料，更缺乏关于"实际上发生过的"事件的准确可靠的信息，7世纪也许例外。这个时期之所以被称为"黑暗的世纪"（*dunkles Jahrhundert*）、"被人遗忘的时代"（*secolo oscuro*）或"冷铁时代"（现代学者感到如此不寒而栗的字眼，喻指军人逞强武力当道，言论和思想黯然失语了）[①]，不仅因为野蛮占据了漫长的10世纪

[①] 关于这些术语的历史，参见Zimmermann (1971), pp. 15–21；在此之前，Lestocquoy (1947)，White (1955) 和 Lopez (1962) 试图重新评价这个阶段作为一个针对他们的有意识的反应。

的大部分，还因为历史学家在研究它时困难重重，比如在试图确认事件发生顺序和当政者的谱系时。在后加洛林时期欧洲核心区域的部分地方，文本读写似乎一直处在衰落之中，而出现了口头和符号交流回归的现象。正如我们将要看到的，这绝不是漫长的 10 世纪的普遍现象，但这种现象确实存在，这意味着人类交往经常采用这样的方式，以至于文字记录中很少看到它的踪迹。而这些踪迹对历史研究者来说都是间接的和难以解读的。

无论如何，黑暗、被人遗忘或"冷铁时代"等概念都值得商榷。他们对学源的追索十分深入，而兰克学派的政治史研究在这时期中世纪史学家群体意识中仍然居于统治地位，他们的研究在这一时期仍然产生了重要的建基性影响。当至多有一条写实性叙述涉及某个区域的高端政治（high politics）时，书写"历史的真相"比其他任何情况下都更加艰难，也更不确定，结果自然是暗淡或模糊不清。在漫长的 10 世纪的大部分时间里，欧洲很多地区的历史都是如此：东法兰克或德国历史，因科尔韦的维杜金德（Widukind of Corvey）、克雷莫纳的利乌德普兰德（Liudprand of Cremona）和圣马克西敏的阿达尔伯特（Adalbert of St. Maximin）都有记载，且涉及了 10 世纪中期 1/3 中的大部分时间，情况有些特殊。

实际上，缺乏历史记录的地区主要是欧洲西部，无论是拉丁西欧，还是伊斯兰西欧，都是如此；东欧则不然，10 世纪的东欧历史并不比拜占庭历史的任何其他时期更模糊，相反甚至更明晰一些。地中海世界以外，有些地区我们的确找不到时人的记录。新兴的王国，包括罗斯、匈牙利、波希米亚和波兰，当然还有斯堪的纳维亚诸王国，都没有当时当地的原始叙述；只是后来才有了神话化的最早历史：罗斯的《往年纪事》（Tale of Bygone Years）或《罗斯早期编年史》（Russian Primary Chronicle），匈牙利 12 世纪后期的《无名者》及其后来的类似作品如《科赛·西米恩》和《图解编年史》（Chronicon pictum）；波希米亚和波兰 12 世纪早期的宫廷作家、布拉格的科斯马斯和高卢人无名者；斯堪的纳维亚的萨克索·格拉马蒂库斯（Saxo Grammaticus）、《挪威王列传》（Heimskringla）。19 世纪末 20 世纪初，实证主义者对原始资料的严苛批评，使历史学家很少愿意将这些作品作为"原始资料"，除非陷入谨慎的绝望之境，或者偶尔引述只言片语作为润饰。即使在肯定它们的作者借鉴了现在已经失传的更早期的作品的情况下,你一般也不可能准确地指出他们在哪些地方做了这些,因为这些著作作为更早历史的后来的陈述,对于它们的分析,在很多方面还刚刚开始。一些中世纪盛期的版本提供了关于更早时期的历史信息。而一旦这些版本被视为后人写的作品,而不是过去事实的回音,那么,关于这些地区政治史的撰写,就主要借助来自法兰克、盎格鲁-撒克逊和拜占庭世界的叙述,以及阿拉伯、犹太旅行者的故事,而这些叙述故事,都是随心所欲且无上下文的信息碎片。依据它们来写,只能抱以尝试的态度,而且写得更加含糊其辞。西欧有些地区的历史写得颠三倒四,其中最严重的是勃艮第王国和加泰罗尼亚、图卢兹公国。至少就历史事件(histoire evenementielle)的重建而言,任何历史时期的欧洲统治者都没有勃艮第国王平静者康拉德那样默默无闻,他统治了近60年,却没有留下什么记录。

然而,漫长的10世纪也是一个历史学家和作家辈出的时代。他们以广阔的视野和重要而翔实的内容提供了丰富、可读的文本。他们有:萨克森地区科尔韦的维杜金德、马格德堡的阿达尔伯特(Adalbert of Magdeburg)和梅泽堡的蒂特马尔(Thietmar of Merseburg),兰斯的法罗多拉尔和里歇尔(Flodoard and Richer in Rheims),诺曼底圣-昆汀的杜多(Dudo of Saint-Quentin),法国中部夏巴纳的阿德马尔(Adhémar of Chabannes)和拉杜尔夫·格拉贝(Radulf Glaber),意大利(和阿尔卑斯山北部)克雷莫纳的利乌德普兰德,罗马索拉克特的本尼狄克(Benedict of Soracte),还有里昂的萨姆皮罗(Sampiro)。《盎格鲁-撒克逊编年史》带有浓郁的神秘色彩,它的有些版本,如由伊泽尔伍德郡长于980年前后编纂的版本,其中收集的有些篇目堪称上乘之作。一些更具地方特色的作品也给人留下了深刻的印象,如洛泰林吉亚(Lotharingian)的主教行迹录(episcopal gesta),或法罗多拉尔(Flodoard)所著的《兰斯教会史》,洋洋洒洒,根据档案资料写成。其中最为重要的而且不仅仅因为保存了大量幸存史料的是,始自这个时期的大部头的圣徒列传和灵异事件辑录:10世纪真是盛产传记的黄金时代。

然而,传统立场的转变是缓慢的。下面的事实很能说明现代中世纪研究者与"圣徒传记"的关系:一方面,几乎所有那个时期的主要传记作品都有了现代版本而且很可以使用；另一方面，对大部分"传记"的研讨还必须借用古老的、往往残缺不全的版本。历史学家与事实打交道，圣徒传记作家从事虚构，两者在19世纪的区别，很可能同样适用于一个时代的学术，这个时代首先注重确定人物、事件、地点和时间，而这一切在"传记"文本中往往是不准确甚至错误的。不过，现在这种区别需要超越，因为根本没有证明，这种关于反映10世纪作者的写作动机和实践的区别具有任何重要性：很多"历史学家"也写"传记"。②

其实，即使在通常被视为历史学家而不是传记作家的那些人中，也没有几个能给我们留下直截了当、令人满意的文本。实证主义资料批评的酸浴，可能已经几乎彻底解构了后来被神话化的欧洲周边的历史，但也使被剥离得体无完肤的作家们如维杜金德、里歇尔和杜多等人光洁的外表陷入了深深的纷争之中。分歧如此严重，以至于马丁·林策尔围绕"10世纪的真相问题"（意指"在那儿"的过去事实显得愈益遥不可及，我们是否能以现存叙述了解过去运行的轨迹，这本身就存在问题）撰文论说。近来，卡尔理查德·布吕尔（Carlrichard Brühl）已经感到，完全可以将维杜金德和里歇尔作为小说家（romanciers）③来讨论。20世纪末，仍然没有历史学家愿意理直气壮地向世人呈现这种经验主义色彩极浓的作品。尽管被林策尔和布吕尔所质疑的这些资料的问题只是一部分，但它们确实是存在的，因为在那些作品中，神话、史诗、教士寓言和民间传说的成分频繁映入我们的眼帘，却几乎没有提供直截了当的实证主义的解释。④

具有实证主义思维方式的历史学家，习惯于从文本中捡取不确定和主观性信息，并与实录证据中的确定数据进行比对。在这一时期，实录证据出自各种令状，而多种王家证书也存有完好的现代版本：由东法兰克（德国）、勃艮第、匈牙利和意大利的统治者签发或以他们的名义签发的凭证保存完整，西法兰克的情况也大体如此；至于教皇的信件和特权，我们拥有这个时期所有凭证的各种版本。⑤ 即使有些

---

② Lifshitz (1994).
③ Lintzel (1956); Brühl (1990), pp. 465–7, 589–93.
④ Reuter (1994).
⑤ Zimmermann, H. (ed.), *Papsturkunden 896–1046*.

地区——盎格鲁-撒克逊时代的英格兰、西班牙半岛和拜占庭——图版所存不全，缺口也正在填补。在此之下，情形便不那么乐观。尽管这个时期的特点是，低于王家地位的大主教、主教、公爵或侯爵行使"准帝王"权力，但是他们签发的令状并不是很多，而且在大部分地方还没有开始收集现代版本，⑥ 一个例外是意大利王国的判例，以国王名义（或表面上）主持法庭者对判决的记录已被收存。⑦

这个时期留存下来的大量非王家令状材料，有似我们今天的财产转让及证书办理记录或解决纠纷说明。这类文件通常提供一个关于财产转让和纠纷解决的微型陈述，并附带现场出席者的名单。据我们所知，在北欧很多地区，这些文件仅仅视为交易记录，本身并无法律效力，尽管在英国和意大利不一定如此。恰恰就是在本卷所覆盖的一个多世纪的时间里，关于欧洲很多地区特别是法国的叙述，愈益扩大和详尽，以至于实际上有人坚称，这样事无巨细的赘述，会误导历史学家以为他们所着力描绘的东西是关于10世纪的新发现，而不是简单地将过去第一次记录下来。⑧ 上述材料的地理分布很不平衡，他们收集的各种版本的质量也参差不齐。地中海区——意大利北部和南部、西班牙有些地方（特别是加泰罗尼亚和卡斯提尔）——的档案资料非常充实完整，虽然并不一直为世人所熟知和利用。在北欧，这种现存资料的收录情况也大体如此，那里的房地产契册往往由宗教机构汇总整理。在10世纪以及本卷覆盖的时间之后的半个世纪里，宗教机构采取措施，将他们的财产归属和管理规整得井然有序，合理有致，据以选编档案，整理成书。现存大型的未经整理的档案材料十分少见，10—11世纪克吕尼修道院的大型档案材料例外。⑨ 特别值得注意的是，8、9世纪北欧很多中心区，从里登到圣加伦，都曾踊跃整理档案材料；10世纪则不同，或者完全停止了整理，或者整理速度和规模大幅缩减。

一直到最近，这些资料很少得到全面系统的编纂整理，它的性质也一直没有得到历史学家合理的鉴定。古文书学的历史是专注于辨别

---

⑥ 对于这些针对世俗诸侯颁发的令状，Kienast（1968）提供了方便的指南；*Recueil des actes des ducs de Normandie* 中有关于诺曼底的完整的版本。
⑦ Manaresi, C.（ed.）, *I placiti del 'Regnum Italiae'*.
⑧ Barthélemy（1992a）.
⑨ *Recueil des chartes de l'abbaye de Cluny*.

真伪的历史。在处理王室和教皇的特许状时，首先要鉴定实物的真伪，这是十分正确和重要的，因为至少从理论上说，这类文件自身足以保证它内含的权利要求，这就使得伪造十分值得，无论是当时，还是日后。但是，伪造并不算严重，还没有到毁灭令状的程度。每一份特许状的背后都有一个故事，即使我们能够确定某一令状名副其实，其正式的法律意义上的真实性本身，也不能保证故事的历史意义中的真实性或完整性或有效性。大多数类似的故事的确说明了令状的不完整性，历史学家也刚刚开始研究令状签署者的叙述策略，以及令状执行的叙述策略。随着早已为人注意的更加烦琐的令状签署风格的形成，这样的研究愈加重要。令状包括诉状和协议，它们贯穿了有关争端的全部历史。在看似司法文件的资料中，包含着发现这些微观史的事实，但是这并不能改变上述资料的主观性，并不能说明对它们的解读不存在问题。

在这一阶段的早期，在拉丁欧洲的某些地区，虽然不是全部，令状签发出现了暂时性减少的趋势，尽管10世纪后期在各地几乎全线恢复并呈稳步上升趋势，这是持"被人遗忘的时代"观点者所没有理清的事实。但是，在拉丁欧洲几乎所有地方，立法活动都呈现真实的、持续很久的下滑趋势，这对为数极少的既熟悉西欧拉丁政治文化，又知晓拜占庭或伊斯兰政治文化的时人来说，形成了极其鲜明的对照。⑩ 在这一时期西欧的大部分地区，没有或几乎没有立法存留下来，甚至在那些统治者似乎坚强有力、名震一方的地区，也是如此。但这不能归因于材料的大规模遗失。加洛林时代法令编订传统到9世纪末实际上已经绝迹（西法兰克在884年之后，意大利在898年之后，东法兰克在852年之后）。奥托家族的国王及其大臣知道什么是法令集，却将他们自己局限于颁行非常偶然的特别敕令。⑪ 加洛林时代法令集的收集，特别是安塞吉苏斯（Ansegis）的收集，在10世纪和11世纪继续被人所复制，在西法兰克和东法兰克王国尤其如此。但在实际生活中，这些手稿究竟被拿去做什么，却一点也不清楚。⑫ 盎格鲁-撒克逊时代的英格兰，是10世纪西欧立法匮缺的特大例外，

---

⑩ 参见Nelson对John of Gorze访问科尔多瓦法院的叙述的分析，第126—128页。
⑪ *MGH Const* I, no. 8, p. 17; D H II 370.
⑫ Mordek (1995); Ansegis, *Collectio capitularium*, ed. Schmitz, pp. 189–90.

从欧洲大陆辗转传入的加洛林王朝的法令汇编为英格兰王国提供了灵感，他们不甘落后，吸收并发展了加洛林政府的经验，颁布了一系列长篇法典，比较有名的是埃塞尔斯坦（Æthelstan）、埃塞尔雷德（Æthelred）、克努特（Cnut）法典。[13] 11世纪早期匈牙利的斯蒂芬国王对卡洛林王朝法令汇编的模仿却有些拙朴粗陋，相形见绌。[14] 而正如人们所期望的，拜占庭帝国对法令汇编传统的发展，则比较顺利和连贯：10世纪的统治者继续立法势属必然，且无中断与衰落。[15]

教会的立法也减少了。作为教士集会的宗教会议，更可能仅仅将司法判决的协议或令状神圣化的任务，交给被强行拉来偶然出庭作证的人们去完成，而不会以宗教法规的形式来立法。[16] 同样，加洛林时代重要的主教法规制定传统，在10世纪主教活动中的应和者也比较少了。[17] 这种消极无为的状况在10世纪早期特别突出；约950年后，情形渐有恢复。尽管这种恢复在任何地方都还相当缓慢。1049年，利奥九世的会议在兰斯和梅斯发起了一系列宗教会议改革，这使西欧不再处在长期立法空白的时代，加洛林时代早期会议活动的恢复就是如此。[18] 我们的描绘仍然不够全面，因为尽管那些在拜占庭和欧洲西部留存下来的世俗法律已经基本上编纂整齐，但是宗教会议立法直到现在才受到应有的重视。[19] 特别是我们缺乏一种综合的宗教会议立法文本，"上帝的和平与休战"运动的立法就是在这些会议上得以发布的。[20] 漫长的10世纪经常使用的教会法汇编，我们同样缺少几乎任何一个现代版本，也没有10世纪末沃尔姆斯的布尔夏德（Burchard）编纂的稿本，这个稿本质量上乘，在很大程度上可以取代这些更早的版本。[21]

---

[13] 关于加洛林王朝这些立法的史料，都编入了 Liebermann 主编的 *Die Gesetze der Angelsachsen*，参考 Wormald (1978)，pp. 71–4.

[14] Stephen, King of Hungary, *Laws*.

[15] 参考 Shepard 下书，第553—554页；有关这方面与西部的比较，见 Leyser (1994b), pp. 160–1.

[16] 这是 Schroder (1980) 关于西法兰克王国的结论；其他地方如非极端不同，情况也类似。

[17] *Capitula episcoporum* III 包含几个10世纪的样本；文本与手稿的总体分布在第四卷中做了考察，但还没有面世。

[18] Hartmann (1989), pp. 47–50.

[19] *Concilia aevi Saxonici 916–1001*；*1: 916–61*；有关评论参考 Schröder (1980), Vollrath (1985), Wolter (1988) 以及 Wilfried Hartmann and Kenneth Pennington 编辑的即将出版的《中世纪教会法史》的章节。

[20] 关于印制资料的详细情况，参见 Hoffmann (1964)；大部分手稿仍然在整理。

[21] Hoffmann 和 Pokorny (1991) 的著述现在都是 Burchard 辑录的所有作品的起点。

几乎所有 10 世纪留存下来的信函汇编（汇编之外保存下来的 10 世纪的信函不多），都可以在教会法的语境中予以审视。绝非偶然，最重要的信函与重要的改革派教士——维罗纳和列日的拉瑟、兰斯的热贝尔、沙特尔的富尔伯特和坎特伯雷的邓斯坦——密切相关，汇编中包括了很多涉及教会法实际事宜的信函。[22] 然而，这些信函不应仅从单一的背景中解读。将信函汇编成册以便保存的动机，在随后的 11 世纪和 12 世纪里愈益强烈，也更加普遍。这不仅仅是这个时代人们注重记忆的产物，也不仅仅基于对有关人士保持纪念的愿望，而且出于某种需要——典范训练教士的需要：邓斯坦、热贝尔和富尔伯特既是律师，也是教师，这一点非常重要。该时期的拉丁诗歌艺术也隶属于修辞学说教传统：这是一种学校艺术，而在此前却是一种宫廷艺术，至少从某种程度上来说是如此。[23] 在这里我们再次看到，拉丁西欧和拜占庭以及伊斯兰宫廷核心文化之间形成了鲜明对比。

人们认为，与中世纪早期一样，漫长的 10 世纪的资料留存应该对历史学家的感受和解读产生比实际更大的影响。考古发掘在后加洛林时代城市史的重建过程中发挥了主要作用，特别是通过对维京约克（Viking York）和都柏林的详尽调查，彼得·约翰内克所写的那一章就阐明了考古发掘是这样影响了我们对这个时期的看法。但是，我们关于后加洛林时代的聚居方式的观点，总的来说受考古成果的影响比较小，正如罗伯特·福西耶在下文所说（与很多学者的观点不谋而合，虽然不是所有学者），毋庸置疑，这个时期村庄首先呈现出明确的形式并坐落在固定的地点。至于在后加洛林社会占统治地位的贵族阶层，如果说在漫长的 10 世纪也已经"定居下来"，则未免值得商榷。虽然贵族住所（往往是筑堡设防的场所）的演变已经得到相当广泛的研究，而且与这个时期家庭结构的转变联系起来，但是对于北欧非城镇贵族的居住地点和方式，我们还远远没有弄清楚。[24] 毫无疑问，研究 10 世纪历史的史学家对考古学应当给予较此前更多的关注；但是，更具实质意义的综合研究的缺乏、发掘成果发布的空白，以及

---

[22] Rather of Verona 书信集，Gerbert of Aurillac 书信集，Fulbert of Chartres 的书信诗歌集，圣 Dunstan 记录第 354—438 页。在 Fulbert 中联系最为明显，参见比如，*epp.* 28, 36, 56, 71。
[23] Godman (1987)。
[24] 见下文原书第 18—19 页。

各国考古传统的多样性（比即将探讨的历史地理传统的多样性更突出），仍在可预见的未来使这一问题变得更加困难。

有几种实物遗存因历史学家普遍忽视非书面材料而被遗忘，如绘画、雕像、金器、象牙作品和建筑，这些通常是艺术史学家的研究对象。手稿既是实物，也是主观写照的汇集，对它们的研究至少已经获得了与对这一时期的文字资料的研究的同样重视。受到关注的还有幸存下来的金属器、木刻和象牙雕刻物件，制作成书的封面、雕刻面板、礼仪梳，尤其是用来做圣物箱和王家器物的部件。但是，相关记载大都已经遗失，一些背景也无法再现。实际上，完整无损保存至今的 10 世纪建筑，只有为数很少的基督教建筑，而没有世俗建筑。而装饰这些建筑的壁画和挂毯，很可能比业已得到阐释的手稿更有助于我们了解这个时期的文化和自我影像，但除了偶然幸存下来的如赖谢瑙（Reichenau）的圣乔治大教堂（the church of St. George）还几乎完整保存了整套的壁画，其他的都已消失得几乎无迹可寻。有不少神职人员的法衣遗留下来，但记录国王和贵族事迹的挂毯只能从一些随意书写的文书中才能探知一二。很多类似的实物遗存广受文化历史学家、政治历史学家和艺术史学家的关注，用德国中古史学家珀西·厄斯特·施拉姆（Percy Ernst Schramm）的话说，它们属于或被认为属于"贵族的标志，国家的象征"。如同书面材料对于它们的说明，即作为象征行为的记录（经常以逸事的形式），它们提供了一种进入这时社会精英精神世界的路径，这或许是我们通过更直接的不能言说的证据接近这一目标的另外的路径。㉕

用于研究这一阶段历史的原始资料远远不能规定研究这段历史的方法。克劳迪奥·莱奥纳尔迪（Claudio Leonardi）在知识生活这一章开头即说，晚期加洛林学者与文人和 11 世纪后期早些时候的经院哲学家之间的时代，经常被认为属于后加洛林时代或前格列高利时代，这样也就否定了它自己的同一性。㉖ 相似的评论也能用于这一时期其他方面的主流阐释。当然，使用这样的术语有某些合理性，后面也有诠释框架的支持。10 世纪欧洲的大部分地区——虽然几乎不包

㉕ 关于 Schramm 的著作参见 Bak（1973）；关于政治仪式的作用参见 Althoff（1990）；Koziol（1992）；Althoff（1997）。

㉖ 见下文原书第 198 页。

括拜占庭和伊斯兰的疆域——都在一定程度上自视属于后加洛林时代：它依依不舍地眷恋着一个曾经繁荣昌达、现在却已没落的秩序，同时又希望使这个秩序永存于历史的记忆之中。当后继邦国的继承者们回顾法兰克人的黄金时代时，因为缺乏清晰准确的记忆，这个时代越发显得光彩夺目、熠熠生辉。加洛林人一直很少居住的地方，如法国南部，加洛林怀旧情结反而最为炽烈。一旦真正的加洛林人不复存在，怀旧情结就会滋长：奥托三世，而不是奥托一世，迈出了追封查理大帝为圣徒的第一步。[27] 后加洛林时期欧洲的核心区域还残存着泛法兰克观念，而这时各王国（还不是国家）早已开始形成自己的认同意识。在向北向东延伸的前法兰克巨大弧形疆域内，从英格兰到匈牙利，无论是埃德加和埃塞尔雷德的威塞克斯（the Wessex of Edgar and Æthelred）对法令集形式上的模仿，还是为了奠定早期匈牙利法律的基础而对《巴瓦廖茹姆法典》（Lex Baiuuariorum）所做的修改，奥托人，如同口传和文本神话中的加洛林政体，被奉为当代霸权的榜样而加以效仿，树立了发展的典范。同样，虽然"格列高利"和"前格列高利"这些术语近些年来备受诟病，但也不能完全弃之不用。[28] 教会改革者以及11世纪中、晚期的历史学家对此进行了普遍指责，而且，这些指责在19、20世纪历史学家中得到了应和。这至少表明，我们对10世纪和11世纪早期欧洲的认识还能达成一定程度的统一，而这时的欧洲交织着罪恶、教会的恶习，以及少数极端团体为克服这些缺陷所做的努力。

对于刚才提及的界限，当前其他两种模式给出了更广泛的版本。大部分以德语编撰的历史——以前也以法语编撰，见证了马克·布洛赫（Marc Bloch）对第一和第二封建时代的区分——认为11世纪中期标志着从"古风社会"走向"旧的欧洲秩序"的关键性转变。而旧的欧洲秩序是指从11世纪晚期到18世纪晚期的欧洲历史。[29] 可以认为，这是对"前格列高利时代"和"后格列高利时代"分析框架的一种更为世俗、更加社会学的重写（rewriting）：按照这一观点，教会改革仅仅是11世纪以来理性进一步发展、社会分化进一步加剧

---

[27] Folz (1950), pp. 47–114; Remensnyder (1995).
[28] Tellenbach (1985, 1993).
[29] Brunner (1968); Gerhard (1981) 关于布洛赫所说的区分参见布洛赫 (1961)，第59—71页。

的普遍社会变革的征兆。㉚

　　另一种观点更强调发展的政治性质,将这一时期视为拉丁西欧一个漫长阶段的开始。在这个时代,欧洲通过以攻取领土为目的的王朝战争而逐渐被塑造成形,很多地区成为当今民族国家(nation-state)的原型。当然,这个术语用于10世纪还不合适。杰弗里·巴勒克拉夫(Geoffrey Barraclough)把漫长的10世纪定义为"对欧洲的严峻考验",这一时期,大规模的跨区域帝国最终销声匿迹,代之而起的是通过后来欧洲史而熟悉的小型王国。㉛ 大部分欧洲政治地理肯定被认为在这一时期已经开始形成,1968年召开了以这时"民族国家起源"为议题的大型国际会议,其召开的基础就在于此。㉜ 然而,即使单独作为政治史来解读,它也是更适用于欧洲的某些地区而不是全部。对于欧洲的北部和东部,它显然是适用的。在这些地区,今天的政体是在10世纪从史前时代起源发展而来的,形式可辨。德国中世纪史的编撰也把主要精力倾注在"德国史的开端"上。现在,一般将这些开端置于漫长的10世纪而不是9世纪,虽然这些开端不再被定义到一个重要的年份上,如911年或919年或936年。㉝

　　然而,恰恰是德国中古史学家寻求建立"法国史的开端",并把这些开端置于同一历史时期。㉞ 法国历史学家却认为这是一个并不十分重要的时期,因为到10世纪的某一时间,一些东西已经清晰可辨,法国已经初具轮廓了。的确,在法国史学传统中,一种对立的观点已经提出来。不去使用"欧洲的诞生"这样虚夸的辞藻,实际是把10世纪作为一个旧秩序的终结,不仅仅是后加洛林时代而且是后罗马时代的终结。持这一观点的原因也各不相同。一些学者力图强调,从古代晚期到10世纪晚期,法律和政治制度一以贯之,没有中断。㉟ 另一些人,即马克思主义史学家或新马克思主义史学家,则强调生产方式的根本转变以及由此导致的由奴隶制向农奴制嬗递的占支配地位的

㉚　Murray(1978),特别要参考 pp. 25-137.
㉛　Barraclough(1976);另外还有 Calmette(1941),Fossier(1982)和 Fried(1991).
㉜　Manteuffel(1968).
㉝　Brühl(1990);Ehlers(1994).
㉞　Ehlers(1985).
㉟　Durliat(1990);Magnou-Nortier(1981,1982,1984);有关评论参见 Wickham(1993).经过更加主观调整的同样的阶段划分可以在 Sullivan(1989)的著作中看到。

社会结构的形成（或用马克思主义的术语来说，由奴隶占有制到封建制的转变）。㊱还有人将10世纪视为一种新社会裂变的终结，这是一个远距离交流几乎已经废止的世界，在这个世界，人们的视野所及，无过于登城远望所能到达的范围。㊲

有了这些考虑，我们已经触及刚开始谈到的第三类因素（input）了。研究10世纪的历史，可供选择的解释框架取决于历史学家所遵循的史学传统，这不只是因为刚刚讨论过的原因。欧洲各地具有共同的传统，但是地域差异也非常明显。尤其，欧洲各个国家和地区的主导叙事（the master narratives）表明，这一时期的哪一方面具有重大意义，欧洲还没有达成全面一致的意见。在某种程度上，也存在语言问题：使用的技术术语和概念工具（conceptual apparatus）因民族传统不同而各有差异；而且，迄今还没有针对这些问题的指南，以帮助历史学家进行可靠的翻译。人们日益认识到其他传统的存在以及在其他传统框架下正在进行的研究，可能会在下一代史学家中形成一个真正的10世纪历史的欧洲史观。我们目前认定的过去的一些真正的分歧，可能将来证明只是观念的分歧，以及不同术语和史学传统所造成的结果。

值得注意的是，很多划分时代的方法，以及或隐而不宣或坦率直陈的基本模式都来自法国历史。在用英语书写的历史中，强调这一点是有价值的。不仅法国中世纪史学家比大多数其他国家的史学家习惯奉献这样的理论，英国中世纪史中盎格鲁－诺曼（Anglo-Norman）与盎格鲁－安茹（Anglo-Angevin）的密切关系，加上英语词汇领域（in the Anglolexic world）居于主导地位的外语教学传统，也形成了研究方法的"法国中心观"（Francocentric）：在英国和美国，法国中古史经常被喻指为整部10世纪和11世纪早期的欧洲史。更重要的仍是方法，用这种方法，一部部让人印象深刻的区域史研究，以翔实的细节，把后加洛林时代法国各个地区的转变描写得栩栩如生，丰实可

㊱ Bois（1989）；Bonnassie（1991）。
㊲ 参见 Fossier（1982），pp. 288 – 601，特别是 pp. 288 – 290；也要看后文原书 pp. 45 – 53。关于 encellulement and incastelamento，即它与意大利之间的关系，参见 Wickham1986 版的编纂说明，第 23—26 页；关于这个概念的评论，参见 Leyser（1994c）and Campbell（1990）。

读。㊳ 这些区域史研究始于杜比（Duby）对马康奈（Mâconnais）地区的经典研究，并在很多方面又从他的研究中获得了启发。因此我们对 10 世纪的西法兰克（west Francia）比对欧洲其他地区有更清晰的了解，这不一定是因为材料来源本身固有的优越性，而是因为很多地区都已经被用某种方法系统研究过，而对 10 世纪的巴伐利亚（Bavaria）和翁布里亚（Umbria）的研究，却还没有采用这种方法（这样做也许是可能的，的确，法国历史学家已经超越西法兰克边界输出他们的方法了）。㊴ 年鉴学派（Annales）提出了"总体历史"（total history）的想法，这是一个具有独创性的想法，而这种想法，在研究中世纪盛期（the high middle ages）的历史学家那里较研究以后各段历史的历史学家更容易得到实现，虽然这些阶段更适于撰写论文。这可以说是一个意外，果真如此，这应该是一个具有重要意义的意外。

　　意大利和西班牙中古史学家的立场和传统表现出很大的相似性。10 世纪是一个极具地域性特点的时代：对意大利或西班牙半岛的历史状况做出富有意义的概括总结虽非不能，但也非易事。而且，意大利和西班牙史学的主导叙事（master narratives）把这段历史描述成一个停滞不前的时代：等待市镇出现，或等待再征服（reconquista），以及因此寻找这些事件的起源。把 10 世纪看成一个旧时代的结束或一个新时代的开始，这既不适用于意大利，也不适用于西班牙。虽然可以把 10 世纪上半叶作为意大利由"国家"的国王统治的世纪而加以讨论，这种做法也是直到现在才可以被接受，而且还要加上引号予以特别标示。10 世纪也不是一个对西班牙的自我认知有什么重大意义的时代。一方面，就莱昂—阿斯图里亚的幸存和巩固而言，关键的阶段是 9 世纪而不是 10 世纪。另一方面，西班牙的政治地理直到很晚才定型。卡斯蒂尔（Castile）最终迎合威塞克斯的目的在于获取半岛其余部分的大部，在这一时期，它仍然是一个不安定的边区。依然有很多事情需要处理。专业的历史写作很久以来都没有建立起来，资金也没有阿尔卑斯山和比利牛斯山北面的国家充足。关于这一阶段，还需要做大量的以建立

㊳ 参见 Duby（1952）；此外大多数列入了 Poly and Bournazel（1991）的著作之中，英文翻译见 pp. 365—6.

㊴ 比如 Toubert（1973a, 1973b）；Bonnassie（1975, 1976）；Taviani-Carozzi（1991）；Menand（1993）.

事实依据为主要任务的实证研究的基础工作。所以，近些年来，意大利和西班牙的历史学家已经深受法国中世纪史学家研究旨趣的影响，这是很重要的。两项大型且富于影响的研究对于设定研究议程具有特别重要的意义：一项是皮埃尔·图博特（Pierre Toubert）对拉丁姆（Latium）的研究，另一项是皮埃尔·博纳西（Pierre Bonnassie）对加泰罗尼亚（Catalonia）的研究。[40]

如本卷序言部分所解释的，本卷的顺序参照了10世纪加洛林的历史。关于"后加洛林中心"各章，按"后加洛林"这一概念的观点置于边缘区之前。虽然拜占庭和西班牙的伊斯兰统治者都不会认同这么做。不过，其他分类法也是可能的：如果说这一阶段法国、意大利和西班牙的历史呈严重的区域化和碎片化，德国、英国和东欧国家却远非如此，虽然原因视情况而各有不同。德国中古史学家几乎不受革命观念的干扰，不管是封建的革命，还是非封建的革命；在他们看来，欧洲史决定性的转折出现在11世纪下半叶，是伴随着萨克森王朝（或奥托王朝）和萨利安王朝统治（Ottonian and Salian rule）的终结，教会的改革、十字军的东侵，以及早期经院哲学的形成而发生的。10世纪的德国领土，像法国、意大利或英格兰一样，群雄割据，但是这段历史的主导叙事仍然被视为国王史的叙事。虽然上一代人已经以精妙的笔触和生动的细节对此进行了重写，但与政治史或经济史的发展仍鲜有联系。[41] 设防牢固的贵族住所、日益强化的私人治权、暴力的增多和农奴制对奴隶制的替代——凡此种种，这些10世纪的变化都给法国、意大利和西班牙的中古史学家留下了深刻的印象。说类似的变化发生在德国漫长的10世纪亦无不可，但人们并不认为这些变化对于事件的进程和政体的发展也产生了这样举足轻重、影响深远的作用。

这一看法虽显保守，却不应视为停步不前。一代人之前，德国漫长的10世纪史的研究看起来的确缺乏活力。资料经过精心编辑，但众所周知，又存在局限，而且人们普遍认为，或许除了统治阶层的思想意识领域的研究之外，几乎乏善可陈。即使在这一领域，也还要沿

---

[40] 见注释39。
[41] 近来由Fried（1994）进行的最大的一项调查在尝试这种方法方面比以往任何调查都走得更远；也见Fried 1991版。他的新的Lamprechtian方法并没有受到挑战，这可能是一种变化的迹象，虽然他的著作的其他方面并非如此：见Althoff（1995）and Fried（1995）。

着施拉姆（Schramm）、埃德曼（Erdmann）和坎特罗威茨（Kantorowicz）等人开创的路径继续进行调查工作，而且显然还有很长的路要走。如果说在今天看来，这些都不再是事实，那么，这也不是由于原始资料获得了重大发现，或者研究课题受到了外界的有力推动：关于历史分期和有关革命的争论，德国历史学家几乎全然不为所动。回顾过去可以看到，转变是从赫尔穆特·博伊曼（Helmut Beumann）对科尔韦的维杜金德（Widukind of Corvey）的研究开始的。[42] 在接下来的四十多年里，它所引发的效应是人们日益认识到需要以自己的方式去阅读奥托史学的精品杰作。两次世界大战之间，人们曾怀着日益急迫的心情以一种实证主义的态度挖掘这些文本，企图迫使它们展示"历史的真相"。如今，这种情形业已为一种文学式的"文本细读"所取代（虽然这几乎不能归于文学研究，而且完全不能归于一直没有影响德国中世纪史学家的后结构主义世界观）。同时，通过对历史人物细致具体的研究和统治者巡游路线（the rulers' itineraries）一丝不苟的重建，我们对东法兰克王国和德意志王国的基本要素的理解都有了改变。[43]

漫长10世纪的英格兰和海峡的另一端没什么两样，显然也是一个地域分割的社会。[44] 的确，就在这一时期，英格兰的形成不再是愿望，或许有时已经几乎成为一个社区（community），这一过程到11世纪早期才告完成。然而，它的历史书写坚决抵制地域研究方法，并不是没有这样的方法可供采用，而是这种方法在主流话语中无立足之地。[45] 或可认为，主要原因是由于原始资料严重匮乏：把10世纪盎格鲁-撒克逊时代整个英格兰的各类确证无疑、真实可靠的令状加起来，也不及奥托一世自己签发的、幸存下来的公文数量，或只抵克吕尼一个档案馆幸存下来的单类档案的一小部分，而世所公认，这一档案馆藏有大量非典型性（atypical）档案。在当时著述材料中可以发现大量关于东、西法兰克政治制度的象征性描述，其中也没有盎格鲁-撒克逊时代的英格兰补充材料的存留。不过，更为重要的是主导

---

[42] Beumann (1950).
[43] 关于方法和参考书目，见下文 Müller-Mertens 所撰第9章；也见 Fleckenstein (1966) 和 Leyser (1982b)。
[44] Wormald (1994).
[45] 区域研究的案例见 Stafford (1985)，Gelling (1992)，Yorke (1995)。

叙事（master-narrative）的影响，这一叙事把英国史描绘成一部成功史，认为强大的中央集权国家的较早发展使这种成功成为可能。晚近的史学研究极力将这一发展的起点再向后推，置于传统认同的起点之前，即诺曼征服之后的几代人；而一种可信的观点已经提出来，认为这一开端出现在英格兰史上阿尔弗雷德（Alfred）和埃德加（Edgar）之间的加洛林阶段，在这一阶段，战争胜利、领土合并、法规颁行以及按早期中世纪标准衡量一套同质的（homogenous）地方机构的形成，彼此并立共存，协同发展。[46] 老一代历史学家认为由于诺曼征服，英格兰是在劫持驱迫下而被拖进欧洲，进而拖进现代的，而新的观点更一方面改写了10世纪和11世纪的英国史，另一方面又保留了脱离大陆发展的隔绝状态。没有哪种变化或变革，封建的或是其他的，曾使这个岛国感到忧虑；显而易见，也没有类似的事情在这里发生，像设防民居的发展，或流动聚落（settlement patterns）的定居，总体来说这些仍然是考古学家的关注内容。[47]

就资料而言，如果与地中海各地区，甚至阿尔卑斯山以北前法兰克诸王国的充裕相比，漫长的10世纪的英格兰似乎是薄弱的，但与东欧和北欧的贫乏相比，它又是丰富的。罗斯（Rus）和东欧主要国家（proto-state），波兰、波西米亚，以及匈牙利的历史很可能争议颇多或可算是本卷各章中争议最多的。[48] 这一方面由于资料大多破碎支离、时间晚出、解读模棱两可、歧义重重，因而难以避免；另一方面，至少对东欧而言，也由20世纪的政治剧变所致（uncertainties）。后凡尔赛时期（post-Versailles）安定下来的诸国在过去八十多年并没有一直享有外无威胁，内可安居的平静。这种情形下，这些地区的历史学家对于采用新的方法反应迟钝便不足为奇，而方法论的更新在西面的国家看来已经理所当然了。10世纪的波兰、匈牙利或俄罗斯的历史，6世纪的高卢史和大不列颠史一样，难以解读或更难解读，因为我们掌握的书面材料几乎都是外来的和晚出的。但是，它们在时间上相距不远，在意义上也大体一样，比如，与6世纪英格兰的萨克逊王国相比便是如此。分析那些支离破碎的证据也不会像西欧历史学家

---

[46] 参见 Campbell（1994），以获得最近关于该观点的完整的陈述。
[47] Hodges（1991）在这方面提供了一个局外人的视角。
[48] 由于组织原因，斯堪的纳维亚地区的历史包含在 NCMH II 中；见序言。

那样偏离当今的现实和意义。在这些历史学家所处的社会里，人们的国家认同感并不要求他们要对遥远的过去持相同的观点。

从西欧的视角看，拜占庭史和欧洲的伊斯兰史的史学传统始终是异于常规的。[49] 虽然，作为实际上处在先导地位的历史（the history of a "virtual precursor"），拜占庭史对希腊人和俄罗斯人有着特殊的意义。拜占庭史较迄今为止民族史研究的任何领域都是更加国际化的一门学科。同时，它对学者的语言技能和技术技能所要求的高水准产生了双重影响：几乎没有拜占庭史的专家有时间和精力用于真正熟悉西欧史或即使是西欧史的一部分，并能达到西欧史专家的水平。而西欧中世纪史学者同样不得不依赖他人作为向导（正如本章的作者）。适用于西欧的研究路径不能真正适合拜占庭，而对于拜占庭史来说，在最近的有关不仅政治、文化，而且经济的解释中，从886年到1025年之间的这一漫长的10世纪，既是一个黄金时代，也是一个冷铁时代。类似的考虑也适用于西班牙哈里发（the Spanish caliphate）的历史以及同时期西西里伊斯兰埃米尔（the Islamic amirs）的历史，只是这里的问题更复杂一些，因为原始材料支离破碎，又常常较晚发现，且这些地区在政治文化上居于重要地位，它们都位于一个大文化的边缘，而都市中心则在别处。不管从哪方面讲，没有哪一个区域比本卷所覆盖的这个地区更需要跨文化比较或更难进行跨文化比较了。对于当前的发展情况，只能这么说，用于研究漫长的10世纪的拉丁西欧史的历史分期和阐释框架，看来和同时期拜占庭史或伊斯兰史没有多大关联。不过这一印象可能是视觉幻象而非现实。

但是，一些区别肯定是存在的。拜占庭（及它的保加利亚模仿者）和伊斯兰西班牙各以其首都为中心，有固定的宫廷和统治者，而这位统治者远不仅仅是同辈中的长者（primus inter pares），作用也远大于此。无疑，幸存下来的材料和阐释传统夸大了上述社群（societies）与首都的关系。但是不考虑这一点，就可能把他们的地位降至西欧巡回治理政权（itinerant rulership）所塑造的社群组织的层次（the organisational status）。在城市化的、以宫廷为中心的文化里，统治者通常有一个固定的地方，在那里征收赋税和制定法律。这种文化本身就与本卷

---

[49] 见后文 Jonathan Shepard 第22—25章，Hugh Kennedy 第27章。

所论及的主要地区的文化不同，尤其是中心与边缘或首都与行省之间的分立，这本身就是一个客观存在，而不仅仅是一个比喻。

另一有违常规的史学传统是美国中古史学者的传统（实际上，这一传统在本卷难以体现，虽然不是刻意而为，而是因为事不凑巧）。他们的传统与欧洲传统一直没有区分开来。美国最初几代中古史学者大多是在欧洲的学校接受了历史书写训练并获得了启迪。而在20世纪中期，这种智力上的依附因为一批重要的逃亡者和避难者的影响而得以维持，这和美国其他学术领域的情形一样。但是，虽然欧洲的中世纪历史就是美国的中世纪历史，两者却有着不同的中世纪史学。与英国历史的联系，以及通过盎格鲁-诺曼人和安茹帝国与法国中世纪史的联系一样，对美国中世纪史的研究一直并继续发挥重要作用。但是，这些不是挪用历史（appropriating the past）的唯一可能的方法。美国人第一、二位的种族是东、中、南欧人（非洲裔美国人或亚裔美国人中中世纪史学家为数很少），对他们来说，与英国史和法国中世纪史的联系甚至不是最重要的。而且，学术组织一直喜欢以整体方法研究这段特别的文化，除了中古史研究旗帜下的"连续的"历史，还涉及文学和艺术遗物。结果，把中世纪史学家暴露在相邻学科的影响之下，而这种影响在欧洲的很多地方才刚刚开始。虽然美国中世纪史学家也参与欧洲中世纪学者的辩论，或支持或反对，且与欧洲历史学家一样容易受法国中心主义的影响，但他们的中古史研究很多时候在方法上更独立公正、更富创新性。近期的一些重要研究可能只有在远隔茫茫大西洋的这个国度才能做出。[50]

材料的保存和史学传统的多样都具有偶然性，尽管漫长的10世纪可能因此而有些琐碎，还是可以做出一些概括。但是，正如我们所见到的，这极少没有异议。总体上说，近几十年来，对漫长10世纪的经济活动水平变化的意见不断增多。对货币化的看法是正面的和肯定的；维京人、萨拉森人和马扎尔人的入侵让马克·布洛赫（Marc Bloch）以悲观忧郁的笔调描述了这一时代，现在很多人认为这些入侵者的推动具有积极作用，他们劫掠了积聚大量珍宝的中心，然后再

---

[50] Koziol（1992）和 Geary（1994）就是两个例子；还可以提供更多。

把这些财富散发出去,使之进入经济流通领域。[51] 人口也有了增加,但获取有关这方面坚实的证据几乎是不可能的。城市的复兴是中世纪盛期的一个特征,已有学者在这一时期探寻它的开端。[52] 从某种程度上说,这一时期存在或可能存在纯粹的经济史,关于这一点,目前可能有着比关于这一时期其他研究领域更多的共识。[53]

然而对于这些进展,粗略描述要比细致分析容易些。在社会政治史领域进行解释,共识就减少了。显而易见,其他很多变化都可以视为这一时期的特征。许多或所有这些变化都可以在某种程度上关联起来,这种看法对历史学家一直很有吸引力。[54] 第一,有这样一个观点(起源于马克思主义,但在具体解释过程中或具体到10世纪的应用时却又很少如此),认为漫长的10世纪见证了一个由奴隶制到农奴制的决定性的转变,在这个转变中,不仅有奴隶,还有相当一部分人原先都是自由民。第二,我们上面已经提出了一个观点,即以前流动的、迁徙的聚落模式在这一时期已经代之以定居形态。与此相关的第三个观点是,私人的、小型的、设防的居处得到了普及,这和9世纪晚期仍处在计划和建造中的避难之所形成了鲜明对照。第四,这些贵族统治的中心地区不仅对权力的行使,而且对家族意识的转变具有重大意义。显贵之家越来越多以家族男性世系而不是从包含男女两系所有亲属在内的宽大的家族关系的角度来界定自身。这些世系通常以堡垒的名字命名,而堡垒是他们的权力基础。[55] 第五,这些中心行使一种新式的统治,以地方治理注重实效为基础,没有多少合法性。不担任公职,便肯定没有合法性。而且,这种统治逐渐取代了从加洛林时代即已开始的在很多地区还残存着的旧的公共秩序。漫长的10世纪,在欧洲的很多地区,更大范围的公共秩序陷于瓦解,几至消亡。王权最早遭受了打击,损失也最为严重;中间阶层、公爵、伯爵、大主教、主教的权力也相继衰落。[56] 第六,保存下来的在本质上只是人与

---

[51] Duby(1974), pp. 118-9.
[52] 见后文 Johanek 第3章,以及 Hodges、Hobley(1988)和 Verhulst(1993, 1994).
[53] Bois(1989);Bonnassie(1991);也可从不同的角度看 Wickham(1094)和 Muller-Mertens(1095)的著作.
[54] Fossier(1982), pp. 182-234;Toubert(1973a, 1973b);Bome(1991a, 1991b).
[55] Reuter(1997a)提供了关于这一转变的大量文献综述.
[56] 关于"封建突变"的本质,参见 Poly 和 Bournazel(1991).

人之间的关系：合法的权利业已私有化和个人化。[57] 与这些发展相关的是第七点，出现了一个新兴的、扩大了的统治阶级。这个阶级内部仍有自己的划分，但其中，领主和他的骑士追随者日益把自己视为同一群体的成员，卓然独立于其他社会群体之外或高居这些群体之上。11 世纪，随着时间的推移，一种单独的意识形态和效忠仪式将应这个阶级的需要而建立起来。[58]

综上所述，便得出这种被称为"封建革命"（feudal revolution）或"封建突变"的总括性解释。这是一种关于后加洛林欧洲史的令人信服的观点（至少对后加洛林欧洲核心地区的历史是这样）。然而，尽管它具有吸引力，还是争议重重。北欧、东欧地区显然遵循了另一条发展路径（出于不同原因，拜占庭和伊斯兰便如此），而且也没有存留下能够使我们形成自己判断的证据。即使将这些地区置诸一旁，这一模式也不能真正适用于欧洲的重要地区：南意大利、莱昂、英格兰和德意志。如上所论，这可能部分是由史学传统的不同所致，但至少对英格兰来说，这一模式由于不适用而遭到了断然拒绝。[59] 无论如何，称之为模式都是粗略草率的过度简化之举：从事这一时期研究的大多数历史学家，都会承认上段所列至少部分现象的存在，并倾向于这样一种观点，即这些现象都以某种方式彼此相连。但如上文所述，因重点的变动，总体解释方式就会产生很大不同，而这种解释方式提供了关于这些环节关联实际上如何相互作用的解释。

而且当前，这一模式的很多重要的元素都受到了挑战，甚至这一模式赖以建构的西法兰克（west Francia）（包括加泰罗尼亚）和北意大利的核心区域都受到质疑。从本卷构思到出版这段时间，挑战越发尖锐了。中世纪早期奴隶制存在的程度如何？漫长的 10 世纪在何种意义上被农奴制取代？这些问题都引起了激烈的争论。[60] 不止这些，还有以个人依附关系即封建主义代替公共权力，这似乎曾经是全部问题的共同基础。在欧洲统治精英之间，个人关系的法律化具有同质的意义，从这个意义上说，封建制是 12 世纪的发明；漫长的 10 世纪不

---

[57] 这个短语被置于解释的中心，虽然实际上不是由布洛赫（Bloch, 1961）提出的。
[58] Duby (1978); Flori (1979, 1983).
[59] Campbell (1990).
[60] Verhulst (1991); Barthélemy (1993); 也见 *Medievales* 21 (1991) 对 Bois (1989) 的回应专题讨论会。

存在封土制和封君封臣制。而且,无论如何,封君封臣制与圣旨俸禄制没有必然的联系。[61] 这些也都一直存在争论。仍然不清楚,我们是否应该完全想到封建革命或突变。尽管1100年的欧洲显然不同于800年或900年的欧洲,并非人人都把公元1000年前后的这几十年看成一个标志性阶段,而大多数转变都发生在这一阶段。[62] 一个小贵族和他的汇聚成一个单一的、广大的等级的武士的联合,这个过程看来确实是发生在自加洛林时代开始以迄13世纪的欧洲的大部分地区,但既不是同质的,也不是同步的。

这里有理解的困难:我们在讨论新现象呢,还是仅仅在讨论那些10世纪末开始经常记录的现象呢?随着乡间小民对暴力和恶行控诉的与日俱增,我们便想将这些和很可能根本没有存在过的理想化的加洛林历史做些比较;假如我们知道那时关于加洛林地方风貌、氛围的大量材料,就像我们了解公元1000年前后的后加洛林时代大部分欧洲的核心区域一样,那么所谓加洛林历史,对我们来说就显得相当不同了。[63] 同样,欧洲很多地区大规模政治权力的分割可能预示着一个新的秩序,但至少在地区层面,这一时期的政体(法国、德国和意大利的公国尤其明显)在大多数情况下不是谁都可以随心所欲地进行创造,而是有着古老的根源,承载着它们的生存与意识。沿此经常可以穿过加洛林时代,追溯到中世纪早期。甚至可以想象,规模更小的领主组织也有它们古老的根源,这些组织在公元1000年前后已经清晰可辨,但现在已从历史视野中消失。关于这一阶段的历史,任何力图提出综合概括的努力都将会徒劳无功。当来自不同欧洲传统的历史学家比以往更了解彼此的研究实践和研究结果,当我们在第二个千年前后几十年对我们自己的立场进行反省、沉思,在大众和职业学者的意识中对第一个千年左右的历史兴趣至少都有暂时的增加,那么关于这些问题的辩论如实际情形那样有可能加剧和转向,这些辩论对于漫长的10世纪之前和之后阶段的历史学家都至关重要。

如果我们离开令人尴尬的社会史和政治史领域而转向宗教史,

---

[61] Reynolds(1994);最初的回应见 Nortier(1996);Barthélemy(1997)。

[62] Bisson(1994),包含了 White(1996),Barthelemy(1996),Reuter(1997b),Wickham(1997)的反应。Bisson(1997)的回答参见 Barthelemy(1992a)和 Poly、Bournazel(1994)的交流。

[63] White(1996),pp. 218-23;Reuter(1997b),pp. 178-87。

我们首先可能会认为这一阶段的教会史至少在纯制度层面仿佛是一个重组（encellulement）的绝好范例。9 世纪的教皇对主教发号施令，偶尔施以威胁；教皇罢免或确认一些在任的主教；至少有几位重要人物不能不予以论及。但是基督教教皇的权力在接下来的时期却缓和多了。教士可能会去罗马朝圣，但主要还是解决私事。教皇的判决和教皇使节的出席都不一定是解决争端的有号召力的砝码。这一时期教皇赐予的特权不止一次遭到公然拒绝。这与其说直接针对教皇，不如说反映了一种更普遍的态度，而这种态度意味着教会等级制度的高级成员中除了主教职位，基本都是无足轻重的。宗教会议很少召开，即使有，也通常为了解决地方性事务：主教在他自己的教区大部分都是至高无上的，正如罗莎蒙德·麦基特里克（Rosamond McKitterick）在他所写的第五章中所证明的，他们是 10 世纪教会的关键人物。

这一阶段的修道制度中，教会的重组状态在一定程度上也可以看得到。传统观念认为克吕尼（Cluny）是这一阶段修道院改革的代名词，历史学家已经能够缓慢地摆脱这个观念的束缚，但却很难摒弃 12 世纪以及晚些时候投射到这时关于修会的一些观点。然而，即使克吕尼以不同的依从关系将修道院集中、联合在一起，也不是后来意义上的修会：正如乔基姆·沃拉斯彻（Joachim Wollasch）所说，修会是克吕尼的生活方式，而不是一个法律定义的团体。其他修道团体仍然很少制度化，正如他们所普遍认为的，要依赖一位改革"专家"的关注。而就是这些专家如布罗涅的杰拉德（Gerard of Brogne）或沃尔皮亚诺的威廉（William of Volpiano）的存在表明，重组状态并不能决定一切。即使像这样的生存期短暂、生命力脆弱的修道组织，他们也能联结、统一散落在几个主教教区或王国的修道院，虽然只是短期的统一。修道院的精英所有者们，特别是主教，他们知识渊博，见解卓异，视野远非他们处身的一隅之地所能局限。

地方观念（localism）是这一时期教会生活的一个如此鲜明的部分，就是修道院生活也没有凌越这一观念。历史学家倾向于认为，这种观念证实了教会在后加洛林时代如何纠缠于世俗事务。至少从欧洲一些地区来看，肯定有充足的关于不正之风和严重不端行为的逸事性证据（anecdotal evidence）来支持这一论点。然而，把 10 世纪的基督教史解读成一部成就非凡的历史也是可能的。[64] 这个时代,不仅延续了加洛林王朝的努力,使前罗马帝国疆土之外的地区得以归化,从而基本完成了这一过程,而且把欧洲腹地的基督教化也最终变成现实。下一个时期的证据便不是这样丰富,因而足以证明这样一点:证据支持世俗开明人士和教士都同样坚持格列高利主题(Gregorianthemes),即一个与性无涉的教士和一个与由金钱和恩惠造成道德腐败无染的教会。这个时期,出现了俗人以多种形式积极参加基督教活动的景观:大规模、长距离的朝圣,特别是去罗马和耶路撒冷;规模宏大的圣物崇拜(the veneration of relics);可以证实的大众参与的名为上帝的"和平"和"休战"运动。而这,已经得到一些当代评论家的特别强调,尤其是夏巴纳的阿德马尔(Adhémar of Chabannes)和拉杜尔夫·格拉贝(Radulf Glaber)较别人要加重视。[65] 即使这一时期的一些异端邪说(从约1000年开始的对异端的记载本身就很新颖独特),用偏于激进(leftist deviation)的术语也可以得到解释。所谓异端就是人们深受这种思想影响以至于对此做出牵强解释的产物。这一思路也适用于此时期偶尔出现的反犹主义音调。这一时期很多教士的作品中表现出质问(questioning)、自我怀疑(self-doubt)的情绪,如维罗纳的拉瑟(Rather of Verona)、梅泽堡的蒂特马尔(Thietmar of Merseburg)、约克的伍尔夫斯坦(Wulfstan of York),众声喧嚣,言辞尖刻,看起来比加洛林时代有过之而无不及。尽管很清楚,那些生活于1000年和1033年这两个具有末世意义的年份的人,并没有因为恐惧(或者盼望)第二次来临(the Second Coming)而产生这样的情绪;在第二个千年行将到来之时,在斐迪南·洛特(Ferdinand Lot)和他同时代的人看来,说根本没有人因为恐惧或盼望这么做就有些值得商榷了。更可能的解释是,千年前后宗教体验的加强,这可从很多方面感受到,至少部分是对千年本身的反应。[66]

这是一个在文化和知识上经常被视为停滞不前的时代,但正如亨利·迈尔-哈廷(Henry Mayr-Harting)所证实,这也是一个很多精

---

[64] 正如Tellenbach(1993)所强调的那样。
[65] Head 和 Landes(1993)强调和平运动与大众宗教信仰其他方面的联系;也见Moore(1980)和Leyser(1994)。
[66] Landes(1988), Fried(1989), Landes(1992, 1993, 1995)。

英大规模投资艺术的时代，无论是建筑、象牙作品、金器和其他金属器，还是装饰图案精美的手稿。知识停滞这一看法源于肤浅的判断：一些衡量标准不够恰当，比如手稿抄本；无论如何，在精英文化层面，实际发生的比起初所能见到的要多些，这已为克劳迪奥·莱奥纳尔迪（Claudio Leonardi）所证实。但很难否认也出现了一些衰退迹象，最显著的莫过于遍及欧洲的拉丁语学校的重要性的下降（拜占庭和伊斯兰知识史的发展轨迹不在此限）。据我们判断，学校数量比9世纪更少；尤值得注意的是，学校基础不稳，纤弱无力，生存日艰。它们由一些离群索居、魅力超凡的人物来建造，却难以依靠他们来维持，往往不及这些人去世，它们就已经垮塌了。这种支离破碎和生存无常，或许可以视为文化和知识上对重组状态的反映，也可看作作为文化和知识创造中心的宫廷重要性的衰落。的确，现代历史学家倾向于用"宫廷"这个词来简称一系列活动，而统治者和他们的随从便在某种程度上将这些活动串联起来，这样就使宫廷如同缮写室（scriptoria）一样，很像一个现代社会的建构，加洛林时代就是如此。然而，即使考虑到当前建构和过去之间的差异，在漫长的10世纪，王室与诸侯的随从已经放弃了他们的加洛林王朝前辈的大部分职能，这仍然是显而易见的。

这也是一个一直被认为实际读写能力急剧下降，象征性和非语言交流形式相继突显的时代，尽管这一观点因两种原因的存在而仍可以讨论。实际读写能力的下降就地域来说分布很不均衡。[67] 如果说在意大利，或西班牙，或地中海沿岸的法国有很大程度的下降，那么，这种下降不是很清楚。对盎格鲁-撒克逊时代的英格兰来说，原始资料的匮乏更可能是后诺曼征服（post-Conquest）时代忽略并蔑视盎格鲁-撒克逊过去的结果，而不是因为那个时期缺乏作品，这使盎格鲁-撒克逊的历史逐渐失去其法律上的重要性。的确，从当时的间接证据、后来的片段记载以及古老习惯的存续（fossilised practices），可以明白无误地辨明，10世纪的英格兰肯定广泛使用过文字。[68] 北面和东面边缘地带新皈依的地区，以前不能

---

[67] 对 McKitterick（1991）的贡献提供了最好的考查。
[68] Wormald（1977）；Kelly（1991）；Keynes（1991）。

因实用而知读写,所以图表中表示实际读写能力的曲线的向下只能勾画阿尔卑斯山以北前法兰克王国的状况,甚至在这里这也主要适用于 10 世纪上半叶或前 2/3 时段。

至于象征性和非语言交流形式的使用,在漫长的 10 世纪的确很重要。就我们判断,即使对那些继续广泛使用文字的地区,这些交流方式同样重要。另外,在这些方式之前和之后的时代,这种交流也很重要。将这个时代视为一个政治活动通过典礼而不是法律得以表现的时代,或视为一个受礼仪、仪式和手势支配[69]的时代,是一个很具诱惑力的观点。但是更准确地说,在一个表面看来缺少其他材料的时代,历史学家对这些交流形式的观察反而变得敏锐了。相反,在 9 世纪或 12 世纪,看起来似乎有更清晰阐述的时代,这样的形式更容易受到忽略。无论是 9 世纪、10 世纪,还是 12 世纪,社会和政治礼仪的首要功能都不是代替文字本身,而是使行为表现对那些不会读写的世俗精英而言更加有形可见、永存记忆,因为这些精英无法用别的方式来描述这些行为并使它们永存历史的记忆。然而,通过研究那些表面看来无足轻重的礼仪化行为的细节,重新思考政治史,这样一种文化研究方法对于漫长的 10 世纪的历史研究的目的来说一直具有重要意义:不管这一方法的潜在适用性有多广,在这个阶段对这种方法进行最彻底的检验都是一种巧合。[70]

那么,我们应该怎样来解读 10 世纪呢?如果真能揭示出贯穿整个时期、遍及整个地区的具有普遍意义的哪怕是一些趋势,那意味着我们能够而且应该继续探索具有普遍意义的阐释方式吗?第一点就是解读这个时期的确是可能的。即使缺少充裕的当时的叙述材料用以提供初步的解释(或者宁可缺乏相反的叙述材料以提供不同的解释),"昏暗的"或"黑暗的"时代也不是像看起来的那么黑暗。布罗代尔的长时段和中时段(连贯)理论得到了很好的证明;政治的表层作用常常记载不周。接着这个解读的比喻说,困难与其说在于正在从文本中遗失的字母、词汇,甚至整个句子和段落等所造成的困惑,不如说在于我们始终不敢断定这些幸存下来的文本的真正含义。换句话说,照字

---

[69] 第一种解释见 Kantorowicz(1957)第 87—93 页;第二种见 Leyser(1994d)。
[70] Althoff(1990);Koziol(1992);Leyser(1994d);Althoff(1997)。

面阅读或者经常是无法进行，或者是毫无成果。对10世纪保存下来的大部分材料进行常识性的理解，不会有什么成果；这符合那些看来简单易懂以及晦涩难解或者非文字材料的情况。

　　解读是困难的，因为无论在任何层面，现有的概括几乎没有一个看起来适用于整个欧洲，即使我们把各国史学传统的曲解作用考虑进去。在这个意义上，重组是一个现实：我们研究的地区未必把自己的发展传播给它们的邻居，或者未必接收并消化它们邻居的发展，或缓慢地接收并消化。然而，至少在精英文化层面，后加洛林欧洲的核心地区表现出显著的同质性和国际性。著作或建筑风格这样的物质遗存，有着明确的地方特色，而确切无疑，这些物质遗存是地方特色而不是自发的习俗。也就是在这一后加洛林时代的核心地区，从这个时期开始，为自然形成的北欧和东欧社会提供了可以采用的模式。[71] 这时他们仍被关在囚笼之内，比西欧发现的任何东西都锁得更深，虽然我们现在被无知的同质化的影响蒙蔽了双眼。就是这个后加洛林时代的核心地区，开始通过与更加古老的、敌对的地中海沿岸拜占庭和伊斯兰文化的对立来界定自己。到现在为止，它还不会质疑他们的统治，或者也就是蚕食一点它们边区的领土。但是，差异意识已经在本卷所涵盖的时期开始形成，这在11世纪以及以后的时间里将更加清晰可辨。

　　不管在这一时期我们考察哪一层面或形式的欧洲史，看来我们都要面临过去的行为，这一行为同时表现为严重的无系统性、地域特殊性，以及广布性：正是这种连贯性和碎片化之间自相矛盾的关系，作为最后的解决手段主导了漫长的10世纪几乎所有的读物。在后面的章节，读者最好谨记这种矛盾性，在整体解读10世纪时，也最好不要把这一时段当成什么"之前"或"之后"，而宁可把它当作它自身。即使从这些方面着手还是困难重重，也会富有收益。

提姆西·路特（Timothy Reuter）

顾銮斋　译

王建波　校

---

[71] Bartlett（1993）.

第一部分

一般主题

第 二 章
农村经济和乡村生活

尽管当前历史学中依然保留着19世纪设想的古代史和中世纪史的概念，但这种通常出于政治史考虑而划分的分期，显然越来越不能让经济史学家或社会史学家满意。在经济史和社会史领域，使用的是长时段（*longue durée*），即从3世纪奴隶制衰弱到18世纪第一次引人瞩目地利用机器动力。然而，生产技术或人与人之间关系的无可争辩的发展，却促使我们把这一长时段划分为几个特定阶段，在其中的一个阶段，欧洲步入了世界历史的舞台。从依然与日耳曼或者希腊—罗马风俗习惯（在这一方面二者非常相似）联系在一起的畏怯不前且缺乏生机活力的结构，向由人们之间的关系和创造利润的生产来宣示其更具有"现代"经济情势之结构的转变，究竟发生于何时呢？提出这一问题绝非多余；对这一问题的回答，决定了人们如何理解"欧洲的幼年期"。实际上，无论个别历史学家抱有怎样的成见，人们所做的观察几乎都表明，10世纪是一个成长、起飞、上升的时代，或者是类似的阶段。我们发现，898年在法兰西南部使用的采邑（*feodum*）一词，意指通过兵役的租佃；910年克吕尼修道院的建立，开创了神学史上的新阶段；920年在意大利中部乡村开始向山顶迁移；955年马扎尔人被彻底打败；970年威尼斯开始出现的一系列商业契约留存至今；980年加泰罗尼亚人的黄金贡金（*parias*）送达巴塞罗那，此外还有各方面经济活动的类似例证。

如果有人打算承认"革命"一词的含义与我们当前时代的含义不同，而是指一场缓慢的，实际上是极其缓慢的人类生活结构转变，那么，旧世界的这一转变，实际上就是一场"革命"。历史学家对欧

28　洲历史的这一重大转折做出的判断，通常刻有学者们自己的哲学信念印记。那些相信马克思的分析在根本上是正确的人会认为这是"封建"时代的开端，在这个时代通常以暴力的方式在作为保护者的领主与供养他们的劳动者之间建立起一种默契的契约；"罗马派"（Romanist）* 理论的信奉者认为，从古代传承下来的结构，向由更新环境决定的更新结构的转变，总体上是平和的；还有人一再拒绝承认这一转变的发生，并不遗余力地搜寻连续性的证据。我发现很难相信后者是正确的：在我看来，相当明显的是，一个新秩序的确可以自我创立，虽然其创立过程如历史人类学家所熟知的那样缓慢，但它逐渐地对一个乡村居住者占据了90%人口的社会产生了影响，这一点已无须重申。对乡村居住者略作讨论至为紧要。

　　首先，压抑着每个人的两种感受，即暴力感和恐惧感，直到那时仍在欧洲肆虐横行。宗教狂热还没有出现；可能到13世纪暴力感和恐惧感得以抑制，但是，我认为这发生在1000年前后是不可信的，虽然众所周知的关乎命运的那一年的"恐怖"，只不过是浪漫主义史学家梦想杜撰的产物而已。匮乏的威胁一直存在，甚至可以说，随着人口增长远快于技术进步，它们的束缚和控制加强了；1033年倍受关注的食人行为，即是这方面尽人皆知的例证。短缺的恐惧那时还没有结束，它使虔诚的信徒匍匐在暴虐且报复心极重的上帝面前。尽管如此，处理邻里关系、职业关系和家庭关系的某些办法已经开始出现，我们将在后面予以讨论。关于武士（armati）（战士）和"恐怖主义"（terrorism）的暴行，被描述为了训练：为反对暴行而修建的要塞和关隘——上帝的正义与和平——可能依然不是十分有效，但大约在1050年以后，肆意的族间仇杀和持久的劫掠在减少。虽然在书面文献中被称为维拉（werra*）的战士的抢劫，继续造成严重的破坏和不幸，但这更倾于不和与争斗，而不是"战争"。无端的残忍和虐待，更多的是个人而不是集体犯下的过错。强者的优势越来越多地在具有代表性和象征性的行

---

* 关于这些术语的历史，参见 Zimmermann（1971），第15—21页；在此之前，Lestocquoy（1947），White（1955）和 Lopez（1962）就试图将这个阶段作为一个针对它们的有意识的反应而进行重新评价。——译者注

** werra 系勇士、战士的意思。——译者注

第二章　农村经济和乡村生活

为活动中得以自我展现：他不得不惊醒和激起那些不能再无限制地受剥削的人们对他的钦敬。奢靡饮食，发放救济品和礼物，除非有大量侍从陪同否则从不出行，这些都是有权势者、"贵族"的标志。在这样一个人类学家熟知的赠礼的世界里，赠礼行为的全部价值，在于它作为一种象征：它代替刚刚开始恢复使用的书面文字，甚至是言语，来确认所有严肃承诺的有效性；即使以宣誓的形式，确认严肃承诺的有效性，言语也只能通过与此同时进行的赠礼行为获得效力。最后一点，在这里可能是最为重要的一点：在南欧，有了一部我们不知道能否称为罗马法的成文法；在北欧，编写法典时也引入了这样的法律。但除了少数专业人士外，谁又知道如何解读它们呢？因此，结论是：许多人主要还是受言语和行为习惯的约束。日常态度是由过去塑造的，任何新奇事物原则上都是有害的和危险的；这种保守主义精神适合于一个变动缓慢的社会。历史学家可能会试图把个人划分成从法律上定义的小群体，但是，在这一时期，人的群体归属实际上取决于他人如何视之。

公元1000年之前才刚刚开始的缓慢扩张，给历史学家提出了两个问题，尽管他们对这两个问题有所认识，但至今都未能完全解决。首先，他们试图把这些发展的开端设定在10世纪中期前后，那就掩隐了中世纪史的转折点。由于资料相当稀缺，在卢瓦尔河以北和阿尔卑斯山区尤其如此，所以坦诚地讲，我们只能做出假设，而不能加以证明。正是基于这一原因，许多历史学家对加洛林时代的作用仍在讨论。与德国历史学家的看法恰恰相反，加洛林王朝的作用不是一个特别让人感兴趣的话题：说其影响跨越了英吉利海峡或者比利牛斯山脉，甚至远及法兰西南部或意大利，这纯属子虚乌有，其影响微不足道。但是，作为未来发展方向之预兆，700—850年这一时期的重要性是值得讨论的。盎格鲁-撒克逊国王、弗里西亚商人、伊比利亚王侯、法兰克贵族、意大利的学者，在查理之前就发起了一场运动，有人甚至认为，正是他们使查理成为可能。在教会法、核心家庭的强化、教会改革、国家作用的复兴、对古代文化的品赏等方面，这一时期都不容忽视。然而，我并不认为所带来的变革具有普遍性，在这里要讨论的经济和农村社会两个方面，"加洛林时代"的遗产最少，并且约在950年或1000年以后，已经很难追寻它们的踪迹了。正如乔治·杜比所言:"不过是一个表面的涟漪罢了。"①

另一个问题,即欧洲觉醒的"原因",可能更难以解决。这是一个"先有鸡还是先有蛋"问题的经典示例:哪是因,哪又是果呢?技术的进步?可是我们如何界定它呢?是自3世纪以来摧残折磨欧洲之入侵的逐渐和缓吗?但在10世纪和11世纪,这里仍然有维京人或诺曼人,马扎尔人一直待到1000年,并且直到11世纪结束时,萨拉森人还在这里,更何况内部还有维拉的存在,这很难说是一种和平的事态。人口扩张在某种程度上更具有确定性,并且我们后面会转向这个话题,但究竟在何地、何时,并且为什么会有人口扩张呢?或许,我们可以讨论一下有利于植物生存以及人类和动物生活的西欧气候条件的略微好转,因为这是一个明确、毫无争议而且肯定有用的论据。证据是无可争议的:自850/900年起,山毛榉树已经攀缘生长到了阿尔卑斯山脉和波西米亚山脉的山麓丘陵;桦树在苏格兰和斯堪的纳维亚生根发芽;大海和瘴气都从沿海沼泽地带向后退撤。我还不能解释为什么会发生这些变化,但是,这一时期的基督教教徒如果注意到这些现象,他们可能会从中看到上帝最后抚慰的迹象。

尽管这些基督教教徒没有给我们留下很多资料,但是他们确实注意到了一些让他们印象深刻的根本性变化:人口增长、新家庭结构和设防宅邸的修建,在圣徒行传、传记资料和史学著作中都有述及,同时,特许状(charters)对财富或身份地位的变化也有登记。保存下来的图像资料格外贫乏并且样式化,但是乡村考古对此有所弥补,特别是过去50年里北欧和西北欧的乡村考古,提供了有关人类生活环境、工具和器具方面的新证据。"黑暗时代"正稍显光明。

人类群体

人数不太多的小型人类群体,围绕在家长(paterfamilias)、宗族族长或领主的周围,分居在一片未经开垦或几乎没有开垦的广阔的地区,他们缺少工具,特别是铁制工具,艰难地依靠土地维持贫困的生

---

① Duby (1973), p. 121 (= Duby (1974), p. 106).

计——这就是中世纪早期的乡村。随处可见的是由奴隶劳作耕种的规模更大的领主地产，自罗马化地区因袭下来的庄园（*villae*）或自蛮荒时代因袭下来的库提斯（*curtes*＊）。然而，尽管有考古学上的证据，那些被古典时代的城镇蒙蔽了眼睛，或者痴迷于少数特别富有者房屋中镶嵌工艺的史学家，却拒绝承认，莱茵河左右两岸日耳曼人的和希腊—罗马式的农村经济状况大致相同。下文我们将会看到，这些在某种程度上不堪造就、毫无希望的特质，是如何松动和革新的。

家庭内部的约束与松弛

家庭是日常生活的基本单元。家庭先于它所无视的国家和正处于形成过程中的教区，代表着基本生产单元，因为在农村经济内部，依然没有任何外部要素可以取代家庭群体劳动力。自 1980 年以来，家庭群体历史的研究已经取得了实质性进展：对完成于 11 世纪和 12 世纪的人物传记证据或家谱的细致研究，让我们能够识别各种各样传承相续的血族关系结构。甚至是考古学，也通过确定这一时期聚落形态的年代，做出了一定贡献。这一时期所有文士习惯上使用的家庭（*familia*）一词，含义极其模糊：这一群体可能仅限指核心家庭，也可能包括关系十分疏远的受庇护者，因此，这里最好不要追究这一问题。

研究 10 世纪前半期家庭的历史学家，会发现家庭的三个层面。"宗族"［德语为 *Sippe*（亲族、宗族）］包括所有的有同一血统者，正是在这个意义上，他们认为有一个共同的祖先：这可能是 1000 人或者更多男人和女人的群体，其中绝大多数人相互之间并没有日常联系。我们称为部落的特定群体，有时会把其权威强加于其他群体之上，比如，在为了寻找新的土地而从此经过，或者为了寻找新的土地以供耕种时。这是一种最古老的范式，只存在于到处是居无定所的狩猎者和采集者的极为原始的经济水平下。从中世纪早期的史诗作品中，能寻找到这类群体结构的踪迹；除了苏格兰、弗里西亚、斯堪的纳维亚，可能还有布列塔尼之外，到 900 年很少再能发现这一群体结

＊ *curtes* 系音译，有人意译为"农田"。——译者注

构了。尽管妇女可能被排除在公众角色之外，但此类血族关系体系，本质上是并系继嗣。

定居的宗族分裂为世系群（拉丁文为 gens，德语为 Geschlecht）：这里是一个由真实的或虚构的，且年代不太久远的祖先定义的血亲关系。这里，我们触及的是中世纪早期在基督教的西方形成的家庭结构核心。正如偶然发掘出土的一个 7 世纪或 8 世纪的会堂所展示的那样，世系群是一个定居、族内通婚和有意识地纯洁血统的群体，生活在可能有百名成员的群体中。这些家庭是战士家庭或农民家庭，因此由男性主宰，但是，因为妇女显然是世系群血统纯洁的保证者，所以尽管遭到严密监管，她们的处境尚且较好。在这一家庭类型中，可以发现统治阶层所拥有的某些东西，因为正是在这些血亲群体中，他们发现了其所需要的能够维持他们支配其他阶层的要素。

11 世纪末期或 12 世纪，当许多"贵族"家庭想建立他们的家谱时，对于真正的名门贵族来说，800—850 年是其难以逾越的记忆"界墙"，而对较小的贵族来说，这一"界墙"为 950—980 年，超越此限的记忆则需要虚构。这是 9 世纪后期和 10 世纪家庭结构第二次重要转变的结果。继而，世系群粉碎、破裂、消逝。现在我们面对的是有简单的直接血统关系（即使还有并行的直系血统关系存在）的"家"（Haus，maison，domus）。所有的一切都表明，这一基于核心家庭的简单结构，在世系群内部逐渐形成，而且如果世系群在公元 1000 年之前消失不见的话，那么，这是其内部细分的结果。那些较为卑贱的人，不会同样关注血统的纯洁，这些人我们稍后再讨论。夫妻制度不仅得到了教会教义的支持，它还符合绝大多数人的见解主张，这一制度的胜利很快就会到来。

要认识到的是，这一系列具有如此重要意义的变化，并不是在我们目前正在予以讨论的这一时期骤然发生的。1000 年前后并且在之后很长时间内，无论是在欠考虑的个体主动性受到群体利益遏制的贵族家庭中，还是在最卑贱的家庭里（至少，我们的档案资料证明，在最为卑贱的家庭里存在着这一重要限制），家庭生活一个最为显著的特点，是存在由家族施加的强有力约束。此类约束可以采用平淡无奇的形式，比如世代沿用同一个名字，这是追寻世系血统的群体传记作者的每日灵粮（dailybread）。或者，它们可以通过道德或基督教手段，对自由加以限制，例如丧葬的自由：人死后须葬于其祖先安息之地。最早的家谱文献例证，强调的是其与祖先的联系，如 10 世纪中期佛兰德伯爵的家谱，又如 10 世纪末旺多姆的领主们的家谱。12 世纪安茹的一个伯爵说："在此之前我一无所知，因为我不知道我的祖先埋葬何处。"② 最后，浅显易见的一点是，自 10 世纪末起，我们开始发现，一"家"与另一"家"在服饰和徽章标志上的不同。然而，家族权力显然在经济领域最为重要，因为我们即将转而讨论的其时土地占有权的转移，会对家族财富基础的动摇形成威胁，并因此威胁到其权力。亲属赞同（*laudatioparentum*），即子孙或旁系亲属对财产交易或土地捐献的赠礼表示同意的亲属赞同，提供的是一些粗略的数据，即使亲属赞同转让财产或土地，我们所得知的也只是其具有积极意义的一面（如果亲属不同意的话，交易不会发生，因此对之也没有任何记载）。在拉丁姆，具有集体性质或者提到家族批准的交易比例，在 900—950 年为 35%，到 10 世纪末为 46%，1050 年前后仍占 41%。在加泰罗尼亚，在 1000 年前夕，这一数字仅为 12%，但在 50 年后上升到 30%。在只有更少档案资料存留下来的皮卡迪（Picardy），同一时期，这一数字从 17% 上升到了 36%。显然，这里有差异和变化，但世系群依然起着重要作用，并且其重要性还有增加。史诗文学中到处都是这方面的例子，从四个形影不离的艾蒙之子，到所有成员都与叛逆者一起被处死的加尼隆（Ganelon）家族，虽然这些证据确实形成于较晚的时期。

然而，进一步的约束开始发生效力，尽管在 1080 年或 1100 年以前，它们并没有起到多少作用，但它们已经存在了。长子继承权即是其一，对社会中的富有者尤其如此；这时，社会下层还没有驱逐统治阶层的动力。自此以后，贵族再也不能满不在乎地甘冒其继承人在他们去世时共同分割财产的风险，他们的去世正是无数艰难困苦或地产分割的一个根源。指定一名首选继承人，并不是什么新鲜事：罗马的遗嘱法就允许这样做。但是，针对年龄较小的儿子们和亲属，强调男性继承与长子继承的结合，必定会保持家庭财产的完整性：这里有来

---

② Fulk le Réchin, in *Chronique des comtes d'Anjou et des seigneurs d'Amboise*, ed. L. Halphen and R. Poupardin, p. 237.

自 11 世纪 10 年代的卢瓦尔河谷的例证，这一实践，还在下个世纪初期传布于西北欧。婚姻自主开拓了另外一条途径。从本族之外的其他家族中娶妻，并且通过相互吸引（爱）和自由抉择（合意）来建立联姻关系，而不是基于家属利益，这样的话，这个人就有望逃脱亲属的干预。这类实践对于最为卑贱者显然是有利的；此外，罗马法和《圣经》也责令如此。加洛林王朝教会法已把外婚制作为一项准则，1025 年康布雷的杰拉德（Gerard of Cambrai）以宗教法令支持外婚制。③ 这是个人解放的一个关键动力。但是，前面提到的由世系群施加的压力表明，外婚制取得胜利还要经过相当长的一段时间。

自由的持续增长

教会宣称"普通人"是自由人，罗马法和日耳曼法也都证明了这一点。他行为自由，可以自由处置他自己的财产、武器；他有助于正义的作为，供养君主。即使他通过服役而保有土地，他也可以离开，再另外保有一块土地。摆脱一切控制的理想，在修士那里达到顶点，可能正是出于这一原因，修士成了尊敬和请益的对象，这正如奥托三世对待圣罗穆亚尔德那样。然而，一旦军事技能需要时间来训练，而不允许在战场上完成，一旦提交法庭的复杂案件和法律只能由专业人士决断，一旦自给农业的困境意味着劳动者不能在他们想休息时就可以休息，简言之，一旦自由受到限制，罗马的自由观念将只不过是一句空话。尽管存在一些变数，但对于 10 世纪的许多人来说，情况的确如此。

暂且把那些其财富或职位可以让他们突破任何约束，并且能够支配他人者放在一边，占人口绝大多数的自由人群体，至少可以划分为三类，从法律上区别他们，要比从经济上容易得多。地位最高的群体，由那些只臣服于公共权威即伯爵或国王的人们组成，他们主持法庭，并表达自己的观点，同时还在公共土地上享有既定权利，这些人是完全保有土地所有权的土地所有者（来自 *al-od** 一

---

③ *Acta synodi Atrebatensi a Gerardo Cameracensi et Atrebatensi episcopo celebrata anno 1025*, pp. 2–5.
* 保有绝对所有权的土地或自主地产。——译者注

词，绝对持有土地）。日耳曼的公共法庭（*mallus*）称他们为自由陪审员（*schöffenbarfreien*），盎格鲁-撒克逊的郡法庭（shiregemot）称之为索克曼（sokman），在伦巴第平原地区被称为自由战士（*arimanni*），在加泰罗尼亚则被叫作好人（*boni homines*），或者像在高卢那样，干脆简单地被称为自由人（*liberi*）。因为他们不会给教会大量捐赠，所以很难从我们目前保有的文献中捕捉到他们的踪迹；但是，法兰西北部不属于大地产之一部分的小块土地（*loci*），签订了30年租赁合同后，即可完全拥有所有权而形成的朗格多克的均分制租佃地（*aprisio*），加泰罗尼亚的占有权使用地（*pressura*），约自820年或850年以来阿拉贡的荒垦地（*escalio*）（整个地区的文献资料十分丰富），托斯卡纳、萨比纳和波河沿岸孤立的村堡（*casalia*），以及奥弗涅的农民房舍（*casae*），或许还有布列塔尼的份地经营地（*ran**），无一不展示着自由农民的活力。考古学业已证明，9世纪和10世纪的早期乡村中，持续存在的大家族圈地肯定没有依靠领主。接下来，法兰西北部或帝国在莱茵河另一端的自由传统（*libri traditionum*），使得维兰（*villani*）或乡下农（*pagenses*）持有权利的例子成倍增加：在10世纪末期的塞尔达涅、诺曼底和意大利北部，有权使用公地或开垦地是对公用权的侵犯。有人可能希望能够估算出这一大群体所占有的比例：如前所述，资料对此通常没有记载，但在加泰罗尼亚，990年前后的特许状所记载的有利于教会的交换中，有80%与这一群体有关，50年后，在马康奈，这一数字为60%。当领地组织（seigneurial organisation）建立时，这一群体显然成了一个障碍，的确也出现了有权势者强迫完全保有地产所有权的农民，或通过个人委身制，或通过"交回"他们依附保有权内的土地，屈从于其权威的诸多迹象。我们在975年后的普罗旺斯、1010年后的托斯卡纳和泰晤士河谷、1040年后的拉丁姆和卢瓦尔河谷，发现了这些迹象。然而，公共权威有支持自由人的旨趣，在那些伯爵权力依旧十分强大的地区，伯爵们就是这样做的：在斯凯尔特河、默兹河和莱茵河的河谷，在巴伐利亚和萨克森，完全保有地产所有权的土地［所有权土地（*Eigen*）］，仍然受到保护。

---

* 一种与份地相似的经营地。——译者注

然而，我们将要转而讨论的大地产的重要性是不可否认的。即使大地产所有者使用一些家内劳动力，他也不得不出租土地。这是一种非常古老的"制度"，自古代以来，这一制度就因其农民即科洛尼（*coloni*＊）而广为人知，科洛尼向给予其持有之土地的大地产所有者缴纳地租［年租金（*canon*＊＊）或固定年租金（*tasca*＊＊＊）］，并在大地产所有者自己经营的土地上服劳役——但劳役开始于何时呢？由于我们所了解的这些在经济上都具有依附性，但在法律上多半是自由的人们的情况，仅来自9世纪的文本，尤其是（所谓的"加洛林"）巨幅多联画，所以，无论是过去还是现在，关于他们的学术争论都非常热烈，这里对有关争论不作讨论，因为自900年或者至迟自950年起的资料是如此匮乏，以至于争论对我们来说无关紧要。在我们看来，1000年前后的情况似乎相当简单明了。不论是在核心家庭中，还是在群体里，人们都认为，租佃土地是为了能够维持其生计，并生产一部分剩余产品以履行对领主义务：这块租佃地在日耳曼语中被称为农庄（*hoba*＊＊＊＊），盎格鲁－撒克逊语为海得（*hide*），在说罗曼语的地区被称为曼苏（*mansus*＊＊＊＊＊），在意大利语中或被叫作科洛尼卡（*colonica*＊＊＊＊＊＊）。这里不再赘述表面积（从2公顷到24公顷！）、服役义务、贡纳的性质或劳役的折偿权利问题。这其中一些问题与领主地产（*seigneurie*）的起源有关，将在那里予以讨论。我们也不会在某些类型的租佃地上浪费过多的时间，比如由教会使用的租佃地类型［洛泰林吉亚和莱茵河另一边土地上的自由佃户（*censuales*）或教会佃户（*sainteurs*）］，教会单方面认为这一类型较之于其他类型更为有利，因为租佃地的保有者，虽然要以缴纳沉重的个人税收作为代价，但在理论上，他们已处于教会的庇护之下。所有这些人的共同特征简单明了：他们都是自由人，服兵役，或许他们还能够在公共司法集会中表达建议。但钱财上的严重勒索，使他们不堪重负，这严重限制了他们

＊ *coloni* 罗马晚期的半自由农民，也有人译为"隶农""赋役农"。——译者注
＊＊ *canon* 每年为长期或永久租佃的土地缴纳的数额固定的租金。——译者注
＊＊＊ *tasca* 一种占收成的1/11到1/2不等的固定年租金。——译者注
＊＊＊＊ 9世纪以前，*hoba* 通常指日耳曼人马尔克中的份地，9世纪以后指的是农民的农庄。——译者注
＊＊＊＊＊ 国内学者通常把 *mansus* 译为"庄园""庄园的最初所在地"，德国学者一般认为是"份地"的意思。——译者注
＊＊＊＊＊＊ 意指租给农民或隶农耕种的土地。——译者注

的自由：他们可以离开，他们可以从其他地方挑选妻子，但之后就是他们会被其周围的群体排斥在外。他们的自由，据说就是"选择他们的领主的自由"。④

一些人全然依附于他们的领主，因此形成了第三类群体：这些人是承担其领主给予的管理或监督［官员（*officiales*）、领主的侍从官（*ministeriales*）］任务的仆役［家仆（Domestics），管家（*Dienstmänner*）］。他们通常是自由人（尽管在德意志他们成了奴仆），一旦"制度"的松弛迫使其主人委托任务给他们，其人数即有所膨胀。人们发现，920年至1000年间，在从勃艮第至巴伐利亚、从阿尔卑斯山脉至下莱茵河的整个地带上，这些人在偏远的地产上充当着"市长"或者监工；有些人还有过军事生涯。通常，他们依靠其领主赐予的一部分土地和捐税生活，这使我们认为，他们经常会滥用职权，并被唾弃、憎恨。

这些完全保有土地所有权的土地所有者、佃户、官员都是自由人，但其自由处于强权的控制之下。这就是他们为什么倾向于聚集在强权者周围，并支持他们的原因。虽然12世纪的乡村集体，甚至是11世纪以来的积极活跃的团体，与我们的讨论相离甚远，但这些发展进化的种子，在10世纪就已经以各种不同的方式种下。首先，其中的某些群体，能够获得特别灵活且有利的租佃安排。南部的一些群体正是如此：10世纪末意大利北部或者翁布里亚的自由租地农（*libellarii*），以及此前50年加泰罗尼亚和朗格多克的均分租佃制佃农（*aprisionarii*）。一旦长期租约到期，他们可能会成为其保有的一部分土地的所有者，并且享有司法上的保障，能够自由使用乡间公地（*saltus*）、公社公地（*communia*）、公共自由民保有地（*terra francorum*），甚至可以免除商业税。在更远的北部，情况有些糟糕，但就是在这里，我们发现了为有意识的团结凝聚提供了基础的聚会欢宴。在10世纪以来的伦敦、埃克塞特和剑桥，之后不久在斯堪的纳维亚沿海（比尔卡和海泽比），接下来在莱茵河和圣高伦，以及在11世纪早期的低地国家、默兹河和斯凯尔特河的河谷，都可以清晰地看

---

④ A phrase used by the Marxist historian Bessmertniy (1976)（马克思主义史学家Bessmertniy使用的一个措辞）。

到，围绕着守护圣徒或者通过纵饮而形成的群体。诚然，这类聚众宴饮（*drykkia*），或饮宴狂欢（*ghelda*），或会饮（*potaciones*）通常会在城镇中见到，但在乡村也存在，这无可否认。这就是乡村团结凝聚的肇始，在 12 世纪和 13 世纪，它是乡村生活清晰可见的特征之一。或许因为其他地方的资料短缺，约 1020 年以前，除在西班牙外，我们没有发现乡村共同体；它们在西班牙的早期发展，无疑得益于刚刚开始的收复失地运动（*reconquista*）。最初的乡村共同体，究竟只是个与抗击伊斯兰教的虔诚基督教教徒群体有关的问题［神圣的基督教栖居保护（*sagreres*）］，还是与业已在农民［公社（*consejos*）］中间达成的协议有关的事情呢？无论如何，975—980 年以后，在加泰罗尼亚的塞尔达涅附近，可以找到特许权（*franquezas*）的第一抹痕迹。在这里，人们发现了监督良性司法的陪审员（*Jurados*）（可能由选举产生？）和维持公共秩序与监察习俗遵守的治安法官（*paciarii*）。这些还不是特许制度（*fueros*），特许自治（*fors*）时期是 1050 年以后的事情，但 1020 年前后用市民（*burgenses*）这一术语称呼这些农民——应该注意，他们是武装的农民——在很大程度上揭示的是已经过去的阶段。当地方教堂成了避难场所，并且现在经过重新整理的房屋绕以栅栏［在说德语的地区称为篱墙（*Etter*）］时，自由农民群体从一些不知名的作者的笔下跃然而出：928 年马康奈的一个文献称他们为更杰出者（*melior pars*）。⑤

依附者的地位

一位加洛林宫廷官员在回答一个伯爵提出的问题时宣称："世界上只有两种人，自由人和奴隶（*servus*）。"⑥ 但 1042 年克吕尼档案文献中的一个文本，提到了"两个自由人，其中一个是农奴（*servus*）"。⑦ 此处，我们所探讨论题的最核心部分，模糊不清且杂乱无章。在谈及这些人时，历史学家不能以将之界定为"半自由人"而自行绕开这一问题：尽管一个人与其邻居拥有的是不同意义上的自

---

⑤ *Recueil des chartes de l'abbaye de Cluny*, ed. A. Bernard and A. Bruel, 11, no. 1240, p. 328.
⑥ *MGH Cap* 1, no. 58, p. 145: Responsa misso cuidam data, c. 1.
⑦ *Recueil des chartes de l'abbaye de Cluny*, ed. A. Bernard and A. Bruel, IV, no. 3380, pp. 475–7.

由，但自由是不能分割的。使得这一论题更加困难的是，恰恰是在900年至1200年间，出现了不自由的一个基本特征。我们尝试对此做更清晰的了解。

首先，应该说真正的人役，也就是人形动物，毫无疑问依然存在。虽然斯拉夫人（从查理时代起，斯拉夫人用他们的名字命名人役制）或斯堪的纳维亚人取代了非洲人和哥特人成为人役，但这一令人惊异的古代遗产依然坚实地存在着，拜占庭和伊斯兰世界都将兴致勃勃地恢复它。教会确实谴责这一制度，但非常温和：许多权贵显要饲养并盘剥这些人畜，南欧尤其如此。无论如何，它都不会承认奴隶属于自己的社会阶层，并鼓吹为了来世而接受现实世界的命运安排，与此同时，还猛烈抨击犹太人犯有维系商业的罪行。很难估计这一乡村劳动力的规模：女仆和侍妾、马车夫或在妇女作坊中的女裁缝，都被仔细地分别界定开来，此外，一些多联画还区分了奴房（*mancipia**）（一个中性词）和其他属民即奴隶（*servi*）。只有在偶尔提及的奴隶贸易中，才能看到他们的存在，在10世纪的康布雷、凡尔登、马格德堡或库尔，主教对买卖任何人都依然课征一笔税收。在英吉利海峡的另一端，10世纪末前后，那些从赫尔和布里斯托尔被运往斯堪的纳维亚和伊斯兰世界的人，可能是威尔士人和爱尔兰人，在出售前，那些男孩和女孩们都会被"养肥"。再往南，在前往伊斯兰世界乘船点的周围地区，即威尼斯附近的伦巴第和巴塞罗那周围的伊比利亚半岛，奴隶毫无疑问成了在大地产上劳作的农民和牧羊人的主体。这些是真正的奴隶群体，和其他地方的所有奴隶一样，他们在奴隶战争被野蛮地镇压之前，都在反叛，例如在975年的莱昂和980年的伦巴第。的确，这里有奴隶解放，这种解放或根据特许状经由古老的仪式［一份特许证（*per cartulam*）］，或根据更新的仪式按人头缴纳少量货币［一个第纳尔金币（*per denarium*）］进行。在950年前后的加泰罗尼亚、960年前后的普罗旺斯、985年的莱昂和1000年前后的伦巴第，都有奴隶解放的例子，然而，应该认识到，实际上，1000年之前或1000年前后，斯拉夫人和匈牙利人的基督教化，加上巴西尔二世去世后拜占庭帝国的经济困难，以及伊斯兰世界面临塞尔

38

---

* *mancipia* 意为从地方抓来的俘虏，故译为"奴房"，也有人译为"所有奴"。——译者注

柱人进犯的困境,才是奴隶制衰弱的真实原因。此外,奴隶解放还远没有完成:奴隶制继续存在着。

这些被剥夺了所有权利的人,正如他们在盎格鲁-撒克逊时代的英格兰为人熟知的那样,并不单单是契约奴(bondmen)。在文献中,发现了许多在长期的史学传统中认为可称为"农奴"(serfs)的其他人,虽然,在其时的资料中,农奴(servus)一词并不是一个最经常使用的术语,它有更复杂但更为精确的称呼,如活物(homines de corpore)、隶属民(homines de capite)、仆人(homines proprii)或者役奴(homines cotidiani)(所有这些术语都清楚地说明了他们对领主的依附性),或者其他的诸如力役(manuales)、茅舍农(bordarii)或杂役(Hausdiener)等强调其从属角色的称呼。他们的存在和身份是 20 世纪 50 年代历史学家们激烈争论的主题。我们现在很少关注这一争论,主要是因为他们并不占人口的很大部分。在巴伐利亚,1030 年前后他们的份额据估计为 18%,这似乎有些偏高;尽管在法兰西中部、海峡的另一边和莱茵河,他们的数量更多一些,但在意大利和西班牙,或者更北一些的诺曼底或皮卡迪,数量却非常少。尽管对他们本身的研究并不容易,但似乎非常清楚的一点是,他们最迟出现在 8 世纪末期,其出现也是多种现象的产物:昔日的家奴在保有地上盖起房屋〔份地上定居的佃农(casati)〕,他们逐渐自我解放;自由人为获得保护而自愿受奴役;家庭佣仆〔雇佣(stipendarii),修童(nutriti*)〕的屈辱地位致使他们被视为不自由之身;佃户因不能履行其义务而被剥夺了自由。似乎可以肯定,10 世纪和 11 世纪早期领主权的转变加速了这一进程。这些人首先在经济上受到影响;自此以后,他们能做的是每日的劳役,以及由下一代缴纳继承其保有地的款项,这将允许领主收回他们集聚的全部或部分财富。因为与他们的继承有因果关系,甚至是其婚姻也可能被监督和课税〔婚嫁处置权(maritagium),婚嫁费(merchet)〕,虽然这些限制似乎不是固定的或典型的限制。随着他们自由度的降低,随着"污点劣迹"的出现,以及约 1000 年起在意大利开始实行力役义务,他们最终难逃受排斥和不受信任的命运:他们

---

* *nutriti* 的意思是 "the children of the cloister"。——译者注

不能携带武器或参加公共法庭；如果逃走会受到带着猎犬者的追捕，并且如果他们犯罪，会受到严酷的惩罚；会遭到不同身份地位的妇女的拒绝；只能畏缩在教堂的角落里。他们不是牲畜——他们受过洗礼，能够拥有动产，还掌握技能——然而，"役权"显然是领主权威的支柱。我们现在必须转向这一点。

富　人

欧洲史学的一贯传统是专注于一小撮强权者。对于我们过去的这种持久歪曲的看法，有两种强而有力的解释。首先，几乎我们所有的书面文献，以及通常的大部分考古证据，对我们讲述的都是这些人。长期以来，中世纪史看起来似乎就是领主与教士间的一系列沉闷乏味的琐碎冲突。其次，更为重要的原因是，这 1/10 的人口统治着其他人，并且决定着他们的命运，在乡村尤其如此。他们充塞着这一时期的历史：所使用的术语是"封建社会"或"封建主义"。除了在"家庭"中曾讨论的那些以外，我们尝试对其本质进行梳理。

这时财富毫无疑问意味着土地；那些拥有大片土地者，统治着其他人。对 1050—1080 年之前的这些大地产规模作任何估计，几乎都是不可能的，甚至是教会的大地产都逃避了任何估量。确实，中世纪早期大修道院拥有的成千上万公顷的土地，部分已分散开来，但有证据表明，教会地产总计占全部地产的 25%—30%，公共地产和武士贵族的地产，加在一起约是教会的两倍。刚刚讨论的奴隶和佃户就生活在这些地产上，他们通常受到间接剥削：这为正在形成中的领主地产奠定了基础。但是，这时人与人之间的纽带才是最重要的，它一方面编织起了家系团结，另一方面将大量依附者和侍仆融入家族（*familia*），这里的家族一词，用来指住在附近并且依附于一个领主的集体。

围绕在富人周围，希望得到资助和咨询的忠诚而又贪婪的门客（clientele）的形成，可以追溯到很久以前，这是一个不平等社会与生俱来的特征之一。就我们正在思考的那个时代而言，生存的艰难和环境的危险，只会造成在任何一个拥有大粮仓者身边，围绕着的朋友

(*amici*)、亲戚（*parentes*）和亲人（*homines*）之类的人数普遍增加。如果除此之外他还被授予了某些公共职能的话，即使仅仅是理论上的公共职能，所产生的压力可能只会导致此类人数的更多增长。在领主住处或附近，修童（*nutriti*）或受俸牧师（*prebendarii*）、领主供养的依附者或穷亲戚，以及可以引用侍仆（*familiars*）、仆从（*criados*）、侍从（*gasindi*）、卫从（*geneats*）等多种称呼称之的承担着护卫领主或其他任务者的存在，创造了一种家族的氛围，这使得这一整体的贵族气氛被描述为"散发着家庭面包的芳香"。这一复合体，至少为三方面的要素奠定了基础。

供养并且能保护其他人的人〔"面包的给予者"，撒克逊封建诸侯（*hlaford*）〕，过着尊贵的（*nobiliter*）生活，他们的财富转变成了慷慨的礼物、赏赐和盛宴款待，也就是说，他们从不算计，赠送慷慨，甚至挥霍浪费。那些不这样做的人，是卑鄙的（*ignobilis*）、不光彩的，乞丐或商人就是这样。因此，眼下的问题是，"贵族"的本质是什么？历史学家对这一问题有着重大分歧。一些历史学家从中看到了一个至高无上的群体，只有这一集团能够享受全部的自由，甚至在公共权威存在的地方，面对着公共权威也是如此。另外一些历史学家认为，10世纪，唯有与加洛林王朝有血缘关系才能被赋予贵族身份；一些人已经与真实的或假定的公共权威委托建立起了联系。然而，一般认为，虽然教会不遗余力地分裂它的竞争对手，但至少是在这一时期，贵族旨在通过有计划的族内通婚安排而保持的纯正血统。那并没有使每一位大土地所有者都自动成为"贵族"，但是他可以像贵族那样生活，可以追求成为贵族，而且我们完全可以认为，其农民对此也有所了解。

相比之下，领主和依附者间牢固个人关系的建立，并不一定能解释"贵族"的标准。一个人之所以让其委身者围绕在他的身边，是因为这样能更好地保持对他们严密控制。此外，我们知道加洛林王朝积极鼓励这些做法，虽然这些做法由来已久，但对于加洛林王朝来说，这是一个铸造更紧密地围绕在他们周围的社会的手段。自8世纪末以来，封君封臣制的仪式已广为所知，而且在我们予以讨论的这一时期，仍然存在和传布。然而，应该注意的是，封君封臣制还没有明确固定下来，因为1020年沙特尔主教富尔伯特还向阿基坦公爵解释他认为来自臣服礼的必要义务，顺便提及的是，所有的义务都是消极义务。⑧ 自然，我们关心的是这一承担义务的物质对应物，因为委身者成为恩赐领受者，并且因此在理论上与更为强大的领主不差上下，之后，就必须承担与接受的恩赐相对等的义务［这在936年的萨克森仍然被称为"工作"（opera）⑨］。尽管在1020年前后的德意志，仍然可以清楚地看到没有物质对应物的封君封臣制，尽管我们约在同一时期的意大利，也同样可以看到未经过臣服礼的土地恩赐，但无论如何这都是一种常见的安排。此类恩赐也是早已确立的惯例，先是简单的临时性土地让予［借予（laen），采邑（Lehn），借出（prestimonio）］，之后是永久的用地权利很快就成了世袭遗产。这里不是审视"封建主义"的发展以及标志着封建主义自1020年以来被曲解的地方，但是正如我们所看到的那样，在一个农民正在形成其自我团结一致的时期，其强固贵族群体的作用，显然推动了农村社会的凝固。

当武器携带实际上被一个有限的群体垄断时尤其如此。每个自由人都是一个战士的观念从未消失。在英吉利海峡另一端，盎格鲁－撒克逊民兵制（fyrd）仍然没有被严重地撼动过；但在大陆，越来越多地使用重装骑兵，这把农民排除在外，让他沦落为一个巡逻者、看守或替补的次要力量等级。自此之后，卓越的（par excellence）战士、士兵（miles），都是骑在马背上的骑士（chevalier）或骑兵（Ritter）。但日耳曼语保留了这些人的家庭出身：仆从（Knecht）（也就是仆人）、侍从（knight）。富人家庭中有很多可以成为优秀骑士的强健少年。他们都是为保护领主而战的人，虽然最初并不一定让他们成为封臣，或者只选择其中出身高贵者成为封臣。这些由领主供养、装备并在领主住处寄宿的士兵（milites），是正在形成中的战士，他们约自920—950年起出现在南欧，约自980—1000年起出现在北欧。在德意志，他们甚至从奴隶阶层征募。因为能从驻防地的佃农（casati）那里便利地获得需要的役务，再加上武器成本的原因，况且他们还必须要臣服于领主，因此，显而易见，他们是最佳选择。一个清晰可见的发展是，一个人经具有魔力的骑士授予礼后，即跻身于士兵（mili-

---

⑧ Fulbert, *ep.* 51.
⑨ Ganshof (1955), p. 51.

tia）精英阶层，这意味着战士的声威是如此的显赫，以至于一个贵族不会再拒绝它，甚至还要为之而奋斗，但直到1100年前后，这些要素还没融合起来，在一些地区甚至更晚；毫无疑问，1000年前后这些要素仍能区分开来。

对农村社会的研究，也就是说，几乎是对整个社会的研究，必定会把我们带到需要进一步讨论的学术领域边缘。需要对人类社会作整体审视。最终，将会注意到的是，如果财富、权利和权力具有非常明显的不均衡性的话，由社会各阶层维系的人类社会内部的整体环境，便在一定程度上具有同质性。对此，可以给出的主要理由是，在我们讨论的这个时期，每个人都参与了我所说的重组（encellulement）过程，在我看来，在公元1000年以前的欧洲历史上，重组过程是最为重要的断裂特征标志。

重　　组[⑩]

一个牢固的欧洲史学传统认为，至今仍然围绕在我们周围的乡野村庄，是一种古老的甚至是自然的状态。然而，当前农村社会内部的剧变，让我们对在更为久远的时期是否没有发生过类似的转变做出反思。换言之，"田野永不改变的宁静"和"永恒的乡村"是思想幻象。古代史学家在城镇或一些庄园中心（*villae*）消失的诱引下误入歧途，很难对罗马乡村的状况扪心自问，更不用说莱茵河—多瑙河一线（*limes*）另一端的地区了。根据考古学提供的支持，可以说有组织的田制，也就是由纵横交织的田间道路固定下来的田制，以及乡村本身，是欧洲中世纪的创造物，而且正是在公元1000年之前的这一时期，我们发现了它的最初迹象。

新土地管理方式

因为即便是出土文物，也不能提供一个毫无争议的公元1000年

[⑩]　译者注：这里和其他地方保留的这个法语词汇，意指人的社会、经济和政治重组，同时以把社会分割成"基层组织"为限。

第二章 农村经济和乡村生活

之前究竟怎样的景象,所以文本证据应用于提请历史学家注意人类群体中发生的变化。这其中的第一个迹象是表示土地利用新方式的新术语的出现:神殿内殿(cella)和庄宅(curtis*)减少,甚至庄园(villa)更多地趋于具有"乡村"的含义;如海得(hide**)那样,曼苏(mansus)保留了下来,但是这一词语已不再与他们的义务联系在一起,而仅仅指"一个家庭的保有地"。紧随其后,意指一块块土地的术语有分派份地(sors***)、块田(massa)、夸尔(quarterium****)、块地(area)、片地(locus),这些显然与较早时期的庄园(mansionale)、村(villare)和村庄(casale*****)具有不同特征。与此同时,强调人口流动的明确表述是民众集聚(congregatiohominum)、共同住所的重建(instauratio tenimentorum)。简言之,这里有从以前流动性的农村居住点,向塑造着我们今天所熟悉的农村生活组织架构转变的明显迹象。这些是对人们进行重组和控制的迹象,即在领主地产组织单元内部固定地点的重新组合,这一过程我称为重组(encellulement)。

除了欧洲这时已知的有关这一剧变的普遍原因外,就更早时期的人口聚集而言,已经给出了多种多样的解释。例如部落战争的减少,以及通过战士把这种战争转向更具地方性的范围内,已经被用来解释对要求更紧密地控制乡村居民的权威和利益的追求。因此,就出现了诸如采集、流动畜牧饲养和长期休耕等原始农业方法的衰弱,这意味着耕作区的固定和对未开垦地区更为坚决的开拓。这也意味着诸如百户区[百人区(centena),百人队(hundreda)],甚至更为简单的教区这类人类群组的出现或持续存在,与家庭结构的演进相伴而行。所有这些可能的解释——尽管仍然需要在因果关系链中识别出第一原因——并不相互排斥,并且这里对其中任何一个都不做特殊对待。但是,有必要对最为明显的流动迹象加以审视,可能会在920年至950年间的欧洲南翼,在980年至1010年间的大西洋沿岸至莱茵河地区,

---

* curtis 意指庄园中的农业建筑群,在不同语境下可译为"庄园"。——译者注
** 意指"一个家庭的份地"。——译者注
*** 在拉丁文中,sors 一词虽然是指抽签分派的份地,但可以世袭。——译者注
**** 与一威尔格相当,约合30英亩。——译者注
***** 系指整个世系的居住地,在很大程度上与 curtis 一词的含义相同。有时,这一词语与有大片地产的乡村组织联系在一起,并与集体使用未开垦的荒地相关。——译者注

以及更晚一些时候在海峡和莱茵河的另一端，发现这一流动的肇始，尽管这一时期划分也许主要是由幸存的资料决定的。

如果同时考虑到中世纪早期大地产的普遍瓦解趋势，以及我们刚才看到的那些影响，那么似乎可以肯定，与这些瓦解因素相比，领主自营地的核心部分抵拒了所有的分割倾向，甚至还出现了强有力的积聚地产的趋势，处于教会和普通权力的主要持有者控制下的领主自营地尤其如此。例如，教会文献表明，1000年至1030年间，雷根斯堡的圣埃默兰（St. Emmeram）修道院保有的领主自营地是其地产的21%；在英格兰的伯顿修道院和温切斯特主教辖区，这一数字分别为40%和22%。像在意大利的法尔法或蒙特卡西诺、西班牙的赛奥—德乌赫尔或列瓦纳，以及佛兰德的圣阿芒或圣巴沃那样，教会组织常常以牺牲寻求这些修道院庇护的自由保有农为代价，在很大程度上成功地恢复了它们的教会财产。就我们可以追溯的世俗贵族的活动而言，他们也同样如此：在加泰罗尼亚、普罗旺斯和拉丁姆，那里的文献揭示了他们在950年以后的活动，这里有大量的地产集中［大地产集聚（congregatio fundorum）］。经济动机显然根植于此，因为富人的欲望直指有着良好收益的土地或者提供一笔可靠收入的什一税，这些什一税通过不合教规方式的截留，使其不能送到预定接收人手里。教会当然会立法禁止这样做（在909年和922年的特洛斯里公会议和科布伦茨公会议分别如此），或者反对这样做（在948年和992年的英格尔海姆公会议和圣德尼公会议分别如此），或者对此进行威胁恫吓（在1022年的塞里根斯塔德公会议就是如此），但一切都无济于事。

这一进程的另一个方面，即大地产的分割，可以根据俗人和教会间土地出售或交换的记录记载发展变化，相当精确地确定其时间，土地出售或交换更多地明显标志着对利润的追求，而不是获得的施舍赠礼的减少；后者毫无疑问会起到同样的作用，但宗教因素可能会扭曲我们的判断。几乎在所有可以对此进行统计计算的地区，交换的峰值似乎都是在950年至1025年之间下降的。洛泰林吉亚小块土地的分配（alotissement）[11] 交换，德意志的土地赠礼，郎格多克均分租佃地

---

[11] 小块土地分配。

(*aprisio*)契约的解除,无不如此。土地利用在不同地区各有其特征,尤其是考虑到土地利用详细情况所造成的妨碍,追寻其普遍趋势是非常困难的。我们可以通过区分为三个具有不同趋势的大区域,使之简单化。

英格兰、塞纳河盆地及其相邻地区、洛泰林吉亚和德意志的大部分地区,呈现出了两种相关的趋势。首先,依附性租佃与以领主自营地保有的土地间的关系削弱了,在这些地区,这一关系曾经非常牢固。可借用德语词汇(即英国历史学家所说的"庄园制")予以表述的古典庄园制(*Villikationsverfassung*),开始瓦解,边缘地区尤其如此,那些更为边远的中心获得了其自治权。关系松弛给人们造成的后果之一,是导致了领主对那些仍然处于其控制下的农民,更加严酷地盘剥控制。从第戎到洛尔施,从圣伯廷到雷根斯堡,领主身边的佃户受到了残酷剥削,而与此同时,那些与他们身份地位相似的人们,却在很大程度上进一步解放了自己。另一个特点是把土地租佃的利用单位一分为二[二分之一休夫(*halbhufe**)],或者一分为四[四分之一(*Viertel*),四分之一维吉(*quartier vergée***)],或者像英格兰那样一分为八[博瓦塔(*bovate*)***]。典型的保有地从10—12公顷缩减到了3公顷或4公顷,在洛泰林吉亚使用的克罗达(*croada*)[可能来自劳役(*corvée*)一词?]或者由斯堪的纳维亚人借入使用的波尔(*boel*),这些新词语,似乎都意味着同样大小的土地。

在地产的不同部分之间联系本就十分松弛的法兰西南部和西班牙北部,走的是另一条路线。最初的核心,份地(the *masdoumenc*)、大贵族领地(*domenicatura*),失去了对边远的保有地的控制。因为这一地区的依附性保有地似乎只有一个佃户,而不是像更北方那样,把依附性保有地分成小份,交叉分散在田地上,从而每一块份地(*mas*)都分离了出来,能够形成新的较小土地单位。那里常常还有贡纳(*tasca, agrière*)的残存,这使人回忆起古老的领地关系,而且

---

* *Halbhufe* 译为"二分之一休夫"。其中,"休夫"是"*hufe*"的音译,系份地的意思,在德国,一休夫的标准面积为30摩根。——译者注

** *quartier vergée* 译为四分之一维吉,其中 *vergée* 系音译,指土地面积单位,在泽西岛为1798.6平方米,在根西岛为1639平方米,在法国为1276.8平方米。——译者注

*** *bovate* 译为"博瓦塔",一种土地丈量单位,系指一牛一犁能够犁作的土地的数量。——译者注

还可以在诸如份地（*condamina**）之类散发着依附关系恶臭的词语中寻找到它，但这些只不过是僵死之物而已。此外，定居点的相对分散性，以及这一地区因不太受大自然眷顾而未曾开垦土地的范围，让此处单独分离出来的份地（*mas*），常常通过侵占强夺扩张到数十公顷的规模。

即使我们不考虑伦巴第平原和半岛其余地区的差别，意大利仍然是一个特例。这里，一些地区的庄园（*curtis*）坚决抵制了分割，但是有两个因素动摇了这一连续性：如果农民的保有地［分派份地（*sors*）］不直接毗邻库提斯（*curtes***）周围的话，租契这一法律文书（*per libello*）就可以给农民大量的自由空间，极大地满足了他们的利益；并且如果不是在伦巴第的话，那么在拉丁姆，与其他任何地区相比，重组（*encellulement*）［这里被称为城堡化（*incastellamento*）］现象以超前的和强有力的形式，更加彻底地打破了领地关系网。

这些多样化的发展，对依附者的普遍处境有着重要影响。与领地联系的松弛，首先影响到了劳役，尤其是日役和犁役。当领主因这些劳役做得不好或者根本不做而感到厌倦时，就以货币来折算这些劳役，使富裕的农民得到解放，而贫穷者则更备受欺压。之后，习惯上逐渐固定不变的地租，分为两个部分：在可承受水平上的实物贡纳或白银（一旦它开始再次流通）贡纳，否则缴纳一部分收成（*tasca*, *champart*），对佃户来说，它的有利之处在于有可能摆脱气候变化的影响，所以，约自1020—1030年起，他力图使之成为一个更具有普遍性的实践，在新开垦的地区尤其如此。在这个背景下，我们也应该注意到，农民土地保有地的细分达到了新的低标准，约为3公顷或4公顷（尽管有巨大的变化——例如1050年前后的加泰罗尼亚在1公顷至19公顷之间！）。这一情况可以从两个方面解释：或者技术的进步意味着不再需要以10公顷土地养活一个家庭，这是一种乐观的看法，要不然就是人口的增长和家庭的演化进行得非常迅速，以至于他们强制拆分租佃地，并使其负担过重。

---

* *condamina* 一词在7世纪的高卢就已经出现，在当时的法国南部地区最为常用，有共同体的意思，在实际使用中，该词不加区分地指以一小块土地为生的人所组成的小集体或指这块土地本身。——译者注

** *Curtes*"库提斯"系音译，系指领主宅邸，领主居住的地方，其财产主要集中于此，后来演变为城堡。——译者注

我们现在能够理解了，为什么我们在审视环境之前，需要对已开垦的土地进行考察。无论是大的还是小的自由保有土地者，都继续开发利用他们的土地，无论是否过度地拥挤在一起，摆脱了"领地"束缚的佃户，都形成了一个在法律上更为自由并且可以重组的流动人群。的确，早已拥有他们自己的"人"，甚至是其奴隶的有权势的所有者，仍然存在。同样，这一"制度"的瓦解有其消极的影响，例如最为贫困者中的许多人处境恶化。但重组（encellulement）的总体影响是积极的。

环境的重组

至此，流动性农民群体还缺少围之而居的中心，借此他们可以凝固从前几个世纪继承下来的迥然不同且杂乱无章的生存环境。在一块空地上随意散建茅舍是远远不够的，甚至给这一聚结地取一个名字也是远远不够的；这里必须有一个黏性组织，以便于一种思想状态可以固定生根。奥古斯丁说构建起城镇的"不是城墙，而是思想"，可以说乡村与此有相似之处。

在我看来，应以逝者所确立固定的生活开始。古代墓地沿着离开城镇的道路延伸开来，中世纪早期的乡村墓地，位于定居点之间的土地边缘，总是远离住宅，这可能是因为对死者的恐惧，慢慢地，基督教会把这种恐惧连根拔起，虽然公元 900 年之前这种恐惧依旧没有被消除。自此之后，正如以上所述，住在其先祖墓地之旁，敬奉他们，甚至向他们咨询，在心理上格外重要，对权贵而言尤其如此。因为很难把陵墓移来迁去，所以出现了绕之群居的倾向；考古学业已表明，至少在整个北欧和西北欧，自不早于 10 世纪起，墓地及围绕它们的保护区安享和平，并且充当着集聚的场所［中心集聚地（atria）］，在今天仍然发挥着这一作用。实际上，前几个世纪位于旷野的墓地，此时已经被弃而不用：在 850 年或 900 年以后，诺曼底或符腾堡的这类墓地已不再使用。对历史学家而言，不幸的是，伴随着随葬品的消失和用容易腐烂的裹尸布丧葬的做法，意味着断定这些新乡村墓地的时间是困难的。正如在莱弗祖（lévezou）或下萨克森所发现的那样，先于教区教堂而成为逝者埋葬之地即被称为"第二个乡村"的地方，绝不少见。此外，特里布尔公会议（895年）勒令把教堂和墓地分开，并且如果图勒公会议（971年）规定在每一个基督教乡村中部建立墓地的话，它并不要求墓地位于教堂之旁。

显然，后者成了新乡村的中心，甚至于在整个欧洲它都是农村聚落的象征。一旦把地中海沿岸地区排除在外，那么，这里我们的目的便不是讨论教区制度建立的缓慢过程。只需要记得，920年前后，总计约有3000平方千米的帕德博恩主教教区，只有不到29个教区，而整个德意志只有不到3500个教区。就教堂建筑本身而言，尽管不乏创建年代早于10世纪的建筑，但没有任何证据证明，它们在更早的时期充当集聚中心。位于空旷乡村中的古代神庙（fana）或基督教神谕场所（oracula）的例证足以表明，教堂建筑并不是必要的集聚中心。另一方面，我们知道，农村的基督教化通常采取在地产（fundus），即在一块单独分离出来的大地产中心建造洗礼池的形式，比如在高卢或萨克森；这种做法事实上是允许显然与教会法精神意旨相悖的私有教堂的发展［私家教堂（Eigenkirche）］，这不是我们此处要讨论的问题。似乎最为清楚明白的是，几个世纪前的庞大农村教区［包括平民在内的神谕场所（the plebes cum oraculis）］，分解成了更为适中的能够稳固一小群忠实信徒的单元。这一现象因950年至1020年间拉丁姆的主教堂（pievi）、1050年以前的奥弗涅和普瓦图的主教堂而引起了注意，在那里，后来在更北方的一些地区，代指核心聚落时，教区（parrochia）一词取代了庄园（villa）一词。总的来说，相对于最初领地内建立的更小单元来说，教区的核心保留了某种首要地位，当今的教区地图常常也表明了这一点；但有时，在乡村高处建立起教堂，会导致无情地放弃位于旧教区核心教堂下方的教堂［低等教堂（Niederkirche）］。

如果教区成员绕之而聚集的钟楼是乡村的象征的话，那么，城堡本身就是中世纪的象征。但是如果我现在对它加以论述，仅仅是因为我认为它比其他两个重塑定居点的固化特点产生的要晚，在那些已经完全重塑之地，某些东西证明了我们把城堡化（incastellamento）这一概念限定在那些其作用显然已经十分明确的地区的正当性。建立一个保护和盘剥人们的设防集聚场所，是一种在所有时期都能寻找得到的现象。就我们这里所关注的这一时期之前的数个世纪而言，考古学

第二章　农村经济和乡村生活

业已明确揭示，古代要塞（*oppida*）和复建要塞在 10 世纪的德意志仍然充当着皇家宫殿（像韦尔拉和蒂勒达那样，更远的西部也是如此），而且在奥弗涅、诺曼底、英格兰或巴拉丁发现了更晚一个时期（有些是 7 世纪或 8 世纪的，有些是 10 世纪的）的巨大土木工事［圆形坞堡（*Ringwallen*）、圆形要塞之类］。

　　10 世纪的原生特征是欧洲开始在一个自然或人为垒高的地方建立鳞次栉比的强固建筑物的方式，塔堡最初用木头建造，之后，自 10 世纪末起，用石头建造［木塔（*turris*）、石塔（*dunio*）］，周围围绕着城壕和可能具有保护作用的围墙（城郭），用具有喻义的术语可称为城堡护堤（*motte*）*、陡崖（*rocca*）、墩座墙（*podia*）、岗台（*colli*），就像现代术语中所说的水堡（*Wasserburg*）和"围绕着护城河之所"。它们的位置很少随意选择：它们在一个古代的集聚场所（曼恩，牛津郡），一个罗马的行宫（皮德蒙特，勃艮第），一个庄园（*villa*）或村庄（*casa*）（伦巴第、奥弗涅、莱茵兰），或者在一个祭祀地（在列日）建立。此类位置表明，尤其是当我们注意到，附近有可供选择以取而代之的具有战略优越性位置的时候，其目的更多地在于经济监控和社会控制，而不是出于军事利用的目的。

　　这些建筑物的材质和司法用途已广为所知。在任何公共权威保有强权效力之地，此类塔堡只有经过一个真实或虚假的王权授权的形式许可才能修建，通常授权许可来自伯爵。大胆的自由保有土地者的僭权篡夺并不罕见，但除非或者受到惩罚，或者更为经常地通过合法化追溯，僭权篡夺很少能够幸存下来。无论如何，随之而来的是把邻村民众的控制权［委托管理权（*mandamentum*）、领主庇护（*salvamentum*）、支配权（*potestas*）］，或者赐予一个举止规矩、在这里充当代理人的土地所有者，或者赐予一个需要他支持的军事首领［朗格多克和加泰罗尼亚的城堡守卫者（*castlania*）］。强大的控制力，意味着拥有一个塔堡，特别是在对乡村居民的保护还没有有效公共权力监管之地拥有一个塔堡，暗示着获得对他们的司法权［胁迫约束（*districtus*）］或剥削他们（在英格兰称为 *feorum***）的可能性；这是领地单

---

　　* *motte* 系指古代城堡或营地的护堤，也指古代城堡或瞭望塔所在的高地，从拉丁文 mutta（地面开挖）演变而来，在法语中原意为"土墩"。——译者注

　　** *feorum* 意指（人们的）生活或躯体、身体等。——译者注

元的核心。如此，我们就可以理解一个有权势者与那些没有他们的帮助就不能兴建其塔堡的人们之间的关系：据计算，建造一个高 10 米，宽 30 米的圆形小城堡护堤，需要 40 名劳工工作 50 天。

只有通过考古学（几乎没有文本证据）才可能揭示的增长节奏，也已广为所知。或许因为更高权威的消失，以及因为地方骚乱和征服，又是南欧起了带头作用。举例说来，在意大利，增长趋势于 920 年前后在半岛开始，于 960—970 年前后在伦巴第平原开始，到 1050 年萨比纳约有 120 个城堡；在加泰罗尼亚，借助于收复失地运动（reconquista），增长的起点是 950—960 年，到 1025 年有近 70 个塔堡；在普罗旺斯和朗格多克，通常在纳税区（fiscal lands），增长开始于 980 年至 1020 年间，1030 年以前，吕贝龙（Lubéron）和科提艾尔（Costières）有 100 个城堡；自 970—980 年以来至本卷这一时段的最后一个时期，法国中央高原也已经修建了大约 150 个城堡。越往北增长开始得越晚：和马康奈一样，普瓦图的增长约自 980 年开始，但 1020 年前仅仅修建了 15 个城堡。卢瓦尔河以北，直到 1000 年后才出现增长趋势，在安茹和诺曼底，1030—1040 年才刚刚开始。约自 1070 年起，增长的浪潮随着征服者威廉而跨过了英吉利海峡，1060—1080 年前后，塞纳河以北一切都发生了改变。在低地国家、洛泰林吉亚和莱茵河以北地区，接近 1100 年时才开始增长，这已远远超出了本章的时限范围。

毫无疑问，在城堡修建和随之而来的对人们的控制之间，有一个时间间隔。有时，堡主能够使用武力让城堡（castro）或壁垒（castro）里陡崖（rocca）周围的农民重新组合，在意大利、普罗旺斯、加斯科涅或加泰罗尼亚，地形地势促进了这一发展。职业骑兵［城堡骑士（caballariicastri）］陪伴周围，堡主能够掌控要塞，履行警察职责，并且传唤他人出席其法庭，至少在那些涉及次要审判的案件中能够做到这点。作为城堡的主人（castlan）或堡主（castellanus），他是习惯的保护者和主宰者［习惯的法典解说者（consuetudecastri），法律的维护者（iusmunitionis）］。在这些地区，农民的相对团结迫使堡主的行为更慎重：在奥弗涅和朗格多克，他会使用劝说手段，向前来居住于与其城墙脚连接在一起的城郭（barris）的农民许诺利益。一个更好的办法是吸引由铁匠［工匠（faber）、铁匠（fever. ferrario）］

引领的工匠，这些工匠的产品将维持居住于城堡中群体的装备，并且他们将很快会对乡下人有所带动。再往北，暴力不太常见，因为在这些地区公爵、伯爵、国王和皇帝决不只是模糊的记忆。常常是先有人群的重组而后才有城堡的出现，随后会产生更加富有并且拥有更大权势的一代。在勃艮第，乡村通过占有份地（mansi）[这里被称为租佃地（meix）]的自发组合而形成，共同体的核心很快将获得自觉意识；在皮卡迪和符腾堡，围绕居住地的栅栏[圈围（cingle），篱笆（Etter）]表明了它的最早到来，在这里，城堡并没有吞噬而是俯瞰着乡村。在英格兰，住处和市场间的联系，城堡和公共责任或公共义务强力约束（如盎格鲁-撒克逊时代的英格兰民兵的兵役）间的疏离，描述了这一缓慢发展的特征。然而，它最终破坏了所有的自由。

边界和房屋

通过述及由居住地外观引起的问题，对居住地分类的尝试进行总结将不无裨益。但这里我们有更多的问题有待回答。已开垦地区的情况几乎一样，乡村一旦形成，就会扩大它们的控制和开发。为了估计它们的掌控程度，我们必须能够说明处于该地的全部道路网络。在这里，考古学是无能为力的：一直有人试图弄清英格兰、阿尔萨斯或者林堡周围的灌木篱墙或田地（Ackerberg）的年代，但因为时代过于久远结果难以确定。从萨比纳、勃艮第和加泰罗尼亚保存下来的10世纪的文本提到了边界。只可惜，这个抄写员在四处中有三处提到了邻居或自然地物的名字，而只有一处提到了一条道路。结论必然是，在公元1000年前后，田地布局依然没有确定下来，还在形成过程之中。罗马遗存下来的百丈量法是唯一的例外，对此，南欧历史学家做了大量工作。一些作者声称，田地规划根据的是百丈量法制度的方形，并且提供了朗格多克和伦巴第的例证。满怀对之仿效的欲望，其他一些人希望到处能看到百丈量法，甚至是在那些以之推测相当荒谬的地方。除了古代建筑遗迹与可能最为接近地反映中世纪盛期安排的现代土地清册不相符这一事实外，在这些可能的巧合中，我在令人烦恼的古语之外，什么也没有看到，而古语仅仅证明了对早已存在的古代建筑遗迹的利用趋势。

我不能再回避那个通常由意欲贬低10世纪的转变具有重大意义的持续论者提出的问题：许多古老乡村的名字。的确，现存的毫无疑问源自凯尔特语、伊比利亚语、日耳曼语或古罗马语的地名，令人印象深刻。这可能表明，由此而命名的居住地像它们的名字一样古老。但是，我不相信这一点：它们命名的只是一个孤立的要素，之后这个要素一旦发挥了作为人类集聚中心的作用后，其他要素就会消失，除了这种可能性之外，我认为这类术语通常为人类群体（正如罗马名字以-iacum结尾，或日耳曼语名字以-ing结尾一样）的命名，并且在其流动迁移中仍然沿用，在他们这样做时，名字逐渐固定下来。我们在今天的欧洲以及其他更多的地方依然可以看到的乡村的命名、重新命名和迁移，应该能够足以让永久持续论的倡导者信服。

　　第三个问题是：公元1000年的乡村，特别是房屋，看起来是什么样子呢？我们不能解答这一问题，这令人特别遗憾。非常不幸，从之前论述中得出的结论肯定是，这个时期的乡村和房屋沉睡在我们自己的脚下。尽管前面我们有许多在7世纪、8世纪或9世纪遗弃不用的居住地例证，但它们都不能用来为我们提供帮助。描述900年前查尔顿（汉普郡）、古维克（盖尔德斯）、迈齐（香槟）或瓦伦多夫（威斯特法利亚），以及其他许多地方已经被遗弃的居住地，没有任何意义。那些迁移足够清晰、能使我们做出研判的集聚中心——例如哈茨山区的霍恩罗德，或约克郡的沃勒姆·珀西——是非常罕见的，我们从中已经辨别出来的也比较有限。房屋依然很大，面积为8米乘以10米或12米，有横梁屋顶，如果是豪华的房屋的话，可能另外有一间屋顶房间。这些都是家庭群体依然十分庞大的迹象；房屋还有外门廊和地下食物储藏间。变革依然刚刚开始；描述12世纪乡村的任务可能要留给后人去完成，但它们显然是其起源可追溯至"黑暗时代"阴影笼罩下的发展的继续。

领主地产的出现

　　现在，我们得出重组的关键结果。从10世纪到18世纪，正是欧洲人生活于其上的领主地产，在形式上表明了巨大的年代和地理差异。诸如爱尔兰、苏格兰、弗里西亚、巴斯克地区，以及阿尔卑斯山脉和亚平宁山脉的一些谷地,这类没有经历过领主地产的地区非常少。表明西欧许多城镇是领主地产的事实,不在我们讨论的范围之内,它只能用来表明这一问题的重要性。

话虽如此,追寻领主地产发展的方式显然困难重重。不考虑我们刚刚讨论过的包括城堡在内的所有现象,我们肯定就不能理解其发展方式;尽管有其局限性,但也需要做一个"政治的"透视。我们知道,中世纪早期的特征是人们的公共群体聚拢于通常被称作培吉（*pagi**）的区域单位内,对培吉的起源已有很多讨论。他们的首领是代表着王公的一名官员——伯爵（*comes*）、方伯（*ealdorman*）、王家领地管家（*gastald***）、地区伯爵（*Gaugraf*）,等等。920—930 年前后,这些可能列出的区域单位,在不列颠群岛约 40 个,在法兰西西部约 160 个（2/3 在卢瓦尔河以北）,在基督教统治的西班牙约 20 个,在洛泰林吉亚约 80 个,在法兰西东部超过 220 个,在意大利约有 150 个。在军营,在设防的城镇的中心,或在宫殿（*palatia*）,正义得到伸张,纳税地块得以调查测量,自由人奉召入伍,并且如果有人有足够的胆量,还可以课税,或者至少是为了战争、兵役和粮秣［军队维持费（*Heregeld*）,军需捐纳（*fodrum*）、提供营房（*alberga*）、兵役免除税（*hostilicium*）之类］而征税。然而,实际上自 9 世纪开始,伯爵不再具有行政官员的特性,转而委托代理人帮助他们从行政管理中摆脱出来。在英格兰,郡法官（shire-reeve）或郡长发挥了极为重要的作用。然而,这一委托代理在培格斯（*pagus*）规模过于庞大的地区（这是否或许取决于人口的规模呢?）,或者在需要迅速做出决策,如对付维京人、匈牙利人或萨拉森人,乃至考虑到交通运输缓慢需要对物资需求或次要问题当场进行评估的地区,是远远不够的。正是因为这一原因,需要更加适中的至多组合几十个人口中心的区域单元,在德意志、法兰西西部、英格兰、意大利、阿尔卑斯山区等地,这些区域单位以百人区（*centena*）、代牧区（*vicaria*）、百户区（*hundred*）、圈围区（*ager*）这类术语而为人所知。这些委托代理

---

* 盎格鲁－撒克逊部族中的基层单位,有人估计其规模约有一千户,故认为"*pagi*"即"千户",千户所在的区域被称为"*pagus*",即"培吉斯"。——译者注

** *gastald* 系指"a official in charge of some portion of the royal demesne",故译为"王家领地管家"。——译者注

人［代理伯爵（*vicecomitatus*）］权力的实施，通常要有一个正式的军事、司法和财政职责授权。但只有到场者才可能获得这些授权，我们发现一些城堡的修建者列在其中。这些人是法庭的主持者，仅举几例，如在约940年后的意大利，970年后的加泰罗尼亚，990年后的普瓦图，1015年后的诺曼底和英格兰。"封建"或"封臣"的事宜最终也将在法庭处理，但这是另一个问题，与这里所说的问题并不相干。原则上，重大案件、"血腥案件"，属于诸如伯爵法庭之类更高等级法庭的审理范围。

1000年前后的情况似乎是这样的。统治权（*bannum*）的拥有者（不论是否合法），也就是有追捕、约束和惩罚权的人，开始容忍有时甚至鼓励富有和拥有武装的依附托庇者——那些人是他们自己的人或者实际上是他们的亲戚——修建塔堡和主持法庭。至少在南欧，这类城堡主或多或少成了独立的领主，或者直白地说成了权威者（*seniores*）或主宰者（*domini*）。在他们向其他控制延伸之前，不可能阻止他们处理对土地有影响的诉讼，顺便提及，这是最有利可图的诉讼，也不可能阻止他们要求把盛宴款待（*gistum*）和财政援助权利归还给他们自己及其战士。他们从包括其自由保有土地者在内的农民身上课征捐税，这些捐税的课征源自他们的"公共"权利［来自德语中称的邦法（*Landrecht*）］以及他们的土地持有权，我们如何区分它们呢？在所有情况下，我们都发现他们作为统治着所有人生活"习惯"的领主，打着自由革新的旗号，通过创造恶俗（*malae consuetudines*）或不良习惯（*malsusos*），即邪恶的习惯，来进行实际上的巧取豪夺，这沉重地打击了很多农民，因为显然这些革新不可避免都是邪恶的。

在王国权威仍然具有一些影响力的地区（盎格鲁-撒克逊时代的英格兰、法兰西北部、神圣罗马帝国西半部），即使这种影响力是孱弱的，或者在伯爵的权力仍然保持强大的地区（加泰罗尼亚、诺曼底、佛兰德、萨克森），这一发展被控制在可以承受的范围之内。在其他地方，这激起了强烈的抵制运动，这场运动本身称得上是革命。教会置身于这场运动的风口浪尖之上，因为它的司法豁免权和巨大的土地财产，受到了此类发展的更多威胁；因此，常常以积极乐观的虔敬态度看待"上帝和平"的出现。以援助那些对上帝来说和他们一样弥足珍贵的贫民（pauper）、无助的人们（inermes）为借口，教士实际上打破了把他们与战士连接在一起的阶层团结。这里，我没有必要描述这一运动的阶段，即从989—1027年的阿基坦、勃艮第和朗格多克公会议宣誓执行休战协定，到1023—1048年向主教和王公宣誓的演进。这里，就我们的目的而言，我们需要记住的是，教会很快与世俗富人达成了协议，特别是在那些农民群体被怂恿之下，做下了轻率地结清其账目的荒诞行为之后，如在诺曼底、莱昂或贝里。利用这一保护，教会享有其土地——例如忠实的支持者让与的土地——这推动了向领主地产制的进化，而领主地产制的出现长期以来已有延迟。此外，在三个社会等级的前两个等级的和解（rapprochement）中，封建关系网络、家族利益和政治责任给其烙上了持久的印记。

自此以后，在乡村和城堡附近，领地组织常态性地发挥着作用。因为我们现在所讨论的内容已经超出了本卷要论述的时期，所以我只用寥寥数语简单讨论。然而，似乎有必要提及一个新的特征。不管他们的权威在起源上具有公共性质，还是私人性质，领主很快就把这两种观念混合起来，因此在中世纪二者的区别被很轻易地忽略了。严格说来，一些本来只应该由那些系领地佃农的农民承担的义务，很快逐渐扩展到没有这类租佃关系者的身上；这些义务包括为了领主利益通过使用禁用权（right of the ban）而强制实施的劳役（corvées）。在后一种情况下，甚至可以说，这类义务包括一种特别"非法"类型的"使用权"概念，并因此成了反抗的根源，这非同小可：迟至1000年或1020年，在米兰和布雷西亚，要求使用耕牛为领主劳作一星期，此外还要手工劳作两个月；在英格兰要求每星期劳作数天［正租（week-works*）］；在大陆稍微少些。毫无疑问，与9世纪相比，农民承担的义务要少些，但现在它强加在每个人的身上。因此，另一种习见的要求，即一个承认保护的税收或许更为合理正当，文本献媚性地称之为"请求"（Bede, questa, rogatio），或者更准确地称之为款待（gistum）［alberga, gayta, 即（强迫）盛情款待］，或者首先可称之为"苛捐勒索"（tolta, taille, tonsio）。

---

* week-works 可译为"正役"，是力役的一种，一般指农民每星期为领主耕作三天。另外，农民每年要对领主负担一定天数的耕作劳役，为"附役"。也有学者译为"正租"和"附租"。——译者注

禁用权影响到了自由保有土地者，吞噬了自由佃农；农奴没有受到影响，因为他们属于个人财产，不缴纳诸如人头税（taille）之类的税。这是虚构捏造。在构成领主地产的乡村中，所有人相对于领主而言实际上地位相同。他们之间也不乏区别；这些区别源于经济问题，尤其是些所有人都要面对的经济问题，我现在将谈论这一话题。

依然脆弱的经济

任何人要了解1000年前后的欧洲农村经济情况而试图搜集资料，首先应该调查人的需要，这是我们借此能够判断其艰辛努力是否足以满足他们的唯一标准。对于中世纪，特别是对于在这里我们要讨论的那些问题来说，这是一个棘手的问题。当然，我们可以假定我们能够从加洛林文献中推论出的消费水平，在100年或200年以后仍然有效，但我们对此确信无疑吗？此外，我们已掌握的数字资料中有着令人怀疑的夸大，让人困惑丛生，例如在科尔比，数据资料估设，从事劳役每天能得到1.95千克面包、一升酒、300克豆类和100克奶酪和鸡蛋，总计约6000卡路里热量。在某种程度上，这是一个不健康和不均衡的饮食，可能是一个家庭而不是一个人的定量。数据少得可怜，编年史家们仍然模糊不清。那时赫尔高德对国王罗贝尔允许乞丐捡食桌下残羹剩饭这一事实的欣喜若狂，或者史诗对一个食客三大口吞下一只孔雀的描述，并不能告诉我们什么。考古学也几乎没有任何帮助：在荷尔斯泰因或汉诺威发现的800年至1000年间使用的垃圾坑，显示了被食用牲畜骨头的比例，这表明了畜牧业的高密度，不过数据是散乱的且多有变化，牛为15%—66%，猪为10%—70%，羊为11%—23%。尽管已经用"生机盎然"来描述10世纪，但后来得自德意志的零散数据带来的估算是，每日约有2200卡路里热量由谷物提供。另外，我们应该如何计算来自树林的根茎，来自农家庭院的鸡蛋，来自蜂房的蜂蜜呢？简言之，我们的数据资料没有提供任何确定的指证。如前所述，或多或少可以确定的是，11世纪早期饥荒严重。难题可归纳为一点，这个问题是至关重要的，这就是：增长是否与需求保持同步？

扩大的文化视野

对这一问题作肯定性回答时,我实际上正在提出一个只有在接下来的几个世纪里才能证明为合理的结论;但是对于接下来的观点而言,这一开放的立场是不可或缺的。首先要考虑的是工具这一议题,有些人意欲把工具作为欧洲崛起的最重要原因之一。然而,曾因其发明而被称颂的中世纪,近来已经倒向另一个极端,仅承认它具有普及他人发明的特定天赋。这一空洞争论几乎没有考虑地理现实:古希腊罗马文明在处理木材、石材和纺织材料上,有着非常完美的技艺,而忽视对水和铁的利用,在这一地区,前者不够稳定可靠,后者则非常稀少。中欧和北欧的情况不同;并且除此之外,多种多样的物种使牲畜利用得以发展。为了让我的观点不受到争议,我将着眼于三个关键方面。历史学家们首先宣称马轭或牛轭拯救了欧洲。接下来,他们坚持认为这些技术早已为古人所知,就像设计用来保护马蹄的马蹄铁(hipposandal)那样。然而,事实上,马具图解和金属零部件的考古文物,揭示了在诸如特里尔、萨伏依或波西米亚等远离地中海地区进行这些实践的蛛丝马迹,但这些实践最早也不会早于10世纪末期。或许,这些事物的新奇性,如果这是一个新奇性的话,在于与南欧相比,这里选择饲养的牲畜更适合于此类实践。

第二点:从一个很早的时点看来,例如磨坊,使用铁已是其重要特征。我们在这里论及的是一个关键的中世纪技术部门。铁匠铺数量特别多,并且在比利牛斯、莱茵兰和萨克森地区、诺曼底和不列颠群岛、勃艮第和香槟,处于交通相对便利之处。可能还已表明,与其地中海地区的同行们相比,日耳曼人或凯尔特人的锻造术要高明得多:更加坚硬的斧头、犁铧、犁刀和犁壁、马蹄铁、桶箍和轮箍,当然还有用于战争和狩猎的武器。那些在火花和风箱中间生产它们的人,实际上是乡村的关键劳动者,其领主是他最重要和最令人羡慕的主顾。在945年后的卡尼古,在960年前后的富尔达和洛尔施附近,在975年或980年后的普瓦图和诺曼底,在1000年后不久的阿丁、香槟的奥特森林和约克郡,都发现有矿井开采和简易熔炉中的冶炼实践。我们发现,1030年前的通行税清单中,登记有经过加工的生铁"块",

通常还课以重税,如在比萨或阿拉斯;1010—1030年,在加泰罗尼亚、萨比纳和皮卡迪,乡村铁匠数量的不断增加,是被古人彻底忽视的冶金术自此之后势不可当地发展的一个标志。不过,需要注意的一点是,这对前面谈到的那些人们的重新安排产生了影响:熔炉和铁砧最初都在临近燃料产地(有文献提到了10世纪末萨克森和莱斯特附近的煤炭)的丛林中使用。然而,为了使其工作更具效率,铁匠从林区转移到了乡村,因此,我会欣然断言,对于居民来说,铁匠铺与城堡一样都是人口聚集之地。

987年前后在德意志出现的锻锤铁的磨坊,把我们引向了第三个增长领域:水力的利用。古人很少利用之,但因在技术上与实际的需要密切相关,水磨成了欧洲人最早的"机器"。特定纬度水流具有规律性,水塘富营养化带来的可喜结果,即鱼类满布(磨坊水闸的副产品),此外及时的收益以及富人从乡村人们使用磨坊中获得的利润(尽管这要晚些),都是对这些机器取得令人难以置信的成功的阐释。加洛林的文献确实提到了它们,但有人认为,在普瓦图、加泰罗尼亚、贝里、低地国家,它们广泛扩散使用的时间不会早于920—935年。这一时期之后,我们发现它们处于每处河道之上。安装水磨的结果业已清楚:其建造十分昂贵,需要横梁和高质量的磨盘石,以及铅和铁,但据估计,在11世纪,它们产生的收入与20公顷土地的收入相当。所以,建造它们的富人,知道如何向使用它们的人们收回其投资;那些承担不起使用它们费用的人们,要浪费时间和精力在家里手工碾磨谷物。不过,并没有确凿证据表明,大约在1030—1050年之前使用领主的磨坊是一种"约束性"义务。还必须指出,如果说水能够被占有并因此支付费用的话,风对所有的人都是免费的:有文献曾提及,在10世纪末的西班牙地中海沿岸地区,有风力驱动的磨坊,但在约1150年之前这一现象极为罕见。

将要着重强调的是,这一技术进步的最主要后果,是把以前在这一领域中无所不能的工匠驱逐出去。纺织、细木工业和锻造业都已处于领主代理人的直接控制之下,甚至由制陶工人或遁世者在丛林中从事的那种"粗糙原始的技艺"也不例外。因此,生产的转变和原材料将集中于乡村本身或者说在城堡脚下。这一在乡村的技术集中,将

第二章　农村经济和乡村生活

允许农民置身于开拓控制未开垦的土地这一关键任务,而未开垦土地是扩大耕种和食物供应的关键。

萨尔图斯(*saltus*[*])、边地、灌木丛(*bosc*)、森林(*foresta*)[可能派生自外部的(*foris*)、"外面的",而不是冷杉(*föhre*)、"枞"]是未经开垦之地,这一地带树木并不繁茂,但人们心存畏惧并且不知道如何开垦。法兰西大西洋沿海地区的乡村,地中海沿岸的灌木地带[灌木混生带(*mescla*)]或灌木丛,西北欧长有荆棘和零星林木的大草原,当然还有洛泰林吉亚、德意志和斯堪的纳维亚的密林,都属这一地带。它处于灰壤化和多石的贫瘠土壤之上,但是也处于厚实和富有潜力的沃土之上。开垦它是非常艰辛的工作;它所扩延到的地区中,生活在那里的动物远比人要强大,比如狼,或者更为糟糕的是,那些猛兽会设下陷阱捕捉迷路者。皇帝亨利四世曾身陷其中,迷失三天,并且在勃艮第,微不足道的匮乏,可能会导致这个野性世界的勃然肆虐。对花粉或者碳的分析格外引人注目,它们是我们今天研究大自然和植被扩张范围的最可靠指征:比如在阿丁、黑森、石勒苏益格、肯特、波西米亚、瓦莱斯、普瓦图和朗格多克,我们发现,林地约占地表面积的50%—70%(后一数字是德意志的数据),而在11世纪末,《末日审判书》记载的英格兰的林地约为4万平方千米。如此庞大的土地,绝不意味着毫无生机或者毫无价值:除了作为木材来源地的作用外,它作为在其边缘地区狩猎和采集以及军事保护或紧急避难的区域地带,从而成了采集者、木炭生产者、伐木工,以及盗贼等的世界,此外,因为已开垦和耕作的土地不得不完全用于满足人类之需的谷物种植,所以尽管要承担风险,它首先还是家畜的自由放养之地。

如果因为人类需要的食物更多,或者他们的数量增加,抑或他们的家族群体拆分,对已开垦和耕作土地需求增加的话,我们就要面对另一种生态系统组织。有人甚至认为,起初正是畜牧业的需要,阻止了农民对林地的侵蚀。无论如何,原意系指清除荆棘而不是山毛榉的"清理"一词,最初的意思是相当温和的,它给出了对清理的恰当看法。毫无疑问,至少有四种侵蚀类型,它们的形态和

---

[*] *saltus* 系音译,即"粗放经营的大片牧场"。——译者注

后果各不相同。在 10 世纪末和 11 世纪初的奥弗涅、勃艮第和莱茵兰、哈茨山区、威尔德和苏塞克斯，能够带来好收成的黏重土、泥灰土、石灰土和沙石土已得到处理。更晚一些时候，开始处理水涝地、沼泽和沿海地带——海滩沼泽地（Schorren）、沼泽（moeres）、碱沼地，这些土地更适合养羊。布满卵石的谷地，以及顺沿整个欧洲南翼海岸平原、由流入地中海的水流湍急的河流（varennes、ferragina、rivages、bonifachi）冲击而成的河滩，可能直到 1000 年或 1020 年都没有遭到垦蚀。最后，自 975 年起，在加泰罗尼亚，可能出现了通过修造梯田而对斜坡进行的不遗余力的征服，但在普罗旺斯或意大利，这要等到 1025 年或更晚的时候。不言而喻，在那些由个人或多或少非法地在他人土地上完成这些事业的地方，它们总体上逃脱了我们的观察视野。除非富人采取了契约形式，否则我们不能发现它们。最为经典的例子，至少这是我们从教会为我们提供的文献中发现的最为经典的例子，是神职人员购买土地，并且让成群的世俗劳力耕作：加泰罗尼亚拓荒者中的 quadras，巴伐利亚的巴斯卡耳根隶农（Barschalken），皮卡迪的 sartore。正如伦巴第的公地（gualdipublici）、威尔德的 lathe 和比利牛斯地区的 hostalitates 那样，他们由此获得了土地，因此可能会保有一种特殊地位，这是因为"佃客"［客民（hospites）］基本都来自遥远的地方，而且作为有住宅的耕种者定居在这里，受领主保护，享有个人自由，并且就纳贡而言负担相当轻。

公元 1000 年前后，这一趋向还几乎没有初显其轮廓，而且此时还无望能够预测其规模。花粉分析给出了一些迹象标志，但没有具体数据。田地分割成条田可能是其存在的一个证据，但这开始于何时呢？至于地名，尽管它们的证据非常关键，但它们通常不能提供一个确切的日期。以 -viller、-hof、-dorf、-sart，或者以 -bois 结尾之地，或许是清理的结果，但是，这可能要回溯到最初缺乏自信的加洛林阶段。保留下来的理所当然是与反对萨尔图斯联系在一起的微地名*：在不列颠群岛以 -ley、-den、-hurst 和 -shot 为结尾，在日耳曼地区

---

* 原文为"micro-toponym"，意为在土地登记册中列出的地名（the place names listed in the land register）。——译者注

以-rod，-ried 和-schlag 为结尾，在法兰西北部以-essart 和-rupt 为结尾，在比利牛斯地区以-artiga 为结尾，在伦巴第和其他许多地方以-ronco为结尾。但是它们始自 10 世纪、11 世纪，或者甚至是 12 世纪吗？我们又该如何确定呢？

生产的萌动

我们今天称为中世纪的生态系统，实际上一直到 12 世纪初都存在，它以从耕地中获得的粮食作物、森林中自由放牧的产品以及肉类和乳制品的相结合为基础，以来自未开垦土地的果实和根茎，以及农家庭院的少量产品为补充。显然，即使能够达到某种形式的饮食平衡，这种情况也只能如前所言构成一种"恶性循环"：要增加可耕地而牺牲林地，就会切断后者能够提供的供应品，但是要保留林地，就会冒谷物生产不足的风险。来自耕地的碳水化合物和来自森林的蛋白质之间的千年冲突，取决于或者基于技术改进，或者基于一个需求平衡而产生的有利结果。生活在公元 1000 年前后的那些人，并没有因为需要寻找解决办法而过度苦恼，对此加以论说完全没有必要。因为许多代人以来，他们很好地利用了每几年就或多或少按照有规则的节律轮作耕种的草田轮作制（*Feldgraswirtschaft*）：土地清理后连续耕种数年，直到土地开始显示出枯竭的迹象。维持此类实践的是领主，穷人因为缺少土地而不能在土地上进行这些实践。这就是见于加洛林文献的作物轮作普遍存在这一完全站不住脚的看法的起源。实际上，我们正在讨论的是一个没有完全利用的区域，"加洛林"多联画提供的信息往往掩盖了这点，同时讨论的还有冬、春谷物种植与多变的休耕期［经常被引用的是著名的圣阿芒三轮耕作制（*tres arationes*）］之间的更替。直到 13 世纪中期，我们才发现了有意识和有规律的轮作，这里我们仅仅讨论经验性实践。

种植什么呢？首先是用于制作面包的谷物。因为领主的需要，能够产生精白面粉的最好谷物广为所知。人们已经注意到，在 1000 年以后的加泰罗尼亚和低地国家，诸如斯佩尔特小麦之类的古代有壳小麦让位于裸麦，后者不会堵塞富人自我配置的磨粉机；大麦种植减少，但啤酒和牛拯救了它；黑麦保留了下来，因为醇厚与朴实无华是其本质，更何况它还有品质优良的麦秆；早在700年前，就已被用作麦片粥原料并且很快用于马之饲养的燕麦，开始了它们作为一个"三月"播种作物的历程，但还远不能与产粮区一捆捆数量庞大的小麦相提并论。稷或黍是否已经出现了呢？经济史学家也乐于见到其他资料。工作又是如何组织进行的呢？富人可以亲自处理其劳动力的劳役，而且劳役充足，实际上超过了可实际使用的范围：在布雷西亚有6万个工日可以使用，在圣日耳曼德普莱为13.5万个工日，当然这是非常荒谬可笑的。但对他们的期望是什么？有多少耕地，播种什么，有什么样的工具呢？最后一个问题至关重要，但对于我们正在讨论的这一时期无法回答。我们知道，有时装有铁制尖端的古代犁，即有着一个坚硬犁铧的轻型犁（aratrum），很难用于深耕或富有成效的耕作，只能犁出轻浅均匀的犁沟。这种犁在南欧仍然使用，但是，早在8世纪，伦巴第人就已经谈论一种双轮犁（ploum）［显然是双轮犁（Pflug）或犁一词的拉丁化词语］，这种犁毫无疑问来自中欧，并且实际上自9世纪起，就在摩拉维亚发现了不对称的犁铧。不幸的是，本应该意指一个更为有效的工具、更适于犁耕肥沃的黏重土的新式轮犁（carruca）一词，抄写员在使用时却未加任何区分。考古学表明，在乌特勒支附近和比利时坎皮纳的化石场，似乎曾使用过这两类性能不相上下的犁。我们能说些什么呢？未来取决于在最好的土壤上用马拉的轮式犁吗？这一点在1080—1100年之后是确定无疑的，但对这之前我们只能猜测。

显然，进步只能由结果做出判断：在我看来，有三个要素标志着这一开始，但它们都不是实质性要素。首先，已知的田地布局表明了两种趋势：除了葡萄园和橄榄园等特殊情况外，甚至是播种时由灌木丛树篱进行的临时性圈地，似乎都让位于一个可被用于定期放牧的开旷村野。除此之外，田地形式可能也开始发生变化：尽管大块的几近正方形［南部地区的方形（quaderni）和成四边形地块（aiole）］的地产，似乎仍存在了较长一段时间，但应该注意到，在低地国家、莱茵兰和巴伐利亚，我们可以看到早期条田制的轮廓，虽然，在1025年以前，这种制度似乎确实只在英格兰才为人所知［以平行的按照太阳运行方向分布的宅地（solskifts）组聚成的1/4英里或弗隆见宽的条田］。这种只能被一致地看作与一种特殊的犁联系在一起的土地布局，似乎意味着抛弃了古代使用的非常原始的交叉犁沟技术。第二点是有可能从一些教会的例证中对耕地面积的增长做出估计：在加泰罗尼亚，一些地产表明，950年至1000年间，新增耕地占全部耕地面积的15%—35%；有人曾提议类似数字同样适用于普罗旺斯和意大利中部。最后，我们有一个根本性问题：这些耕地的产量是多少？是否增加了1/3呢？我们知道，对加洛林时代做出的估计是令人震惊的：种子能产生两倍或者最多三倍于其自身的产量，即使我们无视证据表明的产量返还，这也将是对农业的一个荒谬否定。来自10世纪中期布雷西亚和马康奈的少量证据表明，这一比例为3∶1至3.5∶1，只是一个非常适度的增长。但另一方面，我们从1000年的克吕尼获得的比例数据是4∶1至4.5∶1。要达到1300年佛兰德的15∶1，还有很长的一段路要走，但所有的进步已发其端。

读者或许将会为所见所闻仅仅与谷物有关而感到惊讶。原因是我们对其他的，即与面包一起吃的食物（companaticum）（从字源上讲即"伴随物"）一无所知：在意大利陡崖脚下的园圃（viridaria）和蔬菜园（orticelli）里，有"香草和蔬菜"，这在朗格多克或许要等到公元1000年以后。其他地方都没有关于浆果采集、养兔场和农家庭院蛋类方面的信息。至关重要的可能是气候不利，农民无法种植这些作物，但我们无法去考证这种猜测。作为圣餐来源、农民荣誉、餐桌荣耀和古代传统作物的葡萄，情况如何呢？狂热的历史学家谈到了"葡萄栽培的激增"，他们注意到了南欧分摊栽培葡萄和橄榄的合同，城堡和农民共同体的纵饮欢宴，并且强调给予葡萄酒饮用者的慷慨配给量。但是，在1100—1125年以前，可能还谈不上葡萄品种、葡萄栽培、葡萄酒的贸易或葡萄酒品质。

前已强调了留作家畜饲养的部分土地的重要性，更不用说它因为渔猎而起到的重要作用，但是，这里我们依然发现，没有更充足的可靠信息。据说，猪是最受关注的家畜，因为它是肉的基本来源，这是从林地养殖或者能够养殖的猪的数量来估算林地范围的惯例中推导出来的结论，已经证实，在加洛林时代，比率大约为每0.75公顷饲养一头猪。前面提到的德意志北部的垃圾场，似乎表明牛更为重要，除此之外，我们确实不知道那里是否真的有家畜。我们被迫作一般性、推测性的常识性思考，所根据的是在威尔德（dens*）土地清理中对橡树的课税，或者根据在比利牛斯地区，可能还有阿尔卑斯地区，对过往的季节性迁移羊群的课税，尽管大量羊群的首次季节性迁移开始于1050年或者更晚的时候，比如在意大利。关于林地使用的争论，索恩河上关于捕鱼权的诉讼，文献中提到的东盎格利亚沼泽地带的渔村，或弗里西亚的人工堆筑高地（terpen）：这些都是贫瘠的土地，在那里，历史学家只能收集到正在形成中的增长的最初迹象。

白银进入乡村

在一个挥霍浪费的经济体中，货币还不能作为交换符号得以流行，而至多用作赠礼和回礼。交换的是爱物、妇女、葡萄酒和马匹。城镇呈现过短暂的铸币追求，奢侈品的销售让加洛林历史学家眼花缭乱，赞叹不已；但是在乡村，情况则截然不同。在经济增长过程中，一个强大的新生事物，恰恰是把硬币或铸锭慢慢引入乡村世界：城镇和乡村间交换的泵流，噼啪作响地冲入生活之中，并且对于随后的几个世纪来说，它将是一个基本的动力。

我们追寻来自德意志、波西米亚银矿的白银运输路线，或者来自诸如法兰西西部或意大利北部等其他银矿不太丰富地区的白银运输路线有些困难。那里有规则性的开采吗？开采是否由王公控制呢？抑或更多的是熔化储存下来的，特别是由教会积聚的金属呢？无论来源如何，硬币数量之多让人吃惊：埃塞尔雷德二世有12万镑可周转的硬币；1020年，帕维亚的铸币厂发行硬币10万枚；在加泰罗尼亚，自1018—1035年起，课征自穆斯林的贡金（parias）获准定期铸成硬币，这时铸币为金币。铸币厂的数量急剧增加：如果我们仅仅考虑法兰西北部的话，近1000年，皮卡迪计有20多个铸币厂，佛兰德有10个，默兹有15个。这一时期宝窟的恢复使用，表明有大量第纳里（denarii）（便士）在流通：在985年前后遗弃不用的费康的宝窟，存有13万枚硬币。

这里，我们并不关注需求尤其是城镇需求的增长。但是，须另外

---

* 该词原指一种林地牧猪权。——译者注

考虑的是大额且不可避免的开支：980 年至 1010 年，英国人支付给斯堪的纳维亚人的丹麦金总计 15 万镑，另外，修建一个适度规模的坚固城堡要花费 2000 镑，一间磨坊要 500 镑。1017 年，在布劳奈，为了修建一所教堂，该地的领主们不得已出售了一片树林、两座谷仓和四间磨坊。领主当然能够依靠来自折换劳役、扩大货币地租、增加人头税的收入，应付这些需求；但是为了满足这些进一步的需求，需要农民有可供他们榨取的银币。这些银币如果不是来自剩余粮食或手工艺品的销售，抑或不是来自一个附加收入的话，来自何处呢？975 年至 1000 年，在加泰罗尼亚有档案记载的使用银币进行的交易中，与粮食有关的计占 32%，与牛和马有关的计占 41%，但与制成品有关的仅计占 15%。在意大利中部的法尔法，同一时期几乎所有的纳贡都转而缴纳金属货币。

我们的档案资料分布并不十分均衡，缺乏条件作白银向乡村渗透的地理研究。我们只有一些年代学上的线索：945—975 年渗入加泰罗尼亚和朗格多克的海岸线一带，960—990 年渗入意大利和阿基坦，直到公元 1000 年才渗透至卢瓦尔河北边。在法兰西北部和莱茵兰，以重量或牲畜头数的支付，在很长一段时间内还继续存在，直到 1030 年或 1050 年。但这些只不过是旧支付方式的残存而已；到这时，白银已经开始在乡村经济并且实际上早已在乡村的社会分化中发挥了作用；据估算，975—1030 年，西班牙和意大利牲畜的价格增长了 3 倍，在 1030 年所有立遗嘱者中，负债者占 1/3。

这就是以白银为基础之经济的孱弱开始。社会的基础仍然是土地和自由，家族纽带、宣誓和仪式保持着社会秩序。在一个没有白银的社会里，即在那些上帝确立起来的他所创生世界的分工变为了"秩序"之处，各负其责的社会思想，仍旧是社会的统治思想。1020 年，拉昂的阿达尔贝罗强有力地表述了这种思想，而且诗歌《洛林的加林》（Garin le Lorrain）的作者断言，"使得富有的不是珠宝首饰，而是朋友，因为一个人的心，抵得上全世界所有的金子"。[12] 这是一种依旧在坚守的看法呢？或者仅仅是对一个正在失去的世界的怀旧之情呢？

---

[12] Li romans de Garin le Loberain II, verse 268.

我们必须得出结论，并且我将从两个方面着手，即首先通过列出已知的公元1000年前后的人口统计，然后通过计算得出结论。直到现在，人口问题都遭到了刻意回避；首先讨论人口增长这一颠倒论述顺序的做法即已表明，人口增长毫无疑问是一个更为重要的原因。尽管必须承认对人口问题进行研究是困难的，但我认为，它是这里已经考察过的转变的结果，或者是一个巧合现象的结果，如果有人觉得"巧合现象"更可取的话，因为正如我们将要看到的那样，能够被注意到的人口膨胀的日期，似乎比我们一直所讨论的发展的日期要晚。我们只有两种方法：一是研究墓地。尽管正如已经指出的那样，那时墓地在移来迁去，但对墓地的研究，可以让我们了解埋葬在那里的人们的年龄和健康状况。二是研究教会保有的佃户或那些需要进行劳役偿还者的清单，但清单数量众多且相当散乱，它们分布在英格兰［伊夫舍姆、巴斯、伯里·圣埃德蒙兹（Bury St. Edmunds）］、德意志（富尔达、根特、戈尔泽）、意大利（苏比亚科、法尔法）、西班牙（乌赫尔、布拉加）。再加上花粉分析揭示的土地开发增长迹象，这些资料允许做一些相当精确的推论分析。

基本的共同特征是人口增长的开始。它持续了三个世纪。我们能确定开始增长的年代吗？在萨比纳和伦巴第为930—950年，在加泰罗尼亚为940—990年，在朗格多克、普罗旺斯、普瓦图和奥弗涅为980—1010年，在佛兰德和皮卡迪、巴伐利亚和法兰克尼亚、勃艮第和诺曼底为1010—1030年，在英格兰和莱茵兰为1050—1080年，在德意志中部为1100年之后。代表人口增长的第一阶段，即950年前后首次出现人口增长迹象至11世纪中期的这一时期，人口增长状况业已尝试做出衡量。一著者对欧洲人口总数的估算是，其居民从4200万人增至4600万人；另一著者则把他的数字限定为从2000万人增至2300万人。对西欧适度但有规律的人口缓慢增长的估算，即11世纪上半期总计增长了11%，或者多育婚姻的平均生育孩子数在980年至1050年间从3.5—4名增至4—5.3名，尽管能够为人们所接受，而且这些估算也确实很有意思，但缺少证据支撑。不言而喻，这些数据只不过是表明了一种趋势，因为太多的资料不为我们掌握。是营养的改善引起了死亡率的降低吗？公元1000年在瑞典和波兰的墓地中，5岁以下儿童的坟墓仍有20%—30%。或者是通过给予女孩更少照顾而进行的"隐性杀婴"减少了吗？抑或是更早结婚的社会变化连同乳母哺养增长的生理变化，创造了有利于生育的趋势呢？所有这些问题都摆在了人口统计学家的面前，他们唯一能够确定的是人越来越多。

简短评论足以作为总结。气候可能更为适宜，人的数量更多，家庭建立在新的基础之上，乡村结构稳定，领主地产及其保障和约束得以实行：这就是1000年前后数十年的均衡状况。浪漫主义者提出的"恐怖"究竟怎样呢？

如同在1033年那样，在1000年，人们可能也思考基督的生或死，但他们足以谋生；因此没有必要担心死亡。相反，他们参与到"诞生"，即欧洲的"诞生"之中，并且意识到了这一"诞生"。否则，我们除了引用一名勃艮第修士的"这个抖落了老态龙钟的凡尘的世界，似乎以教会的白袍将其各处覆盖起来"[13]之语，以及一名德意志主教的"在基督诞生1000年后一个光芒四射的黎明破晓了这个世界"[14]的话之外，又能作怎样的总结呢？

罗伯特·福西耶（Robert Fossier）

于　民　译

顾銮斋　校

---

[13] Radulf Glaber, *Historiae* IV, 5.
[14] Thietmar, *Chronicon* VI, I.

第 三 章
商人、市场和城镇

我们从形态上了解的中世纪晚期以来的欧洲城镇始于10世纪。11世纪晚期，城市化进入了充满活力的阶段，在13世纪达到高潮，但是，基本要素聚合于9世纪末法兰克帝国解体至11世纪早期。商业革命就开始于这一转型时期。

城镇作为一种社会形态重新兴起，必定与贸易的扩张和加强密切联系在一起；因此，在中世纪城镇的形成中，在其分布、制度和社会网络中，商人都是一个重要群体。他们的活动最为引人入胜和令人难忘，并且有时在推动向前发展上，会令其他力量的贡献和活动黯然失色。

这里将要叙述的城市发展的勃兴和贸易结构与组织的变化，预示着经济的普遍扩张和繁荣的增长，对农业部门尤其如此。对于一个能够吸收长途贸易运来货物的广大消费者阶层的出现来说，这是唯一的解释。10世纪以降，这一阶层就包括多个层次，上自购买奢华东方织品以包裹圣物的教士和贵族，下至11世纪必须为其教士领主提供胡椒和葡萄酒的鲁尔韦尔登修道院弗里西亚庄园的官吏。尽管显然存在不同地区间的差异，但实际上整个欧洲，包括拜占庭帝国在内，都表现出了明显的农业生产的提高和人口的增长。

10世纪，那些绘制世界地图的欧洲人，完全按照从古代继承下来的传统绘制地图：他们强调欧洲，尤其突出地中海地区，它扮演着欧洲大陆中心的角色，从这里出发观察欧洲的其余地区和外部世界。实际上，地中海地区是伊斯兰世界和基督教世界的交会地，这里的基督教世界意指希腊人和拉丁人的世界。

第三章 商人、市场和城镇

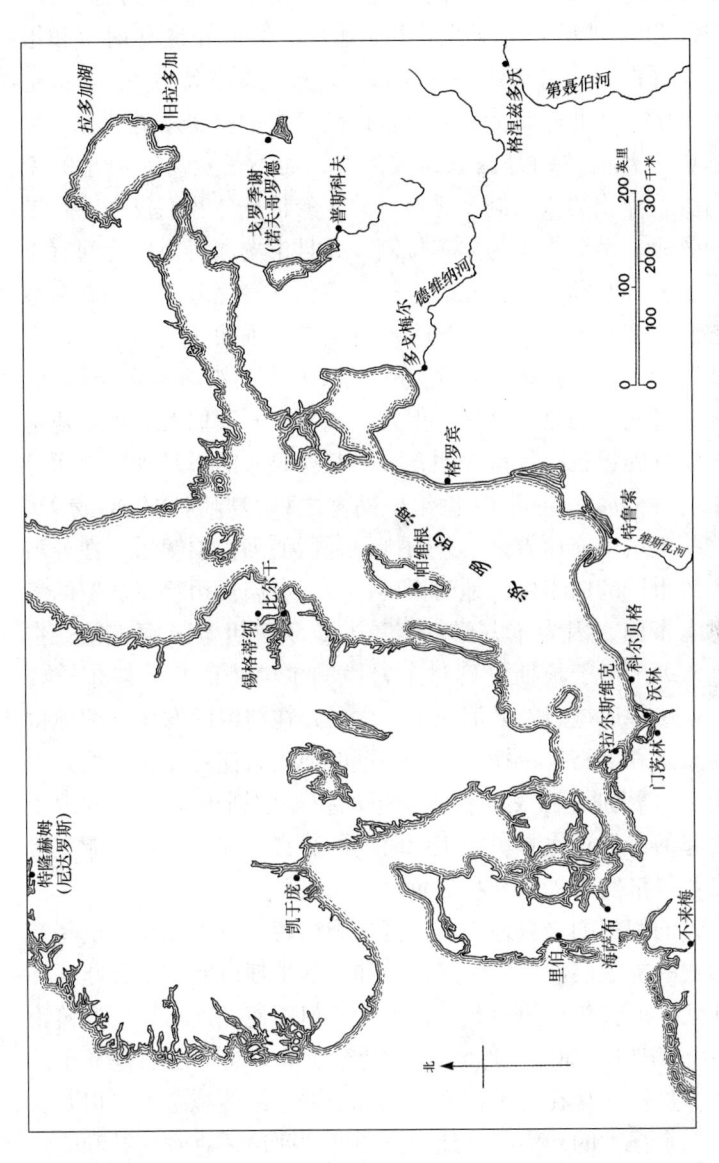

地图 1 斯堪的纳维亚和波罗的海地区的城市定居点及商业中心

一个地中海地区的观察者尤其是来自地中海伊斯兰地区的观察者,观察欧洲时将会面对三个不同的货币流通地区。和拜占庭一样,在伊斯兰非洲和叙利亚,黄金居于主导地位,但另外也有铜币和银币。然而,在拜占庭,诺米斯玛(nomisma*)(贝占特)在10世纪初陷入危机,伊斯兰北非却能从撒哈拉以南的非洲获得新的黄金。尽管在拜占庭更主要关注的是国家财政需要,而不是贸易,但总的说来,一个高度差异化的货币制度是这一地区的特点。我们发现,在东南部地区的旁边,是以银币为单本位制,并且市场和铸币厂之间有着密切联系的加洛林欧洲。这一地区包括盎格鲁-撒克逊王国和伊斯兰西班牙,它们早在8世纪就已完成了从黄金向白银的转变。最后,在北部,环波罗的海的斯拉夫人和斯堪的纳维亚人的沿海地区与腹地,我们也发现支付使用的是贵金属。但是,宝窖——我们的了解正建基于其上——既有碎银也有硬币表明,充当交换媒介的不是硬币,而是以重量计量的贵金属。直到10世纪中期及之后,即到960年或970年前后,这些宝窖中充斥着来自外阿姆河地区的阿拉伯银币,在外阿姆河地区,铸币厂的白银由当地的银矿供应。金属货币穿越波罗的海进入了德意志帝国,因为东方旅行家易卜拉欣·伊本·阿古柏,在961年或965/966年于梅斯见到过来自撒马尔罕铸币厂的迪尔哈姆(dirhams)。[①] 这些迪拉姆随后消失了,之后,在波罗的海占支配地位的是来自德意志和盎格鲁-撒克逊铸币厂的便士。这一变化无疑是由于在哈茨山区(特别是在戈斯拉尔附近的拉摩尔斯堡)另外发现了白银矿藏引起的,但这也是奥托王朝时期的德意志和盎格鲁-撒克逊时期的英格兰经济实力提高与积极贸易的结果。

因此,我们假想的来自地中海地区的观察者,能够感觉到贸易和商品交换形式的等级层次。阿尔卑斯山和比利牛斯以北,尤其是在环波罗的海地区,形式较为简单且差别不大,但即使在这里,金属铸币的使用在10世纪也有加强。然而,10世纪地中海地区依旧是真正的城市文化区。这一文化在某种程度上根植于古老的传统之上,但其自身也孕生了一个强大的动力。从地中海地区的西班牙直到埃及和美索

---

* 一种金币名称,当时一个诺米斯玛约合 1/72 罗马磅黄金。——译者注
[①] *Arabische Berichte*, p. 31.

不达米亚的伊斯兰地区，跟已与其有密切联系的欧洲经济显著不同。我们在这里发现了真正规模巨大且经济上活跃的城镇，在东部和西部基督教欧洲，只有君士坦丁堡才能与其比肩。伊斯兰商人的贸易行为由基于书面文字的详细法律框架所规范。商人间的联系往来，关于盈亏、商品供应和运输工具以及交付日期的信息，通常也以书面文字进行。

伊斯兰教城市文化可以视作商人的一种宗教信仰，可与受基督教欧洲和异教徒北方形式多样的城市化相比肩。在意大利，自罗马时代以来的城市生活长久延续；尽管城市（civitate）建筑景观因公共建筑兴建资助做法上的变化而发生了根本性改变，但其依旧是世俗与宗教管理的中心和长途贸易商路的节点。阿尔卑斯山以北，在高卢和日耳曼尼亚的前罗马地区，大多数城市在很大程度上萎缩了，通常沦落为发挥城堡或要塞作用的核心区。原古罗马帝国疆域内，除在墨洛温王朝和加洛林王朝时期并入法兰克帝国的地区外，我们在其他地区，尤其是在斯拉夫人和斯堪的纳维亚人地区以及不列颠群岛，发现了半城市化居住地和商业中心十分不同的开端。必须强调，10世纪初，在这些地区，商业和手工业与城镇的社会形态还没有内在联系，而是通常有组织地与城市外的领地，特别是与大修道院的领地联系在一起。书面文字只是在拜占庭的贸易组织和规章中大规模使用；在地中海地区以外的地方，法律仅局限于作为缔结契约的符号形式。在意大利，在某种程度上幸存下来的世俗人士的识字能力，在10世纪急剧衰退。在斯堪的纳维亚北部，尤其是在商业中心周围，我们发现鲁尼文铭文数量的增加，但是，没有迹象表明，这里有以鲁尼文为基础的商业文书，此类商业文书自12世纪以来就已通过卑尔根的考古发现而为人所知。只有在海萨布发现了一个年代大约可确定为900年的鲁尼文权杖，它或许可以解读为一封商人的书信。

尽管如此，对于伊斯兰北非和近东的城市文化而言，欧洲表明其自身是一个富有吸引力的贸易伙伴，而且实际上在10世纪和11世纪时，位于地中海南岸的伊斯兰贸易中心繁荣的背后，恰恰就是这些贸易联系。阿拉伯西部的城市，特别是马格里布和安达卢西亚（西班牙）的城市，构成了把地中海和印度洋连接为一个统一贸易区的城市链的最远端，在这个贸易区中，来自亚洲的商品，尤其是香料和奢侈品，流入北非和欧洲。不言而喻，阿拉伯西部不仅有望在大马士革和巴格达找到同等标准的奢侈品，而且还通过与西非黄金生产的联系，拥有相当的经济实力。此外，尽管伊斯兰统一体土崩瓦解，但10世纪见证了伊斯兰势力在西地中海地区的鼎盛。什叶派的法蒂玛王朝于909年在凯鲁万建立（伊夫里奇），并于969年征服埃及；倭马亚王朝安达卢西亚的埃米尔于912年采用哈里发这一称号。这一切都增加了这一地区的额外优势，它的大城市，尤其是科尔多瓦和福斯塔特—开罗，发展十分迅速。

倭马亚王朝哈里发的驻地科尔多瓦，在9世纪尤其是在10世纪迅速发展：这一时期，估计人口从9万人到50万人不等，甚至超过100万人，虽然9万人这一数字更为真实。城镇是不同居住地的聚结，这应归功于统治者在其缘起上的积极进取。除了有着宫殿和中央清真寺的古城（麦地那）之外，还其他宫城与之紧紧相邻：如阿卜杜勒·拉赫曼三世（912—961年）统治时期的鲁萨法和马迪纳特·扎西拉（Madīnat al-Zahrā）（别哈·科尔多瓦），以及独裁者曼苏尔（约980年）统治时期的扎西拉（al-Madīnat al-Zāhirah）。围绕古麦地那的城墙只有4千米长，而11世纪初环这一聚结地的城壕约长22千米，且扎西拉宫城还在其之外。科尔多瓦是西方与伊斯兰城市文化的邂逅地之一：修道院院长戈尔泽的约翰于953年至956年在这里担任奥托一世的大使，他得到了熟悉这个国家的凡尔登商人的指导。格兰德谢姆的赫罗茨维亚在描述这个城市的特征时，使用的世界荣耀（decusorbis）即全世界华冠的措辞，反映了他们对这个城市的印象。科尔多瓦把贸易、生产奢侈品（尤其是皮革）的专门手工业，以及管理和军事功能，与强大的要塞戍守结合在了一起。因大量书籍印刷出版，它还是一个学习的中心，显然它也被组建为了一个工业中心。尽管科尔多瓦充当着包括西班牙和环费斯的西北非在内的经济区的大都市，并且管理着其来自阿尔梅里亚这个由阿卜杜勒·拉赫曼三世于955年建立的港口的海上贸易，但它首先可以被看作一个罕见的（exceptionally）大的消费中心。

与科尔多瓦相比，凯鲁万实质上同样是一个由统治者创建的城市聚结地，它和科尔多瓦一样，于远离海岸处建立，并且它还是法蒂玛王朝扩张的起点。但是，在北非，真正能与科尔多瓦媲美的是位于尼罗河上的福斯塔特,它紧靠法蒂玛王朝于 969 年创建的开罗城,位于其之南。福斯塔特和开罗一起发展成长,并成为一个城市,但直到步入 12 世纪后很久,它在经济上仍占主导地位。福斯塔特由所向披靡的阿拉伯人作为一个要塞建立于 642 年,到 10 世纪已发展为一个由独立居住区(总计约 20 个,平均规模为 20—40 公顷;卡拉法有 300 公顷)组成的庞大聚结地。每一个居住区都指定分配给自征服时期而来的一个部落,并且根据其法律组织起来。阿拉伯地理学家伊本·哈克尔(去世于 988 年)估计,福斯塔特大约有巴格达的 1/3 大小,969 年时人口可能不到 10 万人。从那时起它迅速发展,11 世纪人口在 30 万人至 50 万人之间。

这一发展显然是以非凡的经济繁荣为基础的,对此,百科全书编撰者马斯欧德(去世于 956 年或 957 年)描述说:"所有位于两海海边上与这个国家毗连的王国,把所有最引人注目、最珍贵和最好的香水、香料、药材、珠宝和奴隶,以及大宗饮食和各种各样的织物,运到这个商业中心。全世界的商品都流入这个市场。"② 决定性的推动出现在 1000 年前后,其时,卡梅特人控制了巴林,使得波斯湾的海上运输非常危险,以至于从印度洋到西方的很大一部分贸易,自此以后要通过亚丁湾入红海,经位于苏丹海岸的阿德赫布('Adhab)和上尼罗河的古塞恩(Qusan)进入埃及,从那里运到福斯塔特和开罗。虽然叙利亚的城市以及较少一部分拜占庭城市,仍旧是商队的最终目的地,但福斯塔特及亚历山大港成了地中海地区最为重要的商业中心。

对于伊斯兰世界和基督教欧洲间的贸易交换来说,这的确如此,另外,这也受到了法蒂玛王朝军事需求的刺激,只有通过从意大利的进口,才能满足其船只建造对铁和木材的需求。在 9 世纪,地理学家伊本·胡尔达兹比赫还列出了从西方进口的传统货物:奴隶、各类毛皮和剑。③ 906 年,侯爵夫人托斯卡纳的贝尔塔献给哈里发穆克塔菲的礼物就包含上述物品:剑和来自斯拉夫地区的男女奴隶。949 年,时任贝伦加尔二世驻拜占庭大使的克雷莫纳的利乌德普兰德,也把武

---

② 参见 Staffa (1977), p. 46.
③ *Kitāb al Masālikwa' l-Mamālik*, p. 114.

器和奴隶带到了拜占庭。④ 奴隶在伊斯兰地区的需求特别大，实际上，西班牙的整个政府体制，在很大程度上有赖于来自斯克拉维尼亚的奴隶。伴随戈尔泽的约翰完成其使命的是来自凡尔登的商人，另外，克雷莫纳的利乌德普兰德记述，凡尔登商人通过与西班牙进行阉人的买卖而变得特别富有。⑤ 因此，与伊斯兰地中海地区贸易的潮流深入基督教欧洲，远至东法兰克王国，而且 9 世纪后期鲁道夫的萨克森王朝的崛起，除与其他方面有关外，还应归因于它是这些贸易商品来源之所的事实。

伊斯兰商人并没有把他们的活动拓展至伊斯兰统治的边界之外，伊斯兰的统治者也不鼓励这类活动。尽管他们不允许过境通行，然而却准许外国人进入本国境内与他们进行贸易。正如我们即将看到的那样，在科尔多瓦及伊斯兰西班牙的其他地区，这些商人来自法兰克王国，而光顾福斯塔特的却主要是来自阿马尔菲的意大利商人。但是，在这些交换中，最重要的群体是犹太商人。正如来自开罗藏经阁的文献资料所表明的那样，自 10 世纪即将结束时，他们开始在伊斯兰世界的内部长途贸易中起着主导作用。他们不占人口多数，尤其是就以其人口数字知名的大城市而论更是如此。在 11 世纪的埃及，其人数大约不到 1.5 万人，而且他们最为重要的中心是亚历山大，而不是福斯塔特。但伊本·胡尔达兹比赫在其对拉德汉尼特人的西方贸易货物叙述中说，犹太人以基督教西方为其基地，可能在法兰西南部，并且他们从事的长途贸易远至印度和中国。⑥ 得益于虔诚者路易恩赐之特权的犹太人，自 9 世纪起，实际就在法兰克帝国的长途贸易中起着主导作用。他们在这里定居，拥有土地、葡萄园和磨坊，在法兰西南部尤其如此，比如在 899 年和 919 年的纳尔榜、在桑特（961 年）和维埃纳（975—993 年）就曾提到过他们，但他们也在雷根斯堡，犹太人萨缪尔于 981 年把在那里的一块乡村地产卖给了圣埃默兰（St. Emmeram）修道院。⑦ 各个犹太聚落分布在重要商路的沿途，尤

---

④ 参见 Gil（1974），pp. 310 – 1；Liudprand, *Antapodosis* VI, pp. 155 – 6.

⑤ John of Saint-Arnulf, *Vita Iobannis abbatis Gorziensis*, c. 117, pp. 370 – 1；Liudprand, *Antapodosis* VI, 6.

⑥ *Kitāb al Masālikwa' l-Mamālik*, pp. 114 – 5.

⑦ DD Ch S 23 and 102；Lot（1950），pp. 540 – 1；*Cartulaire de l' abbaye de Saint-André-le-Bas de Vienne*, No. 91, p. 68 ［See Endemann（1964），pp. 130 – 1］；D O II 247.

其是莱茵河岸。来源于特许状的资料表明,他们被视为卓越的长途贸易商人。规范沿奥地利多瑙河盐贸易的《拉弗斯特腾贸易条例》(903—906 年),称他们为"商人,即犹太人和其他商人"。⑧ 马格德堡于 965 年和 979 年以及特雷维索于 991 年给予犹太人的特权中,使用了同样的措辞,而在拜占庭,作为 10 世纪君士坦丁堡商业史主要原始资料的《都长书》(*Book of the Eparch* *),则使用了"犹太人或商人"这一措辞。⑨

正如从来自西班牙的犹太人易卜拉欣·伊本·阿古柏的旅行报告中推导出来的不完整论述所表明的那样,这些犹太商人的活动,显然囊括了整个基督教欧洲大陆,延伸至了斯克拉维尼亚,并且可能还进入了斯堪的纳维亚,因为他把布拉格描述为一个奴隶市场,并且把海萨布描述为一个只有少数基督教教徒的异教徒贸易中心。⑩ 另一方面,即使并不是所有的犹太人都迁入了加洛林的后继国内,像拉德汉尼特人那样从事此类长途贸易之旅,我们也可以看到与伊斯兰地区及其经济中心的持续联系。10 世纪和 11 世纪,犹太人的商业活动显然达到顶峰,把伊斯兰世界和欧洲联系到了一起,并且让欧洲大陆充溢着东方的商业文化。犹太商人在其中向法学家提出了有关贸易法律问题,并在 9 世纪到 11 世纪相对完整地流传的法律释疑(*Responsa*)文献表明,这一贸易文化到底在怎样的程度上受书面文字的支配。这些专家的其中一位在 11 世纪的陈述,对这些商人来说都可谓言之凿凿:"他们都习惯彼此通过书写信件来处理他们的事务。并且他们的惯例是……信件和他们的诺言同样具有约束力。"⑪

伊斯兰城市文化因此通过犹太商人影响了基督教欧洲,但带来这种影响的只不过是出口的商品,而不是伊斯兰城市的形制和制度。这里没有发生过文化交流,甚至无法找到伊斯兰世界里欧洲商人留下的文化痕迹。

---

⑧ MGH Cap., no. 253, II, p. 252.
* Eparch 是都长,为 6—11 世纪拜占庭的主要政府官员,地位仅次于皇帝,负责维持都市的良好秩序和公共安全,提供城市供给,监督法院和工商活动。——译者注
⑨ D O I 300; D O II 198; D O III 69; *Le Livre du Préfet*, p. 33.
⑩ *Arabische Berichte*, p. 29.
⑪ 参见 Ben-Sasson (1976), p. 398.

伊斯兰城市是王朝和宗教权力的中心，控制在乌玛（'umma*）即伊斯兰国家共同体手中。尽管伊斯兰从一开始就是一种商业文明，并且商人享有崇高的社会声望，但管理这些城市的是统治者的官员和他的代理人。这里没有专门的市民自我管理共同体；只有部分非伊斯兰人口（首先是犹太人和基督教教徒）享有一定的自治权。市民共同体的缺失，以及伊斯兰城市种族、宗教和职业群体的社会分化，也影响到了它的分布。通常没有把城市各部分连接在一起的有规则的街道网络；相反，我们发现了他们自己完成的地区聚结。宫殿、星期五清真寺和作为宗教中心的学校是它们分布的主要特征，并且提供城市工匠产品的，首先是通常坐落于清真寺之旁的内城市场。批发和长途贸易市场、商人客栈以及偏远地区生产的农业产品的市场，处于城市的外围。阿拉伯人对城市的典型赞誉，除强调宫殿、清真寺、学校的学术和丰富的市场、花园和澡堂外，首先强调的是房屋的数量和规模。伊本·哈克尔自豪地指出，福斯塔特和开罗的房屋有五层、六层，甚至七层，波斯旅行家纳西尔－埃－库斯劳在 1000 年前后凝视开罗时，有高山矗立其前之感。[12] 应该承认，并不是所有的伊斯兰城市都达到了科尔多瓦、凯鲁万和福斯塔特的规模，但在基督教世界里，只有君士坦丁堡一座城市堪与这些地中海地区的伊斯兰大都市媲美。在 10 世纪，自君士坦丁堡起绵延着一条把东方货物输入欧洲的重要商路，前述意大利城市中那些与福斯塔特进行贸易的商人，也参与到了这条商路上的贸易之中。

拜占庭帝国在 10 世纪达到了其在中世纪阶段权力的巅峰，虽然比西方的帝国稍微小一些，但它的首都名副其实为当时欧洲最大的城市。城墙围圈的面积有 24 平方千米，其人口估计达到 100 万人，虽然 25 万—30 万人可能更接近于实际。君士坦丁堡是有着强有力的中央集权化行省管理的帝国的首都，恰在此时，行省越来越处于大城市精英的控制之下。拜占庭行省的许多城市，尤其是巴尔干半岛的城市，在规模上远不及大都市。甚至塞萨洛尼卡这座居君士坦丁堡之后最为重要的城市，面积也只有 3.5 平方千米，并且这些城市的绝大多

---

* "乌玛"为"'umma"的音译，原意指"伊斯兰共同体""穆斯林社团""穆斯林公社"，引申为民族、国家。——译者注

[12] 参见 Wiet (1964), pp. 36, 39–40.

数，大概都非常小。它们也不是卓越的手工业和贸易中心，尤其不是长途贸易中心，而是面向其腹地的消费中心，在这里，追随古罗马传统的富有领主消费了农业生产的剩余财富。这里没有发展出经济上积极进取的市民阶层。

在某种程度上，这一陈述也适用于君士坦丁堡本身。在《都长书》这部可能由利奥六世于911—912年前后颁布的法律集中，提到了许多工匠和商人团体的名字，[13] 但这些名字，都与有着高生活标准的大都市消费者的需要密切联系在一起。在这里，也是富有的土地所有者与帝国官员共同居于主导地位。尽管10世纪行省日益繁荣，但是与伊斯兰世界相比，拜占庭经济更趋于自给自足。《都长书》自身表明，这里有相当多的从东方特别是波斯湾地区进口的货物，也有本地生产的奢侈品（丝绸生产、紫色染料生产），但是我们很难分辨出长途贸易和旨在面向帝国境外的中介业务。曾在中世纪早期从事大量欧洲长途贸易的希腊商人，自10世纪初不再前往国外：例如，希腊商人出现在法兰西南部的最后记载，时间上可追溯至921年。[14]

拜占庭帝国习惯在边界上的固定地点安排其贸易往来，与西方商人和俄罗斯及伊斯兰地区的贸易往来莫不如此。外国商人得到进入首都的许可变得非常重要，这种许可是一种程序，在10世纪时这一程序渐趋明确清晰。但是，《都长书》对本地工匠和贸易实施了严格的控制，这同样也施之于外国商人。他们的逗留期限（通常为三个月）有断然明确之限定；他们有固定的居住区［专门住所（mitata）］，在这里他们受到严格控制；并且那些因拜占庭自己需要而保留下来的特定货物，尤其是质量最好的货物，被禁止出口，或者在数量上受到限制。克雷莫纳的利乌德普兰德经历了这一切，968年，当他离开君士坦丁堡时，他的五块紫色布被海关官员没收；他对威尼斯和阿马尔菲的商人能够从拜占庭出口此类纺织品，并且在意大利出售它们的抗议，完全徒劳无效。[15]

尽管在规范性文献中发现了这些限制，但意大利城市与拜占庭和伊斯兰世界的联系在10世纪似乎仍有加强。阿马尔菲最为成功，但

---

[13] *Le Livre du Préfet*, passim.
[14] *Recueil des actes des rois de Provence*, ed. R. Poupardin, no. 39, p. 108.
[15] Liudprand, *Relatio*, c. 55, p. 205.

威尼斯是最为持久者;比萨和热那亚只是在公元 1000 年前后才出现在这一舞台上。威尼斯和阿马尔菲与拜占庭的联系,都根源于拜占庭对意大利的统治,仅此就使它们从一开始即定向与利凡特进行贸易。阿马尔菲是拜占庭在 6 世纪末抵制伦巴第人进攻而建立起来的城堡(castra)之一。它建立在一块狭小的地域之上,从陆地几乎无法接近,但拥有优良的港口,在 9 世纪特别是 840 年,它不再屈从于那不勒斯而获得自由之后开始崛起;尽管已经独立,但它还是像那不勒斯那样,追求与阿拉伯人偶尔合作的政策。这使得它很早就与北非、阿格拉比德王国和后来在凯鲁万的法蒂玛王朝及其港口马赫迪亚联系在一起,有关这些联系的记载最迟始自 870 年。因此,不足为奇,随着法蒂玛王朝征服埃及,福斯塔特/开罗纳入了它们的目标。160 名"带着其货物来到这里"的阿马尔菲人,在 996 年的一场大屠杀中被杀死。[16] 这意味着,在法蒂玛王朝统治者总体上追求崇洋媚外政策的鼓励下,福斯塔特/开罗成了一个真正外国侨民的聚集地。阿马尔菲人追求一种三角贸易。他们把谷物、亚麻布,尤其是木材,可能还有铁,运到突尼斯和埃及,以交换黄金和香料。黄金用于支付从拜占庭进口的纺织品、珠宝和其他奢侈品。这些活动在近 1000 年有所加强,阿马尔菲人可能还在这一时期前后,获准在安条克和耶路撒冷定居;他们自 10 世纪初就已在拜占庭定居,并且在 944 年的统治地位危机中,支持君士坦丁七世。因其与阿拉伯人的联系,阿马尔菲可能是 1000 年前后地中海地区最为重要的基督教贸易中心,领先于其他所有意大利南部城市以及它的竞争对手威尼斯。

然而,最终更为成功的是威尼斯。自 9 世纪早期起就已十分重要的威尼斯,起源于潟湖岛屿上的居住点,这些居住点由在伦巴第人面前退避至此的难民于 600 年前后建立。威尼斯得益于其特别的政治地位,这种政治地位让它看起来似乎是拜占庭帝国的一员,其商人因此可获准进入君士坦丁堡;自 880 年起,它从法兰克帝国中独立出来。威尼斯人也与阿拉伯人开展贸易,与阿马尔菲人一样,部分从事军事上的重要商品贸易,这也导致了 971 年与拜占庭的摩擦。但在 992 年威尼斯人确保了一个给予他们在君士坦丁堡优先地位的条约;这种优

---

[16] Cahen, 'Un textepeuconnu'.

先地位以 1082 年的垄断达到顶峰,而阿马尔菲却随着 1077 年的诺曼征服变得停滞不前。这些政治现实非常重要,但威尼斯还有阿马尔菲不具备的其他优势:它所处的地理位置,有着能为利凡特贸易提供规模巨大而且容纳能力很强的腹地,即北部意大利,这里城市(*civitates*)众多且经济活跃,另外也开辟了与阿尔卑斯山以北的贸易。伊斯特里亚和波河河口之间的亚得里亚海顶端(*caput Adriae*),沿罗讷河河谷地带,一直以来都是地中海货物进入中部和北部欧洲的主要入口。威尼斯能够对这一地区以及亚得里亚海东部海岸另外一部分地区进行政治控制。933 年,其竞争对手科玛吉奥被淘汰出局,但值得注意的是,当威尼斯与拜占庭的合作更为密切之时,在 1000 年前后,威尼斯人也加强了在亚得里亚海北部港口有影响力的活动。

奥托王朝统治在意大利的确立,让威尼斯在更加牢固的政治基础上进入了阿尔卑斯山以北的地区,并且因此为它提供了便利。在古老传统的基础上,967 年出现了一系列针对威尼斯而制定的奥托协定(*pacta*):这些协定给予了威尼斯人在意大利北部活动的自由,尤其是与阿迪杰河和波河间最为重要的城市进行贸易的自由。[17] 如此,对于其贸易来说,威尼斯拥有了两个特权区,并且拥有能够在亚得里亚海北端地区限制任何潜在对手的足够政治影响。从长远看,这使它成了利凡特贸易和阿尔卑斯山以北地区商品货物之间的最重要接口,在 10 世纪,这些货物贸易必定包括奴隶和皮革,或许还有金属。在德意志,显然能更密切地观察到威尼斯人的贸易:商品流入威尼斯在 860 年的富尔达就已为所知,而且梅泽堡的蒂特马尔在其《编年史》中的 1017 年条目下,提到了四艘载有各种香料的威尼斯船只遭遇海难。[18]

在 10 世纪和 11 世纪的威尼斯,依然还不见德意志商人的身影。外国人仅仅把这座城市作为前往拜占庭旅行的出发点,把威尼斯人的船只视作运输工具。"非常富有的商人"梅斯的柳特福雷德就是这些外国人中的一位,奥托一世派驻君士坦丁堡的大使克雷莫纳的利乌德普兰德于 949 年和他碰过面。[19] 德意志商人和威尼斯人之间的商品交

---

[17] 参见 Rösch (1982), pp. 7–8.
[18] *Annales Fuldenses*, s. a. 860, p. 54; Thietmar, *Chronicon* VII, 76, p. 492.
[19] Liudprand, *Antapodosis* VI, 4, p. 154.

换，显然在阿尔卑斯山脚下的特雷维索[20]尤其是在帕维亚进行，据记载，11 世纪之初，特雷维索就有一个德意志人通行税收费站（*ripaticumteutonicorum*）。

帕维亚曾经是伦巴第王国的首府，在奥托王朝时期，它与拉文纳和罗马同样都是统治者在意大利时的首选住所（*sedes*）之一。以在帕维亚的王宫为中心的意大利王国（*regnum Italiae*）中央行政管理机构，完好无缺地保留了下来。这里幸存有皇帝亨利二世于 1024 年去世后不久的一份王国特权机构（*Instituta regalia*）清册，即王国私室的收入清册，又称为《光荣的城市帕维亚》（*Honoratiae civitatis Papie*），它表明帕维亚处于意大利北部长途贸易的中心。[21]一方面，它的注意力指向了位于从西部的苏萨到东部的奇维达莱的阿尔卑斯关口入口处的所有 10 个贸易站，即通行税收费要塞（*clusae*），以及来自北部的商人（在他们中间盎格鲁－撒克逊人显然享有特权地位）及其货物：马匹、奴隶、羊毛和亚麻织物、锡和剑。另一方面，我们发现威尼斯人和来自萨勒诺、加埃塔和阿马尔菲的意大利南部城市商人，带来了东方的商品和奢侈品：香料、象牙、镜子和贵重纺织品。9 世纪末，圣高伦的诺特克就描述了法兰克贵族向威尼斯人购买的各种各样织物，10 世纪上半期，克吕尼的奥多叙述了欧里亚克的杰拉德伯爵怎样在城门前获得丝绸和香料。[22]帕维亚从而成了一个富有消费者本人和商人都频繁光顾的市场，成了一个阿尔卑斯山以北地区和地中海地区间的聚合与交换地。对于这一贸易来说，帕维亚作为一个中心，并不是因为它自己有强大的商人阶层，而是因为它是意大利王国的政府中心。根植于旧有的关系之上，帕维亚的作用通过奥托王朝在意大利的政策而得以恢复和加强。在 10 世纪后半期，从位于阿尔卑斯山关口宾登界内北部腹地的苏黎世显而易见的迅速发展中，也能清晰地看到始自莱茵河的阿尔卑斯商路上的贸易日益频繁。在王国行政管理于亨利二世统治时期瓦解，以及帕维亚人摧毁了王宫之后，长途贸易不再集中于帕维亚，而且其作为贸易集散中心的作用也消失

---

[20] Cessi (ed), *Documenti relative alla storia di Venezia*, no. 189, pp. 182 – 4; 参见 Rösch (1982), pp. 80 – 1.

[21] 参见 Die "*Honorantie civitatis Papie*", ed. Brühl and Violante, *passim*.

[22] Notker the Stammerer, *Gesta Karoli* II, 17, p. 86; Odo of Clung, *Vita S. Geraldi* I, 27, col. 658.

殆尽。

这一行为使我们关注意大利北部的其他城市，它们的居民在 10 世纪也开始争取其独立。这标志着城市史的一个新阶段。如在 1000 年前后所见的那样，长途贸易的复兴，尤其是两大贸易区之间交流的加强，极大地推动了经济发展和城市化。但与它同时发生的，还有中等距离贸易和短途贸易的加强，以及手工业的繁荣。所有这一切，共同助推了城市和准城市生活方式以及社会组织的不同程度的发展。所有的后加洛林王国都受之影响。除城市发展及其内部出现专业化之外，我们还发现它们通过赋予商品交换之地以市场（*mercatum*）的合法形式向腹地渗透，这就为那些从事贸易者以及手工业和农业产品的生产者的活动，提供了一个稳固的框架：在市场里和往返于市场之间都受安全保护，也享有法律保障，交易争端也会妥善解决，此外还有可以信赖的货币环境。

这一过程受到了统治者和其他领主的激励和鼓励，他们确保了法律环境，并且从市场税捐尤其是从通行税中，获得了财政收益。的确，创立市场不是奥托王朝时期的一项创新，而是可以远溯至加洛林时代。然而，在 10 世纪和 11 世纪，市场进入了一个新的发展阶段，并且在中世纪城市已获得高度发展的中部地区，即在意大利、法兰西和德意志，市场还被蓄意用来强化领主权。

与阿尔卑斯山以北的地区相比，意大利从古代继承下来的城市网络编织得更为完美：主教教区间的距离，介于 15 千米至 50 千米之间。在阿尔卑斯山以北地区，距离要大得多；在莱茵河以西的德意志地区和洛泰林吉亚，距离甚至在 50 千米至 130 千米之间，而且越往东距离越远。正是因为这一原因，在意大利，主教教区之旁没有另外发展起准城市居住点：城市生活与主教城市有着一致性。与高卢主教教区的城市相比，意大利的城市在古代晚期的日耳曼人入侵中，显然受害较轻，它们没有经历如此之大的萎缩。更为重要的城镇的城墙内面积，在 20 公顷至 40 公顷之间，即使罗马这个最大的例外，面积也只有 13.86 平方千米，没有达到拜占庭和伊斯兰大都市的面积。

罗马没有发挥积极的经济作用。数个世纪以来，罗马都是城墙内有大面积耕地的乡村城镇。它充其量是一个消费中心。长途贸易尤其是阿马尔菲人带来的奢侈品，涌向了教廷及其教士，涌向了许多教堂及教堂装饰，涌向了成群的朝拜使徒墓地的朝圣者。显然，没有罗马商人从事长途贸易。从政治上看，无论是城市，还是罗马教廷，都控制在敌对的贵族家族手中，甚至奥托王朝的统治也面对持续不断的反抗："罗马和罗马教廷处于它们的最低谷。"㉓ 对于城市史来说，罗马的重要性并不是其政治或经济作用的产物，而是作为由传统塑造并由奥托三世重构的都市化的世界之都（caput mundi）化身，以及作为基督教之城化身的产物。

意大利城市革新的中心在托斯卡纳，尤其是伦巴第。波河盆地及其附属河谷的丰饶是城市经济发展的基础。为维持其生存，威尼斯人和阿马尔菲人会把贵重织品运往意大利北部换回粮食，当克雷莫纳的利乌德普兰德论及这点时，用的是几近讽刺性的表述。㉔ 但是，毫无疑问，伦巴第城市早期崛起背后的主要推动力，是农业剩余产品的出口，它也是伦巴第城市繁荣的根源。与高卢不同，意大利拥有土地的贵族从未离开过城市，因此，城市和腹地间保持着密切的联系。即使在城墙之内，城市也保持着寡头政治结构。虽然和其他地方一样，主教是城市中最为重要的人物，并且其地位因奥托特权进一步强化，但他仍然不是城市的真正统治者，依然要与城市居民中的其他群体商讨，并且要在他们中间分配权力。全体居民都服从统一的法律，并且居民的大部分是自由民。为了能够保卫绵延伸展的环形城墙，居民携带武器，并且参加民众大会（conventus），即公民大会。在这个高度分化的城市社会中，贵族自然起着决定性作用，并且主教和城市中的其他官员，实际上仅仅是贵族及其派系的代表者而已。但是，他们的当选是城市内部决策的结果。城市的经济中心是城墙内的永久性市场，它已配备有通常为教会机构所有的密集地组合连接在一起的市场摊位。正是在这里，商人和城市工匠的活动最为紧密地相互结合在一起。工艺的分化及其在城市内的集中，似乎是决定城市经济力量的一个极为重要因素，它几乎和商业一样重要。

从公元1000年前后就已几乎与帕维亚不分轩轾的米兰之崛起中，可以看到手工业的重要性。米兰并非从一开始就受益于其远离波河的

㉓ Krautheimer (1983), p. 145.
㉔ Liudprand, *Relatio*, c. 55, p. 205.

地理位置，但是，因为其大主教能够确保沿阿尔卑斯山至库尔商路上商人的安全，所以它能够把长途贸易聚集在本城。这再一次表明了这一商路对于意大利人与阿尔卑斯山以北地区贸易的重要性，然而，阿尔卑斯山以西的关口，仍然受萨拉森人的掠夺，他们于891年在马赛和尼斯之间的法拉科西内图姆建立了基地。他们从这里出发，通过水旱两路进行劫掠，直到973年他们才被驱逐出去。这也有助于解释，为什么有着优良港口的比萨和热那亚主导长途贸易在时间上会有延搁。对米兰繁荣具有决定性贡献的是富有生产成效的铁加工业。这得益于主要控制在米兰圣安布罗乔修道院手中的马焦湖和科摩的矿床。不管怎样，我们发现，在米兰市民中，正是铁匠和制铁工人与商人一起，于公元1000年前后在这一地区的周围获得了土地。

如上这些刚刚提到的进程，表明了城市的经济优势，事实上也是如此，公元1000年前后米兰的土地价格是乡村土地价格的36倍。㉕但是，正如从赐予市场权利的王家特许状中看到的那样，乡村也在10世纪中期之前，开始从属于日益增强的商业化。主教拥有此类农村市场，个别贵族和修道院也同样拥有这类农村市场，比如武莱茫德斯，他于948年从国王洛塔尔处获准，有权根据签订的契约，在其城堡和乡村或他在属于他的地方建立的市场内，征敛属于国王的税捐。㉖这里，贸易和市场与城堡修建即城堡化（incastellamento）这一贵族和教士试图强化其领主权的实践，联系了起来。城市的形成只是在极少情况下以市场和要塞为基础。通常，城市发展与城市及其内部的市场联系在一起。它们通过城外边民居住点（burgi）即城墙外不设防的居住点的增加而获得增长，在后来的时代中，这些居住点通过修建城墙而被并入了城市之中。

显然，意大利城市商人和城市贵族一样，都属于城市内的最重要群体。在沿海城市，特别是威尼斯，贵族自身也参与贸易。但是，很难获知商人的社会出身状况。他们之中有一些是自由人，比如活跃在波河贸易中的克雷莫纳士兵（milites）。但在文献资料中，反复出现的是与主教的联系。992年和1037年，奥托三世和康拉德二世分别

㉕ 参见 Renouard (1969)，p. 382.
㉖ D Lothar 10.

给予阿斯蒂（位于苏萨河谷的谷口，阿尔卑斯山地区最重要的十字关口之一）主教准许其商人和其城市市民免于通行税的特权。[27] 不管他们是自由的城市市民，还是主教的贸易代理人，与所有的其他人群相比，商人从市场、铸币和通行税特权，以及从确保他们商路的主教保护中，获得了更多的利益。他们与其城市及与城市主教的联系，确定了他们经济策略的空间范围。因此，大主教阿里伯特去世时被理所当然地盛誉为商人的保护者（mercatorum protector）。[28] 然而，商人和主教关系并不总是那么和睦，这表明了商人群体的重要性。在克雷莫纳，商人和主教间争端的记载最早可追溯至924年，其时，商人试图把港口迁往另一个不受主教控制的地点。公元1000年前后，市民和主教间关系的紧张程度加剧了：有文献提到983年米兰市民和大主教兰杜尔夫的冲突，以及自996年起有关港口和船只过往克雷莫纳上的一再冲突；这些冲突持续了很长时间，并且在1005年和1030年爆发了暴力冲突。但是，商人在这些动乱中扮演的角色还不清楚，不过他们确实属于争取自治的潮流中的一员，这一潮流在1035年的下级封臣（valvassores）叛乱中达到了高潮。然而，市民参与城市管理的权利依据，提到了经济事务对商人的影响，这本身就意义重大。早在948年，国王洛塔尔就把铸币厂授予了曼图亚主教，条件是曼图亚、维罗纳和布雷西亚的市民民众大会决定铸币的成色和重量。市民于11世纪中期前后确立起来的强大地位，没有受到奥托王朝赐予主教之特权的严重威胁，城市的经济福利是11世纪后期城市公社形成的重要先决条件。无论如何，到11世纪初，意大利已位列欧洲城市化最先进的地区。意大利最为重要的城市是米兰和威尼斯，同时，萨拉森人在第勒尼安海的威胁被消除之后，港口城市比萨和热那亚迅速发展壮大。

前法兰克帝国阿尔卑斯山以北的地区，以及正在成为法兰西和奥托德意志的地区，城镇的发展走的是完全不同的道路。更为宽广的城市网络（见上文），给在经济和政府职能上与主教教区类似的居住点留下了更广阔的空间。但是，即使那些可追溯至罗马时代的城市，其

---

[27] D O III 99; D C II 245.
[28] Landulf Senior, *Historia Mediolanensis* II, 32.

运作的先决条件也迥异于那些意大利的主教城市。3世纪末，日耳曼人的入侵致使高卢城市加强了防御工事，并因此使得城市居住地面积急剧减少。只有少数主教城市保持了相当大的面积：里昂（65公顷）、普瓦蒂埃（47公顷）、兰斯（60公顷）、桑斯（43公顷）、图卢兹（90公顷）。引人注目的是，这些城市包括一些位于边界线（limes）附近并且较早建立起其防御的城市：科隆（96.8公顷）、梅因茨（98.5公顷）、梅斯（60公顷）、奥格斯堡（61公顷，尽管这里的防御工事到10世纪已不复存在，也没有对城市在中世纪的发展产生影响）。以前的皇家居住地特里尔的面积非常广袤，达285公顷，但10世纪初定居面积约只有15%。绝大多数城市的面积在6公顷至15公顷之间：欧塞尔（6公顷）、利摩日（7公顷）、克莱蒙（6公顷）、勒芒（7—8公顷）、巴黎（15公顷）、鲁昂（14公顷）。位于在后来成为德意志的境内的城镇面积，通常较大：斯特拉斯堡（18.5公顷）、沃尔姆斯（23公顷）、雷根斯堡（24.5公顷）、施派耶尔（14公顷）。在高卢占据主导地位的面积更小的城市，显然为以前没有城镇的莱茵河以东地区，特别是萨克森，在加洛林时代新建立的主教教区提供了一种模式：明登（4.24公顷）、明斯特（7公顷）、奥斯纳布吕克（5.25公顷）、帕德博恩（6.1公顷）。

显然，这些城市本质上具有的只不过是城堡的功能，古高地德语以堡（purc）来注解城市 civitas 和 urbs，强调的就是城市的防御特征。市场、贸易都主要在这些驻防要塞之外，在很大程度上手工业亦然。与它们联系在一起的居住点与之毗邻，但在法律上截然分开，这就创造了城镇形成早期阶段的二元或多元化的特征，直到11世纪和12世纪统一城镇法律创立和圈围起分离居住点的城墙修建后，这种情况才结束。

在法兰西、洛泰林吉亚和德意志，城镇的发展过程大致相似，但速度不同。这一时期的贸易潮流，首先惠及了德意志和洛泰林吉亚：越过阿尔卑斯山与地中海贸易的联系前已述及，这种贸易联系进一步深入莱茵河谷或默兹地区，并沿河而上直达海滨；而且欧洲内部的奴隶贸易也获得了不同寻常的发展。雷根斯堡、埃尔福特和马格德堡分别是多瑙河商路、图林根河商路和横跨易北河商路上至关重要的中心。并非巧合的是，我们发现，1020年前后，彭诺的儿子柳布斯特

(*Penno filius Liubuste*)，这个有着斯拉夫血统的市民和商人在雷根斯堡定居下来。[29]

然而，发展的最主要推动力，似乎是在加洛林时代播种而此时开花结果的跨波罗的海贸易的加强。在这里，维京人入侵不是一种毁灭性的力量，而是起到了原动力的作用。这样，欧洲北部沿海地区与长途贸易网络就联系在了一起；沿第聂伯河和伏尔加河与拜占庭和伊斯兰东方的第二条商路建立了起来。波罗的海贸易也通过莱茵河、默兹河和斯凯尔特河河口而进入，以德意志和洛泰林吉亚为贸易终点，提供了重要的经济推动力。相反，由于贸易要经过受萨拉森人威胁的罗讷河河口，法兰西与地中海的贸易在这一阻碍下依旧隔绝开来；犹太商人和凡尔登商人与伊斯兰西班牙的过境贸易不足以补偿。诚然，公元1000年前后，已有意大利商人出现在圣德尼集市的记载，这可以追溯到墨洛温王朝时期，但朗迪（集市）（*Lendit*）的最终崛起发生在11世纪的下半叶。

人们同样会有法兰西城市刚刚从维京人的劫掠中逐渐恢复过来这样一种印象，在从9世纪80年代到911年诺曼底（公国）建立的"伟大军团"时期，法兰西城市甚至是其内陆腹地的城市，遭受的劫掠特别严重。举例说来，在巴黎，10世纪中叶以后，西堤岛城墙外塞纳河两岸的居住点才有显著增长；在兰斯，11世纪中期，圣德尼和圣尼盖斯教堂依然倒在废墟之中。在波尔多，重建在10世纪末才刚刚开始，并且直到11世纪加伦河上才再次有了值得注目的贸易潮流的记载。

不过，984/985年仓促王埃塞尔雷德（Æthelred the Unready）的伦敦通行税条例，提到了与法兰西北海岸的长途贸易，特别是与鲁昂的贸易（葡萄酒和鲸肉），还提到了与索姆河河口的贸易（*Ponteienses*, 蓬蒂厄人）。[30] 尽管，一般说来似乎很清楚，维京人入侵的最后阶段阻碍了法兰西的发展，但是，总体上权衡起来，维京人入侵为欧洲北部的贸易提供了一个有力的推动，在北部和波罗的海的贸易网络建构中实际上起了决定性的作用。

---

[29] *Die Traditionen des Hochstifts Regensburg und des Klosters S Emmeram*, no. 327, pp. 246–7.
[30] IV Æthelred 2, 5–6, in *Die Gesetze der Angelsachsen*, ed. Liebermann, I, p. 232.

第三章 商人、市场和城镇

10世纪的法兰西也缺少王权这一强有力的驱动力。尽管法兰西、洛泰林吉亚和德意志的城镇及市场发展,深受地方政治力量的影响,但奥托王朝的统治者起着决定性作用。它们的特许状表明,它们奉行的是从这一时期有利的地缘经济条件出发,进行强化推动的贸易政策。他们的目标是使本地区布满市场,即布满商品能够在有序的法律环境下进行交换之地。建立此类市场的需要,在特定地区有明确规定。国王在其宫殿和王家地产上,在城市和其他地方有此类市场。从奥托一世统治时期开始,王权越来越多地把来自此类市场的全部或部分收入,或者市场本身,抑或至少是建立和经营此类市场的权力,赐予其他领主。然而,王权继续把自己视作一个中央监管者,例如为保护顾客汇集区内的原有市场(像奥托三世在994年为奎德林堡所做的那样),[31] 它以签发禁令的方式,反对在特定地区建立市场,但这种方式首先是旨在确保统一的市场法律原则和习惯。授予权利的特许状规定,它们要参照那些最近的经济重镇(科隆、梅斯、马格德堡、特里尔、康布雷、斯特拉斯堡、施派尔、沃尔姆斯、康斯坦茨、奥格斯堡和雷根斯堡)或其他王家市场(多特蒙德、戈斯拉尔、苏黎世)。显然,这里我们讨论的是王国法律,譬如当965年奥托一世将其特权赐予不来梅时,所谈及的其余王国城市(urbes)中的商人法,以及1004年亨利二世赐予布赖斯高的林卡集市的和平,即"在我们帝国更大的集市和城镇中"通常存在的和平。[32] 统一的法律和为不同领主所拥有的市场网络的结合,依市场的规模和距离而不同。赐予商人自身特权是鼓励贸易的一个更为直接的方式,尽管只有少量这方面的迹象残存下来,但确也时有发生。蒂尔的商人,即加洛林时代多雷斯塔特集市(emporium)的继承者,宣称自11世纪初就持有王家特权,此外,奥托二世已经批准居住在马格德堡的商人,在除梅斯、科隆、蒂尔和巴多维克之外的全王国境内免通行税。[33] 这一加洛林传统中的重要条款,再一次强调了莱茵河上的大商业中心、北海和波罗的海贸易入口处的重要性。它也勾勒出了马格德堡商人团体的活动范

---

[31] D O III 155.
[32] D O I 3007;D H II 78:"如同我们王国中的较大场所和城市。"("sicut in maioribusnostriregnilocis etcivitatibus.")
[33] D O II 112.

围，其成员实际上可以追溯至蒂尔。

　　赋予这些商人以特征的是在特许状中偶尔会有所强调的他们的居住地，他们与特定地区的联系，在诸如梅斯的代理商（*Maguntinus instior*）或凡尔登的商人（*Verdunenses mercatores*）这类措辞中有所反映，或者正如983年雷根斯堡商人威廉把在五个不同村庄中的土地给予圣默兰修道院时那样，[34] 有时，可以从他们数量相当可观的不动产中推断出来。商人居住地也铸就了商业据点的地理分布，并促进了具有永久性结构的社会群体的形成。

　　的确，从文献资料中可清楚地看到，商人生活在城市内外，就像在梅泽堡和雷根斯堡那样，但是被称为郊区（*suburbium*）、城外边民居住点（*burgus*）、村庄（*vicus*）或堡（*portus*＊）的城外居住点，具有特别的重要性。它们——有时是它们中的几个——不仅绕城而建，而且还建立在王宫和王家地产、修道院和贵族要塞的周围。职业集团的巩固将会推动一个具有合作天性的联盟的形成。马格德堡商人——偶尔与犹太人一起称呼——作为一个团体获得了他们的特权。[35] 在蒂尔，商人的村庄和市场沿两个贵族的居住地核心铺设开来——沃尔布格斯修道院（奥托一世赐予乌特勒支主教辖区的一块贵族土地捐助）和一块重要的王家地产，这块地产在1000年赐予了亚琛的圣玛丽修道院——一个"出于相互保护和支持之目的、有着自主的法律而自由联合"[36] 的商人行会的轮廓，开始变得清晰可见，这应被看作通往后来城市内部同业公会之路上的里程碑。这一时期蒂尔特别容易遭受攻击的位置，可能助推了行会的形成，但可以认为其他地方也出现了类似的协会。

　　并不是所有的从事贸易者都能够归属商人（*mercatores*）、掮客（*negotiator*）、购买者（*emptor*）和代理商（*institor*）这四种类型。《拉弗斯特腾贸易条例》把做盐生意的巴伐利亚人（即巴伐利亚的土

---

[34] Liudprand, *Antapodosis* VI, 4 and 6, pp. 153–4, 155–6; *Liber miraculorum S. Bertiniabbatis*, AASS Septembrii II, cols. 595–604: 'Viridunensesnegotiatores'; D O II 293, 参见 *Traditionen des Hochstifts Regensburg*, no. 212, p. 192: 'urbis Regie negotiator nomineAdalhart'.

＊ 但这里的"堡"并不是军事意义上的"堡"，而主要与商人和商业联系在一起，一般指位于军事意义上的"城堡"之外的"堡"。——译者注

[35] D O II 112; D O I 300.

[36] D O I 124; D O III 347; 参见 Oexle (1989), p. 184.

地所有者)，与在一定程度上活跃于同一市场上的商人和犹太人区别开来。㊲ 对不同商人群体进行区分是十分困难的，但乡村（*vici*）和郊区（*suburbia*）的居民可能以其长途贸易活动为特征。对他们进行社会分层同样是十分困难的。富有的雷根斯堡商人威廉（见上文）已由国王“赐予了他自由”。㊳ 因此，捐客中充当联系纽带的自由人，有着后来形成的代理人（*ministeriales*）的特征，不过，这也意味着其他人积极充当着国王的代理人和为国王服务。其他领主随从中的商人，也具有类似联系纽带的作用，虽然他们的活动肯定使他们的法律地位和生活方式具有很大的伸缩性，但这类联系纽带激怒了诸如梅斯的阿尔珀特这类描述蒂尔商人的僧侣观察者。㊴

对这些多元居住点的居民进行描述时，尤其是他们与城市主教发生冲突时，通常使用的是意指其共同行动的术语。正是梅斯人（*the Metenses*）弄瞎了亨利一世于924年任命的梅斯主教。㊵ 但是，即使是当958年康布雷市民“在同一愿望下团结起来并且一致做了宣誓”，㊶ 试图从其城市驱逐他们的主教时，我们依然没有触摸到初始的市民集团。我们必须要考虑法律上各不相同的群体，甚至是城市内部的群体，而在城市内部，主教和伯爵通常处于频繁的敌对倾轧之中。在康布雷，伯爵拥有城镇区的一半和半数捐税；据记载，在法兰西的几个城市中（例如苏瓦松和亚眠）有伯爵的城堡，《沃尔姆斯的布尔夏德主教传（1000—1025年）》令人印象深刻地描述了“红色的”康拉德（Conrad the Red）的儿子奥托公爵是如何在城市内拥有一个要塞的，这个要塞为迫害主教家族（*familia*）提供了支持。布尔夏德主教通过加强主教住宅的防御工事予以反击，并因此最后给这个在仅仅一年的时间里就有35名主教家族成员被杀的城市带来了和平。但是，布尔夏德的财产法（estate law），即在城市内确立的固定的法律规范，仅仅适用于他自己的家族，而不能适用于其他人群。 84

一般说来，主教能够在城墙环绕之内的城市地区占据上风，尤其

㊲ *MGH Cap.*, no. 253, II, pp. 249 – 52.

㊳ D O II 293.

㊴ Alpertus Mettensis, *De diversitatetemporum* II, 20 – 21, pp. 78 – 82.

㊵ Adalbert, *Reginonis Continuatio*, s. a. 927, p. 158.

㊶ “市民的同一意愿集团，以实现全体一致的目标”（cives una eademquevoluntatecollecti, factaqueunanimiterconspiratione）：*Gestaepiscoporum Cameracensium* I, 81, p. 431.

是在奥托王朝赐予他们的特权帮助之下，而在同样有乡村和郊区与之毗邻的宫殿、王家地产和贵族要塞，争端没有出现。然而，刚刚提到的事件的确表明，城市和城堡是领主权的中心所在，尽管它们的重要性并不仅仅局限在军事上。它们也远不是仅仅充作战时的避难之所，即使是在维京人劫掠和马扎尔人入侵刺激下修建的要塞，也是如此。《布尔夏德传》称，重建和平之后，市民（cives）又回到那里生活。[42]就沃尔姆斯这样规模（见上文）的城市来说，这是可以理解的，但是，即使像940年或950年前后根特（4公顷）的佛兰德伯爵的城堡这样的小居住点，考古学表明也有工匠生活在那里。

必须要强调的是，在围绕城市和城堡的多元居住点中，领主权和要塞密切结合在一起。正是市场的法律形式，证明了领主权之行使的吸引力，也把独立的城市居住点的核心联结在一起。教会团体和世俗权贵一样也建立市场，其中一个重要原因是，他们看到了在市场上出售其庄园经济中的农业产品的可能性。有时，市场可能覆盖一个相当广阔的区域。位于威悉河上的科尔韦修道院，通过建立市场［梅佩恩于946年建立市场，11世纪初霍胡森（内德马斯堡）建立了市场］[43]把散落在外围的财富聚合在一起。最令人印象深刻是洛尔施的例子，通过建立一圈距此约30千米的市场（本斯海姆956年；威斯洛赫965年；祖尔斯泰因995年；魏因海姆1000年；奥本海姆1008年），强化了对其周围地区的领主权。这些市场部分面向莱茵河，部分面向奥登瓦尔德山区，这向我们表明，这些地区乐于接受商业交换。尽管沃尔姆斯主教辖区能够在其城市市场集中大规模的贸易，但因为修道院的劲敌在奥登瓦尔德山区进行开发，所以只能以凯尔巴赫（1018年）这一个基地向奥登瓦尔德山区渗透，这里仍然只是外围。关于1023年亨利二世安置的一个居住点的记载表明，那里发生过一场真正的贸易战，有时还升级为暴力，甚至是杀戮。[44]

虽然世俗权贵活动的记载只有很少一部分保留了下来，但他们也利用了这种经济与领主权的结合。扎林根王朝（Zähringer）的先祖伯特霍尔德伯爵于999年在菲林根建立了市场，大约在同一时间，奥托

---

[42] *Vita Burchardi*, c. 6, *MGH SS* IV, p. 835.
[43] DD OI 77, 444.
[44] D H II 501.

三世的忠诚者（*fidelis*）阿里博在多瑙沃特建立了市场，后来的历史表明，他们也意欲使市场具有领主权的功能。⑮ 自强不息的佛兰德伯爵们是最清晰的例证，不但是他们在布鲁日和根特建造的城堡配有市场和乡村，而且阿尔努尔夫伯爵于 939 年夺取的位于加莱海峡的设防城市（*oppidum*）蒙特勒伊也是如此。让这个属于埃卢林（Erluin）伯爵的城堡危如累卵的，不仅是其作为要塞的价值，还有"来自靠岸船只"的"巨额收入"。⑯

总之，可以认为，在 10 世纪已可见到乡村开始在市场上进行商品交换。德意志的确如此，洛泰林吉亚和法兰西同样如此，尽管在西部，因为西法兰克国王没有发展起像德意志统治者那样的市场主权，这一过程的此类细节并不清晰可见。新市场的建立似乎在 1000 年前后这一时期达到顶峰。然而，在 10 世纪和 11 世纪早期建立的市场，并没有都发展成城镇。许多市场消失了或者很晚才有了城镇法。因此，市场不是中世纪城镇的本源，但是它奠定了城市经济的基础，可被视作阿尔卑斯山以北地区城市发展正进入决定性阶段时，独立居住点的核心之间保持经济合作的引擎。

总的说来，我们可以认为，城市和准城市居住点在 10 世纪有非常强劲的增长；这偶尔可见于城市分布形态发展。在雷根斯堡，罗马军团士兵营地以西的地区显然已有商人定居，这片区域纳入其要塞之中，使得城市的面积成倍增长至约 55 公顷——这或许在阿尔努尔夫公爵时期就已发生，不过可以肯定是在 940 年以前。沃尔姆斯在 10 世纪下半期开始建设的城墙，由布尔夏德主教竣工，居住点面积增长近 3 倍，从 23 公顷增至 65 公顷。940 年或 950 年前后，科隆通过填平罗马时代的港口而增加了土地，并且在商人定居的土地上筑堡设防，这使城市面积增加至 122 公顷。甚至这一时期在王家地产中仍然无关紧要，却是重要的贸易中心的多特蒙德，我们发现面积也从 2.13 公顷增至 11.5 公顷。

这类增长在各地的发生当然不均衡，我们必须在城市、市场和临近城堡与王宫的新兴非农业居住点的网络内，假定一个确定的层级。

---

⑮ DOIII 311；DC II 144.
⑯ Richer, *Historiae* II, I I, p. 144: "eo quod ex navium advectationibus inde plures questus proveniant".

正如修道院院长圣巴沃的奥塞尔伯特的信中，把根特的古罗马兵营（castrum）描述为优于其他城市（这里可理解为有着乡村的城堡，而不是主教城市）的要地（caput regionis）那样，这一层级偶尔会明确提到。为证明他自己的看法，修道院院长提到了那里的教堂建筑和圣迹。[47] 在其他地方，我们也观察到主教和世俗贵族是如何通过赋予军事驻地、工匠和商业居住点以及市场的结合之地以特别的建筑物和神圣性，来强调其重要性的。

城墙修建对于防御来说非常必要，并且9世纪维京人的威胁促进了城墙的修建。10世纪，城墙的修建有所发展，且更加富有效率，从周围的农业世界中吸收了部分劳动力。但是，新教堂的修建，特别是城市内新大教堂的修建，以及它们配有的圣物，达到了炫耀的目的，并激起了朝圣者的朝圣潮流，市场对于这些朝圣者来说，正像奥托三世给塞尔兹（Selz）修道院的特许状中所说的那样，一如其对于修士和生活在那里的其他人一样，都是不可缺少的。[48] 因此，我们可以看到10世纪踊跃的建筑活动，从给他在马格德堡建造的大教堂捐赠了一组丰富的圣物的奥托一世，到主教和修道院院长，再到在其城堡中增加了修道院式的或依照教规而建的建筑物，并为其提供了圣物的贵族，举例说来，如忠诚者阿里博的子孙马内戈尔德，为了更有效地炫耀罗曼诺斯三世于1029年在君士坦丁堡赠送给他的一小块圣十字架，他以一个宗教团体为基础，完善了其父在多瑙沃特的市场基础。

那里建立的大规模建筑物、修道院和牧师会教堂及其收集的圣物，增加了这些地方对世俗王侯和商人的吸引力，他们发现富裕消费者群体有朝圣需求。除了总体经济状况和来自领主权的推动外，令人印象深刻的建筑物的发展及其圣物箱中圣人遗物的增加，都是推动德意志和法兰西中世纪城镇出现的重要因素。

在地中海地区和法兰克帝国阿尔卑斯山以北的部分，城市化的发展是由其起点可追溯至古代的持续性决定的，虽然在帝国的最东部缺少这种持续性。在欧洲北部和东部，城市化没有此类赖以建基的传

---

[47] *Elenchus fontium historiae urbanae* II, 2, no. 8, p. 295.

[48] D O III 130: "et mercatusnecessaria sunt multitudinipulorumundiqueilluuconfluentium, simul etiammonachis et populisibicommanentibus et habitantibus".

统,即使在不列颠,这里的英格兰和威尔士曾有过罗马统治历史,这些传统的有效性也没有达到欧洲大陆的程度。必须承认,对于除英格兰之外的整个这一地区来说,我们对城市发展的了解,更多依赖考古研究而不是文本资料。即使在英格兰,相对于欧洲大陆,也更多地受城镇考古调查的推动。

自中世纪早期开始,英格兰就在北海贸易中起着重要作用,这对于10世纪欧洲的经济发展恰恰是非常重要的。维京人入侵和斯堪的纳维亚人的殖民,使得英格兰连同不列颠的其余部分和爱尔兰,与斯堪的纳维亚有了更为密切的联系,以至于这里成了克努特和他的儿子们统治的斯堪的纳维亚王国之一部分。

在英格兰,在梅斯的阿尔珀特对蒂尔的商人做出尖酸刻薄的批判之前不久,修士艾尔弗里克在其《对话录》(Colloquy)中,以肯定的措辞描述和界定商人的活动。[49] 也正是从英格兰,我们获得了中世纪欧洲商人自身想法的最早证据,这反过来表明了斯堪的纳维亚和波罗的海地区,究竟在一个怎样的范围内属于盎格鲁-撒克逊国王。在阿尔弗雷德大王(971—899年)的宫廷中,挪威人奥太亚描述了他前往拉普人地区,以及沿挪威和丹麦海岸直至海萨布的旅行;盎格鲁-撒克逊人伍尔夫斯坦讲述了他从海萨布到位于维斯瓦河河口的特鲁索*,再更远至爱沙尼亚人地区的波罗的海的所见所闻。阿尔弗雷德大王把这些旅行报告列入了用古英语翻译的奥罗修斯的《世界编年史》中。[50]

阿尔弗雷德的统治标志着盎格鲁-撒克逊城市化发展的重大转折。那时,盎格鲁-撒克逊时代的英格兰实质上已有三种类型的准城市居住点。第一类由位于罗马时代城市城墙之内的王国权力中心组成,如伦敦、约克、坎特伯雷和温切斯特,这里也是主教驻地。然而,应该指出,位于罗马时代的要塞内的居住点,人口密度很低。第二类是沿海非设防的贸易商业中心,其名常常以 -wic 结尾:汉姆威奇(Hamwih,南安普顿)、福德威奇(Fordwich)、萨雷(Sarre)、多佛尔、桑威奇、伊普斯威奇。在艾佛威克(后来斯堪的纳维亚语的约

---

[49] Ælfric, *Colloquy*, pp. 33–4.
* 即现在的埃尔布隆格。——译者注
[50] *The Old English Orosius*, pp. 13–8.

威克,即约克)和伦敦威克(即伦敦)也出现了以-wic 为结尾的地名。考古学业已揭示,在罗马时代的伦敦以西,位于现今舰队街和白厅之间的地方,的确有一个这种类型的商业中心,面积至少有 24 公顷,或许达到 80 公顷,比德把它描述为一个重要的长途贸易中心。在约克,甚至在 862 年斯堪的纳维亚人征服之前,手工业和贸易似乎也主要在罗马军团兵营之外的地区进行。这其中的一些贸易商业中心,似乎与附近的王国中心一起组成了功能性的统一体:汉姆威奇与温切斯特;伊普斯威奇与伍德布里奇、伦德尔沙姆和萨顿胡周围的地区。第三类由内地新建立的设防居住点组成,比如丹麦法区的五个自治市镇(斯坦福德、诺丁汉、德比、林肯和莱斯特),抑或是在考古学上鲜为人知的赫里福德。然而,总的说来,在阿尔弗雷德时代,具有城市特征的居住点不会超过 15 个。

为确定盎格鲁-撒克逊时代的英格兰城镇的标志,英国学术界建构起了一系列标准:市场、铸币厂、要塞、住宅和敞田(斯坦顿)、专属司法管辖权(莱昂)。[51] 在阿尔弗雷德及其儿子长者爱德华时期已显其形,并且与反对丹麦人的防御计划联系在一起的居住点群,多适用于这些标准。时间上可追溯至 914—919 年的一份《城堡土地税》(*Burghal Hidage*) 清册,提到了威塞克斯的 30 个城堡(*burhs*) 和麦西亚的 3 个城堡的名字:[52] 这些城堡是筑堡设防之地,由其周围的人们维护保修并在危险时刻配备兵源。我们这里部分讨论罗马时代或者甚至是铁器时代使用或重新使用的要塞,但主要讨论新居住点。这一在进攻中也能起一定作用的防御体系,是抵抗从 892 年起与英格兰敌对的维京人伟大军团的基础,它随着北部丹麦法区的收复而发展。

为了这些居住点能够维续和发挥作用,它们大多配有铸币厂和市场(market),后者以门户(*port*) 一词出现在王国法律中。自长者爱德华时代起,买卖就限于在门户(*port*) 之内进行,因此也就限于了在城堡(*burh*) 之内进行,在那里,买卖由王国官员、港市管家(reeve*) 监管,并在交易见证人面前进行。当阿尔弗雷德于 886 年

---

[51] Haslam (1994),p. xv.
[52] Hill (1969).
* reeve 一词主要是指村庄的负责人,被称为"村头""庄头"等,这里根据上下文译为了"管家"。——译者注

占领伦敦时，他显然把斯特兰德街*上的村庄并入了城墙以内的地区；以类似的方式，温切斯特前罗马时代的城镇地区也填满了居住点。经济功能和军事防御开始相互协调一致。在新居住点和古代城市居地内部，都有规则的街道网络，因此，我们可以借用比德尔的说法，认为它们是"有规划的城镇"。㊳

这样，威塞克斯王国以驻防的市场网络覆盖了全国，这些市场在其功能上可与奥托德意志的市场相媲美，但均控制在国王手中。尽管并不是所有10世纪的居住点都像欧洲大陆上那样兴旺发达，或者作为自治市镇出现在《末日审判书》中，但是它们的法律和分布形态奠定了中世纪英格兰自治市镇的基础。像霍尔韦尔和奇斯伯里这样的地方，仍然仅仅是山丘要塞；像戈斯堡（Gothaburb）这样的一些地方，甚至难以准确确定其性质。另一方面，当把"更多的人口、城墙、市场、铸币厂、部分来自贸易和手工业的人口的收入、交易见证人、王国官员和宫廷"放在一起时，我们已可发现10世纪城镇和乡村居住点的根本差异。㊴ 在法律上，规范城市环境的条文越来越多。盎格鲁－撒克逊时代的英格兰，还有城镇和市场等级，并因此有了商业活动的集中。王国铸币厂的活动是城镇和市场兴衰的晴雨表。铸币厂的数量自10世纪末急剧增加，从27个和后来埃德加时期的40个，增至仓促王埃塞尔雷德时期的75个，而《末日审判书》提到了80个。国王埃塞尔斯坦的法律规定，每个城堡设一名铸币主管，但也有例外：伦敦8名，坎特伯雷7名，温切斯特6名，罗切斯特3名，刘易斯、南安普顿、威尔汉姆、埃克塞特和沙夫茨伯里2名。埃塞尔雷德试图减少不断增加的人数，但允许每个高级市场（summusportus）（主要城镇）有3名。㊵ 而且，实际上，我们发现不同地区有着铸币产量高于一般水平之地［伦敦、温切斯特、约克、林肯、坎特伯雷、埃克塞特、切斯特和诺里奇（Norwich）］，它们的产量总计占铸币总量的一半以上。在铸币中，占主导地位的是南部和东部；在北部引人注目的只有约克，占铸币总量的9%。

89

---

* 即河岸街。——译者注
㊳ Biddle and Hill (1971).
㊴ *Die Gesetze der Angelsachsen*, ed. Liebermann, II, pp. 660, I h.
㊵ *Die Gesetze der Angelsachsen*, ed. Liebermann, I, II Æthelred, 14, 2, pp. 158 – 159; IV Æthelred 9, p. 236.

文本文献、考古学和货币学的证据，表明有着城镇和乡村间商品交换之商业化形态的城市生活和内部贸易生机勃勃。自然，英格兰绝不可能与欧洲大陆的长途贸易隔绝开来。埃塞尔雷德的伦敦贸易规章，揭示了与海峡对岸邻国海岸的密切联系。除以上提到的来自法兰西和佛兰德的商人外，我们还发现了"皇帝的人"，即德意志商人。㊝在这些商人中，休伊（Huy）、列日和尼维勒的商人特别引人注目，他们大概从事青铜器贸易。前面提到的艾尔弗里克所说的商人，经营的是面向更远地区的商品：紫色布和丝绸、宝石和黄金、各种各样的布料和香料、葡萄酒和橄榄油、象牙和黄铜（auricalcum）、铁矿石和锡、硫黄和玻璃。㊞这些商品名让人回想起了把盎格鲁-撒克逊人吸引到帕维亚的跨越阿尔卑斯山的商路，在帕维亚他们用其商品交换紫色染料、丝绸、香料和其他商品。

然而，国王阿尔弗雷德在其翻译的奥罗修斯的著作中列入的旅行家奥太亚和伍尔夫斯坦对商人的描述，同样明确地指向了波罗的海和斯堪的纳维亚人的活动。他们指出，不列颠群岛和欧洲大陆的北海南部海岸，构成了一个贸易商业中心体系：在西部是都柏林、爱尔兰的其他地方和约克；在波罗的海地区是位于奥斯陆峡湾的凯于庞，石勒苏益格海湾的海萨布，瑞典马拉伦地区的比尔干，哥得兰岛上的帕维根和其他一些地方，以及波罗的海南海岸的一些地方——吕根岛上的拉尔斯维克，奥德河河口附近的沃林（朱姆内）和门茨林，波美拉尼亚海岸上的科尔贝格（科洛布热格），维斯瓦河三角洲上的特鲁索，库尔兰的格罗宾和德维纳河下游的多戈梅尔。这些都是在8世纪和9世纪可追溯到之地，虽然10世纪它们经历了诸多广泛而又深刻的变迁。然而，自9世纪起，斯堪的纳维亚人的扩张给它们带来了新的推动，维京人的劫掠和贸易使团带来的推动最为明显。

这一自西向东的贸易场所线路，指向的是那些经俄罗斯的河流与伊斯兰中亚和拜占庭组织贸易的地方。在10世纪，最为重要的中心首先是沃尔霍夫河上的旧拉多加（Staraja Ladoga）和第聂伯河上的格

㊝ Die Gesetze der Angelsachsen, ed. Liebermann, I, IV Æthelred, 2, 8, p. 234.
㊞ Elenchus fontium historiae urbanae, no. 8, p. 295.

尼兹多沃（斯摩棱斯克的前身）。前者能乘船穿越芬兰湾和涅瓦河到达，而且它还开辟了通向第聂伯河和伏尔加河的商路。从波罗的海经德维纳河可更为直接地达到后一个地方。还应提到沃尔霍夫河上的戈罗季谢和第聂伯河上的基辅，戈罗季谢在10世纪逐渐被在其更南面两千米处的诺夫哥罗德取而代之，基辅则是罗斯帝国的心脏。斯堪的纳维亚人出现在了所有这些地方，并且实际上起着至关重要的作用。海萨布、凯于庞和比尔卡控制在斯堪的纳维亚国王手中；都柏林起源于917年的一个维京人基地，而且尽管在细节上存在争论，但在俄罗斯这些地方的发展中，斯堪的纳维亚人同样具有决定性作用。爱尔兰海、北海和波罗的海一起，都可被看成斯堪的纳维亚人的海。冰岛英雄传奇反映了这一点。例如，《埃吉尔传奇》（*Egil's Saga*）称前去都柏林的路程为"再平常不过的路线"，⑤⑧ 而且已经表明，埃吉尔及其同伴曾到过挪威，此外，还到过沃林和库尔兰海岸。这些贸易商业中心，尤其是位于波罗的海和俄罗斯的贸易商业中心，通常有着多民族的型构，就像不来梅的亚当所描述的在他那个时代已经不再具有重要性的比尔卡贸易商业中心那样："丹麦人、挪威人、斯拉夫人、塞姆人和波罗的海其他部族的人的所有船只，习惯定期聚集在这里，从事其必须要做的事务。"⑤⑨

与9世纪维京时代相比，这些贸易商业中心在10世纪有显著增长，另外还有新贸易中心的建立及其地点的转移：如我们已经看到的都柏林和诺夫哥罗德，以及另外一个可叫作锡格蒂纳的地方，自980年起，锡格蒂纳在马拉伦地区起着替代比尔卡的作用。海萨布的3个居住点中，只有一个还存在，但在10世纪其规模增长到了24公顷。恰恰是那些最为重要的地方，表现出了此类增长：沃林增长至20公顷，旧拉多加从4—5公顷增长至10公顷，格尼兹多沃从4公顷增长至15公顷。其他绝大多数地方的增长介于后两者之间（比尔卡13公顷、都柏林12公顷、门茨林10公顷、里伯10公顷）；另外一些地方，比如在但泽（1公顷）或多戈梅尔（2公顷）的最古老的居住点，增长要小得多。因此，海萨布和沃林增长最快。

---

⑤⑧ *Egils Saga Skallagrímssonar*, c. 32, p. 100（英文翻译版，p. 82）.
⑤⑨ Adam of Bremen, *Gesta* I, 60, p. 58.

这些地方的增长意味着交换的加强，而且虽然一部分西来的迪拉姆（dirham）源自缴纳给瓦兰吉亚人的贡金，但波罗的海地区铸币囤积构成显示阿拉伯银币在970年前后占有相当高的比例，表明那时西方拥有着贸易顺差。西方的出口商品当然包括不来梅的亚当提到的毛织品，这也为在比尔卡和沃林的考古所证实。相当数量的葡萄酒出口显然最低限度也远达波罗的海。然而，起着最重要作用的可能是奴隶贸易，维京人在西欧（尤其是在爱尔兰）劫掠的物品，借奴隶贸易在斯堪的纳维亚和穆斯林东方市场上出售。海萨布和位于约塔河河口的布雷诺，另外还有伏尔加，都是这一商路上的著名据点。10世纪时基辅大公和拜占庭的条约也提到了奴隶贸易；俄罗斯地区也是奴隶的一个来源地。对进口阿拉伯白银和其他货物（例如在比尔干、沃林和都柏林发现的丝绸）最一致的解释是奴隶贸易在整个贸易中占有相当高的比例。在10世纪的最后25年里，贸易关系结构发生了变化。从今以后，西方的白银流向波罗的海和俄罗斯（见上文第66页）。这意味着俄罗斯原材料的出口肯定增加了，最有可能的是蜡和毛皮，这些原材料"几乎作为永恒的救赎"[60] 为西方竞相追逐。与之相比，基督徒奴隶从西方向伊斯兰东方的出口将会减少并最终停止；原因可能在于主要伊斯兰王国的财政困难，但也可能在于斯堪的纳维亚王国自965年起的逐渐基督教化和西北欧的日益繁荣。

除了奴隶、蜡、毛皮和奢侈品这些主要贸易物品外，我们还发现了许多其他原材料和手工业品：莱茵兰的玻璃和陶器、斯堪的纳维亚成船的皂石和金属器皿，它们在中长途贸易中被大量买卖，并且在刚刚提到的那些地方交易。波罗的海地区的贸易也加强了，并且与新卷入市场体系的中部欧洲地区，尤其是莱茵兰和萨克森，有着生机勃勃的贸易交换。这就解释了与斯堪的纳维亚贸易联系在一起的海萨布所起的特殊作用，也解释了沃林所起的特殊作用，沃林在与沿奥德河而下新出现的斯克拉维尼亚中部领主的联系中，有着与海萨布类似的重要性。

北海和波罗的海贸易中心的工匠居地，当然也能够用奢侈消费品贸易的加强来解释。尤其是金属和皮革加工，在许多地方（都柏林、

---

[60] Adam of Bremen, *Gesta* IV, 18, pp. 244–5.

海萨布、沃林、比尔干）得到了考古上的证实，并且在 11 世纪它们的重要性增加了。在欧洲北部的商业中心，手工业聚集地有助于居住点的增长和密集。在许多情况下，这些手工业聚集地在 10 世纪时全部或部分地构筑起了防御工事，这意味着手工业聚集地有着固定的地域规划。然而，这些准城市居住点十分不稳定。挪威的凯于庞在 10 世纪初被遗弃；哥得兰岛上的帕维根和门茨林于 1000 年前后销声匿迹，并且约自 970 年起，比尔卡逐渐被锡格蒂纳的王国中心取而代之，而海萨布则在 11 世纪被石勒苏益格取代，后者可能在克努特时期就已建立起了最早的大教堂。都柏林、爱尔兰的维京人领主所在地、里伯主教的所在地，以及俄罗斯王公的城镇，继续存在。

　　显然，领主权有助于经济中心的稳定，而且也有助于把经济功能引入其中。这在西斯拉夫人的内陆地区最为明显，在这些地区，主导场景是设防的城镇处于支配地位，如波兰的格涅兹诺、克拉科夫、奥波莱，位于易北河和奥德河地区间的泰特罗、勃兰登堡和斯塔里加特（荷尔斯泰因的奥尔登堡），或者波西米亚的考日姆、柳比斯，尤其是布拉格。这里有许多包括贵族要塞、郊区和手工业坊区在内的多元居住点，对此有考古学上的证据。它们显然在贸易中起了作用。尤其是作为统治权中心，在 9 世纪的最后 1/3 个世纪里超越了所有其他波西米亚要塞的布拉格，以其广阔的郊区，即伏尔塔瓦河上的布拉格小城，在 10 世纪发展成了一个内陆贸易中心，在那里，用易卜拉欣·伊本·阿古柏的话说，"来自克拉科夫城的罗斯人和斯拉夫人"，以及"来自土耳其地区的穆斯林和犹太人"，都汇集在一个与波罗的海沿海贸易中心相似的多民族的市场之中。[61] 在波罗的海，由汉萨同盟塑造的中世纪后期欧洲北部商业史，在 9 世纪和 10 世纪打下了基础。奠定这一发展基础的北波罗的海的商业中心，具有城市的功能，或者说至少在后来的几个世纪里，在很大程度上起着典型的城镇作用。但就其本身而言，它们很大程度上不是中世纪盛期城市发展的起点，相反再次趋于衰亡。在大多数情况下，城市形成于市场和贸易与世俗和教会权力中心有联系的地方，如在都柏林、里伯、锡格蒂纳、诺夫哥罗德和基辅。在内陆的斯克拉维尼亚，尽管像波罗的海上那样的商业

---

[61] *Arabische Berichte*, p. 12.

中心还不为所知,市场仅偶尔被提到,但情况同样如此。然而,没有城镇从《拉弗斯特腾贸易条例》提到的不固定的"摩拉维亚人的市场"之中脱胎而出;⑫ 形成城镇的正是布拉格这个领主权的中心。

欧洲东北部地区对欧洲经济发展做出了重要贡献,却对中世纪盛期城镇发展没有产生什么影响。长途贸易商和商人对11世纪和12世纪城镇制度发展有重要影响,而这一地区10世纪的情况究竟在怎样的程度上助推了长途贸易商和商人的形成,目前还不清楚。维京时代的贸易由这样的商人进行,他们常常是积极的劫掠者或者勒索贡金的好战的征服者。文本文献给人的印象是,在许多情况下,贸易只是他们经济活动的一部分(例如土地所有者奥太亚),或者只是他们生活中惯常所做的一部分。正如鲁尼文铭文偶尔揭示的那样,这些商人在共同体内运作。但是,我们论及的显然是没有固定地点之短暂的和临时的共同体,而不是像欧洲大陆商人行会(见上文)那样受誓言约束的长期联盟。如在蒂尔那样,此类团体在斯堪的纳维亚仅见于11世纪的鲁尼文铭文。与欧洲西部和南部相比,我们对市场和平(market peace)*的形成和维持,或商人的自我组织,或由王公权力施加的影响的形式和范围,知之甚少。因此,我们注定会得出的结论是:中世纪城镇的本质特征——无论是其社会和司法构成,还是其地理分布和视觉表象——形成于加洛林时代的欧洲中心地区,形成于意大利北部及东法兰克王国和西法兰克王国的城市。在这些具有类似结构的城市和居住点中,领主的依附性代理人,以及富有的、更加专业的长途贸易商人,趋向于组成行会并永久定居,他们的重要性在10世纪日益增长。这里创立了规范市场的政府和平条例。这一切都预示着后来城市和乡村生活在法律与社会领域中的区别,所以,德意志人诺特克(Notker the German)早在1000年前后就把城镇公社(*purclich*)和乡村公社(*gebûrlich*)、"城镇居民的"和"乡村居民的"作了对比。⑬ 城镇社会形态的制度结构在11世纪和13世纪之间一旦发展成熟,这一区别的最终形态就呈现出来。

但是,塑造中世纪欧洲城镇特征的,首先是到处可见的扩展和与

---

⑫ MGH *Cap.*, no. 253, ii. 249–52.
* 与封建法所确立的被保护地区和被保护人有关。——译者注
⑬ Notker the German, *Werke* I, p. 111.

之联系在一起的建筑活动。这里具有决定性的是教会和统治者的巨大石制建筑物,甚至在我们这个时代,这些建筑物仍然在斯拉夫人的东方被效仿:易卜拉欣·伊本·阿古柏强调,布拉格城是用石头和灰浆建成的。㉔ 城市设有环形城墙和许多教堂——常常根据预设计划而确定其位置,是领主赋予建筑形制以城市理念的表现。它自身以"圣城"为效仿对象,例如,据说帕德博恩的迈因韦尔克,当时是"按十字架的形状"建造其主教城市的。㉕ 大量的遗迹和经常试图激起对古代城市罗马的效仿,是 10 世纪城市理念中的重要元素。城墙、教堂和塔堡被视作城市的华美饰装(ornatus),属于 10 世纪遗留给中世纪欧洲城市的遗产,中世纪城市将之保留了下来,在描述城市的标志时,作为都市风格的一个简化象征。

彼得·约翰内克(Peter Johanek)
于 民 译
顾銮斋 校

㉔ *Arabische Berichte*, p. 12.
㉕ 'in modum crucis': *Vita Meinverci episcopi Patherbrunnensis*, c. 218, p. 131.

第 四 章

统治者和政府

10 世纪君主制形象

　　10 世纪的教会人士强调基督的王权，并使王权以基督为中心。他们称地上的国王为基督的特别效法者。像基督一样，君王必须欣然经受苦难：国王的职责，甚至他的蒙羞，能给他带来荣耀，并给他的臣民带来福祉。神学家也全力关注基督的敌人。他们沉思世界的末日，为了圣迹和圣兆而审视他们的自然环境。他们都深信，他们生活在《旧约全书》里《但以理书》预言的四大帝国的最后一个帝国时期。根据预言，人世间的末世君主将战胜基督的敌人，建立太平盛世。之后世界末日到来：基督敌人的短暂统治和基督再次降临。这些有识之士是神职人员，其中许多是修士。但是，他们与世俗世界有着密切的联系，并且跻身国王和女王的首席顾问之列。当有识之士产生政治思想时，君主制主导了他们的思考。国王时常是他们的受信人。

　　君主制可以采取帝国的形式。在西方，作为"罗马"世界帝国中心的只有意大利，或许在某种程度上还有君士坦丁堡。在其他地方，帝国统治倾向于非罗马的，并且是从对一些王国统治权的角度定义帝国统治。尽管加洛林模式对奥托帝国有所激励，但已经很清楚，到 10 世纪结束时，西法兰克王国的国王们还不认同公认的帝国霸主。在波兰和匈牙利，深受兰斯的热贝尔这类有学识的导师影响的奥托三世，可能把自己看作一个为恢复旧世界平衡之新世界的国王们的号召人；但是他的罗马式"革新"尝试，必然与教会改革密切联系在一起，并且带有末世论的思量维度。也可以从启示论的视角考量王权。

蒙捷昂代尔的阿德松在约写于950年的著作中认为，（西）法兰克的国王们保护这个世界免遭基督敌人的侵害："只要他们的统治持续下去，罗马王国*的尊严就不会完全毁灭。"① 因为法兰克王国由几个被称为王国（regna）（这些地区不管其是否曾是独立的王国，都被夸大为王国）的实体组成，所以，也可认为，10世纪的西法兰克国王们拥有一个"帝国式的"王国。② 这个意义上的另一个帝国式的王国英格兰，实际上创立于10世纪。在10世纪90年代，当这个新兴王国遭受卷土重来的斯堪的纳维亚人侵袭时，深信自己生活在末世的神学家艾尔弗里克，歌颂埃德加广泛的霸权，宣教臣服于天命王权的美德。③ 他的启示广为传播：艾尔弗里克进行传播的媒介是英语，他的听众包括地方贵族和修士。

10世纪的历史学家维杜金德、利乌德普兰德、法罗多拉尔、里歇尔，创造了强大的王权形象。对于所有这些修士或教士作家来说，国王的所作所为仍旧是历史的素材，因此也是道德说教的素材。徘徊在这些文本背后的是古典模式，特别是萨鲁斯特的模式。

然而，维杜金德似乎也在关于国王的特质中反映了与他同时代的人们的信念：国王有带来胜利和福祉的能力。一些20世纪的德国评论家，从这里听到了他们所说的日耳曼救赎（Heil）观念的回响：更确切地说，这种救赎观念是维杜金德从《旧约全书》中得出的观念。王家圣徒传记是另一个鲜活的类型：在奥托萨克森，亨利一世的遗孀玛蒂尔达王后去世后不久，就在一个与宫廷毗连的修道院祭仪上被顶礼膜拜，而在英格兰，西法兰克的访道者弗勒里的阿博，则把殉道的东盎格鲁的国王埃德蒙（去世于871年），与典型邪恶统治者即殉道者的维京人迫害者对立了起来。④ 圣王和圣女王被描绘为圣者，不是依其职权（ex officio）而是因其特殊的个人品质。尽管这些先祖给予孙后代留下了神圣超凡的魅力，但这都不应被看作是有着前基督教时代王权神圣化思想之教会的虚浮造作。只有法罗多拉尔的一些相当严肃的解释，以及里歇尔关于10世纪西法兰克国王相继死亡的叙述，

---

* 这里的罗马王国与上帝的统辖等有关。——译者注
① Adso, *Epistula ad Gerbergamreginam*, p. 26.
② Richer, *Historiae* IV, 12, p. 162; 参见 Hugh, character 3, 10 (*RHF* 10, pp. 550, 560).
③ Ælfric, *Lives of the Saints*, pp. 468–70; partial trans. *EHD*, pp. 927–8.
④ Abbo of Fleury, *Vita Sancti Eadmundi*, cc. 7–10, cols. 511–5.

才让现代学者提出了加洛林王朝最后失去了王家奇异权力这一普遍看法的假设。⑤ 历史（Histories）和传记（Lives）一样，传达的都是基督教统治权的十足的自信，以及其男女教徒由此建构基督教统治权强大形象的能力。

仲裁和保护都是经常性需要，而且，即使在王权孱弱的地区，或即使国王来过但却是很少来的地区，也要记住——在基督教土地上，《圣经》和礼拜仪式时时刻刻给出提醒——提供正义与和平曾经是并且依旧是国王的职责所在。尤其在原加洛林帝国西部，查理的形象汇聚了教会和世俗的理想，他不仅是正义的实施者，睿智聪慧的追随者，还是强大的军事统帅。在现存最早的《罗兰之歌》手稿写成的数代之前，夏巴纳的阿德马尔就记述了查理的公正统治，并且"确知"他已把他的王国最远开拓到了科尔多瓦。⑥ 对世俗宫廷中的人们来说，经由白话歌谣传承的社会记忆，使得能够担负起启示录期望的君主制形象永垂不朽。在10世纪初，国王普罗旺斯的路易，这位他本人（和其他许多领袖人物一样）从其母系继承了加洛林血统的国王，给他的儿子起名查理 - 康斯坦丁。在10世纪行将结束之际，即在1000年，奥托三世拜祭了查理在亚琛的墓地。⑦

神学家趋于以千年为时段衡量思考，但历史学家们却为此时此地所吸引。在宏大的历史题材下书写其教堂历史的兰斯的法罗多拉尔，在近来的政治事件中使用了年表，每一年之下都塞满了王家活动的细节。然而，人们已经远在学者们的研究和兰斯一地之外，确知并已感受到了国王的存在，以及国王存在的合法性力量。勃艮第、利穆赞、米迪的修士和教士，用国王的统治年号来标注世俗要人档案文献的年代日期。⑧ 圣徒崇拜，尤其是与君主制联系在一起的圣徒崇拜，广泛传布开来。《克吕尼的奥多传》（Life of odo of Clunny）记载的一个传说表明，圣马丁对西法兰克王权有直接关注：某日（应该是936年6月19日），一名修士在法兰西南部某地看到了他的异象——简言之，因为圣徒解释说那天是国王（路易四世）的祝圣仪式日，他必须来

---

⑤ Flodoard, *Annales*, s. a. 954, p. 138; Richer, *Historiae* III, 109, p. 127, as interpreted by Poly and Bournazel (1991), pp. 499–500.
⑥ Adhémar, *Chronicon* II, I, p. 68.
⑦ Thietmar, *Chronicon* IV, 47, pp. 184/6; Görich (1998).
⑧ Kienast (1969).

到兰斯。⑨ 这可能不是历史，但它与兰斯历史学家们把王国作为一个整体来看待的著作相类似。东法兰克王国的史学著作更是如此。尽管维杜金德、赫罗茨维亚和《奎德林堡编年史》（*Quedlinburg Annals*）的作者们都在萨克森，但他们都以巡回法庭提供的强有力的中央关注为基础，叙述了国王和权贵在王国内的所作所为。

在其他地方，史学编纂并没有推动任何有关王国的想象。这在10世纪新兴的但基本上依旧没有读写能力的王国里不足为奇，如丹麦、挪威、波兰、匈牙利。在所有这些王国中，我们将看到（在下文第107页至112页）对口传、视觉和宗教祭礼媒介的利用。在英格兰，国王也发现了树立统一王国形象和塑造社会现实的类似方法，或许他们还更加惊讶地发现，先前王家保有和传播编年史记载的兴趣竟然被容许逐渐丧失。在意大利王国，情况多种多样，但自法兰克人征服后，也没有形成任何王国编年史传统。这里，与法律和政府密切联系在一起的文献相对丰富，其结果是，在没有国王的情况下并且在地方层面，法律和政府都具有可操作性。这里缺少任何以宫廷为中心、以王国为重点的编史传统，世俗人士行使权力而不必乞灵于国王给予其权力合法地位。在那些不再从积极方面构绘国王的地方，王国是难以想象的。在这一点上，10世纪的意大利不同于其他后加洛林地区。甚至在意大利，加洛林政府的理想模式，也是通过抄写残存的法令汇编、宗教会议教令和档案文献传留给有识之士的，不过，表现更为清楚的依然是在法兰克欧洲的其他地方。10世纪，法令汇编手稿继续在主教的誊写室中抄写。在10世纪90年代，弗勒里的阿博向国王休和罗贝尔称颂宗教会议的教会法规，并且对之有详尽引证，正是以这些教会法规，他们的先祖查理和虔诚者路易提升了"国家"［共和国（*respublica*）］和教会的福祉。⑩ 当1020年前后沙特尔的福尔伯特写信给他效忠的阿基坦的威廉时，几乎可以肯定，他参阅的著作中有一部法令汇编。⑪ 在包括意大利在内的前帝国的所有王国中，圣礼书和主教仪典书都继续包括为国王祈祷。法律和礼拜仪式，以及歌曲和故事，都是加洛林传统借此流传的社会记忆形式。

---

⑨ John of Salerno, *Vita Sancti Odonis*, c. 27, col. 55.
⑩ Abbo of Fleury, *Liber canonum*, *PL* 139, col 477.
⑪ Fulbert, *ep.* 51, pp. 90–2.

10世纪，无论是在西法兰克王国，还是在东法兰克王国，与加洛林王朝的父系王朝联系被打破了：依附于王权自身的加洛林传统，可转而由卡佩王朝和奥托王朝传承，也能轻易地传播到旧法兰克地区之外，最为引人注目的是传播到了英格兰，在这里，埃德加的政权对加洛林模式有差强人意的模仿。其时的作家在构想和试图影响王权的运作时，没有忽视王家的婚姻。新贵亨利一世力图把其权力深入到法兰克世界的心脏地带洛泰林吉亚，并让他权力的合法性得到广泛承认，为此，他把女儿嫁给了洛泰林吉亚的权要吉斯勒贝尔，而且让他的儿子迎娶了英格兰的公主伊迪丝。奥托从更远的地方给他的儿子找了一个新娘：当奥托二世与拜占庭的公主狄奥法努结婚时，法兰克世界就向它之外的王国敞开了大门，从而预示了一个更为广阔的欧洲。外国公主带来了其他王家世系的声威。这些新娘带来的好处是，能够（让王权）从对王国内贵族家族的过分苛求中相对摆脱出来。或者说，国王会与类似的这种家族结亲，以获得地区联盟的补偿性优势和它们的支持：捕鸟者亨利的第二任妻子，即奥托一世的母亲玛蒂尔达，因其强大的萨克森亲属关系而被选定为新娘；西法兰克王后阿德莱德，即卡佩王朝的第一任国王的妻子和第二任国王的母亲，她本人是阿基坦公爵的女儿；而英格兰国王埃德加，先后与其王国西部和东南部权要的女儿结婚。王后政治作用的提高是10世纪的一个显著特征，正如维杜金德所说的玛蒂尔达那样："她坐着而周围的人们站着。"[12] 这些女人被称为女主人（dominae）[13]：在翻译中，"夫人"这一苍白无力的现代英语词汇，几乎不能对其权威中的威严尊贵做类似表达。圣母可以被构想为登上王位的女主人（domina），甚至是加冕为王者。[14]

10世纪王国

888年，"旧"加洛林王国（正如雷吉诺所说）凭自己的勇气创

---

[12] Widukind, *Res gestae Saxonicae* III, 74, p. 125.
[13] Gerbert, *epp.* 62, 66, pp. 61, 64.
[14] Von Euw (1991), pp. 122–4；参见 Deshman (1988).

立了国王。⑮ 9世纪中期的模式恢复了：随着东法兰克国王和西法兰克国王争夺一个日益碎化的中法兰克王国，天下三分。法兰西和德意志后来出现的分裂状态，往往会唤起部分法兰西和德意志历史学家对历史必然性的假定。然而，在继查理帝国而起的王国中，有产生其他结果的力量在起作用。一方面，一直到10世纪后期，法兰克人的统一都是一个现实问题。东法兰克国王和西法兰克国王继续争夺洛泰林吉亚；东法兰克和西法兰克的一些精英，依旧团结在一起，因此，他们维续的王国间没有边界。奥托一世的姐姐*嫁给西法兰克国王路易四世，立即成了10世纪中期即将实现奥托王朝霸权之亲密协约的征兆和媒介。另一方面，精英的区域化已经走过了漫长的道路，而且王国（regna）的名门望族多远离洛泰林吉亚王国中心，如东萨克森的比隆家族或阿基坦公爵普瓦图，缺少任何可感知的泛法兰克人视角。昔日的一些资源，已不再能为10世纪的东法兰克国王和西法兰克国王所用：对于奥托王朝和卡佩王朝这类王朝来说，缺少古老的王家血统是个缺陷，而且在劫掠、贡金或者领土扩张方面，能提供的东西很少。在一些地方，早期加洛林王朝统治者有时能够通过授予、撤回和重新分配伯爵职位造就权势人物，当然在很少情况下也能毁掉他们，但10世纪，这样做明显变得困难起来，因为伯爵爵位及随附于爵位的土地已承袭数代。随着家庭修道院和圣徒崇拜的私人化一再出现在贵族继承的遗产中，地方统治通过每个王朝的宗教庇护而在王国腹地得以实现，贵族们自己的地方权力日趋根深蒂固。在东法兰克，并且较小程度上在西法兰克，被夸大为王国中的王国的地区认同显然依旧让人印象深刻。在这两个王国内，920年前后是尤为关键的时期：在那个时期，并非必然的结果是，两个王国中的任何一个王国，都能够作为一个政治单元存在，而不是分裂为分立的王国。然而，毫无疑问，到约公元1000年两个王国都不复存在了。

  这一变化是10世纪最为显著的特征之一，并不容易得到合理解释。考虑到前已指出的王国资源的相对匮乏，尤其是在西法兰克，很难把这一变化仅仅归因于统治者自身的政策和所作所为。相反，关注

---

⑮ Regino, *Chronicon*, s. a. 888, p. 129.
* 即捕鸟者亨利的长女。——译者注

的焦点应该扩大到包括贵族在内的社会性上,因为在任何情况下,正是贵族对利益和构成合法权力的看法,可使得一个王国共同体长期存在。⑯ 一些思想意识的前提条件早已被勾勒出来:9世纪的加洛林传统显然至关重要。至于意大利:尽管考虑到统治者通常距离遥远,但因为加洛林意大利王国成了奥托帝国的一部分,所以当拜占庭人、伦巴第人和阿拉伯人争夺意大利南部时,其长期的不统一,必然会进一步使其凝结成一个有着其委托和固有权力形式的非常独特的部分。因此,加洛林的三个继承国变成了两个;对于德意志和意大利的长久联系来说,10世纪也是至关重要的形成期。

尽管勃艮第或多或少依靠奥托王朝,但得到与其通婚的其他王朝承认的勃艮第王家血系的传承,使这个王国在整个10世纪得以持续。勃艮第王国是加洛林王国的一个次级王国(sub-Carolingian realm),在这里,加洛林传统和统治权模式——称号和外交特许状、符号和象征、地方教会意识形态和制度支持——有着历史的延续性。

当我们转向旧帝国前外围地区时,确实需要一种不同的解释。这里,新近从贵族军事统帅阶层中脱颖而出的国王们,正在莱昂—卡斯蒂尔、丹麦、波兰和匈牙利建构新王国。这些变化的时间和地点绝不是偶然的:那些刚刚跨越强国边界并因此终结了其邻国侵略的人们,学会了团结自卫,并且他们的领袖模仿敌人的一些方法。英格兰的邻国最先受到了英格兰王国成长壮大以及其深具自我意识的统治的冲击。威尔士和苏格兰都以自我认同感的增长,并以在海韦尔·达和君士坦丁二世统治时期表现尤为明显的王国权威做出回应。但是,由于王朝联盟的反复无常,广泛的水上接触,加洛林传统也通过英格兰的王国进一步传播到了丹麦和匈牙利。

在新王国的形成中,种族划分只起到了非常有限的作用。9世纪的拉丁基督教世界曾经是法兰克人主导的世界。尽管加洛林统治者在其官方称谓中没有使用一个种族称号,但他们的帝国是法兰克人的军队赢得的帝国。然而,它从来没有根据法兰克人的法律统治:相反,形成其统一的是受到加洛林权力维护的拉丁基督教。并且它在法律、社会和现实中,依然是多民族的。法兰克人的认同通过故事和历史在

---

⑯ 'Regnal': Reynolds (1984), p. 254.

第四章 统治者和政府

社会记忆中留存下来,大体上扩大到西欧人之中,并且在后来数个世纪为外界所公认,但这种认同实际上更多的是传说而非事实。加洛林传统与此可分离开来,并且有助于形成新的认同基础。9世纪加洛林的国王已自称公正的神惠之王（rex dei gratia）。正是在10世纪,自911年起,法兰克人的国王（rex Francorum）成了西法兰克国王的通常称号。尽管这一过程缓慢,但到10世纪末,东法兰克王国的统治者法兰克尼亚已失去了联系,即失去了与王国东部法兰克人地区特有的密切联系:法兰克人和萨克森人的国王,正在成为德意志的统治者。10世纪,其他新的政治形态获得了种族标签。英格兰国王（Rex Anglorum）成了那些从威塞克斯向北扩张其权力的国王们的惯常称号。在波兰,八个截然不同的集团在10世纪中期为一个梅什科的波兰人权力（potestas）集团所取代。就像现在一样,那时虚构的种族掩盖了政治裂缝:它们也与王权一起提供了一个王朝认同的基础,这个基础能够使一个王朝与任何特定的王朝分离开,并因此架起了王朝更替的桥梁。

在一定程度上,王朝战略、王朝意外变故都是这些10世纪王国凝结形成的原因。王权依旧嵌入家族结构和家族政治之中。对于绝大多数国王来说,王家家族是他们出生和成长的环境。尽管在那些从9世纪加洛林帝国中创生而出的王国里,加洛林王朝的直系血统到1000年都已经灭绝,但将会有一个居统治地位王朝的假定依然存在;而且,在欧洲中部、丹麦、英格兰和威尔士,新王国正是在王朝周围创生的。

然而,同样在10世纪,王权以新的方式变得制度化表明,它正成为超越家族之外的王权。在不断发展的王国认同中,王权日益起到核心作用。家族资源和王国资源间的区别,变得不那么模糊。在东法兰克王国,非加洛林的康拉德一世宣称（尽管不成功）控制了在巴伐利亚的王国土地,这些土地远离他自己的世袭地产。在西法兰克,非加洛林国王在10世纪20年代并且在987年再次力图从加洛林的权力请求人那里收复王国土地:可以说,卡佩王朝权力只有这样,即通过坚持王家地产是王国的,才能在987年从根本上得以确立。在意大利,王国税捐［军税（fodrum）］的制度在帕维亚已经很好地确立了下来,以至于在整个10世纪后半期都由王国官员继续征敛;尽管意大利王国的统治者频繁缺席,但他们经常待在那里,并且有足够多的时间坚持貌似合理的要求。11世纪初,康拉德二世的传记作者就描述说,他对于私宅和作为公共建筑物的宫殿的区别,有十分清晰的认识。[17]

王权和家族的不同,有两个方面值得特别注意:第一,王位继承越来越是自觉的集体安排。在去世之前就有王位继承安排:在东法兰克,奥托一世的儿子与他的同名者在961年成为共同的统治者,在972年成了共治皇帝,而在西法兰克,洛塔尔让他的儿子路易五世在979年成为共同统治者,另外,在987年7月3日加冕的休·卡佩,在同年圣诞节,让他的儿子加冕为共同统治者。教会吸纳了剩余的王家成员,如奥托一世私生子中年龄较小的儿子和西法兰克洛塔尔私生子中的长子。王家家族内部的暴力没有停止,但是,当暴力真的发生后,会有公开哀悼,正如东法兰克的桑克马或盎格鲁-撒克逊的爱德华那样。桑克马同父异母的弟弟奥托一世,否认桑克马的被杀害与自己有关;而爱德华同时代的人断言,爱德华被谋杀"对于英格兰人来说,这是自他们最早到达不列颠以来,所犯的最严重的错误行为"。[18]据记载,无论是王朝更替发生时,还是包括创立共同统治者的其他时候,国王的选举者通常是"人民",也就是贵族。因此,贵族积极参与到继承安排之中,这偶尔还为王国文件的起草人所承认。[19]当贵族派系支持叛乱时,他们的目标在于恢复以国王为中心的政治和王朝统一。953—954年,奥托一世的叛子鲁道夫的支持者,通过宣称国王的新婚妻子阿德莱德和他的弟弟亨利勾结起来阻断言路,来证明他们叛乱行为的合法性。[20]通过坚持他们作为国王顾问的角色——这既是权利,也是责任,权贵们确立了王家行为的标准。10世纪20年代,正是在这些标准的名义下,因为"查理[绰号憨直者(*Simplex*),'简单憨直']听从和宠信他从下层贵族[中等阶层(*mediocres*)]中选任的政要(*principes*),即他的顾问大臣哈格诺",[21]并且又因为"听说查理计划召集北方人(Northmen)和他一起"反

---

[17] Wipo, *Gesta*, c. 7, p. 7.
[18] Widukind, *Res gestae Saxonicae* II, 11, p. 65; *ASC*, *s. a.* 978, in *EHD*, p. 230.
[19] D Lo 4; Sawyer, no. 520.
[20] Hrotsvitha, *Gesta Ottonis*, ed. Winterfeld, lines 735–40, p. 225.
[21] Flodoard, *HRE* IV, 15, p. 577.

对他自己的法兰克人,这些法兰克人明确拒绝了查理,另选了国王,并把查理关押起来。(300年后,提醒英格兰国王亨利三世注意查理命运的权贵们,同样是因为没有得到国王的正当咨询而被激怒了。)㉒ 法兰克编年史家记录了在遥远的意大利发生的类似事件,在那里,权贵们"因为他们国王的傲慢无礼而让王国骚动不安"。㉓ "骚乱"是对抗的一种合法形式。在西法兰克,最关键的一点恰恰是查理被取而代之,另外选择了一位王。国王和权贵们相互需要并且彼此支持。到10世纪末,弗勒里的阿博一语双关地简明总结了那种相互依存:"因为国王自己不足以满足王国的所有需要,就在其他那些他认为值得尊重[尊敬(honore)]的人们中间分配责任[负担(onere)],因此,他也必须要得到真诚尊重[当受尊崇(honorandusest)]。"㉔ 仅仅数年后,在1014年,《盎格鲁-撒克逊编年史》(*Saxon Chronicle*)的作者就强烈暗示说,驱使埃塞尔雷德到国外避难的,不是丹麦人的入侵,而是失去了权贵的支持:他是在"所有顾问大臣""召请"时回国的,但条件是"他将更公正地统治他的王国"。㉕

　　权贵们作为王国顾问的积极角色——自此之后,这一角色并不只是自封的,而且其代表性还得到了广泛承认——有助于10世纪的第二个重要变化:王国趋于变得不可分割。在上勃艮第,912年,当鲁道夫一世的王位仅由其两子中的一子即由鲁道夫二世继承时,分割继承遭到了拒绝。不久,在别处也出现了其他三个类似的例子:919年,东法兰克和萨克森贵族(尽管不是巴伐利亚人)联合起来选择捕鸟者亨利为他们的国王;922年,西法兰克贵族用类似的方式,以罗贝尔取代了憨直者查理;924—925年,麦西亚和西萨克森贵族的选择,集中在了埃塞尔斯坦身上。事后看来,这些事件对于正在讨论的王国来说非常重要:并且近似的巧合绝非偶然。尽管还有其他选择,并且其他选择依旧存在,但在每一个例子中,一个王国共同体至多历经三代即可得到认同。一旦在接下来的一代或两代中仍有不可分割的继承,分割就变得越来越不可能,并且最终是不可想象的。即使

㉒ Bémont (1884), appendix, p. 341.
㉓ Flodoard, *Annales*, s. a. 922, p. 7.
㉔ Abbo of Fleury, *Liber canonum*, *PL* 139, col 478.
㉕ *ASC*, version 'E', s. a. 1014, p. 246.

麦西亚和威塞克斯在 957 年再次短暂地分道扬镳，但早在 9 世纪后期之前，不可分割的征兆既已在两个王国共同体持续存在。1016 年，在丹麦人入侵的压力之下，它们再次分离，一年以后，两个王国重新统一，这证明是王权的永久联合。至此，诸如"撒克逊人、麦西亚人和诺森伯利亚人的国王"之类多异族（multi-gentile）的王国称号，在特许状中［尽管在一些教会历书*（ordines）手稿中还继续存在］已不再使用，一致明确地为"英格兰的国王"所取代。

这并不是说，任何人都构建起了一个不可分割［不可分性（Un-teilbarkeit）］或长子继承制原则。考虑到统一体要坚持很久才能形成，王朝意外变故起了一定作用。在东法兰克王国（以及在意大利王国），奥托一世，之后是奥托二世，死后只留下了一个合法的男性继承人。然而，在西法兰克，在 987 年选择休·卡佩，并不是因为缺少一个可供选择的加洛林王系人选：洛林的查理被蓄意拒绝了。据里歇尔所言，兰斯大主教向权贵们推荐休时说："你们将发现，他既是一个私人利益保护者，又是一个公共利益维护者。"㉖ 对于幼弟们来说，王国资源的减少已经意味着不能再资助之以分立的封地（subking-dom），因此洛林的查理面临着贫困的危险。在英格兰，埃塞尔斯坦一直未婚，因此没有继承人的事实对于年幼的同父异母弟弟们来说，意味着一个经由年长者作为一种利益相关者统治的家族协约：在 10 世纪的英格兰，兄弟继承和子女继承交织在一起。和其他地方一样，在这里，年幼的弟弟们或侄子（及其潜在的支持者），或多或少心甘情愿地把他们自己排除在外：埃塞尔雷德二世的几个儿子，在其父活着的时候没有被赐予封地（1016 年，埃德蒙·爱因塞德最后不顾一切地铤而走险，是绝无仅有的一次例外）。随着王国分割越来越不常见，继承权为全王国内有望成为统治者的人所争夺。和英格兰一样，在莱昂—卡斯蒂尔王国，10 世纪有几起兄弟继承的事例。拉米罗二世的女儿、莱昂城圣萨尔瓦多王家女修道院院长埃尔维拉为期 9 年的摄政统治（966—975 年），对她年幼的侄子、莱昂历史上的首位未成

---

* 教会历书的原文为"ordines"，系"ordo"的变形。"ordo"在古罗马指一些确立的公务团体，特别是管理团体。在教会中也有一些确立的团体被称为"ordines"，如"Ordo Fratrum Minorum"（方济小兄弟会）。在西方语言中，"ordines"有规程、等级、秩序的意思。——译者注

㉖ Richer, Historiae IV, II, p. 162："发现不仅保护公物还保护私物。"

年国王拉米罗三世(生于961年)来说,意味着王国新的稳定。这里和其他地方一样,可认为贵族的作用是更积极地为王朝提供了支持,而不是消极地、自私自利地希望利用未成年的国王。在那里,贵族集体继续投入到了王国传统之中,王国趋于作为一个统一体而继续存在;而且,在那里,特许状提供了这方面的文件证明,贵族的爵位和自我表现表明,他们认为,自己是国王的合作者、下属和代理人。即使他们通常住得很远,他们也可能与国王有面对面接触的机会。原则上,他们行使的领主权作为王国的一部分被合法化了。对于贵族来说,在教会合法性上无可奈何:正如理查德·萨瑟恩从西法兰克的伯爵们那里看到的那样,他们依然"令人震惊地被视为不神圣和愚笨的傻瓜"。㉗换言之,他们缺少理论家或护教论者,如教会祈求赐予国王属天的福气,但不单独为贵族祈祷。迟至10世纪以后,才有各种尊贵堂皇的登基大典仪式(尽管从来不包括涂油礼)发展的证据。㉘

在加洛林帝国之外的地区,其他因素有助于决定一个王国是否形成和/或者继续存在。英格兰的形成,可以从常见的获得和酬赏的动力方面得到部分解释,这种动力能够让西撒克逊国王发动一种反对丹麦法区的帝国扩张,与此同时在英格兰巩固了支持,当然其中也不无挫折。即使与法兰西和德意志相比,这个复合制王国都相对较小;但是狭小让这个王国有更高的凝聚力,这种凝聚力依旧让现代英格兰历史学家印象深刻。另一个重要因素是语言共同体:尽管有地区差异,但古英语在全王国范围内都能通用,在10世纪后半期,还曾更努力地推行书面白话文的标准化。

奥托王朝是如何管理一个远比英格兰王国大得多的王国的呢?因为时间和地点在其特许状中均有记载,所以奥托王朝的巡行路线可以重构。奥托王朝有三个核心地区:萨克森的哈茨山区(在这里,奥托王朝非常幸运地于10世纪50年代发现了银矿),环亚琛的下洛泰林吉亚和莱茵—美茵地区(在英格尔海姆和法兰克福有重要的据点,亨利的儿子奥托一世经常在那里居留)。在后两个地区持有宫殿和地

㉗ Southern (1953), p. 99.
㉘ Hoffmann (1962).

产的奥托王朝,延续着加洛林模式。在他们无休止的巡行中,奥托王朝表明并且利用了他们的统治及其合法性的双重依据:他们是"萨克森人和法兰克人的国王"。在萨克森本地,他们更愿意让自己的和贵族的亲属,任职于修道院和女修道院。奎德林堡和甘德斯海姆(Gandersheim)的两个女修道院特别重要,这两个女修道院的院长都是奥托王家成员,她们依靠自己的能力成了王家的偶像人物。它们中的这些地方,履行着王朝中心的关键职能:守护王朝创建者的坟墓,保存王家行为的集体记忆,时常为宫廷提供盛情款待,举办重大集会,最后,但并非最不重要的一点,是为国王和王国的繁荣昌盛祈祷。这些地方实际上充当了王国的仪式中心。奥托王朝能够让其王国里各种各样王国(regna)中的有权势者参与进来,结果一个断续接触的关系网广泛铺展开来。教会人士修补这一关系网。在他们心目中,王国是一项公共事务(res publica)——并且公共事务与私人利益间的区别依然存在。梅斯的修道院院长圣阿尔努尔夫的约翰,把他心目中的英雄、同名者戈尔泽的约翰,描写成一个因为卷入宗教改革和王国服务的双重艰巨任务中而准备离开乡村"私人生活"者。[29] 因此,加洛林的思维习惯证明是有韧性的:无论如何,对于教会人士来说,他们维持着把戈尔泽的约翰从乡村带到宫廷,并最终远远超越帝国疆界的习惯。

尽管如此,使得小王国能够独立生存的,不仅仅是它们在土地和牲畜方面的充足的经济基础,而且还在于其牢不可破的法律和传统。在地理上似乎注定是一个岛国的爱尔兰,过去一直主导着现在:尽管有外部的威胁,但没有建立起覆盖全岛的最高王权。断断续续地出现了一些地方霸权:最终有四个地方霸权幸存了下来(塔勒、卡舍尔、康诺特和伦斯特),但其他几个地方霸权证明曾短期存在过。更为重要的是,像达南(tuatha)那样活动半径只有16—20千米,而且其国王不臣服于任何更高等级统治者的许多小王国,也幸存了下来。在旧加洛林地区,于9世纪后期成为一个王国的上勃艮第,一直存在到10世纪以后,这部分是因为地理上为它提供的保护,更重要的还是因为王朝的延续性。另一方面,步入10世纪后,布列塔尼没有作为

---

[29] *Vita Iohannis Gorziensis*, c. 51, p. 351.

一个王国幸存下来。规模小并不是唯一的或最为重要的原因：在关键时刻，王朝争端抑制了围绕本土王权认同的形成，同时，维京人的侵袭毁坏了统治者的资源。更为根本的是政治传统，尤其是布列塔尼所有主教教区隶属于图尔副主教辖区的教会传统，使布列塔尼稳固地处于西法兰克王国之中。

在其他地方，新生王国能够保持并扩张其领土范围，同时或多或少有效地整合其内部空间。尽管对王家的巡行路线几乎一无所知，但可以推断出建立王国祭祀中心的努力。在苏格兰，君士坦丁二世统治时期，圣安德鲁斯就成了这样一个中心，它代表着重心实质性地向东迁移，并且坚决占有前皮克特王国的资源。位于古代中心地区，并且是威塞克斯"更重要的王国地区"㉚的格拉斯顿伯里，有望在英格兰建立起它所主张的那个角色，在埃德加埋葬在那里之后尤其如此。在10世纪80年代，哈拉尔德在丹麦的要塞链把新旧中心连接了起来，它显然向东转向了瑞典南部的资源。波兰和匈牙利为格涅兹诺（1000年）和格兰（1001年）新主教教区的选址，表现出了类似的确定政治中心的过程。那时，仍然游牧的君主也意识到了王国中心的所在。

王家仪礼

10世纪，在加洛林时代由法兰克教士倡导的国王继位仪式，或多或少地变得标准化，并且在许多拉丁基督教国家推广，获得了诸如仪礼规程（liturgical *ordines*）之类的永久形式。这些特定于王权的仪式，把君主制的独特性标明和区分开来。在此类仪式的精心设计中，教士的作用至关重要，但世俗人士也发挥了他们的作用。即使在规程本身中，贵族的作用也是显而易见的，他们作为见证人和主要受众，甚至作为欢呼表决和新王登基典礼的积极参与者。当教会人士现在操纵着教会内部的活动，并且在其中扮演着主角时，世俗权贵显然在教会之外执行着其他仪式。在仪礼仪式之前，政要（*principes*）以选举的形式承认新的统治者。他们在神职人员的程序之后，提供欢宴的饮

㉚ Asser, *Life of King Alfred*, c. 12, ed. Stevenson, p. 10.

食，并且加入欢宴的吃喝挥霍之中。他们伴随新王巡行他的王国，在巡行过程中，国王向其臣民致以象征性和实际的问候。因此，规程仅仅给出了部分场景。正是历史作家，尤其是维杜金德和比斯弗斯，揭示了国王继位和炫耀展示这一完整而又漫长的过程中的某些东西。历史和仪礼这两种类型十分不同的资料来源合在一起，是阐明这一时期王国作为政治共同体形成的重要方式。

在绝大部分过程中，并没有发生教权影响力的一致提高，或者说教权的影响力不一定必然地线性推进。8 世纪和 9 世纪的加洛林王国，下层结构多种多样，并且经历各不相同。这一构成的多样性，有助于解释 10 世纪的重大差异，尤其是东法兰克和西法兰克的重大差异。843 年之后的东法兰克王国，在康拉德一世于 911 年（胖子查理显然于 880 年经由教皇奉为圣者）被封为圣者之前，可能没有国王由地方神职人员封为圣者。无论如何，当捕鸟者亨利在 919 年决定放弃由梅斯大主教施以涂油礼时，他并没有打破长期以来确立的传统。现代历史学家认为，接受祝圣的选任国王在某种程度上当然会对奉其为圣者的主要人物心存感激，而且亨利也确实不信任大主教。尽管如此，这并不太可能是因为亨利担心会被神职人员控制。其前任于 918 年 12 月去世，而他迟至五个月以后才在 919 年 5 月由"法兰克人和萨克森人的全体人民""选任"③¹ 的原因，或许可由与世俗权贵的复杂讨论做出解释。他可能想向其萨克森的主要支持者们炫示，他独立于法兰克尼亚人的控制之外。考虑到其王国内的王国力量构成，或许更为重要的是，他需要打消其他构成王国的最高权贵［都督（*duces*）］的疑虑，也就是说，他打算尊重那些他们认为属于他们的习惯权利，并且致力于一种共识性治理方式：这就是他们所理解的亨利的友情［友谊（*amicitia*）］。亨利的君主政体威望增长了。他的继承者不仅在查理的亚琛教堂外受到都督和士兵欢呼称颂，而且在教堂之内也被奉为圣者。③² 一代以后，一部详尽的东法兰克王家规程（*ordo*）（由部分西法兰克要素构成），列入了在梅斯抄写的罗马——日耳曼主教仪典书，并且广泛传播。③³ 根据这一仪礼，指定的王子

---

③¹ Widukind, *Res gestae Saxonicae* I, 26, p. 34.
③² Widukind, *Res gestae Saxonicae* II, I, p. 55.
③³ *Pontifical Romano-Germanique*, ed. Vogel and Elze, I, 246–59.

(*designatus princeps**)要除去他的斗篷和武器,并且匍匐在圣坛前的台阶上。在精神上受到羞辱,象征性地被毁灭后,他复活为一个新人。他宣誓"根据他们先祖的习惯,统治和保卫他的人民",神职人员和人们向他欢呼称颂。涂油仪式标志着王子(*princeps*)转变成了王(*rex*),让他能够强有力地反对他的敌人,能够公正地统治他的人民。接下来是他重新武装起来和重新授予金臂环、斗篷和权杖,他的加冕礼,以及他的登基典礼,借此,他以与大卫和所罗门同样的方式,复活为"神的子民之王"。这一规程用于了奥托一世的继承人。到 10 世纪末,无论是在私人的文本阐释形式中,还是在更为公开的宫廷餐桌仪礼形式中,奥托王朝君主的尊贵表现和炫耀,都以统治者独自在高处进餐而达到了新的高度。奥托三世当然是一位皇帝,并且仿效拜占庭。㉞ 公元 1000 年前后,尽管在西方没有其他统治者会或者可以与奥托的矫饰自负相提并论,但王家祭祀仪式在西班牙、法兰西和英格兰得到了普遍应用;即使在像苏格兰或丹麦那样没有王家祭祀仪式的地方,基督教的光泽也正开始强加给本地统治者。所提到的通常与婚姻联系在一起的王后安排,越来越频繁地出现在叙事体材料中,而且主教仪典书开始提出王后的仪典规程:在一个广泛流行的仪礼中,伴随着指环授予仪式的祈祷,指派王后负责在野蛮人中间传播信仰的学识。㉟

10 世纪,早先相对被忽视的王家葬礼,逐渐有了更多的记载。在旧加洛林王国,这些仪式不能解释为刚刚被教权化了:相反,不仅国王日益加强了对它们的集中关注,重要的神职人员和世俗人士也是如此。973 年,奥托一世的葬礼再现了"全体人民"(*ab integro*)选举其子为王的场景,之后,被选定者(*electus*)护送老皇帝的尸体前往马格德堡安葬。㊱ 986 年,在兰斯举行了西法兰克国王洛塔尔的"盛大葬礼",他身着金色和紫色袍带的尸体被放置在特别的王床之上,王床有着王权徽章,特别是在送行过程中,"闪闪发光的皇冠"的王权徽章赫然展示着,王床由王国权要〔显贵(*primates*)〕护送

---

* "*designatus princeps*"一词本意为"当选的元首","*designatus*"意为指定的、当选的,"*princeps*"本意为元首、第一公民,这里根据上下文译为"指定的王子"。——译者注

㉞ Thietmar, *Chronicon* IV, 47, p. 184.
㉟ 'Erdmann' *Ordo*, prayer 'Accipeanulum': Schramm (1968), p. 221.
㊱ Widukind, *Res gestae Saxonicae* III, 76, p. 127.

（多个权要，再往前还有数排权要，提高了其子将要继承的王国即"regnum"的地位），国王的扈从随之后。㊲ 正如当奥托三世在公元1000年掘开查理大帝在亚琛的陵墓时所认识到的那样，王家陵墓是神圣之地，并且宣示了他自己的"中兴"帝国与其先祖之帝国间的联系。再往北，当哈拉尔德·布鲁图斯在耶灵树立起一块巨大的鲁尼文石刻以纪念他的父母，并同时宣告他自己在全丹麦的统治权时，传达的依然是同一个政治信号。

正是在10世纪，福音故事中的东方三圣被重新刻画成了国王，并且开始被描述为戴着王冠的国王。㊳ 王冠现在成了王家的象征；尤其是对于奥托王朝来说，重大的仪礼场合要佩戴王冠，对于西法兰克和英格兰的其他同时代统治者来说，可能也是如此。当权力不只是从一个统治者传给另一个统治者，而是从一个家族传给另一个家族时，包括最重要的王冠在内的一套徽章，就获得了更深远的意义。维杜金德描述了垂死的康拉德把"这些徽章、圣矛、金臂环、斗篷、古代国王们的剑和王冠"㊴ 送给亨利一世的情况。这里弄错了矛的年代：它由亨利自己（可能在926年）为奥托王朝的王家宝库获得，但之后成了王国军事胜利的主要法宝。10世纪后期，波兰和匈牙利的国王力图获得圣矛。经过世代和跨越王朝的传承，当徽章尤其是王冠成为国家的象征时，它们有助于王权的非个人化。它们是王家不可剥夺的特有物，并且它们为（或者就圣矛来说，迅速成为）特定的王国所独有。甚至更多平常的王家服饰物件，也获得了它的独特性。前述的那些怨恨哈格诺控制了憨直者查理的权贵们，尤其反对国王的宠臣经常公开摘走国王的帽子并且戴在自己的头上。㊵ 奥托二世的王旗在战斗前公然飘扬。㊶ 特殊的欢迎和告别仪式，标志着国王的到来和离开。王国特许状通过数量的成倍增加和分送散发发挥作用：有着表明统治者最高权威的印玺、通常大量而华丽地制作的这些文件本身，是王权坚实的传播介质。

其他王家仪礼，欢宴和斋戒，庆祝和平、友谊和结盟，展示慷慨、

㊲ Richer, *Historiae* III, 110, p. 142.
㊳ *Sacramentarium Fuldense saeculi x*, plate 16.
㊴ Widukind, *Res gestae Saxonicae* I, 25, p. 33.
㊵ Richer, *Historiae* I, 15, p. 38.
㊶ Fichtenau (1984), pp. 71–2 (1991, p. 48).

第四章 统治者和政府

仁慈和宗教虔诚，可以为权贵和小贵族所模仿。一个被普遍认可的仪式节目的效用，似乎刺激了部分世俗人士以及神职人员的创造能力：10 世纪，不仅仅是教会建构仪礼的时代，还是在各种社会场景中增加信号标示和姿态表达的时代。这些交流形式可以跨越语言障碍，并且能够同时以多种方式被接受和回应。由忠诚的人们和战士［士兵（*milites*）］在其领主面前完成的仪礼，复制了由忠诚的人们［忠臣（*fideles*）］在国王面前所完成的仪礼。因此，仪式把精英和国王的地位与作用联系在一起。学会规则的局外人就获得了局内人的资格：波兰的梅什科在奥托一世的代表马格雷夫·霍多[42]面前，从来没有保有一席之地，当他参加奥托的大会时，他把一头骆驼送入了皇帝的动物园，作为送给年轻皇帝的礼物。王家动物园是君主自我表现的另一种形式，这种情况源于古代和拜占庭模式。最为重要的是，梅什科成了一名基督教教徒，并且表明他自己愿意遵守最基本的规则。但仪礼并不总是关于团结和睦的，它也主张疏远，正如当奥托在 937 年诏令战败的法兰克尼亚的埃伯哈德伯爵及其主要追随者［军事首领（*principes militum*）］到马格德堡那样。他们的罪行不仅是叛乱，而且还有摧毁了一个属于奥托的萨克森亲信布吕南的要塞。伯爵不得不献给国王价值 100 塔兰特的马匹，并且他的人不得不耻辱地完成遛狗的仪式。在萨克森人和法兰克人成为奥托的新宫廷（他的统治还不到一年）的主要组成部分之前，这实际上是一场必须要公开完成政治作秀。[43]据对加洛林王朝羞辱性仪式（*harmscar*）* 回声附和的推测，[44] 即对一个类似仪式性惩罚回声附和的推测，这类仪式可能并未失去此类受众。

仪礼把国王及其臣民疏远开来；仪礼缩小了他们之间的差距。国王可以通过同一类人的宴饮和友谊（*amicitia*）的交际结合而缔结忠诚，也可以居高临下地宣称他们自己的优势，无须做出二者取一的选择。友情和权势被认为是完全可以兼容的；富有成效的国王能够同时操控这两者。9 世纪 90 年代，威塞克斯的阿尔弗雷德荐举了一种能

---

[42] Thietmar, *Chronicon* V, 10, p. 232.
[43] Widukind, *Res gestae Saxonicae* II, 6, p. 61.
* harmscar 系指根据统治者决断而施加的公开羞辱惩罚仪式。——译者注
[44] *MGH Capitularia regum Francorum*, index, *sv.*

够把财富接受者和给予财富的领主绑接在一起的"友谊":如果一个领主需要现役,"最好是放弃赠礼,并且追随作为财富及其友谊保护人的赠予人"。㊺ 在法兰克世界,尽管他们继续着加洛林王朝的实践〔841年秃头查理与塞菩提曼尼亚(Septimania)的贝尔纳建立了友谊,而且查理的朋友在浴室和卧室里都围绕在他的周围〕,但10世纪更为经常地提到此类政治友谊关系,并且更明显地披上了仪礼的外衣。捕鸟者亨利在其统治早年,急需盟友承认和支持他的王权。921年,他和憨直者查理宣誓缔结"东法兰克"和"西法兰克"国王间的友谊。㊻ 两年后,亨利与洛泰林吉亚的吉斯勒贝尔共建友谊,并把自己的女儿嫁给他。㊼ 对于同时代的人们来说,同一词语的曲折变化可见之于语境的解释以及仪礼的阐明:921年的精心安排,即在停泊于莱茵河中部船只上达到高潮的两王会晤,表达了平等,而923年王者与非王者之间、长者与幼者之间的友谊,展现的则是亨利对吉斯勒贝尔的"慷慨仁慈",表达的是他们之间悬殊的地位。仪式接待在打造同盟关系的同时,同样也展示了等级制度。924年,国王拉杜尔夫在卢瓦尔河北岸召见阿基坦公爵威廉(正如9世纪憨直者查理召见阿基坦的权贵那样):当威廉觐见国王时,他不得不跨过河流,翻身下马,徒步向前朝见,而拉杜尔夫依旧骑马而立。只到那时,拉杜尔夫才给他一个象征和平的亲吻。然而,正是在这样的情况下,和平得以重申,而疏远却没有消除。结果正是拉杜尔夫所想要的那样:威廉"把自己托付给了国王"。㊽ 在仪礼的扩散中,国王保持了他们的威望和独特性。世俗贵族可以保有徽章,但王家徽章图解则保持着独一无二的特性:业已表明,威严坐着的只有国王。在西法兰克,任何情况下他都被称呼为陛下。在天佑王权的表述中,能够找到友爱仪礼的语境。放置已逝西法兰克国王的特制王床,㊾ 让人回想起在世国王的独一无二性。其他任何人躺在为国王准备的床上都会受到

㊺ Alfred's version of Augustine's *Soliloquies*, trans. Keynes and Lapidge, p. 141.
㊻ *Constitutiones et acta publica*, no. I, p. 1; Altholf (1992).
㊼ Windukind, *Res gestae Saxonicae* I, 30, p. 43: "〔国王〕与他已经加入的修好同盟一起……开始自由地拥有通过婚姻而结成的同盟。"(' 〔rex〕Liberalitereumcoepit habere... affinitatepartiercum amicitiaiunxiteumsibi...')
㊽ Flodoard, *Annales*, s. a. 924, pp. 19–20.
㊾ Richer, *Historiae* III, 110, p. 142.

惩罚：当一名萨克森权贵这样做时，这可能意味着并且被理解为一种叛乱仪式。㊾ 国王女儿的婚嫁安排，也从另一个方面表明了同一个观点。她们（亨利一世的女儿格伯嘉是罕见的例外）远嫁给外国的王子，或者被安置到王家扶助的女修道院中。臣民不能作为她们的配偶与其同床共枕。相形之下，为了在 10 世纪已显然可见的家族世系中建立起多方绞合的联盟模式，大贵族通常把他们的女儿嫁入另外的权贵之家。

圣徒崇拜把国王和贵族联系起来。在东法兰克，尤其是在捕鸟者亨利统治时期，圣高伦和赖谢瑙的纪念册所列之成批的王家和贵族集团的名字，保留了特定的集体崇拜场合的证据。国王和贵族一样，都有其家族的圣徒、圣物和陵墓。然而，总的说来，即使最大的权贵，其圣物收集的数量和质量及其守护神，也都不能与国王相提并论，并且奥托王朝也着手获得那个曾经牢牢控制过的优势。为了他的儿子，捕鸟者亨利欣然接受了一位英格兰新娘，来自圣奥斯瓦尔德"神圣家族"㊿（holy line）的她，有助于弥补奥托帝王们显然并非王族家世的出身。对于奥托一世来说，莫里斯的重要性远胜奥斯瓦尔德，他是一名善于制胜的神圣的战士，但与奥斯瓦尔德不同的是，其圣物为奥托所有。它们增强了追随他的人们的斗志，因此也增加了奥托本人的威望。10 世纪，在热衷于圣物收集的国王中，无人能出埃塞尔斯坦之右：多尔的圣萨姆森修道院院长在一封赠礼的附函中恰当中肯地写道，"我们知道您对圣物的珍惜超过世上的任何珍宝"；法兰克的休公爵把圣莫里斯的战旗送给了他。㋔ 埃塞尔斯坦在其统治早期，可能把这些所获之物看作未来军事胜利的先决条件。与圣徒的良好关系，既需要给予，也带来收获。在对苏格兰人的讨伐战中，埃塞尔斯坦在切斯特勒斯特里特的卡斯伯特的神龛做了短暂停留，并为圣徒献上了丰厚的祭礼。在从切斯特勒斯特里特到温切斯特、从埃克塞特到坎特伯雷的神力之地，此类慷慨赠礼和祈祷仪式，提高了王家的权威，并且巩固了新统一的帝国疆域。

㊾ Thietmar, *Chronicon* II, 28, 据 Leyser 的解释（1994），pp. 198–201.
㊿ Hrotsvitha, *GestaOttonis*, ed. Winterfeld, lines 95–6, p. 207.
㋔ *EHD*, no. 228, p. 892.

王国政府

晚近的许多史学著作把西法兰克王国视为10世纪的范例。据称，"法兰西"是"没有国家"的，并且在诸如阿基坦之类广阔的"无国王的疆域"内，回落到了"前国家时期传承下来的秩序和社会责任"。[53] 以对法兰西模式的概括推断，来讨论10世纪的王国政府，似乎是多余的。无论如何，法兰西的典型性是有争论的：丹麦、波兰、西班牙、德国和英格兰的历史学家都认为，10世纪是一个王家奋起作为的时期，甚至还有一些制度的成长。"政府"的概念可以从多个方面界定。在公元1000年后仅仅过去一代时间的时候，阿基坦的威廉公爵急切地向国王罗贝尔二世请教天降血雨这一震动了阿基坦的神兆，同时，诺曼底公爵理查德二世也向罗贝尔二世发出了有关奥尔良异教徒的警告。[54] 两位公爵都有这样一种观念，即国王是独一无二的，并且要对全王国的宗教福祉负责。国王倾力回应了两公爵的诉求，在前一种情况下，要求从适用书籍中作学术上的翻读查阅，在后一种情况下，逮捕和烧死异教徒。在据称王国政府并不存在的时候，此类观念是如何在西法兰克继续存在了一个世纪呢？一个答案在于特别丰富的加洛林王朝遗产，这包括早熟的发达王家仪礼，以及更为长久地存在和更为根深蒂固的罗马属地形态与君主制传统。接下来，我们是否认为10世纪的西法兰克类似于克利福德·格尔茨眼中的19世纪的巴厘岛呢？在19世纪的巴厘岛，"权力服务于奢华"，也就是说，在那里，国家仅仅是为了仪式的炫耀而存在，它唯一的和唯我的功能是自我维续。西法兰克王权的浮夸炫耀并没有到那种程度。此外，王权确实发挥着作用，不仅仅是在其更具戏剧性的时刻，在其他时刻也是如此。尽管长期资料薄弱，并且就某些国王来说还严重缺少威望，但因为王权以及王国地理上完整的思想已经在其主要臣民的脑海中十分牢固地树立起来，因为贵族已习惯于从王权委托授权的角度考虑他们自己的权力，因为教会人士已满怀为王国服务的理想，因为

---

[53] Fichtenau (1991), p. 423, and cf. p. 391.
[54] 国王罗贝尔二世也向弗勒里的修道院院长高兹林报告了威廉公爵的请求，Fulbert, *ep.* 2 (appendix B), pp. 274–6.

第四章 统治者和政府

以王家行为和判断为中心议题的社会记忆已渗透进了文字记载以及口头传说和诗歌之中,10 世纪君主制保留了合法化的权威。然而,王家权威可能会产生一种作为秩序的想象的保证人和忠诚中心的权力。

在 10 世纪 30 年代,独立的普罗旺斯王国最后一位继承人、野心勃勃地起名为普罗旺斯的查理-康斯坦丁,结束了他作为一名伯爵,即作为西法兰克国王拉杜尔夫的忠诚者的日子。对国王的忠诚依然意味着某些东西。因为国王绝非无足轻重之人。在法罗多拉尔的《编年史》(Annals)中,国王拉杜尔夫有生之年中的短短一年(931年),就已表明了他的不断积极进取:他从勃艮第前去维埃纳,接受查理-康斯坦丁伯爵的归顺,其后"为了祈祷的缘故"到了图尔的圣马丁,之后返回"到了法兰克"镇压叛乱,围攻两个据点并且达成停战协定;他"就大主教选举写信给兰斯的教士和人们",移驾阿提格尼,与叛乱者进一步谈判,通过送去人质拦住了叛乱者的潜在盟友东法兰克国王亨利;之后,他经过三个星期的围攻占领了兰斯,安排他的候选人为大主教,逮捕了沙隆的叛乱主教,并且让"他自己的教士"在这一主教辖区任职;他在拉昂包围了反叛者的领袖,并且占领了拉昂;在这之后,回到了勃艮第,并且从叛乱者手中收复了更多城堡。⑤ 此后,在这里,他成了一位饱受困扰的国王,他对法兰西腹地和主要教堂的控制受到威胁,甚至暂时地失去了兰斯和拉昂。然而,他重新振作了起来,展现了外交和军事技巧,重新确立了他对主要教堂的控制,恢复了拉昂的王国所在地 [宫廷(sedes)],为他的继承者保留了几分尊严(dignitas),即王家的地位。在所有这些狂热的活动中,缺失的是司法审判权的实施。与其同时代的东法兰克和英格兰的人们不同,拉杜尔夫及其继承者不能对有权势的臣民施加审判。西法兰克国王完全不能掌握充足的资源,不能召集足够的军队,以在政治舞台上驰骋,与一个地区性王侯(并且在军事上是一个二流王侯)相比并不强出多少。他仍然可以打的一张王牌是他的君王尊严:就像路易四世曾两次请求埃塞尔斯坦那样,他能够请求其他国王帮助镇压叛乱,他多次求助于奥托一世,他们是亲戚,也是国王同伴。

---

⑤ Flodoard, *Annales*, s. a. 931, pp. 46–52.

在10世纪的西法兰克王国，权力下放并且分权至各地。这并不是什么新鲜事。新近一些史学著作对加洛林司法的鼎盛时期已有介绍，而且和平运动也被描述为对后加洛林"危机"的回应。然而，习惯法（consuetudines），从领主权意义上来说，已经在864年的普特尔法令中被提到，一起提到的还有"为了压制当地人"的城堡（castella）的修建，这些城堡即使没有护堤，在压制当地人上也是相当有效的。㊾ 城堡本身（per se）并不会引起变化或者意味着新的领主权现象。相反，它们的影响依赖于建筑技术的传播和政治环境；依赖于附近或更高层次上（比如当憨直者查理坚持他的城堡批准权时：我们不知道是怎成功的）存在的其他各类权力。在9世纪和10世纪，市场的大量增长也是如此：统治者可能会要求从商业交换中截取一份利润，但是地方贵族也会提出他们的要求。结果取决于国王究竟能够在什么程度上在既定地区强行实施他的权力。从公到私"退化"的看法，以及对公元1000年前后之"危机"的看法，把复杂的过程简单化了。如果王权在整个9世纪都如此孱弱，就很难解释"危机"为什么延迟这么久才到来。没有人对西法兰克王国进行任何归纳概括，更不用说整个西部。年代学和变化的地理位置依旧截然相左。

丹麦、波兰和英格兰提供了与西法兰克的有益对照：以军事力量为基础的新兴王国借用了加洛林王权的外衣，在这些新王国中，意识形态上层建筑依附于（马克思认为是正常方式）物质基础，奢华服务于权力。在西法兰克，最古老的古王国，统治者披着君主的外衣；然而装扮如此，他能够代表的却是一种缺少王权的情形。王权的首府萎缩了：不过，它的某些政治信用保留了下来。它不能采取高压统治，但有时候它能够施加影响。尽管理想和现实之间没有明显的分离，但对于其他10世纪的王国来说的确如此。西法兰克和其他地方的国王，都倾其全力保持他们的信用价值。

盎格鲁-撒克逊后期的英格兰，有时被描述为一个强大的中央集权国家，它与加洛林王朝相比似乎有过之而无不及。在其独特性被过

㊾ "新近确立的不正当习惯"；"并不像我们所知的那样失败地保有他们的城堡和要塞"。（'Iniustas consuetudines noviter institutas'；'castella et firmitates... sine nostro verbo... disfactas habeant'）*MGH Capitula riaregum Francorum* II, 322, no. 272, c. 28；II, 328, additional c. 1.

于狂热地接受（接下来是被庆贺）之前，需要对幸存证据的向心推力持贬疑态度：尽管与其他地方相比，这里缺少由编年史家提供的那种深度描述，如维杜金德或里歇尔那样，他们揭示了充满活力且杂乱无章的事件，但相对丰富的法律资料，倾向于夸大 10 世纪王国出现的类似国家的状态。非常独特的是，这一时期，盎格鲁-撒克逊时代的英格兰出现了王国立法的潮流。对铸币的精心细致研究业已证明了中央的协调整合。同样经过充分研究的王国特许状，揭示了王家慷慨捐赠的范围和细节。致力于法律和铸币的学者，以及从《末日审判书》反而观之的学者，业已能够确认国家的代理人和代理机构。像 9 世纪加洛林的伯爵们一样，国王可以指令方伯（ealdormen）颁布和实施新的立法。[57] 特许状见证人名单表明，通常有六个以上的方伯陪伴国王左右。有些方伯是迁移到了被兼并的麦西亚、东盎格利亚和诺森伯利亚王国的西撒克逊人，他们实际上具有总督的地位；另外一些方伯是与西撒克逊国王休戚与共的地方权贵。两类方伯都与王族通婚。国王对职位任命施以某些控制，因此有限制职位世袭的趋向，但这只是在一定程度上的限制，因为很有可能得以选任的，恰恰是这些有世袭要求的人们，这是由于他们往往具有让其成为富有成效之官员的地方影响力。地方长官和市镇治安长官以指令性凭证监管在乡村和城镇的各种王家资源。来自伦敦的对贸易课征的关税收入，如果确有增长的话，已远比威尔士的贡金更具价值，且具有更好的可预计性。铸币者致力于铸造中央规范了标准样式、重量和成色的银币；铸币厂和市场的位置由王家批准。以郡为基础的属地管理，从威塞克斯向北延伸。土地所有者把他们的争端提交郡长官（郡长）出席的郡法庭。犯罪罚金交给国王。与其他同时代的统治者相比，英格兰的国王显然有大量的现金收入。在 10 世纪晚期和 11 世纪早期，国王及其咨议大臣能够组织大笔货币支付，这些货币是向斯堪的纳维亚侵略者缴纳的贡金。遗嘱和其他私人文献表明，王家利益的运作以地方司法机构的日常工作为基础："郡法庭是王家法庭。"[58]

然而，前述遗嘱和文献阐明的是相当猖獗且地位根深蒂固的教俗

---

[57] IV Edgar, c. 15.1, *EHD*, no. 41, p. 437.
[58] Wormald (1986), p. 162.

贵族，分享着地方政府的职责和利益。900年前后著名的方特希尔案例，仅仅是权贵权力通过王家法庭和法定程序运作，以及歪曲王家法庭和法定程序之最好例证中的一个。军队从贵族及其追随者中招募。直到最近，城镇才被视作由王家控制的堡垒，同时，它们也可以被视为贵族权力的中心。城市发展、铸币和财政制度，把财富集中到了权贵和城镇居民以及国王的手中（或许前两者合计起来，要多于后者）。尽管，幸亏埃德加和艾弗斯丽斯对教会改革的关注，国王和女王对教会僧侣和世俗人士施加了强大的影响，但主要的教会人士通常是地方贵族，他们能轻而易举地把其亲属安置到如地方长官和教会土地的租赁人这些有利可图的职位上。伊利的证据表明，温切斯特的埃塞维尔德主教以某些类似的方式，在东盎格利亚扩张他的地方权力。[59] 教会与国家尤为密切地联合在一起，展现出这样的情景，它参与组织实施军役、有计划地为国王和王国的福祉祈祷、为王国政府的代理人和机构提供人员和资源，因而在10世纪的改革中需要设立行省王公主教。

此外，王家权力在王国的分布非常不均衡。由以前独立的王国组成的英格兰，依旧是地方的组合。在中部地区和北部，权贵们独霸称雄，一个著名的例证是事实上被绰称为"半王"。集约型王国政府影响范围的有效性仅限于南部，即旧威塞克斯，国王的土地和庄宅都聚集在那里（甚至在这里也有一些引人注目的真空）。再往北，尤其是切斯特至沃什湾一线往北，王家活动的证据显著稀少：这里除了约克外再无铸币厂，没有王家修道院，王家很少在此居住停留。在这里，国王通常在军事胜利之后，通过偶尔的象征性干预，而不是通过日常介入发挥作用。当埃塞尔斯坦把广袤的西北部赐予约克大主教时，[60] 他是在邀请一个强大但远不值得信赖的地方当权者，在那些新近吸引了很多斯堪的纳维亚移民的土地上，实现他可能提出的某些根据不充分的教会司法管辖权：因此，从国王的观点看，他要的是政治姿态，而不是一个事前控制信号。在埃德威格于948年放火焚烧了里彭之后不久，一个现属于切斯特勒斯特里特的圣·卡斯伯特（St. Cuthbert）

---

[59] *Liber Eliensis*, ed. Blake, book II, pp. 63–236.
[60] Sawyer, no. 407, *EHD*, no. 104, pp. 548–51.

共同体的西撒克逊人牧师,利用这次机会在最主要的卡斯伯特圣物,即《林迪斯法内福音书》(the Lindisfarne Gospels)中,添入西撒克逊人的荣耀,因此,《林迪斯法内福音书》适用于威塞克斯,而福音书本身仍留在了诺森伯利亚本地。建基于泰晤士河以南的国王别无选择:他们依靠的是远距离治理,依靠对中部(麦西亚)和北部地区贵族中的盟友及支持者的广泛利用。尽管国王十分频繁地建议他们接受他的领主权,以及随附于领主权的利益,但这些人对王家特许状的见证,表明他们仅偶尔随侍国王左右。

因此,如果在某种意义上"郡法庭是王家法庭"的话,它们同时并且可能在日常性事务上(尽管日常事务上的证据很少),更主要的是贵族法庭。在著名的赫里福德郡案例中,尽管郡法官出席听审,但受益人即能够左右郡共同体并且也恰巧得宠于国王的地方强权人物托基尔,操纵了程序并且显然控制了结果。[61] 在另一个著名案例中,即片面地从"官方的观点看"[62] 似乎是犯罪,并且在事件之后也如此记录在案的伍尔夫巴德案例,同样也可以看作"家族继承纠纷"追逐中的贵族自救,以及对女性继承权诉求的显然不满,因为这是通常会引起争论,并且允许国王以保护弱者的名义干预的案例类型。[63] 在10世纪后期的英格兰,劫掠和谋杀很可能是追逐此类诉求的常用方式["劫夺"(harrying)作为一种王家惩戒拒不服从者方法,不止一次被提到[64]]。在这一案例中,为支持罚没财产(国王之后把财产给了伍尔夫巴德的母亲),国王不是召开了一次而是两次大型会议表明,国王被推入了备受争议的财产法领域——实际上是国王得寸进尺。正是在萨利安萨克森所追求的那类王家活动,激起了"毁谤"的呼喊和激烈抵抗。埃塞尔雷德统治时期的疑难案件表明,政治不可分割地和法律纠缠在了一起。以斯堪的纳维亚侵略者的方式呈现的外部反对,为不满者和被剥夺者提供了关注的焦点。埃塞尔雷德的政府是强大还是孱弱呢?在埃塞尔雷德逃入诺曼底之后,国王需要由"所有的咨议大臣""派人去请"之类的

---

[61] Sawyer, no. 1462, *EHD*, no. 135, pp. 602–3.
[62] Keynes (1991), p. 79.
[63] Sawyer, no. 877.
[64] *ASC*, *s. a.* 1000, 1014, pp. 237, 247.

措辞表明，对于最后的接受者来说，强权与不公平很难区分开来。(65)

毫无疑问，10 世纪的威尔士人对英格兰人的强大政府有各种不同的看法。威尔士国王们开始建立一种更为独断的王家权威，尤其是
118 在格温内思和迪费德王国。一个法律小册子汇编，传统上与统治这些王国的海韦尔·达（去世于 949 年或 950 年）有关。铸币以海韦尔的名义在切斯特发行。父子传承在 10 世纪的威尔士确已存在，虽然不无家族内部的冲突争斗，但格温内思和迪费德王国得以完整传承。看来其中的一些特征，如果不是全部特征的话，可能是由与英格兰人的接触引起的：海韦尔·达不是这一时期唯一一位在盎格鲁-撒克逊国王的宫廷中度过光阴的国王。但这通常与战争有关，如英格兰人的掠夺抢劫以及强课贡金。诗人为这些侵扰悲叹哀泣，呼唤昔日英勇的抗击者。作为一个稍显更为团结，但更具自觉意识之政治共同体的威尔士的崛起，既是对英格兰人侵略的防御反应，也是对英格兰人方式的奉迎模仿。

与此同时，在斯堪的纳维亚，也可以看到富有侵略性和野心勃勃之邻国的这种引人注目而又令人讨厌的力量。在挪威，10 世纪第一次见证了王国的立法实践，就国王而言，他是在埃塞尔斯坦的宫廷中长大的。古英语中意指王家扈从的赫德（*hird*[*]）一词，显然在 10 世纪时为挪威人以及丹麦人所借用。在 10 世纪挪威的基督教化中，英格兰人起到了一系列重要作用，并且或许（其后或稍晚）在丹麦和瑞典也是如此。然而，在丹麦，国王哈拉尔德于 10 世纪 60 年代在宗教信仰上的改变，是一个德意志牧师独自努力的结果。汉堡-不来梅的大主教力图把后来的丹麦主教辖区作为他们的副主教辖区。很难发现奥托王朝的官方影响。相反，正是哈拉尔德为了自己的目的而推行基督教。他禁止异教徒仪礼，而且考古证据表明，到 10 世纪末已抛弃了异教徒丧葬习俗。然而，直到 12 世纪，在丹麦才有教会形式上的王家就职典礼记载。哈拉尔德有选择地使用当代化方法。他在耶灵为其父母树立的墓碑上，使用了基督

(65) *ASC*, version 'E', *s. a.* 1014, p. 246；参见前引书, p. 103.

* 赫德为 *hird* 的音译，为封臣的一种，地位较低，没有固定的收入和地位，充当有权势者的侍卫。——译者注

教图案的基调，但也有其他本土的图案基调。出于赢得"全丹麦"以及挪威的需要，他在王朝祭拜场所选择了这一中庸之道。主张诉求与之密切联系在一起。当奥托王朝暂时让丹麦人屈从，缴纳贡金时，挪威崛起为一个独立王国。因此，正如丹麦人反对法兰克人的强权，之后反对奥托王朝的强权那样，挪威人也像他们那样反对丹麦人。当两个交往联系的循环周期有利于丹麦时，哈拉尔德在挪威重建霸权，标志着局势的一个关键点：挪威为王朝争端所折磨，而10世纪70年代后期奥托王朝的资源集中了在意大利，之后先是因983年的斯拉夫人叛乱，接着因少数民族的王朝问题又遭到反抗而衰弱了。两代以后，挪威人在他们国王的带领下，再次重申了他们的独立。因此，哈拉尔德的强权依赖于对外关系。至于王国内部的资源，考古学上的证据证实，980年前后，在日德兰半岛和东部岛屿，以统一样式建造了数个令人印象深刻的木制要塞（最大者内径为240米）。哈拉尔德显然调集了大量的人力和木材，并且要塞统一的结构也表明，哈拉尔德是直接通过自己的代理人，而不是依赖地方贵族作为中间人修建要塞的。要塞位于内陆而不是位于海岸，以及他们的环形样式和内部对称结构设计表明，无论它们具有怎样的其他（军事的、经济的）功能，其旨在全体丹麦人中作为王国权力的象征。据中世纪后期的资料，哈拉尔德繁重的要求激起了反抗。他的统治方式也可能引起了厌憎。当他被废黜并在987年去世后，反叛者挑选的继承人是他儿子斯文。斯文让要塞荒废失修，并且通过对外掠夺，尤其是对英格兰的掠夺，开始积聚白银。

波兰和匈牙利也是10世纪在帝国外围形成国家的例子。这两个国家都因为来自德意志的传教士而改变了宗教信仰；而且，奥托王朝的直接政治输入偶尔起着重要作用。波兰的"勇者"波列斯拉夫和匈牙利的沃依克－斯蒂芬，似乎凭借他们个人之力推行基督教，利用这一意识形态和组织，他们能够施加和维持对昔日贵族的某种权威，同时也能够抵制奥托王朝的压力。另一方面，他们对通过帝国批准而获得合法外衣感兴趣：因此，他们在1000—1001年对奥托三世表示欢迎。和丹麦的哈拉尔德一样，波列斯拉夫和沃依克－斯蒂芬也对他们权力的符号性表征感兴趣。他们获得了王家头衔和象征，以及他们自己的圣矛。尽管波兰人在11世纪再次向奥托王朝缴纳贡金（就像波希米亚人那样），但定期的贡金支付停止了。相反，他们成了盟友，虽然这种同盟关系有时不太稳定。文化上，他们融入了拉丁基督教世界。尽管它们从来不是加洛林帝国的一部分，但从现在开始，它们展现了加洛林遗产的主要形式：其外交、统治权的仪式、种族的创造力，当然首先还是其宗教。也就是说，他们转而面向西方。在其他领域，它们效仿西方的侵略，从其北部和东部邻国强课贡金，并且夺取奴隶。

教科书中贵族对君主制的反对，可能会让10世纪的人们感到惊讶。贵族权力依赖并且效仿国王的权力，而对于国王们来说，他们也不能够构想一个不让贵族参与合作的政府。讨论、面对面交谈的协商、参加仪式、使用荣耀和羞辱、个人愤怒和魅力的施展：这些都是加洛林王朝政府的基本原则。在旧法兰克地区，以上这些在10世纪有更多的证据。然而，书面性证据只有较为简要的轮廓描述。这里也没有更多的法典和法令汇编。很难说此类形式差别到底在怎样的程度上引起政府实质内容的差别。如果说，在9世纪参与书面文化非常重要，且在西法兰克尤其如此，那么，之后书面交流的减少可能会引起一种疏离感。但其他非书面交流形式和参与，可能对此做了很好的补偿，并且无疑在任何情况下都很重要。地方法庭缺少档案记载，但普瓦图一份罕见的关于政治关系的文件，即阿基坦的威廉和吕西尼昂的休于1020年前后签订的协议（Conventum），提到了此类司法判决（placita）。[66] 不过，在这一层面，很难发现任何王家的信息。昂古莱姆（Angoulême）伯爵及其忠实者没有参照国王之治而进行统治。然而，他们与能够偶尔觐见国王的阿基坦公爵威廉有直接联系：虔诚者罗贝尔是威廉的表弟，并且实际上在997年非常难得地前往阿基坦，帮助威廉围攻当地的敌人。[67] 尽管里歇尔措辞的意思是，国王采取行动是为了帮助亲戚，而通常不是为了恢复秩序。

在教会和教会人士扮演的角色中，可以看到延续性。国王与教会的密切关系变得更为亲密，在某种程度上更为惬意。与以前相比，在10世纪的外交活动中，修士和主教有更为卓越的表现。就像在加洛

---

[66] *Conventum inter Guillelmum Aquitanorum comes et Hugonem Chiliarchum*; ed. Martindale, pp. 545, 547.

[67] Richer, *Historiae* IV, 108, p. 330.

林帝国那样，教会有助于新旧王国领土和意识形态的形成，以及对它们的关注。在西法兰克，兰斯在整个10世纪的君主制维持，以及在987年引领西法兰克从一个王朝向另一个王朝的转变中起了重要作用。在多中心的东法兰克，几个教堂共同起着这一作用，梅斯和马格德堡在其中发挥的作用尤为突出。英格兰的坎特伯雷、温切斯特和伍斯特，波兰的格涅兹诺，匈牙利的格兰，甚至苏格兰的圣安德鲁斯，都起着类似的作用。但是，其他任何地方的修道院和女修道院，都不能与它们在东法兰克做出的如此巨大贡献相提并论，在东法兰克，它们通过提供圣职的友善委任（the provision of hospitality），以及通过代讼人地方审判权的行使，维系了君主制。

在前加洛林王国中，唯有意大利呈现出了一个不同的场景。这里，地方性教会力量强大，但自相纷争，没有起到巩固凝合的作用。无论如何，在伦巴第人的意大利，之后在加洛林的意大利，世俗政府机构曾经特别强大，国王积极立法，法律继续在法庭中运用。据某些现代历史学家所言，在意大利，国家在10世纪很好地存续了下来。确实，帕维亚的王宫继续发挥着作用，并且以王国的经济资源组织为先决条件。947年，为贿赂匈牙利人，意大利的贝伦加尔二世课征了人头税（尽管他宣称保留了绝大多数人头税收入）。(68) 然而，这只是 121
真实情况的一部分。系统地拆散中央和地方结构性联系的最明确证据，正来自10世纪的意大利王国。这里揭示的是*districtio*一词的语义演变。在中世纪早期的法律文本中，它意指惩罚或法律上的胁迫。在10世纪，它逐渐意指一般意义上的司法审判权，比如由主教或伯爵行使的司法审判权；正是在这个意义上，这一词语出现在国王授予此类权力的意大利特许状中。940年，国王休和洛塔尔把一块地产，以及地产上“以前习惯上由我们的特使（*missus*）行使的所有司法审判权和所有公共职能，以及审理法律诉讼的权力”，都赐予了一位伯爵。(69) 既然如此，意大利国家独一无二的长期延续可能被夸大了。和其他地方一样，这里所能看到的是向地方自治团体旷日持久的权力下放。与此同时，在10世纪之前很少使用，且原指“胁迫行动”的

(68) Liudprand, *Antapodosis* V, 33, p. 151.
(69) D. Hugh 53, pp. 160 – 1.

districtus 一词，在意大利具有"司法审判区，尤其是被视作收入来源区"的意义，也就是政府的"行政区"。

如果 10 世纪的意大利伯爵很难再被认为是王国政府职权上（ex officio）的代理人的话，在旧加洛林王国的其他地方同样如此。伯爵爵位甚至在加洛林鼎盛期，通常也是通过继承而来，这在 10 世纪依旧没变。然而，当一个伯爵"像对待遗产那样"对待他的职位，并且在其子中分配其职位时，一个积极作为的奥托王朝国王却正式予以批准。[70] 即使在西法兰克，在强大的韦尔芒杜瓦的赫里伯特伯爵去世前之前，也发生了此类分割，伯爵的儿子们觐见国王，并且得到了"仁慈的恩赐"。[71] 尽管，如果一个伯爵真的反叛，他可能会遭到国王以不忠诚为理由的攻击，其土地被剥夺，并且最终以名义上的复职为补偿而被迫投降，但无论是在东法兰克，还是在西法兰克，国王都不能轻而易举地废黜不合作的伯爵。绝大多数伯爵仅仅因为距离国王太远，根本不能与国王定期接触。然而，在东法兰克，这里有更高等级的有权势者：公爵和侯爵。尽管这些人也世袭爵位，但他们在形式上由国王任命，并且国王在他们的婚姻上有些发言权。在某些情况下，这些人通过婚姻而成为王朝统治者的亲戚。正如奥托一世于 947 年在巴伐利亚安排他的弟弟亨利与已故阿尔努尔夫公爵的女儿的婚姻时所表明的那样，对公爵遗孀及其女儿婚姻的及时干预，是王家向公爵领地扩展影响的重要方式。人口学的事实，即缺少男性继承人并且频繁地由女性提出权利主张的事实，为国王偶尔干预财产传承，以及有时要求王家地产复归提供了机会。

不言而喻，尽管西方经济是不规范的货币化经济，但任何国王在支付薪俸上都力不从心。在很大程度上，政府属于那种没有全职专业人士的活动而得以运作的政府类型。例如，大法官法庭全然时断时续地由一小撮担任王家司法人员的教士组成。政府基本上通过有权势者间的面对面接触和直接磋商运作。然而，这并不意味着国王完全没有任何代理人。他们可以利用他们自己的王家成员、他们的"人"〔仆

---

[70] Adalbert, *ReginonisContinuatio*, s. a. 949：'Uto comes obiit, qui permissu regis, quicquid beneficii aut prefecturarum habuit, quasi hereditatem inter filios divisit...'（"直到一个伯爵去世，这个伯爵依据法律，无论如何都能获得利益或者保有职位，就像在儿子们中间分割遗产那样。"）

[71] Richer, *Historiae* II, 37, p. 186.

从（homines）、家仆（domestici）］和他们的"侍仆"［大臣（ministri）、侍臣（ministeriales）］。即使在西法兰克，至少在兰斯和拉昂附近的有限区域内，国王能够命令城堡主服役。[72] 926 年，为贿赂北方人，"在全法兰克公开"课征了一笔税收，税收大概由国王自己的人征敛：即使我们在法罗多拉尔的"法兰克"按比例缩减，这一组织征税的壮举，也意味着有大量王家代理人服务于税收征敛。[73] 然而，许多地位较高的教士也以非全职和兼职的方式为国王工作。当国王赐予和批准主教与修道院院长豁免权（并且值得注意的是经常寻求此类批准）时，他们绝对不会签字放弃有关司法权利和收益。他们与这些教士有着非常密切的个人关系——他们经常通过这些教士的任命施加某些影响——意味着国王大体上可以成功地从教会索取他们需要的两样东西：圣职委任和在教会土地上维持兵役。在这些义务的监管中，教会人士的确为国王工作。而且有时他们作为一个团队工作：尤其是在东法兰克，在王家支持下召开大规模宗教会议的加洛林实践，某种意义上在王国教会中继续存在（尽管有间断）。西法兰克主教保留了同样的团队精神（esprit de corps），并且最终平静地在公会议中彰显了这种精神。在意大利，尽管有诸如维罗纳的拉瑟之类个别主教的恳请呼吁，但缺少对此类合作的努力。相反，努力进行此类合作的，是一个过度依赖与奥托宫廷个人联系的来自洛泰林吉亚的法兰克人。

在外围地区的一些王国中，也有王家代理人的行踪。在莱昂—卡斯蒂尔，伯爵和称为塞恩*（saiones）的地方法官，固定行使着宫廷职位持有者的职责。然而，有时塞恩明确地被描述为"伯爵"的塞恩。国王的权力建基于莱昂。他们通过与那些地区的贵族的私人交往，统治加利西亚和卡斯蒂尔；地方贵族出现在国王的宫廷中是王家权威的最清晰印记。在丹麦，到 10 世纪末，显然已经在哈拉尔德的王国核心地区日德兰建立起了行政区（syssel）：这可能是对一直到 12 世纪和 13 世纪在冰岛都依旧存在的那种个人化、非属地组织的重要

---

[72] Richer, *Historiae* II, 7, pp. 136–8.
[73] Flodoard, *Annales*, s. a. 926, p. 34: 'exactio…publice fit per Franciam.' （税收征敛通常依靠法兰克人完成）
* 塞恩为 *saiones* 的音译，有人认为他们是贵族的亲兵，有人认为他们是国王的奴仆或忠诚侍从，这里的塞恩应为具有贵族地位者。——译者注

背弃。哈拉尔德可能通过强派劳役,至少在四个地方建立了令人印象深刻的要塞。军事追随者很可能发挥了万能代理人的作用。在威尔士,海韦尔·达的法律汇编序言宣称,汇编由精通法律的律师和教士根据国王的命令编辑而成。[74] 但同一法律证据表明,拘捕罪犯是土地所有者的责任。这里并没有专门的王家代理人的行踪。国王及其扈从仅可以在直径只有 95 千米的王国范围内,直接强行实施他们的要求和处罚。有趣的是,在这一时期的凯尔特世界中,有关王国法律执行者和税收征收者的唯一明确证据,来自占地面积超过威尔士的小王国 7 倍的苏格兰。

在冲突管理中动员和使用武力,可能被认为是政府的关键活动之一。即使对英格兰的国王来说,有效地运用作为处罚有权势之不合作臣民的武力,也是困难的。如上所述,埃塞尔雷德在迫使伍尔夫巴德以及后来他的遗孀服从于王家的命令之前,不得不召开两次"大会",并且花费了数年时间。伍尔夫巴德的故事,已被用来彰显"他长期以来对抗之政府的极其软弱"。[75] 按照 10 世纪的标准,反而可以认为这一案例的结果表明了王家的非凡效能。埃塞尔雷德最终得逞了,尽管并不是以破竹之势得逞的。确实,他能够利用流亡与一连串的贵族成功抗争。但在所有这些事例中,他的运作都离不开贵族的坚定支持。当面对外敌时,即使当地农民可能会团结起来保卫他们的家园,他也离不开贵族的支持。991 年,在马尔顿,基本上由方伯比斯诺斯的追随者和他的亲属以及当地盟友组成的军队,被维京人战败。同时代的西法兰克国王,通常能够通过标准的破坏和围攻军事战略,在不忠诚的城堡主们自己的地盘附近采取行动对付他们。因此,可能率领着数以十计而不是数以百计扈从的国王,在一个有限的地区内且目标有限时,军事上是有效的:实际上,国王和政要,甚至与他的惯常反对者城堡主,或多或少不相上下。西法兰克国王很少需要面对外敌,因此,没有也不可能号召"保卫王国"。奥托王朝经常面对外来威胁,因此相应地组织起军事力量。他们也依靠自己的军事追随者,

---

[74] The Law of Hywel Dda, p. 1: 'six men from every cantred in Wales.' [来自威尔士各行政区(cantred)的六位人士]

[75] Whitelock in EHD, p. 47; cf. Keynes (1991), pp. 78–9.

其人数多达千人,[76] 但除此之外,在特别军事行动中,他们也要求教会以及世俗政要派遣部队:因此,正如955年在莱赫那样,一支东法兰克军队集结起了格外强大的军事力量,规模有数千人而不是数百人。波兰的梅什科的非凡胜利,在相当程度上依靠的是他的大量追随者,据一个阿拉伯人的资料说约有3000人[77](几乎可以肯定为夸大其词——阿拉伯历史学家和西方历史学家很可能同样为这一数字所困扰)。除了在地方抵抗外部入侵的情况下,加洛林军队可能都以类似的方式进行征募,所以奥托王朝的军队依靠贵族和教会派遣的部队并非创举。尽管10世纪的著作家们在标示这些部队时,根据的是其统帅以及(和过去一样)来源地,但这可能意义深远。和其他地方一样,权贵及其扈从的军事力量,赫然耸现在奥托王朝的王国中。毕竟,这些人的社会权力在于他们作为战士精英的身份。因此,国王进行战争取决于是否同意,以及对忠诚者和朋友的动员。卡尔·莱泽认为,战争可以被视作一种常态,政策的实行,最初也只有通过暴力的方式。[78]

正如在加洛林时代那样,有一个最为重要的事物把政治体系黏合在了一起,并且保持了有名无实的和平:那就是集会,它可以被看作一个定期的并得到认可的事物,一种社会结合,一连串的相互作用,一个向心力场的中心,简言之,可以被看作一个制度。集会通常位于祭拜中心。通过国王及其要人间的会议,以及通过个人关系的打造和重新打造,王国共同体得以形成和强化。这是建立多形式合作和关系的机会。有着浓厚的酒吧色彩的宴会,是工作午餐和俱乐部晚宴的混合。对于10世纪的统治者来说,把政治讨论和社会交往结合起来,不仅有用,而且绝对必要:实际上包括会谈(colloquia)和正式商讨两部分。集会就是:为了私人会晤以及通过赠礼和兵役交换而形成个人关系的讨论会;婚姻市场;各种各样的就业市场;礼仪剧场;培养战争中友谊的操练场——在王国共同体的维持中,所有这些都比我们所称的官僚机构重要得多。

987年在桑利斯的集会是一个值得注意的例证,在那里,"整合

---

[76] 1000人是沃尔讷的估计,Werner (1979), chapter III, p. 828.
[77] Ibn Jaqub, cited by Heather (1994), p. 62.
[78] Leyser (1994), ch 3.

了不同与会者的意见之后",确立了休·卡佩对西法兰克王国的继承。里歇尔把各种争论简洁精要地融入大主教的演讲之中:[79] 从积极方面讲,休的身体素质(高贵的身体)和个人品质(睿智、可靠、慷慨仁慈)正是所需要的;从消极方面讲,洛林的查理因为服务于一个外国的国王(奥托二世),以及与一个只具有骑士身份的女人结婚,而把自己排除在外。大主教的演讲缺少关于反对查理的慎重思考,不过后来,里歇尔对此作了评论:作为国王,他需要酬赏和恩赐迄今那些不受约束的追随者,而且这只能以牺牲原来的封臣为代价才能实现。"富人"考虑他们的利益,因此选举休·卡佩,而反对加洛林王朝的候选人。

973 年,相互关联在一起的巴斯集会(由"一大群人"参加)和切斯特集会,提供了另一个英格兰人的例证。[80] 这些集会是王家仪礼实施的场合,同时也是讨论会场合,在这里可以对有关铸币改革、法律、与领国和附属国关系、与奥托王朝宫廷联系作冷静政治讨论。更多的例证,勾画了奥托一世的统治:938 年,"国王发布一个法令,一个全民的集会"(这里,维杜金德的说法与圣卢克不谋而合)应该在埃森附近的斯蒂尔举行,以考量法兰克人和萨克森人习惯继承法的不同。协定结果重申了"王家权力"以及"联合"利益。[81] 973 年,奥托在奎德林堡举行了最后一次复活节集会,这是他统治时期的最后一次集会。"众多不同民族的人们"参与庆祝奥托自意大利归来:在梅泽堡,圣灵降临节这天,参加庆祝者包括那些东部边界以外的人们,以及"来自非洲的特使"。[82] 最后这一次碰接,唤起了加洛林王朝的荣耀,但没有了幻想。时人对与边界之外的人们交往的论述,暗示了拉丁基督教世界新的自觉意识。

"我们如他人看我们的那样吗"?

文化交流经常会突显差异。当北意大利的利乌德普兰德作为国

---

[79] Richer, *Historiae* IV, II, pp. 158/62.
[80] ASC, versions 'D', 'E', pp. 227–8; Ælfric, *Life of Swithin*, trans. *EHD*, pp. 927–8.
[81] Widukind, *Res gestae Saxonicae* II, 10, p. 62.
[82] Leyser (1994), pp. 96–7.

王休的特使于950年复活节期间访问君士坦丁堡时，每年按照等级给官职占有者分配的金钱，给他留下了深刻印象：那些较高职位等级的人，"需要帮助才能费力地把他们的钱拖走"。[83] 这只有在一个能够大规模课税，也就是说，只有在一个高度发达的能牟取和重新分配财富机制的政权下才有可能。到968年，利乌德普兰德代表奥托一世又一次访问君士坦丁堡时，他的崇敬之心已然逝去。他对尼基弗鲁斯·福卡斯宫廷仪式的著名描述，并不是客观的报道：利乌德普兰德戏讽了巴西琉斯（basileus*）的威严肃穆和神秘玄虚的自我表现。[84] 即使你设法走到巴西琉斯面前，这里也没有什么会谈。跪拜并不是有利于严肃认真的会话交流的姿态。据说，巴西尔二世被劝告不要平易近人。[85] 利乌德普兰德最终对拜占庭君主制方式的蔑视，传达的不仅仅是个人态度的转变：弦外之音是对于"希腊人"以及他们对于古罗马精神自负不已的一种新的西方自信，尽管这有些傲慢自大。

和君士坦丁堡一样，10世纪的科尔多瓦也是一座规模庞大的城市：两座城市都是广阔领土的中心所在，而这片广阔的领土有着明确的边界，有由海关官员巡逻的过境站（正如利乌德普兰德在968年付出了代价之后才得知的那样）。两个政权都控制着以税收收入支付的数以千计的常备军。在巴西尔二世统治时期，军队的一个核心组成部分是被称为"瓦兰吉亚人"（参见"法兰克人"）的外族雇佣军队。安达卢西亚的军事力量，依靠的是自青少年时期就高强度训练且非常高效的外来奴隶士兵（许多来自斯拉夫人，这在阿拉伯语的奴隶一词上有体现）。这样的部队能够征战远方：997年，一支部队从科尔多瓦出发，行程近700千米，洗劫孔波斯特拉（Compostella）；961年，尼基弗鲁斯·福卡斯派遣一支舰队，从君士坦丁堡出发，行程900千米，攻陷克里特岛。和巴西琉斯一样，哈里发建有一个在地理位置上与首都城市本身截然区别开来的巨大宫城。当阿卜杜勒·拉赫曼三世派遣特使觐见奥托一世进行交流时，他自己只是最近才在科

---

[83] Liudprand, *Antapodosis* VI, 10, pp. 157–8.
* 巴西琉斯为"basileus"的音译，意指"皇帝"或"国王"。——译者注
[84] Liudprand, *Relatio*.
[85] Michael Psellos, *Chronographia*, trans. Sewter, p. 43.

尔多瓦城外5千米的宰赫拉城的新建宫殿居住。哈里发和国王都把镇压西地中海和沿普罗旺斯沿海地区的海上劫掠视为分内之事。结果是,由洛泰林吉亚修道院院长戈尔泽的约翰率领的使团于953年回访。约在约翰于974年去世20年后,梅斯的圣阿尔努尔夫修道院院长撰写了《约翰传》(John's Life),他与约翰相熟并且使用了年长的修道院院长的回忆录。《约翰传》被献给了特里尔大主教,并且它期望读者包括洛泰林吉亚的教会人士。然而,这里是以一个程式化的形式,传递了一种关于科尔多瓦权力的奥托王朝的看法,或者更确切地说,一种洛泰林吉亚王朝的看法。[86]

约翰对科尔多瓦庞大的官员规模、每一种交流需要的文书数目,甚至卷档的数量感到惊讶。觐见哈里发本人,似乎为错综复杂的官僚机构所阻止。在被安排朝会哈里发之前的三年里,约翰的大部分时间,都是在离宫殿较远的一个官方客栈中等候。宫殿群规模之大——已由近来的发掘赫然证实——显然给约翰留下了相当深刻的印象。奴隶士兵,包括步兵和骑兵,守卫着入口,并且开展军事训练,战马扬蹄,把恐惧带到人们之中。约翰穿过"覆盖着极其珍贵的毛毯"的外部庭院,朝见了"几乎从没有人或者很少有人能够朝觐的上帝那样,独自坐在高台上,并且不是像其他人那样坐在王座或座位上,而是坐在坐垫上"的哈里发。他让人亲吻他的掌心,是一个"通常不会赐予任何他自己的人们或者外国人"的无上荣耀。

关于奥托王朝对科尔多瓦看法的含义,约翰的圣徒传记作者也有记载。当约翰宣称,就人员和疆域而言,他的主人奥托国王,肯定是这个世界上最强大的统治者时,哈里发尖锐地反驳说:

> 你的[国王]并没有独自保有他自己的力量之能力[potestas virtutis suae],相反,他允许他人行使他自己的权力:他在他们中间分配他的王国属地,以为这样能使他们更加忠诚,并且更加臣服于他。但结果与此相距甚远!所孕生的是骄横傲慢和谋反

---

[86] John of Saint-Arnulf, Vita Iohannis abbatis Gorziensis, cc. 118–36, pp. 371–7; Fletcher (1992) 部分英译,pp. 67–8。

叛乱……反叛者召请匈牙利人进入了他们的王国之中，把它变成了废墟。

非常不幸，就在这里，即在约翰给出反驳之前，这唯一的一部《约翰传》戛然而止。据推测，在借哈里发之口，对权贵——尤其是洛泰林吉亚的权贵——不忠（牢记《约翰传》是为谁而写）予以谴责后，圣徒传记作者止于此而完美收笔。到10世纪70年代后期，匈牙利人的威胁结束了；洛泰林吉亚王朝为莱赫之战的胜利做出了贡献，这场战争高歌猛进，确保了奥托王朝955年的成就。如此，可以认为，哈里发的批评反映了对954年反叛的虚假推断，并且因此导致了对奥托王朝政府的误解。圣徒传记作者请求他的读者，不要羡嫉哈里发的权威，不要诋毁蔑视奥托的政权，恰恰相反，要珍惜那一广泛的权力下放，在10世纪的基督教世界里，这是王权最为引人注目的特征。这里折射的是洛泰林吉亚王朝的观点。和孟德斯鸠的《波斯人的信札》一样，戈尔泽的《约翰传》并不是作为真正的民族志，而是对国内政治的评论，并且是为了国人聆听受教而撰写的。其目的不仅仅是颂扬约翰的神圣，例如他觐见哈里发（据说，哈里发钦佩他"坚强不屈的意志力"，并宣称他愿意"接见他，哪怕他觐见时衣衫褴褛"）时，果毅勇敢地断然拒绝盛装打扮，还颂扬国内政权自身。权力分享以及某种程度的内部冲突，能够与一个强有力的政权共存——这个政权可以自吹一个意志坚强的圣徒为其服务。

在故事的早期阶段，圣徒传记作者解释了为什么哈里发最初拒绝接受约翰使团的觐见：奥托所寄书信中，含有亵渎先知的词语。这一消息泄露了出去，科尔多瓦民众变得愤怒了，提醒哈里发如果他对亵渎先知不惩以死刑的话，根据穆斯林法律，他就应该去死。这一情况非常糟糕。当约翰被迫等待时，哈里发派遣一名西班牙基督教主教，即雷克西米恩德，前去拜见奥托，以获得新的不含无礼冒犯之言的信件。约翰对哈里发不能凭借自己的权威修改法律感到惊讶，系《约翰传》作者的杜撰，如此一来他就可以免受惩罚。修改法律不仅是国王奥托能够做的，还是他的有权势臣民，期望并且恳请他那样做的。换言之，东法兰克王权的一个本质特性，是有能力进教审判，以及有能力实施平衡，即在法律适用中行使自由裁量权。有此种权威的统治者，可能缺少庞大的官僚机构和宰赫拉城浮夸招摇的军队。奥托在他的宅邸于相对亲密的氛围中与其权贵直接接触，不需要大批斡旋官员，而约翰在科尔多瓦的官方客栈中等候的三年里，正是这样的官员接连不断地传达解释耽搁原因，也不需要一排排密密麻麻的奴隶士兵。然而，奥托是一个强大的统治者：圣徒传记作者请求读者，崇敬某些与哈里发的统治权十分不同的东西。

最后但并非不重要的是，圣徒传记作者含蓄地谴责了领受异教徒哈里发命令的趋炎附势者，如犹太人哈斯代·伊本·沙普鲁特，以及穆扎拉布基督教教徒雷克西米恩德。这些人在穆斯林政权的统治之下生活并与其合作："倘若对我们的宗教信仰没有造成伤害，我们在所有其他方面服从他们，并且奉行他们的命令。"约翰代表着另一种选择。他大胆无谓，直言不讳地为基督教教徒作见证，这些基督教教徒仅仅因为会把屠杀的威胁招致西班牙基督教教徒之中，而在殉道面前望而却步。和克雷莫纳的利乌德普兰德一样，《约翰传》的作者鼓吹的是拉丁基督教世界的改革和激进精神，并且无论好坏还鼓吹与君主制相匹配的精神。格雷戈里主义并不是最美的旋律。

哈里发对10世纪奥托王朝王国的反应，预示了许多现代历史学家的反应。允许有如此多的分享者的王权，到底是一种怎样的王权呢？王权怎么会以政府的名义而如此崇高显赫呢？熟悉传统非洲国家的政治人类学家，可能持有一种更具洞察力而更少抱残守缺的看法。对于有关中世纪早期的比较和对比来说，我们也可以考虑冰岛模式，即在无君主体制下的分权，以及包括叛乱和私性正义的合法性在内的共享态度模式。本章探究了在许多方面与冰岛相似的体制，但这些体制是与国王和王权一起并通过国王和王权运作的。因此，这些国家是一种特殊类型的国家，它是一种据圣徒传记作者猜测不为哈里发所欣赏的国家类型。君士坦丁堡和科尔多瓦一样，都提供了与西方的有益比较，但是，在根本上，它们与西方距离遥远。它们的著作家没有留下他们对基督教王国反应的记载，因此，我们不能通过外来的看法，了解10世纪的王权和政府。最后，对我们最为有用的介质,是其时基督教王国自己的文本,尤其是历史学家的文本,虽然有局限性。毕竟,它记录的是自己的基督教王国世界。

珍尼特·L. 纳尔逊（Janet L. Nelson）
于 民 译
顾銮斋 校

第 五 章
教 会

10世纪和11世纪早期的欧洲教会史，实质上是许多地方教会的历史，在世俗宗教生活和修会生活中起主导性作用的是主教。大规模集体活动偶尔才会一现；来自基督教世界内部和外部的对宗教的挑战，以及西欧教会内部不同阶层成员对这些挑战的回应很大程度上说明，现有证据首先所反映的是地方关切和区域差异。这些证据包括主教会议的立法和教会法的合集、主教们的生平、主教教区及修道院的历史、礼拜仪式、音乐、圣徒崇拜的记载、供教会组织内部使用的含有教父神学、加洛林神学和圣经注释的书籍，以及神学论文、有争议的作品及叙述那一时期历史时的附带引述。整体看来，这些证据不仅展现出与9世纪加洛林教会的脉络相承，还揭示了10世纪千差万别的教会中有着多种一致和统一的要素。但不能把这种一致性完全归因于修院之外的教士（secular clergy）与修院改革以及遍及西欧的修士之间的联系，虽然修院改革的热情无疑把整个欧洲连为一体。此外，证据本身也难以解读，因为其中大部分记载呈现的都是一些理想和典范，体现的或是圣徒的或是主教的行为，期盼普通信徒在基督教仪式中奉行，或是希望神职人员和普通信徒在交往中遵守，因此也就不一定能真实反映当时的情况。

正因为如此，本章除了要明确10世纪和11世纪早期教会的主要活动和成就之外，还要参照主教在其教区的宗教和政治作用、神职人员在宗教会议中的集体活动、教会法和礼拜仪式的功能，以及世俗社会的宗教虔诚表现，来评价现存资料和这些资料所描述的真实情况之间的关系。

10 世纪和 11 世纪早期的教会组织，保持了早期的基督教会的结构，特别是此前三个世纪的法兰克的教会结构，其教会组织的准则源于罗马帝国时期的行政建制。教省由都主教（metropolitan）或大主教（archbishop）领导，包含几个教区，各教区主教由都主教管辖。比如说，特里尔（Trier）教省，就包含图勒（Toul）、梅斯（Metz）和凡尔登（Verdun）三个教区。每个主教依责管理其教区的神职人员和世俗民众。尽管依理主教是要选举的，但实际上都是任命的。或者由现任教职任命，或者由世俗权贵任命，前者不符合教规，而后者有时会失之明察。国王和其他统治者会不同程度地干预主教的选举。这种干预对教会有利还是有害，既要看其选择是否正确，还要看主教或其家族滥用权力到何种程度，以此达到自我扩张的目的。这也会带来政治上的复杂局面，后面在涉及教宗以及某些特别的教区（如兰斯教区）时，还会谈及这一问题。当然在主教选举中，地方权贵的利益在于维持他们在社会精英阶层中的地位。拉杜尔夫·格拉贝（Radulf Glaber）认为，虔诚者罗贝尔（Robert the Pious）"在为职位空缺的领地任命主教时非常谨慎，他更偏爱出身卑微的牧师而不是浸染于世俗名利中的贵族"。[①] 在世俗统治者掌管教会事务的地区，即使少算一些由传记作家"贡献"的有贵族血统的主教，和当地世俗领主关系密切的主教这一群体的人数也是惊人的。在很多地区，如兰斯和梅斯，谁来掌管世俗和宗教事务，完全是家族内部的事情，此点下面还会提及。

对于这样的情况，无论是当时的历史学家还是现代的历史学家，都有诸多批评意见。因为，职权一旦被滥用，权力，关键还有财产，就会落入坏人之手。历史上有很多这样的例子，如主教阿达尔贝罗二世（Adalbero II）管辖下的梅斯教区，教会的土地就曾在其前任的手中流失；还有主教劳里克（Rorico）统治下的拉昂（Laon）教区，教会的地产完全控制在主教的族人手中。约 962 年，马尔卡拉努斯（Malcalanus）在其《圣教现状对话录》（*Dialogus de statu sanctae ecclesiae*）一文中指出，主教的职责应该是照顾其族人和穷人的利益和迫切需求；他还指出，很难判定哪些财产是不可移

[①] Radulf Glaber, *Historiae* III, 7.

地图2　11世纪早期的大主教区和主教区

133

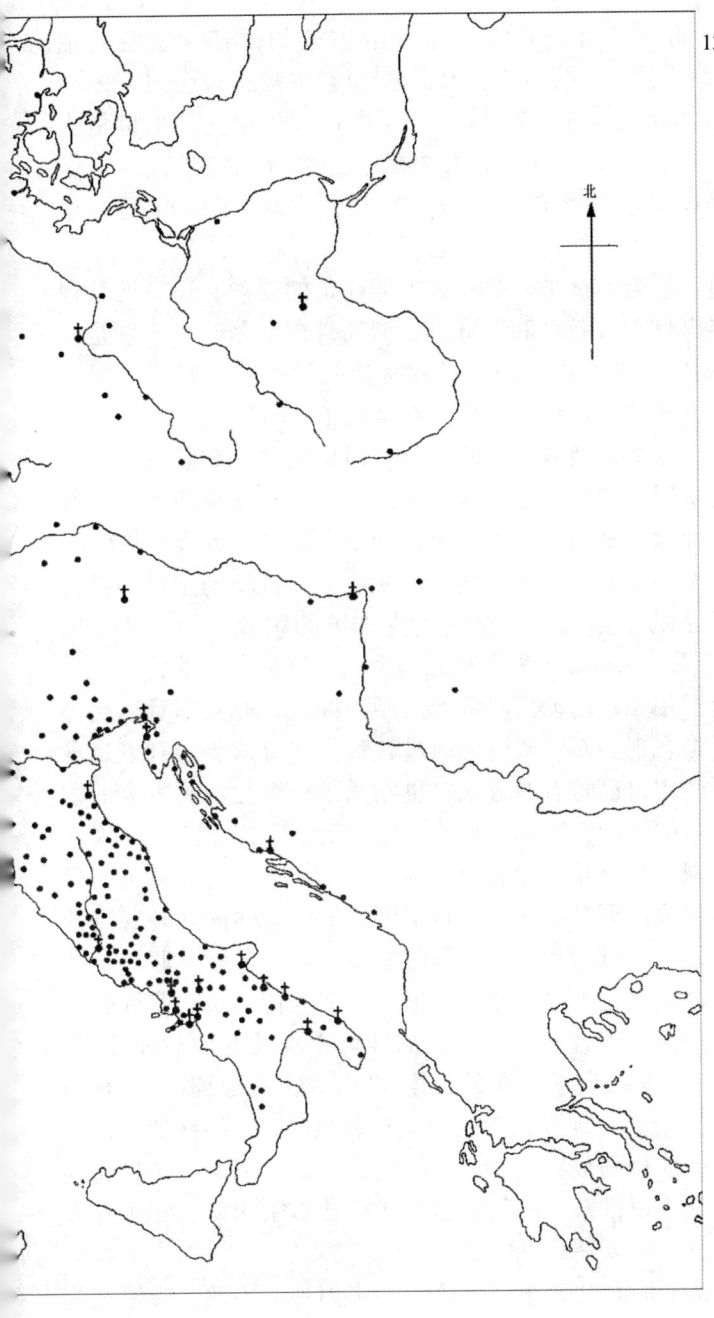

北

134 动和不可转让的，特别是那些已经分给主教的财产。费希特瑙（Fichtenau）曾经警告不要过于刻板地去理解主教将教会财产赠予他人这一行为，因为这对教会不一定意味着永久损失。由世俗人员对教会财产进行有效管理，势必要赋予这部分人在教区内一定的权利，但是如果主教拥有足够的影响力，教会财产一定还是他所控制的。

毫无疑问，教会不仅是一个政体内部稳定的要素，还高质量地输出了能力突出且受过教育的人员，来辅助管理和施政。特别是在萨克森（Saxon）王国，这样的人员在宫廷的教堂或者皇家文书室效力，起草特许状和编写法律文件。在宫廷工作过的人，后来都会担任王国其他地方的主教或修道院院长。但是法兰克和萨克森统治者与教会统治阶层之间的关系，源于北高卢的日耳曼统治者之间所小心维持的一种微妙平衡，这种平衡开始于克洛维的皈依，并在8、9世纪的加洛林王朝统治下得以进一步加强。10世纪的主教和世俗领主之间的关系的基本特点，在法兰克王国的腹地，如韦塞克斯（Wessex）和莱昂（León），表现得尤为突出。这种关系的特点，一则表现为政治扩张和政治动荡时两者的倾力配合，此卷各章还要详述这一点。再则表现为新兴政治体通过各种方式寻求界定和表达自己的身份，既使用自己特有的方式，也参照了所继承的更古老的主要是加洛林王朝的体制框架和规范来界定自身。所以，人们一度认为，在奥托王国，教会是一个特征明晰的"系统"，始终以抗衡贵族为目的，其他地区更是如此，这是不可能的。这样的一种观点淡化了世俗利益集团、机构和教会的利益集团、机构间相互联结、彼此依存的本质，也淡化了横贯整个中世纪早期的传统做法和社会行为的习惯模式。西欧贵族和教会之间的任何根本性的敌对和冲突，都得不到现存证据的支持。德国的证据完整而统一，反映了主教和统治者都"不遗余力"地互相利用；且这种利用关系始终如此，其他地方这方面的证据则很缺乏。主教的人选，还是基本上来自贵族阶层。教会生存得以维系，还是要靠贵族日益膨胀的财富和源源不断的赞助。

在这种背景下的教会改革，无论由谁来倡导，主教、修道院院长，或王侯，从本质上来说都是关于权力的控制，主教和世俗权贵都想在更大程度上施加他们各自的影响力。教会为求独立,力图摆脱世俗权力的干涉,树立教会机构规范;但在这一过程中,为了梦想中的短期利益,可以说陷入了于人于己都不利的危险中去。而世俗领主为了维护其靠残酷压迫而获得的利益,也同样面临着打破世俗与宗教领袖及其代理人之间微妙平衡的危险。最明显的例证莫过于后文所述的10世纪教宗史中的事件了。而描述10世纪的教会史,仅仅描述这种关系的失衡,或采取更受赞誉的一种做法,仅仅描述为维护这一平衡进行的斗争,都是不够恰当的。就像稳固船只时使用压舱物不够牢稳,西欧各个王国的地方利益的重心不断变化,摇摆不定。

无论主教的赞助来自何处,他获得职位的动机是什么,主教的宗教职位还是要由教会批准:因为他的圣职需要由其他主教宣布,而且其选拔也通常需要全体教士的参与。主教主持管理教堂事务(familia),教堂成员在主教管辖的城市不仅承担牧师的职责,还要负责礼拜仪式。在10世纪,主教的特权、管辖权限和牧师职责(pastoral obligations)得到不断强化并确定下来。例如,916年的霍恩纳塞姆宗教会议(the synod of Hohenaltheim)用了数段文字,参照了《新约》和《旧约》中关于牧师的作用的论述,给基督教主教下了定义,还规定了主教的职责、理想的行为和在维护教会特权方面的作用。[②] 维罗纳(Verona)的主教,坏脾气的拉瑟(Rather)认为自己遭遇了政治敌对和迫害,两次被罢免,但两次又恢复原职;在"序言"(Praeloquia)中,他雄辩地详论了主教和世俗领主各自享有的特权。主教要强健有力,积极活跃,他的职责是为国王、大主教、教士和普通信徒服务,他应该巡视自己的教区,与最重要的神职人员和信众交流,探讨应该采取什么措施让每个人都获得公正对待。拉瑟从《旧约》中援引很多祭司(priests)和先知来支持他那堪称典范的理想的主教形象,但即使他把所有的恶行都罗列出来以衬托美德,且写得详之又详,主教的美德还是模糊不清。

从9世纪末开始,很可能就已经出现了一些新的职位,如在城市里协助主教工作的执事长(archdeacon),还有主管乡间某一具体区域的执事(dean)。此外,也出现了教区制,这在8世纪以后的文献

[②] *MGH Concilia aevi Saxonici et Salici*, no. 1, pp. 19–40.

中越来越多地得到了证明，比如皇室或教会立法、主教法规、特许状（charters）、对什一税的描述和提及征收什一税的材料（这显然对于教区的边界划分有所帮助）。然而，教区制直到11世纪早期也还没有形成完整且一致的组织结构，西欧各地存在明显的地区差异。加之拉丁语中教区（parish）和主教教区（diocese）两个词看起来可以互换，这更增加了解读的难度。亚琛（Aachen）法令汇编（818—819年）③，被保存在很多9世纪末和10世纪的教会立法集中，也被收录到安塞吉苏斯（Ansegis）的广泛传播的法令汇编中。亚琛法令汇编尤为重要，它列入了教区条款，规定了对神甫的支持。兰斯的大主教安克马尔（Hincmar，845—882年）在他的论文《教会与传教士》（De ecclesiis et capellis）中也发表评论，说主教在城市的事务要由执事长来辅助，在乡村则应由执事来分担。与之类似，欧洲大陆广为传播的主教法令集，以及宗教会议演讲集《长老教派兄弟团》（Fratres presbyteri），都规定了神职人员应做的工作。

由主教授予圣职的教区神甫，直接隶属于主教，要在所有教会事务上对主教及其代理人负责，不论是教会戒律、圣事的施行，还是精神关怀（pastoral care）和教区教堂的收入和维护。在11世纪早期，主教布尔夏德（Burchard）在沃尔姆斯（Worms）城创建了细分的小教区，教区内的教堂不仅和城市中的这些小教区有着密切的联系，还和乡村的各个地区以及贵族的私人领地及私家教堂（Eigenkirchen）关系密切。欧洲各地教区的发展看似各自为政，但实际上有诸多相似之处。例如，在盎格鲁-撒克逊统治下的英格兰，修道院的附属教堂（minsters）（古英语词，既指修道院，又指教区教堂）所施行的教牧关怀逐渐有了可以依托的教区体系，教区体系由城市或乡村中的小型教区组成，这些小型教区有教堂、神甫，以及用以支持两者的足够的资助。关于教区的分布密度，相关证据出现的时间较晚且非直接证据，特别是在英格兰东部。在1086年的《末日审判书》（Domesday Book）中才记载有教堂数量方面的信息，像诺里奇（Norwich）这样的城镇，到11世纪末为止，拥有25座教堂和43座小礼拜堂（chapels），在约克镇，拥有至少14座教区教堂。

---

③ *MGH Capitularia regum Francorum* 1, 275–80, no. 138.

教区神甫应承担的职责可以从一些文献中推断出来,比如 10 世纪早期卢卡(Lucca)的圣职授予特许状(charters of ordination)。这些文献表明神甫要主持弥撒和其他仪式(offices),维持教堂灯火(即要为油灯添油使烛光长明),服从主教命令,时刻注意避免教会财产的流失。一些主教法规,如特里尔大主教罗特格(Ruotger of Trier, 915—931 年)为他管辖下的所有神甫所订立的主教法规,还有 10 世纪的宗教会议立法,如 922 年科布伦茨(Koblenz)宗教会议或 927 年特里尔(Trier)宗教会议,都不仅强调了主教权威,而且还规定神甫要通过自己的行为树立典范,要严格按照规范施行圣事,不得收取洗礼和丧葬礼费用,要教化民众的信仰,规劝民众按照宗教会议规定遵行正确的宗教行为。④

在当时所有关于教会组织和管理的讨论和决议中,鲜有提及教宗及其在基督教国家的教会、教省和教区中所扮演的角色的。按惯例,大主教要主动请求教宗颁给"白羊毛披肩"[pallium,一种上面绣有十字架的白色羊毛带子,是教宗授予都主教(metropolitan)的代表教阶的徽章]。有些大主教当面提出请求,如坎特伯雷的邓斯坦(Dunstan)和约克的奥斯基台尔(Oskytel),他们于 960 年获教宗约翰十三世(Pope John XIII)颁予"披肩";而其他一些大主教则是由教宗赐予的,这种情形下大概是由教宗派信使送达的,如汉堡-不来梅(Hamburg-Bremen)的大主教阿达尔达戈(Adaldag),在 937 年就收到了由教宗利奥七世(Pope Leo VII)颁发的披肩。然而在 900—1050 年,却少有记载能说明教宗具有广泛的领导力或者被认为是最高的宗教权威。在费尔奇(Verzy)的圣巴塞尔(Saint-Basle)召开的法国主教会议上,由于休·卡佩(Hugh Capet)的煽动,兰斯的阿尔努尔夫(Arnulf of Rheims)被废黜而由欧里亚克的热贝尔(Gerbert of Aurillac)接任,后者原是兰斯一所学校的校长。教宗约翰十五世(Pope John XV)试图干涉,法国仍维护了其独立行动的权利,尽管于 995 年在穆宗(Mouzon)召开的主教会议上约翰十五世还是成功地把热贝尔停职,而后其继任者格列高利五世(Gregory V)又恢复了阿尔努尔夫的职务。总之,教宗的作用并不是前后一致的,他们的

---

④ *MGH Concilia aevi Saxonici et Salici*, no. 4, pp. 68 – 74.

行为与政策极大程度上决定于自身的能力和世俗领主的能力；对于那些世俗领主，教宗或与之合作或有赖于他们的保护。除非有人请求，否则教宗很少实施干预。

在某种程度上，无论在位教宗品质如何，教宗制作为一种制度，在 8—9 世纪期间得以确立，并留存了下来。这主要得力于教宗文书室（papal notariate），这一机构确保了在文件起草缮写和人员培养上至关重要的稳定性和持续性。其功能和现代英国的文职部门相似，或更像 15 世纪文艺复兴时期的教宗官僚机构。文书室（notariate）经常应申请人的要求，定期发布教宗的信件和特许状。从 10 世纪和 11 世纪早期的教宗档案室（papal *scrinium*）和文书室（writing office）留存下来的文献不够可靠，还不能仅仅依此就草率得出结论。不过，若是从记载的为每位教宗缮写信件和起草特许状的书记员的名字来看，可以发现很多书记员都的确曾连续为几任不同的教宗服务，无论教宗宝座之争如何剧烈动荡，他们都兢兢业业地完成了教宗文书室的工作。尽管在某个特定时期，会有某几个人主持文书的工作，但是任何一届教宗的文书室成员都是由有很多书记员组成的。例如，斯蒂芬和利奥是 955—973 年大部分文件的撰写者，进而我们可以猜测，一直到 992 年以前，主笔教宗特许状的书记员也就是这位斯蒂芬。教宗格列高利五世（Gregory V）和约翰十八世（John XVIII）的主要书记员可能是彼得，而从约翰十四世（John XIV）直到本尼狄克八世（Benedict VIII）时期，这位书记员也是十分活跃的。其他书记员则都只是昙花一现，例如 10 世纪前期的尼古拉斯、塞缪尔、格列高利、谢尔盖、里奥、梅尔奇萨德克（Melchisadech）、安东尼、约翰、阿德里安、西奥多和阿佐（Azzo），还有 11 世纪初期的乔治、阿纳克莱托斯（Anacletus）、西奥多、博尼佐（Bonizo）、格列高利、约翰或安东尼。特许状的颁发情况证实，除了意大利和罗马本地的教会外，教宗也与英格兰、法兰克、西班牙和德意志的教会保持着联系。毫无疑问，这些侥幸存留下来的特许状，大部分记载的是关于罗马以外的事务。这些特许状也记录了源源不断向教宗提出的各种申请，有修道院要求教宗保护的，如圣文森佐·阿尔·沃尔图诺修道院（San Vincenzo al Volturno）、普瓦蒂埃的圣马丁修道院（Saint-Martin at Poitiers）、克吕尼修道院（Cluny）、布罗涅修道院（Brogne）和奎德林堡修道院

(Quedlinburg），有要求批准教会特权的，特别是要求委任大主教的职位，还有的请求授予"白羊毛披肩"，或者核准某些主教的职位。尤其突出的现象是，众多宗教团体不是向本地的统治者而是向教宗请求特权。除了那些关涉政治的特许状以外，教宗也会偶尔表明一下道德立场。例如，图尔（Tours）世俗的修道院院长、法兰克人的优秀学生休就因教宗意见而发誓放弃他反对女性进入修道院的主张。现存的896—1049年的630份教宗特许状，有1/4是伪造的。但是，其中时间偏晚近的特许状证实，整个10世纪及11世纪上半叶，罗马教廷和教廷权威被习惯性地提及，而且提及的频次稳定增加。

从11世纪末期的视角来看，10世纪的教宗史记载的远不止是一段软弱无能的历史，这段历史更像是一个令人感叹的故事，讲述着屈辱、政治腐败和权力滥用的历史。对于10世纪初狄奥菲拉克特（Theophylact）家族［包括狄奥菲拉克特及其妻子玛罗齐亚（Marozia）和他们的儿子们］的这段统治，后世的历史学家将其称为"淫妇政治"（pornocracy），这种说法不免过分。对于这一时期的诸多教宗，要关注以下的突出特征：他们对当时局势做出多大程度的回应，以及他们屡次努力与尝试来恢复以往的政策并且回到教宗和法兰克以及德意志皇帝相对应的地位关系中去，这些努力与尝试对把教宗制拉回到正轨起到了多大作用。表1（原文第692页）显示出，教宗频繁更替（居然和5世纪的皇帝更替有着惊人的相似）令人困惑不已，160年间出现多达45位教宗，其中很多任期不满一年。残酷的教会派系之争，致使数位教宗任期短暂，以至于拉兰特宫（Lateran）短期内就出现了几位僭称的罗马教宗，例如卜尼法斯七世（Boniface VII）和约翰十六世（John XVI）。有几位教宗，如本尼狄克六世（Benedict VI），被谋杀于任上。影响教宗选举的，有在10世纪不同时期控制罗马的狄奥菲拉克特（Theophylact）家族和克雷森蒂（Crescentii）家族，此外，忠实于斯波莱托的维德（Wido of Spoleto）家族、弗留利的贝伦加尔（Berengar of Friuli）家族、西法兰克的统治者或德意志国王的各种政治力量都会构成影响。然而，这也不总会导致腐败和混乱。914年当选的教宗约翰十世（John X），当选前就是一位精力充沛、经验丰富的主教。在位的14年间，他成功地促使意大利的领主们结成联盟,一致对抗穆斯林。⑤ 他还创办了圣歌学校和拉兰特行政院(the Lateran administration)。也是他,在 915 年,加冕弗留利的贝伦加尔这位虔诚者路易(Louis the Pious)的重孙为皇帝。932 年到 954 年期间,在罗马阿贝尔里克伯爵(Count Alberic of Rome)的统治下,出现了一段相对安定的时期。在此期间的教宗,利奥七世(Leo VII)、斯蒂芬七世(九世)[Stephen VII (IX)]、马里纳斯二世(Marinus II),还有阿伽皮图斯二世(Agapitus II),都是由阿贝尔里克伯爵任命并基本听命于他。尽管如此,宗教领域还是取得了不小的成就,尤其在罗马修道院改革和与德意志教会的联系方面成绩斐然。1012—1044 年,在位的本尼狄克八世(Benedict VIII)和约翰十九世(John XIX)兄弟,以及他们的侄子本尼狄克九世(Benedict IX),为教宗制注入了高效的领导力。一些教宗决定采用新的名号,这表明了他们试图效仿罗马历史"纯净"时期的早期教宗,表现出向这些杰出的罗马主教学习如何树立宗教权威的强烈愿望。西尔威斯特二世(Silvester II)选择他这个名字,是想要和德意志皇帝奥托三世相关联,以唤起人们对君士坦丁大帝和教宗西尔威斯特一世之间关系的联想。而那些经常被选择的名字,如利奥、格列高利、达马苏,特别是克雷芒,就算没有其他的意义,至少也反映了诚挚而美好的愿望。

骇人听闻的福莫瑟斯(Formosus)事件显示,即使是那些无关大局的反对意见,都可能被用来攻击教宗的候选人,而且此事件影响后世近 30 年。福莫瑟斯在 891 年入主教廷。在此之前,尽管他曾触怒了教宗约翰八世,并一度被逐出教会,但还是一直以传教士兼教宗使节的身份活跃在保加利亚;至关重要的是,他是波尔托(Porto)的主教。福莫瑟斯在任五年,是一位很有能力的教宗,在处理和英格兰、德意志、君士坦丁堡的关系上以及在 896 年给皇帝阿尔努尔夫(Arnulf)加冕这件事上,他表现出过人的机智与精明。但是,主教调往另一教区任职,是有违教会法规的。由主教擢升为教宗,此前从未有过,这被用来攻击他,或被作为政治借口来攻击他的其他行为。他死后,攻击更是到了无以复加的程度。他的继任者斯蒂芬六世

---

⑤ Zimmermann, *Papsturkunden*, no. 40, pp. 68–9.

(七世）还召集了一次主教会议，把他已腐烂的尸体挖了出来，穿上教宗的法衣，立在教宗的宝座上，控告其犯有伪证罪，还违反了教会法规，因他在当选教宗前以主教的身份觊觎教宗宝座。尽管有一位执事不够走运，被指定为其尸体做了口头辩护，但结果毫无悬念，福莫瑟斯仍然被判有罪，并且他在位期间所有的敕令皆被判无效。这当然包括所有他授予的圣职（ordinations）和主持的祝圣仪式（consecrations），不过斯蒂芬六世任阿纳尼（Anagni）主教时的祝圣仪式也一并无效了。审判结束后，福莫瑟斯的尸体随即被剥去法衣，扔进了台伯河。斯蒂芬也没能在这个位子上坚持多久，在这次骇人听闻的事件之后就遭囚禁，不久即被杀害。福莫瑟斯的拥护者们随后接连推选出他们自己的候选人参选教宗，最终福莫瑟斯的行为被重新判定是合法的。

太过于强调一些令人毛骨悚然的事件，反而不利于我们合理思考 10 世纪期间教宗政策中前后一致的要素，让我们容易忽视那些后来被一再重申的教廷与加洛林王朝就双方责任和教宗选举方式而订立的协定。到 7 世纪末期，一俟教宗选举结束，就需要拜占庭皇帝下达命令，批准为新教宗举行祝圣仪式。最后一位寻求这一批准的教宗是格列高利三世（Gregory III，731—741 年），因为下任教宗扎卡里亚（Zacharias，741—752 年）的任命并未得到皇室的批准：他只是派了一位特使去宣布自己当选和祝圣仪式已如期举行，而他也是最后一位给东方帝国的统治者送达正式通知的教宗。因为其后的教宗保罗一世（Paul I，757—767 年）是向丕平三世（Pippin III）宣布自己的当选。后者是法兰克人的国王，并于 754 年后成为教廷（the holy see）的保护人。保罗完全仿照之前告知拜占庭皇帝的先例，只是他没有要求国王批准，但却承诺永远效忠，此事影响深远了。与之类似，教宗斯蒂芬三世（四世）[Stephen III（IV），768—777 年]，也派了一位大使到法兰克宫廷宣布自己当选。还有利奥三世（Leo III），他还给查理大帝送去了圣彼得墓的钥匙，并请求法兰克派一位特使去当面接受罗马人民宣誓效忠（received the oaths）。这样，以前由拜占庭皇帝批准教宗就任的角色，现在被法兰克的统治者取而代之，因为教宗认为需要向法兰克的国王即罗马的保护人宣告其当选。然而，816 年斯蒂芬四世（五世）[Stephen IV（V），816—817 年]加冕虔诚者路易时，天平的重心转移了。这很可能是一项尝试，使教宗成为赋予一个人帝位不可或缺的角色。帕斯卡尔一世（Paschal I, 817—824 年）在当选的次日即举行祝圣仪式，以占得先机，防止世俗君主的干预；在其任期内，第一个对教宗与皇帝关系的界定在 817 年的一份文件《卢多维克协约》（Pactum Ludovicianum）中被阐述出来。虽然这份文件要求新任教宗要向皇帝通告他的当选和祝圣，以及要延续友好之约，但它确认了教宗对教宗国及教会财产的所有权，保证了教宗选举的自由。而且，在 824 年，《罗马法》（Constitutio romana）的相关条款给予所有受皇室或教宗保护的人以豁免权，恢复了 769 年以来所停止的罗马人民在教宗选举中的作用。《罗马法》随后在 826 年罗马的宗教会议上获得批准。教宗要向皇帝宣誓效忠，但教宗宗教领域的独立得以保持。由此，我们可以看到，当地的政治利益卷土重来，罗马的各种派系又开始兴风作浪，他们的政治野心直指教宗宝座。

10 世纪期间，《罗马法》（Constitutio romana）和《卢多维克协约》（Ludovicianum）历经多次修改后通过。898 年，《罗马法》重获启用，虽然教宗要应参议会（senate）和人民之请，由主教和教士选出，但教宗的祝圣仪式必须要有皇帝的使者出席。962 年，奥托一世在加冕为帝时，签订"奥托协约"（Ottonianum），使《卢多维克协约》重获生机，确认了丕平和查理捐赠的有效性，并大概在 963 年 12 月之后，恢复了教宗选举的自由，但当选者还需要得到皇室批准并向皇帝宣誓效忠。

现实中，个体行为也改变着法兰克皇帝和教宗之间的关系，或使之走向极端，或维护了教宗的特权。例如，格列高利四世（Gregory IV, 827—844 年）推迟了他的祝圣仪式（consecration），直到皇帝的使节批准了他的当选，且他本人向皇帝履行发誓效忠之义务。选举尼古拉一世（Nicholas）时，路易二世（Louis II）出席并批准其当选。但塞尔吉乌斯二世（Sergius II）的祝圣仪式（consecration）没有等到皇帝承认就匆忙完成，而洛塔尔（Lothar）则坚称，没有他的命令和他的代表的出席，教宗不能举行祝圣仪式。"秃头"查理（Charles the Bald, 875—877 年在位）行为克制，没有对教宗选举指手画脚。"胖子"查理（Charles the Fat, 881—885 年在位）则认为教宗应听取他的意见。10 世纪，谁有潜质成为罗马坚强有力的保护者，会被配以皇帝的称号,而迈出这关键一步的就是教宗。但皇帝本人也可能被请求来任命新教宗,罗马贵族就是这样请求奥托三世(Otto III)的。于是他任命了卡林西亚公爵(the duke of Carinthia)之子布伦(Brun)为教宗,布伦称格列高利五世(Gregory V),亲自加冕奥托为皇帝和罗马显贵(patrician)。同样,亨利三世(Henry III)被委任为罗马显贵后,便积极主动任命教宗。即使在最低潮的时期,教宗之职好像也比教宗其人更为重要。就奥托一世(Otto I)加冕为帝一事而言,尤其如此。当时的教宗为约翰十二世(John XII),他大概在年仅十六岁时就被祝圣为教宗,是阿贝尔里克伯爵(the Count of Alberic)之子。阿贝尔里克伯爵劝说教宗阿伽皮图斯二世(Agapitus II)接受约翰〔当时的名字叫屋大维(Octavian)〕为教宗之职和他本人伯爵之位的继任者,这样约翰就可以集罗马的宗教与世俗统治大权于一身。但是,如果我们听信克雷莫纳的利乌德普兰德(Liudprand of Cremona)的一面之词,那约翰就是一位臭名昭著、放浪形骸之徒。不管事实如何,奥托加冕之后不久,约翰即在宗教会议上遭到控告,并被废黜。而亨利三世(Henry III)则好像偏爱一位声誉较佳的教宗为其加冕。在1046年的苏特里宗教会议(the synod of Sutri)上,他废黜了多达三位教宗,才把班贝格(Bamberg)的主教苏伊格(Suiger)立为教宗,即教宗克雷芒二世(Clement II)。克雷芒然后于1046年12月25日为亨利和其王后阿涅斯(Agnes)加冕。意义非凡的是,即使皇帝的亲信,如格列高利五世(Gregory V)或西尔威斯特二世(Sylvester II),祝圣仪式一旦完成,就捍卫起教宗的特权来。他们之所以能够这么做,依靠的是教宗行政机构内部的稳定性,这在上文已论及;还要依赖人们对教宗宗教权威持久不变的态度,在和其他国家的交往中,这一权威显而易见。在传教工作方面,随着丹麦、波兰、匈牙利、达尔马提亚(Dalmatia)及易北河以东新主教区的建立,在人们宗教忠诚的确定和礼拜仪式的遵行上,教宗的权威更是无可替代。例如,西尔威斯特二世(Sylvester II)在其任内,在格涅兹诺(Gniezno)和埃斯特根(Estergom)建立了大主教区,并派人给匈牙利的国王斯蒂芬(King Stephen of Hungary)送去王冠。神学问题以及教宗和主教在意大利南部的管辖权的问题都偶尔会被讨论,争论中也有人站到东部皇帝和牧首(patriarch)的一边。各种情形下的教宗政策，好像最终都指向了加强和巩固拉丁教会的主教权威。

但是，教宗与拉丁基督教世界的主教们的关系只是主教所关心事务的一小部分。下面，我们看一下一些主教和教士的生涯，以及关于他们行为的书面记载的含义。例如，温切斯特的埃塞维尔德（Æthelwold of Winchester），这位 10 世纪英国教会著名的改革者、学者、教师、禁欲主义者，于 963 年 11 月 29 日被擢升为温切斯特主教。根据其传记作者伍尔夫斯坦（Wulfstan）的记载，他是杰出的英王埃德加（king Edgar）的挚友。温切斯特主教既有严厉处罚的措施，又不乏哄骗怀柔的手段。而他常常饱受脏腑之痛、腿疾之苦。[6] 伍尔夫斯坦以令人震惊的笔触，描述了埃塞维尔德初到温切斯特时，大教堂的教士们的可憎而邪恶的行为。他们结婚、贪食、醉酒，一些教士甚至举行弥撒时也不按程序来。埃塞维尔德在征得国王埃德加同意后，驱除了这类教士，并用自己在阿宾登（Abingdon）修道院的那些受过教化的修士替换了他们。这样，他身兼两职，修道院院长和主教。原先教士的俸金大概就为修士集体所有。传记（the Life）谈起埃塞维尔德的改革实践和修道习俗夸夸其谈。埃塞维尔德让奥斯嘉（Osgar）顶替他当了阿宾登修道院的院长，在纳拿敏斯特修道院（Nunnaminster）复收修女，在伊利（Ely）创建修道院，立比斯诺斯（Byrhtnoth）为院长，还在彼得伯勒（Peterborough）、索尼（Thorney）及别处建立修道院。所有这些举动都是遍及欧洲的修道院重组（the monastic reorganization）的一部分。下面，沃拉斯彻（Wollasch）会讲述这一点。重组中，圣本尼狄克规章（the Rule of Benedict）被奉为典范。英格兰把该规章施用于"改革后的"和新建的修道场所，并且稍作调整后让主教大教堂的教士遵行，这一尝试非常成功。

《圣埃塞维尔德传》（*Vita sancti Æthelwoldi*）中对埃塞维尔德美德的记载是合乎传统的。他被描绘成一位慰藉、帮扶孤寡，款待朝圣者，捍卫教会的人。他振奋穷苦人的精神，向误入歧途者指点迷津。除了这些职责之内的事情，埃塞维尔德还在温切斯特的学校教书育人，教授语法；为了便于学生理解，还把拉丁文课本译成英文。他的

---

[6] Wulfstan of Winchester, *Vita sancti Æthelwoldi*, cc. 25, 28, 30, pp. 42, 44, 46.

很多学生成为神甫、修道院院长和有名的主教。为使人物更加完美，伍尔夫斯坦还记载说，很多治愈病人的奇迹都和埃塞维尔德有关。可以说，伍尔夫斯坦笔下的埃塞维尔德的生平总体上是对盎格鲁-撒克逊晚期宗教虔诚和宗教表现的富有同情的描述。通过主教传记（vitae）和某些主教区主教的历史汇编可知，上述传记描绘的焦点集中在圣徒般主教的生涯与成就上，描述带有典型的同情倾向，并反映出对10世纪和11世纪上半期的欧洲教会领导阶层的认知与观念。如果我们比较一下伍尔夫斯坦笔下的埃塞维尔德和对同时代其他高级教士的记载，就会知道两者既相似又有所不同，但都有启发意义，其中的很多异同关涉整个教会史都需要关注的问题。

例如，很多德国主教和埃塞维尔德所树立的典范完全相符。但有一位主教的生平和传记（the Life）则暴露出圣徒确认的标准问题，以及教会统治层承认圣徒神圣地位的问题。奥格斯堡的乌尔里克（Ulrich of Augsburg）是第一位按照后来的流行模式册封为圣徒的人。993年，奥格斯堡（Augsburg）人民向教宗约翰十五世（John XV）发出请愿书，力劝册封他们的前任主教乌尔里克为圣徒，随后乌尔里克便上升到圣徒的地位。人民的请愿成了衡量乌尔里克虔诚声誉的标准。而像这样，唯有得到教宗同意才可封圣，也是衡量教会统治阶层与其首脑教宗是否日益紧密合作、步调一致的尺度，至少对教宗和萨克森帝国（the Saxon empire）的主教们的关系是如此。这和前几个世纪地方自封圣徒和自创圣徒崇拜仪式形成了鲜明的对比。格哈德（Gerhard）是一位由乌尔里克和奥格斯堡的一个家族（familia）成员授予圣职的神甫。他在约982年写的《圣乌尔里克传》（Vita sancti Oudalrici）对于乌尔里克的封圣起了不可小觑的作用。后来，自从教宗英诺森三世（Innocent III）和他的继任者通过界定圣洁度，明确封圣正式程序，以此控制圣徒崇拜，封圣候选人的各种材料就要依照程序一步一步地呈送给教宗。

格哈德讲述了出身高贵的乌尔里克在他的教区如何待人处事。他经常巡视探访，履行教牧关怀（patoral care）的职责，遵守主要的礼拜节日（liturgical feasts），主持新教堂的落成仪式。格哈德还讲述了他政治上效劳并忠诚于奥托一世（Otto I），特别是在和鲁道夫（Liudolf）及鲁道夫的叔叔巴伐利亚的亨利（Henry of Bavaria）争吵期间。还有他的神迹、罗马之行,以及 972 年出席英格尔海姆宗教会议(the synod of Ingelheim)的情况。他榜样高尚,以身作则,也严于律人,⑦ 总之,他树立了宗教生活的典范。上述的部分特征为乌尔里克所特有,但其他特征,比如他的教牧关怀,参与教会仪式时的一丝不苟,本人的虔诚以及神迹,则可以视为圣徒神圣性的一般标准。

但是,首先要说,乌尔里克主教生涯中政治的一面才是 10 世纪主教传记中始终不辍、反复出现的主题。家族政治、趋于紧张的国家关系和教阶制中权力的内部平衡都发挥着作用。993 年到 1022 年在任的希尔德斯海姆的主教贝恩瓦尔德(Bernward, bishop of Hildesheim)也不例外。据《圣徒贝恩瓦尔德传》(Vita sancti Bernwardi)所载,贝恩瓦尔德年轻时是一位书记员,在意大利的宫廷效力于奥托二世(Otto II)。他本人和希尔德斯海姆主教区都受奥托资助颇丰。⑧ 这本传记的一部分由桑克马(Thankmar)于 1022—1024 年写成,另一部分一直拖到 12 世纪末期才被完成。教会特权,如希尔德斯海姆对甘德斯海姆的王家女修道院(the royal convent of Gandersheim)的管辖权,得到小心翼翼的维护。贝恩瓦尔德在其任上留下了其他一些值得纪念的东西,值得一提的是雄伟壮观的圣迈克尔修道院教堂(abbey church of St. Michael),该教堂富丽堂皇的雕刻装饰要归功于他,还有很多关于礼拜仪式的手写本(liturgical manuscripts)都是受他委托所写,或是为呈献给他而作。

此外,德国的主教和其在西欧其他地区的同僚一样,对维持教堂学校(the cathedral schools)教育投入贡献颇大,他们赞助学者、资助书籍制作(book production),积极地普及知识。很多男孩,不管将来是委身于教会或从事世俗行业,都被送到这些学校来学习。其中尤为知名的有特里尔(Trier)、奥格斯堡(Augsburg)、科隆(Cologne)、艾希施泰特(Eichstatt)、列日(Liege)和乌特勒支(Utrecht)这些地区的学校,其主教分别为罗特波特(Ruotbert)(931—956 年在任)、乌尔里克、布伦(Brun)、埃布拉查尔(Ebrachar)、斯塔尔钱德(Starchand)、巴尔德里克(Balderic)。⑨ 一些来

---

⑦ Gerhard, *Vita sancti Oudalrici*, c. 3, pp. 388–90.
⑧ Thangmar, *Vita sancti Bernwardi*, c. 19, p. 767.
⑨ Anselm, *Gesta episcoporum Leodiensium*, c. 25, p. 205.

访的学者如维尔茨堡的诺瓦拉的斯蒂芬(Stephen of Novara at Wurzburg)更增加了学校的吸引力。在梅斯(Metz)和图勒(Toul)的洛泰林吉亚的(Lotharingian)主教区、在萨尔茨堡(Salzburg)和雷根斯堡(Regensburg)的巴伐利亚的(Bavarian)教区,以及在马格德堡(Magdeburg)新建立的教区,学校蓬勃发展。这些学校的校长(master),如马格德堡的奥特里奇(Ohtrich of Magdeburg),作为学者,声名显赫。一些主教显然委任了有名的学者,来给他们的学校增加声誉。例如,在汉堡-不来梅的阿达尔达戈(Adaldag of Hamburg-Bremen)教区,教堂学校交由学识渊博的校长蒂亚德海尔姆(Thiadhelm)管理。而且,大多数德国主教,都是在这样一所教堂学校或改革后的修道院(reformed monasteries)的学校接受的教育。哈尔伯施塔特的西尔迪瓦德(Hildiward of Halberstadt)和施派尔的巴尔德里克(Balderic of Speyer)就是在圣高伦(St. Gallen)接受的教育。在赖谢瑙(Reichenau)受到教育的奥特温(Otwin),作为主教在希尔德斯海姆(Hildesheim)推行教育。他们以及和他们经历相似的人,都随时准备在新的教区职任上施展他们年轻时所学的知识。

这些主教中的许多人不仅在教育上成绩突出,在资助书籍和艺术品的制作方面也成就斐然。梅斯的狄奥多里克(Theoderic of Metz)在 984 年捐赠给梅斯新建立的圣文森特(Saint-Vincent)修道院一本 8 世纪晚期的讲道集,上面附有维罗纳的拉瑟(Rather of Verona)的评论和校改,[10] 还有一本 9 世纪编辑的历史杂集[11]和一本 9 世纪的关于计算和倍数的教材汇编[12]。像狄奥多里克这样的主教或许会以捐赠古书为乐。别的主教则委托制作新的书籍,供自己或他人使用。例如,科隆大主教埃沃格(Everger of Cologne,984—999 年)把一本使徒书信圣句集(an Epistle Lectionary)赠送给科隆大教堂,书上画着他恭顺地站立在端坐着的彼得和保罗的宝座之前。[13] 科隆大主教格罗(Gero,969—976 年在任)则把自己刻画成为圣彼得献一本福音书圣

---

[10] Berlin, Stiftung Preussischer Kulturbesitz, MS Phillips 1676 (50).
[11] Berlin, Stiftung Preussischer Kulturbesitz, MSS Phillips 1885 and 1896, and St Petersburg Saltykov Schedrin Library MSS Q. v. iv no. 5 and Q. v. class no. 9.
[12] Berlin, Stiftung Preussischer Kulturbesitz, MS Phillips 1831 (128).
[13] Cologne, Erzbischöfliche Diözesan-und Dombibliothek, MS Dom 143, fols. 3v - 4r.

句集（a Gospel Lectionary）的形象。[14] 最有名的赞助书籍制作（book production）的主教或许是特里尔大主教埃格伯特（Egbert, 977—993 年在任）。在他的任期里，特里尔的缮写室（scriptorium）完成了很多本书，或呈献给他或呈献给别人（一些赠给了特里尔的大教堂），例如，颇有名气的以韵文哀悼奥托二世（Otto II）之死的《格列高利作品集》（*Registrum Gregorii*），[15] 还有《埃格伯特圣诗集》（*the Egbert Psalter*），[16] 以及为帮助皇后狄奥法努（Theophanu）学习拉丁语而编写的小本《希腊与拉丁圣诗集》（*Greek and Latin Psalter*）。[17] 然而资助文书室（scriptoria）和委托写书，并不是德国主教的专属。温切斯特也为其主教制作了的精美书籍，著名的有《埃塞维尔德的祝圣仪式手册》（*the Benedictional of Æthelwold*）（埃塞维尔德，963—984 年在任）[18] 和《赐福与主教仪典》（*Benedict and Pontifical*），这两本书都是 980 年制作于温切斯特，随后归鲁昂（Rouen）的大主教罗伯特（990—1037 年在任）或坎特伯雷的大主教瑞米耶日的罗伯特（Robert of Jumièges, 1051—1055 年在任）所有，前者最可能是这两本书的第一位拥有者。米兰的大主教阿尔努尔夫二世（Arnulf II, 998—1018 年在任）有一本精美的祈祷书，在米兰编辑而成，此书被嵌之以金、银，饰以五彩颜色，专供大主教个人使用。该书饶有兴趣之处还在于书中祈祷文可供人选择使用。[19] 但是，对艺术的赞助不仅仅限于书籍一项，还有圣骨盒（reliquaries）、铜制雕塑、象牙刻件以及建筑。提及建筑，还要说到希尔德斯海姆的主教贝恩瓦尔德（Bernward of Hildesheim, 993—1022 年在任），他是另一位后来被正式封圣的伟大的德国主教。

用德国主教的传记作者和圣徒传作者所使用的类似词语来描述 10 世纪的兰斯（Rheims）大主教们则不甚恰当。同样，说兰斯的都主教们在所有方面都秉承安克马尔（Hincmar）的传统和事实不符。有一对矛盾贯穿于这些大主教的历史之中，一方面大主教们满怀理

---

[14] Darmstadt, Hessische Landes-und Hochschulbibliothek, MS 1948.
[15] Trier, Stadtbibliothek, MS 171a.
[16] Cividale, Museo Archeologico, MS N. cxxxvi.
[17] Trier, Stadtbibliothek, MS 7/98°.
[18] BL, MS Additional 49598.
[19] BL, MS Egerton 3763.

想，想要兰斯在法兰克王国各省中卓尔不群，但现实中他们却难胜任其职；他们一方面和加洛林家族的成员耍阴谋诡计，另一方面又屈从于这个家族，屈从于其军队的勇猛和巨额的财富；大主教们和其教区的各主要修道院既关系密切，又常常压迫挟制。例如，海里维斯（900—922 年在任）率 1500 名勇士帮助法兰克国王抗击马扎尔人（Magyars）。瑟伊尔（Seulf，922—925 年在任）加固了城市的防御工事。直到 945 年，圣雷米（Saint-Rémi）的修道院才终获独立，摆脱大主教的控制，有了委任修道院院长之权。[20] 加洛林王朝的伯爵韦尔芒杜瓦的赫里伯特（Heribert of Vermandois）的儿子休（925—931 年在任；942—948 年在任），第一次领大主教之职时才五岁，在王室的干预下，才被废黜，以让位圣雷米的修士阿尔托（Artald）。[21] 不足为奇，法罗多拉尔（Flodoard）的描述那么强调大主教们的行动能力，尤其是他们以牺牲自身的宗教领袖地位为代价来积累大主教区的财富和收回流失的财产。然而，想要更好地理解这一对财产的重视还应该参照如特洛斯里公会议（the council of Trosly）所通过的条款。这次公会议由大主教海里维斯于 909 年召集，会议对那些攫取教会土地的世俗人员，以及王国和世俗权贵侵夺教会财产的行为发起猛烈的攻击。[22] 在法罗多拉尔看来，从这些掠夺者手中收回教会土地的确可能是主教最高尚的美德了。

　　法罗多拉尔不仅仅是把一个人的生平与事件编年成史，他给自己的任务要繁重困难得多。在处理他的教区的历史时，他力图提供的不仅仅是一种集体认同，而且是数十年来主教行为模式的一个合理解释。所以，最终主教的认同和个人生涯要服务于兰斯主教区的财富诉求，这才是其历史中真正的主角。他能够以历史的形式勾勒出法兰克社会中教会的某种观念，并旁征博引，用确立兰斯领土权的法律文献来作为支撑。专注于财产虽然和注重来世这一根本的基督教价值观格格不入，但是在这个深陷阴谋诡计、互相攻讦而又极具变化的世界中，它起到了维持持续性和稳定性的作用。集体认同、对土地占有的重视以及坚定相信主教对于尘世的作用，所有这些可以说是很多加洛

---

[20] Flodoard, *HRE* iv, 32, pp. 583 – 4.
[21] *Ibid*, iv, 24, p. 580.
[22] Mansi, *Concilia* 18, cols. 263 – 308.

林、萨克森和萨利安（Salian）的主教教区历史的指导性中心主题。欧塞尔（Auxerre）、拉文纳（Ravenna）、勒芒（Le Mans）、康布雷（Cambrai）、汉堡－不来梅（Hamburg-Bremen）、那不勒斯（Naples）、列日（Liege）、特里尔（Trier）、凡尔登（Verdun）、梅斯（Metz）和图勒（Toul）的历史的写作，都是上承 8 世纪晚期执事保罗（Paul the Deacon）的《梅斯主教的历史》（*Gesta episcoporum Mettensium*），并受教宗史汇编《教宗名录》（*Liber pontificalis*）所启发。不同地区的历史把主教们及其前任和后任进行了比较，记录了对这些主教在其教区所起作用的不同看法，这些历史记载出现的地域不同，其本身可能就意义非凡，因为以此体裁写就的历史好像并没有在西班牙、英格兰、意大利北部或法国南部幸存下来。

直到阿达尔贝罗（Adalbero），兰斯才再一次有了一位可以引以为荣的大主教，他也更加符合主教传记所确立的大主教标准。阿达尔贝罗来自洛泰林吉亚（Lotharingian），在戈尔泽（Gorze）接受的早期教育。当他在兰斯推行学校教育时，这一经历结出了硕果，他委派热贝尔（Gerbert）担任兰斯的学校的校长，在穆宗（Mouzon）重建本尼狄克修道团体（Benedictine community），并把默兹谷（the Meuse valley）和梅斯（Metz）的葡萄酒产区的许多种植园移交给修士。而且，他重新引入教会法规以管理兰斯教堂的教士；圣蒂埃里（Saint-Thierry）的修道院也得以复收修士长期修道。这一阶段，兰斯的文书室也似乎十分活跃。阿达尔贝罗好像还承继了其前任安克马尔（Hincmar）的事业，资助教堂图书馆。他还尽心尽力装饰现有的教堂，并致力于在兰斯建立一所新教堂。[23] 然而，即使虑及里歇尔（Richer）的《历史》（*Historiae*）一书对阿达尔贝罗的描述，兰斯的大主教的政治参与还是保留了其世俗性的特征。例如，阿尔托（Artald）主张由休·卡佩（Hugh Capet）接任西法兰克王国（west Franish kingdom）就是很好的证明。[24] 但是，向王室后裔表明兰斯是支持王权的关键力量，是符合兰斯的利益的。不像英格兰的主教，兰斯的大主教几乎没有试图在道德方面向统治者施加权威。阿达尔贝罗的继

---

[23] Richer, *Historiae* iii, 22–3, pp. 28/30.
[24] *Ibid.*, iv, 3–5, pp. 128/32.

任者们坚定地维护着加洛林王朝的传统：追逐私利的野心和政治干预。

主教的身体力行（physical strength）得到同样重视，这可从来自桑斯（Sens）的只言片语的描述中看出来。桑斯由大主教阿钦鲍尔德（Archembald，958—967 年在任）管辖简直就是耻辱，即使以兰斯的法罗多拉尔（Flodoard）的含蓄的标准来衡量也是如此。据 11 世纪桑斯的编年史家奥多兰努斯（Odorannus）[以及克拉瑞斯（Clarius），他附和奥多兰努斯的观点]，阿钦鲍尔德实际上不仅变卖了桑斯的土地和教堂，连教会建筑也不能幸免。得来的款项都被用来恣情纵欲，圣彼得修道院的食堂变成淫乱的场所，修院辖区也成为他飞鹰走狗、打猎游荡的去处。但是，在阿纳斯塔修斯（Anastasius，968—976 年在任）管辖期间，特别是在赛甘（Seguin，977—999 年在任）任内，桑斯的教会重又受人尊敬，恢复了其在 9 世纪时的地位。快速的复原支撑了费希特瑙（Fichtenau）颇为宽容的观点，即这一短暂偏离（temporary alienation）的影响不大。编年史家对赛甘全身心奉献于圣彼得修道院深感兴趣，并详细记录了他恢复修道院的戒律、组织和地产，并委任了一位新的修道院院长的过程。赛甘又重建了于 967 年 7 月毁于大火的圣斯蒂芬大教堂，他和他的特鲁瓦（Troyes）、纳韦尔（Nevers）和欧塞尔（Auxerre）的主教同僚们共同主持了新教堂的祝圣仪式。在建立城市教区教堂和添置新的重要圣物（relics）的过程中，也照顾了普通信众的诉求。其中圣物包括教宗利奥一世（Pope Leo the Great）的手臂，以用来凝聚人们宗教虔诚之心。据称，赛甘和其后任莱奥泰利克斯（Leothericus）都有教宗授予的白羊毛披肩（Pallium）。虽然至少从 8 世纪开始，新任大主教都会获颁白羊毛披肩以示职位确认，这是通常的程序，但奥多兰努斯（Odorannus）这位桑斯大主教却坚称他的白羊毛披肩意味着高卢首主教（the primacy of Gaul）的头衔一并被授予了他。情形是否如此，是大为可疑的。兰斯也声称拥有这一首主教头衔。然而，首主教这一称号是一个敬称，其准确的职责，即使在梅斯的卜尼法斯（Boniface of Mainz）的时代和梅斯的克罗狄根（Chrodegang of Metz）时代，也是难以断定的。

虽然兰斯和桑斯的主教们同在一个古老的教会框架内工作，努力固守他们的优越地位,汉堡-不来梅(从 864 年始连成一个主教区)的大主教们则试图在丹麦、挪威、瑞典以及易北河以东的斯拉夫人中施加其教会影响。如不来梅的亚当(Adam of Bremen)所讲,从汉堡-不来梅的首任主教安斯卡(Anskar)在丹麦和瑞典传布福音开始,主教们的精力都倾注到了在斯堪的纳维亚建立教会上。特别是温尼(Unni,919—936 年任主教)和一位"非常圣洁的人"(and "a very holy man"),他们在瑞典布道并在那里去世;还有阿达尔达戈(Adaldag),他建立了里伯(Ribe)、石勒苏益格(Schleswig)和奥胡斯(Aarhus)主教区,隶属汉堡-不来梅大主教管辖,他还在斯拉夫人中传教。主教们如此兢兢业业,目的是要在东法兰克王国的北部疆域巩固大主教自身的教会权威。而且,不能把他们在北方的传道工作和政治考量分离开来。亚当在其北方传教的叙述中经常提及但又为人所忽视的一点就是和英格兰的利益冲突,特别是在丹麦入侵英格兰之后的克努特(Cnut)统治期间。[25] 同样被忽视的还有,在开始提及斯拉夫人时,他谈到了政治扩张和教会扩张密切相关,以及法兰克和萨克森在北方斯拉夫人中未获成功,这部分原因在于当地的各民族坚定不移地维护他们的政治自治。

  这些北方的主教视野开阔,也是许多主教传统美德的典范。阿达尔达戈(Adaldag)把那些神圣的殉道者奎里埃库斯(Quiriacus)与塞萨里乌斯(Cesarius)、维克托(Victor)和科罗纳(Corona)、菲利克斯(Felix)、费利奇安(Felician)、科斯马斯(Cosmas)和达米安(Damian)的圣物分配给其主教教区(diocese)下辖的各个教区(parish),并确保不来梅的救济院(Xenodochium)正常运行。阿达尔达戈本人来自希尔德斯海姆(Hildesheim),"容貌高贵、举止高雅,出身名门望族",和弗尔登的阿德尔伍德(Adalward of Verden)有亲属关系。他曾效力于奥托一世的官署。在希耶斯灵根(Hieslingen)和雷普斯霍尔特(Reepsholt),他分别创立了一座女修道院和修道院,在汉堡运营着一所学校。1013—1029 年在位的主教乌旺(Uwan)也是出身名门,选拔于帕德博恩(Paderborn),富有而不吝钱财。用教会法规来约束教堂教士,是他首先为之;他还用汉堡教区

---

[25] Adam of Bremen, *Gesta* ii, 37, p. 98.

的收入购买大批礼物，赠予挪威的诸王，以软化他们的态度，让他们接受汉堡－不来梅所代表的德国教会所传达的示好姿态。

亚当不只是一位给各个主教作传的传记作家，他所写的堪称一部历史，以汉堡－不来梅为焦点，记载了他生活成长的地区发生的事件。在这一地区，萨克森国王、斯拉夫的统治者以及斯堪的纳维亚各民族的统治者之间相互作用、彼此影响，这都是大主教所关切的政治事务或世俗事务。虽然亚当以向异教徒传教为其写书之第一要义，他还设法传达了政治扩张与教会扩张所基于的原则。他在书中开宗明义，直陈安斯卡（Anskar）的生平及意义所在。安斯卡之后主教生平的书写则以安斯卡为例。对汉堡－不来梅的虔诚奉献是主教美德的极致，而大主教中备受非议的当属赫尔曼（Hermann，1032—1035年）。他是从哈尔伯施塔特（Halberstadt）的全体教士（chapter）中选举出来的，他很少造访汉堡，弃汉堡为荒芜之地；偶尔去一趟，也是携一大群人。他所做的唯一有德之事就是委任圭多（Guido）为不来梅教堂的音乐教师，圭多改写了圣歌和礼拜仪式的教规（chant and liturgical discipline）。

10世纪，汉堡－不来梅的大主教们拓展基督世界的疆域，并不是孤军奋战。奥托一世把其王国的边界向东扩展，在他的主教的辅助下建立教会，这是巩固政治统治的基本内容。如上文所述，克努特与英国主教在斯堪的纳维亚开展独立传教事业，与汉堡－不来梅的大主教们存在利益之争。在其他地区，传教努力的表现有二：一是建立新主教教区，如班贝格（Bamberg，1007年）、马格德堡（Magdeburg，968年）、格纳森（Gnesen，999年）、波森（Posen，968年）、布拉格（Prague，973年），这些教区被当作传教的桥头堡和新的教会的中心。二是纪念圣徒那些值得称颂的生平事迹，他们把基督教传播到丹麦人、斯拉夫人、奥博德里特人（Obodrites）、罗斯人（Rus'）、波兰人或马扎尔人中去。不管王侯们一生中以多么肤浅的方式首次引入基督教，这些接受基督教的王侯常常扮演了至关重要的角色，如瓦茨拉夫（Wenceslas）、波希米亚的波列斯拉夫一世和波列斯拉夫二世（Boleslav I and Boleslav II in Bohemia）、波兰的梅什科一世（Miesco I）、哈拉尔德·布鲁图斯（Harald Bluetooth，950—986年在位）、挪威的奥拉夫·特里格维逊（Olaf Tryggvason，995—1000年在位）和奥拉夫·哈拉尔德逊（Olaf Haraldson，1015—1030 年在位）。的确，近来的研究往往强调每一地区的王侯和领袖而不是外来传教士在决定接受基督教方面所起的作用。新建立的教会本质上都是国教，这也支持了这一观点。因此，皈依基督教并不仅仅是一项关于宗教的决定，也是关于政治联合和文化结盟的决定。借助于这种宗教承诺，不同群体的人也能够团结统一在一起，或单个人也能够借此巩固他的政治控制力，如基辅的弗拉基米尔（Vladimir），或波兰的梅什科（Miesco）。换言之，王权的稳定过程和基督教化常常相辅相成。8、9 世纪从萨尔茨堡（Salzburg）和阿奎莱亚（Aquileia）派出的使团为后来的传教者打下了基础；在很多地区，意大利教会（甚至教宗本人）或者拜占庭教会，初始时都起了举足轻重的作用。例如，拜占庭传教士美多迪乌斯（Methodius）使摩拉维亚（Moravia）皈依。现在，为纪念他，在罗马圣克雷芒大殿（the lower basilica of St. Clemente）内的系列壁画都是以他为主题创作的。劳里沃伊（Rorivoj）和他的妻子卢德米拉（Ludmila）及儿子斯皮蒂赫内夫（Spytihnev）都是由大主教美多迪乌斯一同施洗的。但是，在 895 年，斯皮蒂赫内夫重续了摩拉维亚对法兰克人的效忠；而据推测，雷根斯堡（Regensburg）的主教管辖权拓展到波希米亚（Bohemia）境内。10 世纪晚期，布拉格（Prague）主教区得以创立，第二任主教是阿达尔伯特·弗基特奇（Adalbert Vojtech）。弗基特奇在马格德堡受的教育，999 年被封为圣徒，由此波希米亚人就有了自己民族的圣徒。紧随其后，国王瓦茨拉夫（King Wenceslas）也被封圣。托米斯拉夫（Tomislav，910—929 年在位）统治时，克罗地亚（Croatia）重获统一，教宗因托米斯拉夫的功绩，承认他为克罗地亚人的国王。因战略原因，威尼斯、拜占庭和匈牙利都觊觎克罗地亚人的王国。这样，在这一地区，政治利益和教会利益发生冲突，而斯普利特（Split）的大主教则矢志以教会统治该地区。

很难准确了解这些皈依民族的异教信仰的性质和程度，从使他们皈依的基督徒口中，我们才对他们稍有耳闻，基督徒们谈到这些异教徒的宗教信仰和习俗时，评价草率、态度轻蔑。但是，从易北河斯拉夫人长期的抵制皈依可以推测出异教信仰程度的大体情况，尤其是东部斯拉夫人的情况。再往东，立陶宛人（Lithuanians）到 14 世纪中期才皈依基督教，而且显而易见，他们的皈依是出于政治动机，而非出于宗教信仰。而且，有些时候，部分东部地区因和基督教地区长期接触，其异教信仰逐渐淡化。此外，抵制基督教成为政治抵抗的重要部分。例如，挪威的皈依进行得非常缓慢，这一点意义深远。虽然从9世纪末就有传教士来这里传教，历经200年，教会机构还是没有稳定下来。宗教信仰的变化改变了公众（community）的生活，但另一方面在冰岛，也可以清晰地看到基督教大力调整自身以融入冰岛社会。基督教教会要适应这片土地的自然环境，还要融入当地的公众生活中。在斯拉夫和斯堪的纳维亚地区，适应并接受基督教，决定权不仅来自统治者，也来自他统治下的人民。当基督教被宣布为冰岛的官方宗教时，这种共同决策的性质才由冰岛著名的阿尔庭（Althing）在999—1000年以象征性的语言表达出来。

表面上以基督教为手段达到了政治目的，其中体现的却是主教的影响力。10世纪前，圣徒传中主要描写了修道院的奠基者和苦修的修道圣徒的生平，而10世纪圣徒传的主角是主教，他们有时是苦修者，有时也是修道院的奠基者和修道制度的推行者，并表现出很多中世纪早期圣徒的品质，不过这在一定程度上源自圣徒传记作家的热心努力。而且，他们总是脚踏实地，且涉身政治，精力充沛而学识渊博，而且关心信徒的物质利益和身体福祉。从对他们的描述来看，这些主教的生平活动的重心都在某一地域，上述例子也可说明此点。由于我们主要以圣徒传记作家的视角去审视这些主教，如果这些主教传记没有间接展现出当时人们对主教们的期望，传记作为历史证据的可信性可能会被削弱。因此，主教乌尔里克，或主教埃塞维尔德，以及其他圣徒传记作家笔下的主教，每个人都是主教的一面镜子（speculum episcopi），是其他主教学习的典范，也是普通信徒和低级教士衡量自己主教的标尺。然而，正如我们从汉堡的主教身上所看到的，我们所知的这些主教的形象，像大多数口头的、书面的形象塑造一样真实，部分是由他们自己在现实中的活动和个性所决定，部分是由他们前任的活动所决定。

要更多地了解这些主教的大多数，可以通过他们的言语，以及他们中很多人互致的信件，有时这方面资料非常丰富，如兰斯的热贝尔和维罗纳的拉瑟（Rather of Verona）的例子。通过这些资料，主教的活动就一览无余,从政治阴谋到教牧建议。而且,我们看到,整个欧洲的主教都参加当时的宗教会议,可由此确知他们本人的集体认同感(collective identity)如何,以及共同行动意识是怎样的。但是,10世纪和11世纪早期大部分教会立法有着显著的地域性和教区性特征。全体宗教会议很少召开,甚至地区性的宗教会议也少见,这和加洛林时期形成鲜明的对照。保存下来的教令更常常来自主教教区会议,或者至多来自省级会议。然而,即使有着地域的差异,它们却反映了整个欧洲教会领袖目的的一致性和关注事务的相似性。尽管教会的会议立法有其明显的规范性,但通常都是回应某些难题,解决地方的争端,也偶尔就一般性的宗教仪式和组织发布指令。大批这样的立法文件留存下来,但却常常难以分类。例如,一些立法文件属于教会会议记录之类,读起来却像宗教法庭记录。另一些则或温言警告,或规劝告诫,或规定某些恶习的补救措施。例如,很明显维罗纳的拉瑟选择宗教会议论坛发表讲话,规劝教士要遵守职责,特别在他们举行弥撒仪式时,要教授所有教区居民祈祷文和信条,要知道行洗礼的合适日期(复活节前夕、五旬节前夕),以及神甫本人应熟知自己的本职工作:弥撒、福音书(Gospels)和使徒书信(Epistles)以及为病人、垂死之人和死者举行的仪式。㉖

有时,宗教会议是由于外部教会高层来访而召开的,例如,916年的霍恩纳塞姆宗教会议(the synod of Hohenaltheim)是由教宗使节奥尔泰的彼得(Peter of Orte)来访所促成。其他宗教会议的召开则是为了解决某些因主教任命所引起的争端。如在凡尔登、穆宗、英格尔海姆、特里尔和罗马举行的系列会议就是因947年到949年间兰斯大主教区的丑闻(scandal)而引起的,920年在科隆召开的科隆省级宗教会议是要解决列日主教区的争议,类似的还有929年的杜伊斯堡(Duisburg)宗教会议,955年的拉文纳(Ravenna)宗教会议和958年的英格尔海姆宗教会议。省级的和主教辖区的宗教会议(provincial and diocesan synods)讨论的一般是和主教及教士行为有关的教会内部规定,教会戒律或普通信徒的宗教礼仪问题。意大利主教从10世纪50年代开始出席在德国召开的会议,表明奥托家族插手意大利,

---

㉖ Rather of Verona, *Epistolae*, ed. Weigle, no. 25, pp. 124–37.

这赋予了教会更多的政治含义。很多这样的宗教会议，尤其是那些牵涉主教教区争议的会议，有着明显的政治含义，但实际上很少有宗教会议由国王召集。如果有，也是由亨利一世或奥托一世这些统治者发起，并反映了国王对教会事务日常管理的密切关注，以及国王日益把这种管理和王国的善政相关联。类似会议之一，932年的埃尔福特（Erfurt）宗教会议可能对了解亨利一世的教会政策颇有助益，会议的日程和组织情况可能都得到了国王的密切关注。依此解读，亨利像其加洛林先辈一样，肯定会认为，自己作为统治者的愿望与他那些身为教区教牧领袖和宗教领袖的主教的愿望并无二致。他亲自出席表明了国王支持教会的立场。因其出席，埃尔福特宗教会议增色不少，梅斯和汉堡－不来梅的大主教，弗尔登（Verden）、斯特拉斯堡（Strasbourg）、康斯坦茨（Constance）、帕德博恩（Paderborn）、奥格斯堡（Augsburg）、哈尔伯施塔特（Halberstadt）、维尔茨堡（Wurzburg）、奥斯纳布吕克（Osnabruck）、明斯特（Munster）、明登（Minden）的主教们以及一大批修道院院长和教士都参加了会议。他们的审议参考了早期的梅斯宗教会议（852年）和特里布尔（Tribur）宗教会议（895年），而这两次会议又反映了早期加洛林时期的会议条款规定。可以确定无疑地说，就整体而言，10世纪的会议决议从加洛林时期的教会会议受益良多。

这就提出了一系列问题，其中包括会议记录得以幸存的背景、教会法的形成与发展、教会权威的界定和理解以及历史先例的作用。不管恰当与否，10世纪早期目前被理解为是一个过渡阶段，从加洛林宗教会议的一致行动过渡到10世纪格列高利教会学（Gregorian ecclesiology）的确定性。虽然10世纪没有9世纪那么多的超地区宗教会议（supra-regiona councilsl），肯定也有不少地方的和省级的会议，特别是在东法兰克王国，有留存下来的记载可资证明；如果有会议召开通告就算召开了宗教会议，那么，会议的次数就更多了。宗教会议作为教会管理和决策的一种形式，无疑被视作是合理存在的。不仅很多加洛林时期的教会会议教令收录到9世纪晚期和10世纪的教会法汇编中，加洛林时期的决议，如上文所述，在10世纪和后来的教会会议的审议中也被明确提及。但是，如果能如此清晰地看到此种延续性，那是否该使用过渡这一概念则大可存疑了。而且，这表明，就他们所认可的传统和习俗来说，加洛林晚期的主教和奥托早期的主教事实上彼此间是难以区分的。

当然，从西法兰克的角度来看，加洛林教会立法所关注的问题，10世纪的教会仍在审慎考虑。888年到987年留存下来的主教会议教令为数很少，所普遍关注的事务和9世纪主教会议基本上没有什么不同，虽然可以看到此时某些地方和省级宗教会议是在应对迫在眉睫的问题。例如，前文提及的909年的特洛斯里（Trosly）宗教会议，对所有那些攫取教会土地的世俗人员，对国王、世俗权贵侵夺教会财产的行为，以及对他们的职务和特权，不再不分轻重地一味攻击，而10世纪兰斯的主教们对此则是不遗余力地奋力抵制。

然而，强调教会的戒律和道德支柱作用，注重主教和神甫的职责以及重视维护作为基督王国一部分的教会组织，这同查理和虔诚者路易（Louis the Pious）治下加洛林王朝宗教会议的鼎盛时期如出一辙。而且，在西法兰克的资料里可以知道加洛林时期大型宗教会议的手抄传统，从中我们看到了和东部一模一样的图景。从很多加洛林时期教会会议教令幸存的背景中可以清晰地看到，10世纪的每位主教把他们自己宗教会议所关注的事务和加洛林时期的宗教会议所关注的事务直接联系起来。例如，10世纪来自弗赖辛（Freising）的一本手写本中，含有加洛林时期改革教会的教令，以及916年的霍恩纳塞姆宗教会议、922年的科布伦茨宗教会议、929年的杜伊斯堡宗教会议和932年的埃尔福特宗教会议的教令。㉗ 编辑者可能在弗赖辛的主教亚伯拉罕（Abraham of Freising）的赞助下，希望在两套教令之间建立联系，这两套教令时间相隔有一个世纪之久，但主旨却无甚差异。此外，很多这样的主教会议的教令，加上9世纪的主教的教会会议教规，一起被收录到11世纪主要的教会法汇编中，如沃尔姆斯的布尔夏德（Bruchard of Worms）所编订的汇编。更古老的教会法汇编，像《高卢教会法》（*Vetus gallica*），从8世纪早期就在整个西欧广泛传播，在10世纪和11世纪的汇编中仍然广为采用。《爱尔兰教会法汇编》（*Collectio canonum hibernensium*）仍然广受欢迎，类似的还有意大利的《教会法汇编》（*Concordia Cresconii*），以及所谓的罗马汇编

㉗ Clm 27246.

《狄奥尼索斯－阿德里安教会法汇编》(*Dionysio-Hadriana*) 和《西班牙教会法汇编》(*Colletio Hispana*)。以此为基础进一步汇编在各种背景下一直进行着。当然，还要算上我们称为《伪伊西多尔教令集》(Pseudo-Isidorean Decretals) 这部声名狼藉的伪造汇编，虽然 10 世纪和 11 世纪早期的很多编者似乎真假教会法规都予以采用。著名的例子是在 900 年左右成书于德国南部（或根据雷诺兹的说法是 870 年）的一本汇编，其编者一般认为是库尔的雷默迪斯（Remedius of Chur），此书在很多德国主教区都有发现；还有《献给安塞姆的教会法汇编》(*Collectio Anselmo dedicata*)，是献给米兰主教安塞姆二世（Anselm II of Milan, 882—896 年）的，此书 10 世纪在意大利广为传播。

很明显，每一本书都像一只万花筒包含有多种多样的教会法规，这些法规来源于加洛林时期或更早的教会会议，有的也选自教会法规汇编。每本书都是在某时为某一特殊目的而编订的。一些书可能和某些宗教会议的日程有关，或与主要的争端相连。这就出现一个与此相关的问题，即宗教会议记录到底是如何记载的。例如，现存的几件 10 世纪桑斯主教区的特许状表明，宗教会议最初的记录和法院的记录簿（*notitia*）相似，载有会议决议和出席者名单。所有类似的文件表明，参与者都能达成一致的决议，但是为何这些决议在脱离其正式的外交语境，并因某些目的被编辑、收录到法律文件汇编之后，竟还依然有其权威效力，其根本原因难以知晓。然而，进一步考虑可知，每一次宗教会议，或明确或含蓄，把自身置于一种历史连续性当中去，会议上相关教会人士聚首讨论教会的组织、信仰、戒律，或特定的、当前的争端。例如，大约公元 1000 年，一位编辑者在梅斯省编订了一部教会法汇编，从早期基督教会、西哥特（Visigothic）、盎格鲁－撒克逊和加洛林的宗教会议决议和他当时的教会法中择取教令，并把它们糅合起来，这样就在这些地区之间建立起了明确的联系。[28] 教令条款都和教会共同关心的切身事务有关，比如，神甫的作用、主教的管辖权、迷信的影响、婚姻合法性问题以及神甫布道内容。有一部为主教使用而编订的西法兰克的汇编，书中除了其他的法令文本

---

[28] Wolfenbüttel, Herzog-August Bibliothek, MS Helmst 454.

外，还包括苏瓦松的里卡尔特（Ricult of Soissons）的法令集（Capitula）、用来召集宗教会议的教会历书（ordines），很多内容还涉及神甫应有的行为与职责，以及主教和修道院院长之间的关系。㉙ 一些汇编，例如，由沃尔姆斯的布尔夏德或普吕姆的雷吉诺（Regino of Prüm）所编订的汇编更具权威性，其中原委已无法确知了，但其翔实细致的特点可能是后来的编辑者对它们青睐有加的原因。因此，这些汇编起到了确认教会和主教权威的作用。个人的编选也表明了编选人有权从过去的法规中选择自己认为重要的内容。例如，10 世纪后半叶为梅斯大主教编订的一本汇编，其核心部分来自普吕姆的雷吉诺的《教会会议的起源与教规》（De synodalibus causis et disciplinis ecclesiasticis），并以此为核心，编入了有关教会管理、教会法和教会组织的决议，所有这些决议都和主教自己教区的工作直接相关。㉚ 同样，很多主教，例如特里尔的罗特格（Ruotger of Trier），延续了 9 世纪主教对教区教士发布法规（capitula）或指令的惯例。这些法规和指令反映了主教区关心的事务，其发布明显指向教区事务的日常管理、教士的行为和普通信徒的信仰。

信仰以及整个基督年历（the Christian year）中普通信徒生活的完全转向，都在基督教教会的礼拜仪式中有所反映；10 世纪，部分最富创造力的主教的活动，也体现在礼拜仪式和用于礼拜仪式的圣歌（liturgical chant）中。中世纪早期的主要礼仪书包括圣事手册（sacramentary）和教会历书（ordines）。圣事手册内有供礼仪主持人（celebrant）使用的感恩经（the eucharistic prayers）和整个礼拜仪式年（liturgical year）中教会其他仪式的祈祷文原文。而教会历书则是对各种各样仪式的说明和指导，在这些仪式中要诵读圣事手册中的祷文。这样，我们就能够重现礼拜仪式实际上是如何举行的以及仪式上说些什么。每位主教及修道院院长负责调整、改编礼仪书和圣歌曲目，以使之深具地域特征。如此一来，每一部留存下来的礼仪法典（liturgical codex）都略有变化，专为某一教堂或某些教堂所使用。此外，9 世纪大肆泛滥的弥撒经书（Mass）的注释还继续传布。尽管也

㉙ BN lat. 4280A.
㉚ Wolfenbüttel, Herzog August Bibliothek, MS 8321 Aug. 2°.

第五章 教会

有统一礼拜仪式的努力，但到 9 世纪末，整个欧洲的仪式的多种多样，比起两个世纪前，不仅没有减少，还有扩大之势，地域传统受到衷心维护。而且，10 世纪和 11 世纪早期礼拜仪式的证据说明，在一个极具创造力的时期，地域多样性是如何得以维持下来并扩大的。首先，有大批的各类手抄本保存下来，来自多个不同的中心地区，如雷根斯堡、梅斯、巴塞尔、米兰、约克、温切斯特、康沃尔的圣杰曼斯（St. German's in Cornwall）、克拉科夫（Cracow）、桑斯。其次，一种新型的混合体书——弥撒用书（Missal）——被创建出来，它包括弥撒原文、使徒书信（Epistles），以及轮唱赞美诗（Antiphons）。而其他各种不同的书也被创作出来，如祝圣仪式手册（Benedictionals），内含主教祈祷文。教宗格列高利五世（Pope Gregory V，996—999 年在位）998年亲自要求赖谢瑙的修道院给他寄送一本弥撒用书（Missal）供其使用。再次，供主教使用的一种新书——主教仪典书（Pontifical）——也被创作出来。此书集供主教使用的祷文、仪式和教会历书于一卷。名气最大的一本当属所谓的《罗马—日耳曼主教仪典》（Romano-Germanic Pontifical），于 10 世纪中期，在弗雷德里克、威廉、维利吉斯任梅斯大主教时被编辑成书。此书吸收了远为古老的法兰克非感恩仪式的材料（non-eucharistic material），特别是吸收了阿尼亚纳的本尼狄克（Benedict of Aniane）为查理增补过的《阿德里安圣事手册》（*Hadrianum Sacramentary*），并与教会历书合二为一。㉛ 来自圣高伦（St. Gallen）的一本 9 世纪编辑本，对《罗马—日耳曼主教仪典》的成书有着特别重要的作用。㉜《罗马—日耳曼主教仪典》很快取代了梅斯和萨尔茨堡（Salzburg）广大主教区的教会历法集，虽然在欧洲别处的影响有限。教会历法甚至比祈祷文更能让人能全面理解法兰克人。这些革新清晰地反映出地方主教的首创精神以及主教依靠缮写室（scriptoria）供给所需的礼仪法典（liturgical codices）的能力。

这样，在 880—900 年的东法兰克王国，主教弥撒的礼仪说明（教会历书 9）被补充到教会历书中，并被纳入《梅斯教会仪典》。沃尔姆斯的布尔夏德为守夜祈祷（the night office）设计了一套从

㉛ 见 for example, BN lat. 13313 and Vienna, Österreichische Nationalbibliothek, MS lat. 701.
㉜ St Gallen, Stiftsbibliothek, MSS 614 and 140.

《新约》《旧约》选取的综合诵读经目（教会历书113）；贯穿基督年（the Christian year）的礼拜功能也有了礼仪说明（教会历书50）。其他的教会历书反映了西法兰克的革新，比如说，10世纪晚期利摩日的圣马夏尔（Saint-Martial of Limoges）对圣周（Holy Week）最后三天的礼仪说明（教会历书33）。[33] 在罗马，约925年增加了用于读经员（lectors）、执烛者（acolytes）、副执事、执事、神甫和主教授品典礼（ordination）的教会历书（教会历书35）。其他用于主教祝圣仪式的教会历书于大约970年被增补（教会历书25A和35B）。从"胖子"查理之死到915年贝伦加尔（Berengar）加冕（教会历书45）期间开始使用皇帝加冕的仪式。

因此，并没有明显的证据表明礼拜仪式得到统一。即使像10世纪那样，新的合集得以成书，但这些合集都来自时代更为久远的那些常见材料，而且表现为钟情于一些特定的礼拜仪式。很明显的一个例子就是在10世纪的历程中，基督教世界内部的不同地域如克罗地亚、匈牙利、波希米亚和波兰，出现了不同的仪式。拜占庭和罗马主张的仪式看起来都同样有诱惑力，但是礼拜仪式的倾向性，如波希米亚的拉丁语倾向、摩拉维亚的斯拉夫语倾向、克罗地亚的格拉哥里字母（Glagolitic）倾向、匈牙利的拉丁语倾向，反映了一种文化的、语言的、知识的和政治的倾向，这一倾向对于这些地区将来的发展意义重大。某一教堂采用何书无疑系于主教一人。例如，皇帝洛塔尔（Lothar）时期亚琛宫殿小礼拜堂所采用的《格列高利圣事手册》（Gregorian Sacramentary），其成书早期曾是罗马神甫的弥撒用书（Mass Book）[不同于《阿德里安圣事手册》（Hadrianum）等教宗用书]，后为亚琛"宫廷"缮写室（scriptorium）的抄写员（scribes）所选用。[34] 此书随后传播到列日（Liege），900—950年又流布到了维罗纳（Verona），在那里得到进一步增补。10世纪的这些关于8世纪杰拉西乌斯圣事手册（Gelasian）的例子表明了更为古老的法兰克礼拜仪式经文是怎样仍在使用的。[35] 在新近归于法兰克统治之下的地区，

---

[33] BN lat. 1248.
[34] Padua, Biblioteca capitolare, MS D47.
[35] Zurich, Zentralbibliothek, MS c43, made 1020-30 and the so-called 'Missal of Monza', Monza, Biblioteca capitolare, CodexFi—i—i from Bergamo, of the late ninth or early tenth century.

"非罗马"仪式占主导地位,如爱尔兰使用的"凯尔特仪式"(Celtic rite),北意大利部分地区甚至在进入 11 世纪后依然使用的安布罗西安(Ambrosian)仪式或米兰(Milanese)仪式,还有穆扎拉布(Mozarabic)和"古老的西班牙"(Old Spanish)的礼拜仪式。例如,后者的特点在于其重新改编了穆扎拉布轮唱赞美诗集(Mozarabic antiphonary),一般认为这是由莱昂的主教阿基利亚(Akilia,917—970)所为。[36] 然而,所有的仪式都对法兰克王国圣事手册的编辑起了一定作用,不能将罗马—法兰克圣事手册(texts)截然分开来看。

其他书籍和礼拜用圣歌(liturgical chant)相关,如答唱咏(Responsaries)、圣歌(Tropars)、继抒咏(Sequentiaries),以及圣诗集(Hymnaries or Hymnals)。还有些书籍含有举行弥撒或其他仪式时使用的经文,如主教祝圣仪式手册(episcopal Benedictionals)和殉教圣徒录(martyrologies)。就是这些经文集(lectionaries)表明,中世纪早期在经文的选择和编排上存在着巨大的地域多样性,但要把西班牙的经文集(lectionaries)排除在外,那里的经文集相对稳定。虽然罗马天主教会在 1570 年才确定下来其经文(readings),选择的体系本质上还未脱离罗马—法兰克的体系。

另一方面,圣歌集(chant books)经历的最为引人注目的增补和变化表现在音乐上。在墨洛温王朝晚期和加洛林王朝时期,一种"混杂"的罗马圣歌曲目被创作出来,它混合了古老的源于罗马的材料与时期更早的法兰克本地的材料。然后,再顺承形势与加洛林时代的人们所理解或声称的那个时代的罗马音乐相结合,这便形成了一种独具特色的礼拜仪式圣歌,一般称作"格列高利"圣歌。从 9 世纪开始延续到 10 世纪,乐谱(musical notations)数目惊人地增加,圣歌曲目得到扩充,特别是继叙咏(sequences)和附加段(tropes)这些结合乐曲和散文(prose)的新的合成体得到了大发展,尤其是在列日、赖谢瑙、圣高伦、温切斯特这些中心地区,以及约 1000 年后西法兰克王国和意大利的许多大教堂和修道院。圣歌理论(chant theory)也得到进一步发展,特别是赖谢瑙的赫尔曼(Hermann of Reichenau)和阿雷佐的圭多(Guido of Arezzo)做出了贡献,乐器如

---

[36] Leon, Biblioteca capitolare, MS i.

风琴被广泛使用，10世纪晚期还出现了礼拜剧（liturgical plays）。

庆祝礼仪年（the liturgical year），不仅要用语言还要借助音乐。礼仪年既包括重要的基督教节日，也包括地方圣徒的宗教节日。近期在讨论中世纪的大众宗教和文化时，圣徒生平传记这一证据和圣徒崇拜的其他资料备受推崇。但是，考虑到《圣乌尔里克传》（Vita sancti Oudalrici）这样的圣徒传记，以及其背后所揭示的历史背景的重要性，圣徒传记显然不能被视为可以为整个中世纪早期提供一类稳定历史证据的一种静止不变的体裁。原先把官方的书面礼拜仪式崇拜和大众的口头圣徒崇拜（被认为是类似于异教徒迷信的证据）区分开来，这一区分不再合乎逻辑。最近的研究强调了圣徒传记和圣徒崇拜对历史年代和历史背景远不是漠然处之，也强调了大众的圣徒崇拜不需要牵涉那些非基督教的、巫术的或异教的习俗。例如，在奥尔良主教区，崇拜已去世的奥尔良本地神甫（father）是当地圣徒崇拜的重点。他们是当地圣洁、虔诚的楷模。这样，圣徒在当地社区（communities）的作用要在宗教信仰和社会信仰的背景下去理解；圣徒的庇护作用要从当时的社会体制角度去理解。"神圣庇护的逻辑"（logic of saintly patronage）曾为黑德（Head）所援引以阐释普通信徒和教士之间相互作用的方式。庇护的职责要求圣徒需代表其仆人的利益；圣徒要以其神奇的力量护佑那些甘愿当其仆从的人。这一关系在许多方面映射（mirror）出世俗社会中领主和忠诚于领主的人之间的关系。一方面，人们服膺圣徒的力量；另一方面，请求圣徒以其力量护佑请求者并为请求者说情，这在地方"神甫"和其信徒之间的各方面关系上起着支配作用。上帝以圣徒代言。圣徒活生生地存在于人的周围，他们拥有财产，在人的视觉中显现，治愈病人，赏善罚恶，施以公正。圣物（relics）展现着神奇的力量。他们的生平记述提供了一种观察和阐释圣物的方式。奥尔良的主教瓦尔特（Bishop Walther of Orleans）在其871年的法令（statute）中首倡奥尔良的圣徒崇拜。在10世纪和11世纪，这些圣徒的生平得以记述，目的是要加强并详细说明圣徒和奥尔良地区的联系。埃武蒂乌斯（Evutius）、阿尼亚努斯（Anianus）、本尼狄克（Benedict）、马克西米努斯（Maximinus）、利法尔杜斯（Lifardus），以及珍藏在奥尔良大教堂的圣十字架遗物（the relic of the Holy Cross），都和某一个宗教团体以及此遗物存放的地点紧密相关。其他圣徒如保罗·奥勒利安（Paul Aurelian）和殉道者毛鲁斯（Maurus the martyr）的圣物，在 10 世纪的过程中被转移到了主教教区。奥尔良的圣徒传（the Orleannais *vitae*），和其他中世纪早期的圣徒传记一样，既有私人的功能又有公共功能，即既可供读者个人（*legentes*）阅读，又可用于为普通听众（*audientia populi*）宣讲，因此对哺育大众信徒的宗教虔诚起到了关键性的作用。圣徒崇拜在遍及欧洲的许多社区中所发挥的功能和在奥尔良并无二致。即使圣徒传记这一文学体裁已为人所公认，有明晰而正式的惯例，有多样而规范的文体模式，但每一传记（*vita*）的作者都设法根据自己的具体需求来剪裁材料，眼前所急和长期所需被综合考虑、平衡处置，圣徒的虔诚形象会依某一听众群体的愿望而稍加修改润饰。世俗的资助人委托他人写作圣徒传（*vitae*），也有很多世俗社会中的善男信女被当作圣徒来崇拜。

再则，在英格兰的盎格鲁-撒克逊晚期，圣母玛利亚（Virgin Mary）崇拜显示出对公认圣徒的崇拜非常发达，与 10 世纪的改革运动联系起来看更是如此。在难以计数的教堂和修道院的落成仪式上，在私人的和修道院的祈祷中，在教会团体（ecclesiastical communities）于整个礼仪年庆祝圣母玛利亚节（Marian feasts）时，以及从 10 世纪和 11 世纪开始，在得到圣母玛利亚的圣物时，如得到她的衣物、头发、所安葬的坟墓的残片，或得到她的乳汁、艺术品中她的肖像、描绘她的书面作品，尤其是用古英语描述她生与死的布道文（homilies）时，都要纪念圣母玛利亚。

圣母玛利亚的圣物在欧洲大陆多不胜数，她的塑像以及其他圣徒的塑像在众多公共仪式上作用互补、功能互济。主教阿纳尔德（Arnald）于 1012 年召集其下辖教区，召开了罗德兹宗教会议（the council of Rodez）。会议实录被载入描述圣费丝（St. Faith）言行的《奇迹录》（*Miracula*）中。作者在书中讲述，开宗教会议时，带着圣徒的躯体（bodies of the saints）去是一种惯例。照书中所写，在帐篷、帷幕中，圣徒们的排列酷似一条战线（battleline），整齐划一，有饰有金色雕像的圣马留（St. Marius）、圣阿芒蒂乌斯（St. Amantius）和圣费丝的圣骨盒（圣费丝的圣骨盒名气很大，在孔克还可以看到，内有她的头骨），有圣母玛利亚的鎏金塑像，有装有圣萨图尼努斯（St. Saturninus）胸骨的圣骨盒。普通民众（vulgus）和世俗的显贵及教士一同出席，皆为圣费丝所行的奇迹而惊叹不已。这样的会议和宗教集会仅仅是10、11世纪欧洲多种多样的宗教回应的一种表现。值得关注的是，在这些宗教会议上，法国的上帝和平运动（the Peace of God movement）得以宣告发起；在宗教会议上，教士和普通信徒汇聚于圣徒面前，武士们宣誓维护社会和平。近来的研究已证明普通大众参与了上帝和平运动，但是其中主教的领导作用和主教以自己的方式利用宗教狂热施加社会控制力，也起到了至关重要的作用。

虔诚的崇拜圣徒，祈愿时奉献钱财，在给教会特别是给地方修道院捐赠时情形也是如此，且捐赠次数惊人，在现存的许多10、11世纪的特许状中都有记载。就此而言，和8、9世纪存在明显的连续性。修道院非常明确、清晰地反映了普通信徒的宗教虔诚状况。修道院和教区教堂一样有效地满足了民众的宗教需求；很多时候，修道院提供了通往神圣之途不可缺少的一环，给出了除世俗教会之外，另一条与上帝和圣徒面对面交流（visible contact）的方式。再则，一些修道院如博比奥修道院（Bobbio）、诺南托拉修道院（Nonantola）、圣高伦修道院（St. Gallen）、魏森堡修道院（Weissenburg）、洛尔施修道院（Lorsch）、第戎的圣贝尔尼修道院（Saint-Bénigne at Dijon）或里波尔的圣玛丽亚修道院（S. Maria at Ripoll）的特许状，反映出这些修道院如何凝聚众人宗教虔诚之心，以专事崇拜一位地方圣徒。赠予修道院财产（grants）可免于被罚入地狱，并可保证捐赠者灵魂不死。然而，财产捐赠也标志着普通信徒对宗教生活的参与，象征着对促进基督教信仰做出的非常独特的贡献。每一次评估普通信徒的宗教虔诚时，人们都不能忽略这一贡献。普通信徒不仅贡献了修道院维持生计所需的物质基础，也奉献出儿女，以服务于基督教信仰。无疑，虔诚的动机并不是促使普通信徒接受修道院生活方式（monastic way of life）的唯一决定性因素。无疑，其他因素也会起到促使普通信徒接受修道院的生活方式，如为了寻求庇护、不适应世俗生活以及迫于社会和政治压力。尽管如此，沃拉斯彻（Wollasch）在第六章记录有极其多样的修道生活（monastic life），和本章所论及的世俗的、主教的和教区的教会成功扩张和巩固相类似，本质上都是普通信徒对宗教需求回应的结果。教堂的修建、朝圣中心的确立、圣物的崇拜、宗教会议的召开、个人道德和公共道德向基督教规范的靠拢，抛却安逸和家园到许多代表虔诚的新地点如孔波斯特拉（Compostella），或到罗马和耶路撒冷这些人所共知的地方去朝圣，以及参加教会的礼拜仪式，这些都是信仰基督教可能采取的方式。10世纪和11世纪早期欧洲教会内部的发展内容和形式极为丰富、多样，且很有创造性。

  本章的全部主题包括教会组织、教宗史、宗教会议法规、传教活动、教会法、礼拜仪式、音乐、大众的宗教虔诚。通过对这些主题的讨论，可以很明显地看到，不仅8、9世纪加洛林时代打下的基础非常重要，而且在10世纪的过程中，主教的领导作用也至为关键。某种程度上，这是许多主教传记作者希望我们达成的共识。然而，这些传记作者的主张，以及9世纪的主教传记作品关注点的不同，皆可由本章所论及的其他各种各样的证据所证实。许多现代学者接受了11世纪晚期和12世纪的主教和修道院院长的改革言论（reform rhetoric），这一言论强调了教士群体的衰落，以及教会落入世俗人员之手，邪恶相伴而生。但是，对他们的前任们在10世纪和11世纪扩张并巩固西欧的基督教且取得的斐然成就，却一直存在认识的不足。

罗莎蒙德·麦基特里克（Rosamond Mckitterick）
刘立壹 译
顾銮斋 校

第 六 章

修道制度：第一波改革

在欧洲中古时期的每一世纪，修道生活（monastic life）都有革新，这的确可以被看作中古修道制度的一个特征。然而，虽然加洛林时期如查理大帝（Charles the Great）和虔诚者路易（Louis the pious）的时代，有关修道制度改革的文献很丰富，但习惯上还是把10、11世纪的修道制度描绘成"改革的修道制度"，就像说"改革的教宗制"和"改革的时代"一样。此处，是否如本卷主编所示，标题中可能含有内在的矛盾呢？因为如果谈起和10、11世纪修道制度相关的"第一波改革"，那么，考虑到我们对加洛林时期修道改革的了解，这里肯定暗含10世纪的改革是中世纪修道制度史上的一次巨大中断，是一个全新的开始。近来，格尔德·特伦巴赫（Gerd Tellenbach）把9—11世纪描绘成"修道制度的伟大时代"，但他没有谈及"改革的修道制度"，并且他的确质疑了10世纪修道院衰落（monastic decadence）这一概念。[①] 确实有很多修道院毁于战事，在西法兰克，修道院不仅遭受到古挪威人的攻击（Norse attack），而且经历了从加洛林王朝到卡佩王朝统治的漫长过渡，与之相伴的是，权力从日渐孱弱的中心转移到了地方和区域的领主手里，修道院在这一过程中备受煎熬。在距离重要的公元1000年还有几十年时，恰好在阿基坦、勃艮第、洛泰林吉亚出现了对世界末日来临的期望，这很可能不是偶然现象。克吕尼的奥多（Odo of Cluny）是这样描写危险且日益迫近的世界末日的：现在时间已到，现在反基督教者正站在门前。"正是

---

① Tellenbach (1988/1993), p. 101.

第六章 修道制度：第一波改革

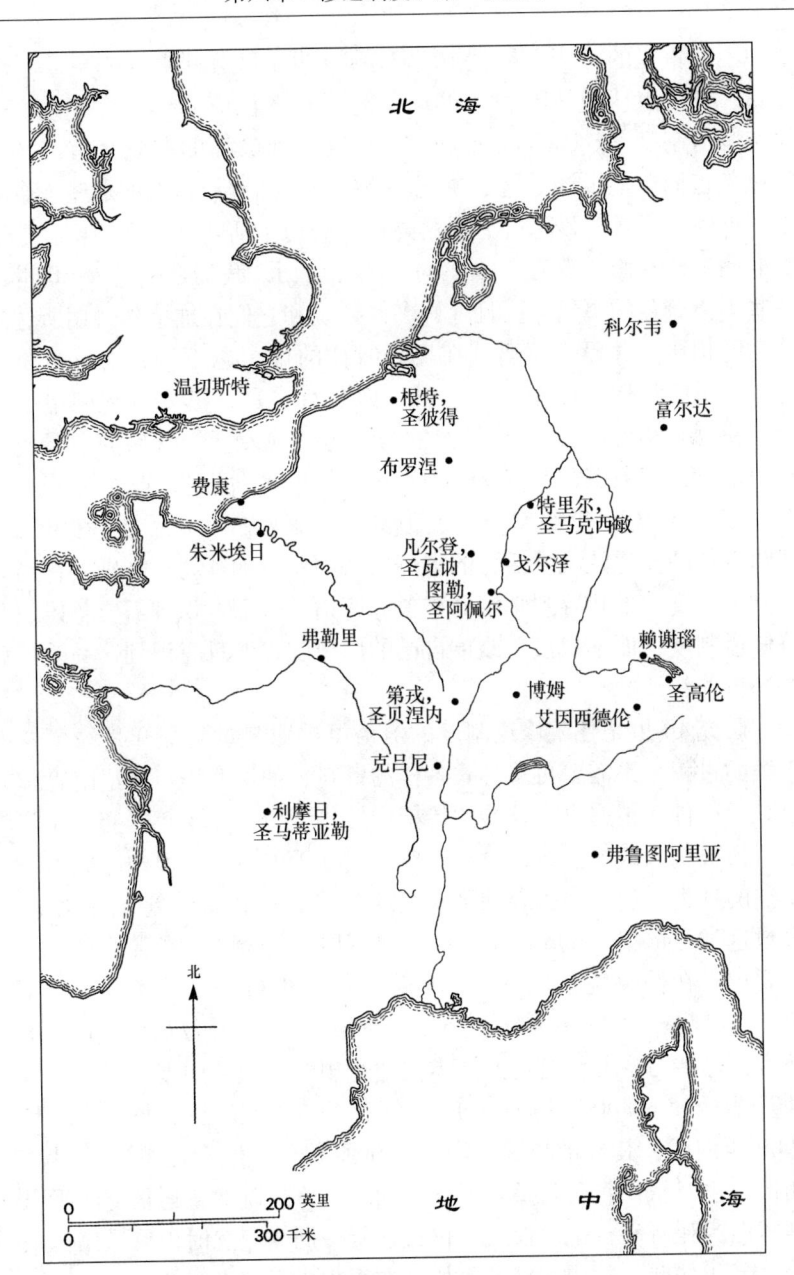

地图3　10世纪和11世纪早期的修道中心

这种不断重复的'当下'把 10 世纪和 9 世纪区分开来。"②

一种观点认为，10 世纪的修道院所有者们应受到指责，他们是住院修道制度（coenobitic monasticism）受到破坏的罪魁祸首。特伦巴赫义正词严地批评了这一观点。他指出，拥有修道院的那些教会人士和世俗人员支持修道院、捐赠财产，修道生活才能兴旺繁盛，这表明他们对建立修道院有着浓厚的兴趣。后面，我们还会论及 10 世纪一些更为著名的事例。而且，许多修道院和它们在加洛林时期所达到的高度相比，并没有衰落，在奥托时代的德意志王国，情形更是如此。修道院经历的改革不止一种，而是有多种，需要对它们单个审视。我们确实可以看到 10 世纪的修道生活焕发活力背后的力量，这些力量让人印象深刻。但是，为了论及 10、11 世纪"改革的修道制度"以及经历 10 世纪"第一波浪潮"的运动，我们需要找到证据，证明无数的修道院焕发活力的事例所共同具有的征兆，特别要在当时的修道制度内部找寻到觉醒的迹象，所谓觉醒即意识到需要整体地改革修道制度，而不仅仅是改革自己的修道院，而且意识到这一改革势在必行。

研究 10 世纪住院修道制度的习俗不再像 9 世纪那样是一个令人厌烦的过程，不需要再从各式各样的资料，如法令集、修道院管理的记载、信件、请愿书、圣徒的传记中搜集细节。在千年之交，住院修道习俗被编入成文法典，虽然法典的名称千差万别，但却已成为一种单独的种类，这一类资料的数量稳定攀升，一直持续到 12 世纪。大多数这类习俗集（consuetudines）还包括相关条款，规定对死者的纪念要记录在修道院全体修士的祷告簿中，也可记录在圣徒传（libro vitae）、规章（libro regulae）、殉教圣徒录（martyrologio）中。就此而言，这些习俗并没有仿照圣本笃克规章，或从中汲取灵感。修士的祷告簿（chapter office-books）保存至今的多已残缺不全，但在1000 年前后，其数量却逐渐增多。显而易见，纪念死者不仅对修道团体，也对认识自我日益重要，而同时，修道院对普通信徒的吸引逐渐转向为死者举行纪念仪式，仪式在每一周年纪念时由修道团体来举行，经年如此，数代不辍。例如，在泰根湖信件集（Tegernsee letter-

---

② Fried (1989), p. 413.

collection）中，我们发现一封修道院院长戈兹伯特（Gozbert）写给一位修道院特殊的捐助者阿诺德伯爵（Count Arnold）的致谢信："在勤勉的祈祷中，您的怀念保持常新，但从今日起，我们决定您所给的名字在我们的修道院会被日夜祈祷，不敢停辍，以为纪念。"③究竟这纪念是如何备受追捧，信中的另一段透露出线索。之前，给伯爵亡妻施行的是惯常的纪念方式。现在，修道院建议每年举行守夜祈祷（vigils）和弥撒，伴以祭品。院长向伯爵提出的这一要求实际是说每年要有纪念仪式："把纪念日写在一张羊皮纸上，让您眼前这位持有死者名单的人给我们送来。"④这时修道院的纪念仪式，不再是集体追忆很多洛林时期以来记录在纪念簿上的人们的名字，而是为个人举行，仪式在死亡之日进行，名单每年更新，以便越来越多的人可以享此仪式。

记载住院修道制度习俗的法典（codifications）常常暗含一种诉求，要求这些法典应为他人所采用，这样就可以展现其所载习俗的典范性。10世纪一个著名的例子是英格兰修道院的修道规约（Regularis concordia）。但是，还要仔细甄别，看这些习俗（consuetudines）的典范特征是外界如其他修道院，或国王、主教、修道院院长所赋予的呢？还是一家修道团体本身意欲其习俗广布于其他修道院中去呢？这就会关涉下面一个问题。一直到公元1000年之交，习俗集和修士的祷告簿这两种重要文本的传布，使得我们触及改革的修道制度。但是，我们必须区分两种情形。一种是改革的主动性源自修道院的教会或世俗的所有者；另一种是具有改革观念的修士们和一位统治者通力合作。是王室的命令、主教意志的表达，或贵族的利益要求导致了改革；还是修道院院长和修士所构成的团体共同体本身的意志，这种区分还很缺乏，例如卡修斯·海林格（Kassius Hallinger）众所周知的著作《戈尔泽与克吕尼》（Gorze-Kluny）就是如此。⑤ 此标题把戈尔泽修道院，这家梅斯主教们拥有所有权并加以改革的修道院和主动施行改革的克吕尼修道院放置在同一水平上，把克吕尼的修道制度和其

---

③ 'pro qua extunc usque nunc consuetudinarias complevimus precaminum celebrationes et in semper annuali revolutione temporis vigilias missasque cum oblationibus sciamus facere', no. 22, p. 23.
④ 'Diem kalendarium iubete conscribi membrana nobisque transmitti per presentem pelligerum', ibid.
⑤ Hallinger (1951a, 1951b).

他修道院所施行的其他"改革的修道制度"等同起来。克吕尼修道院的修道制度的设计者和领袖克吕尼并不为宗教和世俗统治所束缚，而其他的修道院都要受制于领主，再往上要受制于国王。因此，我们此处所述并不是一种单一的包含各种规章制度和对立趋势的改革的修道制度。任何对 10 世纪和 11 世纪修道改革的描述，一定要考虑到一个事实，即大多数修道院和修道群体（monastic groupings），不管其改革是受命于上，还是意欲改革自身和其他修道院，都是被嵌入权力（lordship）的架构中去，发展限制较多，几无腾挪余地。核心的问题在于：在这种状况下，修道院改革的独立性、主动性能走多远？自由的克吕尼修道院在合并吸收其他修道院，成为一个日益增大的修道组织的过程中，是如何构想、施行其改革的？修道制度在哪些方面得以焕发出活力，又在哪些方面其本身成为焕发活力的驱动力量？从以上角度考虑，改革的修道制度好像就不再是拥有其本身内在标准的一种静止的现象，而是成为一项充满活力、涵盖多个方面的运动，这一运动以创立中心开局，再围绕中心渐次展开。

隐士修道制度

面对众人皆知的 10 世纪和 11 世纪修道院的建立，很容易遗忘改革的修道制度从 10 世纪开始也有隐修的倾向，这些倾向更加独立于贵族的影响之外。这里，我们不需只考量圣高伦（St. Gallen）、凡尔登（Verdun）及其他地方那些生活在修道院内或其附近的男、女隐士（inclusi）。奥多（Odo）这位后来的克吕尼修道院院长，曾是图尔的圣马丁教堂（Saint-Martin）的教士。他和隐士阿德赫格瑞内尤斯（Adhegrinus）结伴离开图尔，到了博姆（Baume）的修道院，成为一名修士。但也有些隐士参与了修道复兴。本诺（Benno）于 927 年承蒙德意志国王亨利一世的召唤，离开他从约 905 年就生活于此的迈因拉德泽尔（Meinradszelle）（意为"迈因拉德"的斗室），放弃孤独的修道生活，来到梅斯主教区担任主教。为此，他付出了惨重代价。他卷入洛泰林吉亚的政治旋涡之中，被刺瞎双眼，并被驱逐出他担任主教的城市。他继续其隐士生涯，并和斯特拉斯堡的教士长（provost）埃伯哈德（Eberhard）一道，于 934 年致力于复兴迈因拉德泽尔的修道生活。然而,埃伯哈德领导下的积极的隐修活动竟使一所新修道院建立起来,埃伯哈德成为第一任院长。这可看作欧洲修道制度的特征。修道院的名字艾因西德伦(Einsiedeln),意思为"隐居之处"(Hermitage),揭示了修道院立院的本意。这所修道院在士瓦本(Suabia)公爵们的资助之下崛起,成为整个奥托王国最负盛名的修道院之一。进入 11 世纪后,这所修道院依旧活力如前,成为其他修道团体焕发活力的源泉。当梅斯主教改革他所拥有的戈尔泽修道院时,执事长图勒的伊诺尔德(Einold of Toul)成为新的管理方略下的首任修道院院长,他的修道生涯也是从隐士开始的。

佩特鲁斯·达米亚尼(Petrus Damiani)从 1043 年开始,成为丰特阿韦亚纳修道院(Fonte Avellana)一群隐士的领袖,后来升任枢机主教。在其《罗穆亚尔德传》(Vita Romualdi)中,他为我们描述了拉文纳的贵族罗穆亚尔德(Romuald)怎样"意欲使全世界都信奉隐修制度",⑥ 以及罗穆亚尔德如何力劝奥托三世到拉文纳附近佩雷乌姆(Pereum)的沼泽地区过修道生活,却徒劳无功。这位皇帝不仅没听从罗穆亚尔德的建议,还规劝他接受克拉斯的圣阿波里奈尔(S. Apollinare in Classe)的修道院院长之职,改造这所罗穆亚尔德刚成为修士时曾待过三年的修道院。克吕尼修道院的院长奥狄罗(Odilo)拜访过奥托三世,寻求和圣贝尔尼的威廉(William of Saint-Bénigne)结成友好同盟(societas),在克拉斯的圣阿波里奈尔,他和主教及修道院院长们侍立在皇帝和教宗前,出席人员的名单中就有"修道院院长和隐士罗穆亚尔德"(Romualdus abbas et eremita)。⑦ 罗穆亚尔德见无法完成这一任务,便撇下了他那些听凭皇帝和拉文纳大主教摆布的下属,离开了修道院。无疑,罗穆亚尔德想成为一名修士,想为修道制度争取支持;无疑,他把隐修制度看成是最为严格的修道制度的形式。他是否修改过圣本尼狄克规章,以供其同伴使用,还不敢确定;他在圣阿波里奈尔(S. Apollinare)的时期肯定很熟悉它,他也游历过卡西诺山(Monte Cassino)。除佩特鲁斯·达米亚尼外,11 世纪上半叶的另一份资料是法尔法(Farfese)的《克吕尼修

---

⑥ 'totum mundum in heremum convertere volens', Petrus Damiani, *Vita Romualdi*, c. 37, p. 78.
⑦ DOIII 396.

道院习俗录》(Liber Tramitis),从书中可知,法尔法的修道院院长休,曾承诺要在法尔法复兴(renew)教父们尤其是本尼狄克的古老习俗,以罗穆亚尔德为楷模,像他那样"在男女两性之间,在普通信徒与修士(monks)两个品级之间,恢复古代公正的标准",学习他"为修道制度增添光彩"。⑧ 他有很多学生,并和他们在不同地方度过了共同修道的生活;在行将离世之前,他以一己之力在卡马尔多里(Camaldoli)创建了数所修道院;历经11世纪,卡马尔多里周边汇聚了一大批隐修群体。隐士奈勒斯(Nilus)来自拜占庭统治下的南部意大利,曾深深地打动过奥托三世,也担任过修道院院长,并给努尔西亚的本尼狄克(Benedict of Nursia)写过赞美诗。

　　本诺、艾因西德伦的埃伯哈德(Eberhard of Einsiedeln)、戈尔泽的伊诺尔德(Einold of Gorze)和罗穆亚尔德这些人的生涯都表明,10世纪和11世纪的隐士修道制度不可能独立于住院修道制度,毕竟和埃及沙漠中古代隐士的生活方式不再完全一样了。还表明,其代表人物和他们在修道院修道的同伴一样,都觉察到,要逃脱他们的领主(lord)的修道复兴观念的影响困难重重,也的确难以摆脱其领主要求他们效忠自己这种思维的影响。我们可能会注意到,上述情形的部分原因在于,他们都出身贵族豪门,许多在被召唤担任主教和修道院院长之前,都拥有很高的教会职务。虽然10世纪的这些隐士在皇帝面前无所畏惧,敢于直言不讳,直陈事实,是一些令人钦佩的人物,但他们的生涯也揭示出一种矛盾,即一边是荒野中的苦行生活,另一边是修道院中管理严格的共同修道生活,这让这些隐修教父们左右摇摆。

169　　不是隐修制度,而是住院修道制度设定了通向12世纪欧洲修道制度高潮和转折点的道路。修道院也提供了这方面的例证,像赖谢瑙修道院(Reichenau)、圣高伦修道院(St. Gallen)、富尔达修道院(Fulda)、黑茨费尔德修道院(Hersfeld)、科尔韦修道院(Corvey)、洛尔施修道院(Lorsch),以及其他难以计数的修道院,所有这些修道院基本能把加洛林时期所取得的高水平的修道院生活维持到奥托时

---

⑧ Liber tramitis aevi Odilonis abbatis, p. 3; 'decore splendidus monachico Romualdus nomine qui normam priscae iustitiae in sexu renovavit utroque et ordine'.

代结束并持续更久。然而,这并不意味着,脱离其周围环境,它们还能始终维持其重要性:要在帝国及其他欧洲王国取得更广泛的影响取决于几个因素,首要因素便是国王和皇帝们的态度,这会因朝代更迭和统治者更换而变化。

领主权与改革

那些成为改革活动焦点的修道院的建立有先后之分,如果以此顺序来描述10世纪的改革,那就不得不从910年建立的克吕尼修道院开始。但是,一份克吕尼修道院首任院长贝尔诺(Berno)的遗嘱,上面写有他的修道院遗产,却把日期推后到927年。那一年,修道院院长奥多(Odo)接手了克吕尼修道院,在他带领下,修道院成为改革的中心。这样,其他卓越的修道改革中心可能就被认为是最先建立的,列日主教区的布罗涅修道院(Brogne)就在梅斯附近的戈尔泽修道院之前成立。这些名字也提醒我们,年代久远的修道院和新建的修道院都能成为革新的源泉,这进一步说明了没必要去探究修道院建立的先后。任何时间顺序都会让我们面临评估各种改革孰先孰后这一棘手难题。我们发现,不管是建立已久的还是新近创立的修道院,在不同的情形下,修道院的各项改革既花样繁多而又同步发生。在洛泰林吉亚(佛兰德尔、洛林、勃艮第、意大利、上意大利)这些古老的加洛林的核心地区,修道院的贵族和王室所有者们为建立堪当典范的修道团体而彼此竞争,但在罗马、南部意大利和英格兰,以及在东法兰克或德意志王国的许多地区,也有些令人印象深刻的改革。除克吕尼修道院外,所有修道院的共同之处在于一点:所有者欲将修道院的宗教功能发挥到极致的愿望和修道团体自愿改革自身和其他修道院的意愿结合到了一起。我们越寻找贯穿从阿尼亚纳的本尼狄克(Benedict of Aniane)时代的加洛林修道院改革到10世纪改革中心的传统趋势(当然这也是正当合理的),我们就越可能面临着风险,看不到权力(lordship)与改革的基本关系,这一关系从法律或规章的角度看并不容易把握。创立并拥有布罗涅(Brogne)修道院的贵族兼这所修道院院长的杰拉德(Gerard),把这所修道院置于列日主教的保护之下,修道院很快被奥托王朝(Ottonians)赋予特权。在此之前,杰拉德为佛兰德尔的侯爵们效力,并为其改革了包括根特的圣彼得修道院（St. Peter in Ghent）在内的数量不菲的修道院。在他任布罗涅的领主（lord of Brogne）时,不仅为佛兰德尔侯爵阿尔努尔夫一世（Arnulf I of Flanders）效力,而且还为洛泰林吉亚的公爵吉斯勒贝尔（Duke Gislebert of Lotharingia）效力,并为后者改革了圣吉兰修道院（Saint-Ghislain）。虽然他的传记透露出他住在紧邻出口的回廊内并受到严密的保护（vitam theoreticam），但《圣吉兰奇迹录》（Miracula sancta Gisleni）显示,他那时还管理着很多家修道院。但是这种管理权是受有责任心的修道院所有者所托,委托者甚至偶尔会是皇帝。⑨

在戈尔泽,修士在改革属于梅斯主教们的修道院时,所起的作用比起布罗涅的杰拉德的情形更加清晰可见,因为我们有全部修士的名字。他们形成了一个群体,过着隐修生活,和这个群体一起隐修的还有上文提及的执事长图勒的伊诺尔德和旺迪耶尔的约翰（John of Vandières）。约翰来自戈尔泽修道院的庄园（the estates of Gorze）,出身卑微,后来成为这所修道院的院长。在约翰先去了南部意大利后,这一群体的全部人员也动身离开梅斯附近的树林到了南部。群体成员有一位来自梅斯名为贝纳塞尔（Bernacer）的执事,梅斯附近圣马丁的萨勒乔（Salecho of Saint-Martin）,梅斯圣桑福里安的兰迪库斯（Randicus of Saint-Symphorian）,以及后来加入的阿登的圣休伯特的弗雷德里克（Frederick of Saint-Hubert in the Ardennes）,来自凡尔登的奥狄罗,来自梅斯的安热尔拉姆（Angelram）,还有安德鲁（Andrew）,以撒（Isaac）及隐士亨伯特（Humbert）。933 年,梅斯的主教阿达尔贝罗一世（Adalbero I）把戈尔泽修道院给他们作为居住和复兴修道生活的场所。在此之前,伯爵阿达尔伯特（Adalbert）获梅斯先前的主教兼戈尔泽修道院院长维戈里克（Wigeric）准许,代行修道院院长之职。现在阿达尔伯特把修道院交还给主教阿达尔贝罗。这样,戈尔泽修道院就具备了改革的前提条件,即拥有修道院的主教把改革任务交给这一群隐修的修士,而且改革本身肇始于阿达尔贝罗,他收回戈尔泽修道院被分离出去的土地,这些土地原先被作为圣

---

⑨ *Vita Gerardi abbatis Broniensis*, c. 15, p. 665, and Rainer, *Miracula S. Gisleni*, c. 10, p. 584; cf. Smet (1960), pp. 44, 50.

俸授予了梅斯有军事随从的主教。所以，几乎可以说，这是修道院的重建。上述熟知圣本尼狄克规章和阿尼亚纳的本尼狄克观点的修士，仅仅是想过一种修道生活。

幸存下来的戈尔泽修道院死亡名册（necrology）已残缺不全，根据这一证据，直到10世纪末，这所修道院中有14位修士被召唤到下列修道院担任院长：瑟诺纳修道院（Senones）（两次）、斯塔沃洛修道院（Stavelot）、圣休伯特修道院（Saint-Hubert）、梅斯的圣阿尔努尔夫修道院（Saint-Arnulf in Metz）、蒂耶拉什的圣米歇尔修道院（Saint-Michel-en-Thierache）、梅斯附近的圣马丁修道院（Saint-Martin）、图勒的圣阿佩尔修道院（Saint-Aper）、穆瓦延穆捷修道院（Moyenmoutier）、圣纳博尔修道院（Saint-Nabor）、殉道者圣玛丽修道院（Sainte-Marie-aux-Martyrs）、埃尔万格修道院（Ellwanger）、马尔穆捷修道院（Marmoutier）、梅斯的圣文森特修道院（Saint-Vincent in Metz）。有几个例子可以说明职级提升是由谁首先发起的。在戈尔泽的修士凡尔登的奥狄罗成为斯塔沃洛修道院院长之前，这家修道院由洛泰林吉亚的公爵吉斯勒贝尔（Duke Gislebert of Lotharingia）所有。在阿里斯特乌斯（Aristeus）（其前任是哈伯特，死亡名册上没有提到）担任梅斯的圣阿尔努尔夫修道院（Saint-Arnulf）院长之前，主教阿达尔贝罗一世已把那里的教士替换为来自戈尔泽的修士。阿达尔贝罗的叔叔弗雷德里克（Frederick）因不习惯圣休伯特修道院的修道生活而离开了那里，到戈尔泽修道院任副院长（prepositus）。在梅斯的伯爵阿达尔伯特的叔叔列日主教里歇尔（Richer）恢复了圣休伯特修道院共同修道的生活后，弗雷德里克回到那里并担任院长。瑟诺纳修道院也归梅斯的主教所有。

毫无疑问，参加者们都清楚在东法兰克或德意志王国的王室教会内梅斯主教职位的重要性。在圣阿尔努尔夫、梅斯、圣阿佩尔（Saint-Aper）、图勒，与在瑟诺纳（Senones）一样，要改革修道院需先征得奥托一世的同意。阿尔萨斯的马尔穆捷修道院（Marmoutier in Alsace）也属于梅斯主教所有。在那些接受戈尔泽的修士为院长并采纳戈尔泽的修道制度和教会历书（ordo Gorziensis）的修道院中，主教和梅斯的伯爵及其亲属们控制了权柄。就这样，戈尔泽的改革把洛泰林吉亚的修道院，尤其是梅斯的修道院更紧密地联系在一起，但这种改革既没有创建出一家作为法定组织的修会（monastic order），也没有缔造出有着共同习俗的修道院分院（daughter houses）的网络来。即使伊诺尔德（Einold）在王国内声名卓著，即使改革后的第二位院长约翰曾应梅斯主教的推荐，为奥托一世效力，出使科尔多瓦，觐见哈里发，但戈尔泽修道院还是没有成为改革的修道制度的中心。

奥托家族想要在其王国内复兴或建立修道院时，他们把位于特里尔的圣马克西敏（St. Maximin）这家古老的修道院作为典型。圣马克西敏的修道院院长奥格（Abbot Ogo of St. Maximin）在来自戈尔泽的修士的帮助下，改革了他的修道院。之后，奥托一世采用了洛泰林吉亚公爵吉斯勒贝尔的建议，升任他为列日的主教。正是有了圣马克西敏的修士的协助，奥托一世在马格德堡（Magdeburg）的圣莫里斯（Saint-Maurice）建立了第一个修道共同体（community），也正是从圣马克西敏，他召来阿达尔伯特担任马格德堡首任大主教。奥托的弟弟、科隆的大主教布伦（Brun）从圣马克西敏召来一名修士，担任他在圣潘塔莱翁（St. Pantaleon）创立的修道院的第一任院长；在特里尔发生的这件事，也是正值教宗埃克伯特（Ekbert）这位奥托家族的亲戚在位期间，此事又一次表明家族关系对于改革的重要性。圣马克西敏的奥格并没有依赖戈尔泽来改革他的修道院，他只是和来自戈尔泽的修士友好合作。后来，这些戈尔泽修道院的修士在戈尔泽修道院焕发活力之后，有些受到束缚（constrained），再一次意欲离开戈尔泽。正是奥格主动把他们收留在圣马克西敏。从此开始，由于奥托家族的资助，圣马克西敏修道院在思想上和精神上都转向学习戈尔泽修道院，成为改革的中心，影响了魏森堡（Weissenburg）、埃尔旺根（Ellwangen）、埃希特纳特（Echternach）、圣高伦（St. Gallen）的皇家修道院和格拉德巴赫（Gladbach）（属于科隆大主教所有的修道院）；圣马克西敏的桑德拉特（Sandrat of St. Maxinmin）在其中也起到了重要的作用。即使在10世纪较晚的时期，奥托二世还是任用圣马克西敏的修士来改革泰根湖（Tegernsee）的修道院。雷根斯堡主教沃尔夫刚（Wolfgang）打算从圣马克西敏召来拉姆伍德（Ramwold）担任雷根斯堡圣埃默兰（St. Emmeram）的修道院院长。这些例证可能足以表明，戈尔泽或圣马克西敏都不是以自身为源动力的修道院改革运动中心，未能建立遵循共同习俗的修道院分院（daughter houses)。一方面是拥有修道院的皇家主教们或拥有王室修道院的奥托家族的意愿;另一方面是隐居、苦行的修士对修道院生活(coenobitic life)的欣然接受,这两者间的联系不能忽略。在为统治者效力的同时,最为杰出的修道院院长成为修道院改革的传播者。

让我们看一下 11 世纪初期,比较一下那些在亨利二世治下已经取代奥托时代主要中心的修道院,权力(lordship)与改革的关系就更加明晰地展现在我们眼前。在 11 世纪第二个十年,戈尔泽修道院本身似乎急切需要复发活力,梅斯的主教狄奥多里克二世(Theoderic II)召唤第戎的圣贝尔尼(Saint-Bénigne)修道院院长沃尔皮亚诺的威廉(William of Volpiano)到戈尔泽任院长。他已经代表狄奥多里克的前任改革了圣阿尔努尔夫的梅斯修道院。不要忘记,英国的修道院改革也需置于权力和改革的互相作用的背景之下。的确,汉纳·沃尔拉特(Hanna Vollrath)最近的研究已多少修正了以前众所周知的观点,[10] 但是埃德加及其妻子与修道院院长兼主教的邓斯坦(Dunstan)、埃塞维尔德(Æthelwold)及其他主教、男女修道院院长的彼此合作是毫无疑问的,他们的目标是在全国(patria)建立有序的修道生活。邓斯坦先前曾被流放到根特的圣彼得修道院,布罗涅的杰拉德曾应佛兰德尔的侯爵阿尔努尔夫之命改革过这所修道院。邓斯坦回国后,来自根特的修士被邀请来改革英国的修道院。但是,修道规约(Regularis concordia),这份约 970 年在温切斯特聚集的众教士一致赞同、具有普遍法律约束力的住院修道习俗(coenobitic monastic custom)声明,先于根特的修道院(monachi Gandauenses)提到了弗勒里修道院(monachi Floriacenses)。曾改革了王室修道院的克吕尼修道院院长奥多死于 942 年,在此之前,弗勒里修道院(Fleury)已经和英国的修道院有过接触。修道规约记载,男修道院和女修道院的院长们根据国王的命令,从这两所著名的修道院召集修士,这样他们就能够搜集一切可能有助于高尚而有序的修道生活的东西,就像蜜蜂从花里采集花粉一样,搜集精华,汇聚成书,就是修道规约。[11] 回想修士立下修道誓约(profession)时要受到多么强大的约束去遵守修道院

---

[10] Vollrath (1985), pp. 274–85.
[11] Regularis concordia. Anglicae nationis, pp. 72–3.

的规章,就会明白在埃德加王国内,任何统一修道院习俗的尝试,要在多大程度上受制于国王的意志。正如阿尼亚纳的本尼狄克代表查理大帝和虔诚者路易为所有修道院制定了统一的习俗(una consuetudo),修道规约是一种统一管理修道院生活的方式,就这种方式而言,身兼修道院院长的主教们与国王之间不存异议。这可由下列规定所证实,即男、女修道院院长的选举应得到国王的同意,并按照圣本尼狄克规章的要求来施行。这两个条件在修道规约中就是以这一顺序排列的。通常为国王和资助者唱的赞美诗是这么唱的,"由于他们的捐赠,我们受到基督礼物的滋养"。[12] 这是修道规约上的原文,唱到这里时还一定不能唱得太快。修道院的男、女修道院院长需根据修道院的需要经常向国王和王后行臣服之礼。有权势的人不能用修道院来行乐宴飨(convivia),但是有义务去增益并保卫修道院。早在约967年举行的大宗教会议(generale concilium),坎特伯雷大主教邓斯坦,按照教宗约翰十三世的意愿,威胁神职人员(clerics),如果他们不能遵守独身的义务,就会失去栖身的教堂。国王的确用修士替换了不守独身的神职人员,这一行动遍及整个王国,特别是在那些原先是修道院后来却被神职人员所占据的地方:尤其在坎特伯雷、伍斯特(Worcester)和温切斯特,世俗教堂的神职人员都被修士所替换。

  国王埃德加在传统中备受赞誉,因他在英格兰创建了40所修道院,恢复活力的修道院数量更多。即使埃德加没有逾矩,当时他享有多少权力,他就运用多少权力;即使兼任修道院院长的主教没有越权,只是行使自己本身就有的权力,允许男、女修道院院长可代表他们的修道院选择是否赞同这样的变革,我们依旧还是不能忽视这样一点,即修道规约的序言同966年以金色字体仿特许状模式所写的那篇文章(text)的观点是多么相近。该文把有利于修道院的国王法令编成目录、记录了下来。也不能忽视恰恰是修道规约的修道原文(monastic text)包含系统的阐述,说明修道院改革中国王的作用是多么重要。无疑,埃塞维尔德和邓斯坦这些身为修道院院长的主教们,把获得国王支持视为成功改革的必要条件(conditio sine qua non),由此,他们小心翼翼地把改革描绘成一个符合国王意志的过程。因此,

---

[12] *Ibid.*, p. 74.

英王埃德加治下的修道院改革揭示了一个依靠国王权力进行改革的修道制度：根据修道规约第三章，男修道院置于国王的保护之下，而女修道院则委托王后保护。

统治者积极参与 10 世纪修道改革的最后一个突出的事例可从阿贝尔里克二世（Alberic II）这位罗马元老和统治者（princeps atque omnium Romanorum senator）[13]的行为中得到了解，但是，因为这一积极精神和克吕尼修道院院长奥多的表现有一致之处，结合克吕尼修道院改革的修道制度的发展来讨论要更方便一些。

克吕尼

克吕尼修道院不同于上述作为改革中心的修道院，虽然那里所有的修士想要做的也是依照经由阿尼亚纳的本尼狄克传统阐述过的圣本尼狄克规章去修道。讨论克吕尼修道院的异军突起对于欧洲的意义时，总是要引证克吕尼建立之初没有受任何教会和世俗权力干涉这一事实；阿基坦的公爵虔敬者威廉也的确在 909 年或 910 年声明他自己和他的继承人放弃修道院的所有权，置这所新建的修道院于教宗的"保护之下，而不是权力之下"[14]。类似这样，把修道院转交教廷保护在加洛林时期也时有发生，但是在政令畅通的加洛林帝国，这一行为则和 10 世纪初克吕尼修道院的转让（traditio）有别，有着不同的含义。那时教宗并不能保护委托给他的修道院，这为学者们所经常提及。位于格罗纳（Grosne）山谷的这所新修道院，位于西法兰克王国的一个地区，此地从 9 世纪下半叶开始就和国王颇为疏远。建院特许状的日期晚于简单的查理（Charles the Simple）在国王奥多死后恢复王位的时间，然而，特许状任命国王奥多为公爵领地奠基者的封建领主（feudal lord of the ducal founder），并申明新建修道院是为了医治国王奥多的灵魂。一旦威廉放弃了自己和他的继承人的所有权，那么克吕尼修道院的建立就没有了王权的干涉，实际是没有受到任何权力的干涉。不同于其他的修道院，克吕尼无世俗的或教会的赞助人，完

---

[13] Zimmermann, *Papsturkunden*, no. 85, p. 147.
[14] D Ra 12, p. 51: 'apostolicae sedi ad tuendum non ad dominandum'.

全依靠自己的财力资源，要稳固所享有的自由，就不得不填补留下的真空。是否会成功，那时看起来肯定像一场豪赌。在修道院建立后的第十六年或第十七年，院长贝尔诺（Berno）在其遗嘱中说，克吕尼在威廉和他自己死后还是一个有待完善的地方：[15] 捐赠匮乏、人员短缺。另一方面，如果回想起晚至 11 世纪早期的情形，当时的院长奥狄罗不得不请法兰西国王罗伯特二世来确证，无人可以在修道院的土地上建防御堡垒，就会对克吕尼长期受当地贵族排挤压迫、步履维艰的境地有所了解了。

　　虽然克吕尼修道院规模小，无法防御，院长贝尔诺却选择它作为自己死后安息之所，并倾注其才能于此地；贝尔诺同时既是日尼（Gigny）、博姆（Baume）和依附于圣洛坦（Saint-Lothain）而名字未知的一所修道院（monasterium Aethicense）的院长，也是马西（Massy）和代奥勒（Bourg-Dieu）的修道院院长。他让他的亲戚维德（Wido）接任了上面提到的前三所修道院的院长，但却委任奥多接替他任克吕尼、马西和代奥勒的修道院院长之职；遗嘱明白无误地提到修士们一致赞同他对这两人的任命。然而，维德质疑贝尔诺遗嘱的效力，之后奥多不得不请教宗从中斡旋，解决克吕尼和日尼之间的争端。教宗顺势把克吕尼托付给西法兰克的国王拉杜尔夫（Radulf）。这样，克吕尼从一开始就和其他修道院联合形成了一个团体组织，危机时一旦需要会相互扶持。但是，修道院网络（a monastic network）（在德语中，意思是修道院团体）这一抽象的概念几乎说明不了这一团体的性质。克吕尼修道院创立者的封臣（vassal）代奥勒的埃博（Ebbo of Déols）凭一己之力于 917 年建立了代奥勒修道院（Bourg-Dieu），他给予这所修道院和克吕尼一样的自由，禁止他的继承人以拥护和保护为名干涉修道院的自由。如上文所论，贝尔诺的遗嘱表明这所修道院以私人联合的方式被托付给克吕尼的修道院院长，而虔敬者威廉的一个亲戚佩里戈尔的贝尔纳德（Bernard in Périgord），把他在萨尔拉（sarlat）的修道院也交由院长奥多管理。929 年，女伯爵阿德莱德（Adelaide）这位罗曼莫捷（Romainmôtier）女修道院的院长，以私人结盟的形式，让她的修道院与克吕尼修道院建立联盟。索

---

[15] Berno, *Testamentum*, cols. 853 – 8.

克西朗日（Sauxillanges）修道院的创立者虔敬者威廉的外甥则把这所修道院永久转让给克吕尼修道院，同样的情形还发生在苏维尼修道院（Souvigny）、沙尔略修道院（Charlieu）和位于罗马阿文丁的圣玛丽亚（S. Maria）的修道院。显然，这样做的修道院的所有者们坚信，如果他们创立的修道院在克吕尼修道院院长奥多的领导下集体施行一种典范的修道生活方式，并合法地将其移交给克吕尼修道院以避免后世继承人对修道院的损害行为，这会提高他们自己的地位。这样，克吕尼修道院就逐渐成为分享其自由思想的一批修道院的领袖。这一独特的安排筹划，表现出奥多如何凭借自己的结盟建立起安全网，解决了克吕尼无法防御的难题。这一以克吕尼修道院为核心的修道院群体之所以能存留下去，归因于奥多及其修士助手们细密芜杂而无所不包的改革工作。

奥多采用团体（confraternity）的方式来达成修道改革的目的，非常有典型性。这样法律地位不同的修道院就被联系在一起，形成一个有着共同修道生活的团体。国王拉杜尔夫把弗勒里修道院赐予伯爵埃利西阿德（Elisiard），埃利西阿德于是邀请奥多改革这所修道院。修士们害怕修道院的法律地位受到影响，抵制改革，但最终奥多还是获胜了。他纠正了修士中不能正确遵循圣本尼狄克规章的行为，同时，还派了四位虔心圣事的修士（religionis gratia）到利摩日的圣马夏尔修道院（Saint-Martial at Limoges），代表他本人请求那里的修道院院长与他们结成共同修道的团体，这样利摩日的修士和弗勒里的修士之间就没有什么差别，修士在两所修道院间可以自由往来，承认共同的修道生活方式，两所修道院"可以说形成了一个修会（convent）"。⑯ 这四位修士接着又去了索利尼亚克修道院（Solignac），成功地得到了该修道院院长及修道院所属修道会的赞同，达成了一样的协定。随后，团体的合约被写下来，在各修会宣读，然后再写入全体修士的祷告簿中，以备后世知晓。

要使共同修道的生活焕发活力，奥多需得到修道院所有者的首肯，他以其积极精神赢得了多人的赞同。据萨勒诺的约翰（John of Salerno）所写的传记记载，"他为国王所了解，为主教所熟知，为伟

---

⑯ *Les documents necrologiques de l'abbaye Saint Pierre de Solignac*, p. 557.

大人物所珍视。他们把在他们的主教区建立的修道院转让给我们的神甫［奥多］所有，这样他就可以根据我们的习俗完善这些修道院，并使它们井然有序"，⑰这样的描述已为无数事例所证实。不管是修道院世俗的所有人还是教会的所有人，都要求奥多把克吕尼修道院共同修道的规则（"克吕尼的生活方式"，《克吕尼修道院的教会日历》）使用到他们的修道院中去，例如位于欧里亚克、蒂勒、萨尔拉、圣蓬斯德托米耶尔（Saint-Pons de Thomières）、圣马塞兰德尚特日（Saint-Marcellin de Chanteuges）、卢瓦尔河畔圣伯努瓦德弗勒里（Saint-Benoît de Fleury-sur-Loire）、圣于连德图尔（Saint-Julien de Tours）、桑斯的圣皮埃尔勒维夫（Saint-Pierre-le-Vif in Sens）的修道院以及各种各样罗马人的修道院。

可以从奥多的布道文中了解他改革进取精神的力量。在圣彼得建立宗座日（the Feast of Peter's Chair），他引用利奥一世（Leo the Great）的话（这句话来自利奥致彼得的第一封信）说，在信仰与洗礼的结合中，所有人都是王族的一脉，都是祭司职能的分担者。很明显，领土远离国王的那些贵族对这一观点大加赞赏。在第一本为神圣的普通信徒欧里亚克的杰拉德所作的传记中，奥多给贵族们描绘了一幅他理想中的贵族形象的画面：他运用权力与财富去给那些上帝托付给他的人造福，这样，权力意味着公正，即使对没有自由的人也是如此；权力还意味着为穷苦人服务。杰拉德这样一位伯爵的内心生活就是一位秘密剃度的隐修士的内心生活：以这种方式，即使富有的人和有权势的人也可能变得神圣。这样的事例，引起我们对克吕尼改革运动独有特征的进一步关注。他没有局限于把他的修士和其他的修士带回到严格奉行圣本尼狄克规章的路子上去。他深信整个的基督教世界需要改革，虽然他内心充满着世界末日已经开始、最后审判正在迫近的预感。诚然，改革的动力是恢复修道生活的活力；而奥多认为典范不仅仅应该对修士有约束力，他将原初的五旬节教会立为典范，正如《使徒行传》所记载："五旬节教会是受社会生活束缚的修士所追求的大道所在。"⑱建立克吕尼修道院的特许状本身表明，修道院的建

---

⑰ John of Salerno, *Vita S Odonis abbatis Cluniacensis* ii, col. 39E.

⑱ 'Hic modus est monachis quos ligat vita socialis': Odo of Cluny, *Occupatio* 6, verse 583, p. 136.

立是为了天主教信仰的荣耀和公正,是为了所有基督徒,因为所有人只因一种爱、一种信仰而被牢牢地连在一起。⑲

我们已经引用了奥多在圣彼得建立宗座日当天的布道:在他的眼中,崇敬彼得是所有基督徒的义务(*pietas christianae unitatis*)。始于克吕尼的住院修道制度的复兴是实行全面改革的基础,所以,合乎情理的看法是,当奥多为克吕尼和他的其他修道院向教宗请求特权时,他不应该仅仅满足于只是获得准许接受那些离开自己的修道院以图改善修道生活(*conversatio*)的修士,他们之所以离开因为他们的修道院院长没能按照他们的修道誓约提供合适的修道条件。通过931年3月获得的著名的特权,他确定下来一条新规,即只要修道院所有者赞同,克吕尼修会(Cluniacs)就可以置修道院于修会的领主权力之下,以改进它。这样,通过把许可写入特权当中,奥多就让克吕尼修会拥有了教宗的命令来贯彻改革任务。虽然克吕尼修道院不指望教宗们能给予实际的保护,教宗本人在罗马也是处于困境,然而教宗应奥多之请致信给法国国王、里昂大主教、索恩河畔沙隆(Chalon-sur-Saône)和梅肯(Mâcon)的主教们,要求他们支持克吕尼修道院,却是对修道院很有好处的。奥多在弗勒里改革时,也得到教宗的一项特权,规定里昂、图尔、布尔日、桑斯和兰斯的大主教们及他们的副主教们保护奥多本人和弗勒留的修道院。由于其赞助人已形成分布广泛、为数众多的网络,世俗的和教会的权贵,包括那些把自己的修道院转赠给克吕尼修道院的所有人,越对克吕尼修道院及其分院感兴趣,克吕尼修道院就越会免于依附某一位保护者的危险,就越会独立发展。克吕尼修道院,作为一批修道院之首,一国之内所有世俗的和教会的官员都有义务给以庇护:这就是从奥多之时克吕尼修会采取的路线,以达成填补修道院建立之初所遗留下的难以防御的真空这一目标。

关于谁发起了对罗马城和其周边地区修道院奥多式的改革,我们得到的10世纪和11世纪的资料还是彼此矛盾的。萨勒诺的约翰在他为奥多写的传记中说,奥多是响应教宗和所有罗马教会各阶层全体教

---

⑲ 'pro statu etiam ac integritate catholicae religionis', *Recueil des chartes de l'abbaye de Cluny* i, no. 192, p. 125.

士的紧急之请，才去罗马重建城墙外的圣保罗大教堂（S. Paolo fuori le mura）的。一份后来的资料，《法尔法修道院被毁记》（destructio monasterii Farfensis）讲述了阿贝尔里克（Albericus），这位罗马的统治者（Romanorum princeps），决心在他的数家修道院恢复圣本尼狄克规章标准，为此从高卢（Gallia）召来正主持克吕尼修道院的神圣修道院院长奥多，让他担任罗马所有修道院的院长，还把自己位于阿文丁的出生院落一并授予奥多，供他建立修道院。奥多早已既为教宗利奥七世所称赞，又为罗马统治者（princeps）所欣赏；早在 927 年他就从利奥的前任手中得到特权。列入调停名单的人物有意大利的国王休和洛塔尔。当休包围了罗马城中的阿贝尔里克（Alberic），阿贝尔里克把奥多请来从中斡旋看来这是合适的。休本是阿贝尔里克的继父，在奥多安排之下，双方和解，休又转而成了阿贝尔里克的岳父。我们可能会有这样一个问题，奥多被邀去改革的那些修道院恰好都是位于通往罗马的干线要道之上：圣保罗修道院（S. Paolo fuori le mura）、圣洛伦佐修道院（S. Lorenzo fuori le mura）、圣阿涅塞修道院（S. Agnese fuori le mura），这是否仅仅是巧合？941 年的特许状足以说明国王休和洛塔尔就驻在圣阿涅塞（S. Agnese）。[20] 教宗是不会忽视奥多在教廷孱弱的时期拥护教廷这一事实的，这一拥护不仅反映在奥多支持崇敬圣彼得，而且他通过和罗马的联系把这种崇敬表现了出来。奥多并不是因克吕尼修道院的利益需要才首次去的罗马，在他还是图尔的圣马丁教堂的教士时就去过那。他深信到罗马朝拜众使徒之首彼得是必要的，他对欧里亚克的杰拉德的朝圣之旅的描述反映了他的这一观点，这位身为伯爵的秘密修士至少去过罗马七次。这样，克吕尼修道院的古罗马精神（Romanitas）从最早期阶段开始就得到合理地强调。这种精神从奥多任院长开始，就和克吕尼改革的意志相互结合、相伴而行，这可从奥多在内皮的圣伊利亚（S. Elia di Nepi）、法尔法、卡西诺山、索拉克特山的圣安德烈（S. Andrea in Monte Soracte）、苏比亚科（Subiaco）和萨勒诺的邻近修道院所施行的改革中看出来。他让鲍德温（Baldwin）任圣保罗修道院，位于阿文丁的圣玛丽亚修道院和卡西诺山修道院的院长；其余的修道院被托付给他的

---

[20] D. Hugh 57.

其他学生。他自己则应意大利的休之请去了位于帕维亚的金色天空下的圣彼得修道院（S. Pietro in Ciel d'oro in Pavia）。

克吕尼在罗马及罗马周边修道院的改革尝试，几乎没有形成永久性影响，奥多一死，教宗就让戈尔泽的伊诺尔德（Einold of Gorze）招募了一批修士，这些修士经历过意大利的修道院改革。而在法尔法，修士则激烈地驱逐他们外来的弟兄。但是，克吕尼修道院与罗马有过联系及克吕尼式修道院在罗马和帕维亚的确存在过，这在整个 10 世纪，甚至之后的时间里始终是一个事实。在两任来自戈尔泽的修士任院长这一短暂插曲之后，圣保罗修道院由英厄纳尔杜斯（Ingenaldus）管辖，他来自埋葬奥多的圣于连德图尔（Saint-Julien de Tours）修道院。马约勒斯（Maiolus）在任院长期间（954—994），紧随奥多的脚步，开始其罗马和意大利之旅。通过阿德莱德，这位勃艮第国王的女儿，意大利的洛塔尔的寡妇，后来的奥托一世的妻子，马约勒斯接收了帕维亚的一所修道院，使其成为克吕尼修道院的永久财产。据说，奥托的确曾提出让马约勒斯管理意大利和德意志属于他的所有修道院，这反映出克吕尼与罗马的联系的连续性，以及克吕尼在意大利存在的延续性，也是对克吕尼本质的回应：克吕尼不像其他修道院，仅仅短时间内传播其改革的影响，而是作为改革的源泉，一直未加中断、延续到西铎会时代（Cistercian era）。这是克吕尼在众多修道院中居领导地位的原因之一，但可能不是唯一的原因。已有人指出，从 10 世纪中期到 11 世纪早期克吕尼修道院运气上佳，仅有三位修道院院长，但都出类拔萃，这是克吕尼修道院稳步发展的关键要素。克吕尼修道院和其他修道院共同享有自由选举院长的特权，而在克吕尼建院特许状和教宗的改革许可（license）中规定并实际上强调了，克吕尼的修士们选举院长候选人要不屈从于任何外部的压力，事实上也的确"没有与任何贵族商议过"，[21] 要根据圣本尼狄克规章选出修道院院长。在克吕尼修道院，这一规定解释起来没有统一的标准，因为规章中预见不到这里所形成的习俗。奥多由其前任贝尔诺任命为院长。既然贝尔诺也想要奥多接手代奥勒（Déols）和马塞

---

[21] 'sine cuiuslibet principis consultu', Pope John XI for Cluny（March 931）, Zimmermann, *Papsturkunden*, no. 64, p. 107.

(Massay)的修道院,可以猜到(但没有记载可查),这些修道院的修士事先已经同意了贝尔诺的这次任命。从奥多接任后,克吕尼的艾马尔(Aimard,约942—954年在任)在奥多的有生之年都出现在了克吕尼的特许状中。很可能,奥多委任他为继任者,特别考虑到奥多经常不在院,但我们还是不知道修会是否赞同。而有明确记录的是,艾马尔疾病缠身且双目失明,先让马约勒斯当他的助手,后向整个修会提议马约勒斯继任院长,因为只有他才符合担当院长之职的条件。马约勒斯被一致选出,这在叙述性的材料和特许状中都有记载。马约勒斯又委任奥狄罗为助手,征得修道会同意后,指定他为继任者。像这样,由在位的修道院院长任命继任者在别处也偶有先例,《大师规章》(Regula magistri)的作者就曾提及。但在克吕尼修道院,这却是标准的做法,但显然要在修道会选举出候选人后,任命才有法律效力。

只有修道院院长和修道会达成一致,修道院才不会丢失其改革的中心地位,才能领导众多修道院,只有如此,才能保持独立。修道院院长和修道会之间的合作是克吕尼对外界发挥吸引力的先决条件。世俗的和教会的资助人给克吕尼的捐赠日益增多,其中透露玄机的是那些为了埋葬(ad sepulturam)而做出的捐赠,即捐赠者做出捐赠是为了他本人和(或)其亲属能有权埋葬在克吕尼修道院的墓地中,为了死后可以在克吕尼修道院为修士所纪念。此类捐赠的曲线图表明,捐赠呈稳步上升之势。即使克吕尼的修会从更多的家庭招收了修士,受托区域(catchment area)日益增加,但是那些为了获得墓葬的捐赠却是最为可靠的指标,表明克吕尼修道院对其周边的吸引力持续加强。这些捐赠保证捐赠者死亡时及死后会享有克吕尼修道院兄弟般的善待(societas et fraternitas of the Cluniacs),会享有修士的所有祈祷和善行(good works),再理想一些,会享有和克吕尼修道院的修士同样的纪念仪式。

千年之交欧洲的修道制度改革

如果我们迅速回顾公元1000年前后欧洲修道制度改革的历程,并和10世纪中期的情形相比较,就会明白,把克吕尼修道院看成改

第六章　修道制度：第一波改革

革的永恒源泉同历史现实是多么一致。我们谈到了罗穆亚尔德和奈勒斯（Nilus）矢志不渝地去实现隐修制度（eremitism），以及由此给奥托三世留下的深刻印记。也谈到了艾因西德伦修道院（Einsiedeln）从隐修修道开始，终成为奥托王国最负盛名的修道院之一的发展历程。布罗涅的杰拉德在佛兰德尔推动的改革到了 1000 年前后没留下多少痕迹。之前，戈尔泽修道院和圣马克西敏修道院的修士，虽然都曾被召去担任王室和主教的修道院院长，如雷根斯堡的沃尔夫刚从圣马克西敏召罗穆亚尔德到埃默兰（Emmeram），戈尔泽的埃摩（Immo）先被召到普吕姆，后又来到赖谢瑙，在那里他遇到重重阻力，但此时戈尔泽和特里尔本身就变成了改革的目标：戈尔泽的改革由主教阿尔贝罗二世（Albero II）完成，此前他在 996 年或 997 年从第戎请人改革了梅斯的圣阿尔努尔夫修道院；亨利二世本人完成了圣马克西敏修道院的改革。与之相比，克吕尼修道院一直还是积极改革的供给者，而不是被动的接受者。

　　在德意志，随着形势的变化，修道院的中心转向了鲁道夫家族的巴伐利亚地区一边：此时，巴伐利亚的修道院和著名的奥托家族的修道院一起声名鹊起，圣埃默兰修道院的修士被请去担任洛尔施（Lorsch）、富尔达（Fulda）、科尔韦（Corvey）和布来登斯塔特（Bleidenstadt）这些修道院的院长。而下阿尔泰奇（Niederaltaich）和泰根湖（Tegernsee）的院长戈德哈德（Godehard），先去了黑茨费尔德修道院（Hersfeld），而后成为希尔德斯海姆主教。同时，在皇帝看来，那些需要改革的修道院要严加对待，这很明确。后来的埃克哈德四世（Ekkehard IV）的描述也证明了这一点，他的描述异常生动地呈现出奥托家族（Ottonians）对待圣高伦修道院的行为。《萨克森编年史》（Annalista Saxo）的描述也不例外，书中写到科尔韦修道院的修士反对国王改革的意愿时，说他们的权利和共同修道的习俗"被皇帝粗暴地改变了"。[22] 皇后阿德莱德建立起的奥托宫廷和克吕尼修道院院长马约勒斯之间的联系在亨利二世统治时依然稳固：亨利二世甚至加入了克吕尼的团体，作为可以名垂青史的皇帝范例，其名字被载入全

---

[22] 'potestative ab imperatore mutantur': *Annalista Saxo*, s. a. 1015, p. 668.

体修士的祷告簿中，以为纪念。㉓

在公元 1000 年之后，和克吕尼修道院相比，戈尔泽修道院不再自我改革，而是列入被改革之列：沃尔皮亚诺的威廉（William of Volpiano）受阿达尔贝罗二世（Adalbero II）之托进行改革，他本人就公开承认是克吕尼的修士，并担任位于圣萨图尔宁（S. Saturnin）的克吕尼分院的院长（prior）。从此处，应朗格勒的主教布伦（Brun of Langres）（威廉的一个亲戚）之请，他又和 12 位十分杰出的克吕尼修士一起被马约勒斯派去改革第戎的圣贝尔尼修道院（Saint-Bénigne）。由此可见，威廉的改革活动是彻头彻尾的克吕尼方式，他的习俗录（consuetudines）也可证明。同时，他的改革活动的动力源于自身，这是毫无疑问的：威廉改革的力度、地理范围和之后的影响，都使之成为公元 1000 年以后对欧洲修道制度影响最为深远的改革。马约勒斯和奥狄罗曾出于对克吕尼修道院独立性的考虑而拒绝王室改革一些地方修道院的要求，而威廉甚至准备在这些地方也施以改革。如上文所述，梅斯和图勒的主教们把梅斯的圣阿尔努尔夫修道院、戈尔泽修道院和图勒的圣阿佩尔修道院托付给他。勃艮第的公爵和布卢瓦的伯爵赠给他圣维旺德维吉修道院（Saint-Vivant-de-Vergy）和莫的圣法龙修道院（Saint-Faron in Meaux）；罗伯特二世（虔诚者）亲自劝说他改革圣日耳曼德佩修道院（Saint-Germain-des-Pré）。在勃艮第公爵把他召到勃艮第后，魏玛（Wilhemine）改革进一步加强。同样情形出现在费康（Fécamp）、瑞米耶日（Jumièges）和圣米歇尔山（Mont-Saint-Michel）。1015 年或 1016 年，威廉和他的（有血缘关系的）兄弟们一起在都灵附近，创立了弗鲁图阿里亚修道院（Fruttuaria）。圣贝尔尼修道院将死亡者造册的传统，不仅表明了威廉和他的修士们同克吕尼修道院有着很牢固的联系，还表明在威廉及其第戎的克吕尼同伴的时期过去之后，那里的修道院团体形成了自我觉醒：克吕尼的修士不再和圣贝尔尼的修士记录在一起，而是记录在死亡名册的迎面页上，而迎面页是专门记载那些和圣贝尔尼关系密切的修道院的修士。第戎和其他修道院接触的频率也有差异，这也为死亡名录

㉓ 'Pro imperatore qui dignus fuerit ita scribatur: Tertio idus iulii depositio domni Heinrici imperatorisaugusti nostrae societatis et fraternitatis karissimi' *Liber tramitis aevi Odilonis abbatis*, p. 285.

所证实。最晚到 11 世纪下半叶，如果拥有修道院的主教和世俗人员想要延请修士来改革自家的修道院，当时的人会认为除了克吕尼修道院外，戈尔泽修道院和弗鲁图阿里亚修道院（Fruttuaria）也应在首选之列。弗鲁图阿里亚修道院以一己之力获得信赖，其修士受邀北越阿尔卑斯山（transalpini monachi）去改革远至帝国西北的修道院。

理查德任院长的凡尔登的圣瓦讷修道院（Saint-Vanne）是另一所修道中心。理查德本想进入克吕尼修道院当修士，但奥狄罗劝他返回他的家乡当修士，这样他能够做得更加出色。顺便提一下，当时最负盛名的修道改革中心，都位于德意志王国的西部边界或更往西的地区，以及意大利北部，这一点值得关注。我们已经注意到，和奥托时代相比，亨利二世治下的德意志王国的修道制度中心发生了转移；还应再补充上一点，1022 年在卡西诺山，皇帝一次肾结石的急剧发作被圣本尼狄克给治愈了，在此关键的经历后，他把注意力转向西部的正在进行中的修道制度的改革。亨利二世是克吕尼修道院团体的一员，此外，还应提及他和圣贝尔尼的密切关系，他给圣瓦讷修道院的巨额捐赠，他对德意志王国修道院改革的关心，以及和国王罗伯特二世一道对法国修道院改革的关注，他和后者于 1023 年在艾弗伊斯（Ivois）还会晤过一次。弗鲁图阿里亚修道院也接受亨利二世成为团体中的一员（confraternity）。那时亨利二世所主要关注的修道院，比起他执政之初曾经成为改革中心的那些德意志南部的修道院，具有了更强的独立性和改革主动性，而克吕尼修道院仍不属此列。亨利想从西部寻找一位修道院院长，能够在他的王国内展开全面的修道院改革。克吕尼的奥狄罗，或圣贝尔尼的威廉，或圣瓦讷的理查德，不能奢望这三人中哪一人会接受皇帝的召唤来辅助他。对此三人，皇帝皆很敬畏。但是，斯塔沃洛的波波（Poppo of Stavelot）在亨利二世送给他斯塔沃洛修道院后，最终屈从于亨利的要求。波波可以看作圣瓦讷的理查德的学生。1022 年，波波成为特里尔的圣马克西敏修道院的院长，后来，在康拉德二世统治时，又成为哈尔特山的林堡（Limburg on the Haardt）、埃希特纳特（Echternach）、圣吉兰（Saint-Ghislain）、黑茨费尔德（Hersfeld）、魏森堡（Weissenburg）、圣高伦的皇家修道院以及一大批贵族和主教的修道院的领袖。

亨利二世和他的一些主教［梅斯的阿达尔贝罗二世、康布雷的杰拉德、帕德博恩的迈因韦尔克（Meinwerk of Paderborn）] 开放德意志的王室修道院，接受西部的改革的修道制度。到了 11 世纪中期之后的皇后阿涅丝时代，这一开放呈现出新的特点。但是，在欧洲的修道院制度中，院长奥狄罗执掌下的克吕尼修道院独执牛耳。尤其是公元 1000 年之后，这一迹象愈加明显。成百上千所修道院，在法律上归属克吕尼修道院所有，越来越多的修道院从一开始就作为克吕尼修道院的分院而建。在马约勒斯和奥狄罗任内，第二家修道院的教堂在克吕尼建立；在休的任期内，第三家教堂，也是西部最大的教堂开始动工。克吕尼修道院的医务室（infirmary）在奥狄罗任内面积被扩大，到休任院长时成为欧洲最大的医院。如上文所述，修士的数量从最开始的 12 人攀升到马约勒斯和奥狄罗时的约 100 人，到休去世时的 1109 年，人数达 300—400 人。即使在奥狄罗的时期，克吕尼修道院的受托区域（catchment area）也可以说是遍布欧洲，尽管主要还是集中在西欧和南欧。各地修士所做的事务，克吕尼的修士都会做得更加深入细致，范围也更广。这些事务包括为死者祈祷、供给穷人食物，纪念死者，使其灵魂永生。奥狄罗和他的修道会（convent）引入了庆祝万灵节（All Souls）的习俗，在 11 月 1 日庆祝完万圣节（All Saints）之后的第二天即 11 月 2 日举行，这样可以在传统习俗之外再为追思死者多尽些力。后来，此节日被罗马教会所接受。克吕尼及其下属的修道院，每天都会让 18 位饥肠辘辘的穷人得以饱食，都会在一个修士死后连续 30 天为其灵魂举行弥撒和诵读日课（office），施予粮食的人都会分给每个穷人他每日"应得的"[24] 口粮，而且所有"碰巧路过"[25] 的穷人，人数当然难以预估，也会被施予食物。克吕尼的习俗录表明，从马约勒斯时代开始，布施主事（eleemosynarius）这个词就指修道院负责救济穷人的一个职位。11 世纪的习俗录很清楚地表明布施主事的职责范围扩大很快，从而需要更多的助手。在奥狄罗任院长时的克吕尼修道院，对死者的关爱和对穷人的照料彼此关联、互不可分，联结两者的方式名气很大，以至于一系列传奇、故事衍生出来：在克吕尼修道院全体修士（Cluniacs）的恳求之下，甚至

---

[24] 'iustitiam vini et panis', *ibid.*, p. 265.
[25] 'omnibus supervenientibus pauperibus', *ibid.*, p. 199.

教宗都在净化之火中被准许可以保持泰然自若；在欧洲没有哪里能像在克吕尼修道院，那么多灵魂被从魔鬼手上夺回来；奥狄罗在其死前，让一位修士历数并记录下来他一生所举行过的弥撒。当克吕尼全体修士（Cluniacs）被问及是否可以为了死者每日向上帝献祭。答案是：唯有周日不可，因为那天很特殊，耶稣死而复活。现存的各克吕尼修道院的死亡名录（necrologies）表明，克吕尼修道院纪念死者的仪式既细致又全面。名录中还包括 10 世纪克吕尼修道院的修士的名字，但不是所有人的名字。这些名录数目惊人，条目整齐划一，令人信服地证实了传说、故事中所讲述的内容。

这样，生者和死者殊不可分，在内部缔造出一种克吕尼的团结意识；对外则使克吕尼修道生活的吸引力渗透到周围的贵族、农民和神职人员中去，触动社会各阶层的人们。在 1066 年，罗伯特二世在给费康（Fécamp）的特许状中赞誉克吕尼修道院，称其为"最著名的修道院"，"是神圣的修道生活之源，从那里流出了涓涓细流，滋润面八方"。[26] 在罗穆亚尔德的建议下，院长休在他的法尔法的修道院"施行了克吕尼修道院的共同修道的生活习俗，此习俗源于高卢，绽放于那个时代，引领着全世界的修道院走向修道生活（Regualr life）之正途"，[27] 在所谓的叙任权之争（Investiture Contest）的过程中，依据教规进行选举这一问题还没尖锐起来之前，克吕尼修道院在这方面的自主做法已成为一个标准，罕有其匹，就像克吕尼闻名于世、堪当典范的修道生活一样。罗伯特颁给费康的特许状规定，涉及修道院院长的选举、就职和祝圣，要遵守克吕尼修道院保留至今的习俗，也就是不能受外界的影响。甚至在和平会议（the peace councils）制定的著名的条款发布之前，马约勒斯和奥狄罗于 994 年从在安斯（Anse）开会的主教们那里得到一项特权，保护克吕尼本地的修道院和克吕尼地区的教堂、人民和财产免受任何暴力的侵夺；特权还保护某些列出名字的归克吕尼所有的中心地区，最重要的是隶属于克吕尼修道院的所有的修道院也在受保护之列。这一特权在内容上可以和奥狄罗恳求得到的国王特许状相媲美。特权中也明确表达了一般性的规

---

[26] D Ro II 26.
[27] *Liber tramitis aevi Odilonis abbatis*, p. 4.

定，有关于尼古拉斯派神甫（Nicolaitan priests）的，有关于周日的仪式的，有关于普通信徒周三和周五要遵守禁食义务的，有关于关怀穷人的。从上帝的和平运动的历史看，所有这些主题都不是什么新鲜事了。违反这些规定的人，如已悔改，可以得到克吕尼修道院院长和修士的宽恕。即使对克吕尼全体修士的批评性言论也有助于说明克吕尼的修道制度对公众生活的影响，例如拉昂主教阿达尔贝罗（Adalbero of Laon）曾有些夸大的讽刺。在这位主教看来，神所规定的社会分为三部分：神职人员（oratores）、勇士（bellatores）和耕作者（laboratores），而克吕尼全体修士把这三部分混杂起来，农民可成为主教，主教可变成修士；如此一来，院长奥狄罗岂不像是国王奥伊德罗（rex Oydelo），克吕尼修道院的修士岂不是像士兵（miles）了。㉓

克吕尼修道院崛起的前提条件产生了，克吕尼修道院在休任院长时崛起为西方最大的修道院，休已能够在卡诺萨（Canossa）居中调解教宗格列高利七世和国王亨利四世之间的争端。11世纪中期之后，出现了第二波修道制度的改革，除克吕尼修道院和弗鲁图阿里亚修道院这两个修道中心外，还出现了一些新的中心，如瓦隆布罗萨修道院（Vallombrosa）、马赛的圣维克托修道院（Saint-Victor in Marseilles）、希尔绍修道院（Hirsau）、锡格堡修道院（Siegburg），这里只列举几个。第二波改革的特征在于，改革给世俗世界带来了深刻的影响，号召人们追寻"原始教会"的先例，过使徒般的生活，安于贫穷。第二波修道制度改革始于11世纪末的西铎会（the Cistericians），在修会（monastic orders）时代达到顶点。这实际上消除了一个修会中只有单一修道院的危险，修道院的自主管理因为有了修会章程和全体修士大会（the general chapter）而得到保障。修会间互不相容，但各修会并没有故步自封，较为古老的本尼狄克修道制度的代表也采用了修会的形式，随后争端纷起，修道制度也随之丧失一定程度的可信性，特别是在12、13世纪的欧洲历史上第一次出现异教运动时，这更是显而易见。在这个阶段，欧洲大陆的风貌从遍布修道院转变成城镇林立。这些城镇，接过修道院所承担的重任，成为社会生活的着力点。那些深切关注修会并帮助击败第一次异教运动的各种势力，不再像以

㉓ Adalbero, *Carmen ad Robertum regem*, verses 80–169.

前那样到广阔的乡村建立大型的修道院,而是在市镇生根发芽。正是方济各修会(Franciscan)那些拥护清贫的人们和多明我修会(Dominican)的神甫团体采用了托钵修会这一形式。

乔基姆·沃拉斯彻(Joachim Wollasch)

刘立壹 译

顾銮斋 校

第 七 章
知 识 生 活

这一时期的知识生活（intellectual life）经常打上政治—文化相关事件及现象的标签："后加洛林"时代或"前格列高利"时代。前者的观点明确把10世纪看成加洛林文艺复兴的延续；隐含着这一延续先导致了衰落，并最终造就了奥托文艺复兴。后者把修道传统（戈尔泽修道院和克吕尼修道院）和主教传统（如以维罗纳的拉瑟为代表）的知识运动和精神运动视为格列高利教会改革和叙任权之争（the Investiture Contest）的先导。[1] 这样，大概除了像"严酷的世纪"或"黑暗的世纪"这些从巴洛尼乌斯（Baronius）时就有的否定性描述，10世纪长期以来一直是一个"无名"的世纪。[2] 近来反对的意见又把这一时期描绘成一个文化复兴的伟大时代。与其思考这个时代究竟是晦暗一片，还是引领文明进步，不如去关注这个时期知识生活方面所发生的事情，这样更有裨益。首先要思考的是学校和书籍制作，这两者至少部分是密切相关的。

书籍、学校和知识分子

10世纪和11世纪早期的手稿数量，要少于9世纪和11世纪晚期；[3] 这一事实屡屡为人重复，但对我们了解10世纪的知识生活无任何帮助。从8世纪最后一些年开始，书写（writing）勃兴，这是查

---

[1] 见 in general *Secolo di Ferro* (1991); *Lateinische Kultur* (1991); Jacobsen (1985); Hoffmann (1986).
[2] Baronius, *Annalesecclesiastici*, col 741.
[3] Bozzolo and Ornato (1983), pp. 15–121.

理大帝推动文化大发展的结果。加洛林文艺复兴基本终结了日耳曼的口头文化传统和大众文化,创造了对以手稿为基础的书面文化的需求。但鉴于书籍的成本很高,一旦需求得到满足,继续制作就不再必要。10 世纪手稿制作的数量下降原因就在于此,而不是文化衰落所致,④ 但在一些外围地区,像贝内文托,以及非重要地区如伦巴第,10 世纪的手稿倒多于 9 世纪。⑤ 书面文本的产出要增加,书写这一习惯首先要广泛传播。大量现存的特许状明确表明,在法律背景下这是正确无误的;可以准确地说,10 世纪是书写文件数量超常规发展的时期。⑥

　　研究古典作家的现存手稿,这一迄今研究最为细致的领域,也为解决这个难题提供了一个有趣的视角。路德维希·陶贝(Ludwig Taube)有一句名言,说如果加洛林时期是维吉尔的时代(*aetas Vergiliana*),10 世纪则是贺拉斯的时代(*aetas Horatiana*);⑦ 但是贺拉斯并不是当时唯一的或最重要的新作家。加洛林时代的人(Carolingians)除了维吉尔和《加图格言集》(the *Disticha catonis*)外,同样青睐晚期古典基督徒作家,如塞杜里乌斯(Sedulius)或阿拉塔(Arator)。⑧ 9 世纪晚期的典型代表人物欧塞尔的雷米吉乌斯(Remigius of Auxerre)也评论过尤维纳利斯(Juvenal)和佩尔西乌斯(Persius);在 10 世纪早期的一部米兰的抄本(Paris BN lat. 7900A)中,马提亚努斯·卡佩拉(Martianus Capella)的《斐萝萝嘉与墨丘利之联姻》(*De nuptiis Philologiae et Mercurii*)这本加洛林时期的学校所研读的教材中的佳作,与新的作家如特伦斯(Terence)、贺拉斯(Horace)、卢坎(Lucan)甚至尤维纳利斯(Juvenal)的作品一同出现。⑨ 意义非凡的是来自米兰的抄本:意大利先前较少受加洛林学校的影响,但从此却更愿意接受与过去刻板的学校准则(scholastic code)格格不入的作家的作品。⑩

---

④　Munk Olsen (1991b), pp. 342–3.
⑤　V. Brown in Lowe (1980); Brown (1988); Cavallo (1991), pp. 760–1.
⑥　Toubert (1973a), pp. 303–5.
⑦　Traube (1911), p. 113.
⑧　Munk Olsen (1991b), p. 345; (1991a), pp. 28–32.
⑨　Munk Olsen (1991a), pp. 267; cf. Leonardi (1960), pp. 435–6.
⑩　Ferrari (1991), p. 108. See also more generally Bischoff (1984), pp. 171–94.

10 世纪，其他古典作家的作品很容易就会被名列为学校经典。但是，教育理论发生了变化，教师的教学手段也因此不同于前。课程仍然主要是语法学，语法学被认为是通过诗歌来研究文学的学问。教学要按照手册进行，最重要的手册莫过于 4 世纪多纳图斯（Donatus）所写的《小艺》（Ars minor），欧塞尔的雷米吉乌斯（Remigius of Auxerre）在一本很成功的集注中曾注解过此书。在 10 世纪期间，多纳图斯之外还出现了普里西安（Priscian）的《语法原理》（the Institutiones grammaticae），瓜达波特（Guadbert）的《普里西安文法概要》（Epitoma Prisciani）可证明这一点，但多纳图斯还未被取代。其他那些爱尔兰和加洛林传统所珍视的语法书，例如庞倍（Pompeus）、孔桑提乌斯（Consentius）、夏里修斯（Charisius）、狄俄墨得斯（Diomedes）的语法，也开始遭废弃不用。⑪ 瓜达波特意识到多纳图斯的不衰影响，因此只采用了普里西安的前 16 卷（the Priscianus maior），没有贸然采用"颠覆性"的第 17 卷和第 18 卷。《普里西安文法概要》的重要性毋庸置疑：教学法处于十字路口，脱离自身法国背景所暗含的浓重的加洛林色彩的同时，开始转向了书中讨论的意大利教学传统。瓜达波特并不是形单影只，语法学家伊斯拉埃尔（Israel the Grammarian）⑫ 和泰根湖的弗洛蒙德（Fromund of Tegernsee）⑬ 都评注过普里西安。

经典并没有简单地被新的、同样僵硬的体系所取代，而是被稍作修改以适应新的需要。语法学失去其在加洛林时期的优势，修辞（教科书来自西塞罗以及冒充西塞罗的人）和辩证法〔使用波埃修（Boethius Logicus）写的材料〕被加入进来。⑭ 10 世纪末，属于弗勒里的阿博（Abbo of Fleury，940—1004 年）⑮ 和欧里亚克的热贝尔（Gerbert of Aurillac，940/950—1003 年）⑯ 的卓尔不群的学校（但并不是只此一家）慢慢地把四艺（quadrivium）增添到三艺（trivium）的三学科中去，自然科学的学习被增补到文学的学习中去。《圣经》

---

⑪ Holtz (1991).
⑫ Jeudy (1977).
⑬ Sporbeck (1991), pp. 369–78.
⑭ Van de Vyver (1929), pp. 425–52; Gibson (1991).
⑮ Mostert (1987).
⑯ Gasc (1986); Riché (1991); Lindgren (1991), pp. 291–303.

第七章 知识生活

始终是知识的无上源泉和全部博雅教育研究的重心,但是古典诗人已基本上丧失了其超凡的联想力:哲罗姆将基督和西塞罗相比较这样的妙想已成历史。

学校的内部发生着变化,但大的变革却发生在其面向社会的那一面。在加洛林时期,学校和知识生活并行发展;学校和文化相等同,甚至查理大帝时的皇家文化也被视为和学校等同。从 10 世纪开始到 11 世纪开端,学校根本性质的变化更为显著。学校不再完全被认为和文化相一致,而开始承担起预备与引导的作用,此作用贯穿 11 世纪,直到 12 世纪初。文化这个词从严格意义上讲,可能源于学校,但已失去了和学校的密切联系。文化的活力和创造力不再源于学校或学校教学。

这一局面通常表现在反教育的(ant-scholastic)争论上,而且争论似乎超越了传统主题和习惯的层面。维罗纳的拉瑟在佛兰德尔接受的教育,那里有像列日主教学校那样的好学校。拉瑟谈及自己时,毫不犹豫地说,"他从老师处收获很少,但通过自学却收获颇丰"。[17]这不是什么与众不同的态度,而是代表了当时很多知识分子的观点,从克雷莫纳的利乌德普兰德(Liudprand of Cremona)到欧里亚克的热贝尔都持有这种观点。这些变化也意味着有文化修养的人开始有建立自己的图书馆的需求,而且图书馆要建在修道院和主教辖区的图书馆的旁边,或要沿着大型的宫廷图书馆而建,比如建在来自萨克森刚登基的奥托皇帝们的宫廷图书馆旁边。[18] 手稿收集是意大利 14、15 世纪文化艺术时期(Trecento and Quattrocento)人文学者的特征,也是该时期的突出特点,虽然此时知识的流动方向(the movement of learning)倒转过来,从北部进入意大利。[19] 手稿收集同样适用于拉瑟[20]以及热贝尔。热贝尔在给博比奥的雷纳德斯(Raynardus of Bobbio)的信中说:"你知道我是费了多少心血到处搜寻各个版本的书籍。你知道在意大利全境的城镇和乡村能找到多少抄写员(scribe)。"[21]

---

[17] 'pauca a magistris, plura per se magis didicit'; Rather of Verona, Phrenesis ii, 70-1, p. 200.
[18] Mütherich (1986); Mayr-Harting (1991a and b); McKitterick (1993).
[19] Ferrari (1991).
[20] 比如 Daniel (1973).
[21] 'Nosti, quanto studio librorum exemplaria undique conquiram Nosti, quot scriptores in urbibus ac in agris Italiae passim habeantur', Gerbert of Aurillac, 第 130 号信, pp. 157-8.

知识分子和学校之间关系的另一个重要方面是作者和其编写的教科书的关系。传统上作者口授，或让人代为口授，一位职业的或非职业的抄写员记录，这一传统渐至终结。作者不再仅仅核对抄写员的笔录，这一直是缮写室负责人的工作，而是直接和教科书原文打交道，重写或改写某些部分，修改和增补。在 9 世纪 70 年代，图书馆员阿纳斯泰希厄斯（Anastasius the Librarian，800—879 年）独自翻译并校订了希腊文的第四次君士坦丁堡公会议法令，额外增加了一些材料。㉒ 但这是一个例外，因为很少有人懂希腊文，只有作者本人有能力修订译文。从阿纳斯泰希厄斯到拉杜尔夫·格拉贝（Radulf Glaber，约 990—1047 年）的几乎一个半世纪期间，作者对于教科书的态度变化巨大：一份手稿（Paris，BN lat. 10912）㉓ 表明，拉杜尔夫如何以不同的方式写作和修改他的教科书。此时期的创作方法和知识传统显示，10 世纪当中，文化活动继续在学校、宫廷、主教辖区和修道院进行着，而且人们认为，只有个人对手稿的研究或者对各个领域知识的研究才真正有意义。㉔

阿贝拉尔（Abelard）和 12 世纪其他大师们一直被认为是现代知识分子的先驱，因为他们和学校联系在一起并且是在学校接受的教育。他们这些知识分子的工作是"思考并通过教学传授他们的观点"，这项工作"把形成观点和通过教学普及观点结合起来"。㉕ 但是，还可以说现代知识分子的先行者是 10 世纪的作者；只有在这个世纪，知识逐渐被理解为既是个人成绩的一种表现，又兼具社会功能的作用。一方面，学者有占有所研究的主题的情感倾向，采用具有强烈批判性的方法来研究；另一方面，学者又有公开展示他所获得的知识的需求（既在学校内，也在学校外）。人们意识到了这两者间辩证的紧张关系。在意大利受教育并活跃在奥托宫廷的克雷莫纳的利乌德普兰德就是这种新型学者的一个例证。㉖

㉒ Leonardi（1967）．
㉓ Garand（1983）．
㉔ Chiesa and Pinelli（1994）；Chiesa（1994）．
㉕ Le Goff（1957），p. 1.
㉖ Vinay（1978a）；Sutherland（1988）；Staubach（1991）．

欧洲的边缘

知识分子脱离学校,甚至疏远学校,并没有阻止文化生活集中在某些地区和城市:历史和地理背景对我们理解这一时期的知识生活至关重要。

在大半领土为阿拉伯人所占据的西班牙,阿拉伯艺术和文化大放异彩;相比而言,拉丁文学上的发展却无足轻重。即使把不受阿拉伯直接控制的西班牙北部考虑进来,曼努埃尔·迪亚兹-迪亚兹(Manuel Díaz y Díaz)的话也是对的,即自觉描写文学内容的书籍几乎没有。[27] 10世纪期间,在哈里发的首都科尔多瓦,拉丁传统得到延续。邻近9世纪末,萨姆森(Samson)像后来的西普里亚纳斯(Ciprianus)和莱奥维希尔德(Leovigild)一样,维系了这一传统;科尔多瓦悔罪书(the Córdoba Penitential)或许就写于此地,就像925年殉道的圣贝拉基(St. Pelagius)的殉道故事一样(BHL 6617)。

阿斯图里亚斯(Asturias)和莱昂(León)的书籍产量也不是特别丰富。但是,在阿方索三世(866—912年)统治时期,莱昂宫廷很可能的确创作出了《阿方索三世编年史》(the Chronicle of Alfonso III)这本复杂的书籍;此书包含《西哥特编年史》(Chronica Visegotorum)、《阿尔贝尔达编年史》(Chronicon Albedense)和《预言者编年史》(Prophetic Chronicle)。[28] 在桑乔·加尔塞斯一世(Sancho Garcés I)(906—926年)统治下的诺瓦拉(Navarre),圣米兰德拉科戈利亚(S. Millán de la Cogolla)的修道院重又兴盛起来;924年,圣马尔蒂诺(S. Martino)修道院在阿尔贝达(Albeda)建立,维吉里亚努斯(Vigilianus)和萨拉奇努斯(Sarracinus)在此修道院创作了一系列诗歌。在10世纪末,大概住在巴塞罗那的卢皮图(Lupito)创作了不少科学书籍,热贝尔在其关于星盘的书中曾引用过,除此之外,几乎再没有产生任何作品。[29]

---

[27] Díaz y Díaz (1991), p. 95.
[28] Chroniques Asturiennes, ed. Bonnaz and ed. Gil Fernandez; cf. Díaz y Díaz (1981); Lopez Pereira (1991).
[29] Gerbert of Aurillac, Liber de astrolabio.

英格兰的情况虽然非常不同，但还有些共同的特征。像在西班牙一样，知识生活以王室宫廷和修道院为中心。阿尔弗雷德大王（871—899 年）自己翻译过几本他认为对地方语言有价值的拉丁作品：奥古斯丁、奥罗修斯（Orosius）、波埃修（Boethius）、格列高利一世（Gregory the Great）的作品和比德的《教会史》（Ecclesiastical History）。翻译是他计划的一部分，旨在提升盎格鲁-撒克逊语言的文化水平和社会水平。10 世纪期间，以地方语言写就的手稿数量的确大量增加。但是，这一文化盛况如脱离拉丁传统就不会出现，而且这对拉丁语作家也是一种激励。[30]

五十年来第一部以拉丁语写的意义非凡的作品，是阿瑟（Asser）约于 893 年撰写的阿尔弗雷德大王的传记，此后再没有重要作品问世，直到埃塞尔斯坦（Æthelstan，924—939 年）在位，尤其是在埃德加（959—975 年）统治时期。在埃塞尔斯坦统治下，抄写活动积极活跃起来，这主要是由于书写文件生产的增加、手稿从大陆的输入[31]以及非盎格鲁-撒克逊教师如语法学家伊斯拉埃尔的到来。[32] 在随后的几年，通过和圣贝尔坦、根特，尤其是和弗勒里的联系，大陆的影响有增无减。坎特伯雷在大主教奥多（Archbishop Odo，941—958 年）下辖期间，弗里希戈德（Frithegod）在那里写下了他的《天恩垂悯的威尔弗雷德的传奇史诗》（Breuiloquium vitae beati Wilfredi）。[33] 在埃德加统治时期，邓斯坦（Dunstan）和埃塞维尔德（Æthelwold）这两位卓尔不凡的学者都官至高位：邓斯坦成为坎特伯雷大主教，埃塞维尔德任温切斯特修道院院长（后来伍尔夫斯坦曾在此修道院任职）。邓斯坦曾在格拉斯顿伯里（Glastonbury）任过职，[34] 而埃塞维尔德一直生活在宫廷，在埃德加死后退隐到格拉斯顿伯里。[35] 奥多的外甥奥斯瓦尔德（Oswald）曾在弗勒里学习，先任伍斯特（Worcester）的主教，后升任约克大主教；他还创建了拉姆西

---

[30] Lapidge (1991a).
[31] Keynes (1985).
[32] Lapidge (1992).
[33] Frithegod, *Breuiloquium vitae beati Wilfredi*, ed. Campbell；参见 Lapidge (1988).
[34] Ramsay et al. (1992).
[35] Yorke (1988).

(Ramsey)修道院,弗勒里的阿博曾在此短暂授课。㊱

盎格鲁-撒克逊宫廷支持的修道院改革也一并促成了有特色的文化活动。不像与世隔离的西班牙,盎格鲁-撒克逊文化受克吕尼修道院和戈尔泽修道院所领导的欧洲大陆修道院改革的影响,以及欧洲欣欣向荣的手稿制作(manuscript production)中心活动的影响。㊲ 盎格鲁-撒克逊的书籍制作(text production)以圣徒传为主,一般用韵文书写,但也不总是如此,这些书籍包括传记、译本、奇迹录[如斯威森(Swithin)、埃德蒙、埃塞维尔德及别人的奇迹录],还有埃塞维尔德(Æthelweard)的《编年史》(*Chronicon*),这部《编年史》是《盎格鲁-撒克逊编年史》校订本的拉丁文译本。㊳ 在10世纪末,埃塞维尔德的学生艾尔弗里克(Ælfric,955—1020年)代表了本尼狄克改革(Benedictine reform)和盎格鲁-撒克逊文学的顶峰。他是恩舍姆(Eynsham)修道院院长,作品包括圣徒传记和布道文。他以拉丁散文体写作,创作出了不少重要的圣徒传记。㊴

由此,在西班牙和英格兰,10世纪不是一个衰落的时期,而是对研究和知识活动重燃兴趣的时期。知识生活以加洛林为典范,围绕王室宫廷这一轴心,得到本尼狄克修道院(Benedictine monastaries)活动的支持,这表明边缘地区一定程度上的文化落后。但是这样来划分欧洲南部和东部的边陲是行不通的。

881年,卡西诺山(Monte Cassino)被毁坏,修士先逃到泰阿诺(Teano),后又逃至卡普亚(Capua),他们无法再现自8世纪末就一直享有的知识上的优势地位,那时,执事保罗(Paul the Deacon)还是他们中的一员。㊵ 但是,到10世纪中期,这所和圣本尼狄克(St. Benedict)关系最为密切的修道院完全重建起来,那里的知识生活又重新开始。在9世纪末的卡普亚,阿奇珀特(Erchempert)写下了他的《贝内文托地区的伦巴第人史》(*Historia Langobardorum Beneventanorum*)。在10世纪下半叶的萨勒诺,一位匿名作者完成了《萨

㊱ Stafford (1989), pp. 187–91.
㊲ Knowles (1963), pp. 31–56.
㊳ Lapidge (1991b) Cf. Also Æthelweard, *Chronicon*, ed. Campbell.
㊴ Gartch (1977); Lapidge (1991a).
㊵ Leonardi (1987).

勒诺编年史》(*Chronicon Salernitanum*)。[41] 后来，于 1030 年成为阿马尔菲大主教的卡西诺的劳伦斯（Laurence of Cassino）也有布道文和圣徒传传世。[42]

在这一时期，意大利南部的大部分地区仍讲希腊语，而此时的西西里岛则为穆斯林所占领。操拉丁语的学者世界主要向那不勒斯看齐，留意那里开展的独特的文学活动形式：把希腊文翻译成拉丁文。这项工作开始于 9 世纪，那不勒斯的学校一直把此工作延续到 10 世纪的后半期。这项工作的目标是要为欧洲南部的基督徒编订一本拉丁语的圣徒传文集，内容要涵盖当时有关圣徒的宗教传统；由于当时几乎还没有拉丁语的传记，作品就从希腊文译出。学校颇富革新精神：其成员一改传统逐字翻译的理论，转为意译。结果，源文本有时会被部分改写以满足当时的需要，但这样的译文普遍来说其文学性远胜于任何逐字翻译的译文。涌现出很多作者兼译者的人物：执事约翰、古艾玛柏图斯（Guarimbotus）、副执事彼得（Peter the Subdeacon）、副执事博尼图斯（Bonitus the Subdeacon）、奇钦纳尤斯（Cicinnius），这些人写了很多圣徒传记。修士阿马尔菲的约翰在 10 世纪晚期翻译了其他的圣徒传；巴拉姆和约萨法特（Barlaam and Jehosaphat）的故事是第一个译成拉丁语的叙事故事，后来在西欧（in the west）家喻户晓。很明显这个故事也是来自阿马尔菲地区。在此时的那不勒斯，主牧师（Archpriest）利奥翻译了伪卡利斯蒂尼（Pseudo-Callisthenes）的《亚历山大传奇》(*Nativitas et Victoria Alexandri Magni regis*)，它成了另一部重要的西方故事集的基础。[43]

虽然意大利南部处于拉丁世界的边缘，但其作用却不可小觑。经由此地，希腊文化的某些方面得以引入拉丁文化世界，史学著作和圣徒传记在此时的艺术自我表达上所扮演的关键角色得以确认，而且巴拉姆－约萨法特和亚历山大这些绝妙的叙述性主题，才得以传播到西方的文学（western literature）中去。有两类传奇故事魅力巨大：亚历山大大帝和他的亚洲帝国的故事，以及巴拉姆这位皈依基督教的佛陀

---

[41] Erchempert, *Historia Langobardorum Beneventanorum*, ed. Waitz; Westerbergh (1957); 参见 Taviani-Carozzi (1991). For the *Chronicon Salernitanum* see below at n. 103.

[42] *Laurentius monachus Casinensis archiepiscopus Amalfitanus opera*, ed. Newton.

[43] Chiesa (1991); Kratz (1991).

的传说。关于古罗马和特洛伊战争的故事在西方几乎已无人不晓,而且被认为与西方文明根脉相连。那不勒斯和阿马尔的作家们所引入的新主题表明了东方的主题进入了拉丁文化世界。

欧洲的东部边界还属于拉丁世界;这里是传教士的土地,还受萨克森统治者和教宗的政治和宗教利益所左右。直到 11 世纪和 12 世纪,拉丁语才在这里广泛使用。第一批书籍(texts)中有一部是由杰拉德(Gerard)所写,名为《对一首关于三个年轻人的赞美诗的沉思》(Deliberatio supra hymnum trium puerorum),杰拉德是一位意大利人,匈牙利乔纳德(Csanád)的第一任主教,1046 年殉教。[44] 同这些国家相关的最重要的书籍当属以布拉格主教阿达尔伯特(Adalbert)为传主的两本传记。这位主教于 997 年在普鲁士殉教。第一本很可能是由约翰·卡纳帕里尔斯(John Canaparius)所写,他死于 1004 年。但也有人认为作者是阿达尔伯特的弟弟拉季姆(Radim),还有人认为是欧里亚克的热贝尔。约翰·卡纳帕里尔斯是一位修士,后来成为罗马阿文丁山的修道院院长,阿达尔伯特曾在那里待过一段时间。他的作品复活了古代殉教文学的几个主题,例如面临政治压迫时对信仰的坚定信念;但是这些主题这时已融入传教主题中去,而传教主题是中世纪早期和盛期时圣徒传的典型特征。[45]

第二部阿达尔伯特传记甚至更为重要,由奎尔福特的布伦(Brun of Querfurt, 974—1009 年)所写。布伦原为奥托三世的宫廷牧师(chaplain),后放弃此职位到阿文丁山的修道院当了一名修士。再后来,离开修道院到罗马涅(Romagna)拜拉文纳的罗穆亚尔德(Romuald of Ravenna)为师,过着隐士的生活。他完善修道生活的渴望和他的传教热情融为一体,最终布伦沿着阿达尔伯特的足迹前行。1003 年,他在匈牙利拜见了国王斯蒂芬一世(King Stephen I)。在 1008 年到了基辅(Kiev),受到大公弗拉基米尔一世(Grand Duke Vladimir I)的保护。把基督教从拜占庭引入乌克兰,弗拉基米尔功不可没。像阿达尔伯特一样,布伦也是殉教而死,在 1009 年死之前,他写下了阿达尔伯特的传记。这不是对第一部传记的简单修正,而是

---

[44] Gerárd of Csanád, *Deliberatio*, ed. Silagi.
[45] *Vita prior S Adalberti Pragensis episcopi*, ed. Karwasinska; cf. Starnawski (1991), but also Kürbis (1991), p. 243.

一部崭新的作品，有新的事实，有受传教热诚所激发而创作的新的故事，这种热诚是他和阿达尔伯特所共有的。布伦还创作了《五兄弟传略》（Vita quinque fratrum），讲的是他的精神导师贝内文托的本尼狄克（Benedict of Benevento）及其伙伴约翰与三位年轻的波兰人在波兰传教时被杀害的事。[46] 这为新近去世圣徒的传教传记的写作提供了更为清晰的范例。在这类圣徒传中，自传起到了重要的、显而易见的作用。体裁相同而又有诸多不同之处的，是奥格斯堡的杰拉德（Gerard of Augsburg）所写的《圣乌尔里克传》（Vita sancti Oudalrici）。[47] 此传记回顾了马扎尔人的入侵，但是因运用了很多包括奇迹和幻象这些不同的要素，叙事更为丰富生动。

附加段与圣徒传

欧洲的知识中心仍然在法国、勃艮第和洛泰林吉亚这些加洛林文化曾充分发展的地方。但是其他地区的重要性也迅速提升，包括原加洛林疆域的东部地区，一直到萨克森，而巴伐利亚和意大利，特别是意大利北部也日益举足轻重。

许多城镇继续保留学校，保持了其知识中心的地位；一些加洛林时期杰出的知识中心地区消失了，代之以新的中心。新中心的兴起，以及学校和文化之间联系的削弱意味着知识生活此时不再像先前那样依赖学校。即使10世纪的作品始终带有地方特色，这一时期的很多文学体裁（literary genre）最终呈现出明确的个性特征；新的体裁（genre）也被引入。作品开始表现出时代的特征而不是地区的特性。

继叙咏和附加段（sequences and tropes）是典型的新体裁。据圣高伦的诺特克（Notker of St. Gallen，约840—912年）所说[48]，原先在礼拜仪式正典（canon）中没有的经文（texts）和音乐，9世纪末开始出现在礼拜仪式中。毫无疑问，圣高伦修士融合礼拜仪式和文学的发明极为成功。也就是把经文嵌入练声曲（vocalise）中，延长了

---

[46] *Passio sancti Adalberti*, ed. Karwasinska; *Vita quinque fratrum*, ed. Karwasinska; Dunin-Wasowicz (1972); Sansterre (1989).

[47] Gerhard, *Vita sancti Oudalrici episcopi Augustani*, ed. Kallfelz.

[48] Von den Steinen (1948).

福音教导（the Gospel lesson）之前的弥撒仪式中唱《哈利路亚》（Alleluia）的时间。这就是继叙咏，也称"继唱的散文经文"（*sequentia cum prosa*）或散文（*prosa*）。诺特克按照他自称从瑞米耶日的一位修士那里学来的传统，[49] 把音乐和唱词的关系规律化（一个音节对一个音符），同时保留其独立性。从此，这一体裁的发展突飞猛进。[50] 附加段也是在礼拜仪式经文中为练声曲（vocalisation）所配的一段唱词，但和继叙咏不同，附加段不是独立的，因它也包括一些礼拜仪式的唱词，由此可以插入弥撒圣咏的任何地方。现存最早的附加段是 10 世纪的，此时这一体裁已具有全面完整的表达形式，并在 11 世纪达到高潮。附加段有多种形式：有在《哈利路亚》之后的附加段（the melogenous tropes of *Alleluia*），紧跟在礼拜仪式经文之后；有在礼拜仪式经文之前的附加段（logogenic tropes），以及插入预先存在的经文的附加段（meloformic tropes）。[51]

最后一种在 10 世纪末前已销声匿迹，而另两种则得到进一步发展，再加上继叙咏，无疑大大地改变了欧洲大多数修道院和教堂中宗教虔诚者的礼拜仪式体验。新的经文和曲调增加了西方仪式先前所没有的庄重感。根据可靠猜测，这一体裁从圣高伦和莱茵河和默兹河的地区（梅斯和普吕姆），或许甚至从洛泰林吉亚（戈尔泽）传播到英格兰（温切斯特）和法国的其他地区，如欧坦（Autun）、利摩日（Limoges）、阿基坦（Aquitaine），甚至到了意大利。在 10 世纪，一种礼拜仪式经文之前的附加段（logogenic tropes）发展演化成了著名的附加段对话，对话发生在亲眼看见基督复活的天使和跑向耶稣墓的使徒之间："你到墓中来找谁啊，活在基督里的人？——找耶稣基督的十字架啊，来自天堂的使者。"[52] 这最终发展成对中古戏剧复兴至关重要的礼拜剧（liturgical drama）。继叙咏和附加段很快在文学和诗歌上达到成熟，部分是因为有所需求，部分是因为公开演出对作者形成的激励。通过为圣诞节弥散仪式之一所写的戏剧性的附加段"今

---

[49] *Ibid.*, pp. 154–5.
[50] von den Steinen (1946, 1947; 1967), pp. 115—50; Huglo (1987); Haug (1987).
[51] See *Corpus Troporum* (1975–90), and also Jacobsson (1986), Silagi (1985), Leonardi and Menesto (1990), Arlt and Björkvall (1993).
[52] 'Quem quaeritis in sepulchro, o Christicolae? —Iesum Christum crucifixum, o coelicolae' 见 Drumbl (1981); Davril (1986); Iversen (1987).

日咏"（the *Hodie cantandus*）可以领会到这种成熟。这一附加段由圣高伦的图蒂罗（Tuotilo，913 年去世）所写，他是那个时代唯一一位名传至今的附加段作者。[53]

同礼拜仪式关系远一些的是圣歌（hymns），其传统可追溯到圣安布罗斯（St. Ambrose）。[54] 9 世纪有几本大部头的圣歌集，大概源于圣高伦、维罗纳和利摩日。把更古老的圣歌收入后来的圣歌集这一习俗贯穿了 10 世纪的始终，如《塞维里努斯圣歌集》[Severinian hymnal，更常用的名字为《安布罗－罗马圣歌集》（Umbro-Roman hymna）]所示。[55] 整个这一时期，节奏线（rhythmic line）继续和定量线（quantitative line）交替进行，并对后者自由模仿，这一直延续至 1000 年，到此时圣歌的结构得到更大程度的控制已成平常之事。[56]

虽然继叙咏、附加段和圣歌的韵文（poetry）常常有深度，质量高，中古拉丁文学的第一批韵文（verse）代表作却产生于 10 世纪。从 10 世纪中期到 11 世纪初，影响深远的散文和韵文喷涌而出，从富有教育性的到史诗性的，形式各异。最普通的写作形式之一是经常与史书韵文（historiographic poetry）混淆起来的传记韵文（hagiographic poetry）。两者难以区分时，通常会发生"地理"迁移，韵文不再根据其来源地而会按其体裁加以分类。早在加洛林时代初期，阿尔昆（Alcuin）就部分以韵文、部分以散文来写作圣威利布罗德（St. Willibrord）的传记，以及更为知名的《关于约克的主教、国王和圣徒》（*Versus de sanctis Euboricensis ecclesiae*）。[57] 几部典型的用韵文和散文写的 10 世纪盎格鲁－撒克逊圣徒传前面已经提及，欧洲大陆的作品也没有什么不同。主要区别之一在于，很多圣徒传中，特别是那些散文形式的圣徒传，圣徒传的细节和历史细节常常混杂在一起，这是因为故事涉及的人物去世不久，很多事实还为人所知，不会被遗漏掉。在这些传记中，先验的成分已成惯例，同主人公及其修道院和（或）主教区的故事相比，则不那么引人入胜。当时的圣徒传不可避免地会成为史料的编纂。

---

[53] Jacobsson (1991).
[54] Norberg (1954, 1988).
[55] *Hymnarius Severinianus*, ed. Dreves; 参见 Norberg (1977), but also Leonardi (1981).
[56] Stella (1995).
[57] I, Deng-Su (1983); Alcuin, *The Bishops, Kings and Saints of York*, ed. Godman.

第七章 知识生活

欧里亚克的伯爵杰拉德死于 909 年。他的传记很有名，由克吕尼的奥多于 925 年所写，可被视为写世俗信徒的第一本圣徒传，虽然杰拉德的圣徒楷模形象从根本上来说仍是修士式的，很难说是世俗的。[58] 大量的圣徒传来自克吕尼修道院，从 10 世纪中期奥多写的萨勒诺的约翰（John of Salerno）的传记，到 10 世纪末修道院院长马约勒斯写的赛勒斯（Sirus）的传记。[59] 在这些修士的圣徒传中，很容易看到一种和克吕尼修道院引领的修道院改革运动相关联的思想要素，以道德苦行、远离政治世界、创造个人力量之源为基础，以祈祷和举行礼拜仪式为要旨。[60] 其他的修道院改革中心也有圣徒传产生，最有影响的莫过于《戈尔泽修道院院长约翰传略》（*Vita Iohannis abbatis Gorziensis*），一般认为是由圣阿尔努尔夫的约翰所写。[61]

也有对克吕尼修道院的权力和圣徒传作品大加反对的，例如，拉昂的阿达尔贝罗（Adalbero of Laon）在其《讽刺的韵律》（*rhythmus satiricus*）一诗中，就对纳韦尔的伯爵兰德里克（Count Landric of Nevers）漫骂攻击。将近 10 世纪中期出生的阿达尔贝罗把这位伯爵，也是休·卡佩宫廷的一员，描绘成一个阴险的叛徒。这首由 28 个安布罗斯诗节构成的诗，给奥狄罗任院长时期的克吕尼的修道生活投上一层阴影，把修士写成了在教宗支持下屠戮敌人的勇士。反传统的（anti-Roman）讽刺已然拉开序幕。[62]

我们已提到不少盎格鲁-撒克逊的圣徒传，以及来自基督教东部边区可称为"传教士"的作品。其他同等重要的作品也在此时不断出现，虽然这些作品对于形成神圣虔诚的理想典范或许没那么重要：两位萨克森贵族妇女的生平传记，一位是王后玛蒂尔达（Queen Matilda），亨利一世的妻子，死于 968 年，她是两本传记的主人公。[63] 另一位是皇后阿德莱德（Empress Adelaide），奥托一世的遗孀，死于 999 年。她一去世，克吕尼的奥狄罗迅即为她写了《墓志铭》（*Epi-*

---

[58] Odo of Cluny, *Vita Sancti Geraldi Aurilacensis comitis libri quatuor*; cf. Lotter (1983), Airlie (1992).
[59] Iogna-Prat (1988).
[60] Constable (1991).
[61] John of St Arnulf, *Vita Iohannis abbatis Gorziensis*, cf. Barone (1991).
[62] Adalbero of Laon, *Carmen ad Robertum regem*, ed. Carozzi (for the other works see also the edition by Huckel); Brunhölzl (1992) pp. 268–74; cf. Oexle (1978).
[63] *Vita Mathildis reginae antiquior*, ed. Schutte; *Vita Mathildis reginae posterior*, ed. Schutte.

taphium）。[64]

　　10世纪和11世纪的圣徒传最为重要的特征，当属这些传记钟情于"领土扩张"。每个基督教团体（Christiana community），似乎都想将最能代表自己团体也能得到本团体认可的圣徒的生平记载下来。[65]这和前几个世纪城市寻找保护自己的圣徒（patron saints）的现象相似，但又有所不同。人们大概在无意识中不仅想找一位保护者，也想找一位虔诚圣洁的典范：殉教的修士、殉教的主教、当代的或古代的殉道者、王后或者是一位普普通通的修士。考虑到当时政治体制上危机已现，仅仅到了10世纪末在欧洲为数不多的几个地区才出现一点和平有序的苗头，考虑到教廷和教士所面临的危机，以及边境外族入侵所带来的重重难题，最重要的是，考虑到社会和政治上的排他主义的影响，圣徒传能大放异彩需要考虑多种态度，而不能简单用政治和社会的安全需要来解释。对不同道德行为准则和更深刻的精神觉醒的探索出现了，此时所探索的是一种历史的认同，甚至是"领土的"认同。因此，圣徒传的作者会谈及圣徒们真实地参与或想象他们参与某一城镇或城市的历史中，这样写出的故事因有具体的地方或城市作为背景会易于理解。

　　当时的生活、地域和虔诚圣洁的楷模之间的密切关系，可以通过米奇的莱塔尔德（Letald of Micy）所说的反语（antiphrastic utterances）看出来。6世纪，圣马克西敏曾住在米奇，莱塔尔德谈到这位圣徒的圣迹时说，"听到的我不会讲，我所讲的都是我亲眼所见的"。[66]谈到勒芒（Le Mans）的主教朱利安（Julian）这位早期基督徒的传记时，莱塔尔德说："不是真实事件，就不会悦人耳目。"[67] 10世纪，充满奇幻的圣徒传在人们的意识中逐渐变得真实起来。

　　这是专业圣徒传记作家出现的原因之一。其中一些是颇有影响的作家：圣阿芒的胡克巴尔德（Hucbald of Saint-Amand），他的最重要

---

[64] Odilo of Cluny, *Epitaphium Adalheidae imperatricis*, ed. Paulhart; Corbet (1986).
[65] Hofmann (1991); I, Deng-Su (1991).
[66] 'neque... audita sed quae vidi narraturus sum': Letald of Micy, *Liber miraculorum Sancti Maximini Miciacensis*, col. 813D.
[67] 'nihil placet nisi quod verum est': Letald of Micy, *Vita Sancti Iuliani*, col 782B; cf. Cremascoli (1991).

的作品是《圣里克特鲁德传》(Vita sancta Rictrudis);[68] 蒙捷昂代尔的阿德松(Adso of Montier-en-Der),他写了克洛蒂尔德(Clothilde)的传记等作品;[69] 弗勒里或阿莫巴赫的狄奥多里克(Theoderic of Fleury or Amorbach),他也写了不少意大利圣徒的传记;[70] 还有福尔丘(Folcuin)和洛布斯的海力格(Heriger of Lobbes)。[71] 其他作者,主要是匿名作者,在很多中心地区都很活跃,特别是在法兰克王国、勃艮第和德意志。例如,在特里尔,西吉哈德(Sigehard)在费里耶尔的卢普斯(Lupus of Ferrières)所写的圣马克西敏传后又加了一卷奇迹录。[72] 梅特拉赫的罗特波特(Ruotpert of Mettlach)讲述了埃格蒙特的阿达尔伯特(Adalbert of Egmont)的生平和奇迹;不过,还有很多其他的传记作家。[73] 像维罗纳的拉瑟这样伟大的学者也有圣徒传传世:他改写了《圣乌斯马传》(Vita sancti Usmari),[74] 而圣高伦的埃克哈德则写了《韦布拉德圣徒言行录》(Vita sanctae Wiboradae)。[75]

沙特尔的富尔伯特(Fulbert of Chartres)的学生昂热的贝尔纳(Bernard of Angers)所写的《圣徒信仰奇迹录》(Miracula sanctae Fidis)是这些圣徒传中最为重要的一部,文学价值也极高。[76] 贝尔纳在完成到孔克(Conques)的圣徒墓的朝圣之旅后,决心写一部他所听闻的奇迹录:治病、驱鬼、改宗,还有动物的复活,各类罪犯的释放,以及一些朝圣者因为未能对圣徒履行还愿祭献(votive offerings)的承诺恶受到惩罚和处死。故事以行云流水般的散文体写就,不事雕琢,可看出作者真正以写作过程为乐,对朝圣者的角色倾注了心血。

韵文圣徒传只是这一体裁的一小部分,常常比散文体传记更重文体修饰,且更为抽象。除了圣歌和其他短篇作品外,还有很多真正的圣徒传记诗歌(hagiograhic poems),范围从赛特-米达德的杰拉德

---

[68] I, Deng-Su (1990).
[69] Werner (1991).
[70] Poncelet (1908).
[71] Dierkens (1983).
[72] Lupus, *Vitae Maximini episcopi Trevirensis*, ed. B. Krusch, and Sigehard, *Miracula S. Maximini*; cf. Zender (1982).
[73] *Vita Adalberti diaconi Egmundae.*
[74] Rather of Verona, *De Vita sancti Usmari*; cf. Golinelli (1991); but see also Dolbeau (1987).
[75] *Vitae sanctae Wiboradae*, ed. Berschin.
[76] *Liber miracolorum sanctae Fidis*, ed. Robertini.

(Gerard of Saint-Médard) 的《圣罗曼传》(Vita sancti Romani),⑦ 到圣里基耶的安吉尔雷姆 (Angilram of Saint-Riquier) 的《圣理查德传》(Vita Sancti Richarii)⑧, 再到施派耶尔的沃尔瑟 (Walther of Speyer) 的《圣克里斯托弗受难记》(Vita et passio sancti Christophori)。⑨ 这部作品的第一卷也是书中最长的一卷,表明了这种文学体裁的灵活性:沃尔瑟把这部传记变成了自传,谈他自己的教育和生活,而不是他的主人公的情形。这再一次证明 10 世纪文学上对圣徒传的需求;圣徒传这一体裁起到了把作者和主题合二为一的作用。

戏剧和史诗

格兰德谢姆的赫罗茨维亚 (Hrotsvitha of Gandersheim, 约 935—975 年) 是一位修女,其作品并不适用于按地域来划分的圣徒传分类标准。她和萨克森宫廷有着联系,可能是中古盛期从事写作的女性中最为著名、最为重要的一位,尤其要说的是,她还是中古拉丁文化第一位真正的"爱情诗人"。⑩ 其作品可分为三类:八首圣徒传记短诗、两部史诗和六部著名的戏剧。⑪ 她的圣徒传除了《贡戈尔夫》(Gongolf) 是用对句 (distich) 写的之外,其余用的都是利奥六步格 (Leonine hexameter)。其圣徒传没有从地方圣徒中选材,但却包括《圣经次经》中的诗歌题材 (如关于玛利亚和基督升天),这些题材不涉及具体的某一城镇或城市。她还为墨洛温王朝时的圣徒贡戈尔夫 (Gongolf)、死于 925 年的科尔多瓦的殉道者贝拉基 (Pelagius)、切萨雷亚的狄奥菲勒斯和巴西尔 (Theophilus and Basil of Cesarea)、雅典最高法官狄奥尼修斯 (Dionysius the Aeropagite) 和罗马的阿涅丝 (Agnes of Rome) 写了传记。这些作品的出色之处在于善良总能战胜邪恶,即使和魔鬼的协定也阻止不了圣徒和上帝的交流,正如狄奥菲勒斯和巴西尔的传记所写的那样。

赫罗茨维亚的圣徒传充满乐观精神。罪孽被战胜,魔鬼完败。罪

---

⑦ Gerard of Saint-Medard, *Vita Sancti Romani*, PL 138, cols 171 – 84.
⑧ Angilram of St Riquier, *Vita sancti Richarii abbatis Centulensis*; 参见 Manitius (1923), pp. 533 – 5.
⑨ Walther of Speyer, *Libellus scolasticus*, ed. Strecker and ed. Vossen.
⑩ Vinay (1978b), p. 554.
⑪ Hrotsvitha, Opera; Vinay (1978b), pp. 483 – 554; Dronke (1984b).

孽之人的灵魂并未因与魔鬼订立契约（西方浮士德的传统即肇始于赫罗茨维亚）而受到诅咒；她不受这些力量所侵扰。如果她以自己女性的身份未能领悟上帝仁慈的本性，上帝则会变成一个异己的力量。通过她的关于圣母玛利亚（第一首来自《圣经次经》的诗歌主题）和阿涅丝的作品，就可发现这一点。在这两首诗歌中，作者和其主人公合二为一：玛利亚做出的就是赫罗茨维亚自己的选择，阿涅丝放弃浪漫的爱情，投身于一种形式不同但却同样激情澎湃的爱情——天堂的伴侣（Heavenly Spouse）之爱，并努力说服了她的伙伴接受这一新的爱情。赫罗茨维亚的圣徒常常都是恋人（阿涅丝，以及《圣徒巴西尔传》中普罗泰里奥的女儿）。赫罗茨维亚的圣徒传讲起故事来兴致勃勃，对人类处境充满同情。她自选材料，转写成韵文，或自己动笔（从《圣徒贝拉基传》的例子中可明显看出），自己设计叙述纲要，以善与恶的矛盾、善的最终胜利和上帝的仁慈为基调。[82]

她的两部史诗显然是受托而写，最终善的胜利并不是那么明显。《奥托家族传略》（Gesta Ottonis）颂扬了奥托一世的生平，而《格兰德谢姆修女院的起源》（Primordia coenobii Gandeshemensis）则讲述了她所在的修道院的历史。她所用的材料及史诗中所含括的事件影响巨大。但有趣的是，《奥托家族传略》中统贯全文的要素不是奥托本人而是各种各样的人（包括奥托、阿德莱德、贝伦加尔、亨利一世和鲁道夫［Liudolf］）对世界的治理。而《格兰德谢姆修女院的起源》的统贯要素则是那所修道院。但这些要素只是从外部把历史材料统一起来，这样就给了赫罗茨维亚充分的自由把两首诗歌编排成生动的故事，她可以任其乐观精神自由驰骋，又一次把史诗融入圣徒传之中。[83]

评论家已辨明其文学模仿的对象首先是维吉尔，但也有4世纪的普鲁登修斯（Prudentius）和5世纪的塞杜里乌斯（Sedulius）的痕迹，后两位是近古的基督徒诗人。很容易看出她的作品的原始材料来自圣经、圣徒传和礼拜仪式。但是，不得不提的是赫罗茨维亚使用其

---

[82] Schütze-Pflugk (1972).
[83] Kitsch (1991).

材料的方法，她自由裁夺，不轻视之，反复揣度，其作品打上自己独有的烙印。对待特伦斯（Terence）的作品，也是同理，她直陈特伦斯的作品是她戏剧的资料来源，对此她毫不避讳："因为还有些人执着于神圣的作品，虽对别的异教徒作家不屑一顾，却常对特伦斯的故事青睐有加。"⑭

她的戏剧甚至更清晰地表现出，她在生活和艺术上所面临的难题在于怎样把人类之爱和基督徒完善自身的理想等同起来，在于怎样描写由此产生的冲突以及解决办法。她的戏剧不像她的历史诗歌一样，把背景放在当时那个时代。《加里卡纳》（Gallicanus）的背景设在两个时期：皇帝君士坦丁和皇帝朱利安时期（4 世纪）；《达尔西提乌》（Dulcitius）设定在戴克里先时期；《卡里马修》（Calimachus）则发生在基督时代初始时使徒约翰所在的以弗所；《亚伯拉罕》（Abraham）和《帕纳提乌》（Paphnutius）则又到了 4 世纪辉煌的修道时代的开端；而《萨匹恩提亚》（Sapientia）发生在阿德里安的罗马。赫罗茨维亚不仅把她的"反特伦斯的"戏剧置于基督教初萌和 4 世纪这两个不同的时间框架内，而且使用了两种不同的历史背景：基督教教徒遭受迫害和殉教；修道生活。

赫罗茨维亚的戏剧甚至比她的其他作品更能揭示出，她对历史不感兴趣；她的全部身心都倾注到了她作为修女的身份中。在修女院中，历史几无价值，因此在其作品中被淡化了。她所感兴趣的是心理—历史场景，而这在她那个时代的戏剧中又不可能出现。在试图解决激情与追求至善的冲突时，赫罗茨维亚把其戏剧背景置于古代，以努力降低冲突爆发的迫切性。在《卡里马修》和《亚伯拉罕》中，她描写了寻找爱情的女性，她们虔诚的基督徒信仰与坚定的信念表明只有上帝，这位天上的伴侣，才能给她们所需要的爱情。作为真正的以修道为使命的女性，她赞扬贞洁，深知要爱这位可怕的上帝，死亡是必须付出的代价，自我牺牲是上帝对那些崇拜他的人的要求。她的戏剧通常以殉道结尾，还常常涉及可怕的肉体诱惑（《卡里马修》中的德鲁夏努斯）或卖淫［《亚伯拉罕》中的玛丽和《帕纳提乌》中

---

⑭ 'Sunt autem alii, sacris inhaerentes paginis, qui licet alia gentilium spernant, Terentii tamen fingmenta frequentius lectitant': *Praefatii*, ed. Homeyer, p. 233, ed. Winterfeld, p. 106 lines 3 – 6.

的泰依丝（Thais）］。这两者并置有时略显机械、肤浅了些，但却给她早期的圣徒传短诗中就已显露出的问题提供了解决之道。一位仁慈的上帝允许那些欲行接受自我毁灭的人们，或确切点说，允许这样的基督徒找到不为人知的和平和宁静：男性对女性和蔼体贴，年迈的隐士亚伯拉罕最终向他的侄女表达了他所有的慈爱之情。

赫罗茨维亚最大的文学成就和她最敏锐的知识直觉相互重合：修道生活不再是象牙塔里的沉思以及同贵族和皇室的关系，而是要向整个人类，把关注和爱倾注到人的身上。赫罗茨维亚把人视为爱的化身，虽然她还不能公开表现男女间的爱情。一些戏剧只有一位女性的主人公，因为在使人类皈依时女性才是上帝唯一真正的同盟，但在《亚伯拉罕》中，女性和男性都是主角，都有着细腻的柔情和情感的流露。这部戏剧的关键词是虔诚，"神圣的虔诚，比所有受造之物都要伟大"。[85] 从这个意义上讲，《亚伯拉罕》是赫罗茨维亚的代表作。[86]

10 世纪最伟大的史诗是《沃尔特之歌》（*Waltharius*），但这不是唯一一部。在 10 世纪的上半叶，意大利北部的一位匿名作者写了一部为贝伦加尔歌功颂德的诗作，主要描写了贝伦加尔和斯波莱托的维德（Wido of Spoleto）之间的争斗。这部《贝伦加尔传奇》（*Gesta Berengarii*）由 1090 个优雅的六步格构成，大量征引希腊文化，提及了维吉尔、斯泰希厄斯（Statius）、普鲁登修斯（Prudentius）、塞杜里乌斯（Sedulius）。不寻常之处在于，作者为自己的著作提供了注释。[87] 佚名著作《贝伦加尔传奇》（*Gesta Berengarii*）歌颂了当时的权要，从这点上来讲，赫罗茨维亚的《奥托家族传略》和它在精神上颇为接近。但从赞扬修道和主教生活这个层面来说，赫罗茨维亚的《格兰德谢姆修女院的起源》或许才是同类其他诗歌学习的楷模，比如赖谢瑙的布尔夏德（Burchard of Reichenau）的《维蒂戈温言行录》（*Gesta Witigowonis*）就是模仿赫罗茨维亚的这部作品。[88]

有两首史诗风格迥异，各代表了一种真正文学传统的开端。《阿

---

[85] 'superna pietas maior est omni creatura'：*Abraham* vii, 10, ed. Homeyer, p. 316, ed. Winterfeld, p. 158, line 4.
[86] Vinay (1978b), pp. 532–53.
[87] *Gesta Berengarii imperatoris*, ed. Winterfeld.
[88] Purchard, *Gesta Witigowonis*, ed. Strecker; cf. Autenrieth (1985), pp. 101–6.

波罗尼传奇》（Gesta Apollonii）可能写于泰根湖，讲述了提尔的阿波罗尼（Apollonius of Tyre）的生活和冒险经历，是用六步格对一部 5 世纪拉丁散文体故事的重新加工，也是对一部古老的希腊文本的基督教化的产物。⑧⑨ 更为成功的史诗是关于动物王国的，比如中世纪第一部此类史诗，《寓言史诗：魔窟脱险》（Ecbasis cuiusdam captivi per tropologiam，以下简称《魔窟脱险》）。在古典时代，从伊索（Aesop）到菲德拉斯（Phaedrus）等讽刺作家，都把动物作为其寓言的主要人物。这一传统在加洛林时期又被塞杜里乌斯·斯科特斯（Sedulius Scottus）这样的作家重新拾起，在 11 世纪，以夏巴纳的阿德马尔（Adhémar of Chabannes, 988—1034 年）的作品为标志达到顶峰。⑨⓪《魔窟脱险》是第一部叙述形式既脱离了教育性也摆脱了讽刺性，而单单以史诗形式来讲述一个完整的关于动物的故事的著作；虽然这种史诗的结构有些孱弱，但却把全诗联成一体。这首诗由 1229 个利奥六步格（Leonine hexameters）构成，大概创作于 10 世纪晚期的洛泰林吉亚。此诗实际讲述了两个故事，其中一个故事套着另一个故事。虽然诗本身难以理解，但其文学价值无可否认。这是中世纪早期唯一一部成功的喜剧，其匿名作者描述了一幕幕精彩的动物的场景，从心理角度生动形象地刻画了这些动物（借鉴了贺拉斯）。⑨①

《沃尔特之歌》由 1453 个六步格组成，是一首更高品质的诗。⑨② 此诗的创作年代仍存争议，现在的观点倾向于认为是接近 10 世纪中期的作品，而不是早先所认为的 9 世纪上半叶。年代的修正也意味着，圣高伦的埃克哈德一世这位众所周知《臂膂强健沃尔特之传记》（Vita Waltharii manufortis）一书的作者，现在被认为创作了《沃尔特之歌》。⑨③ 迪特尔·沙勒（Dieter Schaller）声称，埃克哈德的作者身份也不是毫无疑问⑨④，他的结论是：没有证据证明《沃尔特之歌》这样的作品出现于加洛林时代，而 11 世纪早期的梅斯和圣高伦的埃克哈德四世则有着密切的联系，而埃克哈德四世无疑知晓并改写了埃克

---

⑧⑨ Gesta Apollonii, ed. Dummler and ed. Ermini.
⑨⓪ Adhémar of Chabannes, Fabulae, ed. Gatti and Bertini.
⑨① Ecbasis cuiusdam captivi per tropologiam, ed. Strecker; cf. Gompf (1973).
⑨② Waltharius, ed. Strecker; cf. Langosch (1973); Önnerfors (1988).
⑨③ Brunhölzl (1992), p. 63.
⑨④ Schaller (1991), p. 437.

哈德一世所写的《沃尔特的传记》(Vita Waltharii) 的一个版本。沙勒自己的结论却进一步支撑了诗歌很可能写于圣高伦，也就很可能由埃克哈德所创作这一看法。⑮

《沃尔特之歌》无涉基督教主题和古典主题，这是一个沿袭日耳曼（Germanic）传统的故事。到中世纪盛期，日耳曼诸民族的文化遗产已经成为拉丁文学的主题，代表作如比德的《英吉利教会史》和执事保罗的《伦巴第人史》(Historia Langobardorum) 讲的故事都极其精彩。这些是历史作品而不是史诗。在加洛林时期，日耳曼传统通过《查理大帝和教宗利奥》(Karolus Magnus et Leo papa) 表现出来；但《沃尔特之歌》却是一部新颖独特之作：它不再是单一的诗歌，而是一篇沃尔特逃离并返回家园的完整故事。

很可能在出现这一故事的拉丁书面文本之前，口头的日耳曼版本就已存在，但拉丁书面文本晚于日耳曼书面文本这一说法现在可以排除了。虽然此诗的逃离主题、战场描写以及贯穿全篇的冒险精神借鉴了维吉尔，这些借鉴如同对普鲁登修斯（Prudentius）的借鉴一样，显然都很重要，但诗歌的主题却是日耳曼传统本身，这是清晰可见的。基督教的特色调和了这篇日耳曼的故事，显现出赫罗茨维亚那样的乐观精神。加洛林时代诗歌那种偶尔略显蹩脚的韵律结构，缺乏新意的想象力，对此诗有着重要的影响。但埃克哈德（或来自圣高伦的匿名作者）从这种结构中，创建了一种宽泛的诗歌叙述模式，这首日耳曼史诗借此很顺畅地进入拉丁—基督教传统之中。沃尔特不是肩负了伟大的使命：这篇故事只是讲述了一位男性，已达青壮之年，智慧、力量皆达鼎盛，历经劫难才返回家园和心爱女性相聚的故事，这位女性叫希尔德古德（Hildegund），是个有些朦胧的角色，她真正的作用是代表英雄的安全避风港。这个故事的主人公身体强健、英勇无畏，但也和他的朋友或敌人一样，有着忧思、对旅程的志忑，对黑夜、未知和敌人的恐惧。沃尔特看似几乎为生活的考验所击垮，他知道自己可能失败，最后一战及结果的不确定性是诗歌的核心。沃尔特最出色的品质不是他的力量，而是他追求和平与光明的渴望，这一渴望像赫罗茨维亚作品中仁慈的虔诚（merciful pietas）一样贯穿全篇：

---

⑮ Ibid., p. 436. Cf. also Werner (1990), pp. 101–23.

看！不管结局如何，我将在这里等待
直到旋转的天体带回久违的光亮，
那样我的国民就不会说："那位国王，傲气凌云的国王，
趁着阴霾，一如往常，像贼一样溜之大吉。"[96]

《沃尔特之歌》标志着伟大的日耳曼史诗传统的开端。[97]

10世纪还有另一个惊喜。在距离圣高伦很远的卢瓦尔河谷的米奇（Micy in the Loire Valley），有一位修士叫莱塔尔德（Letald，约945—996年）。他写了一首很短的滑稽史诗：一部结局美满的悲剧，但此诗以一种滑稽模仿收尾。在《捕鱼人韦欣，一位被吞入鲸腹的捕鱼人》(Within piscator, Versus de quodam piscatore, quem ballena absorbit，后文简称《捕鱼人韦欣》）中，莱塔尔德讲述了一位英国人韦欣（意为困在里面）有一天去捕鱼，却陷身鲸腹。他拼命逃脱，没有成功，这时想起身上有一把刀子，于是他一直用刀猛刺鲸鱼的胃部，把鲸鱼刺成重伤，在被困了几天后，他最后到了鲸鱼的心脏，杀死鲸鱼。鲸鱼死在了他出海的海滩上。这很明显借鉴了《圣经》中约拿（Jonah）的故事。但结尾和《圣经》的故事又无关联。村民们冲向鲸鱼，把它切开，把肉分给众人。大喊救命的韦欣被当作魔鬼。他们于是组织了安抚魔鬼的游行（propitiatory procession），召来驱鬼的人，但最后他们认出了这名捕鱼人，最终结局是欢快的。[98] 在《捕鱼人韦欣》中，莱塔尔德讲述了一个让人发笑的奇妙故事，简直就是一个玩笑。这首诗既模仿了思想高雅的《圣经》中约拿的故事，也借鉴了关于国王、王后和骑士的固定的史诗套路。

史学与文学

整个世纪的知识生产很明显是史学性的。这一时期有圣徒传，有

---

[96] En quocumque modo res pergant, hic recubabo, Donec circuiens lumen spera reddat amatum, Ne patriae fines dicat rex ille rex superbus Evasisse fuga furis de more per umbras. *Waltharius*, ed. Strecker, p. 71, lines 1151–4

[97] Von den Steinen (1952); Vinay (1978c); Dronke (1984a).

[98] Letald of Micy, *Within piscator*, ed. Bertini; 参见 Bertini (1991).

史诗性的诗歌和传记诗歌，其突出特征是对当时和过去的事件，对各种史学著作写作兴趣颇浓。好像这些大量的、作者常常不为人所知的历史著作是要回应一种需求。这种需求不再像加洛林时代重新发现拉丁文、发现作者（auctores）和基督徒作家的作品那样重新发现文化的历史，而是要重新发现一个民族的历史，要重新恢复失去的文化自觉和文化责任。在 10 世纪，没有哪种文学体裁像历史写作那样产生了那么多作品，从年鉴（annales）到编年史（chronica），从传奇（gesta）到传记和自传。而自传这种形式是在中古时期的这一阶段第一次出现。

年鉴这种纪事方式因在加洛林时期的宫廷文学中被普遍采用而地位尊贵，此时又一次成为回忆录所采用的形式，广为接受，特别是在修道院。才华横溢的作家如兰斯的法罗多拉尔（Flodoard of Rheims）毫不迟疑地把自己的史学作品称为年鉴。从 10 世纪到 11 世纪初至少有三十部年鉴作品：很多来自东欧，包括巴伐利亚和萨克森，还有几本写自法国北部、卢瓦尔河和莱茵河河谷，有几部来自西班牙和意大利等其他地区。[99]

法罗多拉尔的年鉴遵循编年纪事的传统，[100] 但也有创新，他的编年记载偏重细节，说明作者的通篇运筹倾向于叙述而不是记录，还说明纪事在地方性事件和跨地域性事件之间来回切换。年鉴这种之后几个世纪还一直备受欢迎的体裁，在法罗多拉尔的作品中被增添了几种结构性特色。这些特色扩展了这一体裁的含义，但带来了被废弃的危险。[101]

法罗多拉尔为人所铭记，除了他为延续伟大文化传统而付出的努力外，还因两部富有创造性的作品——《基督的胜利》(De triumphis Christi) 和《兰斯教会史》(Historia Remensis ecclesiae)。前者很明显是一首不完整的圣徒史诗，详述了巴勒斯坦、安提阿和意大利的圣徒的英勇行为。这部作品意图成为普天下教会的传奇之作，在圣徒传的广度上颇有新意，作品采用了历史—地理结构，把地域从巴勒斯坦扩展到了整个基督世界。可以说，法罗多拉尔作为历史学家和圣徒传作

---

[99] Hofmann (1991).
[100] Flodoard, *Annales*, ed. Lauer.
[101] Sot (1993).

家，当时无人可以与之比肩。与其同时代的很多作家一样，他把史学作品（historiography）和圣徒传看成历史良知的两个构成要素：前者是作为一系列事件、人物的历史，而后者是因神祇而升华的历史（history as sublimated in the *viri Dei*），人的历史和神的历史相互结合促成了对时代的理解。[102] 法罗多拉尔的《兰斯教会史》也开启了另一个传统，或至少巩固了现行的传统。他使用墓志铭、私人特许状和信件等公共文献和档案文献，作为历史叙事的进一步基础，分别仿照 9 世纪上半叶和下半叶的拉文纳的阿格内勒斯（Agnellus of Ravenna）所写的《教宗名录》（*Liber pontificalis*）和约翰·伊蒙尼兹（John Hymmonides）的《格列高利一世传》（*Vita Gregorii*）。[103]

编年史（*chronica*）的体裁在主教区和修道院也继续使用，但编年史的全盛期晚至 11 世纪才出现。然而，10 世纪也出现了几部不错的编年史著作：科尔韦的维杜金德（Widukind of Corvey）的《萨克森英雄传》（*Res gestae Saxonicae*）讲的是萨克森皇族的故事；索拉克特山附近圣安德鲁的本尼狄克（Benedict of St Andrew by Monte Soracte）写的《编年史》（*Chronicon*）是一本关于罗马的史书；还有一部意大利南部佚名作家所写的《萨勒诺编年史》（*Chronicon Salernitanum*），这本史书是一部地域编年史，记录了一些事实和特别的事件。[104] 本尼狄克从修士的角度描写了罗马及其周边，这就和发生的事件有了一种距离感，好像从另一种现实来观察这些事件。[105] 相比较而言，维杜金德知道自己在讲述权力的故事；他对所描绘的世界不抱幻想，无暇虑及虚幻的世界。[106] 但这三部编年史都有一个特征：历史学家完全认同他们所写的地点，不论是修道院、城市或王国。结果，那些所涉地域广泛的编年史作品，如完成于 908 年的普吕姆的雷吉诺（Regino of Prüm）的《编年史：从基督诞生以来的历史》（*Chronica seu libellus de temporibus dominicae incarnationis*），[107] 对这些历史学家几乎没有吸引力。

---

[102] Flodoard, *De triumphis Christi*; Jacobsen (1978).
[103] Flodoard, *Historia Remensis ecclesiae*, ed. Stratmann.
[104] *Chronicon Salernitanum*, ed. Westerbergh; Oldoni (1969).
[105] Benedict of Soracte, *Chronicon*, ed. Zuchetti; Oldoni (1991).
[106] Widukind, *Res gestae Saxonicae*, ed. Hirsch and Lohmann; Beumann (1950).
[107] Regino, *Chronicon*; Schleidgen (1977).

有两位历史学家引人注目：兰斯的里歇尔（Richer of Rheims）和克雷莫纳的利乌德普兰德（Liudprand of Cremona）。里歇尔曾同热贝尔（Gerbert）共同求学，在 10 世纪末仍然活跃。他继承了伟大的史学传统，其对艺术的观念迥异于法罗多拉尔。他的作品不按年代或其他明显的顺序纪事，好像单凭对当时历史的一己看法纪事。在其《历史》一书中，里歇尔选择需要记录的当代事件时，不使用现存的资料或流行的判断，而使用文学作为他历史素材的基础，展现出卓越的技巧。[108]

里歇尔只是沿着利乌德普兰德（约 920—972 年）的足迹前行。利乌德普兰德严格意义上讲是 10 世纪伟大的文学巨匠之一，他的成就令里彻相形见绌。利乌德普兰德曾在帕维亚学习，大概也是出生于此，但他没有把一生奉献给学术研究。他很早就进入贝伦加尔二世的宫廷供职，后来，颇富争议的是，他又来到萨克森宫廷，奥托一世授予他克雷莫纳主教职位。他继续效忠于皇帝，于 967 年来到君士坦丁堡代奥托二世向狄奥法努（Theophanu）求婚，之前他曾奉贝伦加尔之命出使过君士坦丁堡。[109]

利乌德普兰德的历史著作都以撰写时的现时代为背景，而且常常不知不觉地写成了自传：《针锋相对》（Antapodosis 或 Liber retributionis regum atque principum Europae）、《奥托统治纪事》（Liber de rebus gestis Ottonis magni imperatoris）和《君士坦丁堡出使记》（Relatio de legatione Constantinopolitana）。[110] 后两本书的标题指明了他作为奥托的顾问和大使的角色，在第一本也是最著名的一本书中，他也出现于其中。利乌德普兰德的著作抛弃了所有虚假的客观材料；甚至一些表面看来客观的材料，诸如年鉴、编年史和历史，也为利乌德普兰德所摒弃。这些材料力图呈现一系列事实，但背后的目的却是为掩盖在史料和思想上所做的拣选。利乌德普兰德从不遮遮掩掩，事件原貌如何，即如何描述，不事雕琢，这在加洛林时代的历史著作中还闻所未闻。他的著作不仅描述意图和行为的伟大和高尚，对此甚至不吝笔墨；其著作更关注意图和行为的残忍一面，把邪恶的念头、肮脏的事件以及

---

[108] Richer, *Historiae*; Kortum (1985).
[109] Lintzel (1933); Sutherland (1988).
[110] Liudprand, *Opera*; Chiesa (1994).

各种关系间的粗俗淫亵，甚至男性之间的性关系，统统暴露出来。如果基督教的上帝出现在他的作品中，他也会被描述成一位行为机械呆板的上帝（mechanical）。利乌德普兰德，这位有着伦巴第血统的人，看来又一次把原始的日耳曼精神引入了当时的文学中去。

他的历史作品傲视当世、无人能比，这根源于他面对事件无能为力时的绝望，源于对事件执拗且狂怒的反应，这些事件他已经了解或他认为他已经了解。从文学的角度看，这就给了他的叙述一把进攻的利刃，他越试图在其叙述兼虚构的事件阐释中传达愤怒，利刃就越锋利。这些事件他得自第三手资料，可能是真实的，也可能是虚构的。利乌德普兰德留下了很多令人难忘的现实的描写和戏剧性场面。他的历史观是反史诗的（anti-epic），他习惯性地把每一事件去史诗化（de-epicised）：走和史诗相反的路径。他的人物刻画很著名，也理应如此，如对尼基弗鲁斯·福卡斯（Nikephoros Phokas）的描写，或对玛罗齐亚（Marozia）和狄奥多拉（Theodora）这两位罗马淫荡堕落女人的刻画，或对贝伦加尔和维拉（Berengar and Willa）的描述。其生动的描述和戏剧性的场面得益于自传式的写作方式，这种方式因历史的不合理性及现世的暴虐行为而引起历史无意义的思考，并借助描述来揭露这一无意义。⑪

10 世纪的著名作家，除利乌德普兰德外，都在意大利波河流域（Po valley）效力。韦切利的阿托（Atto of Vercelli）即是其中的一位，他著有圣保罗的《书信》（*Epistles*）评注，以及《政治论文集》（*Polypticum quod appellatur perpendiculum*），后者是一部极为晦涩难解的政治论文集，也是一本政治讽刺文和名言汇编。⑫ 奥托家族也常常经由米兰从意大利（不局限于意大利北部）引进教师和抄本（codices）。诺瓦拉的冈泽和斯蒂芬（Gunzo and Stephen of Novara）和利乌德普兰德几乎同时在奥托一世的宫廷效力，⑬ 奥托三世的图书馆仍位于班伯格，所藏的手稿包括了当时意大利作者如尤金·瓦格留斯（Eugenius Vulgarius）的作品。⑭ 关于罗马历史的书籍（texts）有的来

---

⑪ Vinay（1978a），pp. 391–432.
⑫ Atto of Vercelli *Polipticum*, ed. Goetz; Wemple（1979）.
⑬ Ferrari（1991），pp. 110–14.
⑭ Pittaluga（1991）.

自意大利北部，但主要来自意大利南部，这些书籍很明显被奥托皇族利用，以把帝国的主流思想窃为己用。皮亚琴察（Piacenza）的主教约翰·菲拉盖素斯（John Philagathos）（后任诺南托拉的修道院院长）和韦切利的德国主教约翰在这一思想转变中起到了重要的作用。[115]

意大利和德意志相对来说几乎没有受加洛林文化的影响，两国的文化关系无法解释利乌德普兰德高品质的散文［《报应》散韵并用（*prosimetrum*），《君士坦丁堡出使记》中插入了诗歌］[116]，也无法解释当时的另一位天才维罗纳的拉瑟（约890—974年）的散文。拉瑟来自佛兰德尔，在洛布斯（Lobbes）受的教育。虽然早先受过优良的学校教育，但他同利乌德普兰德一样，自学成才。他还是维罗纳的主教，因其政策不为教士和政客所赞同而两度被驱逐出其主教区，后来才恢复职位。[117]

与利乌德普兰德一样，拉瑟的个性稀奇古怪，他的散文也文如其人：满篇皆是偏僻怪诞的词语和明显不合规则的结构。但两人又非常不同，不能作严格的比较。利乌德普兰德讲述的故事就是他的亲身经历；拉瑟讲述自己，但却把这隐藏道德或法律争论之后，这些争论围绕对他的敌视态度的性质所展开。利乌德普兰德详述一个故事及其前因后果；拉瑟力图触及事实真相，以用事实反映现实，但却力不从心，他从未坦承遭遇过这种困境，也无从解决它。因此，拉瑟是一个孤独的人物，无法忍受的孤独感是贯穿他所有作品的主线，从《序言》（*Praeloquia*）到《那种罪恶积于一身的人的本性》（*Qualitatis coniectura cuiusdam*），再到《疯狂》（*Phrenesis*）和他的书信。[118]

近来，波埃修（Boethius）的《哲学的慰藉》（*Consolatio*）对年长一些的拉瑟和年轻一些的利乌德普兰德的作品的影响都已被指明，尤其在《序言》和《报应》中更是明显，而《疯狂》也像《哲学的慰藉》和马提亚努斯·卡佩拉（Martianus Capella）的《斐萝萝嘉与墨丘利之联姻》（*De nuptiis*）一样，以散韵并用结构（prosimetric structure）写成。据称，拉瑟和后来的利乌德普兰德都采用了波埃修

---

[115] Ferrari (1991), pp. 110–4.
[116] Jacobsen (1985); Scherbantin (1951).
[117] Jacobsen (1989).
[118] Vinay (1989a, 1989b).

反观内心、寻求慰藉的观念来对抗强权,借用此观念作为典范,以激进的讽刺批评当时的道德和政治状况。[119] 可以以此来界定他们所属的文学类型,但要以此来解释他们的文学及他们的生平和作品所富含的精神内涵,还是不够。

在描写拉瑟的《序言》时,利乌德普兰德说"读此书者都会读到很多既能愉悦读者身心,又能充盈读者头脑的内容",[120] 与其说他在谈拉瑟,不如说他在谈自己;他自己的历史观通过写作和叙述找到了通往拯救的道路,找到了实现内心平静和热爱生活的方式。比较而言,拉瑟却做不到这一点,其作品中有一种真实的孤独感,可以通过写作描述出来,但却无法通过写作来解决,因为这一困境必须通过绝对的事实真相(an absolute truth)来解决,而他知道他永远也表达不出这一真相的。所以,拉瑟的绝望致使真正意义上"中世纪盛期自传表达"形式的第一次出现,[121] 但这也导致了对超越历史而存在的无限渴望,对此历史无法满足。他通过他的希望和恐惧表达了他的愿望,即历史会在千禧年终结,这样他就可以逃脱历史的残忍和绝望,进入真正的元历史(metahistory)中。

9世纪到11世纪期间,其他知识活动形式丰富多样,其他的新老文学形式异彩纷呈。总之,这一时期的特征是其历史自觉意识。圣徒传、传记和真正的历史著作所有这些表现形式,都来自基本的需求满足,即确定自身在历史中的位置。

欧里亚克的热贝尔(Gerbert of Aurillac,940/950—1003年)是这个时代最伟大的作家之一,也是对这一时期的历史背景有着最清晰认识的人之一。其他作者仅仅满足于描述过去或当前,或虚构人物如圣徒的传奇经历,这些人物成为上帝完美的历史表现,拉瑟和利乌德普兰德以历史之尺来衡量自身,结果通过他们的作品稍一触及历史,就兵败而归,而热贝尔却占尽优势,支配了历史,控制了其进程。热贝尔也尝过失败之苦,但和维罗纳的拉瑟或贝伦加尔手下的利乌德普兰德不同,热贝尔是一位胜利者,在他身上我们看到一种非凡的现象:

---

[119] Staubach (1991).

[120] 'Quem si qui legerit, nonnullas ibi hac sub occasione res expolitas inveniet, quae legentium intellectibus non minus placere poterunt quam prodesse': Liudprand, *Antapodosis* iii, 52, p. 101.

[121] Vinay (1989a), p. 135.

知识分子以文学为力量，驾驭了权力。虽然其他伟大的作家把历史著作推向伟大的文学高峰，但热贝尔却把历史著作投入权力的世界中去。

热贝尔生于奥弗涅（Auvergne），在欧里亚克成为一名修士。他求学于加泰罗尼亚，在那里，他接触到了阿拉伯人的学问。教宗约翰十三世（Pope John XIII）召他到罗马，在罗马他又和奥托一世相遇。后来他离开了罗马，来到兰斯，管理那里的学校。981年又返回罗马，在帕维亚，奥托二世任命他为诺南托拉的修道院院长。在拉文纳，他在皇帝面前赢得了同马格德堡的奥特里奇（Otric of Magdeburg）的著名辩论。983年，奥托二世死去，热贝尔返回兰斯。989年，大主教阿达尔贝罗（Adalbero）去世，热贝尔继任其职，但没有得到教宗的批准。因此他离开兰斯转赴萨克森皇帝的宫廷，任尚未成年的奥托三世的家庭教师（tutor），但实际主要充当其顾问。奥托帮他成为拉文纳的大主教，并于999年助他登上教宗宝座。热贝尔是第一位法国教宗，取名号为西尔威斯特二世，与奥托三世的关系同西尔威斯特一世与君士坦丁大帝类似：都是西方世界最高的教会权力和最高的世俗权力紧密协同合作的关系。[122]

热贝尔不是历史学家，却是一位政治精英和伟大的作家。他的作品揭示出当时的加洛林文化已被远远抛在后面。他是三艺（trivium）的大师，他游历意大利，部分原因是为了寻找完善其逻辑训练所需的作品和激励，因为加洛林时期的修辞和逻辑（dialectic）很少引用西塞罗的作品，他对此很不满意。他杰出的科学、技术和实践工作把来自西班牙的四艺（quadrivium）重新注入当时的大众文化中去。法国曾是加洛林文化的中心，但热贝尔清楚地表明，革新来自法国之外，来自阿拉伯人，来自意大利还依然延续的传统。

在热贝尔的信件中，他成就斐然的散文风格有意识地模仿古代的作者（auctores），行文既拘谨克制，又轻松自如，远不像拉瑟和利乌德普兰德那样扭曲语言以取得些许文学效果。他沉浸在写作和文化中，"在学习和政治中，我们传授我们知道的，学习我们所不知道的"；[123] 但他也沉浸在政治生活之中，如此句引言所示。毫不奇怪，

---

[122] Gerbert of Aurillac, *Opera*; *Opera mathematica*, ed. Bubnov; *Epistolae*, ed. Weigle; Gerberto (1985).
[123] 'in otio, in negotio, et docemus, quod scimus, et addiscimus, quod nescimus': Gerbert, *ep.* 4, p. 73.

人们相信热贝尔和魔鬼订立了契约:没有魔鬼(Lucifer)的帮助,他怎能有如此辉煌成功的人生。[124] 他对上帝的看法和波埃修(Boethius)这位对他影响最大的楷模大致相同。对热贝尔而言,上帝是全知的,能完美地理解世界,因为世界可以为理智(intellect)所控制。[125] 从这一角度看,热贝尔的观点和拉瑟截然相反。二人对真相与历史的完美结合这种理论都不甚赞同,但拉瑟认为这是不可能的,而热贝尔却相信理智能够把握住概念并利用它。

千禧年

这一时代最显著的特征就是末世论,由千禧年的即将到来所激发:历史需有人讲述,应为人所了解,还需有人给历史指明方向,但历史也能终止。此时代巨大的知识和精神遗产就是人们理解了历史可能没有未来,但只要历史存在,就有指示未来的功能。8世纪到9世纪末之间,列瓦纳的贝亚图斯(Beatus of Liébana)、安布罗修斯·奥特波特(Ambrosius Autpert)和欧塞尔的艾莫(Aimo of Auxerre)都曾不受任何历史语境的束缚,把使徒约翰的启示录(Apocalypse of John the Apostle)阐释为留给每个人的信息。到了10世纪,出现了对启示录的不同阐释,这就有了对千禧年的恐惧,以及与此相伴可能发生的历史终结。

热贝尔的一位朋友,蒙捷昂代尔的阿德松(Adso of Montier-en-Der, 910/915—992年)在此引入了从末世论角度对启示录的解读。在他的《身处反对基督教者中写给格伯嘉王后的信》(*Epistola de ortu et tempore Antichristi*)这部广为传阅的献给奥托一世的妹妹格伯嘉(Gerberga)的作品中,阿德松把反基督者写成了一个人,即撒旦之子,他在千禧年结束时会挣脱枷锁,终结历史。阿德松写出了所有人共有的紧张情绪:对历史的终结,既恐惧又渴望。[126]

通过奥古斯丁,特别是他的《上帝之城》(*De civitate Dei*),西方

---

[124] Oldoni (1977, 1980, 1983).
[125] Riché (1991), p. 421.
[126] Adso of Montier-en-Der, *Epistola ad Gerbergam reginam de ortu et tempore Antichristi*, ed. Verhelst; Konrad (1964).

把历史看成由上帝和魔鬼之战所产生的单一的过程，把启示录中的 1000 年理解为历史上的千禧年。世界末日被认为是一个历史事件，继基督和反基督者在耶路撒冷的最后一战之后发生。这可能就是已处高龄的阿德松为何在 992 年乘船东行，五天之后死于海上的原因。对所有人来说，渴望看到历史的终结，也是渴望看到最后一战的结果和基督最后的胜利。

这一时代伟大的遗产，就是这一时代的未来观。这形成了此后数个世纪西方思考的基础：不仅期待末日的到来，而且知道基督教的完善要到历史中去寻找。从这个意义上讲，热贝尔的作品和阿德松的作品既互不相干又彼此交融。

克劳迪奥·莱奥纳尔迪（Claudio Leonardi）
刘立壹 译
顾銮斋 校

第 八 章
艺术家和赞助人

建　筑

　　从当前可见的遗存和文学记载来看，要复原10世纪和11世纪的建筑世界，不是易事。首先，虽然我们有奥托王宫建筑群（complexes）的文字和考古证据，如位于马格德堡或拉文纳的宫廷建筑，但这些证据主要都是有关教堂的。其次，就算是教堂，虽然从幸存下来的教堂中我们看到了令人叹为观止的修复尝试，但是我们掌握的大量被毁坏或重建的教堂唯一证据都是来自文字材料，而这些材料往往都是从传统的一面来描绘这些修道院院长和主教修建的建筑。我们经常不得不借助类推的方式复原古建筑。位于现代瑞士罗曼莫捷的教堂（church of Romainmôtier），可能为我们目睹克吕尼修道院的第二所教堂外观提供最佳机会。在1000年前后，奥托三世的一位叫阿德莱德的表妹曾在此当过尼韦勒（Nivelles）修道院院长，这里的教堂在中殿（nave）尽头的两边有左右两个翼部；尼韦勒很可能反映了列日主教诺特克（Notker，972—1008年）的大教堂的外观。

　　这种特点鲜明的教堂现在还可以见到，这就是卡尼古的圣马丁教堂（St. Martin de Canigou）。它始建于11世纪初年，由塞尔达涅的伯爵威弗雷德（Count Wifred of Cerdaña）资助建立。如普伊赫·卡达法尔克（Puig y Cadafalch）很早以前所说，比利牛斯山是罗马式风格早期发展的重要地区。卡尼古修道院坐落于比利牛斯山的一个宏伟的支脉上，从其回廊向上看，错落的景致尽收眼底。尽管这所修道院给人以遥远偏僻的印象，但这么看这一地区就大错特错了。这所修道院临近一条重要的航线，一端通往西班牙和地中海，另一端经由默兹河（Meuse）、索恩河（Saône）和隆河（Rhône），连接着肥沃富饶的洛泰林吉亚。卡尼古的教堂使用小型、未经打磨的石头和三重后殿设计（triple-apse plan），是"第一所罗马式"传统教堂，它大胆使用了非常细长的支柱支撑中殿上方的筒形穹顶。

但是，此处讨论的主要对象不是分析风格发展，而是要回答这一时期教会建筑和教堂内部的变化发展之间的关系。加洛林时期的修道制度，比起圣本尼狄克规章（the Rule of st Benedict）所设想的已经更加仪式化，对罗马和东部的圣咏燃起兴趣。10世纪的修道制度，不管我们考虑的是所谓的戈尔泽改革、克吕尼改革和弗勒里改革，或英国的本尼狄克复兴，都加强了这一趋势。查理大帝时期位于圣里基耶（Saint-Ricquier）的阿吉尔伯特的教堂（Agilbert's church）有着各种廊台（tribune）、西面塔堂（Westwork）和分离开的区域，我们知道这样设计的目的之一，在阿吉尔伯特的礼仪规则（Ritual Order）中清楚地记载着，就是要使修士和男童组成的唱诗班的歌声因回音而更增感染力。他们分为两队，隔着礼拜堂一唱一和，轮唱圣歌。这就像威尼斯圣马克（St. Mark）教堂的穹顶下的各种廊台一样，目的是让小号奏出的加布里埃利（Gabrieli）的乐曲产生回音共鸣。加洛林时期的教堂因其陈设有圣徒的圣坛和圣物而重要无比，合理强调，如不亲临教堂，体验一下内部的回声，就理解不了这一时期的教堂。后世的教堂也大体如此。五线记谱法到11世纪才发明，9世纪和10世纪参与唱诗班的修士、修女和教士无疑还需熟记曲调。纽玛记谱法（neums）肯定是源于这个时代的圣咏集，它表现了指挥手部的动作，起着提醒唱诗班曲调、指明韵律和装饰音的作用。得到神启（inspired precentor）的领唱者肯定能够引领唱诗班（schola cantorum）唱出上佳的效果。我们知道，列日在斯蒂芬任主教期间（903—920年）以圣咏闻名；圣诞之夜在特里尔大教堂，或棕榈主日（Palm Sunday）在奥格斯堡的露天，听一场圣咏是一次奇妙的经历；圣歌集从圣高伦修道院（还有当时的索莱姆修道院）流传至各地；至迟11世纪早期，大量的玛利亚赞歌开始在赖谢瑙创作出来，《万福，女王》（Salve Regina）显然是其中之一。10世纪的英国人制造风琴几近疯狂，主要目的一定是为圣咏伴奏；证据主要来自英国，但我们大可怀疑这一现象本身是否只局限于一国。

　　克吕尼修道院的奥多是一位著名的作曲家。在任克吕尼修道院院长（926—944年）时，他之前任职的图尔修道院的修士希望他为圣马丁创作一些比他们当时所唱的轮唱赞美诗（antiphons）更长一些的作品，这样他们就不用"重复那些很短的轮唱赞美诗，免去了枯燥之苦"。但奥多赞赏了他们的赞美诗的简洁，并对他们所要求的冗长作品表达了厌恶之情；这些修士提醒他，如果拒绝，就会令圣马丁不悦，并且他的借口表明他内心的骄傲。奥多屈从了，创作的轮唱赞美诗"含义、曲调浑然一体，增减、修正皆是多余，旋律的起承抑扬无不悦耳至极"。他的传记作者还说，他作传的时代这些轮唱赞美诗在贝内文托还在被传唱，这一观察真是很有趣，因为把政治上支离破碎的世界如列日和圣高伦，图尔或克吕尼与贝内文托统一了起来，这表现出了音乐的力量。① 有大量证据证明，当时对音乐理论的兴趣颇浓，这些理论主要来自波埃修的作品，奥多也有所贡献，但上面讲的故事说明，他不仅仅是一位音乐理论家。

　　但是很不幸，我们几乎没有确凿的证据证明，一所10世纪教堂的各种内部结构是如何发挥其音乐功能的，但这不能否认从建筑性质本身所作出的假设的有效性。下面这个写于10世纪的故事很有启发性，讲的是圣费丝（St. Faith）在孔克（Conques）所创造的一个奇迹，治愈了一个叫热贝尔的盲人。圣费丝出现在热贝尔的梦里，让他第二天在晚祷（Vespers）后，加入圣米迦勒（St. Michael）圣坛的修士行列，在圣坛前，上帝会让他重见光明。热贝尔就遵照指示，随修士的队列一道来到圣米迦勒的祈祷室（oratory），在那里轮唱着赞美诗，庆祝即将到来的节日，这时天上的造物主恢复了他的视力。② 从这一描述中可以明显看出，故事发生在西面塔堂（Westwork）里，还不能确定这是10世纪还是9世纪的建筑，塔堂中圣米迦勒的祈祷室位于第三层，其下是日光浴室（solarium），再下面由接地的拱形结构支撑。因此，还不清楚祈祷室是否会像第二层那样下沉，这种情况可能存在，因为我们从描述中得知祈祷室上面还有一个第四

---

① John of Salerno, *Vita S Odonis abbatis Cluniacensis*, c. 10, col. 48c.
② *Liber miraculorum sancta Fidis* ii, i, pp. 91 – 2; see Lehmann-Brockhaus（1955），pp. 27 – 8.

层钟楼（bell-tower），所有这些当然都在 11 世纪和 12 世纪教堂的大规模重建中消失了。但是，对我们而言，重要的是用于音乐目的的高楼座。

位于 10 世纪萨克森统治腹地的盖恩罗德（Gernrode）教堂设计十分新颖别致，这里的楼座（galleries）沿着中殿的方向和教堂拱门上的三拱式拱廊处于同一高度。盖恩罗德邻近奎德林堡（Quedlinburg）的王室女修道院，对面即是哈茨山（Harz Mountains），景色雄奇。盖恩罗德建立之初是一所女修道院，于 961 年由边地侯爵格罗（Margrave Gero）所建。格罗是奥托一世的东部边疆的伟大主帅之一，负责与斯拉夫人的战事。他的儿子西格弗里德（Siegfried）死于和斯拉夫人的交战，格罗在此处建立了女修道院，让他寡居的儿媳任院长。汉斯·扬岑（Hans Jantzen）在他对奥托时期教堂美学艺术的精彩分析中，记述了三拱式拱廊的拱门和其下教堂中殿的侧拱廊的大开口之间强烈的有节奏的韵律配合。他提出了很有趣味、别出心裁的看法，称教堂严峻、无显著特征的外表和其内部的庄严、活泼形成对比，和维杜金德（Widukind）笔下沉默寡言的创建者本人何其相似。③ 无论如何，看到这些特色鲜明的楼座，我们不自主地推测，修女们对礼拜仪式的理解并没有囿于传统，盖恩罗德修道院建成不久，她们就用萨克森古代方言呈现给我们已知的第一次圣歌评论，那样就不能排除她们会择时在修道院一测这些圣歌音乐效果的可能性。测试过科隆大主教布伦（Archbishop Brun of Cologne, 953—965 年）的圣潘塔利侬大教堂（St. Pantaleon）声学效果的人会知道，在教堂内带拱廊的楼座庄严而和谐的布局中，包含着凉爽通风的井形空间，这必定为修士或男童的唱诗班提供了一个真真实实的回音室。这所教堂的建立，由另一位和奥托一世关系密切的赞助人发起，不同的是，这次是他的弟弟。圣潘塔利侬大教堂的后续建造活动，显然是由奥托二世的妻子，皇后狄奥法努（Theophanu）所发起；此事大约发生在 984 年，从此时开始，一些精美绝伦的石雕就已被发现，其中有耶稣的头部雕像和天使的浮雕，很可能是用来装饰西立面的。④ 希尔德斯海姆

---

③ Jantzen (1947), pp. 11 – 4; Widukind, *Res gestae Saxonicae* 11, 20 and 111, 54, pp. 84, 133.
④ Brandt and Eggebrecht (1993b), pp. 221 – 4.

的圣米迦勒修道院在 11 世纪早期所建的大教堂，属希尔德斯海姆的主教贝恩瓦尔德（Bishop Bernward of Hildesheim, 993—1022 年）所有，这所大教堂的中殿内无楼座，但在教堂的左右两个翼部，分布有两层的楼座，内部宏伟而狭长，外部塔楼安排巧妙，这几个因素肯定是当时人们把这所教堂称为"天使的圣堂"（*templum angelicum*）的部分原因。

当时是一个钟情天使的社会，天使常常以盛气凌人的姿态出现在艺术和文学中。如果说我们所提到的那些修士或修女，都想过天使般的生活，这不大可信，但是通过他们的建筑，我们有理由相信，他们有时想让自己的声音听起来像天使。

10 世纪礼拜仪式的盛行部分表现在小型戏剧中，而小型戏剧当时第一次被嵌入修道院的礼拜仪式当中，其中最著名的是在复活节清晨表演的《三个妇女在圣墓》。一位修士身穿白色衣服扮演天使，守在圣墓前，三位修士身穿长袍，手持香炉走向前，"一步一步，好像在找什么"。时机到了，天使就开始温柔甜美地唱起来"你找谁啊"。这幕剧的舞台说明出自大约 970 年的英国修道规约（*Regularis concordia*），而乐谱则收在温切斯特乐谱（Winchester Troper）中，现藏于牛津大学的波德里安图书馆（Bodleian Library）。⑤ 乐曲直接来自科尔比（Corbie），埃塞维尔德（Æthelwold）从那里为温切斯特请来了音乐教师。如果说基督墓的那些仿制品很可能和这些戏剧有关，也说得通，如展示给耶路撒冷朝圣者的墓。例如，975 年去世的康斯坦茨主教康拉德（Bishop Conrad of Constance）曾三次造访耶路撒冷。他在其管辖的城市给圣莫里斯（Saint-Maurice）教堂建了"一个和耶路撒冷的耶稣墓相似的耶稣墓"，并用精美金器装饰。⑥

中古早期教堂的一个至为重要的特征就是壁画，但这一特征很难从现存的证据中恢复其原貌了。描绘基督生活主要场景的壁画，在加洛林时代的教堂肯定是常见的，常被用来教育不识字的人。一些设计非凡的壁画从加洛林时期教育情况较好的地区遗留下来，比如欧塞尔（Auxerre）、米施泰尔（Müstair）、马莱斯（Mals）和布雷西亚

---

⑤ *Regularis concordia*, c. 51; Oxford, Bodleian Library, MS 775, fol. 17r.
⑥ Oudalschalk, *Vita Chounradi episcopi Constantiensis*, cc. 7, 11.

(Brescia),而我们从书面记载中,也了解到一些其他地方的状况,特别是英格尔海姆的王宫和圣高伦的修道院。对于壁画和手稿中的图画是何关系,我们几乎一无所知,同理,该时期壁画之间的关系,我们也知之极少。人们不禁会问,壁画会不会积存了我们已经失去的大量的画像材料,壁画是否可能是书籍图案装饰的主要模版,而不是相反。就这些问题达成定论看来是不可能的。但有证据表明,图尔的圣于连(Saint-Julien)的10世纪或9世纪的壁画,模仿了9世纪图尔的书籍插图,而9世纪圣高伦的大型基督连环壁画的场景,在奥托时期的书籍中几乎都可以找到。这两种场景中,大概都使用了类似的古代晚期的资料,实际上,这些资料只可能以书籍的形式才为人所知。弗勒里的修道院院长高兹林(Gauzlin),后面我们还会谈到他,从图尔请到一名叫奥德瑞克(Odelric)的画家,为他画教堂的壁画,场景为圣彼得的生活和启示录。⑦ 很难否定他们模仿的范例不是来自书籍,因为在加洛林时期的书籍中,有着丰富的启示录的画像材料。而圣彼得的场景可能取自插图本的阿拉塔(Arator)的作品,或一些类似的有插图的使徒传记。很早以前,比德(Bede)曾看到过一些这样的传记。的确,从9世纪开始,圣徒的图画时兴起来,有的画在墙上,有的以插图形式出现在书中,很多场景稍加修改,就从一位圣徒身上用到另一位圣徒身上。壁画的场景可能取之于书,也可能事实上并非如此,但要证明上述场景并非最先源自壁画,也非易事。

10世纪一位特别有趣的壁画资助人是康斯坦茨的主教格布哈特(Bishop of Gebhard of Constance,980—996年)。在他的专有修道院彼得斯豪森(Petershausen)修道院,这位主教把教堂墙壁画满了壁画,左边是旧约题材,右边是新约主题。这种神圣对比的观念当然很古老了,在新约的近古手稿中,在本尼狄克·比斯科普(Benedict Biscop)为其苇尔茅斯或贾罗(Wearmouth/Jarrow)的修道院所取得的木版画上,后来在希尔德斯海姆主教贝恩瓦尔德的铜门上,在圣像破坏之争(Iconoclastic Controversy)后的拜占庭重获青睐的《神圣金句合观》(Sacra Parallela)中,都可觅见这种观念的踪迹。直到此时,壁画中的主教还不过只是众信徒的专业教师。特征更为显著的一

---

⑦ Andrew of Fleury, *Vita Gauyliniabbatis Floriacensismonasterii*, cc. 62-4.

点是，无论基督的形象在哪里出现，其形象都是镀金的。这一时期，主教可自由使用金子对维护其权威大有助益；几乎所有的仿制品都不能再现温切斯特的埃塞维尔德的祝圣仪式手册（Benedictional of Æthelwold of Winchester）中那种金光闪闪、熠熠生辉的光彩。但是，最值得关注的是，格布哈特大量使用"希腊色"，即天青石色（lapis lazuli），来为其墙壁着色。⑧ 这些颜色来自威尼斯人，具有双重意义。其一，向其人民展现，无论多么遥不可及的奢侈物品，他们的主教也可得到，这大致发生在992年威尼斯主动与巴西尔二世统治下的拜占庭缔约之前，当时奥托王朝和威尼斯人还有着贸易协定；其二，这种色彩鲜亮的蓝色，《圣经》注解认为它代表了天堂。这种颜色是楼座和廊台之外的另一种方式，传达教堂是一片类似天堂的空间这一观念。

艺术珍品

一度，以金银、珐琅、象牙或刺绣制成的艺术品，用英文的说法叫"小艺"（the minor arts），这是和手稿艺术或绘画泛泛相比而言的；但庆幸的是，这一时期已成过去。1971年，企鹅艺术史出版了由彼得·拉斯科（Peter Lasko）编写，名为《神圣的艺术》(Ars Sacra) 的书，绝妙地解读了这些从800年到1200年的艺术品。这样的书名也有缺憾之处，它缺少了整个教会之外的艺术世界。例如，我们想到了象牙做礼拜仪式用书的封皮装饰之用，或者用来装饰圣体容器（pyx）或圣水桶，因为这是他们保存至今的主要方式。所以，下面则出现在普鲁登修斯的《心灵的冲突》(Prudentius' Psychomachia) 手稿中对"象牙"的注解可能会让我们大吃一惊："象牙"，注解这样解释，"是用来装饰剑柄的大象的骨头"。⑨ 这本手稿是科隆10世纪晚期或11世纪早期的产物。这样的注解有时只反映了注解的书籍之古老，但是整体来看，这本书中的评论远远不只是盲目地重复古代的残

---

⑧ Cames (1966), p. 17.
⑨ Cologne, Dombibliothek, MS 81, fol 73r.

余无用之物。我们熟悉金匠的艺术,它表现在教堂的各种形式上。梅泽堡(Merseburg)主教和编年史家蒂特马尔(Thietmar)的勇士般的外祖父,让奥托一世和马格德堡的大主教重归于好,为表感谢,奥托一世赠他金色颈饰。他佩戴颈饰时,荣耀无比,朋友为他高兴,敌人却非常不快。读至此处,令人精神一振。[10] 真希望我们能租到一台让时光倒流的机器,一批艺术史学家就可以乘坐它,回到当时,在施塔德的伯爵亨利(Count Henry of Stade)戴着这个颈饰出席宴会时,研究一下它!大概他们会看到,颈饰上有凸纹、叶片涡卷,雕有鸟兽,同在埃森(Essen)发现的稀有的、纯礼仪用的奥托时期的剑鞘的装饰很像。

虽然,可以确证这一时期很多装饰精美的书籍已消失无踪,教会世界的这些"神圣的艺术"(ars sacra)的损失,肯定远不止于此,更不用提世俗世界了。多德韦尔(C. R. Dodwell)精彩地再现了这一失去的世界,其相关观点都写入了他的关于《盎格鲁–撒克逊艺术》的书中。他借助文学资料为英格兰所做的工作——其方法欧洲大陆也可借鉴——在某种程度上也可通过捷径完成,即使用伯恩哈德·比绍夫(Bernhard Bischoff)为帝国所编订的中世纪早期珍品清单册。[11] 此处,展现在我们面前的是一个令人叹为观止的世界:古老书籍的封面、圣物盒、圣餐杯、十字架、烛台、香炉、祭坛前的挂饰、亚麻细布及刺绣的法衣,足以充分表明这一时期艺术和礼仪的联姻,修道的或依照教规的生活与高雅的礼拜仪式文化的结合。这些清单的拟定是为了纪念教堂捐赠者的慷慨,或在新的管理人或监管者就职时,清点库房或圣器收藏室中记录在册的珍贵物品之用。

是否有人认为这些堪与贝奥武夫拥有的宝贝数量相比的珍宝从未存在过,仅仅是幻想之物呢?偶尔某个库房的部分宝物会幸存下来,如在希尔德斯海姆(Hildesheim)就留存下来主教贝恩瓦尔德(Bishop Bernward, 993—1022 年)的精美艺术品,包括两个著名的银烛台,上面刻有他的名字。或者在法国中央高原(Massif Centrale)的孔克,幸存有蔚为奇观的圣物盒和其他物品,数个世纪以来一直为当

---

[10] Thietmar, Chronicon ii, 29, p. 78.
[11] Bischoff (1967b).

地人小心翼翼地守护着。这些幸存品，还有保存至今的华丽的书籍封面，足以证明清单不是幻想之物。但是，我想着重谈一下存于埃森（Essen）的奥托时期的珍宝。埃森是一所王室女修道院，从其修道院院长玛蒂尔达（Matilda，971—1011年）这位奥托一世的孙女开始，就保存有三个光彩炫目的引导游行用的金色十字架，上面镶嵌有各种珍贵宝石和品质极佳的珐琅。三件珍品可能都出自科隆地区。其中的一个十字架最为著名，受难的基督用黄金做成，与科隆大教堂的椴木格罗十字架（格罗，大概969—976年在任）感觉上有些相似。切割细致的宝石、颜色深浅不同的两块紫水晶和一块石榴石，专用来装饰基督头像后的光环处的十字架。底部是一块精美的珐琅，描绘的是修道院院长玛蒂尔达和他的弟弟士瓦本公爵奥托在仪式上把十字架呈献给修道院。另一个十字架很相似，在其底部有一小块绘有玛蒂尔达像的珐琅，她一身白衣，跪在按等级而坐的圣母玛利亚和圣子之前。这个十字架上的宝石中有一块红条纹玛瑙，上面刻有一个渔夫，一个刻有女性半身浮雕的年代久远的贝壳，还有一块琥珀，被刻成一只狮子，安然卧在基督脚下。第三个引导游行的十字架，制作于同一时期，大量运用金银丝装饰工艺，有多块珐琅表现基督被钉于十字架的场景，还有着大量的福音符号。

　　这些十字架真实的意义是什么？首先，它们与宗教仪式和象征意义有关，当时刻画教会仪式的手稿插图满是引导游行的十字架。说明象征意义的一个绝佳例子是那只琥珀狮子，据说狮子睡觉时眼睛是睁着的，《寓言集》（*Physiologus*）认为狮子见证了基督的受难。狮子睡着觉，这象征了耶稣人性的一面，狮子同时也醒着，则象征着他的神性。[12] 这些十字架和修道院院长的权威同样有着密切关系。玛蒂尔达是鲁道夫家族（Liudolfing）的一员，我们可以确信，她手下有很多出身高贵的修女。我们从圣拉德贡德（St. Radegund）和圣利奥巴（St. Leoba）所记载的经历来看，中世纪早期，女修道院院长同男修道院院长一样，其权威可能受到非常严峻的考验。虽然刻画玛蒂尔达的那两块珐琅小得出人意料，但目光一触及它们，20英尺开外都会给人以强烈的视觉冲击。有玛蒂尔达像和奥托像的十字架，应该制作

---

[12] 见 Wessel（1966），p. 27.

于玛蒂尔达40年任期的大致前10年内,因为奥托公爵982年就去世了。换句话说,这个十字架制作于她统治最不牢固的那段时间,当时的她年纪尚轻,还享受不到10世纪时因寿命较长而应受到的尊重(只需看一下奥托一世统治时期反叛他的战事年表就会明白这个道理)。我们知道,10世纪的修女可能是些不易屈服的人,若说区区几块小珐琅就会让很多修女看到修道院院长时战战兢兢可能不大可信。但需要重点考虑的是,这种艺术会对实际统治者的自信可能有怎样的影响,对其权威的神圣化有怎样的效果。而且,数不胜数的中世纪圣徒传和宗教团体的历史,向我们表明了建筑装饰和物质富足对于维持一名神职人员权威的重要性。玛蒂尔达本人也开始了一场在埃森的新的建设运动,其结果就是另一座有趣的西塔堂的落成,这一塔堂我们还可以窥其余貌。在那座西面塔堂内,现在矗立着一个非比寻常的巨大枝状大烛台,有七个分叉,每个分叉上都有漂亮的观赏性蕾形装饰,而在教堂的另一部分,可以看到著名的金色圣母玛利亚像和圣子像独立在那里,这两件珍品都制作于玛蒂尔达时期。

在埃森的库房还有其他精美的物品,来自稍晚一些的女修道院院长狄奥法努(Theophanu,1039—1058年)时期,她是同名的狄奥法努的孙女。还有一件玛蒂尔达时期的艺术品不能不提,这就是一顶镶有宝石的黄金王冠,绚烂夺目,边缘嵌有一排排的珍珠。经合理推断,这件珍品可能和玛蒂尔达的表兄奥托三世有关,但还不能完全断定。王冠上有一颗很大的红宝石,宝石上刻有戴着王冠的头像。以凸起的金色背景为衬的百合花瓣形十字架(fleur-de-lys-type)下方镶嵌着一颗非常大的蓝宝石,百合花瓣形十字架通常被认为代表王冠的正面。《亚琛福音书》(Aachen Gospels)中有对奥托三世的著名描述,布满福音符号的帷幕或卷轴不仅让皇帝的内心充满福音,而且某种程度上,区分了上帝赐予规则的上天的世界和尘世的世界;这种上天世界的象征(一直认为为蓝宝石所代表),在王冠上被置于醒目的位置,看来是要强调同样的主题。[13]

这个时期最大的金匠作坊属于特里尔的大主教埃格伯特(Archbishop Egbert of Trier,977—993年),这些作坊接受其他教堂的委托,

---

[13] Aachen, Dom, Schatzkammer.

如皇后狄奥法努（Theophanu）从这里为埃希特纳特（Echternach）的修道院定制了金色书籍封面（在纽伦堡还可见到），再如作坊为兰斯的金色十字架装饰了瓷釉（欧里亚克的热贝尔的一封信件可资证明）。[14] 从希尔特鲁德·韦斯特曼·安格豪森（Hiltrud Westermann-Angerhausen）的作品中，我们得知，这些作坊并非埃格伯特所创建，因为在他之前，特里尔就有这些作坊了。[15] 不过，倒是他把这些作坊的作用发挥到极致，以宣传特里尔大教堂恢宏庄严的教堂形象和基督徒的使命感。[16] 奥托时期的大教堂，皆彼此自夸的悠久历史，特里尔大教堂就自称由圣彼得所建。为证明自己所言为真，教堂保存了圣彼得的跟随者的圣物，把它们存放到镶嵌有宝石的金制容器中（还珍藏在林堡大教堂），容器上以珐琅描绘出特里尔最早的主教，前三位是尤卡里乌斯（Eucharius）、瓦莱里乌斯（Valerius）、马特努斯（Maternus），都是彼得身边有名的跟随者。似乎使徒彼得的证据还尚显不足，埃格伯特于是把他的教堂的著名圣物，圣安德鲁的脚，放入一个无价的容器当中。这个箱子内部涂有精美绝伦的珐琅，箱子还用一只金色的脚作为装饰（在特里尔大教堂的库房可见）。埃格伯特还是一位著名的插图书籍赞助人，其中有两本书值得一提，一本是教义读物，一般称为《埃格伯特手抄本》（Codex Egberti）（现存特里尔）；另一本是圣诗集（现存弗留利的奇维达莱），在这本诗集中，他命人把他画在卷首插图页，以神职人员的姿势安坐，双眼直视前方，好像置身于一个脱离尘世的世界。韦斯特曼·安格豪森已表明，在这些及其他以埃格伯特名义所写的书中，有用面相画（masque）和其他装饰描绘的柱顶，这些柱顶可能来自6世纪主教尼塞图斯（Bishop Nicetus）的教堂的柱顶，只是被埃格伯特自己的后续教堂建筑所遮掩。埃格伯特两次以随从人员的身份，随奥托一世和奥托二世访问意大利。特里尔本就曾为帝都，在历史上的重要性自不待言，但和此时其教堂的自我吹捧还有差距。特里尔有着罗马建筑及其他遗迹（君士坦丁大帝的一枚金币被投入圣安德鲁的圣骨匣之中），还保存着加洛林时期的书籍，这些来自图尔的书籍证实了金匠作坊使用的很

---

[14] Gerbert of Aurillac, *ep.* 106.
[15] Westermann-Angerhausen (1987)；(1990), esp. p. 20.
[16] Westermann-Angerhausen (1983)；(1973), pp. 66–72.

多装饰图案的来源。[17]

作为艺术的赞助人,大主教埃格伯特和女修道院院长玛蒂尔达至少有一点相同,即都想要加强脆弱的权威。人们很容易就认为,埃格伯特的艺术品象征了 10 世纪的一所主要教堂所能达到的势力巅峰;但情形很可能并非如此,在当时教会的权力游戏中,埃格伯特领导的特里尔大教堂的影响力似乎不是在增强而是在减弱。埃夫里尔·卡梅伦(Averil Cameron)说,同样在 9、10 世纪的拜占庭,新的仪式及新的艺术,既展现出轻而易举的优势,又回应了政治的压力,皇家艺术和仪式表现出的神圣和世俗的和谐统一,可能掩盖了一个非常紧张的现实。[18] 在这一时期的南部法国,从金匠作坊的一种非常显著的艺术现象中,可以看到权威又一次处于争议当中。这一艺术即雕像式圣物匣,一个绝佳的实例就是幸存下来的孔克的圣费丝圣物匣,雕像外表以金子制成(内为木制),镶嵌有宝石,圣徒坐姿神圣,像一位东方君主。那一地区的公共权力已让位于城堡主,像鲁埃格(Rouergue)的伯爵们就是从本地的城堡中发号施令的。在这一艺术形象中,孔克的修道院则急于强调,修道院对于其辖区土地和人民的权力,体现在其保护圣徒身上,这位圣徒有能力让这些掠夺者噩梦连连,或遭受更严重的报复。然而,法国北部的唯理论者昂热的贝尔纳(Bernard of Angers)却不赞同此类事情,贝尔纳是沙特尔的主教兼伟大的教师富尔伯特(Bishop Fulbert of Chartres)的学生。他评价说,在奥弗涅(Auvergne)这些事情很普通,是一种盲目崇拜,他不相信朱庇特(Jupiter)和马尔斯(Mars)会甘愿平庸。[19]

弗勒里的修道院院长高兹林(Gauzlin, 1004—1030 年),这位虔诚者罗贝尔(Robert the Pious)同父异母的兄弟,是一位伟大的艺术品(objets d'art)收藏者和艺术家赞助人;无疑,因与法国国王的关系,他处于有利的地位,得以积累友善的捐赠。传记作者安德鲁,对他修道生活记录甚详。弗勒里学校的校友、卡奥尔的主教贝尔纳(Bishop Bernard of Cahors),送给高兹林一件金色祭坛挂饰和一些绣

---

[17] Westermann-Angerhausen (1987).
[18] Cameron (1987).
[19] Liber miraculorum sanctae Fidis I, 13.

制精美的祭坛布；加斯科涅的伯爵阿诺德寄送给他 13 件银质容器和两磅"阿拉伯金属"（Arabic metal）以及一些东方丝绸。这位院长有一个用"西班牙金属"（Spanish metal）制成的读经台，他用西班牙铜饰板把弗勒里的唱诗席围了起来。而领唱人赫尔高德（Helgaud），这位国王罗伯特的传记作者，也是一位工匠，用水晶把手做了一个领唱指挥棒，闪烁着宝石般的光芒。[20] 由这些事例，我们看到一条奢侈品通道，在西班牙和默兹（Meuse）之间逐步建立起来，由隆河（Rhone）和索恩河（Saone）连接起来，把货物分散到法国各地。这一大型河流贸易路线的普遍重要性，很久以前就为莫里斯·隆巴德（Maurice Lombard）所证实。在 1950 年，拉卡拉（J. M. Lacarra）公开了一件诺瓦拉的国王桑乔（King Sancho of Navarre）于 1060 年发布的意义非凡的海关文件，详述了经由比利牛斯山松波尔特峰山口（Somport Pass in the Pyrenees）山脚下的哈卡（Jaca）的商品。[21] 从上面可看到来自北方的染色的佛兰德尔布匹（Flemish cloths），及各种武器，而君士坦丁堡的纺织品、卡斯蒂利亚的马匹和西班牙的黄金被运往北部。法国的骑士意识到西班牙有着巨大的财富，这进一步吸引他们加入 11 世纪的重新征服（reconquista）中去。我们可以确知，国王桑乔的文件所提到的科尔多瓦及希腊的纺织品和丝绸含有一些兽形的风格和几何的设计，这深深地影响了罗马风格的雕塑家们，他们从中汲取灵感，并使之融入他们的石质柱顶之中。

　　人们不能忽视精美物品对政治世界所发挥的作用，政治世界关系的维持既要靠法律契约的维护，还要靠礼物交换来维持。皇帝奥托三世寻求的，是能够以拜占庭的方式处理与威尼斯总督彼得二世奥尔塞奥罗（Peter II Orseolo，991—1009 年）的关系，利用他身为奥尔塞奥罗儿子教父的关系来表达他的优越性。他于 1000 年访问威尼斯时，总督赠以厚礼。他并没有全部接受，担心别人会认为他的威尼斯之行不纯粹是出于对他的教子之爱（除此之外，谁还会认为他有别的动机吗？），最后只带走一把象牙椅、一只银质高脚杯和一个用奇珍装饰的水壶。[22] 对他这位比较伟大的君主而言，重要的是赐予的礼物要

---

[20] Andrew of Fleury, *Vita Gauylini abbatis Floriacensis monasterii*, cc. 38, 39, 65, 47.
[21] Lacarra (1950), text pp. 19-20.
[22] Uhlirz (1964).

贵重于所接受的礼物。随后，他从帕维亚和拉文纳派人给总督送去了精美的金器。再就是，皇帝亨利二世的廷臣对造访马格德堡乐此不疲，因为他们总能从大主教处得到极佳的礼物，沿易北河两岸重要的东方奢侈品贸易，让大主教从中获利不菲。

书籍的装饰与图案

对那个时代的人而言，不论书籍的装饰与图案（book-illumination）在众艺术门类中的重要性如何低，对于很多世纪之后的我们，这一艺术仍是有力的证据。部分因为相较于其他形式的艺术品，这种艺术幸存下来的比例较高，还部分因为，在表达当时的思想、态度和审美上，这一艺术形式肯定同样卓有成效。对整个西欧世界的书籍艺术做一下研究，就会发现主要问题，那就是德意志帝国或奥托帝国的书籍像一个巨人一样支配着那一片世界。对法国/西法兰克或意大利的金属制品或象牙制品，我们大可以不偏不倚，视其同等重要，但一涉及书籍的装饰和图案，奥托王朝时的艺术就会拔得头筹。

在赞同上述观点的同时，人们可能提出，在其他地区无疑还有书籍艺术的杰作。在英格兰，温切斯特画派（Winchester School，约970—980年）的代表作《埃塞维尔德的祝圣仪式手册》（the Benedictional of Æthelwold）堪称一流，此书很早吸收了拜占庭的影响要素，庄严的基督场景和圣徒形象都被置于框架之中，框架装饰以繁茂的树叶饰品，此种风格来自加洛林时期兰斯的手稿。也有其他大量的英国手稿，例如《伯里·圣埃德蒙兹圣诗集》（Bury St. Edmunds Psalter，约1020年），此书的页边装饰有美轮美奂的图画。而众所公认，这些手稿都受到了佛兰德尔的圣贝尔坦修道院院长奥特伯特（Abbot Otbert of Saint-Bertin，约989—1007年）这位伟大的艺术赞助人和艺术家的盎格鲁-撒克逊艺术的影响。在现存布洛涅（Boulogne）的福音书和圣歌集中，这一艺术得到了淋漓尽致的表现。英国的书籍艺术迥异于奥托德国。简而言之，可以说，奥托时期德国的装饰与图案的风格，主要来自黄金和珐琅的使用，而英国的艺术则是更加线状的（采用了尼古拉斯·佩夫斯纳的《英国艺术的英国性》

一书所阐释的主题),[23] 更像美术家的描绘,和伟大的书法家的书法世界更息息相关,虽然在奥托时代的德国,伟大的书法家也制作过手稿。但是,赞助的驱动力,在两个社会有相似之处,从国王统治所需到主教的令人震撼(Tremendum)的愿望,后者是维持前者统治的非常重要的方式;温切斯特主教埃塞维尔德(964—984年)和特里尔大主教埃格伯特(977—993年),相较而言,都和王室宫廷关系密切,都借助艺术来展现他们强有力的形象。关键性的区别在于,埃塞维尔德的艺术反映了温切斯特在英国教会内影响日增,而埃格伯特的艺术则更表现为对特里尔在皇家教会中江河日下的地位的一种回应。考虑这一时期的艺术赞助时,要始终牢记这一点。[24] 埃塞维尔德处人生巅峰,乘胜前进;埃格伯特面临狂风骤雨,压力重重。

10 世纪和 11 世纪,最为精美的法国书籍艺术的灵感主要源自本地加洛林和前加洛林时代的传统。利摩日圣马夏尔(St. Martial, Limoges)的第一本《圣经》(约 1000 年,BN lat. 5)内有一连串一系列令人赞叹不已的首字母,装饰以非常生动活泼的兽形和植物,让人联想起 9 世纪在图尔制作的精美的《圣经》,而书中的各种动物形象,则让人想到了如《格罗尼圣事手册》(Gellone Sacramentary)这些 8 世纪的作品。我们这里所谈论的是一流的艺术家,并非对奥托书籍,或甚至对图尔《圣经》中的具象艺术看起来漠不关心的人。这些艺术家关心的不是表现已几乎消失的西法兰克王室权力的形象,或一位脱离贵族权力架构就几乎可被视为一无所有的主教的形象;他们关心的是远离卡佩的有效控制之地的一所重要的修道院,关心如何修饰它的书房,美化它的礼拜仪式。

这一时期,西班牙和意大利都不缺少有特色的书籍艺术作品。在西班牙,首先要提及的是《贝亚图斯的启示录评注》(Beatus' Commentary on the Apocalypse)中的系列插图。如果有人想看到原原本本的近古启示录插图的传统,想看到经由穆扎拉布(Mozarabic)修饰而风格转变巨大的这种传统,那就应该如佛罗伦萨人米特里奇(Florentine Mütherich)所言,考虑圣瑟韦的修道院院长格列高利

---

[23] Pevsner (1956), ch 5.
[24] Mayr-Harting (1991b), pp. 82–8.

（Abbot Gregory of Saint-Sever，1028—1073 年）所委任定做的《贝亚图斯的启示录评注》手稿本。为了此书，艺术家模仿了西班牙的手稿。㉕ 在南意大利，有多种《复活节赞歌长卷》（Exultet Rolls），11世纪还兴起了和卡西诺山的圣本尼狄克的生活相关的叙述性插图（narratives illustration）；在北方出现了有趣的地方学校，像伊夫雷亚的主教瓦蒙德（Bishop Warmund of Ivrea，约 969—1011 年）的学校，瓦蒙德是另一位喜欢把自己绘制于书中的人，但在现实政治中，他作为奥托家族的支持者，面临来自伊夫雷亚的阿多因（Arduin of Ivrea）的巨大压力。瓦蒙德的泥金手抄本，主要指他的《圣事手册》和《圣诗集》（Sacramentary and Psalter），存于伊夫雷亚，保留至今（Codd. 85 and 86）。这些书的画像受到各种加洛林时期和奥托时期艺术的影响，无疑还受到更早的意大利书籍的影响，也包括加洛林和奥托时期的艺术。如汉斯·贝尔廷（Hans Belting）所指出，《圣诗集》表现出对碑式立像的嗜好，米兰大主教阿尔努尔夫（Archbishop Arnulf of Milan）的《祈祷书》（约 1000 年，BL，MS Egerton 3763），以及早期的意大利壁画也可资佐证。㉖ 但是，瓦蒙德的风格和加洛林时期或奥托时期的风格简直就是两个世界，这表明政治影响几乎不会必然产生相应的艺术上的影响。手稿本的绘图技艺笨拙不堪，但即使如此，其潜在的巨大活力还是通过《圣事手册》中"为死者祷告的日历"（ordo in agendis mortuorum）所配的一系列狂热的插图发挥出来，这些插图刻画了一个男性的死亡和葬礼，死者悲伤的妻子或母亲越来越伤心欲绝，最后不得不让她守在墓旁。《圣事手册》中所使用的蓝、绿、粉红和黄这些主色调和金匠和珐琅工匠的制品几乎没有关系，但和壁画家的作品关系更密切一些，这些壁画家在当时的北意大利艺术中的地位非常重要。这可从诺瓦拉大教堂的洗礼堂当时的壁画中得到证明。

由于这一时期奥托王朝泥金手稿的独一无二的地位，我们主要借此来申明我们关于赞助人和艺术家的观点。首先，我们要问，在经历了从 9 世纪晚期到 10 世纪 60 年代的长期停顿（其间大部分时间如

㉕ Mütherich (1973), pp. 195–6.
㉖ Belting (1967).

此),奥托时期的泥金手稿是如何开始的。一般认为是由外部威胁和政治动荡所导致。我的回答是,奥托一世和其宫廷所起的激励作用不可小觑。但这一答案还始终是观点之一或一种假设,还无法证明。加洛林宫廷设立了教授泥金技艺的宫廷学校,这样那些豪华手稿的制作,尤其是福音书手稿,就会在宫廷的直接掌控之下,而奥托宫廷从未这样做过。在奥托三世和亨利二世以及亨利三世治下,某些修道院,如赖谢瑙、雷根斯堡的圣埃默兰和埃希特纳特(Echternach),手稿都是为了统治者而制作的。但对奥托一世和奥托二世,我们甚至还不能确定哪一部幸存的手稿是为他们而单独制作的。因此,对于奥托一世的激励措施的判断,是基于一些趋于一致的指示性要素。他广泛关注书籍,这已确证无疑,但证据显示这并非在他执政初期,那时他送给他的妹夫威塞克斯的埃塞尔斯坦(Æthelstan of Wessex)仅是一本几乎没怎么装饰的福音书,而是在他执政的末期。维杜金德(Widukind)说,"在王后伊迪丝(Edith)去世时(946年),他还不识字,但之后他刻苦学习,竟至能完全读懂书籍"。[27] 文化上,奥托一世统治后期,他的视野明显开阔。968年,他最终建立了马格德堡大主教区,使之成为斯拉夫东部西教会组织的核心,还建立了几处副主教区(suffragan sees)和附属的修道院。在创建教区的文件上,他强调了他自身的主动性。的确,这一直是他自955年之后的核心计划之一。突然,一种对精美的礼拜仪式用书和图书馆用书的新的巨大需求出现了;奥托一世意识到了这一点,梅泽堡的蒂特马尔(Thietmar of Merseburg)说他慷慨赠予马格德堡"土地、书籍及其他王室珍品"(表明其中有装饰的书籍)。[28]

在奥托王朝复兴初期,大概有两本最伟大的泥金手稿作品:《格罗手抄本》(Gero Codex)(Darmstadt, MS 1948)和《福音书手抄本》(Codex Wittekindeus)(Berlin, Staatsbibliothek, MS theol. lat. fol. I),分别制作于赖谢瑙修道院和富尔达(Fulda)修道院。这两家修道院与奥托一世和其宫廷有着特别密切的关系;众所周知,皇帝于965年和972年两次造访赖谢瑙修道院,正是在这一期间,《格罗手

---

[27] Widukind, *Res gestae Saxonicae* ii, 36, p. 96.
[28] Thietmar, *Chronicon* ii, 30, p. 76.

抄本》开始了其制作过程。而且,《格罗手抄本》这本由福音书的一些章节所构成的书,有一个礼拜仪式日历,其中只有圣劳伦斯节(St. Lawrence)和马加伯(Machabees)的节日不是来自《新约》。这两个10世纪罗马历中所正常庆祝的节日,被挑选出来对《奥托一世》具有实质性的标志意义,因为这两个节日都富含深意,和他955年在莱希费尔德(Lechfeld)之战中取得的对匈牙利人的胜利密切相关。他于圣劳伦斯节庆祝了胜利十周年纪念日,庆祝活动在梅泽堡举行,他曾在此地发誓建立一所教堂以纪念这位圣徒。书中所载的礼拜仪式和公共生活的礼拜仪式在当时并不是截然分开的两件事。马加伯抵抗塞琉古人(Seleucids),被看作奥托反击匈牙利人入侵的确确实实的《圣经》原型。委托制作并接受该书的那位格罗身份还不敢确定,但有几个有力的理由可以说明,这位格罗就是969年到976年任科隆大主教的格罗。在升职前,他曾任过奥托一世的宫廷神甫(chaplain)。《福音书手抄本》(Codex Wittekindeus),包括四福音书,已知其最早的出处为恩格尔(Enger)修道院,此院被奥托一世于968年授予马格德堡大主教管辖。

奥托王朝艺术全盛期的初始时期,最伟大的图书画家是大师格列高利(Gregory Master)。他是一位专业的书法家,而且,他对古代晚期样本精湛的处理、高超的模仿和独特的视角,没有艺术家可以与其媲美。我们还不知道他的名字,很遗憾我们甚至还做不到把奥托时期的任何一位图书画家和某件作品对等起来;但我们可以通过他横跨10世纪最后三十年的工作活动,来探寻他的线索。艺术史家给他起的这个名号,来自几幅双页的小型画像,描绘了教宗格列高利一世(Gregory the Great)口授其《对话录》(Dialogues, Trier, MS 171/1626),以及皇帝奥托二世威严端坐,四周以象征帝国各省份人物的场景衬托(Chantilly, MS 146)。他好像主要活动在埃格伯特任大主教(977—993年)的特里尔,但也和洛尔施(Lorsch)、赖谢瑙,很可能还有富尔达的教堂合作,并为它们效力。他游走各方、行踪不定,这可能表明他是一位世俗人员,但也不能排除他是一位修士,那个时代,很多修道院之间结成了团体关系。哈特姆特·霍夫曼(Hartmut Hoffmann)认为格列高利是制作皇后狄奥法努(Theophanu)结婚名单(Marriage Roll)的艺术家,这份精美的文件以紫色为底，金字写就，上面的狮子和狮身鹰首兽（griffin）栩栩如生，这颇具有说服力，如果霍夫曼所言是对的，[29] 那么这就是格列高利的第一部已知的作品，由奥托一世统治时的奥托宫廷赞助而完成。霍夫曼也已证实这一文件的手稿来自富尔达，所以其制作和富尔达相关，时期和《维杜金德福音书》（Codex Wittekindeus）大致相同。那么，972年之前当埃格伯特还是宫廷神甫（chaplain）时，就成为大师格列高利（Gregory Master）的主要赞助者。霍夫曼本人更愿意把这一结婚文件（Marriage Document）看作从961年即和他的父亲共治的奥托二世的新文化特色，而不是奥托一世的中庸之道（aurea mediocritas）的特征。这与所讨论的主题没有分别，主题即虽然奥托宫廷没设宫廷学校，但宫廷对奥托时代早期书籍艺术的产生也可能起过激励作用。

奥托时期泥金技艺的高峰和一系列书籍相伴而来，这些书籍制作于赖谢瑙或雷根斯堡，都是为奥托三世（983—1002年）和亨利二世（1002—1024年）而制作，如《亚琛福音书》（Aachen Gospels）（存于亚琛大教堂）、存于慕尼黑的《奥托三世的福音书》（Clm 4453）、《班伯格启示录》（Bamberg, Bibl. 140）、《亨利二世的福音书选读》（Pericopes Book of Henry II）（Clm 4452）（这些全部都在赖谢瑙制作），以及制作于雷根斯堡的《亨利二世的圣事手册》（Sacramentary of Henry II）（Clm 4456）。这些是西方文明的巅峰之作。书中透过所含的统治者画像对王室或皇室的主要思想大加宣传，更不用提无可比拟的新约系列场景了。例如，关于《亚琛福音书》中的统治者形象，哈根·凯勒（Hagen Keller）评论道，加洛林诸国王都被刻画成活在现世，虽皆为各宫廷之领袖，还仍和其臣属有互动交流。而奥托三世却远离其附属诸王和廷臣，端坐于"超尘世的领域"，正面向前，坐姿拘谨，宛如威严的基督。[30] 这是典型的奥托君主形象。

考虑到赖谢瑙和雷根斯堡不是宫廷学校而是承揽宫廷任务的修道院，提出下列问题就在情理之中了：是否这些统治者的形象源自宫廷的思想方式？也就是说他们绘画的指令是否来自其宫廷赞助人呢？或者修道院本身是否实际通过艺术来表达这一思想，以取悦于宫廷呢？

---

[29] Hoffmann (1986), pp. 103–16.
[30] Keller (1985), pp. 302–5.

二者必居其一。这些画像揭示出大型皇家修道院与宫廷自身文化融合之卑俗。我们要谨记奥托朝君主的全国巡视制度（itinerant），这样国王就会比现存证据所记载的更经常地造访修道院。而且，修道院院长常常是君主的亲密朋友（familiares）；在君主巡回制下，亲密朋友的圈子不再局限于那些"宫廷官员"。赖谢瑙的修道院院长阿拉维奇二世（Alawich II，997—1000 年）和奥托三世过从甚密，于 998 年到罗马投奔他，两年后被委任斯特拉斯堡的主教。亨利二世不仅熟识赖谢瑙的修道院院长贝尔诺（Berno，1008—1048 年），也认识这所修道院的其他修士。他本人曾在雷根斯堡的圣埃默兰接受教育，他最初的主要顾问马格德堡的大主教塔基诺（Tagino，1004—1012 年）也是如此。

具体到奥托时期的书籍，我们还没有任何证据可以说明宫廷赞助人实际上是如何应对和修道院艺术家之间的关系的。但如果要做出推理，就要考虑宫廷的积极影响，以此来解释书中君主及与君主相关的形象。例如，《亚琛福音书》中的奥托三世画像，大多数评注者认为是 996 年加冕礼之后皇帝的形象，此画像好像汲取了拜占庭牙雕"耶稣升天"的灵感，基督升天时，并没有以西方惯常的描绘方式站立着，而是坐于宝球之上。整个 10 世纪，赖谢瑙都在积极吸收拜占庭文化；但是，这并没有和奥托三世的宫廷格格不入，而是形成了双方共有的文化。再具体一些，很难说赖谢瑙确定下来在 996 年"耶稣升天节"（Ascension Day）这天为奥托三世举行皇帝加冕礼，尽管这个节日的内涵思想就是尊崇基督。同样，在此不提及宫廷神甫韦切利的利奥（Leo of Vercelli）对奥托三世的影响，而要解释罗马对慕尼黑福音书中君主形象的重视，也是不可能的。此时期，亨利二世的福音书选读（Pericopes Book of Henry II）中对施洗者圣约翰诞辰（St. John the Baptist's Naptivity）的描绘表现出少有的壮美和神圣的风格，可能是出于赖谢瑙的艺术家的奇思妙想，但若是如此，如不深知亨利二世的所思所想，是不可能有此构思的。因为他本人于 1022 年在巡游（Umritt）期间，就是在赖谢瑙庆祝的施洗者圣约翰的诞辰。在经历在这一年年初的激烈的斗争之后，他遍游王国，参加公共仪式，民众欢呼拥护，他以此来获得民众支持，巩固王权。加强巡游以确认亨利的王权，这肯定不是赖谢瑙所筹划的。如果篇幅允许，在宫廷的主导思维和君主形象之间的关系，还有诸多可讨论之处。

君主的形象是由赞助者所确定还是出于艺术家的建议，某种程度上是一个虚构出来的问题。鲁宾斯（Rubens）绘制了著名的整套巨幅绘画，歌颂玛丽·德·梅迪奇（the Regency of Marie de Medici）的摄政统治，后者有关政治角色和政治目标的构想，在鲁宾斯的绘画场景中表现得非常突出，因为很多这样的主题都来自鲁宾斯的建议。鲁宾斯是一位有学问的人，许多奥托时代的艺术家都是如此。我们可能还不能确知哪位艺术家创作了哪部作品，但整体上我们对艺术家已有所了解。雷根斯堡的乌塔手抄本（Uta Codex of Regensburg）中的插图方案，神学意味非常浓厚，由一个叫哈特维克（Hartwic）的修士所设计。哈特维克曾师从博学的沙特尔的富尔伯特（Fulbert of Chartres）。[31] 特里尔艺术家贝纳（Benna）不仅艺术造诣为人所知，也因其学识而受人尊敬，他曾于 10 世纪 80 年代在威尔顿（Wilton）创作绘画作品。富尔达修道院在书籍装饰方面的主要事务好像一直是制作弥撒经书，主要用于出口。从这所修道院的死亡记录中，我们知道了罗德普莱特（Ruotbraht），他是一位副执事、修士，还是一位画家［画家（pictor）这个拉丁词指壁画家，或图书画家（book painter），很可能兼有这两个意思］，他死于 977 年。一位副执事，即使二十几岁，也有了一定的学识，明确知道在弥撒礼中应承担怎样的礼拜仪式责任。因此，不管我们怎么看，所想到的最为满意的答案是，君王的形象既不是赞助人严格命令的产物，也不是聪明的艺术家的惊喜杰作，而经由双方睿智对话，赞助人的要求和艺术家创造性地实现彼此互动的结果。

哈特姆特·霍夫曼（Hartmut Hoffmann）所奠定的重要观点，可以适用于赞助人和艺术家之间的关系这一领域。在几部奥托时期的手稿中，我们发现都有神职人员向尘世最终的受书者献书的画像（此处我不是指献给圣徒）。例如《亚琛福音书》中柳泰尔（Liuthar）献书给奥托三世，或《埃格伯特圣诗集》（the Egbert Psalter，存于奇维达莱，MS 136）中，罗德普莱特献书给大主教埃格伯特，或者在《埃格伯特手抄本》（Codex Egberti，特里尔，MS 24）中的两个赖谢

---

[31] Bischoff（1967a）.

瑙的修士，凯拉尔德（Kerald）和赫里伯特（Heribert）。霍夫曼表明，这样的人物大概不会是一位艺术家，是抄写员（scribe）的可能性也极其少见，如赖谢瑙的《霍恩巴赫圣事手册》（Hornbach Sacramentary of Reichenau）中的抄写员埃布尔南特（Eburnant）便是很少见的一个例子。霍夫曼使用捐赠者（Stifter）来指代这些神职人员。[32] 这并不一定意味着他们为手稿的材料和做工付出了金钱；但也可能如此，如果捐赠者是修士，就会承担得起，因修士常常家庭富有。霍夫曼说，柳泰尔就可能是一位抄写员，或是当时赖谢瑙缮写室的负责人，但重要的是，他是其团体中受人尊敬的一位有代表性的人物。《埃格伯特圣诗集》中的罗德普莱特的事例更有趣。如果他是一位抄写员，在霍夫曼所给出的参加制作手稿的赖谢瑙的抄写员中，为何单单选出他来呢？的确，此人要和赖谢瑙无任何关系，很可能是埃格伯特社交圈的一位修士或修道院院长，是一位标签式的人物（Stifter）。当前，如把《埃格伯特手抄本》和《埃格伯特圣诗集》作为一个整体研究（如我在别处所做的那样），明显会看到两书深深地充满着埃格伯特大主教本人的关注和忧虑。两书的模式和内容绝不可能被交给赖谢瑙来自行处置。埃格伯特本人在其大主教任上时很可能至少去过赖谢瑙一次，即983年从意大利返回时去的那一趟。但是，受埃格伯特资助的大师格列高利，亲自在《埃格伯特手抄本》中画下第一批插图，是否应把他以及赖谢瑙的修士凯拉尔德和赫里伯特，看作赞助人和缮写室之间理想的斡旋者呢？同样，《埃格伯特圣诗集》中的罗德普莱特是否也扮演着此种角色呢？

结　　论

在考虑奥托艺术时，我们不得不经常回到礼拜仪式中来，回到将宗教体验和政治权力之间的关系仪式化的艺术中来。君主们，特别是亨利二世，好像始终认为自己是教堂仪式中的主角。亨利二世时的几部圣事手册，或弥撒经书中的日历都记录有国王的祝圣仪式日和他的授神职日（dies ordinationis）。但是，不要把奥托时期的艺术都看成

---

[32] Hoffmann (1986), pp. 42-7.

和意识形态，即使与宗教意识形态息息相关，好像其唯一功能就是作为奥托王朝权力游戏的工具，这至关重要。在任何权力游戏中，除非宗教艺术能够吸引一个宗教体验至少某种程度独立于政治动机之外的群体，否则宗教艺术这一工具就会毫无价值。这就是为何研究奥托时期大型艺术生产中心的宗教文化时，探究政治而不必面面俱到的原因，研究赞助人的宗教文化也是如此，这一点很重要。例如，我们一定要记住，在奥托三世的慕尼黑福音书中，基督的场景投射出的是一种基督兼皇帝的形象，这多少神圣化了尘世中的皇帝的权威；比如，在我们思考同一本书中从良妓女抹大拉（Magdalene）的玛丽亚悔改的那一幕时，我们不要忽略奥托三世就有一本祈祷书，其中有一篇祈祷文以"凡诵读此祷文者，永不受地狱之苦"开头，其后有一句祷文说："请求您对我如对妓女玛丽亚一样宽大，在她为您洗脚濯足，用她的头发擦干时，您让她双眼含泪，祈求您也如此待我。"[33]

亨利·迈尔－哈廷（Henry Mayr-Harting）

刘立壹　译

顾銮斋　校

---

[33] Pommersfelden, Schloss, MS 347, fols 31r–34v.

插图1 卡尼古，11世纪早期卡尼古的圣马丁教堂

插图 2　10 世纪晚期罗德的圣西利亚库斯教堂（源自马尔堡的图片档案馆）

插图 3　10 世纪晚期科隆圣潘塔里安教堂的西部内景

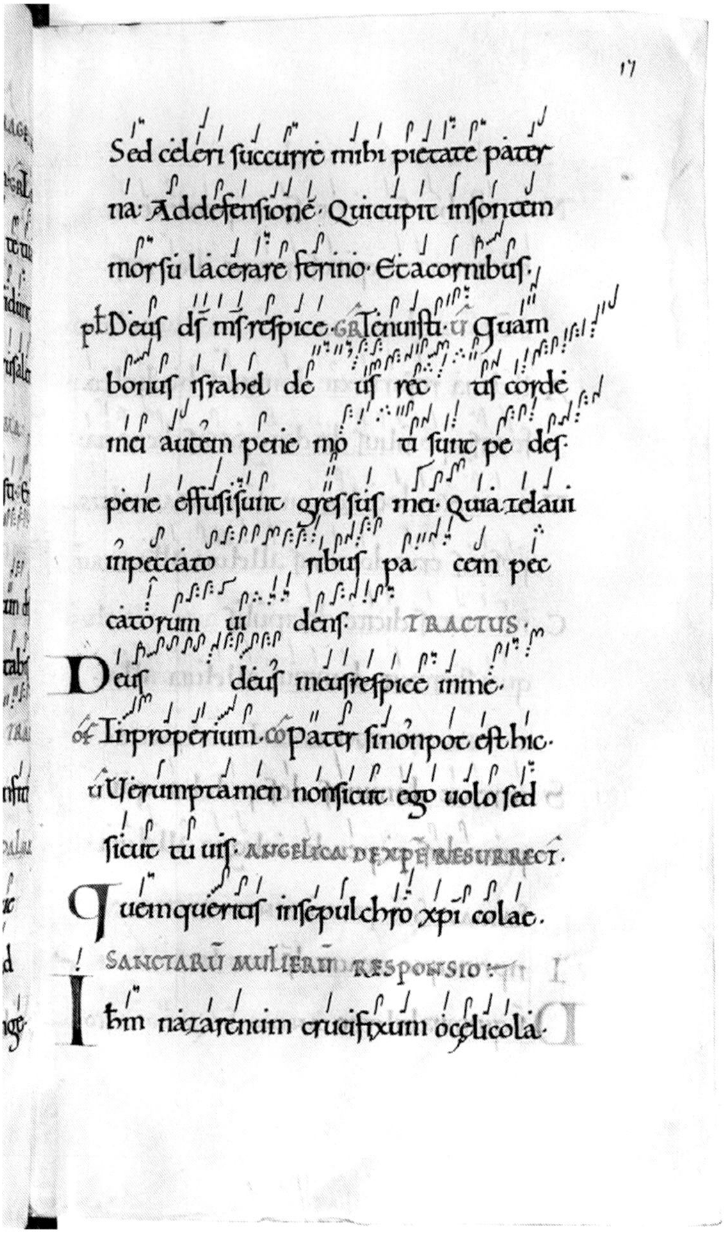

插图 4　牛津伯德雷恩图书馆收藏，温彻斯特－特罗珀出版社出版的 10 世纪晚期带有中世纪复活节圣事中四句问答的一页（版权属于牛津伯德雷恩图书馆）

插图5　埃森大教堂收藏的10世纪晚期礼仪用剑鞘

插图6　科隆大教堂收藏的约公元970年的杰罗耶稣受难十字架

插图 7　埃森大教堂收藏的埃森玛蒂尔达女修道院公元 971—982 年的游行十字架（源自马尔堡的图片档案馆）

插图8　10世纪晚期埃森大教堂西部内景（源自马尔堡的图片档案馆）

插图 9　埃森大教堂收藏的 10 世纪晚期孩童奥托三世的皇冠（源自马尔堡的图片档案馆）

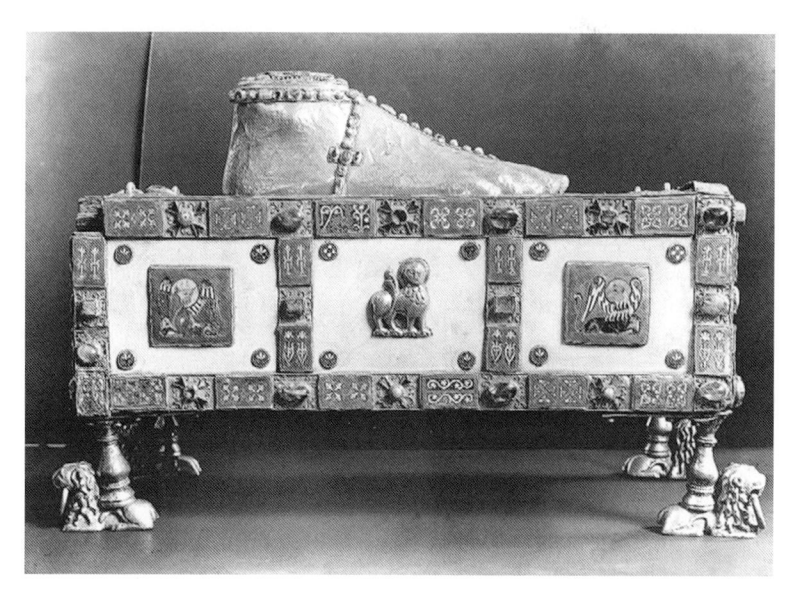

插图 10　特里尔大教堂收藏的公元 977—993 年摆放圣安德鲁脚的圣物箱（源自马尔堡的图片档案馆）

插图 12　埃森大教堂收藏 10 世纪的"黄金圣母"雕像
（源自马尔堡的图片档案馆）

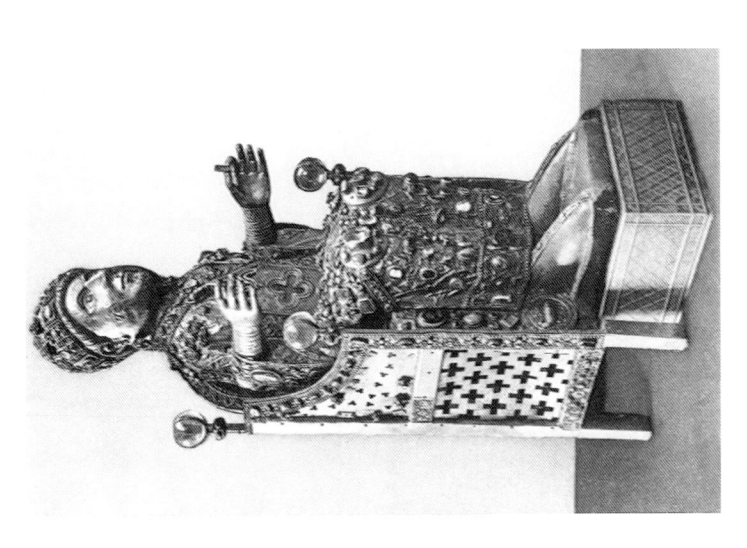

插图 11　孔克 10 世纪的圣菲斯雕像
（源自马尔堡的图片档案馆）

插图 13　巴黎法国国家图书馆收藏的约公元 1000 年利莫日出版，拉丁文手稿 5（2），共 173 页的圣马蒂亚的第一部《圣经》，其中《使徒行传》中的首字母页（源自巴黎法国国家图书馆）

插图 14　伊夫雷亚的卡皮托拉雷图书馆，第 86 号手稿《伊夫雷亚的沃蒙德主教的诗篇》，其中展示的约公元 1000 年哈巴古的站立像

插图 15　伊夫雷亚的卡皮托拉雷图书馆，第 85 号手稿《伊夫雷亚的沃蒙德主教的主礼圣事书》，其中展示的约公元 1000 年墓旁一名妇女悲伤的情景

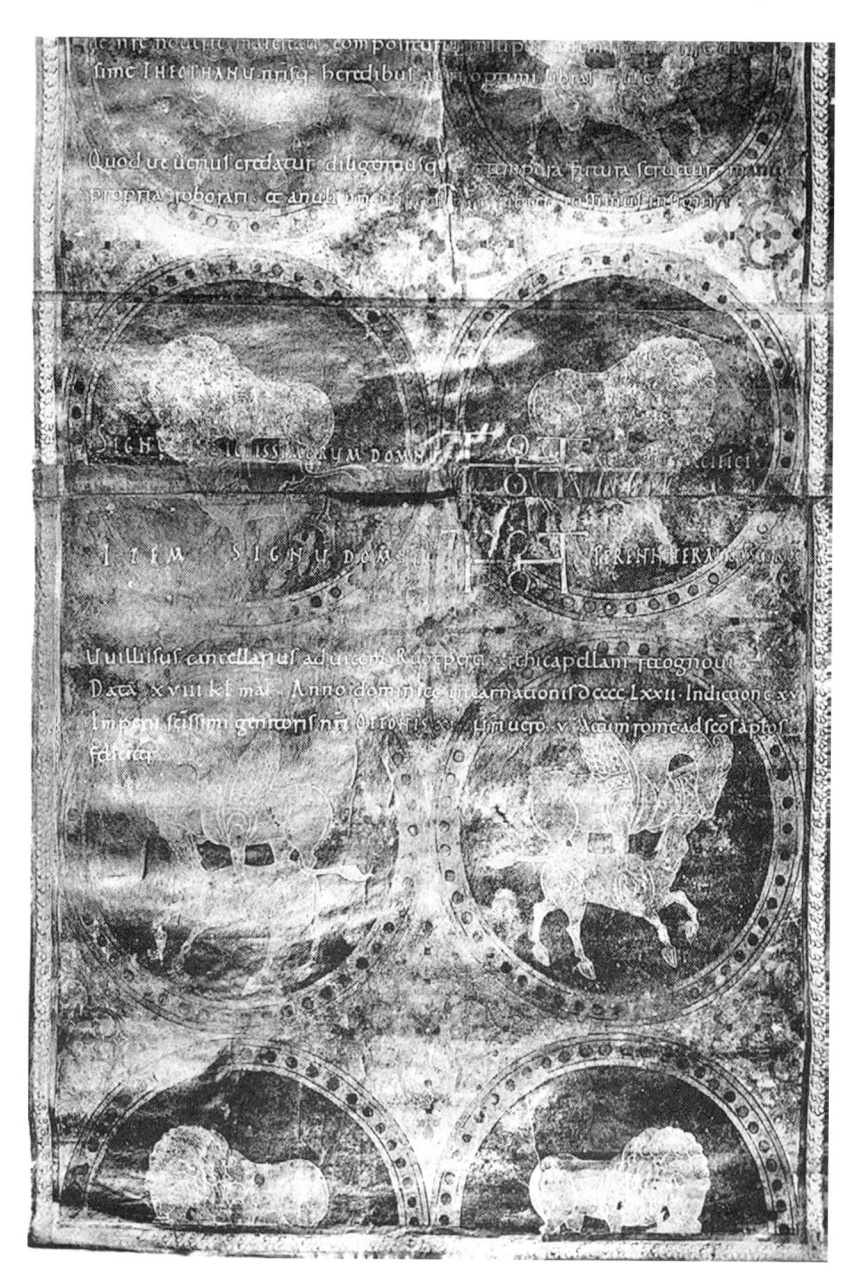

插图 16　沃尔芬比特尔城市档案馆收藏的狄奥法努皇后的婚礼名册（源自马尔堡的图片档案馆）

插图 17 亚琛大教堂收藏的《亚琛福音书》中展现的约公元 996 年皇帝奥托三世庄严就职的情景（版权属于亚琛主教座堂）

插图 18　佛罗伦萨巴杰罗博物馆收藏的 10 世纪拜占庭象牙雕刻基督升天坐像

插图 19 弗留利地区奇维达莱意大利国立博物馆第 136 号手稿,共 17 页的《特里尔大主教埃格伯特诗篇集》,其中展现的是公元 977—993 年鲁普奥德普雷希特向大主教呈送书籍的情景

插图 20　班贝格国立图书馆收藏的第 53 号手稿文献，制作于塞翁的两卷本《主教仪典书》，其中展现了 1014—1024 年，皇帝亨利二世由两位主教陪同庄严地进入教堂的情景（源自班贝格国立图书馆）

第二部分

后加洛林时代的欧洲

第 九 章

奥托家族的国王和皇帝

10 世纪后的政治危机：阿尔努尔夫统治的法兰克王国解体，以及地区公国和族裔公国的发展

899 年 12 月 8 日，皇帝阿尔努尔夫死于雷根斯堡。巴伐利亚和意大利的国王加洛曼的私生子曾于 887 年 11 月将"胖子"查理赶下台，使自己被东法兰克地方权贵拥戴为王，并导致加洛林帝国其他地区落入非加洛林裔统治者之手。后来，"胖子"查理得以重新统一加洛林诸王国，并对普罗旺斯除外的所有加洛林王国实施直接统治。查理在 885 年接受了西法兰克的王冠，而卡林西亚的阿尔努尔夫则不然，他拒绝了西法兰克地方权贵的拥戴。该事件对日耳曼王国发展的意义，已探讨颇多。它并不意味着卡林西亚的阿尔努尔夫希望将统治局限在东部法兰克。他建立了最高封建领主地位，或者说他至少容许了某种霸主地位的建立，888 年其他当选的统治者，包括西法兰克的奥多、上勃艮第的鲁道夫、意大利的贝伦加尔，还有后来普罗旺斯的路易，都承认他的最高领主地位。阿尔努尔夫封奥多为王，奥多就在兰斯的教堂里再次加冕。"天真汉"查理 894 年在西法兰克称王之后，也屈从于阿尔努尔夫，阿尔努尔夫则充当了奥多和查理在西法兰克王位之争的调停者。上勃艮第的鲁道夫宣称对洛塔尔二世的前王国拥有统治权，阿尔努尔夫否决了其权力诉求；当斯波莱托的维德自称皇帝挑战阿尔努尔夫的最高权威时，他就干预意大利事务，直接在意大利称王。

234

地图 4 德意志

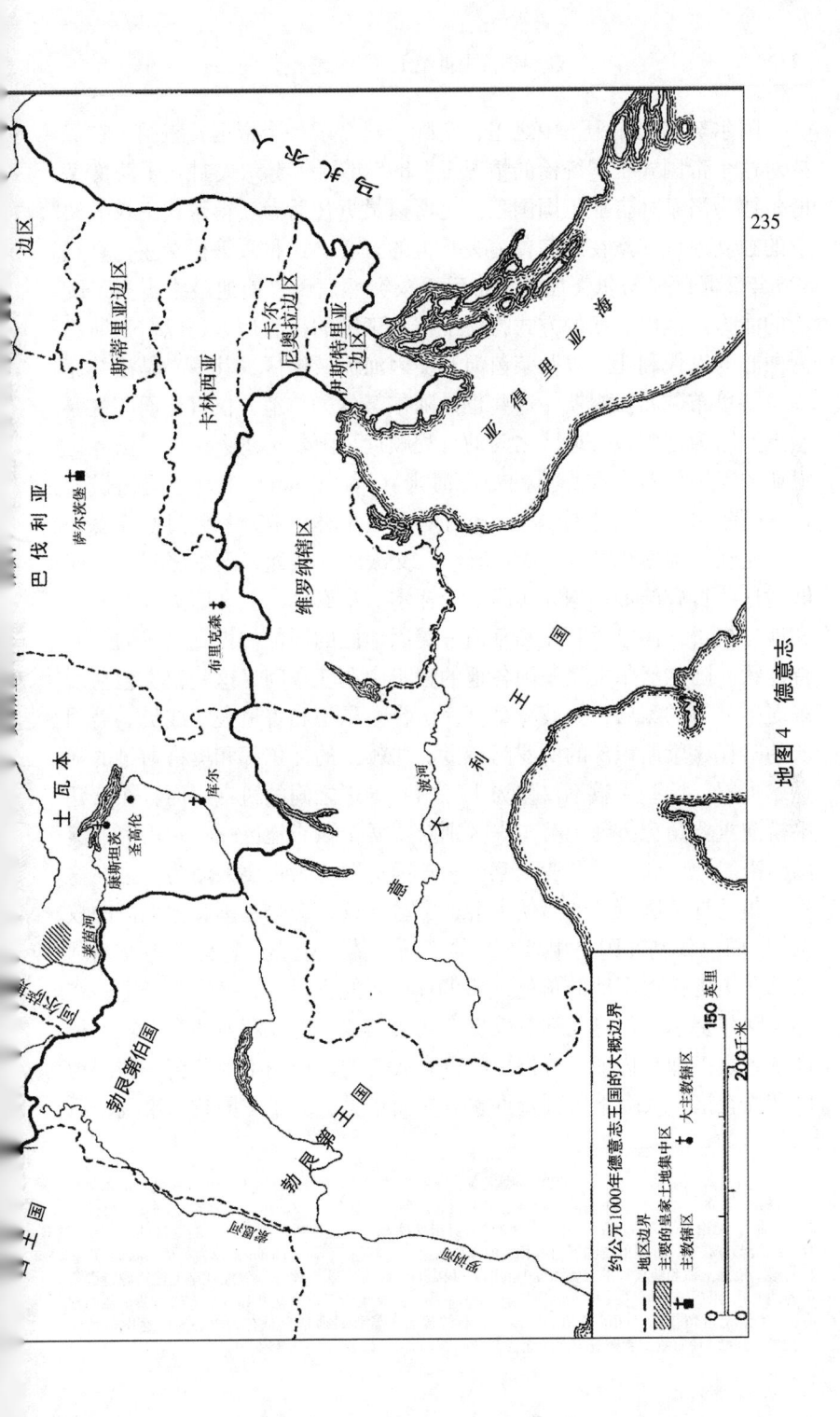

阿尔努尔夫作为王中之王，实际上建立了一个帝国式王国。在保持对这个帝国式王国统治的情况下，895 年阿尔努尔夫封儿子茨文蒂博尔德为洛泰林吉亚王国国王。之所以最近让后者获得帝式王权框架下的独立地位，意在遏制鲁道夫一世的野心。这种政策很奏效，直到 896 年 2 月阿尔努尔夫加冕皇帝后不久突然病倒，使他最终丧失了统治的能力。他以巡回的方式行使王权：王国的核心地区是以雷根斯堡为中心的巴伐利亚，以及莱茵河和美因河流域地区，其中心是法兰克福、特里布尔和沃姆斯，这些也是阿尔努尔夫与地方权贵会面的主要地点。因为这些核心地区之间的行程颇远，阿尔努尔夫选择了法兰克尼亚的美因河谷，在那里的福克海姆（Forchheim）王宫举行诸侯大会。阿尔努尔夫只是偶尔巡访士瓦本和洛泰林吉亚，只到过萨克森一次，是在与阿博德利人（Abodrites）交战时。然而，阿尔努尔夫却能够对这些行省施加影响，实际上士瓦本、洛泰林吉亚和萨克森的教会和地方权贵，比巴伐利亚和莱茵—美因地区的同僚们得到更多的王家特许状。阿尔努尔夫从王国各地的权贵中调任顾问，这些权贵包括后来诞生公爵的家族，如康拉德、卢伊特波尔德和鲁道夫的成员。美因茨的哈托、康斯坦茨的所罗门三世、弗赖辛的瓦尔都和奥格斯堡的阿达尔贝罗，这些主教不仅作为士瓦本和国王之间的纽带，而且在宫廷中扮演重要角色。阿尔努尔夫区别对待两个核心地区——莱茵河、美因河沿岸地区和巴伐利亚，莱茵—美因地区更为重要，因为经常在这里召集处理王国事务的诸侯大会、宗教会议，会晤王国其他地区的权贵。① 而巴伐利亚则是相对次要的王国一体化中心：它更多地充当阿尔努尔夫王权根据地的角色，那里有重要的庄园，直接供奉王室；在那里阿尔努尔夫与巴伐利亚权贵们接触频繁。巴伐利亚的个人收受特许状者之多即是佐证，有俗界的也有教会的，他们不像莱茵—美因地区那样在诸侯大会上得到特许状。显而易见，对于王国政治来说，后

---

① 在此和以下的论述中，对穆勒 - 摩提斯、摩罗等学者阐发的德意志中世纪史专家使用的术语加以解释是有益的。本书中，王国的空间区划有不同的称谓。"地带"（Zonen，译为英语 zones，可能是"遥远的"，无论是"开放的"还是"封闭的"）意指这些地区：政治或地理范畴上的地区的精英视自身与统治者有联系，那里的统治者也有相应的政治机会。"领地"（Landschafen，译为英语 domains）意指宫殿、税源土地和特权等王室资源集中的地方（因此"基础"或"核心"领地就是上述资源特别集中的地方）。最后，"地区"（Räume，译为英语 regions）意指统治者巡回驻扎和有地方权贵恭奉他的地方：有统治者驻留较长时间的"中心"地区，有统治者不常涉足通常只是在去中心地区途中停留的"过往"地区，还有统治者鲜有露面的地区。参见 Bernhardt (1993), pp. 45 - 70.

者是最重要的中心地区。巴伐利亚屈居次要地位，甘当阿尔努尔夫个人权力的根据地。阿尔努尔夫曾经在巴伐利亚人和斯拉夫人军队的支持下，以卡林西亚侯爵身份谋求王权。所有这一切表明了阿尔努尔夫王国的东法兰克和加洛林结构，尽管阿尔努尔夫的秘书处不再使用"东部法兰克"作为王国的名称：当秘书处或当时的历史学家用名称时，那就是一般意义上的"法兰克"。

卡林西亚的阿尔努尔夫只留下一个合法子嗣，而且尚未成年。王国的权贵们很快就王位继承问题达成一致，坚决立这个六岁的孩童做国王，加冕仪式于900年2月4日在福克海姆王宫举行，孩童国王称路易四世。茨文蒂博尔德的追随者在阿尔努尔夫于西昂威尔驾崩后不久背弃了他，转而效忠新国王。这样，阿尔努尔夫的王国仍然缺乏能干的统治者，因为皇帝在统治的末年就因为疾病而丧失了对时局的掌控。这不仅令人质疑阿尔努尔夫早期的统治特征：帝式王权的地位和对东法兰克直接统治的绝对优先。松散的组织、没有法律约束的摄政，包括巴伐利亚侯爵利奥波德和奥格斯堡主教阿达尔贝罗，以路易的名义执政。无数的特许状里有特别多的法兰克、士瓦本和巴伐利亚参与者。如阿尔努尔夫时代一样，王室主要的巡行地是雷根斯堡以及莱茵河流域法兰克领土的王宫。但是，907年之后，摄政会议撤出巴伐利亚，从此巴伐利亚不再是路易王权的根据地。咨议会为权力根基在莱茵—美因地区的权贵所把持，他们是：梅斯的大主教哈托和他的教会，以及康拉德家族（老康拉德和后来他的儿子小康拉德，以及格布哈特）。哈托专注于帝国的统一问题，甚至可能一度合谋过路易的称帝，但是这些人实际追求的政治根源于法兰克尼亚、洛泰林吉亚和图林根的地区事务，如爵位、财产和权力。康拉德家族在洛泰林吉亚拥有稳固的根基，在那里格布哈特代表国王行使公爵权力。这样不免与马特弗里德家族产生了纷争，马特弗里德家族失败后，雷吉纳里德家族接替上来，对抗康拉德家族，策动洛泰林吉亚的反叛。在法兰克尼亚，康拉德家族为争取至高地位而与巴本伯格家族进行斗争；老康拉德在争斗中被杀，但是在梅斯的哈托的协助下康拉德家族胜出。巴本贝格·阿德格尔伯特被斩首后，法兰西尼亚的领主和公爵是小康拉德，亦即未来的国王康拉德一世。

在王国的政治舞台上，主角是大规模的政治地区，即现在的王国。法兰克尼亚和洛泰林吉亚是前帝国的行省，它们的政治组织根源于加洛林帝国；士瓦本、巴伐利亚和萨克森是以种族界定的地区。在这里，各派贵族家族竞相争夺优胜地位和领导权；在这里，组织和领导了应对马扎尔人的防御；还是在这里，公爵权力转化为半帝王或准帝王的地位。在士瓦本，里提亚的亨弗里丁斯·布尔夏德追求最高权力，他遭到康斯坦茨的所罗门三世和阿拉霍尔芬家族阿奇虔格和伯特霍尔德的反对，直到911年亨弗里丁斯·布尔夏德被杀。在巴伐利亚和萨克森，以卢伊特波尔德家族和鲁道夫家族主导的族裔公爵领地在相对和平的环境中形成。卢伊特波尔德侯爵于907年在与马扎尔人的交战中阵亡，这标志着东南边疆加洛林边区的陷落。卢伊特波尔德的儿子阿尔努尔夫几次击败马扎尔人。在萨克森，908年图林根侯爵布尔夏德在与马扎尔人的交战中战死后，鲁道夫家族高贵的奥托得以将其在萨克森的霸权拓展至图林根。路易在得到多数支持后，于910年亲率一支军队抗击马扎尔人，但是他在奥格斯堡附近被打败，众多将士阵亡，包括未来国王康拉德一世的叔父、洛泰林吉亚公爵格布哈特。

随着"孩童"路易于911年9月24日的早逝，加洛林家族在东法兰克的王位谱系结束了。仅仅几周之后，东法兰克的权贵们，无论如何都要在11月10日之前立康拉德家族的小康拉德为王。他是第一个由教会施涂油礼的东法兰克国王，因而毫不费力地得到了承认。洛泰林吉亚家族早在路易统治时期就反叛了，投向西法兰克的统治者"天真汉"查理，但是他们这么做的根据并不是因为王位的世袭继承原则。其背后的主要力量是强大的伯爵和夫人雷吉纳·郎内克，伯爵想通过这种途径保障他在洛泰林吉亚的权势，并排挤他的对手——康拉德家族。那些举足轻重的东法兰克权贵们，是否考虑过根据加洛林家族的世袭继承权利为"天真汉"查理提供继承的机会，不很确定。实际上，那样的决定相对于康拉德的当选更多地意味着与传统的断裂，康拉德应该被视为加洛林脉系在东法兰克的延续，因为根据母亲方面他与加洛林家族有血统关系。康拉德既是法兰克尼亚公爵，也是康拉德家族的头领，他掌控着莱茵河与美因河流域的领土——东部法兰克王国的中心地区。他在摄政会议中扮演重要的角色，能够在法兰克尼亚和洛泰林吉亚的群雄逐鹿中把握成功的方向。他最初致力于赢回洛泰林吉亚，但是失败了，于是在913年放弃了努力。就在这一年，巴伐利亚侯爵阿尔努尔夫、士瓦本全权伯爵阿奇虔格连同他的弟兄伯特霍尔德在抗击马扎尔人的一次战役中取得胜利；康拉德则未能组织起对入侵者的有效防御。很可能以族裔为基础的新势力已经不支持他这么做了；他们自己担负起任务，在康拉德一世统治时期巩固了他们的地位。在巴伐利亚，是阿尔努尔夫；在士瓦本首先是阿奇虔格，然后是亨弗里丁斯·布尔夏德二世，成了人民的公爵。康拉德决心削弱他们的权力，在士瓦本他通过与阿奇虔格的姊妹库尼贡德即卢伊特波尔德的遗孀、巴伐利亚的阿尔努尔夫的母亲联姻，避免了与阿奇虔格的直接冲突。然而一旦关系破裂，他就将阿尔努尔夫逐出巴伐利亚。在916年的霍恩纳塞姆（Hohenaltheim）宗教会议上，教皇派奥特的使节彼得进行干预，使康拉德获得了决定性的支持。由此颁布敕令，任何反叛上帝神定的国王的人都将遭受严厉的惩罚：悔罪、革除教籍，甚至处以死刑。康拉德真的将士瓦本的阿奇虔格和伯特霍尔德两兄弟于917年斩首。但是成功没有持续终久，国王被击败了，新的公爵领纷纷自立。

经历了两面夹击之后，康拉德与萨克森公爵达成一个与以往不同的、更为乐观的协议，协议附有停战协定。915年，康拉德很可能承认了鲁道夫公爵的地位和未来的国王亨利的公爵爵位、征服的领土和实际上的半国王地位。这项法兰克—萨克森协议，当时甚至可能包括一项友好联盟，很可能促成了康拉德的提议——亨利做他的继承者，这表明王位在康拉德家族没有了延续的前景。康拉德的权力不再超出法兰克尼亚，于918年12月23日离世。

919年5月，法兰克和萨克森的权贵们推选在弗里兹拉的萨克森公爵亨利为国王。之前或此后，巴伐利亚和其他法兰克权贵选举巴伐利亚公爵阿尔努尔夫为国王。士瓦本公爵布尔夏德和士瓦本权贵们并没有参加这些选举。从这些事件可以窥见以往活跃在东法兰克的小王国概貌，872年日耳曼人路易通过联姻和继承安排建立起来的那些王国，在他876年死后继续独立存在。显而易见，一个仅以法兰克尼亚为根据地、以莱茵—美因地区为核心的国王，不再能够保持对另外几个大省的直接和绝对的宗主权了。在前加洛林帝国的东部王国，如同西部一样，地方贵族势力自立为王，其地位俨然国王、准国王或半国王。在加洛林时代末期，后继者的国家很有可能就是在此基础上建立起来的。假若我们将法兰克尼亚和萨克森合起来或者单独巴伐利亚的面积，与两个勃艮第王国或者意大利王国的大小比较一下，就会对上述推测有更明确的认识。

法兰克人王国向萨克森人王国的转化：奥托王朝法兰克和萨克森的创建和巩固

巴伐利亚人推举阿尔努尔夫公爵做"条顿人王国"的国王：[②] 此说已经出现在950年前后编著的萨尔斯堡编年史原著中，还是后来才被引入的，是存在争议的。现在原著已经失传，保留下来的只是抄本，乃12世纪中期初学抄写者的习作。在此之前，"日耳曼人王国"或"日耳曼王国"的概念已经成为常识；但是当阿尔努尔夫和亨利成为国王时，情况就大不一样了。名词条顿王国（Teutonicorum）很可能是后来纠正或添加的结果，即使萨尔斯堡编年史的原文的确如此，10世纪中期萨尔斯堡的条顿人是怎样理解条顿王国的，仍是个疑问：日耳曼民族几乎不可能是由法兰克人、士瓦本人、巴伐利亚人、土伦人和萨克森人组成。没有证据表明，阿尔努尔夫的王权可以触及巴伐利亚之外，它可能最容易理解为是一种加洛曼于876—879年行使的巴伐利亚王权的复活。阿尔努尔夫后来也效仿加洛曼，于934年干预意大利事务，试图为他的儿子埃伯哈德赢得意大利王冠。

萨克森公爵亨利——法兰克和萨克森选帝侯——来自876年分配给"年幼者"路易的小王国。亨利一世一开始就不限于此，一旦他在弗里兹拉当选之后，即据此进攻士瓦本的布尔夏德，布尔夏德屈服了。亨利与他达成友好协议，如同先前他与法兰克尼亚的埃伯哈德一样。新萨克森国王收到了布尔夏德的降书，同时肯定了士瓦本公爵的准国王地位。在加强在巴伐利亚的地位之前，亨利将目标转向洛泰林吉亚，通过他的姊妹奥达——国王茨文蒂博尔德的遗孀、茨文蒂博尔德的对手马特弗里德家族的格布哈特的妻子——与之建立了联系。亨利对洛泰林吉亚的接近适逢洛泰林吉亚发生反对"天真汉"查理统

[②] "条顿人的王国"：Annales ex annalibus Iuvavensibus antiquis exerpti, s. a. 919, p. 742.

治的反叛，反叛由 915 年去世的雷吉纳·郎内克的儿子吉斯勒贝尔率领。亨利支持吉斯勒贝尔，并于 920 年或 921 年干预洛泰林吉亚事务，反对"天真汉"查理。战事于 921 年夏以停战结束。当年晚些时候，亨利迫使巴伐利亚的阿尔努尔夫屈服，国王再次利用友好协定确定了两者关系的未来性质。阿尔努尔夫放弃了他的王位，成为亨利的属下，但是亨利肯定了他的准国王地位。925 年，亨利最终成功地将洛泰林吉亚纳入自己的统治之下；他与吉斯勒贝尔达成了同样的协议，并于 928 年将自己的女儿格伯嘉嫁给吉斯勒贝尔，使两者的关系进一步巩固。

亨利一世与公爵们签订的这些友好协议，表明他在推行新的政策以图重塑王权。亨利称王时已经四十多岁，他熟谙王道，以老练的手腕捍卫自己的财富；他显然能够认清现实，并在谋图自己的诉求和追求自己的目标时正视现实。鲁道夫家族自封公爵，未遇到强有力的对手，这说明了他们与其他贵族领主达成了某种程度的共识，它本身可能是萨克森古代社会经济组织和社会政治组织特点的产物。亨利也经历过康拉德王权与公爵领斗争的失败。萨克森公爵被法兰克和萨克森权贵们选为国王后，他承认其他省和公爵领的中层权力以确立自己的权位。他允许公爵们保持准国王的地位，通过友好协议巩固他们之间的联系；但同时通过封臣契约确保公爵们的附属性。亨利还与萨克森和下洛泰林吉亚的主要贵族家族以及康拉德家族签订友好协议，新国王与权贵们建立了平起平坐的关系，或者说就是他做公爵时的二者之间关系的延续。这很可能是亨利拒绝接受宗教涂油礼的原因之一，那样会将亨利置于权贵之上的权位。但是，此时其他因素也在起作用：亨利意欲凸显他与康拉德一世和东法兰克加洛林家族王权传统的断裂，强调一种全新的、确切地说是鲁道夫家族在萨克森的统治风格。延续性的中断还体现在亨利没有接管康拉德的王室教堂和秘书处人员；而是慢慢地组建起自己的王室教堂，它自始就展示出独特的鲁道夫特征。

亨利统治的主要特点是洛泰林吉亚的恢复和他与西法兰克和勃艮第的统治者的关系。亨利不以武力解决问题，也不允许自己介入派系内争，而是奉行妥协和调解政策，但保留军事干预威胁做最后的王牌。921 年 11 月，他签订了《波恩条约》——一项与"天真汉"查理的友好协约。后者在协约中的身份是西部法兰克之王,亨利一世则是东部之王。但是,无论是此前,还是以后,亨利都没有身兼东法兰克的王衔,他的志向远不止于此。923年初他做好了充分准备,撕毁与"天真汉"查理的协议并于西法兰克的僭王——法兰克的罗贝尔签订新的协议。到925年,洛泰林吉亚已经并入亨利的王国,正如它曾经属于"年幼者"路易的王国,"年幼者"路易的妻子柳德加德是亨利的姑母。在926年的沃姆斯大会上,亨利与勃艮第的鲁道夫二世签订了友好协约,勃艮第统治者承认亨利的宗主权,表示忠诚于基督教圣枪(Holy Lance)。鲁道夫二世在臣服亨利的同时,也提出了对意大利王国的统治诉求。935年在伊沃斯(Ivois)举行的三王会议——亨利一世、西法兰克的拉杜尔夫和勃艮第的鲁道夫,证明了亨利在加洛林后继者王国的统治者中的绝对主导地位。鲁道夫-奥托家族的王室亲族关系从此建立起来。

  亨利统治时期的其他主要作为是对马扎尔人侵略的防御和旨在将易北河斯拉夫人纳入统治之下的努力。在亨利称王之前就曾在易北河中游与达莱明齐人(Daleminzi)作战,达莱明齐人因此求助马扎尔人。通过达莱明齐人的领土,马扎尔人于906年第一次向萨克森发动了进攻,这样对马扎尔人的防御和易北河斯拉夫人聚居周围地区的控制就关联在一起了。亨利通过缴纳一大笔贡金,得以从马扎尔人那里买得九年的停战协议;927年阿尔努尔夫公爵也重续了918年初次签订的协议。结果,萨克森自926年,巴伐利亚、士瓦本和洛泰林吉亚自927年终止了马扎尔人的攻击。926年在沃姆斯召集的诸侯大会上,亨利与权贵们商定了防御措施:在全国范围内扩大已有的堡垒,建筑新的堡垒。在萨克森,军事义务自古就有,自由民士兵既承担堡垒的修筑,也负责后续的卫戍。亨利还采取措施增加骑兵信使的数量,换言之,使萨克森军队现代化。新军在928—934年对易北河斯拉夫人的战役中得到了检验,他们发挥了重大作用。远至奥得河的斯拉夫各种族的领土,大多因此受制于尚不稳固的霸权,陷于称臣纳贡的附属地位。而且,亨利迫使波希米亚公爵瓦茨拉夫臣服。在达莱明齐人的领土上,他在梅森的城堡建立了权力中心。亨利的指挥官,有梅泽堡的伯爵西格弗里德、下易北河的侯爵贝尔纳德和蒂特马尔;929年,他们击溃了一支从伦岑越过易北河的斯拉夫军队,在这次战役中骑兵信使发挥了至关重要的作用。到 932 年，亨利感到国力足够强盛，不再担心与马扎尔人公开冲突的风险，他取消了对马扎尔人的进贡。933 年马扎尔人为回应挑衅，大军攻入萨克森，结果被击败了，亨利的军队主要由重装骑兵和从东法兰克各阶层征调的士兵组成。次年，亨利在北部边境打败了一个丹麦小国王。对马扎尔人和诺斯人（古代挪威人）的两边皆胜，使第一位萨克森国王声名远扬，大大超出了他的王国边界。

亨利的王政，既反映了他的野心也反映了王国结构的变化。这位萨克森国王在巴伐利亚和士瓦本公爵降服之后，并没有涉足巴伐利亚和士瓦本③，它们仍然是王国的边远地带。926 年士瓦本公爵康拉德·赫尔曼的封地也没有对此产生影响。前东法兰克王国的政治中心区域——莱茵河和美因河流域，现在又加上了东萨克森和图林根这两个新的根据地。而且，在下莱茵和默兹河之间围绕亚琛的地区在亨利的王政中扮演了新的角色。这个地区曾是加洛林帝国的核心领地，但对于加洛林王朝的东法兰克王国却从未显示出中心的重要性。若我们如此考量它的结构，则亨利一世的王国倒不像是东部法兰克（法兰克王国，核心在莱茵—美因河影响下的周围地区和巴伐利亚，还有士瓦本和东法兰克尼亚构成的过渡区）的延续，而是查理大帝创建的政治集合的更新，其核心地区在下莱茵河—默兹河流域、莱茵河—美因河流域和萨克森，还有在威斯特伐利亚、黑森和东法兰克尼亚的过渡区。亨利一世统治时期的做法和政治重组建立了奥托家族的法兰克—萨克森王国，它们作为代表亨利王权的行省分别于 936 年和 938 年由奥托一世颁发特许状予以承认。④

第一任萨克森国王将自己视为法兰克国王，但是他没有沿袭法兰克人的做法将王国瓜分给继承人，所以鲁道夫家族赢得的王权将保持完整统一。在 929 年的奎德林堡诸侯大会和 936 年的埃尔富特大会上，亨利与他出身依米丁（Immeding）的妻子玛蒂尔达所生的第一个儿子被选为继承者。亨利与发妻所生的长子桑克玛，还有亨利称王

---

③ 施密德（1964，第 113—122 页）设想的 929 年或 930 年对这些省的造访在资料中没有直接的根据；士瓦本《行述》记载的鲁道夫家族的进入并不意味着亨利一世亲自到场。Althoff（1992），p. 111.

④ DDOI 1 and 20.

后与玛蒂尔达所生的小儿子亨利，未能得到什么王权。亨利实际上在遵循一个普遍性趋势，这种趋势明显可见于加洛林后继者在治理国家和贵族公国的实践中形成的新观念中。对于作为封建国家的王国和作为贵族社会所呈现的政治组织形式的王国，最终确定了这样的原则：它们的基础是贵族和世俗权贵共同体。王国被看作存在于王室家族之外的独立实体，王位对应于国王个人，而不是家族。保持王国的统一和完整不仅要符合新的非加洛林王朝的利益和意图，还要与王子们和主要教会的利益和意图相一致。936年7月2日国王亨利在麦尔本（Memleben）皇宫驾崩。据维杜金德介绍，后世人认为亨利是欧洲最伟大的国王，他留给儿孙一个伟大和辽阔的王国。这个王国不是从父辈继承来的，而是通过自己的努力和上帝的眷顾获得的。[⑤]

仅仅五周之后，即936年8月7日，奥托一世在亚琛被所有公爵和其他权贵拥戴为国王，并且分别由梅斯和克勒支大主教实施加冕和涂油礼。奥托身着法兰克服装，既在亚琛王宫教堂前面的拱顶朝廷被拥上王位，又在王宫教堂上层登上王座。这样，亨利的继承者以毋庸置疑的方式获得了查理大帝的地位。这是具有政治动机、精心策划的行动，应该从亨利一世王权连续性谱系上去看待。鲁道夫王权（此后的奥托王朝）不是简单继承了日耳曼人路易的东法兰克王国，它在亚琛确立了查理大帝继承者的地位；须知，亚琛是于查理帝国建立具有重大意义的核心地区，即843年帝国分裂时与皇帝位有联系的莱茵河和默兹河下游地区。

新国王迫不及待地从加洛林的中心亚琛转到奥托王朝的中心——奎德林堡，这里有亨利一世的主要王宫和墓地。奥托的母亲——皇后玛蒂尔达在此创建的修女院得到丰厚的赠予。早在936年9月，奥托就着手平定易北河斯拉夫人的反叛。新的侯爵边地在易北河下游和易北河及萨尔河中游建立起来，预示着新王国要推行加强掌控的政策，以图建立对远至奥德河的西斯拉夫地区的王国霸权。937年9月在马格德堡创建的圣莫里斯修道院进一步表明了上述意图。在奎德林堡和马格德堡新建的皇家基地，从另一方面看对奥托规划的王权概念也很重要。奎德林堡不仅供奉彼得和玛丽，而且供奉圣徒马斯特里赫特塞

---

⑤ Widukind, Res gestae Saxonicae I, 41.

尔瓦蒂乌斯和西法兰克的王室圣徒丹尼斯。马格德堡的新修道院由特里尔的圣马克西敏修道院的修士住持，奉圣莫里斯和他的同伴作守护神。作为伴护神之一的圣徒因诺森奇乌斯的遗骨由勃艮第国王鲁道夫二世捐赠，鲁道夫二世刚刚去世，他未成年的儿子和继承者康拉德就落入奥托的掌控之下。新王国与洛泰林吉亚、勃艮第和西法兰克，因为这些围绕祭献圣骨和其他捐赠的举措建立了联系；它们体现了一个皇帝般的王权。奥托在给奎德林堡颁发的特许状中亲自这样描述他的王权（DOI，一）：它以法兰克—萨克森的王位为基础，这个王位有别于他自己的王朝，其存亡取决于选侯们的意愿。

　　奥托任命赫尔曼·比隆为下易北河侯爵，格罗为中易北河和萨尔地区侯爵，侵犯了赫尔曼的弟兄维克曼一世和奥托的同父异母兄弟桑克玛的权力主张。奥托同样不愿接受法兰克尼亚的埃伯哈德对待萨克森封臣的做法，因而后来拒绝了梅斯的弗雷德里克大主教代表埃伯哈德提出的协议。这样他伤害了公爵和大主教的尊严和名誉。巴伐利亚的阿尔努尔夫公爵一死，奥托就削减了他儿子们所享受的公爵权限。这些事件激起了不满甚至愤怒的波澜，它们打破了彼此之间的权力平衡，打乱了贵族亲缘、社会关系和共同体的等级划分。那些被冒犯的贵族准备捍卫他们的封地权益。938年，年轻的国王在与巴伐利亚公爵儿子们的早期斗争中失败了，这引发了一系列反叛，萨克森、法兰克尼亚和洛泰林吉亚都有，一直持续到941年。叛乱和密谋的首领是王室成员：桑克玛，938年被杀；然后是奥托的弟弟亨利。洛泰林吉亚公爵吉斯勒贝尔支持亨利以谋求自己的利益，亨利意欲将奥托拉下王位，自己成为唯一的统治者。士瓦本公爵赫尔曼和其他康拉德家族成员支持奥托。939年9月在莱茵河畔的安德纳赫，争端以有利于国王的方式得到解决。相当一部分教俗贵族的抵制和反叛的根源在于新的统治者对王权扩张的诉求。但是，不应忽视的是，那时每一次王权更替都会导致局势紧张、等级秩序的中断和教俗权贵财产的变化。即使继承问题已经解决，936年和937年奥托与法兰克尼亚的埃伯哈德的关系向另一个方向发展，一个完整的王国的新统治者仍然会面临冲突和各方势力的考验。没有一个绝对的权力中心和相对应的神圣基础及合法性，亨利一世创建的这种完全世袭的、跨种族的、称霸的帝国式王权，既难以维系，更难以持久。奥托打破他父亲的传统做法——

将自己置于平等成员中的首席位置,他不准备缔结友好协约,与其他权贵签订双方都有义务的协议。他坚持降服,走加洛林王权路线,独断专行。他要求享受作为神定者的优先权,坚信王权神授。

法兰克尼亚公爵埃伯哈德与洛泰林吉亚公爵吉斯勒贝尔一同在安德纳赫被杀后,奥托没有任命新的公爵。像萨克森以种族为基础的公国一样,作为王室行省的法兰克尼亚公国被纳入奥托的直接统治之下。在其他方面,奥托沿袭父王的政策,承认建立在种族地区和王家行省的公爵领地是王国组织的固定地区。与此相对应,他沿袭了卡林西亚的阿尔努尔夫的传统和亨利一世发扬光大的做法,即与加洛林以后国家的非加洛林统治者结成封建领主关系。奥托对这种政策进行了某种创新。他力图通过联姻将王朝与公爵领地联系起来,并力图保证王室成员公爵领地的安全。在巴伐利亚,阿尔努尔夫的弟兄——公爵伯特霍尔德,本来意欲迎娶奥托的妹妹格伯嘉或他的女儿。但是这桩婚姻未成,奥托的弟兄亨利继承了伯特霍尔德的爵位,他于936年或937年迎娶了阿尔努尔夫的女儿朱迪思。在士瓦本,奥托封他的儿子,也是大家认定的接班人鲁道夫为公爵。鲁道夫于947年娶了公爵赫尔曼的女儿伊达,赫尔曼无子。同年,奥托的女儿柳德加德嫁给了洛泰林吉亚公爵"红色的"康拉德。953年康拉德被废黜之后,奥托封他的弟弟布伦为洛泰林吉亚公爵,同时成为克勒支大主教。

因为现存关系的缘故,奥托从统治伊始就陷于西法兰克、勃艮第和意大利的政治纠葛中,它涉及王权争夺、跨王国贵族关系以及国王与贵族派系之间的冲突。奥托整备好优势的武装力量,不久就取得了霸主的地位。在西法兰克,奥托鼓励国王路易四世和法兰克公爵休之间保持平衡,这两人分别于937年和939年娶了奥托的姊妹:吉斯勒贝尔的遗孀格伯嘉和哈德威格。从942年到950年,奥托仅见过路易七次,比如948年在英格尔海姆召开的宗教大会上。这次大会解决了兰斯大主教区的分裂,使得奥托得以完全展示与教皇联盟的荣耀霸权。路易和休死后,他们的遗孀——奥托的姊妹,在西法兰克接管了加洛林家族和罗贝尔家族的权力,她们的弟兄、克勒支大主教布伦是实际上的摄政王。勃艮第的康拉德在奥托王宫中长大,942年他到了法定年龄,在奥托的支持下得以取得勃艮第和普罗旺斯的王权。至于意大利事务,奥托从941年以后为伊弗里亚的侯爵贝伦加尔提供了庇护，贝伦加尔是休和洛塔尔争夺意大利王位的对手。贝伦加尔于945年回到意大利，得到奥托的同意，将休逐出，休于948年去世。贝伦加尔成为休的儿子洛塔尔继承王位的严重威胁。950年洛塔尔死去，意大利的政治形势发生了变化，贝伦加尔自封意大利国王，囚禁了洛塔尔的遗孀——勃艮第的阿德莱德，因此引发了奥托的弟弟巴伐利亚的亨利和他（奥托）的儿子士瓦本的鲁道夫的分别干预。由此造成了意大利、勃艮第和南德意志之间的权力失衡，迫使奥托亲自干预意大利事务。

在第一次意大利远征期间（951年秋到952年2月之间），奥托得到了意大利的王位，娶了王后阿德莱德。但是，他既未能将贝伦加尔二世逐出，也未能组织起赴罗马接受皇帝加冕的远征。意大利及其周围地区利益和决策的冲突引发了奥托自己家族内部的纠纷，纠纷演化成一场反抗王权的普遍反叛。一直待在意大利的"红色的"康拉德，与贝伦加尔达成协议，让后者继续持有意大利王权。须知，奥托对意大利拥有宗主权，所以对反叛盛怒不已，欲对公然反叛采取措施，但是双方达成协议。贝伦加尔在952年奥格斯堡（Augsburg）的诸侯大会上宣誓效忠奥托，作为回报他最终得到了王位授职。不过在此之前，奥托在当年的复活节庆祝会上表面上显出对康拉德和贝伦加尔不悦的样子。对于康拉德来说，这是他加入鲁道夫密谋的原因之一；而梅斯的大主教弗雷德里克早已这么做了。

鲁道夫本来有希望加冕伦巴第国王，但是后来被逐出意大利，他的叔父亨利受宠，而且他自己的继位权利受到了威胁。鲁道夫起而反抗，抵制亨利的过度影响，反对继位的新女王。这些冲突重新激活了奥托和教俗权贵之间潜在的紧张，奥托谋求王权，而权贵们则要求参与统治。953年，奥托拒绝了他自己、鲁道夫和康拉德在梅斯通过梅斯的弗雷德里克达成的协议，理由是它是勉强达成的，鲁道夫公然反叛了，叛乱持续到955年。鲁道夫、康拉德和弗雷德里克可以相互依赖，因为他们之间的贵族友好协约包含互助的义务。鲁道夫得到士瓦本的支持；奥托与梅斯教会和萨克森贵族之间的旧怨再次爆发；巴伐利亚内部对亨利统治的反对公开抬头。奥托未能以军事力量镇压反叛。954年马扎尔人卷土重来，在莱谢（Reich）发起进攻；易北河东岸的阿博德利人也造反了。面临外敌马扎尔人的入侵威胁，特别是当康拉德和鲁道夫似乎与侵略者联手之后，叛乱被瓦解了。反叛者投降，康拉德和鲁道夫失去了他们的公爵领，最后的抵抗中心——雷根斯堡，于955年4月投降。

当马扎尔人于955年再次攻击巴伐利亚和士瓦本时，奥托率领由法兰克人、士瓦本人、巴伐利亚人和波希米亚人组成军队进行迎击。洛泰林吉亚人因为距离远而缺席，萨克森人因为与易北河斯拉夫人的冲突而困住，在鲁道夫反叛期间易北河斯拉夫人得到比隆家族、小维克曼和埃克伯特的加盟助阵。奥托高举基督教圣枪领军作战，在围攻奥格斯堡时迫使匈牙利人卷入战争之中。955年8月10日，匈牙利人在莱希费尔德（Lechfeld）遭到惨败，在随后的两天里奥托军乘胜追击。取得对匈牙利人的胜利后，奥托旋即向阿博德利人发起了进攻，955年10月16日，在东麦克林堡的莱克尼茨（Recknitz）击败了阿博德利人。

在战争爆发之前，阿博德利人曾向奥托提出臣服的条件：他们愿意纳贡，但是要求保持自由和对土地的领有权。[6] 奥托的观念则是对邻近的波拉比安（Polabian）和索布人（Sorbian）聚居地的直接统治，他的目标是对土地和人口的直接领有权，并且附带农村人口的纳贡和劳役，最后形成采邑制庄园。为此，奥托建立了一个军事和政治组织，最初采取辽阔的边区形式，由赫尔曼·比隆和格罗统辖。965年格罗死后，易北河中游和萨尔河的沿岸的边区分为六个小的边区。除了大规模的远征军外，在索布人和赫维利人（Hevelli）的土地上还有小规模的组织；在当时的拉丁特许状中，它们以萨克森名字"城堡"注明。"城堡"由5—20个村庄组成，分布在要塞的周围，要塞既是管理中心，又是领主权力中心。这些要塞后来被斯拉夫人扩建和维护。与这些世俗权力组织并存的是新的宗教组织，948年勃兰登堡主教区和哈弗尔贝格（Havelberg）主教区建立起来；967年以降，梅森、梅泽堡和莱兹的主教区以及东霍斯坦的奥尔登堡主教区纷纷建立起来。从很早的时候，奥托就计划将马格德堡的圣莫里斯修道院改造成一个新的大主教区，它将成为被征服的斯拉夫领土上宗教组织和传教中心。莱希费尔德战役之后，奥托随即寻求教皇的同意以在

---

[6] Widukind, Res gestae Saxonicae, III, 53.

马格德堡和其他地区建立主教区，但是奥托的计划被来自梅斯教会的反对声所打破；梅斯教会新大主教威廉，是奥托与具有王室血统的斯拉夫情妇的私生子。

亨利一世所建立的构架被奥托一世所加强和巩固，又被他的继承者所承袭。与东法兰克加洛林王国相比，奥托帝国在东萨克森和北图林根的哈兹周围地区有一个新的中心区域和根基领地。另外一个中心区域在莱茵河和美因河流域，它于查理大帝时建立，是东法兰克王国的主要中心区域。亨利一世和奥托一世重新恢复了第三个中心区域，即查理大帝在下莱茵河和默兹河流域所建，中心在亚琛，现在成为奥托帝国的核心领地。对所有三个中心区域，奥托定期轮流实行直接统治，并且定期在途中造访安吉里亚（或威斯特伐利亚）和黑森（或图林根、东法兰克尼亚），并在这些地方举行诸侯大会。首先在中心地区举行诸侯大会，举办彰显统治权力的活动，统治者出席宗教盛会，包括以上帝的名义为统治者举行的仪式，以昭示奥托的神圣性及其权力的神授性。其他的政治区域——巴伐利亚、士瓦本、阿尔萨斯、上洛泰林吉亚和弗里西亚，奥托只是偶尔造访，要么是在发生造反时，要么是去意大利或西法兰克途经时。公爵、伯爵、主教、修道院院长等边远地区的权贵们只能在某个中心区域或国王途经东法兰克尼亚时见到他。结果，每个地区都逐渐形成了自己的教俗权贵汇集地，这导致了以中心区域为基础的超种族、超区域的联系网络的形成，每个网络都有自己的交通和供给设施。东西之间主要的供给和交通线路由查理大帝所建，无论是从下莱茵河通往萨克森的海尔维格（Hellweg），还是从中莱茵河途经美因、黑森和东法兰克尼亚到萨克森的陆路。在此基础上，奥托家族的国王们又增建了一条南北中枢，将东萨克森（或北图林根）经过东法兰克尼亚和南德意志联系起来。这些构架的存在已经不能将奥托帝国视为法兰克王国的延续，尽管时人科尔韦的维杜金德还用这样的术语并以此解读。奥托帝国在它所承袭的政治结构基础上展现了新的萨克森特征。

萨克森化的法兰克，这个术语先是被奥托一世于936年和938年所使用，后来又被科尔韦的维杜金德和马格德堡的阿达尔伯特使用，其实更好地反映了帝国的实际结构。奥托加冕称帝前期的王权情况在10世纪60年代作家的著作中有所反映，这时的作者谈到了法兰克的普遍萨克森化，提出了法兰克人帝国向萨克森人帝国"转化"的思想。但是还有一个关于奥托帝国的独特的萨克森概念，那可以被视为"萨克森王国"。

皇帝奥托大帝和奥托帝国的极盛

只有在962年奥托一世加冕称帝之后，奥托王朝才开始有了可考的历史，此前只有克里摩纳的利乌德普兰德的《报应》(*Antapodosis*)。自从大约900年以来就没有什么严肃认真的历史编著活动，但是现在除了利乌德普兰德，我们还有科韦尔的维杜金德、格兰德谢姆的赫罗茨维萨、魏森伯格的阿达尔伯特、旧版《玛蒂尔达传》的作者罗杰以及维罗纳的拉瑟等众多知名的传记作家。大部分作家认为奥托一世的皇帝加冕标志着一个新时代的开始，教皇的亲自加冕增加了皇帝的层次和尊严。在加冕之前，奥托王权的皇权特征已经得到强调，奥托王朝的秘书处就以帝王相奉了。有些历史学家甚至将奥托的皇帝衔位追溯到王政时代。除了利乌德普兰德和拉瑟，只有这个时期的萨克森作者给予奥托皇权一个罗马名字。在奥托二世于982年真正得到罗马皇帝头衔之前，奥托皇权的罗马特征就已凸显，说明对奥托皇权的罗马因素的强调不仅限于文学或历史编著。维杜金德则相反，他强调帝国的非罗马因素：他推导出奥托的皇帝称号来源于955年，莱希费尔德战役胜利后军队高呼奥托为凯旋大将军(*imperator*)。奥托皇权的非罗马因素还隐含在960年前后创作的皇帝加冕唱词(ordo)中，唱词在梅斯创作，很可能是威廉大主教属下人员所做。像维杜金德一样，威廉反对奥托的计划——借助于教皇和自己皇帝称号在马格德堡建立大主教区。

奥托自始就行使皇帝霸权，它体现在奥托王国对其他加洛林后继者国家的至尊地位和霸权，以及奥托奉行的向东斯拉夫人领土政治和军事扩张的政策；在本土和北部，奥托王国与教会的传道和发展联系起来。早在951年奥托就与教皇就加冕皇帝位进行谈判。罗马贵族阿贝尔里克牢牢控制着罗马和教皇国(*cpatrimonium petri*)，反对奥托的要求。954年阿贝尔里克死后，罗马的政治格局变化了。955年阿伽皮图斯二世同意了在马格德堡建立大主教区，但是在梅斯的威廉的反对下计划还是流产了。也是在这个时候，奥托可能就加冕皇帝试探各方面的反应。952 年奥托非常不情愿地承认了贝伦加尔二世在他庇护下的意大利王位。当奥托平定了鲁道夫的反叛重新控制了局势后，他派鲁道夫进入意大利驱逐贝伦加尔二世和他的儿子阿达尔伯特，此时他们事实上已经独立。鲁道夫有望自己在意大利成为副王。鲁道夫于 957 年秋季死后，贝伦加尔二世和阿达尔伯特死灰复燃，权力膨胀。他们最后威胁到了教皇，教皇早就处于贝内文托省和卡普阿省的威胁之中，而且面临罗马内部的反对。约翰十二世邀请奥托国王铲除贝伦加尔和阿达尔伯特的暴政，解放罗马教会和教皇。当时意大利内部权力的失衡和意大利内部对教皇的威胁，为奥托攫取皇帝位提供了机会。正如他的加洛林前辈丕平和查理响应教皇（斯蒂芬二世、哈德良一世和利奥三世）的求助一样，奥托也答应了约翰十二世的请求。他做好自己缺席执政的安排，指定下继承者，使他的儿子奥托二世当选并加冕为共治王。962 年 2 月 2 日，奥托接到教皇约翰十二世送来的皇冠，阿德莱德与他一起加冕和受涂油礼。约翰十二世同意在马格德堡建立大主教区，准许奥托自由组织斯拉夫人居住的东部地区的教会；奥托新皇帝则肯定了 754 年的"丕平献土"和加洛林王朝特许教皇和罗马教会的其他特权，教皇在由罗马的贵族和教士选出之后和就任圣职以前须承诺效忠皇帝。奥托承担既不是与罗马帝国有关的查理曼帝国称号也不是指代罗马人的皇帝头衔；他满足于庇护者路易以来人们习惯的"凯旋者奥古斯都"这个简单称号。962 年之后，在秘书处，为奥托命名的"伟大的"一词通行开来。但是，随着"大帝"那个荣耀的称号到来的，却是奥托王朝盛极而衰，走上了历史的下坡路。

奥托加冕皇帝之后，随即与两个僭王——贝伦加尔和阿达尔伯特开战，战争时断时续。贝伦加尔于 963 年末投降，被流放到班贝格；阿达尔伯特败逃，在奥托皇帝离开意大利后返回，965 年被奥托一世发派、由士瓦本公爵布尔夏德率领的一支军队打败；此后他才停止了在意大利政治中的存在。奥托并没有任命新的副王，从 961 年秋直接统治意大利。奥托和他的继承者采取均衡政策：利用贵族之间的利益冲突，保持侯爵、伯爵和主教之间的权力平衡，鼓励小的侯爵边地发展壮大，授予主教区特权。这样他们得以维持对意大利王国的稳定统治。奥托加冕之后随即而来的主要问题是皇帝、教皇和罗马之间的关系，罗马贵族和他们的贵族教皇不欢迎皇帝对罗马和意大利内真正行使权力。加冕之后的一段时间，随着对罗马控制的急剧变化，发生了一系列的造反和司法审判。奥托统治的典型风格是，他的统治欲之强烈，前所未有，他要求绝对服从他的意志。约翰十二世很快背叛后，奥托促使召开一次罗马教会会议废除了约翰，选举出亲奥托的另一个教皇利奥八世，这样实际上践踏了教皇不受任何世俗审判的原则。罗马人还得向奥托宣誓，没有他和他儿子的同意，永不选举教皇和使其就职。但是，约翰赢回了罗马，新的教会会议谴责了利奥的当选，964年5月约翰死后，罗马人请求奥托同意他们选举一个新教皇，因为他们不承认利奥八世。皇帝坚持保留他的教皇，964年他围攻罗马，直到罗马人交出他们的教皇本尼狄克五世，后者被囚禁在汉堡，直至去世。奥托就是这样强迫教皇和罗马人承认他名副其实的皇权。965年初，他回到帝国的德意志土地上。

直到967—968年第三次远征意大利期间，奥托皇帝才将马格德堡的大主教区建立起来。马格德堡新省包括现有的勃兰登堡和哈弗尔贝格（Havelberg）主教区，还有梅泽堡、莱兹和梅森的新建教区。奥尔登堡新建的教区，像奥托庇护下丹麦人传教过程中建立的石勒苏益格、莱博和阿尔胡斯主教区一样，处于汉堡-不来梅大主教区辖控之下。以梅斯的威廉和霍布斯达特的贝尔纳德领头的对马格德堡建立大主教区的抵制，说明了梅斯和霍布斯达特教会等机构对皇权的实际制约，并揭示了这些机构和权贵群体之间的利益共同体性质。只有等到968年2月、3月贝尔纳德和威廉先后死去，奥托才最终得以于10月通过拉文纳教会会议、在教皇约翰十三世的合作下完成马格德堡大主教区的创建。大约同期创建的波兹南主教区，是否隶属于马格德堡省，尚存争议。它的存在预示了东部一个新的权力中心的兴起，那就是刚刚诞生的波兰国和它的教会组织。963年，格罗侯爵代表奥托与日益强大的波兰王子梅什科签署了友好协约，其中包括为远至华尔撒（Wartha）的波兰西部领土纳贡的义务。966年，梅什科受洗，不久之后波兹南主教区在他的王国心脏地区建立：一个新的基督教权力牢固地建立起来。

奥托的弟弟布伦，身兼克勒支大主教和洛泰林吉亚公爵，于965年去世。他被认为是奥托帝国主教的典范、奥托帝国教会系统的创立者。帝国教会本身是加洛林帝国的遗产。与西法兰克王国的情形相反，东法兰克的统治者一直保持对所有主教区和很多修道院的控制，因此这里更多地呈现出加洛林时代与奥托时代的连续性。这使得奥托帝国的教会带上一种特别的色彩，最终导致奥托特色和撒利人特色的帝国教会的发展。布伦的活动就是开端，他为了帝国的利益将主教职和公爵职合并起来，从高级贵族中遴选教士，使之服务于教会和帝国，在克勒支大教堂学院受训后，被布伦任命为洛泰林吉亚的主教。奥托接受了这种思想，或者说它与奥托现行的统治风格相契合。他扩大了王室教堂，首先从高级贵族中抽选的大教堂教士主持圣事；增加了随军牧师提升主教的机会。这种做法在布伦去世之前就施行了，实际上它可以追溯至亨利一世统治时期，亨利一世建立了新的王室教堂，任命天主教教士做随军牧师。布伦自己在乌特勒支大教堂学院受过教育，在升任大主教之前，从941—953年做过随军牧师和总管大臣。王廷、王室教堂和大教堂教士之间的相互关联，随军牧师后来执掌主教区，成为奥托时代和萨利安时代帝国教会的特征；但是它形成于967年之前，与鲁道夫反叛或布伦的死等特别事件并没有关系。第二个特点是，主教为国王履行世俗义务，这种普遍而传统的做法具有宗教合法性。这和9世纪确立的主教制度理想背道而驰，9世纪的主教制度理想以本尼狄克修道和修炼禁欲的生活为指南。在布伦传记中，罗杰证实了主教参与"政治事务和危险的战争"。[⑦] 他阐发出一种新的理想主教制度，并在实践中推行。在时人眼里，国王是上帝的影像、基督的代表和教会的守护者，所以集牧师与国王二任于一身。为国王服务，被视为符合神定宇宙秩序的责任。帝国乃神定秩序的一部分，由上帝授权于统治者，因此为帝国服务就是侍奉上帝。

　　罗马再次发生反对教皇约翰十三世的起义，奥托不得不重返意大利，这一去就是6年，从966年到972年。奥托的罗马政策，使他卷入教皇与伦巴第公国的是非恩怨中，这与拜占庭就伦巴第公国的领主权问题产生了纷争。最后战争爆发，奥托多次远征拜占庭控制的南意大利，但是战果不理想。结果双方达成妥协：奥托保持对贝内文托和卡普亚的封建领主权，他的西部皇权被东罗马帝国承认。他还与拜占

[⑦] "人民的利益和战争的危险"：Ruotger, Vita sancti Brunonis archiepiscopi Coloniensis, c. 23.

庭联姻，倾向和平的新皇帝约翰·齐米西兹（John Tzimisces）的侄女狄奥法努许配给奥托的儿子，奥托的儿子已于967年加冕为共治皇帝。972年奥托二世与狄奥法努在罗马的圣彼得大教堂举行了盛大的婚礼，标志着奥托一世权势达到了巅峰，尽管他的权力也受到某些制约。在这段长期不在萨克森的时间里，萨克森的不满之声随处可闻。奥托回到了萨克森，973年5月7日驾崩，和他父亲一样，寿终于麦尔本（Memleben）的皇宫。

奥托二世与奥托三世：军事失败和复兴罗马帝国政策的破产

奥托二世在父皇在世时就被选定为国王和皇帝。他继位时不满18岁，没有经过新的选举确定他的帝位，也没有在罗马接受新的皇帝加冕。与此相联系，权贵们的职位排序问题和权力诉求不久在德意志南部公爵领和洛泰林吉亚引发了权力纷争。在西部，那些958年被流放的权贵现在返回，围绕着他们的诉求纷争也随之展开。奥托二世归还了雷吉纳三世的儿子雷吉纳四世和拉伯特的完全所有权土地，977年任命加洛林的查理为下洛泰林吉亚公爵。但是，查理与其弟兄——西法兰克国王洛塔尔关系不睦，结果导致查理与洛塔尔的战争，980年战事结束，双方达成协议，维持现状。在巴伐利亚，奥托一世的侄子、奥托二世的堂兄"争吵者"亨利，与卢伊特波尔德家族一道，野心毕露。奥托为应对亨利，倾向于另一个侄子即鲁道夫的儿子奥托，973年赐予他士瓦本，976年赐予他巴伐利亚。巴伐利亚的亨利二世试图废除他的堂兄，联合波兰的梅什科和波希米亚的波列斯拉夫组织过几次叛乱。在争斗中，卡林西亚被从巴伐利亚中分隔出去，于976年形成公爵领；巴本伯格的美因-法兰克家族得到955年之后建立的巴伐利亚北部边区；亨利二世最后于978年失去了公爵领。这些年宫廷里最具影响力的谏言者是皇后狄奥法努、威利格斯和希尔迪巴德，威利格斯是奥托大帝的最后一位总管大臣，975年之后是梅斯大主教，希尔迪巴德则是总管大臣和沃姆斯主教。

奥托一世死后，皇室或帝国在意大利的统治没有受到干扰，罗马则不同。罗马贵族派系中，克雷森提（Cvescentii）家族在10世纪下半期最为强大；教皇要么由皇帝确立，或者为克雷森提家族确立；无论哪方力量支持上台的教皇，都会为权力争斗不断。980年末，奥托二世奔赴意大利。狄奥法努敌视976年拜占庭改朝换代后的新政权，便伙同欧里亚克的热贝尔、蒙捷昂代尔（Montier-en-Der）的阿德松，向新皇帝灌输罗马帝国理念，那就是将整个意大利半岛置于罗马皇权的统治之下。在罗马，奥托二世决定将萨拉森侵犯者逐出南意大利大陆，从而征服拜占庭的南意大利地区。为了加强军备，奥托从德意志调集2100名骑兵信使增援意大利，其中1500名信使由帝国教会提供。982年3月围攻塔伦托时，奥托采用罗马皇帝称号来宣扬他对罗马帝国统治的合法性，对抗拜占庭的统治主张。南意大利战役以奥托的灾难为结局：982年7月在卡拉布里亚海岸的科特隆，帝国军队被萨拉森人击败，几乎全军覆没。

萨克森权贵们要求与皇帝会面，于是奥托二世983年5月在维罗纳召集了诸侯大会。因为士瓦本和巴伐利亚公爵奥托死于意大利，所以南部德意志的几个公爵领一时无主。空缺由古老的公爵家族成员所填补：巴伐利亚重归卢伊特波尔德家族的小亨利名下（978年曾作为卡林西亚公爵被废除），而士瓦本被授予康拉德家族，属于赫尔曼公爵的侄子康拉德名下。在大会上处理的另一个至关重要的事务是继承问题，皇帝三岁的儿子奥托三世被参会的意大利权贵们选举为君王。年幼的奥托被送到德意志的亚琛，接受梅斯大主教威利格斯和拉文纳的约翰的加冕，由克勒支大主教沃伦抚育成人。奥托在维罗纳被德意志和意大利王侯们推选，并由拉文纳和梅斯大主教加冕，表明了皇室和参会权贵们的愿望，那就是将德意志领土和意大利王国视为一个王国，强调整合诸多王国的一个皇权。奥托二世在与拜占庭的争斗中不时使用罗马皇帝称号。维罗纳大会之后，他再次进攻南意大利；就在此期间，奥托二世于983年12月7日死于罗马。

易北河斯拉夫人大起义的消息，很可能在奥托死前就传入了他的耳朵。柳蒂奇联盟早在几年前就已形成，核心是易北河斯拉夫人和雷德里人的联盟。983年夏季，伴随着阿博德利人反抗奥托领主权的斗争，斯拉夫人起义了。萨克森边区和教会组织遭到风卷残云般的破坏，阿博德利人烧毁了汉堡。一支萨克森军队在坦戈击败了暴乱者，易北河西部的袭击才被终止。科特隆的战败和易北河斯拉夫人的起义，使奥托王朝及其建立的德意志帝国第一次尝到惨重失败的滋味。奥托王朝向南意大利拓展权势的努力，在奥托一世时期就遭到抵制，现在再次被阻止；萨克森向波兰部族和聚居地的扩张也被击回易北河的起点。

关于皇储奥托三世的监护权之争（由"争吵者"亨利和西法兰克国王洛塔尔挑起），或者实际上是继承权之争（"争吵者"亨利在984年复活节使自己当选为王），其结局有利于皇后狄奥法努。她首先得到梅斯大主教威利格斯的支持，威利格斯和沃姆斯主教希尔迪巴德继续在宫中有着决定性的影响。991年6月15日狄奥法努在尼莫根死后，皇后阿德莱德接管了摄政，威利格斯和希尔迪巴德的决定性影响并没有改变。两位皇后摄政期间，帝国统治的基础保持不变，无论是在德意志的领土上，还是在意大利王国。阿德莱德在意大利将皇家权威保持了几年。"争吵者"亨利于985年恢复巴伐利亚的爵位，后来在卡林西亚也被复位。摄政统治的结构和风格，从皇后的巡视路线和特权的授予中清晰可见，与奥托大帝时期的做法一致。宫廷神甫提升为主教的传统继续，985年狄奥法努第一次任命主教列日（Liège）为整个国家的牧首。

989—990年，狄奥法努去意大利旅行。她在罗马和拉文纳行使皇权，以奥古斯都皇后的名义甚至以奥古斯都皇帝的名义发号施令。狄奥法努避免介入罗马派系之争，尽管她介入西法兰克事务，干预卡佩家族与加洛林家族的王位之争（结果是休·卡佩于987年当选为王），但是她的活动限于利用外交手段保障洛泰林吉亚的安定。西法兰克的加洛林家族对洛泰林吉亚继续统治的诉求被拒绝了，在王位角逐中得到狄奥法努支持的休·卡佩，作为新当选的法兰西国王，放弃了洛泰林吉亚。对比989—997年和940—948年的兰斯选侯之争，清晰地看出法兰西和奥托帝国已经分道扬镳了。在后来的纷争中，教皇和奥托王朝的影响大大减弱，休·卡佩主导着斗争，奥托王朝原有的皇权在法兰西失去了基础。

狄奥法努摄政期间，几乎每年都在易北河斯拉夫人的领土上策动战事，而且常常亲征。战争是在波兰的梅什科公爵的联合下发动的，梅什科在986年向奥托三世宣誓效忠，为战争提供波兰军队。

萨克森和波兰军队还联合起来对抗波希米亚，波希米亚公爵波列斯拉夫二世则与柳蒂奇联盟联合起来。这样，波兰的皮亚斯特王朝与波希米亚的普热梅斯里德王朝的冲突凸显出来。从大约990年，两个家族争夺西里西亚和克拉可夫的领主权，最后发展到争夺整个西斯拉夫聚居区的霸权。还有一个家族也在关注这场竞争，那就是波希米亚的斯拉夫尼克斯（Slavnikids）家族，他们对奥托帝国的东部政策具有一定的重要性；布拉格主教出自这个家族，他就是死后被追封圣徒的阿达尔伯特。在重新征服波拉比安人（Polabian）聚居区和保卫梅森和劳西兹（Lausitz）边区的战争中，领导权落入马格德堡大主教吉斯勒手中，他与狄奥法努任命的梅森侯爵埃克哈德一世一道，于981年力图将马格德堡主教区并入马格德堡大主教区。这些努力都无果而终，柳蒂奇人和阿博德利人依然保持独立和自由。

奥托三世成年亲政后，战争继续：995年秋，伙同波兰新公爵"勇者"波列斯拉夫；997年夏，柳蒂奇人威胁到易北河畔的阿尼堡，甚至一度征服了它。此后，奥托将帝国政策重心从萨克森转向罗马。他的复兴罗马帝国战略改变了奥托王朝政策的视角，尽管应该看到：一方面，962年以来罗马以及皇帝在罗马的地位一直是奥托王朝政策的重头戏，另一方面东部政治和教会的发展也未被忽视：皮亚斯特家族统治下的波兰国家版图扩张；波希米亚的普热梅斯里德人统治下的捷克处在波兰的威胁之下；普热梅斯里德人迫害波希米亚的斯拉尼基兹家族；阿帕兹家族统治下的匈牙利王国的形成。通过布拉格主教阿达尔伯特，奥托三世与上述地区的传教活动联系特别密切；阿达尔伯特被逐出他的主教区后追求一种修士和传教士的生活，997年殉教于普鲁士人（Prussians）之手。

994年9月，十五岁的奥托三世接过了标志着他成年和能够亲政的武器。新皇帝接受过拉丁语和希腊语教育，坚信皇权神授，不受任何限制，而且有一种执着于苦修和传教的宗教狂热。他从母亲那里承袭了对拜占庭的特别强烈的向往，但又糅合着对查理大帝和加洛林传统的仰慕。这些思想体现在振兴罗马帝国的计划上，计划是996年奥托加冕之后，在总管大臣赫里伯特、韦切利的利奥的劝谏下，特别是在欧里亚克的热贝尔的影响下形成的。热贝尔于999年被奥托推上教皇位，他称奥托是君士坦丁再世；作为教皇他采用了一个相符的名号：西尔威斯特二世。作为皇帝，奥托把复兴帝国的理想和使徒传教的理想结合起来，赋予自己完成使徒改革教会的使命。996年他第一次远征意大利时还是国王（不是皇帝），他的做法表明教皇宝座俨然帝国的一个主教之职，因为他任命自己的亲属、宫廷神甫布伦作教皇。这就是格列高利五世，是第一个驻镇圣彼得教区的德意志人。996年5月21日奥托加冕皇帝后，他既拒绝重续奥托大帝肯定罗马教区特权的"奥托法令"，也不承认"君士坦丁的赠予"。奥托坚持这种态度，实际上后来斥之为伪造品。他还宣称自己在教会内拥有领导权，他决心在罗马之上、圣彼得的遗产范围内施行帝国统治，结果导致与罗马贵族和教廷之间的紧张。尽管奥托实际上最后让步，但是1001年1月奥托让出的彭塔波利斯（Pentapolis）的八个争议中的伯爵领，是以皇帝捐赠的名义而不是承认教皇特权。

以基督教复兴罗马帝国的计划，得以由奥托三世和他的廷臣实施。在此前的第二次远征意大利期间（997年末至1000年初），奥托于998年2月重新获得对罗马的控制。奥托首先对克雷申蒂厄斯家族拥立的教皇约翰·菲拉盖索斯（John Philagathos）进行残酷的审判、处死克雷申蒂厄斯二世并流放其支持者。奥托在巴拉丁山上建了皇宫，宫廷官衔采用古罗马名称，宫廷仪式以拜占庭样式为基础。特许状需带有"复兴罗马人的帝国"字样的金属牛形玺印才能生效，就像拜占庭皇帝和教皇的特许状一样。自从奥托加冕，秘书处就已经使用"罗马人的皇帝"称号。在赴波兰途中，奥托在"罗马人的皇帝"上加上使徒献身的字样——"耶稣基督的仆人"，从1001年1月开始加上"使徒的仆人"。

在复兴罗马帝国的四年里，最具政治功效的举措是奥托三世和西尔威斯特二世的特许状和其他法令；通过这些举措，奥托调整了帝国和教皇与波兰和匈牙利的联系。在罗马，进行了与波兰王子代表的谈判，最后商定建立波兰大主教区。1000年2—3月，奥托三世赴戈内森朝圣，"勇者"波列斯拉夫将殉教的阿达尔伯特埋葬在这里；在此期间，波兰大主教区建立起来。皇帝与波列斯拉夫签订了友好协约。为了昭示他的新地位，奥托给波列斯拉夫戴上象征王权的王冠，赠予他一件"圣枪"复制品，正如梅泽堡的蒂特马尔抱怨，将"一个纳贡者变成了领主"。⑧ 甚至可以想象，奥托通过一个世俗的仪式立波列斯拉夫为王，尽管后来不会有后必要的宗教神圣仪式以赋予其完全的合法性。在随后经过德意志领土时，奥托叫人打开了亚琛的查理大帝墓，取走了皇帝的胸佩金十字架。到 1000 年夏，奥托再抵罗马。罗马贵族和元老院对皇帝统治的不满在加剧；最终罗马爆发起义，皇帝和教皇被迫于 1001 年 2 月离开罗马。奥托和西尔威斯特来到拉文纳，在一次复活节的宗教会议上，皇帝和教皇批准了斯蒂芬一世提出的、以格兰（Gran）大主教区为基础的匈牙利教会重组计划。斯蒂芬像梅什科一样，将他的王国奉献给圣彼得，追求冠冕堂皇的王位；结果奥托三世送给他一顶王冠，叫作圣斯蒂芬王冠，由新的匈牙利都主教给予加冕。就在这时德意志发生了一起贵族密谋，我们是从梅泽堡的蒂特马尔那里得知，很可能起因于马格德堡、萨尔茨堡和帕绍的权利和主张受到了伤害。谋反的消息很可能在奥托三世死前还没有传到他的耳朵，他于 1002 年 1 月 24 日驾崩，享年不足 22 岁，死于他从来没有能够夺回的罗马附近。侍从将他的遗体送回亚琛，送葬的队伍前脚一走，意大利的反对者就造反了。

在奥托三世时代，奥托帝国的结构和统治风格得到了发展、扩张和强化。宫廷和帝国教会的相互联系更加密切，后者被更多地用来为皇权服务。宫廷神甫，还有那些身兼主教坐堂或其他大教堂教士的绝对数量大幅增加，宫廷神甫充当了皇家信使，参与或主持宫廷事务，还介入王家特许状的拟写和发布。奥托三世最重要的政治顾问是宫廷神甫，甚至他们升任主教或教皇之后仍然是奥托的终身顾问。经过984—989 年短暂的停顿之后，宫廷神甫升任主教就愈益频繁了。帝国教会的豁免权更大了，也更广了。10 世纪下半，大部分教会第一次获得豁免权和司法权，即组织和主持法庭的权利；10 世纪 80 年代，这样的授权密集地颁布出来。在此期间，主教们第一次获得整个伯爵领的授权。从 10 世纪 70 年代，还开始了一轮新的特权授予，对象是每年一次的市场、造币厂、过桥税和道路，至 1000 年前后达到了顶点。在大约 1000 年，奥托三世给每周一次和每日一次的集市颁布了最早的特权。与王国组织方面的这些变化相对应，是新形式的统

---

⑧ 成为税务主管：Thietmar, chronicon V, 10, p. 232.

治权合法性：这几年里，统治者开始显现出奥托王朝晚期和萨利安王朝早期的特征。统治者还健在尘世，就被描绘得已从人间环境转向天堂圣国，被抬高到了与基督和圣徒同样的层次。新型的图像对应着奥托统治神学的发展。国王或皇帝通过为上帝效力获得合法性和基督在尘世的代表地位。对罗马的政策也在继续并进一步强化。自从奥托动身去接受皇帝加冕，奥托王朝就特别关注罗马和意大利，自961年8月至1002年1月的40年又8个月中，其中16年又10个月用于远征意大利。无数次对意大利的远征，频繁而密集。在意大利长时间的临朝理政，德意志王子和随从们——骑兵信使、战士和仆人——必须穿越阿尔卑斯山脉的旅行，以及意大利权贵们的反向之旅，所有这一切都促使奥托帝国整合过程中南北中枢的延长和加强。这条大道起自哈兹附近，经过东法兰克尼亚到南德意志，越过阿尔卑斯山脉到意大利。在皇室进出意大利的途中，奥托三世在巴伐利亚和士瓦本举行诸侯大会，会见地方权贵，发布特许状，这在奥托王朝历史上尚属首次。就是这些实际举措，促使萨克森化的法兰克与南德意志公爵领、其余的帝国领土以及意大利王国整合在一起。皇权、皇帝和整个帝国越来越以罗马为核心。

亨利二世统治下法兰克王国的复兴：条顿王国的兴起和皇权的发展

奥托三世死后无嗣，也没有在世的弟兄或叔伯有权可以世袭皇位。皇室只有一位在世的父系成员：巴伐利亚的亨利四世——国王亨利一世的曾孙，鲁道夫家族巴伐利亚支系的代表。他很快就起而谋取皇位，除他之外还有两位选侯：康拉德家族的士瓦本公爵赫尔曼二世和梅森侯爵埃克哈德一世。亨利得到梅森大主教威利格斯的支持，威利格斯在奥托三世当政时期失势，失去了先前在宫廷的主导性影响。1002年6月6日或7日，巴伐利亚的鲁道夫在梅斯被巴伐利亚、法兰克和上洛泰林吉亚的支持者选举为王，由威利格斯为其施涂油礼和加冕。此时埃克哈德已经在一场与继承无关的纷争中因世仇被杀。经过一场与士瓦本的赫尔曼的无关大局的战役，亨利在全国连续的巡视中获得了图林根人、萨克森人和下洛泰林吉亚人的认可，他们或者表示效忠，或者再次选举亨利。最后，赫尔曼于 1002 年 10 月 1 日在布鲁克泽尔投降。新国王没有将巴伐利亚控制在自己手里，也没有兑现当初的承诺，将其授予巴伐利亚北边地侯——巴本贝格王朝施韦因福特的亨利，而是给了他妻子的四弟兄之一、阿丁伯爵亲族的卢森堡支系一成员。施韦因福特的亨利在"勇者"波列斯拉夫的支持下，发动了反对该决定的叛乱，但是被亨利镇压下去。

在意大利，一个反奥托王朝集团于 1002 年 2 月 15 日拥立伊夫雷亚侯爵阿多因为王。亨利一经确立在德意志的王权，立即派卡林西亚公爵奥托于 1002 年和 1003 年之交前往讨伐该集团。就在 1004 年春，亨利亲赴意大利，于 1004 年 5 月被选为伦巴第国王并接受加冕。在 1004 年 5 月和 1005 年 5 月期间，他以法兰克王和伦巴第王的名义发布几次特许状，承认了意大利相对于法兰克王国和阿尔卑斯山脉以北国土的一定程度的独立性。亨利坚持勃艮第的封建依附地位，1006 年他促成无嗣的国王鲁道夫三世承认他做继承人，使自己的领主权几次被承认。1014 年 2 月 14 日，亨利在罗马接受了皇帝加冕。1020 年在班贝格的教皇本尼狄克八世选择了亨利，并请求武力援助以抵御拜占庭。在此亨利二世肯定了 962 年的"奥托法令"；他响应教皇的呼求，于 1021—1022 年率领一支抗击拜占庭的大军，第三次远征意大利。三次意大利远征时间均不长，分别持续 7 个月、3 个月和 9 个月，有两次亨利在罗马只驻留了少许时日。皇帝避免介入罗马事务，对意大利的内部政策如同先帝奥托大帝时期——保持权力平衡。

巴伐利亚的鲁道夫就这样抛离了传统的罗马重心，不再企图在罗马居于教皇之上行使实际决定性皇权，这也是过去 40 年里奥托帝国政策的主要特征。亨利的帝玺上不再是奥托三世的"复兴罗马人的帝国"的字样，取而代之以"复兴法兰克人的王国"，后者曾在"虔诚者"路易、查理三世、斯波莱托的阿尔努尔夫和维德印玺上使用。很可能在查理大帝时期，就已经提出"复兴法兰克人的王国"，但是无论如何，它说明了亨利二世与查理大帝之间的连续性。亨利是第一位使用"复兴法兰克人的王国"印玺的国王（1003 年初至 1007 年），显然，他以这种方式向世人表明他的王权思想：专注于阿尔卑斯山脉以北的王国。

亨利的东方政策也发生了"U"形转变。自 10 世纪 70 年代末以降,奥托王朝一直支持波兰对抗普热梅斯里德公国,在波罗的海地区扩张,并且对抗基辅罗斯。作为回报,波兰公爵武力支持亨利重新征服柳蒂奇人和阿博德利人的领土。后来,奥托三世于1000年在吉尼森将"勇者"波列斯拉夫列为罗马帝国成员之一,波列斯拉夫从此也得以自称"帝国的兄弟和合作者,罗马人民的盟友"。⑨ 在1002年的王位继承之争中,梅森的埃克哈德一世暴亡之后,波列斯拉夫与埃克哈德家族很可能达成协议,然后占领了下劳西兹和鲍岑(Bautzen)周围的土地。1002年7月,波列斯拉夫参加了在梅泽堡举行的萨克森诸王侯重新对国王的选举,并以此承认了新国王亨利后,亨利将波列斯拉夫占领的边区作为圣俸授予他。1003年初,波兰公爵占领了波希米亚,亨利要求他效忠波希米亚公爵,波列斯拉夫拒绝了。这时亨利改变了奥托王朝的以前政策:他拒绝采取进一步措施,以重新征服983年失去的易北河斯拉夫人的领土。1003年复活节亨利与柳蒂奇人结成联盟,一起发兵对抗"勇者"波列斯拉夫,力图将其逐出波兰和萨克森东部边区,这些地区在983年之后一直处于德意志统治之下。像奥托三世的罗马和波兰政策一样,亨利二世与异教徒柳蒂奇人联合起来对付作为基督教教徒的波兰王子,这种做法在萨克森内部招致了尖锐批评。蒂特马尔的编年史和布伦谴责信中对此都有提及,蒂特马尔是马格德堡主教,1004年亨利收复马格德堡主教区,1009年蒂特马尔上任;布伦是奎尔福特传教区大主教,谴责信为1008年所写。萨克森贵族非常不情愿、毫无热情地从事波兰战争。柳蒂奇人希望看到两个对手之间的力量平衡,所以并没有帮助亨利取得决定性胜利。亨利对波列斯拉夫发动了三次战役:1003—1005年,1007—1013年和1015—1018年,最终皇帝未能从皮亚斯特王子那里夺取劳西兹和梅尔森纳(Milzener)的土地;通过1018年的鲍岑停战协议,亨利肯定了波列斯拉夫以圣俸的形式占有这些地区。从另一方面看,亨利的确阻止了波希米亚融入皮亚斯特帝国,从而保住了奥托王朝对波希米亚的领主权。

亨利二世承袭了奥托神圣君权的路线和思想。936年他的祖父亨利曾被逐下王位,此后亨利得以承袭王冠,他视自己为上帝特别选定

---

⑨ Gallus Anonymus, chronicae et gesta ducum sive principum Polonorum, c. 6.

的。鲁道夫家族的亨利支系经过长期的磨难和屈辱，终得上帝提升。这种思想可参见成书于1002年和1012年之间的《玛蒂尔达传》中。带着作为上帝共治者的统治意识，亨利认为所有世俗和教会的领主权都在他的王权之下，无条件地遵守他的命令、尊重他在法律和和平事务中的权威，是上帝秩序的一部分。亚琛的福音传教士柳泰尔表明，奥托三世是尘世直接与基督和天国交流的统治者，与此类似，在雷根斯堡的圣礼仪式上有一幅亨利二世的画像，表达着同样的寓意。画中的亨利位于基督周围光轮之内，基督用左手将王冠加在正在祈祷的亨利头上。亨利力图将上述思想形成制度事实，他反对领主权力私人化，试图强调贵族领主权的职位性质。亨利尽管强化了王权的基督教神授性，但是像所有奥托王朝的统治者一样，他还是与高级贵族家族达成基本共识。他完全尊重他们的世袭权利，满足他们的期望：主教和皇家修道院院长由高级贵族成员担任。

在现实世界里，国王的统治权威与仲裁人、法官和和平维护者的角色联系在一起，因为区域霸权的形成引起了争夺，特别是在皇族之间，伯爵、公爵与教会主教之间。洛泰林吉亚的冲突迫使国王在1005年至1012年之间发动了几次战役。在默兹河和斯凯尔德河之间，争夺围绕着后来形成的布拉班特、赫内高（Hennegau）、荷兰和弗兰德斯展开，特别是在雷吉纳族系伯爵和阿丁伯爵之间。在上洛泰林吉亚是阿丁伯爵族系的卢森堡支系，其通过婚姻与亨利二世结成了亲属关系，于1008年试图夺取特里尔大主教区以图权力扩张（与亨利的亲属关系在1005年带给了他们麦茨主教区），因此挑起了持续数年的冲突。在萨克森，也是世俗贵族试图牺牲大主教和主教的利益以扩张自己的权力，因为国王器重和偏向后者，所以亨利与世俗贵族之间的关系紧张起来，结果导致萨克森公爵和伯爵于1019—1020年大规模的反叛。这些争斗通常以妥协告终。

亨利二世继续奥托王朝的政策，将帝国教会——主教区、天主教分会和其他教士会、大修道院——整合在皇权之下，通过个人关系使这些教会围着宫廷转。与皇室教堂有联系的天主教分会的数量增多，皇室教堂的神甫有更多的人被提升为主教。在1002年和1021年之间，36个主教空缺中有22个被皇室教堂神甫填补；在亨利统治期间

264 有47位主教死去,其中20位是宫廷神甫出身。亨利执着而坚决地使他的候选人得到任命,有时他不惜违背天主教分会的意愿,甚至背离他们的提议,也要使自己的候选人就职;在确定主教区的特权时,他有时会抹掉之前特权中的自由选举权。在亨利统治末期,其独断行事的能力可能被削弱了一些,1022年和1023年任命的主教几乎都不是皇室教堂的成员。作为皇帝兼国王,亨利二世对帝国教会新开辟的领土采取鼓励政策,将豁免权连带禁令和整个的伯爵领地授予主教区和皇家修道院。所有这一切,亨利的教会政策并没有实质性的创新,只是延续了已有的趋势。但是亨利统治时期,宫廷与帝国教会的联系更广泛也更加强了,量变如此之大以至于为全部制度增加了一种新质,帝国教会的奥托王朝特色最终成形。亨利本人于此的贡献之大,可从他对修道改革运动的支持中窥见一斑,修道改革运动确立了一种"帝国修道主义"原则。实际上早在亨利做公爵时就支持各宗各派的修道改革运动,他将戈尔泽改革推行于最重要的帝国修道院,整顿修行作风,改革教会地产的管理。力度之大,范围之广,以至于有些修道院的修士抵制甚至退教,当然这令亨利非常恼火。超出圣本尼克规章规定之外的财产,为俗界接管,供王国之用。

亨利二世的治理方式表明,作为国王他接管了奥托王朝哈兹周围土地上的地位,并将他的领主权建基于此。在东萨克森(或北图林根)、莱茵—美因河流域以及下莱茵河(或默兹河)的政治中心区域仍然存在。但是,变迁伴随着连续性。亨利扩大了宫廷停留较长时间的地区,包括阿尔萨斯和南德意志公爵领;同时他加快了巡行的速度,缩短了在帝国各个地区停留的时间,这样对帝国各个地区进行为期较短但更频繁的巡视。巴伐利亚、士瓦本和阿尔萨斯以前是帝国的偏远地区,现在与核心联系密切,巴伐利亚和士瓦本公爵领也因此失去了以往的特殊地位。918年以来,它们在奥托帝国内一直作为部族公爵领依然存在,根本不同于上下洛泰林吉亚、卡林西亚的公爵领以及萨克森东北部的比隆公爵领。1003年士瓦本的赫尔曼二世死后,亨利于1004年放弃了巴伐利亚,这样收缩了在巴伐利亚和士瓦本亨利作为公爵行使的国王式领主权。通过1007年在班贝格建立的主教

265 区,亨利在帝国内创建了一个新的政治中心,它位于连接南北的中枢节点;这条中枢经过东法兰克尼亚,将哈兹地区与南德意志和北意大

利连接起来。这次帝国的重组从萨克森开始,马格德堡从中扮演了特别的角色,因为它是亨利特别偏好驻留和举行诸侯大会的地方。班贝格的新主教区得到了大量的土地赠予,以使其担负起皇权中心的重任,中心区域覆盖整个王国南半部分和重要的阿尔卑斯山脉关隘沿线地区。

亨利沿用奥托王朝利用中心区域的统治方式,以便皇帝定期巡视帝国大部分领土。亨利在东法兰克尼亚的巴姆堡主教区创建一个新的领主权力中心,遏制半君王式的公爵霸权和其他永久性贵族领主权;加强帝国教会为皇室服务的作用,并强调教会的宫廷指向——这一切都导致王国整合进入一个新阶段,一个包括法兰克人、洛泰林吉亚人、萨克森人、巴伐利亚人和士瓦本人的王国。从961年到1002年的罗马和意大利政策,使帝国在德意志和意大利的组织结构有了实质性变革。到奥托时代末期,无论是帝国,还是王国,都比以前更为一体化。

早在由奥托二世和三世统治时期,奥托王朝的皇权就已与罗马人联系在一起。不久时人将亨利二世的王权与日耳曼人联系在一起,在新旧千年之交,我们在威尼斯和南意大利第一次发现,有人提到亨利二世时称"德意志王国"和"日耳曼人的国王"。[10] 他的阿尔卑斯山脉以北的王国,如同奥托三世的王国一样,是一个德意志王国。1020年,亨利二世颁发给与意大利王国临界的巴伐利亚布里克森主教一份特许状,特许状是由后者起草的,从这份特许状中也可以看出,在当时人眼中,亨利二世终其一生都是日耳曼人的国王。布里克森主教的草稿中称亨利是"日耳曼人的国王""罗马帝国皇帝奥古斯都"。这种称号到11世纪仍是一个孤立现象,但是它清楚地表明在新千年的最初几十年里,帝国的一体化过程和改革的思想是:奥托帝国的日耳曼和皇帝特色;德意志王侯选出的国王却号称罗马人的皇帝并肩负罗马帝国的责任,既被认为是日耳曼人的国王又是罗马人的皇帝。

1024年7月13日,皇帝亨利二世驾崩,没有留下任何子女,遗体埋葬在班贝格大教堂。一种宗教崇拜不久在巴姆堡和大教堂的陵墓

---

[10] "条顿人的国王,罗马人的皇帝奥古斯都": DH II 424.

附近兴起，结果导致1146年和1200年亨利二世和库尼贡德分别被追封圣徒。亨利二世是继法兰克统治者之后的第一位被时人认可为日耳曼人国王的统治者，也是日耳曼国王和皇帝中唯一的圣徒。

伊克哈德·缪勒－莫顿（Eckhard Müller-Mertens）

王建波　译
顾銮斋　校

第 十 章

10世纪的萨克森和易北河斯拉夫人

奥托王权影响下的萨克森政治

一 加洛林王朝整合后的萨克森

查理大帝经过长期艰苦的斗争,将萨克森征服并整合入加洛林帝国,这对萨克森人的政治结构和制度设计产生了深远的影响。由奥斯特发里亚人、威斯特伐利亚人和英格里亚人组成的三支萨克森"军队",以及社会各阶层——贵族、自由人和获释农奴——组成的"全国"大会,不再对萨克森政治生活的连贯性发生作用。从785年起,萨克森的所有大会被禁止,伯爵或王家女成员（missus）召集的除外。所谓的伯爵组织决定了后来的萨克森领主权结构,但是更为根本的统治阶层法兰克化并没有在萨克森发生。萨克森贵族很可能是通过婚姻与法兰克人联合起来,而且加洛林统治者也没有以法兰克权贵代替萨克森贵族的地位。加洛林征服的第二个特点在于它的长期后果:萨克森领土没有成为加洛林诸王的核心区域,即使帝国在"虔诚者"路易的儿子之间瓜分之后也是如此。加洛林诸王一般不造访萨克森。到9世纪中期,仍然可见东部萨克森和西部萨克森的贵族称大公（dux）。在西部的莱茵河与威悉河之间,是埃克伯特和他的威斯特法罗公国;东部是鲁道夫君主,奥托家族的祖先和甘德斯海姆女修道院的创建者。因此,在萨克森,如同东法兰克的其他地方,我们可以发现被称为"小部族公爵领"的现象:贵族领主在领地（gens,在法兰克尼亚和士瓦本的一种长期封地）内一枝独大,注定后来与国王冲突。

在萨克森,这样的冲突最初并没有被记录下来,君主鲁道夫是否已经在整个萨克森领土上称王,也是个疑问。他似乎比较安分守己,满足于对东部萨克森和哈兹山脉的领主权。鲁道夫的地位被儿子布伦所继承,880 年布伦率领一支萨克森军队与诺斯人交战,军队里有希尔德斯海姆主教和明登主教等人。鲁道夫家族的绝对优势地位并没有受到影响,因为布伦的兄弟"高贵者"奥托直接接替了他的位置。鲁道夫家族的权势,从他们家族的女人嫁给东法兰克的加洛林家族成员可见一斑:柳特加德先后嫁给"年幼者"路易和奥达·茨文蒂博尔德。除了与王室家族的多重联盟外,鲁道夫家族还与萨克森之外的强大贵族家族,比如东法兰克尼亚的巴本贝格(Babenbergers)家族,进行了联姻,但是萨克森贵族内部的联姻关系并不明显。鲁道夫的几个姊妹一直未嫁,作为甘德斯海姆女修道院的院长,充分说明了鲁道夫家族的显赫地位。

奥托的儿子亨利,后来的国王,是第一个与政治联姻传统告别的人。他先娶了来自梅泽堡地区的一位带着丰厚遗产的寡妇,后来"因为美貌和财产"① 爱上了年轻的玛蒂尔达。玛蒂尔达是萨克森公爵维杜金德的后裔,她的土地主要在西部萨克森。教会抗议亨利的第一桩婚姻,反而使亨利的离婚和再婚变得可能;与此相关,亨利的权力进入西萨克森,不久亨利便与康拉德家族发生了冲突。鲁道夫家族的地位得到了巩固,因为亨利在与康拉德一世的纷争中获胜,康拉德一世起初在其父 912 年死后满足于继承王位。其他萨克森贵族集团都没有这样成功地连续扩张权势:埃克伯特大公的后代和萨克森领袖人物维杜金德以及黑森的后代都没有做到,尽管原因不明。当我们看到这些时,亨利的崛起就显得特别引人注目。

但是,在考查 9 世纪晚期和 10 世纪早期的萨克森时,一个非常有说服力的意见必须保留:任何(结论性)判断都是困难的,因为很多评价来自后来的"奥托后裔的"历史编著,它在大力美化当代的同时过滤了早期的鲁道夫家族历史。写于甘德斯海姆的著作如此,科韦尔的维杜金德的《萨克森史》也是如此。因此,康拉德王死后的 919 年,法兰克人和萨克森人怎样最终选举萨克森公爵亨利为王,根本不清楚。

---

① Thietmar, Chronicon, I, 9.

二　10 世纪的萨克森公爵领

919 年，亨利一世在弗里兹拉当选为王。萨克森人的公爵现在成了国王，他们却没太在意它的后果。人们没看到亨利一世采取任何措施，在萨克森安置一个公爵的替代人；萨克森人自己似乎也不热衷于此事。这是对 10 世纪有重大意义的历史演化的开始。国王经常不在萨克森，所以萨克森的政治进程不够连续；假若亨利仍是公爵，情况可能不是这样。但是，亨利避免在萨克森建立一个"职位性"的公爵领，这与南德意志公爵领的情况正相反。这对该时段的萨克森历史产生了三个典型影响：贵族家族不惜诉诸武力，争夺留下的权力空缺；王室和平民大会更难以表达政治意志，因为诸多不同力量有着或诉求大体平等的地位；合作形式的联盟广泛存在，这很可能也是萨克森内部宗主权结构的产物。

奥托统治者当然不可避免地授予萨克森贵族职位和责权，因为他们可能已经从民众中脱颖而出。最著名的这类例子就是，936 年赫尔曼·比隆被奥托一世任命为军事统帅。② 这一事件产生了特别重要的后果，因为随着时间的推移，赫尔曼的权势逐渐扩展到公爵的权势范围，而且这一职位成为家庭世袭的特权。但是奥托的决定也是非常耐人寻味，因为它成为后来一系列冲突的导火索。这表明，即使在 10 世纪早期，萨克森贵族仍然认为自己有权得到特别的职位，不肯接受他们认为独断的王家决策。奥托一世的选择，很可能经过精心考虑，那就是打破比隆家族和整个萨克森贵族内部的等级划分，以显示他有权做出这样的决策。不满和抗议马上随之而来：赫尔曼的哥哥维克曼离开王家军队，与奥托的敌人结成联盟。这时，一个叫作埃克哈德的人，自称"鲁道夫的儿子"，凭着一时鲁莽之勇，企图证明他比赫尔曼更适合做军事统帅。埃克哈德带领 18 名战友，违背王家命令，竟然向敌人发动了攻击，结果全军覆没。③ 在随后的时段，我们可以看到奥托一世如何一再授权他的军事统帅，他去意大利时，军事统帅在萨克森可以代表他。这些代表权后来演化成长时期的代理权，因为

---

② Widukind, Res gestae Saxonicae, II, 4.
③ Ibid.

皇帝自961年之后几乎终生待在意大利。因此，了解下述事实就很重要：王家秘书处指称赫尔曼只是长官或侯爵，而科韦尔的维杜金德却称他"大公"，尽管他也将这一术语用于同时期的其他萨克森贵族，比如边地侯格罗和侯爵迪特里希。尽管如此，对赫尔曼的称号还是显而易见地反映了他的显赫地位。

270　　从赫尔曼的第二代理期内的两件事可以看出他的独立行事。奥托写信给都督赫尔曼和迪特里希，命令他们不要与雷德里人（the Redarii）讲和。但是尽管在威尔达的全民大会上宣读了该信，已经缔结的和平还是保持下来，因为面临丹麦人的战事威胁，萨克森人害怕分散战斗力。④ 赫尔曼就这样凭借军事权势置远方皇帝的命令于不顾，甚至于972年在马格德堡为自己安排了一次超规格的礼遇。在这里，他篡用专为国王准备的接待仪式：坐在国王的位子上，睡国王的床。当然，有人支持赫尔曼这么做，特别是马格德堡的大主教阿达尔伯特，奥托因为他的傲慢和自大曾对其处以很重的罚金。⑤

　　然而，直到973年继承了父亲的所有权利，开始了贝尔纳德一世时代，我们才看到比隆家族在萨克森的地位最终接近于公爵。奥托二世死后，只留下三岁的儿子奥托三世，在亚琛刚刚被加冕为共治王就继承王位。在此后的危机四伏时期，萨克森人民的决定显得特别必要，因为奥托最亲近的男性亲属和监护人、"争吵者"亨利就觊觎王位，谋求萨克森的民意支持。984年"争吵者"亨利以棕榈主日的名义召集了一次萨克森诸侯大会，提议大会选举自己为王。一些与会者表达了保留意见，宣称没有奥托三世的许可不得造次。虽然没有明确记载，但是我们可以断定贝尔纳德公爵就在其中，因为在随即召开阿瑟堡大会上贝尔纳德公爵扮演了领导角色，他试图将抵制亨利篡权的人联合起来。⑥ 尽管除了贝尔纳德之外还有几位萨克森伯爵参加了会议，但是他们显然无力阻止984年在奎德林堡的复活节庆祝会上亨利被支持者拥戴为王。亨利的支持者包括波希米亚的波列斯拉夫公爵、波兰的梅什科公爵和阿博德利王子米斯特维。尽管贝尔纳德被列入"争吵者"亨利的主要反对者之列，但是我们从这些事件中还是不能

---

④ Ibid. III, 70.
⑤ Thietmar, Chronicon II, 28. 16.
⑥ Ibid. IV, 2.

推论出贝尔纳德已经拥有确定的公爵地位。

反对"争吵者"亨利的萨克森人,与萨克森之外的力量特别是梅斯的大主教威利格斯结成联盟,最后迫使亨利放弃了谋求王位的企图,承认奥托三世在母后狄奥法努的摄政下继承王位;亨利回归巴伐利亚公爵领。986年,在奎德林堡举行的复活节庆祝会上,调解和妥协得到与会者的认可与赞赏,这并非偶然。四位公爵侍候在桌旁,俨然参加新国王的加冕宴会:巴伐利亚的亨利做伙食总管,士瓦本的康拉德做掌礼,卡林西亚的"年幼者"亨利做司酒男仆,贝尔纳德一世做引座人。[7] 四位公爵参加936年奥托一世的加冕盛宴时,没有一位萨克森公爵在场。多亏维杜金德为我们描述了当时的场景,写到在场的公爵时他谈到了西格弗里德,称他是"最杰出的萨克森人,仅次于国王",虽然没有称其为大公。[8] 这也有助于证明比隆家族开始扮演新的角色。

奥托三世死后的王位继承也是难题,它为我们提供了又一个机会审视贝尔纳德是否行使公爵职能。他首先倾向其亲属梅森的埃克哈德,这使他成为权势最终不得拓展的集团成员,即使在萨克森境内。很可能就是基于派系因素,贝尔纳德在萨克森意识的形成中未能扮演特别突出角色,而另一位萨克森人、来自沃尔白克(Walbeck)家族的边地侯柳泰尔,则得以树立自己作为梅森的埃克哈德的反对者形象。巴伐利亚对王位的诉求者,即后来的亨利二世,甚至通过书信求助于他的表姊妹、奥托家族的女修道院院长阿德莱德和索菲,以图赢得她们以及萨克森权贵们对他事业的支持,结果十分奏效。这类详细资料表明,在萨克森境内各派力量多么复杂,既有公爵同道,也有反对者。

贝尔纳德对埃克哈德的派系支持并没有使他受到伤害。亨利二世在梅瑟堡举行的所谓"附加选举"(subsidiary election),使新国王在萨克森得到了认可;在选举中,贝尔纳德作为人民的代表出现在佩戴全套王标的亨利二世面前,这催生了萨克森人的民族意识和对自身地位的关注,并要求亨利承诺信守契约。亨利做出承诺后,"贝尔纳德

---

[7] Ibid. IV, 9.
[8] Widukind, Res gestae Saxonicae II, 2.

公爵端起圣枪，以全体人民的名义，将帝国托付给他"。⑨ 这一场景已经成为学术界研讨萨克森公爵领的典型事例：萨克森公爵在此被看作从"萨克森人中国王的代表"转变为"国王面前萨克森人的代表"。⑩ 然而我们可以说，萨克森公爵作为人民的领袖担当了一个重要的角色，这是唯一一次。还应该看到，后来的奥托统治者离开萨克森而驻留意大利时，不再授权比隆公爵以代理权，而是更喜欢任用更贴近他的人。奥托三世选择了他的姑母玛蒂尔达任奎德林堡女修道院院长，后者以精心主持萨克森大会著名；亨利二世任用马格德堡大主教和他的王后库尼贡德履行代理权。当需要界定比隆公爵领的实质时，上述细节应该引起我们深思。实际上，既有资料表明比隆家族逐步迈入公爵行列，也有资料引起疑问：国王、比隆家族和萨克森贵族内部其他势力是否就萨克森公爵的权利和义务达成一致。因此，现代学者有充分理由重新考量在东法兰克王国（德意志王国）公爵领主权的特征。⑪

三 关于 10 世纪萨克森贵族的评述

无论是否朝代巧合，除了鲁道夫家族，再没有任何萨克森贵族家族的谱系可以准确地追溯到 9 世纪，然后延续到 10 世纪。与此相联系，还有一种说法。9 世纪的萨克森，我们可以厘清五个贵族集团：鲁道夫家族、埃克伯特家族、维杜金德的后代、黑森宗族和所谓的老一代比隆人；而 10 世纪，我们可以看到 25 个多贵族家族拥有相当清晰的谱系和可证实的历史。这样的对比相当确定地说明，萨克森贵族的领主权相当程度上受益于鲁道夫家族崛起为王和奥托王朝。如果我们探问一下，10 世纪以降萨克森谱系可见的家族居住在哪里，上述联系就更加清晰了，因为那些谱系可见的家族大多来自哈兹山脉周围的鲁道夫和奥托王朝核心地区。这是萨克森的贵族之乡：边地侯西格弗里德和格罗、埃克哈特家族、沃尔白克家族、豪登斯里邦家族以及魏玛伯爵、诺西姆伯爵、凯特林堡伯爵等家族。如果你注意到，这里还聚集着著名的奥托王宫以及奎德林堡、甘德斯海姆和诺德豪森修道

---

⑨ Thietmar, Chronicon, V, 16-7.
⑩ Jordan (1958), p. 8.
⑪ 见 Becher (1996)。

院，奥托促使创建了马格德堡主教区和梅泽堡、莱兹（Zeitz）和梅森副主教区，扩建了该地区的宗教中心，那么就会看到一幅奥托帝国其他地方无与伦比的领主权集中的图景。这里我们须知，萨克森和图林根之间的边界似乎已经是互通了。在图林根人和萨克森人中已产生明确可见的民族自觉，据梅泽堡的蒂特马尔说，⑫ 这导致梅森的埃克哈德当选为图林根公爵，以及亨利二世于梅斯当选为王后在帝国巡游中隆重造访图林根。但是另一方面，埃克哈德家族或魏玛伯爵等图林根权贵也出现在萨克森的民众和王室大会上，与当地的萨克森权贵看不出什么区别。因此，将之称为图林根在萨克森内的一种特殊民族自觉似乎更有道理。

　　类似的权力集中在东萨克森（或图林根）核心地区以外的萨克森其他区域，这没有被发现。10 世纪，北部两个贵族集团——比隆家族和施塔德（Stade）伯爵——脱颖而出，共享对斯拉夫边界地区的军事控制。这在西萨克森、明登、奥斯纳布吕克、帕德博恩和缪斯特主教区是没有的，除了一些证据说明比隆家族的远亲在这些地区的权势。因此，似乎有理由假定在奥托王朝心脏地带——东萨克森（或图林根）地区，贵族家庭的集中，与这些家族得到王朝的庇护有关。人们还注意到，在 10 世纪，王室赠予贵族的土地都位于接受者任职的地方，与加洛林时代的做法截然相反。换言之，土地赠予有利于权力中心的发展，从长远来看也有利于贵族和高级教士把持的"土地领主权"的形成。10 世纪贵族的很多修道基地，也为围绕权力中心贵族家族集中的现象提供了间接证据。陵墓，是保存家族记忆的中心，为保持和弘扬贵族家族意识提供有形的志物。对回忆录的挖掘，使我们得以看到单个贵族家庭之间的密切联系。在 10 世纪，萨克森贵族之间的联系已经特别密切，尽管政治联姻并不是萨克森人的发明。尤其值得注意的是，显赫的萨克森家族之间的联系特别密切：比隆家族与施塔德伯爵、边地侯格罗家族和埃克哈德家族；施塔德伯爵与沃尔白克家族伯爵；埃克哈德家族与沃尔白克家族伯爵。这份清单主要根据梅泽堡的蒂特马尔提供的谱系信息列成，还可以轻而易举地列举下去，确定无疑的是，奥托时代最具影响的萨克森贵族都是彼

---

⑫ Thietmar, Chronicon, V, 7.

此联系的。彼此之间的紧密联系并不能阻止冲突——可以从比隆家族和其他家族中举出例子，但是它同样提供了机会，使这个阶层的成员一起行动，交换信息，这不仅在王家和民众大会上非常必要，而且对于成功结成合谋（coniurationes）也十分必要。

四　萨克森的政治一致形成问题：民众大会和合谋

奥托时代的萨克森有很多政治中心，皇室宗主权从此得以行使。因此，显而易见，氏族政治在很大程度上在这些地方决策，比如奎德林堡的复活节行宫或皇家城市（urbs regia）马格德堡。但是，与这些中心一道，沃尔拉作为萨克森民众大会的地点，愈益重要。必须强调的是，奥托时代在沃尔拉召集的所有民众大会，都是没有国王的情况下召开的；比较普遍的观点——10世纪的国王经常出席这些大会——是没有根据的。沃尔拉当然是一个皇家城市，奥托帝王经常待在那里，但是他们全年多处停留，不可能在定期出席一个春季举行的地区性民众大会。然而，是否每年召开民众大会尚存疑问。四条相关证据中有三条来自王位继承出现问题的时期，分别是984年奥托二世死后、1002年奥托三世死后和1024年亨利二世死后。第四条证据来自968年，当时奥托一世远在意大利，萨克森人在他们的都督赫尔曼·比隆和迪特里希的领导下举行大会。

这些例子还表明，不是公爵召集大会，而是萨克森权贵中的合作组织促成沃尔拉大会的召开。984年"争吵者"亨利匆忙赶回沃尔拉，目的是阻止或平息在那里发生的合谋。1002年，萨克森权贵们在弗洛斯的一次秘密聚会上立誓：在沃尔拉大会召开以前他们不会选举任何人为王。梅泽堡的蒂特马尔对这次商讨会的过程有详尽的记述，说明了这样的大会采取的形式。亨利有自己的诉求，他派信使赴会，特别是去见奥托家族的女修道院院长——甘德斯海姆的索菲和奎德林堡的阿德莱德，当然还要见萨克森诸权贵。这表明奥托王朝的公主们在这些大会中起着重要的作用。在会上，信使透露了主人的承诺：重赏所有帮助他称王的人。蒂特马尔告诉我们，绝非所有相关政治力量都参与，因为梅森的边地侯埃克哈德和追随者就缺席；而且可以肯定的是，贝尔纳德公爵、哈尔伯施塔特的主教阿尔努尔夫和希尔德斯海姆的主教贝恩瓦尔德也在这个行列。埃克哈德伙同贝尔纳德和阿尔努尔夫，篡夺节日盛宴，吃光很可能准备留给决意赞成亨利为王的人的菜肴，惹怒了奥托家族的女人和她们的客人。⑬

奥托家族的女性成员在萨克森政治中的积极作用，还体现在1024—1025年康拉德二世的继承中。萨克森人再次在沃尔拉集会，讨论王位继承和其他突出问题，包括调解帕德博恩的主教迈因韦尔克与比隆伯爵蒂特马尔之间的矛盾。但是，大会的主要成效是，萨克森人没有参与在卡巴（Kamba）举行的康拉德二世的选举，而且与1002年相反，再也没有谈论萨克森本地的选侯。然后当康拉德通过洛泰林吉亚行至萨克森时，奥托家族的女修道院院长阿德莱德和索菲的表现迥异于萨克森的其他权贵，他们在多特蒙德和明登向国王宣誓效忠。而"皇家女儿和姊妹"（奎德林堡年鉴这么称谓）按照亲属的礼仪，在西萨克森的弗里登颇为盛情地接待了新国王、她们的远亲。⑭ 显然，她们的行为基本预定了萨克森人的决策结果。

所有这些细节表明，在萨克森有达成政治决定的传统形式，即民众大会。民众大会多在沃尔拉举行，也在其他地方如弗洛斯、西森（Seesen）和阿瑟堡（Asselburg）。同样清晰的是，萨克森公爵并没有在召集和主持这些大会中扮演突出的角色；而是在萨克森存在的各派政治力量值得注意，包括奥托家族地位显赫的女性成员。在这些大会上，不仅可见索菲和阿德莱德位于首席，奎德林堡的玛蒂尔达——前面已经提过——在奥托三世缺席时谨慎地主持大会，"与主教和公爵比肩而坐"，⑮ 并因此受到赞誉。在大会上风头盖过公爵的不仅是皇室成员。边地侯柳泰尔显然主导了1002年的弗洛斯大会。当大部分参会成员未能达成一致时，他召集了大会上有利于他的一部分人：从争论转向秘密协商。秘密会议会使争议难题得以解决，它起因于梅森的埃克哈德谋求王权，最后有这样一段著名对话："你拿什么跟我作对，柳泰尔伯爵？""难道你没发现你的车子正在失去最后一个轮子吗？"⑯ 这些细节也揭示了大会的合作形式和结构，它不适合于典型

---

⑬ Ibid. V, 4.
⑭ Annales Quedlinburgenses, s. a. 1002, p. 78.
⑮ Annales Quedlinburgenses, s. a. 999, p. 75.
⑯ Thietmar, Chronicon, IV, 52.

的公爵主导的民众大会。一方面,公爵的地位缺乏连续性;另一方面,边地侯、大主教、主教和皇室女修道院院长具有很强的尊严意识,这似乎有助于形成萨克森民族内的政治结构。因为公爵的领主权不够稳固,各种政治活跃力量就利用了在合作结构团体中习以为常的交流和互动的形式。这也从侧面解释了在这些大会上起誓如此重要。梅泽堡的蒂特马尔将"争吵者"亨利的反对者在984年沃尔拉大会上做出的安排称为盟约。亨利很重视,因此派了一位主教前去谈判,主教与反对者们商定了会议日期。这份盟约早在阿瑟堡的大会上就准备好了;蒂特马尔将参与盟约的人称为联合者(consocii),他们的行为是密谋。⑰ 还是誓言将弗洛斯大会的参与者团结起来,使他们在沃尔拉选举国王时一致行动,他们也是一个誓约联盟。

　　10世纪晚期与推选国王有关的合作性盟约提示我们,10世纪早期萨克森权贵们在反抗国王的行动伊始,往往要起誓结盟。这种起誓结盟还有一个传统的地点,那就是图林根的萨菲尔德。奥托一世的弟弟亨利和奥托的儿子、鲁道夫分别于939年和951年与萨克森权贵们签订了盟约,并以节日盛宴标示庆祝,目的是创建共同体,加强这种合作联合会的普遍认可性。换言之,皇室成员启动誓约结盟,他们和萨克森贵族一起起誓。当代历史学家宣称,有人认为这种会议的存在是不祥的,因为集会的目的非常模糊:人们在一个特定的地方聚集起来,签订盟约,举行宴会表示肯定,然后赶紧将誓言变为现实。上述任何情况都意味着催生与奥托大帝之间的宿怨。召集联合者和合谋者寻求援助,报复所遭受的不公正,很快你就会轻易看到,加强和巩固了盟约的所有成员的地位。即使这些联合会没有制度上的必要性和连续性,但是它们所建立的持久性联系,我们也不应低估。10世纪反对国王的密谋参与群体给人留下了永久的印象。毕竟塔西陀已经指出,在日耳曼人中,结好和憎恨都是世代传下来的,家族之间的合作关系无疑强化了这种世交情感。当然,萨克森不是个别案例,但是我们必须再次强调,萨克森的所有政治势力是何等的密切联系;可以毫不夸张地说,所有政治力量都摆脱不了这种合作和家族关系的网络。必须承认的是,这并不能阻止冲突,但是的确创造或增加了管理冲突

---

⑰ Ibid. IV, 2.

的可能性，因为同僚和亲属熟知"通过满足而补偿"的道理（compensation through satisfaction）。它的实际运作过程可见于一个例证：比隆家族成员维克曼和埃克伯特是奥托王朝的"经典"反叛者，在他们与国王或公爵结下世仇并多次对抗之后，会不断寻找调停者和辩护者，后者保障他们重新得到国王的恩宠或为之提供逃跑的机会。这种解决冲突的"制度"在10世纪的萨克森被广泛认知，以至于984年"争吵者"亨利对待两位萨克森伯爵的行为严重损害了他的事业：当迪特里希和西格贝特（Siegbert）为以前的冒犯赤脚前来请求宽恕时，亨利一脚踢开了他们。他们理所当然地劝说朋友和亲属终止了对亨利的追随。

总之，在10世纪的萨克森，家族纽带和誓约结盟对政治关系稳定化有着实质性的贡献。这当然归因于氏族内的权力结构没有发展起来，没有明确界定的公爵位置。来自萨克森的奥托国王们为民众提供了一种强化了的"帝国民族"意识，但是这种自觉对萨克森的内部政治结构并没有产生什么影响。一旦萨克森像1024年那样不再选出统治者，上述局势便捉襟见肘困难重重了；实际上1002年这种情况已经发生，因为来自鲁道夫家族的一位巴伐利亚人继承了王位，他就是亨利二世。他与萨克森的政治势力之间的关系问题重重，相当一部分萨克森贵族和主教联合起来，抵制他对易北河斯拉夫人和波兰的政策，于是或大或小的公开冲突贯穿亨利统治时期。亨利争取"帝国内统治权力集中化"的举措，在萨克森不可避免地遇到了强大的阻力，[18] 1020年公爵贝尔纳德二世"动员所有萨克森人与他一起反抗国王"就是明证。[19] 贝尔纳德的反叛并没有对自己带来什么严重的后果，因为汉堡-不来梅大主教昂万和亨利的妻子库尼贡德得以和平调解，比隆家族的财产和权利没受任何损失。我们再次看到奥托王朝统治方式的特点：更多地归因于调解和王家的宽恕而不是坚决诉求权力。但是，这已经为萨克森统治者与萨利安统治者之间的激烈冲突埋下了伏笔，萨利安人对领主权的诉求和萨克森人截然不同的政治习俗公然对撞了。两种不同的权力原则和结构——等级制和合

---

[18] 见 Weinfurter（1986）文章的标题。
[19] Adam of Bremen, Gesta II, 48.

作制——的碰撞，以亨利四世和亨利五世时期的"内战"告终，但是两位统治者仍然不能毁灭萨克森人坚固的组织形式。在萨利安人统治下的萨克森战争中，我们再次听到僧俗权贵们的大会和商讨会，在这些会上结成誓约同盟，换言之，没有公爵的关键作用也能结成合作性组织。"狮子"亨利在萨克森的政治遗产面前最终失败。

萨克森与易北河斯拉夫人的关系

一 征服还是整合？

长期以来，德意志的历史论著把奥托王朝和萨克森人对待邻人斯拉夫人的政治策略，描述为个别王朝的"日耳曼东部拓展"行为；而斯拉夫国家的历史学家则将同样的研究对象，视为侵略性的"日耳曼东进运动"结论的依据。可以确定的是，奥托时期历代国王都有扩张帝国版图的计划，至少扩张至奥德河，换言之，将易北河和奥德河或尼斯河之间的无数斯拉夫小民族整合进来。学者们认为，这些扩张计划伴之以传教活动计划，其中奥托大帝实施的成效特别显著，他在马格德堡建立大主教区，在梅森、莱兹、梅泽堡、勃兰登堡和哈维堡建立副主教区。正如查理大帝同时将萨克森人基督教化并整合进他的帝国一样，奥托王朝和他们的帮助者想必对易北河斯拉夫人，甚至已经基督教化的波兰和波希米亚怀着同样的意图。可是，与查理大帝相反，10 世纪的计划没什么成功之处。

早在 9 世纪，日耳曼历史编著者就从统治者的意大利政策中寻求对上述现象的解释，意大利政策耗去了日耳曼帝国及其统治者的主要精力，使他们无暇顾及东部期待他们承担的民族任务。不容置疑的是，扩张和传教的成就都不大。著名的 983 年斯拉夫人起义基本上摧毁了此前日耳曼人所建立的据点。直到 12 世纪，勃兰登堡的哈维堡主教区依然孤单不兴，只有在南方斯拉夫人地区奥托王朝的权力保持得较为持久。令人吃惊的是，后继的国王并没有做出洗雪耻辱的努力。除了几次军事行动，奥托末代统治者是否还将帝国复兴作为基本目标，值得怀疑。奥托三世通过一些特别的举措，提高了波兰和匈牙利统治者的地位，准备将一个独立的教会组织让渡

第十章　10世纪的萨克森和易北河斯拉夫人　　　　　315

给他们,以帮助他们建立自己的大主教区。与之相反,亨利二世1003年与异教徒柳蒂奇人结成联盟,对付波兰统治者,很可能导致传教活动的放弃。[20] 因此,奥托王朝最后两代统治者,都没有根据学者们认为曾经激励过他们祖辈的计划,确立奋斗方向,因而从日耳曼民族视角看,两位统治者很大程度上造成了奥托王朝东部政策的得不偿失。

　　总的说来,这是关于奥托王朝东部政策的主导性观点。自从20世纪60年代,已经有人付出了艰辛的努力,研究日耳曼—斯拉夫边界的情况,写出了一些关系史类的著作,将注意力从两者之间的冲突转向各种交流和邻里共处。这种方向的调整是重要的和合理的,但是它将注意力主要集中在日耳曼—斯拉夫历史的其他主题;奥托王朝向东扩张的旧观点并没有明确被新评价所代替。然而,有人可能要问,将权力扩张、边界延展和整合易北河斯拉夫人甚至很可能还有波兰人,视为奥托王朝和萨克森的政策主要目标,是否真正符合10世纪的政治思想和理念? 如果曾经确实如此,我们就得提出疑问,为什么欧洲霸权的强大军事力量未能够征服和整合沿东部边境小小的斯拉夫人部落? 有一个现成的答案:它没有被实施。尽管这乍听起来令人惊讶,但是奥托统治者的确避免将帝国的军事力量和潜能应用于向东扩张。意大利远征时整个帝国的军事力量都参加了,类似的"帝国远征"东方在奥托时期并不存在,除了亨利二世对波兰人的战争。与易北河斯拉夫人的冲突主要是萨克森人的事,而且据我们所知,也主要是为了居住在边界的萨克森人的利益。奥托王朝的统治者,从亨利一世到奥托三世,当然参与了对斯拉夫人的战役,但是率领的是萨克森军团。983年斯拉夫人起义,将布吕斯克所说的"奥托王朝东部政策的险要拱门"几乎摧毁;即使如此,完全是萨克森军团在边地侯们和马格德堡大主教的领导下迎击造反者。[21] 此后的几十年,几乎没见什么军事行动来重新征服983年失去的土地。

　　如果所谓的扩张的无效性已经对假定存在的动力提出了质疑,那么一旦涉及征服和整合的具体计划和设想时,就更令人怀疑了。没有

---

[20] Brun of Querfurt, Epistola ad Heinricum regem, ed. Karwasin'ka, pp. 101 ff..
[21] Brüske (1983), p. 36.

仿效加洛林时代的模式，按照一种新的伯爵制度实行精英交流。与加洛林时代的萨克森驻军相反，萨克森军团从来没有在易北河斯拉夫人的土地上驻留很长时间；他们无论成功还是失败都要回家，这种模式很难说明有持久扩张的意图。

280　　奥托王权，在帝国内不用自我管理，在很多方面满足于对自己领主权或至上地位的原则性承认，但并没有从这种承认中得到什么具体好处，究竟什么扩张性计划可以归因于这样的王权？当然，奥托王朝和萨克森人的东部政策旨在迫使斯拉夫民族承认自己的领主权，斯拉夫民族必须定期纳贡。不言而喻，奥托大帝付出相当的努力，通过创建和捐助主教区，为成功地使易北河斯拉夫人皈依基督教创造了前提条件。假若这些民族相当多的成员已经基督教化，那么他们与奥托帝国的关系当然就得重新考量，正如波希米亚和波兰的例子。但是，在近代早期或近代，征服和整合的思想决定着战争的目标。但是，这种思想套用到中世纪特别是10世纪的政治和军事冲突，显然就站不住脚了：像查理大帝这样的扩张和征服性的统治者是例外而不是常规。各民族的奥托一世是否肩负起使命，在易北河斯拉夫人的土地上建立"中央直辖的、组织稳固的、管理高效的政权"，有待于详尽证明，不能仅凭假设，[22] 特别是这样的假设难以自立，因为还有其他对奥托领主权的制约条件。

　　如果我们不间断地听说战争、投降、纳贡、臣服和承认领主权，接下来是新一轮的冲突和臣服，却不能探查出任何争取持久整合的举措，那么我们就必须问一问，奥托统治者的基本目标是否只是保障自己的领主权被承认，尽管当然还有传教的目标，而且也付出了不同程度的努力。德意志的中世纪东部政策在20世纪的政治争论和实践——从魏玛共和国到第三帝国再到第二次世界大战后的时期——中的模糊角色，使我们有必要探问，20世纪东部边界的形势有没有被根本误读。下一步就是重新审读那些根本就谈不上丰富的资料，看看它们在真正揭示萨克森和易北河斯拉夫人之间的关系上，能带给我们什么启示。其目标就是证明，当下的研究报告描述冲突时所用的概念，将扩张和整合等概念排斥到边缘。

---

[22] Ludat（1968/1982），p.46.

二 边界战事：投降、纳贡、报复、和平

萨克森和易北河斯拉夫人边界的形势，一直是以双方劫掠性的征讨为主；亨利一世成为国王后，因为特别的缘故形势改变了：易北河东部的斯拉夫人成为亨利的军队特别是骑兵的试验场。亨利训练他们是为了防御匈牙利人，他曾经与匈牙利人于926年签订了9年的和约。928年和929年亨利与赫维利人（Hevelli）打了一仗，结果是征服了勃兰登堡；另一次是梅森的要塞建好之后对达莱明齐人（Daleminzi）的战役，雷德里人（Redarii）的反攻导致了沃瑟堡的毁坏，在伦岑（Lenzen）战役中"代国王"贝尔纳德和他的"同僚"蒂特马尔领导的军队大败一支斯拉夫军队，最后一役是亨利对波希米亚人。维杜金德认为，[23] 亨利一世直到有了足够的训练有素的骑兵之后才撕毁和约的。

这些冲突所遵循的原则，不同于贵族社会世仇相报中通行的原则，有两个例证可以说明。萨克森人征服加赫纳要塞之后，杀掉所有的成年人，掳走男孩和女孩做战俘，实行奴隶制。在梅泽堡，亨利组编了一个由盗贼和强盗组成的军团，他饶恕他们的罪行，命令他们发动对斯拉夫人尽可能多的劫掠性远征。

我们可以在奥托大帝统治时期看到类似的区别。955年10月，紧随莱希费尔德胜利之后，奥托随着萨克森军团，进攻头领斯多尼弗率领的文德人；斯多尼弗到这时一直藏匿着比隆家族兄弟维克曼和埃克伯特，他们都是萨克森高级贵族和王室亲属。因为科韦尔的维杜金德的全面描述，我们知道这场战役的详细情况。[24] 萨克森人胜利后，斯多尼弗被杀，这位斯拉夫人头领的头颅被砍下，挂在战场的一根高杆上；几百名战俘被斩首。斯多尼弗的幕僚被挖眼，舌头被扯出来，任其在死尸中等死。这场残酷的杀戮之所以发生，部分原因是先前一支斯拉夫袭击队进行过的一次屠杀，它发生在奥托大帝报复性征讨之前。赫尔曼公爵命令要塞守军向维克曼率领的斯拉夫围攻军队投降，条件是自由人和家人能安全离开，只把奴隶留给斯拉夫人。但是，在

---

[23] Widukind, Res gestae Saxonicae, I, 38.
[24] Ibid. III, 52-5.

撤离中冲突再起，斯拉夫人立即杀掉所有男人，将妇女儿童劫为战俘。但这并不能完全解释萨克森人的残忍暴行，我们不要忘记，在对待同一个等级或民族的其他成员、亲属以及基督教教徒时表现出的正常克制，不适用于对待斯拉夫人。

在维杜金德的记述中，奥托与斯多尼弗的谈判占了很大篇幅，谈判说明奥托发动战役的目标不是整合而是满足的快感或报复。首先是一位斯拉夫公使出现在奥托跟前，主动提出斯拉夫人一如既往地纳贡，但是在自己的土地上享有主权；否则他们将准备战斗。奥托回复，他拒绝他们的和平协议，就是因为他们不愿意弥补自己的过错让奥托满意。然后奥托使对手的土地荒芜，但是还是派了一位公使去见斯多尼弗，由边地侯格罗等人率领。奥托的提议是：如果斯多尼弗屈服，奥托将与他结友不再为敌。应该注意的是，这是向一个异教徒斯拉夫头领提出的一份友好和约。友谊并不能消除所有领主权的象征：在获得友谊之前投降，而且无条件地投降。但是，这样的举动仍不能说明什么征服计划。[25]

友好仪式与残酷背叛在萨克森人与斯拉夫人的冲突中并行不悖，还可以从格罗的"友好宴会"中得到证实。在宴会上，格罗派人将30位酒醉的斯拉夫王子杀死。维杜金德为此举辩解说，格罗只是预见了斯拉夫人的诡计而为之，斯拉夫人意欲致格罗于死地。[26] 除了质疑维杜金德的指责的真实性之外，还应该注意，和平友好的仪式在激烈的冲突中也占有一席之地。这些边界冲突的背景条件，包括格罗能够约请30位斯拉夫王子赴宴，或者奥托一世成为波兰人的基督教公爵梅什科一世的好朋友，而且向异教徒斯多尼弗伸出了同样的橄榄枝。

然而，总的来说，斯拉夫人的领导阶层与萨克森人之间的接触非常有限，仅限于几位斯拉夫权贵。他们是基督教教徒，与萨克森联盟对其很有吸引力，所以他们放弃传统信仰和地方联系。一个例子是赫维利的王子图库米尔，他自从亨利一世时期就被萨克森人囚禁，最后竟接受贿赂背叛了自己的领主，投靠萨克森人。他死后进入了穆林白

---

[25] Ibid. III, 53–5.
[26] Ibid. IV, 20.

克（Möllenbeck）亡故者名录，说明他一定是皈依了基督教。㉗ 图库米尔假装越狱逃跑，回到家里，将他的侄子和竞争对手背信弃义地杀死，然后带着他的人民臣服了奥托。据维杜金德说，远到奥德河的所有斯拉夫部族都效仿图库米尔，他们本来"准备纳贡"。㉘ 这里我们必须再次强调纳贡和由兑现承诺而引起的联合两者之间的区别，维杜金德的叙述清楚地说明，斯拉夫部族一般愿意纳贡，但他们是否已经接受对自由更多方面的限制，仍是个疑问。

除了图库米尔，我们只听说极少数变节通敌与萨克森人合作的例子。婚姻用来加强和平关系的正常功能在这里被排除了，因为异教徒与基督徒缔结姻缘是不可能的。我们不知道奥托与一位斯拉夫贵族妇女——后来的梅斯的大主教的母亲——联姻的背景，这桩婚姻本来应该能够告诉我们更多。我们只听说过一次这样的婚姻计划，那是在不来梅的亚当的叙述中，他完全是根据口述传统来描述它的。㉙ 据说一位斯拉夫公爵曾经争取萨克森公爵贝尔纳德的侄女许配给他的儿子，提亲得到了同意。文德人作为回报，为公爵贝尔纳德的远征意大利军团提供了 1000 名骑兵，这些士兵几乎全部战死意大利。但是，边地侯迪特里希声言，公爵的女亲属不能嫁给一只狗，因而搅毁了计划好的婚姻。在亚当（和他的追随者——博索的赫尔莫德）看来，这是 983 年斯拉夫人大起义的原因。当然这不是唯一的原因，但是这桩逸事非常清楚地表明了萨克森人的态度；无论如何，婚姻的和平功能在萨克森和斯拉夫人的关系中几乎看不到。那位不知名的斯拉夫公爵很可能是阿博德利人米斯特维（Mistui），据蒂特马尔说，米斯特维臣属中有一位牧阿维克牧师，㉚ 因此想必不会完全反对基督教，这当然有利于求婚。如果我们所掌握的零零散散的信息可靠的话，那么参加 983 年的起义和对基督教的接纳态度并不相互排斥；仅仅一年之后，米斯特维就出席了"争吵者"亨利在奎德林堡举行的民众大会。

在评价这些冲突的性质时，我们不妨进一步找到站在斯拉夫人一边战斗的萨克森权贵的例子，他们不但包括已经提到过的比隆家族兄

㉗ Das Nekrolog von Möllenbeck, ed. Schrader, p. 355 (17 May).
㉘ Widukind, Res gestae Saxonicae II, 21.
㉙ Adam of Bremen, Gesta, II, 42.
㉚ Thietmar, Chronicon, IV, 2.

弟维克曼和埃克伯特,还有一个叫基佐(Kizo)的萨克森贵族,他出于对边地侯迪特里希的恼怒而投靠了柳蒂奇人。有人指出,来自马格德堡地区的贵族骑士基佐(基督徒)和边地侯格罗同属一个亲族。这将表明两个主要的边地侯家族——比隆和格罗——成员行为惊人的相似性:两种情况都是边地侯的亲属因为萨克森内部冲突而投靠斯拉夫人,因为他们感到在萨克森内部得不到公正的对待。

更为重要的是,这些权贵被斯拉夫人委以指挥重任,维克曼率领斯拉夫人攻击萨克森人和波兰的梅什科一世;吉左负责勃兰登堡的卫戍,并由此也领导斯拉夫人进攻萨克森。这些萨克森的"叛徒"不仅得到斯拉夫人的信任和尊重,更耐人寻味的是,他们的行为也没有受到其他萨克森权贵的谴责。955年斯多尼弗的军队遭到大屠杀后,维克曼和埃克伯特得以逃到法兰克的休那里,直到科隆大主教布伦等人向奥托大帝为埃克伯特求情。我们可以看到,此后这位比隆家族成员在萨克森享有无限制的政治权利;维克曼像他的弟弟一样,此前被宣布为"公共敌人",[31] 经过边地侯格罗的斡旋与奥托达成了和解。即使维克曼再次违背和解誓言,格罗还是允许他再次投靠斯拉夫人,因为他认为维克曼实际上有忏悔之意。换言之,格罗颇为用心地使维克曼免受谴责。吉左的故事也差不多,993年他再次转向,自己向奥托三世投降,还把勃兰登堡交由其治下;然后,他得以继续保留地位,并在防御柳蒂奇人时得到支持。他的一个臣属,斯拉夫名叫波里流的人,在吉左不在要塞时自称主人;吉左试图夺回自己的职权时被杀死。梅泽堡的蒂特马尔详尽地介绍过这个故事,他没有批评吉左的行为;而是公开支持他"为争取到自己的权利"而左右摇摆的正当性。[32]

维杜金德和蒂特马尔披露的所有关于边界战争的详细情况都指向一个结论:战争是萨克森的全部事务,为了臣服——承认领主权并纳贡,但是同样经常是出于报复,每次受到的袭击都要报复。反对者受到野蛮和残忍的处罚,常常是背信弃义的受害者;与之相伴的也有谈判,提议和解并达成和约,团结仪式,等等。自中世纪早期人们熟知的各种形式的冲突,都在这里上演。在现有文本资料中,我们唯一没

---

[31] Widukind, Res gestae Saxonicae, III, 60.
[32] Thietmar, Chronicon, IV, 22.

有明确看到的是，任何将易北河斯拉夫人整合进奥托帝国的计划，或者任何国王采取的此类举措。

三 组织：国王代表、边地侯、城堡、主教辖区

正如本节开篇所说，甚至到晚近，学界谈到奥托一世意欲"引进严格的军事、行政和教会组织"时，仍习以为常地认为其旨在将易北河东部地区"最终降服并整合进帝国"。[33] 资料没有特别说明这些新式组织何时被引进；常规性的观点来自资料的各种启示，但是这些资料本身需要批判性的审视。

我们知道10世纪最早的几位边地侯是赫尔曼·比隆和格罗，都是由奥托大帝于936年和937年任命，尽管这时还不称边地侯。萨克森人对他们的任命的反应说明边地侯并不是新职位；实际上，被任命者的亲属——比隆家族的大维克曼和奥托自己的同父异母兄弟桑克马——因为自己被忽略而气恼，他们觉得自己更应该获得任命。两位新任职者接替了萨克森权贵贝尔纳德和西格弗里德，后两者的位置在资料中被描述为国王代表。这很可能要理解为边境地区的军事指挥官，如同929年在伦岑之战中的贝尔纳德一样。除了代国王，科韦尔的维杜金德[34]还用"军事统帅"来描述赫尔曼·比隆的地位。直到这两位边地侯——赫尔曼和格罗——分别于973年和965年相继死去，文本资料和特许状对他们用了一系列的称号，如长官、侯爵、大公和侯爵等，但是没有理由认为，王朝的重组会改变这两位权贵所肩负的职责。换言之，资料没有显示奥托引进了一种"边地侯组织"。关于这两位边地侯军事指挥及其之外的权力，我们一无所知，比如，他们是否还行使司法权或命令边境地区其他伯爵的权力。两位"官员"完全是通过军事行动获得显赫威权的，而军事行动的实施显然具有很大程度的独立性。

格罗死后其势力范围发生了什么变化，仍存在相当的不确定性。我们发现格罗死后的时期在其麾下不少于六个伯爵拥有侯爵头衔，这一史实很难解读。为什么格罗死后没有任命一个单一的继承人，资料

---

[33] Ludat (1968/1982), p. 46.
[34] Widukind, Res gestae Saxonicae II, 4.

没有任何启示；但是，由此推论当时形势很安定以至于不再需要一个单一的首领，是站不住脚的，因为983年的斯拉夫起义足以说明。我们甚至不知道诸位边地侯是否是由国王任命，甚至诸位侯爵死后，我们也没有看到任命继承者。从11世纪伊始，我们反而发现在前格罗辖区内发展出三个大的侯爵边地：北部边区、东部边区和梅森边区。因此，格罗死后的过渡阶段表明，确切的区域职位并没有列入王家计划，要不然在任职者死后会有平稳的接替。

边地侯的军事独立性也与王室精心制订的扩张计划相矛盾。甚至很多大规模的战役都没有提前征得国王的同意，正如972年边地侯霍多进攻波兰公爵梅什科，尽管后者是皇帝的盟友和纳贡者。奥托大帝派信使警告冲突双方，如果在他从意大利回来之前不信守和平，他们将失去皇帝的恩宠。几乎同时，边地侯赫尔曼和迪特里希与雷德里人缔结和约并信守，甚至当奥托从意大利派发书面命令要求战事继续时仍改变不了结局。㉟ 这些事件说明不了皇室组织和计划过对易北河东部的行动；反而倾向于支持前面得出的观点：地方力量对易北河东部采取专门的镇压性措施。

饶有趣味的是，其中一次最"著名"的独立行动很可能出于梅泽堡的蒂特马尔的误读。他描述了边地侯格罗如何迫使波兰公爵梅什科和他的追随者臣服于帝国的辖制。㊱ 关于这段论述，学者们进行了充分讨论，争议很大；它很可能是蒂特马尔误读维杜金德的产物。㊲ 蒂特马尔简单地用两个句子总结了维杜金德的《萨克森史记》的第66—68页：格罗征服了劳西兹人和梅什科；赫尔曼·比隆征服了塞里布尔（Selibur）和米斯特维。但是维杜金德在第66页写道，格罗将维克曼送回斯拉夫人那里，以使他免受谴责；而维克曼两次击败梅什科。他的写法很容易混淆格罗和维克曼。没有理由认为蒂特马尔在这里是根据自身对格罗反梅什科战役的了解，他可能是根据资料得出的结论。

侯爵边地的起源、权力和任务，比以前学者们描绘的图景要复杂得多。关于奥托大帝在边区建立以后引进了城堡（*burgward*）组

㉟ Ibid. III, 70.
㊱ Thietmar, Chronicon II, 14. 1.
㊲ Widukind, Res gestae Saxonicae, III, 66.

织的设想，更是如此。确定的是，burgwardium 或 burgwardum 一词可见于 10 世纪中叶以降的资料中。同样确定的是，要塞对于生活在周围附近的人口来说具有核心作用：危急时候，他们可以进入避难；他们也有义务提供劳务和缴纳贡赋。这样的组织对于更为边远的地区尤其重要，因此，瓦尔特·施莱辛格（Walter Schlesinger）所描绘的城堡分布图显示非常集中的特征，给人印象深刻但并不惊异。问题而是，城堡体系作为整个奥托帝国结构的雏形，我们如何厘清奥托大帝为建立塞守制度而所采取的组织性措施。[38] 卫戍部队从哪个群体招募？谁来决定维持战斗人员所必需的地产和劳役？这样一系列组织措施应该需要相当多人的行动和参与，最为重要的是萨克森贵族成员的计划和执行。但是，这样的计划在资料中绝对没有留下痕迹。而且，奥托将几座城堡捐赠给建立不久的主教区，并不意味着建立专门用于扩张的组织。如果是这样的话，旨在扩张的制度一建立，城堡就失去了实质性内容。

相反，我们在东部政治的另一方面的确发现了组织和计划，当然它必须相对于迄今勾勒出的史实而言：教会组织。学界倾向于视奥托王朝的传教和宗教政策为扩张政策的一部分。奥托王朝的传教活动不会在一篇萨克森专章中作为整体予以检视，但是，无疑是主教制建立的历史，提供了最为详细的易北河东部地区的财产持有和领主权的情况。建立哈弗尔贝格堡和勃兰登堡的特许状表明，奥托大帝能够将斯拉夫人聚居区的城邦（civitates）和十户区整建成新教堂。后来给马格德堡的赠予证实了人们的印象：统治者任意处置易北河东部的全部财产和权益；换言之，我们现代意义上的国家边界概念在当时是荒谬的。同样荒谬的是，从这些信息中得出这样的印象：这些权益和财产是奥托扩张成功的标志。根据在易北河斯拉夫区域建立和授予主教区的能力，推导出肯定存在扩张的企图，是行不通的；就在同时（948 年），创建了三个丹麦传教主教区，作为汉堡-不来梅的副主教区，但是没人得出相似的结论：存在从这些据点向丹麦王国扩张的企图。查理大帝曾在萨克森战争中推行传教和征服相互联系的双重战略，但是我们没有必要因此而假定，在奥

---

[38] 参见 Schlesinger (1937/61).

托时代必定也是这样。

资料方面很多迹象表明，教会和军事行动互不协调，参与的两方力量经常阻碍和干扰对方的行动。在此我们可以举出教会的例子：哈尔伯施塔特主教和梅斯大主教强力抵制在马格德堡建立大主教区的计划；我们也可以举出奥托的例子：奥托在意大利严厉警告边地侯维格、维格伯特和贡特尔（Gunther），要服从新大主教的指令，并要慷慨捐助莱兹、梅泽堡和梅森主教，免得他们被看作穷困农民。这种警告显然非常必要，由此也可洞悉当时的形势；也与后来教会的抱怨很相吻合：是萨克森边地侯们的残暴和贪婪阻碍了传教的成功，并最终要为983年的斯拉夫大起义负责。马格德堡大主教区的建立当然是某种系统性理念的一部分，这种理念的实质来自奥托一世，也是由他在意大利将这种理念变成现实。现在缺乏的是令人信服的证据，表明这种理念只是一个更伟大的扩张计划的一部分。

10世纪的萨克森历史编著

所谓"奥托时代的"历史编著作品，作为我们迄今讨论问题的主要知识来源，其实都是写于奥托帝国的核心地区萨克森。将这些著作定性为"奥托时代的"，意味着它们是以国王的视角书写的。但是这样评价掩盖了著作的实质性特征，更为晚近学界有一种强劲的发展趋势，就是探究这些著作多大程度地以他者的眼光和位置来见证历史，而不仅仅是站在统治家族的角度。奥托统治家族的提法无论如何压抑了运行于这个"王朝"内部各种力量的作用。关于"奥托时代的"历史编著的新观点始自观察的结果：几乎所有奥托时代的历史编著都完成于教会社区内——科韦尔、奎德林堡、甘德斯海姆、诺德豪森和梅泽堡，而且经常是在这些社区发展的关键阶段。这样我们就面临着一个基本的问题，是关于这些历史写作的功能问题。它很可能与作品的现在作用更有关联，旨在影响现在的历史写作，而不是像人们通常对历史写作的看法一样。在奥托时代的萨克森，历史编著允许各种力量表达自己的诉求，他们的意见和兴趣与奥托统治者所持的大不相同。

无名作者所著的《奥托王后玛蒂尔达传记》，写于王后的根据地诺德豪森，它以非常特别的视角为我们提供了奥托朝代的历史。老版本写于大约974年，以奥托二世为服务对象；新版本是写给亨利二世看的，他责成某些重要章节的重写。在新版本里，亨利二世的直系祖先被写成玛蒂尔达生活中的中心人物。她所有的爱和心思都奉献给他们，亦如她的哀伤和记忆也是围绕他们。这样，历史写作经历了重大的调整以迎合它的主要对象。但是两个版本的《传记》都有一个共同的中心主题：玛蒂尔达倾其全力争取各种法律保护措施，以确保她的根据地——诺德豪森——的未来安全。据说，她这么做是得到了她儿子奥托大帝的理解和密切合作。奥托深知，他统治的延续和繁荣，关键取决于是否支持母亲用她的陪嫁土地建立和赠予教会社区。一直到他的统治遭遇失败和危机，在皇后伊迪丝的警告下，国王才改变了对待母后的做法。

奥托家族历史书写的明显转向，加剧了母子之间的不和并带来一系列后果；但是只有认识到两个版本的《传记》写于新皇后即将收到嫁妆之际，才能理解上述转向的意涵。至于奥托二世和他的妻子狄奥法努，其嫁妆特许状保存完好，即著名的紫色嫁妆特许状。[39] 在这里，我们看到狄奥法努的陪嫁包括诺德豪森，而且特许状明确说明这是皇后玛蒂尔达在那里的全部财产。这已威胁到诺德豪森的教会社区，因为新皇后有可能决意干扰玛蒂尔达的功业。为了阻止这种事发生，诺德豪森的教会社区编写了《玛蒂尔达传记》，并把它献给奥托二世。当隐含在传记中的警告奏效之后，此举被如法炮制，那是亨利二世的妻子、皇后库尼贡德登位之时。换言之，宗教社区面临生存威胁时使诉诸精神手段，描绘它的创建者的生平作为新皇后的榜样，并明确警告违背玛蒂尔达意愿的行为将带来上帝的震怒和惩罚，以此加强了编著传记的警告作用。

女修道士诗人赫罗茨维亚（Hrotsvitha）记述了甘德斯海姆的早期历史，她从转向的《圣母领报》开始。不止受洗者约翰一人向伊达——女创始人奥达的母亲——预言，她的子孙将创建甘德斯海姆修道院。"只要它的誓言得到国王的精心呵护"，修道院的创建将保障帝国的安定。作为对创建修道院的奖赏，王室将得到最高的尊严，

---

[39] D O II 21.

"世界上其他国王不敢与其在等级上和威严方面并驾齐驱"。[40] 这当然是一个事后诸葛亮式的预言,但是我们必须要问,为什么赫罗茨维亚如此赤裸裸地将奥托王族的福祉与甘德斯海姆的发展联系在一起。而且,《原始起源》后面的叙述就是围绕着这个主题。鲁道夫家族成员被恳求采取一切措施保障修道院的安全、庇护和物质受赠。文本特别强调鲁道夫公爵、其妻奥达以及奥托公爵的适当行为,据赫罗茨维亚说,他们都深知家族的成功取决于甘德斯海姆修道院女修士们的功过和祈祷。正如在诺德豪森,在甘德斯海姆也是以历史编著的方式明确警告统治者要遵从祖先的先例。赫洛茨维萨的第二部著作——《奥托史诗》(Gesta Ottonis)也应该在这种警告的背景下加以审视,它是应女修道院院长格伯嘉的请求而做;有趣的是,它被拿到梅斯的大主教威廉——奥托在马格德堡问题上的主要反对者——面前征得准许。不幸的是,作品内容支离破碎,根本表达不清作者的意图;但是有一点是确定的:《奥托史诗》强调了奥托统治的内部危机和亲友的反叛。《奥托史诗》还以积极的态度描写奥托的反对者,一再强调指出,唯独上帝的恩慈拯救奥托于极其危险的处境,并使他的统治得以存续。如果在这种背景下一再将奥托与大卫相比较,就应该质问比较的意图是赞扬还是警告。

"奥托时代的"历史编著中的最著名作品——维杜金德的《萨克森历史》,于967年或968年敬献给奎德林堡的女修道院院长、奥托一世的女儿玛蒂尔达。尽管这三本《萨克森历史》每一本都有一个献给玛蒂尔达的序言,但是学界还是大都忽视了这样一个问题:为什么这样一部著作会献给皇帝的女儿?为什么会发生在967—968年?敬献的历史背景提供了诸多线索。在奥托出发第三次远征意大利之前,应他的请求,年轻的玛蒂尔达(她只有11岁)于966年4月在奎德林堡的一个盛大节日庆典上,被王国的所有大主教和主教推举为奎德林堡女修道院院长。967年秋,奥托的儿子和共治者随他去了南方;留在阿尔卑斯山以北的皇室成员只有梅斯的威廉和皇后玛蒂尔达,威廉摄政。968年初老皇后病倒,病情严重,威廉速赶到她的病床前。威廉肯定意识到了她死期即临,但他自己竟然于3月初先老皇

---

[40] Hrotsvitha, Primordia coenobii Gandersheimensis, ed. Homeyer, p. 452.

后死去，老皇后于 3 月 14 日随之而去。这样年轻的女修道院院长玛蒂尔达成为留在阿尔卑斯山以北的唯一皇室成员，这种情形持续了四年。在非常困难的处境下，她肩负着在萨克森代表奥托统治的任务。奥托大帝远在意大利授命组建马格德堡大主教区和梅泽堡、莱兹和梅森副主教区；但是萨克森激烈反对这些计划，直到最后一刻。就在这种情势下，维杜金德将他的《萨克森历史》敬献给女修道院院长；它包含了她处在当下位置非常需要的东西，统治萨克森所需要的历史知识。这恰恰就是《萨克森历史》的功能，它允许玛蒂尔达作为帝国的主宰位居萨克森顶层，因为她已经有所了解萨克森人民的历史，了解她父亲和祖父的成就，尤其因为她清楚地知道她父亲的决策给统治萨克森带来的困难。为此，维杜金德在著作中涵盖了很多其实属于国王秘密的信息，而一般历史编著者则审慎地略过。人们在读维杜金德的《萨克森历史》时，必须考虑到它成书的特殊背景，才能理解为什么有些东西反复提到，而不是其他涉及的东西；就是玛蒂尔达为了能够独立行动所必须了解的知识，也是 968 年以后玛蒂尔达作为在萨克森的王室成员所必须了解的知识。

《奎德林堡年鉴》（以下简称《年鉴》）同样因它的特殊背景而成书。《年鉴》著于亨利二世统治时期，那时奎德林堡失去了以往作为王家中心的主导地位。除了其他举措以外，亨利打破了在奎德林堡庆祝复活节的传统，几乎不光顾那里，这显然深深地伤害了奎德林堡方面的情感。受伤的情绪在对 936 年的记述中表露出来：皇后意欲将奎德林堡建成"部族王国"，因此只召集出身高贵之人，因为这些人很少误入歧途。[41] 词语"部族王国"显然是"各部族之王"称号的借用，后者是维杜金德在他的《萨克森历史》末尾称呼奥托一世的。[42] 奎德林堡对于自己被亨利二世降级有什么反应呢？他的行动得不到一句好话。从 1003 年的年鉴非常醒目地表明，一位统治者受到王室修道院的极其公开的批评。举几个例子："国王非常沮丧，因为没有赢得体面的和平，带着可怜的军队回来了，也把阵亡者的尸体带回来了（1005 年）"；[43] "国王知道后心烦意乱，命令属下要报仇雪

---

[41] Annales Quedlinburgenses, s. a. 936, p. 54.
[42] Widukind, Res gestae Saxonicae, III, 76.
[43] Annales Quedlinburgenses, s. a. 1005, p. 78.

恨。但是迄今这样的盛怒尚未转化为行动，我也不知道是为什么（1007年）"。㊹当亨利二世没有任命全体修士大会选出的候选人做汉堡-不来梅大主教，而是选定另外一个人时，《年鉴》如此评论这件事："但是国王的粗鲁，以及贪得无厌，将请愿者掷出，转眼不看哭泣者。"㊺亨利1014年的远征罗马被总结成这样："他自以为处理完任命事务并从各从敛得大量金子之后，就加快了回家的步伐，尽管伤害了很多人。"㊻这些对统治者赤裸裸的批评，直接回应了亨利对奎德林堡表示的轻蔑，因为亨利经常驻留萨克森却从未造访奎德林堡，在1021年之前也没有给奎德林堡任何赠予。可能没有一个社区像奎德林堡这样迅速地失去国王的恩宠和造访。从亨利统治时期的其他变化来看，上述现象也说明亨利打破他的奥托祖先的传统，实际上与传统背离十万八千里了。但是，奎德林堡失去王室恩宠的日子并没有持续到亨利统治结束。1014年，亨利授权奎德林堡女修道院院长阿德莱德掌管盖恩罗德和弗里登（Vreden）两个女修道院；1021年亨利终于出席了奎德林堡一所新建修道院的祝圣仪式，并给予丰厚捐赠。从1014年以后，对亨利二世的否定性批评停止了；从1021年，作者重又对亨利二世的行动进行颂扬性论述。这种风格常见于对奥托王朝早年的评述。由此可见，历史写作对政治气候变化往往会做出直接反应。

探询"奥托时代的"历史编著的根源和历史背景，会加深对每部著作具体功用的理解；没有一部是完全出于国王的角度，有些甚至是与之相反的。萨克森内部有些力量，其利益并非无条件地与统治者的利益一致，他们可以这样清楚地表达自己的诉求：诺德豪森、甘德斯海姆和奎德林堡等教会共同体，以及稍后梅泽堡的蒂特马尔，他以撰写帝国和萨克森人民历史的方法，撰写他的受到威胁不得安稳的主教区的历史。科韦尔的维杜金德编著历史不是从萨克森最古老的修道院的视角，而是倾向于萨克森内部希望避免冲突的力量，因此他小心翼翼地指导年轻的公主，让她知晓其父绝对不会赞成的立场和行为方式。这么看来，10世纪的历史编著不足以界定为"奥托时代的"，更

㊹ Annales Quedlinburgenses, s. a. 1007, p. 79.
㊺ Annales Quedlinburgenses, s. a. 1013, p. 81.
㊻ Annales Quedlinburgenses, s. a. 1014, p. 82.

不能说是"奥托家族传统"。而是应该看作形成了萨克森内部各派力量的视角,这些势力既不完全反对奥托王权,同样也不准备无条件地认同国王采取的任何立场和决策。

杰德·阿尔索夫（Gerd Althoff）

王建波　译

顾銮斋　校

第十一章
10世纪和11世纪早期的巴伐利亚

加洛林遗产

8世纪法兰克帝国的复兴和扩张之所以可能,一个重要原因就是,加洛林统治集团接受现存的王国结构,即在欧洲以法兰克—伦巴第为核心,并且将其视之为加洛林王朝一个永久的传统。资料将三种王国区分开来,首先王国指代整个加洛林帝国;第二个意义指代法兰克(或伦巴第—意大利)次王国;第三个意义指代一个政治实体,以居住在那里遵守普通法的民族命名。前两种王国都是由国王统治,而第三种王国可能由国王的儿子统治(有王室封号或没有)或没有王位的王侯统治。因此加洛林帝国是一个由预制部件构成的灵活的政治实体,一个将帝国的泛化分布与小地区的强化治理包容在一起的组织形式。

加洛林家族通常将他们的主要成员与帝国的治理联系在一起;格尔德·特伦巴赫所说的"帝国贵族"更有权利参与第三种王国的政治。最成功的贵族集团代表在争相接近国王的竞争中脱颖而出,其权力和影响"仅次于国王"。王室侍从撰写的特许状和其他资料中,一直称呼这些权贵"长官",或者加洛林时代后期的"侯爵"。这种一人之下万人之上的职位需要王侯爵位,即便在加洛林时期也是这样。有时,如果皇家权威失灵或者由于某种原因撤出某个地区,具有这样的伯爵或侯爵封号的职权者甚至得承担皇室职责。于是巴黎的奥多和其他非加洛林家族的"法兰克人的王侯"于888年当选为王,因为查理三世一死，他的王国"失去了自然的领主"。①

第三种类型中最突出的是巴伐利亚。巴伐利亚甚至在前加洛林时代就已经具备王国的地位，10 世纪其地位得到巩固。814 年夏"虔诚者"路易组成了一些法兰克次王国，其中巴伐利亚第一次榜上有名。三年后，路易发布了"帝国安排"诏书。路易的同名人、在历史学家看来名不副实但已约定俗成的"日耳曼人路易"受到任命，成为"巴伐利亚、卡林西亚人、波希米亚人、阿瓦尔人和巴伐利亚东部居住的斯拉夫人"的国王。② 易言之，路易成为两个区域性王国的国王：阿吉洛尔芬（Agilofing）公爵塔西洛三世曾经统治下的巴伐利亚，巴伐利亚东区各民族，包括半自治的斯拉夫民族和多瑙河中游依附的阿瓦尔汗国。在 830 到 833 年间，日耳曼人路易甚至在以他的名义发布的特许状中使用"巴伐利亚国王"的称号，因此巴伐利亚首次获得了最高级别的政治承认。

833 年，"虔诚者"路易的三个成年儿子反叛父亲，日耳曼人路易成为东部法兰克的国王。③ 这个"东法兰克王国"大部分位于莱茵河东岸，大致相当于古典文献中出现的"日耳曼尼亚"。争夺"虔诚者"路易遗产的斗争导致日耳曼人路易设立起巴伐利亚总督，地位仅次于国王；然而，日耳曼人路易和随后的继承者一直强大，在他们的地盘上得以保持总督职位。国王的儿子和王侯，根据而不是悖逆东法兰克国王的意志，在巴伐利亚双重王国的一个地区站稳脚跟。日耳曼人路易于 876 年死后，巴伐利亚短暂地重新统一在其长子卡尔洛曼（Carloman）的旗下。但是，新国王将巴伐利亚东区授予他的私生子"卡林西亚的"阿尔努尔夫，就像其父在世时他自己接受授予那样。887 年，阿尔努尔夫就是从这里出发，率领一支由巴伐利亚人和斯拉夫人组成的大军，经过雷根斯堡，趋往法兰克福，当年 9 月他在那里被拥立为王。巴伐利亚东区王国的力量明显增强。控制王国的人不仅像加洛曼时代一样，先后接管了最初几个地区和整个旧巴伐利亚；而且现在可以成为整个日耳曼人路易王国的继承人，只要他迅速出动，控制了莱茵河和美因河流域地区，从而占有东法兰克王国最重要的交

---

① Regino, Chronicon, s. a. 888.
② 关于该术语，见 Eggert (1973)。
③ The title used in DD L G 13 and following diplomata.

通路线和莱茵法兰克尼亚的王室财库。

899年12月8日，阿尔努尔夫在罗马加冕称帝近四年后，死于雷根斯堡。"孩童"路易继位，时年不满七岁。在巴伐利亚，一个叫卢伊特波尔德（Luitpold）的人主动采取行动，防止出现权力真空，于是一方面表示忠诚于与他关联的加洛林家族，另一方面密切关注大势。卢伊特波尔德的家族是为历史学家所知的"卢伊特波尔德家族"，他不得不与其他权贵分享权力，但是位居首席。在阿尔努尔夫死后第二年，卢伊特波尔德就已经首先出击，向匈牙利人开战，并修建要塞防御他们。907年夏，卢伊特波尔德向敌人发起攻击，此前匈牙利人已经征服了巴伐利亚东部的大片地区；同年7月4日，在多瑙河畔布拉提斯拉瓦附近卢伊特波尔德战败，巴伐利亚军队全军覆没，其本人丧命。此次战役之后，巴伐利亚对国王和东法兰克王国其他地区的影响力急剧下降；"孩童"路易将他的主要居住地从雷根斯堡移到法兰克福。少年国王于911年9月24日驾崩，东法兰克王室自此绝后；而在此之前，加洛林时代在巴伐利亚已经终结。

像东法兰克王国其他地方的类似权贵一样，卢伊特波尔德在巴伐利亚达到了王侯的地位。尽管他作为巴伐利亚军队的首领遭到毁灭性失败，卢伊特波尔德的地位还是很稳固的，他儿子阿尔努尔夫不仅得以继承父位，而且升至巴伐利亚人的准王侯地位——巴伐利亚公爵，从此也奠定他"在加洛林传统基础上开启新进程"的基础。④ 这种传统包括诸多可能性、矛盾和挑战。巴伐利亚的统治者承袭加洛林传统，在阿勒曼尼人的统治者之前干预意大利事务，甚至追求加冕称帝，正如日耳曼人路易的长子加洛曼试图得到王位，其子阿尔努尔夫后来成功做到了。日耳曼人路易也授予他的次子一个王国，该王国于876年已经统一了法兰克尼亚和萨克森，并为占有洛泰林吉亚打下基础；路易的决定预测到了康拉德一世和亨利一世统治下的形势。加洛林传统的另一个方面是东法兰克的国王不接受涂油礼，而其他第二类王国的国王一般都受过。这些王国在友好协约的基础上解决彼此之间的冲突，维护相互之间的和平，也是加洛林传统；除此之外，加洛林封建制度最终建立起"帝王之间的"关系。阿瓦尔、斯拉夫、伦巴

---

④ 参见 Althoff and Keller（1985）文章标题。

第和布列塔尼的王侯成为加洛林国王的臣子。9世纪末,在法兰克核心地区建立起封君封臣关系,这样使得加洛林统治者确立起自己高高在上的王位,无论在自己的亲族之中,还是在非加洛林竞争者中。凌驾于教会之上的统治是加洛林王权不证自明的部分。总的来说,主教更愿意成为跨区域帝国教会的一部分,而不是限于第三类型地区王国教会的一部分。东法兰克王国四个比较古老的大主教区特别关心自己在宫廷教堂和王室秘书处中的等级。梅斯支持法兰克和萨克森统一,而从加洛曼统治时期以降,萨尔斯堡一直在巴伐利亚内或由巴伐利亚主导的东法兰克王国内保持突出地位。特里尔和科隆则在洛泰林吉亚内争夺优势地位。

规范和现实之间的紧张局势在巴伐利亚继续存在。仅举两个主要例子:根据巴伐利亚法律,由国王提名公爵候选人;而晚到1002年国王亨利二世仰仗巴伐利亚人的选举权,后者禁止国王独断决策。[5]早在阿吉洛尔芬时期,公爵已经在管理教会,但是巴伐利亚法律包含一项条款:国王任命主教,民众选举国王。[6] 伯爵和伯爵领、封建制度和王室封臣、军事和宫廷义务,在各个王国内,同样是加洛林传统的一部分;这对于巴伐利亚这样的地区特别重要,在巴伐利亚,这些制度与土著传统共生或遮蔽了土著传统。"伯爵组织被证明是王室治理王国至关重要的工具之一,是王国管理、司法和招募军队的最基本的组织单位。"[7] 在巴伐利亚,加洛林封建制度开始于阿吉洛尔芬时代晚期。在王国内外,都有法兰克统治者的巴伐利亚封臣。最迟到9世纪下半,东法兰克国王和斯拉夫王侯之间的关系也根据封臣封君制建立起来。

加洛林时代的巴伐利亚有一个传统是,基于罗马、日耳曼和斯拉夫传统的多种族结构,以及对南方及西方的开放性。巴伐利亚是唯一同时相邻斯拉夫世界和罗曼语系地区的东法兰克王国,就是巴伐利亚人最早被他们的邻居斯拉夫叫作德意志人,后来被意大利北部的伦巴第人叫作"日耳曼人",此后很久"Germans"这才指代所有的"日

---

[5] Thietmar, Chronicon, V, 14.
[6] Lex Baiwariorum I, 10.
[7] Schulze (1973), p. 347.

耳曼人"。⑧

在加洛林时代巴伐利亚的斯拉夫邻居中,摩拉维亚人形成了最强大的政治和宗教实体。征服摩拉维亚王国是不可能的;所有像对待波希米亚人、潘诺尼亚人或达尔玛提亚斯拉夫人一样对待多瑙河北部阿瓦尔人后代的努力都失败了。日耳曼人路易的伯爵们只得用自己的资源掌控局势;但是所有试图借助谈判和协约在多瑙河中游建立和平的人,最终都似乎成了东法兰克统治者眼中的反叛者。无数的伯爵失去了爵位,但是国王的儿子卡尔洛曼以及"不忠诚"的伯爵的后来继位者也好不到哪里去。血腥和艰苦的战争与和平协议相交替,直到匈牙利人毁掉了摩拉维亚王国,最晚在906年。

"阿瓦尔人,即现在的匈牙利人"⑨,最终取代了他们的祖先。对于巴伐利亚人来说,这意味着他们不仅要动用一切手段与阿瓦尔人斗争,而且与他们共处;不仅要背信弃义地杀害他们,还为了与他们坦诚谈判达成协约。只有这样,阿尔努尔夫公爵在909年、910年和913年三次打败匈牙利人之后,才有可能于914年和916年两次随匈牙利人流放,这说明了至少存在一个和平协议作为前提。937年也是这样,匈牙利人经过巴伐利亚,"和平"进军西部。习语"异教徒的愤怒之剑"流传于多瑙河沿岸和其他地方,⑩ 但是只有在遥远的内地匈牙利人才被视为"斯基泰人"(Scythian),这个名字叫人联想到启示录的民族成员,而启示录当时正首次在莱茵河西部被注意。

巴伐利亚人对查理三世882年与诺斯人在阿塞尔特签订条约的看法,揭示了同样微妙的"异教徒和野蛮人"观点。梅斯版本的《富尔达年鉴》记录了一位软弱的傀儡统治者在叛徒——维切利的柳特沃尔德——的劝说下投降的故事;雷根斯堡续篇强调双方之间的友谊,双方狂欢两天,互赠礼物以加强和约的效力。⑪ 塔西洛三世和妻子卢伊特皮尔克,没有将来自东方的敌人诬为地狱的产物,或者只是将信将疑地诅咒,而是已经采取了一种新的态度:用现代术语来讲,将其视为国际法的对象,和任何其他对手一样都是敌人;在这里

---

⑧ Wolfram (1991).
⑨ Annales Fuldenses, s. a. 894, 896, 900, pp. 125, 129, 134.
⑩ Fragmentum de Arnolfo duce Bavvariae, ed. Reindel.
⑪ Annales Fuldenses, s. a. 882, pp. 98-9, 108-9.

"任何其他"可能指法兰克国王,如查理大帝、康拉德一世或亨利一世。易言之,在阿瓦尔人和匈牙利人之间,或者在同样来自外国——法兰克和萨克森——的反对者之间,不存在很大差别。迟至937年,在雷根斯堡接受了这样的观点:"萨克森的亨利作为敌人侵入了巴伐利亚人的土地",在此之前,国王康拉德一世就已经进入这个国家,"不是以国王身份而是敌人"。[12],据说莱森堡的伯特霍尔德——阿尔努尔夫公爵的孙子——在955年8月10日莱希费尔德战役之前警告匈牙利人:奥托一世和他的军队正在逼近,这说明他的行为不是背弃或严重的叛国问题。它只是对萨克森的奥托政策不成功的应对的一方面,奥托追求的政策很成功,给时人和后来的观察者留下了深刻的印象。后来的观察者居然将匈牙利人迅速凄惨的终结归因于伯特霍尔德,这并不奇怪;但是实际上到976年他仍然活着,而且奥托二世——955年"被出卖"的国王的儿子——对其以礼相待,即使伯特霍尔德显然支持公爵亨利二世("争吵者")再次抵制王家权威。10世纪的巴伐利亚人既不属于尚不存在的德意志王国,也未能表露出同样没有成形的日耳曼民族意识。

巴伐利亚的阿尔努尔夫,907—937年

阿尔努尔夫"出身帝王家族"[13],不管他与卡林西亚的阿尔努尔夫的实际关系究竟如何,却顶着加洛林王朝最后一位皇帝的名义,这并非偶然。他升任相当于准国王的巴伐利亚公爵的确切年表,既没有一个准确的术语表示,也不符合严格的宪政历史观点。907年阿尔努尔夫的父亲死后,他开始恢复和巩固巴伐利亚王国时,显然还是个年轻人。值得注意的是,尽管他可能需要巴伐利亚权贵这么做,但是他不需要国王;阿尔努尔夫也没有被他父亲的劲敌阿尔博及其家族所阻碍。阿尔博侯爵的伯爵领,起初从今天上奥地利的特朗高(Traungau)延伸到匈牙利西部的拉波河,阿尔博侯爵在多瑙河滨拥有强大的势力,长达30多年。匈牙利人只是逐渐地向上游渗透,直到布拉

---

[12] 'Nonregaliter sed hostiliter': Fragmentum de Arnulfo duce Bavvariae, ed. Reindel.
[13] Fragmentum de Arnolfo duce Bavvariae, ed. Reindel.

提斯拉瓦战役,阿尔博及其追随者很可能没有参与。之后,匈牙利人到埃恩斯(Enns)人的领土,将顽固的老对手限制在河西的一小块土地上。909年2月,阿尔博在特朗高接到王室的授予;阿尔努尔夫没有从中起到什么作用,很可能应该解读为"孩童"路易或他的臣属的努力,他们企图培植一个强大的巴伐利亚贵族家庭代表,以对抗巴伐利亚的领主。这种解读还有史实支持:在王家特许状的参与者名单中,"我们的亲属,康拉德伯爵",即后来的国王,位居诸位俗界权贵之首。[14]

就在匈牙利人从士瓦本回来的路上,他们很可能攻占了弗赖辛主教区,于909年8月4日"星期五中午"烧毁了大教堂。[15]但是,仅仅七天之后,侵略者就遭遇了"黑色星期五":909年8月11日,阿尔努尔夫单枪匹马,没有其他萨克森权贵援助,在下巴伐利亚的罗特河击败了匈牙利人。当匈牙利人第二年侵入德意志南部时,在奥格斯堡附近他们取得一次胜利,击败了法兰克人和阿勒曼人组成的皇家军队;但是在回家的路上,他们在纳乌岑遭到阿尔努尔夫军队的袭击,不仅丢失了战利品,而且遭到毁灭性失败。这样,巴伐利亚公爵成功地做到了国王和法兰克王国其他王侯当时所未能做到的事情:即保卫国家,打败匈牙利人。阿尔努尔夫之所以有能力做此事,一般的解释是,他采取恰当的行政和组织措施恢复了巴伐利亚军队的战斗力。巴伐利亚公爵能够开发出足够的流动资产,在某种程度上补偿巴伐利亚强大的贵族家庭和主教907年之后在巴伐利亚东部失去的土地;这被认为是一系列世俗化举措的结果,受到影响的修道院的后代认为阿尔努尔夫自己应负全部责任。这似乎是加洛林时代已经实行的政策的延续,比如所谓的俗人担任修道院院长,或者加洛曼的分配修道院财产。这些财产充公举措当然不是意在支持阿尔努尔夫设想的称王计划,但是被认为很快调动了巴伐利亚人的积极性,才成功地抵御了侵略者。

这样的解释,不能因为资料短缺就轻易否决,它提出了比答案更多的问题。人们首先想知道,假如阿尔努尔夫和他的臣属真的实行了

---

[14] D L C67, 19 February 909.
[15] MGH Nec. Germ. III, p. 82; Schneider (1991), 100.

大规模的世俗化,那么怎么隔了好多代之后才对他提出指控?直到 10 世纪末,才有人公开指责阿尔努尔夫毁了修道院,剥夺了修道院的财产,分给自己的封臣。979 年一纸归还泰根湖(Tegernsee)修道院土地的王家特许状,概略地控诉了修道院的被毁,但是没有指名道姓地指出为此负责的王侯或统治者。特许状由奥托二世发布,因为他的侄子奥托——士瓦本和巴伐利亚公爵——介入其中;因此毫无理由宽恕卢伊特波尔德家的阿尔努尔夫,如果他真的要为此负责。[16] 基于两份分别写于大约 1030 年和 1060 年的泰根湖修道院财产转让清单的谱系研究表明,几乎一半的被转让财产落入阿尔努尔夫的后代家中,其余的被另外三个家庭持有。[17] 如果是抱着供养大量军人的目的,那么所谓的世俗化不能算是成功。

有人可能会进一步要问:为什么阿尔努尔夫恢复和巩固巴伐利亚王国的措施,使他得以成功地防御匈牙利人,却每次与康拉德一世和亨利一世冲突时处于弱势?阿尔努尔夫的军事潜力足以对付匈牙利人,他与他们势均力敌,并几次战胜他们。难道是"在布拉提斯拉瓦战场上巴伐利亚贵族阵亡"太多以至于他无力与国王抗衡?[18] 或者是当国王到了巴伐利亚时阿尔努尔夫的得力干将还有主教们与他为难?既然阿尔努尔夫所有早期对匈牙利人的胜利都是在匈牙利人满载战利品回家的时候,那么很可能丰厚的劫赃使得阿尔努尔夫易于召集大量巴伐利亚人对付外部敌人;对于匈牙利人来说,威胁是所有劫掠武士——从哥特人到阿瓦尔人——都必须面对的。相对而言,当东法兰克统治者联合他们的法兰克和萨克森敌人一起进攻时,阿尔努尔夫胜利的希望就小得多了。除了内部可能反对阿尔努尔夫以外,阿尔努尔夫对抗东法兰克国王的失败还有另一个原因;他们占有莱茵—法兰克的王室土地和莱茵—美因河流域地区,在经济上和人口上占绝对优势。

不管怎么说,匈牙利人被阿尔努尔夫率领的巴伐利亚人和其舅父伯特霍尔德和阿奇虔格率领的阿勒曼军队于 913 年在"小旅店"(the Inn)第三次打败;这次还是匈牙利人在阿勒曼尼沿途袭击劫掠回来

---

[16] D O II 192.
[17] Tyroller (1953/4), pp. 302–9.
[18] Störmer (1988), p. 281.

的路上。在 908 年 9 月 13 日和 924/926 年之间的某个时间，阿尔努尔夫发布了一纸特许状，现在只留存副本，揭示了王家范式遍布字里行间，只是还得使用公爵封号。开头的格式，军事总论和叙述似乎是王家语气的，比如提到印玺和没有人证时："以神圣的不可分割的三位一体的神的名义，阿尔努尔夫，由上帝神授圣职——巴伐利亚人、周围地区乃至这个王国所有主教、伯爵和王侯的公爵。"[19] 文件肯定了弗赖辛主教德拉考夫（Dracolf）和他的乡村助理主教库诺之间的土地交换，库诺显然是阿尔努尔夫的宫廷神甫。但是，文件没有日期落款，所以不能确定该特许状的准确日期。格式、称谓和一般的特许状语言表明，特许状只能是阿尔努尔夫被萨克森贵族正式推举为大公后签发的，最可能的时间是在 913 年阿尔努尔夫在"小旅店"获胜之后，特别是他的伙伴和舅父阿奇虔格在 915 年取得对匈牙利人战役胜利之后被提升为王时。在东法兰克王国的一个小王国内独立选举大公惹怒了康拉德一世，因为他从 911 年 11 月就是王。于是，914 年发生了国王与大公之间的第一次冲突并非偶然，尽管前一年康拉德娶了阿尔努尔夫的母亲。

阿尔努尔夫没有可能与国王分庭抗礼。康拉德拥有更为强大的军队，而且他身为国王。尽管有可能只是亨利一世与阿尔努尔夫达成协议之后，巴伐利亚宗教会议布道时才提请会众祈祷"在国王的主宰下，为了国王、王后和我们的孩子"，但是不管康拉德是否受过涂油礼，他都被视为"上帝的恩选者"，基督教主宰者。对此，916 年 11 月 20 日霍恩纳塞姆宗教会议明令规定，这次会议得到教皇的支持，有巴伐利亚诸位主教的参加。[20] 东法兰克王国的主教，尽管根本没有全部出席会议，但是批准和拥护国王针对"王的反叛者"的军事和政治措施，在反叛者的黑名单上有阿尔努尔夫和叔父伯特霍尔德。尽管如此，阿尔努尔夫得以于 917 年重新占领巴伐利亚，并抵挡康拉德及其弟弟的进攻。在这些冲突过程中，国王身受重伤，并于 918 年 12 月 23 日死去。

---

[19] Reindel (ed.) Die bayerischen Luitpoldinger, p. 78, no. 48.
[20] Concilia aevi Saxonici, no. 1, p. 28, c. 21.

阿尔努尔夫在巴伐利亚王国的准国王统治

1921年厄恩斯特·科勒贝尔首次在埃德蒙特修道院的图书馆发现了11世纪的手稿，手稿包括《萨尔茨堡年鉴》从725年到956年的内容；从此，学界一再关注仅在此发现的920年以前的一个条目（919年或916/917年之后）："巴伐利亚人再次自愿归顺阿尔努尔夫公爵，导致他在条顿人王国的统治。"[21] 这和克雷莫纳的利乌德普兰德的《安塔波多西斯》的一个片段相关联，这个片段说阿尔努尔夫从匈牙利流放回来后，受到了巴伐利亚人和东法兰克人的礼遇，"不仅受到崇敬，而且他们促请阿尔努尔夫为王"。此句随后的信息是：国王亨利在巴伐利亚组织起强大的军队攻击阿尔努尔夫这个唯一的敌人。[22]

学界一般认为，这里记录的事件是巴伐利亚人对亨利一世919年5月在海斯北部的弗里兹拉，被法兰克人和萨克森人选举为王的反应，尽管有人提出，《萨尔茨堡年鉴》上的那个片段的日期应该是916/917年，而且这很可能是正确的。不管人们怎么看10世纪上半可能存在的条顿王国——无论是巴伐利亚王国的变种，还是11世纪或12世纪的一个时代错误，都不能把阿尔努尔夫意欲统治的政治实体叫作"德意志王国"。首先，除了这样的疑问——谁可能使阿尔努尔夫为王，以及他们使他为王统治哪里，实际上根本没有记载说明阿尔努尔夫真的称王。利乌德普兰德谈到巴伐利亚人和几个东法兰克人推举阿尔努尔夫为王的意图；《萨尔茨堡年鉴》说阿尔努尔夫统治原来东法兰克王国的一个小王国，正如阿尔努尔夫之前和之后的其他大公一样。当亨利一世举兵进攻阿尔努尔夫时，问题不是后者是否放弃了王位，而是他以什么条件承认了亨利的王权。

经过920年和921年两次战役，在老皇城雷根斯堡的大门前签订了协议，阿尔努尔夫甚至在第二次战役中就能够据此城对抗亨利，协议后来得到了巴伐利亚权贵们的批准。国王和巴伐利亚公爵签订了友

---

[21] Annales ex annalibus Iuvavensibus antiquis excerpti, p. 72.
[22] Liudprand, Antapodosis, II, 21.

好协约；亨利与自己王国的权贵签订这类条约，这样拓展了加洛林传统，原来只是与外部统治者签约。这样实际上也解决了两个当事人的地位和彼此承认等级和地位的问题。阿尔努尔夫承认东法兰克王国的统一性，作为回报，他得以对巴伐利亚实行准国王统治；实际上，很可能是亨利的承认首先使得阿尔努尔夫建立了牢固的统治。

阿尔努尔夫公爵继续行使司法权、召集军队、维护和平以及管理教会的权力，教会乐于既为国王又为公爵及其家庭祈祷；[23] 他实际上控制着王室在巴伐利亚的土地、伯爵和封臣，还有铸币权；阿尔努尔夫还能够行使独立的外交权，与波希米亚、匈牙利和北意大利独立外交往来。作为修好誓约的另一个结果，很可能是卢伊特波尔德家族采用了亨利的王室名称，阿尔努尔夫最小的儿子很可能就在这个时段出生，因此得名亨利；阿尔努尔夫的一个孙子和他弟弟伯特霍尔德唯一的儿子也取此名。

从921年签约到936年亨利一世去世，双方都遵守协约。巴伐利亚公爵抗击波希米亚人，既是站在国王一边，也是为了自己；他自己取得几次对匈牙利人的胜利后，927年阿尔努尔夫仿效前一年亨利的做法，与匈牙利人缔结了停战和约；933—934年，他试图为儿子埃伯哈德谋得伦巴第王国，或者至少谋得维洛纳。只是应阿尔努尔夫的要求，王家特许状才颁发给巴伐利亚人；有证据表明，932年在雷根斯堡和丁多芬召集的两次巴伐利亚宗教会议都是"在（巴伐利亚的）统治者、尊敬的阿尔努尔夫公爵庇护下"。[24] 进军意大利失败后，阿尔努尔夫任命其长子埃伯哈德继任巴伐利亚王国国王，并很可能在萨尔斯堡使他得到公开承认。

亨利就像他的朋友阿尔努尔夫公爵，得到封号后死于936年7月2日。东法兰克王国的僧俗权贵8月7日聚于亚琛，拥立已故国王的长子奥托为王。阿尔努尔夫像其他享有王侯地位的公爵一样，担任宫廷职务，"充当"最高军务官。然而，新国王打破了他父亲奉行的现代意义上的联邦主义政策，想要再回到加洛林传统中的国王，于是在

---

[23] 见 Schneider (1991), pp. 98–9 and 115, 他引证了弗赖辛宗教会议的讲道，日期不确定。在雷根斯堡圣事上的祈祷（布鲁塞尔，皇家图书馆，手稿1814—1816，第241v—242r页）也提到"阿尔努尔夫，我们的首领"，但日期更不确定。因为有932年在雷根斯堡和丁格芬召开巴伐利亚宗教会议的证据，所以有可能弗莱辛和雷根斯堡的文本应追溯到大约这个时间点。

[24] Concilia aevi Saxonici, nos. 7 and 9, pp. 95, 120.

亚琛受涂油礼、加冕，尽管（或者很可能恰恰因为）他父亲的前任康拉德一世败于此。这又是一个复兴加洛林传统的问题，复兴加洛林传统被认为统治者的责任；如果对此无法理解，那么接下来两代人的历史就似乎只是无意义的事件排列：反叛、调解、再反叛和不断变化的结盟。

王朝的抵抗和变迁，成就和挫折

很可能就在阿尔努尔夫在世时，新国王奥托就成功地在东法兰克王国与他的弟弟亨利相媲美了，因为亨利出生前其父已经称王，亨利出身显贵：他娶了阿尔努尔夫的女儿——卢伊特波尔德·朱迪思，所以野心勃勃，对奥托威胁极大。阿尔努尔夫本人死于937年7月14日；第二年奥托一世和新巴伐利亚公爵埃伯哈德就已经关系破裂，埃伯哈德得到了其弟兄的支持。国王权势扩张，将巴伐利亚公爵领授予阿尔努尔夫的弟弟伯特霍尔德，伯特霍尔德统治巴伐利亚自938年到947年，他显然已经放弃了对教会的统治和任命主教的权力。

伯特霍尔德在阿尔努尔夫在世时就已经获得了大公的称号，统治阿尔卑斯山南部土地：实际上卡林西亚王国连同今天的南提罗尔。正如伯特霍尔德早年服务于他的哥哥一样，现在是王室领主权的忠实代表。不少于六份颁发给巴伐利亚人的王家特许状都表示其中有着伯特霍尔德的介入或者提到奥托对伯特霍尔德做出的决定加以肯定。937年，匈牙利人在西进路上和平通过巴伐利亚；这发生在阿尔努尔夫统治末期或埃伯哈德统治伊始。在阿尔努尔夫早年，匈牙利人只是在满载战利品回家时才遭受攻击；然而，在伯特霍尔德统治下，匈牙利人还在进攻阶段就不堪东法兰克军队的打击，遭到最惨重的失败；伯特霍尔德的军队于943年8月12日在上奥地利特朗河畔的威尔斯附近围歼侵略者。

阿尔努尔夫的儿子们，特别是握有实权的伯爵阿尔努尔夫，袖手旁观，坐等机会。机会的到来需要时间，因为伯特霍尔德947年秋死后，国王奥托任命他的兄弟、阿尔努尔夫的女婿做巴伐利亚公爵。这位强权王侯实现了其前辈未竟的成就：巴伐利亚公爵的势力和影响从摩尔多瓦到波河、从里克到埃恩斯以外——据说巴伐利亚军队甚至越过了西萨河。巴伐利亚军队在诺德高抵御匈牙利侵略者成功后，950年随即展开大规模的反攻，攻入匈牙利腹地。同年，波希米亚置于巴伐利亚公爵的统治之下，重新实行加洛林王朝的传统政策；951年，巴伐利亚——至少是巴伐利亚公爵被授予意大利边区维罗纳和弗留利，正是阿尔努尔夫曾经为他的儿子埃伯哈德谋求的领土。

应该承认，947年王朝变换的第一个后果恰与国王的遗愿相反：巴伐利亚没有被安抚和整合进王室影响范围内，抵制和内部分裂因为一种新的因素——统治家族成员内部的妒忌和冲突——而蔓延。于是，奥托的儿子鲁道夫感到被忽视了，于953年公开反叛，并得到了卢伊特波尔德家族的全力支持；即使奥托与鲁道夫的和解对卢伊特波尔德家族带来灾难性后果，卢伊特波尔德家族仍不改抵制方向。这是955年初发生的事；当年夏季发生了与匈牙利人的战役，但是卢伊特波尔德家族还是热衷于反对外来国王。不仅卢伊特波尔德家族的大多数——特别是阿尔努尔夫的直系后裔——不肯妥协；而且巴伐利亚的鲁道夫家族不久也起而争斗，既反对本地的公爵家族成员，也与国王的敌人一道反对国王。巴伐利亚的亨利一世始终忠诚于他的兄弟，但是他于955年秋死去，世上只剩下一个四岁的同名的人——"争吵者"亨利，他很可能直到967年才亲政。

奥托大胜匈牙利人并于962年升任皇帝，卢伊特波尔德家族和巴伐利亚公爵亨利二世所代表的少数遭受的重大损失，所有这一切都意味着弹指一挥间大约20年过去了。但是，974年奥托二世元年，游戏重新开始："争吵者"亨利联合波希米亚和波兰，得到卢伊特波尔德家族的最后支持，开始挑起冲突。至于原因，资料语焉不详，因此人们只能猜测。很可能还是"荣誉"的问题，荣誉问题所承载的价值与法尔斯达夫（Falstaff）所赋予的价值截然相反："一个词——气势。给人穿戴装备整齐的印象。"这个时期，"忽略权贵们对荣誉的诉求，极易被视为轻蔑或侮辱、冒犯。如果被冒犯的权贵不做出回应，他们的地位就会受到两方面的影响。他们的追随者对他失去信心，这意味着真正权力的丧失；他们的竞争对手和反对者不再对他保持尊敬，这进一步威胁到他的地位"[25]。在这种情势下，权贵们不得

---

[25] Althoff and Keller (1985), p. 124.

不以武力捍卫自己的权利,为的是恢复他们的名誉和权力,换言之,以武力捍卫荣誉。

斗争持续了十年多,从974年到985年初,甚至延续到奥托二世死后;在此过程中,巴伐利亚公爵失去了一些影响,尽管只是暂时的,领土重新被划分成以前的单元——王国。亨利企图利用波希米亚人的支持,结果被奥托二世抵制,于是976年在布拉格建立了主教区。因为新主教区隶属美因茨都主教区,所以巴伐利亚教会失去了对原来传教区的一贯管辖,巴伐利亚在波希米亚的影响由此衰落。同年,巴伐利亚的卡林西亚和伦巴第地区被分割出去,组成独立的卡林西亚公爵领,授予卢伊特波尔德家族的亨利——伯特霍尔德公爵的儿子。新公爵重拾其父未竟的事业,力图复兴一种改进后的加洛林传统。多瑙河畔的巴伐利亚边区,即后来奥地利的核心地区,在此安置巴本贝格家族对于将来意义特别重大。该家族的起源——始于边地侯卢伊特波尔德一世,是有争议的;巴伐利亚历史学家普遍坚持法兰克起源,而他们的奥地利同仁则指向领头者的名字——卢伊特波尔德,因此视他们为卢伊特波尔德家族的一个平行分支。

建立卡林西亚公爵领的意图,与其说创建一个强大的机构并可能由此形成多种族的阿尔卑斯东南地区,不如说承认一个亲近国王的权贵的王侯地位。埃恩斯东部边区依然附属巴伐利亚,尽管那里任职的边地侯攫取了当时想象不到的机会,这些机会是"远东"的边界和殖民土地所特有的。他们抓住机会,建立了一个王朝,开辟了自己的领土,尽管范围不大,但其经济潜力和实际力量堪比比较富足的邻居巴伐利亚和卡林西亚。老皇城雷根斯堡逐渐失去了首都的地位,而年轻许多的维也纳到12世纪中期成为多瑙河流域边地侯们——后来的奥地利公爵们——的驻地。

这样的发展当然并非不可避免,也不是10世纪有意识计划的结果。但是,亨利这位被贵族选中的最后一位巴伐利亚公爵,一旦成为国王后所采取的政策表明,以种族为基础的辽阔的公国时代接近了尾声。985年的妥协之后,"争吵者"亨利在巴伐利亚的强权统治得以持续了又一个十年。990年前后在兰舍芬(Ranshofen)召开的地方诸侯大会上发布的法令非常明确地表明,他是巴伐利亚教会、巴伐利亚王室领地的主人,实际上"从他省的支持者和伯爵看来"是副王。㉖ 亨利的重名儿子，其父在世时已经参政；995 年，得到贵族的同意并被贵族选中继承父位。不仅在巴伐利亚，而且在卡林西亚的大部分地区都能感觉到"争吵者"亨利的存在，因此卡林西亚的独立发展几乎得不到促进。在 985 年到他去世的 995 年之间，亨利重新挑起与匈牙利人的冲突。他肯定是打破了他的叔父在统治早期所期望的和平，因为 973 年一位来自匈牙利盖扎的公使出现在奎德林堡的诸侯大会上，显然带着恢复和平的意图。在前巴伐利亚东区，从多瑙河穿过穆尔河和德拉瓦河中游远达桑河（Sann）和塞晤河（Save），在 10 世纪 70 年代命名了众多边区；亨利积极的匈牙利政策与此有明显的关联。亨利恢复秩序后重新向匈牙利人开战，部分原因无疑是为了报复，因为 10 世纪 80 年代早期帝国混乱时匈牙利人曾乘虚袭击。991 年，"亨利公爵取得了对匈牙利人的胜利"。㉗ 匈牙利边界仍然设防，在匈牙利聚居区前不远处设立前哨基地；直到 1030 年首次界定菲斯查河作为边界之后，并于 1043 年签订和平协定，这些前哨基地才被撤除。那时，多瑙河中游的支流——马池河和雷泽河——被确定为巴伐利亚和形成中的德意志王国的东部边界。㉘

991 年战败以后，匈牙利的统治家族——阿尔帕德家族——不得不与西部邻居和解。斯蒂芬——后来的圣徒——与吉泽拉结婚；吉泽拉是"争吵者"亨利的女儿，是年轻的亨利五世的姊妹，亨利五世于 995 年刚刚成为公爵。婚配的缔结得到了奥托朝廷的同意，通过将斯蒂芬结亲为未来皇帝亨利二世的姐夫，奠定了匈牙利和帝国关系的永久基础。与吉泽拉一同而来的不仅是基督教传教士，还有大批的追随者。这些"客人"的影响是一系列的，从军事到立法（通过使用特许状）。斯蒂芬旧名叫作沃依克，后来的名字取自帕绍的庇护圣徒，这标志着沿多瑙河向东延伸的主教区赶走了对手，实现了匈牙利人的转宗。但是，在帕绍燃起的很高的期望——匈牙利人永远归顺帕绍主教管辖，甚至帕绍被提升至辖管多瑙河盆地的大主教区——却落空了。一旦斯蒂芬于 1001 年被加冕和施涂油礼，成为匈牙利人的第

㉖ Constitutiones Heinrici ducis Ranshofenses.
㉗ Annales s. Rudberti Salisburgensis, p. 772.
㉘ Annales Altahenses maiores, p. 33; Hermann of the Reichenau, Chronicon, p. 124.

一个基督教国王，教皇、皇帝和巴伐利亚公爵商定，承认匈牙利为基督教王国，大约同时在匈牙利建立一个新的教省。㉙

奥托三世死后，他的堂兄弟、巴伐利亚的鲁道夫克服强大的阻力，于1002年在梅斯当选为王，并接受涂油礼，称亨利二世。正如一位意大利观察者所说，"现在巴伐利亚胜利了"。㉚ 但是，并非整个巴伐利亚公爵领均从新国王的政策中受益，而是巴伐利亚的僧俗权贵个人开始在王国内担任要职，身居高位。作为对时代要求做出的合乎逻辑的反应，亨利二世要保存巴伐利亚公爵领的资源为王室所用，即使他已经不情愿地答应将土地授予它原来的公爵。这是班贝格主教区起源背后的根源，班贝格主教区于1007年建立，在诺德高的侯爵、施韦因福特的巴本贝格·亨利反叛失败之后。亨利二世起初对这个正在崛起的家族的最出色成员承诺，授予他巴伐利亚公爵领以作为支持他争取王权的奖赏，但是后来食言了。现在班贝格主教区要取代巴本贝格边区的地位，除此之外，班贝格得到了丰厚的王室土地赠予，不仅遍布巴伐利亚，还有今天的奥地利、意大利的土地，莱茵河畔零散的土地，士瓦本和卡林西亚的土地。新主教直接服从国王，因此没有豁免特权；在很大程度上，新主教享有以前巴伐利亚公爵所享受的权力手段。由于公爵领掌握在国王或其家族手里长达53年，从995年到1096年，所以创建"真正的人民与公爵中间权力的王朝纽带"的最后机会错过了。㉛ 人们可以这样谈论，巴伐利亚作为王室领地最晚到康拉德二世——亨利二世的继承者时期。尽管这些政策威胁到巴伐利亚的统一和完整，但是巴伐利亚最终并没有出现区域碎片化，如同东法兰克王国的其他王国（regna）。实际上，巴伐利亚的大部分土地保持完整，为12世纪提供了基础，一旦皇室影响急剧衰减，一个中世纪领土国家在此基础上形成。并非不可思议的是，是巴伐利亚权贵自身，凭着对"习俗和法律"的坚持和对参与的执着，才保持了公爵领的统一，这被认为是帝国里最高贵的尊严。

㉙ Thietmar, Chronicon, IV 59 见最近 Fried (1989a), pp. 66–7 and 132–3.
㉚ Leo of Vercelli, Versus de Ottone et Henrico, p. 482.
㉛ Prinz (1981), 390.

精神和智识生活

9世纪存在的修道院到10世纪几乎消失了一半；在"反修道的"弗赖辛主教区，十四个修道院只有三个幸存下来。那些幸存下来的，虽然存在了很长时间，但是规模和地位大为缩减，大多只是作为主教区拥有的修道院而存在。除了修道院，只有巴伐利亚的一些主教区留存下来：帕绍、雷根斯堡、弗赖辛、布里克森，还有萨尔茨堡都教区。在大主教奥达尔伯特（923—935年）、弗雷德里克（958—991年）和哈特维格（991—1023年）庇护下保存下来的关于传统的书籍，包括一系列特许状，都是相关大主教在任期间发布的。这些文件以比较简单的记录簿形式，而且相比加洛林时代，采用了更加直截了当的语言。慷慨的无条件赠予的时代结束了；现在经常是财产交换，很多人用共谋串通的方法，捐赠者的财产生前在增加，但是一旦死后全部归于主教名下。

尽管教会在衰落和萎缩，这个"冷铁时代"还是有可能出帕绍主教"朝圣者"（971—991年）这样的人才。无论他作为庇护者是否真正创作了拉丁版本的《尼伯龙根之歌》，他至少坚定地扎根于贵族的物质传统，以至于无名诗人将"朝圣者"写成克里姆希尔特（《尼伯龙根之歌》中的主人公西格弗里德王子之妻）的叔父，诗人于1200年前后创作的中世纪盛期的日耳曼诗歌得以幸存下来。"朝圣者"还是一位研究罗马历史的学者，这一点可以从他的伪造品中看出来。按今天的标准，这些精心制作的东西可能是可疑的，但是它们揭示了"朝圣者"具备的对帕绍地区综合全面的历史知识，从古代到加洛林时代及其以后，还有高水平的智力活动，使这些智识服务于争取独立的教省。"'朝圣者'意在多瑙河盆地建立帕绍大主教区的乌托邦，这种倒退的想法可能是时代的产物；但是仅仅把它看作时代的产物是不公平的，伟大的思想总有超越时间的成分。"[32]

10世纪晚期巴伐利亚主教中最杰出的人物无疑是雷根斯堡的沃尔夫冈（972—994年）。他将洛塔尔吉亚的修道改革带到雷根斯堡，

---

[32] Fichtenau (1971), 133.

任期伊始就将雷根斯堡的圣埃默兰修道院与主教区分开。他的做法为大主教弗雷德里克所效仿，987年弗雷德里克将修士提托从圣埃默兰召到萨尔茨堡，任命他为单独的圣彼得修道院院长，并赠予另一修道地产。弗赖辛的主教亚伯拉罕（957—973年）曾与继承了封号的女公爵朱迪斯一起，做过年幼的"争吵者"亨利的摄政，他与王国西部有着广泛的智识方面的联系，从西部显然收集到拉丁教父的文本以及拉丁派文学作品。在亚伯拉罕任期，弗赖辛的缮写室达到了很高的艺术水准。同样著名的是，慕尼黑的斯拉夫资料集录第6245号，是一种在巴伐利亚和卡林西亚的斯拉夫聚居区适用的牧师职责手册。它既包括最古老的连续的拉丁字母文本，也有拉丁字母写成的对一种斯拉夫语言的最早记录。

10世纪下半，在巴伐利亚主教区智识活动和书写的运用都有显著增长。巴伐利亚东部为新的传教团准备好了智识装备，但是巴伐利亚主教却未能够利用955年胜利后的几年匈牙利人退缩的机遇，将其发挥到加洛林传统所启示的那样。我们已经看到，波希米亚和匈牙利主教区的建立将雷根斯堡、萨尔茨堡和帕绍从他们传统的传教领土分离开来，使它们与东部地区有了明显的教区界限。

一般水平的写作活动没有产出优秀的历史编著作品：10世纪中期的《大萨尔茨堡年鉴》得此书名不是因为其重要性，而是因为现代学界将其界定的在德意志东南部年鉴中的位置。阿尔努尔夫公爵的颂文的确以清晰的语言讲出了巴伐利亚人的自觉意识，非常可惜的是，只留存下来一个片段。只是由于圣埃默兰的奥特拉赫（死于大约1070年）的成就，该时期留存下来的、散落在各处的拉丁语和本土语资料才重新开始被尝试性地挖掘出来。从事此类活动的闲暇（*otium*）还是不够；男人仍然忙于日常事务（*negotia*）。因此，在10世纪末千禧年信徒的合唱中找不到巴伐利亚人，并不奇怪；那些不得不同时对付匈牙利人、波希米亚人、萨克森人和法兰克人的人面临世界上足够多的问题，根本来不及考虑时间的终结和世界的毁灭。

赫尔维格·沃尔弗拉姆（Herwig Wolfram）

王建波　译

顾銮斋　校

第 十 二 章

洛泰林吉亚

从900年到939年

茨文蒂博尔德死于900年8月13日,他曾经统治的王国边界不变,成为一个公爵领,自始就被习惯地称为洛泰林吉亚。北部边界以弗里西亚和北海划定,南部以勃艮第、沿图尔教区和贝桑松、朗格勒教区接壤线南北展开。至于与西法兰克王国的边界、与德意志公爵领的边界则不很清楚。必须承认,以大河为界的古代原则,被843年的凡尔登分裂所沿袭,仍然基本有效:因此西部的默兹河、斯凯尔特河和东部的莱茵河,理论上仍是这个时期洛泰林吉亚的边界。实际上还要复杂,在没有其他具备确切边界的行政单位的情况下,教区起主要作用,而且主教依附于东法兰克的统治者。如果在西部追源图尔和凡尔登教区的西部边界,会发现这些边界还向西延展了一段距离,越出了默兹河的左岸。这样就必须要问,这些教区左岸的地区(*pagi*)是否服从西法兰克国王的权威;这个问题特别适用于欧诺斯人和巴洛斯人,因此也适用于巴西尼的林格尼部分。一直以来,兰斯教区的三个东部地区——阿斯特诺斯、道莫伊斯和卡斯特里斯——被认为属于"帝国的"。鉴于这些不确定性和10世纪的缓慢演化特性,恐怕应该这样说:统治者认定默兹河为边界,但是东法兰克王国的权威向西超过了默兹河一段距离。沿着莱茵河,洛泰林吉亚的主教区向东延展,超过了莱茵河,但是公爵领之间一般还是沿莱茵河为界。然而,这对阿尔萨斯地区来说就不准确了,因为自911年以降,阿勒曼尼亚/士瓦本收回失地,重新整合了阿尔萨斯,于是将西部边界延展至孚日山脉。

第十二章 洛泰林吉亚

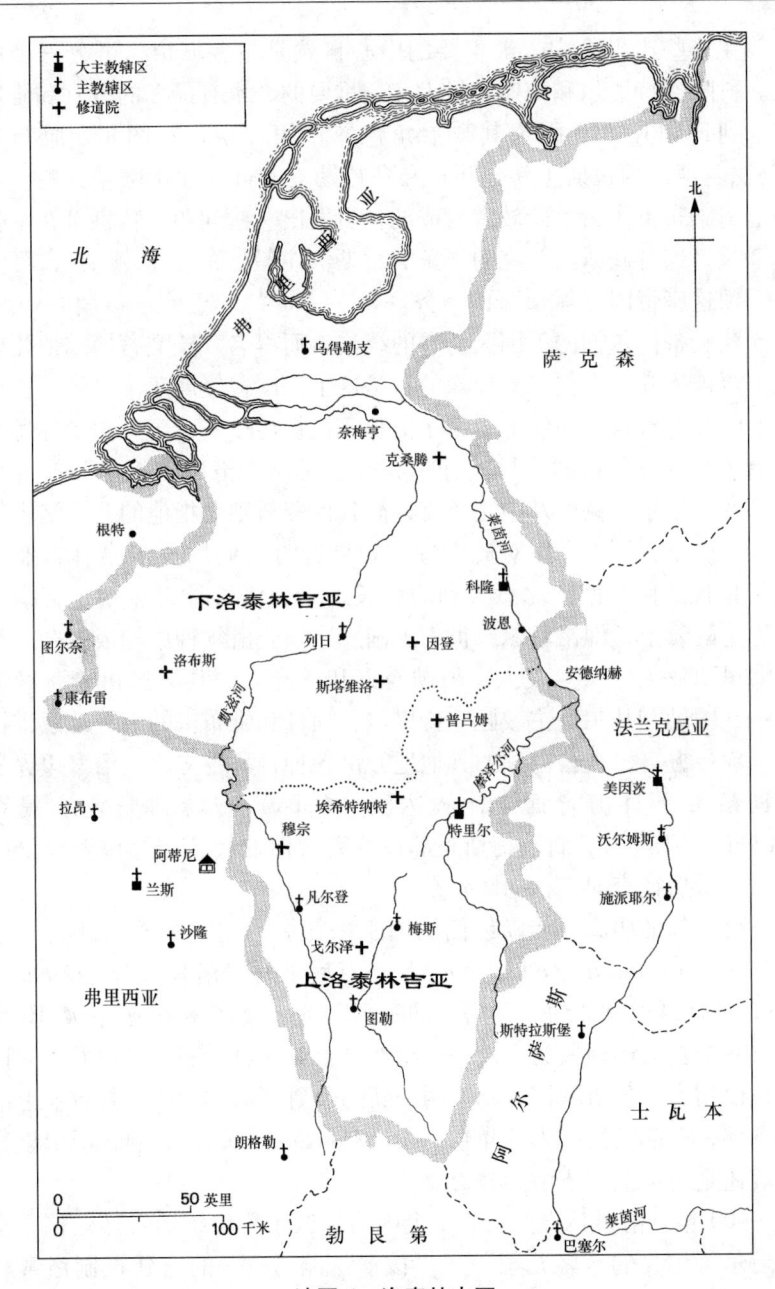

地图5 洛泰林吉亚

在这些边界之内,最重要的中心自然是主教城市,可分三个层次。科隆、特里尔和梅斯是最大、最重要的,也有最多的教堂和修道院;列日和凡尔登因为其政治角色属于第二层次;图尔、康布雷(与法兰西的阿拉斯重新合并)和乌特勒支的重要性稍微差一些。要知道,康布雷作为兰斯教省的成员,引发出一些问题,特别是在主教选举时,这时候西法兰克的国王、兰斯大主教区的"总领主",可能要干预这座帝国"城市"的事务。

茨文蒂博尔德的王国因为它的统治者而得名。茨文蒂博尔德死后就不再被提起,人们印象较深的只是这个王国曾经属于洛塔尔。这个时期的文本资料——年鉴、编年史和圣徒行传——对于王国指称哪个统治者,没有一致的意见。有些资料在提及"洛塔尔王国"时,意指皇帝洛塔尔一世以及中法兰克,而其他资料则喻指他的儿子洛塔尔二世。但是,历史学家对此无疑,如果有时人们用"洛泰林吉亚中枢"指代从佛兰德到北意大利的狭长地带,洛泰林吉亚则一直指上述界定的领土,即洛塔尔二世的王国。这个公爵领种族构成复杂,包括弗里西亚人、法兰克人、阿勒曼人和沃隆人。其居民讲着各种语言:在图勒和凡尔登主教区、特里尔、列日和康布雷的部分地区讲拉丁—罗曼方言,在公爵领的其他地方讲各种日耳曼方言。语言边界从勃艮第沿孚日山脊而上,从达波(Dabo)右转到奥登-提奇(Audun-le-Tiche),直到梅斯东部;然后再向北转,绕过讲罗曼语的列日,最后径直向东指向图尔奈。

公爵领的居民只能以他们的国王来命名,用过的术语就是"洛塔尔人"(Lotharii, Lotharienses),还有后来的"洛林人"(Lotharingi)。地理区域就称为"洛塔尔的王国"或"洛塔尔王国"。从10世纪末一个新词逐渐成为主流——洛泰林吉亚,虽然旧的术语并未立即停止使用。当公爵领被分割,两个新的公爵领被称为洛泰林吉亚上部和下部,上部又被称为摩泽勒尼人(Mosellani)的公爵领,历史学家一般还是指称上、下洛泰林吉亚。

900年,洛泰林吉亚贵族不会因为忠诚于哪位统治者而烦恼,皇帝阿尔努尔夫的年轻儿子——"孩童"路易——的宫廷控制洛泰林吉亚也不费力。在西方,国王查理("直爽人")行使更为有限的权力,他只是从898年开始才是唯一的统治者。洛泰林吉亚的世俗贵族把茨文蒂博尔德拉下了台，他们要求在国家治理中有话语权。众多伯爵带头抵制，最重要的是格哈德和马特弗里德两兄弟，他们的祖先来自马特弗里德和阿达尔哈德家族，曾在加洛林皇帝下担任重要职位。他们的权力范围以梅斯（Metz）为中心；格哈德娶了奥达为妻，奥达是下台的茨文蒂博尔德的遗孀，萨克森大公之女。另一个家族是雷吉纳·郎内克家庭，其母是洛塔尔一世之女，洛塔尔一世被杀后，由默兹的伯爵吉斯勒贝尔嫁出。雷吉纳·郎内克的权力坚实地建基于大修道院，如埃克特纳克和马斯特里赫特的圣塞尔瓦蒂乌斯；还建基于默兹河和斯凯尔特河之间的自由地（allodial）。他自认为是加洛林后代，有着统治远到埃诺（Hainault）和布拉班特（Brabant）的野心。其他伯爵所起的作用较小：例如，斯蒂芬是一个不知名家族的成员，这个家族在萨尔非常富足，包括两个同名的主教区：康布雷（大约911—934年）和列日（901—920年）；再比如，娶了加洛林家族的库尼贡德的宫廷伯爵维戈里克，其作用也无足轻重。所有这些王侯拥有的财富包括世袭土地、作为圣职人员拥有的修道院财产和他们管理的地区。

没有人被请求接管公爵领；"孩童"路易的属臣将其委托给格布哈特（Gebhard）公爵，他和兄弟康拉德是一个重要的法兰克家族——康拉德家族——的头领。格布哈特是第一个没有任何王室头衔却统治洛泰林吉亚的人，他成功地顶住地方权贵的阻力，但是在910年在对匈牙利人的战役中阵亡，恰巧同时输给了他在梅斯的对手格哈德。第二年，"孩童"路易去世，洛泰林吉亚的归属问题重又摆在桌面，这次骤然转向西法兰克国王查理。很难确切地知道，这种变化发生在年轻的德意志统治者死前还是死后，但是为此负责的人很可能是雷吉纳伯爵，一位编年史家称其为大公。

"天真汉"查理

遗腹子"口吃者"路易对自己的王国实施统治就有困难，起初他被忽略，巴黎伯爵奥多受青睐，但是就在奥多在世时，路易被培养成为国王人选，直到898年成为唯一的统治者。他的志向是恢复对祖先土地——中法兰克即现在的洛泰林吉亚——的控制。他在那里拥有土地,甚至还在他最终统治之前曾多次造访那里。他得等到911年才能得以完全控制这些土地;911年后他立即前往占有,不费什么力气就获得了中法兰克的伯爵和主教的忠诚。他奉行的政策和对宠臣哈格诺(Hagano)的偏惠过度导致了自己的下台。尽管他认为自己有一高明之举,那就是娶了一个洛泰林吉亚女人——弗莱德鲁纳,并和她育有多子;但是他犯了一个错误,那就是将地方伯爵因为圣职已经持有的修道院财产赠予哈格诺,这至少可以解释路易与地方之间紧张产生的原因。维戈里克似乎保持了忠诚,但是吉斯勒贝尔没有,他是915年死去的雷吉纳·郎内克的子嗣和继承人。吉斯勒贝尔梦想恢复其父所扮演的领导角色,其父仍然保持着"侯爵和驻外领主"的称号。他不能容忍成为哈格诺享受偏惠的牺牲品,所以领头反对查理;919年以降,他支持德意志新国王——亨利一世。如果人们相信法罗多拉尔(Flodoard)的话,吉斯勒贝尔本人被他的权力平级者选举为首领,但是并不清楚这个头衔我们应该理解成什么,很可能是王权本身?[①] 他后来试图确立他的候选人希尔顿做列日的新主教,对抗王室候选人里歇尔(Richer),里歇尔是普吕姆修道院院长、马特弗里德伯爵的弟兄,但是921年失败了。一段时间过后,在莱茵河畔的波恩组织了一次会晤,两位国王结成联盟。查理后来得以于922年任命他的公证人高兹林(Gauzlin)去图勒教区,但是如果说在洛泰林吉亚查理一切还算顺利,那么西法兰克的情形就非常不同了。那里的贵族反对派足够强大,以至于922年选举国王奥多的兄弟、"强壮者"罗贝尔为王以对抗奥多。不久以后,亨利一世与查理的反对者取得了联系,此举使得亨利在洛泰林吉亚站住了脚跟。吉斯勒贝尔算计得很好,因为923年战争在西部爆发,在6月的苏瓦松(Soissons)战役中查理战败,罗贝尔被杀。西法兰克贵族并不气馁,拥立罗贝尔的妻兄弟——勃艮第公爵领的鲁道夫——做新的僭王。查理由于遭到削弱,失去了军队,希望从韦尔芒杜瓦的赫里伯特那里得到支持,但是赫里伯特诱骗查理出席一个会议,将其囚禁,直到929年死去。洛泰林吉亚人似乎从未打算转投鲁道夫,鲁道夫既无查理的加洛林

[①] Flodoard, Annales, s. a. 920.

血统，也不是加洛林家族的亲属。923年凡尔登伯爵里丘恩（Ricuin）被法兰西新国王的弟兄、阴谋家博索杀害，民众对此的反应表明鲁道夫在这个国家几乎得不到什么支持。亨利一世因此随心所欲地对洛塔尔和茨文蒂博尔德的王国进行再征服。

亨利一世的再征服于923年开始，到925年大致完成，这一年他攻破了梅斯主教维戈里克负责防守的萨温的抵抗。亨利立马采取措施确立他的权力。927年他任命一位虔诚者斯特拉斯堡教士本诺（Benno）去梅斯教区作主教，将重要的经济权利授予图勒主教，支持图勒新主教巴诺。第二年，他继续深化既定战略，将女儿格伯嘉嫁给吉斯勒贝尔伯爵，后者还被授予公爵权力。但是，这一切并没有直接见效，地方贵族仍然很活跃；929年，梅斯居民毫不犹豫地废黜并牺牲了本诺，继而从他们当地领主中任命一位主教：阿达尔贝罗，维戈里克伯爵的长子，他也是一位教士，据说他与里丘恩伯爵的被杀脱不开干系。王国无力组织任何武力讨伐此次政变。

一些暂时性的反对派仍然存在，人们还可以看到洛泰林吉亚贵族的欲望引起西法兰克国王的关注，但是直到936年亨利一世去世，局势最终仍如既往。那年，发生了两样重大的变化：奥托一世在东部登基，几乎与此同时路易四世"身在海外者"在西法兰克登基。经过勃艮第人拉杜尔夫的短暂统治，一位加洛林后裔、"直爽人"查理的儿子再次登上法兰西的王座，而且他保持古代加洛林的志向不变。起初，一切太平，但是后来东法兰克的新国王发现自己身处王国两端的反对中。奥托一世可能发现在洛泰林吉亚权力正离他而去，因为在那里他自己的妻兄弟将主教和伯爵聚拢在自己一边，但是他在渡过莱茵河之前必须先解决巴伐利亚和萨克森的问题。奥托的两位支持者939年在安德纳克战役中获胜，战役接近尾声时，吉斯勒贝尔被淹死在莱茵河。这次胜利足以保住奥托的地位。梅斯主教向国王进军，促使他肯定了在圣阿尔努尔夫修道院实行的改革。与之相反，法兰西国王现在扮演了更为积极的角色：实际上他迅速俘获格伯嘉——吉斯勒贝尔的遗孀，并当场与她结婚，这样同时使他成为奥托家庭的远亲，昭示着他对洛泰林吉亚的持续兴趣。

从939年到965年

奥托一世不得不寻找替代吉斯勒贝尔的人选,起初他将吉斯勒贝尔的位置慷慨地授予他的弟弟亨利,并自以为是高明之举。但是,亨利一直不忠诚,国王很快取而代之以一个地位很高的当地贵族,那就是凡尔登伯爵奥托,里丘恩的儿子。关于奥托,我们几乎一无所知,无论是他实际行使的权力,还是他自己的土地财富,尽管在凡尔登,他把持一处要塞,在与西法兰克的边界上扮演重要角色。他几乎没有机会显示自己的勇气,因为他于944年就死去了。接替者是康拉德家族的康拉德,公爵吉伯哈德的后裔,后来被称为"红色的"康拉德。他的生涯显示了他的才能和精力,是个很好的继任者。奥托一世奉行既往的家族政策,947年或948年将自己的女儿柳特加德嫁给康拉德,这样将其更紧密地与国王自己的王朝利益捆绑在一起。不幸的是,这个家族联盟一直流于纯粹表面。奥托一世后来和他的私生子威廉——梅斯大主教——都看出了这一点,不久就因为儿子鲁道夫和女婿康拉德的反对而苦恼。这两位王侯,分别是士瓦本和洛泰林吉亚公爵,要么被某些王室行动所激怒,要么梦想创造更光彩夺目的事业,总之不管怎么说,他们联合力量,到953年已经构成相当的威胁。奥托一世反应坚决,剥夺了两位犯上作乱者的职位;他任命他的弟弟布伦——一位宗教权贵——代替康拉德,此前布伦已经由大主教一等秘书升为科隆大主教。布伦在很短的时间内升任大主教和公爵,康拉德大怒,因而进行报复,他自己先是率军进攻梅斯,然后954年招引匈牙利人进入公爵领。后来康拉德投降,在里克(Lech)战役中英勇地战死。自从布伦大主教做了首领,洛泰林吉亚进入几年相对和平时期。

有人可能说,从奥托一世继位到奥托三世继位,甚至到休·卡佩登基,洛泰林吉亚一直具有中法兰克的特点,受到它左右两个邻国的纷争,恰如早期的洛塔尔二世的王国。西部的加洛林家族——路易四世和洛塔尔,像奥托家族一样惦记着获取和持有这个中间公爵领。这些纷争的历史因为包含着家族结盟和仇视的交替变化而更加趣味盎然。

我们已经看到，路易四世939年娶了奥托的姊妹格伯嘉。一年前，法兰克公爵休大帝作为路易的主要对手，娶了奥托的另一个姊妹哈德威格为第三任妻子。德意志国王就这样轮番支持一个妹夫（姐夫）并反对另一个，使两个妹（姐）夫之间保持永久的敌意，自己从中渔利。法兰西国王的地位最为脆弱，所以最为频繁地求助于莱茵河对岸的亲戚。他们因为政治形势和家族要务的需要经常会面，地点分别在维斯（942年）、康布雷（946年）、亚琛（947年、949年）、莫桑（947年）、英格尔海姆（948年），还有950年洛泰林吉亚的某地。地名清单本身并非没有耐人寻味之处，因为它揭示了前面已经提到的默兹河岸和莱茵河岸边界所起的作用。奥托喜欢扮演庇护者的角色，在自己接受加冕的亚琛宫廷中闪亮出场，复活节那天竟上演了两次。路易则收敛得多，不得不更多地扮演恳求者的角色，乞求保住自己的王位。法兰西的休和韦尔芒杜瓦的赫里伯特永远是威胁，尽管940年他们甚至曾经向奥托致敬。路易总是力求保住他的领土，951年当洛泰林吉亚伯爵弗雷德里克试图在两国边界处的芬斯建立城堡时，路易强烈抗议。

家族安排不久趋向恶化。法兰西国王在提升布伦的次年死去，留下一个未成年的王储；两年后法兰西的休也死去，留下一个未成年人继位，即未来的休·卡佩。两位遗孀，王后格伯嘉和公爵夫人哈德威格自然投向他们的兄弟——奥托和布伦，布伦已是科隆大主教，对其公爵头衔有些历史学家存有争议。在当时的局势下，特别是布伦要肩负重任。他是亨利一世与玛蒂尔达最小的儿子，生于925年，从929年委托给乌特勒之主教巴尔德里克接受培养教士的教育。当奥托成为国王，将年轻的弟弟召到身边，成为秘书处的一名成员；布伦从940年任大臣，这样与哥哥更加近距离地接触，因而熟悉他哥哥的困难。951年，他被任命为大司仪，掌管宫廷人事；我们已经提到，953年，布伦平步青云，接受科隆的洛泰林吉亚大主教任命，并附总管大臣头衔。公爵职位，这里第一次授予一位修士王侯。受历史编著的影响，特别是罗杰的《布伦传奇》的启发，历史学家往往将这位高级教士视为世俗和宗教权力统一的象征；布伦是帝国教会的开拓者，而帝国教会发挥巩固和加强德意志统治权力的作用长达一个世纪。

布伦的任务是双重的：一方面要保证洛泰林吉亚贵族的顺服，贵族没有因为叛乱而名誉受半点损失；另一方面，他要充当两个王国之间微妙外交关系的调解者。在公爵领内，他有一个相对稳固的位置。大家族的多数成员实际已被杀死，勃艮第的动乱挑动者博索（Boso）于935年从当地销声匿迹；凡尔登家族的头领于944年失踪，实际上如同梅斯伯爵属亲系的头领阿达尔伯特一样，同年被杀。乔莫图斯（Chaumontois）的休势力强大，号称加洛林后裔，势力范围局限于省的南部，并保持忠诚于布伦；而吉斯勒贝尔的亲属埃诺的雷吉纳和兰伯特一直威胁政权，因而被长期流放在法兰西，一直未能恢复家族的地位和光荣。"红色的"康拉德通过强力举措，获得了好的结果；布伦继续既往政策，严格监管城堡建设。除了上述提到的还有其他家族，但是它们没有这么强大：例如，萨斯地区的福尔马斯谱系，或宫廷伯爵维戈里克的后裔。

布伦肩负着沉重的负担，在德意志和法兰西之间来回穿梭，既行使公爵权力又履行大主教之职，因而精疲力竭。他的北方对手——埃诺的雷吉纳和切弗瑞蒙特的埃摩——并没有放下武器，布伦不得不几次军事干预。他认为已经找到了解决问题的办法，那就是将广阔的公爵领一分为二：959年，将北半部授予戈弗雷——宫廷伯爵的儿子，梅斯伯爵格哈德的后裔；南半部分大致相当于特里尔省，被授予弗雷德里克伯爵。后者因为与奥托王朝关系密切而值得关注：951年，这位伯爵——既不太乐意被叫作巴伯爵，更不乐意被叫作梅斯伯爵，与法兰西的休与哈德威格所生的女儿，即布伦的侄女比阿特丽斯（Beatrice）订了婚。这位洛泰林吉亚贵族的运气实际上归因于他的哥哥——梅斯主教阿达尔贝罗一世——的地位。他们弟兄中的另一个高兹林，拥有凡尔登，欲将其传给几个叫戈弗雷的儿子中的一个，后者的名字将主宰洛泰林吉亚的历史直到布隆的戈弗雷时期；第三个戈弗雷后来建立了卢森堡伯爵支系。我们应该看到，家族联盟构成了错综复杂的网络，贯穿这个时期的始终；布伦英年早逝，965年10月死于从兰斯返回的路上，但是他死后家族网络的影响仍然持续。就在同一年，奥托一世从意大利归来庆祝圣灵节，奥托着皇冠帝服，场面极其壮观，他的德意志家属和法兰西亲属围拢在他周围。其中包括一对夫妇，他们也是同样家族政策的产物：法兰西国王洛塔尔，娶了艾玛——皇后阿德莱德与其第一任丈夫、意大利国王洛塔尔所生的女儿。

神圣天国的权力和世俗王国的权力在大主教布伦的手中实现了联合。对于洛泰林吉亚来说，第一个词汇比第二个词汇更重要得多。布伦受过良好的教育，从中他灵动的智识受益匪浅；他得以在他哥哥的宫廷中完成教育，然后作为公爵领的首领大力运用。他与宫廷教堂进行接触，很快成为其头领；这样他对宫廷和大修道院里的优秀主教候选人进行了全面调查。他毫不犹豫地支持修道改革，因为他通过接触和了解戈尔泽和梅斯的中心以及特里尔的中心，深知修道改革的成效。945年，为了使戈尔泽的财产得到肯定，布伦亲自干预，与康拉德公爵谈判。但是他的主要兴趣还是在主教选举上，在几年的时间里，他干预过洛泰林吉亚几乎所有的教区：953年，他将列日授予博学的洛布斯修士和维罗纳主教拉瑟（Rather）；956年，他将自己的亲属亨利安置于特里尔大主教的宝座上；959年他任命巴伐利亚的维格弗里德去凡尔登做主教。还是在列日，埃诺的雷吉纳已经成功地任命自己的亲属巴尔德里克，但是布伦还是于959年将一位出色的候选人伊拉克琉斯强加于列日；963年早期，他召集图勒的高级教士，他们仍在因为高兹林之死而战战兢兢；布伦从自己的臣属中挑出一位教士杰拉德升为主教，杰拉德随着高级教士们回到图尔，在那里树立了30年的生活典范。然后布伦等了两年，直到他的哥哥回来，才确立他的堂兄弟迪特里希做梅斯主教，另一个迪特里希做特里尔大主教。962年，布伦将其影响延伸至法兰西，任命奥德瑞克——一位梅斯高级教士，来自乔莫图斯的伯爵家族——做兰斯大主教。由此看见，布伦建立了一个高质量的主教制度，以虔敬、博学进取和忠于帝国为特征。他的追随者满怀热忱地在知识界继续他的事业，于是布伦的影响在他死后很长时间仍然存在。

从965年到1033年

布伦一死，959年的洛泰林吉亚分割就生效。但是得到下洛泰林吉亚托管权的戈弗雷，964年就已经在意大利死去，而且没有马上被接替。直到977年，奥托二世将公爵领授予查理——法兰西国王洛塔尔的弟弟。该任命具有政治内涵，这实际上是一次挑衅行动，挑起了或者加深了两兄弟之间潜在的或真实的敌意。"洛林的"查理受到历史学家关注，但还没有为之写传记的程度。他人格复杂，在争取洛泰林吉亚王位或至少整个洛泰林吉亚的公爵的历次失败中，肯定苦恼不已。长话短说，在奥托二世远征法兰西的时候，查理在拉昂自称国王，但是王国的贵族对他报以怀疑的态度，无疑是因为他对帝国的过于依赖和他的婚姻，贵族们认为他作为国王的儿子屈尊下娶，有失高贵尊严。他最后的冒险是987年反对休·卡佩，当时兰斯大主教阿达尔贝罗再次宣布查理不配王冠。公爵于987年再次占领拉昂——加洛林的最后堡垒，989年占领兰斯；但是990年落入新国王之手，次年在囚禁中死去。公爵领职位空缺由新国王的儿子奥托来填补，关于奥托没有什么可说的。奥托一死，公爵领授予了凡尔登伯爵家族的戈弗雷，他从大约1012年掌控到1023年他本人去世。在这段时间，洛泰林吉亚发生了很多变化，包括对超大地区的分割以及经济和城市开始增长。因此，未来的布鲁塞尔城镇的起源一般要追溯到查理统治时期。就在同一时期，因为两位主教——列日的诺特克和康布雷的康拉德一世——的人格和作为，两个主教城市康布雷和列日繁荣起来。

  上洛泰林吉亚愈益成为政治活动的主要舞台。959年被任命的公爵弗雷德里克统治这样一个国家毫不费力，因为主教公国和新的伯爵领地形成的综合作用，使上洛泰林吉亚正慢慢地走向解体。978年5月弗雷德里克一死，局势变了。法兰西国王无疑是因为他的仇人似的弟弟获得了下洛泰林吉亚封地而恼怒不已，利用另一个公爵领的权力真空（当时被幼小的迪特里希一世拥有），向洛泰林吉亚发动了进攻，目标在于夺取亚琛，活捉它的占领者奥托二世。后者侥幸逃过突然袭击，但是法兰西军队花费了很大力气追捕他。洛塔尔试图中途攻占梅斯，未果；然后他不得不逃跑，因为德意志人的进攻已到巴黎，他的弟弟被拥立为僭王。法兰西贵族在危难中并没有抛弃他，皇帝不得不撤回军队，也付出了代价。在这种紧张气氛中，双方于980年5月在莫逊附近的奇尔斯河岸的一次会议上实现了和平；但是这实际上只是冲突的暂时拖延，奥托二世早逝的消息一传开，双方冲突再起。就在被废黜的巴伐利亚公爵亨利控制住年轻的奥托三世准备篡夺王位时，洛塔尔发动了征服洛泰林吉亚的攻势，984年末，先进攻最靠近王国的帝国城镇——凡尔登。到这时候，帝国内的形势基本明朗，两位寡妇皇后与她们的亲属——上洛泰林吉亚的公爵夫人比阿特丽斯——结成联盟,巴伐利亚的亨利不得不投降,交出孩童国王。作为奖赏,公爵夫人的儿子阿达尔贝罗被授予凡尔登教区,然而只是短暂驻留,10月就转到梅斯教区;梅斯教区在迪特里希一世一死就出现了空缺,迪特里希一世最后的日子因为与篡位者共谋而显得晚节不保。洛塔尔在帝国没有统治者可以组织起抵抗的时候进攻洛泰林吉亚,洛泰林吉亚人自发起来抵抗,只是得到公主和高级教士的道义支持。年轻的公爵迪特里希还不成熟,不能果敢行事;他的盟友凡尔登伯爵和卢森堡伯爵也不怎么成功。985年初,凡尔登被攻占,众多洛泰林吉亚贵族沦为阶下囚。整个985年,洛泰林吉亚一直处于风雨飘摇之中;比阿特丽斯与她的哥哥休·卡佩谈判以求得援助。危机的解除因为两个事件:986年3月洛塔尔去世;一年后的987年6月,他的儿子路易五世死去。秩序恢复了,休·卡佩当选法兰西国王,标志着长期以来法兰西对洛泰林吉亚的诉求结束。

公爵领只享受了片刻的安宁。随着1002年亨利二世的登基,反叛再次爆发。弗兰德伯爵鲍德温,在卢万的兰伯特的帮助下,将其控制延伸至康布雷和瓦朗谢讷(Valenciennes);国王不得不亲征,1007年他抓住机会肯定和扩大了康布雷主教的豁免权。1012年奥托公爵一死,国王选定凡尔登的戈弗雷替代之,于是正如我们会发现的,肯定了这个家族的崛起。卢万的兰伯特贪心无足,提出了对公爵领的诉求,理由是他与死去的公爵妹妹的婚姻,并从他在布鲁塞尔和卢万的城堡向列日发起攻击。兰伯特死于1015年的弗洛伦尼战役,他的儿子亨利继续战斗。荷兰伯爵也变得难以驯服起来。

与下洛泰林吉亚的情势相反,上洛泰林吉亚进入一种单调乏味、慵懒倦怠的状态。但是,公爵领因为迪特里希一世与其母比阿特丽斯的争吵而颇受困扰,比阿特丽斯不肯让出权力。从970年到1050年这段时期,阿丁伯爵大亲族的几个分支的各种活动主导了上洛泰林吉亚的历史。公爵支系不是最具活力的,直到1033年其男脉断绝,一直几乎无人提及。第二支,就是自986年在卢森堡被确立为伯爵的那一支,其势力建基于埃克特纳克修道院和特里尔的圣马克西敏修道院的拥护者,前途一片光明。伯爵西格弗里德被亨利继承,亨利后来成为巴伐利亚公爵;其女库尼贡德嫁的夫君,1002年成为皇帝亨利二世；儿子迪特里希从 1006 年到 1047 年长期任梅斯主教；另一个儿子阿达尔贝罗，在 1008 年至 1015 年间，曾企图自立为特里尔大主教，对抗受他姐夫支持的几个候选人，结果失败。这一支系给统治者带来不少麻烦，为了平定他们的反抗，统治者不得不两次（1009 年、1012 年）围攻兄弟联盟所驻守的梅斯。第三支，即凡尔登伯爵支系，活跃程度不亚于第二支，并且注定兴风作浪有加。它的创建者无疑应该是戈弗雷，即历史学家所知的"老头"或"俘虏"，他以长寿出名（死于 1000 年后的某个时间）。戈弗雷在世时目睹了他的弟弟阿达尔贝罗 969 年成为兰斯大主教，主宰两国的边界政治，直到 989 年去世；也目睹了他的侄子（也叫阿达尔贝罗，或阿西林）在他任拉昂教区主教期间（977—1031 年）不断给法兰西几代国王制造麻烦。

鉴于当时贵族的构成特点，一个年代学上的巧合并非十分令人惊奇，那就是四个有关联的阿达尔贝罗在 984—988 年同时任梅斯、凡尔登、兰斯和拉昂的主教。最后两个城镇使我们想起，10 世纪末香槟的部分地区与洛泰林吉亚联系密切；我们可以从热贝尔的书信中看出这一点，热贝尔本人对洛泰林吉亚事务并不陌生。凡尔登伯爵的俗家后代也有给人印象很深的经历。我们知道，戈弗雷被授予下洛泰林吉亚公爵领，1023 年他的弟弟戈泽罗一世继承爵位；然后从 1033 年至 1044 年戈泽罗一世去世，共任两个公爵领的公爵。另外两个儿子分别在凡尔登和阿尔格内（Argonne）占据要职。总之，公元 1000 年左右，整个洛泰林吉亚似乎被这个充满活力的家族成员所控制。包括该家族的自由地、其统治的伯爵领、控制的主教、其拥护者所在的修道院的版图，将覆盖整个罗曼语洛泰林吉亚，并延伸到香槟，直抵日耳曼语洛泰林吉亚的边缘。但是，特里尔周围地区不在被控范围之内，尽管该家族得到圣马克西敏修道院的支持。

两个公爵领的领土演化已经提及多次，现在该详加讨论了，因为在这段时间里，世俗和教会治理单位经历了相当程度的重组。值得注意的第一件事是主教的世俗权力，教区的持久巩固导致了该地区大主教公国的诞生。奥托一世采取加洛林政府的策略，依靠主教制度进行治理。他没有摒弃豁免权的传统；其源头可追溯到默洛温时代，豁免权使它的持有人免于公共负担和王室机构的直接干涉。被豁免的地产多属主教和修道院院长，得到王室的同意向外扩展，或不经同意也在扩张，辩护者在法庭上代表豁免权持有者。在 9 世纪，还有 10 世纪，很多世俗领主、公爵和伯爵占据一至多个修道院的院长职位，依靠这些修道机构作为权力和收入的来源，再拿收入的钱蓄养雇佣兵。奥托王朝及其继承者对主教和修道院院长都表现得很慷慨，不但授予大片土地、伯爵领、王室狩猎场和财政土地，而且授予权利，特别是经济权利（最常见的形式是市场权利、收过桥税的权利和造币权）。因为这些授权，主教们不同程度地建立起强大的权威，在他们的管辖领域内，他们是居民的主人，行使征税和其他日常权利。几乎没有什么特许状标记这些授权。康布雷的情况，我们知道那里的主教分两个阶段被授予城市的伯爵辖权，使他成为那里的唯一主人；到 1007 年，他实现了对城市的完全控制。在梅斯，我们怀疑权力被篡夺。凡尔登的情况，奥托三世的授权只是遵循地方传统。各处建立的铸币厂，产出的货币上铸着主教的名字；起初最高统治者的名字与之并排，后来也去掉了。从 10 世纪中期到 11 世纪中期，国王授予洛泰林吉亚主教的修道院、伯爵领和森林，不计其数；结果是公国的形成，虽然分散，但多数规模很大。科隆、列日和梅斯在这个时期深受其益，康布雷和凡尔登则相对次之。

因为在此无法对所有公国一一审视，我们可以以列日为例，对列日的研究已经比较深入透彻。最有意义的成果收获在诺特克主教时期（972—1008 年）。980 年，奥托二世肯定了所有原来的赠予，并授予他广泛的豁免权，覆盖他所有土地；985 年，奥托三世授予他于伊（Huy）伯爵领的权力和物产；987 年，他授予"布吕热龙伯爵领、马斯特里赫特的铸币厂和过桥税权、洛布斯和福赛斯的教堂，再加吉姆布鲁克斯的新修道院"。② 1006 年，亨利二世肯定了所有这些，如他大约同时对梅斯那样，主动赠予了一片大森林、一片面积阔大的专为王室渔猎的保留地。于是，如同科隆、凡尔登和梅斯一样，一个领土国家诞生了。梅斯主教恢复了对索尔诺盐业生产的自主控制；相邻的图勒主教恢复了对瓦斯吉斯（Vosges）修道院的持有，并把权力延伸到城市附近的山谷地带；凡尔登主教攫取了凡尔登伯爵领，使他掌控的世俗领土和教会土地几乎连在一起。对于洛泰林

---

② Kupper (1981), p. 425.

吉亚的后来历史来说，所有这些都极具重要性：就是在此时期，"三大主教区"（梅斯、凡尔登和图尔）和列日、科隆公国形成；特里尔随后形成。

前地区（*pagi*）的领土碎片化，是指伯爵不能像以往一样在豁免的土地内实现自己的统治，领土的分散导致了进一步的再分割。不久要统治比地区更多的伯爵领地。人们不再以长期以来的统治中心的地名来命名这些"伯爵领"，现在提及时用的是城堡的名字；城堡是一个新阶层的居住、防守和控制中心，起初这个新阶层是伯爵，后来只是领主，他们都行使日常权力。即使在此之前，地区和城区（*Gaue*）几乎没有保持固定的形式。像康德若或布拉班特等最大的地区，已被划分成二到四个；也特别指称那些似乎短命的地区。伯爵清单满是空白，部分原因是这些伯爵领命名或继承的不规律性，以及本身愈益严重的瓦解。这样，在卢森堡的城堡竖起了西格弗里德[*]塑像，城堡位于一方领土之首，这方领土整合了塞恩威尔的财政土地、两所大寺院的自由地以及讲道场所。在某些地方，新伯爵领是老伯爵领的延续，就像在阿斯特诺（当皮埃尔）或道摩埃斯（格兰普莱）一样。庞大的乔莫图斯伯爵领被内部无数的修道院所侵蚀；黑斯贝、里姆堡和纳赫高的情况也是一样。因此，对于加洛林统治向封建制度统治的转变，如何在时空维度上能够具体厘清，这个时段就显得特别重要。效忠誓言换之以恩惠的授予；领主周围有职业骑士保驾护航；公爵和主教仍然能够阻挡要塞建设的趋势，但为时不长。在这方面，洛泰林吉亚逐渐随大势。如火如荼的讲道，已被伯爵们用来替代了他们早期的世俗人员主持寺院做法；很可能只有在有效和持久的讲道里，帝国的影响在这片国土上才被最强烈地感受到。

一个富有活力的过渡区

洛泰林吉亚一直是个过渡区。在中法兰克建立以前很久，摩泽尔河和默兹河河谷以及与之平行的公路上，就行走着旅行者、朝圣者、商人和军队，他们来往于北海地区、弗兰德、低地国家和勃艮第、北

---

[*] 德意志民间史诗《尼贝龙根之歌》中的英雄人物。——译者注

第十二章 洛泰林吉亚

意大利之间。这些河谷与阿尔卑斯关隘相连，经过上罗恩河谷可到达著名的小圣贝尔纳德关隘；还有蒙特塞尼关隘，经过里昂和萨伏依即可到达。商品来自日内瓦、威尼斯和巴黎东部或洛泰林吉亚的大城市。凡尔登商人熟悉从莱茵兰经过萨温和罗恩河谷去往西班牙的路线。默兹河谷物产丰饶。凡尔登和列日是成功的城镇；上河谷暂时寂寥怠惰，而从阿德尼斯到河口的下半部分则是一个活跃的商业中心，给纳摩、于伊和列戈伊斯的工匠们带来了不少生意。按当时的标准，默兹河上交通繁忙。我们处在费利克斯·卢梭（Félix Rousseau）心向神往的"默兹河国家"的中心。摩泽尔河谷两边是寺院、城市和作为城镇前身的城堡，这些后来的城镇有：里迈蒙、伊皮诺、图勒、迭鲁阿、梅斯、索恩威尔、特里尔、科布伦茨。向北，与人口稠密的莱茵河谷汇合，直到科隆；向南，河谷上坡和布桑关口通往巴塞尔和士瓦本的朱若。

相比其他地区，这个地区并没有更多地受到经济和城市增长的影响，而经济和城市增长正是第一个千禧年的特点；可是在新世纪的最初 1/3 结束之前，经济和城市并没有真正腾飞。然而，最初的萌动已经清晰可见：人们关注大修道院附近和城市之外的集市和市场；铸造货币；充盈了教会藏库的艺术活动；人们经常提到奇迹和传奇中的旅行者。众多创建中的城镇给人留下印象：比如伊皮诺，梅斯主教建于 970—1005 年，具有双重基础——城堡和宗教社群，继而在鲁乃威尔、迭鲁阿和于伊形成了市场。50 年或 100 年之后，这样的例子更加不胜枚举。

难道我们不应由此推论——这种经济活动的增长不仅归因于语言边疆和两种文化的接触，而且还有从布罗涅经过特里尔、凡尔登、梅斯、图勒、第戎和克鲁尼到弗鲁托里亚，穿越中法兰克的富有活力的改革？自大约 934 年，在洛泰林吉亚的修道中心就有一种新的修道精神辐射四周；世俗总领主侵吞财库，对士兵和追随者发放薪俸，导致了修道的衰落，而新的修道精神则是对此的反应。我们发现，有些宗教热情高涨的领导人，往往本人出身俗家教士，富有禁欲资质，吸引众多信徒，然后在领袖般的修道院院长的安排或推荐下走上修道之路；同时也发现，圣本尼狄克规章的应用受到了严格的习俗规范。新的修道运动在戈尔泽、图勒的圣—埃佛尔（Saint-Evre）、特里尔的圣马克西敏和布罗涅同时展开，蔓延到洛泰林吉亚和阿尔萨斯后到达弗兰德、香槟和萨克森。经济活动的增长促进了城市的复兴，城市建起了新的修道院和大教堂分会：梅斯在1000年前后有八个本尼狄克修道院；列日追加了修道院和分会；特里尔也是；在五十年间凡尔登的宗教场所从一处增到四处。这些现象很重要，因为有助于我们理解这个时期的智识活动。

作为10世纪和11世纪的研究中心，列日的首席地位是无可置疑的。10世纪初，斯蒂芬同时成为一名文人、礼拜仪式学家和音乐家。此后的时段，历史学家从宗教的阴影下将那些大师拯救出来；他们闻名遐迩，吸引不少信徒，然后成为主教。拉瑟的名字（洛布斯的，或维罗纳的，或列日的）家喻户晓，但这并非唯有他一人享有如此声誉。真正的兴盛发生在埃拉克琉斯和诺特克的主教倡导和庇护下，而且第二个主教区的建设是在创建第一个的基础上。很可能有意将列日建成"帝国主教的训练中心"？③ 不管怎么说，那里的传授充满智慧，丰富多彩，在兰斯学者热贝尔的影响下，特别对自然科学和数学敞开大门。沙特尔、兰斯和列日相互联系；阿德尔曼在列日执教，但居住在沙特尔。列日的主要中心是圣兰伯特的天主教分会，但是洛布斯修道院因为有大师海力格，所以并不太落后。传授的基础课程当然是"三学"（文法、逻辑、修辞）和"四艺"（算术、几何、天文、音乐），但是数学占有比较重要的地位；列日的罗杜尔夫与科隆的兰博尔德就数学展开讨论。但是，不应该低估神学的重要性和反思权力行使的重要性。还有杰出的历史学家，比如，洛布斯的福尔丘，其编年史里满是档案资料。

其他城市相继仿效，各自获得不同程度的成功，领头羊当然是特里尔和梅斯。这个时代，文字创作达到新高，编年史、年鉴、圣徒传记和奇闻收集接踵问世。作者们重塑最重要的教会创始人和施助人的历史，或为了添枝加叶，改编历史，以使古代圣徒传记符合当代品味，如同处理里迈蒙的古代神父（阿马图斯、罗莫里库斯和阿代尔法斯）和比较老的主教的《生平》一样，或者为了这些圣徒杜撰奇迹，从而使人们对他们不再一无所知，或为了撰写更为晚近的圣徒的

---

③ *Ibid*, p.119.

生平事迹。学者阿德松是这方面的大师，他从卢克苏来到图勒，在这里他很快写成了圣曼苏埃、圣埃弗尔和芒提埃的波查尔的《传记》，颇具学术风格，而且负责主教《传奇》的编著。阿德松从图尔迁移到蒙捷昂代尔，成为修道院院长，编著了一部关于安提克里斯特的著作，敬献给皇后格伯嘉；他的一张小型个人图书馆的清单留存下来。在梅斯，整个文学事业围绕圣克里蒙特发展起来；而戈尔泽和圣阿尔努尔夫则有圣高冈和圣格勒辛蒂的传奇问世，并介绍了戈尔泽的改革者约翰的令人敬仰的一生。运动扩展到城市外边的修道院，从门姆提埃和圣米赫尔问世的编年史可以看出，在康布雷、列日和特里尔也能发现类似的热情。

除了文学发展和手工业生产，还应看到艺术的繁荣。洛泰林吉亚有制作精致配图抄本的传统，可追溯到9世纪，尽管不像德意志和法兰西的主要中心那样重要；兰斯仍然对列日的工笔制作影响强烈。梅斯给人留下印象，尽管这个中心的缮写室在配图制作上没有达到顶峰，但能和其相媲美的其他例子已然是几乎没有的。这不应解读为缺乏创造性，因为修道院、天主教大教堂和分会的作坊誊抄了充足的书籍。然而，他们产出的书籍是易懂的，旨在被研究、阅读和思考。列日、戈尔泽和图勒的圣埃弗尔保存的图书馆目录表明，藏书量大，种类多样，古代和晚近的教父典籍和科学、哲学都占有一席之地。缮写室享誉甚高，以至于弗赖辛的主教们从梅斯和图勒征召抄写员，或派遣自己的抄写员誊抄作品；书法成为加洛林时代的特色。

在美术领域，沃伦地区已经达到骄人的水平，但很快被超过。雕塑最重要的作品诞生于11世纪末和稍晚时期；除了雕塑，我们不妨谈论金器、珐琅器和象牙雕刻。在默兹河谷有金属制作的古老传统，特别是祭器、十字架和圣骨盒；这里金银器是主打产品，青铜器做陪衬。9世纪和10世纪，梅斯的象牙作坊似乎已经存在了一段时间；一两件书籍封皮为其溯源定期提供了坚实的基础。梅斯的象牙制作似乎经历过两个截然不同的阶段，第二阶段在1000年前后，与一块刻有梅斯的阿达尔贝罗二世名字的嵌板有关。这样的嵌板，饰有极其精美的书法，一般带有基督一生的某些场景，如殉道和复活。这里也生产梳子和小盒子。但是梅斯并未垄断，人们可能想到列日和科隆也占有一定的生产份额。堂戈里斯的殉道类似于梅斯的阿达尔贝罗的牺牲。关于所有这些事情,专家们意见纷纭,相应的不确定性很可能有助于支持梅斯对首席地位的主张;著名的圣彼得大教堂,肯定始建于 10 世纪,肯定得力于梅斯,也为梅斯的地位问题进一步提供了支撑。

迈克尔·帕里斯(Michel Parisse)
王建波 译
顾銮斋 校

第 十 三 章

勃艮第和普罗旺斯，879—1032 年

被称为勃艮第的地区具有一些法兰西最弹性的边界，在不同时代叫作"勃艮第"的不同地区中，有些几乎不搭界。这个名字来自勃艮第人部族，5 世纪时他们以日内瓦和里昂之间的地区为中心建立了王国；王国延伸向南面的阿尔勒。6 世纪 30 年代，勃艮第人的王国被克洛维的儿子们征服，"勃艮第"成为三大法兰克王国之一（其他两个是纽斯特里亚和奥斯特拉西亚），覆盖几乎全部卢瓦尔河和索恩—罗讷河盆地，从首都奥尔良延伸到地中海。

843 年，这个墨洛温的勃艮第王国缩小版图，在"虔诚者"路易的儿子们之间瓜分了。法兰西的"秃头"查理得到西部，主要是索恩河和卢瓦尔河之间的地区，从桑斯和特鲁瓦向南到欧坦和梅肯。这就是后来（不包括桑斯和特鲁瓦）成为法兰西勃艮第公爵领的地区。法兰西勃艮第实际上是整个的法兰西王国，隔着索恩—罗讷河盆地从帝国领土上分离出来。在不同时代和不同地方，法兰西勃艮第和帝国勃艮第都延伸到河的另一边；在梅肯以南，帝国勃艮第往往被认为包括至少梅肯河流域西岸的一块狭长地带。但是，在大部分情况下，索恩—罗讷河还是可以被视为两个勃艮第——法兰西的和帝国的——的分界线，它们在 843 年之后永远地分开了。

在"秃头"查理得到原来法兰克的勃艮第王国的法兰西部分的同时，皇帝洛塔尔占有勃艮第王国的索恩河东部部分和梅肯河南部部分。这样，帝国勃艮第既包括贝桑松和日内瓦——4 世纪之前勃艮第王国的心脏——附近的地区，也包括从里昂和维埃纳到南部的阿尔勒和地中海的地区。这个后者，即帝国勃艮第比较靠南的部分，有时被称为下勃艮第或内汝拉（汝拉山西侧）勃艮第（以区别于上勃艮第

地图 6　勃艮第和普罗旺斯

或泛索恩河流域勃艮第），有时称为普罗旺斯。加洛林王朝于855年将帝国勃艮第分成这样两个部分，普罗旺斯，即里昂—维埃纳—阿尔勒地区，形成查理——皇帝洛塔尔一世的儿子——的独立王国。

本章将着重探讨10世纪晚期和11世纪早期帝国勃艮第两部分（即上勃艮第和普罗旺斯）的历史，以及后来成为法兰西勃艮第公爵领的地区的历史。关于帝国勃艮第，笔者将主要追寻国王的行踪；但是，法兰西勃艮第的王室权力虚弱，笔者将把笔墨花在公爵和伯爵身上。

帝国勃艮第作为加洛林霸权的心脏地区延续了一个多世纪后，迎来了一位非加洛林国王：879年10月15日，博索在维埃纳附近的蒙泰尔（Mantaille）当选为勃艮第和普罗旺斯的国王。博索是现代学者所说的博索家族成员（见图表7，原文第698页）。他们至少有三个既独立又相连的支系，但似乎自8世纪就都是罗讷河流域掌权者的后裔。博索充分利用他的"君侧"——近乎国王——地位，将王宫内的责权转化为王室领地的半自治权，从与王室女成员结婚到诉求王位。实际上，博索是9世纪这种攫取最高权力过程的典型案例。

博索和弟弟理查德（自11世纪被称为"公正者"理查德）成为"秃头"查理宫廷手握重权的成员。博索迅速在法兰西勃艮第和帝国勃艮第获取了财产和荣誉，在法兰西勃艮第，他是那里的梅肯伯爵，并成为欧坦伯爵；"秃头"查理在普罗旺斯的查理和他的弟兄洛塔尔二世相继死后，于869年占取了帝国勃艮第的部分土地，875年成为皇帝后获得了其余领土。

博索的叔父以前效力于"虔诚者"路易，博索像他一样，起初做王室的领宾员（Ostiarius），但是很快得到宫廷总管的头衔，被任命为阿基坦的王室管家。869年，博索从查理那里获得阿冈的圣莫里斯修道院院长的任职，该职位曾由博索的叔父胡伯尔（死于864年）担任。这家修道院坐落在上勃艮第，像附近的吕克瑟伊（Luxeuil）修道院一样，曾是墨洛温时代的一个重要修道典范，尽管到9世纪在俗家修道院院长的治理下影响有所减弱。871年，"秃头"查理任命博索为维埃纳伯爵，博索将其定为都城。在意大利战役中，博索跟随国王，876年得到巴威亚公爵封号。据普吕姆的雷吉诺介绍，在查理死前不久的877年，甚至任命博索为国王在普罗旺斯地区（下勃艮第）的全权代表，尽管雷吉诺此述的准确性已经被质疑。① 不管怎么说，在查理的儿子——"结舌的"路易——统治的两年里，博索俨然是那里的全权代表。

与此同时，博索还撮成他的家族与加洛林家族的婚姻关系。869 年，他主动介绍他的妹妹里奇迪丝给"秃头"查理做国王情妇，查理几个月后娶了她。876 年，在查理的准许下，博索本人娶了国王的侄孙女厄门加德，她是去世不久的德意志皇帝路易二世和妻子安吉尔贝格（Angilberga）的女儿。寡居的皇后安吉尔贝格似乎早就想与强大的竞争者——巴威亚的新公爵——达成和解，同时安斯加尔德似乎也早就意识到了其女儿厄门加德一直到结婚之前都会是受攻击的对象，因为女儿没有存活着的弟兄，所以极有可能成为女继承人。

博索现在有了上述婚姻联盟，并积累了相当大的世俗权力，具备了为自己谋取王位的优势条件。"秃头"查理和儿子"结舌的"路易分别于 877 年、879 年相继死去，路易只留下两个与遗弃的情妇所生的未成年儿子（三儿子"天真汉"查理是遗腹子）。博索迅速行动，促成勃艮第（帝国勃艮第和法兰西勃艮第）的多数主教选举自己为国王，然后被里昂大主教加冕。

在攀至王位的过程中，博索得到他强悍的妻子厄门加德的辅助。厄门加德处闺阁时，曾与拜占庭皇帝巴西尔订婚，据《贝坦年鉴》引证，879 年，厄门加德这样口出豪言：她作为罗马皇帝的女儿，曾与希腊皇帝有过婚约，今后如不能将丈夫辅佐为王，誓不苟活于世。② 博索可能起初企图继承"结舌的"路易做法兰克人的国王，但是最终只以勃艮第和普罗旺斯的王袍加身。实际上，普吕姆的雷吉诺半个世纪后记述时，将博索在普罗旺斯的统治和获得上勃艮第的最高权力区分开来：普罗旺斯的统治是博索从"秃头"查理手中得到的赠予；而上勃艮第，博索是突然入侵。③

然而，那个时候博索的敌人的一致说法是，博索没有任何权利得到王衔。他八年的统治（879—887 年）几乎完全充斥着失败的战争，战争是他对"口吃者"路易的儿子们及其联盟发动的。在这些反对

---

① Regino, Chronicon, s. a. 877; Bautier (1973), pp. 46–7, 12.
② Annales Bertiniani, s. a. 869, 879.
③ Regino, Chronicon, s. a. 879.

他的联盟中,有教皇约翰八世,尽管教皇仅仅一年前还说博索是他的"义子"。④ 强大的韦尔夫家族(稍后讨论)的修道院院长休,也加入了反对博索的行列中。阿基坦公爵,因为在将被包围的国王逐出阿基坦领土中所起的作用而得到奖赏,880 年得到了博索的梅肯伯爵领;要知道,博索曾经是阿基坦公爵领的王室管家。

博索最坚定的反对者之一是他自己的弟弟——"公正者"理查德。博索刚被选为国王,理查德就迅速行动,在法兰西勃艮第建立了自己的权力中心。博索之所以力图与加洛林家族建立亲属关系,不难理解,因为那时自己最亲近的男性亲属可能是自己最激烈的竞争者。理查德将自己的首府定在欧坦,欧坦是博索当选国王前不久于 879 年占取的。880 年,理查德请求"结舌的"路易的儿子卡尔洛曼(Carloman)承认他是欧坦伯爵。这时,作为他支持加洛林家族反对他自己兄弟的报偿,加洛曼答应了理查德。有趣的是,在一个地区实际行使统治权力是不够的;还需要得到王室对伯爵职位的认可。两年以后的 882 年,理查德攻占了维埃纳,将博索的妻子和女儿押回欧坦囚禁起来。

尽管博索一直未被擒获,但是在其生命的最后五年(882—887年)里,他没有了军队,政治上也很失败。887 年 1 月 11 日,博索作为一个臭名昭著的篡位者死去。然而,耐人寻味的是,博索仍然得到勃艮第教会的尊敬。他被埋葬在维埃纳大教堂,维埃纳是他的旧都,那里的讣告记录着博索向教会的赠予。坐落在梅肯伯爵领南部的查里留(Charlien)修道院,认为博索是它的缔造者。在博索死后其他人把他遗忘的时候,那里的修士在 12 世纪的雕塑计划中,纪念他,歌颂他。⑤ 仅仅在博索死后一年的 888 年,几位其他非加洛林家族的人被选为以前加洛林霸权所统治的地区的国王。有趣的是,没有一个宣称对普罗旺斯有主权。富尔达的《年鉴》中有时称他们"小国王",⑥ 这些"小国王"包括:法兰西的奥多("强壮者"罗贝尔的儿子、卡佩家族的祖先),意大利的贝伦加尔("虔诚者"路易的外孙),德意志的阿尔努尔夫(根据父系血统属加洛林后裔,但非嫡

---

④ "凭借收养的恩典,我光荣的博索统治者的儿子":约翰八世, *Epistolae*, no. 110.
⑤ Bouchard (1988), p. 428.
⑥ *Annales Fuldenses*, s. a. 888.

出）和上勃艮第或泛索恩勃艮第的鲁道夫一世。

此时，寡居但意志坚定的勃艮第和普罗旺斯皇后厄门加德，已经被理查德释放，着手为博索的两个孩子建立基业。她似乎很快与"公正者"理查德达成妥协，从此理查德成为法兰西勃艮第无可争议的首领。厄门加德按照自己帝王父母的名字，给孩子起名安吉尔贝格和路易。安吉尔贝格嫁给了阿基坦公爵威廉一世；博索一死，阿基坦公爵似乎急于与博索家族和解，实际上利用联姻来巩固自己的地位。

作为安吉尔贝格和阿基坦的威廉婚姻的最重要结果之一，就是909年克吕尼修道院的建立。公爵的权力中心在奥弗涅，远离新建修道院所在的梅肯伯爵领；而且公爵是布里欧德（在奥弗涅）圣于连（Saint-Jalien）修道院的俗家院长，因此被指责浪费了圣于连的资源。在当地人眼里，他似乎是一个比较古怪的人，建立了一个修道院，后来成为宗教改革和信仰自由的标志。但是因为修道院的建立，公爵夫人安吉尔贝格功勋卓著。[7]

有事实表明，威廉愿意妇唱夫随：他们给儿子起名既非威廉又非贝尔纳德（威廉父亲的名字），而是安吉尔贝格父亲的名字——博索（小博索先于其父去世）。梅肯伯爵领曾经属于安吉尔贝格的父亲持有，直到威廉的父亲通过交战从博索的手中赢了过来。驻留在克吕尼的修士风纪正规，是安吉尔贝格家族两代人一直赞助的那种类型。有趣的是，当威廉死后梅肯伯爵领脱离阿基坦公爵领（后者现在由普瓦图伯爵统治），公爵们对克吕尼置之不理长达一个世纪。但是这段时间里修士们继续从安吉尔贝格的博索亲属那里接受赠予。

909年克吕尼的创建标志着一个历时五十年的时期的终结。这五十年里，在法兰西勃艮第新建或重建了大量修道院，包括韦兹莱和普西里斯的修道院，都是由鲁西永伯爵杰拉德与其妻于858/859年创建；第戎的圣贝涅内（Saint-Bénigne）修道院，该地区最古老的寺院，869/870年由朗格勒的主教改革和重建；查里留的修道院，872年由瓦朗斯的主教创建，如上文所说，国王博索赠予了很多早期的财产；杜尔纽斯的圣菲里伯特（Saint-Philibert of Tournus）修道院，创建于875年，在圣瓦尔伦旧寺院的基础上，得到"秃头"查理的支

---

[7] Cartulaire de Brioude, nos. 26, 66, pp. 48–50, 87–8.

第十三章 勃艮第和普罗旺斯，879—1032 年

持，由逃离的维京人修士组成。

博索的遗孀在嫁女儿给阿基坦公爵的同时，还试图使她的儿子路易当选国王。根据富尔达的《年鉴》（尽管这件事的准确性已经被质疑），887 年博索一死，安吉尔贝格劝说她的侄子"胖子"查理收养路易为子，他自己没有儿子。⑧ 可能是 887 年发生的对拥有普罗旺斯的诉求的潜在合法性，阻止了 888 年所有新国王对王国的侵夺。

但是，"胖子"查理在 887 年晚些时候被废黜，于 888 年初去世，没有人立即承享皇帝称号。这样，勃艮第和普罗旺斯，一个自从 843 年之后隶属帝国的宽广的长条地带出现了统治真空；如上所述，鲁道夫有可能在 888 年登基上勃艮第，路易有可能在 890 年当选下勃艮第（普罗旺斯）公爵。结果，路易在瓦伦斯的诸侯大会上当选，没有遇到公开的反对。

路易的王国比他父亲的要小，因为它没有包括拉杜尔夫占有的上勃艮第，也不包括法兰西勃艮第，后者由他的叔父"公正者"理查德占领。路易的普罗旺斯王国从维埃纳，伸展至阿尔勒和地中海；维埃纳曾是他父亲的首都，现在是他的首府。路易得到了普罗旺斯主教们的支持，得到了理查德公爵和威廉公爵的支持，前者是他的叔父，后者是他的姐夫；他们曾经反对博索，但后来反过来帮助他的儿子。路易还得到了普罗旺斯世俗贵族的支持，他们正感受到萨拉森人对他们沿海愈益频繁的攻击。

路易在普罗旺斯成功地统治了十年，后来决心将统治延伸到意大利。路易最初发动的对意大利国王贝伦加尔一世的战争非常成功，900 年他被加冕为意大利国王，901 年教皇本尼狄克四世为其加冕称帝。当他娶了安娜，路易的成功达到了巅峰；安娜是拜占庭国王利奥六世的女儿和路易的继承人查理-君士坦丁的母亲。但是路易的成功是短暂的，在他加冕意大利国王后，贝伦加尔依旧称自己是意大利国王，不久重开战事。经过几年的战争，905 年贝伦加尔俘虏了路易。贝伦加尔没有将路易斩首，而是弄瞎了他的双眼，送他回老家勃艮第。致瞎双目是当时意大利（和拜占庭）比较普遍的惩罚方法；它弄残了敌手，但是留下活命，所以不会造成权力真空，从而导致可能

---

⑧ AnnalesFuldenses, s. a. 887,"把他当成养子胜任"。

更危险的对手掌权。

当贝伦加尔巩固了在意大利的统治,并且不久自我加冕称帝的时候,"盲人"路易回到了维埃纳。路易又活了二十多年,很可能到928年,并且依旧自称皇帝;但是除了下勃艮第之外似乎没有人对其有丝毫关注。人们所知的路易最后具有政治意味的行动是他的第二次婚姻,娶了一个叫阿德莱德的女人,极有可能是上勃艮第的鲁道夫一世的女儿。[9] 路易死后,下勃艮第(普罗旺斯)再也不是一个拥有自己国王的独立王国了。

路易的长子查理-君士坦丁,名字虽然显示其父母的罗马帝国和希腊帝国的谱系,但从来没有成为国王。他只好满足于维埃纳伯爵的头衔,维埃纳曾是他父亲和祖父的首府。他的表兄弟法兰西国王拉杜尔夫最后于931年亦即其父死后三年时,将维埃纳伯爵领正式授予查理-君士坦丁;928—931年维埃纳伯爵领曾经被韦尔芒杜瓦的赫里伯特持有。[10] 加洛林家族重获法兰西王位后,查理-君士坦丁仍保持对维埃纳的控制,941年和951年他在这里两次接待加洛林国王路易四世。但是,维埃纳伯爵领只是其父持有时的一小部分,远小于其祖父时的疆域,甚至原来普罗旺斯王国的阿尔勒伯爵领到查理-君士坦丁时也落入他人手中了。查理-君士坦丁和妻子特布基斯育有两子,叫理查德和胡伯尔,但是关于他们二人,除了名字,其他一无所知。他们甚至没有继承父亲的维埃纳伯爵领。大约962年查理-君士坦丁死后,法兰西国王洛塔尔(路易四世的儿子)于966年将维埃纳授予勃艮第国王康拉德,作为他姊妹玛蒂尔达的一部分嫁妆。

尽管学者们趋于将查理-君士坦丁的一个儿子(或者很可能是他的弟弟拉杜尔夫;拉杜尔夫由路易的第二任妻子阿德莱德所生,这一点确定无疑)认定为半个世纪或一个世纪后阿尔勒或萨伏依或维埃纳伯爵的祖先,但是所有确定无疑的说法是,皇帝"盲人"路易的后代默默无闻,在资料文本和政治舞台上没有留下什么痕迹。在路易二十年的孤立隔绝中,其他人已经接管了王国,甚至路易有过的皇帝称号;事已至此,大势已去,他的后代根本无法再夺回来。

---

[9] Poupardin (1901), p. 208.
[10] Flodoard, *Annales*, s. a. 928, 931.

"盲人"路易死后承认查理-君士坦丁为维埃纳伯爵的法兰西国王拉杜尔夫，也是博索家族成员，是法兰西勃艮第的"公正者"理查德公爵的儿子。博索国王的弟弟理查德将近9世纪末率领勃艮第军队抗击维京人，功不可没。有趣的是，他从来没有走过与家里其他人相同的路，无论是曾占有勃艮第和普罗旺斯的哥哥博索，还是持有泛索恩勃艮第的姐夫鲁道夫一世，抑或是占有普罗旺斯的侄子"盲人"路易，甚至也不同于后来自己的儿子因为后者试图自称为王。理查德则是终生效忠加洛林王朝。理查德对加洛林王朝的重要性不容忽视，只是在921年理查德死后，弗兰克尼亚的公爵罗贝尔一世——理查德的同盟和朋友——才反叛"天真汉"查理，最终结局是922年罗贝尔自己加冕为法兰西国王（见图表13）。

罗贝尔加冕为国王不到一年就战死沙场。法兰西勃艮第诞生了第一位国王——拉杜尔夫，他是"公正者"理查德的儿子和罗贝尔一世的女婿（923年，罗贝尔的儿子年幼尚不能继承王位）。拉杜尔夫做国王期间，一直将"天真汉"查理囚禁。但是，查理的儿子、未来的路易四世却活着，而且在英格兰与他母亲的家庭待在一起，安然无恙。936年拉杜尔夫去世，没有留下继承人，加洛林家族重掌法兰西王位五十年。10世纪的法兰西公爵中没有再诞生一位法兰西国王，尽管法兰西的卡佩国王们后来的确产生了勃艮第公爵。

拉杜尔夫做法兰克人的国王的同时，继续在法兰西勃艮第扮演主要角色。他死后，10世纪的法兰西勃艮第被与"公正者"理查德有关的几个支系的伯爵所主宰（见图表10）。据第戎的圣比尼根《编年史》记述，当初拉杜尔夫还活着的时候，公爵领就被他的两个弟弟——博索和"黑脸"休瓜分了。两兄弟都无子嗣，博索甚至先于拉杜尔夫死去。据法罗多拉尔的《年鉴》记述，936年公爵领在"黑脸"休和休大帝之间瓜分，"黑脸"休是"公正者"理查德的儿子，休大帝是罗贝尔一世的儿子。943年休大帝被加洛林国王路易四世肯定为勃艮第公爵。休大帝没有花费时间在法兰西勃艮第，而是将注意力集中在943年路易准予他的另一个公爵领——法兰克。但是，正如下文所示，他的两个儿子却在10世纪后期成为勃艮第的公爵。

与此同时，与"公正者"理查德有关的另两支系伯爵，在10世纪的法兰西勃艮第政治中扮演关键角色（见图表10）。他们是阿图耶尔（Atuyer）和第戎伯爵，分别是一个叫吉宾的人和马纳赛斯伯爵的后裔；吉宾似乎是理查德的私生子之一，[11] 马纳赛斯伯爵很可能是理查德的外甥。[12] 这两个支系都出过强势的主教和伯爵。第一支系，即吉本的后裔，其权力被限制在紧紧围绕第戎的地区，从未超出过这个狭窄地带。吉宾的儿子——第戎的伯爵休一世（死于954年），是第戎伯爵理查德、阿图耶尔伯爵休二世和沙隆主教吉本的父亲；在10世纪下半叶的大部分时间里，他们占据第戎伯爵和主教之职。11世纪，勃艮第公爵将第戎定为都城，休二世的后代成为博蒙特的领主。马纳赛斯伯爵，被现代学者经常称为老马纳赛斯，是欧坦主教（893—919年）瓦洛的弟兄、欧坦主教埃沃（919—935年）和伯爵吉斯勒贝尔的父亲。952年"黑脸"休死后，伯爵吉斯勒贝尔短时间内成为法兰西勃艮第最重要的人物，但是956年他和休大帝都去世了。

勃艮第公爵头衔后来被奥托拿走，奥托是休大帝的儿子、未来的法兰西国王休·卡佩的弟弟（见图表9）。奥托娶了莱特加迪丝，吉斯勒贝尔的女儿（他的另一个女儿阿德莱德－薇拉，嫁给了特鲁瓦和莫城的伯爵罗贝尔）。965年奥托死后，勃艮第公爵的头衔为他的弟弟亨利（或亨利－奥多）持有（死于1002年）。亨利原本想成为一名教士，但是他从教会脱颖而出，成为10世纪后期最重要的世俗领主之一。

10世纪在法兰西勃艮第还形成了另外几个大的伯爵支系，其对当地政治的影响持续到11世纪以及之后。它们包括梅肯伯爵——梅肯子爵的后代，他们早在10世纪早期、阿基坦的威廉一世死后，就拥有伯爵头衔；沙隆伯爵，大约970年确立于休大帝早期曾持有的一个伯爵领；纳韦尔伯爵支系，建立的时间大约与亨利成为法兰西勃艮第公爵的时间差不多。

尽管10世纪很长时间里法兰西勃艮第的各个伯爵和公爵都利用强大王权的缺失来极力扩张自己的权力，但是到10世纪末期他们自

---

[11] Bouchard (1987), pp. 319–23.
[12] 根据杜申关于弗拉维尼修道院长丛书的一个模糊不清的部分的解读（巴卢兹收藏第57、210页）。他的1625年印刷文本（杜申《家谱的历史》，证据，第17页）与此有偏差，可能是错误所致。再见 Hlawitschka (1968), p. 242, n. 4.

己的一些权力也在减弱，有此为证：伯爵公共法庭的消失和对当地主教掌控的减弱。特别是在法兰西勃艮第的南部，独立城堡主在 11 世纪兴起，城堡主行使日常权利，从居住其城堡的所有居民抽赋税，挑战以前伯爵的垄断地位。但是，在法兰西勃艮第的北部，特别是在第戎地区，从亨利公爵开始，卡佩公爵们拥有最大的权力，这些公爵是伯爵独立权力和地位的主要威胁。婚姻或联盟带来的密切联系在亨利公爵和所有这些伯爵之间建立起来。

10 世纪 70 年代，亨利娶了沙隆第一位世袭伯爵的女儿，收养了她的儿子威廉（或奥托－威廉）；威廉是她与第一任丈夫、意大利最后一位国王阿达尔伯特所生。奥托－威廉是现代学者一般比较熟悉的名字，他在被收养时似乎名字里带着"奥托"。他成为 10、11 世纪之交法兰西勃艮第最重要的人物，并且继续控制着北意大利的相当一些区域，当然是从其父那里继承来的。[13] 他的母亲嫁给亨利公爵后不久，很可能在 981 年，他娶了寡居的梅肯伯爵夫人，接管了梅肯伯爵领。梅肯的伯爵夫人厄门特鲁德是一位地位很高的女人，她是朗格勒主教布伦的姊妹，法兰西的加洛林国王洛塔尔的侄女。奥托－威廉设法与兰德里克结成联盟，因为他成了纳韦尔第一个世袭伯爵；奥托－威廉将女儿许配给他，同时把纳韦尔伯爵领给了他。应该注意的是，尽管中世纪晚期纳韦尔家族从瓦卢瓦公爵领有的法兰西的勃艮第公爵领分离出来，但在 10 世纪和 11 世纪它是公爵领很重要的一部分。

当 1002 年亨利公爵去世时，没有自己的合法子嗣，法兰西的勃艮第公爵领陷入了奥托－威廉和国王罗贝尔二世之间的纷争；前者是公爵的养子，后者是公爵的侄子。在随后漫长的战争中，勃艮第几乎所有的领主都反叛国王；只有沙隆伯爵和欧塞尔主教休（999—1039 年）保持对国王的忠诚，尽管他是奥托－威廉的叔父。国王在战争中的主要盟友是诺曼底公爵。纷争大约在 1015 年结束，国王战胜了奥托－威廉和纳韦尔伯爵兰德里克；后者是国王的死敌——以至于当时一些编年史家几乎忽略了奥托－威廉在战争中的角色。

10 世纪最后一代人的时间和 11 世纪初年也是克吕尼时代。在这个时期，克吕尼修道院开始成为法兰西勃艮第内影响修道的最重要中

---

[13] Poupardin (1907), pp. 420–9.

心。在909年克吕尼修道院建立之后的最初50年或60年里,克吕尼促动了奥弗涅和意大利更多寺院的改革,而不是勃艮第的各个地区,尽管克吕尼的修道院院长于932年成为博索的查里留修道院的院长,当时是意大利国王休把查里留修道院授予克吕尼。

但是,到10世纪后期,克吕尼帮助很多荒废或解体的勃艮第修道院恢复正规。很多情况下,修士们仍旧选举自己的修道院院长,而不是成为克吕尼的分院;在12世纪之前,克吕尼还不是制度化的"修道会"首领。大约970年,克吕尼修道院院长帮助建成了帕雷勒莫尼亚(Paray-le-Monial)修道院,也是沙隆伯爵的根据地;但是只有等到999年沙隆伯爵将其授予克吕尼,帕雷勒莫尼亚才成为克吕尼的分院。大约990年,伯爵的母亲将陈旧荒废的圣-马塞尔-莱-沙隆修道院(Saint-Marcel-lès-Chalon)也是作为分院授予克吕尼。其他情况下,克吕尼改革没有导致永久性的附属。克吕尼修道院院长应勃艮第的公爵亨利的请求,分别于986年和990年改革了欧塞尔的圣日尔曼修道院和第戎的圣比尼根修道院;他从克吕尼派去修士做那里的修道院院长,但是没有建立与克吕尼的永久性联系。穆提埃-圣-让的旧寺院,在勃艮第公爵领是仅次于圣比尼根的第二古老修道院了,984年成为克吕尼的分院,但是986年克吕尼修道院院长将其授予了圣日尔曼。11世纪上半叶,圣日尔曼修道院和圣比尼根修道院都成为重要的修道改革中心。

国王罗贝尔和他的诺曼盟友最终于大约1015年与法兰西勃艮第人达成和解之后,纳韦尔的兰德里克的儿子娶了一位卡佩家的姑娘,奥托-威廉使他的继承人娶了诺曼底公爵的女儿。此后,奥托-威廉满足于拥有梅肯伯爵领和勃艮第伯爵的头衔,而不是公爵。尽管如下文所示,奥托-威廉的后代后来获取了帝国勃艮第索恩河以东的"勃艮第伯爵领",但是头衔早于伯爵领获得。实际上,勃艮第伯爵头衔最早似乎附属于奥托-威廉通过婚姻获得的梅肯伯爵领;他的祖先梅肯的利奥托德伯爵在951年和955年是附带勃艮第伯爵头衔的。[14] 甚至当勃艮第的国王鲁道夫三世还在世的时候,在奥托-威廉的后代在贝桑松附近为自己谋得一处伯爵领之前,奥托-威廉已经开始在那里

---

[14] Flodoard, *Annales*, *s. a.* 951 ; D Lo 7.

第十三章　勃艮第和普罗旺斯，879—1032 年　　　379

行使权力了；梅泽堡的蒂特马尔说，在那里他名义上是国王的附庸或骑士，但实际上是领主。⑮ 法兰西的勃艮第公爵领那时是准备留给国王罗贝尔二世的二儿子亨利的；大约 1016 年，年轻的亨利开始与父亲出现在那里。后来，国王的长子在 1025 年死去，王子亨利成了王位继承人，勃艮第公爵领就安排给了国王的下一个儿子罗贝尔。国王 1031 年死后，亨利兄弟们曾和他们的母亲发生过斗争；纷争结束后，公爵罗贝尔作为法兰西勃艮第的公爵稳固下来，直到 14 世纪之前，那里所有的公爵都是罗贝尔的后代。

　　勃艮第和梅肯的伯爵奥托-威廉 1026 年去世，他的儿子雷纳尔德继承为勃艮第伯爵。雷纳尔德逐渐向东推进，特别是在国王鲁道夫三世 1032 年死后。尽管梅肯的伯爵在 11 世纪失去了对梅肯人城堡主的很大权力，但是这个家族的成员还是能够最终赢得上勃艮第的城堡主的上风，在那里实际享有王室权威。国王鲁道夫死后，勃艮第的皇家头衔转到了德意志国王，但是最初几年过后，德意志国王就对帝国勃艮第不再理会了，长达一个多世纪。它反而成了勃艮第和梅肯伯爵统治领土的一部分——"勃艮第伯爵领"本身了，尽管有趣的是雷纳尔德的儿子威廉继承之后，它经常被混称：威廉伯爵的伯爵领和勃艮第伯爵领。⑯

　　这个上勃艮第王国——或者如法罗多拉尔所说的汝拉山脉和阿尔卑斯山南高卢——是帝国勃艮第的北部，从法兰西勃艮第来看则为索恩河的东部。从 888 年鲁道夫一世登基到 1032 年鲁道夫三世之死，上勃艮第王国自身有一个逐渐演化的历史。勃艮第的鲁道夫国王们最初与博索家族并没有联系。他们的家族就是现代学者所知的韦尔夫家族（见图表 8），在 10 世纪建立起遍及加洛林帝国广阔地区的权力，其中一个手段也是通过婚姻，将自己与加洛林家族密切联系起来。他们的祖先是 9 世纪早期一个叫韦尔夫的强大领主，他将自己的女儿朱迪思嫁给"虔诚者"路易，做皇帝的第二任妻子；将另一个女儿艾玛嫁给"虔诚者"路易的儿子——德意志的路易，是他的第一任妻子。

　　韦尔夫以后，经过三代人的努力，其家族权势已经非常强大。他

---

⑮ Thietmar, Chronicon XII, 30: "是国王的骑士和君主的名义"。
⑯ Bouchard (1987), p. 272.

的儿子康拉德统治巴伐利亚，孙子也叫康拉德，成为欧塞尔伯爵。大康拉德娶了阿德莱德，洛塔尔一世妻子厄门加德的姊妹。小康拉德的兄弟休（死于886年），就是常说的修道院院长休，因为他曾任图尔的圣马丁修道院和欧塞尔的圣日尔曼修道院院长，继承"强壮者"罗贝尔的荣誉称号。"强壮者"罗贝尔是卡佩家族的祖先，866年留下几个未成年的儿子死去。这样，甚至在小康拉德的儿子鲁道夫获得王室称号之前，韦尔夫家族就已经权势赫然了；鲁道夫作为帝国勃艮第的伯爵，于888年在圣-莫里斯-德阿岗（Saint-Maurice d'Agaune）被加冕为上勃艮第国王。

鲁道夫一世成为国王后，迅即创建了与帝国勃艮第有王室头衔的家族的婚姻联系，尽管他们在他之前刚刚获得王室头衔，正如鲁道夫的祖先和博索国王与加洛林家族所建立的关系一样。鲁道夫加冕不久，就使他的姊妹阿德莱德嫁给了"公正者"理查德；理查德是博索国王的弟弟、拥有独立权力的法兰西勃艮第公爵，鲁道夫需要他的忠诚，而且理查德作为反对博索的战争领导人之一，很可能代表着合法的力量。929年，阿德莱德将坐落在上勃艮第的罗曼摩提埃修道院给了克吕尼；克吕尼修道院为其丈夫的侄子所帮助创建。

鲁道夫一世最初似乎希望创建一个领土面积更大的王国，包括曾经被洛塔尔二世统治过的大片地区。但是，888年与德意志新皇帝阿尔努尔夫谈判后，鲁道夫的活动不得不局限在汝拉和贝桑松教区，容许阿尔萨斯和洛林附属于德意志国王。实际上，阿尔努尔夫在895年曾试图为自己的儿子攫取上勃艮第王国，但是未果。鲁道夫一世死于912年，由儿子鲁道夫二世继位。

鲁道夫二世在位期间，马扎尔人频繁进犯，汝拉和贝桑松教区深受其害。但是鲁道夫二世的主要战争并不是抗击马扎尔人，而是作为扩张政策的一部分。他承继其父的做法，力图扩大上勃艮第王国的版图，只不过转取一个新方向。当911年洛泰林吉亚从德意志王国中分裂出来时，它没有被勃艮第国王占领，而是落入法兰西的"天真汉"查理之手。但是鲁道夫二世追求意大利王国的理想比较成功，至少是初期。922年，在争斗中鲁道夫进军伦巴第，被当地的伯爵和主教接受为王。923年，鲁道夫打败了贝伦加尔一世，但旋即面临着另一位对意大利诉求者的威胁，他就是阿尔勒的伯爵休。

第十三章 勃艮第和普罗旺斯，879—1032 年

休是博索家族成员，胡伯尔的孙子，圣莫里斯修道院的俗家院长，"盲人"路易的次侄（见图表7）。他诚心诚意地效忠路易多年，路易在意大利期间休做普罗旺斯的伯爵，甚至帮助恢复了被萨拉森人劫掠的维埃纳教堂。然而，路易死后，是休割走了阿尔勒伯爵领，而不是路易的儿子查理-君士坦丁。尽管休未曾觊觎普罗旺斯的王位，但他似乎一直关注上勃艮第王国和意大利王国。

912 年，鲁道夫一世死后，休旋即娶了他的遗孀薇拉，与鲁道夫二世争夺勃艮第的王位，但并未成功。至迟到920 年，休将注意力转向意大利，意大利因为贝伦加尔一世、教皇和众伯爵之间的战争而濒临瓦解。贝伦加尔被鲁道夫二世打败，并于924 年死去；此后，休迅速取得了决定性的胜利。926 年，他自己成为意大利的国王。一登上王位，休迫不及待地将政治和教会职位分封给追随他而来的勃艮第和普罗旺斯盟友和亲属。在随后的二十多年里（926—947 年），尽管战事不断，休在统治意大利期间未遭受重大挫折，直到生命的最后一年终于被逐回普罗旺斯。

当休在意大利巩固自己的统治时，他愿意大幅减缩在普罗旺斯的角色。很可能在"盲人"路易死后不久，928 年休在维埃纳以大公的头衔出现；但是既然他位居意大利王位已有两年的时间，人们似乎不应过分解读他在维埃纳使用的头衔。无论如何，休巡访维埃纳是短促的。根据克雷莫纳的利乌德普兰德的说法，933 年前后，休向鲁道夫二世提出一个交易方案：如果鲁道夫不干预意大利的事务，他也不染指鲁道夫在高卢的领土。[17] 实际上，休似乎愿意将普罗旺斯割让给鲁道夫以换取意大利。此后休再也没有在普罗旺斯度过多少时间，尽管942 年他在此领导过一次反对萨拉森人的重大战役。尽管鲁道夫没有实际进占普罗旺斯，但是该地区最后一个成为独立王国的机会丧失了。

然而，如果说休愿意将对普罗旺斯的王权诉求让渡给鲁道夫二世，他对上勃艮第王国却是持续关注。当鲁道夫二世937 年死后只留下一个年幼的儿子时，休就像先前休娶了鲁道夫的母亲一样，旋即娶了他的遗孀、士瓦本的贝尔塔，并且促成他儿子洛塔尔与鲁道夫二世

---

[17] Liudprand, *Antapodosis* in, 48.

的女儿阿德莱德结成婚约。尽管休对上勃艮第提出新的诉求，但是鲁道夫二世年轻的儿子康拉德（937—993年）还是胜出了。

康拉德，就是历史学家所知的"和平者"康拉德，面临着比来自意大利国王更为严峻的潜在威胁，它来自德意志国王奥托一世。奥托一世于936年刚刚继位，938年就进军勃艮第，将康拉德置于自己的保护之下。他安排了940年康拉德的加冕。到942年，奥托开始允许年轻的上勃艮第国王有更多的自主权时，显而易见的原因是康拉德保持对奥托的忠诚。奥托主要是认为勃艮第国王对实现自己的野心有用。因为上文已经提到，康拉德的姊妹阿德莱德已经嫁给了国王休的儿子、意大利的王位继承人洛塔尔；他们生了一个女儿艾玛，最后嫁给了法兰西国王洛塔尔。但是，意大利的洛塔尔950年死后无子，他的遗孀阿德莱德嫁给了德意志的奥托一世，这样由于阿德莱德的意大利王后地位，奥托诉求意大利王位获得了更大的合法性。

起初，年轻的康拉德没有准备对普罗旺斯提出诉求，尽管他的父亲与意大利国王休有协议在先。国王休的弟弟博索，以阿尔勒伯爵的身份代替其兄统治普罗旺斯。但是在10世纪40年代，特别是947年国王休死后，康拉德将对勃艮第的统治扩张到古老的普罗旺斯王国。尽管查理-君士坦丁因为忠诚于法兰西的加洛林国王而不是上勃艮第国王，一直在维埃纳的伯爵位上直到962年前后去世，但是在966年还是附属于勃艮第王国。康拉德的扩张，意味着普罗旺斯像上勃艮第一样，愈益沦陷于德意志的奥托一世的权威之下，因为奥托继续将康拉德牢牢地掌控在手中。是奥托，而不是康拉德在968年试图将萨拉森人逐出南阿尔卑斯山区。

康拉德作为勃艮第的国王统治到993年，由儿子鲁道夫三世继位。康拉德娶了加洛林国王路易四世的女儿玛蒂尔达。康拉德不仅是鲁道夫的父亲，也是贝尔塔的父亲；贝尔塔嫁给布卢瓦的伯爵奥多一世，奥多死后改嫁法兰西国王罗贝尔二世——尽管这对夫妇经过无休的纷争和频出的丑闻后被迫离异。他的另外两个女儿——吉泽拉和格伯嘉，在勃艮第王室和11世纪早期的皇帝们之间搭建了桥梁。吉泽拉嫁给了巴伐利亚公爵亨利，是皇帝亨利二世的生母；格伯嘉嫁给了士瓦本公爵赫尔曼，是皇帝康拉德二世的妻子吉斯拉（有时称玛蒂尔达）的生母。

康拉德的儿子鲁道夫三世（993—1032 年），现代学者经常称之为"懒王"（Le Fainéant），自从 11 世纪就被指责懒散。梅泽堡的蒂特马尔说他"娇弱和女人气"，批评他是最不关心自己王国的国王，甚至不维护自己主教的利益。[18] 在鲁道夫统治期间，上勃艮第王国的伯爵和城堡主愈益独立行事。他的追随者们在他加冕不久就反叛了，上了年纪的皇后阿德莱德，也就是鲁道夫的姑母，为了帮助恢复和平不得不于 999 年干预勃艮第的事务。1002 年接替奥托家族的皇帝们，先是亨利二世然后是康拉德二世，继续对他们西方的王国行使权威，这是奥托一世 70 年前所首先追求的。

鲁道夫三世和妻子厄门加德没有儿子。已达成的协议规定，他死后王国将附属于德意志帝国。关于其过程很有争议，但基本线索还是明朗的。1016 年，鲁道夫向皇帝亨利二世（他的外甥）求援，许诺他死后将王国留给亨利作为回报。这份在斯特拉斯堡签署的协议，似乎是对奥托－君士坦丁伯爵干预贝桑松主教选举的反应，伯爵在贝桑松驱逐了鲁道夫的候选人，力挺自己的候选人。尽管在对抗奥托－君士坦丁中，皇帝并不比鲁道夫更成功，但是他确确实实记住了鲁道夫的承诺——将勃艮第王国留给他，因此 1018 年迫使鲁道夫再次确认斯特拉斯堡协议。

然而，亨利先鲁道夫死去。尽管鲁道夫试图挽回独立，但是新皇帝——康拉德二世（鲁道夫的妻侄）迫使鲁道夫屈服，并重新确认了先前的协议。1032 年 9 月 5 日或 6 日，鲁道夫去世时，其权力证物被送给皇帝。康拉德撂下帝国东部战事，迅速回来接管勃艮第。1033 年 2 月 2 日，康拉德戴上勃艮第帝国的王冠。

康拉德之所以如此匆忙，是由于鲁道夫的外甥——布卢瓦的奥多二世，他是勃艮第王位的另一个候选人，对康拉德的威胁很大。奥多通过他的母亲贝尔塔——鲁道夫的姊妹——对勃艮第提出诉求。但是，奥多在 11 世纪 30 年代忙于法兰西事务，并且在 1037 年战死沙场，所以康拉德的地位得以巩固。然而，皇帝们一旦获取了勃艮第王冠，就对勃艮第基本不再理会了。康拉德二世生了儿子亨利，就是后来的亨利三世，名字如同 1038 年的帝国勃艮第国王的名字。但是，

---

[18] Thietmar, Chronicon XII, 30："太松散了"。

亨利继承了德意志王位之后，实际上就忽略了勃艮第。这样，在9世纪晚期的加洛林霸权地区诞生了第一个非加洛林国王的王国，而且成为10世纪富有活力的政治中心；但是好景不长，帝国的勃艮第和普罗旺斯王国就在11世纪消失了。不仅王室支脉断绝，而且独立王国根本不存在了。从这时直到12世纪中期，帝国勃艮第——或者皇帝们所称的阿尔勒王国——实际上为伯爵们所分治，处于群龙无首的局面。

到10世纪晚期，普罗旺斯也成了一个伯爵领而不是王国，为一伯爵支脉所统治，他们的名字取自博索家族和塞菩提曼尼亚的公爵们。极有可能的是，这些伯爵最初来自普罗旺斯；因为他们在博索家族的庇护下效力，他们就仿效领主，才取了领主的名字，而不是因为与领主有密切的关联。

10世纪中期，这一支脉的威廉和博索兄弟——一个叫罗伯尔德的人的两个儿子，掌控着勃艮第王国康拉德统治下的普罗旺斯伯爵领。这位博索与贝尔塔——意大利国王休的侄女——缔结了一桩十分荣耀的婚姻，很可能因为这桩婚姻才得到了阿尔勒伯爵领，因为贝尔塔的父亲（也叫博索）——国王休的弟弟——也曾经是阿尔勒的伯爵。但是，年轻的伯爵博索在大约国王休死时离弃了贝尔塔，娶了另一个叫康斯坦丝的女人。[19] 威廉和贝尔塔兄弟起初不得不与一个博索家族成员，即国王休的侄子——阿尔勒大主教马纳赛斯（914—962/963年）分享对普罗旺斯的统治。马纳赛斯曾随叔父去意大利，成为米兰大主教，然后于945年回到普罗旺斯，主宰那里的政治近20年，直到他自己去世。

直到10世纪的最后几十年，伯爵博索的儿子——伯爵威廉一世——保持对阿尔勒的统治，没有遇到什么实际的反对。上勃艮第的国王康拉德给予威廉普罗旺斯侯爵的封号。威廉和弟弟罗伯尔德领导基督教军队，于972年将最后一批萨拉森人赶出了普罗旺斯；萨拉森人此前曾俘获克吕尼的修道院院长迈鲁斯。威廉娶了阿德莱德 - 布兰奇——加洛林国王路易五世的前妻。他的继承人威廉二世也如出一

---

[19] Liudprand, *Antapodosis* v, 31 人们通常认为波尔萨的丈夫博索是罗伯尔德的儿子，而不是"公正者"理查德的儿子，见 Poly（1976），pp. 32 – 3.

辙，占有了康斯坦丝（取自祖母之名）——法兰西国王罗贝尔二世之妻。

与此同时，普罗旺斯的修道运动在萨拉森人入侵时遭到严重挫折。大部分普罗旺斯修道院，甚至还有几个主教区，在 9 世纪晚期和 10 世纪上半叶的历史上出现了断层。10 世纪下半叶，甚至最后一批萨拉森人还没有被逐出，普罗旺斯的修道运动已经开始恢复；同时，普罗旺斯伯爵的新一支脉逐步建立起来。但是，直到 11 世纪，普罗旺斯伯爵领的教会人员仍然很少。普罗旺斯的修道改革始于 954 年，以毗邻着阿尔勒的蒙马约修道院的建立为标志。50 年之后，这里开始接受该地区的小教堂；在上一代人的时间里，克吕尼已经接受了几个小的普罗旺斯教堂。然而，其他长期处于当地主教（最主要的是阿尔勒的主教）控制下的修道院，在 10 世纪末和 11 世纪初越来越受制于普罗旺斯的伯爵们。

正如上文明示，法兰西勃艮第公爵领不断重新界定，德意志帝国的上勃艮第和普罗旺斯王国建立后不长时间湮没在激烈的政治骚乱中；在这 150 年里，勃艮第各个地区的历史远远没有那么简单。由人、支系和领土分派构成的万花筒，走马灯似地变幻不停，令人惊骇，甚至头晕目眩。如果特别关注 10 世纪的民族国家建设，那么勃艮第肯定被认为是失败的。但是，这些地区历史的一切复杂性和构成主要支系的家族的复杂性表明，在主要角色的眼里，个人、家族、教会和政权之间的联盟或冲突，没有真正的差别，他们的行动一直纠缠于联盟和冲突的混合中。

康斯坦茨·布里坦· 布夏尔德（Constance Brittain Bouchard）

王建波　译
顾銮斋　校

第 十 四 章
意大利王国

加洛林遗产和权力之争

被查理大帝废除之前的意大利王国，首都坐落在帕维亚，包括从皮德蒙特到弗留利的北意大利、远至摩德纳的埃米利亚、托斯卡纳、马凯（Marches）和阿布鲁兹。从罗马涅远至中意大利的王国领土与教皇国的土地相互交错；后者作为罗马教会的世俗地产，在不同的教皇任期，治理得好坏不一。888—923 年，弗留利边地侯贝伦加尔是意大利王国的重要人物，虽然不是唯一的主导性角色。贝伦加尔的加冕称王早于他的竞争对手——斯波莱托公爵维德一年。维德曾企图夺取法兰西和勃艮第王位，但未成功，于 888 年底返回意大利。尽管维德与贝伦加尔在布雷西亚的首战不分胜负，但他后来在特雷比亚河击败了贝伦加尔，于 889 年 2 月在帕维亚登上王位。

后加洛林时代自始就动乱不宁，这一时期的主线是贝伦加尔和维德之间的纷争。他们都是政治转型的典型产物，而转型起源于法兰克帝国的贵族社会秩序。贝伦加尔家族来自下莱茵河，维德家族来自摩泽尔地区，都与加洛林王朝有联系；而且最重要的是，他们都凭着强大的王朝特权统治过加洛林王朝的大片地区。因此，他们的志向都是基于前王朝时期获得的地位，实施封建领主王袍加身的权力计划再自然不过；为实现计划他们各自掌管军令，从而已经证明了他们的价值。除了弗留利和斯波莱托-卡美利诺，还有两个大的边区，其重要性足以影响王国的权力平衡：托斯卡纳和伊夫雷亚（包括全部皮德蒙特和利古里亚）。托斯卡纳边地侯阿达尔伯特，在贝伦加尔与维德

第十四章 意大利王国

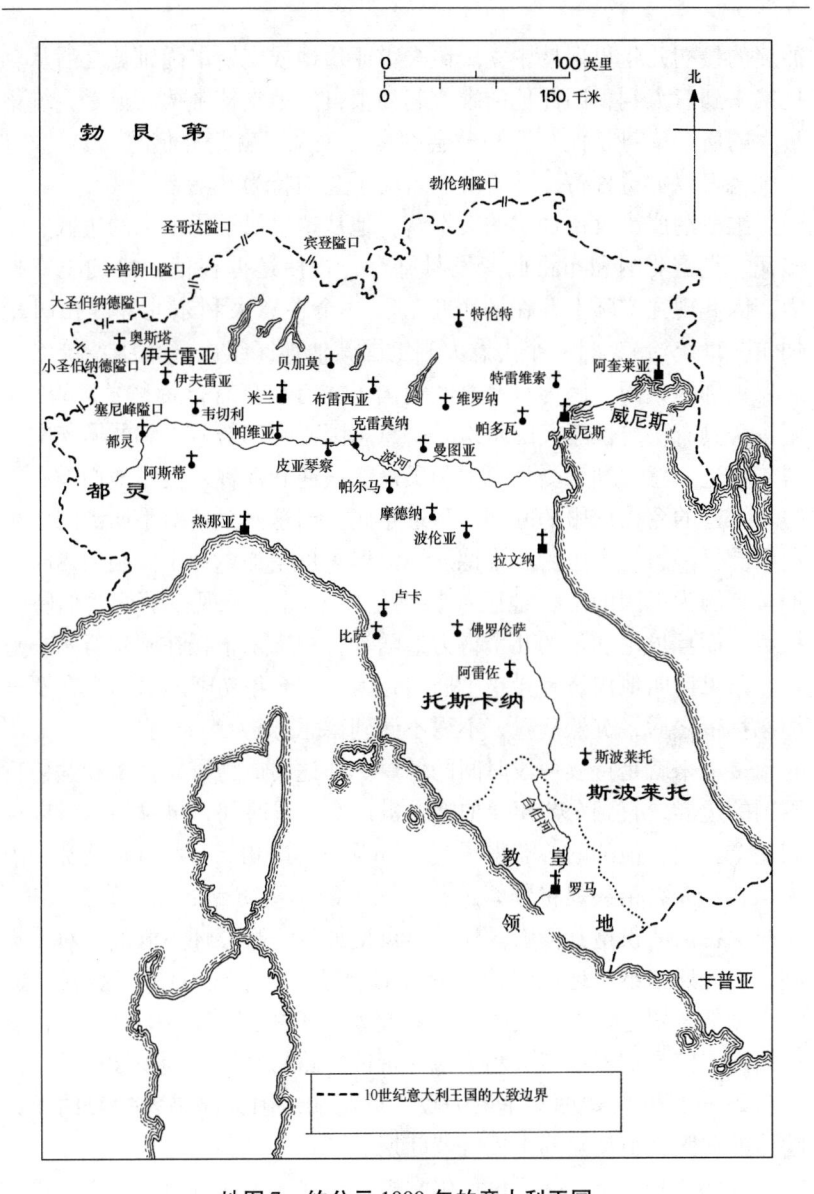

地图7　约公元1000年的意大利王国

冲突的最初几年里保持中立。伊夫雷亚边地侯安斯卡随维德之后从勃艮第来到意大利，因此他的家族起初很自然地支持维德。但是，维德最大的后继优势是他与罗马教会的良好关系。就是凭借这一点，891年维德得以加冕称帝，并于次年封儿子兰伯特为共治帝。

维罗纳成为贝伦加尔的大本营，他从这里对继承下来的边区、帕多瓦、克雷莫纳和布雷西亚发号施令，行使还握在他手中的王室权力。因此现在实际上存在两个王国：一个在意大利东北部（由贝伦加尔一世统治），另一个由意大利王国其他地区组成（由维德统治），后者被称为帝国，因为只有意大利国王才有权享有皇帝称号。894年是一个具有决定性意义的年份。德意志国王阿尔努尔夫和儿子茨文蒂博尔德进入意大利，受到意大利民众的欢迎和拥戴，但是他们没有取得对维德的令人信服的胜利。将近年底，当这两个新对手回到阿尔卑斯山脉另一边的本国后，维德死了。但是贝伦加尔却未能利用当时的形势，因为王国的广大地区（特别是埃米利亚）现在承认兰伯特的权威，而且贝伦加尔的几个得力追随者曾把未来寄托在阿尔努尔夫身上。结果证明他们烧香投错了庙门，因为896年初阿尔努尔夫在罗马加冕称帝之后，突然病重，不得不回到德意志。

接下来就是持续一段时间的僵局。阿达河成为贝伦加尔和兰伯特两国的边界，直到898年兰伯特去世。有一段时间，贝伦加尔得以控制整个王国，他的耐心获得了奖赏。但是，这几年时局特别动乱，因为马扎尔人派精兵强将频繁进犯。王国的军事防御之无力暴露无遗，在布伦特河战役遭到惨败。那些对贝伦加尔一直心怀不满的反对派贵族，在托斯卡纳边地侯阿达尔伯特的领导下，紧紧抓住了这次机会。意大利与普罗旺斯的外交关系建立起来，900年底和901年初，普罗旺斯国王路易被授予意大利王冠和帝位。路易在意大利积极行动，但是902—905年惨遭两次军事失败。贝伦加尔因为路易背信弃约而弄瞎他的双眼，迫使路易退回普罗旺斯。

从此至915年，是贝伦加尔掌控意大利王国最得力的时段。我们发现，915年贝伦加尔被首次称为皇帝贝伦加尔一世。他很可能由教皇约翰十世加冕，大概是因为在摧毁萨拉森人在加里利亚诺河口基地中（托斯卡纳的阿达尔伯特、斯波莱托的阿贝尔里克、卡普亚的兰杜尔夫以及卡拉布里亚和阿普利亚的拜占庭人也参与其中），贝伦加尔起到了重要的调停作用，因而得到回报。该基地的重要性不及法拉科西内图姆（Fraxinetum）的普罗旺斯基地，但是它对中部和南部意大利构成了普遍性的潜在威胁。

意大利王国没有牢固地建基于贵族意见一致之上，与此同时，对贝伦加尔的强烈反对情绪促成高效的联盟网络的建立。托斯卡纳的阿达尔伯特的遗孀贝尔塔将女儿厄门加德嫁给伊夫雷亚边地侯阿达尔伯特，将她那派势力与宫廷伯爵乌尔达里赫、米兰大主教兰伯特结成联盟，并设法与斯波莱托边地侯阿贝尔里克一道行动。须知，后者对罗马和教廷有不容忽视的经济影响。贝伦加尔再次被逐回他在维尼托-弗留利地区的领地，他被迫利用马扎尔雇佣军杀出包围。这一举动为贝伦加尔赢得了短暂的胜利，也招致了时人的仇恨。

勃艮第的鲁道夫二世被马扎尔人和贝伦加尔的反对派邀请到意大利，并于923年在菲奥伦佐拉-达尔达（Fiorenzuola d'Arda）击败了贝伦加尔，那是意大利王国历史上最血腥的战役之一。双方死亡惨重，意大利贵族几乎被灭杀净尽。幸存的贵族聚拢在厄门加德周围，因为他们代表了托斯卡纳和伊夫雷亚两个边区的利益。924年贝伦加尔被处死（此时依旧在王国横行肆虐的马扎尔人进占并摧毁了帕维亚），鲁道夫二世失望地回到勃艮第。926年，意大利王国投入普罗旺斯的休的保护之下。

但是保护什么？不是传统的历史编著所宣称的"秩序"，而是有利于当时地方权贵的现状。贝伦加尔时代末期，意大利贵族心仪的政府是这样的：考虑和默许各个地区享有的相当程度的自治。得益于敌对国家的相互制约和贝伦加尔长期的软弱统治，贵族向往已久的高度自治暂时实现了。当贝伦加尔一世试图提高治理效率、扩大治理范围时，或者当鲁道夫二世扬言将他的政府部门归王室支配而忽视地方权贵诉求时，贵族中势力强大的成员不可避免地要反抗了。

888—926年的近四十年时间里，意大利王国经历了巨大变化。尽管秩序混乱、血雨腥风，但是没有发生革命；居住在意大利的法兰克贵族希望王朝延续、领土稳定，因此加洛林王朝的制度只是被局部改造以适应其需求。帕维亚的秘书处依然存在，一直到898年，继续发号施令，这是维德和兰伯特的最后一批立法。此后，其立法活动仅限于王室对各色人等施惠的具体特许状的发布。帕维亚的立法活动反映了当时统治的过渡性。其他立法活动延续加洛林王朝路线：恢复小土地持有者（战士）(*exercitales* or *arimanni*)的军事义务，保护这些人的权利不受公共官吏侵害（他们和主教一道，仍被期望维护王国各个地区的和平）；修复和保存公共建筑；保护妇女及其财产权利；规范财产买卖的公证登记；通过法律防止堂区的权力被篡夺、教会什一税被盗取。后来，特许状制度作为王室干预的唯一正常形式，被证明是建立和维护异质关系网络的完美方式。到10世纪初，这种网络的管理已成为意大利王国治理的唯一形式。

与此同时，王国的整个社会环境也在变化。农耕形势的不确定性，导致众多小农寻求大土地所有者的庇护。小农将土地交给大土地所有者，后者则保障小农耕种和赖以生存的土地权利，并许诺通过私人军队和农村最大的建筑——库提斯（*curtes*）——的主人的堡垒来提供保护。结果，库提斯的大小和依附农在增加，而独立小土地所有者的数量减少，值得注意的是他们仍保持相当多的数量。

这些社会变化和小土地所有者的数量减少，加快了一个已经启动的进程：国王及其官吏失去了动员全王国自由公民参军征战的习惯，觉得征召封臣和大地产主更便捷，因为他们能够保证提供一定数量的人员。国王及其官吏与独立小土地所有者保持的直接政治军事关系，曾经作为主流模式，现在被国王及其官吏认为是特殊情况，因而终止了。有些情况下，这类关系保存下来，但是也不被视为过去习惯做法的遗存，而是被看作与以前统治者个人关系特殊的群体的特权。这说明了为什么中世纪研究者直到最近才认识到，10世纪以降意大利王国的文献中所记载的战士就是加洛林时代自由民和士兵的后裔，不一定是伦巴第人或原本法律地位特殊的土地持有者的后裔。

但是，牧师会法规形式的立法活动的消失，并不意味着与加洛林模式的截然断裂。不仅都城帕维亚和秘书处继续运行，而且王国的领土被分成的边区、伯爵领和分封地区，既不是传统的加洛林行政区，也不是伦巴第领土划分的遗存。国王时断时续的活动、军事动员、司法运行以及伯爵和边地侯的王位梦想，都在加洛林制度的框架内一一展出，而加洛林制度是以行省为基本行政单位的。

特别是贝伦加尔一世颁发的那些特许状，提供了颇为有趣的证据，说明加洛林制度是怎样通过框架内的微调得以延续的。摩德纳、里奇奥—埃米利亚、帕多瓦和贝加莫的主教们被允许在他们的城镇构筑要塞，自主加强本地区的军事防御。帕维亚和布雷西亚修道院的女修道院院长获得了同样的构筑要塞的权利（布雷西亚的圣茱莉亚修道院的女院长是贝伦加尔的女儿）。值得注意的是，主教和女修道院是以豁免权的形式（或者是事实上的，或者是正式承认的）获得上述权利的，这样就阻止了王朝官吏的涉足。加洛林王朝引进了豁免制度，并很好地加以试用，现在的豁免权概念就是在此基础上的发展。到10世纪，豁免就已经从对某些责任的免除发展到修道院院长主动行使各种形式的地方权力（审判权、惩罚权或征兵权）。现在，豁免土地不再是任何系统性计划——通过联合起来的宗教组织网络治理意大利——的一部分。贝伦加尔之所以承认王国的一些地区可以自行提供防御，只是他别无选择而已。起初，豁免权授予比较重要的公共权力部门，然而现在已经让位于实际的政治派系，贝伦加尔甚至向小的宗教权力机构让步。于是，沃夫拉教区神甫就被承认具有地方权力，与此相连各种形式的公共收入也被授予其下。贝伦加尔政权甚至向一些世俗臣民做出让步：允许诺瓦拉地区的29个居民在他们的私人土地上建城堡。

在贝伦加尔统治的动荡年月，紧急状态意味着王国的治理基于对加洛林模式的重新解读。结果并不是原创的，但是为地方权贵的发展提供了肥沃的土壤，使他们在10世纪变得越来越重要。

10世纪中叶：地方自立与王室权力之间的紧张

在一个政治军事格局极端碎片化的社会，为数不多的几个领土稳定的地区开始显得特别重要。托斯卡纳、伊夫雷亚和弗留利边区，以及最大、最稳固的地区——斯波莱托公爵领，提供了某种连续性，成为王位觊觎者们不容忽视的力量。在10世纪的这个时间节点上，伊夫雷亚边地侯阿达尔伯特的遗孀厄门加德代表了上述的连续性。通过她持久的影响力，她恢复了托斯卡纳边地侯家族以前的地位，同时说服意大利贵族拥戴她的哥哥休——也是普罗旺斯王国最强大的伯爵之一。意大利贵族在转投休的过程中，不自觉地走向并不习惯的联合：926年6月休到达比萨时，他们一同迎接，以及后来的帕维亚会议和曼图亚会议，贵族们一同出席，都显示出休与意大利王国权贵以及教皇约翰十世之间关系的力量。

休重建君主权威和彻底变革权力结构的计划，肯定得到了这些强有力的关系的帮助。休启动了两个主要变化，在当时看来可能都像是自然而然的：其一，他倾向大土地所有者；其二，他从与他关系友好的同盟者和追随者中间招募领导人员，构成一个新的统治阶层。第二个举措只有在贵族阶层发生翻天覆地的变化之后才变得可行。菲奥伦佐拉（Fiorenzuola）之战后贵族阶层内部的分化，使建立一个新的精英阶层成为可能。当时即使如此，变革的推行归因于休刚正不阿的个性，后来这也成为休的统治风格。

萨姆森是休的一名军事指挥官，他极其残酷地镇压了帕维亚的一次叛乱，作为奖赏，他当即被授予宫廷伯爵爵位。大约929年托斯卡纳的维德死去，休得到机会大力干预其内部事务。他违背王朝世袭的规则，将托斯卡纳新边地侯，也是同父异母兄弟兰伯特逮捕入狱，弄瞎双眼，让他的胞弟博索取而代之；休的一位亲属泰达尔德成为斯波莱托－卡美利诺边区的伯爵，因为他觉得维罗纳主教区至关重要，所以就先是授予一位关系人埃杜因，当后者被提升为更显赫的米兰主教时，休就把维罗纳主教区授予了埃杜因的一位忠实追随者。但是，休与玛罗齐亚的婚姻很可能没有他预期的那样成功。玛罗齐亚是托斯卡纳的维德的遗孀，出身罗马最有影响力的贵族家族——狄奥菲拉克特家族。本来这桩婚姻应该会大力提升休在罗马的影响力，但是玛罗齐亚的儿子——阿贝尔里克——在罗马领头叛乱反对新国王。

果不其然，休最初的这些举措遭遇了坚决的反对，不仅仅是在罗马，休强力应对。931年，他封儿子洛塔尔为意大利共治王，最终与勃艮第的鲁道夫二世达成协议：休放弃对普罗旺斯王位的所有权利，以换取鲁道夫这个威胁的解除，因为鲁道夫可能随时侵入意大利谋求王位。这样，巴伐利亚的阿尔努尔夫935年远征意大利失败之后，休开启了他的第二轮剧烈的政治变革。阿尔努尔夫被维罗纳伯爵米罗和主教拉瑟邀请去意大利。休抓住这个时机，不仅清除了叛乱者，而且加强了自己在意大利东北部的地位。他建立了一套新的、功能强大的混合型（宗教和世俗）地方政权，包括弗留利牧首辖区，维罗纳、曼图亚和特伦特主教区，以及特里登廷（Tridentine）边区，将其置于自己的亲属——阿尔勒大主教马纳赛斯掌控之下。

935年和936年,又出现了几个全面调整秩序的机会。斯波莱托边地侯泰达尔德一死,休就介入斯波莱托和伊夫雷亚的事务。他将安斯卡提升为斯波莱托边地侯,这样他就摆脱了此前的境地——对土地财富和附庸的依赖;将伊夫雷亚授予安斯卡的兄弟贝伦加尔,不过贝伦加尔受到休更严格的控制(实际上,休促使贝伦加尔娶了他兄弟博索的女儿维拉)。而博索本人则遭贬抑,因为休怀疑博索背叛,就免去他的托斯卡纳边地侯一职,取而代之以休的私生子亨伯特(Humbert)。亨伯特现在是休最信任的追随者,先是被授予宫廷伯爵;后来,940年休派一支军队废除了安斯卡的公爵爵位后,将亨伯特提升为斯波莱托和卡美利诺公爵。

与此同时,休在937年娶了勃艮第国王鲁道夫二世的遗孀,并将鲁道夫二世与贝尔塔所生的女儿阿德莱德许配给自己的儿子洛塔尔。休对普罗旺斯可能重新产生了野心;他确定无疑在谋求保护王国的西部边境,试图作为主角进入欧洲舞台。通过新的外交措施,休与德意志国王亨利和拜占庭宫廷建立了联系,联合拜占庭的力量共同对付普罗旺斯海滨的萨拉森人。实际上,休确实派遣船只抗击过萨拉森人。

940—943年,休的权力达到了顶峰。休的一系列决定清楚地表明,他的治理政策是一种原创性组合,既利用强化了的中央集权,又利用王室的亲属的支持者网络。休不能容忍地方权力不受限制地发展(因此在他统治时期,权力向地方贵族家族转移的节奏慢了下来),与此同时,他不太注重将王室权力恢复为"公共权威",只信任和重用他确信的亲属(比如现在掌握重权的儿子亨伯特)和封臣(比如休忠实的追随者萨里奥,曾被派往斯波莱托铲除安斯卡,后来获得法尔法修道院和中部意大利其他王家修道院的掌控权)。休授予里奇奥主教城市周围三英里的地方辖权,将他的主教区扩展到与世俗的摩德纳、贝加莫和克雷莫纳边区一样大。

这是一种杂交型的治理方式,它适合那个时代,但有一点除外:新官吏们不熟悉他们辖区的社会现实。当意大利人(*Italienses*)觐见休,将他的命令带到王国,并请他仲裁他们之间的争端时,休对最初达成的一致理解得过于乐观了;在某种意义上说,他对新官吏们的任命超前了。他的激进的强力举措给贵族一个措手不及,使得休的权力猛然膨胀起来。但是一旦贵族从这样的猛攻中恢复元气，社会得以重组，休的历史性错误就被迫纠正，他的治理方式回到了中央集权的形式，然后是对反对派的普遍性重组。这个过程是充满血腥的，其残酷程度甚于编年史家利乌德普兰德和传统历史编著作品所指出的。

休一直期望，将自己信任的追随者安排到王国几个大的边区，这使他在伊夫雷亚问题上做出了不明智的决定。他没有摧毁这里原来统治家族的势力，而是将权力置于其中一个后生——贝伦加尔的手里，因为他相信贝伦加尔与自己侄女的婚姻足以保证贝伦加尔对王室的效忠。这一招一时奏效，但是后来的不满者开始谋求伊夫雷亚人的统治。941年或942年，贝伦加尔之所以逃亡德意志，很可能是因为他被认为有些不忠。不过反观这次逃亡，其实是非常划算的，因为贝伦加尔的保护者——士瓦本公爵赫尔曼帮助他与奥托一世搭上了关系，这样此后两年贝伦加尔对意大利人愈发具有吸引力，意大利人想除掉休。但是，贝伦加尔的逃亡也意味着伊夫雷亚边区的终结，要知道这个地区囊括意大利王国最西部的领土，长达半个世纪。新伯爵及其家族在皮德蒙特（Piedmont）和利古里亚处于上升态势，休同意他们的志向，原因有二：其一，打破意大利西北地区庞大的政治结构，这一地区在意大利王国内行使了太大的权力；其二，扶植伊夫雷亚边区内互不协调的不同伯爵领的新生和更可控的家族发展壮大。

上述举动的结果是自相矛盾的。贝伦加尔最终回到了意大利，凭借伊夫雷亚边地侯的特权地位谋求王位，从这种意义上来说，休失败了。但是，古老的边区再也未能完全振兴。强大的新伯爵们首先效忠于休，贝伦加尔无法使他们臣服。贝伦加尔在追逐王位的过程中，自己认识到了这一点，于是为自己和家族保有伊夫雷亚周围减小了的领土，接受新的霸权格局（缩小的、相当难以界定的边区）——在土伦有阿多因，在皮德蒙特西南和利古里亚有阿莱拉莫和奥特伯特。

贝伦加尔何时回到意大利？为什么休的权力会衰落？伊夫雷亚边地侯贝伦加尔于945年回到意大利，当时摩德纳的维德——意大利北部最强有力的主教和国王的批评者——成为休的新反对派的核心，这些新反对派中有马纳赛斯主教、维罗纳伯爵米罗等人。贝伦加尔在米兰建立了大本营，起初并没有追求王位之心，而是效忠于那些招他回来的人们赋予的所谓使命；他要捍卫遭受休压迫的权贵的权利。一个非同寻常的妥协达成了：如果洛塔尔任命贝伦加尔为首席顾问，他就会被强大的贵族推举为王。尽管休也本可以求助于这次妥协，但他最后还是选择了逃亡普罗旺斯。这是利乌德普兰德编年史中忽略的最严重的情节之一；利乌德普兰德的著作中记述，休"携带所有财富"逃了。这样似乎意味着休决定放弃斗争，满足于为儿子保住王位。① 休于947年死于阿尔勒。

947—950年期间，意大利贵族得到洛塔尔的正式允许，在洛塔尔之妻、鲁道夫之女阿德莱德的愈益强烈的影响下，由伊夫雷亚边地侯做监护和调停人，对意大利政治制度进行了彻底改革，以保障教会和公共职位及权力的实际世袭制。休的儿子亨伯特被允许继承托斯卡纳边地侯爵位（很可能是不想违背类似职位世袭的规则），但是把斯波莱托公爵领转给卜尼法斯，卜尼法斯家族在9世纪末曾支持斯波莱托的维德；亨伯特还失去了宫廷伯爵之位。一些主教倾向于维护变革了的现状，他们得到了新的任命：布雷西亚（安东尼）、科莫（沃尔多）和里奇奥（阿达尔哈德）。皮亚琴察主教博索得以保住他的主教职位，但是失去了总管大臣职位，由阿斯蒂主教布鲁宁豪斯接替。

10世纪中期意大利的政治和军事形势，开启了一个复杂的转型时期，意大利王国的主要职位发生了普遍的更替。随之而来的是，领土边界被调整，也预示着新的政治地理——由众多基本独立的地方权力基地构成——是无可逆转的。950年11月洛塔尔死后，前朝权贵贝伦加尔二世继承了这个分崩离析的王国的王位。贝伦加尔二世立即任命他的儿子阿达尔伯特做共治王。贝伦加尔颇受意大利贵族喜欢，他们曾对他考验过几年，那时贝伦加尔是休和洛塔尔之间调停协议的监护者。据维杜金德的编年史记载，很可能奥托一世视贝伦加尔为自己的封臣，因而给予支持。②

951年，贝伦加尔二世的统治因为两种因素而变得动荡不安。其一，主要是结构方面，原来贝伦加尔二世所承认的现实权力比他新构建的权力更受尊重；其二，相对次要但更具爆发性，就是他对待洛塔尔的遗孀阿德莱德的做法，为了迫使其就范而施加迫害。意大利的部

---

① Liudprand, Antapodosis V, 31.
② Widukind, Res gestae Saxonicae I, 31.

分贵族起而反对，一个政坛新贵——卡诺萨（Canossa）的阿达尔伯特·阿佐帮助继承了丰厚遗产的王后逃出围困。同时，当时势力仍然十分强大的马纳赛斯主教，抛弃了贝伦加尔阵营，支持奥托一世更深入介入意大利事务的计划，并为其军事力量提供帮助，尽管当时阿斯蒂主教布鲁宁豪斯、韦切利（Vercelli）主教阿佐和摩德纳主教维德都还效忠于贝伦加尔。

951年和952年之间，奥托一世在意大利获得了广泛的支持，发布特许状称他为伦巴第或意大利国王，尽管没有经过官方选举。[③] 他娶了寡妇阿德莱德，后者出身勃艮第皇室，已成为贝伦加尔在意大利反对派的标志。奥托计划扩展其统治权，使其囊括三个阿尔卑斯山脉王国——德意志、勃艮第和意大利，而阿德莱德则是一位理想的妻子。如果此时奥托没有在德意志面临强大的反对派，如果马扎尔人还没有开始对德意志进行劫掠性侵犯，贝伦加尔的统治恐怕会就此被终结。然而，奥托一世被迫返回德意志，于952年8月在奥格斯堡达成协议。贝伦加尔二世保住了王冠，可是不得不承认自己是奥托一世的封臣，并且将维罗纳、特伦特和弗留利割让给德意志。

尽管贝伦加尔不愿发布特许状，但他像国王一样统治王国多年。的确，贝伦加尔不得不接受伊夫雷亚——他的世袭边区——领土大大缩小的现状，但是他并没有受到邻近边地侯的威胁或反对。贝伦加尔对马纳赛斯的报复即刻导致了不利后果，马纳赛斯被剥夺了米兰大主教地位，而且贝伦加尔也表现出对马纳赛斯几个盟友的不满。很可能这也是布鲁宁豪斯被摩德纳主教维德——真正的新生力量——取代做总管大臣的原因。在此期间，奥托在德意志的困难得到了解决。955年在莱希费尔德对马扎尔人的胜利，不仅带来了和平，而且大大增强了国王的政治特权——现在他将统治意大利的计划完全付诸实施。

另一方面，意大利的形势一直变动不居，这方领土几乎难以治理。其中一个例子是，贝伦加尔和托斯卡纳的亨伯特结成的联盟，受到教皇约翰十二世（强大的罗马贵族阿贝尔里克之子）和斯波莱托边地侯狄奥博尔德结成的反对派联盟的抗衡，而狄奥博尔德家族最初是支持贝伦加尔的。这些年，联盟被推翻，权力被重组，但是所有新

[③] D D O I 138, 139, 140.

的权威体系都最终被意大利贵族所打乱。这些贵族一味着迷于外国领袖，而外国领袖似乎提供了权威，但缺乏实际有效的控制。在此情况下，外国领袖是奥托一世。奥托派系多年来一直包括科莫主教瓦尔德和米兰主教瓦尔佩尔（Walpert）；奥特伯特边地侯加入时，其数量大增。德意志现在天下太平（国王现在封儿子为共治王），而意大利动荡不安，奥托进入帕维亚，几乎没有遇到任何反对。在961年8月和962年2月之间的某个时间，基于他951年掌握的权力，奥托得到了普遍的承认。962年2月，奥托在罗马加冕称帝。

贝伦加尔阵营断断续续的抵抗是不成功的。962年6月，奥托一世成功地解除了诺瓦拉地区圣-朱立奥-奥尔塔（S. Giulio d'Orta）的围困，贝伦加尔二世的妻子维拉随部分军队逃走。963年5月，贝伦加尔本人被从位于蒙特费尔特罗的圣-利奥的高山城堡中逐出，连同妻子被流放到巴伐利亚。奥托返回德意志后，效忠于贝伦加尔的军队在贝伦加尔的儿子阿达尔伯特的命令下，继续骚扰意大利王国。阿达尔伯特获得了某些短暂的外交成功，说服教皇约翰十二世站到他的一边（皇帝派系早就拥立教皇利奥八世进行对抗）；诱使摩德纳的维德重新考虑他的地位（他已经同意继续做奥托一世的总管大臣）。但是965年6月，阿达尔伯特最终被奥托的一位指挥官——士瓦本的布尔夏德给打败了。这标志着来自勃艮第的安斯卡家族长期的、有利可图的意大利冒险的终结。贝伦加尔二世的一个儿子——维德——战死，阿达尔伯特逃亡勃艮第，从此再未返回。966年奥托一世再次进入意大利，被普遍承认为王国的统治者。

现在聚拢在奥托一世周围的统治阶层主要由新贵组成。新贵的形成，部分归因于前任统治者所带来的政治变化，部分是地方权力斗争的结果。教会世俗权力的加强，最初由贝伦加尔一世推动，已成为不可阻止的进程，即使教会只得到休和贝伦加尔二世断断续续的支持。很可能是因为他们缺乏促进教会利益的热情，主教们才大力支持奥托一世。而休和贝伦加尔二世所做的，都是提升伯爵的地位，但出发点却截然相反。休旨在推翻地方权力根基的集权政策，意味着他要把追随者安排到地方权力位置上，而且还得提升他们的官方地位，使他们成为王室权威的代表。贝伦加尔二世在洛塔尔统治时期做过贵族利益的监护者和王国的首席大臣，这些经历促使他从正在谋求领土利益的

358 贵族中寻求支持。结果，他封这些贵族为伯爵或边地侯，倾向于正式承认他们新近获取的军事和土地权力。

到 10 世纪中期，王国的统治基础自相矛盾，实际上早在加洛林时代就已大体有所显露。意大利政府的基础被认为是比较同质的行省，但是它也不得不承认地方权贵及其权力的重要性。在 10 世纪的前几十年，对权贵权力的公共认可有两个特点：其一，教区豁免的范围扩大，包括城镇边界之外的地区；其二，贵族的世袭权利被承认。后继的国王也都承认现状，正式承认权贵的地位和权力，以获取他们的支持和维系自己的统治。这意味着，此后历代国王都直接陷于王国的现实困境中不能自拔，而且这种局面持久不变。国王承认主教的世俗权力，授予他们具有世袭权利的公职，或者承认城堡内部的司法权，国君正演变为王国新贵权力基础的一部分。各位国王在帕维亚加冕之后，他的巡回施政成了间歇性的协调中心，国王虽然力图确立自己的王权，但实际上建立的是比较临时和通泛的主导地位。国王一门心思地与地方权贵联合或争斗，逐一处理。

国王和地方权贵之间的关系没有任何正式承认的世袭或封建权利制度做保障。像贝伦加尔二世这样寻求名门豪族支持的国王，呈现出一幅毫无威胁性的王权形象，它协调而不是重建社会框架。相反，像休这样以干预主义政策著名的国王，不得不提拔新贵掌权来实现目标。休为了避免给予手下过多的赠予，他选择这样的家族成员：虽然拥有出类拔萃的军事能力和大地产，但在后加洛林时代初期不担任公职。这样就把法兰克贵族和德意志贵族排除在外了，他们不同程度地介入前朝的公共事务，但是却把伦巴第人牵涉进去了。于是，自休统治以后，主要是伦巴第人成为意大利新贵，支持提升他们的亲属进入统治阶层的王权。一个典型的例子是卡诺萨的阿达尔伯特·阿佐，大约 940 年他们家族从托斯卡纳迁移到帕尔马，其间得到国王休的帮助，这为日后该家族在权力等级中迅速蹿升打下了基础，阿达尔伯特·阿佐被授予伯爵爵位。另一个例子是奥特伯特，很可能是休的新贵，但被贝伦加尔二世——一个极其安定王朝的创建者——封为边地侯。

359 10 世纪中期政治舞台上的主角包括：地位稳固的主教和地位新近得到加强的主教，如里奇奥主教和热那亚主教，他们得到新地区的司法权；世袭的伯爵和边地侯；还有刚获任命的新贵。意大利君主对老友和新朋没什么区别，一律视为选侯对待，要么劝说他们投国王的票，要么任命他们要职，目的还是得到选票支持。951年发生了一个事件，恰恰改变了这一切。奥托一世像其他君王一样，被王国的一群最有影响力的贵族邀请来意大利，但是奥托到达帕维亚之后，没有像其他君王一样寻求意大利贵族的正式认可和选举。奥托的反应类似查理战胜伦巴第人后的反应，这预示着奥托的统治将会与查理有很多相似之处，其统治风格带有更浓的公共色彩。

奥托王朝的意大利

奥托一世的王权观念，是一种真正的帝国主义意识形态，这与他所生活的动荡不安的时代格格不入。奥托于951年登上王位，962年加冕称帝，但是他的君权直到966年之后才被完全接受。实际上，奥托只是更多地关注了地方权贵的权力，所以成功地巩固了自己的统治。我们就应该参照上述背景，考量两位主教——皮亚琴察的希格尔夫和摩德纳的维德——被流放以及后来的遇赦，尽管摩德纳的维德的总管大臣职位被帕尔马主教亨伯特取代；考量传统名门（比如索旁家族，做过各地的伯爵）和皇帝新宠从国王那里得到完全相同待遇的原因，传统名门自从9世纪就担任公职，而阿多因和阿莱拉莫等新宠则新近得到任命。奥托还加快了几个人职业生涯的进程，比如卡诺萨的阿达尔伯特·阿佐，尽管在此个案中，阿达尔伯特·阿佐晋升的决定性因素肯定是阿德莱德对他的感激，因为她的丈夫——国王洛塔尔死后是阿达尔伯特·阿佐把她救出来，免遭贝伦加尔二世的迫害。

奥托已经将德意志的公爵领和主教区联合在一起，现在他将同样成功的技巧用于意大利。与王室接触最密切的官吏的地位被提升：例如，962年2月13日，奥托下令帝国公使缺席时不能选举教皇。奥托得到了拥有世俗权力的主教们的支持：962年到965年期间，奥托给帕尔马、里奇奥、摩德纳和阿斯蒂的主教发布了特许状。奥托同样注重地方权力结构，以确保各伯爵领高效运行。奥托从那些最终对主教生涯有兴趣的家族中，封授新的伯爵。一般说来，奥托从地方家族中招募新的贵族成员，不像维德和休那样从勃艮第和普罗旺斯引进追随者，奥托完全改变了统治阶层的构成。

奥托的统治很快就因为对罗马和意大利中部及南部表现出的兴趣而与众不同。奥托没有像意大利以前的国王一样，将行动范围局限于波河流域和亚平宁山脉的界限之内。他反对教皇约翰十二世和本尼狄克五世，一手安排了教皇利奥八世的当选，但是和平的到来是在利奥死后的965年。与罗马人民的愿望相反，这年纳尔尼主教当选教皇，称约翰十三世。卡普亚王子潘德尔夫，因为曾对亡命时的利奥八世——奥托的支持者——慷慨相待，所以也得到了奖赏。潘德尔夫被授予斯波莱托和卡美利诺边区，然后得以进入意大利王国的最高统治阶层。

967年，奥托一世封儿子为共治帝，并开始与拜占庭谈判，以图促成拜占庭公主狄奥法努嫁给奥托的儿子。尽管两个宫廷在协商和对话，他们之间还是存在某种程度的紧张，因为奥托一世的新王朝和帝国表现出对南部意大利的浓厚兴趣。奥托一世和他的代表潘德尔夫忙于远征卡普亚、贝内文托和阿普利亚。尽管克雷莫纳的主教和编年史家利乌德普兰德在968年的短暂和平期间曾出使过君士坦丁堡的宫廷，并因此名声大振，但却一无所获。因此，奥托二世与狄奥法努的婚姻直到972年才圆满告成，此时拜占庭帝国换了新皇帝约翰·齐米西兹，两国之间已实现和平。972年奥托一世离开意大利回到德意志，于973年5月死于迈姆尔本修道院。纵观奥托一世的统治，他一直不断地对教会和追随者颁发特许状，举行过无数次伯爵和主教会议。就是这些伯爵和主教，执行法令，处理这片土地的基本管理事务，所以奥托一世离开意大利后，王国仍保持了一段时间的相对稳定。

正是因为奥托离开之后的七年相对稳定，意大利才处于没有国王的非常局势但没有僭越王位者。因此，是皇帝代表负责处理王国重大事务：狄奥多拉（Theodora）的侄子克雷申蒂厄斯在罗马煽动的严重骚乱，对王朝的旧反对者的宽恕，如伦巴第伯爵贝尔纳德。对原来制度的彻底变革和对效率的追求，曾给奥托一世带来麻烦重重，但是新制度却证明是可行的。

980年底，奥托二世在平息了德意志的一些反对势力和重新得到母亲的支持后，再次亲自干预意大利事务。阿德莱德与儿子的争吵一度非常严重,以至于迫使她逃到她的兄长康拉德——勃艮第国王——的王宫。奥托二世一到意大利,就发现他的代表已经为他解决了很多问题。他特别高兴地发现,教皇本尼狄克七世也是他的支持者。奥托二世亲自处理了米兰的动乱,而米兰的骚乱一直是10世纪至11世纪期间伦巴第社会特别动荡的导火索。后来,在拉文纳和罗马的平静气氛中,奥托二世与顾问——欧里亚克的热贝尔、新近被任命为博比奥的修道院院长——讨论了意大利的形势。两人商定,前朝对意大利南部所表现出的兴趣应该继续。奥托二世不费多大力气,与贝内文托和那不勒斯的伦巴第贵族达成了协议,因此981年和982年之间王国向阿普利亚和卡拉布里亚的扩张没有遇到什么障碍。但是,982年7月,奥托的军队尽管得到从德意志赶到的大军的增援,还是在卡拉布里亚的科特罗内南部被穆斯林军队几乎全部歼灭。

奥托二世和狄奥法努带着极少量残余部队退到萨勒诺、卡普亚,然后退到罗马。鉴于当时的军事失败和政治局势,皇帝重新将注意力转到意大利王国的北部核心地区。奥托发布了很多重要的特许状,这将被视为奥托王朝总体成就的一部分;特别是983年5月,在维罗纳召集了最有权势的贵族大会,奥托二世安排他的三岁儿子被选为国王,称奥托三世。在这次大会上,奥托还处理了困扰邻近城市威尼斯的事务。当10世纪接近尾声,威尼斯边地侯的权势和独立性增强了,伴之以越来越多的激烈冲突,冲突发生在坎迪亚诺家族和莫罗西尼家族之间,双方都在不择手段地谋求对边地侯地位的世袭控制。奥托设法通过谈判实现了两个家族之间的长期和平,这样确保了他在该地区的王家权威。完成这一最后举动之后,奥托于983年底在罗马突然离世。

奥托的统治不同于10世纪上半叶的意大利诸王,具体表现在:奥托不完全依赖君权,而且其统治在过渡时期还能够运行。也可能缘于这样的事实:奥托统治着两个王国,每个王国都很大,国王不可能同时身居两地,这样使得政府习惯于在没有奥托一直在场的情况下照常运行,很多机构自动运转。因此,984年即使国王还是一个三岁的孩童,巴伐利亚公爵亨利反对狄奥法努摄政的努力也难以兴风作浪,不久被击退。狄奥法努实际上一直在德意志,意大利真正的摄政是阿德莱德,后者已是老妪,但是仍然可以依赖几位像托斯卡纳边地侯休一样绝对效忠的权贵的支持。然而,王国边界之外的南意大利还是难以治理，并且不得不放弃罗马，任其掌控在反对皇帝的克雷申蒂厄斯之手。

当狄奥法努 991 年去世时，奥托三世年仅 11 岁。在世的监护人还有阿德莱德和马格德堡大主教。阿德莱德实施摄政直到 994 年奥托成年；996 年奥托开始将注意力转向意大利。他派军队平息了维罗纳和帕维亚的反叛，使自己的一位表兄填补了空缺的教皇位，称格列高利五世。奥托然后进入罗马，5 月被加冕称帝。当年秋天，罗马再度出现爆炸性局势。教皇格列高利五世被迫出逃，约翰十六世被克雷申蒂厄斯立为教皇，格列高利五世则于 997 年在帕维亚将其革除教籍。998 年 2—4 月对罗马反叛的镇压极其残酷，以至于一些教会人员同时也是当时新皇帝的支持者，如僧侣奈勒斯（Nilus）和改革家热贝尔都难以理解。约翰十六世（约翰·菲拉盖素斯，奥托的导师之一）致残，后遭流放；克雷申蒂厄斯被围攻而死，尽管他已得到赦免的许诺。

奥托三世和格列高利五世的协调互补行动，开启了一种新的治理方式，它基于皇权和教权都自持的普救论理念。上述特征，从 998 年末到 999 年初的两次会议明显看得出，一次是在帕维亚，一次在罗马。格列高利五世死后，999 年 4 月欧里亚克的热贝尔当选教皇，称西尔威斯特二世，各方显然期望新制度继续运行。在德意志特别是在意大利，奥托三世闪转腾挪，兼顾镇压波河流域和罗马起义的重大军事行动与同样繁重的行政活动。他频繁出巡王国城市，保持密切的接触，对主教区发布了很多特许状。像他的父亲和祖父一样，奥托计划铲除南部意大利的威胁和竞争力量。1002 年 1 月，奥托三世死于帕泰尔诺（Paterno），他至死还在等待德意志军队的到来。999 年底阿德莱德去世，不久教皇西尔威斯特二世也于 1003 年 5 月离世。所有参加创建意大利王国的伟人都离去了，留下他们建成的王国矗立在 10 世纪末的历史天空下。

在奥托三世统治时期，封建领主实力增强，他们的领地范围与公共权力辖区界限并不重合，而是通常跨越这些界限。这些封建地产包括修道院豁免区（往往分散在几个地区，但这并不影响其独立性）和城堡周围的世俗贵族豁免区，城堡的建造最初是为库提斯（curtes）的土地提供军事保护。现在不仅是主教，还有大的贵族家族，都倾向于将他们的世袭权力与地域联系起来，更希望保持这种稳固形式的影响，而不愿追求不太可靠的廷臣或王家官吏的位置，后者会因为国王的要求被四处调动。

就在第一个千禧年之前，意大利的区域权力结构显示了稳定与创新之间的平衡。有些地方，比较大的地产在向领土公国发展，而在其他地方像伯爵一样的人物仍在扮演重要角色。在后边这种情况下，有些地方伯爵变动频繁，要么因为家族在当地没有根基，要么由于王家权力的干预；而在其他地方，一个家族至少统治几代人时间。在皮德蒙特、利古里亚和伦巴第初步形成的领土公国包括阿多因家族边区（基地在都灵）、阿莱拉莫家族边区（基本在农村，无城镇基础）和奥特伯特家族边区（从西利古里亚不规则地延伸到皮德蒙特东南，有几年还包括米兰地区）。还有伊夫雷亚边区，在安斯卡家族最终消失之后，尽管没有一个统治家族，但还是保存了某些领土特征，当然与 10 世纪初相比大为缩减。此时伊夫雷亚正在被一个怀揣野心的伯爵强力接管，伯爵名叫阿多因，与托里内塞（Torinese）家族毫无联系。在整个皮德蒙特，主教的权力正在越来越被正式承认，而伦巴第则被三方分割：一方是米兰大主教的非官方但实际存在的司法权力，背后是一个时而凸显的势力下衰的家族；另一方是与王都帕维亚联系密切的罗米罗（Lomello）伯爵的权力；最后一方是正在崛起的奥特伯特边地侯家族。很多地方伯爵和他们的家族［其中贝尔纳德家族和莱科（Lecco）伯爵特别值得一提］创建了一个日益强大的管理职能网络，它在与强大的宗教力量（比如科莫主教、曼图亚主教和克雷莫纳主教）不断冲突的过程中发展壮大。在意大利东北，阿奎莱亚牧首建立了一个强大的教会公国，它包括整个弗留利，相当于一个真正的边区，巡视马扎尔人威胁所在的地方，一直到 10 世纪中叶。与此同时，威尼斯的最西部以维罗纳为核心的地产，处于含糊不清的位置：尽管在地理和社会结构上属于意大利，但它与特伦特正式联系，理论上已经割让给德意志的加林西亚公爵领。该地区曾是奥托时代皇室热切关注的目标，所以领土不断易手；因而即使维罗纳最重要的伯爵也未能建立起任何稳固的政权。

这一时期最大的变化发生在波河流域和埃米利亚。卡诺萨的影响首先在整个农村增强，后来在几个城市站稳了脚跟，虽然没有完全摧毁所有主教的世俗权力。几个主教区轻易度过了卡诺萨攻击的考验，得以生存下来，缓解了农村向最早一批城市社区过渡的弊端和痛苦。罗马涅处在拉文纳大主教的牢固控制之下，拉文纳位居拜占庭传统地区和意大利王国领土的中间调停地位。

托斯卡纳像威尼托－特伦提诺（Veneto-Trentino）地区一样，一直是王国利益的中心，所以无法独立行事。然而，该地区当权者势力强大，并形成了稳定的王朝。在边区侯休一生的时间里，托斯卡纳有过一个非常和平的时期，当时的统治者是国王的亲信，他与该地区的各个小伯爵和平并存。斯波莱托－卡美利诺公爵领地边区（最终被称为边区），有重要的附庸费尔莫，值得特别一提。10世纪时，该地区成为意大利王国的边缘。有一段时间，它已不再提出王位候选人；有相当长的一个时期，它显然是王国当时的最南部边界，王国的真正中心在波河河谷。但是，斯波莱托－卡美利诺在10—11世纪的政治史上继续发挥至关重要的作用，因为它已经与教皇紧密地联系在一起。斯波莱托－卡美利诺边区的历史，一度与托斯卡纳的故事联系在一起；该边区曾作为奖赏被授予贝内文托公爵，后来仍在克雷森蒂家族和图斯库伦之间争议。它往往是罗马和"圣彼得的遗产"（教皇国）曲折历史的至关重要的组成部分，尽管斯波莱托－卡美利诺边区的故事本质上与意大利王国的历史无关，但它有时的确深深地影响了意大利王国一系列事件的发生。

10世纪末，意大利的民族特点无从谈起，但某些区域特色却在发展：在千禧年之际，斯波莱托和伊夫雷亚边区比一个世纪以前，彼此相隔更遥远了。

从与伊夫雷亚的阿多因的斗争到康拉德二世

在此期间，贵族使公职成为习以为常的世袭附属物，与皇室对个人公共辖权的干预能力并存。到10世纪的最后几十年，伊夫雷亚的安斯卡家族的边地侯们不可逆转地走向衰落，尽管他们曾经产生过王位候选人，很长时间里是王权最危险的对手。权力真空由一位叫作阿多因的伯爵暂时填补，他管辖着伊夫雷亚边区；阿多因是贵族后裔，其家族要么以伦巴第为根基，要么在波姆比亚伯爵领。阿多因能够成为伊夫雷亚边地侯，不是凭借世袭的权利，而是很可能因为他的开拓精神和军事才能引起了朝廷（奥托三世未成年时朝廷深受阿德莱德的影响）的重视。

有一段时间，阿多因是伊夫雷亚边区特别关注内政的领主，这是因为，阿多因不同于此前统治家庭的成员，他还没有参与王国的激烈政治角逐。但边区领土内有一些意大利最强大的主教，边地侯对内政的兴趣不可避免地引起敌视。最激烈的冲突发生在阿多因与韦切利主教彼得之间。彼得是一位有影响力的人，他曾经是深受奥托二世信任的追随者，因为过去被授予的豁免权和新的土地财富积累，现在彼得在教区内占据主导地位。然而，彼得也四处巡查，系统地撤回其前任因戈（Ingo）过于慷慨的教会赠予。这样，当地的家族疏远了彼得，因为他们既篡夺教会财产，又从因戈那里得到赠予，用来奠定自己财富积累和社会地位的基础。

阿多因得到世俗不满者和一些教士的支持，因为这些教士并不赞成新主教的强硬观念，于是阿多因轻而易举地推行他的政策，以重建边区的权威。进一步考察，发现阿多因的举措不是革命性的变革，而只是一个大的公共管辖权框架内的权力结构的调整。但阿多因的政策还是遭到武装抵抗，到997年，局势已经如此恶化，以至于阿多因的军队挺进韦切利，放火焚烧大教堂，并杀死主教彼得。阿多因多年受到谋杀的指责，999年在罗马他向教皇西尔威斯特二世做出部分赔偿，虽然仍将主教之死归咎于追随者而不是自己的过激行为。

两个默从的主教——里基弗利达斯（Reginfredus）和阿达尔伯特追随彼得；不过后来利奥——奥托三世的一个非常忠实的德意志追随者——被任命为韦切利主教，不久就证明他敌视边地侯。伊夫雷亚主教瓦蒙德也转向反对阿多因，抱怨后者对他态度傲慢。瓦蒙德的信件，为了解阿多因的支持根基提供了一个有趣的视角，瓦蒙德在信中哀叹，"生活在伊夫雷亚城的所有公民"都倾向于支持边地侯，而他们过去一直是支持他们的牧师的。④

我们已经看到，999年前主教们不可能请求教皇匡正阿多因的行为。这些年，教皇格列高利五世——奥托三世的表兄弟，被克雷申蒂

---

④ 居住在伊普莱亚城市中的所有公民。

厄斯及其追随者追逼，被迫从罗马流亡。教皇在998年和999年之间的某个时间设法回到罗马，但不久去世。一旦欧里亚克被选为教皇，或者说，一旦罗马的局势安定下来，教会政权也得以处理遥远的北部意大利发生的事情时，阿多因必受到审判。在此期间，奥托三世和西尔威斯特二世对皮德蒙特大区的教堂慷慨赠予和让渡，试图以此来补偿他们所遭受的冤屈。然而，他们努力的结果，反而是疏远了所有因赠予和让渡受到损害的人们，从而扩大了阿多因的社会支持基础。

于是，阿多因在他的边区界限之内，采用了对大部分贵族颇有吸引力的治理方式。对于那些依靠教会封地发家并时刻担心失去财富的封臣来说，阿多因特别有吸引力。这个阶层对正在上升的主教力量不抱同情态度，因为主教们要求这些封臣完全屈从，以作为他们保留土地授予的代价。因此，阿多因自然受到多个阶层的拥戴。首先，是由封臣附庸组成的小贵族，一如既往地视阿多因为领袖。其次，还有两个大贵族阶层：依赖教会长老、自有土地不多不能满足受封土地收入要求的封臣；还有那些大家族，曾长期享有公职，尽管他们也有自己建立一个王朝的计划，但也希望保持伯爵的权力。第一个群体支持阿多因，是因为他们强烈反对奉行干预主义的主教，而且涉及教会封地时自觉不自觉地支持世袭原则。大家族钦佩伊夫雷亚边地侯，因为他反对王室对教会过分慷慨地授予豁免权。归为第二类群体的有阿莱拉莫和奥特伯特的边境政权，他们支持新国王，不似敌视新国王的卡诺萨的泰达尔德，也不像乌尔达里赫·曼弗雷迪（Uldarich Manfredi）。曼弗雷迪是都灵边地侯，保持中立，其家族除了与伊夫雷亚的统治者共有一个名字外，没有其他任何联系。

奥托三世死后，阿多因于1002年2月15日由帕维亚主教加冕为意大利国王。如果认为他的当选并没有表达任何意大利民族情感或反德意志的情绪，将是历史性错误；同样，将其认定为世俗社会和权力的支持者也是错误的。相反，阿多因与博比奥修道院院长以及不反对他的主教如阿斯蒂的彼得和科莫的彼得关系良好。科莫的彼得保住了王国总管大臣的位置，作为效忠阿多因的奖赏，他得到夏维纳（Chiavenna）伯爵领的地方辖权，一种类似彼得曾经指责过的、前任累积的世俗权力。新国王的特许状表达了他对韦切利和伊夫雷亚某些神职人员的感激之情，因为他们似乎逆着主教的意愿而支持阿多因。特许状也表明阿多因向卢卡和帕维亚的寺庙和洛迪（Lodi）新大教堂展示恩宠。

德意志新国王亨利二世，没有被动地接受德意志王国和意大利王国的分离。米兰大主教阿尔努尔夫在龙卡利亚（Roncaglia）召集意大利权贵会议，亨利从这个机构闻讯之后，派了一支远征军进入意大利，远征军由加林西亚公爵和维罗纳伯爵奥托统帅。1002—1003 年，阿多因在维罗纳附近的"大厂地"（Campo di Fabbrica）进行了激烈的反击，亨利的部队被击溃。然后，亨利二世于 1004 年 4 月亲自进入意大利，成为阿多因反对力量的焦点。未经大规模的战斗，他驱散了意大利国王的追随者。亨利胜利进入维罗纳和米兰之后，1004 年 5 月 12 日到达帕维亚，接受意大利王冠加冕，但是帕维亚对他的接待并不热情，后来帕维亚公民激烈反抗，被坚决地镇压下去。意大利贵族之间的分歧，使得他们不可能构成对亨利的真正反对力量，结果，1004—1005 年阿多因退居他的老边区，也是对他最效忠的地方。阿多因一度被围困在伊夫雷亚附近斯帕戎（Sparone）的城堡里。

1005 年，亨利返回德意志，一段时间他完全投入波兰边境的战争，他在帕维亚的意大利朝廷好多年不再存在。阿多因再次成为事实上的国王，但在那个没有多少文件记载的十年里（1005—1014 年），在王国其实存在两个政权。阿多因巡游全国，报复他的对手，在零零散散的领土上行使暂时的权力。在德意志，亨利二世接待忠实于他的意大利主教们，通过他的意大利朝廷给他们授予特许权，意大利朝廷当时由班贝格新主教区的主教主持。现在意大利的大片地区都不受任何中央权力控制。在托斯卡纳，在亨利二世的支持下，卜尼法斯已成为边地侯；但在同一时期，托斯卡纳的城市已经显示出其开创性和自主性，他们撇开边地侯独自组织对萨拉森人的远征。他们也不安分，相互之间动辄争斗：比萨反对卢卡，佛罗伦萨反对菲耶索尔。11 世纪的第一个十年，教皇约翰十七世、约翰十八世和塞尔吉乌斯四世在位期间，阿多因通过罗马主导反德意志的克雷森蒂集团获得间接优势地位。但是，1012 年形势发生了变化，教皇本尼狄克八世当选。本尼狄克是图斯库伦（Tusculum）的一个伯爵家族成员，经过短期的磨合后，他与德意志国王亨利二世建立了稳定的关系。阿多因仍然有重要的盟友，如他的亲属——奥特伯特家族和弗鲁图阿里亚（Fruttuaria）修道院的僧侣（表明他在伊夫雷亚边区继续享有的支持），但他们已无力阻止亨利二世在1013年秋返回意大利。

亨利通过一系列精明的举动介入北意大利政治。当失去了米兰大主教阿尔努尔夫的支持时，他毫不犹豫地采取措施吸引教区封臣的支持，从而瓦解阿多因的支持基地之一。在此背景下，亨利的一个举措意义重大：从米兰家族成员提名做他的两个代理人（missi）。即使此前的多年，亨利纯粹亲主教的政策和阿多因纯粹反主教的政策就已然难以区分，更不要说后来的这个时期了。亨利限制曼图亚主教的权力，并将很多自由人豁免，不受曼图亚主教的世俗管辖。他聆听萨沃纳主教的辩论，但只授予他镇上的市民（cives）重要的豁免权，免除他们对边地侯们的义务。这一决定很可能是一项反对奥特波特家族的措施，实质上类似于另一决定——创建博比奥教区，并将其置于一位关系友好的主教手中。

亨利二世于1014年2月赴罗马，在罗马他由本尼狄克八世加冕为帝。他在拉文纳主持过一次关于圣职买卖罪的宗教会议，很可能就是他决定在返回德意志之前镇压罗马的反抗。此后不久，阿多因进军韦切利，迫使他痛恨的敌人——主教利奥——出逃，然后阿多因进军诺瓦拉和科莫。当维琴察主教改变立场加入他的阵营时，阿多因可能以为亨利的支持在减弱。但这种幻觉不久就破灭了。托斯卡纳边地侯卜尼法斯，聚集了一支反对阿多因的势力，其力量之大，凝聚力之强——包括贵族、主教和市民，迫使阿多因退回他的边区，并到弗鲁图阿里亚修道院中寻求庇护。实际上，阿多因是否因为孤立或健康欠佳撤退到弗鲁图阿里亚，是不确定的；但不管怎么说，他在那里只活了一年多，于1015年12月14日死去。

阿多因失败和死亡的随后几年，发生了意义深远的政治变化。被没收的阿多因的追随者的巨额财产现在被重新分配，土地和新的权利大批而且接连不断地授予帕维亚、科莫、诺瓦拉和韦切利主教区以及科莫的圣·阿邦迪奥（Abbondio）修道院。阿多因的后代和追随者对新秩序的抵抗，在韦切利和伊夫雷亚地区是基本成功的，并时而得到都灵边地侯——乌尔达里赫·曼弗雷迪的援助，但它没有造成多大的实际影响，被认为不重要，所以不会引致亨利任何大规模的报复。事实上亨利二世设法回到意大利时，他带来的是安抚的政策，与1019

年和1020年在斯特拉斯堡和班贝格采取的决策是一致的，后者是亨利与他最有影响力的意大利支持者和教皇本尼狄克八世开会做出的。许多流放到德意志的反对者被赦免，并获准返回意大利。亨利现在全国有几个处于关键地位的盟友：拉文纳大主教先是他的妻兄弟阿尔努尔夫，后来是他的亲戚赫里伯特；巴伐利亚的波普成为弗留利和阿奎莱亚的牧首；阿里伯特成为米兰大主教，卡诺萨的卜尼法斯掌控托斯卡纳和埃米利亚之间的所有事务。

然而，即使这样，亨利在意大利的地位并不稳固。1021年和1022年期间，他来到意大利，带来一支大军，足以在该国南部地区发动一场战役。虽然他取得了有限的成功，但他确实加强了与教皇本尼狄克八世的关系。战役结束时，亨利和教皇在帕维亚举行了会议，帕维亚、米兰、科莫、托尔托纳、都灵和韦切利六位主教出席，会上讨论了王国新的社会和宗教问题（农奴从教会土地上逃走，农奴和自由妇女的婚姻以及神职人员的婚姻问题）。他们试图解决这些问题，但并没有真正去合理地处理和改革当时的状况。亨利于1024年7月在德意志去世，没有留下子嗣，这位最后的萨克森国王却在60年里给意大利历史留下深深的印记。康拉德二世继任德意志国王，他对意大利的兴趣，比前任则小得多。

在意大利，一些贵族先是试图将王冠奉送给法兰西国王——"虔诚者"罗贝尔，然后又想送给阿基坦公爵威廉，但没有人愿意这个时候冒险进入意大利。亨利二世的支持者还没有解散，在教皇的声援下仍然代表着亲德意志的多数派力量。米兰的阿里伯特和韦切利的利奥，代表意大利贵族，前往马格德堡邀请康拉德二世接受意大利王位。几乎同时发生的首都公民对帕维亚皇宫的攻击，帕维亚公民派大使前往马格德堡请求王家宽恕，以及康拉德在试图进入帕维亚接受加冕时遇到的困难，都预示着一个历史时期的矛盾和问题。在这一时期，不同的地方影响力数量之多，足以使得王家政府越来越难以协调治理。

从10世纪中叶一直持续到1024年的萨克森时期，暴露了意大利王国历史上一些主要的制度问题。过去二十多年的研究，已经瓦解了以前所持的观点：奥托王朝在意大利的政策只是增强主教的独立性，结果提名他们做王室代表和官吏（被认为这样可以防止那些有野心的伯爵，他们始终不变的称王野心开始对中央权威构成巨大威胁）。最近更全面的研究表明，实际上奥托王朝的君主们的治理是有特定目的的，干预每一个案件，以恢复现状。奥托王朝君主们考虑到了现存的形势，当地方家族不妨碍君主们的计划时支持他们；局势顺利时和地方家族结成联盟；只有当他们转向反对派时才除掉他们。这样很可能就解释了皮德蒙特主教们享受的恩宠，他们在奥托王朝之前就很有影响力，奥托王朝当政时期，他们的权力进一步增强了；也解释了西埃米利亚主教们权力和地位的下降；摩德纳的维德的权威和独立决策的权力给奥托一世留下很不好的印象，以至于奥托封命了很多伯爵来制衡埃米利亚主教们的权力。最后，应该指出，只是在奥托三世和亨利二世时期，大量的德意志主教被带到意大利；换言之，直到10世纪末，主教的权力增强才被接受，国王愿意承认当地人的主教地位；后来这些职位才被皇帝任命于信赖的廷臣。

10世纪下半叶的意大利是一个深受诸多强权主教影响的王国，奥托王朝"纠正性接受"现状的政策适用于这样的王国，并不奇怪。第一个利用具有感召力和军事实力的主教的国王是贝伦加尔一世。贝伦加尔也奠定了很多主教世俗权力崛起的基础。主教的崛起得益于所谓的"道德合法性"，这种现象的基础是教职阶层掌握的权力、他们城市堡垒的声威及其对周边地区的重要性。所有这些因素都有助于10世纪教会领主权的巩固，因此奥托时期主教的重要地位，更多归因于历史的自然发展而不是任何王朝政策。

凡主教被授予王家特许状的地方，其持有人的权限大大增加，但后者并没有正式成为皇室官员或"伯爵—主教"。直到11世纪中期，才有主教开始使用伯爵称号。大教堂的主教被赋予更大的王国政府责任，详言之，更大的世俗领主权或教俗混合领主权，也仅限于王室权威至上、王权完全降服权贵的地区。主教被赋予城市及周边伯爵领的部分管辖权，但他们并没有像政府官员一样，起到臣民与王国政府之间调停者的作用。因此，在主教权威和权力不证自明的地区，如米兰，主教感到没有必要请求王家特许状以得到地方治理授权，这并非偶然。他们已经持有的封建权力，加上伯爵领内有城堡防守的城镇所得到的豁免权，这就足够了。

在意大利，无论是权力结构比较稳定的地区，还是发生大的变革的地区，加洛林王朝时期意大利的伯爵领划分继续存在。托斯卡纳（那里各伯爵领在更高的边地侯的权威之下形成地方特色和政府）和大的边区，如利古里亚和皮德蒙特（那里伯爵的缺席没有导致其领土被取消，此时由边地侯直接或在副伯爵的帮助下监管），都是这样。还有卡诺萨家族统治的波河流域地区，很快得到了国王的承认，国王将该地区土地合理化分配，并将其分为伯爵区和边区（comitatus and marcae）。许多主教权力增强的地区也是加洛林时期的区划，也被归为伯爵区。这不仅仅是术语游戏。最雄心勃勃的人和家族，虽然社会地位上升，以不同于王国地理的方式全国流动，但是仍然使用调整过的加洛林王朝的地域职权制度，作为实现野心的跳板和领土权力的基础合法化的一种途径。

在 10 世纪和 11 世纪之间，地区政权的权利和权力（伯爵王朝和主教）、较小但地域更紧凑的领地的权利和权力，变动特别大。这些权利和权力的转移，在司法语言中有所提及。加洛林时期开始，统治者保护个人完全占有的权力，这种概念随之加强。国王授予辖权和公职，作为私有土地或财产，使得辖权与土地财产联系在一起，权利可随土地转移。在亨利二世统治时期以及他留给康拉德二世的王国，自然发展的封建领主的权力结构与留存的公共政府体系共存的特征尤其明显。萨克森王朝的最后一位国王，摒弃了奥托三世留下的治理模式和以意大利为基础复兴帝国的计划。11 世纪初，国王更加经常不在意大利，使得王室权力的功能目标明显表现为：通过间歇性王家干预协调主要权力派系之间的关系，以规范和纠正现存局势的演进。君主不再系统地充当稳定的、集中的权力中心。

吉斯佩·塞吉（Giuseppe Sergi）

王建波　译
顾銮斋　校

第 十 五 章
西法兰克：王国

在西法兰克王国的演变中，10世纪至关重要。[①] 898年，它的未来还不确定，比较明显的可能性是：或者重被吸收进一个更大的帝国，或者分解成更小的单位。但是，到1031年，西法兰克已经在地图上稳居一方了，尽管其边界不很明晰，政治特点也备受争议。从佛兰德的最北端到比利牛斯山脉，从大西洋到勃艮第公国的东部边境，只有一个国王——罗贝尔二世——被承认。时间削弱了布局变化的可能性，因此事后看来，我们可以在10世纪发现某个单位的凝聚力不断增强，后来作为一个伟大的民族君主国家出现在欧洲舞台上。

对时人来说，这个默默无闻的政治实体基本没有吸引力，为人所知的主要是他们使用王朝纪年来标记特许状的日期。在现实世界中，当时人视国王为个人统治者，其权威大小与其是否在场有联系；而王国（regnum）一词，当时的欧洲人意指统治行为，因此可泛指多种多样的政治和半政治权威。他们没有词汇描述罗贝尔二世被承认为王的地区；也不认为它是一个单位，所以"西法兰克"是历史学家的抽象概括。更糟糕的是，加洛林末代和卡佩王朝早期行使政治权力的领土，在欧洲时人那里竟然没有一个名字：10世纪或11世纪早期史料中的法兰克是过去界定的，而不是当代。法兰克或者指的是卢瓦尔河以北地区，被认为是法兰克人在中世纪早期已经定居的地区，或者是指塞纳河和洛泰林吉亚边境之间的地区，那里曾是奥地利王国的一部分。[②] 10世纪或11世纪早期的史料没有记述一个政治霸权。

[①] 我要感谢帕特里克·沃玛尔德博士对本章的初稿提出建设性的批评意见。
[②] Schneidmuller (1987), pp. 17–9.

第十五章 西法兰克：王国　413

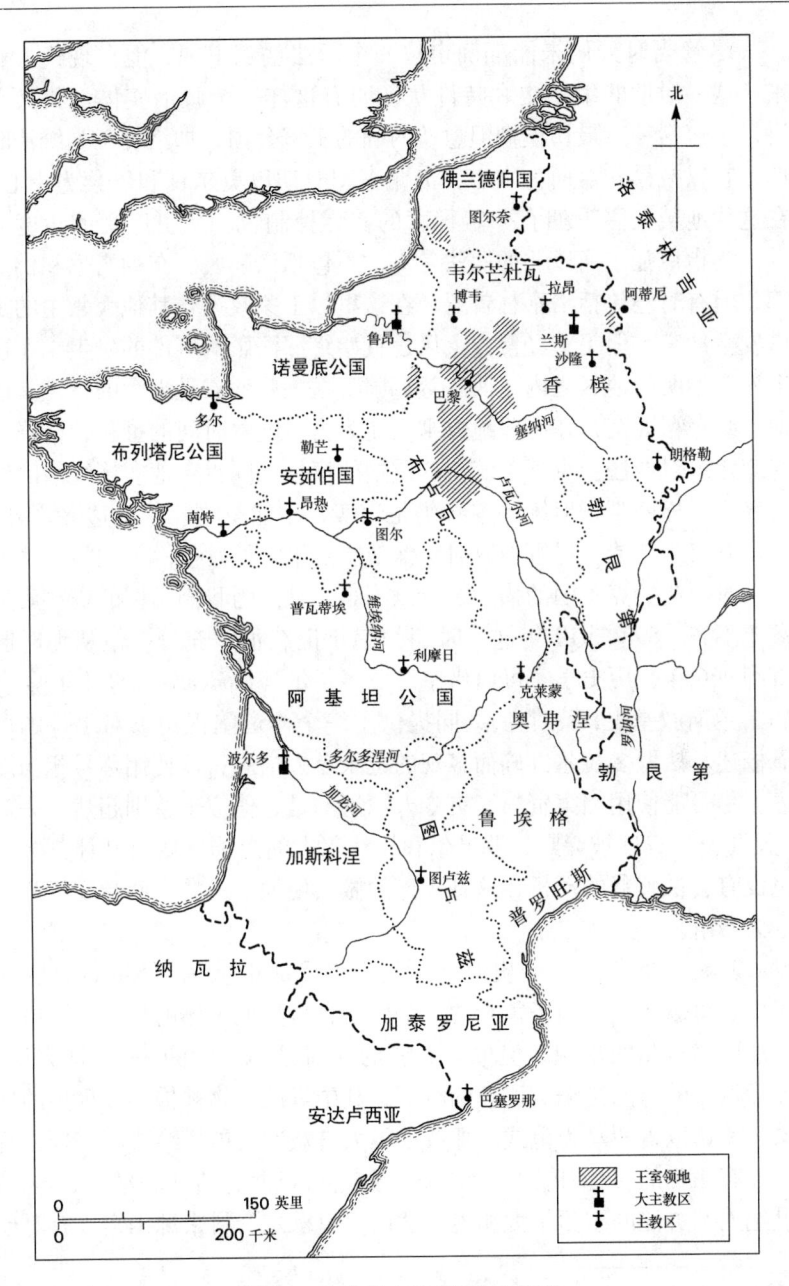

地图 8　约公元 1000 年的法兰西

尽管当时人们未能准确定位一个西法兰克王国，但在现代人看来，这一时期的编年史和特许状证明有这样一个政治实体。狭义上讲，它包括一个最初模糊但愈益明确的王室公国，加洛林王朝统治时期，它以拉昂和兰斯为中心，卡佩王朝时期以奥尔良和巴黎为中心，在这片地域上国王拥有一定程度的实际控制权。从更广义的角度来看，它指卢瓦尔河以北的西法兰克，不包括诺曼底、布列塔尼和佛兰德，但有时还包括洛泰林吉亚。在这里，王家政策与其他大领主的举措发生冲突，但王室经常占上风，且始终深深影响事件的发生。在这个界定不明的地区之内，西法兰克国王在一些地方是强大的，在其他地方则存在冲突，在有些地方则无能为力。随着时间的推移，格局也在变化。对西法兰克国王统治的质量的概括，同界定他实施统治的地理界线一样困难，但统治本身仍是现实，不能忽略。这些边界之外，他没有实施统治，尽管他有时深深地影响事件的发生。

对西法兰克王国的描述之所以困难，是因为我们掌握的资料质量参差不齐。898—919年这一时期的编年记载很不充分。但从那时起直到966年，历史学家可以借鉴法罗多拉尔（Flodoard）的《年鉴》③和《兰斯教堂史》④，它们共同提供了一个修道院视角下对事件的可靠概述。法罗多拉尔准确而客观的记录令人信服；他使用称号相当严谨，尽可能使用档案资料。更令人惊讶的是，他似乎特别超然——对"天真汉"查理被废黜、罗贝尔和拉杜尔夫的当选不做公开评判。他也没有尝试解释的动机，这种拘谨的做法使他描述的一些叛变行为也令人费解。

966—995年这一历史时期，我们得依靠里歇尔（Richer）的编年史。里歇尔是兰斯圣雷米的一个修士，虽然他著作的早期部分借鉴了法罗多拉尔的论说，但他与后者的性情是不一样的。⑤ 对他来说，传承过去的目的是编著说教的故事，其中好的人物被描绘成理想的形象，美德以古罗马为范式。那些他不太喜欢的人被描绘成阴谋家，有时没有明确的目标和方向。该编年史充满着古老的共和精神，与10世纪人们关注的东西不太相容。然而，里歇尔资料来源丰富，有时他

---

③ Floadoard, *Annales*.
④ Floadoard, *HRE*.
⑤ Richer, *Historiae*.

第十五章　西法兰克：王国

凭着个人对人物和事件的了解。他的《历史》是具有挑战性的资料来源。

要想使法罗多拉尔的记述丰满充实，抗拒里歇尔丰富多彩的特质说教的诱惑，历史学家只能求助10世纪的另外一位编年史家——福尔丘（Folcuin），[6] 福尔丘几乎专门研究佛兰芒（Flemish）事务。此外，在各种年鉴如圣瓦斯特、圣彼得、根特、圣阿芒的年鉴中，能找到零星的信息。[7] 在11世纪的编年史中，只有桑斯的编年史主要关注国王们。[8] 夏巴纳的阿德马尔[9]、圣-昆汀的杜多（Dudo）[10]、拉杜尔夫·格拉贝（Radulf Glaber）[11] 以及南特和圣马克辛编年史[12]的作者们的著作，都提供了旁证，甚至在各种论题上纠正了法罗多拉尔和里歇尔，但这些作品主要还是涉及西法兰克王国的其他地区。被大家看好的赫尔高德的《"虔诚者"罗贝尔传》[13]，其实提供更多的是有关王权的宗教理想的信息，而不是罗贝尔本人。

编年纪事的不足，即使有时已由圣徒传记或传奇如《圣本尼狄克传奇》[14] 得以补充和加强，但还是会得到不同程度的纠正，凭借的是一批被详尽研究的王室特许状[15]，以及诸多其他特许状，包括那些势力强大的诸侯发布的。不幸的是，这些特许状中只有很小比例的原件留存下来；因此特许状的真实性存在问题。此外，因为修道院契据保管处的编著者基本对世俗事务不太关心，所以他们提供的资料是很不平衡的，但还是多亏了他们，我们才能了解到这段历史的绝大部分。特许状的颁发透露出丰夥的信息，有的关于诸侯称号，有的事关王权行使的地区，有的反映领主权如何带来财富和权力。[16] 王家特许

---

[6] Cartulaire de l'abbaye de Saint-Bertin, pp. 4–168.
[7] *Annales Vedastini* ed. von Simson (1909); ed. Grierson (1937).
[8] Historia Francorum Senonensis.
[9] Adhemar, Chronicon.
[10] Dudo of Saint-Quentin, De moribus etactis primorumNormanniae.
[11] Radulf Glaber, Hicriae.
[12] Chronique de Nantes; Chronicon Malleacense.
[13] *Helgaud of Fleury, Vie de Robert le Pieux.*
[14] 例如，*Miracula sanctia Benedicti* 第2卷和第3卷，对了解卢瓦尔河地区的维京海盗袭击颇有帮助。
[15] 参见Tessier (1962)；至于具体某位国王的章程，见有关专辑：Charles the Simple's Acta by Lauer (1940–9)，Robert's and Radulf's by Dufour (1978)，Louis IV's by Lauer (1914)，Lothar's and Louis V's by Halphen and Lot (1908)，Robert II's by Newman (1937)。
[16] Lemarignier (1970), pp. 155–6.

状的减少——"天真汉"查理统治时期每年5件,路易四世每年3件,洛塔尔不到2件——被看作王权衰落的指示器。⑰ 特许状数量的增多,虽然不是来自朝廷而是来自接受者,也可给予同样的解读。更有争议的是,特许状形式的变化已与某种失败相联系——统治者未能完好无损地继承王室思想观念。⑱

由于资料零散破碎,王家历史不可避免地为解释和假设所主导。此外,这个论题可以通过两个截然不同的途径去破解。一方面,各种法兰西执政的最近关于法兰西公国和洛泰林吉亚的研究已重新调整了我们的历史视角,迫使我们反思国王的角色,因为他们已不再被视为孤立的人物,代表政治舞台上的合法权威,阻止那些胆大妄为、企图自我扩张的坏人占据这个舞台。诸侯们被授权协同治理王国。因此,尽管朝廷内部一直信奉保守主义,但"公正者"理查德、"虔诚者"威廉、"强壮者"罗贝尔和鲍德温二世等在自己的公国里占有已久的"公爵"和"侯爵"称号,是不能收回的,即使有合理的借口。就此论说而言,西法兰克公爵领和侯爵领隐含的不是国王的软弱,而是务实。这样,10世纪见证了有趣的政体尝试,政府权力下放,权力更加地方化,但政治控制加强了。另一方面,公国的形成明显排斥国王在其中正常行使权力,并威胁王家对教会的有意义的保护。因此,任何从统治者的角度看待10世纪历史的历史学家,势必会被更多传统的观点所吸引,以不赞赏的态度把国王的权威同他们的前辈和接班人相比,也和同时代的东法兰克国王和英格兰国王比较。如果说君权的衰落已不再是唯一的主题,但它仍然是一个中心话题。

898年对于"天真汉"查理来说似乎顺风顺水。得到奥多的兄弟罗贝尔的支持,有兰斯大主教福尔克的热情拥戴,得到了一个加洛林家族成员通常享有的南方权贵的效忠,"天真汉"查理显然处在一个强大的地位。甚至他的名字也预示着好的前景。当然,他不能试图逆势而行,他需要与勃艮第的"公正者"理查德、奥弗涅的"虔诚者"威廉、佛兰德的鲍德温二世、普瓦图的拉诺尔夫二世和图卢兹的奥多进行合作。但他可能力图将他们聚拢在朝廷,在他们的决策中扮演指

---

⑰ Lemarignier (1965), p. 30.
⑱ Ibid., pp. 42–3; 至于批评, 见 Brühl (1989a), pp. 589–95.

导角色,强调他们作为忠实臣仆的职责。他们毕竟需要"天真汉"查理将自己的地位合法化,至少像查理需要他们将王国凝聚成整体一样。在这种趋势下,900年查理允许王家秘书处称呼"公正者"理查德侯爵[19],905年给予"强壮者"罗贝尔以同样恩宠[20],919年称阿基坦的威廉为"我们伟大的侯爵"。[21] "天真汉"查理简直就是发展了一种返祖的政策,至少倒退到"秃头"查理时代。

但相对于纽斯特里亚(Neustria),"天真汉"查理面临着全新的形势。在这里,根据他与国王奥多897年签订的协议,一个新的公国正在建立。罗贝尔不仅接收了所有奥多的荣誉和财产,从而成为从塞纳河到卢瓦尔河整个西法兰克的主人;而且他被允许享有皇室臣仆包括地位重要的勒芒伯爵的效忠,并担任圣日耳曼德普雷(Saint-Germaindes-Près)、图尔的圣马丁、圣德尼、圣阿芒、奥尔良的圣艾格南和马尔穆捷的俗家修道院院长。[22] 查理依赖罗贝尔的支持,特别是911年之后查理本人忙于洛泰林吉亚的事务,罗贝尔的上述获得就得以永久占有了。"罗贝尔墙"(这是沃尔讷的用语[23])将国王从最近还被王室控制下的地区排除在外。因此,查理不得不紧紧抓住保留在塞纳河和洛泰林吉亚边界之间的王家税地。

即使在这里,查理也面临着挑战,这次来自一个迄今对他还十分友好的地区。佛兰德的鲍德温二世,长期以来一直谋求圣瓦斯特修道院及其周围肥沃土地的控制权,898年奥多国王的去世被他视为又一次机会。在兰斯大主教福尔克的建议下,查理下最大力气抵制鲍德温的进攻。鲍德温非常痛恨福尔克大主教的影响,900年派人谋杀了他。不幸的是,查理只能够惩罚肇事者,却不能惩罚背后主谋。虽然他将佛兰芒吞并阿图瓦设法推迟了约20年,但他不得不将布洛涅和泰尔努瓦割让给鲍德温。[24]

在剩余的领土上,国王在几个行宫之间巡回,有时在兰斯和拉昂

---

[19] DD Ch S 32, 33.
[20] DD Ch S 9, 65,以及随后有关他的所有特许状。
[21] D Ch S 102.
[22] DD Ch S 45–7, 54, 77;Dufour, Introduction to Robert I, Acta, p. xci.
[23] Werner (1984), p. 438.
[24] Ganshof (1949), p. 19.

停留，享受在他保护之下的修道院院长的殷勤接待。㉕ 尽管他很少走出他的王家税地之外，但是他保持了国王宴会日在全国的教堂里专门举行弥撒的传统；他将特许状授予远至佛兰德南部和加泰罗尼亚的地方；他记录王家法庭做出的判决；㉖ 他发行大量钱币（工艺和含银量都比以前差）；㉗ 他至少把更北部的封臣聚集在他周围。在查理统治的最初十多年里，他是一个权威人物。

此时西法兰克仍然不断地受到维京人和匈牙利人的攻击。虽然9世纪80年代那样骇人听闻的破坏没有再发生（佛兰芒人的防御防止了），但是西法兰克更南部的地方几乎年年受到袭击，暴烈而普遍，扰乱了庄稼收割，恐慌在农民中蔓延。更可怕的是，小股维京人在诺曼海岸的卢瓦尔河沿岸搭建过冬营地，制造恐惧。在10世纪的第二个十年，洛泰林吉亚边界受到马扎尔骑兵偶尔但极具破坏性的袭击。

假使查理对自己的军事才能有信心，他可以联合起王国的军事力量将侵略者驱逐出去。但是一方面查理缺乏才能，另一方面发现他自己的土地相当安全，就把这个任务留给了他人。勃艮第的"公正者"理查德，得到纽斯特里亚的罗贝尔的支持，担负起王国防卫的主要责任。同普瓦图伯爵一起，在沙特尔（911年？）大败维京人，并威胁到维京人在卢瓦尔河沿岸的定居点，迫使臭名昭著的维京海盗头领罗洛（Rollo）逃走。㉘ 这充分证明了诸侯们能够与王室领导共同行动。

如果维京人取得胜利，查理就求和。据圣-昆汀的杜多说，法兰克人建议给予罗洛从安得勒河（Andelle）到海口的土地，以换取罗洛帮助抵御将来维京人任何可能的侵略。㉙ 911年的《埃普特河畔圣克莱尔条约》（Saint-Clair-sur-Epte），从罗贝尔和查理的地产中划出领土，确立了未来的诺曼公国的核心。尽管查理蒙受了领土损失，但他调停的权威得到了承认，查理从中受益；后来诺曼王子准备挑战罗贝尔家族在纽斯特里亚的主宰地位，查理也从中渔利。

即使沙特尔的胜利没有终止维京人对西法兰克土地的入侵，法兰克也会赢得足够的喘息时间。查理立马决定抓住时机，试图将880年

㉕ Brühl (1968), pp. 49–50, 232 and n. 47.
㉖ Lemarignier (1965), pp. 30–3 and map 1.
㉗ Belaubre (1986), pp. 50, 51.
㉘ Cartulaire de l'abbaye de Saint-Pbe de Chartres, pp. 46–7.
㉙ Dudo of Saint-Quentin, De moribusetactis primorumNormanniae ducumii, 2 3, p. 162.

第十五章 西法兰克：王国

恢复了的洛泰林吉亚［通过利博蒙（Ribemont）和谈］重新纳入东法兰克王权之下。这是查理准备已久的一个步骤，特别是908年他与弗里德瓦娜结婚以来；弗里德瓦娜是洛泰林吉亚的一位具有财富和权力的女人。911年，东法兰克的最后一位加洛林统治者死亡，时机成熟了：洛泰林吉亚人在埃诺伯爵雷吉纳的命令下，将他们的王国交给了他。将近911年底，查理在梅斯被拥戴为王，他则任命雷吉纳作为新兼并领土的代理人。

洛泰林吉亚给查理带来王家税地、财富、军队和威望，弥补了他在纽斯特里亚的损失。短期内这种兼并既适合罗贝尔也适合理查德。914年，罗贝尔为他的儿子休谋得了他所有土地和荣誉的继承权。918年，理查德晋称公爵，其实要不是国王被东部领土事务搞得焦头烂额，未必肯对理查德做出上述让步。然而，诸侯们害怕西洛泰林吉亚人对西法兰克事务的干预，从918年尤其害怕哈格诺在查理顾问中的主导地位，哈格诺是国王已故妻子的关系人。因为他的原因，诸侯们被疏远，因此919年他们拒绝协助查理阻击一次匈牙利人的侵略。因此，经过21年相当和谐的统治之后，国王面临着严重的反对。921年，罗贝尔未经皇室批准与诺曼人签订了一项条约。㉚ 922年，查理剥夺了罗希尔德——"秃头"查理的女儿，与罗贝尔家族联姻——的谢勒（Chelles）女修道院院长一职，将这个价值不菲的职位送给哈格诺，危机一触即发。反对派显然认为此等恩宠违背正义，因此破坏了查理的统治权。但极其不幸的是，我们手上有关这一至关重要事件的材料非常缺乏。

在罗贝尔和他的侄子拉杜尔夫（新近去世的"公正者"理查德的儿子）的联合领导下，西法兰克贵族背弃了对查理的效忠，922年在兰斯将罗贝尔加冕为国王。年底之前，罗贝尔得到教皇和东法兰克国王亨利一世的承认。在查理可能的盟友中，佛兰德的阿尔努尔夫倾向于自己在阿图瓦谋取权势，而不是忠于他的王室亲戚；韦尔芒杜瓦伯爵赫里伯特二世，以查理大帝的后裔身份为自豪，最近娶了罗贝尔的女儿，这样他的潜在支持被冲销了。当兰斯和拉昂都不肯出手相助时，查理别无选择，只得逃离。虽然他在诺曼人的帮助下于923年回

㉚ Flodoard, *Annales*, p. 6; Sassier (1987), p. 82.

来，但这对他并没有好处。在 6 月 15 日的苏瓦松战斗中，查理的部队遭到惨败，即使罗贝尔战死也无法改变战局。赫里伯特囚禁了查理，并看守他到 929 年去世。苏瓦松战役一结束，西法兰克领主们立即推选拉杜尔夫为国王。922 年和 923 年的加冕证明，诸侯们决心拥戴他们想要的统治者。

拉杜尔夫的登基自然在勃艮第受到欢迎。由他的兄弟"黑脸"休领头，勃艮第领主们忙不迭地向新国王表示效忠。克吕尼大修道院随后效仿，在它的特许状中将拉杜尔夫描绘得如同罗马皇帝一样。[31] 拉杜尔夫把奥图瑙（Autunois）、西讷乃（Senonais）、欧塞尔和第戎据为己有，从而充实了日益萎缩的王室地产；把剩余的土地和官职给休，因为休与他一直保持着良好的关系。国王的很大一部分时间特别是在位早期，是在他的父亲创建的公爵领内度过的，这并不足为奇。这被解读为他软弱的证据，[32] 但这种论断肯定是不符合史实的。如果拉杜尔夫的儿子路易（由他的妻子艾玛——罗贝尔一世的女儿——所生）不先他而死，西法兰克可能会是一个以第戎为中心的王国，而不是以兰斯、拉昂、奥尔良或巴黎为中心。10 世纪早期的王国仍有足够的可塑性来适应这样的变化。

最初拉杜尔夫至少还得到罗贝尔的儿子——伟大的休——的支持。据拉杜尔夫·格拉贝称，这是休的姐姐即拉杜尔夫妻子艾玛促成的。[33] 924 年，国王承认休对勒芒事实上的宗主权，作为其妻弟在阿基坦战役中对他援助的谨慎补偿。他还收买韦尔芒杜瓦的赫里伯特，将佩罗讷（Péronne）授予他，得到他的暂时好感；受维京人威胁的佛兰德的阿尔努尔夫也与拉杜尔夫保持一致。北方诸侯中，唯有诺曼底的罗洛拒绝效忠，得意扬扬地乘人之危，趁查理权势低落之机公然攻击他的邻地。933 年他终于被诱使向拉杜尔夫宣誓效忠。

南部诸侯们起初并不看好拉杜尔夫，就像 888 年他们不看好奥多一样。为了转变他们冷眼旁观的态度，拉杜尔夫在休和赫里伯特的支持下，于 924 年侵入奥弗涅的威廉二世的土地，击败了他，并劝说他臣服，作为回报把几年前从他手中夺走的布尔日（Bourges）归还给

---

[31] D Ra 12.
[32] Werner (1984), p. 457.
[33] Radulf Glaber, *Historiae* i, 6–7, pp. 14–6.

他。普瓦图伯爵在927年之前没有承认拉杜尔夫的登基,图卢兹的雷蒙三世庞斯和鲁埃格伯爵延迟到932年才宣誓效忠("天真汉"查理死后很久),巴塞罗那伯爵竟然完全忽视了拉杜尔夫的加冕仪式。然而,拉杜尔夫在去世前已经赢得了绝大多数的南部贵族的承认和效忠。虽然他们的追随是慢慢转变而来的,但是一旦承诺,他们就保持效忠。

在西法兰克之外,拉杜尔夫就不那么成功。虽然法罗多拉尔坚持认为,许多洛泰林吉亚人想拥戴他为王,[34] 但是到925年他已经失去对洛泰林吉亚的控制,权力落到当地贵族吉斯勒贝尔手里。吉斯勒贝尔得到了东法兰克国王亨利一世的支持。拉杜尔夫认识到,自己作为一个没有盟友的非加洛林成员没有理由抱怨,就接受了既成事实。他的决定很可能在众多西法兰克领主中颇受欢迎,他们逐渐不信任莱茵兰人,莱茵兰人是他们向国王进谏并获得恩宠的竞争对手。

在此期间,拉杜尔夫在自己的领土上有大量事务缠身。维京人利用922—923年的危机恢复了元气,给卢瓦尔河周围地区造成了严重破坏。924年和926年,人们为了防卫王国支付丹麦金,是出于对"公正者"理查德儿子的信任,这是最后几次征收丹麦金了。925年拉杜尔夫宣布禁止在卢瓦尔河以北的西法兰克征收丹麦金,从而将整个北方的战斗力团结在他身后。他的决心换得了925年在埃乌(Eu)和926年在弗塞贝尔格(Faucembergues)的伟大胜利,但也付出了高昂的代价。在此之后,虽然最严重的危险已经过去,断断续续对掠夺者的战役也使拉杜尔夫在一生的最后十年里作为勇士的声誉越来越高。

从某种程度上说,弗塞贝尔格大捷后,麻烦尾随而至:佛兰德的阿尔努尔夫现在可以不受约束地再次攻击阿图瓦,拉杜尔夫既不能阻止他的掠夺,也不能否认他对那里的控制,因为他需要阿尔努尔夫的援助,以应对新的和更危险的敌人。925年,韦尔芒杜瓦的赫里伯特二世决定揭掉友谊的面具,露出自己的真面目,他将在塞纳河北部创建一个公国,以兰斯和拉昂——传统的加洛林王朝的中心地带——为中心。作为意大利国王丕平的曾孙,赫里伯特有着无可置疑的加洛林血统。如果"天真汉"查理的遗产被视为属于他的家族而不是王朝,

---

[34] Annales, p. 17.

赫里伯特的拥有主张肯定比拉杜尔夫更具合理性，如果不比缺席的王子路易更好。他的计划对拉杜尔夫构成了严重的威胁，对拉杜尔夫来说，保有拉昂和兰斯证明他是查理的合法继承者。

通过协助兰斯大主教瑟伊尔（Seulf），镇压叛逆的附庸和抗击维京海盗，赫里伯特在确立自己对兰斯的影响力，而且已有一段时间。因此，当瑟伊尔925年死后，赫里伯特得以说服那里的人民选举他5岁的儿子休做大主教，尽管明显地违反了有关教会法律。在孩子未成年时，主教区的灵界事务委托给苏瓦松主教，而赫里伯特则亲自掌管世俗事务。国王拉杜尔夫虽然有些担忧，但他却不能不表示同意，因为维京海盗的袭击还在继续，特别是赫里伯特作为"天真汉"查理的财产守护者，正威胁着自己的王权宝座。然而，次年发生的事件震惊了拉杜尔夫。赫里伯特从伯爵手里夺取了亚眠城，然后争夺拉昂的继承权，拉昂伯爵罗杰于926年死去。尽管拉杜尔夫明确禁止，赫里伯特还是凭借武力占领拉昂并掌控到931年，后又设法保留他在亚眠城的一座堡垒直到938年。赫里伯特出现在亚眠，对拉杜尔夫是一个威胁，他很可能要破坏拉杜尔夫迄今无可争议的在整个东北法兰克委任伯爵的权力，战争因此不可避免。

对国王极为不利的是，赫里伯特的妻子是纽斯特里亚的休的姐姐，在战争的最初四年，亲属关系的效忠保证赫里伯特得到休的部分支持。但是931年，因为家庭内部争吵，休转而站在拉杜尔夫的一边，局势几乎马上发生了有利于国王的转变。王家军队占领拉昂（虽然还没有占领赫里伯特的城堡）和兰斯；拉杜尔夫废黜了赫里伯特的儿子大主教的职位，代之以自己的候选人阿尔托（Artald），从而引起持续至10世纪60年代的教会纠纷（法罗多拉尔的《兰斯教会史》中的一个重要主题）；王家军队继续围攻赫里伯特的一些城堡。此时，显然失败的赫里伯特向东法兰克国王亨利一世求助，亨利一世为他调解成功，并维护了自己的利益。仁慈的拉杜尔夫现在与韦尔芒杜瓦伯爵达成协议，这表明国王害怕他的权威赖以存在的贵族共识遭受危害。

935年，经过4年的相对和平，拉杜尔夫病倒了，936年初离世。他的统治已经证明是一个历史转折点，除了937年那一次著名的匈牙利人攻击，西法兰克现在已经摆脱被侵略的困扰。虽然这种变化不能完全归因于拉杜尔夫的防御措施，但他确保该国已不再是容易被攻击的猎物。拉杜尔夫发布禁令，征收丹麦金，都保持着加洛林遗产的基本要素（虽然大约925年发行的第一批钱币铸着地方贵族——奥弗涅的威廉二世——的名字，被解释为对王室权力的严重侵犯，其实是相当不公平的）;㉟ 通过他在勃艮第的收入，补偿了他在洛泰林吉亚失去的王家税地。对未来意义重大的是，拉杜尔夫已经证明了一个非加洛林统治者能够将自己的统治强加给加泰罗尼亚人除外的所有西法兰克诸侯，尽管过程相当缓慢。事实上，他的做法已经成为一个普遍接受的规则。

拉杜尔夫长期生病，留给西法兰克的领主们足够的时间来考虑继承的问题。很可能无嗣的国王已指定"天真汉"查理的儿子——"外来人"路易——作为继承人：当然路易的舅父——威塞克斯的埃塞尔斯坦（Æthelstan），坚决支持他外甥的事业。不过，纽斯特里亚的休对路易的关怀令人惊奇。毕竟，休是国王的儿子；他的第二任妻子艾德希尔德（Eadhild）就是埃塞尔斯坦的妹妹；而且他是一位成熟和经验丰富的政治家。他把王冠让给路易被认为具有标示性的意义，表明罗贝尔家族仍然认为加洛林家族成员更有资格登上王位。

或者表明，休追捧路易的动机是保全自己的财产。㊱ 休的伯父奥多曾经在888年自己登上王位后将所有的伯爵领都转让给了弟弟罗贝尔；如果休认为自己有义务去效仿他的伯父，那么登上王位将使他处于极为不利的困境，因为此时他显然没有可将广袤的地产赠予的亲戚。到936年，休一直拥有巴黎、埃唐普（Etampes）、图尔和奥尔良的诸伯爵领，布卢瓦、沙特尔和沙托丹（Châteaudun）的各地区（pagi），还有多个重要的修道院。实际上，他的权力从塞纳河延伸到卢瓦尔河，其领土几乎没有外力插足。把法罗多拉尔所指的休说成向位低权轻的人屈服，这样的说法是无法令人接受的。㊲

但是，休是否确实为奥多的先例所约束值得商榷。罗贝尔一世在位时间很短，以至于他对土地和荣誉的处置不为人知。但拉杜尔夫在登上王位时肯定没有让出他所有勃艮第的遗产；休的儿子——休·卡

㉟ Dumas-Dubourg (1971), pp. 49–50.
㊱ Werner (1984), pp. 456, 457, 463.
㊲ Flodoard, HRE iv, 33, p. 425.

佩在987年也没有夺去很多。当时如果休愿意,某种妥协一定是可能的。他明显的利他主义做法可能是因为他认识到还未到提升自己的时候。一方面,他需要继承人以加强他的家族主张;另一方面,他担心对他在纽斯特里亚的权威的威胁,因为929年昂热(Angers)子爵拥有了安茹伯爵称号,并开始在城市周边行使伯爵职能。[38] 所以休可能决定推迟他的挑战,此时专心扩大自己的权力和建立他的王朝。

休在监护年轻的国王的两年中,收益可观。拉昂加冕后,他立即指派路易出征勃艮第的"黑脸"休,以图为罗贝尔家族夺回拉杜尔夫的至少某些土地,可能以休死去的姐姐——拉杜尔夫的妻子艾玛的名义。[39] 一旦休兼并了桑斯和欧塞尔,以及附带公爵领本身的一些未来权利,他就召回部队,回到家乡,使路易(其唯一的收获是城市朗格勒)意识到他被操纵了。但年轻的国王还不能够与休决裂。实际上,937年他授予休"法兰克人的公爵"称号,并奉承他为"整个王国仅次于国王的人"。[40] 938年,在他的撒克逊妻子死后,休娶了奥托一世的姐姐哈德威格(Hadwig),进一步增强了他的威望。哈德威格不仅给他带来出入奥托宫廷的特权,而且为他生了三个儿子——无可争议的王室后裔。休现在拥有了936年他缺乏的王牌。

与此同时,西法兰克其他诸侯,除了一个例外,都欢迎加洛林王朝的回归。经过最初的摩擦之后,勃艮第的休成了路易的忠实朋友;普瓦图的伯爵威廉是他最坚定的盟友之一;巴塞罗那伯爵迅速承认他的统治。虽然图卢兹的雷蒙三世庞斯直到944年才表示效忠,但是他的迟缓并不是冷漠的表现。只有韦尔芒杜瓦的赫里伯特决定继续他先前的主张,甚至不惜反对一位亲属。由于路易开始统治时拥有的王家税地比751年以来的任何一位国王都少,[41] 所以他对此不能容忍。路易与"黑脸"休结盟,猛攻赫里伯特的城堡,938年他成功地占领了拉昂的城堡,这里是他的对手战略设计的关键。对路易来说不幸的是,这种能力的表现引起了休(这时已经称"大帝")的警觉,于是他将支持的重心转移到了赫里伯特一边。

---

[38] Guillot (1972a), pp. 131–8.
[39] Sassier (1980), p. 17.
[40] DD L IV 1, 4.
[41] Brühl (1968), p. 231.

第十五章 西法兰克：王国

在这一点上，西法兰克事务与洛泰林吉亚政治纠缠在一起。939年，洛泰林吉亚的公爵吉斯勒贝尔伙同巴伐利亚的亨利策动对奥托一世的反叛。为了加强反奥托阵营的力量，路易被许以恢复他的公爵领到西法兰克。路易首先是恐惧，但经过犹豫路易接受了，希望借此扩充自己的势力。伟大的休立即与他的东法兰克姐夫结成联盟，并得到赫里伯特、佛兰德的阿尔努尔夫和诺曼底的威廉·朗索德的支持。整个西法兰克王国再次被洛泰林吉亚的一些自称加洛林继承者的人弄得四分五裂。后来的939年，奥托击败了他的对手，吉斯勒贝尔公爵在过河时被淹死。路易唯一值得庆幸的是他迅速与吉斯勒贝尔的遗孀、奥托的妹妹格伯嘉结婚；格伯嘉平息了奥托的愤怒，为她的新丈夫生育了拥有双方王家血统的男性继承人。到942年，路易出于与他妻兄讲和的考虑，放弃了洛泰林吉亚。

然而休和赫里伯特领导的反国王力量不是那么容易驯服的。940年，他们进攻兰斯，占领了它，迫使大主教阿尔托逃走，将赫里伯特的儿子休恢复为主教。路易试图扭转局面，这一举动导致了他的彻底失败。他的处境现在如此悲惨，以至于教皇斯蒂芬八世写信给西法兰克领主们，命令他们支持国王。"黑脸"休、普瓦图的威廉、威廉·朗索德、佛兰德的阿尔努尔夫，以及雷恩和南特的伯爵为路易的灾难深感震惊，他们先后与路易结盟。结果形成僵局，双方同意接受奥托一世的仲裁，奥托一世于942年规定了一个不被情愿接受的休战协定，停战持续到次年韦尔芒杜瓦的赫里伯特去世。

此事件缓解了路易的压力。为了维护在拉昂的王室利益，伯爵罗杰二世942年死后，路易决定不再任命继任者。他把自己的私生子弟弟劳里克（Rorico）提升为城市主教，期望他执掌拉昂。同样，940年他将兰斯伯爵领授予大主教阿尔托。这些压制世俗官吏、将重要职权转移至主教手中的做法，说明很可能受到奥托范例的启发，路易要在10世纪剩余的时间里在西法兰克王国中推广一种新的政策。扩大人们熟知的豁免权的授予，这类举措总体得到了回报；独立的主教们通常支持国王反对第三方势力，从教区民兵中为国王提供急需的军事援助。但是，提升主教权力的弊端也是显而易见的，因为这加强了主教们对王家铸币的实质性控制，因此上述政策导致10世纪下半叶王家财政和铸币的急剧下衰。

路易在西法兰克更直接的问题是通过援引世袭权利原则得以解决的：赫里伯特的土地和公职在几个儿子之间瓜分。他们还是偶尔造成麻烦；当年长者赫里伯特——奥莫伊斯（Omois）伯爵 951 年绑架王母艾德姬弗（Eadgifu）并娶她时，路易特别生气。他们的父亲对加洛林王朝在塞纳河以北的统治地位曾经构成的威胁淡出视界。然后韦尔芒杜瓦的阿尔伯特与路易的继女格伯嘉结婚，有助于平息过去的积怨。[42] 显然，最糟糕的时期已经结束。

然而，另一个同样严重的危机在诺曼底爆发了。942 年，佛兰德的阿尔努尔夫派人谋杀了威廉·朗索德，使爵位继承不再平稳，并在诺曼领主们之间引起纠纷。路易或许希望为他的小儿子要求公爵领的领有权，所以进行干预；为了争取支持，路易主动提出将巴约（Bayeux）送给伟大的休，后者随带着军队加入国王阵营。某些诺曼领主，急于维护威廉的继承人——年轻的理查德——的权利，然后转向丹麦王子哈拉尔德（Harald）谋求军事援助。在战役的关键时刻，路易撤销了将巴约送给休的承诺，休马上退出。945 年，路易被哈拉尔德的丹麦军队俘虏，他在诺曼底的野心被终结了；在对方的胁迫下，他承认理查德继承父亲爵位的权利。然而，这一让步并没有保证他获释。哈拉尔德将路易交给仍然耿耿于怀的休。国王被一个附庸监禁，引起了广泛的公愤，奥托一世和威塞克斯的埃德蒙都要求立即释放路易，这显示了国王反对贵族僭越时的团结。在西法兰克权贵大会的敦促下，休确实释放了路易，尽管直到拉昂城被移让给他作为补偿。因此国王恢复他的王位，但只是在领主们的勉强允许下。922 年事件的重演就这样被避免了。

为了一雪前耻，946 年路易攻击了拉昂，在那里夺取一个堡垒；然后从大主教休手中夺得兰斯（从而再次导致休被驱逐和阿尔托复位）。948 年，在英格尔海姆宗教会议上，有奥托一世和罗马教皇使节出席，路易得以促成两个休被革除教籍。但使伟大的休彻底就范是不可能的（部分原因是因为奥托希望保持他的两个妻兄之间的平衡）。最后在 953 年，两个冤家在苏瓦松达成了妥协：休毫无保留地承认路易是他的国王和领主，但保留拉昂（除了国王的堡垒），获得

---

[42] Bur (1977) 4.103.

对诺曼底的宗主权（对路易的希望是一个实质性的打击），还可能获得王室批准他的计划——从路易的盟友、普瓦图伯爵威廉手里夺取阿基坦。罗贝尔家族的利益因为休的叛乱而加强和扩展了。

然而，路易还是从苏瓦松获得一些积极成果。一方面，他收复了兰斯；他保留着在拉昂的堡垒，他可能获得儿子继承王位的保障，他阻止了休和韦尔芒杜瓦的赫里伯特的儿子之间的联盟。年长者赫里伯特、特鲁瓦的罗贝尔和韦尔芒杜瓦的阿尔伯特都是有野心的人，但他们不再期望从罗贝尔家族那里得到他们想要的东西。从国王的角度来看，他们在945—953年的中立是一项真正的成就。另一方面，路易不得不牺牲在亚眠、蓬蒂厄（Ponthieu）和阿图瓦的王家利益给佛兰德老谋深算的伯爵，因为后者在路易对抗休时给予过至关重要的支持。[43] 失去诺曼底是一个痛苦的打击。当954年路易在打猎中意外死亡后，时人很可能这样评价他的主要成就：仅仅作为国王存活下来，拥有加洛林和奥托两支血脉的男性继承人。

洛塔尔的登基，标志着与加洛林王朝的传统做法一个有趣的分野：他的兄弟查理未能继承任何部分，因为路易可怜的家产不能再分割了。954年，查理还太小，没有什么抗议举动，他的野心到后来才影响到洛塔尔的统治。在此期间，因为年轻的国王只有13岁，他的母亲担任监国，由她的两个兄弟协助：奥托一世和科隆大主教布伦（953年曾负责统治洛泰林吉亚）。格伯嘉的政策是可以预测的：西法兰克不干预洛泰林吉亚的事务，与主教们合作，给洛塔尔娶一位奥托家族的新娘（966年，他娶了奥托的继女艾玛），与伟大的休及其继承人和平共处。从这最后一点，休同时受益。虽然955年他试图得到阿基坦公爵领的努力被公爵威廉三世挫败，但休956年得到了勃艮第公爵领，"黑脸"休的继承人热贝尔一死，勃艮第就落到了休的手里。[44] 他将勃艮第授予他的二儿子奥托。允许罗贝尔家族这样建立权势是否真正符合加洛林王朝的长远利益，值得怀疑。但是，洛塔尔没有感受到直接的不利影响，一直到956年去世。

国王立即决定延长休的继承人的受监护期限，因而鼓励纽斯特里

---

[43] Ganshof (1949), p. 22.
[44] Sassier (1980), pp. 15–8.

亚和勃艮第公爵的权威被分割。在 956—960 年之间，年轻的休·卡佩被承认为法兰克人的公爵那一年，诺曼底公爵摆脱了罗贝尔家族的领主权，布卢瓦伯爵将沙特尔和拉图登并入他的公国，安茹伯爵的影响力延伸到中央高原（Massif Central）。⑤ 结果，休的领地缩小到巴黎盆地（在那里，桑利斯、科比特、默伦、德勒和旺多姆的伯爵证明是一贯地效忠），一条走廊向南伸展至奥尔良，他还保有奥尔良伯爵领。超出这些界限显示自己的权威将是很困难的。然而，休相对于他的兄弟奥托在勃艮第所面临的境况，还是相当轻松的。

洛塔尔利用喘息的时机巩固他与主教们的联系。根据科隆的布伦的建议，961 年他批准梅斯大教堂教士奥尔德里克当选兰斯大主教。这确立了一个重要的先例。969 年奥尔德里克的职位由凡尔登伯爵的儿子阿达尔贝罗继任；976 年，他的一个也叫阿达尔贝罗的亲戚被授任拉昂主教。只要洛塔尔信守奥托联盟，这三位洛泰林吉亚的高级教士忠实地维护加洛林国王在西法兰克的权利。但在最后不得已的时候，如 987 年那样明显的情况，他们还是首选奥托王朝而不是加洛林王朝。因此他们的选举，在加洛林王朝的中心地带，对亲奥托王朝政策的继续执行造成了压力。

随着王家对兰斯保护的重新确立和勃艮第的奥托对桑斯保护的消除，洛塔尔当时能够利用自己对朗格勒的影响力，朗格勒于 937 年伟大的休的勃艮第战役中回到路易四世手中。在皇室的监督下，主教统治着朗格勒伯爵领和主教区的很大一部分，在领土上俨然是一个公爵领。⑯ 洛塔尔从主教那里得到钱财、政治和军事支持。当 980 年他确保他的亲属——鲁西（Roucy）的布伦——当选主教后，王权的收益增加了，同时主教的权限也得到了扩大。

在与世俗权贵打交道的时候，洛塔尔碰上了好运气：在佛兰德，他利用 965 年的继承危机，暂时获得了阿图瓦的肥沃土地，这里长久以来是国王和佛兰德之间的争议的焦点；作为回报，洛塔尔承认年幼的孩童阿尔努尔夫二世的权利。⑰ 此外，他巧妙地获得了年长者赫里伯特的联盟，后者直到 968 年一直享有法兰克伯爵和宫廷伯爵的封

---

⑮ Werner (1980).
⑯ Bautier (1990a), p. 175.
⑰ Flodoard, *Annales*, s. a. 962, pp. 152–3; Dunbabin (1989).

号，这成了他们友谊的标志。⁴⁸ 这样，洛塔尔克服了常常困扰着路易四世的孤立。

不过，休·卡佩一旦成年，表现出的能力令人不容忽视。他重新赢得了诺曼底的理查德的善意相待，与安茹的杰弗里·格里斯戈内尔（Geoffrey Grisegonelle）建立了牢固的联盟。他兼并了蓬蒂约伯爵领（可能是 965 年从洛塔尔手中），这样他在诺曼和佛兰芒领土有了一个方便的立足点。最后，在 967 年或 968 年，他娶了阿德莱德——普瓦图伯爵威廉三世的女儿，因此也正式放弃了他父亲对公爵领的诉求，得到了一个盟友和妻子，为他生养了多个子女。虽然他可能永远不会像伟大的休那样称雄西法兰克，但是他正在成为西法兰克政治生活中一支可观的力量。

因此，洛塔尔被鼓动将他的权力扩展到西法兰克的其他地方。在被诸侯包围的情况下，洛塔尔发现唯一的机会在中央高原，杰弗里·格里斯戈内尔的姐姐阿德莱德与热沃当（Gévaudan）子爵的婚姻开辟了新的前景。由于阿德莱德现在是一个寡妇，洛塔尔为儿子路易携起了她的手，希望以热沃当为核心重建阿基坦王国。婚礼在 982 年举行，但是没过两年，路易既对妻子不满，也不满于那里贫困的前景，他要求离婚。

作为替代的扩张战略，重提加洛林家族对洛泰林吉亚的诉求，在 965 年布伦大主教死后似乎不那么危险了，特别是自从皇帝为意大利事务缠身无暇顾及这里之后。要不是他弟弟查理的野心和奥托二世愿意迎合，洛塔尔可能会保持克制，不去干预。974 年，查理加入雷吉纳和兰伯特的叛乱，他们是 857/858 年被布伦流放的埃诺（Hainault）前伯爵的儿子，现在他们要求恢复其父的权利。奥托二世被其他地方的问题困扰，将埃诺拱手送给了雷吉纳和兰伯特，更令人惊讶的是，将下洛泰林吉亚授予了查理。⁴⁹ 奥托二世的这些慷慨举动不但没有平息风波，反而激怒了洛塔尔，他发现自己对洛泰林吉亚的领有权因其兄弟的提升而被践踏了，认为受到了侮辱，因为他没有就上述举措被征询过意见。与此同时，休·卡佩被一个消息弄得心神不安，因为他

---

⁴⁸ Bur (1977), pp. 113–4.
⁴⁹ 编者按：在英语和法语文学，查理通常被称为"洛林的查理"，但因为下洛泰林吉亚完全不同于现今的洛林，所以在本卷中他将被称为"洛泰林吉亚的查理"。

的姐姐——上洛泰林吉亚公爵弗雷德里克（Frederick）的遗孀担心查理的侵犯影响儿子的继承问题。[50]

978年8月，洛塔尔在休·卡佩和他的弟弟亨利——现为勃艮第公爵——的援助下，开始表现他的愤怒。他的目标直指查理曼的首都亚琛，皇帝逃跑，洛塔尔的军队攻入后发现城市没有设防。他们掠夺了宫殿，然后撤退，希望很快返回。奥托马上还以颜色，他宣布查理为王取代其兄，在查理的陪同下，奥托迅速赶往巴黎，企图羞辱洛塔尔。在那里，他与王家军队遭遇，王家军队得到卡佩、昂温和勃艮第部队的增援，结果奥托被击败，这一战役后来被传为神话。[51] 奥托放弃他的雄心勃勃的计划，诉诸和平，只要求洛塔尔放弃他对洛泰林吉亚的诉求。980年在马尔居（Margut）双方达成一致。但休·卡佩被排除在该条约之外（也许因为他对姐姐的关心，所以不可能承认查理为下洛泰林吉亚公爵），导致洛塔尔在此后的统治时间里和休之间深深的裂痕。945—953年的紧张局势反过来困扰着西法兰克政治。

978年的冒险刺激了洛塔尔的胃口。983年奥托二世去世，为他恢复对洛泰林吉亚的诉求提供了绝好的机会。不能否认，如果发动一场战役，将会引起亲奥托王朝的主教们和休·卡佩的反抗，休·卡佩仍然关注并准备维护他外甥的权利。但是，诱惑太大了，令人难以抵制。985年，洛塔尔派遣布卢瓦伯爵奥多和特鲁瓦伯爵年幼者赫里伯特围攻凡尔登，兰斯的阿达尔贝罗的哥哥戈弗雷伯爵在这里悬挂着奥托的旗帜。洛塔尔的军队攻占了凡尔登，俘虏了防守者以及在那里避难的上洛泰林吉亚的年轻公爵；阿达尔贝罗随与休·卡佩结成联盟，对洛塔尔构成潜在的危险。不过，战斗的进展完全有利于洛塔尔，一直到986年3月2日，洛塔尔死于一场短暂但颇为痛苦的疾病。

979年，路易五世就被他的父亲加冕为共治皇帝（针对奥托二世宣布查理为洛泰林吉亚之王），[52] 现在顺利地继承了皇位。虽然有迹象表明他希望继续洛泰林吉亚战争，[53] 但是他的母亲和西法兰克诸侯都劝阻。于是，与东法兰克摄政政府的和平谈判开始了，结果因为

---

[50] 罗贝尔家族对此兴趣的根源，见 Parisse (1989), p. 343.
[51] Gesta consulum Andegavoum, p. 38; *Chroniue de Nantes*, pp. 97–101.
[52] 有关于此的基本意义，见 Lewis (1978).
[53] Sassier (1987), pp. 186–94.

987年5月无嗣的路易去世才告中断。

于是，西法兰克的贵族在兰斯的阿达尔贝罗的倡议下举行会议，拒绝洛泰林吉亚的查理对王位的诉求，选举休·卡佩为王。他们一丝不苟地遵守922年和923年的先例。休是西法兰克国王的孙子、奥托王朝公主的儿子，是勃艮第公爵的哥哥、阿基坦公爵的妹夫和诺曼底公爵的领主。他的当选是所有西方法兰克诸侯都可以接受的，只有韦尔芒杜瓦家族及其盟友除外；他也符合奥托王朝的利益，因为这将意味着洛泰林吉亚的和平。但是，查理只是一个次要的诉求者，他与西法兰克联系有限，个人也不受欢迎；而且查理有意促成的西法兰克与洛泰林吉亚的联盟唤起了对哈格诺霸主地位的痛苦回忆。因此，卡佩王朝继承西法兰克王位，后来被视为一个重大事件，完成得相当顺利。987年7月3日，休·卡佩在努瓦永（Noyon）加冕。

在顺利环境下当选国王的休，决心建立自己的稳固王朝。到987年圣诞节，他已克服了权贵们的反对，将长子罗贝尔加冕为共治国王。加冕仪式沿循979年洛塔尔的紧急措施的先例，为后来的卡佩国王们确立了一个模式，直到菲利普·奥古斯都（Philip Augustus）时期。然后，罗贝尔需要一个王室新娘以加强声势，对抗洛泰林吉亚的查理。休曾试图娶一位拜占庭公主，可是计划流产，[54] 于是把目光落在了罗泽拉（Rozala）身上，罗泽拉是意大利国王贝伦加尔的女儿。在年轻的新郎罗贝尔眼里，罗泽拉较大的年龄让她显赫的家世黯然失色。

罗贝尔的加冕和随后的王室婚姻迫使洛泰林吉亚的查理出手。在韦尔芒杜瓦、特鲁瓦、鲁西、苏瓦松和雷特尔等地的伯爵的帮助下，988年5月，查理侵入一直由他弟兄持有的领土。拉昂被他轻易攻陷；但是兰斯就不同了，只是新任大主教阿尔努尔夫的背叛帮助了他，他才能够于989年8月将其占领。因为休仍然得到大多数法兰西权贵和主教的支持，所以随后战事陷入僵局。991年早春，由于拉昂主教阿达尔贝罗狡猾的欺骗，查理被俘，并被囚禁在奥尔良，可能没出一年就死在那里。从此卡佩王朝在西法兰克没了对手。于是，休允许他刚恢复自用的儿子罗贝尔与罗泽拉离婚，罗泽拉已经帮助罗贝尔达

---

[54] 关于这个计划被很快放弃的解读，见 Poppe（1976），pp. 232–5.

到了目的。

休重新夺占拉昂和兰斯,结束了西法兰克自897年奥多与"天真汉"查理缔约后长达一个世纪的分裂状态。休把加洛林王朝和罗贝尔家族的土地连成一片,并坚定不移地拒绝沿用"法兰克人的公爵"的称号(作为该称号的长时间持有者,休深知其情感的力量),休为西法兰克君主制度做出了具有决定性意义的贡献。虽然休和他的继任者发现自己处在强大的诸侯包围之中,但是他们从来没有遇到对手,争夺伟大的休奠基的王座。他们也不必到法兰克边界之外寻求力量来稳定自己的权威,洛泰林吉亚和奥托王朝的联合不再发挥显著作用,只是王家政治中的一个暗淡角色。卡佩王朝还得到勃艮第公爵领诸多非长子后裔们道义上的支持,王朝早期的国王们是幸运的。因此,987年的改朝换代在很大程度上解决了过去存在一个世纪的紧张状态。

然而,外部压力和内部竞争的缓解也带来了问题。以往王权受到挑战时,诸侯们自动在王家政治的背景下考虑自己的利益。现在,他们不必这样了。虽然承认休的神圣不可动摇的地位,但涉及日常事务纠纷,诸侯们还是敢于将休视为他们自己中的一员,只要不危害王国,或震惊教皇或皇帝。实际上,他们当中的一个诸侯,即巴塞罗那伯爵博雷尔(Borrell),因为987年休未能援助他抗击曼祖尔(al-Manzur)而感到失望,因此不再请求任何王家特许状。[55] 如果这种脆弱的联系失去后几乎没有引起卡佩宫廷的注意,那么它的长远意义——加泰罗尼亚最终疏离西法兰克人的王国——是相当重要的。在南部其他地方,在没有更好的人选的情况下,休被接纳为王;但不论是他自己还是罗贝尔,都没有在那里产生太大的影响。休与普瓦图的阿德莱德的婚姻,罗贝尔与阿尔勒的康斯坦丝的第三次婚姻,以及1004年罗贝尔著名的圣让德安格伊(S. Jean d'Angély)朝圣,都没有引起多少关注。

991年后,休对于卢瓦尔河以北已经没什么可担心的。休不再受韦尔芒杜瓦的敌意的困扰;诺曼底的理查德二世支持他,佛兰德的年轻的鲍德温四世依赖他的恩宠。虽然他的权威在加洛林王朝的中心地

---

[55] Lemarignier (1965), pp. 31, 38; Bonnassie (1975), pp. 138, 337.

第十五章 西法兰克：王国

带不那么强大，但他也能够呼唤大部分的主教，使其显示传统的效忠。在罗贝尔家族的领土内，他保留了新奥尔良伯爵领作为他的主要权力中心，他还保有蓬蒂厄（Ponthieu）以及对许多子爵领地和城堡的领主权；他能够得到巴黎伯爵——他的旺多姆的老朋友布沙尔——的协助；除了马尔穆捷（Marmoutier）外，他保有对大修道院的权威，这些宗教机构在加强他父亲的地位中贡献很大。[56]

唯一的美中不足是，布卢瓦伯爵和安茹伯爵的独立性越来越强，他们在雄心勃勃地扩展公国版图的过程中，卷入布列塔尼领土上的冲突。其中布卢瓦的奥多一世，对休的威胁更大更直接，因为作为图尔伯爵，他威胁到休在圣马丁的权威，并从他手里夺去了马尔穆捷；作为一个显要的伯爵领地的钱币发行人，他公然践踏王室的权利；作为韦尔芒杜瓦家的表弟，他声称对塞纳河北部拥有主权。[57] 993 年，奥多在拉昂主教阿达尔贝罗的教唆下发动叛乱，休借力发力，鼓动安茹的福尔克·奈拉（Fulk Nerra）在布列塔尼和图赖讷（Touraine）攻击他的对手。虽然这样达到了休的直接目的，但它促进了一个与普瓦图联系的强大的安茹（Angevin）国家的形成，安茹国家后来威胁到卡佩王朝的利益。

996 年休去世，把王国留给罗贝尔二世。尽管弗勒里的赫尔高德赋予其"虔诚者"的绰号，但是新国王雄心勃勃，工于心计。在他决心确定自己在西法兰克的地位时，罗贝尔得益于奥托三世专注于意大利的事务、佛兰芒扩张计划的转向——从皮卡和蓬蒂厄转向帝国的瓦朗谢讷（Valenciennes）边区——以及 996 年布卢瓦的奥多一世的死亡。奥多一世的去世提供了一个不可多得的机会。罗贝尔马上迎娶了奥多高贵的寡妇——勃艮第的贝尔塔，但是这桩婚姻使他卷入与教会的纠纷，最终（在 1003 年）因为血亲关系而破裂。但它暂时协调了国王和布卢瓦家族之间的关系，使罗贝尔得以遏制福尔克·奈拉在图赖讷的扩张计划。然而，这被证明是罗贝尔在该地区的唯一成就。1008 年，福尔克·奈拉谋划暗杀宫廷伯爵——国王宠臣博韦的休，这事只是得到了对王室不满的人的欢迎。[58] 1016 年，福尔克在蓬勒瓦

[56] Sassier (1987), p. 148.
[57] Bur (1977), p. 158. 关于布卢瓦-沙特尔的钱币，见 Dumas-Dubourg (1971), p. 53.
[58] Fulbert, *ep.* 13, p. 26.

(Pontelevoy) 意外地大胜奥多二世的军队，从而捻灭了布卢瓦家族对布列塔尼的野心，罗贝尔只能再次搓手叹惜。

罗贝尔统治期间主要的成就在勃艮第。1002 年，国王的叔叔、公爵亨利去世，指定他的继子奥托·威廉——勃艮第和梅肯伯爵——作为他公国的继承人。罗贝尔在欧塞尔主教休和沙隆伯爵的支持下，向奥托·威廉发起了挑战，到 1006 年已赢取勃艮第。勃艮第被纳入罗贝尔的直接统治之下，直到他的第二个儿子亨利长大成为勃艮第公爵。因此，他模仿祖父伟大的休的目标和家族政策。然后，他将欧塞尔从勃艮第公国中永久划分出来，供自己余生掌管；他不顾相当顽强的阻力，将桑斯大主教区置于王家保护之下；他教导沙隆、欧坦和欧塞尔的主教遇到困难时可再次向王家求助。[59] 这样，王室地产因为罗贝尔王朝对公国的恢复统治而大大扩充。

1022 年，国王和他从前的保护者——布卢瓦的奥多二世、贝尔塔的儿子——之间发生了争吵，原因是伯爵 1021 年继承了莫城伯爵领和特鲁瓦伯爵领之后野心越来越大，而这一继承本身就存在争议。虽然罗贝尔最初同意奥托接替他的二表兄斯蒂芬——年幼者赫里伯特的儿子——的产业，但他从来不喜欢这样的后果：奥托控制了王室领地西南和东北的土地。伯爵企图将其权柄延伸到兰斯，这可能就是引发战争的导火线。[60] 在随后的五年战争里，罗贝尔企图从奥托手里夺取莫城和特鲁瓦，但是无功而返；1027 年，他终于再次同意承认奥托的权利。然后奥托致力于在帝国的勃艮第进行作战，像佛兰德的鲍德温四世一样，他现在更倾向于把他的侵略矛头指向东部。

罗贝尔试图剥夺奥托继承权的失败，不仅应归因于担心疏远其他领主的传统顾虑，还因为他在王室领地上面临的问题。他从父亲那里获得的大宗土地和各种权利，被证明越来越难以控制。1007 年布沙尔二世的死去使他失去了一位忠实的仆人，为安茹吞并旺多姆铺平了道路。罗贝尔收回巴黎伯爵领，并且因为布沙尔的继承人是一个神职人员——巴黎主教雷纳尔（Reinald），所以他得以恢复默伦（Melun）和科尔贝（Corbeil）的世俗辖权，这当然是一个受人欢迎的结果，

---

[59] Sassier (1980), pp. 31–41.
[60] Bur (1977), pp. 158–65；亦见 Sassier (1980), p. 12 and n. 12.

第十五章 西法兰克：王国

但它也增加了皇室的责任。然后，在整个王室领地上，城堡主和其他官员利用国王不在勃艮第的时机，扩张自己的利益，将其置于皇室利益之上。在与奥多的战争期间，勃艮第伯爵领建立了以王家土地为基础的同盟网络，包括默伦伯爵领和达马尔坦（Dammartin）伯爵领。[61] 这种局势需要国王给予一定的关注，可是罗贝尔无能为力。因此，他留给他的继承人亨利一世一摊子麻烦和不和谐。

罗贝尔已经尽最大努力以确保顺利继位，1027 年，当他的长子休去世后，他立即安排了亨利代替休加冕。但他不能阻止他的第三任妻子——阿尔勒的康斯坦丝试图打乱他的安排。发生在亨利统治早年的麻烦，标志着卡佩王朝最初两位国王的成就和失败。在没有外部压力的情况下，他们确保王朝安定，不受其他对法兰克觊觎者的威胁；他们给王国带来了一定程度的和平，将加洛林土地、主教区和修道院整合进广阔的卡佩领土，[62] 并且防止勃艮第公爵领脱离卡佩王朝的控制。但他们没有将自己的意志坚定地强加于持不同政见者，无论是王室内部，还是诸侯之间，他们也没有想出新的控制较小附庸的办法。因此，他们仍然是脆弱的，经不住压力。虽然到 1031 年西法兰克已经在地图上有了确定的位置，但是这些国王自身的前途依旧未卜。王位继承危机仍有可能被证明是危险的。

任何从 898 年至 1031 年的西法兰克王国的历史著述，都不可避免地要凸显国王与诸侯的关系。在此期间，国王不太可能遇到伟人，不像他的前辈或他的继任者所处的时代。奥托是在全国发布禁令的最后一个国王；拉杜尔夫 925 年发布的禁令是去年卢瓦尔河以北地区最后的一次。在此之后，"全民皆兵"已成为一个过时的概念。像洛塔尔 961 年召集的大型权贵和平会议，是不多见的事件。罗贝尔、拉杜尔夫和休·卡佩就是在这样的紧急集会上当选为王的，它虽然规模相当大，但到场人数很不全；每位国王还得争取缺席者的效忠。加冕通常只吸引邻近的领主。随着王室领地的形成，而且国王在边界以外巡游越来越少，国王和远处的贵族会面的机会少了。加斯科涅和图卢兹的统治者，以及 987 年以后加泰罗尼亚的统治者，实际上退出了王

---

[61] Lemarignier (1965), pp. 61-2.
[62] Brühl (1968), p. 235.

国；阿基坦公爵只是偶尔参加贵族大会。

即使在卢瓦尔河以北，国王和诸侯们之间的接触也越来越少。在拉杜尔夫统治后期和路易四世统治时期，当韦尔芒杜瓦的赫里伯特的野心在皇室政治中与北部诸侯纠缠在一起，这种趋势有些模糊起来。在洛塔尔当政的最后几年，对洛泰林吉亚的战争导致内部意见两极化，上述趋势又显得不太明显。但在"正常"时期，诸侯过于忙于自己土地上的事务以至于很少到宫廷。因此，在日常事务上，国王自然越来越依赖这些在他们势力范围内的主教们的意见，以及较小的附庸：在路易四世和洛塔尔当政时，拉昂—兰斯地区的领主的意见就比较受重视；休·卡佩和罗贝尔时期，奥尔良和法兰西岛（Île de France）的城堡主们的意见也很重要。这种发展必然模糊了王国和公国之间的区别。

勒马里涅埃尔（Lemarignier）计算了 10 世纪王家特许状下降的数量，对特许状地区面积的萎缩提出要求，以及朝臣日益频繁地背离加洛林外交范式，得出这样的结论：因为国王越来越孤立于许多诸侯，在很多西法兰克事务上正变得无足轻重；即使在他们正在缩小的统治范围内，他们发号施令的权力（相比承认他人的创举）正在消失。直到 11 世纪的最后二十年，这种趋势才慢慢地得以扭转。[63]

F. 仲马·迪堡（Dumas）汇集分散的钱币证据，画出了一幅形象的但更陡峭的下降图。在"天真汉"查理统治时期，所有钱币都以国王的名义发行；钱币价值较高，铸造于南方以及他的权力中心。到休·卡佩时期，王家的钱币变得稀少，并已成为流通在王国境内的诸多币种之一；即使在王家领地也不享有垄断地位。[64]

此前，杜特（Dhondt）搜罗了整个 10 世纪王家财政损失的数据，绘制成一个与上述有些类似的图表，揭示出对王家收入的意义。虽然他的结论过于晦涩，但最近的研究已经确认其方法的有效性。[65] 当阿尔努尔夫一世终于获得阿图瓦，他夺取了国王来自开发成熟、产量很高的土地的收入，这些对国王来说本来是不能分占的。到 10 世纪中叶，路易四世发现很难在任何公国保有皇家税地；主要是财政压力，

---

[63] Lemarignier (1965), p. 139; (1970), pp. 153–8.
[64] Dumas (1992).
[65] Dhondt (1948), pp. 267–75; Martindale (1984), pp. 171–2.

导致他945年冒险发动对诺曼底的战争，并带领他的儿子洛塔尔攻打洛泰林吉亚，虽然他知道这会引起很多反对声。同样的，相对较为富裕的罗贝尔二世不得不向勃艮第开战，而不是容忍整个公爵领摆脱他的家族的掌控。

不只是皇室收入处在危险之中。当路易四世将梅肯的最后一块王家税地授出时，王室在那个地区的权威崩溃了，长达两个世纪。[66] 布吕尔（Brühl）正是意识到这一点，所以调查王室税地授出对王家巡行的影响，以及对皇权的影响，因为王权主要是个人性的。[67] 路易四世和洛塔尔失去对皇宫、修道院和主教区的控制，他们的权力越来越局限于拉昂和兰斯周围的地区；即使在那里路易至少也面临着强大的竞争。然而，987年之后，罗贝尔家族的大片土地并入王室领地，境况有所缓解；而且罗贝尔二世对勃艮第北部的入侵，进一步扩大了王家巡游的范围。到1031年，在以前加洛林君主长期未到访的地方，人们看到罗贝尔二世的身影了。

至于何时西法兰克的君权陷入最低点，在现代史学家之间存在明显的意见分歧。但也有基本共识，那就是10世纪的权力平衡严重倾斜于诸侯。922年、923年和987年的皇帝选举为选侯们提供了真正的选择，正如936年一样。在每一次这样的选举之后，国王都受到当选条件的限制。[68] 甚至有的时候，比如945年，西法兰克国王似乎只是权贵们的工具。即使卡佩王朝早期王室权势的复兴，也主要归因于他们利用诸侯才能的发挥——只有像诸侯那样国王才能加强他的权威。因此，西法兰克显然处于一个松散的邦联边缘。

然而，从另一个角度看，国王在10世纪保留甚至加强了一些特别的王家优势。结果，他们留给继承人的遗产竟是联盟和政治理念，但这些却是对后来法兰西君主制的发展至关重要的东西。

首先，10世纪的国王重塑与教会的传统纽带，使其适应新的目标。路易四世认识到主教武装的军事意义，允许他的继女奥比瑞（Aubrée）和兰斯大主教区的骑兵（*militia*）领导人——鲁西的雷纳

---

[66] Duby (1953), p. 91.
[67] Brühl (1968), pp. 220–39 and Itinerarkarten 111 and iv.
[68] 不同观点，见 Lewis (1981), p. 5.

尔（Reinald of Roucy）——结婚，这对他的家族有利，直到991年。[69] 985—986 年洛泰尔在洛泰林吉亚战役中的战斗力很大部分来自王室领地上的修道院和主教区的部队。虽然这些力量面对联合起来的贵族阵线，还不足以保护国王，而且号召他们采取行动也必须符合神职人员的意愿，但是他们的确在很大程度上能够帮助皇室实现自己的目的（这是为什么国王煞费苦心，以防止他们加入诸侯的行列）。987 年加洛林王朝刻意保护的这些修道院、教会与广大的罗贝尔家族的教会地产的联盟，大大提高了王室的地位。图尔大主教区、巴黎和奥尔良的主教区以及图尔的圣马丁、弗勒里和圣德尼修道院，都只是皇室的最重要补充力量。有佛兰德的鲍德温四世割让的亚眠作为缓冲地带，凭借罗贝尔在勃艮第的收获，到 1031 年，卡佩王朝觉得相当安定，足以应对大多数叛乱（除非本家族成员领导的叛乱可以瓜分家产）。

为了巩固其地位，休和罗贝尔沿袭加洛林王朝先例，授予主教伯爵权力，有时仅仅授予一个城市，有时授予整个伯爵领。到 1031 年，勒皮、兰斯、沙隆、努瓦永、朗格勒、拉昂、博韦、巴黎和欧塞尔都已成为小主教国。对世俗伯爵的压制无法完全消除他们的世俗权力；主教们的武装力量需要拥护者和指挥者，因此其中一些人，像兰斯的鲁西家族（Roucys），成为非常重要的人物。但是这样的确将诸侯排斥在外，防止他们将城市并入他们的公国。从长远来看，这些环绕皇室领地的主教国将会加强皇室权威，否则就任其被削弱。

教会和皇室之间的同盟关系还带来了其他优势。教会继续以查理继承人的名称称呼国王。弗勒里的阿博撰写休和罗贝尔的生平时，利用古典的和加洛林王朝资料来称颂他认为永久不变的君主制。[70] 加冕仪式以同样的观点加以修饰。教会人员也毫无顾忌地美化他们帮助国王的传统。弗勒里的艾莫在他的《法兰西国王传奇》(*De gestis regum Francorum*) 中引用安克马尔原创的鸽子故事——它曾从天上带来一小瓶神油给克洛维涂在身上，并且为这一故事添加上极其重要的评论：小瓶神奇地被再次充满神油，用于后来的所有加冕礼；[71] 因此所

---

[69] Bur (1977), pp. 134–5.
[70] Mostert (1987), pp. 137–8.
[71] Aimo of Fleury, *De gestis regum Francorum*, p. 40.

第十五章　西法兰克：王国　　　　　　　　　　　439

有西法兰克国王都成了上帝的特别眷顾者。同样，弗勒里的赫尔高德（Helgaud）将罗贝尔二世描绘成一个神人，堪比大卫王，有着治愈百病的神力。[72]

然而，10世纪的国王不只是被动地接受宣传，他们也在自我塑造。洛塔尔在10世纪60年代的特许状中模仿奥托王朝的外交程式，给自己罩上神圣的光环，而休·卡佩两次在特许状中提到他的帝国。[73] 加洛林王朝后期和卡佩王朝早期的玺印有意识地仿效奥托王朝的形式。[74] 王国等同帝国的观念在西法兰克神职人员中深入人心；弗勒里的阿博热情地为它辩护，[75] 拉昂的阿达尔贝罗引用罗贝尔二世的皇帝祖先来奉承他。[76]

更具体地说，10世纪的国王们采取创新举措是为了保持已有的权势。在这里，他们有时从历史学家那里得不到应有的评价，因为对加洛林王朝先例的痴迷关注，导致他们将传统的所有内涵解释为软弱的证明。但路易四世抛弃他的家庭定制，选定洛塔尔作为他的唯一继承人，在当时的环境下是一个颇有见地的举动；他创下的先例为后人所遵循，并成为早期卡佩王朝一件引以为豪的事，如同洛塔尔为路易加冕作为他的共治者一样。同样，罗贝尔二世压制加洛林王朝的伯爵领，"解散村庄"，曾经被解释为王权衰弱的最明显表征，但是现在作为一项成功的努力而受到赞赏，因为它以牺牲伯爵权威为代价而维护王室权威。[77] 此外，创建大的王家公国也是一项重要成就，其重要性不亚于勃艮第和诺曼底公爵领的形成。从短期看，效仿诸侯于王权并无明显损害；而且随着时间的推移，它被证明是在一个新的基础上恢复君主制的至关重要的举措。

因此，在10世纪王室权威碎化和战争地方化之下，其他势力依稀可见。加洛林时代的很多设想，是源自罗马帝国，不再适合新的环境。必须找到新的解决方案解决治理的困难。钦佩诸侯面对这一挑战

---

[72] Helgaud of fleury, *Vie de Robert le Pieux*, pp. 59, 139, 129.
[73] Schneidmuller (1979), pp. 100, 175.
[74] Rezak (1986).
[75] Mostert (1987), p. 131.
[76] Adalbero of Laon, *Carmen ad Robertum Regem*, p. 2.
[77] Sassier (1980), pp. 39–40. 勒马里涅埃尔在他对撒西耶（1980）的介绍中认可这样的解读，第13页。

的反应比较容易,因为他们的公国大多是新创建的。相对他们,10世纪的国王显得相当迟钝;然而,并非所有发生的变化都是更强有力的邻居强加给他们的;他们有能力进行建设性的创新。他们12世纪的后继者将会从他们卓有远见的政策中受益匪浅。

简·邓巴宾(Jean Dunbabin)

王建波　译

顾銮斋　校

第 十 六 章
西法兰克：北部公国

10世纪，"西法兰克"国王得以行使实权的领土面积缩小了，新的权力单位涌现出来。[1] 这就是自从詹恩·杜特的重要论著出版以来已被习惯命名的"领土公国"。[2] 到11世纪初，君权局限于可以确切地称为王家公国的范围之内，它包括巴黎和奥尔良周围的土地；甚至在此区域之内国王的掌控也是相当有限的。西法兰克的其他地区被五个公爵国控制：佛兰德、诺曼底、布列塔尼、安茹和布卢瓦－沙特尔，其中最后一个自大约1021年与香槟合并。[3] 公爵国之间的地带包含几个较小领地，在这里没有诸侯行使实际的权力，伯爵掌控一个伯爵领或相邻的几个伯爵领，拥有类似大诸侯在公国的权力。在诺曼底、安茹、布卢瓦－沙特尔和王家公国四周的土地上，以及佛兰德、香槟、王家公国和诺曼底之间的地区，上述情况尤其典型。公国本身远非独立完整的实体；诺曼底和佛兰德是领土比较集中的单位，而安茹、布卢瓦－沙特尔、布列塔尼和王家公国都包含其他诸侯的附属领主控制的飞地。从广义上讲，这一时段从总体上是一个急剧而深刻变化的时期，它奠定了该地区未来数百年历史的基调。维尔纳和福西耶等评论家坚定地强调，"公国时代"——大约从公元900年到公元1200年期间——是法兰西国家创建的关键阶段。[4] 但是，整个时段变

---

[1] 我要感谢简·邓巴宾、韦罗妮克·加佐、迈克尔·琼斯、凯瑟琳·济慈－罗汉、珍尼特·纳尔逊、卡桑德拉·波茨和提姆西·路特。我在编写本章时得到了他们的意见和协助。

[2] Dhondt (1948)。

[3] 与其他公国不同的是，此公国从来没有一个方便的名称。构建它的家族，其成员最初是布卢瓦伯爵，在不同时期包括不同的伯爵领。见下文，第407—8页。为方便起见，它的统治者此后被称为布卢瓦伯爵。

[4] Werner (1978), pp. 275–6; Fossier (1979), p. 10.

化的确切特点和程度一直是存在争议的问题,其中关键的问题的是:加洛林模式从9世纪以来的连续性如何?这是一个特别让人伤脑筋的问题。

公国形成和巩固的过程始于9世纪中叶,当时国王"秃头"查理为"强壮者"罗贝尔创建了纽斯特里亚边区。后来,加洛林家族和罗贝尔家族为争夺王权而开始冲突。佛兰德和诺曼底的雏形在9世纪晚期和10世纪早期不断演化,布列塔尼、安茹和布卢瓦在10世纪中期也在发展,公国形成和巩固的过程在继续。该过程既包含西法兰克王国的分裂,也包括它所应有的组成部分——纽斯特里亚边区——的解体。在当前讨论的时段,三个结构性因素决定了西法兰克地区的命运。第一,在加洛林家族和罗贝尔家族或卡佩家族之间存在长期的竞争,这种局面直到"强壮者"罗贝尔的后裔——法兰克人的公爵休·卡佩——987年当选为王。第二,9世纪布列塔尼入侵西法兰克王国的西部、9世纪下半叶10世纪上半叶维京海盗的袭击,造成不同程度的破坏,严重影响了西法兰克的大部分地区。第三,公国的继承趋势向单一家族成员转变,这在10世纪初成为普遍的情况。第一点已被分析过(第15章),它迫使这两个家族将精力集中于他们的土地接壤的塞纳河和索姆河之间的区域,因而允许别人在西部和北部地区发展他们的势力。第二点意味着,一旦这两个家族到9世纪后期放弃努力,不再试图控制后来成为诺曼底和布列塔尼的地方,他们不得不设置"边民"领主,以遏制更远处的布列塔尼特别是诺曼人的扩张。到10世纪下半叶布列塔尼和后来成为诺曼底的地方开始稳定时,为限制他们的新权力单位已变得如此根深蒂固,以至于难以撼动,初具公国或领地的雏形。第三点表明,虽然单个公国可能会被继承问题引发的冲突所困扰,但是他们并没有被瓜分成9世纪的王国格局那样。这是一个他们得以巩固的关键因素。

前加洛林时代的种族连续性,雄辩地解释了南部勃艮第和阿基坦公国的演变,但这种连续性在卢瓦尔河以北并不存在,布列塔尼的情况除外。可以用来证明加洛林时代以降的连续性的先例,属于另一种类型。杜特在谈及"深刻的革命"时期的发展时,强调指出,纽斯特里亚边区和佛兰德都可以追溯到加洛林王朝时期的领土建制,国王们为了防御布列塔尼人和丹麦人的袭击和维护自己的统治而创制了这

第十六章 西法兰克：北部公国

种领主制度。卡尔·费迪南·维尔纳（Karl Ferdinand Werner）是迄今为止最重要的现代评论家，他将这种视角更推进了一步，提出最初的一批公国并非"非法的"，也就是说，并非完全依靠暴力通过兼并创建的，而是继承了国王的授予土地。⑤ 这种论点对于诺曼底公国的情况来说，甚至是很有可能的，诺曼底表面上看是入侵的结果，但它的领土形成源于加洛林王朝和罗贝尔王朝的授予土地的联合。然而，维尔纳承认，安茹和布卢瓦的创建，紧随罗贝尔王朝的纽斯特里亚王国部分解体之后的所谓"第二波浪潮"，被放松了控制：这最后一类符合学界通常所谓的"伯爵领的聚敛者"的图景。⑥ 但即使在这里，维尔纳也力挺所谓的"生物连续性"，他指出负责创建"第二波浪潮"公国的家族几乎无一例外地可以追溯到已经很强大的家族，它们最晚延续到"秃头"查理时期，依靠土地和公职建立起自己的权势，有证据表明，这些土地和公职在9世纪中期就握在他们手里了。

一个关于"连续性"论题的更精细的版本，详述了权力话语和结构的连续性。维尔纳已经提出，10世纪的诸侯普遍使用明显的加洛林方式进行统治，他们使用的头衔同样也承袭加洛林王朝的用法。因此，那些公国可以被看作后加洛林阶段的一种形态，10世纪晚期和11世纪早期社会变化之前的加洛林世界的一缕暮光；与这些社会变化相伴而生的是封建庄园的形成，而封建庄园通常被视为引入了一个新的封建时代。这种视角的很多启示在于乔治·杜比（Georges Duby）的比较有影响的关于梅肯人研究的结论，他的著作出版于1953年，其研究成果还包括后续的一些文章。⑦ 与此可相提并论的一个观点（首先与让-弗朗索瓦·勒马里涅埃尔相联系），将这些特征视为10世纪晚期和11世纪早期多重效忠的蔓延和权威语言的贬值；多重效忠的蔓延和权威语言的贬值是通过像风俗（*consuetudines*）这类术语的扩散表现出来的，它标志着社会正在接近无政府状态的边缘。⑧ 甚至可能有极端看法，将这些公国视为一种延续，代表着走向衰落中

---

⑤ Werner (1978), pp. 247-52.
⑥ *Ibid.*, p. 250.
⑦ Duby (1953, 1978).
⑧ Lemarignier (1965), pp. 59-65; (1968), pp. 106-11.

的加洛林世界通过兴起的封建庄园启动重建过程之前的最后阶段。

然而，关于加洛林时期以降的连续性程度，现代法兰西历史编著仍然没有定论。[9] 北方公国作为"加洛林王朝延续"的概念深深植根于现代讨论中。[10] 这是一个解决了很多问题的方法。它意味着我们可以以一个可信的进化观来考虑，而非马克·布洛赫（Marc Bloch）提出的突然性中断；[11] 当审视统治和权力的实质性内容时，如宣誓仪式、钱币和特许状，我们可以构建一个它们运行的概念框架，甚至当我们决定拒绝或修正"连续性"概念时，也可以这样。另一派观点没有热情地接受"连续性"，它由罗伯特·福西耶在20世纪70年代创建，后经美国和英国的学者如贝尔纳德·巴赫拉赫、康斯坦茨·布夏尔德和简·邓巴宾似乎独立发展，已经质疑了"连续性"和"生物连续性"的界定。例如，福西耶强调一个公国的创建既不是因为权力下放、篡夺，也不是由于继承，而是一个家族凭借争取周围家族接受其权势的能力。[12] 巴赫拉赫指出，继承的权利和权力"只是描绘了可得机会的大致界限，但不能确保机会被抓住"。[13] 而简·邓巴宾则利用一个音乐的隐喻来提请人们注意领土诸侯的创造性天才，他说"一个王国是一系列即兴演奏的华丽乐章，而不是加洛林衰落的交响乐中精心协调的缓慢演奏"。[14] 关于"生物连续性"，[15] 康斯坦茨·布夏尔德认为，它不能被当作公职、土地和权力直接或顺利继承的象征，因为很多家族，如安茹、布卢瓦和香槟的伯爵，其地位的提升是通过有利的婚姻和巧妙的诉诸暴力建立王朝的策略；其结果可等同于"社会革命"。[16] 至于诺曼底的特殊情况，有关法兰克人和斯堪的纳维亚人影响的相对作用的陈旧辩论，最近又被埃莉诺·瑟尔

---

[9] Autrand, et al. (1991), pp. 103–4.
[10] 这样，"在法国北部，作为王朝的历史，加洛林时期持续到10世纪结束"。Fossien (1968b), p. 445. 更为晚近，"加洛林制度并未随着王朝的变更而废除"，Sassier (1987), p. 282；"980—1030年是一个王朝'错位'的决定性阶段，它从加洛林王朝时期就已开始，这对公国有利"，Barthélemy (1990), p. 9.
[11] Bloch (1962), pp. 195, 422–6.
[12] Fossier (1979), p. 12.
[13] Bachrach (1984), p. 816.
[14] Dunbabin (1985), p. 92.
[15] "生物连续性"短语，Génicot (1962), p. 3。亦见 Martindale (1977), p. 10 n. 22.
[16] Bouchard (1981), p. 527.

(Eleanor Searle) 旧话重提,[17] 他甚至拒斥诺曼社会和 "凹陷的连续性" 的双面性这一概念。[18]

所有这些概括,在接下来的单个公国的讨论中得到更深入的检视。在这个阶段,有必要着力强调,所有上述的学者,除了埃莉诺·瑟尔,都在既有的框架内研究,尽管毫无疑问所有的人都想这样或那样地修改它。上述框架首先由杜特阐明,后来由维尔纳发展了很多。这表示有必要认识到,在对 "连续性" 和 "生物的连续性" 的概念进行分析——实际上在决定是否接受它们时,一个至关重要的步骤是要有一个明确的概念:从哪里开始,如何实施以及到哪里结束。如果我们开始于最近的观察:"(9 世纪的)王国是人造的。加洛林王朝的统治者根本没有坐享其成:而是他们创建、再创建,他们自己建成的。"[19] 我们可以看到,作为我们研究起点的加洛林结构,比人们经常认识到的更加灵活,而且 10 世纪诸侯们实现的领土整固,代表着某种创造性的东西,而不仅仅是一种延续,最终是某种更长久的东西。10 世纪贵族/诸侯都在从事真正的国家建设,而 9 世纪的先辈们则不是这样。

同样也有必要认识到,经常看到的头衔和政治语言的连续性,同样可以代表用来掩盖非法行为和改变而设计的工具。维尔纳本人指出,作为现有结构的延续,诺曼统治者使用的日益升高的伯爵和国王头衔并不被普遍接受。[20] 看似授予的东西很可能是胁迫下做出的让步,例如,通过 "天真汉" 查理和路易四世的 "授予" 创建的纽斯特里亚边区和法兰克人的公爵领,与罗贝尔家族的潜在力量没有关系,或者说,对诺曼人的授予并不是在进一步的暴力威胁背景下完成的,这很难令人相信。同样,安茹和布卢瓦伯爵的权力在 956—960 年休·卡佩未成年期间得到加强,这也很难是一种巧合。

在讨论该时间段的末尾,要想对长期的连续性和变化做出评估,就要认识到,与贵族领主权(Seigneuries)兴起相联系的新的社会结构是在公国背景下产生的,其中大部分公国能够度过混乱而生存下

---

[17] Searle (1988), pp. 1–11.
[18] Musset (1979), pp. 50–4; Bates (1982), pp. 15–24.
[19] Nelson (1992), pp. 2–3.
[20] Werner (1976), pp. 707–8.

来，而且大部分也力图利用贵族领主权以巩固其内部结构。后来看到的结果是，虽然自加洛林时代的连续性的意义往往被淡化，但是公国还存在；在这里，加洛林传统持续存在不仅超过了 11 世纪早期，而且延续到 12 世纪。基于这些原因，那些以此时期西法兰克北部地区为题著书立说的人中，部分或全然拒绝杜比的社会变化模式的适用性，杜比的模式就是围绕贵族的出现而形成。在法兰西北部公国的历史背景下，10 世纪上半叶变化的规模可能更值得重视，而 11 世纪上半叶的变化规模则可以少关注一些。

佛兰德公国当然是由"秃头"查理统治时期的安排直接演变而来，但其最终形成则是它的统治者军事成就的结果。伯爵鲍德温一世，乃一个已经拥有伯爵地位的家族的亲属，862 年绑架了查理的女儿朱迪思，同年与国王达成协议，864 年以根特和瓦斯（Waas）伯爵身份出现。到 879 年鲍德温一世死时，他已经进一步兼并其他一些领土，至他的儿子——伯爵"铁臂"鲍德温二世时期（879—918年），其领土大幅度扩张。鲍德温二世在 9 世纪 80 年代击败了维京海盗的袭击，883 年在阿图瓦被国王卡尔洛曼承认，然后进而接管南部远达韦尔芒杜瓦的土地。他的继任者阿尔努尔夫一世（918—965 年）甚至进一步向南向西推进。[21] 伴随着暴力——这些早期的佛兰德伯爵参与 900 年谋杀兰斯大主教福尔克，900 年或 907 年谋杀韦尔芒杜瓦伯爵赫里伯特一世，942 年谋杀鲁昂伯爵威廉·朗索德，权力的基础看起来一直是土地财富，其中大部分是鲍德温二世从他本来应该保护的教会和王室领地中攫取过来的。于是伯爵们获取了大量地产，特别是在根特伯爵领的北部。[22] 然而，尽管他们取得了巨大的成就，佛兰芒伯爵们的权力在长寿的伯爵阿尔努尔夫一世的最后几年变得有点不安全，特别是阿尔努尔夫的儿子鲍德温三世 962 年先他死去，留下鲍德温的幼子即未来的伯爵阿尔努尔夫二世作为继承人。阿尔努尔夫一世的解决方案是，962 年向国王洛塔尔宣誓效忠，将他的伯爵领置于王家保护之下，并允许转让布洛涅伯爵领和泰尔努瓦伯爵领给旁系亲属。阿尔努尔夫二世的统治现在被认为是一个巩固期，在这之后恢复

---

[21] Ganshof (1949), pp. 15–27.
[22] Warlop (1975), pp. 29–30.

领土扩张，不过这时候是在伯爵鲍德温四世（989—1035 年）的统领下向东扩张。㉓

　　10 世纪的很大一部分时间里，西法兰克地区其余的东北部的政治形态一直是变动不居的。有一段时间，似乎因为韦尔芒杜瓦的伯爵赫里伯特二世的功勋而形成一个公国，赫里伯特二世死于 943 年。赫里伯特具有原始领土诸侯的所有资质。他是加洛林后裔，继承了韦尔芒杜瓦伯爵领和苏瓦松伯爵领，9 世纪后期两个伯爵领合在一起，形成一个奥塞河流域的边区，以防御维京海盗的入侵。赫里伯特把它们作为一个基地，从此蚕食兼并邻近的地区。他在加洛林家族与罗贝尔家族之间的斗争中以及加洛林王朝与维京人的斗争中扮演核心角色，先是站在罗贝尔家族一边，一同抗击维京海盗；929 年看守过临死前的"天真汉"查理，并于 924 年或 925 年和 927 年在布列塔尼抗击维京海盗。㉔ 然而，他的"公国"距离加洛林和罗贝尔权力的中心地带太近了，这两支力量是不允许它继续存在的，况且是在一个经常被诺曼人和佛兰德伯爵的入侵搅得不得安宁的地区。943 年后，赫里伯特的土地在他的儿子之间被分割，没有一个人能够控制的范围超过一个地区。当佛兰德伯爵的权力在 10 世纪下半叶退却时，赫里伯特的后裔与佛兰芒伯爵家族的一个旁支、蓬蒂厄伯爵和一个正统的加洛林后裔家族共同控制佛兰德、诺曼底和巴黎周围卡佩家族土地之间的领土。佛兰芒伯爵家族的旁支 962 年之后在布洛涅和泰尔努瓦确立伯爵地位，蓬蒂厄伯爵由罗贝尔-卡佩王朝封授，正统的加洛林后裔家族是亚眠-瓦卢瓦-维克辛伯爵。㉕ 在此期间，赫里伯特二世最重要的后裔——年长者赫里伯特伯爵——在特鲁瓦和莫城两个地区的基础上建立了香槟公国。984 年年长者赫里伯特死后没有直接继承人，最终导致香槟公国于 1021 年被布卢瓦的伯爵奥多二世兼并，奥多是年长者赫里伯特一个妹妹的后裔。

　　诺曼底起源于授予维京战团的一系列领土，他们是 841 年以来一直活跃在塞纳河河谷入侵者的接班人。最初提出的证据，所谓的《埃普特河畔圣克莱尔条约》（treaty of Saint-Clain-sun-Epte），要么是

㉓ Dunbabin (1989), pp. 53–6.
㉔ 关于赫里伯特和他的儿子们最好的现代叙述者是 Bur (1977), pp. 87–114.
㉕ Feuchère (1954), pp. 1–37.

晚期的，要么是间接的。授予肯定是做出了——很可能在911年——由加洛林国王"天真汉"查理授予海盗头目罗洛，在后者与沙特尔附近遭受军事失利之后。法罗多拉尔的编年史指出，924年和933年做出了更多的授予，其土地总面积大体相当于后来成为诺曼底的那方领土。㉖ 必须首先强调的是，这些对维京人的授予是晚期加洛林王朝政治的规律性特点，在晚期加洛林王朝政治舞台上，王公贵族试图操纵维京海盗战团，免得他们协助自己复杂的竞争对手，最终安抚甚至同化掉这一对地区稳定极其多变的威胁。早期对布列塔尼人和维京人的授予，以及当代对基于卢瓦尔河的维京人的授予，目的与上述类似。因此，在某种程度上说，诺曼底创建的"合法性"概念是有道理的。然而，正如埃莉诺·瑟尔正确地强调，无论是这些领土的幸存，还是它们的统治者接受这些"授予"时理论上施加给他们的限制，都不能认为理所当然。大部分类似的维京人定居点都不长久。罗洛的继任者威廉·朗索德（大约927—942年）和其他军事首领在北部法兰克广泛发动战事，目的无疑是获得更多的领土。到10世纪40年代当法兰克人决心夺回失去的领土时，新定居点几乎被摧毁了。像佛兰德的情况一样，诸侯的暴力性和创造性的双重主题再次凸显。最近关于诺曼底起源的讨论中一个较有争议的论点是埃莉诺·瑟尔的提议——"诺曼底"不受罗洛和那些后继的鲁昂伯爵控制，而是由众多独立的战团控制。这些战团由当时的统治者在鲁昂成立，但是直到进入11世纪很长时间里不能完全控制他们。㉗ 然而，吕西安·缪塞重申他的论点，即诺曼底特别明确的边界肯定是最初创建的，这表明早期诺曼底的政治还是比较连贯一致的。㉘ 相当多的证据表明威廉·朗索德在布列塔尼的活动不是短暂即兴的，㉙ 同样，11世纪早期鲁昂的伯爵/诺曼底公爵在西诺曼底持有的土地也是相对稳定的。㉚ 直到研究表明诺曼统治者在希斯摩埃（Hiésmois）的土地缺少后来的边界，这些普遍认可的论点才被略作修改。㉛

㉖ Musset (1970), pp. 96–9; Bates (1982), ch. 1.
㉗ Searle (1988), chs 3 and 10.
㉘ Musset (1989), pp. 309–16.
㉙ Guillotel (1979), pp. 64–5, 70–3.
㉚ 我将回到Bates (1982) 第二版中下诺曼底公爵土地的话题。
㉛ Louise (1992), pp. 137–50.

第十六章 西法兰克：北部公国

在后来成为诺曼底公国的地区，斯堪的纳维亚人影响的性质和程度，仍然是一个激烈争议的主题。缪塞教授和伊韦教授的论著，都通泛地赞成从加洛林时代的制度连续性，对整个主题来说具有根本意义。伊韦著作中对制度的强调，可能给人以错觉——没有广泛的暴力和混乱，但毫无疑问它是所有诺曼底早期历史讨论必须凭依的基础。㉜ 诺曼底在许多方面向后加洛林领土公国方向演化，这一点似乎无可置疑；统治者的称号是加洛林式的，教堂在加洛林王朝的旧址上重建，到 11 世纪早期定居者的语言无疑是法语，他们的文化主要是基督教的。从威廉·朗索德的统治开始，有诸多迹象表明钱币铸造、诸侯宫殿的修建和书面文件的发展，这一切显然是受到加洛林模式的影响。㉝ 另一方面，新一轮斯堪的纳维亚人频繁的对居住点的入侵，持续到 11 世纪与其他地方斯堪的纳维亚殖民地的持久联系，以及斯堪的纳维亚民间记忆的持久性特点，显示出一个与之整合有所不同的居住点。㉞ 最近，在诺曼地名的研究和考古、语言和地名资料调查方面取得了新进展，㉟ 诺曼地名强调规模较大的居住点，主要在斯堪的纳维亚地名激增的两个地区——科唐坦（Cotentin）和裴德考（Pays de Caux）。诺曼底的情况，与所有公国一样。我们应该视斯堪的纳维亚人为新主人，他们在旧的基础上建立起本质上截然不同的异国风貌。定居者的活动和海上的造访者仍然是该地区的一个不可预知的威胁，直到 10 世纪中叶以后；但是到公爵理查德二世（996—1026 年）时期，诺曼底已经成为一个非常强大的公国，它也不再像过去一样威胁该地区的稳定。虽然理查德发动过一场反对布卢瓦伯爵奥托二世的战争，但是他的人民对国王的长期效忠博得了 11 世纪早期的一位非诺曼人作家的好评。㊱ 鉴于诺曼底的统治者和贵族到 11 世纪早期和该地区其他地方的同类群体具有相同的志向和愿望，"诺曼底"变得"令人尊敬"。

㉜ 最基本的是 Yver（1969）。关于乡村社会层面的连续性，Musset（1946）。关于法律和治理，Musset（1976b）和（1979）。还需注意 Musset（1970）。通过比照，见 Bouard（1955）。
㉝ Musset（1946），pp. 42 - 52；Bates（1982），pp. 24 - 38；Tabuteau（1988），pp. 4 - 6, 294, 307 - 8；Renoux（1991），pp. 343 - 447；Potts（1990a），pp. 23 - 6, 43 - 5.
㉞ Musset（1979）；Bates（1982），pp. 15 - 24；Searle（1988），pp. 44 - 58, 79 - 90；van Houts（1984）.
㉟ Fellows Jensen（1988），pp. 133 - 4；Renaud（1989），pp. 109 - 203.
㊱ Radulf Glaber, *Historiae* I, 21, p. 36.

安茹的两个公国以及——11世纪20年代以前是——布卢瓦—香槟—沙特尔—沙托丹—图尔从纽斯特里亚边区内诞生，两种情况都是通过罗贝尔王朝任命的公职从而使得家族的社会地位提升。"红脸"福尔克最初于898年出任昂热子爵。929年，他使用"安茹伯爵"称号，这一标示尊严的封号起初被伟大的休否决，但是后来最晚到942年还是接受了。[37] 907年、908年和919年，"红脸"福尔克还以安茹子爵和南特伯爵身份出现，924年任昂热圣奥宾修道院的俗家院长。福尔克如何获得这些职位，学界已讨论了很多。11世纪后期和12世纪编著的族谱有三代祖先的名字，其中一位叫作音格尔加（Ingelgar），在其他资料上是一个历史人物；至于其他祖先，有的评论家认为是传说，而有的认为是历史人物。[38] 其中记录在族谱上最早的一位是个乡下人，被"秃头"查理任命为王家林务官。维尔纳提出，"红脸"福尔克通过与一个名为罗西拉（Roscilla）的女人的婚姻，获得各种尊贵封号；资料显示，这些封号是很可能罗西拉出身的一个家族早在9世纪中期所持有的。这样建立了"红脸"福尔克与加洛林贵族的生物连续性，在维尔纳看来，加洛林贵族是安茹伯爵的权力基础。更晚近时候，福尔克坚定地将重点放在迅速崛起上，或者通过成功的联姻，或者通过父系继承，其数量之大，超乎维尔纳估计。[39] "连续性"——如果这个词确实可以在这种情况下使用——的方式是显而易见的，安茹家族通过这种方式接管了现有的责任单位。然而，留给我们一个清晰的印象的是，一个家族从王室附庸（*vassi dominici*）阶层扶摇直上，实现了前所未有的区域优势。10世纪安茹伯爵的权力，从所有方面来看都是"新人"的权力。

布卢瓦—沙特尔—图尔公国的开端与上述相似。905年，"红脸"福尔克出任安茹和图尔子爵，但是908年一个名为狄奥博尔德的人第一次被提到。这个同名的狄奥博尔德很可能是不久之后的布卢瓦子爵，几乎可以肯定，他是布卢瓦第一任伯爵——"骗子"狄奥博尔德——的父亲，"骗子"狄奥博尔德在大约940年开始自称伯爵。至于安茹伯爵，后来对家族起源的叙述赋予他们传奇的色彩；兰斯的里

---

[37] Werner (1958), pp. 264–71; Guillot (1972a), pp. 131–8.
[38] 最近的讨论，见 Bachrach (1989a).
[39] Bouchard (1981), pp. 514–6; Bachrach (1989a), pp. 10–5.

歇尔（Richer）记录了布卢瓦作为礼物授予了一个名为因冈（Ingon）的人，因冈也是一个护林员，因为在蒙庞西埃战役（892年）中的英勇表现从而获得罗贝尔王朝国王奥多的犒赏。我们很可能再次接触到这样一个家族：它可能与权势贵族有联系，但是其社会地位急剧上升似乎令后来的中世纪评论家费解，在我们看来，肯定被视为扶摇直上。[40]

关于安茹和布卢瓦这两个伯爵家族的权力，其最初发展不应看作与罗贝尔王朝在纽斯特里亚边区的权力呈对抗状态。两者的提升都便于促进和保护罗贝尔王朝的权力，防御来自卢瓦尔河以南的侵犯和来自北方及西部的维京海盗入侵。两者都是罗贝尔王朝恩宠的受益者；936年成为法兰克人公爵的伟大的休，很可能主动批准以前的子爵晋级为伯爵，作为他本身地位提升的反映。[41] 只是到后来，罗贝尔/卡佩王朝失去了对卢瓦尔河流域事务的控制，原因是他们不得不应对其他地方的当务之急，而且安茹和布卢瓦两个家族扩张权力和领土的技术颇为高明。"骗子"狄奥博尔德及其家族在10世纪早期获得了对图尔的控制，大约950年控制了沙特尔，大约960年控制了沙托丹；更晚的时候，大约1021年，在伯爵奥多二世时期，"骗子"狄奥博尔德及其家族实现了对香槟的控制。在杰弗里·格里斯戈内尔时期（960—987年），安茹的伯爵们将势力向南推进到阿基坦、普瓦图和散东日，到福尔克·奈拉（987—1040年）统治期间，更是大规模地扩张。他们还向北部和东部扩张，取得了对纽斯特里亚边区曾经独立的家族的领主权，如曼恩和旺多姆伯爵领导下的家族，对前罗贝尔王朝的被保护者——贝勒梅（Bellême）的领主——施加影响。[42] 作为扩张的结果，两位伯爵影响下的土地和附庸相互交叉；布卢瓦伯爵控制了图尔以西、卢瓦尔河两岸直到昂热的土地；而图尔以东、卢瓦尔河畔的安布瓦兹则处在安茹伯爵的掌控之下，如同南部的洛什和布桑开（Buzançais）。977年之后，两个公国为争夺霸权进行了艰苦的斗争，直到1044年才于诺伊（Nouy）战役结束，安茹攻占了图尔。他

---

[40] Boussard (1979).
[41] Sassier (1987), pp. 131–2.
[42] Boussard (1968a), pp. 27–8; Bachrach (1976), pp. 111–22; (1985), pp. 17–28; (1993), pp. 147–226.

们的竞争，特别是福尔克·奈拉伯爵和奥多二世的野心，是该地区 10 世纪后期和 11 世纪初期政局不稳的主要原因。没有一个公国像佛兰德和诺曼底一样版图紧凑或领土集中，就布卢瓦而言，它的过度扩张和结构松散的领土被认为是 11 世纪开始衰落的根本原因，这种看法不无道理。㊹

布列塔尼的情况有自己的特点，布列塔尼公国源远流长，早于其他公国。布列塔尼从未被整合到加洛林帝国。9 世纪下半叶，它的统治者自称国王，有时甚至得到加洛林王朝的承认，尽管不是完全心甘情愿。"秃头"查理所采取的政策，允许布列塔尼国王将他们的权力扩展到安茹和诺曼底原始地域的西部地区。㊹ 907 年阿兰大帝去世之后，这个扩大了的"国家"在维京海盗的冲击下轰然倒塌。到 921 年，在南特和卢瓦尔河口周围创建了斯堪的纳维亚公国的雏形，定居在鲁昂周围的诺曼人入侵过科努瓦耶（Cornouaille）的西部地区。宗教机构被摧毁，科努瓦耶伯爵玛蒂埃多瓦（Mathuédoi）连同他的儿子阿兰在 913 年和 931 年之间的某个时间流亡英格兰。㊺ 然而，维京人的统治最终被证明是不可持续的，936 年阿兰被允许返回，很可能是因为占主导地位的法兰克人伟大的休、韦尔芒杜瓦伯爵赫里伯特二世和鲁昂的诺曼人伯爵威廉·朗索德之间达成了协议。到 939 年，维京人已经被彻底打败了。但是，新的布列塔尼公国只不过是旧公国的模糊身影。虽然阿兰确立了自己南特伯爵的地位，但他 952 年死后其继承人无法赢得对手雷恩伯爵的上风。这两个家族之间的权力争斗是一个漫长的过程，直到大约 1030 年仍没有得到多少解决。1030 年，南特伯爵布迪克（Budic）亲自见证了雷恩伯爵——阿兰三世的特许状，但过后双方仍想再起争端。933 年，科唐坦和阿弗浪琴（Avranchin）被授予诺曼人，因而前布列塔尼的领土落入诺曼人之手；更南部的领土，在 10 世纪则落入安茹和曼恩伯爵之手。10 世纪的布列塔尼伯爵，虽然仍保持其领土的独立，但是已成为安茹伯爵和布卢瓦伯爵之间争斗的爪牙，南特伯爵通常与安茹结盟，而雷恩伯爵

㊹ Boussard (1979), pp. 109–11.
㊹ 有用的叙述，见 Chédeville and Guillotel (1984), pp. 249–374.
㊺ 关于这一时段简要的现代叙述者有 Guillotel (1979), pp. 63–76; Chédeville and Tonnerre (1987), pp. 23–30; Price (1989), pp. 23–54; Galliou and Jones (1991), pp. 148–74.

和布卢瓦结盟。当布卢瓦在 11 世纪开始衰落,雷恩伯爵则被引入诺曼公爵的发展中。

虽然 10 世纪和 11 世纪初有很多机会可以让全部或部分诸侯与国王一致行动,但是毋庸置疑的现实是,10 世纪西法兰克北部的诸多事件都是围绕权力和领土的冲突和争夺发生的。一个戏剧性的合作实例是,978 年休·卡佩对国王洛塔尔的支持和援助,当时皇帝奥托二世的军队通过加洛林国王祖先的土地进军巴黎的大门。10 世纪还有很多实例证明新的领土统治者对王权的基本尊重。962 年佛兰德伯爵阿尔努尔夫一世宣誓效忠国王洛塔尔,洛塔尔统治时期国王的一系列特许状肯定了公国内的授予,我们可以把这两件事相提并论。[46] 涉及安茹伯爵杰弗里·格里斯戈内尔的特许状揭示了对公认的权力结构显然无可指责的尊重,因为王室的肯定是通过他的中间领主——休·卡佩公爵和阿基坦公爵威廉——获得的,所以杰弗里·格里斯戈内尔承认,他从休公爵那里拥有了安茹伯爵领。[47] 但是,杰弗里操纵洛塔尔同意撮成他儿子路易五世的一次婚姻,虽然不成功,但对伯爵在阿基坦的野心有利,这表明上述基本的法律证据不能看表面价值,其实自我利益深深地影响着诸侯的决策和行动。[48] 同样,978 年那表面上看起来的统一时刻实际上揭示了法兰克西北部统治者之间的深刻分歧;里歇尔告诉我们,洛塔尔与奥托单独媾和被休·卡佩视为结成联盟对抗他的开始,因此随后就是洛塔尔和休关系紧张的时期。[49] 此次争吵再现了以前的场景;例如,10 世纪 40 年代路易四世和伟大的休在侵入诺曼人的土地之时,他们之间的联盟破裂;10 世纪 60 年代在洛塔尔、伯爵"骗子"狄奥博尔德以及伯爵杰弗里·格里斯戈内尔对诺曼人的一场战斗中,休·卡佩没有援助他们,洛塔尔因此对他不满。所有这些事件都对效忠的性质和诸侯奉持的政策的准确特征产生了疑问,效忠本应该是连接诸侯于国王之间的纽带。

在社会的顶端,是加洛林家族和罗贝尔/卡佩家族之间或明或暗的竞争以及安茹和布卢瓦之间的战争,战争从 977 年开始,双方大动

---

[46] DD Lo 1, 5, 7, 15, 16, 18, 19, 21, 22, 24, 25, 26, 36, 41, 44, 48, 52, 53, 54, 62 (on which see further Guillot (1972a), p. 6 n. 28), 68.

[47] Guillot (1972b), pp. 2–7.

[48] Richer, *Historiae* III, 92–4.

[49] Ibid. III, 81–5; Sassier (1987), pp. 160–70.

干戈。整个地区还有很多小规模的竞争，10世纪的曼恩伯爵与来自贝勒梅[50]家族的勒芒主教之间的冲突、诺曼公爵和雷恩伯爵对圣米歇尔山的竞争，是其中比较典型的例子。[51] 王权的失败很可能根源于秩序的混乱，导致所有主张权力和地位的诸侯不得不通过战争保住它；没有一支主导力量能够保持广泛的权威或和平。不管怎么解释，所有的竞争都为暴力政治推波助澜，这是该地区历史的典型特征。但是不应该因此认为这标志着几个主要的公国缺乏坚实的基础，一系列具有重要意义的发展表明，真实的状况恰恰与此相反。

最强大的诸侯发展出可以合法地被称为"外国"的政策。所有的诸侯都极其精明地把战争、外交、联姻和控制附庸结合起来，以扩大和巩固领土。从"好人"福尔克到杰弗里·马特尔（1040—1060年），一代又一代的安茹伯爵，就是这样使用多种方法向南推进，直到阿基坦东北、普瓦图和圣东日（Saintonge）。[52] 有着长长海岸线的诺曼人，与不列颠群岛和斯堪的纳维亚半岛有亲戚关系，自10世纪90年代以后，他们介入英国的错综复杂的继承政治。[53] 公爵理查德二世（996—1026年）是一个欧洲范围内教会的庇护者，他提供武士协助在意大利的罗马教廷，这是意大利南部处于开创时期的诺曼定居点的发展。[54] 有几桩婚姻涉及诸侯家族和欧洲的王家家族。佛兰德伯爵鲍德温四世和布卢瓦伯爵奥多二世都卷入了帝国的政治之中。奥多尤其在他的家人和他本人婚姻基础上孜孜不倦地试图建立自己的王朝，曾一度声称拥有香槟伯爵领、意大利王国和勃艮第王国的主权。就在这极其野心勃勃的追求中，他在1037年与德意志国王康拉德二世的战争中丧生。值得强调的是，在比较早的时候诸侯就开始拓展与该地区外的力量之间的关系；佛兰德伯爵"铁臂"鲍德温二世与阿尔弗雷德大王的女儿结婚，而鲁昂伯爵威廉·朗索德则参与国王路易四世和布列塔尼伯爵阿兰分别于936年和937年前后从英国返回的谈判。存在争议的是，诸侯设想自己是这样的政治世界的参与者，它超出了

---

[50] *Actus Pontnficium Cenomannisin urbe degentium*, pp. 353–9; Louise (1992), pp. 222–45; Keats-Rohan (1994, 1997).
[51] Bates (1982), pp. 70–1; Potts (1990b).
[52] Bachrach (1976, 1983, 1985, 1993).
[53] Musset (1954); Keynes (1991).
[54] France (1992).

现代概念中的西法兰克。家族网络对政策产生相当大的影响。

到10世纪末期——或许更早——所有的诸侯指挥着强大的军事机器，善于攻城略地，如果有必要，进行全方位大规模的战斗。安茹伯爵的方法已被特别深入地分析；伯爵福尔克·奈拉是个建城堡的能手，在贝尔纳德·巴赫拉赫看来是城堡建设策略，进可攻退可守，并证明能够调用至少4000人的有效战斗力投入战争。[55]里歇尔提供了最早的雇佣军有偿打仗的两个著名实例，是10世纪90年代安茹伯爵和布卢瓦伯爵雇佣的；布萨尔（Boussard）教授指出，那时投入诸侯战争的军队数量增长相当快。[56]诺曼底公爵理查德二世，也有一个从遥远的地方招聘勇士的好名声；其他诸侯实力很强，他和他的诺曼同胞不得不求助于斯堪的纳维亚战团以帮助他进行法兰西北部的战争。[57]尽管证据稀少，但是显然到10世纪末，诸侯们由相对卑微的贵族出身而阔步前进，为的是追求他们的军事和政治目标，他们也是这场社会流动运动的受益者。这场运动由追求财富的那些人推动，其中布列塔尼人最为突出。[58]

在10世纪的最后几年，整个地区王家权威的表象在许多方面褪去，显露出长期以来诸侯权力的发展。例如，尽管杰弗里·格里斯戈内尔在966年承认，他从休·卡佩那里拥有了安茹伯爵领，但是休成为国王后格里斯戈内尔的儿子福尔克·奈拉（987—1040年）没有发出这样的承认声明。[59]同样，1006年之后不存在有关诺曼底的王家特许状，986年之后也没有关于布列塔尼的特许状。[60]公国成为无名却有实的王国，虽然不经常使用王国称谓，但却是几乎普遍的情况。到10世纪中叶佛兰德的领土认同，11世纪初的诺曼底领土认同，足以安全地时而自称"佛兰德""诺曼底"。[61]布列塔尼公爵从科农一世时期就履行职典礼仪式，这显然是独一无二的。[62]诺曼人的诸侯思想

---

[55] Bachrach (1983, 1989b).
[56] Richer, *Historiae* IV, 82, 90; Boussard (1968b), pp. 148–68.
[57] Bates (1982), p. 99; Radulf Glaber, *Historiae* II, 3, p. 56.
[58] Chédeville (1974), pp. 315–21；关于福尔克·尼拉伯爵扈从中的"新人"见 Bachrach (1984), pp. 808–10.
[59] Guillot (1972a), p. 2 n. 5.
[60] Lemarignier (1937), p. 34 n. 30; Jones (1990), p. 5.
[61] Werner (1978), pp. 248–54; Bates (1982), pp. 56–7; Ganshof (1957), p. 346.
[62] Radulf Glaber, *Historiae* II, 4, p. 58.

发展得特别早，也许是因为他们的起源需要他们这样做。圣－昆汀的杜多为10世纪中后期诺曼伯爵理查德一世和二世所作的《诺曼史》，是第一例公国史风格的"历史"。它的确切目的，目前仍存在争议；埃莉诺·瑟尔的观点——支持为居主导地位的斯堪的纳维亚宫廷写的历史——似乎不及利厄·肖普科乌（Leah Shopkow）的论说有说服力。利厄·肖普科乌强调，加洛林王朝的目标和基本意图是争取一个前异教民族认同法兰克环境，同时推动诺曼底在西法兰克王国内部独立。[63] 作为个别公国越来越有特性的进一步证据是区域化习俗的形成，11世纪中叶的一些短语如国家意志、诺曼底习俗和安得卡维人习俗，则表达了上述现象。[64]

尽管如此，诸侯的自治和独立性受到明显的重大限制。虽然从10世纪中期起大多数诸侯通过加洛林王朝的权力话语阐明其不断发展的权威，他们显然还是在一套普遍接受的观念框架内行动。因此，诺曼人和布列塔尼人有时自称侯爵和公爵，佛兰德伯爵使用侯爵，所有这些情况都意味着超越伯爵权威的统治者。他们通常这样做，表面上得到王家授权，实际上并不能证明国王真正批准，因为协议可以通过武力索取。然而格外有趣的是，新称号使用的保守性。公爵，而不是伯爵，有一次且只有一次，用来描述10世纪安茹的一位伯爵，然后仿佛因为不当而被弃之；[65] 而对诺曼底"公爵"所使用的称号的透彻分析显示，公爵和伯爵多合在一起，而不是单独使用，仿佛透露出对使用更霸气的公爵的信心不足；而意味着上级权威赋予尊严的伯爵，则使用更为普遍，直到征服者威廉统治时期。[66] 同样，值得注意的是，在1017年的特许状中大诸侯被称为法兰克伯爵，他们在王家特许状中从来没有使用其领土称号，除了一个例外。[67] 还应当指出，卢瓦尔河流域的公国在采用诸侯意识形态的完备外饰方面有些落后；奥利弗·吉洛特提出，在安茹只有伯爵杰弗里·马特尔时期出现过

---

[63] Searle (1984); Shopkow (1989).

[64] *Recueil des actes des ducs de Normandie*, nos. 85, 132; *Cartulaire de l' abbaye de Saint-Aubin d'Angers*, ed. de Bmussilion, no. 5 (Guillot (1972b), p. 109, no. c147); Tabuteau (1988), pp. 93, 223-9.

[65] "被命名为整个世界最强大的首领和伯爵"，*Cartulaire de l' abbaye de Saint-Aubin d'Angers*, ed. de Broussillon, no. 131, cited by Bachrach (1985), p. 38.

[66] Bates (1982), pp. 148-50.

[67] *Recueil des actes des ducs de Normandie*, no. 22; Lemarignier (1965), pp. 128-9.

一例,米歇尔·布尔指出,在布卢瓦伯爵的领土上没有一例证据。[68]虽然这个结论对于安茹来说已经有所修改,[69]但在这两个案例中,明显的沉默可能反映了他们起源较晚,或继续承认他们从罗贝尔王朝的纽斯特里亚边区的相对社会底层发展而来,或者是布卢瓦特别不像其他公国那样领土集中。一些最近发现的特许状表明,卡佩王朝11世纪30—40年代在安茹比此前想象的更加频繁地行使权威,这也值得注意。[70]

诸侯效忠的性质也具有类似的保守性。12世纪早期关于诸侯是否仍然是王家附庸的争议比较著名,最近的处理主张中庸之道,强调诸侯附效忠的连续性,同时强调这种关系的脆弱性。[71]关于这场辩论有趣的是,诸侯一直希望保持在效忠的结构框架内。有关喜欢冒险的布卢瓦伯爵奥多二世生平的文献总结了相关的矛盾。奥多向往古代加洛林王朝的宫廷伯爵称号,并在"虔诚者"罗贝尔国王的宫廷中使用,但是1019年之后,他与国王之间发生战争。[72]1023—1024年以奥多名义写给国王罗贝尔的信中称,罗贝尔为奥多的领主,而且承认国王有权设立法庭审判他。奥多否认持有的土地来自罗贝尔授予的恩惠,而是坚持他的土地来自祖上的遗产,而且继承权得到罗贝尔的认可。[73]辩论总体上承认国王的领主权和权威;实际上它可能既像是申诉——吁求国王做一个好的领主,又像是一种习惯做法——混淆了效忠可能涉及的含义:"我怎么能放弃维护我的职权而保持荣耀呢?我吁请上帝和我的灵魂见证,我宁可光荣而死于维权,也不愿屈辱地苟活。"拉杜尔夫·格拉贝实际上告诉我们,诺曼人在最初的定居阶段之后一直忠于国王,佛兰德伯爵基本也是忠诚的。[74]他们承认,王家权威能够赋予合法性,正如诺曼底公爵罗贝尔一世指定年幼的儿子威廉作为继承人,要得到国王亨利一世的首肯;有时,这也可以是事实,正如1047年,亨利以大领主的身份进行干预才确保威廉幸免一

---

[68] Guillot (1972a), pp. 353–66; Bur (1977), pp. 461–99.
[69] Bachrach (1993), pp. 46–7.
[70] Fanning (1985).
[71] Lemarignier (1955).
[72] Lemarignier (1965), 129n. 263.
[73] "你的恩典与我祖先的世袭权利相联系": Fulbert, ep. 86. 关于这个题目,亦见 Hallam (1980), pp. 153–4.
[74] Radulf Glaber, Historiae Ⅰ, 21, p. 36.

死。尽管公国越来越独立于任何性质的王室权威，但王权仍然是法兰克西北部政治社会的理论基石。无论是作为一个单位的法兰克概念还是作为有意义的个人效忠公国概念，在10世纪和11世纪早期的北部法兰克都没有消失。像杜特的论断——在11世纪没有效忠只有利益——这样的说法，对当时的情势来说是不够完全客观公正的。[75] 实际发生的情况是，新的强大的身份在现有的结构中演化，效忠所连带的义务——对此我们只有粗略的记载——随着诸侯的独立性增强而减少。

对于诸侯权力的发展至关重要的事态演变是，诸侯的称号和土地几乎无一例外地全部或基本上不加分割地传给一个儿子。这种做法在10世纪初深入人心，只有韦尔芒杜瓦家族有一例外，943年伯爵赫里伯特二世去世后的继承没有按照上述惯例。这不应该算是为所有人所接受的调整，因为在10世纪和11世纪，几个公国因为与统治家族的世仇而被困扰。然而，要保证公国的完整性和存活，还有一段很长的路要走。从10世纪中期起，公国的完整性和存活因为指定继承人的做法而愈益加强了。[76] 后来的分区，如伯爵阿尔努尔夫一世统治时期将布洛涅和泰尔努瓦授予一个佛兰芒伯爵家族的支系，乃特殊情况下的结果；在这种情况下，是处于解决一个家族世仇的需要。1037年之后布卢瓦伯爵奥多二世家产的分割，可能反映了王室对公国发展的干预，因为它将会包围王室的土地，对王室不利；或家族的决定，断定分割将是维持原有分块土地的最好办法。不管出于什么考虑，分割尊重了奥多土地的各组成部分的领土完整。[77] 一个既维系家族的团结又力求为雄心勃勃的成员提供条件的精巧办法是，在公国内部往往有针对次子和幼子支系的规定；10世纪后期和11世纪早期的诺曼伯爵就是众所周知的例证。总体结果是，王国已不再是9世纪那样多变的实体，以至于到11世纪，时人可以谈论公国的边界了。[78]

诸侯特许状只是自10世纪晚期以降才开始成批量出现。现存的

---

[75] Dhondt (1967), p. 148.
[76] Lewis (1978), pp. 911-5; Searle (1988), pp. 91-7; Martindale (1989); Garnett (1994).
[77] Dunbabin (1989), pp. 54-5; Bur (1977), pp. 195-6.
[78] Musset (1989); Bates (1982), p. 56; Bachrach (1983), p. 549n. 53; Chédeville and Tonnerre (1987), pp. 52-7.

良好的现代版本只有诺曼底的,[79] 虽然也有安茹和布卢瓦伯爵奥多二世统治时期的日志和文件选编。[80] 虽然文献不多,但证明10世纪的诸侯愈益自主行使权力,而这些权力曾经为9世纪的国王垄断。现在监督日益衰落的王室权力的运行转变为诸侯特权,最好和最早的证据是铸币。诺曼人显然超前发展,因为钱币以威廉·朗索德和理查德一世两者的名义铸造;应该指出,在理查德统治下铸币风格脱离了"秃头"查理的"普特尔法令"(edict of Pîtres)定下的规则。到10世纪60年代,钱币以布卢瓦的"骗子"狄奥博尔德的名义在几个前加洛林王朝的铸币厂铸造。尽管诺曼人如此,但是在西法兰克的北部地区有一个总的造币趋势,那就是不太彻底地偏离加洛林范式——休·卡佩的领土范围内的铸币实际上在他登上王位之前就恢复了发行加洛林王家钱币——这又一次表明诸侯加强其权威的保守主义方式。[81] 考古证据还表明,其中大部分诸侯修建典型的加洛林风格的宫殿,尽管到10世纪下半叶最强大的诸侯将他们的住处饰以高塔。[82] 被视为文物的特许状,还可以显示抄写员如何效仿加洛林范式为自信张扬的诸侯撰写公文。[83] 从公元1000年前后诸侯特许状数量的大幅增加是又一证据,证明诸侯以更加公开和张扬的方式展现其独立性,并从此成为常态。

其他经常提到的从加洛林时代的"连续性",是对要塞和铸造钱币的控制,这两者在诺曼底都是公爵权力的核心;有些税种如猎犬税(berragium)、格雷威利姆(gravarium,税收的一种),从中依稀可见加洛林王朝的传统渊源来路,而诺曼地方政府主要官吏——子爵——控制的领土,其边界通常就是加洛林诸地区的边界。[84] 安茹伯爵严重依靠军税(fodrum)供养军队,垄断钱币的铸造,并拥有广泛的森林使用权。[85] 正如最近几位学者一直强调,这样的"连续性"不是机械

---

[79] Recueil des actes des dues de Normandie.
[80] 关于安茹,Guillot(1972b),根据Halphen(1906)早期的目录,pp. 237-342,相对Bachrach(1984),p. 802 n. 27 和 Fanning(1985),有所省略。关于奥多二世,Lex(1892),pp. 283-358。胡伯特·吉洛特尔编的布列塔尼伯爵行为专辑已经问世。Latouche(1910)的书中有曼恩伯爵的行为目录,第139—59页。
[81] Dumas-Dubourg(1971).
[82] Renoux(1991),pp. 302-7.
[83] Potts(1992),pp. 30-4; Guyotjeannin(1989),pp. 44-5.
[84] Musset(1979),pp. 51-4; Bates(1982),ch. 4.
[85] Guillot(1972a),pp. 379-96.

地实现。为了维持权利和义务必须诉诸强制措施；因而许多最成功的诸侯以无情和残暴著称，绝非偶然。钱币的证据，在很多情况下是最精确的，表明"连续性"不是一个简单的概念。特权曾经属于王室，但是以打破加洛林传统的样式铸造钱币的决定——如诺曼人和布卢瓦伯爵奥多二世——是诸侯做出的；可以说，人们有理由认为这根本不是连续性。从 11 世纪初，明显创新例证如佛兰德的城堡，[86] 诺曼底和布列塔尼最初的秘书处（chanceries），[87] 无处不在的地方治安官（prepositi），[88] 和能够行使相当复杂财政职能的诺曼财室（camera），这一切都说明诸侯统治的活力持久不衰。[89]

特许状的程式显示，诸侯权力的行使是以上帝恩惠的名义。虽然它包含的神恩概念已经受到质疑，因为它可能仅仅是一种所谓天意的引用，[90] 但问题的实质依然是，这表明诸侯自视在神圣之地拥有一席之地。诸侯在自己的领地内都承担对教会的责任，有些诸如诺曼底公爵理查德二世，因为个人虔诚而获得美誉。诸侯几乎无一例外地在他们的土地上主导主教的选定。最近的一项研究表明，安茹伯爵最晚在 10 世纪中期开始选择昂热主教的担任者，布卢瓦伯爵影响着图尔和沙特尔主教的人选，即使提名权理论上仍然属于王家。在佛兰德和诺曼底，伯爵选择主教；但在布列塔尼，主教区在家族内部传承，制约了公爵的控制，本地伯爵家族的人往往继任主教。有趣的是，还需要注意，在公爵国之间的区域权势家族如何影响主教的任命；例如，贝莱姆家族对于勒芒和希斯（Sées）主教的任命，亚眠－瓦卢瓦伯爵对亚眠主教的任命。[91] 大部分诸侯是修道运动的支持者和庇护者，深深地参与修道院改革的传播和推广。佛兰德伯爵在这方面声名远扬；诺曼底公爵理查德二世支持有影响力的修道院改革者——沃皮亚诺（Volpiano）的威廉，安茹伯爵改革和赞助了一些修道院，如昂热的圣奥宾修道院，旺多姆的洛什和三一修道院。

领土治理的最后一个主要方面，是到处出现的城堡——通常都是

---

[86] Ganshof (1957), pp. 399–402; Warlop (1975), pp. 105–36.
[87] Eeceildescctesdesdcsde Normndie, pp. 42–3; Chédeville and Tonnerre (1987), p. 48.
[88] Werner (1978), pp. 256–61.
[89] Bates (1982), p. 154.
[90] Guillot (1972a), pp. 354–5.
[91] Boussard (1970); Louise (1992), pp. 150–61, 224–45; Lemarignier (1965), pp. 53–5.

第十六章 西法兰克：北部公国

木结构建筑，以及城堡周围的领主权或城主制度（castellanries）。如前文已经指出，在乔治·杜比关于梅肯的著作出版后，这就被视为一个决定性和困扰性的阶段，王国走向瓦解的又一阶段，权威下移至一个新的社会阶层。在西法兰克的绝大部分北部地区，城主制度开始出现的阶段通常被界定在 10 世纪后期或 11 世纪初——诺曼底是有点特殊，但从最近有关专著中得出的宽泛结论是，在最强大的公国，城主制度不仅不是困扰性的，而且实际上是诸侯的作品。这在很大程度上取决于所讨论的区位。例如，显而易见，独立城主更有可能出现在王家公国和布卢瓦的一些伯爵土地的周围，这里战争频仍，敌对矛盾重重，比强大的公国更有利于多层次效忠关系的发展。[92]"独立性"对城堡主家族来说亦是利弊兼存，因为有关家族不得不抵御更强大的邻居，这一点在最近关于贝勒梅领主的研究中得到详尽说明。[93] 在公爵国之内，城主制度几乎是一个受控的过程，它意味着附庸义务的修改和调整，而不是自下而上的社会重建。通常所涉及的家族是权势稳固的望族；从下一段引述的研究可见，"社会遗传的连续性"的命题在很大程度上可以被视为也适用于这一社会阶层。

在佛兰德，最早的城主制度出现于 10 世纪后期和 11 世纪早期。它被作为伯爵政府的基本单位而建成，城堡的主人显然出身于权势望族。只有在佛兰德伯爵领的南部地区和伯爵阿努尔（Arnul）一世死后佛兰芒家族权力退出的地区，地方家族建立了更独立的领主权，尽管这些领主仍然认可他们的附庸名分。[94] 诸侯对韦尔芒杜瓦家族和布卢瓦伯爵的领地范围内出现的城堡的控制，再一次证明香槟和沙特尔伯爵领的城堡主人来自现有的贵族集团。[95] 安茹的城堡问题已得到相当深入的分析，伯爵福尔克·奈拉和杰弗里·马特尔已被证明修建了城堡，并牢牢地控制。[96] 即使受杜比方法的影响对安茹局势较为悲观的分析，也认为伯爵权威的主要削弱时期是在 1060 年之后。[97] 在

---

[92] Lemarignier (1965), pp. 69–70; (1968), pp. 106–10; Bur (1977), pp. 174–92; Guyotjeannin (1987), pp. 19–31.
[93] Thompson (1985, 1991); Louise (1992, 1993).
[94] Warlop (1975), pp. 105–36.
[95] Bur (1977), pp. 127–47, 393–402; Chédeville (1973), pp. 254–93.
[96] Bachrach (1983), pp. 536–7.
[97] Guillot (1972a), pp. 299–317.

诺曼底的伯爵理查德一世和二世时代,那些城堡主人享有伯爵称号,而且来自统治者的近亲群体;这个群体成员的不忠行为会受到无情的惩罚。第二阶段是贵族独立新建城堡时期,发生在征服者少数的内战期间,但没有人会否认威廉最终成功地控制其后果。同样,虽然关于诺曼贵族起源的论断——基于"社会遗传的连续性"源自10世纪的斯堪的纳维亚定居者——没有被普遍接受,但是强有力的论据证明,那些居于主导地位的城堡主是权势望族的后裔。[98] 在布列塔尼,公爵的控制不那么牢固,但是城堡的发展常常涉及权势家族,他们参与保卫公国疆界的行动。[99]

到1025年,西法兰克地区已经大体形成了确定的领土形状,这样的领土形状一致持续到卡佩王朝权力大幅扩张时期。卡佩王朝权力的扩张导致13世纪初占主导地位的王家权威的重建。由于这个原因,1025年是一个很好的结束日期。但是,它远非一个完美的日期,因为诸侯竞争和诸侯统治继续发展。同样重要的是,最后要再次强调从900年到1025年期间纯粹的暴力;它令老一代的学者们着迷,其关注的焦点在于文字材料,把这个时代看作一个成就微不足道的时代。最近的研究已令人信服和明确地提供了一个更为乐观的图景,但仍然应该记住,该地区的命运是由少数占主导地位的家族通过残忍和暴力的手段而重塑的,他们利用了西法兰克社会顶部权力的摇摇欲坠的局势,这一过程始于9世纪的最后几年。他们的成就不仅仅是"加洛林王朝的延续"。的确,加洛林统治形式延续到10世纪后期及以后,里歇尔也可以随心撰写,仿佛旧式加洛林王权依然存在,[100] 但是持续到洛塔尔统治结束的王家恩准特许状和诸侯给予国王的建议和军事支持,无疑说明了伟大的诸侯家族的创造力。个别诸侯显示出的创业精神,他们所实现的领土整固,从10世纪早期公国内变化的证据,所有这一切都精确地描绘出9世纪末年很久以前就开始的一个强有力的进化过程。诸侯权力一方面具有韧性,另一方面也表现出相当的保守性,这两面都需要最后再强调一次。虽然诸侯权力到11世纪初有了

---

[98] Bates (1982), pp. 111–37; Musset (1976a), pp. 72–7; Tabuteau (1984), pp. 612–4; Hollister (1987), pp. 230–40.

[99] Jones (1981), pp. 160–7; Chédeville and Tonnerre (1987), pp. 111–75.

[100] 例如,里歇尔将布卢瓦伯爵奥多二世与安茹伯爵福尔克·尼拉之间的战争称为"内战": *Historiae* IV, 79, 81, 90.

新的进展，如城堡的扩散，但是在几乎整个地区并没有发生效忠危机。在 10 世纪已经发展壮大的诸侯权力，延续到 11、12 世纪。诸侯的集体成就颇见成效，通过精巧的政治手段在传统权力话语的基础上创造了新的权力单位。尽管如此，对于所有诸侯来说，王权依然是合法性和权威性的根本源泉。因此，虽然 10 世纪的诸侯为此后至少两个世纪其继任者的成就奠定了基础，但是更早的政治语言的继续存在提供了思想观念基础，借此君王的权威后来才得以重建。

大卫·贝茨（David Bates）

王建波　译

顾銮斋　校

第 十 七 章
西法兰克：南部公国

在凡尔登创建的西部法兰克王国的南半部分，是一个困扰不安的地区。"秃头"查理为安抚阿基坦分离主义，于855年为他的儿子重建阿基坦王国，但王家控制仍然是不稳固的。统治者镇压了阿基坦反叛，于9世纪70年代最后一次废除了阿基坦的封号；此后王家控制的薄弱使得南方处于舒适的隔离状态，虽然南方人继续公开承认对君主的效忠。888年，纽斯特里亚贵族推选非加洛林家族出身的奥多为王，正如里奇奥所说，各亲属民都选举"出身于本族的国王"。[①] 在阿基坦，普瓦蒂埃伯爵拉姆努尔夫二世自称国王，或者至少像国王一样行事。奥多没有企图用武力来制服拉姆努尔夫；相反，他去阿基坦只带了一小队护卫。889年初，拉姆努尔夫臣服了，奥多则授予他"阿基坦大部分地区的公爵"的封号，让他在王室的权威下掌控阿基坦。

对于西部王国来说，奥多的统治（888—898年）开启了一个公国时代：对文化实体或种族实体的霸权，使以前组成法兰克王国的领土单位得以恢复。这种现象在卢瓦尔河以南特别突出。整个10世纪，对王国的权力争夺来自北方；南方人基本上无心争斗，更专注于巩固自己的地位。898年"虔诚者"威廉采用公爵称号，标志着国王实际缺席南方的时代开始。987年王朝的更替只是使得国王更彻底地从南方退出。1019—1020年"虔诚者"罗贝尔长时期的造访，是一个多世纪以来皇室对卢瓦尔河南部地区干预的最后一次。南部公国属于王国的唯一标志是在特许状的日期条款上签署王国纪年。

---

① 'de suis visceribus'：Regino, *Chronicon*, s. a. 888.

在不同地区王室的缺席时间和程度也不相同。南方社会不同质，贵族四分五裂；山高皇帝远的局势促成了权力的再分配。历史上的效忠、种族传统和最近的政治联盟，逐步形成分裂的合力，导致西法兰克的南部分成四个区域：阿基坦本身，伸展到奥弗涅，领土广阔；从加隆河向南的加斯科涅地区；涵盖塞菩提曼尼亚、中加隆地区、图卢兹、鲁埃格和阿尔比（Albigeois）的哥特区；后来加泰罗尼亚的核心，也是哥特区，但最初是西班牙的一部分。这些区域没有严格的界定，控制它们的势力本身就不稳固，这从他们不断变化的称号中可见一斑。但是，自900年以降他们构成了群龙无首的法兰西的政治框架，占据着前阿基坦王国。

10世纪早期的平衡维持了一个多世纪。1020—1030年前后，公国受到了来自内部的威胁。个人之间相关依赖的联系，通过私人战争形成，由于早期的经济活动加强而发展，然后覆盖全社会。从1020年，封建制开创了一个新的社会和政治秩序。一些公国解体了，其他公国进行了自我改革或巩固。但是，本身也在转变的封建秩序，只有经过几十年的社会和制度动荡才能诞生。

法兰西南部的历史资料：差距与不均衡

我们怎么知道南部公国的历史？没有地方历史学家继续宫廷历史学家中断的工作。如果我们想知道法兰西南部的历史，我们必须超越叙事材料；我们对事件的了解是片面的，甚至对制度结构的了解也是零散的和推理性的。卢瓦尔河以北的材料在很大程度上忽略了南方发生的事件：法罗多拉尔（919—966年）的《年鉴》中只有一些零星的地方提及南部的事件，而且主要是在拉杜尔夫统治时期。里歇尔的《历史》长期以来一直被苛严地评价，在第三卷和第四卷间或提及南方，但他提出了目前在高卢北部流行的观点，并揭示了（有时不太确定）适用于卢瓦尔河以南的政治现实的术语。他对当时的局势记述较少，更多地记述了王家的反应，国王试图在王国最远的边界维持王权存在或重新获得立足之地，不管是直接地或者通过安茹的统治者。

然而，特许状资料提供了必要的信息，正如莱昂斯·奥齐亚所说，不仅仅是有关"制度，称号和日期"，[2] 也能够提供王家政策的发展和成效方面的信息。王家特许状的分发和频率证实了在某些地区的"王家缺席"；收受者的地位强调政治态度的变化，而授写者的地位则传达出王室影响衰减的信息。这并不仅仅取决于距离宫廷的远近：加泰罗尼亚只是比利牛斯山南部王国的一部分，王家信函的数量直到 10 世纪中叶才开始下降，而且是慢慢地。让-弗朗索瓦·勒马里涅埃尔已经计算过，10 世纪的哥特和西班牙边区，吸引了加洛林王朝颁发的 1/6 的特许状；[3] 即使伯爵们也热望留下"王家记忆"，这在当时的法律和政治秩序中依然是根深蒂固的概念。休·卡佩统治时期突然结束了这种特许状：从 987 年到 1025 年，从圣让·丹热利通过布尔日到梯也尔一线以南没有收到任何王家特许状。

叙事材料只记录引人注目的事件，特许状资料则告诉我们日常交往。到 10 世纪末南部诸侯不再频繁往宫廷觐见国王：从 987 年到 1108 年，加斯科涅公爵、图卢兹伯爵、哥特公爵和加泰罗尼亚伯爵从未到场，阿基坦公爵也只有在特殊情况下偶尔为之。有关记述显示，从比斯开湾到地中海有一片广阔的领土，在此国王没有影响。

我们的信息大部分来自本地资源。即使如此，我们仍然必须区分不同类型。在 12 世纪之前该地区没有家谱或王朝文献；除了一部编年史，法兰西南部没有什么历史编著。众多修道院年鉴和几个主教清单提供了一线信息，大多是当地的信息。唯一真正的历史著作是夏巴纳的阿德马尔的编年史（《年鉴》《历史》），记录到 1028 年。829 年之后，作者的工作具有原创性，但他的研究视域缩小了；他大量利用地方材料和口述传统。从 980 年起，法兰克人的历史成了阿基坦贵族的编年史。其他地区提供的历史记述更少。朗格多克没有叙述历史，不论是图卢兹，还是塞菩提曼尼亚；关于奥弗涅的历史只有三种很简短的"伪编年史"。[4] 没有加斯科涅的历史叙事留存下来，只有大量文件后来变成历史，需要极其谨慎地处理。加泰罗尼亚在 11 世纪没有本土的史学著作；那里的"历史书写"完全依赖于法兰克的传统。985—987 年的事件突然改变了历史编著的视域。编年史不再提及任

---

[2] Auzias (1937), introduction and pp. 216-32.
[3] Lemarignier (1965), p. 22.
[4] The expression is that of Lauranson-Rosaz (1992), p. 14.

何法兰克历史，专注于当地活动。但这种视域的缩小并不足以维持一个区域历史的编著。

相比之下，圣徒行传——圣徒的生平和传奇——是必不可少的，[423] 但在法兰西南部社会分布并不均衡。加泰罗尼亚从 10 世纪就没有圣徒行传，11 世纪之后也几乎没有。在比利牛斯山脉以北则丰富得多：有些作品，如《欧里亚克的杰拉德传》(Life of Gerald of Aurillac) 或孔克的圣信德 (St Fides of Conques) 的《奇迹之书》，都是非常重要的作品。然而无论圣徒的传记资料多么丰富，它们都不是历史编著的基础，是档案资料使我们获得了关于 10 世纪历史的大部分知识。

作为一大特色，南方社会产出了大量的档案文件，虽然他们的保存很不均衡。加泰罗尼亚的档案文献最为丰富。皮埃尔·博纳西估计，10 世纪加泰罗尼亚收藏的文件至少有 5000 件，11 世纪至少有 10000 件。⑤ 这些材料不仅使我们能够追踪价格和遗产继承的演化、贸易的增长和金币的扩散；还可以辨识出不同的文化领域，推测某一成规使用多久，注意到方言表达的出现。

其他地区则没有这么幸运。有关巴斯·朗格多克（Bas Languedoc）的文献主要包括契据册，而且全是教会的；它们偶尔提供世俗社会的信息，但对社会成员之间的关系没有记述。"公共"文件的缺失隐藏了治理的机制以及教会和贵族之间的关系。原稿的失传是一个严重的障碍：契据册只包含一小部分旧文件，主要依赖早期误读连篇的抄本。

有关图卢兹地区的文件，更为稀少。没有原始材料留存下来，大部分是我们从修道院的契据册里挑出的抄本，即使这样的文件也为数不多。在千禧年之交，文献材料多了起来，但是没有日期，或者至少日期不精确（980 年后，一半以上甚至省略统治君主的名号），这意味着必须谨慎使用它们。这里我们只能再次痛惜没有任何关于图卢兹伯爵家族的"公共"文献，关于统治各伯爵领的伯爵和子爵之间的关系，我们一无所知。

奥弗涅的情况稍好一些，但文献的分布很不均衡，一些周边地区完全没有提及。契据册全是修道院的；一些零碎的特许状、政府文

---

⑤ Bonnassie (1975), pp. 22ff.

件、目录和清单可以做些补充。至于阿基坦本身，普瓦图的契据册（圣希莱尔和圣西普里安），还有布里尤德和克吕尼的契据册，提供了关于公爵领"制度"和称号使用的有价值信息，但是其中文献日期不确定，真实性也存疑。

　　加斯科涅没有留下我们研讨的那个时期的原始文献。有些材料从11世纪末的契据册里被转抄而来，但是原始文件几乎没有流传下来。显然在文本传播的过程中有一个问题：抄写者往往简化或省略正式的协议；他们犯了很多错误，有时弄得文本不知所云；最严重的是，他们替换和篡改原来内容，以加强他们修道院的权利和主张。通常情况下，特许状的内容被嵌入历史叙事——告示或历史——并且可能在此过程中被编辑，尽管许多没有日期体系。这就很容易理解，为什么加斯科涅的历史学家们不同意可用文件的可靠性，往往会过分挑剔或走上另一极端，缺乏批判眼光。

　　特许状资料的重要性，以及有时的滥用，可以从当时的社会状态得到解释。这是一个成文法律区域，积极崇拜书面文字。"法律规定，书面材料应在所有情况下使用。"这一点在加泰罗尼亚特许状的序言中一直重复强调。这样对形式主义的尊重，一丝不苟地追求"恢复《圣经》"（*reparatio scripturae*），熟知遗嘱和书面宣誓，关注重建丢失财产的名号，所有这一切都见证了书面语言在法兰西南部社会的重要性。

　　这些丰富的文献资料，使我们可以追踪词汇的传播以及南部地区封建制发展所采取的特殊形式。这对我们获取政治历史知识虽然并没有多大贡献，然而这些文件可以间接解读，要多关注其形式而不是内容：签署日期的方法、地址形式、地理和政治词汇、技术术语的传播和方言词汇的出现，所有这一切都具有指示意义，让我们看到本国之外的历史。政治发展的连续性并不总是可以感知的，有些"统治"留下痕迹很少，但发展的阶段性和中断可以通过归纳来把握——尽管在重建历史的发展中过分的体系化可能会导致争议和存在矛盾。

基准点：900年前后的王国南部

　　所选标题提出了亟待回答的问题。哪里是西法兰克的"南部"？

第十七章 西法兰克：南部公国

为什么在 900 年呢？这些意想不到的公国的起源是什么？

一 辨识南方

"南方"主要是一个地理事实：卢瓦尔河向南、罗讷河向西、延伸至跨越比利牛斯山脉到法兰克人统治边疆的地区：在中世纪的词汇里，阿基坦在西班牙还有一块边地。它一直与法兰克土地截然不同；10 世纪的游人直到渡过卢瓦尔河才算是进入法兰克。从法兰克王宫看，阿基坦是一个周边地区，有着不可否认的文化个性。但该地区在加洛林时代变化很大：阿基坦萎缩，米底人的势力增长，从而使两者不再生存在共同的边界内。

10 世纪中期，查理·马特尔和丕平三世残酷地"解放"了塞菩提曼尼亚。它融入了阿基坦王国，但对于本地的法兰克朝廷的抄写员和公证员来说，它仍然是戈蒂亚。法兰克人的进一步扩张，在隆塞沃克斯（Roncevaux）灾害后变得谨慎起来，没有超出巴塞罗那。在比利牛斯山脉以南，"解放"也遇到当地人的阻力，他们以自己的西班牙（Hispania）传统为荣，"更倾向于摩尔人而不是法兰克人"。⑥ 未来的加泰罗尼亚人，从西班牙挣脱出来，高调宣扬他们的哥特族性。加洛林国王们注意到这些，在发送给比利牛斯山脉南部的几纸特许状中自称哥特国王。未来的加泰罗尼亚仍然处在伊斯兰教徒再次侵略的威胁之下；他们组织起防御，并决心以背信弃义的代价扩张自己的领土，于是它的边界扩展到杳无人烟之地，只有冒险者和其他邪恶的人。从此与西班牙分离，它描绘了一个转变的"西班牙边区"，该术语被现代历史学家长期误解为比利牛斯山脉南部的所有伯爵领。

南方的第四个单元是加隆河和比利牛斯山脉之间的加斯科涅。它很快就从加洛林阿基坦分离出来，甚至成为阿基坦的威胁。它的历史一直模糊不清，其民族成分相当复杂。一个大规模的加斯科涅移民潮涌入凯尔特人口中，但是资料没有区分这些刚烈的令人难以忍受的瓦斯科尼人（Vascones）和巴斯克山民。山民居住在大部分比利牛斯山

425

---

⑥ 同时，法国军队暗淡，
摩尔人希望大肆宣扬，
如何去巴塞罗那，这是男人们所说的拉丁语的古老词汇，
罗马人礼貌得多。
Ermoldus Nigellus, *Carmen in honorem Hludowici Pii*, lines 102–0–105.

脉，一些现代历史学家也赞成这种归类。在这里，人们很晚才感受到法兰克人的权力，而且该地区躲过了墨洛温王朝的分裂。840年之后，法兰克权力在波尔多结束：加斯科涅人在"民族"公爵统治下避开控制，阿基坦国王只能将波尔多变成桥头堡。加斯科涅的历史始于850年前后的桑乔·米塔拉政府；他组织了对维京海盗和穆斯林的防御，举止像一个无冕之王。他的侄子阿诺德在887年之前被加西亚·桑切斯（几乎可以肯定是桑乔·米塔拉的孙子）从波尔多逐出，桑切斯享有"加斯科涅人的公爵"称号。加斯科涅很快成为一个"民族"公国，在这里文化和语言同质的人口只服从土著首领的权威。在一系列南部领土单元中，它是一个异常现象。维京海盗入侵带来了一种永久性的不安全，加速了王室影响力的淡出。

二 南方的文化

法兰克人在南部的存在建立在征服的基础上。南方一直属于法兰克国家的周边，具有迥异的传统。法兰克人的存在是有限的，中央权威一旦出现被削弱迹象就出现了分离，法兰克人的存在则强化了分裂。在加洛林王朝之前，阿基坦人和加斯科涅人生活在自己的君主统治之下，加洛林王权的崩溃使得这些地区恢复了自己的历史。

南方文化是异质性文化，但罗马历史意识赋予了它凝聚力。法律的属人性原则将古代的种族和法律的区别固定下来。文献证明罗马法迟至1000年才被这里的人所知和践行。几个图书馆有《概要》（*Breviarium*）抄本，甚至有《狄奥多西法典》抄本，以及有诉诸罗马法权威的特许状——协议。10世纪，20%—30%的阿基坦贵族仍拥有罗马名字。名字强调民族对比，尽管他们也追逐时尚：图卢兹伯爵雷蒙德取庞斯作为自己的第二名字，开启了双名的普遍做法。早期的家谱都试图建立与元老院、圣人和烈士时代的联系。南方人生活的土地环境，深深地打着罗马记忆的印迹。古老的城市仍然有人居住，保活下来的古迹使人联想起过去的辉煌；对古董的热情可以解释古代的材料和范式得以重用的原因。许多农村居落是古代村镇延续而来。在一个加泰罗尼亚村镇中间仍有镶嵌着马赛克图案的人行路，可能还会发现一座塔和一个崇拜场所；一个加斯科涅村镇的镶嵌画或许显示有后来居民打的桩洞。毫无疑问，奴隶制依然存在，并保留旧的公共称号，这样可以明确定位个人在社会等级的位置。

南方还保留了后来动乱的印迹。塞菩提曼尼亚和加泰罗尼亚是哥特人居住区；在加泰罗尼亚，对哥特文化的自豪与对失去的西班牙的怀旧并存。居民自称哥特人；男性名字带有哥特词根，或令人想起早期托莱多王朝的君主。当地人一直诉诸哥特法律（lex Gothorum）——一种民族遗产（lex patrum）和领土的法律（noster lex），修道院图书馆，甚至农村教区藏书室都保存有《法官论坛》的副本。公共制度本身包含着哥特文化的存活，逐出萨拉森人后恢复的第一批寺庙，依然按照旧的"协定"制度来管理，这种"协定"制度是从圣弗鲁克特奥斯统治衍生而来。

加斯科涅似乎在很大程度上摆脱了罗马传统，或其对古罗马遗产的传承至少被6世纪的迁移潮所淹没。有一种强烈的民族认同意识，驱动向法兰克人和阿基坦人的土地扩张。加斯科涅分出后，南部地区相比王国北部感到相互之间更加团结；国王注意到这一点，所以向所有加泰罗尼亚和塞菩提曼尼亚伯爵颁发特许状。他们共享丰富的受大部分世俗人口欢迎的文化传统；对书面文字的崇拜，公证的存留，大量的签名，精心撰写的序言和拉丁文书写的复兴，赋予南方真正的霸主地位。

三 公国的兴起（900—980年）

"公爵"称号的含义与其说是贵族等级中的一个职位，倒不如说是一个民族的头领。但权力主张一直是间歇性和竞争性的；国王有时会授予自己公爵称号。大公更是一种称谓而不是一种爵位：显贵可以是"被授封的"公爵。10世纪基本保持稳定。公爵领成为现实存在的自治领土，公爵称号世袭。法兰克王国的底层结构显露出来：一系列的"王国"，各种族聚拢在一个"民族"领导人——诸侯之下，于是"公国"之名送给这些新的分支。法兰西历史学家强调其地域和制度特征，称其"领土公国"，而他们的德意志同行则视它们为"部族"公国。

10世纪是公国的世纪：900年依旧在形成之中，1000年之前衰落。这样的发展影响了整个王国，但王室的影响力发挥了作用。卢瓦尔河以北，国王仍然是一个合作伙伴：诸侯决定君主的命运。在南部，公国的形成与国王没有联系，有时还与国王作对。国王努力保持与南部诸侯的联系，但每次王位被非加洛林"篡位者"占据时，联系就被打破。"王权缺席"作为法兰西南部历史的背景，长达几个世纪。南部地区既有对源自加洛林王朝的合法性的深深依恋，其制度又提前向王朝的、领土的伯爵权力控制的方向发展：这两者都利于公国的形成。

四 王权的撤出阶段

在10世纪的进程中，王国的南半部慢慢地渐行渐远。没有突然中断：南部诸侯坚持源自加洛林王朝的合法性，而统治者不失时机地维护自己的权威。但是，统治者愈益缺乏手段在公国范围内行使权威；他们让渡给诸侯准王权地位，诸侯们反过来将统治者拒之门外——新王国的伯爵领、教会和税收之外。非加洛林王朝的国王面临着特殊问题，实际上不得不试图"重新征服"南部公国。

奥多统治时期（888—898年）开始了毋庸置疑的王位和国王行使权力的能力之间的分离。10世纪伊始，加洛林王朝的统治在卢瓦尔河以南结束了；国王不再能够给予伯爵称号，因为这已经成为世袭；最初的王权篡夺发生了；修道院和后来的主教处于贵族的控制之下，现在国王仅行使确认提名的职能，只是偶尔将自己的候选人施加给贵族（比如在圣希莱尔、普瓦蒂埃、里尔和圣朱利安、布里尤德）。

为了获得贵族不情愿的效忠，奥多放弃了残存的王室岁入的最后部分。王家臣属转而集体效忠于"阿基坦人的公爵"；只有欧里亚克的杰拉德仍然忠于他的国王，克吕尼的奥多将其正式记录下来，作为他王权神圣性的证据。⑦ 王家特许状继续向卢瓦尔河以南的领受者颁发，但只是确认特权或授予豁免权。

奥多试图通过干预主义行动弥补他愈益衰弱的权威。他以贵宾和"虔诚者"威廉领主的身份出现在布里尤德、佩里格、利摩日和普瓦蒂埃；他主持经常在卢瓦尔河畔召开、有加泰罗尼亚主教和伯爵出席的大会。他们继续出席朝廷；他们像889年主教热贝尔和尼姆雷蒙德伯爵那样再次表示效忠，并陪同他们的君主狩猎。王权衰弱的趋势和疯

---

⑦ Odo of Cluny, *Vita Sancti Geraldi Aurilacensis comitis libri quatuor*, 1, 32, col 658.

狂地去行使它之间的反差——王国的王权缺失——一直贯穿10世纪。

阿基坦的贵族绝对不急于看到罗贝尔王朝牢固地确立起来,并支持"天真汉"查理做奥多的继任者。查理立即试图恢复在阿基坦的王家权威。他肯定了奥多所放弃的财产和权利,并授予新的财产和权利(比如将维克的铸币厂授予威弗雷德);他恢复了对主教选举的干预权,并得到普遍认可。作为诸侯继续效忠的回报,查理授予他们无限的自主权。他只是应他们的要求,进行确认而不是做出决定,而且从不冒险越过卢瓦尔河。南方人拒绝接受他在923年被人废除:他们忽略或拒绝承认拉杜尔夫,骂他是"法兰克人的叛徒","不忠的法兰克人剥夺了查理国王的王位后当选的国王"。南方人继续在特许状上标署加洛林王朝的查理统治时期的纪年。⑧

加泰罗尼亚从未承认篡位者,在阿基坦,拉杜尔夫只是迟缓地和不完全地被承认。为了获得小威廉的效忠,924年拉杜尔夫将贝里授让给他;但是从926年,威廉抗议对查理的监禁和拉杜尔夫的篡位。威廉死于叛乱,他的继任者阿卡弗雷德独立管辖着他的公国。相比之下,普瓦图的埃布里斯(Ebles),曾经在特许状上标署被羁押中的查理统治的纪年,为了保全阿卡弗雷德的遗产,于928年放弃了反抗。拉杜尔夫随后两次造访阿基坦:932年他得到了图卢兹和戈蒂亚的雷蒙德三世庞斯的效忠和加斯科涅的卢普斯·阿斯纳尔的效忠。他在卢瓦尔河以南重新获得了立足之地;但他的统治标志着走向诸侯自治向更深一步演化的阶段,诸侯首次在钱币上铸上了自己的名字(例如,小威廉在布里尤德)。

936年加洛林王权的恢复是伟大的休的决定,"在所有王国中仅次于我们的",路易四世对伟大的休如此称谓。⑨ 南部诸侯没有参与加洛林王朝的复位,但在路易四世和他难堪重压的保护者之间的斗争中,路易四世求得了所有仍忠于王朝的支持者的援助。普瓦图和奥弗涅的伯爵"麻头"威廉,因为受到罗贝尔扩张的直接威胁,于942年表示臣服;在接下来的几年中,国王几次出现在阿基坦。944年,轮到雷蒙德·庞斯来纳韦尔宣誓效忠;国王作为答谢授予他"阿基坦

---

⑧ 程式可见法兰克国王的谱系或归类;详见 Zimmermann (1981)。
⑨ D L IV 4.

人的诸侯"称号。⑩ 伟大的休意识到南方是反对他的大本营,在洛塔尔登基后立即宣布对阿基坦的领主权。955 年春,他带着年轻的国王巡游普瓦图。但这是白费力气:"麻头"威廉避开他,自称阿基坦公爵。南方抵制罗贝尔王朝的霸权。

可能就是这个原因,促使洛塔尔振兴阿基坦王国。979 年,他封儿子路易为共治王,让他娶了阿德莱德——热沃当伯爵斯蒂芬的遗孀。婚礼之后路易立即被加冕为阿基坦国王;但婚姻证明是失败的,984 年洛塔尔召回了儿子。在此之后,法兰克统治者忽略了南部,同时南部的诸侯不再参与一个重心转向洛泰林吉亚的王国。休·卡佩的当选只是将已经发生的改变公开化。里歇尔声称,他在各民族齐聚的王国大会上被一致推选,⑪ 但南方将其视为一个外部事件:一个北方诸侯篡夺了合法的王朝权利,行使短暂的权力。巴塞罗那伯爵——也许是在一再请求援助抗击穆斯林之后——拒绝承认新的权力,宣布王位空缺,冷嘲热讽地指称休·卡佩只是一个前公爵;一些加泰罗尼亚特许状甚至标署诺瓦拉国王统治时期的纪年,或在强制下使用洛林的查理的纪年。同样的事情发生在加斯科涅,而且更为频繁。然而,吉恩·杜福尔表明,除了一些修道院整个 10 世纪依然坚持合法正统,南部诸侯很快承认了休·卡佩。⑫ 对于他们来说,其登基只是证实了他们慨叹已久的王室无力。可能卡佩王权在南方软弱的最好证据就是佩里戈尔伯爵对休出言不慎的问题的张狂回答,"谁封你伯爵的?""谁推你做国王的?"⑬ 这里他更多的不是拒绝承认国王,而是抱怨南部的诸侯被排除在政治计划之外。

无论是激起冷漠或阻力,卡佩王朝第一代的开启使得王权在南方彻底空缺了:国王被普遍承认,但他从政治地平线上沉没下去。弗勒里的阿博,1000 年冒险进入加斯科涅公国去访问拉里亚尔(La Reole)的小修道院,尖刻地说,"我在这些地区比法兰西国王更重要,因为这里没有人害怕他的掌控"⑭。国王的确存在,甚至可能在任,

---

⑩ Richer, Historiae II, 39–40;"阿基坦王国首领"的程式,参较 cf. D L IV 17.
⑪ Richer, *Historiae* IV, 12.
⑫ Dufour (1991).
⑬ Adhémar of Chabannes, *Chronicon*, appendix, p. 205.
⑭ 'Potentior, inquiens, nunc sum domino nostro rege Francorum intra hos fines, ubi nullus ejus veretur dominium, talem possidens domum': Aimo of Fleury, *Vita S Abbonis abbatis Floriacensis*, c. 20, col. 410A.

第十七章 西法兰克：南部公国

但他不再统治。

五 公国：组建王国的新方式

公国已被定义为"一方国王不再干预的领土，除非通过诸侯"，[15]一个对王室活动关闭的区域，尽管诸侯从未提出主权主张。这不符合传统分类，因为这是一个在法兰克王国内的主权，王国内部的王国。加泰罗尼亚走向独立，而不是寻求在王国内部建王国。这种现象无疑在南方出现得早些。南部公国的形成提出了如下问题：谁是诸侯，他们控制什么领土？这种权力的重新分配是由自主、委托授权或关于适应环境的共识带来的吗？诸侯权力的确切性质和程度如何？

历史学家们长期以来一直视公国为本质上种族区域认同的产物。加洛林王朝的衰弱，允许从未被完全制服或同化的各个种族在一个"民族"头领的领导下要求自由。从此角度来说，"部落"公国的概念对高卢的合法性与对德意志一样。诸侯称号的形式——某种族名称前面的"首领"——似乎符合这一观点，杜特为此观点提供了巧妙的辩护。[16] 公国在奥多执政期间兴起：效仿法兰克人推选"诞生于本种族的"国王，王国的其他种族主张他们的自由。公国不仅仅是一个单纯伯爵领的集合：它反映了一种内部聚合的趋势。当南部领土像阿基坦一样被几个诸侯划分，他们对阿基坦王（dux Aquitanorum）称号的竞争揭示了共同的统一愿望。

但只有加斯科涅完全适合这样纯粹的种族界定。它从未有过伯爵结构，任何试图把它同化或法兰克化的努力都以卢普斯人（Lupus）的一些后裔复兴为结局，卢普斯人于769年投降查理。其他公国没有这样的"民族"凝聚性。在"虔诚者"威廉的统治之下，阿基坦包括梅肯伯爵领。公国可能反映了一些早期的传统，但它的领土不稳定，公爵称号先后由克莱蒙、图卢兹和普瓦蒂埃伯爵拥有。至于加泰罗尼亚，整个10世纪哥特遗产不能维持对整个公国的领导。加斯科涅之外，南部公国都是新现象，在分裂和重聚中诞生，凭借经验治理，政局不稳。即使统治家族如同巴塞罗那伯爵那样来自当地，诸侯

---

[15] Dhondt (1948a), p. 19.
[16] *Ibid.*

仍然是出身显贵的加洛林高官的后裔,虽然出于政治便利他们可能鼓励地方特色,因为他们的权力深深植根于此。

10世纪上半叶的公国是王室的作品,不是诸侯野心的结果;他们的统治者在成为诸侯之前是边地领主。10世纪初匈牙利入侵对阿基坦所造成的可怕的破坏,只能增强其凝聚力和凸显它存在的"必要性"。诸侯没有篡夺国王授予的权力:他们只是自主行使之。后来,国王对诸侯权威予以正式承认,诸侯不再依据国王理念就可以行使这些权威,这样开启了新的更切合现实的秩序。通过接受王室转让的一些特权给地方诸侯,国王们有效重组了秩序。运动开始于南部边区,独立的身份很久以前就由王国之称而被承认。最初的诸侯被授予的封号是侯爵,第一个获得侯爵称号的诸侯是贝尔纳德·普兰特维鲁(Bernard Plantevelue)。在"天真汉"查理的特许状中,"虔诚者"威廉和他的儿子威廉二世被授予"伟大的侯爵"称号。[17] 同样的主权授予贝尔纳德·庞斯——图卢兹伯爵和戈蒂亚侯爵,"我们塞菩提曼尼亚王国"的守护者。[18] 在时人的头脑中和王家秘书处的话语中,侯爵被授权从事王国的治理,这是伯爵领和法兰克王国之间的中间阶段。被承认的王国领主拥有主权,自然被他们的追随者称为王;他们自己也逐渐承担了"公爵"称号。这种权力再分配意味着王家权威的衰弱,但它确保王位的存续,加洛林王朝的最后几代统治者在与公爵们打交道的过程中成功地将其利用。举例来说,里歇尔告诉我们942年路易四世在纳韦尔会见雷蒙德·庞斯和阿基坦贵族的情景:"国王与他们讨论国家的治理,他希望贵族的财产归他管制,要求他们代表省向其致敬,不过国王乐意授予他们对省的管理权;他把代理权授予贵族,并命令他们以他的名义治理。"[19]

因此,诸侯是被公认的省的主人,虽然名义上是国王的臣民和"代表"。但他们实际拥有什么权力?他们如何使用权力,如何在称号上显示?虽然诸侯管辖王国(*regna*),但他们从来没有想过自称国王:称号留给法兰克王。每个人都记得,戈蒂亚的贝尔纳德877年栽

---

[17] Dhondt (1948b); Kienast (1968), p. 167; D Ch S 102.

[18] Devic and Vaissette (eds.), *Histoire générale de Languedoc* V, preuves no. 36.

[19] Apud quos de provinciarum cura pertractans, ut illorum omnia sui juris viderentur, ab eis provincias recepit; nec distulit earum administrationem eis credere. Commisit itaque ac suo dono illos principari constituit . . . ': Richer, Historiae II, 39.

倒了，因为他"真的表现得像一个国王"。[20] 但是，诸侯们像他们的德意志同行一样，毫不犹豫地采用"公爵"称号。南部诸侯们在此方面比较先进：勃艮第的理查德直到918/920年才成为公爵；伟大的休直到936年才承担法兰克公爵的称号。诸侯（或公爵）统治一个民族而不是一方领土："王"单独使用，而"公爵"总有一种补充，通常是一个民族的名称（阿基坦人，瓦斯科尼人）。但是应该注意，虽然阿基坦公爵的称谓是罕见的，而瓦斯科尼公爵和戈蒂亚公爵似乎都有明确的地理指涉，不像不确定的和有争议的阿基坦地区。

历史学家将公国的创建归因于性格强悍的公爵，他们的绰号就是其荣耀的纪念碑，他们的功勋充斥着当代的编年史，但公国的幅员和凝聚力因政治环境而异：例如，"虔诚者"威廉的阿基坦存在的时间不及它统治者的寿限。南部公国没有得到法律承认，制度上不具备连续性。如果说有些像阿基坦一样的公国给人留下长久存在的影响，其他像加泰罗尼亚一样的公国一直若隐若现，那么人们可能会得出这样的结论：诸侯公国之外不存在公国。诸侯公国是一个伯爵领的集合，他的权力来源于他的伯爵职位。因此，他的权力大小取决于他直接控制并可以委任子爵进行管理的伯爵领的数量，以及他对其余伯爵领的控制程度。

诸侯对国王的态度并不一致，有的正式承认（923年之前，南方诸侯定期去宫廷参拜），有的无视其存在。但他们都"承认"国王是统治者，仍然是基督教社会的基石，只要他不干涉公国事务，除非请求他这样做。国王即使要确认豁免权或授予一些财政特权，也需要诸侯的许可。890年，奥多授予曼雷萨镇"所有有关曼雷萨城市的王室权力，只要伯爵本人同意"。[21] 王家权威被调和了，如果诸侯在特许状上标署法兰克王国纪年，他们就立即提到自己的统治。只有罗贝尔王朝的"篡位者"试图跨卢瓦尔河，寻求从来没有得到的承认，除非付出代价。无论诸侯是否对君主表示效忠，他们在自己的公国内都行使王室特权；权力移交的观念由安普里斯（Empuries）伯爵于1019年非常清楚地表达出来，他宣称在自己的领地享有以前国王拥

---

[20] *Annales Bertiniani*, s. a. 877.
[21] 'omnes regias dignitates de Manresa civitate, quantum ipse comes consentivit': *Catalunya carolíngia* 2, 1B, p. 298.

有的权力。[22]

传统的公共权力组织现在专为诸侯的利益服务。他们居住通常坐落在城镇的王宫，拥有法庭和稳固的行政机构，一些诸侯比其他人（子爵、律师）拥有更多的权力；他们把王家税地并入他们自己的领土（奥多统治之后在阿基坦再没有王室地产了）；原来领主的附庸将他们的效忠和致敬转向诸侯。他们按照惯例执法，主持良民（*boni homines*）参加的司法大会，执行判决，并接收以前上缴国库的罚款。渐渐地他们垄断铸币，要么通过控制得到王家授予铸币厂的主教（比如924年的勒皮的阿达尔哈德），或自己打造钱币。920年前后，小威廉首先擅自用自己的名字代替了国王的名字；但在950年之前，还没几个效仿的。尽管王家抗议，诸侯最终还是控制了教会：最初是修道院，诸侯们自任俗家修道院院长，或自建墓地（"虔诚者"威廉在圣朱利安－布里尤德，普瓦蒂埃伯爵在圣希莱尔，图卢兹伯爵在圣吉尔），然后诸侯们把修道院分给亲戚和朋友；后来控制了主教区，诸侯控制着主教的选举。自10世纪上半叶以降，所有的南部主教区除了勒皮其他尽陷诸侯手中。教会财产成为诸侯财富的重要组成部分，如果他们的权力被削弱，教会就会处于危险之中：当公爵阿卡弗雷德于927年去世时，子爵达尔马斯（Dalmas）霸占了圣朱利安－布里尤德修道院，并开始侵吞其财产；圣查菲尔和索克西朗日遇到了同样的命运。豪族之间的纷争毁掉了修道院，使得一些主教区一时没有在任圣职者。

通过盗用王室权力，诸侯们在加洛林王朝的"公共"机构的运行中取代了国王。他们坚持充当仲裁者的角色：在阿基坦和加泰罗尼亚，诸侯确保司法大会定期进行，判决得到执行，即使这些判决对他们自己不利，直到980年。对公共秩序的同样关注体现在10世纪末在阿基坦开始的上帝和平运动中。诸侯与教会一道，尽力抑制贵族势力和重建正义与和平，表明自己是9世纪国王的接班人。

已经退守卢瓦尔河以北的法兰克国王，认为南部公国维护了王国和他们自己的权威；他们承认了兴起的公国，但坚持主张授予公爵称号和进一步创建"王家"公国的权利。当普瓦图王朝刚刚开始崛起

---

[22] Pierre de Marca, *Maa Hispanica sive limes Hispanica* ed. E. Baluze, appendix 181.

时,路易四世将阿基坦公国授予伟大的休,表明了他对助他登上王位的人的感激之情,但他也有意将其排除在最近公开的王位竞争之外。

六 诸侯们之间的共存与竞争

随着10世纪的进展,四个诸侯集团形成。他们的创建既不同时,也不相似。加斯科涅在9世纪末之前就存在,但没有建立起持久的中央集权,最外围的伯爵领享有越来越多的自主权,表明中央与地方共管。将近930年,随着普瓦图王朝的建立,阿基坦才最终形成,但是来自图卢兹王朝的竞争继续存在,直到竞争转到自己非常异质的公国内部。至于加泰罗尼亚,即使在10世纪后期,它仍然不过是一个伯爵领的集合,因为保卫边界的需要和共同的统治家族起源而联系在一起。这些公国的历史很难书写,总的来说,它是对应诸侯权力变迁事件的非连续组合。

阿基坦是凝聚力最弱的公国。886年贝尔纳德·普兰特维鲁死后,他的儿子"虔诚者"威廉仍然是中部和东部阿基坦的主人,他还拓展了里昂和梅肯两个地区。西部舞台的主角是拉姆努尔夫二世,直到890年去世。拉姆努尔夫的继承人是他年幼的私生子埃布里斯·曼泽,但在891年奥多将普瓦蒂埃伯爵领割让给佩里格伯爵阿德马尔——前普瓦图伯爵的儿子。这引起了阿基坦贵族的反叛,煽动者是"虔诚者"威廉。奥多不得不进行干预,以安置阿德马尔;893年他与威廉达成协议,恢复他的荣誉,并承认他在阿基坦的霸权。威廉继续巩固他的霸权,直到918年去世。从898年他自称伯爵、侯爵和公爵;909年他承负阿基坦王称号。"天真汉"查理作为法兰克和阿基坦君主,得到威廉的参拜;查理则承认他的侯爵称号,甚至于914年承认其"最伟大的侯爵"的地位。[23] 威廉的声望因为与恩吉尔伯格(Engilberga)——普罗旺斯的路易的姐姐——的婚姻而进一步提高,他干预西部阿基坦的事务:902年,威廉将阿德马尔从普瓦蒂埃伯爵领逐出,普瓦蒂埃立即被埃布里斯·曼泽重新占领。

威廉死后只留下两个外甥。其中年长的小威廉继承了公爵称号和威廉所有的授赏,贝里除外,传给了罗贝尔家族。小威廉的弟弟阿卡

---

[23] Dhondt(1948b);D Ch S 102.

弗雷德926年成为哥哥的后继者,并宣布自己独立于拉杜尔夫。927年10月11日阿卡弗雷德死后无嗣,阿基坦公爵的奥弗涅王朝随之结束。他最近的亲戚是埃布里斯·曼泽,他宣布继承威廉的遗产并肩负起公爵称号,同时依然效忠于被限制自由的查理:因此直到928年,曼泽才与拉杜尔夫和解并拥有了阿基坦。

934年埃布里斯·曼泽离世,他的儿子"麻头"威廉毫无争议地继承了他的称号和财产,但他很快就不得不面对纽斯特里亚的扩张。伟大的休占领勃艮第后,936年转向阿基坦;很可能在路易四世的纵容下,占领普瓦蒂埃伯爵领达两年时间。与此同时,雷蒙德三世庞斯——自从924年的图卢兹伯爵,在936年8月28日的特许状中以阿基坦公爵的身份示人,并继续持有该称号直到941年;940年,他甚至使用阿基坦第一侯爵(primarchio)和王的称谓。[24] 伟大的休可能曾经鼓励这种主张;路易四世也支持,只要他与休保持联盟。但939年路易四世与阿基坦人和解,对抗北部诸侯联军,941年奥弗涅贵族再次表示效忠。942年,路易在普瓦蒂埃将圣希莱尔修道院授予威廉。在这个联盟逆变的过程中,威廉很可能终结了图卢兹人的野心;从此以后,只有威廉负有公爵称号,而雷蒙德·庞斯不得不满足于图卢兹伯爵、戈蒂亚公爵和哥特人首领等称号,直到他951年离世。[25] 休并没有放弃他在阿基坦的野心。954年,他诱使洛塔尔授予他阿基坦公爵领,然后发兵征服它。侵略者遭到了威廉的抵抗,被迫围攻普瓦蒂埃;不久之后,休死亡。休·卡佩继承了父亲的诉求,但没有国王的同意无法付诸实践。960年,洛塔尔将他父亲——伟大的休——的公爵国归还给了休·卡佩,并加上普瓦图,但962年他又还给了威廉。

"麻头"威廉的统治是公国形成过程中的一个转折点。他从自己的普瓦图伯爵领和阿基坦分离主义中得到力量,表现得像一个国王。他与阿德拉——威廉·朗索德的妹妹——的婚姻,使他得以进入诸侯圈,他们在国王去世时决定王国的命运。963年"麻头"威廉一死,他的儿子"铁臂"威廉接管了他的称号和遗产。两宗几乎同步结成

---

[24] Kienast (1968), pp. 185–6.
[25] Ibid.

的婚姻封闭了与休·卡佩的和解之门：大约968年，威廉娶了艾玛——沙特尔伯爵狄奥博尔德的女儿；970年，休与阿德莱德——阿基坦公爵的妹妹——结婚。当10世纪80年代早期诸侯复兴加洛林次国——阿基坦——的努力失败之后，再没有什么能够阻止威廉主张完全的主权：984年他采用的称号——阿基坦君王国之王——先发制人地将任何外来对他公国干涉的企图挡在门外。当993年威廉死后，普瓦图王朝可以期望今后多年安全地控制一个独立的阿基坦公国的命运。

然而，到这时公爵并不自动意味着行使真正的权力或制度权威：称号仅内部使用，这种情况在12世纪前绝非孤立地存在。989年和1033年王室秘书处和教皇的分别承认，只是表明称号持有者的英明伟大，但并没有在法律上确认。公爵们作为普瓦蒂埃、利摩日或奥弗涅的伯爵，召集司法大会、任命子爵和行使王权。950年之后在布里尤德和克莱蒙，"麻头"威廉在以他的名义铸造的钱币第纳里（denarii，一种古罗马金币）上自称伯爵。毫无疑问，他试图让公国内的伯爵和子爵承认他的领主身份，但在普瓦图之外这仍然只是纯粹的理论可能性。一些比较偏远的伯爵领基本保持独立，其中最突出的是克莱蒙主教的领主地位。

图卢兹公国或王国是14个伯爵领的组合，从凯尔西延伸到罗讷河谷。属于图卢兹家族（图卢兹本身、阿尔比、卡奥尔、罗德兹）的伯爵领，必须区别于那些属于戈蒂亚侯爵的伯爵领——前塞菩提曼尼亚［于泽斯、尼姆、洛代夫、苏比斯坦顿、贝济耶、纳尔榜（Narbonne）、康弗伦特和鲁西永］；卡尔卡松和拉泽斯两个伯爵领形成了自己王朝控制的"结合部"。公国的起源追溯到886年的贝尔纳德·普兰特维鲁之死。图卢兹的贝尔纳德死于872年，他的弟弟奥多接收了图卢兹、鲁埃格和戈蒂亚。图卢兹和戈蒂亚从此走到了一起，后者重又被称为边区或侯爵领地（marquisate）。

奥多死于919年，留下两个儿子。雷蒙德二世继任为图卢兹伯爵，小儿子厄门加德接管了鲁埃格；他们联合治理戈蒂亚。924年，雷蒙德三世庞斯成为他父亲的继任者，与他叔父厄门加德合作。庞斯被称为戈蒂亚王，他的统治（924—950）标志着南部公国的真正开始。937年他的叔父一死，雷蒙德三世改称戈蒂亚侯爵，独自统治朗格多克所有的土地，并短期享有对整个阿基坦的霸权（见上文）。950年之后，图卢兹伯爵们断绝了与阿基坦和王国其余地区的所有联系；他们的活动只限于朗格多克，注重哥特文化，从而加强了与邻国加泰罗尼亚的联系：最初联系是家族之间，然后是宗教，直到11世纪中期形成了明显的政治特征。

一个世纪以来，图卢兹、鲁埃格和戈蒂亚三个公国的历史一直混乱不清。文献几乎完全缺失，这样就很难考察领土如何在雷蒙德王朝的两个分支之间变迁，而且伯爵继承本身很有问题。在其他地方，更是迷雾重重。在阿尔比主教区中（Albigeois），传统说法认为做过阿尔比伯爵（985—1000年）的庞斯家族似乎从来就不曾存在，因为唯一据说来自他本人的文献是伪造品。972—983年期间，一位叫作雷蒙德的伯爵出现在卡奥尔。他是图卢兹伯爵？抑或鲁埃格伯爵？或者他就是那个地区的伯爵？只有在鲁埃格，伯爵制度似乎具备一定的稳定性：图卢兹家族的非长子后裔，从919年之后成功地将伯爵称号父传子、子传孙，一辈一辈地传下去。

在戈蒂亚，虽然一些伯爵领，如卡尔卡松和尼姆，继续从属于同一个宗主国，但图卢兹和鲁埃格的分支交替统治。塞菩提曼尼亚自己单独存在，制度并不稳固："一个没有伯爵的省。"[26] 在10世纪，子爵篡夺了王权，代表伯爵行使权力为自己谋私利。在10世纪初，子爵在尼姆和纳尔榜的权利就成为世袭，不久其他地方也成为普遍现象：子爵稳步取代伯爵。纳尔榜子爵与大主教共享城市的领主权，而托兰卡维尔家族则将尼姆、贝济耶、阿格德和阿尔比的子爵掌控在自己手中。在这个被肢解的公国，遥远的图卢兹伯爵的权力被视为类似南部其他地方国王的权力。这也许就是为什么图卢兹公国一方面在南部公国中人为拼凑特征最明显，也最多样化；另一方面最不在意法兰克国王，即使在特许状的日期签署方面。只有卡尔卡松-拉泽斯伯爵领保留真正的连贯性。子爵从980年以降开始控制主教的选举（尼姆、阿格德、贝济耶、卡尔卡松，甚至纳尔榜的主教往往是子爵的儿子），他们的兴起，阻止了真正的教会领主权的兴起，尽管教会拥有财富和势力。大约990年，威廉·泰勒菲尔与普罗旺斯的艾玛结婚，

---

[26] Magnou-Nortier (1974), p. 232.

于是塔拉斯孔（Tarascon）和阿根斯（Argence）的土地成了雷蒙德家族的财产。但是我们不能真正指称图卢兹为公国：它与其说类似加泰罗尼亚的情况，倒不如说被同一家族的两个支脉控制的伯爵领的大杂烩。

加斯科涅具有真正的领土和政治凝聚力，同一个家族在维京海盗入侵之中夺占了加斯科涅，并从836年统治到1063年。此外，加斯科涅人具有真正的民族意识，被外部人视为一个单独的族裔单位。然而，在9世纪末公国似乎走向解体。加斯科涅失去了经常遭受北欧海盗袭击的波尔多伯爵领，比戈尔（Bigorre）在自己王朝的统治下，控制着进入西班牙的道路。随着巴扎斯（Bazas）都主教区的消失，教会的框架倒塌了。因为对萨拉森人和维京海盗的防御要求，该地区被孤立了。

加西亚·桑切斯（886—920年）将加隆省和诺瓦拉之间的大部分伯爵领聚拢起来，加上作为妻子嫁妆的阿根，之后他自称侯爵或四海之内的侯爵（marchio in limitibus Oceani，904年）[27] 他在修道院的基础上重建了被侵略所毁的教堂。大约900年，他创办了孔东的圣皮埃尔教堂（Saint-Pierre de Condom），授之予二十多个教区；他本人就居住在附近。他将三个女儿分别嫁给波尔多、图卢兹和阿拉贡的伯爵；他的公国对外开放，加强与诺瓦拉的联系。加西亚·桑切斯将他的伯爵领划分给三个儿子，大加斯科涅（Greater Gascony）给长子桑乔·加西亚，两个小儿子分得费岑萨克（Fezensac）和阿斯特拉克（Astarac）较小的伯爵领。三兄弟都享有伯爵称号，但桑乔·加西亚保有加斯科涅伯爵称号；只有他可以被称为侯爵和王，他的两个弟弟承认他的主导地位。三兄弟在有生之年并未能保持住这一手足之情，三个加斯科涅伯爵领奉行自治。桑乔·加西亚将大加斯科涅完整地遗赠他的三个儿子，但只有长子桑乔·桑切斯继承伯爵称号。包含新都城奥赫的费岑萨克被现实状况所隔断，成为一块飞地；阿斯特拉克伯爵把女儿嫁给奥勒（Aure）的主人，从而获得了进出比利牛斯山关口的通路。

桑乔·桑切斯死于960年，留给他的弟弟威廉·桑切斯（960—

---

[27] Mussot-Goulard（1982）.

999年）大加斯科涅，威廉·桑切斯完成了公国的和平建设和重组。桑切斯娶了诺瓦拉国王的姐姐，于是站在妻兄一边与曼苏尔（al-Mansūr）作战。977年，威廉·桑切斯继承了他的表兄"好人"威廉的波尔多伯爵爵位，于是他采用了"全加斯科涅公爵"（totius Gasconiae dux）的称号。桑切斯在制服了完全保有土地所有权的领主之后，通过创建子爵领地加强了对公国的控制：首先是洛马涅（Lomagne）；然后于大约991年创建了奥罗伦、达克斯和贝恩（Bearn）；最后于大约996年，创建了马尔桑。他将其权威强加到较小伯爵领的主人之上；这些小的伯爵领因为一系列的因素而被削弱，不断地被分割。阿斯特拉克和比戈尔子爵的自治日益增强，围绕最初的一批城堡形成权力地带。

威廉·桑切斯执政时期是加斯科涅公国的极盛时代：诸侯行使所有王权，钱币上标铸他自己的名字，威廉·桑切斯重组了教会，修建了要塞和城堡；他自称公爵，指称他的领土为王国；时人视他为全部瓦斯科尼的主宰（dominus totius Vasconiae）。[23] 虽然他承认公爵领属于法兰克王国、在特许状的日期条款中承认休·卡佩，但是他拒绝对遥远的君主表示任何正式的效忠。

威廉的最重要的创举之一是977年为他的弟弟贡博建立了一个加斯科涅人的主教区，包括被维京人毁坏的主教区的领土。这使他避开奥赫大主教的控制；它涉及兄弟之间的权力分享，因为978年贡博的称号是瓦斯科尼主教和整个地区的公爵，在巴扎斯、阿让（Agen）和洛马涅地区行使伯爵权力。这个主教区在1059年之前，一直存在并且独立于两个大都市——奥赫和波尔多之外。在此期间修道院生活蓬勃发展。在艾尔和莱斯卡，被毁了的主教区由修道院所替代，几个新的修道院也建立起来：977年的拉洛尔（La Réole）；988—989年期间的索德，还有最重要的圣西弗（saint-Sever）。这些修道院祭献当地的圣人，尚未受到克吕尼的影响，可以肯定它们为地方教区组织做出了贡献，也是农业和城市发展的重点。

威廉·桑切斯的财产由两个儿子继承：威廉·贝尔纳德（999—1009年）和桑乔·威廉（1009—1032年）。加斯科涅碎片化的趋势

---

[23] 参见 Mussot-Goulard（1982，1991）.

加强了：1028 年，阿斯特拉克依次分为三个伯爵领（阿斯特拉克、奥勒和帕迪亚克）。公爵们尽最大努力遏制南方子爵，特别是贝恩森图勒（Centulles）：起初只限于贝内哈姆（Beneharnum）古城周围，他们向北扩展，在莫拉斯建立了一个副伯爵（vicecomital）驻地，然后合并了奥罗伦子爵领地。然而，所有的领主都承认他们属于加斯科涅公国，公爵的权威从来没有这么清晰。桑乔·威廉自称全加斯科涅之王（totius Gasconiae princeps），指称他的王国或君主国，并宣称君权神授。在圣苏伦的契据册的一则公告中，提到 1009 年使用的公爵授职仪式。㉙ 桑乔·威廉在潘普洛纳度过了他童年的一部分时光，他加强了与诺瓦拉的联系，并与定期会面的桑乔大帝一道介入诺瓦拉的事务；公国越来越多地转向西班牙。

另一方面，加斯科涅与卡佩王朝的联系不存在了。虽然一些加斯科涅特许状标署王国纪年，另一些则不这样；没有资料提及 932 年之后的加斯科涅和国王之间的任何关系。1010 年，桑乔·威廉以君主身份在圣让当热利（Saint-Jean d'Angély）会见了"虔诚者"罗贝尔、诺瓦拉的桑乔和阿基坦的威廉；他没有梦寐以求地想向国王致敬，因为他与国王平等，也不欠他什么。

加泰罗尼亚的起源和独立

大约 900 年，加泰罗尼亚的雏形是一个十伯爵领的松散组合，是法兰克"解放"的连续结果。有的伯爵领晚近才形成，如维克于 885 年恢复；其他伯爵领，有的像里波尔（Ripoll）一样短命，有的来来去去，反反复复，如伯格和康弗伦特。到 897 年，巴塞罗那、赫罗纳和维克三个中心伯爵领构成了一个不可分割的集团，属于"多毛者"威弗雷德的后人。西部的帕拉尔斯（Pallars）和里巴格尔扎（Ribagorza）伯爵领是特殊情况；里巴格尔扎成为一个独立的政治单位，957 年合并了罗达的一个主教区，该主教区被稳步吸引到阿拉贡的发展轨道。帕拉尔斯有自己的王朝，但没有教会组织，依赖于乌赫尔（Urgell）伯爵领，乌赫尔伯爵当时只统治帕拉尔斯人的土地。

㉙ Mussot-Goulard (1982, 1991) and Zimmermann (1992), pp. 260-2 and 295-300.

东部伯爵领之间不存在制度性的统一。历史学家长期以来错误地认为,"西班牙边区"这个术语指代一方军事领土,它由所有边境伯爵领组成,隶属于掌控所有边区的一个伯爵管辖。最近的研究表明,"西班牙边区"与"西班牙人的边疆"表达同样的意思:帝国与穆斯林西班牙的边界,无论在哪里。"侯爵"称号诞生于各个边疆伯爵的竞争中,甚至早在 917 年已由子爵厄蒙纳德(Ermenard)创始。

这是王国唯一的边疆地区:基督徒和萨拉森人在巴塞罗那以南被鬼城塔拉戈纳周围的一个宽阔的无人地带分开。加洛林王朝选择本地人(承认戈蒂亚分离主义)与来自宫廷的法兰克官员交替封为伯爵。从 821 年到 878 年,两个集团或多或少改变了地方:820—825 年之后,戈蒂亚伯爵控制着内部伯爵领,表现得特别效忠;而法兰克伯爵则多次煽动阿基坦分裂。当戈蒂亚的反叛者贝尔纳德被剥夺了头衔时,巴塞罗那家族的财富得以确立。878 年,"口吃者"路易将巴塞罗那和赫罗纳两个伯爵领授予已经是乌赫尔和塞尔达涅(Cerdaña)伯爵的威弗雷德,将鲁西永伯爵领授予他的弟弟米罗。于是,几乎全部"旧加泰罗尼亚"都落入一个家族之手,一个至少两代人为法兰克国王提供效忠的管理人员的地方家族。威弗雷德和米罗是由王家权威封任的最后伯爵,开启了一个统治到 1410 年的王朝。

在加泰罗尼亚的认同历史上,878 年发生的事件被激烈争论。把 9 世纪解读为哥特人和法兰克国家对抗的历史,看似很有说服力;这种解读由写于 1162—1174 年的《巴塞罗那伯爵大事编》(Gesta comitum Barcinonensium)提供,它显然将王朝的起源与两个民族之间的冲突联系起来。[30] 但这种"民族主义"的说法,必须予以拒绝,因为它预设加泰罗尼亚民族为自由而斗争。哥特分离主义在王国内得以表达,加泰罗尼亚公国的形成只有在这样两种视角下才可以解释:一是王权衰弱,君主无力阻止伯爵称号成为世袭;二是通过将战略必要性与古老的文化共同体联系起来重新分配权力,已成为一种趋势。

威弗雷德的政府专注于实际问题。他创建修道院(880 年,里波尔;885 年,桑特·琼),着力推动自发的殖民化,以重新充实加泰罗尼亚中部的人口。885 年,他创建了新的奥松伯爵领并恢复其主教

---

[30] Gesta comitum Barcinonensium, pp. 3–4.

区，然后转到维克城。他的主要目的是对付穆斯林反攻的永久性威胁，维护他的伯爵领的安全。威弗雷德于897年战死。

在897年和987年之间，"公国"的初期轮廓出现了。加泰罗尼亚的不完整主要有两个原因：一是领土组合的临时性，二是缺失任何标示获得霸权的称号。出于战略和情感上的原因，加泰罗尼亚与加洛林君主的联系一直相当紧密。法兰克君主可能不再干预，但他仍然是存在的，他的特许状维持着法律和秩序。后来两者关系的断绝归因于法兰克君主自己，因为卡佩家族的登基迫使伯爵们承担起他们实际并不想要的主权。

442

一 重新组合

10世纪，塞尔达涅合并了康弗伦特、波格和里波尔；贝萨卢吞并了瓦拉希匹。支配性的地带出现了，一个贵族统治几个伯爵领，是分开的还是聚合在一起，取决于各种各样的继承：于是双组合伯爵领出现了，比如塞尔达涅-贝萨卢和安普里斯-鲁西永。

从897年，巴塞罗那、赫罗纳和维克三个伯爵领形成了一个不可分割的同盟，伯爵们把它遗赠给长子，这对邻近的伯爵领产生了真正的牵引力。乌赫尔伯爵领因为无人继承转归领主而加入这个轴心；当992年博雷尔去世后，乌赫尔重又脱离，但各伯爵领的持有者——兄弟和后来的堂兄弟——保持亲密关系，不仅仅是出于单纯的礼貌。878年后，所有加泰罗尼亚的伯爵领，除了帕拉尔斯和里巴格尔扎，继续掌握在同一个家族手中。加泰罗尼亚是由一脉支系统治，而不是一个诸侯；继承人不止一次地倾向联合行使伯爵权力，而不是单独行使权力。尽管比利牛斯山北部早已存在的伯爵领产生了竞争的野心，但加泰罗尼亚的兄弟帮会表明，除了共管之外没有其他权力存在。正是通过这种方式，加泰罗尼亚的扩张越过比利牛斯山脉，把鲁西永并入古西班牙的北部。在985年之前，没有一位加泰罗尼亚伯爵曾试图合并大量的伯爵领，以此证明他使用表示霸主地位称号的合法性。

二 王室影响的退隐

在10世纪，加泰罗尼亚成为一个"王家缺席"的区域，这是一种只能被动忍受而不是主动接受的演化：加泰罗尼亚伯爵不满于被遗弃。他们长期以来一直试图减缓其影响，始终表示对解放了他们的王朝毫无保留地效忠。

王室命令从 10 世纪的第一个三十年变得罕见；新的授予成为例外，特许状通常只是应收受者的请求仅仅起确认作用。地方世俗和教会权贵，和更底层的抄写员一样，试图保持与王室之间日益萎缩的关系，保存"王家记忆"：公证人仍用王国纪年标署文件日期；图书馆和缮写室保存所有的王家族谱；伯爵特许状一再重申王室命令（*praeceptum regis*, *praecepta regalia*）仍是法律和秩序的源泉。世袭伯爵继续将持从国王那里领受的土地区分于通过购买或清理荒地而得的"王家税地"；即使在这里，土地清理意味着荒地的存在，王家税地不经正式授予不能拥有。伯爵们诉诸王家血统使他们的权力和财富合法化，并随时响应王室权威的任何体现。直到 10 世纪后期（944 年在拉昂，952 年在兰斯），加泰罗尼亚伯爵才觐见国王，使他们的教会特权被确认，尽管他们不很情愿地向国王致敬以表达他们的效忠。

加泰罗尼亚伯爵们拒绝接受罗贝尔篡夺王权，这最能表明他们的效忠了。直到奥多（888—898 年）承诺加洛林家族的诉求者为继承人，加泰罗尼亚伯爵们才承认他；在拉杜尔夫统治时期（923—936 年）伯爵们叛乱不断。君权的软弱，无力尽到保护的责任以换取效忠，削弱了两者之间的契约关系。加泰罗尼亚伯爵拒绝去"法兰西"朝拜：贝萨卢的威弗雷德（死于 957 年）是最后一个向查理大帝的后裔致敬的伯爵。修道院对王权的保护期望执守了更长时间，实际上到那时所谓保护只不过是虚幻的：从 952 年之后，九纸特许状中有八纸是授予修道院的；最后一纸追溯到 986 年 1 月，是应圣库加特修道院院长的请求而颁发的。

三 效仿国王

君主的撤退迫使加泰罗尼亚伯爵们诉求新的权力，尽管他们也不情愿地接受。这改变了他们的形象，他们的称号适应自身权力的增强也改变了。这样的变化在被赋予准确的合法表达之前就被实际接受。整个 10 世纪，权力话语仍然游移不定，含糊而自相矛盾。

其最显著的方面是，普遍在普通称号加上表示荣耀的、经常是夸张的形容词，如"卓越的"或"伟大的"。所有10世纪的加泰罗尼亚伯爵都在某一段时间里承有这样的称号，尽管从未在正式官方场合使用。

其他称号经常使用，并获得了制度上的地位。"侯爵"出现在10世纪初，那时只不过是一个对边疆伯爵的称号，但从未被国王授予或承认。其地位颇有名望，以至于引起模仿。巴塞罗那伯爵控制着大部分边疆，第一个负有"侯爵"称号，本来希望垄断之。但直到981年，塞尔达涅伯爵才采用侯爵称号；992年，乌赫尔伯爵仿效。在10世纪中叶，短语"上帝恩宠"流行起来，立即成为伯爵称号的一部分。巴塞罗那博雷尔似乎"发明"了这个做法，是在拉杜尔夫统治时期，紧随加泰罗尼亚和君主之间的关系发生重大危机之后。博雷尔将其视为在王国政治不确定性的情势下维护自己的王朝合法性的一种途径。从960年到10世纪和11世纪之交这段时期，其他伯爵家族也采用这样的方式。

称号除了意味着所有伯爵所熟悉的对权力的肯定，还表明一种区别于各色掌权人等的愿望。"公爵"称号就属这类，在阿基坦被武力角逐。在加泰罗尼亚，称"公爵"是非常罕见的；在博雷尔统治的最后20年，"公爵"称号几次归他，虽然以前完全不为人所知。从972年，两份特许状称他为戈蒂亚公爵；988年，他自封"上帝恩宠永驻的公爵和侯爵"；991年，一次法庭传唤通知仍称他为"伯爵和公爵"。巴塞罗那"公爵领"没有精确定位，不定时出现。它也有竞争：981年，洛塔尔国王亲自将公爵称号授予鲁西永-安普里斯伯爵高斯弗莱德，而与此同时帕拉尔斯伯爵哈尼弗莱德自行将公爵称号加在他的称号上。贝萨卢伯爵贝尔纳特·塔拉菲罗1015年恢复了公爵称号。拉蒙·博雷尔和贝伦格尔·拉蒙有时（比如在1006年和1017年）使用公爵称号，以区分自己周围的伯爵。所有这一切都不应该导致我们假定有关"加泰罗尼亚公爵领"的任何认知。博雷尔使用戈蒂亚公爵或哥特公爵，只意味着他要在"种族"单位的基础上参与王国权力的重组。

"诸侯"是一个历史学家基本没有争议的词，它意味着对独立主权的诉求。皮埃尔·博纳西强调指出，在加泰罗尼亚，这个名词

"保持其纯正的伊西多尔意义——主权持有者"。[31] 它的模糊性使得诸侯可以诉求至上霸权，但不公开质疑王权。从906年，在博雷尔统治下诸侯成为惯性称号之前，就与"多毛者"威弗雷德的追忆联系在一起，几次用于描述威弗雷德二世和苏涅尔；逐渐它被剥离掉形容词，成为一个对主权伯爵的正常称谓。到10世纪末，它更受欢迎。博雷尔似乎想保留它为巴塞罗那伯爵使用，但贝萨卢的贝尔纳特在1005年采用了；作为"首领和国父"，关于他的记忆被他的弟弟奥利巴巴延续下去。[32]

四 巴塞罗那的霸权：没有诸侯的公国

然而，加泰罗尼亚在10世纪下半叶，给出了领土公国的定义。伯爵行使一切以前属于国王的权力。对共同的历史和国防要求的认识，促生了团结的感觉，它超越了伯爵领的界限。巴塞罗那伯爵享有至上霸权，虽然从来没有法律的规定，但被其他伯爵政权承认。在10世纪，他们无论是权力还是财富都可与真正的君主媲美。在这个世纪3/4的时间里，他们不倦地积累土地；950年之后，清理荒地让位于系统地购买。这种政策使他们有了明显的优势。占有几个伯爵领，很重要的边区，适宜殖民的地区，这一切表明了巴塞罗那王朝的财富和随之而来的土地积累。960年之后伯爵领地不再增加，因为临近980年趋势实际上逆转了。伯爵们开始出售土地，虽然大多是最近或偶然获得的。于是，他们编制了一个错综复杂的封建效忠的网络。

此时，巴塞罗那伯爵还是非常成功；特别是他们有大量的硬通货——城堡，从960年起自由"花费"。在963年和992年之间，他们卖了几十座城堡；大多数"在边区"，起初属于私有，但很快被伯爵合法化。此时的出售并不意味着依附于城堡的土地被视为自有地。交易并没有移交权力，原来的主人仍然行使：城堡作为抵御外部危险的堡垒，并不是行使私人权力的中心。

伯爵权力基础的另一个要素是其对教会事务的控制。对教会的控制主要是一种治理手段，但也给了伯爵政治以外的权力：参与教会的

---

[31] Bonnassie（1975），p. 165.
[32] *Diplomatari i escritsliterarisde labat i bisbe Oliba*，p. 318.

生活使他们的权力蒙上来世的色彩,经常在特许状的序言中表达出来。巴塞罗那主教称呼拉蒙·博雷尔是上帝的崇拜者,公证人博努斯胡姆将 1010 年对科尔多瓦的袭击写成一场圣战。伯爵毫不费力地僭有准王室的尊严。乌赫尔的厄蒙格尔与国王罗贝尔平等"统治";贝萨卢的贝尔纳特称他的统治区域为他的王国。1019 年,安普里斯的休公然宣称"国王曾经拥有的权力本人同样拥有"㉝。

加泰罗尼亚地区没有一个作为整体的名称,但贵族的行为说明,他们的利益延伸至未来的加泰罗尼亚全境。遗嘱显示,个人在几个伯爵领持有土地:当杰茹瑟里莫(Gerosolima)清查 993 年她传给儿子的土地时,她查遍了加泰罗尼亚的所有伯爵领。㉞ 伯爵的遗嘱按照不可改变的制图立下,忽略伯爵领之间边界:里波尔总是第一位的,因为要强调它作为加泰罗尼亚团结的一个地方的重要性,里波尔从早期就有这种象征意义,已被集体肯定。

伯爵和主教定期会面,商讨在外伯爵领或教区的行动计划。几个伯爵领会联合起来,伸张正义,或捐助建立一个修道院。正典圣经教会的改革实际上可称为真正的加泰罗尼亚议事会开会的时机,几位伯爵与全省的主教集合在一起。朦胧的共同命运意识也促使他们不断尝试创建一个加泰罗尼亚的大都市;这些努力终于在 970 年成功了,塔拉戈纳主教区被转并入维克。

几位主权伯爵声称统治同质的加泰罗尼亚,但巴塞罗那伯爵到 10 世纪末享有真正的优势。威弗雷德血统的长辈支系的代表,掌握几个伯爵领,居住在著名的巴塞罗那,综合了所有模仿国王的特征。他逐步垄断诸侯的称号,在一个由王国贵族组成的小团队的协助下进行统治。他控制岁入,钱币上铸有他的名字和肖像,授予特权,并把外交政策延伸到西班牙;在与其他伯爵发生纠纷时,他总是援引哥特法律的权威。其他伯爵承认他的霸权,请求他解决他们之间的争端,或伸张正义,或参加他们伯爵领地教堂的祝圣。这至高无上的权力并没有永久的法律依据:巴塞罗那的伯爵是一个主权诸侯,但只是在自己的伯爵领。因为没有首领(*princeps*),加泰罗尼亚公国仍然是无名

㉝ 'potestatem quam reges ibi pridem habuerunt iste Hugo comes ibi habebat': Pierre de Marca, *Marca Hispanica*, ed. E. Baluze, app. 181.

㉞ Udina Martorell, *Elahivo condalde Barcelona en los siglos IX – X*, doc. 242.

和不完整的。

五 从"对世界开放"到被迫"独立"

王权的趋弱有利于集体意识的最初萌动,但加泰罗尼亚伯爵领也受到从科尔多瓦复活的好战的伊斯兰教势力的永久威胁。他们无法确保自己的防守有效,只得做出让步以换取保护。加泰罗尼亚的"对世界开放"开始于大约 950 年。[35] 他们寻求教皇庇护,以取代国王不再能够提供的保护:教皇特权取代了王家特许状。到 1000 年,加泰罗尼亚的大修道院都处在罗马的直接权威下。世俗贵族紧随其后,早在 951 年,塞尔达涅的伯爵苏尼弗雷德(Sunifred)随乌赫尔的主教前往罗马觐见教皇,此后这种联合觐见成为司空见惯。教皇高高在上的保护补充了国王的职责:一份 956 年的特许状提到"罗马教皇和法兰克人的国王,我们地区的诸侯"。[36] 罗马不断被请求干预加泰罗尼亚的教会事务,就是在这里,加泰罗尼亚的伯爵们"发现"了新奥托王朝的皇帝们;970 年,博雷尔会见奥托一世,998 年,乌赫尔的厄蒙格尔会见奥托三世。

王朝的起源、强烈的哥特传统意识和共同的语言,致使加泰罗尼亚和塞菩提曼尼亚的贵族之间产生了令人安慰的团结感觉。博雷尔通过联姻〔他先后娶了鲁埃格的莱德加德(Ledgarde)和奥弗涅的艾默卢德(Aimerud)〕,增强了这种意识。伯爵和大贵族也对阿基坦的教会(孔克、勒皮、圣玛舍尔,尤其是拉格拉斯)赠予很多。

然而,对加泰罗尼亚的伯爵来说,与一个强大的科尔多瓦哈里发达成谅解是最安全的解除隔离状态的出路。940 年,当哈里发的舰队封锁了巴塞罗那,苏涅尔(Sunyer)被迫缔结和约,从此科尔多瓦的影响扩展到加泰罗尼亚的伯爵领。950 年,博雷尔的大使续签了协议;后来的三任大使,分别于 966 年、971 年和 974 年进一步续签协议,最后使得加泰罗尼亚依赖于哈里发。这为伯爵们赢得他们强大的邻国的中立,哈里发不仅仅是出于他的仁慈,对伯爵们表现出的友谊令他们感激不已。该联盟为加泰罗尼亚提供了一个了解伊斯兰世界的

---

[35] The phrase is that of d'Abadal i de Vinyals (1960).
[36] Pasqual, *Sacra Cathaloniae antiquitatis monumenta iii*, pp. 76–8.

第十七章　西法兰克：南部公国

窗口，以及基督教和伊斯兰教之间优越的中介地位。几十年来，比利牛斯山以南的伯爵领从科尔多瓦得到的远远超过从法兰克所得：前者提供给他们人力、布和无价的手稿，最重要的是黄金。

然而，博雷尔的投降并没有给加泰罗尼亚人带来他们期望的持久安全。981年，曼苏尔对伊比利亚的基督教王国宣布圣战，985年发动了对加泰罗尼亚的远征。7月1日他围攻巴塞罗那，7月6日（星期一），城市遭到猛攻和纵火，居民被屠杀或俘虏。残酷的悲剧驳斥了博雷尔的政策；在后来的加泰罗尼亚史书中，这一悲剧被美化，作为"民族"历史上的第一个事件。巴塞罗那伯爵绝望之下，转向法兰克国王求助。986年初，巴塞罗那伯爵派大使赴贡比涅向洛塔尔求助。但洛塔尔死去和路易五世的统治短暂，这样无法派遣任何远征军。就在休·卡佩登基之后，博雷尔再度求援——或者至少是987年夏末热贝尔以国王的名义写的信中提到。在信中，休承诺帮助，但条件是博雷尔要到阿基坦拜见并向其致敬。[37]

新国王的提议没有收到任何答复。到988年初，曼苏尔的部队离开巴塞罗那，休被洛林的查理的叛乱缠身，不可能履行他的诺言。此外，加泰罗尼亚人拒绝承认他：当标署特许状日期时，他们恢复了暗指王权缺失的习惯，或恶意表明统治法兰克的只不过是一个以前的公爵。[38] 加泰罗尼亚被哈里发背叛并被自然保护者遗弃，被迫行使完全的主权。这段历史插曲默而不宣地结束了与法兰克的一切关系；卡佩国王不再向比利牛斯山脉以南发布特许状，所有关于王家法令的提示从本地特许状中消失。公证人仍在文件上标署法兰克王国纪年，但有关国王的所有记忆消失了。1988年加泰罗尼亚自治区政府为何要庆祝国家的"政治独立"1000年，应该不难理解。加泰罗尼亚人民不得不重新调整他们的思想观念，界定他们在法兰克王国和哈里发之间的空间，创造一种赋予他们解放任务的历史，这样重任落到"虔诚者"路易和他的继任者肩上，并与西班牙的其他基督教王国争夺保存哥特遗产的荣誉。

加泰罗尼亚是一个边境地区，一个边区。尽管"侯爵"称号很

---

[37] Gerbert, *ep.* 112.
[38] Zimmermann (1981, 1991).

迟缓地与加泰罗尼亚伯爵本身吻合在一起，但在 10 世纪的最后三十年里，它越来越频繁地再次指称那个变动游移的地区。萨拉森人和基督徒在这里争夺主权，堡垒被把守；殖民者不辞辛苦地清理荒地，时有土匪和反叛者埋伏。这是一个危险和可怕的地方，但也是一个适合创业和冒险的地方。新主权在那里确立，自由在那里脱胎换骨得以重生。一个边疆社会以自己的身份出现了。整个 10 世纪，加泰罗尼亚边疆没有向洛布里加特（Llobregat）以南扩展几十英里。领土扩张既没有政治目的，也没有宗教动力：它是个别措施或运气的结果。边区是一个缓冲区，也是一个交换的地带：它鼓励文化和商业交流，使得加泰罗尼亚非常有利于基督教世界和阿拉伯世界的接触和碰撞。

教会建制形塑了"公国"的形式，并为诸侯的自封霸权提供了基础，无论是否是公爵。波尔多省被阿基坦公国和加斯科涅公国（公爵共同任命大都市的主教）分裂了，其重要性让位于地理上与阿基坦大致相等的布尔日；加斯科涅主教区的创建响应了加斯科涅公爵的愿望——拥有"他自己的"省并赋予他的权力以宗教基础。在加泰罗尼亚，对宗教自由的渴望导致 971 年维克的本地都主教省的复兴；8 月 22 日新的大主教阿托（Ato）被暗杀，几个月后，加泰罗尼亚省脱离了纳尔榜都主教区。

塞菩提曼尼亚和加泰罗尼亚获得自由后不久，就显出荒芜的景象，皇家税收保留地对殖民开放，在 10 世纪它们基本就是这个状态。乡野的开发从来就不是法兰克移民的结果；相反，资料显示，定期涌入的基督教西班牙人和哥特定居者，在当地的地名上留下他们的烙印。但大部分的聚居点是由山区民族走向下面的平原而形成。连续不断的侵略将很多人驱逐到山区避险，这样该地区人口趋于饱和，能够为拓殖下面的谷地供应人手，这里因为征服和再征服而人口稀少起来。在塞菩提曼尼亚，这种模式的定居被证明早在查理大帝统治时代就存在了，在加泰罗尼亚直到 9 世纪的最后几十年才开始出现。它是农民自发的创举，但是后来公共权力机构和修道院就接管了，并加以延展。最突出的例子是维克和巴基斯（Bages）平原的开发。到 897 年，已有数千名殖民者在那里定居，大多来自塞尔达涅，但少数来自仍处在穆斯林控制下的勒里达（Llerida）地区。

皇家税地的移民实行通过均分租佃制：定居者连续耕种三十年后

就完全拥有土地。殖民产生自由：新村庄是私有社区，有时在神甫的指导下集体从山区迁移。在聚居地带之外，农民的自有土地不太突出：这是更精细耕作的结果，在权力的边缘、有争议的区域不太稳定但长期存在，或从荒地开垦出来。

城堡主的阴影留在这些自由的土地上。随着殖民化的进展，一个城堡的网络建立起来以保护"微型社会"和划定其边界，这样的发展类似于更早些时间殖民化的地区。城堡主接受伯爵任职，被授予称为采邑的皇家税地作为薪酬。小农土地与贵族大地产比邻交错。在朗格多克，贵族的地产自从 950 年都有要塞守卫。尽管奴隶制迅速衰落，但奴隶仍被充作直接劳役而使用，徭役则不甚明了。由农民人口所包围的城镇，一直是罗马时代遗留下来的权力和威望所在。伯爵们居住在那里，而且城镇仍是权力分配和展示的中心。

南部诸侯急于使他们脆弱的公国尽可能具有凝聚力，作为加洛林传统——使世俗权力和教会领袖协作——的继承人，他们深知制度内发生的深刻变化，在改革后的修道院制度中找到了整个社会重建的代理人。"虔诚者"威廉创建克吕尼修道院之后，南部诸侯对改革的成功做出了贡献。克吕尼的影响在阿基坦是立即和直接的，在加泰罗尼亚和塞普提曼尼亚则是迟缓和间接的。影响扩展的中心在利萨特（Lezat）修道院；965 年其院长加里（Gari）被请求改革圣米歇尔德库扎修院（Sanit-Michel del Cuza）。993 年，这个联盟发展成一个由加里领导的五个修道院的会众，从此改革发展到朗格多克和到加泰罗尼亚全境。

六 几十年的变化和旧秩序的覆灭，约 985 年至约 1025 年

在南部公国历史上，公元 1000 年前后的数十年是一个转折点。卡佩登基扫除了诸侯掌握完全主权的最后一道障碍，公国在 11 世纪的最初三十年里达到了巅峰。同时，经济的进步刺激了物欲，引发了暴力以及权力的碎片化和私有化。危机直到 1030 年后才爆发，但是从 1000 年利害已分明，合作伙伴已确定。

987 年休·卡佩王朝的来临，在洛林的查理正式承认他之前遭遇激烈的抵制，但新国王在两年时间内被普遍接受了；只有在利穆赞、凯尔西、普瓦图和帕拉尔斯的加泰罗尼亚伯爵领遵循加洛林正统主

义,还在拒斥篡位者。维莱伊(Velay)、戈蒂亚和加泰罗尼亚大部分地方将卡佩君权的最初几年视为王位空缺期,真正的权力由上帝行使;随后加泰罗尼亚人承认休,但依旧对他冷嘲热讽。因此,南部诸侯强行宣布独立,迄今为止仅限于对加洛林秩序的效忠。阿基坦的威廉四世要求国王——他的妹夫——承认他作为合作伙伴的平等地位。在加斯科涅,威廉·桑切斯的特许状没有提及国王,而圣西弗的抄写员在特许状中既使用国王名字,也有公爵的名字。加泰罗尼亚人不肯使用当地统治者的名字,明确宣示君主在一个遥远的外国土地上(法兰克之王,法兰西国王)。1020年后,国王与南部公国的教会、贵族和伯爵几乎没有任何联系,后者现在只与诸侯打交道。

11世纪初,诸侯的形象最负盛名。加斯科涅、图卢兹和未来的加泰罗尼亚也处于极盛。加斯科涅大声宣布独立,其公爵把法兰克国王抛在了脑后,加强了与诺瓦拉国王的联系。图卢兹伯爵们不得不与他们的鲁埃格的堂兄弟分享戈蒂亚侯爵领地。毫无疑问,他们为失去了"阿基坦公爵"称号而懊恼,但1024年威廉三世泰勒菲尔去世后,他们行使"没有争议的实际主权,指称他们的'王国'……行使所有的公共权力,将他们支配的伯爵领的3/4的要塞控制在自己手中"㊴。诸侯称号被巴塞罗那伯爵博雷尔(948—992年)和拉蒙·博雷尔(992—1018年)僭取,他们主张长辈权利,有时使用称号"公爵",指称他们的王权,使得他们与卡佩篡位者地位平等。所有诸侯中最受夸张颂扬的是阿基坦的威廉五世大帝(993—1030年),"阿基坦的永恒君主",夏巴纳的阿德马尔为其写过热情洋溢的颂词。㊵ 他不仅拥有所有的王道美德,他还平等对待当时的其他领土的最高统治者,与他们交换礼物:卡斯蒂尔的阿方索、诺瓦拉的桑乔、克努特,甚至皇帝亨利二世。1024年,意大利贵族意欲拥立威廉五世大帝为王;法兰西国王毫不轻慢公爵,与其绝对平等地相处。威廉不仅征服了远至安茹的整个阿基坦,而且他与布丽斯卡——桑乔·威廉的姊妹——的婚姻,使得南部的两个公国开始重新统一。威廉五世大帝朝圣罗马和孔波斯特拉(Compostella)显示了他的国际声誉,这是他通

㊴ Magnou-Nortier (1974), p. 255.
㊵ Adhémar of Chabannes, *Chronicon* III, 41.

过接受意大利王冠所刻意追求的。阿德马尔的结论是"他给人的印象是国王，而不是一个公爵"。㊶

编年史家认为阿基坦是一个君主国，图卢兹伯爵指称他的王国，《圣本尼狄克传奇》的编者视未来的加泰罗尼亚为四个公爵共享的巴塞罗那王国，但是南部诸侯没有一个获得王权。他们是否保留起源于加洛林官员的模糊记忆？他们是否还执着于与西方基督教世界等同起来的法兰克王国的理念？他们是否被神圣王权的形象所震慑？他们是否意识到他们理想化的权威不符合当代的政治现实？威廉五世发现"无视"一个国王是极其困难的，家庭纽带把他与国王联系在一起。休·卡佩是他的姑父；由其第一次婚姻而与威廉五世联系在了一起的"虔诚者"罗贝尔，在娶了普罗旺斯的康斯坦茨时成了他的姐夫。多年来罗贝尔作为卡佩王朝的唯一一位国王最后一次巡游是卢瓦尔河以南的圣让当热利；威廉分别于1017年和1026年出席过休和亨利一世的加冕。

10世纪末，南部公国允许公共权力的有效运行。但是国王的缺席并没有自动将国王的所有特权转给诸侯。诸侯的权力是有限的，诸侯的称号并不能保证对一块领土的严格控制。威廉是完全意义的国王，但没有首都：他只能不停地巡游，传达他的命令，并主持司法审判大会，但他只是仲裁者，而不是判决者。诸侯的权威限于他继承的作为前王家官员的地位。他们总是在诸侯称号附加上他权力根基的伯爵领的名字（阿基坦公爵和普瓦蒂埃伯爵）。巴塞罗那伯爵甚至没有一系列新的称号：他的权力是由领土界定的（巴塞罗那伯爵，而不是巴塞罗那王国伯爵）。

公国只是一些地区的集合，始于国王的创举，诸侯的权力是根据他直接控制地区的凝聚力来衡量的。每个公国有一个内部地带，由诸侯直接控制地区组成，在这些地区里，诸侯起伯爵作用，有子爵代表他进行治理，诸侯主要拥有税收权利和土地；外部地带的各地区由伯爵附庸控制。这种制度是逐步加入公国的，如果诸侯权威显出衰弱的迹象，它也有可能失效，因为它取决于诸侯大会上达成的共识。最大的公国，如阿基坦，有一个巨大的外区，是最不稳定的。

㊶ Adhémar of Chabannes, *Chronicon* III, 10.

直到大约 1000 年，诸侯制度在整个地区运行良好。这由诸侯们普遍地遵守罗马－西哥特法得到证明：罗马－西哥特法体现了无处不用的哥特法律，它崇尚公共主权和私人财产。诸侯依靠国王经常适当地授予的土地和岁入而保留着影响力。他们代理的权力是完全合法的，他们的代表——子爵或管家——是公职人员。直到 1020 年，*fevum*（薪俸）这个词意味着"公共权力授予其代理人对公共土地的保有权"[42]，这些代理人通过伯爵命令要求贵族提供服务。虽然奴隶制不如以往普遍，但垦殖荒地仍部分依赖于农奴的劳动，尽管地主更经常把土地租给自由民以收取实物地租。最后，轰轰烈烈的殖民运动创造和维持了重要的耕种自有土地的农民共同体。

980 年，危机的最初征兆就已出现了，但是直到 1030 年之后才爆发和蔓延，这是加洛林制度崩溃和封建制确立的一个新阶段。最近的研究表明，这种转变是经济变化的结果，它涉及生产率的提高、开垦耕地面积的扩大，以及贸易的增加和加速。清理荒地以应付人口增长、新村庄、农村的新技术（磨坊）、新作物（葡萄树）——当 10 世纪 90 年代穆斯林黄金开始流入加泰罗尼亚和后来的比利牛斯山脉以北，所有这些促进了本地贸易、市场的数量增加和长途贸易的复苏。财富的突然增加引发了冲突，扰乱了社会安宁。伯爵失去了对子爵和城堡主的控制——勒马里涅埃尔（Lemarignier）所分析的地区的崩塌。[43] 能自我证明的特许状剩下的只有公告、协议、誓词，其有效性取决于受益人的权力。

司法运行首先受到危机的影响。法庭失去信心；争端提交给仲裁者，他们对执行法律不感兴趣，更倾向于谋划可接受的妥协。那些理应被公法保护的社会元素——教会，"穷人"——被关闭在司法补救的大门之外，陷于贵族的仲裁权力之手。司法系统的崩塌使得暴力流行。负责公共要塞的公职人员——子爵或城堡主——首先纠集起来，进行私人战争：他们的城堡成为行政基地，公共土地被用来奖励他们的追随者。直到 1020 年，城堡主的权力来自其中一些所谓他们职能的私有化。边区贵族厌倦了边境的和平，开始自主为谋利而远征。

---

[42] Magnou-Nortier（1964）.
[43] Lemarignier（1951）.

伯爵只保留了他直接控制的地区的权力。他们的权威在外区已经脆弱，现在在内部地带也受到威胁。一些伯爵抵制效果较好，创造了 11 世纪诸侯权力的一个完整类型。11 世纪初，只有一个即将到来的危机的令人不安的征兆。"城堡主的崛起"仍是一个伯爵权威下的公职人员的问题：其中已知在夏朗德地区存在的 88 个城堡中，只有 12 个早于 1000 年所建，而且大部分早于 1020 年的城堡是因为伯爵的创举或在他的批准下所建。

在一种连锁反应中，城堡主的摆脱控制促进了整个贵族等级中权力的多元化，留给诸侯在很大程度上只是理论上的权力。以前的子爵，无论是僭用伯爵称号（如在奥弗涅），还是仍保持他们以前的称号（如贝恩），都几乎独立于诸侯，扩张他们自己的土地，牺牲诸侯的领土或教会被豁免的土地。他们开启了第二代公国。公国外部地带的伯爵，在以前诸侯特权主导下的体制内恢复独立。

在阿基坦的南部边缘，诸侯的权力被排除：中央高原（Massif Central）进入了一个新的时期，既没有任何国王也没有诸侯，只有极端分散的权力。在公国的内区边缘，普瓦蒂埃伯爵不得不与下一级的伯爵谈判，试图挑起他们之间纷争。威廉五世与昂古莱姆（Angoulême）伯爵——威廉·泰勒菲尔——结盟，对抗拉马尔凯、佩里戈尔和利摩日的伯爵；第一年，他夺取了拉马尔凯首都沙鲁。在普瓦图的心脏地区，他受到吕西尼昂、安德尔和夏特莱罗领主的挑战，这些都被他通过重要的让步而成功收买。在加斯科涅，子爵和城堡主的崛起，连同王朝的问题，加快了公国的崩溃，加斯科涅很快成为大阿基坦（Greater Aquitaine）的一部分。

在图卢兹伯爵领，旧的政治秩序早在 980 年就开始淡出。"王权的没落与伯爵权威的削弱相呼应，他们既不能对做出的司法裁决强制执行，也不定期举行司法大会。图卢兹伯爵领没有领土基础，在每一块小飞地都有上一个时代子爵或管家的后裔自建当地王朝。"㊹ 伯爵几乎不出现在特许状中，他们仍然可以主持司法大会，但他们已不再是唯一的人选。在塞菩提曼尼亚，伯爵早已放弃了干预的企图；从纳尔榜至尼姆，伯爵代理人家族与主教争夺对城市的控制，城市仍然是

㊹ Ourliac (1988), p. 117.

政治组织的中心。纳尔榜,连同尼姆、马格荣、阿格德、洛代沃、贝济耶和卡尔卡松,都是世俗和宗教的权力中心。

教会是没有权威能够抑制贵族暴力的第一个受害者,也是第一个做出反应。"上帝的和平"诞生在南部公国,那里秩序最混乱,公爵的衰弱最明显。最早的和平会议于989年在沙鲁、990年和994年在勒皮召开。会议的立法只有教会的制裁支持,旨在弥补公共权力的失效,以保护教会和"穷人"。主教们要求闹事者承认会议决定,试图建立一个新的公共秩序。虽然这种和平概念的背后有一种精神动力,但是最初的集会显然针对城堡主。"上帝的休战"旨在遏制更小范围内的暴力。它首先出现在依奈教区(1027年在图卢兹宗教会议上),1031年到达维克,然后到整个朗格多克。但诸侯可以利用新的立法支撑他的权威:998年,威廉五世主持了一次和平会议。在诸侯权力完全消亡的地方,克吕尼修道院试图限制暴力,比如奥弗涅在奥迪罗(Odilo,994—1049年)修道院院长的主持下。

诸侯对教会的态度一直是矛盾的。他们干预主教选举,处置教会的职位和土地,但他们也鼓励改革运动。正是在他们的主动促成下,克吕尼影响力传遍南方的修道院。威廉五世完美地证明了这一点。他夺占了圣希莱尔的俗家修道院院长职位,两次委任利摩日主教(1014年和1022年),并在1027年甚至任命波尔多的大主教。但他也与沙特尔的福尔伯特联合,试图通过任命他为圣希莱尔司库而留住他;他授权克吕尼改革圣让当热利和圣西普里安恩;1028年在沙鲁,他召集会议,"革除在人民中传播的摩尼教异端教徒的教籍"。[45] 1030年,他退休后死于他父亲建造的迈勒泽修道院。阿基坦也经历了一种新的神圣权力的发展,这在克吕尼的奥多的《欧里亚克的杰拉德传》中有所说明。

1000年前后,表面上的诸侯权力被保留了下来,但在背后权力是分散的。教会对无休止的暴力时有遏制的努力,但治标不治本。在此期间,加泰罗尼亚的领土被提早统一,这导致一种新的民族意识。985年巴塞罗那陷落并遭受重创,以及休·卡佩的登基,不久被当地的编年史家升华为加泰罗尼亚历史的奠基事件。

---

[45] Bonnassie and Landes (1992), p. 440.

第十七章　西法兰克：南部公国

一种新的文化和精神认同形成了，加泰罗尼亚本身获得了政治架构。两份保存下来的最古老的效忠誓言——乌赫尔主教厄蒙格尔对塞尔达涅的伯爵威弗雷德，后者对巴塞罗那女伯爵埃莫森特（Ermessent）——追溯到11世纪20年代，现在被公共权力持有者交替使用。附庸与领主的关系作为社会激烈变革的基础，已经使得政治局势明朗成为可能：家庭共管土地正在成为封建公国。在其他公国崩溃的同时，加泰罗尼亚形成了。1010年，几乎所有的加泰罗尼亚伯爵和主教都参加了对科尔多瓦的远征，他们集结在巴塞罗那的拉蒙·博雷尔领导之下，这可以被看作民族认同的第一次集体体现，尽管直到始于大约1020年的长期危机之后才发现政治表达。11世纪20年代还没有迹象表明，即将到来的动荡以后会给巴塞罗那伯爵提供机会，使他在新的基础上重建权力。

尽管法兰克王国南部政治分裂，格局游移不定，但它有真正的连贯性。最近的研究显示，这种连贯性延伸到普罗旺斯和意大利、阿拉贡和加利西亚。然而，它是一个异质的地区。各地权力分散的程度并不相同，诸侯称号混乱且繁多。毫无疑问，南方"忘了"国王，尽管继续视他为道德和政治秩序的基石，也是其中的一部分。但这不是最重要的方面。在文化和政治单位的持续甚至加强的背后，一种新的关系和社会制度体系正在形成，这在北方会呈现固定的法律形式。南方封建制的发展没有愚蠢地模仿北方：封建制的真正发展是在南方。宣誓和契约的重要性、妇女的角色、城镇的特权和对边境以外的敌人的着迷，所有这些都是一个不同社会的特征。北方从南方借鉴了很多，后来不得不"重新"征服南方。

迈克尔·齐默尔曼（Michel Zimmermann）

王建波　译
顾銮斋　校

第 十 八 章
英格兰，900—1016 年

我们对盎格鲁-撒克逊时期任何时段的历史了解越多，就越能认识到我们认知的有限性。《盎格鲁-撒克逊编年史》提供了重大历史事件的框架，特许状、法典和钱币提供了关于王国政府的各个方面的详细信息，以及许多其他方面的情况；留存的盎格鲁-拉丁文献和方言文学作品，更不用说许多写于 10 世纪的手稿，从不同的角度证明了教会文化的活力。然而，这并不意味着 10 世纪比资料记录较少的其他时期更好理解：证据可以为总结必须依赖的详细分析提供很大的空间，但同时产生了另外的问题，揭示出还有很多东西我们无法触及。

确定一些主题是很容易的，似乎可以用来复原所审视阶段的特性，尽管必须强调这些主题相互密切交织，以至于孤立地看待任何一个主题都是不明智的。在 10 世纪的进程中，西撒克逊国王将权力首先延伸到麦西亚，然后进入南部丹麦法区，最后整个诺森伯利亚，从而强加给各民族政治统一的表象，实际上这些民族仍然认同各自的风俗和历史。国王还时而接受某些威尔士和苏格兰统治者的投降。君主制的威望和形仪增加了，王国政府的机构得到加强，国王和他们的代理人，以各种方式谋求建立社会秩序。英格兰与欧洲大陆主流社会的联系更密切了；从大陆传入的手稿刺激了宗教知识和装饰艺术的发展，有些地方重新燃起对有组织的修道生活的热情。由郡长（ealdormen）和塞恩（thegn，中小贵族）构成的拥有土地和公职的贵族发展到遍及全国，得到国王的扶植，因为国王同时需要他们的支持；其成员尽管积累了巨大的财富和权力，但他们依旧热衷于自身利益的算计，这当然事出有因。宗教机构在那些同情其事业的人的赞助下得到

第十八章 英格兰，900—1016 年

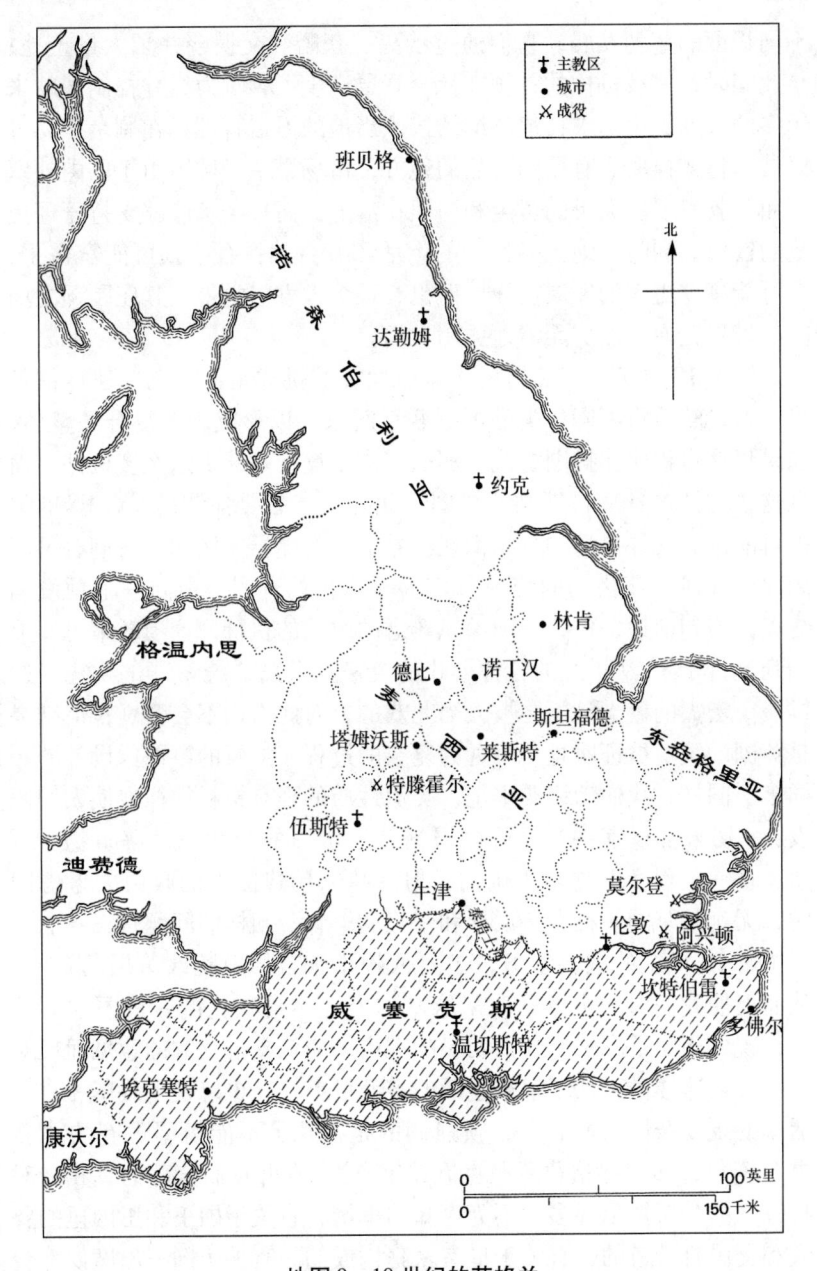

图例：
- † 主教区
- • 城市
- ✕ 战役

地名标注：
- 班贝格
- 诺森伯利亚
- 达勒姆 †
- 约克 †
- 格温内思
- 林肯
- 德比
- 诺丁汉
- 斯坦福德
- 塔姆沃斯
- 莱斯特
- 东盎格里亚
- ✕ 特滕霍尔
- 伍斯特 †
- 迪费德
- 牛津
- 莫尔登 ✕
- 伦敦 ✕ 阿辛顿
- 坎特伯雷 †
- 威塞克斯
- 温切斯特
- 多佛尔
- 埃克塞特
- 康沃尔

比例尺：100 英里 / 150 千米

地图9　10 世纪的英格兰

不同程度的蓬勃发展，它们通过购买、获赠和交换合并了大量土地；与此同时，宗教机构的首领在社会高层产生了影响力，并控制了越来越多的人的劳役。农村地产继续按照当地的习俗管理；在剩余产品可以被出售或换取更有用的商品的地方，市场繁荣；城镇由于国内外贸易而蓬勃发展。大量的黄金和白银在流通，而且经济能够支持管理规范的钱币。同时，绝大多数人的生活顺其自然：有些人可能富裕了，并可能享有更大的发展空间，但也有很多人肯定觉得，其庄园领主周围的世界正向他们更无情地关闭大门。

研究10世纪英国的历史学家所面临的挑战是，首先单独评估各种资料，然后将不同种类的证据联系起来，以形成一个复合的整体。如果将该过程比作拼图游戏，那么问题不仅仅是缺少这么多构件，而且这些构件本身来自不同的拼图。此外，有必要强调的是，10世纪很可能没有几件事情的真相像现在看上去的样子。例如，我们有可能倾向于描述"英格兰的统一"作为无休止的进程，走向一个预设的终点；换句话说，作为一项深思熟虑的政策的执行，这项政策可以追溯到流行于8、9世纪的各种形式的英格兰人民"统一"的构想。这样一个宏大的概念是不会被人当儿戏的，对此人们不会怀疑；但结果是英国的统一被证明是一个远为复杂的过程，涉及的事件像设计的一样多。同样，我们始终要牢记，类似性质的现有材料往往促使人们假设，一切来自皇室举措，可以根据特定国王的个性来理解事物。当然，在一定程度上这是正确的；但一味从历代国王的政策去考虑问题，无疑是赞同一种直接误导和牵强的解释。同样的问题是，我们为了了解10世纪的教会事务，主要依赖于来自修道院改革层的资料，从而促使我们对教会的状况采取基本上"本尼狄克派"的看法。然而，现代历史学家没有什么明显的理由，应该支持一方的意见而反对另一方：这样做否认了宗教生活的多元可行性，也忽视了改革者自己活动的更复杂性。最后，必须强调的是，几乎不能指望现有的"叙事"资料，如《盎格鲁-撒克逊编年史》，告诉我们全部的真相。对特许状的分析揭示很多尚不为人知的事情，有关于国王和王国里的要人和良民打交道的，有关于皇室家庭构成的，有关于国王出席议事会情况的。有时可能探索到某些模式，这些模式似乎意义重大，有助于补充叙事记录；但往往只给人留下这样的印象：宫廷在发生什么事，

第十八章　英格兰，900—1016 年

但没有任何证据知道它如何发生的。同样，对钱币的分析可以得到很多启示，或关于王权向不同地区的逐步扩展，或有关地方治理的复杂性，或有关经济活动的转变模式。问题在于这些证据是否应该根据我们关于这些事项的已有知识去解读，或是否应给予机会让它们述说自己的故事。

要审视 10 世纪和 11 世纪初期间英国政治的主要演变，须从国王阿尔弗雷德大帝（871—899 年）统治时期开始。麦西亚人（Mercians）的统治者埃塞尔雷德（Æthelred）在 9 世纪 80 年代早期向国王阿尔弗雷德臣服，大约同一时间，阿尔弗雷德的权威在前麦西亚人的城市伦敦被承认；886 年，阿尔弗雷德采取措施，以确保城市的防御，"所有没有隶属丹麦人的英格兰人都向他称臣"，于是国王把城镇"授予埃塞尔雷德郡长控制"；[1] 然后或过了不久，埃塞尔雷德娶了阿尔弗雷德的女儿埃塞尔弗兰德（Æthelflæd）（大爱德华的姐姐），后来人称"麦西亚人的女主人"。我们有理由相信，经过 9 世纪 80 年代特别是 886 年发生的事件，一个新的政治实体在英格兰南部建立起来：阿尔弗雷德最后被他周围的人承认为"盎格鲁－撒克逊人的国王"，在当下的语境中，这个称号似乎意欲表达的"盎格鲁"民族与"撒克逊"民族的合并，并以这种方式来表达寄予阿尔弗雷德领导英格兰人民抗击共同敌人的愿望。[2] 当然，并非所有团体都会如此高看国王阿尔弗雷德的地位：有些人可能继续相当准确地视他为"西撒克逊人的国王"，有可能还有其他人不愿承认他扩张的权威。尽管如此，似乎足以确定，阿尔弗雷德在他统治末期的地位与开始是大不相同的：他死于 899 年 10 月 26 日，编年史在记录他的死时这样描述他："他是所有英格兰人的国王，除了处在丹麦人统治下的地区。"[3]

在此背景下，重要的是要考虑 10 世纪初的 25 年里威塞克斯和麦西亚权势集团之间关系的确切性质，对其进行评判，自然应该首先阅读《盎格鲁－撒克逊编年史》现存手抄本整合而成的各册年鉴。《盎格鲁－撒克逊编年史》表明，这些年发生的事件，因为编年史家的不同的观点而表述不同。一系列的"西撒克逊"编年史（覆盖 897—

---

[1] ASC, p. 199.
[2] *Alfred the Great*, pp. 38–41 and 227–8.
[3] ASC, p. 207.

914年，从915年到920年保持连续）恰好提供了叙述的核心，一系列"麦西亚"编年史（覆盖902—924年）似乎只是补充了前者，所以现代历史学家容易下意识地采取一个基本上"西撒克逊人"的观点。当然，这意味着现代历史学家可能对老爱德华过分评价，而抹杀麦西亚人对英格兰征服南部丹麦法区的贡献；但它也意味着，现代历史学家可能接受了关于爱德华地位性质的一个失真的"西撒克逊人"印象。这些编年史册得到郡长埃塞维尔德（Æthelweard）的《编年史》的有益补充，他的《编年史》用拉丁文于10世纪末写成，本来是献给埃塞维尔德的女性亲属、埃森的女修道院院长玛蒂尔达；埃塞沃德关于爱德华统治的记述在很大程度上与《编年史》现存的手稿材料无关，因而代表了另一种观点。然而，公开的"叙事"资料能产生一种关于事件过程非常误导的印象；对于老爱德华的统治来说，就像盎格鲁－撒克逊历史的其他任何时期，有必要密切注意特许状、法律法规和钱币等证据。

一位西撒克逊编年史家曾记载过899年国王阿尔弗雷德的死，用他令人费解的话说，"他的儿子爱德华继承了王国"。这一需要在实际中的全部含义是，世俗和教会统治集团的领导成员选择爱德华作为他们的领主，正式承认他作为他们的国王；但不能进一步推论：爱德华从统治伊始就能够得到所有臣服他父王的人的效忠，或者说，他得以立即和有效地控制一个充分运行的国家。自然的假设是，爱德华继承他的父亲为"西撒克逊人的"王，而英格兰麦西亚则保留在自己的统治者——郡长埃塞尔雷德手中；当然，不能指望编年史家不从西撒克逊人的观点考量阿尔弗雷德死亡的政治后果。因此，郡长埃塞尔雷德和麦西亚人立即恢复独立是可以理解的。[④] 即使是在威塞克斯本地，爱德华地位也远非稳固。爱德华登基后不久，他的堂兄、王储（aetheling）埃塞维尔德（Æthelwold）"不顾国王和他的顾问们的反对，骑着马率兵强行夺占了温伯恩和敦纳姆的行宫"。作为阿尔弗雷德兄长——国王埃塞尔雷德（865—871年）——的儿子，埃塞维尔德有充足的理由怨恨爱德华僭取王权；夺占温伯恩（在赛特）和敦

[④] 见比如，Stenton（1971），pp. 317－21；John, in Campbell（1982），p. 161；Stafford（1989），pp. 25－6.

纳姆（基督城，汉普郡）表明他决心谋求自己的权力，温伯恩埋葬着埃塞维尔德的父王，敦纳姆是阿尔弗雷德国王的防御网络的一个要塞。换句话说，事件缘起于西撒克逊王室内部纷争的延续，并很快发展成一个严重的威胁。爱德华的反应是，他把军队带到温伯恩附近的巴伯里（Badbury），埃塞维尔德从此溜走，跑到"诺森伯利亚的丹麦军中，他们接受了他作为国王，并效忠于他"；一系列的诺森伯利亚钱币上铸有"阿尔韦尔达"（Alvvaldus）的名称，似乎证明埃塞维尔德在丹麦法区北部成功地获得某种形式的承认。⑤ 爱德华的地位本来可以在900年7月8日加冕前得到大大加强，⑥ 但是在901年末或902年，皇亲埃塞维尔德带着海军部队回到南方，"埃塞克斯向他臣服了"。埃塞维尔德诱使"在东盎格里亚的军队"打破和平局面，穿过边界进入英格兰领土，冲击远至泰晤士河畔的克里克雷德（Cricklade），然后才"返家"。为了报复，爱德华率领自己的军队挺进东盎格里亚，"劫掠了泰晤士河堤坝和乌斯河之间的全部土地，向北远达沼泽地带"。不久，爱德华下令撤回军队；但他军队中的肯特军团滞留在后，在随后的"河边低地"战役中⑦，"双方展开了大屠杀"。肯特军团伤亡包括两个郡长和其他几个编年史家所说的最杰出的人；"丹麦人"的人员伤亡，包括国王奥赫里克（Eohric）、埃塞维尔德本人和一个叫布里茨吉（Brihtsige）的人，他显然是一个心怀不满的麦西亚王子。麦西亚编年史提到了"肯特人和丹麦人之间的河边低地战斗"，这表明战斗被广泛认为是一个重大事件。有趣的是，记述战斗最完整的西撒克逊编年史家似乎费尽心思地解释，为什么爱德华和其余的英格兰人显然丢下肯特人军队任其听天由命，仿佛他们一直受到批评，因为他们缺席了一场结束最危险威胁的战斗。

于是，我们马上意识到爱德华在继位最初几年所面临的困难。实际上，也许我们应该这样审视他：在这个阶段，他在一个相对有限的西撒克逊背景下统治，其权力中心在温切斯特，尚未完全控制扩大了的王国的其他地方。在10世纪的最初十年，爱德华的政权当然带着浓浓的"温切斯特"色彩。在登基后的一两年里，爱德华创建了

---

⑤ Blunt (1985); Blunt et al. : (1989), pp. 4 and 102 – 3.
⑥ Æthelweard, Chronicon IV, 4.
⑦ 大概是霍尔姆，在亨廷顿郡；见 Hart (1992), pp. 511 – 5.

"新大教堂",当然有着明显的意图,那就是服务于王室的特殊利益;他的特许状表明,王室家族的神职人员与新旧大教堂的社区之间存在着密切的联系;而且有趣的是,最早铸有爱德华名字的钱币似乎在温切斯特铸成,尽管其他铸币厂在后一阶段才开工。[8] 再看埃塞尔雷德和埃塞尔弗兰德这边,他们牢牢控制着西米德兰,以及(必须假设)前麦西亚王国的东南地区,它位于泰晤士和与丹麦人的交界之间;他们权力的主要基地似乎曾在格洛斯特(Gloucester),在那里他们也建立了一个"新大教堂"来为自己的利益服务。[9] 901 年在施鲁斯伯里颁发的特许状,其中描述他们"凭依上帝的赐福持有麦西亚人的君权,并光荣地治理和捍卫麦西亚人",揭示了他们有权力控制以前属于麦西亚国王的土地的现实,并说明他们对古老的麦西亚大教堂之一(在希洛普郡的玛彻·文洛克的圣米尔堡社区)的良好愿望。[10] 另一纸标署日期为 904 年的特许状显示,伍斯特(Worcester)主教和社区热望与他们的统治者建立互惠互利的关系:主教和社区将伍斯特城墙内外的土地租赁给埃塞尔雷德和埃塞尔弗兰德,租期长达他们一生和他们的女儿艾尔维尼(Ælfwyn)一生,称他们为"麦西亚人的领主"。[11] 埃塞尔雷德和埃塞尔弗兰德是麦西亚人的自治统治者,这样的印象因为西撒克逊编年史中的两份报告而进一步加强,一份记述的是 911 年郡长埃塞尔雷德死后,"爱德华国王继承了伦敦、牛津以及所有属于他们的土地";另一份报告记述的是 918 年埃塞尔弗兰德死后,爱德华占领了托姆沃思,"麦西亚人土地上的所有民族都向他称臣,他们曾经是埃塞尔弗兰德的臣民"——爱德华仿佛抓住每一个机会将他的控制施加于新的地区或种族。此外,麦西亚编年史相当尖锐地指出,埃塞尔弗兰德的死发生在"她以合法的权威掌控麦西亚人的第八个年头",并补充说明,艾尔维尼"被剥夺了所有在麦西亚的权力,被带到威塞克斯"。有人可能会推测,爱德华作为西撒克逊人的国王,实施了一起分为两个阶段的政变,麦西亚人被迫屈从他的统治。

但是,也有可能从一个相当不同的视角来解读这些证据。也许爱

---

[8] 至于钱币,见 Blunt et al. (1989), pp. 21, 29–30, 264–5.
[9] 见 Heighway (1984), pp. 40–6.
[10] Sawyer, no. 221.
[11] Sawyer, no. 1280.

德华 899 年继承父位时不是"西撒克逊人"的国王,而是"盎格鲁-撒克逊人"的国王,代表了建立于 9 世纪 80 年代的独特的阿尔弗雷德政体,使爱德华自统治伊始就具有对英格兰人的麦西亚理论上的权威。如果审视 10 世纪用于国王加冕的宗教仪式,就会发现它最早的形式并不那么适用于西撒克逊人的王权,而是相当适用于"盎格鲁人"以及"撒克逊人"的王权。⑫ 从这方面来讲,用于国王加冕的宗教仪式似乎反映了 9 世纪 80 年代的阿尔弗雷德政体,而且 900 年爱德华的加冕时首次使用,也绝非不可能。此外,从尚存的一小部分特许状(都是发布于他统治的第一个十年)反映出的爱德华的王家风格可以清楚地表明,他像先父一样被视为"盎格鲁-撒克逊人的国王"。标署日期为 901 年的一份特许状,提到阿尔弗雷德统治期间"所有盖维斯人(Gewisse)[即西撒克逊人]和所有麦西亚人的参议"给予的评判,仿佛两国人民曾共同行动;⑬ 如果说这是阿尔弗雷德政体已经包含的内容,那么非常类似的政体似乎已经从爱德华的统治开始就已经形成。例如,发生过这样一件事,903 年,一位叫埃塞尔弗里斯(Æthelfrith)的麦西亚人郡长"向国王爱德华、埃塞尔雷德和埃塞尔弗兰德请愿,因为当时埃塞尔雷德和埃塞尔弗兰德在爱德华国王的授权下掌管麦西亚人全族以及所有他们的头领",提出为他补发在火灾中丢失的特许状。三张在当时的环境下制作的特许状被保存下来了:一张有关在萨默塞特的地产,另外两张关于里斯伯勒(白金汉郡)和伊斯灵顿(米德尔塞克斯)的地产,都属于埃塞尔雷德管辖领土的心脏地带。⑭ 另一个关于牛津地产的"麦西亚"特许状,发布于 904 年,是因一个叫作威戈弗里斯(Wigfrith)的请愿而发布,威戈弗里斯同样请求国王爱德华、郡长埃塞尔雷德和埃塞尔弗兰德以及所有的元老,补发一张新的特许状,因为原件被水打湿损坏了。⑮ 人们可能会补充说,麦西亚主教定期验明爱德华的"西撒克逊"特许状;虽然埃塞尔雷德和埃塞尔弗兰德显然有权自主发布特许状,没有明确请示爱德华国王的迹象,⑯ 但同样重要的是,10 世纪

---

⑫ See Nelson (1986), pp. 365–7.
⑬ Sawyer, no. 362 (EHD, no. 100, pp. 541–3).
⑭ Sawyer, nos. 367, 371, and 371 MS 2.
⑮ Sawyer, no. 361.
⑯ Sawyer, nos. 221, 224 and 225.

的第一个和第二个 10 年在麦西亚铸造的钱币,好像铸刻的不是埃塞尔雷德和埃塞尔弗兰德的名字而是爱德华国王本人的名字。⑰

似乎无可回避的结论是,作为"盎格鲁-撒克逊人"王权的阿尔弗雷德政体在 10 世纪的最初 20 多年里持续存在,因而麦西亚人从爱德华登基伊始就处在他的统治之下。因此,值得商榷的是,相当一些编年史涵盖这时段的事件,或从西撒克逊人的视角,或从麦西亚人的角度。我们对这一系列编年史的依赖,可能以一种误导的方式将事情极化,使群体之间的对立表象永久化,隐瞒更为复杂的真相。编年史家的一面观点是他们集团利益的自然产物,只有承认编年史是补充记述,我们才能开始恢复平衡。事实是要想通过战争使英格兰东部的丹麦聚居区重新归至英格兰的控制之下,仍需要爱德华、埃塞尔雷德和埃塞尔弗兰德之间的持续合作,因此实际上很难想象这不是一方精心策划的,而是整体要求的。该战略似乎最初旨在应对以东盎格里亚和诺森伯利亚为基地的丹麦部队再次进攻的威胁。906 年,据说爱德华已与东盎格里亚和诺森伯利亚在提丁福德(白金汉郡,在郡长埃塞尔雷德的领土)达成和平协议,当时的局势可能对爱德华不那么有利,不像西撒克逊编年史家希望留给我们的印象。⑱ 909 年,爱德华本人好像撕毁和平协议,派遣"从西撒克逊人和麦西亚人"中征调的军队蹂躏"北方军队的领土";但在次年北方军队转入攻势,向南攻入英格兰麦西亚,远至(上?)阿旺,然后渡过塞文河进入"西部地区",最后通过布里奇诺斯(在希罗普郡)返回家乡。⑲ 爱德华派出的"从西撒克逊人和麦西亚人"中征调的军队的力量超过了侵略者,在特滕霍尔(在斯坦福德郡)取得了决定性的胜利;几个斯堪的纳维亚头领被打死,从此可能打断了此后多年北方的政治稳定。英格兰起始阶段战略的另一个方面,只有通过特许状才能揭示出来。似乎早在 10 世纪第一个十年,人们就受到鼓励从"异教徒"手中购买地产,从而在沦为丹麦控制下的领土重新施加某种程度的英格兰影响。因为在录的案例涉及贝德福德郡和德比郡的土地,因此,土地购

---

⑰ 见 Blunt et al. (1989), pp. 21, 42–3 and 264–6.
⑱ 比较编年史家的记述(ASC, p. 209)和杜尔海姆的西姆科保存的北方年鉴(EHD, no. 3 p. 278)。
⑲ ASC, pp. 210–11;参见 Æthelweard, *Chronicon* iv, 4.

第十八章 英格兰，900—1016 年

买据说是"执行国王爱德华和郡长埃塞尔雷德以及其他郡长和塞恩的指令"，这一事实支持这样一种观点——爱德华的权威被认为延伸到麦西亚人领土腹地。[20] 911 年埃塞尔雷德一死，爱德华国王直接掌管了英格兰麦西亚的东南地区，就在此处爱德华和埃塞尔弗兰德发动了进攻。战斗的细节，包括在广阔的范围内建立战略据点，从威勒尔沿对角线穿过英格兰中部，直到泰晤士河口，在《盎格鲁－撒克逊编年史》也得到极详尽的记述。如果能够说该战略被证明非常有效，促使众多地区逐一投降，直到进程结束，就足够了。

不幸的是，我们对爱德华统治的方方面面几乎一无所知，尽管我们很想知道得更多：例如，王国政府的运作、教会的状况、国王与全国各地地方贵族的关系。钱币以独特的方式反映了爱德华的控制延伸到丹麦法区的南部，但有趣的是，东盎格里亚似乎一直整合较差，不及中部东区，林肯郡好像与约克郡保持联系。[21] 爱德华的法律之一提及由"全体人民"做出的"宣誓和承诺"，可能暗指人民对国王的效忠誓言，因为法律接着针对"在此处"犯罪的处罚，不同于"在东方"或"在北方"的处罚，[22] 所以爱德华的王国观念到这阶段似乎幅员广阔，唯独不包括东盎格里亚和诺森伯利亚。法律法规揭示了更多有关维护社会秩序的情况，但因为缺乏以爱德华的名字发布的特许状，所以我们不能更好地了解在他统治时期王室和国内方面的其他情况。10 世纪最初十年的少数特许状留存下来，但是缺乏 910 年到 924 年的特许状，这时正是英格兰打击丹麦人促使其投降的战役进入最激烈阶段。除非我们假定爱德华去世后在土地持有权方面发生过剧烈的变动，并伴随着爱德华家族称号—契约的丢失或损毁，结论必然是在他统治时期几乎没有发布几纸特许状，后来制作的数量也非常有限，以至于没有留下任何痕迹。解释不可能这么简单，爱德华可能已经受到他父亲遗嘱的特定条款的限制，不能自主处置任何"王室"资产，否则他将随意分发。[23] 再者，他会通过遗赠或通过适当的法律程序，收到许多来自臣民的地产；尽管他可能会通过转让现有称号—契约来

---

[20] Sawyer, nos. 396 (*EHD*, *no.* 103) and 397.
[21] 见 Blunt et al.：(1989), pp. 20 – 55 and 264 – 6; Smyth (1979), pp. 6 – 9.
[22] II Edward, c. 5, in *Geetze der Angelsachsen* i, p. 144, trans. Attenborough, p. 121.
[23] 关于阿尔弗雷德的遗嘱，见 Sawyer, no. 1507 (EHD, no. 96).

处置一些地产，但是他可能把大部分土地所有权留在自己手中，授予别人仅是租赁。然而，发行特许状始终是一个筹集大笔款项有利于当前（牺牲多年后较小但稳定的回报）的有效途径，或回馈特殊派系支持（有时牺牲其他方的利益）的方式，或一种获得神甫祈祷即与上帝说情的方式。既然爱德华一定需要他能得到的全部（钱、支持和祈祷），他当然会相当克制，所以才出现如此稀少的特授地（凭借一纸"背书"或持有特许状，拥有一些特权，比如某种赋税豁免）。也许爱德华认为，设立任何"正常"规模的有特权的土地保有，都不利于准备抗击丹麦人的战斗，甚至使其执行效果大打折扣；也许他决意限制创建特授地只是一个原则问题；若审视一下证据——表明爱德华曾经下令一些人购买丹麦人聚居区的土地，可能得出这样的结论：那时他将征服丹麦人所得到的土地赠予其支持者以示奖赏，从而延展了这一政策，只是就此发布的特许状都没有侥幸留存下来。[24] 因此，爱德华七世（Edwardian）特许状的稀缺本身是一件饶有趣味的事，但这些猜测对我们于这么多其他事情的无知无所补益。

老爱德华的王位由儿子埃塞尔斯坦（924—939 年）继承，长期以来人们一直有充分的理由认为埃塞尔斯坦是 10 世纪历史上的一位巨人。可能主要因为 937 年埃塞尔斯坦在布鲁南堡战胜敌人联军而曾经著名，这在《盎格鲁-撒克逊编年史》中有一首著名的诗对其称颂；而且他被拥戴为英格兰第一位国王、具有国际地位的政治家，以及与国王阿尔弗雷德大王相媲美的盎格鲁-撒克逊统治者。我们对埃塞尔斯坦的统治了解的基础是一系列特别的王家特许状，辅之以错综复杂的钱币和特别丰富多样的法律文本。对这些资料分别解读和关联分析，使历史学家对埃塞尔斯坦的政府运作形成一个特别好的印象；人们认识到，因为缺少一部时人为埃塞尔斯坦所写的传记，就像阿瑟（Asser）为阿尔弗雷德所做的那样，所以我们难以评价那个时代在多大程度上打着国王个性的烙印。盎格鲁-诺曼历史学家——马姆斯伯里的威廉对埃塞尔斯坦的记述提供了更多的细节；[25] 虽然这些信息的精确性值得怀疑，[26] 但它作为一个被思考过的论题仍然很有趣味。这

---

[24] 见 Dumville（1992），pp. 151–3.
[25] William of Malmesbury, *Gesta Regum*, II, 131–40.
[26] Lapidge（1993），pp. 50–9.

个论题部分基于一些未留存于世的早期资料,部分基于12世纪早期在国王埋葬地盛行的传统。

国王埃塞尔斯坦登基时的环境揭示了西撒克逊王室内部仍然存在的紧张,并有助于解释他的统治可能具有什么特色。爱德华一死,"盎格鲁-撒克逊人"的王国似乎已经分裂成两部分:埃塞尔斯坦"被麦西亚人推选为王",[27] 他的同父异母弟弟艾弗威德(Ælfweard)作为威塞克斯的国王似乎已获得承认。这种耐人寻味的局势的背后实质则远未明朗。爱德华可能曾经打算死后瓜分他的王国,无论他的意图是什么,那些比他寿命长的人可能倾向于去执行,当然上述这些情况也可能都不存在;如果埃塞尔斯坦和艾弗威德在他们的父王死后都随即得到承认,那么各方是否已着手"推举"一位"盎格鲁-撒克逊人"的国王,还是一方选择麦西亚人的国王,而另一方选择西撒克逊人的国王,仍不清楚。因为艾弗威德继承爱德华王位后仅仅两个星期也去世了,因此有可能麦西亚人承认了爱德华的又一位继任者,他已经在威塞克斯当选国王。910年到924年的特许状证据缺失,意味着现在不可能形成爱德华离世之前其宫廷(或麦西亚宫廷)构成的任何图景,因而难以将924年发生的事件置于恰当的政治背景中。但是,人们可以通过其他途径获知至少一些相关的问题。据说埃塞尔斯坦是爱德华和一个出身较低贱的女人的非婚生子;[28] 有理由相信他在埃塞尔雷德和埃塞尔弗兰德的麦西亚宫廷长大。[29] 而艾弗威德则是爱德华与妻子埃塞尔弗兰德的合法儿子,大概在威塞克斯本地度过他的青年时期。麦西亚的权力掮客支持埃塞尔斯坦(918年埃塞尔弗兰德死后,他可能负责掌管了他父亲在麦西亚的利益),而威塞克斯的掮客拥戴艾弗威德,不是绝对不可能的;但艾弗威德不久死去(被埋葬在温切斯特的新大教堂),埃塞尔斯坦和他的支持者不得不采取所有必要的措施以争取在威塞克斯被承认。有一纸标署日期为925年的特许状,可能发布的时候埃塞尔斯坦的权威尚未在麦西亚之外被承认,特许状上将国王称为"濒临大灾难旋涡的整个地区的基督教家

---

[27] *ASc*, Mercian Register, p. 218.
[28] Hrotsvitha of Gandersheim, *Gesta Ottonis*, trans. Hill (1972), p. 122; William of Malmesbury, *Gesta Regum*, 11, 131 and 139.
[29] William of Malmesbury, *Gesta Regum*, 11, 133.

庭监护人",[30] 也许从侧面反映了当时的政治困境。有一些证据表明,埃塞尔斯坦在温切斯特遇到特别的政治阻力,[31] 从这方面来说,温切斯特主教似乎没有出席925年国王的加冕,并再次明显地缺席926年发布特许状的认证人名单,可能并非小事一桩;此外,埃塞尔斯坦的统治在10世纪后期新大教堂的历史记述中被有意忽略了。[32] 如果只从933年皇亲埃德温(艾弗威德的弟弟)的命运判断,[33] 从艾德姬弗(健在的爱德华王后)不认证其继子的特许状判断,可能在统治阶层高层仍存在一些纷争。还应该注意,埃塞尔斯坦死亡时(939年于格洛斯特),他没有被安葬在新大教堂的爱德华家族陵墓,而是在马姆斯伯里修道院。当然,基于这样杂乱无序的观察结果,不可能理解10世纪20年代中期的政治策略。然而,可以想象,埃塞尔斯坦对王位的诉求首先是受到他的麦西亚支持者的敦促,对抗"西撒克逊人"拥戴的候选人,甚至艾弗威德去世后此事的解决还耗费些时日;即使埃塞尔斯坦加冕后,内部纷争的某些因素仍然挥之不去。埃塞尔斯坦是西撒克逊王朝的成员,但他远离可能已经是西撒克逊权势基地的温切斯特,也许应该被看作具有独特麦西亚政治背景的政权。

从埃塞尔斯坦的特许状判断,他最初被视为"盎格鲁-撒克逊人的国王",[34] 延续了由其祖父阿尔弗雷德大王建立、他的父亲老爱德华巩固的政治实体。然而,不久该政治实体发生了变化,被关于国王地位的更加伟大的概念所代替。926年,埃塞尔斯坦把他的妹妹嫁给了诺森伯利亚人的国王希特里克;927年希特里克一死,"埃塞尔斯坦国王就继承了他的诺森伯利亚人的王国"。[35] 至于埃塞尔斯坦是否立即利用希特里克死亡留下的政治真空,发动战争将北方纳入他的统治之下,或者他是否凭借事先的协定"继承"王国,目前尚不清楚;[36] 但无论是什么情况,埃塞尔斯坦能够不断壮大自己的势力。记

---

[30] Sawyer, no. 395.
[31] William of Malmesbury, *Gesta Regum*, ii, 137; 也见 Sawyer, no. 436.
[32] *Liber Vitae*, p. 6; Keynes (1996), pp. 00–0. (原文如此,似有误。——编辑注)
[33] *ASc*, version 'e', p. 219; 也见 *EHD*, no. 26.
[34] Sawyer, nos. 396–7; 也见 no. 394.
[35] *ASc*, version 'D', p. 218.
[36] 参见 William of Malmesbury, *Gesta Regum*, ii, 131 and 134.

第十八章 英格兰，900—1016 年

述埃塞尔斯坦继承诺森伯利亚人王国的编年史家几乎同时继续写道："他将这个岛上所有的国王都纳入他的统治之下：首先是西威尔士人之王海韦尔（Hywel），然后是苏格兰人国王康斯坦丁、格温特人的国王欧文和班博的伊德伍尔夫的儿子阿尔德雷德。7 月 12 日，他们在一个叫作伊蒙特（Eamont）的地方通过承诺和宣誓缔结和平，并放弃所有的偶像崇拜，最后相安无事地离去。"[37] 埃塞尔斯坦于是建立了自己的政治实体，一直持续到他的统治结束。他的特许状表明，他从此被视为英格兰人的国王，进而整个不列颠岛的国王；有一首诗显然直接称颂 927 年的大事件，它预示"英格兰现在统一为整体"；[38] 国王的称号"整个不列颠岛的国王"铸在钱币上。[39] 但是，人们怀疑那些臣服埃塞尔斯坦控制的人很多仍保留他们的判断。在《不列颠大预言》（Armes Prydein Vawr）中，一位威尔士诗人预言，终有一天不列颠人将揭竿而起，将压迫者逐回海洋：撒克逊"狐狸"会"通过要塞城墙"逃跑；"伟大的国王"的管家们在赛伦塞斯特收集到的将是苦难，而不是赋税；英格兰人"会直接逃到温切斯特"；"当威塞克斯的男人们会同在一起，结成一个团伙，与麦西亚煽动者一起图谋羞辱我们荣耀的主人"，他们将会遭到毁灭性失败。[40] 在威尔士人的心目中，埃塞尔斯坦的"不列颠王国"就是这样的结局，那么他的"英格兰王国"又怎么样？937 年，来自都柏林的维京王国的诺斯人在奥拉夫·格斯弗里森的领导下，与苏格兰国王康斯坦丁的力量联合起来，意图显然是重新建立约克的维京王国并据此摧毁埃塞尔斯坦在北方的霸权。埃塞尔斯坦和他的同父异母弟弟埃德蒙身先士卒，率领一支包括西撒克逊人和麦西亚人军团的军队，在布鲁那伯击败了侵略者，得使编年史家以抒情诗般的语言记述为：自远古时代"盎格鲁-撒克逊人赢得他们的国家"以来最伟大的胜利。[41] 埃塞尔斯坦控制着英格兰南部，或他有能力应对挑战，是错不了的事实；但他在北方的地位则脆弱得多，那里仍存在很多王国内部的利益冲突，一直没有得到解决。

---

[37] ASC, version 'D', p. 218.
[38] 见 Lapidge (1993), pp. 71-81.
[39] 见 Blunt et al. (1989), pp. 55-6.
[40] Armes Prydein: The Prophecy of Britain, ed. Williams (1972) and Dumville (1983).
[41] ASC, s. a. 937, pp. 219-20.

从 925 年到 939 年期间关于埃塞尔斯坦政府运行的丰赡证据，与"爱德华的空白"形成了鲜明的对比，给人的印象是：这些年是盎格鲁－撒克逊晚期国家的形成时期。的确，君主制似乎是诞生于战争的起起落落，国君渴望加强他在和平时期的作用，并巩固他大大扩张了的王国的权力。我们的注意力最初集中在一批令人瞩目的特许状上面，这批特许状以埃塞尔斯坦的名义制作于 928 年到 935 年之间，出自一个现代学者所仅知的抄写员"埃塞尔斯坦 A"之手。[42] 这些特许状的任何一纸所提供的信息都几乎没什么价值［例如，931 年，国王将威尔特郡哈姆的一处 9 海得（hide）的地产给了塞恩沃夫加］，但它们被视为一个集体时其重要意义就改变了。第一，它们揭示了在上述时间里，某单个人负责国王所有特许状的制作；既然特许状似乎制作于各种不同的环境（有时由王家神甫制作，其他情况下由宗教机构成员以国王的名义代表受益人操作），国王埃塞尔斯坦似乎对王家活动的最重要方面实现了前所未有的控制。第二，特许状按照一种本身具有相当文学韵味的模式：以非常缜密的风格，突出反映了书写者本人的智识素养，国王宫廷的文化环境由此可见一斑；特许状的结构和形式规范，表明书写者以相当细心和自豪的态度去制作。第三，特许状包括特别精确的关于特许状发布的集会日期和地点的信息，这样就有可能追踪国王和他的顾问在整个王国的行迹。第四，特许状都附有认证人名单，不但篇幅特长，而且范围非常宽泛［包括威尔士和其他地方的"副王"（subkings），未名教区的主教，修道院院长和英格兰"斯堪的纳维亚"地区的伯爵］。绝非巧合的是，"埃塞尔斯坦 A"的特许状出现于埃塞尔斯坦作为"英格兰人之王"和"整个不列颠的国王"的统治初年。它们首先必须被看作单个抄写员的工作，但象征着被成功激发出活力的君主制，演化出与其实际成就相配的外观礼制，并披上新的政治秩序的伪装。人们想知道关于"埃塞尔斯坦 A"更多的情况，因为他显然作为国王埃塞尔斯坦宫廷一个特别重要的人物而应该被承认。他似乎已经在 935 年间退离岗位，虽然他在王家秘书处的继任者很快建立了自己的王家特许状形式标准，但不及前人文笔华丽，而且似乎更倾向于认为埃塞尔斯坦国王的成就理所当

---

[42] 这些特许状中的一例，见 EHD, no. 104, pp. 548–51.

然，没什么特别伟大之处。

毫无疑问，国王埃塞尔斯坦政府令人印象最深刻的是其立法的生命力。[43] 国王长期以来一直受到意识形态、习俗以及加冕誓言的具体承诺的约束，行使他的权力以促进和平、繁荣和公益；从国王的法律我们首先得以断定他成功地履行了指定的职责。整个 10 世纪，阿尔弗雷德国王颁布的法律法规仍然有效，这表明阿尔弗雷德的继任者意识到这些法律法规在建立社会秩序中具有极大的重要性；尽管现存的以 10 世纪国王的名义实行的法律是从阿尔弗雷德的立法基础演化而来，但它们也是对诸多不成文的习惯法的补充。因此，总是难以断定某一个别条款最早确定的时间，因为有可能该主题已经在没有侥幸留存下来的法律中被涵盖，或它的首次公开亮相，只是对此前人们想当然的习惯做法或程序的明确声明；同样，认为某一条款颁布之后立即得到遵守和执行，或不断重复就证明更有效力，其实是危险的。在这种情况下，固执地抓住埃塞尔斯坦国王立法的个别方面作为其统治的特殊性的标志是冒险的。他制定法律的重要意义更多地在于表明它所承担的一种原则——国王应被视为统治者。埃塞尔斯坦的立法显示国王如何驱使他的官员各尽职守，也显示出在坚持尊重法律上，他是多么的强硬，并揭示国王和他的顾问要实现对颇难驯服的人民的某种程度的控制，面临着持续不断的困难。有人可能会加以补充，国王埃塞尔斯坦的钱币传达同样的印象——固定的习惯做法得到强有力的实行：他关注的是规范，而不是改革，钱币的意义在于它揭示仍然持续的地方变化的功能（根据专家分析）。[44]

埃塞尔斯坦显然被时人认为自己建立了前辈无与伦比的地位，仅仅因为这个原因，他自称的"英格兰人的国王"必然值得我们尊敬；但重要的是要牢记，我们回顾过去所承认的形塑英格兰的进程，仍然没有完成。事实上可以说，至关重要的发展发生在 939 年国王埃塞尔斯坦去世后的 20 年，只有当这一时期的政治动乱尘埃落定，英格兰统一王国才开始显出人们熟悉的形态。对于埃德蒙（939—946 年）

---

[43] Æthelstan's laws are in *Die Gesetzeder Angelsachsen*, ed. Liebermann 1, pp. 146 – 83, and ed. and trans. Attenborough, *The Laws of the Earliest English Kings*, pp. 122 – 69; 也见 EHD, nos. 35 – 7, pp. 417 – 27, and Keynes（1990），pp. 235 – 41.

[44] 见 Blunt（1974），and Blunt et al.（1989），pp. 108 – 13 and 266 – 8.

和埃德雷德（946—955年）来说，主要的政治难题仍然是征服北方所面临的困难。都柏林的爱尔兰—挪威统治者仍然觊觎他们在约克的维京王国的利益；埃德蒙和埃德雷德还得与苏格兰人达成协议，因为他们不仅有能力干预诺森伯利亚人的事务，还可以阻断都柏林和约克之间的交通；北部诺森伯利亚的居民无疑有他们自己的法律。然而，必须强调的是，时局在很大程度上取决于这些在约克本地具有权力和影响力的人们态度的转变。他们自己估计最佳利益所在，据此确立或毁弃政治效忠。盎格鲁-丹麦人的约克已成为一个蓬勃发展的贸易中心，商业方面的考虑必然在决定城市的未来时起着很大的作用。伍尔夫斯坦是约克从931年到956年的主教，在北方的政治中肯定也起了至关重要的作用，尽管大多不为人知；因为从《盎格鲁-撒克逊编年史》的"北方校订本"中几次提及他来看，从埃塞尔斯坦、埃德蒙和埃德雷德的特许状中伍尔夫斯坦认证的奇异模式来判断，伍尔夫斯坦奉行的路线使他在宫廷有时受宠，有时失宠。

事件的发生令人眼花缭乱，虽然北方很多人很可能对发生在他们身上的效忠转移无动于衷。约克人抓住埃塞尔斯坦离世的机会推选奥拉夫·格斯弗里森作为他们的国王；于是奥拉夫抓住机会，向南攻入东米德兰，最终在瓦特林街确立了边界。[45] 当奥拉夫死时（941年），轮到埃德蒙开拓进取了，他很快设法从挪威人的控制下赎回了"五市镇"（林肯、莱斯特、诺丁汉、斯坦福德和德比）。943年，埃德蒙作为奥拉夫·希特里克森的受洗礼和雷格纳德·格斯弗里森的坚信礼的担保人，以这种方式开始力图扩大对当时的约克掌权者的影响；但在944年，这些国王被赶出，埃德蒙"将全部诺森伯利亚纳入他的统治之下"。[46] 945年，埃德蒙将全部坎伯兰给予苏格兰人的国王马尔科姆，"条件是后者做他海上和陆地的盟友"，以图保护自己的地位。[47] 当埃德蒙去世（946年5月），他的兄弟埃德雷德立即进军北方，"将全部诺森伯利亚纳入他的统治之下"；[48] 但到了947年，诺森伯利亚人推举埃里克·布鲁达克斯（流亡的挪威国王"金发"哈拉

---

[45] 见 the northern annals in *EHD*, no. 3, p. 279.
[46] 根据《盎格鲁-撒克逊编年史》第222页，几位国王被埃德蒙流放；但是根据埃塞维尔德的《编年史》Ⅳ，6，他们是被"伍尔夫斯坦主教和麦西亚人的郡长"（半王埃塞尔斯坦？）放逐的。
[47] ASC, p. 222.
[48] Sawyer, no. 520 (EHD, no. 105, pp. 551-2) 表明，在国王加冕之前已经完成。

尔德的儿子）为王，激起埃德雷德于 948 年对诺森伯利亚的报复（与此同时与苏格兰人达成新的协议）。即便如此，诺森伯利亚人不久重新建立起自己的独立地位，最初推选奥拉夫·希特里克森为王（950—952 年），后来拥戴埃里克·布鲁达克斯的统治（952—954 年）；但最后他们驱逐了埃里克，并再次向埃德雷德臣服，显然是出于自愿。约克人似乎一直扮演主要角色，并最终决定与英格兰国王生死与共，以促进自己的和平与繁荣。

在这种情况下，特许状的草拟者和钱币的设计者在决定如何来形容埃德蒙和埃德雷德时采取了含蓄的态度，至少相比国王埃塞尔斯坦统治期间盛行的做法是如此。时下，"整个不列颠的国王"的激动人心的日子已成过去，虽然这两个被称为"英格兰人的国王"的国王甚至在他们的统治没有超出诺森伯利亚的时候，好像都从未准备放弃对北方的诉求。然而，更有启发意义的是，制作于 10 世纪 40—50 年代的一系列极具特色的"押头韵"的特许状，体现草拟者所采用王家风格。[49] 埃德蒙是"盎格鲁-撒克逊人的国王"（940 年和 942 年）；埃德雷德是"盎格鲁-撒克逊人、诺森伯利亚人、异教徒和布立吞人的国王"（在他整个统治时期的不同时间）。当然，根据这样的证据推理太远将是危险的；但有趣的是，人们不要忘了至少有这样一位观察者：在他眼中，整体不过各个组成部分的总和。

英格兰南部的政治基础本身是否稳定和安全，仍是个问题。审视 10 世纪 30 年代由埃塞尔斯坦国王发布的特许状，以及 40 年代由埃德蒙和埃德雷德发布的特许状，就会发现各级王家政府有着相当程度的连续性，反映了从一个王朝到另一个王朝的平稳过渡。然而，不幸的是，依靠现存的证据还是难以了解事件记录表面之下的趋势。10 世纪 30—40 年代的特许状中公开的证言表明，在当时的国内事务中，主教、郡长和塞恩究竟谁是较为重要的人物，我们可以猜测他们在一个复杂的故事中扮演各自的角色；但因为不可能辨别相互竞争的利益和分清不同的派系，所以情节本身超出了我们的知晓范围。我们可以想象可能涉及的因素：主教迫切需要资源以改善他们各自教会的命

---

[49] 关于这些特许状，见 Hart（1992），pp. 431–44.

474 运，因而寻求世俗权力的支持；(50) 世俗贵族成员毫无节制的对土地和公职的贪欲，结成个人联盟或彼此对抗；(51) 国王关注的无疑是在动荡不羁的社会建立秩序，(52) 尽管自身陷于宫廷内部的争斗难以自拔。(53) 随着新的因素和人物开始发挥作用，故事情节将会变得复杂：例如，国王埃德蒙在格拉斯顿伯里任命的修道院院长邓斯坦，特别受国王埃德雷德恩宠；(54) 埃塞尔斯坦的“半王”（Half-King），实际是国王埃塞尔斯坦932年任命的一位郡长，但是在世俗贵族中享有愈益主导性的地位。(55) 读一下《盎格鲁－撒克逊编年史》，就可以推测出，整个10世纪40年代埃德蒙和埃德雷德忙于对北方的征服；虽然我们不能厘清同一时期埃德蒙和埃德雷德的内政轨迹，但几乎毫无疑问，它们将被证明是同样重要的。

到10世纪50年代，局势似乎到了关键时刻。人所共知，国王埃德雷德整个在位期间一直重病缠身，(56) 并有可能在他955年11月去世前的几年已经失去正常生活的能力。从这方面来看，以埃德雷德的名义颁布的法律无一留存下来，这可能无关紧要；但肯定有充分的理由相信，王国政府在某种程度上受到埃德雷德统治的最后四五年的特殊条件的影响。王家秘书处的抄写员对特许状的制作，给人的印象是10世纪20年代晚期到40年代晚期这个阶段具有很强的连贯性，现在几乎停滞；虽然10世纪50年代早期特许状以国王的名义制作，但是数量较少，外观上也差别很大。有些属于独特的一系列“押头韵”的特许状，自10世纪40年代早期以来时有这样的例子，很可能是由一个与伍斯特主教有联系的机构制作出来的；(57) 其他属于一个同样独特的系列，显然与格拉斯顿伯里有关联，其特点（最明显的）是在认证人名单中没有国王的名字。(58) 众所周知，埃德雷德最恩信修道院院长邓斯坦，授权他的修道院保存“他所有最有价值的家产，有很

(50) 参见 I Edmund, ch. 5. See also Dumville (1992), pp. 173 – 84.

(51) 关于10世纪郡长和他们家庭的有价值的研究，见 Hart (1992), pp. 569 – 604 and Williams (1982)；也见 Fleming (1991), pp. 22 – 39.

(52) Cf. II Edmund, and iii Edmund, ch. i.

(53) 参见 *Vita S. Dunstani*, c. 13 (ed. Stubbs, pp. 21 – 3; trans. *EHD*, no. 234, pp. 898 – 9).

(54) 关于邓斯坦生涯的调查，见 Brooks (1992)。

(55) For Æthelstan ‘Half-King’, 见 Hart (1992), pp. 574 – 85.

(56) *Vita S. Dunstani*, c. 20 (ed. Stubbs, p. 31).

(57) Hart (1992), pp. 431 – 44.

(58) Keynes (1994).

多封号—契约、先王的祖传珍品,以及他自己获取的各种宝物";[59]
因此令人难免产生想象,国王对邓斯坦的授权扩大到如此程度,以至
于他缺席的时候由邓斯坦发布特许状。国王埃德雷德在他的遗嘱中做
出的规定,相当有趣地反映了他走近生命终点时的优先考虑。[60] 他遗
赠"给他理想的安息地两个黄金十字架、两把金炳剑和400英镑";
三处地产将留给温切斯特的旧大教堂,三处地产留给新大教堂,三处
留给修女大教堂;与皇室家庭关系最密切的女修道院(修女大教堂,
威尔顿和沙夫茨伯里)每处将得到30英镑。埃德雷德然后做出精心
安排,分配剩下的1600英镑,为他的人民所用,以便"在需要之时,
他们可以免受饥荒和异教徒军队的侵害";此外,留足了够铸造2000
枚曼库斯(相当于约250英镑)的黄金,将分发给各地的主教。埃
德雷德的母亲艾德姬弗,将得到位于威尔特郡、伯克郡和汉普郡的三
处地产,"和我在苏塞克斯、萨里和肯特所有的特授地,以及所有她
以前持有的财产";分发给大主教、主教、郡长和皇室家族的各种官
员相对较少的钱款。最后,国王规定,每处地产今后将永远供养12
位救济金领取者;"如果有人不愿这么做,土地将归属我安息的地
方。"当然,很难判断埃德雷德遗嘱的意义,因为我们不知道10世
纪其他国王的遗嘱里究竟有什么规定。留给温切斯特三个大教堂的土
地加起来本身就是一笔可观的遗赠,但可能更引人注意的是,埃德雷
德在遗嘱中给他的母亲慷慨的赠予,这就使大批地产落入另一方手
中,而这批地产本可以为继承者自行处置的。还值得注意的是,遗嘱
最后的惩罚条款明确指定的土地接受者与埃德雷德希望被埋葬的地方
区别开来,这表明埃德雷德安眠在温切斯特之外的地方;如是,格拉
斯顿伯里(他的哥哥埃德蒙被埋葬的地方)或阿宾登(他特别有兴
趣在那里建筑工事)[61] 将是显而易见的选择,因而是第一份厚礼的接
受者。尽管出于良善目的预留大量金钱的安排肯定是出自埃德雷德的
良好意图,但是人们的确疑惑,这一举措是否在其他人看来相当奢侈
放纵。简言之,埃德雷德的遗嘱可以被解读为一份超乎常规的文件,
它以极其有趣的方式反映了他个人的喜好,但是很可能得不到他死后

---

[59] *Vita S. Dunstani*, c. 19 (ed. Stubbs, p. 29; trans. *EHD*, no. 234, p. 900).
[60] 见 Sawyer, no. 1515 (*EHD*, no. 107, pp. 555–6).
[61] Wulfstan of Winchester, *Vita S. Æthelwoldi*, c. 12.

掌权者的完全同意。

当埃德雷德于 955 年 11 月 23 日去世时，王位从老爱德华最小的儿子传给了下一代的长子。埃德威格（955—959 年）是国王埃德蒙的长子。据编年史家埃塞维尔德（他的亲属）记载，埃德威格"因其长相俊美，被老百姓送了一个'绝美男子'的绰号。他连续执掌王国四年，值得爱戴"[62]。尽管可能是这样，但埃德威格有一个不好的名声，说他是不称职的国王，因为他对王国事务失控，失去了许多人的支持，受到了应有的惩罚——957 年麦西亚人揭竿而起，拥立他的弟弟埃德加反对他，埃德威格于 959 年的死亡适逢其时，使埃德加继承王位，并重新统一全部英格兰为一个王国。埃德威格的声誉来自 10 世纪后期《圣邓斯坦传》中对他的描述，[63] 956 年埃德威格发布特别多的特许状增添了实质性的内容。尽管传说可能有一些事实依据，可是我们越仔细观察就越清晰地发现，埃德威格统治时期的事件有着更复杂的层面。郡长埃塞尔斯坦的"半王"在宫廷一直是主导性的世俗人物，肯定从新国王统治伊始就扮演重要的角色，既然有理由相信他被赋予抚育年轻的埃德加的责任，那么他最关心的可能是保护埃德加的利益。起初，国王埃德威格似乎决心确立自己的独立地位，摆脱那些和他已故的叔父最接近的人的影响。埃德雷德被埋葬在温切斯特的旧大教堂，这一事实本身可能是在某些方面违背先王意愿的反映，如果他实际上希望被埋葬在别处的话。[64] 事实上，可以想象，埃德雷德的遗嘱大部分被忽视了，因为甚至温切斯特的大教堂也未能够完全拥有埃德雷德遗赠他们的土地，[65] 据人们所知，埃德雷德的母亲艾德姬弗（Eadgifu）在埃德威格继位不久也被剥夺了财产。[66] 但埃德威格对他叔父政权的反动的主要目标可能是邓斯坦本人。在《圣邓斯坦传》中耸人听闻的故事背后，肯定有一些真相，大意是修道院院长在国王加冕之际干扰了他的兴致，因而惹得埃德威格大怒。虽然我们

---

[62] Æthelweard, *Chronicon* iv, 8.
[63] For the *Vita S. Dunstani* (ed. Sbbs, pp. 3 – 52; extracts trans. *EHD*, no. 234, pp. 897 – 903), 见 Lapidge (1993), pp. 279 – 91.
[64] 埃德雷德后来作为"温彻斯特的旧大教堂的朋友和拥护者"而被纪念：见 Wulfstan of Winchester, *Vita S. Æthelwoldi*, c. 10.
[65] 见 Sawyer (1983), p. 280.
[66] 见 Sawyer, no. 1211; 也见 *Vita S. Dunstâni*, c. 24 (ed. Sbbs, p. 36; trans. *EHD*, no. 234, p. 902).

可能会怀疑整个真相比这要复杂得多，但是该事件直接导致邓斯坦的家产被没收，本人被流放。[67] 分析埃德威格的很多特许状，会加深对他的行动的理解。可以假定，他以前所未有的规模挪用教会土地，或者说，他在不负责任地耗尽君主的资源；但实际上似乎是，埃德威格统治时期易手的土地是从前任国王统治期间飞黄腾达的人手中没收来的（通过正当手段或欺骗），国王将土地重新分配给一直受宠的人，或他自己的新宠。[68] 当然，在956年的非常事件背后一定有其他因素，例如，可能是国王实在太年轻了，以至于无力控制派系纷争的贵族，觉得自己承受不了牺牲一方而支持另一方的压力。不管情况到底怎么样，证据表明在埃德威格王国的腹地发生过社会和政治动乱，这不能算是他的统治能力强的表现。

957年，"皇亲埃德加继承了麦西亚人的王国"。[69] 这一具有里程碑意义的事件，在《盎格鲁-撒克逊编年史》中被记录得平淡无奇，但是被《圣邓斯坦传》的作者描述为"北方人民"反叛国王埃德威格的结果，涉及王国沿泰晤士河河道的瓜分；[70] 随着故事被新编，它被讲述得越来越像内战。[71] 王国被瓜分的现实是毫无疑问的，在其他资料中也偶尔提及；[72] 根据认证人名单可以看出，957年埃德威格发布的特许状是在王国被瓜分前后制作的，958—959年埃德威格和埃德加都在各自的王国都发布过关于地产的特许状。如果有人发现泰晤士河以南教区的主教跟埃德威格待在一起，泰晤士河以北教区的主教被调转到埃德加的宫廷，或许不应该感到惊讶。同样，在南方任职的郡长与埃德威格待在一起，以及职务在北方的郡长去觐见埃德加，也不必觉得特别。然而，恰恰是因为王国的分裂在认证人名单中整齐地反映出来，这不能不令人怀疑王国的分裂不是反叛国王埃德威格的结

---

[67] *Vita S. Dunstani*, cc. 21 – 3（ed. Sbbs, pp. 32 – 5；c. 23 trans. *EHD*, no. 234, pp. 900 – 1）；也见 Brooks（1992），pp. 14 – 18.

[68] 参见 *Vita S. Dnstani*, c. 24（ed. Sbbs, p. 36；trans. *EHD*, no. 234, pp. 901 – 2）.

[69] ASC, versions 'b' and 'c', p. 225. For discussion of the division of the kingdom, 见 Stenton（1971），pp. 366 – 7；Yorke（1988），pp. 75 – 9；Stafford（1989），pp. 47 – 50；Hart（1992），pp. 582 – 5；Brooks（1992），pp. 18 – 20.

[70] *Vita S. Dunstâni*, c. 24（ed. Stubbs, pp. 35 – 6；trans. *EHD*, no. 234, p. 901）.

[71] 见比如，*Memorals of Saint Dunstan*, pp. 102（Osbern），194（Eadmer）and 291（William of Malmesbury）.

[72] Sawyer, no. 1447（ed. and trans. Anglo-Saxon Charters, no. 44, pp. 90 – 3）；埃塞维尔德主教关于寺院建立的记述（*EHD*, no. 238, p. 920）.

果，而是有关各方达成友好政治协议的产物。957年，两个宫廷完全在领土基础上分开，959年王国重新统一时又合并起来，好像并没有涉及相互冲突的效忠问题。但在什么情况下和什么条件下王国的分裂被安排的？人们不必想象，10世纪50年代英格兰的统一会被视为它本身必然期望的结果，特别是它建立不久。有可能在埃德雷德统治时期就考虑过王国的瓜分，待他死后执行；很可能因为埃德加被认为太年轻不能承担他的那份责任，所以955年分割的事被搁置；还可能是，埃德加被养育成人并被指望继承他哥哥的王位，但局势很快发生转变，出现了要求某种分权的趋向。一个重要的因素可能是郡长埃塞尔斯坦"半王"的地位，因为不可轻视的是，在王国被分割安排的同时，他放弃了职位（退休到格拉斯顿伯里）:[73] 当埃德加准备接管权力时，郡长埃塞尔斯坦"半王"可能已经下野，或者也许是当他愿意下台时埃德加才接管了权力。埃德加以麦西亚人的国王的名义发布的几纸特许状表明，他在自己的势力范围内享有完全的行动自由。一纸标署为958年的特许状，至今保存有它的原始文本，由埃德加作为"麦西亚人的国王、诺森伯利亚人的国王和布立吞人的国王"认证，[74] 这说明，埃德加实际上继承了一个综合整体中的一大部分。其他三纸特许状，也是发布于958年，属于一个似乎与在格拉斯顿伯里的邓斯坦有某种关联的集团；[75] 所有三纸特许状都是邓斯坦作为主教认证，缺乏国王本人的认证，令人产生关于特许状制作的可能环境的有趣疑问。然而，需注意957—959年埃德加没有单独发行钱币，这些年在"麦西亚人"的铸币厂做工的铸币者仍然以埃德威格的名义铸币。[76] 此事之所以重要，是因为它可能说明埃德加像埃塞尔雷德郡长和他之前的埃塞尔弗兰德一样，受协议约束不能发行自己的钱币并从中获利。还应该补充一点：尽管王国被瓜分以后埃德威格特许状的草拟者在他们选择皇室风格时有所顾忌，但是他们依然坚持称呼埃德威格为"英格兰人的国王"。换句话说，可以想象，贯穿埃德威格统治的始终，他一直是在理论上得到统一的王国的国王，但当时机到

---

[73] 该论断依靠956—957年的特许状的详细分析；参见 Hart (1992), p. 584.
[74] Sawyer, no. 677 (*EHD*, no. 109, pp. 557–9).
[75] Sawyer, no. 676 and 678; for the third, 见 Keynes (1994), p. 166.
[76] 见 Blunt et al. (1989), pp. 146–56, 272–3 and 278–80.

来，埃德加被置于一个显然的从属地位。10 世纪中期的政治安排经过调整，仍然可以适应变化的环境。

"绝美男子"埃德威格死于 959 年 10 月 1 日，于是埃德加"继承了在威塞克斯、麦西亚和诺森伯利亚的王国，他当时只有 16 岁"。[77] 在对国王埃德加的统治（959—975 年）肯定评价时，我们不能不立即提及他赋予修道改革事业的动力。最初，国王对修道院集团的支持特别突出表现为对阿宾登修道院的恩宠，当时该修道院在他的私人教师埃塞维尔德院长的主持下。[78] 后来，在埃德加的支持下，一些神甫于 964 年被从温切斯特和其他地方的大教堂驱逐；[79] 标志性的事件是 966 年埃德加发布的特许状，授予新大教堂极其慷慨大方的特权。[80] 从 10 世纪 60 年代中期，在国王特许状的认证人名单中修道院院长的数量稳步增加，埃德加政策的效果由此可见一斑。[81] 后来国王收获了加倍回报，修道规约（Regularis Concordia）中给予埃德加很高的荣誉，称他总是鼓励和积极支持修士，在召集温切斯特宗教会议协调各方力量中起了指导作用。[82] 埃德加赢得那些直接或间接受益于他的政策的人的夸张赞誉，不足为奇，这些人包括埃塞维尔德本人、[83] 温切斯特的兰特弗雷德、[84] 温切斯特的伍尔夫斯坦、[85] 艾尔弗里克、[86] 以及拉姆西的比斯弗斯。[87] 但是，人们希望有可能将修道院集团的观点和没有受到国王埃德加活动直接影响的人的意见进行比较，尽管是以不同的方式。例如，据说埃德加"喜爱邪恶的外国习俗，将绝对的异教徒礼仪带到这片土地上，并吸引外国人来这里，引诱有害人到这个

---

[77] *ASC*, version 'b', 'c', p. 225.
[78] 关于埃德加国王建立寺院的情况，见（EHD, no. 238, p. 921），and Sawyer, no. 937（EHD, no. 123, p. 583）；也见 Thacker (1988), pp. 52 - 4. 埃塞维尔德作为埃德加的私人教师，见 Wulfstan of Winchester, *Vita S. Æthelwoldi*, c. 25, and Byrhtferth of Ramsey, *Vita S. Oswaldi*, p. 427）；也见 Regularis concordia, c. 1.
[79] *ASC*, version 'a', p. 226; and Wulfstan of Winchester, *Vita S. Mthelwoldi*, cc. 18 and 20.
[80] Sawyer, no. 745.
[81] 拉姆西的比斯弗斯（*Vita S. Oswaldi*, pp. 425 - 7）描述了复活节协议事会的召开，会上埃德加国王下令建立 40 多座寺院；不过很可能是对国王促进修道运动的回溯合理化。
[82] *Regularis concordia*, esp cc. i - 12 and 69.
[83] 埃塞维尔德关于埃德加国王建立寺院的情况的记述（EHD, no. 238, pp. 920 - 3）。
[84] Translatio et miracula SSwithuno, Preface [ed. and trans. Lapidge (forthcoming)].
[85] *Vita S. Mthelwoldi*, c. 13; and Wulfstan Cantor, *Narratio metrica de S. Swithuno* 11, lines 440 - 65 [ed. Campbell, pp. 154 - 5; trans. Whitelock (1981), p. 84].
[86] *EHD*, no. 239 (g) and (i), pp. 927 - 8.
[87] *Vita S. Oswaldi*, p. 425.

国家”;(88) 尽管这样的抱怨背后有怎样的真相，根本不清楚。更特别的是，在某种意义上说，埃德加似乎在他的前任失败的地方继续做下去，并获得了成功：压制不良行为，维护社会秩序。事实上，他的统治以“和平”著名，但通过什么手段实现和平的？

关于埃德加政府的一般了解，可以从他的特许状和法律法规中得到。959 年埃德加成为全英格兰的国王时，至少有一个抄写员为他服务，他们似乎在埃德加还是麦西亚人的国王时就为他做事；那位现代学者所知的抄写员“埃德加 A”，在 10 世纪 60 年代早期被授权负责国王大多数特许状的制作，并建立了埃德加统治时期其他特许状所遵循的范式。因此，10 世纪 60 年代和 70 年代早期的特许状在结构和内容方面特别统一，本身并不传达很多关于政治演化或变迁的信息。然而，值得注意的是，从 10 世纪 60 年代后期，北部省份终于在郡长的宣誓中有了固定的代表，最突出的是奥斯拉克；10 世纪 70 年代早期，世俗贵族整体落入四个大人物的支配之下：麦西亚的埃尔福西耶（Ælfthere of Mercia），东盎格里亚的埃塞尔温，诺森伯利亚的奥斯拉克和埃塞克斯的比斯诺斯。人们想进一步了解这几个人与国王的关系如何，以及在王国地方政府的作用如何；但人们也想进一步了解整个王国塞恩和管家与地方政府的关系，以及在威塞克斯中心地带实行的特别安排。埃德加国王的立法以不同的方式给予启发。正如我们已经看到，现存的 10 世纪的法典，虽然从来没有接近阿尔弗雷德时期法典的高度或规模，却提供了很好的线索，有助于了解法律的特定方面；这些法律是当时国王和他的参议大臣们所关注的目标，需要重申、修订或改革。至于国王埃德加，似乎强调行政管理胜过法律的实质，仿佛他首要关注的是确保程序的高效运行；程序本身可能没有新意，很可能当时没有适当地遵守。例如，每一个男子都要给自己找一个担保人，保证他履行一切法律责任；百人法庭、市镇法庭和郡法庭要定期开庭；所有交易都必须在指定的公证人监督下进行；罪犯被无
481 情地追捕。(89) 然而，当埃德加坚持执行这些规定，“这是我和我的参

(88) ASC, version ‘D’, s. a. 959 (EHD, no. 1, p. 225)，以 1002—1023 年约克大主教伍尔夫斯坦的风格写成。

(89) 埃德加的立法，见 EHD, nos. 40 - 1, pp. 431 - 7；也见 no. 39, pp. 429 - 30.

第十八章 英格兰，900—1016 年

议大臣们为了全国人的福利，添加到祖先的法令上的"[90]，人们开始怀疑，埃德加是否增加了更多他自己的立法，而不是人们所见到的现存法律。温切斯特的兰特弗雷德（写于 10 世纪 70 年代）称国王埃德加推出了"极其严酷的法律"，据此被定罪的重罪犯被挖眼、肢解和割头皮，尸体被抛到荒野喂野兽和猛禽。[91] 很可能出于好意，埃德加被人们誉为"所有统治英格兰民族的国王中最强大的"，[92] 他镇压了各处的恶人，降服了暴君；[93] 但是，如果我们倾向于敬佩埃德加给他的人民带来的伟大的"和平"，也许我们应该同时牢记，和平的实现，在某种程度上取决于上述严酷法律的执行。

到 10 世纪 70 年代早期，经过十年埃德加的"和平"，英格兰王国看起来确实是成为统一的整体，而且统一肯定是受尊重和维护的。在温切斯特集会的正式讲话中，国王敦促主教、男女修道院院长"涉及修道日常规矩要思想一致……以免在一个国家里同一教规因为遵守方式不同而致使他们神圣的谈话名声扫地"，就是那次集会导致了修道规约的制定。[94] 同样的愿望——强制推行由多样化向整齐划一转变——似乎构成国王埃德加于大约 973 年伟大的币制改革。当然，币制改革最能体现埃德加政府实现目标的能力了，因为改革的结果使钱币铸造如此标准化，以至于全国的铸币厂都铸造同一类型的钱币。王国好像在一个新模具里被重建，国王本人可以说也是这样。埃德加大概在 959 年登基就被涂油和加冕，但 973 年 5 月 11 日（圣灵降临节），在罗马城市巴斯的一次仪式上，埃德加似乎是第二次接受神圣化仪式，随后他旋即带领海军进军切斯特，在那里降服了众多威尔士和苏格兰的统治者。[95] 这些事件说明在宗教仪式中埃德加作为基督教国王的神圣使命的再次确认，以及大张旗鼓地颂贺他在整个不列颠的霸权。埃德加仅仅 29 岁就达到了权力的巅峰。

975 年 7 月 8 日埃德加去世时，他的王国的"和平"随即被搅

---

[90] iv Edgar ch 2. 1a (*EHD*, no. 41, p. 435).
[91] *Translatio et miracula i'. Swihuni*, ch. 26 [ed. and trans. Lapidge (forthcoming)]; 也见 Wulfstan Cantor, *Narfatio metfca de S. Swihuno* ii, lines 440 – 65 (ed. Campbell, pp. 154 – 5; trans. Whitelock, Wulfstan Cantor and Anglo-Saxon Law', p. 84).
[92] Ælfric, in *EHD*, no. 239 (i), p. 928.
[93] 见 *Vita S. Dunstâni*, c. 25, pp. 36 – 7; trans. *EHD*, no. 234, p. 902; 也见 *Vita S. Oswaldi*, p. 425.
[94] Regularis concordia c. 4.
[95] *ASC*, pp. 227 – 8; Ælfric, in *EHD*, no. 239 (g), p. 927. 也见 Nelson (1986), pp. 296 – 303.

乱，这是埃德加作为统治者"实力"的标志。继位问题在他的两个儿子爱德华和埃塞尔雷德（异母所生）之间引起了纷争，在这一事件中，爱德华的支持者占据了优势。尽管值得注意的是似乎不再有任何瓜分王国的想法，但是纷争本身削弱了政府的稳定性，以前得到控制的紧张现在暴露出来。我们知道最多的是"殉道者"爱德华在位期间（975—978 年）的动荡，动荡之严重以至于影响了改革后的修道院的利益，因为这个原因这些动荡常常被称为"反修道复辟运动"。但必须强调的是，动荡来自各种地方环境，以许多不同的方式表现出来。诺森伯利亚的伯爵奥斯拉克，被一个编年史家描述为"一个头发花白的男人，睿智和善于演讲"，被逐出流放，[96] 很可能成为他在埃德加政权中所扮演角色受到对抗时的牺牲品。在麦西亚，郡长埃尔福西耶开始打压一些埃德加统治期间创建的修道院，似乎仅仅是因为他手中有了权力，抵制不住机会的诱惑，要为自己和朋友夺取地产。但当骚乱眼看要向东蔓延时，据说一个叫艾弗沃德（Ælfwold）的人、他的兄长埃塞尔温郡长和比斯诺斯郡长坚定地捍卫僧侣们的利益。[97] 在阿宾登，应该属于国王儿子们的地产以及国王埃德加赠予修道院的地产，被参议大臣们强行追回，并重新分配给皇亲埃塞尔雷德；[98] 在罗切斯特，一位寡妇和她的亲属在埃德加去世后向"作为上帝对手的郡长埃德温和公众代表会议"申诉，迫使主教放弃了对一处有争议地产的封号—契约。[99] 来自剑桥郡的伊利修道院的证据特别有趣，因为它特别详尽地揭示了 10 世纪 70 年代早期主教埃塞维尔德和修道院院长如何着手从地方贵族那里为修道院积累土地，以及当时人们如何借助埃德加国王去世后加剧的动荡以各种方式违背先前的协议，以图赚回他们的钱，收回他们的土地。[100] 换句话说，伊利的情况说明了地方社会因为建立一个大修道院而产生的利益冲突，阐释了压力释放后会发生的事。来自伊利的证据足以复活地方社会，然而这是唯一的特例：10 世纪 50 年代中期格拉斯顿伯里和阿宾登可能有过类似的

---

[96] *ASC*, p. 229.
[97] *ASC*, p. 229, and Byrhtferth, *Vita S. Oswaldi* pp. 443 – 6, trans. *EHD*, no. 236, pp. 912 – 14. 也见 Williams (1982), pp. 159 – 70.
[98] Sawyer, no. 937 (*EHD*, no. 123, p. 583).
[99] Sawyer, no. 1457 (*Anglo-Saxon* Charters, no. 59, pp. 122 – 5).
[100] 见 *Liber Eliensis*, pp. 72 – 117.

第十八章　英格兰，900—1016 年　　　　　　　　　　　　　　529

经历，到 10 世纪 70 年代中期，好多机构一定与伊利的经历相同。总的说来，爱德华统治时期的动荡应被视为某种社会和政治失序的表现，这种失序可能是伴随着被视为专制象征的国王的意外离去。关于爱德华本人，人们没有任何实质性的了解。978 年 3 月 18 日，他被他弟弟的一些"狂热的塞恩"谋杀于多塞特郡的考弗（Corfe）隘口；[101] 他的尸体最初被抛弃在一个秘密的地方，979 年 2 月却奇迹般被"发现"，于是被送到韦勒姆（Wareham），然后非常隆重地运往沙夫茨伯里。

　　国王"鲁莽汉"埃塞尔雷德统治时期（978—1016 年）经历了维京海盗对英格兰的再度袭击，这个国家和中央权力陷入像以往一样长期的紧张。袭击始于 10 世纪 80 年代，最初规模较小，到 90 年代侵袭变得更为严重，1009—1012 年迫使英格兰民族屈服，这个国家的大片领土毁于"高个子"托尔凯尔的军队之手。丹麦国王斯维恩·福克比尔德（Swein Forkbeard）1013—1014 年征服了英格兰王国，（埃塞尔雷德复国之后）他的儿子克努特于 1015—1016 年重新征服英格兰王国。被纳入《盎格鲁-撒克逊编年史》的这些年的令人遗憾的事情必须单独阅读，[102] 与其他以各种方式反映埃塞尔雷德统治时期的治理和战事并列看待。[103] 这些证据提供了指控国王的基础，指控他缺乏实力、判断和决心，以至于在民族危难时不能肩负起对人民称职的领导。埃塞尔雷德很快就发现，他的军事指挥官倒戈背叛，但他别无所依；在他统治的整个时期，尝到的只不过是失败的耻辱。任何企图摆脱传统的广泛影响的努力注定被视为异想天开，因为传统已被普遍接受，例如，有人可能会说，《盎格鲁-撒克逊编年史》中对埃塞尔雷德统治的记述代表着某个丹麦征服后的人的观点，其目的是追踪导致最终失败的事件，因此可以认为他的记述不一定代表全部真相。然而，需要编织的借口越多，其做法就越不那么令人信服。也许埃塞尔雷德的统治终究不过是一个简单的故事：国王与他面对的挑战不相匹配，因而极好地流传下来。然而，如果说我们从 10 世纪英格兰的历

---

[101] 见 ASC, pp. 230-1, and *Vita S. Oswaldi*, pp. 448-51, trans. *EHD*, no. 236, pp. 914-6. 也见 Ridyard（1988），pp. 154-75.

[102] ASC, pp. 230-51.

[103] 见比如，EHD, no. 10（the poem on the battle of Maldon），nos. 42-6（law-codes），nos. 117-29（charters, etc.），nos. 230-1（letters），and no. 240 Archbishop Wulfstan's *Sermo ad Anglos*）.见 also Hill（1978），Scragg（1991）and Cooper（1993）.

史学到什么，那就是事件不可能以如此简单化的方式展开。我们可能会对此事实深有印象：阿尔弗雷德大王和他的继任者创建了一个整个英格兰统而为一的王国，同时发展出治理王国和对人民发号施令的手段。给我们留下深刻印象的，可能还有某些国王的虔诚和善意、创造条件以使宗教机构繁荣和学术昌盛的意愿。但是，当话题转到国王埃塞尔雷德的统治时，我们的注意力从这些振奋人心的事件转移到维京人的突袭，我们突然被带回到盎格鲁－撒克逊英格兰时期严峻的现实生活。显而易见，袭击暴露了进入末期的盎格鲁－撒克逊国家结构深层的紧张和脆弱；很明显，事件发生和展开的背景比编年史家注意揭示的要复杂得多。例如，984年埃塞维尔德主教的死似乎加剧了某些教会利益得而复失的趋势；到993年国王终于为过去错误的行事方式而后悔，此后一段时期王国内部事务似乎呈现了某种程度的繁荣；1006年，宫廷发生了重大变化，使得另一派参议大臣走上政治前台；在1009—1012年由托尔凯尔的活动所造成的动乱期间，麦西亚郡长埃德里克·斯特奥纳设法在世俗贵族中建立起自己的主导地位；就是埃德里克在埃塞尔雷德统治的最后几年中举足轻重的作用，破坏了英格兰人仍然具有的抵抗能力。[104] 如果我们力图从捍卫国家抗击敌人的能力来评判国王埃塞尔雷德，结论很清楚；即使我们设法了解发生了什么事情，也无法隐瞒这样一个事实：埃塞尔雷德的统治以四分五裂和多灾多难结束。然而，我们应该记住，国王和他的人民在王朝的早期经受了各种考验和磨难，在他们的抵抗能力最终崩溃之前，他们的确应对了很多挑战；如果人们倾向于认为丹麦人只不过是英格兰借以伤害自己的一种工具，那么在英格兰人自己看来也应受赞誉，因为他们实际终结了一场残酷的侵略战争。

西蒙·凯恩斯（Simon Keynes）
王建波　译
顾銮斋　校

---

[104] Keynes (1980); Keynes (1986), pp. 213–7.

第三部分

加洛林帝国以外的欧洲

第 十 九 章
欧洲的俄罗斯，约 500—约 1050 年

导　论

对早期中世纪时代欧洲俄罗斯的历史研究，通常集中于以基辅为中心的罗斯国家的起源和发展方面。但是，这种研究方法太偏狭了。从政治上来看，它忽略了拜占庭人的克里米亚、哈扎尔汗国和伏尔加保加利亚酋长国。自公元 500 年之后，这些非罗斯人的国家便存在于欧洲的俄罗斯地区了。从社会上来看，它遗漏了不属于这些国家统治精英的绝大多数人。为了反映一种新的历史观点，本章将关注两大主题：居住于欧洲俄罗斯境内的人民，以及试图统治这些人民的国家。

然而，有必要首先对学术用语做一点评论。对被称为欧洲俄罗斯的地区，在英语世界中，并不存在被普遍接受的术语。大多数的苏联学者使用东欧（*Vostochnaia Evropa*）这一短语，这固然很好，只是西方很多人通常将波兰、捷克共和国、匈牙利和巴尔干也划入东欧的范围。另一方面，乌克兰的学者及其他非俄罗斯学者，则极力反对划分俄罗斯地区，即使是从地理概念的角度也反对如此划分。对这些非俄罗斯学者来说，只能有所歉意了，因为在英语中，欧洲俄罗斯这一概念很好地描述了在此所要考察的这一地区的情况。用俄罗斯人（Russian）一词来描述蒙古人之前的东斯拉夫人及其国家，也存在着巨大的争论。而乌克兰学者坚持认为，罗斯（Rus'）一词是很好的术语，尤其是在中世纪东斯拉夫人的文献中，该词被广泛用来称呼他们自己和他们的国家。有鉴于此，我们将采用罗斯这一术语。

约 1050 年之前，欧洲的俄罗斯并没有提供很多书面资料。唯一

真实存在的哈扎尔人的资料,是 10 世纪哈甘·约瑟夫(Khagan Joseph)与几位西班牙犹太人的《通信》(Correspondence)。① 但是,《通信》的真实性曾遭到挑战,对其内容的解释也存在很大争议。伏尔加保加利亚人没有留下文献资料,科尔松地区的人显然也没有留下当地的编年史。罗斯人的《往年纪事》(Primary Chronicle),其内容约始于 850 年,但却是 11 世纪中叶编辑的作品,对其约 1050 年之前的有关记载的真实性,存在着激烈的争议。拜占庭、伊斯兰和斯堪的纳维亚的资料提供了很多有价值的信息,但也同时显露出许多严重的问题。仅有伊斯兰作者伊本·法德兰(Ibn Faḍlān)曾造访欧洲俄罗斯,并记载下自己的亲身经历。② 斯堪的纳维亚的英雄传奇,最初创作于冰岛,始于 13 世纪,因此用来解释 9—11 世纪的欧洲俄罗斯的历史是有争议的。拜占庭的资料,正如所预料的那样,对欧洲俄罗斯的了解严格局限于拜占庭人的观点。文献资料的缺乏,意味着我们在更大程度上依赖于来自考古学、语言学和银币学的信息。尽管这些学科描绘了中世纪生活的许多方面,但是,在许多关键性历史问题上依然提供不出足够的证据。例如,在早期罗斯国家是否存在封建制度的问题上,这些学科便提供不了什么帮助。重构早期欧洲俄罗斯的历史的主要障碍是缺乏资料。

欧洲俄罗斯土地上的人民

在早期中世纪的历史上,欧洲俄罗斯的人民,居住于五个不同的地理—经济区域。随着时间的推移,在每一区域内,其居民都发展出一种独特的生存策略,一种与特殊气候和环境条件相一致的明确的生活方式。这五个区域是:

1. 黑海沿岸地区,拜占庭人一开始便将地中海地区的城市生活永久性地移植于此。
2. 大草原地区,大约公元前 700 年前,斯基泰人(Scythians)来到此地,此前,不同的突厥人和一些伊朗人在此过着草原游牧生活。

---

① *Evreisko-khazarskaia perepiska vXveke*, ed. P. K. Kokovtsov.
② Ibn Faḍlān, *Risalah*.

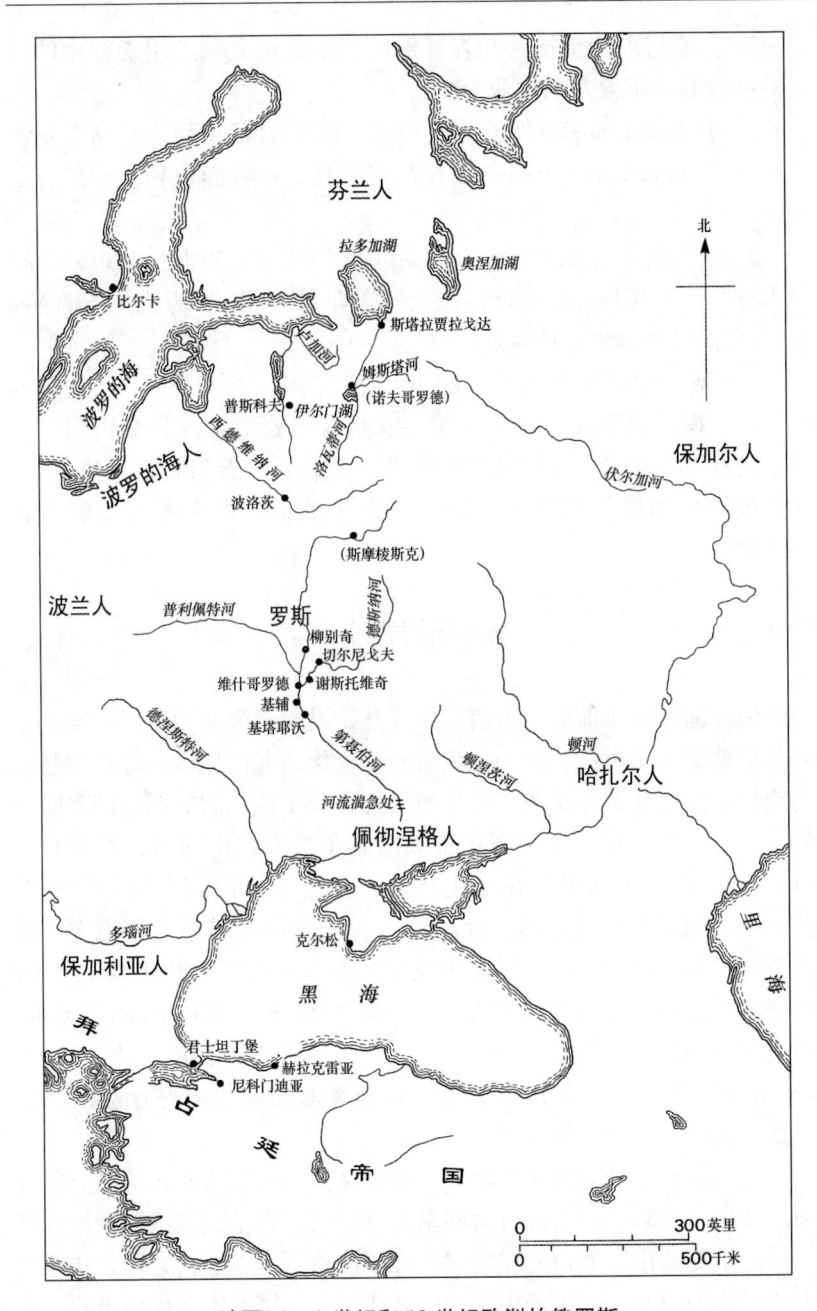

第十九章 欧洲的俄罗斯，约500—约1050年　535

芬兰人
拉多加湖
奥涅加湖
北
比尔卡
波罗的海
斯塔拉贾拉戈达
姆斯塔河
普斯科夫
伊尔门湖
(诺夫哥罗德)
波罗的海人
第维纳河
保加尔人
波洛茨
伏尔加河
(斯摩棱斯克)
波兰人
普利佩特河
罗斯
聂伯河
柳别奇
切尔尼戈夫
维什哥罗德
谢斯托维奇
基辅
基塔耶沃
德涅斯特河
顿河
哈扎尔人
顿涅茨河
河流湍急处
佩彻涅格人
多瑙河
保加利亚人
克尔松
黑海
君士坦丁堡
赫拉克雷亚
尼科门迪亚
拜占廷帝国
里海

0　　　　300 英里
0　　　500 千米

地图10　9世纪和10世纪欧洲的俄罗斯

3. 草原与森林交错区和森林地区，东斯拉夫农人用森林中的产品贴补着非常不稳定的农业生产。

4. 中部和北部俄罗斯的森林地带，波罗的海及芬兰－乌戈尔语族部落（Finno-Ugrian tribes），在此将狩猎、畜牧养殖和农业结合了起来。

5. 冻土地带（the tundra）和遥远北方的针叶林地区（taiga），拉普人/萨米人（Lapps/Saami）和萨莫耶德·涅涅茨人（Samoyed Nentsy），靠捕鱼和狩猎为生。

上述划分并不十分严格。例如，游牧者和农耕者都居住于森林草原一带，中部俄罗斯的森林地带，农耕者与狩猎者也是交织在一起的。同样，农耕者也设法从事饲养业，游牧者与狩猎者也从事农业。在中世纪，如果仅局限于一种生存方法的话，很少有人能够幸存下来。

黑海沿岸地区

公元前 700 年前后，希腊殖民者开始沿着黑海北岸定居下来。至公元早期的几个世纪，罗马取代希腊作为黑海北岸地区的地中海强国的地位。希腊和罗马给黑海北岸殖民地带来了他们的文明。随着时间的推移，许多当地的土著居民被吸引到了黑海北岸的城市社会。约 375 年，匈奴人对俄罗斯南部的入侵，开启了"民族大迁徙"的序幕，威胁到了这些城市的生存。6、7 世纪期间，局势有所稳定，拜占庭对黑海北岸的影响被局限于克里米亚沿海地区的几座城市之中，最著名的是西南沿海的克尔松（Cherson）和刻赤海峡（Kerch strait）西边的博斯普鲁斯（Bosporos）。博斯普鲁斯很快为哈扎尔人（Khazars）所控制，仅留下克尔松作为黑海北岸地中海社会的主要堡垒。

克尔松地处沿海的狭长地带，山脉将其与克里米亚大草原分隔开来。在中世纪时代的大部分时间里，克尔松一直是欧洲俄罗斯境内唯一一座重要城市。城市的住房建筑都是沿街而建，呈长方形，传承了古典时代的形制。克尔松由坚固的城墙保护，城墙定期加以重修，并且拥有天然良港，因此能够在相对和平的条件下追求自己的商业利益。向北翻越山脉便是克里米亚大草原。从大草原邻居那里，克尔松获取绵羊和马匹。与此同时，居住在森林草原地带和北方更远地区的人们，带来了毛皮、蜂蜜、蜂蜡、奴隶以及粮食。克尔松本身还是一个主要的渔业中心。所有上述产品都被用船只运往小亚细亚和君士坦丁堡的市场，从那里，克尔松获取丝绸、精美的玻璃制品和光亮的釉面陶器等奢侈品，以及葡萄酒和橄榄油。所获得的这些产品，之后又被用来交换北方的物品。一些运往北方的葡萄酒和橄榄油是用克尔松生产的双耳细颈椭圆瓦罐和其他陶器装船运输的，生产此类产品的手工作坊还生产用于北方贸易的瓷砖。克尔松的存留与繁荣得益于它在这一商业贸易中的中介地位。

考古资料证明，克尔松的经济经历了几个长时段的循环。5—7世纪是经济繁荣时期，导致大规模建筑活动的出现（重建城墙、新建教堂、新建住宅区）。渔业和鱼类加工业兴旺，陶器生产繁荣。8世纪和9世纪上半叶，是经济衰退时期，此时极少发现建筑或作坊产品方面的考古学证据。9世纪下半叶和10世纪，则经历了一个经济复苏期。城墙得以重修，重建和新建了许多教堂，城市的许多地区变得人口稠密拥挤，出现了新的居住区，当地的铸币业得以恢复。当地的陶器制作和瓷砖（tile）生产增加了，对拜占庭光亮釉面陶器（glazed ware）的进口也增加了。大约到989年，经济繁荣戛然而止。此时，罗斯大公弗拉基米尔（the Rus' Grand Prince Vladimir）攻陷该城，使其进入了一直持续到11世纪晚期或12世纪的"黑暗时代"。

正确地讲，克尔松是君士坦丁堡在地方上的翻版，它的北方，与广大的"蛮族"地区接壤。除了在罗斯国家的转变过程中担当了次要的角色之外，克尔松还与北方的"蛮族"世界从事着活跃的贸易活动，只是对北方邻居的影响并不持久。这也就解释了在欧洲俄罗斯的中世纪史上，克尔松和拜占庭的克里米亚通常被忽视的原因。克尔松缺乏对欧洲俄罗斯的影响是有悠久传统的。希腊人和罗马人从来没有打算征服欧洲俄罗斯，或者将其纳入大的朝贡区域之内。结果导致欧洲俄罗斯没有希腊—罗马的历史遗留，没有建立过高度组织性和官僚性的国家，也没有武装力量用于罗马化，没有基督教会或教会机构将人民凝聚到一起，没有罗马的道路系统和罗马的技术用于陆上运输,没有法律和哲学用于理顺人们的生活。总之,希腊和罗马并没有为俄罗斯提供一个可资利用的过去。

大草原上的游牧民

大约在公元前 700 年,斯基泰人出现于南部俄罗斯。在此之前,已经有一部分人放弃农业、狩猎和采集作为生存手段,开始从事游牧式的畜牧业。这些游牧者发现,将放牧的动物(最早是绵羊和马匹)饲养于南部俄罗斯和乌克兰一带水草肥美的草原地区,要比其他选择有着更加可靠的物质保证。而蓬蒂克大草原(The Ponticsteppe)恰巧是从蒙古延伸至现今匈牙利的大草原带的一部分。游牧者定期从东方迁徙至南部俄罗斯,吸引他们的便是富饶丰美的草原。在这些迁徙者中,军事上的失败者不得不寻找新的牧场。由于自然灾害,如使牧群毁灭的疾病和使牧场枯萎的干旱,其他游牧者则向西迁徙。无论何种原因,大约自公元前 1000 年至公元 1300 年间,新来的游牧者定期西迁至蓬蒂克大草原成为俄罗斯历史上持续不断的特征。直到大约 370 年,南部俄罗斯的游牧者几乎全部操伊朗语(Iranian)。匈奴人的入侵,开启了长期由突厥游牧民族占主导地位的一段历史时期。早期中世纪时期,南部俄罗斯草原上的主要游牧民族是突厥哈扎尔人(the Turkic Khazars)和佩彻涅格人(Pechenegs)。900 年之前不久,乌戈尔马扎尔人(Ugrian Magyars)被迫迁徙至匈牙利平原地区,之前也曾在此地居住过一段时间。在顿河流域和北部高加索草原地区,依然能够发现伊朗的阿兰人(the Iranian Alans)与突厥保加利亚人(the Turkic Bulgars)的残部。

游牧民族的田园生活并非一种自给自足的生活方式。在游牧者中间也存在着农业和手工业生产,依赖定居者们提供食品和各种商品。这些食品和商品是依靠贸易或掠夺获得的。因此,大草原上的这些游牧者以其穿越整个活动领域的商业和对邻近的定居者国家的掠夺而闻名。因为这些早期中世纪的游牧者没有文字,描述他们的历史资料都是那些定居的、掠夺行为的"受害者"们留下的。这些资料对野蛮的游牧者所描述的形象是,践踏、杀戮、奴役无辜的处于"文明"地区的居民,动不动就毁坏他们的村庄和城镇。确实,一部分罗斯王公使另一些罗斯王公及其人民遭受暴行,在罗斯编年史中,佩彻涅格人等游牧者因此也受到强烈的谴责。进而言之,早在大约1015年的时候,罗斯王公就招募佩彻涅格人和其他的游牧者作为参与罗斯内战的辅助部队。游牧者在罗斯的土地上所造成的破坏,都是代表罗斯王公所做的坏事。

罗斯以及大草原上的其他邻居最初都来自农耕世界。他们很难甚至无法彻底了解游牧的生活方式。根据他们的理解,游牧生活似乎就是漫无目的的流动。真实情况是完全不同的。成功的草原游牧生活,要求有非常规律的体制做保障。被游牧部落占据着的大草原的土地上,被分成了众多的部落和氏族,以防止相互冲突。例如,10世纪中叶,佩彻涅格人被分成了8个部落,其中的4个地处第聂伯河(the Dnieper)两岸。这8个部落又被划分为40个氏族。每个部落的人都遵循严格的年循环规律。每年春天来临,冰雪融化之时,各部落便将牧群移向北方,以便牧群在夏季有一个好的牧场。秋天来临时,牧群便被移向南方,在那里,冬天的降雪量不至于妨碍牧群的放牧。游牧组织里的每一个人都有特定的责任。妇女和儿童负责搭建和收起毛毡制成的蒙古包(the felt yurts)或帐篷,以及操持家务。男人则看护羊群、狩猎、从事贸易和打仗。简而言之,游牧生活远非是漫无目的的游动,反而是一种管制非常严格的生活方式,目的是保证本群体的生存。

罗斯的首都基辅,地处森林草原的北方边界地区,也是农耕者与游牧者都会加以利用的区域。东斯拉夫农民定居于这一区域,将上好的夏季牧场转变成为黑土地。很明显,佩彻涅格人和其他游牧者反对这种威胁他们生存的做法。在罗斯编年史中,他们的抵抗行为被视为一种无端的侵略。因为这些编年史的作者意识不到游牧民族也同样需要这块土地。罗斯对"敌对的"游牧民族的"报复"被视为合法行为,而游牧民族进入罗斯境内则被谴责为暴行。

与定居者进行贸易对游牧民族来说是非常重要的。例如,哈扎尔汗国便非常典型,因为它的首都伊蒂尔(Itil')地处伏尔加河三角洲地区,是国际商业贸易的中心。可汗(Khagan)从每一位由伊蒂尔过境的外国商人那里抽取什一税。作为回报,可汗为来自近东、中亚、高加索地区和欧洲俄罗斯的贸易者提供安全的交易市场。可汗设有固定的交易中心，来自各地的商人可以带来他们的商品来此交易。与此同时，像佩彻涅格人这样缺少政治组织的游牧者则与其邻居进行直接贸易。例如，罗斯便直接从佩彻涅格人那里购买牛、马和羊，与此同时，佩彻涅格人与克尔松也有着活跃的商业活动。蓬蒂克草原上的游牧民族创建了安全的交易市场，商人们可以聚集于此，安全地通过此地前往他国，与邻国人民直接交换他们的产品。

中世纪大草原上游牧民族的社会，远比农耕世界的作者们所认为的那样更有组织、更复杂。游牧民族所采取的生存战略，是建立在放牧羊群、马匹和其他动物的基础上的，事实证明，多半是非常成功的。但是，大草原上的游牧民族常常被塑造成残忍的恶人，所以，他们的生活方式极少被人理解或欣赏。

森林与草原交错地区和森林地区的农耕者

因为古典作家们所提供的信息不够确切，有关斯拉夫人的起源问题几乎都要依靠考古学的证据。但是，考古学并不能论证出自早期冷铁时代以来，波兰（Poland）或乌克兰（Ukraine）的斯拉夫定居者的连续性问题，因此两者成为谁是斯拉夫人的"故乡"的主要竞争对手。故而，最好是从大约500年早期斯拉夫人的历史开始为好，此时的斯拉夫人可能已经定居于多瑙河的下游并接着向北方迁移。在阿瓦尔人（Avars）的压力下，斯拉夫人的组织开始逐渐地大规模地向南方、西方和东北方迁移。向东北方向迁移的斯拉夫人成为如今三个斯拉夫人团体的原始祖先：乌克兰人、白俄罗斯人（Byelorussians）和大俄罗斯人（Great Russians）[*]。一部分斯拉夫人迁往今天的波兰境内，之后又迁往东方被早期的东斯拉夫人所同化。在一千年的时间里，东斯拉夫人持续不断地向北方和东方移动。在这一过程中，他们征服、同化、灭绝或驱逐了当地的芬兰人（Finnic）和波罗的海人（Baltic），后两者当时已经占据森林与大草原交错地区和森林地区的大部分。因此，东斯拉夫人是最后一批迁往欧洲俄罗斯的主要民族，并逐渐成为占统治地位的群体。

---

[*] 居住于俄罗斯欧洲部分中部和北部的斯拉夫人。——译者注

早期中世纪时，东斯拉夫人最早居住于主要河流的支流地区的小村庄里。在这些小村庄中，一部分是高地要塞（hillforts），另一部分则是靠近高地要塞的开放式村庄。高地要塞通常地处高高的河岸上面，两边都是深谷。这种要塞有着很好的自然屏障，抵御入侵者时减少了对土制壁垒和壕沟的需要。这些定居点的位置，同样也考虑到淡水水源问题和沿河肥沃的冲积土地问题。村庄中，简朴房舍的分布并没有特殊的规则，也很少留下专门手工艺品的证据。多数家庭是自给自足的，保持在基本生存的水平，没有出现剩余产品或过于复杂的社会关系：几乎所有的陶器都是手工制作的。早期中世纪的东斯拉夫人，并不比切尔尼亚霍夫文化（the Cherniakhovo culture）阶段的前匈奴人先进。200—370 年，切尔尼亚霍夫文化占据了南部俄罗斯的大部分地区。

早期的东斯拉夫人被认为是耕种者，许多学者认为他们生活于公共的大家庭之中。只是到了 15 世纪和 16 世纪，我们才发现较充分的文字资料，证实了东斯拉夫人是农民的问题。将研究晚期中世纪农业所获得的理解，与早期中世纪的有限证据相结合，有可能对大约 1050 年之前东斯拉夫人的农民生活，勾勒出一个画面。对比以现代政治意识形态为基础所做出的假设来说，可能这一画面更接近于真实。早期中世纪农民中的绝大多数的生活单位是独立的核心家庭，而不是公社式的大家庭。农民的家庭生活一直处于为生存而艰难奋斗的状态。他们播种着产量低下的种子，使用着原始的农具。最终的收获仅能维持家庭的糊口，直到新作物出现才有少量剩余用于纳贡和一点点必要的买卖。在冬天，牛和马之类的役畜（draught animals）并非像羊群那样在户外放养，而是圈起来饲养。因为大多数农民并不能将大量的庄稼地转换成饲料用地，所以，他们并不能保有役畜。这就意味着他们没有粪肥增强地力以提高产量。由于缺少自然肥料，东斯拉夫农民只能持续不断地开辟新的土地用于耕种。仅是随着斧子和火的应用，便在原始森林中持续不断地开辟出新的地块，耕种几年之后便放弃了，作为流动的耕种者只能到新的地块上耕种了。于是农民便陷入这样一种生活方式之中，在正常年份，仅能维持生计而极少剩余。

正常年份极少。要么是降雨太多，要么降雨太少；要么日照太多，要么日照太少；这一切都会降低农业的产量。因为农民不可能仅仅依靠农业过活,他们的存活还需要来自森林的补贴:森林中的动物为他们提供了食物和毛皮。与此同时,森林溪流中的鱼类或许是农民餐中主要的蛋白质来源。农民的小木屋和灶台里所用的柴火都来自森林里的树木。蘑菇和野果是额外的食物来源。总之,中世纪东斯拉夫的农人是耕种者,也是森林采食者。如果他们仅仅依靠农业的话便会陷入灭亡的境地。

有限的粮食产量同样也限制着农民的家庭规模。基于农业大环境的制约,小农耕作的模式中人均产量会有一个上限值。这个上限值是核心家庭所取得的,核心家庭由丈夫、妻子和几个孩子组成。孩子长大成人之后便会结婚,组建新的家庭,迁徙、发现新的处女地,并开始加以经营。新的家庭带来新的耕地的过程,或许就是加快东斯拉夫农民穿越森林与草原交错地区和欧洲俄罗斯森林地带的原因。③

基辅国家的创立使罗斯王公的某些权利提高了,这直接影响到农民的生活。这些权利中最重要的是索取实物贡品的权利,每户农民一张毛皮。马克思主义史学家常常将这种贡品解释为农奴缴纳给封建主的费用。但几乎没有证据支持这一观点,大多数学者认为,东斯拉夫农民的农奴化始于15世纪和16世纪。另外,罗斯王公开始拥有自己的个人地产,最初是为了饲养家畜和马匹,同样也是为了提高农业生产及狩猎。在这些地产上,大部分生产者和监工,即使不是全部,但绝大多数都是奴隶或债务人。但是,这一进程是何时开始的,并不确定。从最早的一部罗斯法典《东斯拉夫法典》(the *Pravda Russkaia*)可以判断出来,私人持有土地仅仅是11世纪下半叶的事。所以,除了征收贡物外,1050年之前,王公经济对农民的影响相当小。

森林地区的狩猎者、牲畜饲养者和农民

中世纪伊始,一部分芬兰-乌戈尔人(Finno-Ugrian)和波罗的海人(Baltic peoples),居住于从伏尔加河(Volga)中游至波罗的海的欧洲俄罗斯的森林地带。同东斯拉夫人和维京人(Vikings)一样,

---

③ 这一分析借助于史密斯(Smith)著作中的许多洞见。R. E. F. Smith, *Peasant Farming in Muscovy*, Cambridge, 1977.

第十九章 欧洲的俄罗斯，约 500—约 1050 年

他们没有留下文字材料。与哈扎尔人、伏尔加保加利亚人（Volga Bulgars）和罗斯人一样，他们也组建了国家，或者说同佩彻涅格人和其他大草原上的游牧民族一样，他们侵入了定居的、有文化的邻人的土地。结果是，波罗的人，尤其是芬兰-乌戈尔人就成为早期中世纪欧洲俄罗斯人中被忽视的部分。因为芬兰-乌戈尔人数量众多，且占据更加重要的地域，因此这里将把关注点放在他们身上。

芬兰-乌戈尔人从传统上来说是狩猎—采集者。从俄罗斯中部和北部森林地区所具有的丰富的动物、鱼类和天然食物来看，狩猎是对自然环境合理适应的结果。但是，自500年之后，农业、家畜饲养业和冶金业的地位有了极大提高。由于新的生活方式并没有整齐划一地被人接受下来，所以，在芬兰-乌戈尔人中间，社会—经济的差别加强了。例如，摩德汶人（Mordvins）已经开始大面积犁耕农业时，乌德穆尔特人（Udmurts）和科米-彼尔姆人（Komi-Permians）所占领的大部分地区，仍处于刀耕火种阶段。到11世纪，马里人/切列米斯人（Mari/Cheremis）才进入刀耕火种阶段。当梅里安人（Merians）和穆罗缅人（Muromians）进行动物饲养的时候，科米-兹梁人（Komi-Zyrians）仍是狩猎—采集者。尽管存在这样一些差别，从芬兰-乌戈尔人部落的整体来说，仍然是一种混合经济。人们到处竞相猎取驼鹿、熊及鹿，诱捕黑貂、貂鼠、海狸以及其他的皮毛类动物。家畜尤其是对马、牛、猪、羊的饲养，已经遍及整个森林地带。通过多种方法对谷物的栽培，大大提高了产量。而且，随着对工具和武器需求量的增长，加之当地存在着铁矿资源，推动了黑色金属冶金技术的广泛推广。事实上，10世纪之前，在梅里安人中，妇女在铸造业中占据着主导地位，铸造业是家庭手工业。在早期中世纪，森林地带的芬兰-乌戈尔人中，其冶金技术在科米-兹梁人及其先人（罗莫瓦托夫和洛丹诺夫文化的创造者）中达到了顶峰。艺术工匠们用各种各样的技术，制作出了一系列的金属装饰板、垂饰品以及被称为彼尔姆动物风格的偶像。现实主义因素与幻想因素相结合，他们描绘出了各种各样的鸟类、动物和人类。早期中世纪期间，森林地带的芬兰-乌戈尔人完成了由狩猎—采集为主的社会向混合经济的过渡，农业、家畜饲养和手工业生产已处于同等重要的地位。

欧洲俄罗斯的中部和北部地区数量众多的皮毛类动物，始终吸引

着外部世界的人们的注意力。在早期中世纪，挪威（Norway）的维京人、诺夫哥罗德（Novgorod）的东斯拉夫人以及伏尔加河中游地区的保加利亚人（Bulgars），都试图通过贸易和朝贡的方式从这一地区获得毛皮。在很大程度上，这些地区的历史，集中反映了外部世界的人们，在剥夺自然资源过程中的相互竞争。无论如何，9世纪前芬兰－乌戈尔的封闭状态戛然而止，部分芬兰－乌戈尔人因为外部寻求其毛皮和土地的人们的入侵而进入历史。

北部俄罗斯的芬兰－乌戈尔人部落，必然要与邻人进行积极的贸易活动。贸易不仅是为获得某些商品所必需，也是被强加给他们的，但着实要好过殖民官员和武装远征军们要求的强制性贡纳。无论怎样，外来者持续不断的入侵，改变了芬兰－乌戈尔人的生活。为了避免遭受罗斯人或保加利亚人的统治，许多芬兰人移居到更远的北部和东部地区。一些留下来的或遭灭绝，或被同化。结果，曾经被文字资料记载过的部落，如穆罗缅人和梅里安人这样的芬兰人部落，在中世纪期间便消失了。与此同时，大俄罗斯的史学家对强大的芬兰隐性特质的认可，如同白俄罗斯的史学家对杰出的波罗的海隐性特质的认可一样。被同化了的芬兰人和波罗的人，慢慢地成为罗斯人、农耕者和东正教教徒。拒绝同化并仍然幸存下来的那些部落，如马里人/切列米斯人，不得不遭受大规模的斯拉夫化。无论好坏，早期中世纪伊始，欧洲俄罗斯的芬兰－乌戈尔人的社会有了很大的发展。

北方的狩猎—采集者：拉普人/萨米人和冻土地带的涅涅茨人

自近代早期以来，欧洲俄罗斯的冻土地带和北方针叶林带，占主导地位的本地民族便是科拉半岛（the Kola peninsula）上的拉普人（Lapps）或萨米人（Saami），以及现已是涅涅茨自治区（the Nenets Autonomous Okrug）的萨莫耶德·涅涅茨人（Samoyed Nentsy）。萨米人和涅涅茨人何时第一次占领这些地区，以及何时专门以放牧驯鹿为生存基础，依然存在着很大的争议。大约885年呈送给阿尔弗雷德大王的一份报告中，挪威人奥塔尔［Ottar，奥太亚（Ohthere）］解释道：从北部的挪威沿海至白海（the White Sea）一带居住着萨米人，他们冬季打猎，夏季捕鱼。④ 但是，也有了驯化了的驯鹿。早期中世纪时代，萨米人以及推而广之到涅涅茨人，仍处于打猎—捕鱼的文化阶段，只是到后来他们才成为专门放牧驯鹿的牧人。

尽管气候恶劣，但冻土和针叶林地带仍拥有丰富的天然财富。萨米人和涅涅茨人诱捕貂鼠和水獭之类的毛皮动物，围猎驯鹿和狗熊之类的动物，收取各种各样鸟的羽毛，用鲸鱼、海豹和海象的皮制作船用绳索，收集海象牙。早期中世纪，是人们向南方挺进，开发利用这笔财富的开始。最先出现的是挪威人，因为奥塔尔向北方航行的目的，是从萨米人那里收集毛皮、羽毛、鲸鱼骨和船用绳索。由后来的《埃吉尔传奇》(Egil's Saga) 这一挪威人的资料可知，到9世纪后期，挪威人已经由陆路和海路来到萨米人的土地上，来征收贡物和从事贸易。⑤ 伏尔加河流域的保加利亚人是接下来开发利用北方财富的人，他们则采取了不同的策略。他们依靠贸易而非征收贡物。他们利用与萨米人和涅涅茨人以及保加利亚人进行贸易的贝洛泽诺地区的维斯人 (the Ves' of the Beloozero region) 作为中介。罗斯的最初向北扩张始自诺夫哥罗德，主要是向冻土地带和针叶林带的芬兰-乌戈尔人、萨米人和萨莫耶德人 (Samoyed) 强行征收贡物。简而言之，至1050年，在俄罗斯的北部出现了两方面的战争。第一方面，是通过其南方邻居，征服和剥削萨米人、涅涅茨人和芬兰-乌戈尔人的战争。第二方面，挪威人、罗斯人和保加利亚人之间日益加剧的争夺战，他们中的每一方都试图以牺牲别人为代价，以获得对北方天然财富的控制。

欧洲俄罗斯的国家

公元500年，黑海北部沿岸以外的欧洲俄罗斯，并不存在有组织的国家。至1000年，基督教的东斯拉夫人的罗斯国家才出现于第涅伯河中游地区，首都为基辅。与此同时，伊斯兰教的突厥保加利亚人 (Turkic Bulgar) 国家统治着伏尔加河中游地区。另外，一个游牧的

---

④ Pritsak, O. (ed.), *The Origin of Rus'*, pp. 692–5.
⑤ *Egil's Saga*, cc. 9–17.

突厥人的国家哈扎尔汗国,其统治精英们则皈依了犹太教,已经占据了伏尔加—顿河大草原、东克里米亚和北部高加索地区近三个世纪(大约在 650—965 年)。这三个国家的出现,加之几大经书宗教(several major religions of thebook)* 的传播,标志着欧洲俄罗斯从史前时期向历史时期的过渡。

克里米亚:拜占庭在欧洲俄罗斯的前哨站

早期中世纪时代,欧洲俄罗斯发生了重要的政治变化。哈扎尔国家和罗斯国家的出现,加之游牧的佩彻涅格人和马扎尔人迁移至大草原,为拜占庭制造了一系列问题。拜占庭所占有的黑海东部沿岸和克里米亚受到威胁,其间一批又一批的新来者入侵巴尔干,或发动针对拜占庭城市的海上战役,给拜占庭带来连续不断的危险。因为博斯普鲁斯和东方的克里米亚陷入哈扎尔的势力范围之内,克尔松便成为拜占庭在黑海北岸最为关键的前哨站。该城最初的政治功能是监视大草原上的动向,以保持君士坦丁堡对可能威胁拜占庭利益的力量的发展态势的了解。

利用克尔松作为中转站,拜占庭政府与南部俄罗斯人组成了联盟,直接对准了那些对拜占庭构成威胁的人。在 7 世纪早期,萨珊波斯(Sasanian Persia)入侵小亚细亚,拜占庭劝说西部突厥人/哈扎尔人进攻南高加索(Caucasus)地区萨珊波斯人领土。7 世纪 30 年代,顿河—亚速海(Don-Azov)大草原地区的保加利亚人,是拜占庭在大草原一带主要的合作伙伴。650—750 年,拜占庭与哈扎尔人多次合作,对付共同的敌人倭马亚王朝的哈里发国家(Umayyad caliphate)。9 世纪上半叶,佩彻涅格人和马扎尔人迁徙至大草原,削弱了哈扎尔人的地位。拜占庭的最初反应是,大约于 837 年在顿河下游地区建立了针对哈扎尔人的萨克尔(Sarkel)要塞,以阻止大草原上的敌对行动。大约于 839 年,一个新的军事行省或塞姆(theme)也创建于克里米亚。至大约 900 年,拜占庭认为,与哈扎尔人之间的联盟已经不能维护其利益。接着,拜占庭将佩彻涅格人培养成为北方的代

---

* 即基督教、伊斯兰教和犹太教。——译者注

理人。帝国大使每年都要经过克尔松前往大草原地区，以会见佩彻涅格人的部落首领。这些部落领导人及其随行人员，会收到来自拜占庭的大量礼物，由此拜占庭才能保持对大草原发展动向的了解，得到邀请时，这些部落还会进攻那些对拜占庭利益构成威胁者。佩彻涅格人的威胁，抑制了马扎尔人、罗斯人以及哈扎尔人对拜占庭领土的进攻。在紧急状态下，拜占庭大使则会乘船至黑海北岸双方认为方便的某一地方，会见佩彻涅格人的部落酋长。无论如何，拜占庭与佩彻涅格人的大部分接触，都是通过克尔松完成的。

按理说，在黑海北岸，拜占庭利用代理人抗击敌人的政策是简单而有效的。而实际上，这一政策常常很难实现。例如，佩彻涅格人不断地要求得到更多的"礼物"，甚至达到几近贿赂的地步，但也并不能去依赖他们会履行协定。通常，相比那些威胁拜占庭的人来说，佩彻涅格人对侵占土地获得期许的战利品更感兴趣。因此，拜占庭发现使佩彻涅格人为之参加战斗并非易事。

除了佩彻涅格人之外，9世纪后期和10世纪时，拜占庭同样也利用高加索中北部地区的阿兰人（Alans）和基辅罗斯人作为自己的代理人。阿兰人努力使哈扎尔人与自己保持一致。与此同时，10世纪60年代中期，来自克尔松的拜占庭使者向大公斯维亚托波尔克（Sviatoslav）行贿，使其进攻多瑙河（Danubian）流域的保加利亚人。斯维亚托波尔克的例子证明，克尔松在拜占庭的北方防御政策中有着至关重要的地位。但也暴露出这一政策的缺陷：打败保加利亚人之后，斯维亚托波尔克要求将征服的土地划归罗斯，结果被拜占庭驱逐出巴尔干。

可萨汗国：欧洲俄罗斯的第一个中世纪国家

自史前时代以来，草原游牧者便占据着蓬蒂克大草原，哈扎尔人创建了第一个持续时间较长的国家。哈扎尔可汗的祖先可追溯至地处蒙古利亚（Mongolia）和阿什那（Ashina）的西突厥汗国（the west Turk khaganate，公元552—约630年）的王室家族。遵循西突厥汗国的传统，哈扎尔人也实行双王制。可汗是"具有超凡魅力的"、象征性的统治者，他的世系赋予汗国以合法性。日常的统治者即著名的沙德（Shad 或 Bäk/Beg）行使统治权并履行决议。哈扎尔人的国家能够团结在一起，部分原因是其统治者声称权力遗传自有权统治突厥人的氏族。

哈扎尔汗国的持久存在，是因为它有着稳固的经济为其提供税收以维持强大的军队。除了从商人那里征收什一税之外，哈扎尔人还从其臣服者那里征收贡物。例如，从欧洲俄罗斯征收的贡物多为毛皮。来自贡物和贸易的可观的财政收入，能够使哈扎尔人用庞大的辅助部队（auxiliaries），尤其是来自花剌子模（Khwārizm）和伊斯兰世界其他部分的辅助部队，补充其游牧者的军事力量。庞大的哈扎尔人的军队，使汗国境内众多的氏族和部落保持一致，为哈扎尔人创建并维持着一个拥有广阔附属国的国家。因为拥有强大的政治和军事力量，哈扎尔汗国主宰南部俄罗斯长达三个世纪，比蒙古人的金帐汗国的统治时间还长。

6 世纪下半叶，西突厥人已经将其控制范围扩张至蓬蒂克大草原。自 6 世纪中叶以来，便存在着拜占庭与来自中亚的粟特（Sogdian）商人之间的联系。正因为有此联系，所以，大约 625 年，当拜占庭在高加索对抗萨珊波斯需要帮助的时候，皇帝希拉克略（Heraclius）转而求助突厥人便没有什么惊奇的了。皇帝的这些突厥人同盟者也被称为哈扎尔人。突厥人/哈扎尔人反抗萨珊波斯的运动非常成功。但是，628 年打败库思鲁二世（Khusraw II）之后不久，突厥人便消失了。他们的消失应归之于其首领的去世，以及大约 630 年西突厥汗国爆发的内战。

至 650 年前后，哈扎尔人再次出现于高加索—蓬蒂克大草原的北部地区，不过，这一次则是作为独立实体而出现的。很快，他们便与占据顿河—库班河大草原（Don-Kuban steppe）的保加利亚人发生了冲突。680 年，保加利亚人被打败。从此一直到 9 世纪 30 年代，哈扎尔成为大草原上的无敌霸主。哈扎尔人在南方面临着重大挑战。7 世纪 40 年代，阿拉伯人开始了对南部高加索地区的成功征服，这一过程不可避免地导致阿拉伯人将扩张推进至北高加索地区。哈扎尔希望重新夺回大约于 628—630 年失去的、曾经短暂控制过的格鲁吉亚和高加索的阿尔巴尼亚（Georgia and Caucasian Albania）。他们同样也将高加索东北部地区的达吉斯坦（Daghestan）视为汗国的关键部分；某些学者甚至将达吉斯坦视为早期汗国的真正中心。无论如何，大约在650—750年，是以一系列的阿拉伯—哈扎尔人的战争为标志的。阿拉伯人侵入北高加索地区，接着哈扎尔人则袭击了南高加索地区。结果，无论是阿拉伯人还是哈扎尔人都没有彻底打败对方，尽管双方都获得一些重大而短暂的胜利。倭马亚王朝垮台之后，在巴格达建立起阿拔斯哈里发王朝（Abbāsid caliphate），哈里发曼苏尔（the Caliph al-Manṣūr，754—775年）决定与哈扎尔人议和，以便将精力投入到其他更重要的问题上。过了近半个世纪，几经冲突，临时性妥协才达成。最终结果是，阿拉伯人放弃了对北高加索地区的要求，哈扎尔人则放弃了对南高加索地区的主张。正如许多学者所认为的那样，正是哈扎尔人阻止了伊斯兰世界向欧洲俄罗斯的大规模扩张。

在与倭马亚王朝进行百余年的战争过程中，哈扎尔人也将他们的影响扩及克里米亚和西高加索地区。大约至700年，哈扎尔人在刻赤海峡两边的法纳戈里亚（Phanagoria）/塔马塔哈（Tamatarkha）和博斯普鲁斯（Bosporos）建立起了相当省一级的统治，与此同时，哈扎尔人也在包括克尔松在内的克里米亚建立起了吐屯（Tuduns）的统治。尽管哈扎尔人在克尔松并不能维持住其地位，8世纪80年代，当镇压了由克里米亚哥特人发动的叛乱时，哈扎尔作为克里米亚的绝大部分地区的保护国的地位仍然完好无缺。某些时候，哈扎尔人试图使中北部高加索地区的阿兰人从属于自己，但并没有成功。但后者则适应了拜占庭的发展意图。在西格鲁吉亚［阿布哈兹（Abkhazia）和埃哥里西（Egrisi）］，哈扎尔人则获得了较大成功。在那里，786年，当地统治者将联盟对象由拜占庭转向了可萨汗国（Khazaria）。尽管历史学家经常将建立在联合反对波斯和阿拉伯人基础上的联盟描写为"传统的拜占庭—哈扎尔联盟"（traditional Byzantine-Khazar alliance），但非常明显的是，在克里米亚和北高加索地区，哈扎尔与拜占庭同样也是竞争者。因为拜占庭与阿拉伯人以及多瑙河流域的保加利亚人存在着许多问题，8世纪时，拜占庭并不特别强调这种竞争关系。总之，正是由于哈扎尔人才使新的游牧入侵者远离蓬蒂克大草原，为克尔松和巴尔干地区提供了安全。只要大草原上的"哈扎尔人的和平"（Pax Khazarica）能够维持，拜占庭就能够接受其影响力在克里米亚和北高加索地区的某些丧失。

哈扎尔人同样也以他们的统治精英们皈依犹太教而闻名于世，此事可能发生于9世纪早期。对哈扎尔人的萨满教所知甚少，尽管萨满教与北高加索地区的匈奴人的信仰相似，有着对包括神圣的森林崇拜在内的雷电崇拜、用马匹作牺牲、崇拜天神滕格里（Tangri）。长期以来，对他们皈依犹太教的时间问题、他们所信奉的是何种形式的犹太教，一直存在着争议。但是，最突出的一个事实是，哈扎尔统治者接受经书宗教，目的是转移由阿拉伯人和拜占庭人迫使其皈依伊斯兰教或东正教的压力。737年，即将成为哈里发的马尔万（Marwān）成功地穿越了哈扎尔在高加索山区的防区，向北追赶可汗至伏尔加河下游。为了赢得和平，可汗同意接受伊斯兰教，但是，当马尔万返回后，这一承诺很快便被忘记了。这一运动也导致哈扎尔人将其首都迁移至伏尔加河下游的伊蒂尔（Itil'）。显然，在8世纪中叶前后，拜占庭试图在可萨汗国建立八个基督教主教区。虽然这一努力毫无结果，但非常明显的意图就是将汗国境内的各族人民带入拜占庭的势力范围之内。面对这一压力，哈扎尔的精英们决定放弃本民族的萨满教而改信犹太教。显然，选择犹太教是因为这是一种经书宗教，而且信奉该教的邻近国家对哈扎尔人的土地并无企图。

9世纪上半叶，可萨汗国在大草原上的地位开始下降。837年左右，应可汗的请求，拜占庭在顿河下游建立了萨克尔（Sarkel）要塞，帮助哈扎尔人抵御这一地区不知姓名的敌人。学者们断定，这些没有名字的敌人人数众多，包括了罗斯人和马扎尔人。最大的可能是威胁到了哈扎尔人的佩彻涅格人。9世纪早期，作为突厥—佩彻涅格人，在东方乌古斯突厥人（Oghuz Turks）的压力下，被迫向西穿越可萨汗国进入顿河—第聂伯河（Don-Dnieper）大草原地区。佩彻涅格人的迁徙，打破了大草原上"哈扎尔人的和平"局面。与此同时，罗斯王公在基辅以及其他中心确立起了他们的统治，逐渐结束了哈扎尔人对第聂伯河中游地区东斯拉夫人的统治和大量的毛皮贡品的征缴。哈扎尔人无力将佩彻涅格人驱逐出大草原，也无力抵御罗斯人在森林地区的扩张。在内部，哈扎尔人大约于900年镇压了由卡巴尔人（Kabars）发动的叛乱。至10世纪早期时，拜占庭已经转而支持佩彻涅格人，如今则积极鼓励阿兰人和其他人进攻哈扎尔人，以此想重新取得从前在克里米亚和西高加索地区的地位。大约在880—945年，罗斯人利用哈扎尔人的弱点，在里海（Caspian Sea）发动了一系列的袭击。10世纪时，哈扎尔人经历了与阿兰人、罗斯人、佩彻涅格人和拜占庭人的一系列冲突。10世纪上半叶，哈扎尔汗国在这些斗争之中保持不败，尽管到950年，它已经失去了对伏尔加河保加利亚人的控制。965年，罗斯大公斯维亚托波尔克打败了哈扎尔人的军队，占领了萨克尔，可能还占领了伊蒂尔。与斯维亚托波尔克的胜利相伴随的，是哈扎尔汗国的衰落。965年之后提及的哈扎尔人，显然是垂死的前哈扎尔汗国的残余。哈扎尔汗国的灭亡可归之于军事和经济两方面因素。9世纪，罗斯人和佩彻涅格人的出现逐渐侵蚀了哈扎尔人庞大的贡纳制帝国，因此削弱了经济力量。哈扎尔汗国战胜不了敌人便被敌人毁灭了。

汗国的消失并不意味着哈扎尔人的消亡或迁徙。相反，它们以典型的游牧方式融入后来的游牧人群之中，处于从属他人的地位。在特定时间内统治大草原的游牧人群，是以其内部占统治地位的某一部落的名字命名的。这一游牧人群通常包括各种各样的部落，它们都承认占统治地位部落的领导权，其中有的是被迫的，有的是出于自愿。因此，大约在650年之后，阿兰人和保加利亚人并没有从大草原上消失，而是被合并到哈扎尔汗国，成为附属部落。

伏尔加保加利亚酋长国：突厥人向大草原北部的扩张

匈奴人入侵的后果是，各种各样的突厥民族，即我们所知的保加利亚人从哈萨克斯坦（Kazakhstan）进入俄罗斯南部大草原。除了少量的孤立记载之外，对他们的了解极少，直到大约635年，一位名为库布拉特（Kubrat）的领袖，在拜占庭的帮助下，推翻了阿瓦尔人对保加利亚人的统治，成为大保加利亚的首领，大保加利亚是顿河—库班河流域大草原一带保加利亚人领头的一个部落。640年之后的某年，库布拉特去世时，他把大保加利亚留给了五个儿子。哈扎尔人很快便对保加利亚人发起了挑战，并取代保加利亚人成为这一地区的主人。某些保加利亚人留在了顿河—库班河流域的大草原一带，成为哈扎尔人的臣服者，到10世纪时，以黑保加利亚人（Black Bulgar）而闻名。第二部分保加利亚人，在库布拉特的儿子阿斯帕鲁赫（Asparukh）的率领下向西迁徙，至 679 年，已经穿过多瑙河下游地区并开始定居于巴尔干。另一部分保加利亚人则向北迁徙，并在伏尔加河—卡马河交汇地区（the Volga-Kama confluence）开始定居下来。在此地，他们征服了土著的芬兰人（the native Finnic peoples），并于 10 世纪早期创建了具有一定规模的国家。历史学家将这最后一部分保加利亚人称为伏尔加流域保加利亚人（the Volga Bulgar）。

　　10 世纪早期，伏尔加流域保加利亚酋长国是从一片混沌中突然出现的。我们对这一国家的早期发展，几乎是一无所知。922 年前后才有了特别好的文献记载，因为在该年，伊本·法德兰（Ibn Faḍlān）作为大使造访过保加利亚的埃米尔，并留下了记录。那时保加利亚酋长国的统治者是阿米什·伊本·希尔基（Almish ibn Shilkī），他还拥有突厥人的伊尔塔瓦（Yiltawār）头衔。伊本·法德兰造访的结果是，阿米什决定自称贾法尔·伊本·阿卜杜拉（Ja'far ibn 'Abd Allāh），并采用埃米尔（admir）的头衔。在外部，伏尔加流域保加利亚人是哈扎尔人的纳贡者，每户每年要向哈扎尔人缴纳一张紫貂皮。埃米尔的儿子也被哈扎尔人扣作人质。事实上，伊本·法德兰出使的任务之一，便是帮助埃米尔建立要塞，以保护他不受哈扎尔人的侵害。在内部，埃米尔的权威受制于公然藐视其命令的部落或氏族的首领。除了埃米尔和氏族部落的首领之外，统治精英还包括 500 个显要而杰出的家族。这些精英们统治着这一庞大的国家。当时的疆界并不清晰，伏尔加流域保加利亚北部包括了伏尔加河以北大量的芬兰人和乌戈尔人的领域；东部包括现代巴什基里亚（Bashkiria）的大部分土地；南部覆盖了保加利亚领土以南的伏尔加河流域的大部分；西部包括芬兰人和东斯拉夫人的土地，可能直到奥卡河（Oka River）。伏尔加流域保加利亚是一个多民族的国家，其中有大量突厥血统的保加利亚人和巴什基尔人，各种各样的芬兰人和乌戈尔人，以及许多东斯拉夫人。

　　伏尔加流域保加利亚人国家的产生与其在国际贸易中所占据的重要地位密切相关。因此，900 年之后不久，伊斯兰的文献资料中突然有了对保加利亚人的认识也就并非偶然了。10 世纪之初，中亚的萨曼尼德酋长国（Sāmānid amirate）成为向欧洲俄罗斯主要的迪尔哈姆（dirhams）出口者。许多贸易活动，以前都是从伊朗和伊拉克向北穿越里海和高加索地区进入可萨汗国和伏尔加流域保加利亚，现在则是从河间地（Transoxiana）和花剌子模进入了。根据伊本·法德兰的描述，保加利亚人沿伏尔加河的市场是如此繁盛，已经成为哈扎尔人伊蒂尔市场的真正的竞争者。罗斯商人带着他们的毛皮和奴隶定期光顾保加利亚人的市场，与其伊斯兰教的生意伙伴接洽。与此同时，保加利亚人则从维苏或维斯人（Wīsū/Ves'）那里获得紫貂皮和狐狸皮携往北方。商队穿梭于萨曼尼德和伏尔加保加利亚之间，完全回避开哈扎尔人。穆卡达西（Al-Muqeddasī）甚至这样写道，各种各样的毛皮、蜂蜡、琥珀、刀剑、奴隶和其他商品，都是通过伏尔加流域保加利亚才到达花剌子模和中亚地区的。哈扎尔人使保加利亚人成为其纳贡国，主要就是为了控制这一贸易和充分挖掘保加利亚的财富。保加利亚人试图独立是为了自己控制这一贸易、出售自己的毛皮商品。伏尔加流域保加利亚人皈依伊斯兰教一事，早在伊本·法德兰造访期间便已付诸行动了，部分原因是藐视哈扎尔人，因为哈扎尔人的统治者是犹太教徒；部分原因是为了获得拥有同一信仰的教友的支持，共同反抗哈扎尔人的统治。

最晚至 950 年，保加利亚人已经独立于哈扎尔人。此前某段时间里，保加利亚人已经仿照萨曼尼德迪尔哈姆铸造了非正式的钱币。949/950 年，保加利亚的埃米尔塔里波·伊本·阿赫马德（Ṭalib ibn Aḥmad）开始正式发行伏尔加保加利亚的迪尔哈姆名为苏瓦（Suwār）的铸币。官方铸币一直持续到公元 986/7 年，并且印有几任埃米尔的名字，铸币名称为保加尔（Bulghār）和苏瓦。事实上，官方铸币没有涉及哈扎尔人的霸主地位，反映了保加利亚人已经从哈扎尔人的控制下解放出来。至 950 年，对伏尔加流域保加利亚人控制权的丧失，成为 10 世纪 60 年代可萨汗国加速衰落的因素之一。

对保加利亚人来说，随着可萨汗国的灭亡，与罗斯人的关系变得重要了。罗斯王公在伏尔加河上游地区建立统治，并将势力范围向东扩张至保加利亚人的范围之内，这势必产生冲突。这或许就是 985 年罗斯发动反抗伏尔加保加利亚人运动的原因所在。另外，从俄罗斯北部的芬兰人那里争取毛皮等贡物的斗争，使罗斯人和保加利亚人成为竞争者。例如，罗斯人声称有权向维斯或维苏人征收贡物，而维斯或维苏还是保加利亚人的毛皮来源地。因此，罗斯与保加利亚之间的关系,以领土和贡物的争夺为特征。与此同时,双方有着共同的利益,即在伏尔加河沿岸地区保持活跃的贸易活动。例如,1006年,罗斯与保加利亚之间达成了一项贸易协定,罗斯商人被允许自由进入伏尔加河和奥卡河沿岸的保加利亚人的城市进行贸易。1024年,这一协定的价值得到了充分体现。是年,伏尔加河上游地区发生饥馑,迫使罗斯人向保加利亚人购买粮食。保加利亚人显然从与罗斯良好的贸易关系中获得了利益。

伏尔加流域保加利亚酋长国证明,突厥人和穆斯林能够在欧洲俄罗斯的森林地带创造出实体国家,并与罗斯展开了成功的竞争。但是,这一事实经常被那些认为中世纪欧洲俄罗斯人的历史仅仅是罗斯人及其国家的历史的人所忘记。

基辅罗斯:欧洲俄罗斯的第一个东斯拉夫人国家

基辅国家的起源和发展,是中世纪罗斯历史上最富争议的主题。自18世纪以来,被称为诺曼派的历史学家们便主张,基辅国家是由诺曼人或维京人建立的,即罗斯国家。与此相对应的另一派历史学家则以反诺曼派而闻名,主张是东斯拉夫人(即罗斯人)创建了他们自己的国家。我倾向于认为罗斯人实质上是由商人和雇佣兵构成的多种族的群体,在这一群体中,斯堪的纳维亚人(Scandinavian)的成分显然占据主导地位。无论如何,有关诺曼派的长期争论,既歪曲也妨碍了对早期罗斯国家的研究。长期以来,与此争论相关的唯一资料,是文献记载和考古发现。

对先于基辅国家出现于东斯拉夫人土地上的人们的政治组织,《往年纪事》(*Primary Chronicle*)的作者所提供的信息非常少。文献记载上的这种简略,部分原因是忽视。与此同时,最大的可能是,作者有意隐瞒了其庇护人罗斯大公之前的统治者信息。编年史的作者提及了一部分东斯拉夫部落。不幸的是,作者并没有告知我们,这些斯拉夫人部落是何时,又是如何来到这里的,以及在斯拉夫人的社会中起着什么样的作用。作者同样提到德利夫列尼安人的大公马尔(Prince Mal of the Derevlianian),以及统治德利夫列尼安土地的"贤人"(the best men)。也顺便谈及来自德利夫列尼安人首都伊斯科罗

第十九章　欧洲的俄罗斯，约 500—约 1050 年

斯特（Iskorosten）的长者。人们只能推测这些大公、贤人和城市长者所发挥的作用。简而言之，我们对逐渐迁徙至森林与草原交错地带和森林地带并定居下来的东斯拉夫农民的政治组织所知甚少。

我们对进入欧洲俄罗斯并建立了基辅国家的维京人的了解相对较多一些。6—8 世纪，斯堪的纳维亚人沿波罗的海的东南岸定期展开袭击活动，甚至建立起定居点，如拉托维亚（Latvian）沿岸的格罗宾/锡博格（Grobin/Seaborg）。自 750 年开始，这些斯堪的纳维亚人，开始光顾位于沃尔霍夫河（Volkhov）与拉多加湖（Ladoga）交汇处不远处的旧拉多加的大市场（emporium）。我们并不知道这一大市场为何兴起，因为古老的拉多加湖周围腹地的芬兰人墓穴显得非常贫穷。不久，斯堪的纳维亚人便在古老的拉多加湖地区建立起一个永久性定居点，并开始开发欧洲俄罗斯的内地。至 8 世纪 80 年代，伊斯兰世界的银币或迪尔哈姆开始出现于古老的拉多加湖周围地区。至 800 年，斯堪的纳维亚人，如今被称为维京人，已经发现了通过黑海和里海到达近东的道路。换言之，维京人穿越欧洲俄罗斯的最初目标，明显是获取银币，即伊斯兰世界的迪尔哈姆。至 9 世纪中叶，伊斯兰世界的资料记载了罗斯商人如何从北方携带毛皮和刀剑前往黑海和伏尔加河下游，以及在此向拜占庭和可萨汗国缴纳什一税的情景。这些商人接着便可以穿行里海到达东南沿岸的朱尔詹（Jurjan），从此时起，他们就加入前往巴格达的主商路。

至 10 世纪，罗斯人通过欧洲俄罗斯与伊斯兰世界的贸易已经有了显著变化。罗斯人不再前往巴格达，取而代之的是，罗斯人与伊斯兰世界的商人相聚于可萨汗国的首都伊蒂尔，以及伏尔加河沿岸保尔人土地上的特定市场。换言之，哈扎尔人与伏尔加保加尔人成为这一贸易的重要中介人，这一贸易如今也从近东转移到了欧洲俄罗斯境内。伊斯兰世界的商人用来换取毛皮、刀剑、奴隶、琥珀和其他由维京人带来的产品所使用的大部分迪尔哈姆，现如今是在中亚的萨曼尼德王朝的铸币厂铸造的，如赫支/塔什干（al-Shāsh/Tashkent）、撒马尔罕（Samarqand）以及布哈拉（Bukhārā）。罗斯人与伊斯兰世界的贸易如今变得非常复杂了。罗斯人携带着来自莱茵兰的刀剑和来自波罗的海附近的琥珀到古老的拉多加湖地区，在此原料形态的玻璃变成了玻璃珠。这些玻璃珠又被用来与中北部俄罗斯本土的芬兰人进行贸

易，以换取毛皮。罗斯人同样也在这一地区捕获奴隶，无疑也强迫当地人向其提供毛皮作为贡物。根据伊本·法德兰的描述，这些物品接着又被带到沿伏尔加河的保加利亚人的市场。⑥ 在此，罗斯商人向其异教偶像祈求的是，富裕的伊斯兰商人带着许多的金币和银币将他们所有的毛皮和奴隶都买下，并毫无讨价还价之意。这种祈求显然得到应验，因为伊本·法德兰写道，一位罗斯商人的妻子戴的一条项圈（a neck band）就值 10000 迪尔哈姆；这种商人的一些妻子戴有多个项圈。罗斯—伊斯兰世界的贸易导致数百万的迪尔哈姆流入欧洲俄罗斯和波罗的海地区，与此同时，作为回报，大量的奴隶和毛皮也被带回到伊斯兰的土地上。

与伊斯兰世界有利可图的贸易的发展，产生了不良的政治影响。起初，罗斯人在主要商路沿途有选择的几个商业手工艺品中心进行活动。然而不可避免的是，在欧洲俄罗斯境内花费了大量时间的这些罗斯人，试图在这里寻求对多个地方的控制，以此保证毛皮的按时供应，也能够轻易获得被俘虏的奴隶，以及确保河道航线的安全。简言之，某些罗斯人，此时既变成了政治上的统治者，也变成了商人。9世纪下半叶，当地罗斯人的国家已经开始出现。在西北部地区，位于沃尔霍夫河上游的诺夫哥罗德取代了古老的拉多加，成为罗斯北部的主要中心。古老的拉多加直接暴露于维京人的侵袭之下，与此同时，沿沃尔霍夫河中游地区的快速发展保护了诺夫哥罗德。另一中心是基辅，位于德涅斯特河中游的右岸高地。罗斯人第一次对基辅有所了解，是通过黑海前往伏尔加河下游的过程中。但是，他们很快便发现基辅是前往君士坦丁堡的旅途中非常完美的中心。早在 839 年，一位名为罗斯（Rhos）的斯堪的纳维亚人便到达过君士坦丁堡，尽管我们并不清楚他是否是通过基辅到达的。到 860 年，罗斯人通过基辅对君士坦丁堡展开了一次重要进攻，第二次进攻则大约是在 907 年，约 911 年，最终导致第一个见于历史记载的罗斯—拜占庭条约的签订。另外，诺夫哥罗德和基辅，以及其他的维京人的活动中心，都位于贝洛泽诺［Beloozero，白湖（White Lake）］、波洛茨（Polotsk）、格涅兹多夫（Gnezdovo）/斯摩棱斯克（Smolensk）、提麦罗夫（Timero-

---

⑥ Ibn Faḍlān, *Risalah*, pp. 127–35.

vo)、切尔尼戈夫（Chernigov）等地。

《往事纪年》谈及一部分来自半传奇色彩的留里克（Rurik）血统的罗斯人，他们来到之后便统治了罗斯人各公国，由此创立了基辅国家。或许《往事纪年》编者的资助人的祖先可追溯至留里克，所以这些编年史家普遍忽视其他的罗斯人群体，并且这样记载：留里克是受到当地芬兰人和北部俄罗斯的斯拉夫人的"邀请"来此统治他们。由此，留里克的后裔所建立的留里克王朝（Rurikovichi）建立起罗斯土地上唯一合法的统治。而且，罗斯人的其他公国依然存在着，至少直到 10 世纪 70 年代后期，未来的大公弗拉基米尔（Grand Prince Vladimir）杀死了波洛茨（Polotsk）的罗格沃罗德（Rogvolod）并夺取了他的土地。

此时，诺夫哥罗德依然是一个重要的中心。约于 880 年，因为波罗的海贸易，留里克王朝将其统治中心迁移至基辅，与此同时，奥列格（Oleg）继承了死去的留里克，成为这部分罗斯人的首领。因为基辅已经被阿斯克里特（Askold）和迪尔（Dir）领导的罗斯人所控制，所以，奥列格必须杀掉他们才能将基辅纳入留里克王朝的控制范围。之后，奥列格开始征服第聂伯河中游的各东斯拉夫人部落，并向其征收毛皮作为贡物。这些活动引起了与哈扎尔人的冲突，也奠定了与君士坦丁堡进行积极贸易的基础。阿斯克里特与迪尔同哈扎尔人之间的关系并不明确。但是，有各种各样的哈扎尔人官员驻扎于基辅，并向居住于第聂伯河左岸的东斯拉夫人部落征收贡物。罗斯编年史的作者试图让我们相信，对奥列格攻占基辅、夺取贡物，哈扎尔人并没有反抗。但是，奥列格及其留里克王朝的出现确实标志着哈扎尔人对第聂伯河中游地区统治的结束，以及以基辅为中心的罗斯国家的真正开始。

基辅罗斯大公对东斯拉夫人部落的征服，以及对居住于欧洲俄罗斯中北部的芬兰人和波罗的海人加以控制，花费了一个世纪的时间。罗斯征服者遭受到当地居民强烈的、不断的反抗，他们强迫当地居民缴纳贡物，以此作为向其臣服的标志。东斯拉夫的德利夫列尼安人反抗罗斯人的统治尤为突出。约于 913 年，伊戈尔（Igor）继承奥列格为留里克王朝的大公，德利夫列尼安人掀起了一场反抗斗争。伊戈尔恢复了罗斯人对当地人的控制，并向他们强征更多的贡物。几年之后，约在945年，伊戈尔试图从德利夫列尼安那里征收更多的贡物。被其贪婪激怒的德利夫列尼安人杀死了伊戈尔。伊戈尔的妻子奥尔加（Olga）向德利夫列尼安人进行了变本加厉的报复，最终以毁灭其首府、对其居民进行屠杀或变卖为奴隶而告终。这一系列事件使奥尔加不得不改变贡物征收的方式。此前，罗斯大公及其随从习惯于在冬季巡游于臣服者之间，向其征收贡物。如今这一做法被代之以向贸易点或其他区域的地方统治者交纳贡物。随着第聂伯河中上游部落以及诺夫哥罗德一带部落的归顺，奥尔加的儿子斯维亚托波尔克（Sviatoslav）大公，于10世纪60年代，开始对伏尔加河上游的东斯拉夫人部落展开征服活动。斯维亚托波尔克的儿子弗拉基米尔（Vladimir），于10世纪80年代，再次征服了这些东斯拉夫人，镇压了他们的起义，迫使他们定期向基辅罗斯大公缴纳贡物。大约至1000年，基辅罗斯所辖的全部地区均已完成了征服，但是定居下来的罗斯大公的职权并没有遍及各地。

留里克王朝向进贡国家的扩张，给它带来了大量的贡物，主要是毛皮。每年春天，大批的护卫船便离开基辅，携带着毛皮以及蜂蜡、蜂蜜和奴隶，前往君士坦丁堡。多亏有奥尔加约于911年签订的条约，罗斯商人获得了进入拜占庭首都出售商品的权利。从欧洲俄罗斯的居民那里征收来的贡物，由此转变为留里克大公及其侍从的大笔财富。尽管这是一场互惠的贸易，但罗斯人与拜占庭之间的冲突仍时有发生。例如941年，伊戈尔袭击了拜占庭位于黑海小亚细亚沿岸的城市。拜占庭海军则用希腊火[*]摧毁了罗斯人的舰队。这次袭击之后，945年，罗斯与拜占庭之间签订了新的条约，对罗斯商人前往君士坦丁堡从事贸易活动的细节做了规定。与此同时，许多罗斯人在与伊斯兰世界的贸易中发迹了，基辅的留里克大公在对拜占庭的商业来往中也变得富有了。

领土的扩张以及留里克王朝从进贡国家所获财富的增多，使首都基辅城得以快速发展。约在880年，基辅拥有居民100—200人，占有几个面积2—3公顷小村庄。至10世纪早期，基辅城已占地约50

---

[*] 拜占庭帝国678年首次使用的燃烧武器，是古代战争中的凝固汽油弹。这种武器既可用来投掷，也可以用来喷射，在拜占庭帝国的战争中发挥了重要作用。这种燃烧武器的配方是帝国的最高机密，至今无人知晓。——译者注

公顷，居民有数千人。此时，城中心是位于第聂伯河右岸高地的旧基辅山（Starokievskaia Gora）上的弗拉基米尔城，与附近的商业中心（Podol）皆位于第聂伯河沿岸。弗拉基米尔城的城墙高6米，有深深的壕沟相围绕，面积约为10公顷，其中包括政治精英们的住所，有石头建筑的圣母玛利亚教堂或什一大教堂（the Blessed Virgin or Tithe Church），有石头建筑的大公的宫殿。各种各样的作坊遍及全城，为社会精英们或其他人提供服务。

因为与拜占庭之间有着紧密的关系，大批的罗斯人开始游历君士坦丁堡并在拜占庭的军队中服役，与此同时，拜占庭皇帝也开始转向依靠罗斯人的军事协助。967年，拜占庭的代表造访基辅，给了斯维亚托波尔克一大笔贿赂，使其进攻多瑙河流域的保加尔人。打败了保加尔人之后，斯维亚托波尔克决定将都城由基辅迁往位于多瑙河下游的佩雷亚斯拉夫（Pereiaslavets）。于是，拜占庭人被迫将斯维亚托波尔克驱逐出北巴尔干地区。20年后，拜占庭皇帝巴西尔二世（Basil II）请求弗拉基米尔大公，以武力协助镇压发生于小亚细亚的起义。弗拉基米尔答应了其要求，但是，罗斯人予以军事援助的前提条件是与一系列导致罗斯人改宗的事件联系在一起的。

一个多世纪的时间里，基督教在欧洲俄罗斯境内得以缓慢发展，主要是因为在斯堪的纳维亚，维京人几经努力改信了天主教，而罗斯人与拜占庭接触后皈依东正教。在罗斯人的上层精英中，新宗教支持者的人数越来越多。945年，参与修订与拜占庭新条约的罗斯人，在基辅的圣伊莱亚斯教堂（the Church of St Elias）发表了基督教式的誓言。最著名的改宗者是奥尔加公主，她是德利夫列尼安人大屠杀事件中的女英雄，约于955—958年信奉了基督教。但是，同弗拉基米尔在其统治的头10年里（约980—988/989年）一样，斯维亚托波尔克也是一个彻头彻尾的异教徒。弗拉基米尔甚至在登基之后，还发起了一场异教的复兴运动。988/989年，弗拉基米尔改信东正教，并与拜占庭帝国皇帝的妹妹结婚，开始了对其臣民的基督教化过程。在所发现的有关弗拉基米尔皈依的资料叙述中，混杂着或许是掺杂着许多不同的主题。对我来说，最令人信服的记述是由A.波普（A. Pope）提供的，他认为，987年5—6月，拜占庭皇帝巴西尔二世遣使弗拉基米尔，要求以军事援助镇压拜占庭境内的一场激烈的叛乱。双方达成协议，根据协议，弗拉基米尔皈依东正教并娶巴西尔的妹妹安娜，与此同时，派遣6000人的罗斯军队协助皇帝。至989年夏，罗斯人帮助巴西尔打败了敌人，同时，弗拉基米尔镇压了克尔松一带反抗巴西尔的起义，接受了基督教，迎娶了安娜。

为什么弗拉基米尔于988/989年改信东正教？弗拉基米尔是在残酷的内战中登上大公之位的（约980年），他所统治的是一个高度异质的国家。他的臣民隶属于不同的种族团体和宗教团体，社会经济发展水平相差非常大。主要的民族——东斯拉夫人、波罗的海人、芬兰人和维京人——并没有统一国家的传统。相反，他们各自都分裂为众多的氏族、部落和群体。弗拉基米尔急需一种凝聚力，团结所有的臣民，同时也能够为其大公的权位提供合法性。弗拉基米尔统治早期所奉行的复兴异教活动，是在混合异教中寻找凝聚力的尝试。非常不幸的是，境内存在着的各种各样的异教（东斯拉夫人、芬兰人、波罗的海人、斯堪的纳维亚人）、统治者阶层中基督教教徒人数的不断增长、信仰伊斯兰教（伏尔加河流域的保加利亚人）和天主教（波兰）的邻国，使罗斯人逐渐认识到，异教的罗斯人国家在文化和政治上是孤立的。于是，弗拉基米尔转向东正教，因为东正教提供了异教所不具有的凝聚力。对于那些在与君士坦丁堡的贸易中兴盛起来的社会精英来说，东正教早已是熟知的了。地处遥远的君士坦丁堡的皇帝和牧首也发现，要想成功干预罗斯的事务非常困难。最后，东正教赋予弗拉基米尔以合法的大公地位。在新的体制下，无论语言和背景，所有臣民现在都作为基督徒团结了起来，他们都处于上帝授权的基辅大公的统治之下。

弗拉基米尔的改宗，给罗斯带来了更多的拜占庭人的宗教和修道制度。希腊艺术家被邀建设砖石结构的教堂，并用马赛克、壁画和圣像装饰教堂。新宗教很快便与当地的传统和习惯发生了冲突，结果导致对成文法典的需要。为社会上层精英开办的学校以及编年史的写作也产生了。除了艺术、石工建筑、法律、文学，引进的技术也帮助基辅发展为前蒙古时代欧洲生产玻璃制品、涂釉陶瓷、珠宝等商品的重要中心。基辅罗斯的文化和高级手工艺品生产深受拜占庭习惯的影响。

由共同的宗教身份所带来的团结很快便体现出了重要意义。由于斯维亚托波尔克和弗拉基米尔去世，痛苦而持久的内战爆发了。罗斯的继承制度并没有对儿子中由哪一个继承已故大公的职位做出具体规定。所有儿子都有合法继承权，且多以武力作为其权力的基础。继承大公职位弗拉基米尔用了大约 8 年的时间。大约于 980 年，在维京人组成的雇佣军的协助下，他打败了同父异母兄弟埃罗波尔克（Iaropolk），占领了基辅。1015 年，弗拉基米尔去世，罗斯国家几乎被永久性地分裂为两部分。1019 年，雅罗斯拉夫（Iaroslav）在维京人辅助部队的帮助下，将其兄弟斯维亚托波尔克（Sviatopolk）驱逐出基辅，唯一面对的新挑战来自另一个兄弟——姆斯基斯拉夫（Mstislav）。在 1024 年的利斯特文（the battle of Listven）战役中，姆斯基斯拉夫获得了胜利。两年后，兄弟二人沿着第聂伯河将基辅国家一分为二。姆斯基斯拉夫自切尔尼戈夫（Chernigov）统治东半部，直到 1036 年无嗣而终。雅罗斯拉夫自诺夫哥罗德统治西半部，并意识到避免基辅罗斯国家的分裂靠的仅仅是运气。从而，在他于 1054 年去世之前，便将罗斯国家的土地在他的儿子中间做了划分，由最年长的儿子统治基辅，敦促所有儿子相互尊重各自继承权。非常遗憾的是，雅罗斯拉夫的"最后遗嘱"很快便被遗忘了，基辅国家陷入无休止的留里克王朝的大公们相互厮杀的状态。

没有解决的继承问题变得越来越严重的同时，各个草原游牧民族也威胁到罗斯国家的南部地区。早在伊戈尔统治的早期（约 915 年），佩彻涅格人便已经侵入罗斯的土地。很快佩彻涅格人便包围了基辅城（968 年、1036 年），并对森林与草原交错地带的罗斯人定居地展开了规律性的袭击。为保卫罗斯国家，弗拉基米尔沿南部边境修筑了一系列的要塞，并配备由全罗斯境内招来的士兵。佩彻涅格人同时也对罗斯与拜占庭的商业往来带来威胁，尤其是在第聂伯河的湍急处，因为罗斯商人需要在每个河水湍急处进行商品和奴隶交易，他们埋伏在这里等待时机加以袭击。与此同时，佩彻涅格人的威胁不易过分夸大。只要罗斯国家能够团结，佩彻涅格人便能够被控制住。1036 年，在大草原上，佩彻涅格人由于受到托克人/乌古斯人（Torks/Oghuz）人的压力袭击了基辅，但被雅罗斯拉夫打败。由此结束了佩彻涅格人的威胁，沿大草原边境开启了几乎 1/4 世纪的和平时期。

"智者"雅罗斯拉夫是非常幸运的人，他在位统治时期常被视为前蒙古时代基辅罗斯发展的顶峰。利斯文（Listven'）战役的失败，使他能够与其兄弟姆斯基斯拉夫分享治权，直到1036年姆斯基斯拉夫无嗣而终。之后，1036年至1054年去世，雅罗斯拉夫能够利用佩彻涅格人衰退所创造的和平时机，加强国内统治，将其首都基辅装饰一新。第一部成文法典《东斯拉夫法典》(the Pravda Russkaia) 的起源，通常也是与雅罗斯拉夫的统治相联系的。基辅城的发展异常迅速。新的3.5千米长的防御城墙围绕着72公顷的城区，附近的弗拉基米尔城变成为人们所知的雅罗斯拉夫城。四座城门通向雅罗斯拉夫城，其中最著名的是壮观的金门（纵深有26.8米，宽10.5米，高12.5米），是模仿君士坦丁堡的城门建设的。在城内，雅罗斯拉夫邀请拜占庭的专家建造了圣索菲亚大教堂。教堂内部的中殿、后殿，两大走廊，13个圆形穹顶，以及内部的壁画，都是与罗斯人大主教教区的中心地位相称的。除了圣索菲亚大教堂之外，雅罗斯拉夫城还包括其他几座砖石结构的教堂，大公的宫殿和大主教官邸，以及作为社会精英底层成员居住用的众多建筑物。在雅罗斯拉夫统治下，非常清楚的是，基辅城已经发展成中世纪欧洲最大城市之一。

雅罗斯拉夫的外交政策受拜占庭问题的支配。1043年，他的长子发动了一场灾难性的反拜占庭运动。被迫签订和约后，雅罗斯拉夫后来于1051年任命罗斯修道士伊拉里翁（Hilarion）为大主教。因为君士坦丁堡牧首才有权任命罗斯的大主教，所以，雅罗斯拉夫的行为被认为是对拜占庭帝国的直接挑战。关于伊拉里翁的命运我们不得而知，但大多数历史学家相信，在雅罗斯拉夫与拜占庭重新和好后一定是被取而代之。雅罗斯拉夫同样也主持着一个"国际性"的大法庭。他的妻子英吉格德（Ingigerd）是瑞典国王奥拉夫（Olaf）的女儿，与此同时，他的女儿则嫁给了匈牙利国王安德鲁一世（Andrew I）、挪威国王哈拉尔德三世（Harald III）和法国国王亨利一世（Henry I）。他的儿子们则娶了拜占庭、波兰和德意志王室的女儿。没有任何一个罗斯统治者能像雅罗斯拉夫这样，有过如此多的外交联系。

有许多成就可以用来解释为什么雅罗斯拉夫被后世给予如此高的评价。确实，他是唯一一位以智者而闻名的东斯拉夫的统治者。与此同时，雅罗斯拉夫还为编年史家所欢迎，正是编年史家们为我们描绘了他的形象。他修建了许多新教堂、奠立了修道院、将教会用书籍由希腊文翻译成斯拉夫文,由于其对牧师和修道士的虔诚而受到高度赞扬。显然,这些教士组成了雅罗斯拉夫统治时期政治的参与者,他们对其智慧的认可是有理由的。

反观之,雅罗斯拉夫大公的去世标志着一个时代的完结。尽管存在着许多困难和某些倒退,但留里克王公们确实白手起家创立了全欧洲面积最大、最先进的国家。1054年,对罗斯来说,前景一派大好。

托马斯·S. 诺南(Thomas S. Noonan)

李增洪　译

顾銮斋　校

第 二 十 章

波希米亚和波兰：西斯拉夫人国家形成中的两个范例

西斯拉夫人

514　　毫无争议的是，自5世纪末或6世纪早期，斯拉夫人便出现在中欧地区。最初，他们居住在中欧的东部，6世纪后半叶开始向西扩散到达现代德国的东部地区。巴尔干地区的南斯拉夫人很快便与其他斯拉夫人的组织失去了联系，但是，从早期中世纪一直持续至13世纪前半叶，"北方斯拉夫民族"的两大组成部分（西斯拉夫和东斯拉夫，后者于9世纪和10世纪时被吸收至罗斯国家之中）之间的相互联系，活跃而频繁。

　　西斯拉夫人包括后来被称为波兰人（Poles）、波美拉尼亚人（Pomerani）、捷克人（Czechs）、斯洛伐克人（Slovaks）和波拉比安人（Polabi）的祖先。从语言学的观点来看，他们还可以划分成两大重要语族，至今仍是如此。北部的莱奇提克（Lechitic）语族，包括除波兰语之外已经消失了的波拉比安语（Polabian）和波美拉尼亚语；南部语族，包括捷克语和斯洛伐克语。波拉比安地区南部的语言，现今在上下卢萨蒂亚（Upper and Lower Lusatia）仍有遗存，这些语言在莱奇提克与捷克—斯洛伐克语系之间有着一席之地。在这一地区的最西端，定居着西斯拉夫人，包括波拉比安各部族：索布－卢萨蒂亚人（the Sorbo-Lusatic）和波拉比安－波罗的人（Polabian-Baltic），德国人称之为易北河斯拉夫人和波罗的海斯拉夫人（*Elb-and Ostseeslawen*）。对这一地区的社会构成和政治结构，我们知道得较多，最终的分析结果认为，部族在此尝试建立当地社会—政治组织，很少

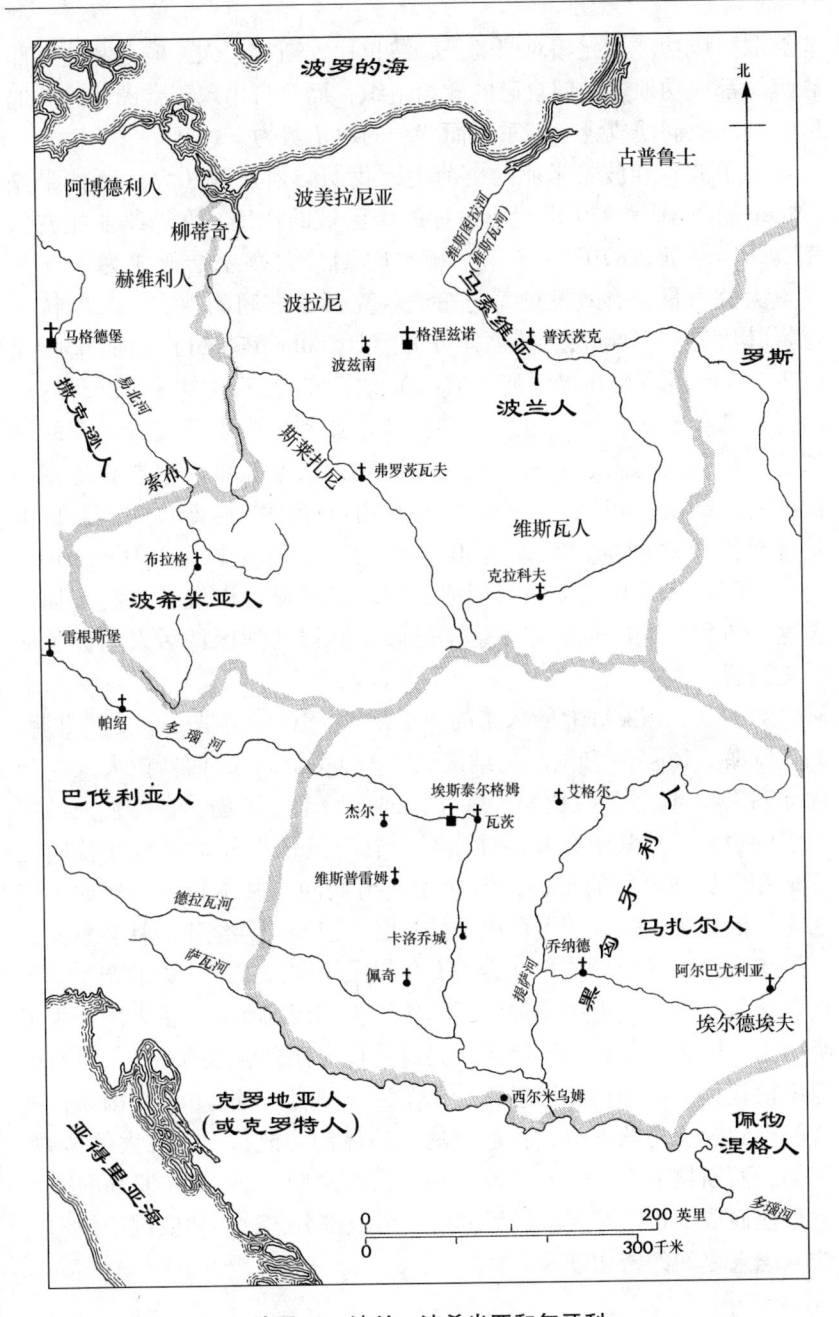

第二十章 波希米亚和波兰：西斯拉夫人国家形成中的两个范例

地图 11 波兰、波希米亚和匈牙利

能够取得成功。与此相对照的是，波拉比安斯拉夫人，波兰和捷克部族组织都成功地建立起自己的政治组织，而且自出现于欧洲的这一地区开始，他们便成为一支重要而持久的政治势力。

关于波兰和波希米亚的史前史，我们必须强调（大）摩拉维亚（Moravian）国家在9世纪所发挥的跨区域的作用。在斯维亚托波尔克（Sviatopolk，870—894年）统治时期，大摩拉维亚成为一支意义重大的力量，有效维护着与东法兰克帝国之间的独立。大摩拉维亚将其边界和影响范围扩展至小波兰（Little Poland）和西里西亚（Silesia），多瑙河和提萨河（Tisza）之间的地区，多瑙河以西的潘诺尼亚部分地区，同时也影响到波希米亚和至少南部波拉比安的一部分。尽管与德意志人有过众多的冲突，大摩拉维亚依然获得相当程度的内部统一和繁荣，同时也在拜占庭帝国与西斯拉夫人及拉丁基督教国家之间加以周旋。10世纪初，在匈牙利人（Hungarian）的压力下，大摩拉维亚国家崩溃，使波希米亚得以统一，甚至加速了这一进程，同时也影响了喀尔巴阡山脉以北地区即后来的波兰的历史进程。

对中欧、东欧和北欧未来的历史来说，10世纪是一个关键时期。如在罗斯（Rus'）和斯堪的纳维亚（Scandinavia），西斯拉夫人（与匈牙利人），除了波拉比安人之外，都开始走上了创立自己强大国家组织的道路。这其中有着多种途径，有时是依靠外来势力（特别是罗斯和保加利亚）的帮助，但却表现出共同的基本特征。然而，定居生活的稳定，部族间不可避免的接触，以及氏族组织的社会意义的进一步衰落，导致斯拉夫社会的变化以及不同形式的权力的产生。先前基督教在斯拉夫人中的宣传不起作用，如今则在其统治者中产生了吸引力，因为新宗教开始被当作促进其自身社会群体的统一，以及确保统治权力的神圣性的思想体系。作为一种统一因素和稳定因素，基督教得到强有力的支持，新建立的政治体制为此付出了巨大的努力。起初，西斯拉夫人摇摆于"罗马和拜占庭之间"，后来在罗马的影响下很快便成为拉丁基督教世界的重要组成部分，这主要归因于他们与德意志人之间的密切联系。

波希米亚

一　部族地理

值得庆幸的是，波希米亚地处欧洲中部最便利的位置，所拥有的自然条件非常适合人类的定居。它坐落于最终注入易北河（the Elbe）的伏尔塔瓦河（the River Vltava）流域。它的四周被山所包围，自公元前 4 世纪开始，便居住着克尔特人中的博依人（*Boii*）。这片土地正是由博依人命名的，在许多语言中博依人也非常知名：如波希米亚的拉丁语为 *Boiohaemum*，英语为 *Bohemia*，德语为 *Böhmen*。在民族大迁徙的过程中，日耳曼民族放弃的地方，在很久以后，由斯拉夫人部落殖民了进来。通过某些间接叙述，我们了解到一些斯拉夫部族的名称。

伏尔塔瓦河下游地区的中部由捷克人所占据，这里的捷克人是从其词语的狭义上来说的，他们向北一直扩张至易北河和奥德河（Oder）。捷克人的主要城市有：布拉格〔Prague，与高堡（Vyšehrad）城相连〕、泰廷（Tětín）、卡津（Kazin）、利布舍（Libušín）、列威赫拉德茨（Levy Hradec）和德鲁威克（Dřevic）。捷克人对整个国家的命运影响最大，因此国家便以捷克命名，捷克人在历史上也享有优势地位。在东部，捷克人与扎利坎尼人（Zličani）为邻，扎利坎尼人则定居在萨扎瓦河（Sázava）与易北河之间的地区。其主要城市有：旧库里姆（Stara Kouřim）和利比斯（Libice）。在北部，是东西克罗地亚人的定居地，从易北河的上游一直延伸至伊泽拉河（Izera）流域。在西克罗地亚人和捷克人之间居住着普索维人〔Psovi，主要城市有：索乌（Pšov），即后来的梅尔尼克（Melnik）〕。由资料得知，捷克人北面存在着三支较小的部族：利托梅里（Litomeri）、德卡尼（Dečani）和莱姆兹（Lemuzi）。他们居住在易北河两岸，在这一地区，易北河流经苏台德山脉。他们的主要城市有：利托梅里采（Litomeřice）、杰钦（Dečani）和比利纳（Bilina）。在捷克人西面的奥勒河（Ohre）两岸，居住着卢坎尼人（Lucanic people），他们以其主要城市扎特克（Zatec）而闻名，如同萨森人（Satcenses）人一样。再往西则是居住在塞德尔采地区（Sedlce）的塞德里坎人

(Sedličane)。南方波希米亚人部族的地理分布并不十分清楚。可以这样理解，在早期，这一地区占统治地位的是捷克人。在最先居住于这一地区的众多部族中，似乎是杜勒比人（Dulebi）在其中发挥着主导作用。

8—10世纪，这一地区完成了统一。波列斯拉夫一世统治时期（Boleslav I, 929/935—972年），直接控制的仅是波希米亚中部地区，而这时整个波希米亚平原已经从属于捷克人。995年，波列斯拉夫二世（Boleslav II）在利比斯消灭了斯拉夫尼克斯（Slavnikid）政权，可以视为这一进程的完成。这里应该说一句的是，斯拉夫尼克斯政权的统治范围和政治地位在学术界仍有争议。一些学者倾向于认为，斯拉夫尼克斯政权所控制的地域范围包括了整个波希米亚的东部，但却是完全独立的；另一些学者则认为，他们所控制的地域范围相对较小（至少他们所占据的土地可能与扎利坎尼人紧密相邻），而且认为，斯拉夫尼克斯（Slavnik）部族的权力是对更高一级王公权力的篡夺。从那时开始，波希米亚的政治统一从来没有遇到真正的考验——这一国家并没有步王朝分割导致瓦解的后尘——至11世纪初，摩拉维亚与波希米亚之间实现了持久的统一。

二 摩拉维亚与帝国之间的关系：普热美斯王朝治下波希米亚的统一

由于来自西部东法兰克王国和东部大摩拉维亚的压力，波希米亚的统一进程加速了。有关波希米亚最早的资料，早于摩拉维亚崛起的时间：在法兰克人的有关史料中，791年、805年、817年和822年，法兰克对波希米亚的霸权有所放松。但是，9世纪30年代法兰克的危机，削弱了法兰克对波希米亚的霸权地位。9世纪40年代后期和9世纪50年代，历史记载中还提到法兰克针对波希米亚的战争，在以后的40年里，只是偶尔提及，这表明波希米亚人除了受法兰克人控制，也同等程度地受摩拉维亚人控制。只有895年这一年，波希米亚的"所有"王公才一起去朝见了法兰克国王阿尔努尔夫（Arnulf）；所有王公中成为首要者（primores）并取得胜利的只有两位，即斯皮蒂赫内夫（Spytihnev）和维蒂斯拉夫（Vitislav）。这都是波希米亚统一进程和超部族（supratribal）组织形成过程的持续。

波希米亚历史上第一位无可争议的统治者，是来自普热美斯家族（Přemysl，传说中捷克人的祖先）的博里沃伊（Bořivoj）。后来的资料表明，是圣美多迪乌斯（St Methodius）为博里沃伊举行的洗礼，但所给定的日期（894年）与此并不相符。他还被看作最近在布拉格城堡发掘出的圣母玛利亚教堂（the church of the Blessed Virgin Mary）的创建者，890年前后去世。根据《基督教徒传奇》（Legend of Christian）的说法，博里沃伊的对手斯托伊米尔（Strojmir）从流亡地德意志返回波希米亚，迫使博里沃伊流亡到摩拉维亚。在博里沃伊携摩拉维亚援军返回时，斯托伊米尔正打算篡夺王位。事情的细节并不可靠，但却反映出10世纪末的一个事实，即波希米亚两大派别之间存在着对抗。博里沃伊集团倾向于摩拉维亚，斯托伊米尔则试图接近东法兰克。

博里沃伊死后由其儿子斯皮蒂赫内夫（Spytihnev，—905年？）和弗拉蒂斯拉夫一世（Vratislav I，卒于921年）继位。博里沃伊的妻子卢德米拉（Ludmila）是索夫（Pšov）的统治者的女儿，是一位热心的基督教徒。10世纪初，摩拉维亚国家的瓦解使波希米亚摆脱了摩拉维亚的控制，但也使她失去了处理东法兰克问题时的平衡砝码。或许在这一时期前后，或稍后的10世纪40年代，在波列斯拉夫一世统治下，波希米亚人的势力已经穿越山脉地区进入西里西亚和小波兰。弗拉蒂斯拉夫一世与波拉比安斯拉夫人（Polabian Slavs）建立了联盟关系，娶了斯托德拉尼安（Stodoranian）的公主德拉霍米拉（Drahomira）。来自德意志的压力使得这种联盟关系难以维持，尤其是在鲁道夫家族（Liudolfings）兴起之后。为了平衡来自亨利一世的压力，弗拉蒂斯拉夫的儿子和继位者瓦茨拉夫一世（Wenceslas I，921—929年）拉进了与巴伐利亚人的关系。在928/929年的战役中，亨利一世打败了瓦茨拉夫，并迫使其称臣纳贡。这场失败激起了瓦茨拉夫的弟弟波列斯拉夫一世（Boleslav I，929/935—972年）的政变。波列斯拉夫杀死了兄长夺取了政权。早在10世纪的时候，波希米亚教会便接受瓦茨拉夫的圣徒称号，他也将要成为整个民族的主保圣人。在萨克森人和图林根人的帮助下，波列斯拉夫首先战胜了一些不知名的对手（subregulus）。长时期以来，他和德意志人保持着距离，维持着与波拉比安斯拉夫人的联系，允许匈牙利人通过他的领土进入图林根。由此他建立起了防御前哨站，后来这些前哨站成为波希米亚境内城市组织的核心。然而，950年，波列斯拉夫不得不屈从于奥托一世（Otto I），于955年与德意志人一起同匈牙利人作战。对德意志的依赖关系是波希米亚人的无奈之举，将会长久地维持下去。

965年，波列斯拉夫一世的妹妹多布拉娃（Dobrava）与波兰大公梅什科一世（Miesco I）的联姻，标志着波希米亚与波兰部族之间的关系正在削弱，其本身的力量正在加强，在波兰南部的统治得到暂时的稳定。因为布拉格（Prague）与格涅兹诺（Gniezno）之间为争夺取西斯拉夫人的霸权而出现的敌对，波希米亚与相邻的波兰国家所具有的良好关系并未持久。波列斯拉夫的儿子及继位者波列斯拉夫二世（Boleslav II, 967/972—999年），继续奉行其父的政策。在布拉格，他成功地获得了依附于梅斯（Mainz）大主教的自己的主教辖区；此前波希米亚则处于雷根斯堡（Regensburg）主教的司法管辖权之下。

向东扩张波希米亚确立了与基辅罗斯之间的关系，波列斯拉夫二世的儿子娶了弗拉基米尔大公的女儿。与波兰之间的关系很快也步入正轨，983年，两国领导人都企望与德意志摄政合作进攻波拉比安斯拉夫人。与德国萨克森王朝的这一合作，可以追溯至978年，先于波希米亚的统治者（同波兰大公梅什科一起）与巴伐利亚的亨利之间的合作。波列斯拉夫二世的妻子艾玛（Emma）是巴伐利亚人的后代，他的兄弟斯特拉沃斯（Strachwas）成为雷根斯堡的一位修道士。至995年，波列斯拉夫二世已经完成了波希米亚平原地区的政治统一进程，波列斯拉夫一世时已经大大推进了这一统一进程。这一成功是通过武力消灭以东波希米亚的利比斯为基地的斯拉夫尼克斯公爵而取得的。斯拉夫尼克斯的统治得到萨克森和波兰的支持，与布拉格政府的愿望并不一致。斯拉夫尼克斯部族的残余避难于波兰和德意志，其中包括当时的布拉格主教阿达尔伯特·沃伊切克（Adalbert-Vojtech）。

三 10世纪和11世纪之交普热美斯王朝的危机：波兰历史的中断和布雷蒂斯拉夫一世的重建

在波列斯拉夫三世统治时期（999—1003年），波希米亚国家的危机达到了顶点。内部的王朝纷争，统治者与布拉格主教之间的冲突，两者交织在一起引发了社会的不安、贵族的反对以及与邻国的领土之争。波列斯拉夫的兄弟亚罗米尔（Jaromir）和奥尔德里奇（Oldřich）与其母亲艾玛一道避难于巴伐利亚公爵（即后来的神圣罗马帝国皇帝亨利二世）的宫廷。圣阿达尔伯特（St. Adalbert）的继任者蒂埃达格（Thiedag）主教逃往边地伯爵梅森的埃克哈德（Ekkehard of Meissen）处。作为对立者的贵族派则废黜了波列斯拉夫的王位，并从波兰召回他的表弟弗拉迪沃伊（Vladivoj）进行统治；波列斯拉夫承认亨利二世的宗主地位（overlordship），但在其短暂的统治时期（1003 年）依旧未能实现对王国的有效统治。波列斯拉夫死后，贵族首先将亚罗米尔，之后又将奥尔德里奇从巴伐利亚的流亡中邀请回来掌握了权力。但是，正值此时，波兰大公波列斯拉夫·赫洛布里（Boleslav Chrobry，波希米亚的波列斯拉夫一世的外孙）干预了进来。利用移交到他手中的波列斯拉夫三世这个有利条件，波兰大公第一次对波希米亚发动武装干涉，想以此将权力归还给流放者。波列斯拉夫三世与其强大对手弗索弗奇（Vršovci）部族之间进行的多次的血腥清算，将波希米亚人推向他的对立面。波兰大公趁机予以干涉，监禁了波列斯拉夫三世并使其致盲，对布拉格实施直接统治。亨利二世准备承认波列斯拉夫·赫洛布里作为大公的权力，但条件是他要承认神圣罗马帝国的权力，而波列斯拉夫拒绝为了波希米亚而效忠亨利二世。这直接导致公开的冲突，在这一冲突过程中，德意志人使亚罗米尔和奥尔德里奇回到布拉格，波兰军队则被迫离开波希米亚。然而，摩拉维亚和斯洛伐克仍然处于波兰的控制之下。

亚罗米尔（1004—1012 年）成为神圣罗马帝国皇帝的忠实封臣，多次伴随其左右对波兰作战。1012 年，亚罗米尔的职位为其弟奥尔德里奇夺取，奥尔德里奇维持着康拉德二世统治时期亲德意志帝国的政策。1030 年前后，奥尔德里奇的儿子布雷蒂斯拉夫（Břetislav）将波兰人驱逐出摩拉维亚，在那里建立起自己的统治。但是，与神圣罗马帝国皇帝之间的关系很快便陷入恶化，新国王亨利三世发动了一次惩罚性远征。奥尔德里奇被剥夺了权力。亚罗米尔从流亡地返回接管了权力，之后（自 1034 年）经帝国同意兄弟二人共享波希米亚的统治权。但是，奥尔德里奇使其兄致盲并将其儿子布雷蒂斯拉夫驱逐出了摩拉维亚。奥尔德里奇之死避免了一场新的帝国干涉。1034 年，布雷蒂斯拉夫一世（卒于 1055 年）成为波希米亚的大公，在班贝克（Bamberg）将波希米亚（第一次以这种方式）和摩拉维亚作为帝国的封地接受了下来。在布雷蒂斯拉夫统治下，波希米亚君主制的创立过程最终完成。（布雷蒂斯拉夫一世）利用梅什科二世去世波兰衰弱之机侵占波兰的企图，则遭到神圣罗马帝国的反对。1038 年，波希米亚军队发动了一场针对波兰的武装远征，尤其要提及的是，在这一远征过程中，克拉科夫（Cracow）、弗罗茨瓦夫（Wroclaw）、格涅兹诺（Gniezno）和波兹南（Poznań）等被攻占，波兰的大片领土毁于战火，圣阿达尔伯特的遗物被从格涅兹诺带了回来，连同一起被带回来的，还有其兄弟拉姆齐－高登提斯（Radzim-Gaudentius）及五位殉道教友（约于 1000 年被谋杀的隐修士）的遗物。神圣罗马帝国皇帝亨利三世担心波希米亚的力量会过度发展。1040—1041 年波希米亚与德国之间的战争，以布雷蒂斯拉夫在布拉格城堡的投降而告终。投降后，波希米亚在雷根斯堡向帝国宣誓效忠，并移交了波兰俘虏，但直到 1050 年，西里西亚才归还给波兰。波兰对西里西亚控制权的确认，是直到 1054 年通过亨利三世仲裁才完成的。

总体来说，雷根斯堡效忠之后，波希米亚仍是神圣罗马帝国皇帝的忠实封臣，这给它的外交政策带来非常大的影响（例如，在与波兰的争执中需要尊重帝国的仲裁，需要参加针对匈牙利人的军事远征），布雷蒂斯拉夫在自己的国家则保持着不受限制的权力。他运用自己的权力巩固了国家及其王朝的地位。布雷蒂斯拉夫重新安定了地处克拉洛维采（Kralovice）东部、现今的海德坎尼（Hedčany）附近的格耶茨（Giecz）的市民（在大波兰境内），以及（但这一点并不十分清楚）克鲁茨维卡（Kruszwica）的一些市民。他赞成通过长子继承制（确切地说是通过制定法典）加强继承原则，这是与国家和王朝遗产不可分割原则相联系的一个发展。布雷蒂斯拉夫的小儿子以持有长兄的封地的形式接受了摩拉维亚的土地。布雷蒂斯拉夫从罗马教廷获得教省地位的企图则归于失败，但却在他所控制的整片土地上支持教会甚至扩张新的教会体制。他资助了地处萨扎瓦的一所修道院，该修道院于其兄在位时期修建完成；资助修建了摩拉维亚境内的第一所拉丁修道院，约于 1050 年建于拉吉哈德（Rajhrad）。他还在斯塔拉·波列斯拉夫（Stara Boleslav）建立了一所学院式的牧师会。

约于1050年，他进行了货币改革，确立了布拉格的"格里芙娜"（grivna）为流通货币，这一货币体制持续了数个世纪之久。据较早的一个传统观点，此事与1038年在格涅兹诺发生的波兰人的战争存在着联系。布雷蒂斯拉夫公布了由8项法令组成的法令集，用以解决王国境内的各种法律问题。在与德国交战时期，他与布拉格的塞柏主教（Bishop Šebir of Prague，1031—1067年）之间的密切合作结束了，主教与一帮贵族离他而去，成为他的反对者。

波　　兰

一　部族的地理环境

斯拉夫人开始定居于喀尔巴阡山和苏台德山地以北地区的时间，比那些定居于波希米亚和摩拉维的人群的时间还难以确定，原因之一就是对早先居住于这一地区的民族的衰落及其社会结构所知甚少。让问题更加复杂的是，不断有斯拉夫人是原土著者（autochthonists）的观点的新发现，认为波兰领土的一部分或整体上构成了斯拉夫人的"古老家园"。9世纪，波兰境内的民族状况比较清晰可辨了——来自三方面独立的原始资料：巴伐利亚地理学家，国王阿尔弗雷德对德意志的描述，以及无名氏用旧的教会斯拉夫语写成的《美多迪乌斯传》（Life of Methodius）——所呈现的是，已经存在着几个大的有着自己的定居模式的部族，大致说来相当于后来第一皮亚斯特王朝统治时期波兰国家的区划状况。9世纪的资料只能确认维斯瓦人（Wiślanie）、戈波兰尼人（Goplanie）和伦迪兹人（Lędzianie），隶属于这一部族团体，其中伦迪兹人不是特别确定。在这一大的部族（部族联盟？）的名单中，我们必须再加上地处大波兰的波拉尼人（Polanie），地处下西里西亚的斯莱兹人（Slezi，其名称来自巴伐利亚地理学家，但属于"较小的"部族），马佐维人（Mazovi）和波美拉尼人（Pomerani）。西里西亚的部族结构最为知名。除了上述提到的斯莱兹人之外，巴伐利亚地理学家还提到扎多斯扎尼人［Dziadoszani，约位于格沃古夫（Gfogów）］、奥波莱尼人［Opolani，约位于奥波莱（Opole）］、格列斯兹斯人［Golęszyce，位于拉奇布日（Raciborz）附近］以及神秘的卢皮格拉人（Lupiglaa，Glupczani？）。从后来的资料中我们才得知了波布尔扎尼人［Bobrzani，位于波布尔（Bóbr）河畔?］和泽布维人（Trzebowi?）。在西里西亚，巴伐利亚地理学家列举的通常都是一些"较小的"部族。与此相对照的是，在小波兰，资料所显示的仅有地处维斯瓦河上游（the Upper Vistula）的维斯瓦人［Vistulani，在克拉科夫（Cracow）和桑多米尔（Sandomir）附近］。在这些地区以东的罗斯边境地区，是伦迪兹人（Lendizian）的定居地。君士坦丁·波尔菲洛格尼托斯（Constantine Porphyrogenitus）曾两次提及伦迪兹人（Lendzanenoi）。由此，东方的邻近民族对波兰部族都有了自己的名称［在罗斯的资料中称为利雅赫（Liakh），波罗的沿海各民族称为兰卡斯（Lenkas），匈牙利人则称之为兰吉尔（Lengyel）］。

在巴伐利亚地理学家的著作中缺少波拉尼人的资料，其他来源的资料需要加以讨论，已知波拉尼人的部族后来成为波兰北部强大的集团，因此波兰和波兰人便借用了它的名字。从总体意义上看，波拉尼这一名称（所有那些服从波兰大公的人）出现在史料中的时间，仅仅是在10世纪和11世纪之交，当时由波拉尼人首领组建的国家出现在历史舞台上。9世纪中叶，波拉尼还是一个并不重要的部族，与其东部相邻的库贾维部族（Kujawy）的居民相比居于次要地位。显然，库贾维部族在巴伐利亚地理学家的著作《戈罗皮尼人》（Glopeani）中有所记载——戈普兰尼人［名称来自戈普洛湖（Lake Goplo）］，居住于克鲁兹维卡（Kruszwica）中部。有关戈普兰尼人与波拉尼人之间的竞争的丝丝缕缕，保留在波兰的历史传统中，可能是以一种故事传说的形式出现的，故事中说（戈普兰尼人的?）波皮耶王朝遭到了暴力推翻；控制格涅兹诺的波拉尼人的皮亚斯特王朝取代了波皮耶王朝。波拉尼人定居之地后来就发展为大波兰。波拉尼人集中在瓦尔塔河（Warta）流域的中部，其主要城市有：格涅兹诺（Gniezno）、波兹南（Poznań）、莱德尼基的奥斯特鲁夫（Ostrów Lednicki）和格耶茨（Giecz）。11世纪之前，并没有史料提及马佐维人和波美拉尼人［其中后者我们从中能区分出居住于沃林地区的沃利尼人（Wolini）和居于佩日采地区的皮里茨坎尼人（Pyrzyczani）］。某些学者认为，他们实际上并不是部族，只是后来在皮亚斯特王朝统治时期才形成清晰的实体的群体。

无须考虑波美拉尼人，他们仅仅是在12世纪初的时候才与波兰有了充分的联系（但也不是持续性的）（尽管波美拉尼人是梅什科一世和"勇者"波列斯拉夫统治的王国的组成部分），在第一皮亚斯特王朝统治时期，波兰清晰地划分为两大地理区域：由大波兰的低地地区、库贾维和马佐维亚组成的北部波兰，由高地地区、大的山脉地带以及西里西亚和小波兰组成南部波兰［克拉科夫（Cracow）和桑多米尔（Sandomir）地区］。从12世纪初波兰第一位编年史家加卢斯·安尼莫斯（Gallus Anonymus）*的传统记载中，我们知晓了梅什科的前任谢莫维特（Siemowit）、莱斯泰克（Lestek）和谢莫米斯尔（Siemomysl）。他们的功绩是，在某时以一种我们所不知晓的方式统一了北部波兰。梅什科一世时期，波拉尼人的扩张已经到了波美拉尼亚、卢布斯兹（Lubusz），在最后阶段，扩及南部波兰，所以最后在"勇者"波列斯拉夫统治时期，波拉尼人控制了波希米亚、摩拉维亚和斯洛伐克（沿多瑙河沿岸的）、波拉比安的一部分以及与罗斯交界的被称红色城市（Czerwień towns，Grody Czerwieńskie）的地方。

二 创建国家的两大部族集团：维斯瓦人和波拉尼人

9世纪，关于波拉尼人以及他们对维斯瓦人的影响的史料缺失并非一种巧合。南部波兰长期以来都是领先发展的，与北部波兰遍布林地和沼泽地相比，其自然资源比较有利于人类定居。而且，与长期处于自然地理和政治孤立状态的波拉尼人相比，外来政治——罗斯、拜占庭、摩拉维亚和德意志——对南部波兰的影响要强大得多。不可否认，875—880年，小波兰和西里西亚突然发现自身已处于大摩拉维亚国家强烈的政治影响之下，10世纪则又处于波希米亚的影响之下。他们在一个较长的时期里处于南方的影响之下，例如，在皈依基督教的问题上。所有这些，尽管学者们的意见偶尔有所摇摆，但不应加以夸大。摩拉维亚的斯维亚托波尔克（Sviatopolk）对小波兰的"征服"证明，维斯瓦人似乎丧失了将自身与其他东部说莱奇提克语（Lechitic，波兰语）的地区统一起来的时机，也失去了在喀尔巴阡山以北的整个土地上建立霸权的时机。

---

* Gallus Anonymus, *Chronicae et gesta ducum sive principum polonorum*，1，3。（加卢斯·安尼莫斯，意为无名的高卢人，可能是来自法国普罗旺斯的一名修道士。其波兰编年史写于1112—1116年，为拉丁文。——译者注）

那时不存在外来权力的威胁，第一皮亚斯特王朝的格涅兹诺国家从其发源地刚刚浮现出来。在获得了对波拉尼人、戈普兰尼人土地的控制权后，波拉尼人抓住时机兼并了马佐维亚、波美拉尼亚和伦迪兹人的土地。对波美拉尼亚的征服是由第一位"具有历史影响的"波拉尼亚人领导者梅什科一世（Miesco I，约960—992年）完成的，他在生命即将终结之时获取了与波希米亚（990年?）有争端的西里西亚以及小波兰和克拉科夫，② 最终完成了统一波兰的漫长历程。

然而，在梅什科一世统治时期，"波兰"和"波兰人"［波兰尼亚（Polonia），波兰尼（Poloni）］这样的术语还没有出现在史料中，作者们通常用各种各样冗长的术语表述梅什科及其王国，如"斯拉夫人的大公"（prince of the Slavs）、"梅什科的王国"（the realm of Miesco）、利奇卡维基（Licikaviki）③，以及"破坏者的大公"（prince of the Vandals）。首先，梅什科一世集中力量向西发展，主要目标是征服波美拉尼亚和卢布斯兹，以及减缓由维利托-波希米亚联盟（the Veleto-Bohemian alliance）带给他的威胁。我们第一次听到关于他的事情，是963—967年他与维利提人之间的战役。他同样也致力于建立与德意志帝国及其东方代理人之间的联系。965年他与波希米亚公主多布拉娃（Dobrava）的联姻，是波兰—波希米亚和好的一个征兆。966年，大公与其人民接受洗礼，968年在波兹南建立了一个传教的主教辖区，这是对波兰在欧洲的地位产生影响的重要因素。

梅什科与奥托一世保持着良好关系，维杜金德（Widukind）则以帝国的法律顾问（amicus imperatoris）称呼波兰的统治者。④ 对"直到瓦尔塔河"（usque ad Vurta fluvium）地区的赞美，大概是关于新并入波兰领土［波美拉尼亚（Pomerania），卢布茨（Lubusz）］的，这一地区名义上隶属于德意志宗主。⑤ 东方边区的霍多伯爵（Margrave Hodo of the Ostmark）对梅什科一世王国的任意入侵并不具有毁

---

② 我认为，拉布达（Labuda）1988年出版著作的第8章中，关于波兰人占领克拉科夫的时间必须予以纠正。布拉格的科斯马斯（Cosmas of Prague）的《波希米亚编年史》（Chronica Boemorum）第1章和第34章认为波兰人占领克拉科夫的时间刚好是波列斯拉夫二世（Boleslav II）去世之后（999年）。

③ Widukind, Res gestae Saxonicae, 3, III, 66说："被称为利奇卡维基的斯拉夫人处在国王梅什科的统治之下。"这一名称的词源学及实际意义在学术界依然存在着争议。

④ Ibid. III, 69.

⑤ Thietmar, Chronicon, II, 29.

灭性，但对德意志人于 972 年在采迪尼亚（Cedynia, Zeden）的失败却是一个终结。在与德意志的关系问题上，奥托一世死后，波兰和波希米的王公们利用帝国内部冲突，尤其是巴伐利亚公爵"争吵者"亨利（the Bavarian duke, Henry the Wrangler）于 974 年和 984 年所发动的叛乱，接着便走上了分裂之路。奥托二世在意大利的失败和死亡、983 年突然爆发的波拉比安斯拉夫人的大叛乱，以及因奥托三世年幼由摄政统治所带来的烦扰，都使梅什科一世实现自己的计划变得容易了。自 985 年开始，梅什科支持年轻皇帝一派，986 年左右解除了与波希米亚之间的联盟。他发展了与匈牙利之间的关系，使之更加紧密了，990 年前后，作为与波希米亚战争的结果，梅什科将西里西亚和小波兰一起并入波兰领土。

多布拉娃去世后，梅什科于 980 年前后第二次结婚。他的新婚妻子是北部马奇迪特里希侯爵（Margrave Dietrich of the northern March）的女儿。991 年，梅什科将其统治下的领土（civitas Schinesghe：格涅兹诺王国）纳入罗马教皇的统治之下。⑥ 尽管渴望王国能进一步抵制强大德意志的影响，梅什科一定是受这一愿望驱使行事的，但是在他死后，波兰会交由奥达（Oda）和她年幼的儿子们统治，这有悖于梅什科一世与多布拉娃所生的第一个儿子波列斯拉夫·赫洛布里（Boleslav Chrobry）的利益。不管怎样，992 年 5 月 25 日，梅什科一世去世后，波列斯拉夫并没有重视其父的愿望。他流放了继母和她的儿子们，粉碎了针对其王位继承并不特别强烈的反抗。由此，波列斯拉夫开始尽享波兰全境的统治权。

三 波兰国家在西斯拉夫人中寻求霸权

"勇者"波列斯拉夫＊统治的早期阶段，非常注意维持与德意志的联盟关系，此时德意志是由 994 年达到法定王位继承年龄的奥托三

---

⑥ 我们对此有所了解，源自一个世纪后的一份教皇登记册上的描述。这一历史文本的开头用了奇怪的词：Dagome iudex et Ote senatrix，从此 Dagome 便成为学者们对波兰常用的称呼。Dagome 可能是波兰公爵的教名与其家族名称的联合。(We know of this from a description of the letter given a century later in a papal register. The text begins with the curious words: 'Dagome iudex et Ote senatrix', hence the usual scholarly name for it. The form Dagome may be a conjunction of the alleged Christian name of the Polish duke (Dagobert) and his family name: Dago [bertus] Me [sco].)

＊"勇者"波列斯拉夫，即波列斯拉夫·赫洛布里，亦即波列斯拉夫一世。——译者注

世所统治。波列斯拉夫协助德国人推进他们在波拉比安的行动。与此同时，他还支持在波希米亚的反对普热美斯王朝的对抗活动。995年，波希米亚的波列斯拉夫二世推翻了利比斯的斯拉夫尼克斯王朝之后，波列斯拉夫·赫洛布里便欢迎被流放的斯拉夫尼克斯王朝时期的布拉格主教圣阿达尔伯特（St Adalbert）回国。997年4月23日，在秉承波列斯拉夫·赫洛布里旨意赴普鲁士执行任务时，圣阿达尔伯特殉教。通过寻找殉教者的遗物并将其保存于首都格涅兹诺，波列斯拉夫统治下的波兰获得了自己的祭典中心，在基督教世界中提高了自身的声望。波兰的统治者知道如何利用这一有利形势。1000年3月，皇帝奥托三世前往其好友阿达尔伯特墓前朝拜，此前，阿达尔伯特被罗马教廷封为圣徒。在格涅兹诺宗教会议上，据说是因为皇帝的造访，波兰首都格涅兹诺上升至大主教区的行列，管辖位于克拉科夫（Cracow）、弗罗茨瓦夫（Wroclaw）、科洛布热格（Kolobrzeg）的三个（新建的?）主教区；而后，管辖一个早期的传教士教区，如今地处大波兰的西部，以波兹南为基础。格涅兹诺的帝国会议上的政治决定很难说清楚。根据后来波兰的传统说法，神圣罗马帝国皇帝将波兰统治者提升至国王的地位，至少是首次完成了神圣的国王加冕仪式世俗部分。但是，流行观点认为，将王冠戴到波列斯拉夫的头上称其为皇帝的兄弟和合作伙伴（*frater et cooperator imperii*），⑦ 奥托三世赋予波列斯拉夫的是帝国统治波兰教会的权利（主要是主教授职权）。这一点是与奥托三世总体政治理念相吻合的，奥托三世力图复活罗马帝国，将波兰（斯洛文尼亚）视为除罗马、法国和德意志之外的另一个同等的成员，在赖谢瑙福音书（the Reichenau Gospels）中可以看到这一理念的构想。

奥托三世去世后，帝国政策改变了。亨利二世继位（1002年）之后很快便产生了波兰—德意志之间的冲突。首先，依靠德意志的大力支持——来自梅森（Meissen）的埃克哈德（Ekkehard）和贡泽林（Gunzelin），以及来自北方边区的巴伐利亚侯爵施韦因福特的亨利（Henry of Schweinfurt）等人——波列斯拉夫占领了卢萨蒂亚（Lusatia）、梅尔森（Milzen）和梅森。在梅泽堡帝国会议上，他试图将前

---

⑦ Gallus Anonymus, *Chronicae et gesta ducum sive principum polonorum* I, 6, p. 20.

两者作为封地。1003年，随着他对波希米亚和摩拉维亚的占领，以及拒绝为此而效忠于神圣罗马帝国，两者的冲突公开化了。1004年，德意志的干涉迫使波列斯拉夫撤离了波希米亚，但是他仍然控制着摩拉维亚和斯洛伐克。1005年，在波希米亚人和柳蒂奇人（Liutizi）的帮助下（亨利二世与最重要的异教徒柳蒂奇人的联盟在公众中引起了流言蜚语），德意志对波兰的大规模远征开始了。这场远征活动以不利于波兰的《波兹南和约》（the peace of Poznań）结束。根据该和约，波列斯拉夫被迫交出此前获得的卢萨蒂亚、梅尔森和波希米亚。接着，新建的科洛布热格主教区（bishopric of Kolobrzeg）也解体了。这可视为波兰在波美拉尼亚影响力下降的标志，或许是因为来自奥德河对岸（柳蒂奇联盟）异教徒的反击。波兰—德意志之间战争的第二阶段始于1007年，是年波兰的统治者进攻了卢萨蒂亚，这场战争持续了几年，直到1013年签订了《梅泽堡和约》（the peace of Merseburg）。由此波列斯拉夫保住了卢萨蒂亚和梅尔森作为帝国封地的地位。波列斯拉夫的儿子梅什科二世与莱茵的巴拉丁伯爵埃左（Ezzo）的女儿莉切萨（Richeza）结婚。双方约定在需要之时提供300名战斗人员予以援助，但是波兰方面并没有兑现这一承诺。1015—1018年，是波兰—德意志之间战争进行的最后阶段，是由德意志人挑起的。双方的战争以《鲍岑和约》（the peace of Bautzen，1018年）的形式结束了，考虑到整个战争的长期性，以及德意志人对战争的投入程度，和约做出了有利于波兰的条款。波列斯拉夫保有卢萨蒂亚和梅尔森，德意志人在这方面的史料阙如，表明波列斯拉夫控制了这些地区但却并没有向神圣罗马帝国称臣。

1018年，继四年前所进行的一次不成功的战役之后，波兰人向罗斯发起了一次远征，此次远征得到德意志人、匈牙利人甚至佩彻涅格人辅助部队的帮助。在布格河流域打败敌人之后，波列斯拉夫未经战斗便占领了基辅，将斯维亚托波尔克（Sviatopolk）扶上大公的宝座。1019年春，波兰军队返回故土，并没有遭到来自罗斯的进一步抵抗。他们为波兰带回了战利品和俘虏，占据了彻尔维恩人（Czerwień）的城市［由彻尔维恩人和普舍米斯人（Przemysl）统治］。这些城市和伦迪兹人（Lendizi）的领土中的至少是一部分，由基辅的弗拉基米尔大公于981年从波希米亚手中夺取。

与梅泽堡的蒂特马尔的编年史缺乏有关方面记载一样,波列斯拉夫·赫洛布里统治的最后岁月也疑点丛生。1024 年,亨利二世和教皇本尼狄克八世的去世,或许使波兰统治者于 1025 年在格涅兹诺的加冕变得容易了,加冕仪式无疑是在复活节那天举行的。波列斯拉夫·赫洛布里于 1025 年 6 月 17 日逝世,此事发生在这前不久,他延续了梅什科一世的政策,为年轻的波兰人国家铸造了十分短暂的辉煌,并确保了波兰人在西斯拉夫人中的优势地位。但是,他过高地估计了自身的力量,使国人疲于军事征战,使国家处于与四方邻国的对立之中。波列斯拉夫死后不久,波兰丧失了波兰人额外的领土并陷入了巨大的内部危机。

四 梅什科二世以及 1034 年之后第一皮亚斯特王朝的瓦解:复兴的开始

梅什科二世(1025—1034 年)继位之时便举行了加冕礼,在治国方法和精力方面与其父不可同日而语,但却要为波列斯拉夫过度的扩张政策埋单。实质上,波兰的君主制,始于 992 年波列斯拉夫的继位,1025 年的加冕礼使之获得正式认可,属于一种新现象,由此也将波兰拖入了王朝的内讧之中。梅什科的长兄是其父与匈牙利人联姻所生的贝兹普伦姆(Bezprym),被波列斯拉夫剥夺了继承权之后又被送进了修道院,波列斯拉夫的第二个儿子奥托也有相同的经历。这两个觊觎王位者很快便在波兰境外——贝兹普伦姆在罗斯,奥托在德意志——找到了自己的支持力量。两者都利用国外势力的帮助反对梅什科二世。1028 年波兰国王的侵略行动,引发了 1029 年康拉德二世的报复。至 1030 年,事情发展成德意志与罗斯联手进攻波兰的态势,并且这一联合进攻又立即得到波希米亚军事进攻上的支持。波希米亚占领了摩拉维亚,从此摩拉维亚就成为波希米亚不可分割的一部分。基辅的"智者"雅罗斯拉夫进攻了彻尔维恩人的城市。1031 年,德意志军队夺取了卢萨蒂亚和梅尔森,两地从此永远脱离了波兰的控制。在罗斯的武力支持下,以及无疑还在波兰社会内部派别的配合下,贝兹普伦姆夺取了波兰政权,驱逐了梅什科二世,使之流亡到波希米亚。王后莉切萨和她的儿子卡齐米尔(Casimir)携带着王室印玺逃到了德意志。贝兹普伦姆的统治遭到波兰社会大多数人的反对，1032年3、4月，他在执政几个月后便遭谋杀。尽管被波希米亚人致残了，梅什科二世还是回到了波兰并再次恢复了王位，但却无法抵御德意志人新一轮的进攻。1032年，梅什科二世在梅泽堡向康拉德称臣，放弃了他的国王头衔。按照神圣罗马帝国皇帝的旨意，梅什科二世不得不承认其受控制的王公地位，他的两位兄弟奥托和迪特里希（Dietrich）接受或应该接受相应的领土份额。1034年，在去世前不久，梅什科二世成功地获得了重新统一后的波兰王国的控制权。当他去世的时候，王朝中还活着的继承人仅剩下他的儿子卡齐米尔，而卡齐米尔与其母亲都在德意志。

梅什科二世死后，波兰国家开始了严重分裂的时期。各省都出现了分裂运动，尤其是在马佐维亚和波美拉尼亚，波美拉尼亚最后还完全挣脱了波兰的控制。异教反对派推举其首领，号召回归到早期的部落王国，反抗行动得到部分乡村人口和武士的支持。非基督教徒革命遍及整个大波兰，在波兰中部地区摧毁了意义重大的教会基层组织。然而，这一运动在小波兰和马佐维亚没有造成影响，即使造成了也极小，它们仍处于米埃克劳公爵（Duke Mieclaw）的有效控制之下。这些不幸因1038年波希米亚的布里蒂斯拉夫（Bretislav of Bohemia）所进行的毁灭性入侵（参见原文第520页）而加重了。西里西亚到处都是波希米亚人的要塞，落入波兰人之手，控制长达10年以上之久。

面对由波兰的政治真空、异教复兴以及德意志持有波希米亚的势力过度发展的政治观点所带来的显而易见的危险，在波兰王位问题上，德意志朝廷支持的唯一人选是复辟者卡齐米尔一世（Casimir I the Restorer，1034/1039—1058年）。在一小股德国势力的支持下，卡齐米尔回到了波兰，时间大概是在1039年秋。卡齐米尔一世赢得了被冲突折磨得筋疲力尽的波兰权势集团的支持。经过巨大努力之后，卡齐米尔兼并了马佐维亚（1047年），恢复了对波美拉尼亚的最高统治权（1048年），重新确立了对西里西亚的控制（1050年）。与波列斯拉夫·赫洛布里所建帝国相比，此时的波兰国家，领土面积缩小了，国际影响也下降了，但有了持久的民族联系的纽带，变得团结紧密，而且因统治机构影响力的加强，国家进一步得到巩固。波美拉尼亚有些例外，这一王国是未来波兰王国的基础——只是在 14 世纪时，西里西亚脱离了出去。复辟后的"第二"皮亚斯特王朝的中心显然已经转移，这并不仅仅是波希米亚劫掠的结果。其中心由大波兰的格涅兹诺（尽管这里仍被视为首都之所在）转移到了小波兰的克拉科夫。

"一个有着王法的国家"：波希米亚和波兰，社会和政治结构，教会和基督教

"在那些岁月里，他们有四个国王：保加利亚人的国王博捷斯拉夫（Bojeslav），法拉加的国王博捷玛（Bojema），北方的国王卡拉科（Karako）和麦什科（Meshko），以及西部边界的国王那肯（Nakon）。"[⑧] 在这四位西斯拉夫人的领导者中，易卜拉欣·伊本·阿古柏（Ibrāhīm ibn Ya'qūb, 965/966 年曾从科尔多瓦的哈里发国家出发游历了整个欧洲）曾提到波列斯拉夫一世，他是波希米亚公爵（布拉格、波希米亚、克拉科夫的国王），以及北方的国王梅什科一世，他是波拉尼的公爵。易卜拉欣可能还了解一些有关马格德堡或布拉格一带西斯拉夫人的情况。

尽管他们中的每一个都是独特的，但两个西斯拉夫国家的历史仍展现出一系列的共同特点。这些特点的大部分在匈牙利人的国家中也能见到，可视为早期中世纪中欧国家的形成模式。如果不考虑波列斯拉夫·赫洛布里时期波兰例外的短暂时期的话，早期中世纪的波兰史，有着比波希米亚甚至比摩拉维亚更精彩耀眼之处。波希米亚有着清晰的边界、地理上自成一体。与此形成对照的是，波兰在东西方都缺乏自然边界。但波兰各部族中却有着共同的民族认同感，特别是在反对其周遭四邻，如东部的斯拉夫人、波罗的人（普鲁士人、苏达维人和立陶宛人）和德意志人时。波兰是在不同于波希米亚那种流行类型的状态下形成的，波希米亚周边四邻是南部的波拉比人、波兰人、德意志人和匈牙利人。此外，德意志人对波希米亚人比对波兰人更亲近一些，直到 10 世纪 60 年代，波兰人才与德意志人彻底分开，

---

⑧ *Relatio Ibrahim ibn Ja'kub*, p. 145.

之后，在一定程度上靠地处波拉比安的"缓冲区"（buffer zone）来保护。

中世纪波兰人和波希米亚人的国家以理想的同质民族国家为特点，他们中的每一个都将自己周围的相关部族拉进同一个共同体，将所有这些部族团结成为一个既定的群体，即波兰人的或捷克人的。尽管如此，但这并不否认中间地带的存在，如上西里西亚或摩拉维亚、马佐维亚和波美拉尼亚等地存在的地方分裂趋势。后者（波美拉尼亚除外，它仅是勉强地被融合进第一皮亚斯特国家的）在国家创立过程所发挥的作用并不十分重要。或者说，它们的重要作用是在后来的历史时期表现出来的。在此需要说明的是，1000年前后的时候，西斯拉夫人中的语言差别并没有现在这样大。

第一个波希米亚人和波兰人的国家形成的详情并不十分清楚，尤其是当时的地方史料几乎完全缺失。我们所能了解到的有关国家形成的历史传说，首次出现于12世纪早期，几乎与布拉格的科斯马斯（Cosmas of Prague）和加卢斯·安尼莫斯（Gallus Anonymus）的著作年代同时。这些传说是以一种谨慎选择的方式发展起来的，其中经历过编年史家渊博学识的过滤，也遭到后来人们的想象和社会需求的曲解。

在波希米亚，地处中心地带的布拉格作为意义非凡的政治中心，其地位非常重要。在摩拉维亚有两个齐名的政治中心——奥洛摩茨（Olomouc）和布尔诺（Brno）。但是在波兰，我们所述这一时期结束时，其主要政治中心则从大波兰的格涅兹诺（波兹南不是不重要，但与格涅兹诺相比处于第二位）转移到了南部波兰的克拉科夫。

周边的政治组织对波兰和波希米亚的影响不尽相同。摩拉维亚对波希米亚的政治和文化影响远远大于对于波兰的影响，甚至南部波兰在一段时间里曾经划归摩拉维亚领土的一部分。摩拉维亚—波希米亚之间的关系常被学者们夸大，实际上是有限的，虽然9世纪摩拉维亚的影响占据着主导地位，波希米亚成为摩拉维亚帝国非常边远的一个省份。直到13世纪，两者的实际接触都是障碍重重，因为摩拉维亚和波希米亚之间的森林和高山几乎是不可穿越的。首先是波希米亚十分谨慎地采用了摩拉维亚的政治和文化传统；根据政体转换理论（*translatio regni*），由此波希米亚便成为摩拉维亚政治权力的继承者，但这一点是在晚期中世纪展现出来的。11世纪，摩拉维亚和波希米亚之间较早的关系是与此相反的。从那时起，摩拉维亚便处于波希米亚的统治之下。尽管摩拉维亚仍保持着一些鲜明特点（自1182年起，摩拉维亚成为帝国的单独封地），但对它与波希米亚不相称的合并从未受到严肃质疑。

早在10世纪之前很长的时间里，在波兰和波希米亚，氏族一直作为社会组织的基本单位。这为基于地域联盟如农村公社之上的统一开辟了道路：农村公社在北部波兰被称为奥波莱（opole），在波希米亚和南部波兰被称为奥萨达（osada）。在国家创立过程中，氏族（皇家氏族除外）并没有起到多大的作用。流行的观点认为，在后来的波希米亚和波兰，贵族家庭并非出自部落时代的氏族。在新国家的创立过程中，部落也渐渐地、不可避免地失去了他们在政治上的重要意义。在摩拉维亚，部落衰落于9世纪。在波希米亚和波兰，在公爵们的均势政策下，部落只保持着从前的影子。这与波拉比安的斯拉夫人，特别是与柳蒂奇人形成了鲜明对照。在波拉比安的斯拉夫人中，即使在其他组织都得到了发展并在国家的巩固过程中已发挥不了作用之后，部落仍发挥着重要作用。

尽管传统观点将民主制（公共政府）结构归之于古代斯拉夫人，将社会差别和贵族政体的创立归之于德意志人，但我们并不怀疑，在历史发展的早期，斯拉夫人中存在着上层阶级，但缺乏清晰的法律上的界定。10世纪，这一阶层与统治者仍然没有取得平等的地位，但统治者需要依靠他们，他们也主要是从对国家的服务中获得社会地位和财富。随着时间的推移（完全只是在以后的时期里），他们通过控制土地和人口而获取了权力，变成了大土地持有者。贵族所具有的重大意义和相对（但日益加强）的自治已有事实上的显现，在政治衰退事件（王室失去民心或外来入侵）中，部分贵族仍保有强大的权力和其自身的社会地位。普热美斯王朝（皮亚斯特王朝也肯定是如此，尽管有关这种情况的史料并不很清楚）从根本上消除了几乎整个"旧贵族"阶层。与此同时也出现了贵族和平民、武士和农民之间的差别。尽管他们作为自由人的法律身份没有疑问，但"新贵族"是由统治者有目的地创造出来的，是与德意志的"王室贵族"（ministeriales）相对应的，他们变得愈加重要。

人口的大多数分成两个基本的阶级。武士（the warriors）为国家承担军役，接受土地作为自由持有地（武士法）。自由持有地依靠其家庭、家臣、战俘来经营，偶尔也使用奴隶。农民（the village people）直接依靠统治者（和国家官员）过活，只在保卫王国时才提供军役（*pospolite ruszenie*：集体征召）。他们还向国家提供各种其他役务，如贡物和劳役。不自由的人口大多是在统治者的地产上劳作，但数量并不多，并逐渐融合到平民百姓之列。

新创建国家的重心是统治者（公爵或国王），他们有着自己的宫廷和地方行政中心。自9世纪开始，史料记载便开始将正常状态下的（部落）公爵与"国王"区分开来，"国王"专指那些控制着其他公爵的统治者。在此之前，斯拉夫人的统治者一律不加区分地将他们通称为王（*rex*）。缺乏基督教意义上真正的加冕礼（因为只有教皇或皇帝才拥有授予王冠的权力），起初并没有对内部关系造成影响，尽管在波兰的统治王朝内部，因就职仪式的缺失导致离心倾向的产生。毫无疑问，如同波列斯拉夫·赫洛布里加冕前的两位波兰统治者一样，波希米亚公爵享有与国王同等的地位。

王权问题与波希米亚和波兰同神圣罗马帝国的关系有着密切联系。自10世纪中叶起，波希米亚便同德意志帝国有了稳固的联系，但其宪政意义却存在着争议。自1041年开始直到晚期中世纪的胡斯运动，波希米亚对德意志帝国的依赖是毫无疑问的。随着时间的推移，波希米亚（和摩拉维亚）逐渐被视为德意志帝国的组成部分，虽然波希米亚的统治者拥有充分的内政权，在帝国诸侯中也享有特殊的地位。同匈牙利一样，波兰仍处于德意志帝国之外，只是在朝贡的意义上才与帝国有着短暂的联系，才被视为帝国领土的一部分。不过，波兰有时屈从于德意志统治者的政治影响。

普热美斯和皮亚斯特这样的王朝，是现代人的划分，是一种"自然形成的统治者"。他们独享统治权。直到最后（普热美斯王朝灭亡于1306年，皮亚斯特王朝灭亡于1370年），其统治权也没有人提出疑问。历史传说中保留有王朝统治的早期奇幻元素的踪迹——普热美斯和皮亚斯特均被想象成庄稼汉。起初，从理论上说，王室家族的所有男性统治者均有统治权，但要实现这一统治则不得不依靠国内的派系。王朝的领土划分也是按照这一准则。在波希米亚，王朝统治遭到大诸侯（1138年被引入波兰）的反对，这些大诸侯的统治在布雷蒂斯拉夫一世（Bretislav I）时得到了加强。在波兰，国王加冕礼给国家带来了政治统一，并在王位继承问题上消除了旁系亲属的干扰。

由于原初国家的制度缺失或制度较原始，统治者的权力一度既强大又简单，受习惯法的约束，也受公众的接受和需求度以及实施国王意愿的现实情况的约束。由于没有税收，国家不得不执行积极的掠夺和征服政策。通常说来，以如此方式建立起来的政治体制很难持久，如同10世纪末的波希米亚和1034年之后的波兰一样，最终要走向解体。

统治者的权力基础是对土地的垄断（因为土地并不是像自由持有地那样是在贵族和武士之间分配的，或者说并不是授予他们的），以及对人民的至高权力。实际上，在早期历史中，这两者都未受到质疑，只是在12世纪和13世纪，因教俗权贵的特权及豁免权的出现才迅速变弱。除了已经建立起来为波兰、波希米亚和匈牙利所特有的强而有力的固定役务体系之外，统治者权力的实际基础便是贡品及由王公们的臣下所提供的服务。这些使统治者几乎完全控制了经济，其法庭和国家组织由此获得了最基本的物品和特殊的役务。除了一般武士提供的军役和偶尔大规模征兵之外，统治者最重要的武装力量是德鲁日纳亲卫队（druzhina，随从）。这一军事力量呈现出各种各样的形式，有中央的也有地方的，规模各异。其成员主要由青年人组成，他们与统治者之间存在一种特殊的联系，不禁使人想起了西欧社会中封臣的纽带关系。正如易卜拉欣·伊本·阿古柏在对梅什科一世王国的叙述中对诸侯的德鲁日纳的经典描述一样。⑨ 起初，亲卫队成员的供养是通过领主的赠赐和不失时机地参与军事抢掠。在波希米亚，德鲁日纳早在10世纪便开始渐渐地定居于地产之上了。这样做减缓了诸侯的财政压力，并在诸侯与家臣之间建立起一种持久联系。一旦家臣以采邑的形式持有土地，他便必然地植根于当地社会，与领主便会产生潜在的利益冲突。在波兰，私人土地所有制的形成，比在波希米亚更严重，但在10世纪和11世纪，却并没有超出原始发展阶段。

---

⑨ *Ibid.*, p. 147.

如同在波希米亚一样，波兰的地方政府也有赖于以部落中心为基础所建立的紧密的城市网络，当然缺乏西欧意义上的城市——在法兰克人的资料中称之为城镇（civitates）。随着国家的发展，这些城市也发生了重组，成为带有军事和行政职能的权力中心。在这些城市之中，一些小的中心城镇得到发展，比如波希米亚的布拉格、莱维—赫拉德茨（Levy Hradec）和利比斯，南部波兰的克拉科夫、桑多米尔（Sandomir）和弗罗茨瓦夫（Wroclaw），以及大波兰的格涅兹诺、波兹南和卢布林地区的奥斯特鲁夫（Ostrów Lednicki）。沿着皮亚斯特王朝领土的边界，形成了卡利什（Kalisz）、格沃古夫（Glogów）和桑托克（Santok）。在波希米亚，最早且联系最紧密的城镇网络创建于作为普热美斯王朝领土一部分的中东部地区。从考古资料可以清楚地看到，波希米亚的城市体制改革始于波列斯拉夫一世时期。在波兰，至10世纪末，出现了"部落"城市的衰落以及新统治中心的创建。显然这与统治者的政治统一政策是紧密相连的。与此相类似的是，波希米亚中部的某些旧城市，随着政府中心地位的确立，也失去了重要性并走向衰落。

在波兰，城市组织之上还有一个更高层次的管理组织，构成了国家行政管理的基础：大致与古代部落区域相一致的行省。在最早的历史发展阶段，这些行省隶属于同一王朝的不同的王室成员。如小波兰隶属于取得政权之前的波列斯拉夫·赫洛布里和（不十分肯定）梅什科二世。

在中欧，教会在社会和国家发展的早期阶段发挥着广泛的作用。摩拉维亚时期之后，10世纪由于德意志的影响，先是来自巴伐利亚，后是来自萨克森，教会的作用范围出现了争议。在波希米亚，直到973年创立属于自己的布拉格主教区之前，一直处于雷根斯堡（Regensburg）主教的管辖之下。摩拉维亚依附于帕绍（Passau）。因此，两者都处于萨尔茨堡大主教的控制之下。新成立的布拉格主教区被排除在萨尔茨堡教省之外，而被置于梅斯大主教区的控制之下，直到1344年布拉格教省的建立。布拉格主教区管辖着整个波希米亚。摩拉维亚教会的早期历史仍然是疑点重重。摩拉维亚、奥洛穆茨（Olomouc）主教区于976年始见于史料。我们并不知道它是否是与布拉格主教区一起创建的，或者是大摩拉维亚国家的残留。

如前所述，波希米亚直到晚期中世纪才建立起自己的教省。布拉格的每一位主教都来自神圣罗马帝国的册封，由梅斯大主教举行授职礼。但是，波希米亚的统治者对布拉格主教职位的任命有着举足轻重的作用，像后来对奥洛穆茨教区一样。他也同样监管着主教们的行为。与此形成对照的是，波兰和匈牙利的教会很快便与德意志教会分裂了。在波兰，基督教从一开始——除了摩拉维亚时期南部波兰基督教起源的疑惑和争论之外——就与波希米亚和巴伐利亚的影响联系在一起。968年波兰便出现了一个传教教区〔与乔丹主教（Bishop Jordan）一起，其起源无从知晓〕，并直接隶属于罗马教廷。该教区管辖着整个的皮亚斯特国家，即《达戈梅特指示》（Dagome iudex）中的什尼斯赫国家（civitas Schinesghe）。那时，小波兰和西里西亚皆处于波希米亚的控制之下，并隶属于雷根斯堡或帕绍。1000年，波兰教省才得以创建，其中心地处格涅兹诺。教省的大主教是圣阿达尔伯特的兄弟拉齐姆－高登提斯（Radzim-Gaudentius）。格涅兹诺控制着三个主教区，而这三个主教区是同时建立的，涵盖了整个波兰领土：克拉科夫管辖小波兰、弗罗茨瓦夫管辖着西里西亚、科洛布热格（Kolobrzeg）管辖着波美拉尼亚。波列斯拉夫·赫洛布里死后，波兰人的国家便趋于解体，科洛布热格主教区也废止了。传教士主教昂格尔（992？—1012年）作为乔丹主教的继任者，不得满足于波兹南主教区对西部大波兰地区教会的统治。11世纪之初，波兹南主教区暂时被转归马格德堡（Magdeburg），但是，马格德堡自命不凡地凌驾于整个波兰教会之上却是没有基础的，也得不到认可。最早的波兰主教名单是不完全也是有争议的，但非常清楚的是，这些早期的主教主要是外国人。最早的布拉格主教们的情况也是如此。继圣阿达尔伯特·弗基特奇（982—997年）之后而来的是斯特拉沃斯－克里斯蒂安（Strachwas-Chrystian），一位普热美斯家族的成员（994—996年）和雷根斯堡的修道士。这一时期的其他主教则是德意志人：蒂特马尔（Thietmar，973—982年）和蒂埃达格（Thiedag，998—1017年）均为科尔韦（Corvey）的修道士；埃克哈德（Ekkehard，1017—1023年）曾是宁堡（Nienburg）修道院院长。希佐（Hizzo，1023—1030年）的身份来源尚不知晓。只有赛柏（Šebir，1030—1067年）可能来自波希米亚。

第二十章 波希米亚和波兰：西斯拉夫人国家形成中的两个范例

以副主教辖区（parishes）和教区为表现形式的教会结构上的进一步发展是后来的事情。本尼狄克修道院数量很少，第一座自然是由统治者所建。970年前后，在布拉格主教区建立之前，布拉格的圣乔治修道院已经建立。993年，阿达尔伯特主教而非公爵，在布拉格之外的布列夫诺夫（Brevnov）创建了一座修道院。布拉格以南的奥斯特鲁夫（Ostróv）是第二座王室所建的修道院（约1000年）。大约1032年，在都城的东南部出现了半私人性质的萨扎瓦（Sázava）修道院［圣普洛柯比（St Procopius）和奥尔德里奇王子（Prince Oldřich）］。直到11世纪末，此修道院的宗教仪式用语都为斯洛伐克语。摩拉维亚最早的本尼狄克修道院靠近布尔诺（Brno）的拉贾赫拉德（Rajhrad），可能是按照布雷蒂斯拉夫一世的指示约创建于1050年前后。波兰最早的修道院是位于缅济热茨（Miedzyrzecz）的本尼狄克隐修院（1001—1002年）和位于文奇察（Lęczyca）的修道院（约1000年?）。本尼狄克修道院建设的最大浪潮，是与1038—1039年的灾难之后产生的克吕尼改革伴随而来的。这其中包括泰尼克（Tyniec）、克拉科夫附近、弗罗茨瓦夫（Wroclaw?）、卢宾（Lubin）和莫吉尔诺（Mogilno）的修道院。

早期中世纪波兰和波希米亚的教会是最十足的"民族"教会，尽管波希米亚与德意志有着非常强大的联系：主教、修道院团体和教士完全依赖于统治者。从某种程度上说，只有布拉格的主教们能够仰仗与德意志皇帝和梅斯大主教的联系平衡此事。任何针对皇权的攻击首先是对准教会的，这如同10世纪早期波希米亚异教徒的反抗所显示的那样，尤其是11世纪波兰和匈牙利的起义所显示的那样。罗斯的情况也可以说是同样的。随处可见的圣徒崇拜发挥着非常重要的作用，特别是在维护社会政治秩序方面。在波希米亚，圣瓦茨拉夫（St Wenceslas）如同稍后匈牙利的圣斯蒂芬（St Stephen）一样，一开始便被作为国家和统治王朝的守护神。在波兰（如在德意志一样），缺少"王朝的"圣徒，圣阿达尔伯特仅仅发挥着国家守护神的部分功能，尤其是在其遗骨被抢之后。圣阿达尔伯特所发挥的作用最终被克拉科夫的圣斯丹尼斯拉斯（St Stanislas）所取代，后者于1079年成为殉教者。

在我们所考察的时代，必须追溯波希米亚和波兰人民中共同联系纽带意识的形成，即考察一下王朝和国家在其中对区域纽带的削弱。当然，在这一过程中并没有完全根除这种区域性的联系。这一方面最明显的标志，是邻近民族被视为外国人并遭到其敌意对待，而且这种基本意识愈加发展起来。更进一步的征兆是，"一般斯拉夫人"作为专用词如斯克拉维（*Sclavi*），在史料中消失了。同样，与部落有关的术语也消失了，这方面情况波兰比波希米亚发生得要早。两国逐渐产生了从本质上表达对德意志的敌意态度的术语，如 *Niemcy* 意为"愚蠢，外国人"。紧接着的是南部波拉比安、波兰和匈牙利的皈依，与波兰西部和北部都有异教徒的情况不同，波希米亚没有异教邻居。在波希米亚人和波兰人的关系问题上，典型且持久的特征是相互的不喜欢，尽管双方有着共同的根源。早在 11 世纪的史料当中便体现出了这一方面内容，可视为南部波兰和南部波拉比安利益冲突的结果，也可视为统治者阶级在西斯拉夫人当中争夺最高统治权的结果。与传统观点相反的是，我们并未发现有证据表明他们有着联合的情愫，或者说无论是波列斯拉夫·赫洛布里还是布雷蒂斯拉夫一世统治时期，其政策中没有发现整个西斯拉夫人的历史使命。

实际上，波希米亚的政治统一从来没有人质疑过。12 世纪前半叶，波兰被统治者家族的各个分支所瓜分，分裂长达几乎 200 年。普热美斯王朝和皮亚斯特王朝的成就是稳固的，为这两个非常重要的欧洲民族的后期历史奠定了基础。摩拉维亚于 9 世纪在其领土上产生的民族倾向，因国家的衰落或阿博德利人（the Abodrites）的衰落而停滞了；尽管尽了最大努力，摩拉维亚也未能组建起他们自己持久的国家，最终也未能形成一个民族。这个例子强有力地表明，中世纪欧洲只有强大的内源性国家能够保证其民族组织的独立发展，并促进其发展为一个有特色的民族。中欧地区唯一的例外是斯洛伐克人，直到 12 世纪才建立起自己的国家，尽管他们在 19 世纪才形成一个单一的民族。

耶日·斯切尔兹克（Jerzy Strzelczyk）
李增洪　译
顾銮斋　校

第二十一章
匈 牙 利

　　正是在862年，匈牙利人才第一次毫无争议地出现在欧洲的舞台上：是年尤恩格里人（Ungri）对日耳曼路易的东法兰克王国发起的一场进攻被记载了下来。881年和884年匈牙利人的进一步进攻，也被载入史册。① 尽管837年或838年拜占庭的历史资料中极有可能已经提及了匈牙利人。传教士西里尔－君士坦丁（Cyril-Constantine）和美多迪乌斯（Methodius）亲自会见过匈牙利人。西里尔与匈牙利人在克里米亚半岛（the Crimean Peninsula）的遭遇发生在860年前后。美多迪乌斯与匈牙利人在多瑙河下游的相遇是在884年前后，他会见了国王温加罗卢姆（rex Ungarorum），可能是阿尔帕德公爵（Prince Árpád）本人。② 普吕姆的雷吉诺（Regino of Prüm）的《编年史》（Chronicon）在889年的记载里说："迄今不知名但异常残暴的匈牙利民族（gens）来自斯基泰（Scythia）"，在那里他们遭到佩彻涅格人的驱逐。③ 但从较早与之相遇者的叙述中可知，这些匈牙利民族不可能完全不为人所知晓。尽管存在一些假设和推论，但无法证实在9世纪末叶之前说匈牙利语的人就已经居住于喀尔巴阡盆地。我们还未能发掘出一处完整的匈牙利人10—11世纪的定居点，能够见到的在地面上用支柱搭建起的棚屋并不能作为永久的居住之所。在这一

---

① *Annales Alamannici*, *s. a.* 863, MGH SSI, p. 50（Gombos, Catalogus fontium historiae Hungaricae，I，p. 91）; *Annales Bertiniani*, *s. a.* 862, p. 93（Gombos I，p. 111）; *Annales ex Annalibus Iuvarensibus antiquis excerpti*, *MGH SS XXX*, p. 742. 这一章中的许多注释可参照现代人编辑的关于匈牙利历史的原始资料，以及由龚柏斯（Gombos）编辑的较为实用的关于匈牙利早期历史资料的汇编（1—3卷）。

② *Vita ss Cyrilli et Methodii*, *Legenda Pannonica II*; Gombos III, p. 2331.

③ 'gens Hungarium［sic］ferocissima et omni belua crudelior, retro ante seculis ideo inaudita quia nec nominata': Regino, Chronicon, s. a. 889, p. 131; Gombos III, p. 2038.

时期，除了原木搭建的小屋和窝棚之外，可能也出现了石头和砖搭建的建筑。④

我们所获得的信息有赖于法兰克人和拜占庭人的史料，但这些史料中并未提及匈牙利人用以自称的名字：*Mogyeri* 或者 *Magyaeri*［"地上之人"（Man of the Earth）；⑤ 参见 *gyermek*，意为"小个子"，因此也有"孩子"的意思］。由此为我们提出了早期匈牙利人历史的一个基本问题，同样也是斯拉夫人和日耳曼民族早期历史的基本问题。当时留下的文字记载均为"外人"——尤其是法兰克人和拜占庭人——的记录，他们也不熟悉匈牙利人，而是用更加古老的名字以及他们较为熟悉的民族的行为模式来描写匈牙利人及其制度。匈牙利人拥有自己的文字记载是非常晚的事情，（因此）处理他们留下的信息需要谨慎。与此同时，考古资料也极少能与当时人留下的文献记载建立起精确的联系。

9 世纪和 10 世纪的文献记载中，对匈牙利人使用了多种名称，其中的许多名称是源自在这同一地区居住的更加古老民族的，如匈人和阿瓦尔人：*Hunni*，*Avari*，*Avares*，*Ungari*，*Hungri*，*Agareni*，*Pannonici*，*Vandali*。在拜占庭的史料当中，则使用 Tourkoi 来称呼匈牙利人，拉丁文史料中的称呼也来源于此。在西方人看来，出现于 9 世纪末的民族（*gens*）显然仍处于形成阶段，需要与其他民族的认同相联系，包括马扎尔人（Magyars）自身的民族认同。马扎尔语（Magyar）是芬兰-乌戈尔语（Finno-Ugric language）的一支，其中包括许多保加尔人的借用字，但是语言本身提供不了民族起源的线索。⑥

根据君士坦丁·波尔菲洛格尼托斯（Constantine Porphyrogenitus）的记载，除了卡巴尔（Kabar tribe, *gens Cabarorum*）部落之外，匈牙利人由 7 个部落组成，其名称为：尼耶克（Nyek，*Nece*）、麦格耶尔（Megyer，*Megere*）、库图雅尔玛图（Kurtugyarmatu，*Curtugermati*）、塔扬（Tarjan，*Tariani*）、耶拿荷（Jeneh，*Genah*）、凯里（Keri，

---

④ 基斯（Kiss）1985 年的著作为当前考古研究的状况提供了非常实用的指南。
⑤ Anonymus, *Gesta Hungarourm*, preface：'populus de terra Scithica egressus per ydioma alienigenerum Hungarii et in sua lingua propria Mogeri vocantur', Silagi (1988), p. 28；Gombos I，p. 230.
⑥ 外来术语请见 Moravesik (1958)，Móor (1959)，Antonopoulos (1993)；关于马扎尔人的种族起源问题，请见 Lipák (1983)，Györffy (1988b)，Róna-Tas (1988)，尤其是 Golden (1990)，pp. 243-9.

Carem) 和凯斯兹 (Keszi, *Casem*)。⑦ 但是，针对佩彻涅格人 (Pechenegs)，他会列举出其部落首领的名字，而对匈牙利人则并没有这样做。⑧ 相比之下，匈牙利编年史家并没有提及部落的名称，但却列举了部落首领和军事首领的名字。尽管很大比例的地名源自部落名称，但所有试图构建一幅权威的10世纪部落体系的愿望都失败了，以期通过考古资料的整理分类对其加以厘清的尝试也未能成功。

有资料显示，9世纪，保加尔人已经统治了提萨河（Tisza）下游地区、蒂姆斯（Temes）地区和毛罗什河流域（Maros valley），尤其是特兰西瓦尼亚（Transylvanian）盐矿区。9世纪期间，保加尔人已经成为占主导地位的力量。他们已经占领了以前由阿瓦尔人占有的地区，侵入了法兰克人的领土范围，但是保加尔人的可汗，已经与日耳曼人路易和正在与摩拉维亚人进行斗争的阿尔努尔夫结成了联盟。在9世纪的最后30多年里，出现在喀尔巴阡盆地的匈牙利武士们所遭遇的仅有斯拉夫人，他们居住于提萨河（*Tisia*，*Tibiscos*，*Parisos*，*Pathisus*，*Parthissus*）、多瑙河（*Danuvius*，*Istros*）、克勒什河（*Cresia*）、毛罗什河（*Marisos*）、德拉瓦河和穆尔河（*Dravos et Murius*）、索莫什河（*Samus*）、加拉姆河（*Granios*，*Granua*）、佐洛河（*Sala*）等河畔，或者是巴拉顿湖（*Peiso-Pelso*）附近。所有这些河流的名称均来自斯拉夫人，我们对阿瓦尔人的地名几乎一无所知。在871年前后出现的《巴伐利亚人和加兰塔尼亚人的皈依》（*Conversio Bagoariorum et Carantanorum*）一书中写道：斯拉夫人定居于多瑙河附近，与阿瓦尔人（涉及匈奴人时提到）隔河相望。⑨ 这一点由潘诺尼亚、提萨河流域和特兰西瓦尼亚一带频繁出现的斯拉夫地名，以及匈牙利语中大量存在的斯拉夫借用语所证实。接下来便是匈牙利人在民族和语言方面统治地位的确立，匈牙利人的数量估计在几十万。这说明，喀尔巴阡盆地大量地区的人口必定是减少了，或者说在9世纪末已无人居住了。正如拉丁文资料所显示的那样，"这一

---

⑦ *DAI*, C. 40, lines 3–7 (Gombos Ⅰ, p. 743).
⑧ *DAI*, C. 37, lines 15–23 (Gombos Ⅰ, p. 741).
⑨ *Conversio Bagoariorum et Carantanorum*, 6, Koš (1936), p. 132, Wolfram (1979), p. 44, Lošck, p. 110.

区域是人类理想的空旷之地"或者"他们［匈牙利人］将整块土地变成了荒地"。⑩

　　加洛林帝国的东方行省分为两部分，即后来称为外多瑙河的地区（Transdanubia），以及分别被称为外潘诺尼亚（Pannonia superior）和内潘诺尼亚（Pannonia inferior）的德拉瓦河南北地区（the territories north and south of the River Drava）。⑪ 从教会方面来说，这些地区处于帕绍（Passau）主教区、萨尔茨堡（Salzburg）和阿奎莱亚（Aquileia）大主教区。至9世纪末，加尔洛曼的儿子阿尔努尔夫统治着潘诺尼亚，自888年开始称国王；892年在反对摩拉维亚的斯维亚托波尔克（Sviatopolk of Moravia）的过程中，他是第一位赢得匈牙利人帮助的西方统治者。⑫ 在《富尔达编年史》（Annals of Fulda）中，894年是这样写的：匈牙利人（Avari，Ungri）屠杀了潘诺尼亚的居民。同一年，摩拉维亚大公斯维亚托波尔克去世，阿尔努尔夫在保加尔人支持下对抗的就是他，895年，阿尔努尔夫便将莫斯堡（Mosapurc）和潘诺尼亚托付给了斯拉夫大公波列斯拉夫，因为波列斯拉夫参与了892年阿尔努尔夫反对摩拉维亚人的战役。⑬

　　与894年反对摩拉维亚人的保加尔人—法兰克人联盟相对应的，是895年拜占庭人—匈牙利人反对保加尔人的军事协定的产生。⑭ 894年的潘诺尼亚战役和895年针对保加尔人的战争，通常被视为匈牙利人对喀尔巴阡盆地适宜居住区征服的开始。针对这一主题已提出的假设，拿出令人信服的证明抑或反证明都是非常困难的，但似乎极有可能的情况是，895—900年，在加拉姆河（Garam）和多瑙河东部，包括曾是达西亚行省辖区范围的河谷地带，已经被匈牙利人所统治，尽管有关这一时期的考古发现极少有确切的时间界定。

　　斯维亚托波尔克死后，阿尔努尔夫的巴伐利亚军队干预了摩拉维

---

⑩ 'regnum erat optissimum et gentibus vacuatum', Simon de Kéza, Gesta Hungarorum, C. 95, p. 123（Gombos III, p. 2156; 'Ungaris... omnem illam regionem incendio devastandam versabatur', Annales Fuldenses, ed. Kurze, s. a. 892, p. 121（Gombos I, p. 132）.

⑪ Conversio Bagoariorum et Carantanorum, C. 7, ed. Koš（1936），p. 132, Wolfram（1976），p. 46, Losek（1996），p. 112.

⑫ Annales Fuldenses, s. a. 892, p. 121.

⑬ 莫斯堡（Mosapurc）可能位于克恩滕州（Carinthia），而非人们常说的巴拉顿湖（Lake Balaton）附近。近来对摩拉维亚（Moravia）所处位置以及东法兰克的摩拉维亚政策的许多争论，并不想在此加以探讨，对该问题较为公正的评价请见 Innes（1997）。

⑭ 原文第567—570页。

亚王室内部兄弟间的冲突，898年给摩拉维亚造成严重伤害。阿尔努尔夫同样也鼓励匈牙利人开展战役对抗在意大利的摩拉维亚人和贝伦加尔（Berengar）。899年9月24日，匈牙利军队在布伦塔河（Brenta）流域赢得了反贝伦加尔的一场战役，从那里他们又向前挺进至波伦那和威尼斯。900年夏，匈牙利军队从意大利的这场战役中撤回，在提萨河一带与来自东方的军队汇合。随着阿尔努尔夫于899年的去世，早前协议也失去了效力，匈牙利人先是袭击了摩拉维亚人，接着袭击了巴伐利亚人，征服了直至恩斯河（the River Enns）的整个东部省份。在新形势下，摩拉维亚人很快便与巴伐利亚人签订了和平协议，并准备以战争反抗匈牙利人，但是这一切都太晚了；至新世纪的早期，摩拉维亚已经不复存在了。

10世纪和11世纪匈牙利的领土

不仅在喀尔巴阡山地区，而且在德拉瓦河和萨瓦河之间，以及费尔特湖（Lake Fertö）附近都存在着大片的森林区域。在莫森（Moson）、肖普朗（Sopron）和杰尔（Gyor）附近，以及后来的费海尔（Fehér）、巴兰尼亚（Baranya）、贝凯什（Békés）和乔奈德（Csanád）等州的区域范围内，还存在着大片的沼泽地。在马扎尔人及其同盟者占领的地区，匈牙利人通过划分边缘地区的无人居住区（gyepü），以及建隔离带（branches）和类似的人工防御工程加强了对其军事防御能力。[15] 在无人居住区设有通行城门（kapuk，portae），并由警卫兵（örök，speculatores）把守。10世纪和11世纪的这些防御性标志构成了大致的边境线，因此对边境线进行绘制时，可以使用带有gyepu、kapu和ör等词的古老地名。这个证据暗示了下面的这条边界线。在西南部，于木拉河（Mura）和德拉瓦河（Drava）与拉巴河（Raba）的交汇处，有着这样一条河流边界线，"Örtilos-Zalalövö-Öriszentpéter-Gyepüfalva"。9—11世纪，西部边境线变动频繁。匈牙利人先从恩斯河（River Enns）撤至特赖森河（the River Traisen），然后撤至平卡河（the Rivers Pinka）和莱塔河（也被称为Lajta河或

---

[15] Göckenjan（1972）.

Sár 河)。编年史家萨克索(Saxo)和维波(Wipo)指出:1030 年由康拉德二世派遣的对抗匈牙利人的军队,必须经过"艰难困苦的跋涉",才能进入"由河流和森林形成天然疆界的国家"。[16] 自费尔瑟尔河(Felsör)经奥尔瑟尔河(Alsöör)至奥斯兹盖特(Örsziget,如今地处奥地利)的西部边界的确立,或许不早于 11 世纪中叶。在雷派克兹河(Répcze)还有第二个无人居住带,因为我们可以看见考普堡 - 洛沃(Kapuvár-Lövö)这样的名称。被称为皇家壕沟(*fossata regis*)的地方一定也是防御体系的组成部分。西北部边界则是以洪沙格(Hanság)和费尔特湖(Fertö,*Vertowe*)为标志,东北部边界则以俄罗斯的扎瓦(Oroszvár,Rusŏvce)为界。直到 13 世纪初,博斯毛诺斯特(Borsmonostor)修道院的农奴尚未摆脱开拓无人居住区带来的负担。

尼特拉河(the River Nitra)以北则几乎是无人居住的地区,即使在 13 世纪早期也是如此,如同奥拉瓦河(Árva,Orava)流域一样。这里的无人居住区可能位于沃格河(Vág)与杜德瓦格河(Dudvág)的交汇处,奥斯兹特拉扎(Őr Sztraža,villa speculatoris)村庄的出现可以表明这点。在大土帕克尼(Nagytapolcsány)的东北部,我们发现有库卡普(Kökapu)和库洛斯(Kolos,出自 clusa,意为封闭之处或要塞之地)。加拉姆(Garam)谷地和足利姆(Zólyom)地区一度也是皇家的地产(*praedium*)和狩猎场;这也是最初承担防御功能的标志。后来的塞颇塞格(Szepesség)和北部的绍约河(Sajó)流域也曾经被作为无人居住地带,这可以从波普拉德流域(Poprád valley)的格冒洛尔(Gömörőr,*Strazky*,*Gumureur*)的名称中分析出来。[17] 直到 13 世纪,托纳(Torna)州依然无人居住。与此同时,埃尔南德河(Hernád)流域的下游是由卡萨(Kassa)附近的巴卡扎(Barcza)的边疆卫士守卫着。曾普伦山(Zemplén)、拉博雷茨(Laborcz)和昂格(Ung)河地区是无人居住地带(*gyepü-elv*,意为"穿越边界"。由昂格瓦(Ungvár)附近出现的带"Gyepüelve"和"Or"的地名便可看出这一点。拉托里察河(Latorcza)和包尔绍

---

[16] 'difficili et laborioso itinere':*Annalista Saxo MGHSS* VI,p. 677(Gombos I,p. 221);'munitum regnum flusiis et silvis':Wipo,*Gesta Chuonradi*,c. 52,p. 44(Gombos III,p. 2766).

[17] Anonymus,*Gesta Hungarorum*,cc. 22,34,pp. 72 and 86(Gombos I,pp. 241,244).

瓦河（Borsova）沿岸地区人口稀少，晚至13世纪，还隶属于别列戈（Bereg）的森林州（Silva regalis）。马拉马勒什（Máramaros）和纳吉巴尼亚（Nagybanya）周围地区是无人居住的森林地带，统治者当局可能将其延展至提萨河（Tisza）和索莫什河（Szamos）流域，这由地处索博尔奇（Szabolcs）的沃尧（Vaja）和奥帕特拉华（Őrpátroha）附近带有"Őr"的地名可以推测出来。

晚至1068年及此后，在梅斯泽斯（Meszes）和索莫什河仍然存在着无人居住区，尽管东部边境的防御建立于科洛斯堡（Kolozsvar，其名称来自clusa；参照Cluj）。"梅塞斯门"（Messes gate）[18]是通往特兰西瓦尼亚的门户。这一地区的名称得自 Erdo-elu, Erdo-elve，意为"森林的那边"（参见拉丁语中的"Ultra"或"trans silvam"）；"森林的那边"的名称所表达的是，该地是匈牙利人的居住区。为了防御边境，埃尔代伊＊（Erdély）居住着边防守卫者（székler）。[19]考古证据显示，除了奥兹河（Olt）和兹西尔河（Zsil）河谷地区之外，在该地居住的皆为匈牙利人。多瑙河作为一直到塞利姆锡格（Szerémség）的南部边界，是由位于斯雷姆斯卡米特罗维察［Szávaszentdemeter，从前的西米尔乌姆（Sirmium），现如今的米特罗维察（Mitrovica）］的罗马人的 koárok（相当于石壕堡），以及萨沃（Szava）河构成的。该州后来变成了巴兰尼亚州［Baranya，自12世纪以降被称为波热加（Pozsega）州］，其居住者也是守卫者（szekler，弓箭手）。

根据文献资料，匈牙利人如同佩彻涅格人（Pechenegs）和库曼人（Cumans）一样，分为一个又一个的部落（generationes），其村落组织也是由此组成的。尽管有人试图利用考古证据和地名方面的证据改变这种分类法，但并没有产生非常令人信服的结果。试图证明酋长或氏族首领率领人们过着随季节而变化的游牧生活的人，同样也不成功。正如哈甘·约瑟夫（Khagan Joseph, 957—961年）在一封信中所说的那样，[20]在喀尔巴阡盆地，冬夏季住地的转换肯定是不寻常

---

[18] 'porta Mezesina': Anonymus, Gesta Hungaroum, c. 22, p. 73 (Gombos I, p. 241).

＊ 即特兰西瓦尼亚。——译者注

[19] 'in confinium regni Hungariae, scilicet in Erdelw': Anonymus, Gesta Hungarorum, c. II, ed. Silagi, p. 52, cf. Also c. 24, p. 74 (Gombos I, pp. 235, 241).

[20] Evreisko-khazarskaia perepiska v X veke, 与之相反的观点请见 Györffy (1975)。

的。地名学显示,这种做法并不能够充分证明实际情况,正如部落名称并不能充分证明部落的定居地一样。

10 世纪前半叶马扎尔人在西欧和南欧的活动

考古和文献资料都毫无疑问地表明,从其社会性来说,9 世纪和 10 世纪的匈牙利人属于东方游牧民族,其生活特征不仅仅是饲养牲畜,而且也有了高度发达的军事组织,有了酋长(王公和氏族首领)统治下的权威意识,有了持续不断的战争。他们那种有着强大反弹力的弓所发射出的箭,其精确性令人震惊;他们那种强壮而易于饲养的马匹,则使之控制更远的距离;他们那种训练有素的战术,则使其敌人完全感到费解。按照生活于基督教世界并以基督教的思想加以思考的人们的观点,匈牙利人如同从前的阿瓦尔人(Avars)、匈奴人(Huns)和斯基泰人(Scythians),都是作为掠夺西欧和南欧的野蛮屠杀者的异教徒。然而,自 9 世纪末开始,他们定居了下来,围绕着住地建立起自成体系的防御工程。由此他们也有了完全不同的生活态度。从 10 世纪早期的许多活动中可以看出,他们与其说是劫掠,不如说是防御和抵抗。他们征服喀尔巴阡盆地的目的,从对保加利亚人发动战争,从与拜占庭签订协议,以及从作为神圣罗马帝国皇帝阿尔努尔夫(Arnulf)的盟友进行军事冒险中,都表现得酣畅淋漓。与此相似的是,我们会注意到,1240—1241 年,蒙古人也以同样精心策划的军事方案入侵匈牙利人的住地。而值得注意的是,在游牧民族那里,成功的战争是支撑和维持一个王朝统治的必要手段。

899 年 9 月 24 日,取得了对意大利国王贝伦加尔(Berengar)的胜利之后,匈牙利军队在意大利度过了冬天。这对一支骑士队伍来说是一次真正的冒险,对其人数的估计从 2000 人、5000—8000 人,可谓五花八门。这也被认为是匈牙利人为征服潘诺尼亚(Pannonia)所做的精心准备的一部分。901 年,匈牙利人与卡林西亚人(Carinthians)进行了一场战争,902 年转而对付摩拉维亚人(Moravians),903 年进攻了巴伐利亚人(Bavarians),904 年劫掠了意大利,并在意大利度过了 904—905 年的冬天。意大利国王贝伦加尔与匈牙利人建立起一种友谊(amicitia),由此他们成为盟友。906 年,斯拉夫人

[德拉米西人（Dalaminci）]雇佣匈牙利人为自己的雇佣军，对付萨克森公爵（dux）亨利。在此，匈牙利人扮演着抵御和防御的角色，而这一点则是由巴伐利亚人于907年7月对匈牙利人的进攻所体现的。但是，在布拉提斯拉瓦（Bratislava）附近，巴伐利亚的边地侯卢伊特波尔德（Margrave Luitpold）所率军队被歼灭了。在这场"可怕的战斗"中，巴伐利亚公爵卢伊特波尔德与萨尔茨堡大主教狄奥特玛尔（Theotmar）一起被杀；19名伯爵、2名未来的主教和3名修道院院长也同时遇难。[21] 908年，匈牙利人所发动的战役是针对萨克森和图林吉亚，909年针对士瓦本，910年则是针对巴伐利亚的。当时的编年史显示，在早期败给士瓦本（Suabian）和法兰克-洛泰林吉亚（Franco-Lotharingian）联军之后，巴伐利亚人在纳乌岑（Nauching）取得了胜利。911年，士瓦本再次遭到匈牙利人的劫掠，然后匈牙利人第一次跨越莱茵河，侵入法国东部和瑞士的阿尔高（Aargau）。912年，匈牙利人继续劫掠法兰克帝国，在孩童路易（Louis the Child）死后又向其继承者康拉德国王索要贡物。913年，匈牙利人再次跨越莱茵河，但是，巴伐利亚公爵阿尔努尔夫（Arnulf）在因河（Inn）流域使之遭受了惨败。914年，遭受惨败的则是阿尔努尔夫。他与其家人一起在曾被他打败了的人那里寻求庇护，因为此时他已经站在了康拉德国王的对立面！匈牙利人与阿尔努尔夫和解了，和解协议被遵守了许多年，不仅915年他们通过士瓦本到达富尔达（Fulda）时遵守了协议，而且916年和917年也都遵守了协议，他们围绕着雷根斯堡和巴塞尔这一地区发动战役，但却未触及巴伐利亚的核心地带。918年，阿尔努尔夫重返巴伐利亚时，得到匈牙利人的支持。919年，康拉德死后，是亨利而非阿尔努尔夫被选为东法兰克的国王这一事实，与匈牙利人于该年展开对萨克森、洛泰林吉亚和西法兰克王国的侵袭这一事实之间，或许是有联系的。

有一种假设认为，匈牙利人只是进行毫无目标的、无法控制的掠夺。驳斥这一观点的事实是，905年，匈牙利人与意大利国王贝伦加尔已经建立起一种友谊，这点前面已有所讲述，自此后的15年当中，

---

[21] *Annalws ex Annalibus Iuvavensibus antiquis excerpti*, *MGH SS* XXX, p. 742；其他现代人的论述，见 Reindel (ed.) *Die bayerischen Luitpoldinger*, pp. 62–70.

匈牙利人的军队没有进入过意大利。920 年，或许因为贝伦加尔国王的请求，匈牙利人在伦巴第对抗起勃艮第国王鲁道夫及其支持者。921 年，作为贝伦加尔的匈牙利朋友，国王多萨克和巴格特（*Dursac et Bugat*, Tarhos and Bogatá）到达维罗纳（Verona），击溃了贝伦加尔的敌人，922 年抵达阿普利亚（Apulia）。924 年，贝伦加尔与匈牙利人订立新的联盟，匈牙利人在贝伦加尔死后便攻陷并焚毁了帕维亚（Pavia），通过圣贝尔纳德（St. Bernard）关口到达法国南部，在这里他们最远穿越过比利牛斯山（Pyrenees）。925 年，匈牙利人出现在了尼姆（Nimes）。924 年之后，匈牙利人停止对萨克森的掠夺，因为亨利一世与他们订立为期 9 年的协议，通过高昂的贡品换得和平。926 年，匈牙利人越过莱茵河掠夺了士瓦本和阿尔萨斯，但也发动一些战役，通过现如今的卢森堡地区最远触及大西洋。927 年，教皇约翰十世（Pope John X）的弟弟彼得（Peter）"遣使匈牙利，请匈牙利人执掌意大利政权"。[22] 匈牙利人进入罗马城，强行向托斯卡纳（Tuscany）和特兰托（Tarento）征派贡物。或许仅仅是因为文献材料的断层，没有资料表明匈牙利人于 927—933 年展开过类似的战役。933 年与萨克森之间的协议到期，萨克森境内出现了数量相当客观的匈牙利军队，但在利雅得（Riade，梅泽堡附近）被亨利一世打败。这场胜利结束了为和平而征收的大量税款。值得注意的是，从考古发现来看，匈牙利人的保有物中没有西方人的珠宝或艺术珍品，仅有铸币而已。

除了 9 世纪末在巴尔干发起战争以外，934 年前，没有资料显示匈牙利人有直接向南挺进的军事冒险。934 年，匈牙利人到达西欧的梅斯（Metz），与佩彻涅格人（Pechenegs）结成联盟，杀出了一条从色雷斯（Thrace）到君士坦丁堡的血路，屠杀居民、毁坏村庄，逼迫拜占庭和保加利亚向其纳贡。匈牙利人继续对西方进行掠夺，935 年对上勃艮第发动进攻；在亨利一世的儿子奥托一世成为德意志国王之后，匈牙利人又于 936 年对萨克森发动进攻。此次侵袭过后返回的途中，匈牙利人也跨越了莱茵河，转而对兰斯（Rheims）、桑斯（Sens）、奥尔良（Orléans）和布尔日（Bourges）发动了进攻。937 年，匈牙利人组成的军队，通过罗讷河（Rhône）河谷由勃艮第到达

---

[22] Benedict of Soracte, *Chronicon*, C. 29, pp. 159–60; Liudprand, *Antapodosis* III, 43, pp. 95–6.

意大利为国王休（King Hugh）服役，国王休派遣他们去抵抗卡普亚（Capua）、卡西诺山（Monte Cassino）和那不勒斯（Naples）的军队。938年，匈牙利人再次进攻了萨克森。940年，蹂躏了罗马地区，942年，又从意大利穿越法国南部到达西班牙，包围了安达卢西亚（Andalucia）的城市莱里达（Lérida），以此与科尔多瓦（Córdoba）的哈里发国家相对抗。根据伊本·哈伊简（Ibn Haijan）的记载，匈牙利人有一支先头部队和由七个首领率领的七支小分队。[23] 943年，一支较小规模的匈牙利武装出现在恩斯河（Enns）和韦尔斯（Wels）附近，与此同时，一支较大规模的匈牙利军队则在拜占庭的希腊行省（Hellas）进行战斗。之后直到947年，文献出现了缺失。947年，匈牙利军队则在其首领陶克绍尼（Taksony, *Toxus dux*）的率领下，在意大利进行了三个月的战斗。首先，他们向伦巴第收了10蒲式耳的银币，然后劫掠了阿普利亚，直到奥特朗托（Otranto）。948年，布尔丘·哈卡（Bulcsú harka）与大公托马斯（Prince Tormás）来到拜占庭，这次并不是去作战，而是确认联盟关系。949年和950年前后，他们在拉镇（Laa）与巴伐利亚人作战，951年又重新出现在意大利和阿奎丹。应奥托一世的儿子鲁道夫和"红色的"康拉德的请求，他们早已背叛了奥托一世。954年，大批匈牙利军队出现在了奥格斯堡和沃姆斯。他们在途经勃艮第和意大利返回老家前，挺进到了上洛泰林吉亚的康布雷（Cambrai）。955年，在其首领布尔丘（Bulcsü）、苏尔（Sür）和莱尔（Lél）的率领下，继续反对奥托一世。最关键的一战发生在奥格斯堡附近的莱希（Lech）河畔，此战匈牙利军队被打败，巴伐利亚公爵亨利将其首领们——绞死。这标志着马扎尔人大规模的境外袭击的结束，尽管其与拜占庭和巴伐利亚之间的小规模战斗，直到10世纪末还依然存在。

王公、军事首领和酋长

关于哈扎尔人、匈奴人或阿瓦尔人的语言，没有大量客观的记载，尽管哈扎尔语和阿瓦尔语被认为曾经属于突厥语。由哈扎尔语和

---

[23] Chalmeta (1976), p. 343.

阿瓦尔语所遗留下来的有关社会等级的名称中——*kagan*，*katun*，*bejbeg*，*tegin*，*jabgu*，*iugur*，*capcan*，*tudun*，*šad*，*čoban*，*čur - caus*（*csosz* "*guard*"）——在匈牙利语中都能找到。根据伊本·拉斯塔（Ibn Rusta）的说法，匈牙利的统治者被称为 *kende* 和 *djila*，㉔ 根据生于紫衣家族的君士坦丁（Constantine Porphyrogenitus，即君士坦丁七世）的记载，则被称为 *voivoda* 和 *archon*，㉕ 根据美多迪乌斯的说法，则被称为 *kral*（国王）。㉖ 西方文献中使用 *dux* 这一术语来称呼匈牙利的王公，类似于后来匈牙利人编年史中的称呼；克雷莫纳（Cremona）的利乌德普兰德（Liudprand）则使用 *rex* 和 *dux* 两个词来指称他们的军事首领。㉗ 其他资料有时则指称匈牙利人的首领——酋长和氏族首领——为国王（*Iulus rex*，*Chussol rex*），有时也直接称之为军事首领（*milites Lelu et Bulsuu*）。㉘ 阿拉伯人的资料中则明确地称社会地位最高者为迪吉拉（*djila*），紧随其后的是柯克哈斯（*kharkhas*，*horca*）。伊本·拉斯塔提及该词时，其意义并不确定。君士坦丁七世称阿尔帕德（Árpád）为"伟大的图尔卡亚（Tourkia）王公"，㉙ 但是阿尔帕德的名字在西方人的资料中并没有被发现。

一种假设认为，库尔三（Kurszán，Chussol，Kusid）是于 904 年在巴伐利亚的一次宴会上，与其侍从一起被杀的，他是匈牙利人的大王（*kende*，*kundu*），而阿尔帕德则仅仅是一个军事首领（*djila*）而已，这一点似乎很成问题。一种貌似可信的推测认为，库尔三是一位负责战争事务的军事首领（*djila*），类似于 927 年、942 年和 947 年领导匈牙利军队的陶克绍尼（Taksony，*Taxis-dux*，*dux Tocsun*），在 947 年的意大利战争之后的 10 年间，也被称为王公（prince）。布尔丘·哈卡（Bulcsú harka）在排位上是继古拉（*gyula*，*gyla*）和大王（*megas archon*，*magnus princeps*）之后的第三位，948 年造访了拜占庭。㉚ 在对西方展开军事进攻期间，南方的王权弱化了。实际说来也非常明

㉔ Ibn Rusta, *Les Autours précieux/ Kitāb al-A'lāq an-Nafisa*, trans Wiet, p. 160.
㉕ *DSI*, c. 38, lines 5, 7, p. 171.
㉖ Gombos III, pp. 2330 – 1.
㉗ Liudprand, *Antapodosis* II, c. 61, pp. 64 – 65 (Gombos II, p. 1473).
㉘ *Annales Alamannici*, s. a. 904, MGH SSI, p. 54; *Annales Heremi*, MGH SS III, p. 140; *Annales Sangallenses*, s. a. 902, MGH SSI, p. 77 (Gombos I, pp. 91, 140, 199).
㉙ 'ho megas Tourkias archōn', *DAI*, c. 40, line 53.
㉚ *DAI*, c. 40, lines 63 – 5.

显，军事首领（Bulcsú, Lél）的作用越来越重要，953 年，布尔丘·哈卡和古拉（gyla）在拜占庭接受了基督教洗礼。

陶克绍尼是阿尔帕德的孙子，在阿尔帕德统治时期，王位继承便成了王朝的大事。由元老们所制定的原则来决定王朝王位继承的做法，仍然是不确定的，如同君士坦丁七世所透露的佩彻涅格人的情况那样。[31] 其原则意味着，地位和称号是由王朝中最年长的男性成员，而非所有的儿子或年轻的兄弟来继承。这正如约翰·辛纳穆斯（John Cinnamus）于 12 世纪关于匈牙利人所写的那样，他写道：当时的法律是由健在的兄弟继承王位和"乌拉姆"（Urum）的称号；[32] 这一称号似乎是王储所专有。尽管王位是由阿尔帕德家族中最亲近的男性亲属来继承的，但是实际操作当中最主要的原则显然还是长子继承制。可以确定的是，阿尔莫斯（Almos）之后是其儿子阿尔帕德。不能确定的是，阿尔帕德之后是否是法利克斯（Falicsi）或祖尔塔（Zulta）。祖尔塔之后是其子陶克绍尼（Taksony，约 956—972 年）；塔克松尼之后是其子盖扎（Géza，972—997 年）；盖扎之后是其长子沃依克（Vajk），沃依克皈依基督教后被称为斯蒂芬（Stephen）（997—1038 年）。如果将 9 世纪后期至阿尔帕德王朝结束的 1031 年之间的王公和国王都考虑在内的话，我们会发现有 12 次是由长子继承，另外还有 12 次则并非由儿子继承。我们知道，只有 3 次不是由健在的长子继承［贝拉一世（Béla I），萨拉门（Salamon），拉斯洛一世（László I）］。因为在一定情形下，最年长的男性亲属的权利似乎是得到承认的，例如，在成文法出现以前的一段时期，国王卡尔曼（Kálmán）和阿尔莫斯的职位极有可能是由旁系继承的，至少这种继承方式是很具竞争力的一条原则。

王公塔克松尼和盖扎

尽管匈牙利公国的军事力量并没有在 955 年的莱希菲尔德

---

[31] *De cerimoniis* II, 48, PG112, cols 1277–8：'archontes Patzinacorum'.
[32] *Epitome historiarum*, I, 9 and V, I：Migne, *PG*133, cols 318, 551 and *Fontes Byzantini*, ed. Moravcsik, pp. 195, 215. 这一标题的翻译存在着极大争议；参见 Ostrogorsky (1951) and Makk (1989), p. 87.

(Lechfield)战役的失败中被摧毁,却也由此产生了一些变化,这从零星资料中也可清晰地看到。阿尔帕德去世的时间并不清楚(匈牙利编年史提及的时间是 907 年)[33],而且谁作为他的继承人(可能有几个人选)也是不确定的。但是,955 年之后,塔克松尼成为王公这一事实是清楚的。他的父亲祖尔塔同一个库曼—佩彻涅格女人结了婚。塔克松尼与高级贵族之间确立起一种新型关系,控制着权力并给他的国家带来了和平。10 世纪 50 年代,一位名叫海罗塞斯(Hierotheus)的修道士,被君士坦丁堡的大教长狄奥菲拉克特(Theophylact)封为地处匈牙利南部的图尔卡亚(Tourkia)的主教,这是拜占庭在马扎尔人中间传播基督教所发挥作用的标志,正如前面所提及的那样,可能的结果是布尔丘(Bulcsú)和古拉(Gyula)接受了基督教的洗礼。在对 10 世纪和 11 世纪匈牙利墓葬的发掘中,发现了用于基督教仪式的物品。利乌德普兰德提到,963 年教皇约翰十二世曾派一名主教来改变匈牙利人的信仰,但是,由塞勒克(Salec)率领的代表团则被奥托一世的人所俘获。[34]

根据编年史的记载,王公塔克松尼去世的那年(971 年),以基辅的斯维亚托斯拉夫(Sviatoslav of Kiev)盟友的身份前去巴尔干地区劫掠的匈牙利军队也以失败而告终。塔克松尼的儿子盖扎(Géza)成为新王公,根据夏巴纳的阿德马尔(Chabannes of Adhémar)的记载,他很快接受了基督教的洗礼并取名斯蒂芬。[35] 此事发生于 972 年,当时的沃尔夫冈(Wolfgang),即后来的雷根斯堡主教被帕绍的皮尔格林(Passau of Pilgrim)派往匈牙利。塔克松尼的另一个儿子卡尔乌斯·齐林德(Calvus Zyrind),同样也接受了基督教的洗礼,取名米哈伊尔(Michael)。973 年复活节,盖扎派遣 12 名贵族前往奎德林堡(Quedlinburg)皇帝奥托一世的宫廷。教皇约翰十二世称奥托一世为"受人民敬爱的基督教国王"(rex carissimus et christianissimus),确切地说是因为他取得了"对野蛮的匈牙利人的胜利"。[36] 匈

---

[33] Anonymus, *Gesta Hungarorum*, c. 52, p. 120 (Gombos I, p. 253).

[34] Liudprand, *Historia*, c. 6, p. 163 (Gombos II, pp. 1474-5).

[35] 'Gouz... nomine in baptismo Stephanum vocavit': Adhémar, *Chronicon* III, c. 31, p. 153 (Gombos I, p. 16).

[36] 'devictis barbaris gentibus, Auaribus scilicent ceterisque quam pluribus': Zimmermann, *Papsturkunden*, no. 154, pp. 282-3.

牙利人对基督教的召唤用恶毒的语言进行回应。㊲ 匈牙利人的皈依同样也带有暴力,因为盖扎并非只是邀请教士[布伦(Brun)和阿达尔伯特(Adalbert)]前来传播基督教信仰,而且还对其臣民实行专制统治。根据梅泽堡的蒂特马尔(Thietmar)的记载,盖扎屠杀了大批的人,㊳ 尽管在镇压叛乱和根除异教仪式方面遇到非常大的困难。盖扎有一位妻子还是多位妻子一事并不清楚。根据蒂特马尔的记载,盖扎的妻子贝莱肯基尼[Beleknegini,即后来传奇故事中的扎洛特(Sarolt)]是特兰西瓦尼亚的古拉(Gyula of Transylvania)的女儿,不仅漂亮而且酒量过人,骑术高超;也有传说,她在盛怒之下曾杀过一个男人。另一方面,在波兰人的资料记载中,盖扎是与梅什科一世的妹妹阿德莱德(Adelaide)结的婚。㊴

盖扎组织了一支强大的军队,这一点得到考古资料的证实。㊵ 因为在盖扎统治时期,据我们所知在匈牙利之外只进行过一场战役。当时的情况是,991年,巴伐利亚公爵"争吵者"亨利(Henry the Quarrelsome)进攻了西部边境——在斯蒂芬的传奇中提到这一和平政策时,是这样说的:"充满信心地开始保持与邻近省份的和平关系"㊶——军队则必须服务于中央政权的巩固。通过联姻,盖扎建立起一种新型的王朝关系。除了他自己与特兰西瓦尼亚和波兰的公主结婚之外,还将自己的一个女儿嫁给了梅什科的儿子波列斯拉夫·赫洛布里(Boleslav Chrobry),另一个女儿嫁给了保加利亚的统治者萨缪尔(Samuel)。很有可能的情况是,盖扎的弟弟米哈伊尔(Michael)也娶了一位保加利亚女子,生了两个儿子乌祖尔(Wazul)和卡尔乌斯·莱泽劳斯(Szár László,Calvus Laizlaus);后者可能就是科帕尼(Koppány),在盖扎的儿子斯蒂芬统治时期我们将会听到这一名字。

盖扎公国的首都是埃斯泰尔戈姆(Esztergom),在那里已发现了

㊲ Lliudprand, *Antapodosis* II, c. 30, p. 51 (Gombos II, p. 1472).

㊳ Thietmar, *Chronicon* VIII, c. 4, p. 496 (Gombos III, p. 2203);亦可参见 *Legenda S. Stephani regis maior*, c. 2 (MGH SS XI, p. 230; *Scriptoues rerum Hungarium* II, pp. 378–9).

㊴ Thietmar, *Chronicon* VIII, c. 4, p. 498 (Gombos III, p. 2203); *Annales Kamenzenses*, s. a. 965, *MGH SS* XIX, p. 581 (Gombos I, p. 145).

㊵ Bakay (1967).

㊶ 'cum omnibus... provinciarum vicinis de pace... cepit attente tractare': *Legenda S. Stephani regis maior*, c. 2 (*MGH SS* XI, p. 230; *Scriptores rerum Hungaricum* II, p. 379).

被毁坏的王家礼拜堂（rotunda）的遗址。有迹象显示，出生于969—975年某时的盖扎的儿子沃依克（Vajk），是由布拉格的阿达尔伯特（Adalbert of Prague）亲自施行的洗礼，但这一点还有待进一步证实。盖扎曾为其儿子向巴伐利亚公爵亨利二世的女儿吉泽拉（Gisela）求过婚。995年亨利二世去世，此时已受洗为斯蒂芬的沃依克娶了吉泽拉，成为巴伐利亚公爵亨利四世、后来的神圣罗马帝国皇帝亨利二世（1002—1024年）的连襟。沃依克-斯蒂芬受过良好的教育。年迈伟大的盖扎去世后，997年斯蒂芬成为统治者，尽管那时他还是个孩子，但不得不开始肩负起与焚毁和劫掠这个国家的大贵族进行斗争了，开始反对那些毫不克制地侮辱国王的异教徒。他的最强大敌人是他最亲密的亲属塔尔·瑟伦德（Tar Szörénd）的儿子科帕尼，塔尔·瑟伦德是从绍莫吉（Somogy）公爵那里继承的爵位。如果这一假设是正确的话，即科帕尼是盖扎大公的侄子卡尔乌斯·莱泽劳斯的话，我们便会了解到为什么后来的资料中，说他欲想打破伦理与斯蒂芬的母亲结婚，以便由此开始他对大公职位的合法继承权的诉求。[42] 斯蒂芬通过德国武士的帮助打败了科帕尼，将其处死后又加以分尸。与科帕尼作战的战场所在地尚不能确定，尽管绍莫吉城堡的遗址已经被发现。

斯蒂芬统治时期的匈牙利

从蒂特马尔的记载中可以确切地知道，取得了对科帕尼的胜利之后，斯蒂芬大公作为巴伐利亚公爵亨利的女婿，接受了王冠，并通过神圣罗马帝国皇帝奥托三世的支持得到教皇的赐福。[43] 国王斯蒂芬派主教阿斯蒂卡（Astrik），前往教皇西尔威斯特二世（Sylvester II）处，要求得到王冠。加冕日期始终得不到确认。尽管盖扎去世后的第四年（即1001年），情况看似可能实现了，也有证据表明是1000年这一年。根据匈牙利人的最新研究成果，国王斯蒂芬的王冠就是匈牙利的神圣王冠（Holy Crown of Hungary）。换句话说，王冠并不是后来

---

[42] Gombos I, p. 615.
[43] Thietmar, *Chronicon* IV, c. 59, p. 198（Gombos III, p. 2203）；*Diplomata Hungariae antiquissima*, no. 1, pp. 17–8.

某个时候由希腊王冠（corona graeca）和拉丁王冠（corona latina）联合而成的。匈牙利的神圣王冠完全是一个有机的整体，极有可能是由教皇亲自委托定制的。王冠具有复杂的象征意义，材料、尺寸、珠宝和珐琅圣像，以及它所具有的神秘力量，使其成为真正的王权标志物。[44]

1002年奥托三世去世，时值斯蒂芬加冕不久，王位由亨利二世即斯蒂芬的连襟继承。正是亨利二世促进了匈牙利大法官法庭组织的发展。在写给儿子的"忠告"（Exhortation，*Libellus de institutione morum*）中，他概括了国王斯蒂芬的王国行政管理的基本原则。[45] 斯蒂芬编撰了两部法典。第一部法典是在他加冕后不长时间内起草的，有12项条款，对教会的地位和宗教活动进行了规定。它所强调的是，无论谁，胆敢毁坏或危害宗教建筑的，将根据圣意予以惩罚。伯爵和法官应支持主教。星期天、禁忌和基督教的信仰应严格保持。星期天每个人都应进教堂，除非发生火灾需要救火的情况出现。国王的财产和财富应得到所有人的尊重，任何人不得抢夺或侵占。每个人都有权在自己的继承中分割自己的财产。每一位领主（lord）都应有武士（milites），但是，自该法典制定之日开始，无论是伯爵还是武士都不应强迫任何自由人处于被奴役状态。谋杀犯应支付110枚金币。任何杀害妻子的人都应受到惩罚，如果他是一位伯爵需要支付罚金50头母牛；如果是一位武士则是10头母牛；如果是一位普通人（vulgaris）则是5头母牛。如果有人用剑杀了某人，则此人也应被此剑刺死。如果有人带着武士袭击另一个人的房屋，房屋的主人可以杀死攻击者；如果受袭击者仅派自己的武士处理此事的话，则应支付罚金100头母牛。如果一位武士侵袭了另一位武士的财产或房屋，应支付罚金10头母牛。违背誓言者应砍去其一只手。任何一位不尊重弥撒的普通人应遭到责打并剃掉其头发。[46]

仆人和婢女可以由其主人解放，但是没有证据显示，仆人能够反

---

[44] 巴卡伊（Bakay）（1994）的著作中，关于圣斯蒂芬（St Stephen）的王权的起源与性质的描述，我们今天看来是非常具有争议的话题；其他观点可参见迪尔（Deer）1966年的著作；斯迪尤迪恩（Studien）1983年的著作。

[45] Ed Balogh（Gombos III, pp. 2167–71）。

[46] Gombos III, pp. 2172–9, 很容易查到这两部法典；亦可参见 Stephen, King of Hungary, *Szent István törvényeinek*, 以及 *Laws of the Medieval Kingdom of Hungary*, pp. 1–11.

抗其主人。与某人的婢女私通者将受到被奴役的惩罚，同样与婢女结婚者也将受到终身被奴役的惩罚。斯蒂芬制定严格的法律禁止偷盗。如果一个自由人的妻子犯有偷盗罪，第三次时她将被卖为奴隶。如果一个仆人犯有偷盗罪，第一次将失去鼻子，第二次将失去耳朵，第三次将失去性命。同样情况也适用于自由人。还有些法律是保护被遗弃的妻子、寡妇、孤儿和使未婚女孩免遭强奸的。他试图使其臣民保持信仰而不被异教徒的所作所为削弱。他制定法律所针对的是女巫（strigae）、毒药制造者（venefici）和使用恶毒咒语者（malefici），受过责打的被惩罚者，或在胸部、前额和肩胛骨处被打上十字印记的惯犯、累犯，而这样做的关键是教会。

为了保证法律的严格执行，斯蒂芬需要一支能够支配的强大军队——如同其父所做的那样——这与其说是为了海外扩张，不如说是为了用以对付潜在的敌手和漠视其权威的大贵族。在1003—1018年的波兰—德国的战争期间，斯蒂芬甚至都没有进行干涉，直至1018年波列斯拉夫·赫洛布里占领了匈牙利王国的部分领土，斯蒂芬才做出反应。与此相反，他致力于规劝其臣民改变信念，进行1003年针对黑色匈牙利（Ungaria Nigra）的战争，在那里，他的叔父尤拉斯国王（Iulus rex）统治了匈牙利。国王打败并俘获了他的叔父及其妻儿。[47] 此后，在由特兰西瓦尼亚的古拉（Gyula）所控制的匈牙利，布道团的活动增加了，拜占庭的牧师所发挥的作用更大了。

教会组织

斯蒂芬利用他的权力，通过镇压富人而获得的财富，像大力扶持费赫瓦（Fehérvár）的大教堂一样，在特兰西瓦尼亚等地兴建了教堂和修道院。正如在他的"忠告"中所读到的那样，"信仰之后，在王宫的荣誉中排第二位的便是教会"。[48] 他规定每10个村庄需建一座教

---

[47] Thietmar, *Chronicon* VIII, c. 4, p. 496（Gombos III, p. 2203）; 亦可参见 Adhémar, *Chronicon* III, c. 33, p. 155（Gombos I, p. 16）.

[48] 'In regali quidem palatio post fidem ecclesia secundum tenet statum'; *Libellus morum*, c. 2, p. 621 (Gombos III, p. 2168).

堂,并为教堂提供两单位的由农奴掌管的土地,以及 2 名仆人,1 匹马、1 匹小母马、6 头公牛、2 头母牛和 30 头"小型家畜",如羊或猪。同样无须怀疑的是,在匈牙利人向基督教转变的过程中,亨利二世起到了非常重要的作用:事实上,匈牙利与德国教会之间的联系从如下情况可以看到,即"匈牙利人的大主教"于 1007 年便赞成法兰克福会议的条款,由此得以建立巴姆贝格主教区。[49] 1012 年,大主教阿斯蒂卡在巴姆贝格为一座祭坛实施祝圣礼,与此同时,奥格斯堡主教布伦(Brun)、神圣罗马帝国皇帝亨利二世和皇后匈牙利的吉泽拉的兄弟也访问了匈牙利王宫。在传教工作中,起引领作用的是西方的教士。他们来自罗马、波希米亚 [阿达尔伯特·弗基特奇(Vojtech-Adalbert)、阿纳斯塔修斯/高登提斯(Anastasius/Gaudentius)和雷德拉/雷蒂姆(Radla/Radim)]、意大利 [圣罗缪尔(St Romual)及 1015 年前后跟随他而来的 15 名教士伙伴,以及乔纳德的圣杰拉德(St Gerard of Csanad)]、法兰西和萨克森。1004 年奎尔福特的布伦(Brun of Querfurt)来到这里,于 1007 年便改变了黑色匈牙利人民的信仰。

据野史记载,斯蒂芬将全国划分为 10 个主教区,作为信仰的保卫者、基督的代理牧师、国王和教士,他亲自任命主教和修道院的院长。埃斯泰尔戈姆(Esztergom)教堂处于最高的领导地位,是为圣阿达尔伯特修建的,大主教是阿斯蒂卡。维斯普雷姆(Veszprém)主教区与埃斯泰尔戈姆大主教区想必是建于同一时期。维斯普雷姆主教区是为圣米哈伊尔修建的。第三个主教区地处杰尔(Győr)是为纪念圣母玛利亚升天而修建的。1009 年建立的佩奇(Pécs)主教区,则是为圣彼得而修建的。设立佩奇主教区的特许状显示,为圣保罗而建立的卡洛乔城(Kalocsa)大主教区那时早已存在了,尽管其文本内容被篡改过。[50] 埃格尔(Eger)及其主教区,是为滚过油锅的圣约翰(St John Cooked In Oil)而建立的。从瓦克(Vác)、特兰西瓦尼亚和比哈尔(Bihar)主教区的设立开始——奉献给圣母玛利亚、圣米哈伊尔和圣彼得——基本上都是复制前面提及的模式,也为后来者

---

[49] *MGH Const* I, no. 29, p. 60.
[50] *Diplomata Hungariae antiquissima*, no. 9, p. 58(参见 pp. 56 – 7)。

所效仿,因为那时的主教区是以奉献对象而非主教职位来命名的。第十个主教区地处乔纳德(Csanád),是奉献给圣乔治的,建立于1030年毛洛什地区领主阿基托尼(Ajtony)被打败之后。[51] 南部匈牙利的情况可能是,东正教的"图尔卡亚(Tourkia)的主教"最具权威性,而且值得注意的是,沿多瑙河流域,四处点缀着的也是希腊式修道院。

加冕之前,国王斯蒂芬还在圣马丁山上建立了一座本尼狄克女修道院,并授予它主教般的权利。根据主教哈特维格(Hartwig)编纂的传奇故事,向修道院缴纳的什一税不仅涉及被征服的成年人,还包括1/10的儿童。[52] 在这里,修道士的人数很快便有所提高,自1030年开始,他们中的4人被派往乔纳德。在佩奇瓦劳德(Pécsvárad)、巴克尼贝尔(Bakonybél)、尼特拉(Nyitra)附近的佐博尔(Zobor)以及在佐洛堡(Zalavár),也有杰出的修道院在发挥着作用。佐洛堡修道院建于1019年。佐博尔的圣伊波利(St. Ipoly)修道院,是圣安德鲁(St. Andrew)修道院和被蒂费斯所杀的圣本尼狄克(St. Benedict Killed By Thieves)修道院的母院。维斯普雷姆沃尔吉(Veszprémvölgy)的女修道院建立得非常早,因为创建该修道院的特许状由希腊语写成,我们所见到的复本的抄写日期是1109年。[53] 尽管乔纳德主教区建立于1030年,但在毛洛什瓦尔(Marosvár),圣约翰修道院仍然继续发挥着非常重要的作用。

巴西尔二世打败匈牙利人之后,斯蒂芬开启了前往圣地的朝圣路线,并将王家教区由艾斯特根迁到塞克什白堡[Szekesfehervar,即阿尔巴日吉亚(Alba Regia)]。与西欧之间的关系也变得更加紧密。克吕尼修道院院长奥迪罗(Odilo)、沙特尔主教富尔伯特(Fulbert),都曾向匈牙利国王表示过欢迎,凡尔登(Verdun)的修道院院长理查德、特里尔(Trier)的修道院院长埃伯温(Abbot Eberwin)和主教波波(Poppo),是通过匈牙利前往圣地朝圣的。昂古莱姆(Angouleme)伯爵威廉也曾访问过斯蒂芬的宫廷。

---

[51] Legenda S. Gerhardi episcopi, C. 8 (10), pp. 489–492, Gombos III, pp. 2424–6.
[52] Legenda S Stephani regis ab Hartwico episcopo conscripta, C. 6, pp. 409–10 (Gombos III, p. 2584).
[53] Diplomata Hungariae antiquissima, no. 13, p. 85.

11 世纪的王位继承

如前所述，匈牙利王公们以前的继承顺序，使得斯蒂芬一世有可能使其儿子亨利来继承他的职位，但是其子亨利先他而去，于公元 1031 年 9 月 2 日突然死亡。亨利生于 1007 年前后，接受皇家教育并得到其父很好的培养，尽管《圣亨利传奇》(Legend of St Henry)所述与此相反，[54] 说他将大部分时间花在打猎上了。在《希尔德斯海姆编年史》(Annals of Hildesheim) 中有关他的死是这样说的：他死于一头公野猪的顶撞。[55] 其他的解释都是可以想象得到的，因为他在那里被称为瑞佐鲁姆王公 (dux Ruizorum)。如果阿文特 (Aventine) 的推测是正确的话，即鲁伊西 (Ruisi) 就是鲁吉兰德 (Rugiland),[56] 这可能意味着，1024 年亨利在神圣罗马帝国皇帝亨利二世死后已经成功地继承了奥斯特马克 (Ostmark) 的位置。无论如何，我们可以肯定的是，1029 年康拉德二世发动了对波兰的战役，翌年便发动了对斯蒂芬一世的战争。这可能与亨利的婚姻规划有关，但我们一无所知，亨利有可能遭到了谋杀。亨利死后，斯蒂芬提名其外甥彼得·奥尔塞奥罗 (Peter Orseolo) 作为继承人，没有考虑其叔父米哈依尔的第二个儿子瓦斯佐利 (Vászoly)。接下来，瓦斯佐利及其贵族所预谋的叛乱被粉碎，瓦斯佐利本人也被致盲致残。这证明斯蒂芬的统治是有效的。1038 年 8 月 15 日，斯蒂芬去世，葬在了塞克什白堡 (Székesfehérvár) 的教堂里。

任何有关早期马扎尔人历史的记载都过于简单。据我们所知，斯蒂芬统治末期的匈牙利已是一个稳定的基督教王国，有着确切的疆土和民族认同感，不同于（尽管得不到确切认定）如前所讨论的波兰和波希米亚的政体。某种意义上说，想要理解这些，如果不去阅读早期的马扎尔人历史，是非常困难的。但读者应意识到的是，人种的形成过程（马扎尔人作为占统治地位民族的组成部分的出现），以及国家的形成过程（基督教王国的出现，更多追寻的是拉丁的西方世界，

---

[54] *Legenda S. Emerici ducis*, IV, pp. 453–454.
[55] *Annales Hildesheimenses*, s. a. 1031, p. 36 (Gombos I, p. 141).
[56] Györffy (1988a), p. 199, 认为衍生自 *orosz*（保镖，侍卫）。

而非拜占庭的东方世界）都被延长了，而且，对于他们最终所选择的道路来说，没有什么是不可避免的。

科内尔·巴卡伊（Kornél Bakay）

李增洪　译

顾銮斋　校

第二十二章
平衡的拜占庭，886—944 年

9世纪后期，拜占庭帝国的统治秩序非常混乱，皇帝的根基很不稳固。尽管尚未危及国家的生存，但在利奥六世统治时期（886—912年），拜占庭在几条战线上都受到外部的骚扰，而且不断出现败退。同时，对于拥有一切的皇室来说，防范内部叛乱的意识非常强烈。因此，在前代帝王统治时期，并未发生血腥的宫廷政变。

在这种背景下，我们应该考虑有关利奥登基以来的统治方式和各种法律手册。这些手册表现了他对秩序的热情，他的虔诚，他的好学精神。在这些手册中，既有他委托别人编写的，也有他亲自编辑的，还有一些手册中保留了他的插入语。除此以外，他还编写了许多训诫之类的小册子。根据史书对他的宫殿群附近浴室的描述，他希望人们把他看作智慧的源泉，虔敬的启蒙者。[1] 根据对浴室雕像的描绘，利奥六世被大臣们称为"智者"，保加利亚的西米恩（Symeon of Bulgaria）也曾这样嘲弄地称呼他，但这一称号也并非完全名不副实。就如同他的父亲巴西尔一世那样，利奥六世希望自己的统治能与这个基督教帝国鼎盛时期的杰出人物联系起来，尤其是君士坦丁和查世丁尼两位皇帝。同时，他还宣扬复兴思想。比如，他曾这样委婉地评价巴西尔的登基：过去的形势已经随巴西尔的前任米海尔三世一去不复返了，"因为崭新的变化和良好的秩序就要出现"[2]。

在利奥六世颁布的《新律》（Novels）中，到处都可以发现"净化"政府、腐败社会和腐朽社会这类概念。这部法典包含113条法

---

[1] Magdalino (1988), pp. 103-10, 116-8.
[2] 'pros kainēn kai eutakton metabolēn', Vogt and Hausherr (eds.), 'Oraison funèbre de Basile I', p. 56.

令，主要是利奥六世统治早期编纂的。这些法令主要关注道德问题和宗教律法，并向往一种秩序井然的社会。他的律令适用于皇帝以外的所有人：上帝授予皇帝处理世间事务的独有权力。《新律》反复强调，法律将有助于人们，给他们的心灵和身体带来好处。③ 但是，利奥六世的《新律》究竟在多大程度上是作为行政工具，又在多大程度上是强制性措施，我们都无法确定。

911 年（或 912 年），以利奥六世的署名出版了《主教书》（The Book of the Eparch）。在这部手册的序言中，运用类比的手法援引了显示神力的"摩西十诫"④。但是，手册的使用范围仅限于君士坦丁堡，因为该城的行政事务由大主教管理。它规定了 19 个行会的行业规范，对违反规定的人实施严厉惩罚。在这里，事关皇帝臣民福祉的一般职业也被纳入详细的行政程序中。《主教书》具体规定了政府所承担的某些职责，以及其中的一些优先安排。该手册尤其重视上流社会享用的各种产品，如丝绸、紫色染料，以及金银器物和香料。其中详细介绍了五个与丝绸业有关的行会，对制革工和鞣革工，只有粗略提及；而对其他一些行业，根本没有提及。无论是国内生产，还是国外进口，对奢侈商品实行垄断和配给制，一直是国家管理经济的惯用手段。政府尽最大努力来保证丝绸生产的各个环节，由各种专门人员掌管丝绸的零售业务；而对从事肉食和肥皂等各种食品百货的生意人，并未纳入政府的管制之中。政府允许小商小贩们自主经营，并在很大程度上让他们进行自我约束，根据自己的经营规模依法纳税。因此，政府很少需要管理这些小商贩的官员。《主教书》的基本立场是，在与市政府达成协议的基础上，实现手工业者和商人们的自我调节。

政府还有一个需要优先考虑的问题，那就是给商品定出合适的价格。天色一亮，鱼贩子行会的会长就要在黎明时分向大主教汇报，然后由大主教定出价格。肉类和面包的价格也由大主教定出，他还负责对商人们的度量衡器进行严格检查，防止缺斤短两现象。《主教书》的起草人和修订者都认为，居住在君士坦丁堡是一种权利，而"离开"该城本身就是一种严厉的惩罚。在外省人和外国人之间，并没

---

③ Leo VI, *Novels*, pp. 131, 197, 329–31, 345, 361.

④ 'daktylō ... idiō', *Eparch, prooimion*, p. 72.

有明显的差别。比如,无论何人,要把任何商品从"外面"带入"上帝保护的城市"中,都要受到大主教的严密监督。当他们离开这个城市时,还要将所购买的东西列表,"以免违禁品被带出这座由君主统治的城市"⑤。手册还对猪和羊的销售做出了详细的规定,目的是为平民百姓提供价格便宜的食品,而地方生产者的利益则是次要的。

所有这些都可能对市民的福祉产生了积极的影响,但也反映出皇帝所担忧的问题。一个深受民众欢迎的皇帝,要严防那些有篡位野心的阴谋家。利奥向人们展示他的虔诚,强调"出生在紫色寝宫中"的人(他本人和他的儿子君士坦丁)所具有的神秘性。他延续了巴西尔一世为"新教堂"落成而举行的节日庆祝活动。利奥去世后不久,人们创作了一首挽歌,其中涉及君士坦丁堡和皇室的地方这样写道:

> 啊,城市,吟咏吧,赞美
> 巴西尔的那高贵的子孙,
> 因为他们展示了一种浓重的颜色,
> 也就是那帝国的紫红色。⑥

利奥似乎认识到,面包和奶油等民生问题也非常重要,至少与那种为赢得民众支持而举行的节日游行活动同等重要。

利奥的注意力集中在首都,而不是在行省,这并没有什么令人特别惊讶之处。利奥在9世纪90年代编著的《战略战术》(*Tactica*)(大部分内容)所表现出来的观点值得注意,他认为地方行省容易受到敌人的攻击,而且这种局面将会无限地延续下去。这表明,他要向萨拉森人开战,因为这些人每天都在骚扰他的臣民。⑦ 战争主要是防御性的,而指挥官必须确保把受到袭击的每个地区的生活必需品都转

---

⑤ 'hōs an mēden kōlyomenon tēs basileuousēs exerchētai', Eparch, XX, 1, p. 132. see also XIII, 2, p. 120, XV, 1, p. 122, XVII, 4, p. 128, XVIII, 1 and XVIII, 4, pp. 128, p. 130.

⑥ Hymnēson polis, hymnēson, tous Basileiou paidas,
Houtoi gar porphyrizousi mallon sou tēn porphyran
Ševčenko (ed.), 'Poems on the Deaths of Leo VI and Constantine VII',
ed. pp. 202 (Greek text), 205 (translation);参见 pp. 225, 227.

⑦ 'to kath' hekastēn', Leo VI, *Tactica*, XVIII, 142, col. 981.

移到安全的地方，把牲畜疏散开，使人员撤离。对于阿拉伯袭击者，要在他们撤退时、疲惫时，或者专注于抢劫时，向他们发起攻击。至少，皇帝适应了这里的生活，就像生活在东部省份一样。利奥在《将略》(*Skirmishing*)中也表达了这种战略战术。该著作记录了他在这方面的直接经验，是在福卡斯家族的背景下写就。书中预先假设，人及牲畜可以阻碍袭击者，而将军（*stratēgos*，拜占庭军职）认为，他的军队要在数量上少于袭击者。⑧

拜占庭人在卡帕多西亚隐蔽地定居下来，正是帝国东南部省份不安全的有力证据。在阿拉伯人入侵之前，其他一些定居点已经建立起来，诸如凯撒城西80千米的萨兰达。在该城的许多入口处，一些磨石被保留至今。尽管这种精心的设计并未挽救这座城堡，因为该城在898年和906年或907年两次被敌人占领。值得注意的是，《将略》很不重视修筑防御工事，相比之下，倒是非常注意利用山上的高地和天然的屏障进行防御，因为观察者据此可以估计敌人的数量和行动。⑨该书重视快速的运动战，这样可以有效地阻止那些骑马的劫掠者，防止他们带走掠夺的财物。从事劫掠的匪帮很少超过1万人，通常要远远少于这个数字。在陆地上，季节性的抢劫事件主要发生在帝国的东南边境地区。然而，《将略》的主要关注点是找到袭击者的目标。这表明，他们很难掌握这些劫匪的活动线索。要把那些四散在田野中的士兵召集起来，那就更加困难了。书中还详细地论述了如何应对大规模的入侵活动，充分准备攻城设备，时刻保持警戒和危机感，以备应对敌人下一步的行动。

在小亚细亚的南部和西部沿海地区，形势的变化更加反复无常。塔尔苏斯的埃米尔从事海上劫掠活动，就像来自叙利亚北部港口的海盗船一样，一旦遇到不利的情况，他们就逃到克里特岛上。904年，的黎波里的利奥在抢劫了帝国第二大城市萨洛尼卡后，就逃到这个岛上。当时他把捕获的俘虏卖给了克里特人，据他统计，这些俘虏有2.2万人。人们一度认为，利奥的海盗船要进攻君士坦丁堡，或许正

---

⑧ Leo VI, *Tactica*, XVII, 76–80, cols. 932–3; XVIII, 126–7, col. 976; XVIII, 134, col. 977; Dennis (ed.), *Three Byzantine Military Treatises*, pp. 146, 156–8, 214.

⑨ Dennis (ed.), *Three Byzantine Military Treatises*, pp. 150, 152, 154, 164, 184, 186; Howard-Johnston (1983), p. 259.

是由于这个原因（而不只是为了洗雪当年塞萨洛尼卡的耻辱），促使利奥六世采取大规模的反击行动。但是，他的一次联合行动很快以失败告终。陆军统帅安德罗尼卡·杜卡斯率军刚刚侵入西西里岛，就被怀疑进行阴谋反叛活动。因此，905年他在卡瓦拉要塞坚持了半年之久，随后逃往巴格达。

后来，利奥六世任命他的姻亲，也是一位忠实的官员海姆里奥斯（Himerios）为指挥官，命他率领一支特遣队进攻克里特岛。早在9世纪，拜占庭帝国就曾多次试图将阿拉伯人从这个岛上赶走，但均以失败而告终。911—912年，海姆里奥斯采取了一些军事行动，同样也未取得成功。尽管他可能采取了利奥六世《战略战术》中的作战方案，的黎波里的利奥仍然在爱琴海地区逍遥自在了十多年。在10世纪的圣徒传记中，我们经常会发现关于阿拉伯人劫掠活动的记载。这些叙述可能令人难以置信，但它们所反映的社会环境有真实性的一面。阿哥斯大主教彼得（852—922年）在布道时，以及在他的传记中，均认为当地人都向圣徒们和彼得本人寻求保护，而不是向皇帝寻求保护。[⑩] 每当海盗们到达拿波里亚时，彼得经常从这些海盗手中赎回俘虏。他还曾经大量生产面粉，尽力解救处于饥荒中的民众。彼得的救赎行动不能说不是为了得到人们的颂扬，但在爱琴海南部的一些岛屿上，如纳克索斯岛（Naxos）等，当地居民似乎对他多有赞誉。

在某种意义上，这些关于各省现实生活的描述，是对利奥六世自诩"正义之人"（the bienpensant）的一种嘲讽。然而，当时海盗们用于劫掠的船只一般都很简陋，船体通常很小、很轻，以便于他们在爱琴海的无数小港湾中迅速藏匿起来。所以，这些船只的运载能力非常有限。无论如何，即使拜占庭政府和穆斯林政权，都无法制造大型战舰。就当时的造船技术而言，双方都没有能力统治海洋，而且任何船只通常都在固定的航线上航行。似乎穆斯林的各种船只之间彼此很少联系，他们的目标仅限于劫掠活动，而不是进行大规模的征服活动。根据对的黎波里的利奥在904年掠取的一名俘虏的记载，伊斯兰

[⑩] 参见 *Hagiou Petrou episkopou Argous Bios kai Logoi*, pp. 34, 48, 174（sermons）; 242, 244, 246, 250（Life）; 参见 Morris（1995），pp. 113–4.

世界和基督教世界之间多少有一些私下的交易活动，其中包括赎回俘虏，以及其他商品交易。[11] 人们在希腊大陆上发现了少量克里特埃米尔铸造的铜币，这可能暗示着双方之间的某种交易。在边境地区，当地人除了自力更生外，还要与一些强盗式的人物进行交易，这都是不可避免的。

在这些地区，有些地方经常面临敌人袭击的威胁，这确实表明了经济活动和财富增长的迹象。在斯巴达和科林斯，经济的繁荣局面开始出现于9世纪中期，一直持续到10世纪上半叶，期间未有中断。更值得注意的是，在卡帕多西亚的岩壁上，教堂和带有壁画的小教堂的数量急剧增加。其中一些竟然成为修道院的一部分，而大多数是建在地基之上，被用作神龛、圣祠，以及祷室。在其他省份，尤其是长期免遭阿拉伯人袭击的小亚细亚西北部地区，也可能建立起许多类似的建筑物。在马尔马拉海南岸的肥沃土地上，就矗立着几座大修道院。而像基齐库斯、皮拉角（Pylai）和特里格雷亚（Trigleia）这些港口，则成为向某些特大城市输送产品和牲畜的通道。通过加强警察和海关的监视，马尔马拉海地区成为帝国内部繁荣的圣所。在10世纪早期，就有迹象表明君士坦丁堡经济发展的势头。虽然我们无法确定当时该城市的人口规模，但是城中建筑的数量明显增多了。在利奥六世的《新律》中，对于建筑用的土地，以及两座建筑之间的距离，都有明确的规定。而查士丁尼的规划法中没有提及这些规划方法。这暗示着大型建筑的密集程度。[12]

然而，即使在一些特大城市，经济活动的规模以及经济发展的速度也都很一般。显然，依靠24名公证员，公民的需要就能得到满足。在10世纪中期的一份租赁记录中，有9位商店店主，其中5位是政府官员，或者拥有称号，只有一位店主专门从事商贸活动。通过向国家提供各种物品，或者担任官职，他们可以获得最丰厚的收入。在君士坦丁堡，政府是最大的主顾。皇宫中的仆人应该有数百人之多；据记载，宫中的太监、侍者，以及外国保镖，总数可达数千人。参加宴会或其他庆祝活动的那些人大都担任各种官职、行

---

[11] John Kaminiates, *De expugnatione Thessalonicae*, pp. 59, 63.
[12] Leo VI, *Novels*, pp. 257, 373–5.

会的会长，或城市里的其他重要职位。只要有头衔的人，即使还没有实权，也能参加宴会。在利奥统治时期的一篇原文中，详细记录了皇宫和各政府部门中需要支付薪酬的官吏总数；其中也暗示，每年国库要根据级别给有头衔的牧师们支付薪酬。如果负责给皇家采购物品，采购者在几年间就能获得一笔丰厚的利润。但其中的好处显然主要来自皇宫，而且有钱人要想获得一些重大交易，还必须依靠税收检查员和其他官员。[13]

在君士坦丁七世负责编写的礼仪手册序言中，他阐述了皇宫中不断举行这些仪式的目的："它可能是造物主创世运动的一种和谐形象，而我们的臣民则认为它非常值得敬重，也因此愿意欣然地接受，并感到十分神奇。"[14] 皇帝就像神一样，他的地位是永恒不变的，任何试图推翻皇帝的行为都是违背神的意志，其性质是非常邪恶的，其行为也枉费心机。这种仪式还戏剧性地表现了皇帝拥有合法权威和巨大财富的神圣性。利奥六世极力推崇精英政治，并建议提拔"品行端正、出身高贵且家庭富有的人"作为将军。[15] 或许利奥六世懂得，统治各省军队主要取决于官员与地方的关系，以及财力状况。普通士兵实际上并没有获得固定的薪金，而利奥六世在《战略战术》中讨论了在征兵的号令发出后，如何确保高效率地训练出一支装备精良、训练有素、纪律严明的军队。他提出的方案是，既要给士兵发放薪金，也要在他们中间唤起在地方各省流行的宗教热情，以便使那些非战斗人员也愿意为战争慷慨解囊。[16] 要进行这种改革，必须依靠军队中的少数职业军人，即舰队司令以上的军官。这些军官要由皇帝直接任命，并从皇帝那里领取薪酬，但是他们的办事效率不应低于他们作为私家绅士时的效率。统领军队的将军（stratēgos）必须能够应对敌人的入侵，他必须做出重要决定，并充分拥有调拨物资的权力，以便遣送平民百姓。应该授予将军们自行制定策略的权力，但是其任期应该比较短，而且在所治理的省份不得拥有土地。这种安排的目的显然在于防止各省总督与地方势力建立起密切的关系。但这些措施并非都

---

[13] *DC*, pp. 692–4; Lemerle (1967), pp. 80–3, 99–100.

[14] 'eikonizoi men tou demiourgou tēn peri tode to pan harmonian kai kinēsin, kathorōto de kai tois hypo cheira semnoprepesteron, kai dia touto hēdyteron te kai thaumastoteron', *DC*, ed. Vogt, vol. 1, 1, p. 2.

[15] 'agathos, eugenēs, plousios', Leo VI, *Tactica* II, 25, col. 688.

[16] Leo VI, *Tactica*, XVIII, 128–33, cols. 976–7; Dagron (1983), pp. 221–3, 230, 233–9.

能得到执行,尤其是东南边境地区。就总体而言,帝国中央政府与地方各省之间形成了一种平衡。

帝国的宣传机构不仅仅表明了皇宫追求良好社会秩序的愿望。皇宫的仪式几乎包括各种祈祷和圣徒崇拜,许多皇宫仪式还要到圣索菲亚大教堂和皇宫外的其他教堂举行。皇帝常常率领大臣们一起为臣民的安宁祈祷,并由最高主教陪同前往。他还把基督教世界最好的圣物都集中到自己的皇宫中,以增强宗教气氛。这种有序的祈祷活动伴随着许多省份遭受的动乱变得愈加重要,它反映了帝国祈望得到神的保护,在乱世中出现一块和平的绿洲。在克吕尼,有证据表明,处于动乱中的人们通过壮观的宗教仪式形象来祈求祥和,而且克吕尼的豪华礼拜仪式对法兰克有产阶层所产生了吸引力,或许就像拜占庭的"巴西琉斯"宗教节日对祈祷者们所产生的吸引。他通过宗教仪式展示与上帝之间的亲密关系,以及对臣民的仁慈之心。与这些宗教仪式相称的是,相关的立法工作和良好的行政机构。

那些认为帝国当局没有尽力维护他们的利益或帮助灵魂救赎的人们,他们太穷了,具有严重的地方局限性,装备也非常差,因而不能采取协调一致的行动:他们能够到达的最近处,对于当局定期发布的一般战斗号令,即使能够做出反应,那也非常迟缓。即使史籍中并未正式记载,但民众普遍存在冷漠态度;这意味着,将军(*stratēgos*)想要调动军队以成功地对抗政府,几乎是没有希望的。他们的常备军太少了,而且通常分散在各地;对于四面环水、城池坚固的君士坦丁堡,他们的基本作战方式不适于发动攻城战。

对于"世界上这艘极度负载的大船"[17]背后的稳定因素,拜占庭历史编纂家实际并没有进行关注,而是把目光集中在宫中权臣和将军们之间复杂的派系斗争中。因此,"拜占庭阉人"萨摩纳斯试图于904年前后逃到哈里发那里,但最终没有取得成功。然而,他不久就再次得到皇帝的宠爱,于906年被提升为皇帝的内侍。但是,他主要依赖皇帝的恩宠。908年6月,萨摩纳斯失宠后被关到一座修道院中,从此在帝国政治舞台上消失得无影无踪。如果牧首有足够的决心,有时可以就某些涉及宗教或道德的问题向皇帝施加压力。906—

---

[17] 'pēn kosmikēn holkada', *DAI*, 1/7–8.

907年,牧首尼古拉斯·米斯提库斯就利奥与他的情人结婚一事提出异议,她刚刚为他生育了渴望已久的小皇子君士坦丁。这是利奥的第四次婚姻,他公然违背了宗教法规,也违背了他和他的父亲巴西尔最近发布的一项敕令。尼古拉斯使这位皇帝在政治上陷入严重的困境之中,并迫使皇帝于907年退位。这件事情正在激起许多教士的愤怒,但皇帝终究被废黜。皇帝被指控的罪名之一就是,他曾写信给禁卫军首领安德罗尼卡·杜卡斯,要求他继续占据卡瓦拉要塞(参见上文,第556页),并答应:"在我们的规劝下,不久你就会受到这座城市的邀请。"[18]

无论这封信是否可信,它确实触及政治神经的痛楚。在9世纪末利用军事才能和皇帝的恩惠迅速提高了声望的家族中,安德罗尼卡家族是其中之一。安德罗尼卡和他的儿子君士坦丁曾经一起逃到巴格达,回来后不仅就被赦免了罪过,还得到晋升。在利奥统治的最后几年,抑或利奥的弟弟亚历山大统治期间,他成为近卫军首领。但是,亚历山大的去世,君士坦丁七世尚未成年,他受争议的正统地位,这些都给杜卡斯提供了机会,据说他曾经"觊觎王位"[19]。他试图加强对皇宫的控制,但遭到了皇帝卫队的强烈反对,结果在对抗中被杀。在913年6月的这次政变企图失败以后,杜卡斯家族就不再掌控高级将领。

从家庭出身来看,马其顿王朝的那些军事骨干并非都出自名门望族,也不是都特别富有。第一位杰出人物尼基弗鲁斯·福卡斯,是由于巴西尔一世的宠爱而飞黄腾达起来的。当近卫军统领在东部边境上时,他肯定主动采取了行动,而他的卓著功勋曾受到利奥六世的大加赞许,经常称许他为"我们的将军"[20]。在利奥的童年时代,尼基弗鲁斯就是"首席侍从",这个职位与皇帝有着密切的接触。在那时,他就很可能赢得了利奥的信任。皇帝曾在博斯普鲁斯海峡为将军们遴选古代著作家们提出的战略,这证明他仍然是最高统帅,对战争做出了自己独特的贡献。福卡斯家族通常愿意通过进行捐助,以便召集人

---

[18] 'hēpolis tacheōs dia tōn hēmōn paraineseōn epizētēsei se', Nikolaos I Mystikos, *Miscellaneous Writings*, p. 16.

[19] 'tou stephous aei ephiemenos', Theophanes Continuatus, *Chronographia*, p. 382.

[20] 'ho hēmeteros stratēgos', Leo VI, *Tactica*, XI, 25, XV, 38, XVII, 83, col. 800, 896, 933.

力，编著帝国的无限知识。《将略》一书引用了利奥的著作作为原始资料，这是尼基弗鲁斯的一大功绩，尽管其内容要远超过利奥的《战略战术》[21]。这两个家族同时兴起，他们还相互赞扬，以达到相互援助的目的，促进各自的利益。卡帕多西亚的福卡斯家族聚集土地、财富，并加强与当地的联系，这些都是在帝国的资助和协助下进行的。

在 10 世纪初，尼基弗鲁斯的长子利奥似乎被任命为辖区内唯一最重要的军区，即安纳托利克伊军区的将军（stratēgos）。随后，这个地区被利奥的弟弟巴尔达斯占据。那时杜卡斯家族成为众人瞩目的中心，一些大臣显然把安德罗尼卡·杜卡斯看作一个崭露头角的篡位者。也许这正是与福卡斯家族保持关系的原因所在，君士坦丁·杜卡斯的政变企图显然证实了大臣们的怀疑。在那年的夏末，西米恩率领保加利亚军队长途跋涉来到君士坦丁堡，据说其目标就是觊觎皇位；这件事很可能导致拜占庭对于宫廷政变尤为防范。主摄政尼古拉斯·米斯提库斯没有理由喜欢一个小皇帝：他拒绝批准利奥六世与君士坦丁的母亲佐伊的婚事，结果使他失去了牧首之职。利奥去世以后，他又恢复了主教的职位。在 913 年 6 月成为主摄政后，他立即逼迫佐伊离开皇宫。有理由相信，尼古拉斯曾煽动君士坦丁·杜卡斯，怂恿他发动政变。在 913 年 7 月给西米恩的一封信中，尼古拉斯似乎暗示着，只要西米恩不至于进行赤裸裸的篡位活动，他就有可能成为这位小皇帝的监护人。尼古拉斯在皇宫中地位并不稳固，从他对君士坦丁七世的态度足以显现。而到 914 年初，这位小皇帝想念自己的母亲，这件事竟成为把尼古拉斯逐出摄政议事会的理由。佐伊又回到宫中，并掌控朝政。

随后的六年时间，相对于 10 世纪拜占庭总体上相对稳定的政治局势而言，人们通常看作一个骤变。这一期间虽以公开地争夺权力为特征，但动乱的时间比较短暂。而佐伊稳固地维持了近三年的统治，以福卡斯家族为主的帝国中坚力量得以复兴。利奥·福卡斯被任命为近卫军统领，或许就在这同时（抑或在此后不久），太监君士坦丁又

---

[21] Leo VI, *Tactica*, XI, 25, XVII, 83, cols800, 933; *Three Byzantine Military Treatises*, ed. Dennis, pp. 218, 223, n. 1; Nikephoros Phokas, *De velitatione*, pp. 167–8.

恢复了宫廷卫士长的职位,具体时间是914年初。主要历史记载对利奥的评价是:"天生英勇,但不具指挥官的判断力。"[22] 甚至一位宫廷雄辩家更不肯恭维地给他起了个绰号,称之为宫廷卫士长的"驯顺的小叔子"[23]。但是,远征亚美尼亚和中意大利的行动取得了成功,政府感到信心倍增,试图通过一次突袭行动,一举歼灭保加利亚的西米恩。[24] 随着917年8月20日在阿彻鲁斯战役中的惨败,各种严厉的责备之声接踵而至。政府试图把最大责任归罪于海军舰队统帅罗曼诺斯·雷卡平,原因是他未能及时将佩彻涅格人送过多瑙河,从北面进攻西米恩,还因为他未能救起幸存者。这些报道或许代表了官方的一种倾向,即免除陆军统帅利奥·福卡斯的罪责。他与他的残余军队驻扎在君士坦丁堡,雷卡平与他率领的帝国海军舰队也驻扎在这里。

海军司令罗曼诺斯·雷卡平原本是一位地方官员,与宫廷没有联系。但是,他利用了君士坦丁德高望重这样一个事实。919年初,罗曼诺斯发动进攻。这次行动的成功主要由于采取突然袭击,再加上皇宫里有许多支持者,同时佐伊和福卡斯显然根本无力反抗。那位聪明的宫廷卫士长也被逮住,暂时羁押在雷卡平的一艘船上。雷卡平声称,自己是按照那位小皇帝的手令行事。次日,这位13岁的皇帝宣布,他将与牧首尼古拉斯和德高望重的大臣斯蒂芬协力执掌帝国权力。佐伊将被逐出皇宫——虽然她含泪请求,一度使他大发慈悲——而福卡斯重新被任命为近卫军统领。不同寻常的是,福卡斯只是坚持要求在离开皇宫之前,任命宫廷卫士长的兄弟和侄子为主要统帅。更不同寻常的是,当这些人也很快被迫立刻离开皇宫时,福卡斯转而向雷卡平进行协商,并寻求支持。双方立誓要相互援助。福卡斯在皇宫中的显赫地位并不是通过他的政治才能获得的。相比之下,罗曼诺斯·雷卡平倒是一位十足的政客。他甚至利用自己作为皇宫的局外人,摆出一种公正仲裁人的姿态。他谨慎地请求接近皇宫,以便能更好地守护这位紫衣贵族——君士坦丁七世。虽然他在3月下旬再次炫耀武力,把整个舰队排列在皇宫的主要港口上,但他主要依靠皇宫中的少数坚定支持者,以及那些忠于皇帝的大臣们的认可。为了表示对

---

[22] 'andria mallon ē epistatikē phronēsis', Theophanes Continuatus, *Chronographia*, p. 388.
[23] 'elaphō tō gambrō', Dujčev (1978), p. 276.
[24] 'aphanisai', Theophanes Continuatus, *Chronographia*, p. 388.

皇帝的尊重,他只带领几名随从进入戒备森严的皇宫重地㉕,交换誓约。然后,他被任命为皇家卫队的统领。在皇宫中就职后,他就迅速且谨慎地行动起来。多封署名君士坦丁的信件被送到利奥·福卡斯那里,他已经从卡帕多西亚撤出,信件的内容是警告他不要企图反叛。还有一件事同样非常迅速,即罗曼诺斯让自己的女儿与君士坦丁订立婚约。婚礼在 919 年 5 月 9 日举行,罗曼诺斯接受了"宫殿之父"(*basileiopatōr*)的称号。随着他的地位迅速提高,引起了那些忠于皇帝的官员们的警觉。但是,他不仅控制着海军舰队和皇宫,还控制着君士坦丁本人,并因此掌控着皇宫的正统权力。正是由于皇宫的正统性,使他得以对付福卡斯的那支军队。福卡斯把这支军队从卡帕多西亚带到克利索波利斯,从君士坦丁堡渡过海峡。皇帝在一封信中宣告了这次叛乱,称赞罗曼诺斯是最值得信赖的卫兵,同时谴责福卡斯是"一直"觊觎皇位的叛徒。㉖

听到这个消息,士兵们显然全都叛逃了;而福卡斯在企图逃走时被捉住,不久便双目失明。这些事件表明这位皇帝的中心作用,各种力量都在皇帝的大业中扮演着角色。纵然君士坦丁的祖先们在位仅仅半个世纪,纵然他是庶出的皇帝。聪明的罗曼诺斯把这种思想与自己的利益连在一起。直到一年半以后,罗曼诺斯才劝诱他的女婿和牧首尼古拉斯,于 920 年 12 月 17 日给他戴上皇冠,成为共治皇帝。通过调停尼古拉斯与其对手之间的矛盾,罗曼诺斯使尼古拉斯成了自己的永久统治中重要的一环。这时,罗曼诺斯大约 50 岁,所以他要加快行动步伐。然而,任何企图彻底废黜君士坦丁的做法,都会冒犯他夺取权力时所利用的情感。920 年 5 月 17 日或 20 日,他诱使这位出生帝王之家的人给他的长子克里斯托弗戴上皇冠,成为共同治帝。在 10 世纪 20 年代的钱币上,"不仅图样异常丰富,而且得以正式发行"㉗,这些都反映了罗曼诺斯的急迫心情。同时也说明,在促使克里斯托弗驱除君士坦丁七世这件事上,他还是有些犹豫不决。在某些特定类型的钱币(*solidus*)上,君士坦丁的显然比克里斯托弗的要小一些,而且(与他的不同)无芒刺。同时,在 10 世纪 20 年代最普

㉕ 'proskynēsōn', Theophanes Continuatus, *Chronographia*, p. 394.
㉖ Theophanes Continuatus, *Chronographia*, p. 396.
㉗ Grierson (1973b), p. 529.

通的钱币上,只有罗曼诺斯和克里斯托弗的肖像。但是,君士坦丁在皇宫中仍保留着正式的地位,且仅次于罗曼诺斯。在 10 世纪 20 年代,罗曼诺斯实际上在一座修道院附近重新修建了另一座宫殿,这座修道院就建在他的私人住宅的原址上;新宫殿坐落在原来那座"大宫殿"西 1000 余米的地方。尽管这座新的宫殿群规模比较小,但显然计划作为雷卡平王朝的神殿,而雷卡平的妻子于 922 年就埋葬在那里。这座名叫"米雷莱昂"(Myrelaion)的宫殿缺少一间紫色的房子,即皇帝出生的地方。但这座修道院表明,至少在虔诚性方面,新皇帝们是无可指责的。罗曼诺斯还试图通过设立慈善基金,借以证明他对君士坦丁堡民众的博爱之心。

即使是这样,罗曼诺斯可能被保加利亚的西米恩贴上了"危险分子和入侵者"的标签[28],因而受到拜占庭的指控。由于罗曼诺斯的拒绝,西米恩确实大发雷霆,敏锐的保加利亚人怀疑这种托词是为了提升罗曼诺斯的力量[29]。但是,即使西米恩希望稳定罗曼诺斯的统治地位,他也会感到失望,而他的军队对这座城市的不断进攻,很可能促使帝国迅速设立海军司令。924 年秋天,西米恩亲自率领一支军队,在首先与牧首尼古拉斯会面后,他又要求与罗曼诺斯见面。据说罗曼诺斯送给他一幅布道用的小画像,并规劝西米恩停止对基督徒兄弟的屠杀行动,通过签订和平协议证明他的基督徒身份。听了这些话以后,据说西米恩感到羞愧,于是答应签订和约,尽管实际上没有什么比达成一种协议更稳妥的了:这些描述或许反映了当时帝国宣传机构的意图。927 年,罗曼诺斯把保加利亚问题转变成政治优势,当时西米恩的继承人彼得派来了使者,提出和平建议。双方很快批准了一项条约。10 月 8 日,这位年轻的沙皇与罗曼诺斯长子克里斯托弗的女儿玛丽亚举行了婚礼。

罗曼诺斯有理由公布这桩婚事。虽然对保加利亚的战争损失惨重,但却得到了补偿,和平协议应该受到民众的欢迎,也会受到占领区保加利亚人的欢迎。或许罗曼诺斯还希望通过这桩婚事提高他儿子的地位:保加利亚人是"蛮族",而彼得的父亲又刚称帝不久(可能

---

[28] 'xenos kai allotrios', Theodore Daphnopates, *Correspondance*, p. 73.
[29] Theodore Daphnopates, *Correspondance*, pp. 71 – 3.

是913年），但彼得家族作为皇族已经很长时间了。很有可能是，由于罗曼诺斯的促使，保加利亚人坚持，在君士坦丁堡举行婚礼之前，克里斯托弗的皇位应该得到承认。罗曼诺斯被迫同意了保加利亚人的要求。保加利亚人的偏好，以及帝国的风格，都能因此对雷卡平家族的抱负形成制约。至于这两个家族联姻所带来的好处，皇宫对"联盟"和伙伴关系的言辞，这些无疑都奠定了坚实的基础。克里斯托弗继承皇位的资格得到加强，人们可能认为，与其父晚年相比，他的统治更加充满活力，因为"他在位期间出现了繁荣，而且他抱有继承帝位的希望"[30]。

据说，克里斯托弗还没来得及继承皇位，就于931年8月去世，罗曼诺斯·雷卡平进行了劫掠活动。他似乎不忍心将自己的两个小儿子斯蒂芬和君士坦丁安排在君士坦丁堡的皇宫中，他们还都是孩子。君士坦丁的肖像在金币上得到恢复，甚至其在金币上所处的位置还要高于罗曼诺斯，这反映了政治前景的不确定性。君士坦丁无法确保自己的继承权，又不能进入决策机构。在他的《论帝国的治理》(*De adminis trando imperio*)中，公开表示对其岳父的极端鄙视。后来，他解除了与保加利亚的婚约，更是直接表现了这种鄙视态度，因为这桩婚事是由那位"粗俗而又无知的家伙"安排的。[31]

这种不稳定的家庭状况，终因罗曼诺斯开始宠爱君士坦丁七世而被打破：他提出让君士坦丁的儿子与禁卫军统领的女儿结婚。由于遭到斯蒂芬和君士坦丁·雷卡平的强烈反对，罗曼诺斯被迫放弃这项计划。值得注意的是，这位禁卫军统领约翰·库尔库阿斯是被罗曼诺斯派去的，用以抵消宫廷各派系之间的矛盾。但他年事已高，不可避免地使矛盾进一步激化。罗曼诺斯之所以调换这位禁卫军统领的职位，是因为受到某种暗示：库尔库阿斯任职22年，而他统治时期，禁卫军首领的任期都比较短。922年，库尔库阿斯担任禁卫军统领时还不到30岁，而且与马其顿王朝没有任何联系，或许首要的原因还在于罗曼诺斯的眼光；那时他所经历的东部边境上的激战最少。但事实证

---

[30] ... en skēptrois epakmazōn.
 kai tais elpisin etrephe diadochēs tou kratous
  Sternbach（1899），p. 17，lines 5–6.
[31] 'idiōtēs kai agrammatos anthrōpos'，*DAI*，c. 13/149–50.

明，库尔库阿斯具有军事才能。自 10 世纪 20 年代后期以来，他多次奉命前往东方。拜占庭编年史对他多有赞誉，据说他从萨拉森人手中夺取的城镇、要塞以及城堡达 1000 多座。梅利蒂尼和狄奥多西奥波利斯原是穆斯林从事袭击活动的基地，一直令拜占庭方面困惑不安，这时又不断受到攻击。934 年，梅利蒂尼终于被兼并；949 年，狄奥多希奥波利斯也被逐步占领。穆斯林在幼发拉底河上游的要塞及其附属国都转变为拜占庭的防守据点，其中有一座要塞重新以皇帝的名字命名为罗曼诺斯城。这位禁卫军首领堪称与贝利萨留齐名，因久居其位而产生了一种膨胀的欲望。据说库尔库阿斯使罗马尼亚获得了双重利益，既阻止了穆斯林对小亚细亚腹地的袭扰活动，又把罗马人的边界扩展到幼发拉底河，甚至远至底格里斯河地区。[32] 更值得注意的是，库尔库阿斯发起的攻势可能持续了近二十年的时间，没有出现过对政变的过度不安。

　　罗曼诺斯敏锐地选择了这个战区，并把重点放在亚美尼亚和美索不达米亚。与利奥六世时期那些曾遭到惨败的大规模联合作战相比，罗曼诺斯并没有采用这种作战方式，也没有把大量兵力集中在东南边境地区。相反，他把主要力量放在更靠北面的亚美尼亚方向。狄奥多希奥波利斯和梅利蒂尼的中心是土地肥沃的农村地区，是重要的商业中心。它们能给国库带来丰厚的收入，梅利蒂尼被宣布为帝国的一份财产（kouratoreia），其收入直接进入皇帝的金库中。相比之下，陶鲁斯地区和前陶鲁斯地区都是岩石裸露的山丘，既没有肥沃的土地，也没有丰富的人口资源。同时，在西里西亚平原上，到处都密布着穆斯林的堡垒。罗曼诺斯的东方战略还有另一个好处，即这种战略并不单纯依靠拜占庭的军事资源。约翰·库尔库阿斯和他弟弟西奥菲鲁斯都能与亚美尼亚西部的君主们合作，甚至有些君主还在形式上表示臣服。同时，罗曼诺斯本人也寻求与某些君主建立联系，或者授予他们荣誉称号，或者在拜占庭为他们提供住所，或赐予他们地产。他因此为库尔库阿斯的军事行动提供给养补充，并关注着他的一切活动。库尔库阿斯与罗曼诺斯本人建立起联系。

　　库尔库阿斯最引人注目的杰作就是，劝诱埃德萨居民放弃了著名

---

[32] Theophanes Continuatus, *Chronographia*, p. 427.

的"圣曼底隆",也就是那件印有耶稣圣容的衣服。作为回报,罗曼诺斯发布了一道黄金诏书,承诺拜占庭不再干预埃德萨的内部事务。㉝ 埃德萨位于梅利蒂尼南面不足 100 千米的地方,但显然并未被当作一个合适的吞并目标。拜占庭得到了这件圣物,显示出哈里发的软弱无能。这件圣物经由其他省份送至君士坦丁堡,而为了迎接圣物的到来而进行的大规模庆祝活动,则与罗曼诺斯家族有很大关系。此前,库尔库阿斯被迫同意他儿子提出的一项计划,即让君士坦丁七世的儿子与库尔库阿斯的女儿结婚。现在,库尔库阿斯的身体健康状况很差,不适合参加漫长的游行活动和复杂的宗教仪式。而圣物的到来可能无意中提高了他并不宠爱的两个小儿子的地位,因为他们在这次庆祝活动中起到了主导作用。根据当时史料的记载,库尔库阿斯并没有参加这场庆祝活动。944 年秋,库尔库阿斯就被免去了职务。就在这年秋天,罗曼诺斯做出了宠爱君士坦丁的另一种姿态,即发布遗嘱,宣称他为"第一皇帝"。从而威胁到其他儿子在皇宫中的地位,这样会使他们采取各种办法对付君士坦丁。㉞ 可能他们真的这样做了,944 年 12 月 20 日,雷卡平两个年轻的儿子袭击了他们的父亲,并把他秘密劫持到马尔马拉海的一座岛屿上。我们无法确定,君士坦丁七世是否与密谋者达成了默契:一个显而易见的事实是,他是唯一一位"诞生于紫色寝宫"的成年皇帝。当时一种谣言很快传播开来,说他被雷卡平两个儿子谋害,民众聚集在宫殿外面,声援君士坦丁。直到君士坦丁的光头从宫中探出来,民众才被安抚下来。

公民显然把自己的福祉与马其顿皇室联系在一起,而这也正是利奥六世所期望的。但这位"诞生于紫色寝宫"的皇帝并非只依靠自己的声望,据说他很快就任命巴尔达斯·福卡斯为近卫军统领。据传此人的兄弟有觊觎皇位的野心,雷卡平从此开始了自己的政治生涯。㉟ 显然,巴尔达斯首先要效忠于君士坦丁七世,而且这种任命是

㉝ Theophanes Continuatus, *Chronographia*, p. 432; Dobschütz (1899), p. 75 **. The environs of Edessa were traversed by Byzantine forces on several occasions, and as early as 949 Samosata, a city named in the chrysobull, was attacked and, nine years later, devastated. However, these were essentially countermeasures against Saif al‑Dawla, who was the first to breach the terms of the chrysobull: Canard (1953), p. 751; Segal (1970), p. 216.

㉞ 'tō prōtō basilei', Theophanes Continuatus, *Chronographia*, p. 435.

㉟ Theophanes Continuatus, *Chronographia*, p. 435.

最终铲除雷卡平家族的第一步。当945年1月27日他们在宫中被逮捕时，显然自己正在策划一次阴谋。他们没有进行任何反抗就被劫持到王子岛上，不得已做了牧师。如果他们的父亲全力支持他们，也许他们能够取代这位"诞生于紫色寝宫"的皇帝。但是，罗曼诺斯并没有重复他的做法，提拔克里斯托弗。对于国内，就像国外一样，他精明而讲求实际的志向也只能维持现状。

乔纳森·谢帕德（Jonathan Shepard）

侯典芹　译

顾銮斋　校

第二十三章

保加利亚：巴尔干地区的另一个"帝国"

在这个历史时期，拜占庭的历史不可能不涉及保加利亚，因为两国之间拥有1000多千米的共同边界。870年，博里沃伊可汗与巴西尔一世达成协议，承认保加利亚是拜占庭的一个大主教管区，拥有自治权，但是在宗教上受君士坦丁堡大主教的领导；大主教在皇家宴会上的位次很高。拜占庭的统治精英们一直坚信，保加利亚在宗教上受到了恩惠。而这种想法源于这样一种假设：保加利亚人是拜占庭人的"精神之子"。同时，保加利亚的每一位继任皇帝都是拜占庭皇帝和大主教的"精神之子"①。

9世纪中期，保加利亚主要向西扩张，随后建立了大主教之职和主教管区。自此以后，保加利亚成为一个人口众多、秩序井然的大国。该国的基督教皇帝承诺，不对基督教国家发动战争，尤其是不对他的"精神之父"发动战争。但是，保加利亚的政体引起了他们对博斯普鲁斯的忧虑。西米恩（893—927年）曾与拜占庭之间发生过许多冲突，这似乎证实了，这种忧虑并不多余。但是，西米恩丰富多彩的经历使他的注意力偏离了拜占庭—保加利亚关系的内在问题。因此，在他儿子——和平主义者彼得统治期间，双方的紧张关系已经清晰可见。但皇帝本人的个性绝不是双方关系的唯一一个决定因素。

在拜占庭史料中，对西米恩统治期间的历史事件有较为详细的记载，而这些资料成为现代历史学家们评价西米恩政治抱负的决定因素。在913年之前，就已经"不是几个人……在私下里说"，他打算

---

① 'pneumatika/on tekna/on', *DC*, p.690; Dölger (1939), pp.188-90, 191-3.

夺取拜占庭的皇位。这方面的依据是牧首尼古拉斯·米斯提库斯的一封信,因为信中公开反对西米恩走这条道路。② 然而很久以后,一位拜占庭教士,即奥赫里德的狄奥菲拉克特,曾用保加利亚语对西米恩做了这样的描述:"他表现出极大的热情,相信那些展现出纯洁道德和过着最接近基督徒式的生活的人。"西米恩还扩大了传播福音的神圣事业,并通过在各地修建教堂,确立了自己无可争辩的正统地位。③ 当时,一位保加利亚谄媚者把西米恩比作亚历山大图书馆的建立者托勒密。④ 这位保加利亚人把西米恩描绘成圣书爱好者,而10世纪的著作则把他描述为一个野蛮的战争贩子。显然,这两种记载之间存在很大的差距。

  虽然西米恩的目标和行为表面上看起来杂乱无常,但他的早期统治表现出三个突出特征。首先,他得以继任皇帝,纯粹是一种偶然的机遇。他本来隐居于一座修道院中,可能根本没有希望继任皇帝之位。据说他的长兄弗拉基米尔做可汗时,就"竭尽全力"要把臣民恢复到原来的宗教信仰。⑤ 然而,阻止弗拉基米尔行动的人并不是西米恩,而是他的父亲伯利斯。伯利斯从隐居的修道院中走出来,逮捕了弗拉基米尔,并弄瞎了他的双眼,指定西米恩接替可汗之位,并"在所有人面前发出恐吓,如果西米恩稍微偏离了正确的基督教路线,就将遭到同样的下场"⑥。为此,西米恩致力于维护基督教的正统地位,继续正教事业,并将此政策公布在他的铅质印章上。这些铅质印章上的肖像与伯利斯铅质印章上的非常相似。而根据希腊传说,这些肖像是为了祈求圣母玛利亚和耶稣基督的保佑,因为"保加利亚君主西米恩"继承了他父亲的衣钵。⑦

  其次,在西米恩统治时期,保加利亚经历了一场大规模的教士文

---

 ② 'ouk oligōn kai prin … phēmizontōn', Nikolaos I, Patriarch of Constantinople, *Letters*, pp. 28 - 30.
 ③ 'malista de pros tous semnotēta tropōn epangellomenous kai biou christianikōtatēn emphaneian, pistin thermēn epedeiknyto'; 'epauxēsas to theion kērygma kai tais hapantachou domētheisais ekklēsiais egkatastēsas tēn orthodoxian asaleuton'; *Gr' tskite zhitiia na Kliment Okhridski*, p. 128.
 ④ Kuev (1986), pp. 11, 13; Thomson (1993), p. 52.
 ⑤ 'omni conamine', Regino, *Chronicon*, p. 96.
 ⑥ 'Interminatus coram omnibus similia passurum, si in aliquo a recta christianitate deviaret', Regino, *Chronicon*, p. 96.
 ⑦ 'Symeōn archonta Boulgarias', Jurukova (1985), pp. 17 - 8; 参见 Jordanov (1984), pp. 91 - 3 and fig. 2 on p. 92; Jurukova and Penchev (1990), pp. 28 - 9.

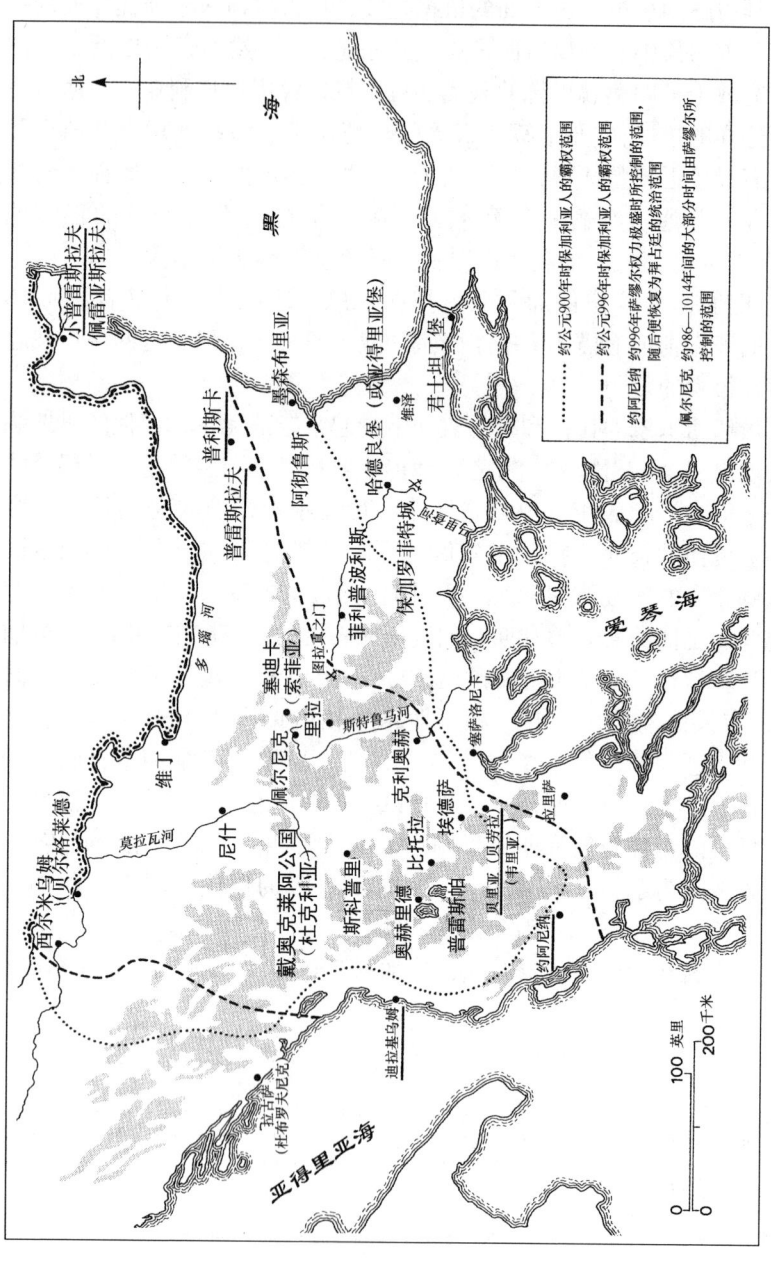

地图 12 10 世纪的保加利亚

学运动，尤其是西里尔和美多迪乌斯的学生、朋友发起的运动。这场运动主要是把希腊的祷文、圣歌、训诫以及其他对教义的解释翻译成斯拉夫文，而且还抄写原稿。893—894 年，一位居住在普雷斯拉夫的学者君士坦丁，编著了所谓的《训导福音书》。这部书的中心部分是作者收集的一些训诫，以平朴的语言解释这一年中的每个星期天诵读的福音。君士坦丁说，他是应美多迪乌斯的学生瑙姆的要求承担这项任务的，而瑙姆是在其老师去世后才前来保加利亚避难。⑧ 西米恩继位仅几个月，就把美多迪乌斯的另一个学生克雷芒从西南边境地区召来，担任德拉维斯塔地区（Dragvista）或韦利察地区（Velitza）的主教，这很可能是一个非常广大的地区，从塞萨洛尼卡西南部一直延伸到该城北面的罗德配山脉。⑨ 根据克雷芒的个人传记，他的"教士德行"报告给西米恩留下了深刻印象，报告强调他的门徒们愚昧无知⑩。西米恩选择让瑙姆接替克雷芒，担任一个广大地区的流动牧师，这个地区包括奥赫里德、迪亚波利斯和格拉维尼察。根据瑙姆最早的个人传记，他在那里的使命是"从事教育"⑪；克雷芒的个人传记中也把教育作为最重要的事情。西米恩和他的教友们似乎都没有预料到，派遣文人前去一个遥远的地方，这其中存在很大的矛盾。他们与西里尔和美多迪乌斯都抱有这样一种设想：学习，过神仙般的生活，对《圣经》做出清晰的评注，这些事情都与成功地宣讲福音联系在一起。根据西米恩的命令，普雷斯拉夫的君士坦丁于 906 年或 907 年翻译了圣·阿塔纳修斯与阿里亚人进行辩论的文章。第二年，再次根据西米恩的命令，由西米恩的侄子，也就是修道士托多尔（狄奥多勒）·多克索夫把这部译著抄写了一次：西米恩渴望学习它，他继位后这部译著仍流传了很长时间。⑫

西米恩早期统治的第三个显著特征就是，他在外交和战争方面所表现出的杰出才能。他作为修道士在修道院学习期间，或许这些才能并没有充分展示出来。倒是他在拜占庭落下的坏名声，在一定程度上反映了

---

⑧ 见 Georgiev (1962), p. 158; Kuev (1986)。
⑨ 这两个教区的名字均源于生活在这个地区的斯拉夫部落的名称：*Gr' tskite zhitiia na Kliment Okhridski*, p. 128; Soustal (1991), pp. 88, 197 – 8。
⑩ 'tēs aretēs tou didaskalou', *Gr' tskite zhitiia na Kliment Okhridski*, p. 128; 参见 pp. 130, 132。
⑪ 'na ouchitel'stvo', Ivanov (1930), pp. 306 – 7, 308; Kusseff (1950), p. 143。
⑫ Georgiev (1962), pp. 192, 330 – 1; Athanasius, *Contra Arianos*, p. 7 (introduction)。

他的这些才能所产生的震动。根据拜占庭的编年史记载,西米恩发动战争的原因是,保加利亚人在君士坦丁堡的贸易活动受到随意操控(他们的生意被迫从那里转到塞萨洛尼卡),还因为拜占庭提高了关税。据传说,拜占庭皇帝曾轻率地驳回西米恩的抗议书。对于这位出身卑微、刚刚登基的君主而言,这无异于当面一记耳光。西米恩随即率领军队进入拜占庭的马其顿行省,并打败了前来迎战的一支大军,使拜占庭遭受重大损失。但是西米恩并未乘胜追击,而是迅速撤回保加利亚境内。拜占庭方面却采取了进一步的行动,他们挑唆匈牙利人从南俄草原上选取有利地点,进攻保加利亚。拜占庭的皇家舰队把匈牙利人运送过多瑙河,西米恩的军队被打败。西米恩本人勉强逃脱,匈牙利军队一直推进到南面的普雷斯拉夫。西米恩被迫进行谈判,但在任命佩彻涅格人为全权代表前去谈判时又故意拖延,以便争取时间。游牧的佩彻涅格人到达黑海西北部以后,由于受到挑唆而从西北方向进入匈牙利人的草原上。打了败仗的匈牙利人被迫向西迁徙,越过喀尔巴阡山脉。拜占庭决定直接对保加利亚发动进攻,但是大军尚未进入保加利亚境内,就于896年在保加罗菲特城被西米恩击败。据说西米恩在与拜占庭皇帝及其使者利奥·肖厄罗斯菲克特斯谈判时,还把12万名战俘作为谈判的筹码。在两三年的时间里,西米恩就消除了拜占庭的主要作战力量。尽管拜占庭方面担心保加利亚人会对君士坦丁堡发动袭击,但这种事情从未发生过。双方于897年(很可能是这一年)签订了和平条约,拜占庭方面显然并未对西米恩做出太大的让步。

对于西米恩,拜占庭皇帝仍保持着较大的战略优势。拜占庭继续控制迈森布里亚和德韦尔托斯(Develtos)的军事要塞,同时塞萨洛尼卡和迪拉基乌姆对西米恩的侧翼形成严密的夹击之势。在西米恩与拜占庭的早期关系中,显然曾两次出现非常紧张的局面,这恰与这两个军事要塞有关。我们现有的史料主要是,利奥·肖厄罗斯菲克特斯的一封自我吹嘘的信件。在这封信中,他声称自己可以劝阻西米恩夺占"迪拉基乌姆的30个要塞",还能够在904年的黎波里的利奥劫掠塞萨洛尼卡之后,阻止保加利亚人占领这座城市。[13] 根据碑文的记载,那时西米恩曾经寻求划定塞萨洛尼卡附近的边界,坚持要求获得

---

[13] 'ta tou Dyrrachiou triakonta phrouria', Kolias (1939), p. 113.

该城北面的一个战略要塞。在那里至少矗立过两个大理石柱子，根据现有的一根石柱上的碑文记载，西米恩与拜占庭保持和平共处。根据拜占庭的外交惯例，先提到的词是"罗马人的"，而西米恩被称为"执政官"，即"君主"。根据西米恩最早的印章，"巴西琉斯"拥有对于帝国地位的完全垄断。[14]

西米恩统治的前20年分成前后两个时期，两者形成了鲜明的对照，但并不矛盾。他很晚才表现出在外交和军事方面的才能，但这并没有使他脱离长期的个人禁欲生活。920年，牧首尼古拉斯·米斯提库斯不无讽刺地颂扬西米恩那修道士般的统治。[15] 西米恩是一个意志坚强的人，他继承了他父亲的严肃和冷酷。早在9世纪90年代中期，他就嘲弄拜占庭自诩智慧超群（尽管有些妒忌），请利奥·肖厄罗斯菲克特斯给他的主子预测，看西米恩是否会释放战俘。因为两年前，利奥六世曾准确地预测到一次日食。现在西米恩抓住了这位不幸的（肖厄罗斯菲克特斯）给他的回答："尊敬的西米恩君主啊，尽管我们的皇帝（利奥六世）懂得天文知识，但他还是根本无法预知未来啊！"[16] 西米恩故意让肖厄罗斯菲克特斯担忧释放战俘一事，对于这个不愿就贸易政策进行磋商、忽视他的抗议书的拜占庭政府，他正在据此扭转不利局面。在取得初步的胜利之后，他就把被俘的哈扎尔人都施以剭刑，然后把他们送回君士坦丁堡，"以羞辱罗马人"。[17]

值得注意的是，哈扎尔人是拜占庭的一支皇家卫队，这是皇帝拥有广泛权力的象征。但是，西米恩对帝国的羞辱行为很可能是想警告利奥六世，要他考虑保加利亚的利益，进而为更加稳定的关系奠定基础。无疑，西米恩渴望模仿拜占庭，而不是要征服这个帝国，这是他统治的前20年的目标。更确切地说，西米恩的目标就是要建立一个充满活力的基督教国家，与拜占庭截然不同，但信仰纯正无瑕的国家。他不仅在各地建立教堂，而且尽力使社会道德与基督教教义相符。[18] 这表明，西米恩非常关注在普通民众中传播福音的伟大事业。很可能是由于西米恩的原因，《人民审判法》抄本得以广泛流行。这

---

[14] Ivanov (1970), pp. 16–20; Beševliev (1979), pp. 170–2.
[15] Nikolaos I, Patriarch of Constantinople, *Letters*, p. 94.
[16] 'Oide de kai ho sos basileus kai meteōrologos oudamōs to mellon loipon', Kolias (1939), p. 79.
[17] 'eis aischynēn tōn Rōmaiōn', Theophanes Continuatus, *Chronographia*, p. 358.
[18] *Gr' tskite zhitiia na Kliment Okhridski*, p. 128.

是一个斯拉夫语译本，是从利奥三世的《法律选编》中摘录出来的一种缩略本。[19] 他很早就享有"正义与博爱"的好名声。[20] 他具有一种明显的责任感——向自己的臣民提供礼拜活动、教堂和正义，这实现了基督教统治理想；牧首佛提乌在给博里沃伊的一封长信中对此曾有详论。这很可能受到严重关切，其重视程度不亚于现代学者。[21] 西米恩所受的教育，以及他的才智，都使他史无前例地扮演着教师、圣哲和道德楷模的角色。他把自己比作摩西，也许这话并不是开玩笑。[22] 他对神学的个人兴趣，从他对圣·约翰·克里索斯托的布道加以自主选择上可以清楚地表现出来：他从克里索斯托的大量著作中广泛吸收营养，将其中的一些段落做上标记，并让他的门徒们进行翻译。[23] 克里索斯托的一个门徒曾以匿名的方式奉承西米恩，他赞扬西米恩善于利用各种各样的书本知识，说他就像一只勤劳的蜜蜂一样积累知识："在他成为特权贵族之前，他就积累了丰富的（知识），就像蜜蜂采集的甜美蜂蜜。"[24]

西米恩计划建立一个有知识、内心虔诚的统治集团。他在这些方面的卓越才能使他能够指挥其他人，包括那些"贵族"。至于这些人的性格、人数和出身，我们一无所知。但在位于普雷斯拉夫的西米恩的宫殿群里面及其周围发掘出的那些厅堂院落，都是这些贵族们的公馆。迄今为止，人们已经在那里发现了八座修道院，建筑时间大都是西米恩或彼得在位期间。西米恩把主要公馆都建在那里，而不是建在普利斯卡，这其中的原因尚未得到令人信服的解释：普利斯卡的异教徒协会已经黯然失色，因为博里沃伊在那里创建了一座修道院，还修建（或重建）了一些教堂。或许战略上的考虑更为突出。在普雷斯拉夫，中等规模的要塞都没有落到匈牙利人手中，还可能阻止了他们进一步向南渗透。大约在 9、10 世纪之交，西米恩对这座要塞进行了扩建，

---

[19] 关于译本出现的具体时间和地点的问题——有的翻译粗疏，有的逐字逐句——仍存在争议。See *Zakon sudnyj ljudem* (*Court Law for the People*), ed. H. W. Dewey, p. Viii; *Oxford Dictionary of Byzantium*, ed. A. P. Kazhdan, 3vols., Oxford (1991), III, p. 2219.

[20] 'to dikaion meta tou philanthrōpou', Kolias (1939), pp. 81, 83.

[21] Photius, *Epistulae et Amphilochia*, pp. 1–39; Simeonova (1988), pp. 96–101.

[22] Nikolaos I, Patriarch of Constantinople, *Letters*, p. 176.

[23] Thomson (1982), pp. 22, 45–7.

[24] 'aky p'chela liubodel'na'; 'prolivaiet aky str̆d slad'k iz oust svoikh pred boliary', Kuev (1986), p. 11; Thomson (1993), p. 52.

还把一个宫殿群、一些广场和街道都合并进来。这些街道都是用石灰石板砌成,街道两旁排列着的民居都是用石头建的。一条由石灰石建成的高架渠,把水从外面的城镇输送到这座要塞中,这种设计反映出对确保丰富而清洁的水资源的特别关注。外面的城镇都修筑了带有雉堞的城墙,用作防御工事;这些城墙也都是用石块整齐地砌成的。整个防御区大约3.5平方千米,东面与蒂恰河(Ticha)相毗邻。

供水设施的精心设计和建造,大量可用作小型防御工事的城门楼,以及城墙地基的建筑技术革新(设计要求能抵挡石弩和撞锤的冲击),所有这些都表明了西米恩对防御工事的高度关注。同时,整个设计都是为了显示帝王的威严。值得注意的是,大主教约翰在西米恩的皇宫中主持宗教仪式时,让将重点放在皇帝西米恩以及贵族们身上:高大的宫殿和教堂能够令陌生人感到震惊,尤其是看到这位皇帝端坐在那里,身穿点缀着珍珠的礼服;两边端坐的显贵们也都佩戴金项链、金腰带和金戒指。㉕ 西米恩的建筑师们广泛使用陶瓦装饰建筑物,看起来就像大理石或马赛克镶嵌砖等贵重材料。

这项长期的建筑工程显然是在尽力模仿君士坦丁堡,但它也表明了西米恩的一种决心:牢固地控制普雷斯拉夫,抵御所有的外来之敌,而并非起初的仅仅试图控制君士坦丁堡。显然,西米恩曾试图攫取触手可及的拜占庭的权力,并吸收拜占庭的宗教知识和技术成就。即使拥有着馆藏丰富的图书馆,但对西米恩来说,文化上的完全自给自足依旧可望而不可即。拜占庭仍然是宗教知识的源泉,西米恩的印章、朝廷议政以及铭文,所使用的都是希腊文。修道院的学校传授希腊语,礼拜仪式中的演唱也都使用希腊语,因为在博里沃伊皈依基督教之前的很长时间里,他们就使用希腊语。人们找到了用两种语言写成的铭文,还有供初学者使用的字母表。

根据拜占庭主要编年史的记载,912年利奥六世刚去世,西米恩就向其继任者亚历山大派出使者,表示愿意与拜占庭继续保持和平关系,"就像利奥皇帝统治时期那样"㉖。据史书描述,由于亚历山大侮辱性地威胁要把西米恩的使者赶走——似乎很有可能,他几乎与利奥

㉕ 'i obapoly ego bolery sediashchia v zlatakh griv′nakh i poiasekh i obruch′kh', John, Exarch of Bulgaria, *Hexaemeron*, VI, 3 – 5.

㉖ 'hōsper dē kai epi tou basileōs Leontos', Theophanes Continuatus, *Chronographia*, p. 380.

六世一样，对待西米恩也十分蛮横。西米恩因此被激怒，进而诉诸战争。据说西米恩虽已决定发动战争，但在913年6月6日亚历山大去世之前，尚未有足够的证据表明他已经采取敌对行动。而同时西米恩很可能就在那时宣布自己为"巴西琉斯"，并在913年夏末率领一支大军到达君士坦丁堡。即使到那时，也没有发生任何蓄意的杀戮，因为拜占庭史料未有相关记载。根据拜占庭史料的记载，西米恩在没有签订任何协议的情况下就撤兵了。这与牧首尼古拉斯·米斯提库斯几乎同时所写的一封信不相符，这位牧首是年仅七岁的君士坦丁七世的摄政。[27] 因此，即使有关于这件事的任何描述，那也都是不确定的。几乎可以肯定，西米恩于913年在君士坦丁堡外面的赫伯多蒙宫与尼古拉斯公开会面，或许尼古拉斯还举行了一次典礼仪式，其中还有一次加冕仪式。尽管人们对这件事的性质和意义进行过争论，但比较一致观点是，西米恩的女儿与君士坦丁订立了婚约。或许西米恩认为，这种典礼仪式表示拜占庭承认了他的皇帝称号。也许他当时就已经开始铸造带有"西米恩巴西琉斯"字样的印章，其反面刻有"缔造和平的巴西琉斯"；拜占庭朝廷议政时经常使用这句话，可能暗指西米恩在913年与君士坦丁堡所达成一项和平协议。[28]

有现代学者提出疑问：是否西米恩从一开始就觊觎拜占庭的皇位。普遍的观点是：亚历山大的挑衅，以及君士坦丁七世的年幼无知，都为西米恩提供了机遇，唤起了他对"罗马"皇帝的觊觎之心。[29] 在这个问题上，西米恩与尼古拉斯达成了交易，使得他以君士坦丁七世未来岳父的身份进入皇宫的上流社会，之后便有希望得到各方面的最高权力。其有力证据是，在尼古拉斯与西米恩的一次偶然相遇后不久，他就被这位小皇帝的母亲佐伊撤销了摄政之职。而同时代的编年史中既未提及913年的和平协议，也没有关于废除协议的任何记载。这些史书都记录了西米恩劫掠色雷斯的事件，914年9月，阿

---

[27] Theophanes Continuatus, *Chronographia*, p. 385; Leo Grammaticus, *Chronographia*, p. 292; Nikolaos Ⅰ, Patriarch of Constantinople, *Letters*, pp. 50–2.

[28] Gerasimov (1960), pp. 67–9; Dujčev (1961), p. 249; Beševliev (1962), p. 18; (1963), p. 332; Dujčev (1971), p. 188; Jurukova and Penchev (1990), pp. 29–30. Gerasimov (1976), pp. 126, 128, later changed his reading of the reverse from (*eirēnop*) *oios basileus to hyios basileōs* ('son of the emperor'), but it seems unlikely that Symeon's pride could have stomached, let alone sported, such an epithet; cf. Božilov (1986a), p. 81, n. 47.

[29] Božilov (1983), pp. 111–2; Fine (1983), p. 144.

第二十三章　保加利亚：巴尔干地区的另一个"帝国"

迪亚诺普尔（Adianople）轻易地便落入他手。大约在同时，尼古拉斯·米斯提库斯的一封信使西米恩对自己所获得的称号表现出不满，并常常努力"表现出（这种不满情绪），意欲重新获得另一种称号"。[30] 对于拜占庭侵入保加利亚，试图"征服并消灭西米恩"的这场战争而言，这句话可以看作战争结束的标志。[31] 这种战略与二十年前的情况很相似，佩彻涅格人正在发挥着当年拜占庭军队进军到沿海一带时匈牙利人所起到的作用。但是，佩彻涅格人未能渡过多瑙河。917 年 8 月 20 日，拜占庭的主力部队在阿彻鲁斯（Acheloos）附近被分割包围。

关于阿彻鲁斯这场灾难的历史真实性是毫无疑问的，但是尼古拉斯·米斯提库斯给西米恩的各种信件成为人们怀疑此事的重要依据：是否自 914 年以来就一直持续着一场战争。[32] 在 917 年夏末的一封信中，尼古拉斯未能指出西米恩有任何侵略行为，以证明拜占庭进行干预的正当性；他只是在重复别人的控诉，即指控西米恩的战争计划，以及保加利亚人蚕食拜占庭在迪拉基乌姆和塞萨洛尼卡一带领地的行为。尼古拉斯是让西米恩去判断这些话的确切含义，并极力主张西米恩不要"对你的精神之父君士坦丁的臣民再次发动战争"。[33] 编年史对保加利亚人在色雷斯的劫掠活动进行了指控，这也可能是政府授意的。[34] 尼古拉斯抱怨道，荣誉称号也可能表明了拜占庭的一种动机：在 914 年，尼古拉斯可能就已经被完全取消了这种认可，因为他在赫伯多蒙宫亲自把皇帝称号赐予西米恩；"受命于天的君主"的称号出现在尼古拉斯信件中，这种称号自 9 世纪初开始就被可汗所享有。或许这是一种非常直接的肯定：这才是西米恩的合法称号，而不是"巴西琉斯"。[35]

913 年，西米恩大规模地炫耀武力。此后，拜占庭与保加利亚的关系确实变得非常紧张。但是，"巴西琉斯"（斯拉夫语"沙皇"）

---

[30] 'kainoteros tis einai kai dokein', Nikolaos I, Patriarch of Constantinople, *Letters*, p. 50.
[31] 'pros to katapolemēsai kai aphanisai ton Symeōn', Theophanes Continuatus, *Chronographia*, p. 388.
[32] 参见 Fine（1983），p. 148.
[33] 'polemon analabesthai kata tou laou tou sou pneumatikou patros', Nikolaos I, Patriarch of Constantinople, *Letters*, p. 64; 参见 p. 62, and chapter 22, p. 561.
[34] Theophanes Continuatus, *Chronographia*, pp. 386, 388; George Monachus Continuatus, pp. 879 - 80; Leo Grammaticus, *Chronographia*, pp. 293, 294; Shepard (1989 [1991]), pp. 24 - 5.
[35] Beševliev (1979), pp. 71 - 2.

称号可能含蓄地承认了西米恩的合法统治和基督教"君主"地位。同时，由于婚姻关系，拜占庭和保加利亚之间的关系平衡至少可以保持一代人的时间。这并不一定就能保证西米恩接近自己的女儿，她几乎就是她父亲为确保与帝国关系的人质。或许西米恩的确认为，自己严格遵守正教箴言，致力于民族建设长达 20 年，也应该享有皇帝称号。在外交政策方面，他同样受到正教箴言的影响。根据尼古拉斯·米斯提库斯的记载，西米恩的顾虑在于：913 年，他还在为 9 世纪 90 年代曾发动针对基督教徒的战争而苦修赎罪。[36] 他对传播福音和学习知识充满了非常高昂的热情，在 916 年克雷芒去世前夕，他还力劝这位老人继续他的教区牧师职业。[37] 这本身就说明，那时西米恩并未谋划在边境附近发动侵略战争，甚至是小规模的战争。因为克雷芒的主管教区很可能一直延伸到萨塞洛尼卡北边，这正是摄政团向尼古拉斯指出的容易引起纠纷的地点之一。大约在同时，西米恩命人翻译了一部希腊文集，该文集包含了关于教父们的摘录、宗教的和文学知识的零星信息，还包括一部简史，其中列举了从奥古斯都到君士坦丁和佐伊的所有"希腊皇帝"。[38] 这项翻译工作可能从 913 年 6 月 6 日开始，到 920 年 8 月完成。"希腊皇帝"的合法性并未受到质疑，尽管根据翻译中增加的颂词，西米恩本人被列入"伟大帝王"之中。[39] 这里强调西米恩喜欢读书，并没有提到战争。

拜占庭在 917 年发动的进攻原本是想给西米恩一个突然袭击，此前经历了一个时期的正式和平。尼古拉斯·米斯提库斯曾多次承认，这次进攻是不正当行为，恳求西米恩不要因为此事而怨恨拜占庭。事实表明，西米恩并没有原谅拜占庭，也没有忘记此事。七年后，西米恩骑上自己的战马，与尼古拉斯第二次相见，并指着刀剑留下的伤疤，这是阿彻鲁斯之战导致的。他说，这是尼古拉斯祈祷的结果！[40] 或许西米恩并未公正地评价一个问题，而是着重强调他的"精神之父"尼古拉斯似乎有些伪善，拜占庭的整个统治集团也

---

[36] Nikolaos I, Patriarch of Constantinople, *Letters*, pp. 34–6.
[37] *Gr'tskite zhitiia na Kliment Okhridski*, pp. 138–40; Obolensky (1988), p. 33.
[38] 'dazhe i do Konstantina i Zoia, ts'r' gr'ch'skykh', Ianeva (1987), pp. 100–1, 104; Bibikov (1991), pp. 98–9, 101–2.
[39] 'velikyi v tsarikh', Kuev (1986), p. 11; Thomson (1993), p. 51.
[40] Nikolaos I, Patriarch of Constantinople, *Letters*, p. 208.

都是如此。

924 年 9 月，西米恩与这位年老体弱的大教长在君士坦丁堡会晤。如果说西米恩在过去七年中的行为显得有些反复无常，那么这也反映了置他于这种绝境的原因是拜占庭方面背信弃义。他几乎不相信任何关于未来的协定，或许他还憎恶屠杀基督徒的行为。继阿彻鲁斯之战不久以后，西米恩也派军队到君士坦丁堡近郊劫掠，但似乎缺乏进攻这座城市的攻城器械。无论如何，在这次战役之后，西米恩主要关注的是塞尔维亚君主彼得。据说彼得曾经收到拜占庭的请求，要他参与匈牙利人对保加利亚的进攻行动。据说，西米恩得到这个消息后，狂骂不止。[41] 他还派出一支军队，试图通过欺骗手段劫持彼得，让塞尔维亚统治集团的另一位成员保罗做君主。918—919 年，西米恩派军队进入拜占庭领土，这支军队一直排列到科林斯湾南边很远的地方，但并未对君士坦丁堡发动进攻。

或许西米恩仍然对婚姻关系抱有希望，而袭击行动可能是促成这桩婚事的一种手段。但在阿彻鲁斯之战后，西米恩显然犹豫不决，或许这主要是基于一种简单一些的考虑：内部的政治混乱使拜占庭无力对他发动进攻。正是由于拜占庭出现了新的铁腕人物罗曼诺斯·雷卡平，西米恩突然要求罗曼诺斯退位，还发动了一场大规模战争。从920 年到 924 年，西米恩几乎每年都派军队来到君士坦丁堡城下，有时还亲自率军前往。他的军队在城郊外四处抢劫，但并未发动大规模的进攻。同时，保加利亚军队还占领了拜占庭统治下的色雷斯的大片土地。年轻的圣·玛丽的个人传记表明，西米恩的军队在维泽（Vize）和其他城镇驻防达数年之久。[42] 在几年的时间里，他们还侵扰希腊北部的部分地区；这很可能拖延了该地区一群群斯拉夫人进入伯罗奔尼撒半岛的进程。至少西米恩有两次试图拥有一支舰队，以便在 922 年前后与北非法蒂玛王朝的哈里发接上关系，进而与塔尔苏斯的埃米尔交往。如果说罗曼诺斯的篡位可以使这座城市失去神的保佑，那么西米恩的舰队本应该利用有利地点，比如达达尼尔海峡，封锁君士坦丁堡，或者发动一场大规模的进攻。

---

[41] *emmanēs*, *DAI*, c. 32/91–101.
[42] *Vita S. Mariae iunioris*, *AASS Novembris* IV, p. 701.

西米恩对拜占庭的敌意逐步上升，这似乎可以证实，他长期以来都一直不断地向拜占庭的皇权靠近。而现在由于另一位非希腊血统的野心家雷卡平夺占先机，西米恩十分愤怒。但是，如前所述，我们不能肯定西米恩是否早在 913 年就已经开始觊觎拜占庭的皇位了。拜占庭对于西米恩随后的行动也无法解读。由于西米恩担心拜占庭会采取进一步的行动来消灭自己，更加激起他对拜占庭宫廷事务的兴趣；在毫无经验的君士坦丁的统治下，拜占庭政府几乎没有形成对他威胁。但这与争夺皇权有所不同，而他在 10 世纪 20 年代的宣传运动与罗曼诺斯·雷卡平的篡位后拜占庭的正统性形成鲜明对照。西米恩甚至曾拒绝给罗曼诺斯写信，反而给元老院写信。[43] 这可能是一个失败者在发脾气，但也可能是他企图在城市内煽动阴谋，以便使宫廷内的高级官员们对罗曼诺斯产生猜疑。

　　无论西米恩的目标是什么，他的进攻行动并未导致罗曼诺斯的倒台。他在 10 世纪 20 年代的行动所表现出来的自负，很可能表明他遭受了挫折：在解决与拜占庭的问题上，战争并不是比外交手段和基督教的克制态度更有效的方法。他明显不信任拜占庭政府，罗曼诺斯也恶意诋毁他，以及"老白痴"尼古拉斯的长期嘲弄，这些都使他不可能非常重视 924 年 9 月与这些人的会晤。[44] 更值得我们注意的是，这些事情的确发生了，还达成了某项协议。事实也证明，这项协议并非毫无益处。保加利亚的军队可能从拜占庭的部分领土上撤退了，但他们仍然控制着以前的梅塞姆布里亚海军基地，也依旧控制着一些城镇比如维泽镇以及希腊北部部分地区。

　　与罗曼诺斯会晤后不久，西米恩就开始自称"保加利亚人和罗马人的皇帝"[45]。现在，他的印章上自称是"罗马人的救世主皇帝"，第一次披上帝王的合法外衣。[46] 西米恩很可能还试图把他的高级牧师提升为牧首；如果罗曼诺斯在 927 年赐予西米恩名义上的牧首身份（这是极有可能的），那么西米恩的这种做法也许更多地代表一种基于当时状况的和解，而不是彻底的妥协。如果没有一位牧首作为陪

---

[43] Nikolaos I, Patriarch of Constantinople, *Letters*, pp. 194–6.
[44] 'mōrantheis'; 'mōros', Nikolaos I, Patriarch of Constantinople, *Letters*, pp. 68–72.
[45] 'basileus Boulgarōn kai Rōmaiōn', Theodore Daphnopates, *Correspondance*, p. 59.
[46] 'en Christō basileus Rōmaiōn', Gerasimov (1934), pp. 350–6; Beševliev (1963), pp. 330–1; Jurukova and Penchev (1990), p. 30.

第二十三章 保加利亚：巴尔干地区的另一个"帝国" 643

衬，西米恩的新称号似乎完全是徒有虚名。

西米恩的"罗马"称号可能表示他对正统性的一种追求，以及对他未能实现军事扩张目标的一种补偿。在10世纪20年代初，塞尔维亚的君主们反复无常，给西米恩造成很大的困扰。他们一个接一个地背叛了西米恩，转而效忠于拜占庭的"巴西琉斯"。在经历了许多挫折以后，西米恩派出第二支进攻部队，随军前往的还有另一位觊觎王位者——查斯拉夫；他被作为诱饵把塞尔维亚各族首领都调集出来，然后把他们全部放逐到保加利亚。还有其他相当一部分人口也被放逐：塞尔维亚作为一个政治实体已不存在。926年，西米恩进攻克罗地亚的托米斯拉夫，试图在巴尔干地区扩展自己的霸权。但是托米斯拉夫挫败了保加利亚军队的进攻，在某种意义上证明西米恩决定专攻他的西面侧翼的计划是正确的。此前不久，托米斯拉夫曾邀请罗马教皇介入达尔马提亚和克罗地亚事务。925年，在斯普利特召开了一次宗教会议，以确定克罗地亚大主教的地位及其管辖范围。约翰十世对于恢复罗马教皇在达尔马提亚教士中的监督权非常感兴趣[47]，这位教皇曾称托米斯拉夫为"克拉科夫王"（*rex Crovatorum*），他还试图使托米斯拉夫结束与西米恩的敌对状态。罗马教皇的使节于926年底（或927年初）访问了保加利亚，准备在斯普利特召开第二次宗教会议。在第二次宗教会议上，教皇的使节得到称赞，因为这次会议促使保加利亚人和克罗地亚人达成一项和平协议。[48] 如果事实确实如此，那么到927年春西米恩就可以相当自由地进行其他进攻行动了，而不再是空想。但是，所有可能的野心都因他的去世而终止了。927年5月27日，西米恩去世，享年63岁。

保加利亚仍然拥有军事实力：它对马其顿省发动了一次大规模的入侵行动，接着占领并抢劫了色雷斯的诸多城镇，然后将它们夷为平地。但是，在保加利亚统治集团中，仍然有人希望与拜占庭达成某种妥协。他们最早的接触都是秘密进行的，或许是为了避免被"西米恩的权贵们"发觉[49]，因为这些人企图在此后不久就让其兄弟约翰取

---

[47] *Historia Salonitana Maior*, p. 96; Klaič (1971), pp. 290-1.
[48] 'peracto negotio pacis', *Historia Salonitana Maior*, p. 103; Klaič (1971), p. 283; Fine (1983), pp. 267-8, 271-2.
[49] 'megistanōn tou Symeōn', Theophanes Continuatus, *Chronographia*, pp. 412, 419.

代新沙皇彼得。拜占庭方面自认为,这种敌对状态将会拖延下去。根据927年秋一位宫廷演说家的说法,和平协议被认为是"出乎意外的变化"[50]。没有史料记录下这项协议的相关条款,但是拜占庭很可能承认了保加利亚的一位有名无实的牧首;彼得可能也同样得到承认:"保加利亚的巴西琉斯"。根据10世纪中期通过寄信方式传递的草约,那时这个称号就已经正式使用了。[51] 拜占庭人还可能同意支付贡金,大概是每年缴纳一次。这里还要补充一份更加神圣的契约,即罗曼诺斯的孙女玛丽亚与彼得的婚约。通过君士坦丁堡精心安排的结婚典礼,我们得到一个明确的信息:玛丽亚嫁给了"一位皇帝……丈夫",这个王国的正统性持续得到持续性的承认,玛丽亚的名字变成了"伊琳妮"(Eirene,和平之意),这象征着这桩婚姻内在的期望。[52]

这种期望并非毫无结果,双方保持了大约40年的和平关系。这种妥协多少是基于承认了这样一个事实,即军事对峙格局已经形成,同时在一定程度上还与这位新沙皇的性格有关。拜占庭史料对彼得的描述是:热爱和平,反对杀戮。他经常写信给拜占庭的修道士,即拉特洛斯的保罗[53],而且对居住在索菲亚南边一处偏僻巉崖上的隐士约翰一直非常崇拜。这些都表明了他的虔诚。彼得曾试图去拜访约翰,在946年约翰去世以后,他命人将其尸体移葬到一座教堂,这是他专门在索菲亚为埋葬约翰建造的教堂。彼得的铅封也证实了他的虔诚。最常见的铅封上都有这样的铭文:"虔诚的皇帝彼得。"[54] (印章上)彼得正面朝前,手握着牧首的十字架,同时头戴皇后之冠的玛丽亚从另一边紧扣十字架。据了解,玛丽亚并未在保加利亚的政治生活中起到任何积极作用,但是印章的设计大致表明了她与彼得处于平等的地位,也表明保加利亚与拜占庭之间实现了和睦相处。

而缓和并非是无条件的。根据《论帝国的治理》记载,即使

---

[50] 'tēn par' elpida metabolēn', Dujčev (1978), p. 266.

[51] *DC*, p. 690.

[52] 'basilei ... andri', Theophanes Continuatus, *Chronographia*, p. 415; Liudprand, *Antapodosis* III, 38. See previous chapter, p. 564.

[53] *Laudatio S. Pauli iunioris*, ed. Delehaye, pp. 122, 143.

[54] 'Petros basileus eusebēs', Jurukova (1980), pp. 4–6; Gerasimov (1938), pp. 360–3; Jurukova and Penchev (1990), p. 34; Shepard (1995), p. 143.

玛丽亚在世时，双方的友好关系显然也不可能是想当然的。君士坦丁 580
认为，可以唆使佩彻涅格人去进攻保加利亚人，而保加利亚人、匈牙利人以及罗斯人被归为一类，在10世纪40年代实际上都是拜占庭帝国的对手，因为他们都很容易受到游牧民族的影响。(55) 虽然君士坦丁并未专章记载保加利亚人，但他在几个方面记录了保加利亚与其邻国关系的细节，而且他尤其重视证实下面的事件：从希拉克略统治时期开始，塞尔维亚人和克罗地亚人的君主们就是“罗马”皇帝的臣民。在关于塞尔维亚人和克罗地亚人的那两章中，作者以完全相同的措辞做出了这样描述：他们的君主“从未臣服于保加利亚君主”(56)。也没有证据表明，彼得曾主动宣称拥有对他们的霸权。但是彼得的虔诚，保加利亚所拥有的丰富宗教文献，以及搜集到越来越多斯拉夫人的宗教文献，这些都可能对周围习正教仪式的斯拉夫人产生一定的影响。斯拉夫语《圣经》译本最初就是在保加利亚的奥赫里德和其他地方完成的，它可能对西北边境地区所有操斯拉夫语的民族产生了吸引力，克雷芒和瑙姆都曾在这个地区致力于传教事业。这项事业可能对塞尔维亚人也产生了一定的吸引力。因此，君士坦丁面临着一个具有潜在竞争力的正教联盟。而且彼得的虔诚建立在一种政治结构之上，而这种政治结构也并非完全没有物质基础。

关于这种结构，其证据大都是间接的，但却不难找到。大概在10世纪30年代初期，雷卡平从彼得的王宫逃回塞尔维亚后，转而支持塞尔维亚君主查斯拉夫。这表明：对于一个基本稳定的政权，需要采取政治上的操控。在彼得统治时期，这个充满活力的政府一直在复杂地运行着。彼得为人所知的印章大约有21枚，大大超过了其父亲与祖父的总和。(57) 这些印章有一半以上是在普雷斯拉夫城堡及其城外发现的，这说明这些印章主要用于内政方面，而并非只用于同外国君主通信联系。在佩尔尼克的关键要塞遗址上，人们挖掘出一枚彼得的银质印章。在保加利亚的早期，还没有其他哪位君主可以确定地说拥有一枚银质印章；彼得的这枚印章的制作工艺十分复杂，但并未显示出10世纪拜占庭印章的特征，当时拜占庭的印章都是金质的，或者

---

(55) *DAI*, c. 5/3 – 9; c. 8/20 – 1.

(56) ‘oudepote tō archonti Boulgarias kathypetagē’, *DAI*, c. 31/59 – 60; c. 32/147 – 8.

(57) Jurukova (1984), p. 230; Totev (1989), p. 40.

是铅质的。彼得缺乏制作硬币的资源，但他的印章却表明普雷斯拉夫存在一种书写机构。对于彼得中央行政机构的系统性和规模，一位见识广博的犹太旅行家易卜拉欣·伊本·阿古柏曾给予评价，他还提到了其他部门的秘书和长官。[58]

如果物质残留作为政治强盛的一个标准，普雷斯拉夫遗址不仅向人们展示了自西米恩以来统治的连续性，而且表明了政治上的扩张性。宫殿里面有扩建工程的痕迹，这座城堡原来的北墙在彼得统治后期就被拆除了，大概是为了拓展空间。新的教堂也被修建起来，外城的每一个区都扩大了。在相对安全的环境下，城墙外边也有了新的发展：不仅诸如图兹拉尔卡（Tuzlal'ka）和帕特雷纳（Patleina）等地不牢靠的修道院被重新修复，而且大量新的建筑物也矗立起来，这些建筑物似乎属于那些富贵们所有。人们制作出非常精致豪华的手工艺品，这些工艺复杂的艺术品的主人是沙皇及其高级官员，有些工艺品则被保存在大修道院中。图兹拉尔卡修道院和帕特雷纳修道院中还都装饰了玻璃墙和地板砖，其中一些带有精美的陶瓷画像。人们还发现了帝国首都富裕的另一条线索，即一些窖藏的珠宝，或许这是在970年前后罗斯人占领期间被埋藏起来的。

政府的苛捐杂税是经济活动的另一种动力，但毗邻城堡外墙的店铺和货栈说明，统治者的资源如何才能形成更多的交易：人们在那里挖掘出玻璃器皿和双耳细颈酒瓶，或许这些都是拜占庭的手工制品。同时，人们在普雷斯拉夫发现了更多的世俗财产，以及修道院的财产，其中包括拜占庭的白土陶瓷器皿。在《主教书》一书中，曾提到出口君士坦丁堡的保加利亚亚麻布和蜂蜜，这种贸易可能一直持续到大约970年。[59]我们很难估计当时农村的状况，普雷斯拉夫的繁华取决于农村的生产状况。在保加利亚北部和南部地区，有许多用石头修建的防御工事和据点，形成一系列的防御体系，或许这些工程开始修建于西米恩统治时期，或更早一些。但是，还没有迹象表明，这些防御工事在彼得统治时期全部被废弃。有人指出，彼得对里拉的约翰所表现出的兴趣，事实上并非完全是宗教上的原因；他关注里拉和索

---

[58] Ibrāhīm ibn Ya'qūb, *Relatio*, p. 148.
[59] *Eparch*, IX, 6, p. 108.

菲亚等行政区，可能是受这些地区的战略意义所驱使。[60]考古学上的证据表明，10世纪期间，马里查河到罗多彼山脉之间的要塞被重新修建起来，这些地方的驻军就像普雷斯拉夫的外来居民一样，依靠从周围地区居民中强行勒索来维持。但是，10世纪中期的一位社会评论家——牧师科斯马斯——把"城镇"与市场联系起来，并痛斥经常光顾"城镇"的那些修道士。[61]

科斯马斯的《反鲍格米尔陈情》很可能写成于10世纪60年代，作者通常喜欢描绘一个完全没有真正宗教的社会：富人们蔑视穷人，少数富人经常去那些豪华的店铺，就像"站在腐肉上的乌鸦"，到那里去用餐。[62]修道士和牧师们都纵情于世俗的享乐，而置世俗民众于不顾。这与促进二元主义的异教徒改变宗教信仰的热情形成了鲜明对照。这些"鲍格米尔派"都是以牧师鲍格米尔的名字命名，鲍格米尔宣扬一种完全抛弃物质追求的思想，因为物质的东西是由魔鬼创造的。他引用《新约全书》中的段落证明，上帝就是纯洁的精神。科斯马斯把这些异教徒们所表现出来的苦行主义，以及他们对福音的阐释，比作鱼钩上的诱饵，吸引着人们走向地狱。[63]对于"鲍格米尔派"教徒的成就，科斯马斯的解释是始终如一的。但是，在彼得统治期间，与他那"修道士一般的"父亲统治期间一样，基督教的教规与物质上的繁荣并不存在必然的矛盾。事实上，《论文集》(Treatise)认为，教堂出现问题的原因很多，从痴迷于个人灵魂的拯救，到道德上的缺失。对于那些因害怕被世间万物所玷污而抛弃一切，成为修道士的人们，科斯马斯予以谴责：许多人不能充分适应修道院的教规，"如果你谴责婚姻生活的理由是，一个人不能用这种方式拯救灵魂，那么你的思想就与异教徒没有什么区别"。[64]牧师们和主教们应该更多地关注如何教育这些人，使他们认识到自己的责任，而不是

---

[60] Jurukova (1980), pp. 8–9.
[61] Cosmas the Priest, *Treatise against the Bogomils*, ed. Popruzhenko, pp. 56–7; ed. Puech and Vaillant, pp. 104–5.
[62] 'aky vranove na mertvechine', Cosmas the Priest, *Treatise against the Bogomils*, ed. Popruzhenko, p. 68; ed. Puech and Vaillant, p. 116.
[63] Cosmas the Priest, *Treatise against the Bogomils*, ed. Popruzhenko, pp. 24–5; ed. Puech and Vaillant, p. 76.
[64] 'ashche li ... zhitie s zhenoiu otkhouliaeshi nemoshchno tvoria spasti sia sitse zhivoushchemou, to nichim krome esi mys li ereticheskiy', Cosmas the Priest, *Treatise against the Bogomils*, ed. Popruzhenko, p. 58; ed. Puech and Vaillant, p. 106.

一味地关注斋戒酒肉的问题！关于彼得统治时期保加利亚南部的许多新建修道院，至今仍有一些个别证据：里拉的约翰只是受资助者中最为突出的一位圣徒。国家显然被赋予个人设定的崇高精神目标，即极力模仿那些拥有美德的教父，而不是陷入麻木和堕落的状态。科斯马斯的《论文集》本身就是关注高尚道德标准的一个例证。他曾经在由当地牧师组成的主教团并不充分的监督管理下习教，并含蓄地表示，支持对酗酒好色的牧师进行异教徒式的谴责。但他也认为，所有的富人都可以得到《圣经》抄本，不论是世俗之人，还是基督教的牧师们。他还极力劝他们不仅要读《圣经》，还要尽可能让那些"渴望阅读、抄写（《圣经》）"的人们也能读到他们的书。[65] 这些也都令人感到一种精神追求的气息。

科斯马斯并不是唯一坚持这种立场的人。里拉的约翰在其遗嘱中就曾告诫他的助手们，不要信仰异教，避免贪婪和自负。有一个名叫彼得的修道士，曾以"斋戒和祈祷""灵魂的拯救"等主题写过几种小册子和一些训诫。在致函世俗民众时，他劝告人们要忏悔，并参与教堂的礼拜活动。关于"鲍格米尔派"与东正教教会背道而驰的问题，大多也是他提出来的。[66] 这些作品缺乏闪光点，或者说缺少西米恩时代的理论深度。而这些作品的写作水平也很有限，显然是由一些普通牧师和修道士编写成的。这表明，在普雷斯拉夫高贵的政治文化之外，基督教的价值和修道士的思想也倍受追崇。同时，国教并非总是毫无活力。科斯马斯指出，"鲍格米尔派"受到限制和迫害，而在10世纪40年代（或50年代初）沙皇彼得就写信给牧首狄奥菲拉克特，描述了活跃在其领土上的一些异教徒所奉行的教义，希望获得他们的背景资料，并商议予以惩罚。[67] 彼得的请求似乎发生在鲍格米尔开始宣传他的理念近20年之后。如果鲍格米尔的鼓吹者和追随者只是社会中的少数人（事实可能就是如此），沙皇彼得的信件、科斯马斯的小册子以及修道士彼得的著作，这些至少反映了对这部分正教教徒的警惕。

---

[65] 'khotiashchikh pochitati i pisati', Cosmas the Priest, *Treatise against the Bogomils*, ed. Popruzhenko, p. 72; ed. Puech and Vaillant, p. 121.

[66] Dimitrov (1987), p. 34; Pavlova (1991), pp. 81–4.

[67] Theophylact's reply is extant: Petrovskii (1913), pp. 361–8; Grumel (1936), no. 789, pp. 223–4.

第二十三章　保加利亚：巴尔干地区的另一个"帝国"

因此，科斯马斯的《论文集》并不是教堂和国家衰弱的具体证据。易卜拉欣·伊本·阿古柏意识到，保加利亚有翻译机构，并把这个机构看作一位伟大统治者应有的。[68] 971 年，博里沃伊二世正式被剥夺了王权，这件事充分表明，保加利亚王国受到拜占庭的严重侵略。尽管存在一些歧义，但详细的描述表明，这些象征被认为具有内在的正确性。关于保加利亚的特性，《俄罗斯编年史》提供了另一种不同的证据。根据这部史书的描述，君主斯维亚托波尔克决定定居在多瑙河三角洲的佩雷亚斯拉夫（"小普雷斯拉夫"），因为"那里是四方之利聚集的地方"。[69]

那些促使斯维亚托波尔克到达巴尔干的事件到底产生了怎样后果，人们对此仍存在争议，因为我们所掌握的主要史料的记载存在歧义。但是，假设有证据清晰地表明，拜占庭一直对保加利亚有所顾虑，那么两国皇帝之间的紧张关系就应该引发了冲突，人们对这种事情也就不会感到非常惊讶。玛丽亚去世以后，彼得派他的两个儿子到君士坦丁堡作为人质；这可能是为了减轻拜占庭的忧虑。从 10 世纪 50 年代后期开始，或许是由于匈牙利人在莱希费尔德遭到惨败，他们不断加强对保加利亚的袭击活动，拜占庭与保加利亚之间的关系也日益紧张起来。968 年初春，有两伙匈牙利人袭掠了马其顿和塞萨洛尼卡城郊一带。或许正是由于这类袭扰活动不断发生，促使尼基弗鲁斯于 967 年 6 月远征色雷斯。当地的一些碑文也证实了修补防御工事的活动。但这些很可能也是用来防御保加利亚南部进攻的防御体系，而尼基弗鲁斯一方面在色雷斯炫耀武力，同时还抱怨彼得让匈牙利人从他的土地上经过，袭劫拜占庭。显然，彼得的回答是这样的：早前他向拜占庭求助的请求遭到了漠视，所以他并不准备将以前与匈牙利人签订的"条约"置于不顾。[70] 事实上，彼得的外交政策已经超越了匈牙利人：961 年（或 965 年、966 年），易卜拉欣·伊本·阿古柏发现保加利亚使团前往奥托一世的皇宫，或许是为了寻求援助，以便共同对付匈牙利人最新一轮的袭击活动。[71]

---

[68] Ibrāhīm ibn Yaʿqūb, *Relatio*, p. 148.
[69] 'tu vsia blagaia skhodiatsia', *Povest' Vremennykh Let*, p. 48; trans. Cross, p. 86.
[70] 'spondas', John Zonaras, *Epitome Historiarum* III, p. 513.
[71] Ibrāhīm ibn Yaʿqūb, *Relatio*, p. 148.

对于彼得的违抗行为，尼基弗鲁斯将尽力使用间接手段，给予彼得的权力基础以破坏性的打击。他选择了罗斯人作为代表，这种选择不能不引起人们的联想。他可能希望罗斯人卷入巴尔干地区的战争中，当他发动对叙利亚和美索不达米亚的战争时，罗斯人就会把注意力放到攻打拜占庭之外。但或许他还意识到，只有像罗斯这样拥有强大军事力量的国家，才能打破保加利亚的防御体系。大约在968年夏末，斯维亚托波尔克率军队进攻保加利亚。罗斯人劫掠了许多城镇，大肆进行抢劫活动。[72]但是，他们并没有攻陷普雷斯拉夫。彼得仍旧作为沙皇控制着这座城市，直到几个月后他去世为止。同时，佩彻涅格人的袭击活动向北波及基辅，这次行动拜占庭政治家们或许早就预料到了。尼基弗鲁斯所没有预料到的是，斯维亚托波尔克会返回北方，与入侵的游牧民族签订了一项条约，随后就回到多瑙河流域去了。在那里，他招募的同盟军中不仅有佩彻涅格人，还有匈牙利人。斯维亚托波尔克并没有废黜彼得的继承人，也就是彼得的儿子博里沃伊。这样，博里沃伊继续留在普雷斯拉夫。斯维亚托波尔克派军队驻扎在沿河一线的要塞和新拓居地，而佩雷亚斯拉夫将成为"我的广大领土的中心"。[73]

971年，在一场短暂而剧烈的战役中，斯维亚托波尔克的冒险行动被约翰·特兹密斯科斯挫败。博里沃伊及其家人在首都全部被俘。虽然特兹密斯科斯曾宣布他已经开始为保加利亚人报仇，但在作战中，许多保加利亚人并不厌恶拜占庭人。然而，特兹密斯科斯最担心的是，罗斯人可能会返回来。所以他重新修建了要塞，沿多瑙河南岸建起了海军设施。普雷斯拉夫成为拜占庭的政治中心，并按照其新皇帝的名字命名为约安努城（Ioannoupolis）。在10世纪70—80年代初，印章上标明的指挥中心的名称反复变更；这证明了拜占庭政府在保加利亚东北部和多瑙河流域的统治力度。这个曾挑战拜占庭的帝国实际上已经不复存在。值得注意的是，由于受到保加利亚政府官员的镇压，在特兹密斯科斯于967年突然去世以后，保加利亚突然爆发的叛乱并未形成燎原之势。而这场运动的领导者就是拜占庭军队中一位亚

---

[72] 'pollas poleis' Skylitzes, *Synopsis*, p. 277.
[73] 'sereda zemli moei', *Povest' Vremennykh Let*, p. 48; trans. Cross, p. 86.

第二十三章　保加利亚：巴尔干地区的另一个"帝国"

美尼亚军官的四个儿子。关于他们与巴西尔二世之间所进行的漫长战争，我们将在后面详细叙述。[74] 萨缪尔是这四个考莫图普罗斯人中最有能力的一个，他不得不在原来的边远地区建立起一个新的、坚不可摧的文化—行政中心。但是，在考虑不同种族的居民之间各种宗教信仰和图腾崇拜问题时，萨缪尔表现出政治上的敏锐性。博里沃伊的那位太监兄弟罗曼诺斯就在这些居民中，他是从君士坦丁堡拼命逃回来的。就像斯维亚托波尔克一样，萨缪尔非常感激保加利亚人，因为保加利亚人对他们的这个古老皇族，具体说是对萨缪尔，还是有感情的。罗曼诺斯无力建立一个与之相比的王朝。萨缪尔修建教堂，并得到牧首的赞助，借以突出他对东正教的虔敬。1018 年以后，巴西尔二世本人认识到利用教会组织获得他的新臣民的认可。博里沃伊和西米恩的政治文化都是建立在非常坚实的基础之上，这种形势诱惑着罗斯人、亚美尼亚人和拜占庭的冒险家们去寻找机会。

乔纳森·谢帕德（Jonathan Shepard）
侯典芹　译
顾銮斋　校

---

[74] 见后文第 24 章，原文第 596—600 页。

第二十四章
拜占庭的扩张，944—1025 年

长期以来，人们一直认为，君士坦丁七世波尔菲洛格尼托斯（紫衣家族的）是一位资历较深的皇帝。对于文化和知识上灿烂辉煌的拜占庭帝国而言，君士坦丁七世的统治（945—959 年）正处于鼎盛时期。就像他的父亲利奥六世那样，君士坦丁七世自认为是一名作家和教师，而且他对书面知识的许多分支学科都很感兴趣。这在一定程度来说是一个理论知识的问题，或者是关于过去的学问。但在君士坦丁看来，文字是一种抽象的东西，而文字所反映的实践经验是皇帝所必需的。在《论帝国的治理》的"序言"中，他就曾这样说过。这本秘不示人的手册主要是针对外国人编写的，其目的是指导他的儿子，以便使外国人"在你这位伟大的贤哲面前感到震惊"[1]。

君士坦丁公开强调学问的重要性，这反映了他自己的观点。没有理由怀疑《圣徒书》的作者所塑造的人物，这是一部在教堂全年都颂扬的圣徒的历史，它由皇帝指令编写而成。君士坦丁起得很早，满腔热情地学习"每一本书"，阅读整个"古代……历史"。通过阅读这类书，一个人可以变得"对各种事情……都有所体验"[2]。君士坦丁曾命人从拜占庭的古典著作和早期历史著作中辑出 53 卷，这部合集的"序言"中有这样的描述：通过珍藏于皇宫中的这些图书，皇帝本人增加了智慧。一位虔诚的皇帝，尽力学习历史上留传下来的经验，他必然富于智慧，也应该受到人们的尊重。但根据"序言"

---

[1] 'ptoēthēsontai gar se hōs megalophyē', *DAI*, *prooimion*/28.
[2] 'pasan biblon'; 'tas palaias … Historias'; 'empeiron … pantoiōn … Pragmatōn', *AASS Novembris*, *Propylaeum*, col. XIV; Ševčenko (1992), p. 188, n. 52.

第二十四章　拜占庭的扩张，944—1025 年

的内容，君士坦丁同时要把他的"所学到的有益知识"恩赐于"大众"③。从学习中获得乐趣，这是君士坦丁的父亲"智者"利奥的传统。这两位皇帝都在皇宫中长大，他们宣称，通过他们的传递，这些在封闭状态下积累下来的知识和学问会使他们的臣民受益。

君士坦丁七世可能对 10 世纪初的一位皇帝非常了解：这位皇帝的宫中珍藏着大量书籍，而他勤奋好学的名声也为拜占庭所熟悉，他就是保加利亚的西米恩。君士坦丁和西米恩都以皇帝的身份承担起了教育民众的职责。这个概念是由 9 世纪圣职学者们（如佛提乌）提出的，并渗透到马其顿王朝的宣传活动和自身形象之中，尽管君士坦丁的教育活动是非常有限的。显然，君士坦丁的虔诚有时代表皇朝的行为，因此他把埃德萨的曼迪罗圣像据为己有；在他统治的最初几年，布道活动象征着耶稣基督的降临，因为这预示着君士坦丁加速走向神圣统治。④ 947 年 1 月，君士坦丁将圣·格列高利的圣骨带回首都，也意味着"回家"。因为格列高利的棺材被放在皇宫中，并用紫色的布覆盖，以示恢复君士坦丁"曾经被剥夺了"的"神圣与威望"。⑤

君士坦丁非常强调自己无可争辩的身份，这是他自幼就拥有的宝贵财富：出生于紫色寝宫之中（从 945 年以来发行的银币上表明了这种身份），而且民众坚信他的福祉与君士坦丁堡市民的福祉联系在一起。当希波德罗姆的广大民众欢呼雀跃时，君士坦丁七世也曾这样宣称过。君士坦丁七世命人编纂《礼仪书》，在很大程度上是一部年历，主要记录了皇帝参加教会节庆以及帝国权力的庆祝活动。这显示了他对书本知识和宗教仪式活动的重视。他认为，这不仅在形式上恢复了古老的传统，而且为它增添了新的内容。⑥ 他所描述和规定的礼拜仪式就是，一大群人代表其他人进行祈祷；而君士坦丁聚集大量圣物，也是为了显示皇宫的"神圣"及其悠久的传统。这些圣物还使他获得充分的超自然保护力，以保佑那些受到宠爱的臣民，比如那些在外征战的将士们。事实上，那些圣徒都是皇帝祈祷的后援力量。在

---

③ 'ōpheleian'；'koinē'：比如 *Excerpta de legationibus*, p. 2.
④ Dobschütz (1899), pp. 79, 85.
⑤ 'sanctitatem reverentiamque'；'qua pridem privatae fuerant', *AASS Maii*, II, p. 452.
⑥ 见其"序言"：*DC*, ed. Vogt, I. 1, pp. 1 – 2; Jolivet – Levy (1987), pp. 452 – 4; Moffatt (1995), pp. 379 – 84.

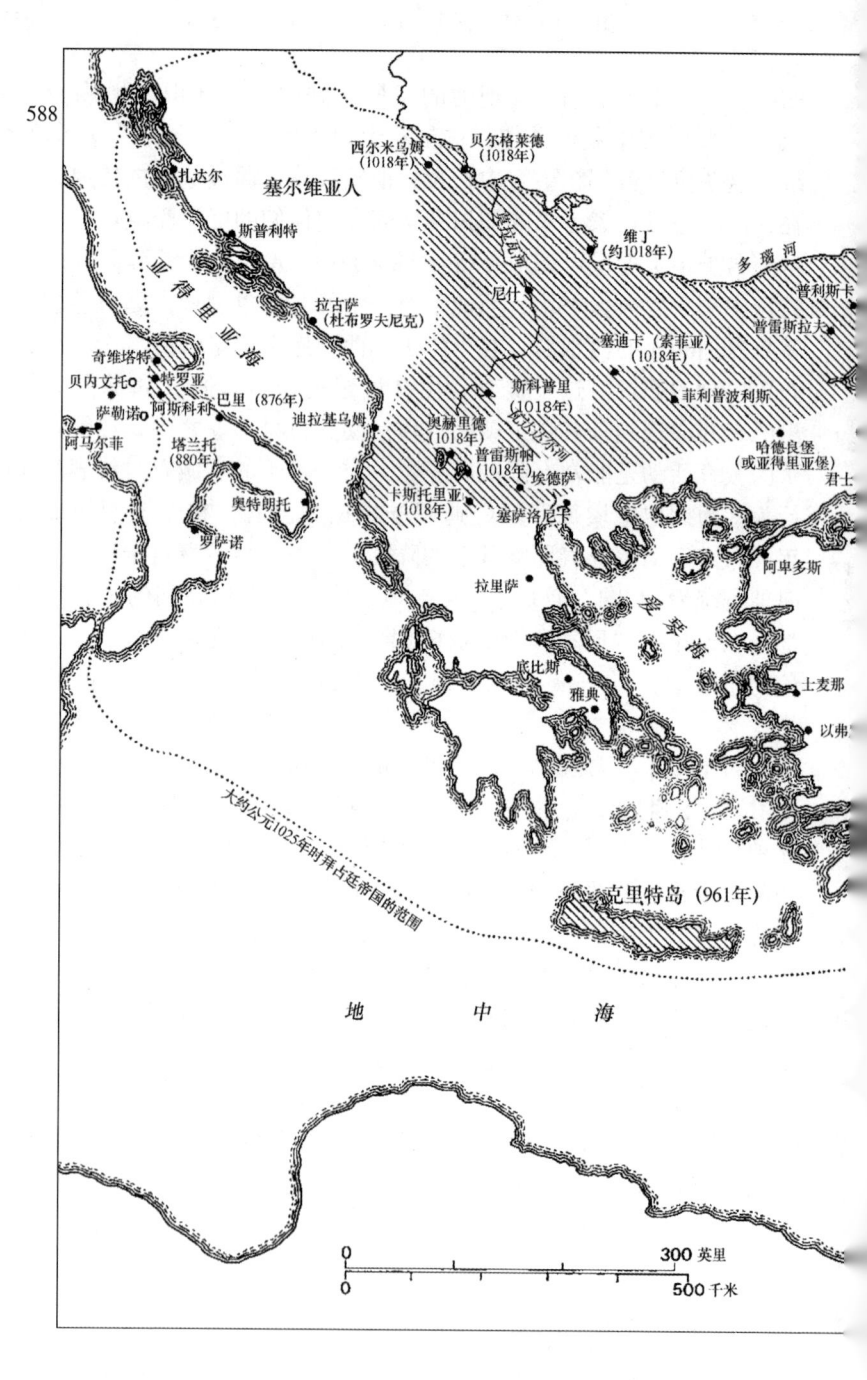

地图 13　1025 年的拜占庭

北

589

黑海

克尔松

大约公元1025年时拜占廷帝国的范围

西诺普

塔奥 (1000—1022年)

特拉布宗

阿尼

卡拉利阿姆

狄奥多希奥波利斯 (949年)

迪夫里伊

塔伦 (967年)

曼兹科特

锡泽斯

梅利蒂尼 (934年)

比特利斯

凡湖

甘耳曼尼西亚 (卡拉曼马拉斯)

哈代斯

萨莫萨塔 (958年)

阿达纳 (964年)

莫普苏埃斯提亚 (965年)

埃德萨

摩苏尔

塔尔苏斯 (965年)

安条克 (969年)

阿勒颇

底格里斯河

幼发拉底河

(65年)

贝鲁特

大马士革

耶路撒冷

	900—1025年间取得的领土
卡斯托里亚 (1018年)	(括号内的日期是帝国获得该地的时间)

巴西尔一世的个人传记中，以及另一部由君士坦丁赞助出版发行的著作中，都强调了帝国祈祷者的权威。在三部艺术著作中，也含蓄地表明了这一点。这几部艺术著作可能源于宫廷，表现出君士坦丁对某件圣物的崇拜，或者表明他热衷于祈祷。⑦

然而，仅有祈祷和书本知识还是不够的。巴西尔一世的传记中既表现出他虔诚性的一面，又表现出其现实主义的一面，这也可能代表君士坦丁的个人抱负。他关注首都以外地区民众的象征之一，就是颁布一系列能够在整个帝国内有效实施的法律。他所颁布的法律至今仍有八部尚存，其中非常著名的至少有一部。还有一部法律着重强调，对于那些恃强凌弱，强行从穷人手中购买土地的人，法律将予以制裁，以制止这类现象的发生。罗曼诺斯曾在 934 年的一部新法中制定过这点。另外还有一部法律，旨在保护那些在军区服兵役的军人们的地产。⑧

毋庸置疑，那时小农们似乎正在逐渐把自己的土地转让给"权贵"。但是，我们不清楚他们的行为在多大程度上是出于自愿，又在多大程度上从一个较为活跃的地产市场上获利。有两种并不对立的观点，通过对这两种观点的综合考察，我们发现，这些观点可能暗示着人口正逐渐增长，商品交易活动也日益活跃（尽管这主要是农业生产发展的结果）。显然，皇帝们最关注那些企图兼并小亚细亚西部沿海地区肥沃土地的权贵们。有证据表明，在 10 世纪，帝国的一些城镇中出现了大量建设工程，也有经济复苏的迹象。

根据对君士坦丁立法活动的记载，当库尔库阿斯在东部作战时，拜占庭政府关注的是军区军队的物质基础。当 949 年为重新征服克里特岛而远征时，君士坦丁颁布了一部关于"军人土地"的法律，远征深受民众的欢迎。对于皇帝可能取得的胜利，以及他在边境地区的扩张活动，出现了大量歌功颂德的溢美之词。在一首赞美罗曼诺斯二世的诗歌中，对君士坦丁七世的描述是：征服的城市之多，使得他在写下这些城市的名单时愈加感到不耐烦。⑨ 塔尔苏斯

---

⑦ Theophanes Continuatus, *Chronographia*, pp. 299, 315–6; Weitzmann (1971), pp. 242–6; (1972), pp. 59–60; Jolivet–Levy (1987), pp. 452–4, 458 n. 68.

⑧ *Ius graecoromanum* I, pp. 214–17, 222–6; Lemerle (1979), pp. 87, 94–8, 117–25.

⑨ Odorico (1987), p. 91.

和克里特感到了畏惧,每个民族和每座城市都争相服从于皇帝,尽管这些城镇大多只遭到抢劫,并未被占领,而远征克里特的行动也遭到了惨败。这是君士坦丁七世试图保持帝国统治(尤其是其父亲的统治)延续性的一种努力,接着他又发动了对西西里的远征活动,陆战则集中在东南边境地区。同样,君士坦丁七世还依靠福卡斯家族提供军事指挥官,对于945年担任近卫军统领的巴尔达斯·福卡斯,诗歌曾把他比作"一把闪闪发光的大刀,或者燃烧着的火焰,被他的王(君士坦丁七世)的祈祷点燃起来"[10]。这几行文字表明,福卡斯与马其顿王室的"特殊关系"重新建立起来。早在919年,罗曼诺斯·雷卡平曾十分机敏地把这种关系切断。然而,君士坦丁七世似乎已经不再把重要的指挥权委托给任何有名望的军人。进攻克里特岛的远征军司令是君士坦丁·贡戈利奥斯,此人自945年以来就一直掌管着帝国的海军舰队,但史书描述他"没有作战经验"[11]。根据我们所掌握的有关这次远征活动的唯一记录,他因这次远征失败而受到指责,说他没有采取任何基本的防御措施在岛上建立一个安全营地。[12]

根据《论帝国的治理》的"序言"所暗示的内容,君士坦丁七世作为一位资历较深的皇帝,其最初几年仍然实行一种本质上保持稳定不变的宫廷统治。这部书是根据君士坦丁七世的命令编纂而成,时间大约在948年至952年之间。这部作品比其他任何与他有关的作品都更明显带有他的指纹。外交是一种特殊的活动,身处皇宫的皇帝能够自主有效地开展,而外交礼节性活动都集中在皇帝特有的神秘性上。但在编纂工作开始时,东部地区就发生了一场战争危机,使君士坦丁七世偏离了其前辈们的战略路线。在这次危机中,挑起事端的是摩苏尔汗达尼德王朝的后裔萨义夫·道莱。到947年底,他已经牢固地控制了阿勒颇,以及该地的商业财富。他还进行了一系列劫掠活动,虽然在战略上无关紧要,但已经侵入小亚细亚。这位精力旺盛的

---

[10] 'romphaian hōs stilbousan ē pyros phloga
tou sou proseuchais patros ekpyroumenēn'
Odorico (1987), p. 91.
The 'Phokas' of the poem seems more likely to be the head of the family, Bardas, than one of his sons.
[11] *apeiropolemon*, Skylitzes, *Synopsis*, p. 245; cf. Theophanes Continuatus, *Chronographia*, p. 436.
[12] John Skylitzes, *Synopsis historiarum*, pp. 245–6.

军阀在边境地区进行侵扰活动，拜占庭对此予以大规模的报复，俘获其前沿哨所的士兵，并把这些哨所夷为平地，如哈代斯和马拉什等哨所。哈代斯要塞位于一座关隘上，通向拜占庭人占领着的梅利蒂尼。这里曾发生过多次战役，拜占庭的大量军队专门用来破坏要塞的防御工事，而穆斯林军队保卫要塞、重建要塞的决心也毫不示弱。由于战争异常激烈，从而逐步发展成一场大规模的战役。同时，由于萨义夫要求获得安全基地，拜占庭方面派出使者，建议双方休战，并交换战俘。拜占庭的目的是拒绝萨义夫的要求，但萨义夫据此认为这是拜占庭即将崩溃的标志，于是拒绝交换战俘。随行的诗人们赞美萨义夫的勇气，并认为胜利在望。

对于萨义夫的顽强战斗精神和倔强，极不情愿的君士坦丁七世似乎相信，即使他的权力没有被削弱，也会被击败，或者被迫撤离。大概在955年，尼基弗鲁斯·福卡斯被任命为近卫军统领。据说他提高了士兵的战斗力，训练士兵，教他们有序进攻，信心十足地攻占敌人的领土，"就像在自己的土地上一样"[13]。萨义夫的一位随从人员阿布·菲拉斯提出了一种更具进攻性的战略，他的依据是：由于遭受连续不断的攻击，且萨义夫拒绝签订停战协定，除非附加特别条款，君士坦丁七世与四周各国的统治者达成了协议，试图从他们那里获得军事援助，并花很高的代价派出一支大规模远征军以削弱萨义夫的势力。[14] 在958年夏季，幼发拉底河上的萨莫萨塔（Samosata）被占领，并被摧毁。而萨义夫于10月（或11月）试图援救拉巴时，遭到严重的失败。次年春天，拜占庭远征军到达库鲁斯（Qurus），距阿勒颇大概只有40千米，并俘获了大量战俘。穆斯林史料认为，拜占庭在这次战役中投入的兵力大大超过以前。

是否君士坦丁七世本应该避免这场大规模收复失地的运动，这个问题必然存在不确定性：他于959年11月9日去世，这使他摆脱了由于偏离自己一直未曾改变过的"所罗门"式王权所产生的问题。君士坦丁在世的最后几个月，他的得力助手，即拜占庭宫廷卫士长巴西尔·雷卡平，支持他再次进攻克里特岛。即使在朝廷上，

---

[13] 'hōs en idiō chōrō', Theophanes Continuatus, *Chronographia*, p. 459.
[14] Vasiliev (1950), p. 368.

要求继续集中兵力削弱萨义夫·道莱的呼声一直很高,几乎是不可抗拒的。

巴西尔·雷卡平被君士坦丁七世的继承者罗曼诺斯二世免去职务,但新任宫廷卫士长约瑟夫·布林加斯也赞成对克里特发动进攻,罗曼诺斯二世本人似乎对于继位之初的一场胜利也非常期待。960年6月,由帝国的绝大部分武装力量组成一支庞大的舰队,开始向克里特岛上进发。随后发生的这场激战一直持续到961年3月。当时的人们都充分意识到这场胜利的重要性。克里特陷落以后,一位诗人立刻赋诗一首,表达了希望进一步侵占穆斯林土地的愿望:劫掠成性的埃及人会吞没皇帝之剑的战利品。正如这首诗的序言所表达的那样,真正的英雄是尼基弗鲁斯·福卡斯,因为对他恪尽职守的赞美之词都落到罗曼诺斯头上。[15] 此时,尼基弗鲁斯得到容许对阿勒颇发动进攻了,因为萨义夫仍在那里危害帝国的安全。事实表明,萨义夫的军队并不是拜占庭重骑兵的对手,最后只好狼狈逃窜。962年12月23日,拜占庭军队进入阿勒颇。

现在,双重问题摆在了拜占庭面前:既然萨义夫的势力已经丧失殆尽,那么对穆斯林的进攻还要继续下去吗?根据史书的描述,皇帝是一个放荡不羁的年轻人,大多数时间都沉湎于骑马涉猎。那么尼基弗鲁斯与这位年轻皇帝的关系又将如何继续呢?[16] 由于罗曼诺斯二世于963年3月15日突然身亡,第二个问题得到解决。根据一些史料记载,罗曼诺斯二世因中毒而死,发生在阿勒颇的蔑视行为得到称赞之前。约瑟夫·布林加斯把尼基弗鲁斯·福卡斯召回首都,他被人们称为"征服者"[17],这使他的名字具有双关意义("胜利者")。然后,福卡斯就撤回东方去了。但他觊觎皇权的欲望还是非常强烈的,这也给他自己造成很大的压力。与他叔叔利奥在919年的情况有所不同,这时尼基弗鲁斯掌握着一支胜利大军,军官们似乎认为首要的是忠诚于他。如果我们相信一种过分赞誉他的史料,那么无论是情出自愿,还是表面称颂尼基弗鲁斯皇帝,都坚持认为"向那些杀人成性的人发布命令的,不应该是卑鄙的阉人和一个乳臭未干的孩子(未成年

---

[15] Theodosius the Deacon, *De Creta capta*, pp. 1, 36.
[16] Theophanes Continuatus, *Chronographia*, p. 472; John Skylitzes, *Synopsis historiarum*, p. 248.
[17] 'o conqueror!' = *nikēta*: *DC*, p. 438.

的君士坦丁七世）"，而应该是尼基弗鲁斯。⑱尼基弗鲁斯还得到了君士坦丁堡民众的积极支持，而利奥·福卡斯当时曾遭到罗曼诺斯·雷卡平所掌握的舰队的反对。前宫廷卫士长巴西尔设法占领了码头，他们的军舰上装备了希腊火。巴西尔的保护网络非常广泛，在皇宫中，君士坦丁七世的母亲狄奥法努似乎支持尼基弗鲁斯。巴西尔派出包括皇家游艇在内的船只，邀请他进入城中。963年8月16日，尼基弗鲁斯成功地进入城中，受到民众的热烈欢呼："尼基弗鲁斯当皇帝，这是公众利益的要求。"⑲尼基弗鲁斯在圣·索菲亚教堂举行了加冕仪式。在此后将近20年的时间里，军队不仅成为对付遥远的穆斯林等敌对势力的有力武器，而且在首都也是一种备受推崇的政治工具。

君士坦丁七世通过崇拜"真十字架"，自称君士坦丁大帝的继承人；尼基弗鲁斯则通过征服战争来争夺继承权。根据他统治时期遗留下来的一只象牙圣物箱上的铭文得知："从前，耶稣基督因为君士坦丁的救世行为，而把十字架赐予这位强大的统治者。而现在蒙受上帝恩典的君主尼基弗鲁斯拥有了这个十字架，彻底击败蛮族人。"⑳这句话所包含的意思是：皇帝的军事命运以尼基弗鲁斯的个人生存为转移。一本预言书曾表达了这种观点，这就是《但以理显圣》，这本书曾于968年在君士坦丁堡展示给克雷莫纳的利乌德普兰德。㉑

尼基弗鲁斯让军队持续征战，无论是在加冕仪式上，还是在他凯旋时，都被欢呼为"征服者"。在几年中，他在边境上的几个地方发动了两三次进攻。964年，他的军队远征西西里失败，但并未阻止尼基弗鲁斯攻陷穆斯林的无数防御工事，包括陶鲁斯山和前陶鲁斯山一带的防御工事，以及奇里乞亚和叙利亚北部的防御工事。人们似乎相信，他攻占了"100多座城镇和要塞"㉒。这个地区不仅拥有丰富的

---

⑱ 'andras haimatōn agennēs ektomias meta nēpiōn tithēnoumenōn kathypotassoi, hē an autō dedogmenon eiē', Leo the Deacon, *Historiae*, p. 40. According to Leo, this was the argument put by Phokas'second-in-command, John Tzimiskes, to other senior officers.

⑲ 'Nikēphoron basilea to pragma to dēmosion aitei', *DC*, p. 439.

⑳ Kai prin krataiō despotē Kōnstantinō
Christos dedōke stauron eis sōtērian.
Kai nyn de touton en Theō Nikēphoros
Anax tropoutai phyla barbarōn echōn.
Frolow (1961), p. 240；(1965), p. 101.

㉑ Liudprand, *Legatio*, c. 39；Morris (1988), pp. 94-5.

㉒ 'pleon tōn hekaton poleis kai phrouria', John Skylitzes, *Synopsis historiarum*, p. 271.

物产，而且人口众多，是一个难以攻破的目标。10 世纪，拜占庭发动的战争并未使该地区遭到毁坏。这些要塞曾经被当作袭击活动的基地，其中最著名的就是塔尔苏斯要塞，965 年，该要塞的守军投降。[594] 同年，拜占庭的一支军队攻占塞浦路斯。966 年，尼基弗鲁斯率军进行了一次远征，一直进军至阿勒颇郊外。随后，他还对安条克进行了短暂的围攻。968 年秋季，形势再次紧张起来。他发动了对安条克得第二次进攻，随后交由部下实施封锁。大约一年以后，即 969 年 10 月 28 日，安条克投降。

安条克的陷落产生了很大影响，因为这是一座古老的基督教城市。967 年，穆斯林以背叛罪处死了安条克的牧首，这就使尼基弗鲁斯得以声称自己"获得了圣灵"[23]。根据 970 年 1 月彼得·福卡斯与阿勒颇的埃米尔达成的停战协定，尼基弗鲁斯的战略主要是防御性的。这是一项和平共处的行动计划，对拜占庭比较有利，但却给这个地区保留了半自治权。埃米尔要及时向皇帝报告其穆斯林同伴们的军事行动，"如果任何穆斯林军队来侵略鲁迷，（他）都要阻止他们，并向他们说：'从其他地区穿过，不要进入停战地区！'"[24] 与大约 40 年前拜占庭向梅利蒂尼的埃米尔提出的条款相比，或许这些条款并没有什么不同之处，而且这些条款的先决条件是：拜占庭的满意程度应取决于它从奇里乞亚和幼发拉底河流域所获得的利益。

如果尼基弗鲁斯尚能主政，这些条款肯定会得到他的批准；但当双方达成停战协议时，尼基弗鲁斯死了，969 年 12 月 11 日夜间被杀。尼基弗鲁斯显然是在一次宫廷政变中被谋杀的：他妻子狄奥法努被他的得力助手基米斯基所诱惑。基米斯基亲自参与了杀害尼基弗鲁斯的行动，并将他的头颅割下来，向前来营救的士兵们炫耀。基米斯基与宫廷卫士长巴西尔经过商量以后，采取的第一项措施就是发布命令，规定从事抢劫活动和暴力行为的人将被处以死刑，以避免出现尼基弗鲁斯统治后期那样的长期混乱。这使他博得有产阶级的拥戴，因为他取消了家庭财产税，还提高了高级官员和有头衔人员的薪金。与尼基弗鲁斯相比，基米斯基更加关心普通民

---

[23] 'theiō pneumati kathōplismenos'; Petit (ed.), 'Office inédit en l'honneur de Nicephore Phocas', p. 401. This comes from an office venerating Nikephoros, written soon after his death.

[24] Canard (1953), pp. 833–4; Farag (1977), pp. 2–3.

众的物质需要。据记载，他把物资分配给平民百姓，致使国库空虚，他也因此不得不受制于宫廷卫士长。㉕ 他还采取措施，缓解农村地区的饥荒。但是，或许他优先考虑的是君士坦丁堡的稳定。有一次，人们在大街上庆祝胜利，他让人们用橄榄枝和带有金线的织品把城市装扮得"像一个结婚用的新房"㉖，这就使皇帝在城市中扮演新郎的角色。通过这次庆祝活动借以向人们展示，他在多瑙河流域取得了对罗斯人的胜利。而他还借此向那些"不懂得军事问题"的公民们证明㉗，一支装备精良的大军，对他们自身的安全非常重要，同时军事统帅也是不可或缺的。

972年秋伊始，基米斯基对穆斯林发动了一场大规模的战争。其原因之一就是，要在尼基弗鲁斯·福卡斯原来的士兵中重新唤起对他的个人忠诚。拜占庭的宣传甚至声称，基米斯基将于974年率领一支所向无敌的军队，进攻到巴格达城下；他必然还会向摩苏尔的埃米尔索取贡品。975年，基米斯基向南进军到大马士革一带，向当地统治者索取贡物，并迅速攻下贝鲁特。一批圣物被送回君士坦丁堡，因为这些圣物在几次出征作战中一直跟随在尼基弗鲁斯身边。在给亚美尼亚大皇帝阿舒特（Ashot）的一封信中，基米斯基自称曾经收到拉姆拉、耶路撒冷和其他城市的贡品，他的最终目标就是要解放耶路撒冷。㉘ 拜占庭的这种宣传机构部分用于国内事务，但也以道德诉诸，甚至政治权威压制亚美尼亚的君主们。

但是，基米斯基对亚美尼亚的图谋已经没有时间实现了。976年1月11日，他死于伤寒，也许是中毒而死。尼基弗鲁斯二世的长子巴西尔二世只有17岁，尽管他祖父的私生子巴西尔以宫廷卫士长的身份在随后的十年中一直控制朝政，但并没有被正式任命为摄政。巴西尔二世的演讲就像一段断奏的音乐："更像一个农民而非一位绅士"㉙，这句话肯定使他那位书生气的祖父颇为痛心。事实上，巴西

㉕ Leo the Deacon, *Historiae*, p. 97.
㉖ 'dikēn thalamou', Leo the Deacon, *Historiae*, p. 158.
㉗ 'polemikōn ergōn agnōtes tygchanontes', Leo the Deacon, *Historiae*, p. 63. The 'Bamberg silk', commonly associated with Basil II, may well commemorate this triumph: Prinzing (1993), pp. 218–31.
㉘ Matthew of Edessa, *Chronicle*, pp. 30–1; Walker (1977), pp. 319–27.
㉙ 'kai agroikikōs mallon ē eleutheriōs', Michael Psellos, *Chronographia* I, p. 23, trans. Sewter, p. 45.

尔二世专心致力于军队建设,全神贯注于操练士兵,研究排兵布阵。这倒是与另一个独身苦行主义者尼基弗鲁斯·福卡斯有许多共同之处。他在年轻时代就把自己设想成为一名军队的统帅,现在这种角色已成为他的习惯,与他的身份相称。在一部诗作的卷首插图中,他身穿军装,相关诗句对画像的描述是:大天使米哈伊尔把一支长矛交给巴西尔。㉚ 在他的墓碑上似乎刻着他的称号"保加利亚人的屠杀者",同时还伴有下面的诗句:

> 没有人看到我的长矛仍(在那里)静静地躺着……
> 但我一生都非常警觉
> 保护着这个新罗马(帝国)的孩子们……㉛

事实上,巴西尔对自己的臣民和官员们都非常戒备,对国外敌对势力同样十分警觉。保加利亚人对于自己国家被分解非常愤恨,而这种怨恨被拜占庭占领军中一位亚美尼亚军官的四个儿子所利用。基米斯基死后不久(如果不是在他死之前),那位亚美尼亚军官的四个儿子就都逃走了,随后不久领导了保加利亚人的反抗斗争。对拜占庭帝国更为直接的威胁是,在基米斯基死后数月,东方的军队又开始发动叛乱。这次叛乱的头目是巴尔达斯·斯科勒鲁斯将军,帝国政府曾经依靠他来对抗罗斯人,还于970年利用他镇压了巴尔达斯·福卡斯(尼基弗鲁斯的侄子)的叛乱。斯科勒鲁斯攻占陶鲁斯山口,经过几次战斗之后,他逐渐接近君士坦丁堡。宫廷卫士长巴西尔所求助的人恰巧就是巴尔达斯·福卡斯,但是福卡斯的军队聚集在了凯撒里亚附近的自家中心地带,根本不是斯科勒鲁斯军队的对手;978年夏季和秋季,福卡斯两次被打败。马其顿的境况显然非常急迫,尽管斯科勒鲁斯在对君士坦丁堡发动直接进攻的问题上有些犹豫。后来,由于一支1.2万人的精锐骑兵部队的到来,才挽救了这场危机。这支骑兵是由毗邻狄奥多希奥波利斯(即

㉚ Venice, Bibl. Marciana, Codex gr. 17; Cutler (1984), p. 115 and fig. 412, p. 253.
㉛ ou gar tis eidenēremoun emon dory ...
 all' agrypnōn hapanta ton zoēs chronon
 Rōmēs ta tekna tēs neas eryomēn.
   Mercati (1970), p. 230.

陶）的西格鲁吉亚地区的统治者大卫·丘罗帕拉茨派来的。格鲁吉亚军队与福卡斯的残余部队联合起来，对叛军发动突然袭击，于979年3月24日在军区的凯撒里亚西部把叛军打败。巴尔达斯·斯科勒鲁斯逃到穆斯林的土地上，随后拜占庭与巴格达之间进行了漫长的谈判活动。

最终，斯科勒鲁斯又回到君士坦丁堡。但这次他是以一个皇位继承人的身份前来，而不是一个被流放者。985年，巴西尔二世把10世纪政治上的杰出人物、宫廷卫士长巴西尔撤职，随后又将他赶出君士坦丁堡；其原因是，怀疑他与东部军队的几个将领策划阴谋。巴西尔二世决定亲自接管军队，并亲自对东南边境地区的几个大家族发动进攻。这就为保加利亚提供了一次机会，而这才是一次真正的威胁。985年和986年初，萨缪尔成为考莫图普罗斯人的强势人物，他正在有计划地减少色雷斯和希腊北部的重要据点。他把拉里萨的居民迁移到保加利亚，并征召男子服兵役。巴西尔二世率领一支大军到达塞迪卡（即索菲亚），这是一个至关重要的战略中心。但是，巴西尔二世并未攻陷这座城镇，他的军队受到伏击，随后通过"图拉真门"通行口撤走了，他本人勉强逃脱。他初次统领军队就以失败而告终，而巴尔达斯·斯科勒鲁斯抓住有利机会，与拜占庭当局在巴格达就释放事宜进行谈判，并在987年初企图再次夺取皇位。紧接着，在这一年的8月15日，巴尔达斯·福卡斯自称皇帝。当年巴西尔二世就曾向此人求援，来对付斯科勒鲁斯。在马林努斯和卡帕多西亚其他贵族们的帮助下，他召集当地军队，以补充他统领的皇家卫队。由于叛军将领之间相互达成了盟约，斯科勒鲁斯后来据此占有安条克和其他一些新占领的土地，以及尚未被征服的到该城南部和东部的土地。

到987年底，巴尔达斯·福卡斯控制了小亚细亚的大部分土地，并紧随利奥·福卡斯919年的步伐，向克里索波利斯派出一支分遣队。希尔二世亲自率军，围攻在拜占庭"内海"另一端的阿卑多斯。皇帝神威似乎又一次击败了福卡斯的军队，不过这次神威所施对象是一位外国统治者，而不是普通的拜占庭士兵。巴西尔二世的妹妹安娜·波尔菲洛格尼托斯和罗斯大公弗拉基米尔·斯维雅托斯拉维奇订立婚约。作为对这桩婚事的回报，弗拉基米尔派兵援助拜占庭皇帝。

根据几乎同时代的亚美尼亚著作家的记载，罗斯军队大约有 6000 人到达拜占庭。[32] 他们对盘踞在克里索波里斯的叛军发动突然袭击，最后叛军逃走。然而这些人都是步兵，或许本来就无法战胜东方军队中的重骑兵。巴西尔二世非常幸运，他的敌手于 989 年 4 月 13 日突然死于中风，叛军随后四散溃逃。巴尔达斯·斯科勒鲁斯又开始与死者的儿子们合作。6 月，斯科勒鲁斯写信给统治巴格达的突厥将军，要求他给予援助。但对方并没有立即提供军事援助，这很可能就成为斯科勒鲁斯与拜占庭政府进行谈判的原因之一。989 年秋季，巴西尔二世赦免了斯科勒鲁斯。直到这时，安条克的公民们才将利奥·福卡斯赶出他们的城市，承认了巴西尔二世的统治。

作为一个更加庞大的帝国的皇帝，巴西尔二世还自任将军，因此省却了其早期统治所依靠的军事机构。他熟悉士兵的个人特点，并加强对提拔的管理，从而减少了策划阴谋和发动政变的危险。他以最严格的纪律要求自己的军队，这种看似严峻的军纪官的态度，既有个人因素，也有政治上的深谋远虑。无论如何，他几乎没有任何选择的余地，只能接受保加利亚君主萨缪尔的挑战。987 年 6 月 14 日（或 988 年），萨缪尔派人把他的兄弟艾伦及其家人几乎全部杀死，成为实际上唯一的统治者。他决意要在马其顿高原上建立一个新的王朝，发誓要抛弃西米恩的普雷斯拉夫。显然，他没有使用武力就获得了迪拉基乌姆，从而减轻了来自西方的威胁。萨缪尔与阿加莎结婚，她的父亲就是"男主角"约翰·克里塞里奥斯[33]，这个人可以使这座城市转而支持他。萨缪尔还渴望控制塞萨洛尼卡，该城与迪拉基乌姆极其相似，这两座城镇都位于直通大海的埃格南底亚大道上。在埃格南底亚大道横跨的这片土地上，就有许多城镇，包括一些主教管区和修道院中心。这些城市必然受益于希腊北部平原上生产的谷物，现在这个地区开始处于萨缪尔的统治之下。拜占庭和亚美尼亚的俘虏都被安置在埃格南底亚大道附近，这些人可能是从拉里萨被逐出的。萨缪尔把普雷斯帕湖上的一座小岛变成了自己的主要官邸，修建了一座大约 44 米长的大教堂，还有一座宫殿。他在教堂中安放着圣阿基琉斯

---

[32] Stephen of Taron, *Histoire universelle*, p. 164; Michael Psellos, *Chronographia*, p. 9, trans. Sewter, pp. 34–5; John Skylitzes, *Synopsis historiarum* I, p. 336.

[33] 'tou … prōteuontos', John Skylitzes, *Synopsis historiarum*, p. 349.

(St. Achilleus)的遗物，这些遗物是在985年（或986年）从拉里萨搬运来的。他因此掌控着这个受神灵保护的中心，还获得了正统地位，因为拉里萨从前的守护神和保护者应该不允许篡位者劫持他的遗民。通过这些措施，萨缪尔可能希望获得各族臣民的认可，包括保加利亚人、乌拉赫斯人、阿尔巴尼亚人、亚美尼亚人和希腊人，并希望这些臣民都能忠诚于他。

萨缪尔的各种安排并非表明他图谋拜占庭皇位。但是，一个横跨巴尔干山脉的新帝国，对拜占庭皇帝在塞萨利平原上的收入造成威胁。除巴西尔二世以外，其他拜占庭的皇帝们并不怎么好战，他们一般不会对萨缪尔感兴趣。而到990年前后，多瑙河下游地区已处在萨缪尔的控制之下。巴西尔二世感到东方各省已经稳定下来以后，就立即于991年初春转向保加利亚。经过四年的战争，拜占庭再次占领了贝尔霍伊斯（即韦里亚），该要塞在塞萨洛尼卡西南约60千米处。巴西尔二世命令拆毁这座要塞，还有其他刚占领的要塞。他显然意识到，他不可能长期占领这些地方，用以对抗萨缪尔。995年，当巴西尔二世正在东部战线时，萨缪尔发起反攻，派一支小规模部队进击至塞萨洛尼卡城下。在一次军事冲突中，塞萨洛尼卡总督被杀，萨缪尔继续向南发起攻击。997年秋（或998年春），萨缪尔被迫中止袭击活动。当时，他的军队劫掠了伯罗奔尼撒，在撤退途中遭到袭击。许多保加利亚人还在睡梦中就被杀死了，萨缪尔和他的儿子加布里埃尔－拉多米尔都身负重伤。

现在，曾在斯佩尔凯俄斯（Spercheios）河畔取得尼基弗鲁斯·乌拉诺斯战役胜利的那些将军们，可以大胆地向敌人的土地上发动进攻了。巴西尔二世利用陶的大卫死去的有利时机，亲率大军向东进攻。大卫曾于987—989年借兵给叛军，随后由于受到威胁而把他的封邑赠送给帝国。巴西尔二世在陶接收过来的这些骑兵，在随后的战役中可能成为他的辅助力量。拜占庭当局重新对保加利亚东北地区施加影响，在1002年前后，巴西尔二世利用重新控制多瑙河下游地区的机会，向上游地区推进。他围攻维丁，那里的守军坚持了八个月，最后被迫投降。巴西尔二世加强了这些要塞的防御，显然试图在萨缪尔的西北方向建立一个前哨基地。他很可能与当地的匈牙利贵族阿赫特穆·奥尼托尼公爵结成联盟，据说此人曾经"从希腊人那里获得授权",并接受洗礼。㉞ 巴西尔二世接着向更远的南方进军,斯科普里向其投降。

或许在1004年(或1005年),巴西尔二世大张旗鼓地为保加利亚划定界限。这或许可以充分说明,迪拉基乌姆的世家大族都重新对皇帝表示忠诚的原因。约翰·克里塞里奥斯的两个儿子都获得了"patrikios"的称号,一位帝国官员也被准许进入。重新得到迪拉基乌姆的支持,使战略力量的对比情况变得对拜占庭更加有利,但是双方都不可能给对方以致命的打击。实际上,巴西尔二世通过远征活动获得的利益正在消逝。1018年,斯科普里最终又回到保加利亚人手中。甚至作为巴西尔二世最重要的收获,迪拉基乌姆似乎也已经中立化了,尽管拜占庭可能并未完全失去对它的控制。该城北面斯拉夫公国迪奥克利(即杜克利亚)的统治者,也被萨缪尔赋予"迪拉基乌姆民族的全部土地"㉟。约翰·弗拉基米尔大公被迫屈从于萨缪尔,而在普雷斯帕滞留了一段时间后,他与萨缪尔的一个亲戚塞奥多里特斯的女儿结婚。萨缪尔似乎清醒地意识到,要控制迪拉基乌姆的内陆,就应该把它委托给与自己的家族有联系的当地君主。

在长途征伐后的一个时期内,巴西尔二世每年都要精心组织袭击活动。他坚决要求军队保持密集队形,"使他的军队成为坚强的堡垒"㊱。这确保了这支军队在空旷的农村也能战无不胜,不惧任何山口关隘。但在1005年至1014年的大约十年间,他并没有取得任何重大胜利,这使人们不得不怀疑这支军队的战斗力。巴西尔二世的对手不仅凭借天然防御工事,他还是"十足的战略家"㊲,并极力保护这些山隘周围的防御区。克雷迪翁的防御工事包括:三道用于防御的土墙和两道壕沟,相互连接成一定的阵型,有效地抵御巴西尔二世的袭击。直到萨缪尔统治结束之际,他仍然能够部署大军,排兵布阵,也就是"无数的保加利亚方阵"㊳。还没有迹象表明,战争的结果使保加利亚的人力资源被过度地使用,以及使他们降低对新沙皇的忠诚。

㉞ 'Accepit autem potestatem a Grecis', *Legenda S. Gerhardi*, p. 490.
㉟ 'totamque terram Duracenorum', *Letopis popa Dukljanina*, p. 335.
㊱ 'hoion katapyrgōsas to strateuma', Michael Psellos, *Chronographia* I, p. 21, trans. Sewter, p. 47.
㊲ 'stratēgikōtatos', Kekaumenos, *Strategikon*, p. 152.
㊳ 'tēs Boulgarikēs anarithmētou phalangos', Sullivan (ed. and trans.), *The Life of Saint Nikon*, p. 148.

萨缪尔为基督教教士们修建了各种建筑工程。在奥赫里德,一座宏伟的教堂赫然矗立起来,可能是新建的,也可能是重新整修的,也设置了保加利亚教会主教之职。萨缪尔把最高主教教区先是设置在普雷斯帕,后来才转到这个与克雷芒和瑙姆联系在一起的著名地点。这说明他更加相信,尽管奥赫里德位于埃格南底大道上,但它应该是安全的。这样,奥赫里德就成为他的主要居住地和财宝聚集地。据说,在这个布满防御工事的城堡中,保存了"许多金钱",还有1万磅"印有标记的黄金"[39],以及帝国的王冠。萨缪尔获得了正统地位,同时代的意大利编年史称之为"国王"(rex)[40]。在11世纪,萨缪尔的子孙们在拜占庭帝国一直享有较高的地位。

南部城市缴纳的税款,以及在战争中获得的战利品,这些本来有可能充实萨缪尔的国库,但由于萨缪尔在1014年10月6日去世,重新建立起来的政治结构不可避免地要发生动摇。拜占庭著作家们强调,萨缪尔是因为看到了一种非常震惊的场面才死去的。当时1.4万名(或1.5万名)保加利亚战俘从拜占庭返回,他们几乎都被刺瞎了眼睛。[41] 显然,他曾经遭到一次惨败,守卫克雷迪翁山口的部队遭到拜占庭的一支分遣队的突然袭击,守军溃败,萨缪尔仅能勉强逃脱。但是,促使双方力量对比发生有利于拜占庭的变化的因素并不是这次溃败,而是萨缪尔的去世。萨缪尔的儿子加布里埃尔-拉多米尔是一位强势人物,且是一个好战分子,但他缺乏政治才能。加布里埃尔的堂弟约翰·弗拉迪斯拉夫妒忌他继承王位,并于1015年9月15日派人将他暗杀。这样,约翰·弗拉迪斯拉夫成为新的沙皇。巴西尔二世试图利用统治家族的内部矛盾和斗争占领埃德萨城(即沃德纳)。他劫掠了保加利亚的几处皇家官邸和奥赫里德城,尽管没有攻占其要塞。但是,约翰·弗拉迪斯拉夫得以整修并加强了另一个军事基地,即比托拉防御工事,曾有一则碑文记载这个防御工事。而且巴西尔二世对佩尔尼克进行了长达88天的围攻,终因损失惨重,以失败告终。同时,他于1017年春夏之交围攻卡斯托里亚,这次行动也未取得成功。他似乎仍然不能确保埃德萨对他保持忠诚,因为当他要

---

[39] 'chrēmata polla', 'chrysou episēmou', John Skylitzes, *Synopsis historiarum*, pp. 358–9.
[40] Lupus Protospatharius, *Annales*, p. 57.
[41] John Skylitzes, *Synopsis historiarum*, p. 349; Kekaumenos, *Strategikon*, p. 152.

返回君士坦丁堡时,不得不"安置好那里的一切"[42]。

　　埃德萨人的心里很矛盾,这说明他们的态度非常谨慎。约翰·弗拉迪斯拉夫仍有能力进攻最坚固目标,当巴西尔二世撤退以后,他重新控制了迪拉基乌姆。1018 年 2 月,在这座城市的城墙外发生了一场激战。约翰·弗拉迪斯拉夫"就像另一个戈利亚"般所向披靡,当两名敌兵试图对他的腹部发起致命攻击时,他与这两个人一一对决。[43] 巴西尔二世意识到,这场战斗改变了一切。他"立即"向亚得里亚堡进发,但并未强行进入保加利亚境内。[44] 约翰没有指定自己的继承人,他的遗孀与萨缪尔子孙之间的关系非常紧张。因此,就继承权的问题达成一致,其前景似乎非常暗淡。曾经守卫佩尔尼克 88 天的高级官员克拉克拉斯,现在不仅交出了佩尔尼克,而且还放弃了佩尔尼克周围的 35 座要塞,这些要塞在形成一个复杂的防御体系。其他军阀和部族首领们都明白,一切都完了。因为巴西尔二世沿埃格南底大道推进,他的使节带来了劝降书。巴西尔二世答应,给他们荣誉、头衔和其他好处。比如,给克拉克拉斯的称号是父母 (*patrikios*)。同时代的亚美尼亚和西方的历史学家们都意识到,巴西尔二世几乎没有进行激烈战斗就取得了胜利。

　　巴西尔二世对保加利亚的安排应该考虑这种背景。奥赫里德,以及萨缪尔和约翰的其他官邸,外部都被去掉了华丽的装饰。约翰的遗孀玛丽亚及其子女都被拉进了巴西尔二世的宫廷圈,并获得了封号,其中几个儿子都被提拔为帝国的行政高官。人们认为,巴西尔二世"根本就不愿意革新"[45],只是为了增加国库的实物收入,如粮食和酒,而不是货币。在更偏远的地区,或许这些职位以及其他一些职位都留给了当地有头衔、有公职的贵族们。巴西尔二世从未承认过保加利亚首席教士的最高大主教地位,但现在他却重申保加利亚教堂的特殊地位。他任命一个名叫约翰的保加利亚修士为大主教,以示对保加利亚民族情感的认可。他关心教会的发展,具体表现在:他批准了三个特许状,授予教会权力。1020 年的特许状规定,严格禁止其他大

---

[42] 'panta ta ekeise katastēsamenos', John Skylitzes, *Synopsis historiarum*, p. 356.
[43] 'hoia dē Goliath', 'amachon', Michael Psellos, *Scripta minora* I, p. 160; Gregoire (1937), pp. 287–90.
[44] 'parautika', John Skylitzes, *Synopsis historiarum*, p. 357.
[45] 'mēde metakinēsai ta pragmata', Skylitzes, *Synopsis*, p. 412.

主教（隶属于君士坦丁堡牧首）渗入保加利亚行省。大主教约翰所管辖的教区数量，应该与彼得皇帝和萨缪尔时期的大主教相同。[46] 包括收税官在内的所有官员，都被禁止干预教会或修道院的事务，违者将会遭到"皇帝陛下强烈而无情的……愤慨的对待"[47]。

在西北方向上，巴西尔二世加强控制维丁，并进一步向西北推进。西尔米乌姆的君主拒不投降，最终遭到暗杀，这座城市随后成为拜占庭一个新军区的行政中心。甚至在此之前与拜占庭仅仅是保持间歇性联系的克罗地亚人，现在也被并入帝国的势力范围之内。统治家族的戈伊斯拉夫和克莱西米尔三世弟兄二人都归顺了巴西尔二世，他们都获得了封号。这实际上承认了巴西尔二世在巴尔干半岛以及更远地区的统治地位。现在，匈牙利国王斯蒂芬也成为巴西尔二世的同盟者，他很可能参加了对约翰·弗拉迪斯拉夫最后阶段的战争，并参与了1018年对奥赫里德的最后占领。同年，威尼斯总督奥托·奥尔塞奥罗迫使克罗地亚人退出扎拉地区，并向达尔马提亚沿海岛屿上的一些城市征收贡物。这样，克罗地亚人处在拜占庭的属地、盟国和附庸的包围之中。

还没有迹象表明，在征服巴尔干半岛以后，巴西尔二世想让他的矛"静静地躺着"。虽然他已经是60多岁的高龄，还是在1021—1022年着手准备对高加索地区发动一次大规模的远征活动。他指挥接管了瓦斯普拉坎的行政机构，该国国王森那奇里姆在劝诱下将自己的王国让予巴西尔二世。巴西尔二世还对格鲁吉亚国王乔治一世发起一系列的进攻，是为了收复所有声称从陶的大卫那里取得的要塞和土地。乔治放弃了在陶的各种头衔以后，巴西尔二世就回到了君士坦丁堡。现在，巴西尔二世又转向了西方，进行更具侵略性的远征活动。他正准备率军增援对西西里的侵略，却于1025年12月13日或15日因病去世。

在巴西尔二世时期，拜占庭帝国的领土比君士坦丁七世时增加了一半。君士坦丁七世似乎对领土扩张没有多大的兴趣，反而像他的父亲一样，喜欢突出他作为秩序和正义的贤明保护者的角色。相比之

---

[46] 'Petrou tou basileōs kai tou Samouēl', Gelzer (1893), p. 44; *FHGB*, vol. 6, p. 44.

[47] 'megalēn kai asympathē … apo tēs basileias hēmōn aganaktēsin', Gelzer (1893), p. 46; *FGHB*, vol. 6, p. 47.

下,巴西尔二世似乎把征服活动作为自己追求的主要目标,没有过多地考虑他和他弟弟君士坦丁死后由谁继承皇位的问题。但是,他亲自担任将军,指挥军事行动,极力使军队保持对他的忠诚,这与尼基弗鲁斯二世福卡斯有许多相同之处。他有意识地剥夺那些大军阀们的权利和威望,减少他们介入政治的机会,只让他们保持经济上的富有和影响力。根据当时关于"权贵"从"贫民"手中购买地产的一部新法律的某种译本,马林努斯家族和福卡斯家族的成员都被定为罪大恶极分子,常常被当作政治目标加以攻击。[48] 军队中的士兵,或者与军队有联系的人,都非常积极地赞美10世纪的英雄们。在巴西尔二世对高加索地区进行最后决战期间,正是出身于这种家族的军人们,企图发动政变。据我们所知,"许多身在军营的人们,跟随在皇帝的身后,但是他们在思想上和言语上却支持反叛者"[49]。根据普塞洛斯(Psellos)的记载,他对待自己的臣民,就像对待那些被征服者一样。[50] 他之所以能够保持一支庞大的常备军,或许在很大程度上在于,他肆意掠夺财富,强占资源,富人们经常受到损害。似乎只有君士坦丁堡的牧首、其他地方的高级教士和修士,才敢反对一项新措施,让大地主们承担那些流亡的小土地所有者应缴纳的赋税。巴西尔二世曾答应牧首塞尔吉奥,如果他战胜了保加利亚人,就取消这些义务。同时,巴西尔二世似乎还期待那些非希腊臣民和非卡尔西登臣民能够感激他,以回报他对这些民族的宗教仪式和习俗的尊重。这两个民族可能向巴西尔二世提供了兵源,与他的希腊军队相比,这些军队并不缺乏战斗力,或许更加忠诚。通过这种方式,他得以把帝国的这种"多样性差异"转变成为自己的有利条件,"把各种力量凝结在帝国的和谐之中"[51]。这种政策的特点之一就是,把大量土地和要塞授予那些曾被流放的亚美尼亚著名人士。

这种领土扩张实际上并没有造成灾难性的后果。当亚美尼亚人参与巴西尔二世对保加利亚的战争时,保加利亚人还在东方战线上服役。即使保加利亚主要是农耕经济,亚美尼亚的城镇和小村落还是成

---

[48] *Ius graecoromanum* I, p. 264, n. 24.
[49] Aristakes of Lastivert, *Récit*, p. 20.
[50] Michael Psellos, *Chronographia* I, p. 18, trans. Sewter, p. 44.
[51] 'ei': John Skylitzes, *Synopsis historiarum*, p. 365.

了国库收入的另一个重要来源。亚美尼亚西部边境地区诸多城镇的繁荣，已经引起了君士坦丁七世的注意，似乎这些城镇在 11 世纪中都得到了扩张。在卡帕多西亚，拜占庭以前的一个边境地带，建筑工程和豪华的土木工程一直延伸到那些用岩石修建的小教堂和修道院附近。叙利亚的雅各比特移民修建了无数的教堂和修道院，他们来自幼发拉底河的梅利蒂尼南面和奇里乞亚的部分地区，这表明他们在巴西尔二世时期的富有和虔诚。作为皇帝的一份财产，安条克似乎已经实现了繁荣。许多亚美尼亚人被安置在安条克附近，他们当初是战士，但随后也可能成为工匠和商人。人口的增长，经济上货币交易量的增加，这些本应该促进政府的财政收入增加。但是，作为帝国扩张的工具，军队也带来了严重问题。对于国家而言，无论是按照经济规模，还是按照价值进行最粗略的估算，它赖以生存的物质基础都是非常薄弱的。但与 10 世纪前半期相比，这时军队必然大大增多了，而且比以前更多地依赖钱财来维持和补偿。为了巴西尔二世无休止的战争，需要更多的人专职打仗；而诸如迪拉基乌姆和西尔米乌姆这样的要塞，也需要大量的驻防人员。与 10 世纪一些较小军区掌控军队的机构相比，负责维护这些要塞的行政机构并无多大差别，而且许多军事单位仍然是基于原来小亚细亚的一些军区。[52] 同时，小亚细亚的许多地方越来越安全，经济上也日益走向繁荣，这些都需要大量的非军事人员。到 11 世纪初，希腊和小亚细亚西部沿岸平原上的城镇正经历着建筑业的发展，商业交易中也更多地使用着货币。城市的购买力标志着当地精英人物的出现，同时当地的土地所有者通过向城镇居民提供产品，获得致富的机会。

这些地方各省团体的利益与中央政府的利益并不直接对立，他们当中的许多人即使不担任官职，也期待着君士坦丁堡维护他们的地位。而那些花大价钱购买武器装备的"职业"军人，比 10 世纪早期的士兵更依赖国家的军饷和其他补助金。但是军事机构和民政机构之间在司法权和财政权的分配上存在着矛盾：税收员与征收各种费用和杂役的官员之间存在错综复杂的利益之争，这种矛盾充斥于帝国的各

---

[52] 'poikilian', 'ta tēs archēs eis harmonian basilikēn', Michael Psellos, *Chronographia* I, pp. 13–4, trans. Sewter, pp. 39–40.

个地方。那些得不到官员、皇帝贵族庇护,或者与当地名门望族没有关系的人们,被迫向那些受政府重用的人寻求保护,以便尽可能避免遭受专横和过分的索求(至少在他们自己看来是这样)。

对于一个强有力的中央政府,这种趋势不一定会造成致命的影响。大地主们非常关注从政府那里获得免于国家管制的特许权,这其中就暗示着许多内容。国家则采取措施,以增加统治区域内农业劳动力的数量。帝国境内人口数量的全面提高,对于国家的税收带来潜在的利益。但是,治理问题、维持和供养一支庞大的常备军的社会负担和财政负担,这些复杂问题交织在一起,由于将军们似乎带来的政治威胁而激化。巴西尔二世让他的士兵们结婚,进而掩盖了这些问题。对外战争获得的战利品,劫掠来的财富,这些都给巴西尔二世带来非常充足的可支配资源。根据普塞洛斯的记载,在巴西尔二世的皇家宝库中,窖藏的金块多达 20 万块[53]。但是,强制手段并不能取代行政改革,而行政改革是得以成功必需的一步。扩张主义政策将会带来局势的混乱。

乔纳森·谢帕德(Jonathan Shepard)
侯典芹　译
顾銮斋　校

---

[53] Michael Psellos, *Chronographia* I, p. 19, trans. Sewter, p. 45.

第二十五章
拜占庭与西方世界

拜占庭与西方基督教的联系
(900—950年)

与9世纪相比,拜占庭在这个时期与西方拉丁世界的关系的特征是:"总是露出牙齿笑的人。"即使在萨克森诸侯们开始干预意大利事务,并佩戴皇家饰物时,拜占庭的著作家们也很少关注西方的基督教世界。有一份关于外交程序的备忘录,部分源自10世纪中期的材料。备忘录记载了给各种君主邮寄信件的标准格式,包括"高卢"君主,巴伐利亚君主和萨克森君主。对每种信件收件人的称谓都是"教友",以区别于其他称谓。但是,其中并未规定对西方使者的程序化礼仪。而对于来自保加利亚和东方穆斯林使者的程序化礼仪,都要进行专门的排练。据推测,其原因是这些使者的来访很重要,或者他们经常来访。①

或许稍后编纂的著作会关注西方使者,与奥托一世举行皇帝加冕仪式前编纂的《礼仪书》相比,关注度要略高一些。对于巴西尔二世来说,就像他的前辈们一样,一个具有竞争性的保加利亚"巴西琉斯"的存在是非常重要的。但是,在拜占庭统治者看来,虽然亚得里亚海地区以外的事情总是处于次要地位,但有些势力在巴尔干地区给他们制造了许多麻烦,或者阻断拜占庭与西方国家的联系,使帝国不得不在遥远地区保留一些军事基地,以中断这些国家的破坏活

---
① *DC*, pp. 689, 681–6.

动。拜占庭有求于意大利,不仅基于古老的罗马帝国的传承,还基于最近的军事行动。在《论帝国的治理》中,作者承认已经失去了对伦巴第的控制,但强调巴西尔一世曾帮助他们对付阿拉伯人,并声称对卡普亚和贝内文托的权威,是基于那时"给他们带来的这些重大利益"②。

帝国仍对西西里寄予厚望。拜占庭在那里拥有军事基地,作为一个平台,可以对意大利乃至法兰克南部的任何重要人物迅速采取外交政策。同时,这些基地还可以用来监视阿拉伯人的船只,阻止他们通过,而没有舰队的基督教权贵们却做不到。君士坦丁七世命人编著了《论军区》,该书认为,西西里"现在正处于拜占庭的统治之下","因为君士坦丁堡的皇帝统治着广大的海洋,一直到达赫拉克勒斯之柱"。③ 事实应该颠倒过来:拜占庭在西西里岛上存在势力,这使它在西地中海地区的影响和地位很不匀称;如果放弃西西里岛,那将会降低它自身的地位。于是,卡拉布里亚的将军们在 10 世纪上半期被任命为"西西里"统治者。连同卡拉布里亚和伊里利库姆在内的整个西西里,都处在君士坦丁堡牧首的控制之下,他还与岛上的东正教牧师们保持着某些联系。在某种程度上,正是由于这种原因,拜占庭的军事地位并非毫无希望:阿拉伯人于 902 年占领塔奥米纳(Taormina),但到 912—913 年又被重新夺回,直到 962 年阿拉伯人才完全占领该地。

虽然拜占庭帝国的扩张欲望得到了极大恢复,但它终究还是失去了对墨西拿海峡的控制,从而削弱了拜占庭对罗马及以北地区的实际干预能力。西西里再也不能为远征军和重大外交政策提供资金,因为阿拉伯人对西西里岛进行的袭劫,给卡拉布里亚造成混乱和贫穷,在 10 世纪末之前已经无力提供更多的物资。因此,拜占庭很需要与西方国家建立起联盟,而君士坦丁堡也确实与西方的某些王宫偶然有所交往。穆斯林袭击者非常蛮勇,再往北就是零落的阿拉伯殖民者。这些都足以对各国的基督教情感和威望造成侵害,促使他们尝试联合行动。但是,实际上各国很少联合作战。只有伦巴第的君主们最有可能

---

② 'tēn eis autous genomenēn megalēn tautēn euergesian', *DAI*, c. 29/215–6.
③ 'nyn'; 'dia to ton autokratora Kōnstantinoupoleōs thalassokratein mechri tōn Hērakleiōn stēlōn', Constantine Porphyrogenitus, *De thematibus*, p. 94.

提供富有战斗力的军队，但他们继承的财产受到了严重损失，因为拜占庭恢复了在南意大利的地位。直到伦巴第的将军尼古拉·皮奇利和教皇约翰十世采取策略，进行谈判，要了一些花招，才使加埃塔公爵、那不勒斯公爵与卡普亚-贝内文托和罗马的贵族们，以及皮奇利的舰队和军队合作，把阿拉伯人赶出加里利亚诺河谷。915年8月，这个联盟又夺取了萨拉森人的军事基地，但是这种胜利并没有持续多长时间。不久，卡普亚-贝内文托的兰杜尔夫和伦巴第的其他君主们又背叛了拜占庭，并劫掠拜占庭在南意大利的财产，重新控制了南意大利的大部分地区。

拜占庭已经强大到足以和其他统治者建立起密切的关系；然而在和其他统治者是采取合作还是对立的问题上，拜占庭重要的统治者中几乎没有几个对此感兴趣。在拜占庭的政治蓝图上，主要关注点是城市。威尼斯的利益与拜占庭皇帝非常密切地联系在一起，其统治家族也乐于接受拜占庭的称号"servi"（希腊语中的douloi）；这个词语的意义有些模棱两可，既可以指皇帝的"奴隶"，也可以表示他的"部属"。"巴西琉斯"认为，对于威尼斯地区的君主们，没必要表现出特别的偏袒。因为他们清醒地意识到，威尼斯不仅要以海洋作为保护屏障，还要通过海洋获得物资供应和收益。该地区对进口商品的依赖性很大，所以容易遭受饥荒，甚至财政破产。由于当时的商船都很小，在海洋上很难驾驭，即使在夏季也不太适宜航海。威尼斯人从事武器、木材和奴隶等中转贸易，在他们有限的几个通商口岸中，拜占庭显然是最有利可图的口岸之一。同时，在意大利北部城市的上流社会中，人们对拜占庭的奢侈品需求很大。由于航海技术的不足，再加上恢复了元气的拜占庭重新出现在岛屿密布的达尔马提亚沿岸，这些都使得威尼斯人对帝国当局的行动非常敏感，担心海上交通受到威胁。

令威尼斯人感到庆幸的是，拜占庭只是希望在亚得里亚海地区自己属地的边缘拥有一支海军舰队，它可以自筹资金，也就是通过自力更生来维持。因为这样可以免得在那里保持一支庞大的舰队。各方势力都想从现有状态中获得利益，因为在这种状态下，威尼斯人垄断着君士坦丁堡与亚得里亚海北部地区之间的联系，而拜占庭政府只负责征税和监督。威尼斯人不仅获得很大回报，还得以确保他们靠近君士坦丁堡安全可靠的市场，有助于补偿海上航程的耽搁和损失。他们也常利用自己的才智获取利益，这种才智就是监视君士坦丁堡的事态，而且他们很可能会说希腊语，这在西方人中是非常罕见的。然而，拜占庭却不看重威尼斯，认为威尼斯君主们的臣服是理所当然。而罗马城的重要性要大得多，这是由它那不可磨灭的帝国内涵所决定的，特别是它作为教皇居住地的地位。

  关于教皇统治的重要性，在关于接待外交使节的备忘录中得到了证实。关于接待教皇派来的使者的那些仪式，不仅以特写的形式被首先记载，而且描述得非常详细、完备。④ 在这里，长期保持下来的传统发挥了作用，但是还有一种更具有能动性的因素。在帝国的势力范围内，教皇是唯一能够干预其事务的西方人物。阿普利亚服从于教皇的管辖，没有人对此提出正面的质疑，而且该地区的人口主要是拉丁教士和主教统治下的伦巴第人。对于拜占庭政府而言，与自己的精神领袖保持联系，这是绝对必要的。在拜占庭"大陆"上，罗马教皇由于坚持反对破坏圣像运动（iconoclasm）而提高了声望。一些修士和献身于宗教的人都继续祭拜罗马教堂及圣彼得和圣保罗等人的坟墓；东方的教士们与希腊的修道院保持着联系——仍然表现得很突出，虽然与罗马的联系并不多——还有库里亚会堂。教皇对宗教问题的裁决权至关重要，因此在管理自己辖区内的牧首时，皇帝们也需要罗马教皇的支持。当罗曼诺斯一世打算让他的儿子狄奥菲拉克特担任君士坦丁堡的牧首时，似乎就已经把罗马教皇的支持看作其中的关键因素。933年2月2日，教皇的使节为狄奥菲拉克特举行了就职仪式。拜占庭皇帝加强与罗马教廷的关系，其中还有另一个重要因素，罗马教皇不会轻易放弃保加利亚。在教皇看来，保加利亚归属伊里利库姆管辖，而该省恰好就在教皇的权限范围内。西米恩自称皇帝，后来又与罗曼诺斯处于敌对状态，这似乎可以使他听从教皇的建议。因为在10世纪20年代初期，拜占庭的牧首尼古拉斯显然就怀疑他曾两次扣留教皇的使节，这些使节曾宣称他们的目的就是劝说西米恩与拜占庭达成和平协议。西米恩自称是"罗马人的皇帝"，罗马教皇很可能知道此事。曾经于926—927年在西米恩和克罗地亚的托米斯拉夫之间进行调

---

④ *presbeis*, *DC*, pp. 680 – 1.

停的教皇使节，可能探究了在教皇和这位自封的皇帝之间进行调解的可能性。⑤ 教皇最初答应从西米恩的敌人托米斯拉夫那里入手，那时教皇在斯拉夫南部地区的利益与帝国政府并不完全矛盾。但是，罗马教皇原本能够利用对伊里利库姆的所有权，促成罗马和保加利亚统治者之间达成某种协议，以寻求获得承认。对于"我们神圣皇帝的精神之父"而言，所有这些都构成了教皇诏书的基础，并使人们专注于宗教仪式。⑥ 除了这种正式的交往以外，同时拜占庭还可能与罗马的其他教堂和显贵们有一些非正式交往。教皇可能因此偏离了最初那种不合时宜的方向，而他无可争辩的权威被拜占庭皇帝所利用：据说罗马教皇被罗曼诺斯收买，最终批准了对狄奥菲拉克特的任命。

拜占庭皇帝通过与罗马教皇合作而深受其益，这使得其他人干预罗马事务的前景令人担忧，因为这些人可能牵制教皇实现自己的野心，攫取令人眼红的皇帝桂冠；但他们也可以成为桀骜不驯的教皇的制衡力量。像弗留利的贝伦加尔这样强占意大利皇位者虽然不受欢迎，但就连贝伦加尔915年12月在罗马举行的皇帝加冕仪式，博斯普鲁斯海峡对岸的人们也默然受之。如果说拜占庭愿意与更远的南法兰克地区的君主们建立较为密切的联系，或许是出于对西西里岛的一种持续关注，也有可能担心伦巴第一带出现一个更有效地干预罗马事务的"皇帝"。因为这位"巴西琉斯"有自己的打算：如果与南法兰克地区的某位君主合作，就可以把阿拉伯劫掠者赶出他们的巢穴，然后孤立攻西西里的占领军，并最终征服之。拜占庭的这种愿望变得不那么遥远了。在10世纪中期的外交备忘录中，可以找到一些带有暗示性的证据：拜占庭皇帝与撒丁地区的君主保持着联系。⑦ 根据该地用希腊语写成的碑文，到10世纪末，统治精英们依旧炫耀着宫廷头衔。⑧ 下面两件事情可能并非偶然：899—900 年，利奥六世的幼女安娜与普罗旺斯的路易三世订立婚约；而此前不久，塔奥米纳落入阿拉伯人手中。皇帝把自己唯一的女儿嫁给一个西方人，这实际上是拜占庭皇族首次订立这种婚约，但最终并没有给拜占庭带来实质性的援

---

⑤ 参看前面第23章，原文第578页。

⑥ 'ho pneumatikos patēr tou basileōs hēmōn tou hagiou', *DC*, p. 680. The Logothete of the Drome termed the pope thus in his greetings for envoys from Rome.

⑦ *DC*, p. 690.

⑧ von Falkenhausen (1978), p. 44 and n. 135; Boscolo (1978), pp. 111–5.

助。而罗曼诺斯一世对阿尔勒的休派来的使者似乎不冷不热,休在帕维亚加冕为意大利国王,"有意把自己的名声传播到远离我们的希腊人那里"⑨。

　　罗曼诺斯皇帝对于自己的另一个儿子与罗马统治家族的婚事表现出强烈的兴趣。罗马的这个统治家族包括教皇约翰十一世本人,他的异母兄弟同时也是仇敌阿贝尔里克,以及玛罗齐亚等人。根据933年2月初的一封皇家书信,信中曾建议用许多军舰护送这位公主去君士坦丁堡;信中还表示,意愿接受约翰的求助。⑩ 但当写这封信时就已经为时晚也:阿尔贝已经嫁给了阿尔勒的休。而当休来到罗马时,却受到阿贝尔里克及其指挥的公民的驱逐。阿贝尔里克试图寻求一种婚姻纽带,但当时罗曼诺斯正期待找到一个同盟国家,共同对付穆斯林的海盗和伦巴第的君主们。于是他派出一个使团,并给意大利国王休及其权贵们带去了金钱、古玩和时尚服装等礼品,要求他们进攻伦巴第的"叛乱者"⑪。随后的军事行动取得了成功,休与罗曼诺斯的关系越来越密切。但是,该使团的团长事先被授权处置突发事件,以防止休不亲自率军出征;他还得到了一些备用服装,想必是为了留作送给那些对自己有用的人。这种机动的灵活性是非常必要的。944年底至945年初,拜占庭的军舰进攻法拉科西内图姆,用希腊炮火摧毁了许多穆斯林的船只。这是应休的请求而采取的军事行动。罗曼诺斯则基于一种婚姻关系而进行了援助,即休答应把他的一个女儿嫁给君士坦丁七世的幼子,他也叫罗曼诺斯。克里莫纳的利乌德普兰德认为,拜占庭帝国南部之所以受到伦巴第君主们的威胁,是因为他们屈从于罗曼诺斯的要求。⑫ 由于休没有正统的合法女儿,不得不把他与一位情妇所生的孩子贝尔塔送出去。944年夏末,贝尔塔被送到君士坦丁堡,与罗曼诺斯结了婚。

　　作为贝尔塔的公爹,君士坦丁曾参与编写《论帝国的治理》的一部分内容,书中用一种家族情感和自豪的语气描述了贝尔塔的血统。⑬ 在948年,也就是休去世以后,君士坦丁写信给伊夫雷亚的贝

---

⑨ 'studuit et Achivis nomen suum longe a nobis positis notum facere', Liudprand, *Antapodosis* III, 22.
⑩ Theodore Daphnopates, *Correspondance*, pp. 14, 39–41.
⑪ 'apostatēsantas', *DC*, pp. 661–2.
⑫ Liudprand, *Relatio*, c. 7.
⑬ *DAI*, c. 26/1–5, 44–5, 66–72.

伦加尔，敦促他忠实地保护这位已故国王的儿子洛塔尔。但他同时还写了另一封信，要求贝伦加尔派遣使节；在这位使节返回时，将会带一些证据，以证明君士坦丁热爱贝伦加尔。⑭ 君士坦丁正在谨慎地转向意大利更重要的权势人物：贝伦加尔开始逼迫洛塔尔退位。甚至这道保护洛塔尔的命令也多少有些双关意义——他那时大约20岁，相信他已经能够照料自己了。拜占庭皇帝必须保持正统地位，而且还必须与意大利北部或罗马的各种势力打交道，前提是只要他们不经常冒犯皇帝的利益。这时，皇帝主要关注的是重新征服克里特；在地中海的其他地方，他则希望维持稳定状态。利乌德普兰德曾经跟随奥托一世的使团旅行，在旅行期间（或者这次旅行刚结束以后）到达君士坦丁堡。根据他的记录，那时拜占庭的外交活动基本转向了克里特岛。君士坦丁对休家族的亲情不可能超越他对克里特的征服欲望。如果君士坦丁的思想感情与战略策略之间可能存在严重冲突，那么这种冲突，都因贝尔塔－尤多西亚和洛塔尔先后于949年和950年去世而消失了。

拜占庭与奥托一世

拜占庭还与阿尔卑斯山以北地区以及地中海沿岸的君主们保持着某种联系。希腊使者在945年和949年两次访问奥托一世，这很可能是诸多外交活动的一例，其余只是未留下记录而已。国王埃德蒙在944年向圣·卡斯伯特赠送的希腊式大披肩，可能是由这位"巴西琉斯"使者带来的；这种称号自埃塞尔斯坦以来就被西萨克森国王们用在自己的特许状中。但是，拜占庭皇帝最为关注的地方是巴尔干地区和地中海世界。10世纪40年代后期，拜占庭越来越关注奥托，这可能是由于巴伐利亚最近取得的对马扎尔人的胜利引起的：君士坦丁对马扎尔人也很关注，在《论帝国的治理》中，有三章内容专门叙述马扎尔人的历史，而且至少有两位马扎尔酋长接受洗礼并被授予父母（*patrikios*）封号。⑮

---

⑭ Liudprand, Antapodosis VI, 2.
⑮ *DAI*, cc. 38–41; Skylitzes, *Synopsis*, p. 239.

951年9月，奥托率领一支军队越过阿尔卑斯山脉。或许就在同年，君士坦丁请求巴伐利亚公爵亨利，希望亨利把女儿哈德威格嫁给他那失去配偶的儿子罗曼诺斯。他可能认为，哈德威格的叔父有朝一日会当上皇帝，或者至少意大利王国会成为他的公爵领地：952年，当伊夫雷亚的贝伦加尔在奥格斯堡向奥托宣誓效忠时，希腊使者也在场。但是，他可能还把亨利设想成未来的一个姻亲，因为亨利占据着阿奎莱亚，这个地区把拜占庭在威尼斯和达尔马提亚沿海地区的利益连在一起。大约就在这时，亨利继续对匈牙利人发动进攻，并缴获大量的战利品⑯，但这并未逃过拜占庭的注意。然而，据说哈德威格拒绝了这桩婚事，拜占庭的图谋没有得逞。作为一种弥补措施，君士坦丁开始直接干预地中海地区的事务。956年，他派出一支大规模的远征部队，前去震慑卡拉布里亚和阿普利亚的叛乱势力，迫使那不勒斯投降，并对袭击西西里军事基地的萨拉森人发起进攻。所有这些行动都取得了成功，但这次远征的根本目的显然是防御性的，以减轻伊斯兰世界给意大利造成的压力。

但是，东、西方关系发展的速度和趋向都将面临实质性的变化。根据总督彼得四世坎迪亚诺在960年6月发布的一项法令，西方的其他国家也都试图与拜占庭保持一致。这表明，威尼斯人负责运送给拜占庭皇帝的信件日益增多，其中包括来自北意大利、巴伐利亚、萨克森人和其他部族的信件。法令还禁止其他人运送这种信件，除非通常"从我们的皇宫"经过的那些人。⑰ 不久，拜占庭开始在其他地方更大规模地部署军队，尤其是西西里岛。962年，塔奥米纳再次落入穆斯林手中。964年秋，拜占庭的一支配有重装步兵的大军在西西里岛登陆，但很快在拉美塔（Rametta）遭到失败；在随后的一次军事行动中，其舰队再次遭受重创。965年，拜占庭试图调派驻扎在卡拉布里亚的另一支规模较小的特遣部队，而且更加谨慎，但最终该计划夭折。然而，与7世纪以来的状况相比，现在拜占庭在西方能够更加充分地布置兵力，攻守自如。在10世纪60年代后期，拜占庭还进行了行政改革：新设立的意大利统治者拥有很高的地位，可能还负责监督

---

⑯ 'praeda magna', Widukind, *Res gestae Saxonicae* II, 36, p. 95.

⑰ 'de nostro palatio', Tafel and Thomas, *Urkunden* I, p. 21.

管理拜占庭在该岛上的所有财产。两个基督教大国同时把目光转向意大利的某个地区，与其说是因果关系，还不如说是一种巧合。在10世纪50年代后期，拜占庭就设想再次征服克里特岛，作为成功夺取西西里岛的序曲。同时，奥托一世也干预意大利的事务，回应了几乎所有强势人物的诉求，包括约翰十二世。我们很难判断奥托如何看待自己的"皇帝"称号、教皇的加冕以及罗马城加冕仪式的相关事宜，但这些无疑都促使奥托关心教皇将来是否忠诚。不久，约翰十二世试图与君士坦丁堡建立联系，贝伦加尔的儿子阿达尔伯特执行了这项使命。奥托意识到，约翰需要拜占庭的援助，因为利乌德普兰德亲口说过这样的话。[18]

还有其他几个问题困扰着这位新皇帝与拜占庭皇帝的关系。或许这些问题并没有受到足够的重视，再加上因路途遥远而引起的延误，都使得事态的发展非常曲折。首先，是两位皇帝的相互关系，两人都和古罗马帝国有些渊源。拜占庭帝国主义的基石之一就是，君士坦丁大帝按照神的意志行使合法的统治权，从"古老的罗马"到博斯普鲁斯海峡的"帝王之城"。大量的庆祝仪式证实了这种继承权，而他印章和钱币上的皇帝称号是"罗马人的皇帝"，也证实了这一切。《论军区》——不是一部宣传性的著作——直截了当地叙述，罗马城在帝国的权力范围之外，主要由教皇控制。[19] 10世纪中期的阿拉伯历史学家马斯欧迪注意到，这座城市的统治者不戴王冠，自我称谓也不是皇帝。[20] 拜占庭政府必然意识到，弗留利的路易三世和贝伦加尔都仿效教皇的加冕典礼仪式，自称帝王，甚至君士坦丁把贝伦加尔王国称为"帝国"[21]。但是，对于西方军事领主们的这种乱用称号的行为，拜占庭的反对态度即使并不十分强烈，那也不会积极鼓励他们这样做。阿尔勒的休在装饰自己的威仪时也极力模仿拜占庭，诸如黄金诏书，以及用金字写成的紫色羊皮纸文献，而且他女儿嫁给了一位出生于帝王之家的王子。这使休的地位堪比"巴西琉斯"，或许贝尔塔的大量嫁妆象征着双方的平等关系。他放弃帝国赐予的称号，这也许是

---

[18] Liudprand, Historia c. 6, p. 163; Hiestand (1964), p. 219 and n. 129.
[19] *apothesthai*, Constantine Porphyrogenitus, *De thematibus*, p. 94.
[20] Vasiliev (1950), p. 404.
[21] *DAI*, c. 26/37.

考虑到拜占庭的敏感性。对这些事情,拜占庭帝国可能已经警觉起来。其表现就是:利奥·福卡斯在968年谴责利乌德普兰德的主人,说他不是帝王,而是"国王"(雷克斯,rex)[22]。就像10世纪的绝大多数"巴西琉斯"那样,尼基弗鲁斯本人有理由对越权使用帝国称号的现象表现出警觉:他是强行进入皇宫的,而甚至连君士坦丁七世也认为很有必要大力宣传自己出身于"紫色寝宫"的身份。这位萨克森野心家作为皇帝,与其10世纪的前辈们不能相提并论。与800年的查理大帝相比,他更加漠视希腊人,也不急于使他们承认自己的称号。

东、西方关系紧张的第二个潜在原因是,东欧的基督教化进程。961年,也就是奥托一世前往意大利之际,他向基辅大公奥尔加那里派去了一个宗教使团。这项事业几乎很快就彻底失败,在拜占庭的原始资料中也并未引起多大的重视。但这件事情表明,西方试图涉足拜占庭的部分领土。其实,拜占庭并非没采取任何行动。大约948年,主教海罗塞斯被派往匈牙利,随行的还有酋长古拉,之后基督教与该地长期保持着联系。1028年,匈牙利的一位大主教就职。整个11世纪,可能这个主教教座都一直存在。罗马教皇也对匈牙利产生了兴趣。965年,约翰十二世被指控企图从去拜占庭的公使中派出两位密使去匈牙利。令拜占庭感到惊讶的是,961年(或965年、966年)和973年,保加利亚使者出现在奥托的王庭中。这表明,匈牙利人不再成为东法兰克与巴尔干地区之间的障碍。

奥托在意大利的行动,触及这其中的某些痛处。967年12月,奥托与威尼斯达成协议;协议的主要内容是,恢复以前意大利王国的统治者与威尼斯之间达成的协定。总督彼得四世与拜占庭皇帝的一个侄女结了婚。奥托得到了意大利中南部最主要大国,卡普亚－贝内文托的国王"铁头"潘德尔夫的效忠。同时,希腊人在罗马滋事的非凡能力使奥托不得不面对这样的现实:他们继续存在于这个半岛上。之所以赐予他们"巴西琉斯"的称号,这其中还有更具体的理由。一种希腊婚姻联盟不仅将证明奥托在西方的支配地位得到其他基督教统治者的承认,而且还会把他"出身于紫色寝宫"的血统注入自己

---

[22] Liudprand, *Relatio*, c. 2.

的子孙后代的血脉中，提高他们在帝国中的地位。同时，这种联系还能打开这位"巴西琉斯"珍藏雕像、权杖和财宝的库房。奥托于962年举行皇帝加冕仪式以后，他的印章正面开始展现自己的形象：他头戴一顶皇冠，手握王权宝球和一柄君主的节杖。这说明，他并未模仿同时代拜占庭的钱币和皇帝印章。

因此，奥托有充分的理由调整与东方皇帝的关系。虽然拜占庭的军队在地中海中部地区集结，但并不妨碍和解。根据当时君士坦丁堡流传的一些预言，有些拜占庭人把奥托看作一个小伙伴，在即将进行的对萨拉森"野驴"的决战中发挥作用。[23] 然而，由于利乌德普兰德在968年访问了君士坦丁堡，致使这种谈判陷入僵局。在奥托二世作为共同执政举行皇帝加冕仪式以后，奥托一世似乎对许多目标都迫不及待：为奥托二世物色一位出生于紫色寝宫的新娘；摧毁穆斯林在法拉科西内图姆的巢穴，以证明他具有战无不胜的神赐力量；他本人返回到北方的根据地。在968年1月18日的一封信中，这些目标都被列举出来，从而表明他的急迫心情。奥托在萨克森消耗的时间也许看起来是一种浪费，但有助于奥托对拜占庭皇帝断断续续地发出虚张声势的阵阵威胁，或许正是基于此事，而并非任何征服拜占庭南部的具体企图。在这封信中，奥托断言希腊人"会放弃卡拉布里亚和阿普利亚……除非我们同意"[24]。他已经拿出了运气的抵押品——他明确宣布，要得到"尼基弗鲁斯和他前妻所生的女儿，也就是皇帝罗曼诺斯的女儿"[25]。他已经拿出了彩礼钱。这是奥托的亲密顾问阿达尔伯特所写的话语，其时间很可能是968年初。当时奥托还公开表示，很想为他儿子找到一位最高贵的新娘。967年12月25日，奥托二世举行加冕仪式，这很可能原计划作为婚礼的开始。即使奥托的使节多米尼克斯返回时带来的消息是，尼基弗鲁斯得到妥善的安置，奥托的恼怒也是可以理解的。因为紧随多米尼克斯之后，接踵而至的拜占庭使者带来了和平的消息，但是并没有提到那位公主。奥托则非常错误地认为，如果他对巴里发动一次袭击，就能迫使希腊人屈从。此后不

---

[23] *Onagrum*, Liudprand, *Relatio*, c. 40.
[24] 'Apuliam et Calabriam provincias. . . nisi conveniamus dabunt', Widukind, *Res gestae Saxonicae* III, 70, pp. 146–7.
[25] 'privigna ipsius Nichofori, filia scilicet Romani imperatoris', Adalbert, *Reginonis Continuatio*, p. 178.

久，利乌德普兰德受命前去，最终确定婚约，似乎在返回时就把新娘接来了。或许奥托计划把巴里作为讨价还价的筹码，同时向诸如"铁头"潘德尔夫之类的各地君主们证明，他的能力超过这位"巴西琉斯"，因为最近这位潘德尔夫被授予斯波莱托公爵领地。

与奥托袭击巴里相比，利乌德普兰德率领的使团并没有取得更好的结果。他不久以后写出的恶毒的《自辩书》，以及《边区军事指挥官》，都表明事态有了一定的发展。多米尼克斯曾经发誓说，奥托绝不会侵略帝国的领土；根据尼基弗鲁斯的建议，他还写出了一份书面保证：奥托绝不会使东方帝国出现任何"耻辱"[26]。由于这时奥托发动了进攻，并自称为皇帝，这就公然违背了那些信誓旦旦的承诺。接着，尼基弗鲁斯进一步要求奥托，中止与卡普亚-贝内文托的王公——潘德尔夫及其兄弟兰杜尔夫的契约，放弃对他们的效忠要求。尼基弗鲁斯重申，这些人都是他的合法臣属（douloi），要求奥托把他们都交出来。[27] 而实际上他当时可能正寻求一种方法，以放弃这些边境上的土地。这些就是尼基弗鲁斯最优先考虑的事情，随后的一次求婚行动表明了这一切：纵然一种"永久的友谊"不再存在[28]，利乌德普兰德至少能够确保奥托不会去援助这些王公们，也就是尼基弗鲁斯声称要去攻打的那些人。在最后时刻，一种加强"友谊"的"婚约"即将呈现在利乌德普兰德面前。[29] 而此举的代价，本来可能只是以奥托的名义对伦巴第的诸侯问题做出一种承诺。因此，利乌德普兰德的谴责并没有完全隐瞒拜占庭继续谈判的意愿，而他确实为皇帝和教皇带回了官方信件。奥托的信件用一只金牛密封，而教皇的信件只用银封，这种做法不符合惯例。抵消这封信对奥托所产生的此类助推作用，可能是《边区军事指挥官》的目的之一，也许是主要目的。

在短时期内，奥托的好战与利乌德普兰德旗鼓相当。奥托再次侵入意大利南部地区，而根据意大利 968 年 11 月 2 日的一份特许状。这次行动的目的是，重新征服整个阿普利亚地区。[30] 但是，尼基弗鲁斯和以前的皇帝们都曾鼓励城堡区建设，现在无数的城堡区阻碍了奥

---

[26] *Scandalizare*, Liudprand, *Relatio*, c. 25; cf. c. 31.
[27] 'eos tradat', Liudprand, *Relatio*, c. 27.
[28] 'perpetuam ... amicitiam', Liudprand, *Relatio*, c. 36.
[29] 'firmare amicitiam foedere nuptiarum', Liudprand, *Relatio*, c. 53.
[30] D O I 368, p. 504.

托前进的道路。969年，拜占庭军队继续发动进攻。在围攻波维诺时将"铁头"潘德尔夫俘获，并用船把他运送到君士坦丁堡。970年，奥托再次向新"巴西琉斯"约翰·基米斯基派出一个使团，可能利乌德普兰德就是其中的使者之一。这次访问的最终结果是，双方达成一项婚约。王后狄奥法努被送到意大利，并于972年4月14日与奥托二世结婚。不久以后，奥托与他的父亲回到德意志。奥托一世在南部待的时间，比他968年1月的信件所表示的多了四年。如果说拖延的主要原因是他要为自己的儿子找一位新娘，那么令我们感到惊讶的是，狄奥法努实际上并非出生于皇宫中，而只是基米斯基"最杰出的侄女"，奥托二世订婚彩礼的特许状上就这样称呼她。[31] 直到四十多年以后，才有一部历史著作公开做出评价：她并不是他们迫切需要得到的贞女；意大利和德意志的王公贵族们都嘲笑这对夫妻，甚至有人强烈要求把狄奥法努送回去。[32] 奥托至少得到了一位拜占庭公主，但基米斯基显然不是受到奥托的威胁或利诱才将狄奥法努嫁给他。至于奥托，他能够看出希腊人在南部根深蒂固的局面。而且他以前的助手潘德尔夫，现在又急于和好，尽管他还是奥托的附庸，但在将来的战争中不可能再依靠他。或许奥托认为，"来自奥古斯都皇宫的"某个成员总比没有这种身份要好。[33] 在他的心目中，其他问题并没有这么重要。他坚决要把潘德尔夫作为自己的附庸，表明了这样一种企图：他实际上通过与南部地区的主要君主建立密切关系，来为自己长时间不在罗马做铺垫。这些行动使这位"巴西琉斯"感到了惊恐，但它们实际上标志着，罗马城和意大利中部在奥托关注的事务中只扮演一个非常边缘的角色。潘德尔夫一旦失去了作用，奥托立即恢复了地中海其他地区的平静，然后回到自己的萨克森老巢去了。

奥托三世，罗马和拜占庭

对于狄奥法努对奥托宫廷文化产生影响的性质和程度，不仅历来

---

[31] 'neptim clarissimam', D O II 21, p. 29.
[32] Thietmar, *Chronicon* II 15, p. 56.
[33] 'regalis'; 'augusti de palatio', *Vita Mathildis reginae antiquior*, c. 15, p. 141. See also Leyser (1995), p. 19.

第二十五章 拜占庭与西方世界

就有所争议，而且各种观点彼此矛盾。㉞ 在德国大教堂的库房和博物馆中，仍然保存着拜占庭10世纪后期或11世纪初期的艺术品。这或许来自多种渠道，不只是狄奥法努的豪华嫁妆。但是，皇帝仍然是分配艺术品的最主要角色。有些艺术作品除了具有引人注目的展示功能外，还具有重要的象征意义。奥托二世的形象出现在一枚象牙上——或许是意大利人的雕刻作品，现在存放于克吕尼博物馆——他身披一条皇帝专用的披肩（就是一条缀有许多刺绣垂穗的彩带），穿着一件带有其他饰品的法衣。狄奥法努也身穿拜占庭帝国的服饰，这对夫妇正在接受耶稣基督的加冕。当时，这类图画在拜占庭很流行。在德意志，这些图画却与事实不符。因为在狄奥法努与奥托举行婚礼仪式之前，教皇必须为她戴上王冠。这种视觉效果——通过用粗铅制作的项链垂饰来产生漫射㉟——对奥托的大多数臣民来说，可能都已经丧失了。但是，人们不应该低估政治精英们的理解能力。984年，兰斯的热贝尔可能认为，特里尔的大主教埃格伯特应该熟悉希腊人的这种传统，即与"新近"登上王位的人联合作为"共治皇帝"㊱。或许就是在这些问题上，拜占庭对鲁道夫家族最充满敌意。这些艺术品具有丰富的象征意义，可能有助于每个统治者把王冠传给自己中意的儿子——王冠本身在一定程度上是拜占庭的神灵启示。对于有可能成为"神圣家族"的家庭来说，这种长期形成的权力象征具有无限的价值。

对于拜占庭帝国与罗马的渊源，以及帝国以意大利作为与西方关系的基石等问题，奥托二世似乎比他的父亲更感兴趣：从982年3月开始，他在意大利的公使开始使用"罗马皇帝奥古斯都"的称号。这表明，他更加热衷于意大利事务。他极力征服威尼斯，进攻拜占庭的塔兰托，以追求特殊的道德权威和权力；而他的这一举动将会把萨拉森人排除在南意大利之外。在10世纪80—90年代，他们的劫掠活动比以前法拉科西内图姆的穆斯林还要严重。早在约972年，拜占庭的一支海军就曾采取封锁行动，可能帮助当地君主摧毁了这伙穆斯林

㉞ 见 Wentzel（1971），pp. 11 - 84；Leyser（1995），pp. 19 - 27；Westermann - Angerhausen（1995），pp. 244 - 64.

㉟ Schramm and Mütherich（1962），p. 144 and plate 74.

㊱ *novum*；*conregnantem*，Gerbert，*ep.* 26. Theophanu's uncle, Tzimiskes, was one such 'new man'.

匪徒。奥托取得的这次胜利,本来能够通过收复阿普利亚和卡拉布里亚补偿他的罗马称号,使"巴西琉斯"称号黯然失色,转而称为莎草属植物骨髓的外壳(pallida mors Sarracenorum)㊲。但是,奥托的军队实际上在科隆纳角遭到萨拉森人的重创,他本人仅能幸免逃脱,游到拜占庭停泊在海岸边的一艘军舰上。983 年 12 月 7 日,即逃回 15 个月以后,他就离开了人世,用古式的带有斑岩棺盖的石棺埋葬在罗马的圣彼得大教堂中。在那里,拜占庭帝国的象征性也得到附和。

考虑到奥托二世的不幸遭遇,人们可能期望他的儿子在未成年时期就初露锋芒,以控制其条顿臣民和桀骜不驯的斯拉夫人作为有限的目标。事实上,对这座城市和罗马帝国的神秘性,奥托三世表现出前所未有的热情。他还开始展望自己未来的霸权,即在精神上和基督教方面向东扩展到波兰和匈牙利等地区。然而,这些倾向并没有立即显现出来,它们既不是始终如一的,也不是奥托个人突发奇想的产物。在狄奥法努 991 年死后只有四五年的时间,很可能他的顾问们就做出了一项决定,即寻求与拜占庭发展一种婚姻关系。狄奥法努的慈祥形象显然给人留下了深刻的印象,可能是受此激励,休·卡佩在 988 年为他的儿子,也就是继承人罗伯特,娶了一位拜占庭公主。曾经插手此事的热贝尔被奥托尊称为博学之人,并担任了他的顾问。奥托曾经表达过这样的希望:热贝尔应显示出他的"高雅之气",并去掉"萨克森乡村气息"㊳。但是,这个严肃认真、思维敏感的年轻人,还深深吸引了那些目光集中在天国,或者向人间传播福音的圣徒们。其中,首先就是布拉格的阿达尔伯特,此人于 996 年成为奥托的教父,他似乎激励奥托追求宗教上的复兴。阿达尔伯特于次年被普鲁士人杀害,随后这种宗教复兴的趋势得到加强。奥托渴望个人灵魂的拯救,同时又心怀拯救他人的使命感,这本身就从一个侧面反映了他追求帝国复兴的愿望。因此,他联合波兰的波列斯拉夫,共同崇拜阿达尔伯特,并于 1000 年把他的遗体放在格涅兹诺大教堂的祭坛上。奥托还受到其他教父的影响,诸如罗穆尔德附近的那些修士,奥托曾于 1000 年在罗马接见过这些人;还有卡拉布里亚的希腊圣徒圣·奈勒

㊲ Liudprand, *Relatio*, c. 10; Ohnsorge (1983), pp. 199–200, 203–4.
㊳ 'Greciscam ... subtilitatem'; 'Saxonicam rusticitatem', Gerbert, *ep.* 186.

斯，他从罗萨诺搬到加埃塔附近的一座修道院中，奥托催促他到罗马，可以负责管理任何修道院。后来，奥托曾去探望奈勒斯。据说奥托哭了，临别时把自己的皇冠放在这位老人的手中。[39]

似乎奥托能够与奈勒斯自由交谈，而且他也懂得希腊语。因此，希腊人与西方朝廷之间交往的最大障碍之一，就暂时减弱了。但是，在狄奥法努从君士坦丁堡带来的"杰出随员"[40]中，没有人成为奥托宫中的重要人物，也没有人成为青年奥托的特别顾问。有一个深得狄奥法努宠爱的希腊人，但他并非来自君士坦丁堡，而是来自南意大利。约翰·菲拉盖素斯负责指导教子奥托学习希腊语，时间长达几年。989年（或990年），他奉命负责掌管帕维亚的行政事务，以压制那里的顽固习俗和传统势力。随后，约翰又奉命去君士坦丁堡，与拜占庭协商关于建立婚姻联盟的问题。996年底，他回来时有一位希腊使者同行，即辛纳达的利奥。不久，他被推举为教皇，以取代利奥三世任命的教皇格列高利五世。但是不久，约翰的主要支持者克雷申蒂厄斯就被斩首，而他本人也被弄瞎双眼，998年春天被免去教职，还被罚骑毛驴游街。辛纳达的利奥声称曾插手约翰的教职升迁事务[41]，但这不可能写进他最早的敕书中。而关键的轴心存在于约翰·菲拉盖素斯与克雷申蒂厄斯家族之间。但是，就像后来的著作家们那样，当时的人们可能对拜占庭支持约翰的说法表示怀疑，而这段插曲决不会促使奥托转而利用拜占庭境内的其他意大利人。

1000年，奥托拜望了阿达尔伯特的圣骨匣之后，命人将查理大帝的尸骨从亚琛的墓穴中挖出，然后放置在拜占庭丝绸上面。在这里，他显然扮演了继承人的角色。他曾打算把亚琛建成自己最好的住处，但随后选择了其领土边缘上的另一座类似亚琛的城市，而且该城市还非常富于历史正统性。他父亲和他祖父享有的罗马贵族称号，实际上是一种遥领身份，奥托决定放弃继承。他要使罗马成为一座"皇家之城"，对于罗马教皇自称的"使徒"身份，以及那些我行我素的地方贵族，进行有意识的驳斥。[42]这种措辞或许也是为了有意唤

---

[39] *Vita S Nili iunioris*, col. 153.
[40] 'comitatuque egregio', Thietmar, *Chronicon* II 15, p. 56.
[41] Leo, Metropolitan of Synada, *Correspondence*, ed. and trans. Vinson, pp. 8, 16, 20.
[42] Schramm (1957), pp. 30, 168; Brühl (1968), p. 503. The fact that 'urbs regia' occurs in only one *arenga* of Otto's documents is emphasised by Görich (1993), p. 196.

起拜占庭人对自己"统治城市"的亲切感。他选择了一个非常有意义的地点：巴拉丁山，自从奥古斯都统治时期以来，凯撒的宫殿群一直矗立在那里。奥托的文职人员经常出现在那里，说明那里就是他的官邸所在。996年5月至1001年2月之间，在罗马及其附近发布了大约65份公文，其中有2份特许状特别声明是在巴拉丁山上发布的，或许是暗指巴拉丁山上毗邻的圣塞萨里奥修道院。[43] 自998年以来，奥托花费了很长时间才把朝廷安置在那里。通过"君士坦丁的赠礼"，罗马城墙之内的区域已经移交给了罗马教皇。[44] 奥托的行为显然是对这种传统认同的公然藐视。罗马还没有出现过这种大规模的世俗朝廷，但公民们都认识拜占庭皇帝的奢侈品和权标。奥托的前辈们都曾使用拜占庭的宣传工具，诸如奥托二世给狄奥法努嫁妆特许状的极其奢华的副本。如果奥托三世更广泛地借用这些标示，那是因为他正试图把自己的王庭建在这样一座城市中：这些事情显然吸引了当地的一些贵族世家，同时精心制作的礼服以及复杂的礼拜仪式，每天都能给圣彼得和他的后继者们以极大的荣耀。拜占庭在宫廷仪式和街道游行上的奢华表演，可能促使一种思想的复苏：皇宫会给这座城市带来荣耀，并通过祈祷活动使这座城市得到神灵的保护。在巴拉丁山上新建的这座皇宫，原计划作为新网络的一个节点，以便联结僧俗关系。

奥托的特许状中有许多表示官员名称的词语，其中两个显然是拜占庭词语：标志（*logothetēs*）和项目（*prōtospatharios*）。998年，奥托开始用（拜占庭帝国的）文房长官（*cancellarius et logotheta*）[或建筑学家，建筑师（*archilogotheta*）]称呼他的意大利首相赫伯特。*Prōtospatharios* 这个称号始终只有一个人使用，而此人还必须与皇宫有联系，就像意大利的来自皇宫（*comes palatii*）。还有其他一些词语，与同时代的罗马民政机构相关联，诸如帝国皇宫的主人（*imperialispalatii magister*），大多是奥托自己杜撰出来的。这些词主要出现在998年及以后发布的特许状中，借以表明奥托尽力把自己描绘成这

---

[43] DD O III 383-4.

[44] Tellenbach (1982), pp. 243-4, 250; Brühl (1989a), pp. 4-6, 19 with n. 82, 24-9. For a differentapproach, see now Görich (1993), pp. 263-7.

座城市的合法主人,有着皇家背景。㊺ 从 1000 年起,奥托还多次更改自己的称号,比如他曾根据自己在阿尔卑斯山北面或南面的不同位置变换自己的称号。关于这种皇宫礼仪,很少有人知道。《一本旧皇帝的礼仪书》(Libelus de caerimoniis aulae imperatoris)中的描述主要是 12 世纪中期的执事彼得对古代罗马的迷恋,尽管有三种宫廷礼仪似乎开始于奥托时代。㊻ 奥托宫廷生活的一个显著特征就是,有时会单独一个人坐在桌子上,高于同时就餐的其他人。如果他单独就餐,或者与几位客人在同一桌子上吃饭,就要把餐桌抬高。这也是这位"巴西琉斯"在某些宴会上的习惯做法,或许这还是奥托举行宴会的独特模式。

奥托还极力想赢得罗马公民的好感,因此把维京人所崇拜的神提升为罗马的女保护神。他甚至还命人创作了一首圣歌,以纪念这位女神,歌名就叫"圣母,佑护罗马人"㊼。与这座"永恒之城"联系在一起的是维京人(圣母玛利亚),而不是圣彼得和圣保罗;人们欢呼奥托的名字,将他与当时的君士坦丁堡联系在一起。在 1000 年圣母安息节的祝祷仪式上,"希腊学派"在罗马的大街上唱起了这首圣歌。当时生活在罗马城中的还有大批操希腊语的人,这种礼仪产生了很大的影响,那时似乎刚刚才有从南部来的修士。罗马在奥托的蓝图中占据核心地位,也是熟谙拜占庭习俗的名流显贵常去的地方;这些拜占庭习俗包括对叛乱者的惩罚和贬黜方式,比如对菲拉盖素斯所实施的惩罚。

在阿尔卑斯山脉以北地区,奥托曾尝试一种新的政治文化,但可以依靠的支持者并不多。在德意志北部地区发现的大量艺术品中,拜占庭手工艺特征非常突出。这表明,北德意志的许多贵族都喜欢这些奢侈品。还有证据表明,德意志人改变了这些艺术品的装饰图案,以适合自己的家庭需要,如屈膝向皇帝献飞吻的图画。还有天(loros)这类象征权力的东西,也被上层统治家族所吸收。拜占庭设计的符号

㊺ 见 Schramm (1969a), pp. 288 - 97,他强调 logotheta 和 protospatharius 这两个词用在拜占庭以外的语言环境中的使用情况,但是拜占庭宫廷文化被有意识地提及,增加了奥托周围的神圣性和神秘性,这件事本身就很有意义。亦见 Leyser (1995), p. 27.

㊻ Bloch (1984), pp. 87 - 9, 90 - 105, 119 - 27, 141 - 2; (1988), pp. 799 - 800, 823 - 6.

㊼ 'sancta Dei genetrix, Romanam respice plebem!', MGH Poet. V, p. 468, line 59; Berschin (1980), p. 224.

(Semmata) 也出现在亨利二世的勋章中。而其他艺术品, 比如顶部带有十字架的圆球, 似乎属于很容易理解的神赐权力话语系统, 这是东、西方朝廷所共有的。1000 年, 经奥托重新改造的政治文化, 很快就传播到了斯拉夫东北部, 到达格涅兹诺。据说, 奥托曾摘下自己头上的王冠, 戴在波列斯拉夫的头上, 使他成为"帝国的兄弟和伙伴"。奥托把他称作"罗马人的朋友和同盟者"[48]。这种赠赐皇冠的事件, 在拜占庭的历史记载得到证实的只有一次, 而这位皇帝习惯亲自给年幼的皇帝和罗马皇帝加冕。似乎奥托有意识地吸收拜占庭的礼仪和用语, 来表明他以长者的身份与波列斯拉夫发展关系的意图。他赠予波列斯拉夫一杆金制长矛, 对于鲁道夫家族来说, 一杆"神圣长矛"长期以来就是帝国权威的象征——这或许是由拜占庭及其对君士坦丁大帝的崇拜引起的。然而, 奥托的政治新秩序需要不断地展示军功和丰富的战利品, 以及相关的仪式, 而且还需要时间来逐渐灌输它; 这本需要逐步灌输。梅泽堡的蒂特马尔在描述奥托的目标时, 代表某些北方人发出了不理解、不满意的声音。在蒂特马尔的笔下, 奥托的目标是恢复"罗马人的古老习俗, 因为现在这些习俗已经遭到严重破坏"[49]。

对于奥托的这些做法, 拜占庭政府和萨克森贵族一样, 都被搞得头脑混乱。奥托最初试图紧紧地控制住罗马, 这种企图不可能受到欢迎。但是, 至少辛纳达的使者利奥表示, 愿意试探一下这位年轻的帝王。998 年 9 月, 谈判仍在进行中, 利奥还在西方。他对罗马动乱的观察, 本可以说服政府, 奥托太孱弱, 无法维持王位。而几年以后, 应奥托的再次请求或建议, 拜占庭答应把君士坦丁八世的一个女儿嫁给他。可能在 1002 年 2 月 (或 3 月), 这位公主在巴里上岸, 但她来得太迟了, 那时奥托已经去世。为什么拜占庭现在如此急迫地促成这桩婚事, 让佐伊在冬天经历一次海上旅行? 奥托也就有了更多的托词, 同时提出更高的要求; 而热贝尔于 999 年成为教皇, 称为西尔威斯特二世。这标志着奥托本人成为新的君士坦丁。这种信号的主要

---

[48] 'fratrem et cooperatorem imperii'; 'populi Romani amicum et socium', Gallus Anonymus, *Chronicae*, pp. 19–20.
[49] 'antiquam Romanorum consuetudinem iam ex parte magna deletam', Thietmar, *Chronicon* IV, 46, p. 184.

指向奥托的异族臣民和东欧刚皈依基督教的民族。但格列高利五世于998年回到罗马以后不久,有人创作了一首诗。诗中声称,"繁荣昌盛的希腊"和伊斯兰世界都害怕奥托,"对他卑躬屈膝"[50]。这首诗或许在罗马的某种节日中被人们传唱,这实际上是对拜占庭的挑战。因为拜占庭自称是罗马帝国的唯一继承者,并因此成为正统世俗权力的源泉。然而,奥托所具有的这些神授权力的外在表现,并未赢得到周围权势家族和罗马下层民众的支持,因此他对君士坦丁王城的试验可能会被拜占庭人斥为华而不实且运气不佳:1001年,奥托被迫放弃自己在那里的官邸。或许这些事情通过罗马渠道传到了东方。奥托曾于999年对意大利南部地区发动突然袭击,但只到达贝内文托和卡普亚,并未取得显著成果,也没有证据表明他要求占领意大利南部地区。

奥托确实对威尼斯表现出浓厚的兴趣,并于1001年4月访问总督彼得二世奥尔塞奥罗。他已经是彼得的一个儿子的教父,并曾经以他的名字命名,现在他又成为这位总督女儿的教父。奥托的这次访问可能会使拜占庭感到不安;在迪拉基乌姆落入保加利亚的萨缪尔手中以后,拜占庭皇帝在亚得里亚海地区的地位受到严重挤压。萨缪尔缺少一支舰队,无法攻陷拜占庭在达尔马提亚沿岸的附属城市;他在北方的袭扰活动可能并未超出拉古萨。但是,这些骚扰活动很可能促使总督彼得于999年在沿海地带炫耀武力,当时扎拉、斯普利特以及达尔马提亚沿海的其他大多数城市的贵族们都表示,他们愿效忠于彼得。

我们不知道,是否这次行动事先得到了拜占庭方面的认可。但是在拜占庭的财富遭到围攻的一个地区,威尼斯舰队发挥了其应有的作用。仅此足以说明,为什么拜占庭对威尼斯和其他任何对它影响重大的城市或邦国都密切关注。另一相关原因可能在于拜占庭乐于帮助奥托三世的背后隐情。巴西尔二世即将率领自己的军队到多瑙河地区,以对付萨缪尔。因为萨缪尔可能通过两次联姻与匈牙利的斯蒂芬结成联盟,巴西尔很容易受到斯蒂芬的进攻,他很可能与维丁的匈牙利君主阿赫特穆 – 奥尼托尼联合作战。奥托可能会对斯蒂芬形成一种潜在

---

[50] 'aurata Grecia'; 'collis flexis serviunt', *MGH Poet.* V, p. 479 and apparatus criticus. See also Gerbert, *Lettres*, ed. Havet, p. 237.

的威胁，因为斯蒂芬与巴伐利亚公爵亨利的妹妹结婚，并通过奥托的"恩典与强烈要求"而获得一顶皇冠，很可能在 1000 年还得到一杆镀金的长矛。[51] 通过这些联系，奥托在某种程度上获得了精神领袖的地位。如果拜占庭在 1001 年就得到奥托把外交转向匈牙利的消息，同时准备在多瑙河上游地区进行大胆的冒险行动，这可能会使奥托通过多次请求联姻形成的战略平衡失去作用。

尽管这种解释带有一定的假设成分，但却符合 10 世纪东西方关系的格局。巴尔干地区，特别是保加利亚，赫然显现在拜占庭政府的视野中，更远地区的事务通常处于次要地位。一个友好的奥托可能起不到多大的作用，只能劝阻匈牙利的斯蒂芬，让他不要进攻巴西尔的多瑙河远征军。但在未来的许多年间，奥托很可能一直都是欧洲中东部地区的一支重要力量，对于他的斡旋，或许一个出身于皇宫的人似乎是值得付出的代价。

由于奥托三世已经去世，他的继承者又把精力集中在阿尔卑斯山以北的事务，这些因素使得拜占庭与德意志之间在近二十年的时间里一直保持着松散的关系。至于巴西尔二世，则深陷与保加利亚的战争中。1003 年，当萨拉森人即将攻陷巴里时，前来援救他们的就是威尼斯人；而在 11 世纪初的几十年中，西西里人和北非人继续在意大利南部沿海地区进行抢劫活动。1009 年，阿普利亚贵族梅洛煽动叛乱，帝国的权威再次受到打击。这次叛乱的规模远不如当地的第一次暴动，但是其后果却是非常严重的，阿斯科利和巴里都受到波及。帝国当局花费了几年的时间才平息了这场叛乱，梅洛随后逃到伦巴第君主的皇宫中。1017 年，梅洛再次向帝国发起挑战，所依靠的力量主要是一伙诺曼人；他们的力量开始非常弱小，后来日益壮大起来。这是诺曼人首次以明确的军人身份出现在南方。现在，梅洛大胆地进行面对面的阵地战，特拉尼等几个城市都背叛了帝国当局。但到 1018 年 10 月，梅洛及其领导的诺曼人在坎尼被意大利君主博约纳斯打败。

当时，保加利亚正在达成中的绥靖政策帮助了博约纳斯。在战场上，博约纳斯率领的军队就像"从一只大蜂箱中飞出的蜜蜂"[52]。但

---

[51] 'gratia et hortatu', Thietmar, *Chronicon* IV, 59, p. 198.

[52] 'comme li ape quant il issent de lor lieu quant il est plein', Amatus of Monte Cassino, *Storiade' Normanni*, p. 29.

他表现出极大的组织才能,在阿普利亚北部地区建立起无数的要塞。在福尔托雷河靠近拜占庭的一侧,有规律地建立起几个城市,包括奇维塔特和菲奥伦提那(Fiorentino)。在卡拉布里亚,还建起了其他一些城市。博约纳斯明确表示,他要恢复特罗亚的一座被长期废弃的城市。奇维塔特城的名字及其遗址,同样都可以追溯到古典时代。特罗亚距离罗马城只有215千米。

博约纳斯的首要目标就是,加强阿普利亚北部地区的防御,以威慑边境地区的小诸侯们。但结果会惹怒德意志皇帝,并使教皇本尼狄克原本就有的敌意更加严重,因为博约纳斯曾同意在加里利亚诺修筑要塞,以防御梅洛的妻弟达托。1017年,本尼狄克可能促使那帮诺曼底冒险家与梅洛,以及卡普亚和那不勒斯的伦巴第君主们建立起联系。本尼狄克还期望德意志皇帝成为教会改革的保护人,以抗衡克雷申蒂厄斯家族。坎尼惨败以后,梅洛逃到亨利二世的王宫中。1020年,教皇本人接受了亨利的邀请,越过阿尔卑斯山,到达班贝格;他与亨利在那里进行了和平之吻,并按照信经中的"和子"说,举行礼拜仪式。在拜占庭人看来,这是异教徒窜改教义的行为。亨利曾授予梅洛"阿普利亚大公"的称号,似乎以此明确表示自己在南部地区的霸权地位。但是,梅洛于1020年4月去世。次年春天,博约纳斯向盘踞在加里利亚诺的达托发动突然进攻。这座要塞被移交给卡普亚的潘德尔夫四世,那时他是拜占庭的附庸。达托被置于一头毛驴上在巴里的大街上游行,随后被投入海中。1021年12月底,亨利二世集结一支大军到达拉文纳。他还派出一支分遣队,与潘德尔夫和他的堂兄弟,即蒙特卡西诺修道院院长阿特努尔夫,签订密约。亨利率领主力部队向基地进军,成功地援助了博约纳斯在加里利亚诺的军队行动。早在100年前,皮奇利(Picingli)就曾在这里寻求同盟。亨利围攻特洛亚达三个月之久,直到他的军队中开始传染痢疾,"巴西琉斯"的永久同盟从北面攻击入侵者。最终亨利撤回自己的军队,不久以后当地居民就向博纳约斯打开了城门。但是,只要亨利停留在南部地区,他就能威慑伦巴第的君主们。围攻卡普亚的潘德尔夫四世提出了条件,但也被剥夺了公国君主的地位;萨勒诺君主古艾玛投降;一位新的修道院院长被派遣到蒙特卡西诺修道院取代阿特努尔夫。然而,博约纳斯当作屏障的要塞仍未被拔掉。与奥托一世(或奥托二世）的袭击活动相比，亨利在南部的袭击活动对拜占庭阿普利亚地区的影响并不大。

  1025 年，当巴西尔二世去世，他的远征活动也因此而终止时，东罗马帝国开始转向再次征服西西里，并进而控制地中海中部的交通。但是，拜占庭统治下的意大利正变得越来繁荣，人口日益增长，其程度超过以前几个世纪。对于这位身在远方且没有过多要求的"巴西琉斯"，许多意大利人似乎更愿意让他作为自己的保护者；同时拜占庭皇帝还计划再次远征西西里。拜占庭在意大利南部逐步建立起自己的权威，这引起罗马教皇和西方皇帝的不满；但在 11 世纪中期，令拜占庭当局筋疲力尽的是大批的劫掠者，他们在抢劫时可谓"富有活力"，且非常贪婪，并有一定的组织性。要抢劫那些富有朝气的城市，并最终控制它们，都要求助于这些以劫掠为生的海盗，他们来自北方沿海一带。

乔纳森·谢帕德（Jonathan Shepard）

侯典芹　译

顾銮斋　校

第二十六章
10 世纪的南部意大利

900 年之前 70 年,南部意大利还处于无序以及危机频仍的时代。[624] 统治意大利半岛南部大部分地区的贝内文托公国,被继承纠纷所撕裂,849 年正式分裂。然而,内部争斗远未结束,这场分裂仅仅是相互残杀的一个间歇。来自西西里和北非的穆斯林的进攻,威胁着陷入困境的、虚弱而分裂的基督教教徒的防御。当地的统治者专注于内部权力之争,远甚于一致有效地抵抗外来入侵。但是,无论从南部意大利的内部稳定来看,还是从外部遭受的威胁(至少是来自征服的威胁,而非零星侵袭带来的威胁)情况来说,900 年前后,是重大变化的开始。10 世纪的大部分时间里,意大利南部虽非绝对和平,但至少没有发生连续不断的内战,并建立了领土自卫的根据地,以对付穆斯林的进一步进攻。穆斯林的进攻给前一个历史时期带来的是动乱和争斗,当时如阿奇珀特(Erchempert)等人撰写的编年史中表现出的悲观主义情绪便是这种情况的反映。在当时的一些契约文件中,也有提及亲戚被萨拉森人(Saracens)掠去的情况。

这一变化表现在三个方面:第一,9 世纪晚期,拜占庭势力的恢复。9 世纪 80 年代,在尼基弗鲁斯·福卡斯(Nikephoros Phokas)统治时期,拜占庭恢复了对卡拉布里亚(Calabria)北部大部分地区的统治,巩固了他们对南方的阿普利亚的控制。如同 886 年之后建立卡拉布里亚教区一样,这一时期加强统治的重要措施便是新建立了伦巴第行省(塞姆,*thema*)。当地统治者对君士坦丁堡的造访〔其中包括,887 年萨勒诺的古艾玛一世(Guaimar I of Salerno);910 年贝内文托的兰杜尔夫一世(Landulf I of Benevento)〕,以及西海岸各城市和伦巴第各公国文件中的签署日期使用拜占庭皇帝纪年,均显示了拜

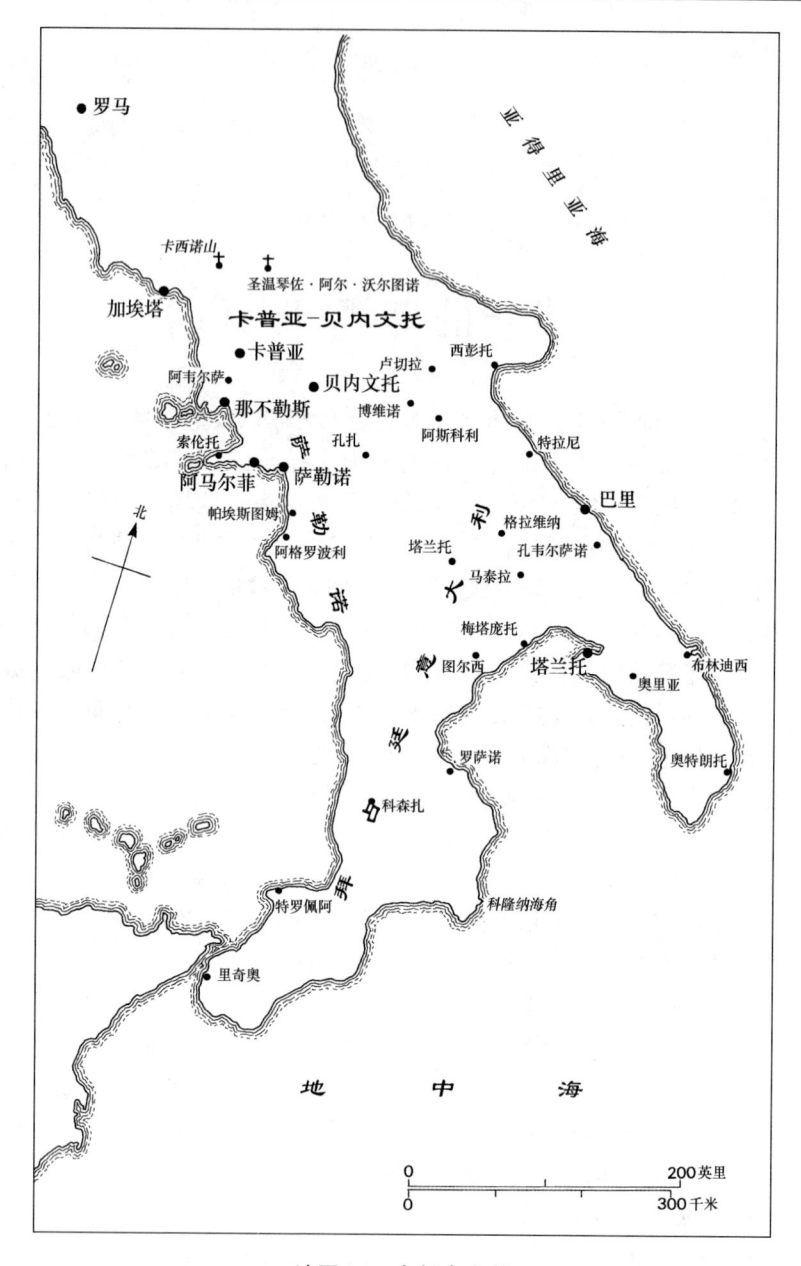

地图 14　南部意大利

占庭帝国声望的恢复。① 第二，南部意大利未被拜占庭帝国占领的部分，其内部存在着稳定因素。900 年，一场血腥的政变使卡普亚的阿特努尔夫一世（Atenulf I of Capua）成为贝内文托的统治者，几个月之后的另一场政变又取代了萨勒诺的古艾玛一世，并将古艾玛一世遣送至修道院，使其在修道院终老一生。然而，这些事件看似是 10 世纪伦巴第各公国乱象的延续，但事实上却是这一乱象的终结。卡普亚和贝内文托两个公国的联合一直持续了 81 年，古艾玛一世之后，权位由其子取而代之。其子的权位未受到挑战，直至 946 年寿终正寝。第三，来自伊斯兰世界的威胁。在 902 年初，拜占庭在西西里岛上的最后一个重要基地塔奥米纳（Taormina）的被征服，的确是拉开了穆斯林重新入侵大陆的序幕。是年秋天，阿拉伯穆斯林便侵入了卡拉布里亚。但是，是年 10 月，随着科森扎（Cosenza）的阿拉伯穆斯林领导人易卜拉欣·阿卜杜勒·安拉（Ibrāhīm 'Abd-Allāh）的去世，这场入侵便停止了。而且，多年来由阿拉伯人造成的严重威胁也终止了。因为如同 9 世纪伦巴第的南部意大利一样，10 世纪穆斯林西西里内部局势也处于不稳定状态。

因此，大约 900 年以后，南部意大利的政治结构至少在表面上是平稳的。拜占庭统治下的阿普利亚和卡拉布里亚，每一个都有自己的行省政府，分别以巴里（Bari）和里奇奥（Reggio）为省会。南方的坎帕尼亚（Campania）和奇伦托（Cilento）所组成的萨勒诺的伦巴第公国，因 849 年的分裂而得以建立。从卡普亚遗存的历史文献中可以判断，中部山区和泰拉迪拉沃罗的大部分，卡普亚和贝内文托两个公国，② 均由卡普亚的阿特努尔夫一世的后裔所统治。自北向南存在着加埃塔（Gaeta）、那不勒斯（Naples）和阿马尔菲（Amalfi）三个沿海公国，因为一直保持着戒备之心，所以依然能够保持着对伦巴第公国的独立。这三个公国仅仅是一个城市加上周围很小的依附地区而

---

① 在加埃塔，帝国纪年一直使用到 934 年，整个这一时期的那布勒斯，卡普亚和贝内文托只是偶尔使用帝国纪年，但是其王公们使用帕特里基奥斯（Patrikios）这一称号则一直延续至 920 年。von Falkenhausen (1967), pp. 32, 37.

② 奇伦托（Cilento）1966 年的著作第 149—150 页指出："卡普亚公国"这一术语的使用也有时代错乱之嫌，自 10 世纪早期开始，当地统治者便自称王公了，并没有得到地方上的认可。但可参阅 Chronicon Salernitanum, c. 159, p. 167: 'Atenulfus Beneventanus princeps', c. 172, p. 175, 'Beneventi fines'.

已。由于地处偏僻且狭小，这三个公国在很大程度上依赖海外贸易。

902 年之后，穆斯林征服企图的实际终止，对西海岸各公国的安全来说，仍然遗留下一个非常严重的悬而未决的问题，即大约于 881 年萨拉森人（Saracen）在加里利亚诺河（the River Garigliano）河口地区建立的殖民地。由此，卡普亚公国和阿布鲁兹（Abruzzi）地区北部便始终面临着入侵的威胁。事实也的确如此，881—883 年，来自加里利亚诺的入侵者，摧毁了著名的地处卡西诺山（Monte Cassino）上和圣文森佐·阿尔·沃尔图诺（S. Vincenzo al Volturno）繁盛的内陆修道院，幸存下来的修道士们避难于卡普亚有一代人之久，或更长一点。903 年，卡普亚的阿特努尔夫一世对以加里利亚诺为基地的萨拉森人，发动了第一次进攻，但以失败而告终，很大程度上是因为加埃塔（Gaeta）公爵为萨拉森人提供了帮助。③ 915 年，在教皇的支持下，卡普亚所发动的进攻取得了胜利。经过教皇和拜占庭政府旷日持久的外交谈判活动，终于使穆斯林失去了基督教盟友（阿马尔菲和加埃塔的沿海城市，因贸易利益所限这些城市不得不寻求与阿拉伯人合作），卡普亚和那不勒斯公国地方军事力量得到了加强，因为他们有由伦巴第将军（*stratēgos of Langobardia*）亲自指挥的、来自意大利中部和拜占庭控制下的阿普利亚的军队的支持。④ 加里利亚诺殖民地的解体，使南部意大利从此摆脱了穆斯林的威胁。尽管在 10 世纪的大部分时间里，对加布里亚的侵袭继续间歇性存在着，但常常是以进贡的方式换得其撤军。此类进攻偶尔也对阿普利亚南部构成威胁。例如，925 年奥里亚陷落，928 年塔兰托失陷。但是，这些进攻从本质上来说均是掠夺式远征，而非为进一步的征服建立桥头堡，因此其影响和意义是有限的。

915 年之后，在意大利，拜占庭政府的问题是其行省居民政治上的不满，加之卡普亚的王公们试图将其统治扩张到亚得里亚海沿岸的野心。921 年，在里奇奥附近的一次暴动中，卡拉布里亚的将军约翰·穆扎隆（John Muzalon）遭刺杀，之后不久，伦巴第的将军乌尔苏莱昂（Ursoleon），在阿斯科利（Ascoli）与卡普亚-贝内文托的军

---

③ Chronica Monasterii Casinensis I, 50.
④ 费泽（Vehse）1927 年的著作仍然是对这一问题最好的探讨。

事力量对抗过程中被杀。卡普亚-贝内文托试图占领阿普利亚北部，这一企图显然得到当地居民的支持。拜占庭的统治带来的财政压力无疑是导致当地居民不满的原因之一。正如卡拉布里亚人的反抗所表明的那样，这种不满并不限于拜占庭统治的拉丁地区。[5] 卡普亚王公们的如下意图不应低估，即他们试图收复其贝内文托时期的前任直到10世纪中叶仍维持着统治的阿普利亚的部分地区，以及确保对西彭托（Siponto）和巴里（Bari）沿海城市的控制，以便从亚得里亚海的海上贸易中获得收益。在阿斯利科取得胜利之后，兰杜尔夫一世便力图说服拜占庭政府任命自己为伦巴第将军，其野心非常明显。君士坦丁堡当局对这一任命表现得犹豫不决也就不难理解了。[6] 尽管细节不是很清楚，但921年之后的一段时间里，拜占庭在阿普利亚的地位确实得以恢复。但是，在萨勒诺王公（显然未卷入921年的入侵活动）的支持下，926年贝内文托对阿普利亚又展开了更猛烈的第二次入侵。阿普利亚实际控制了大约七年的一些地区最终落入卡普亚-贝内文托之手。卢卡尼亚（Lucania）的部分地区和卡拉布里亚的北部成为萨勒诺统治的地区。仅仅是在拜占庭确保了与意大利国王休（King Hugh of Italy）的同盟关系，加之来自君士坦丁堡真正军事力量的加强的情况下，拜占庭才恢复对这些地区的控制，换来伦巴第各公国的撤退。[7] 但是，大约从934年之后的30多年里，贝内文托公国和拜占庭的伦巴第行省之间的边境，虽然并不是完全没有竞争，但依然安全稳定，尤其是在10世纪40年代后期。

尽管存在着行省的北部边界问题，拜占庭在卡拉布里亚的统治基本上没有受到与伦巴第各公国紧张关系的影响，而且在相当长的时期内，卡拉布里亚也未受到来自西西里的阿拉伯人的侵袭。而且在934年以后，行省付给穆斯林的贡金表面上也停止了。10世纪30年代后期，西西里岛上的穆斯林也陷入内战的泥沼。仅仅在947年西西里岛

---

[5] 盖伊（Gay）1904年的著作第202—4页指出：这两场反叛是单独发生的，尽管在资料方面有所混淆。稍后在希腊人控制的卡拉布里亚发生的反叛，是由军役勒索引发的，参见 Vita S. Nili iunioris, cc. 60-2.

[6] Nikolaos Mystikos, Letters, no. 85, pp. 338-42.

[7] 利乌德普兰德（Liudprand）在《报告》（Relatio）的第7章，提出了7年期。自公元935年，皇帝纪年偶尔出现于贝内文托的特许状中：莫尔（Mor）1952年的著作，第263页。向意大利派遣军队的细节是由 Constantinus Porphyrogenitos 提供的，DC II, 44.

才有过短暂的和平时期，卡拉布里亚再次面临被入侵的威胁。里奇奥于950年遭掳掠，952年又遭到进一步攻击，但是缴纳了保护费之后又迎来了休战期。

尽管有某些困难，但拜占庭的统治是能够维持下去的。通过9世纪80年代的再征服，拜占庭在意大利的统治权或多或少得到确保。拜占庭所不能做的、不只是偶然为之的事情，是对西海岸各小公国，更不用说对伦巴第各公国统治权的确认。仅有那不勒斯的文献纪年继续采用拜占庭皇帝纪年，而且这种联系文化意义大于政治意义。确实，956年，当君士坦丁堡政府能够调动足够兵力对意大利进行一次远征时，首要征服目标便是那不勒斯（尽管拜占庭这样做最大的可能，是为了在抵御阿拉伯人对卡拉布里亚新的进攻时，确保那不勒斯海军的支持）。此外，在这一时期，在拜占庭直接统治的地区再次出现不满情绪。⑧ 与南部意大利的独立小国相比，拜占庭是一个"超级大国"（super-power）。但是，其治下的南部意大利则远非如此，特别是与拜占庭在小亚细亚抗击穆斯林的前线相比，或与抵抗保加利亚人的欧洲各行省相比，更是如此。这也是拜占庭帝国将其治下的意大利地区的防御权留给当地人的原因所在，非常偶尔的情况下，帝国军队和舰队才派驻在这些地区，而且数量不定。即使在956年，拜占庭的政策本质上也是防御性的，旨在获得伦巴第各公国不再进攻其领土的承诺，以便加强有效统治，使卡拉布里亚不再遭受进一步袭击。这一限制性政策也有例外，这便是964年皇帝尼基弗鲁斯·福卡斯对西西里发动的大规模远征。远征的惨败使如此规模的进攻活动不再受到鼓励，其他地区重新兴起的军事行动也妨碍了这方面新企图的产生。

此外，966年南部意大利达成新的权力平衡，历史舞台上出现了能够产生重大影响的新角色——德意志统治者奥托一世（Otto I）。奥托一世复活了查理的西罗马帝国，也恢复了加洛林帝国对南部意大利霸权的诉求。奥托一世试图由此证明他对南部意大利采取直接军事行动，以及与南部意大利当地最强有力统治者卡普亚和贝内文托王公"铁头"潘德尔夫一世（Pandulf I Ironhead，961—981年）建立同盟的正当性。这实际上意味着10世纪20、30年代卡普亚对阿普利亚北

---

⑧ Theophanes Continuatus, Chronographia, pp. 453–4.

部拜占庭帝国边境压力的再次复苏,原因就在于德意志皇帝强大军事援助的参与。

对德意志皇帝来说,与"铁头"潘德尔夫一世结盟还有更进一步的目的。如曾经所做过的那样,德意志皇帝通过割让卡美利诺(Camerino)伯爵领地和斯波莱托(Spoleto)公爵领地给卡普亚王公(潘德尔夫),不仅确保了重要盟友,以及对南部意大利的霸权,而且在中部意大利总督的权力也得到了承认。由此也形成了对罗马贵族更加有效的控制;可想而知,这些罗马贵族都极其焦躁地期待着被奥托扶植到教皇宝座上。对潘德尔夫来说,这不仅提供了复兴其祖先蚕食拜占庭的阿普利亚领土的愿望的机会,而且也使其领土免受来自北方的入侵。10世纪60年代早期,这种入侵显然发生过。⑨ 967年2月,奥托本人对贝内文托进行过短暂的访问,968年春,便发动了对拜占庭的阿普利亚全面进攻。在同盟军撤离之前,这场进攻进抵至巴里。是年冬,又发生了更进一步的攻击,使帝国的军队远达南部的卡拉布里亚边境。但是取得的成效极其微小。奥托一世回到北部意大利之后,阿普利亚边境上的博维诺(Bovino)遭围困,卡普亚王公被俘,并作为阶下囚被解往君士坦丁堡。完全由于他的充分调停,经过后来一年并无结果的战争之后,两大帝国之间最终达成了和平协议,年轻的奥托二世迎娶了拜占庭的公主狄奥法努(Theophanu)使两者的和平得以巩固。

这一时期的冲突,如同10世纪前段时期边境上发生零星战争一样,给人留下最深刻的印象是均没有取得实质性结果。较量双方的每一方均有能力深入对方领土的纵深处——969年夏,拜占庭帝国的军队曾远征至卡普亚——但均无力保持持久的高压态势。与此同时,拜占庭控制下的重要边境要塞,如伦巴第行省的阿斯科利和博维诺,基本上是安全的。而且,卡普亚王公政权不断加强,不符合其他地方统治者的利益。这些统治者既不愿意充当拜占庭的代理人,也不愿意充当卡普亚和德意志皇帝的代理人。969年,那不勒斯公爵支持拜占庭对卡普亚的入侵,与此同时,萨勒诺的国王则没有这样做,实际上是采取相反的做法,向卡普亚派遣了一支救援力量,并试图保持与希腊

---

⑨ Chronicon Salernitanum, c. 166, p. 170.

人的良好关系。最具有意义的是，10 世纪晚期，萨勒诺编年史采用了有利于拜占庭帝国皇帝尼基弗鲁斯的观点，与奥托的使者克雷莫纳的利乌德普兰德（Liudprand of Cremona）回朝禀报给皇帝的著名的（且具有诽谤性的）描述迥然不同，⑩ 966 年前后，阿马尔菲公爵在长期间歇之后，再次使用拜占庭的头衔名号，这标志着阿马尔菲恢复了与君士坦丁堡的联系。⑪

然而，10 世纪 60 年代两大帝国之间的冲突还展示了更进一步的情形，其中情形之一便是对南部意大利所具有的非凡意义。966 年，正当奥托向与罗马贵族发生冲突的潘德尔夫提供庇护时，奥托扶植的教皇约翰十三世（Pope John XIII）将卡普亚主教提升为城市大主教（metropolitan archbishopric）。两年后，在与阿普利亚的军事冲突中，对贝内文托也如法炮制。卡普亚城市大主教职位的创立，意味着对卡普亚作为潘德尔夫事实上的首都地位的承认，也意味着卡普亚国王的权威被凌驾于公国其他地区之上（卡普亚第一任大主教是潘德尔夫的弟弟约翰）。而创立贝内文托新教省的目的，完全是抵抗拜占庭帝国的需要。在当局的授权下，大主教的权力能够深入拜占庭帝国的辖区，新设立的副主教职位也附属于大主教，如处于奥托和潘德尔夫的力量包围下的两个边境重镇阿斯科利和博维诺，所设的副主教职位便从属于卡普亚大主教。拜占庭控制下的阿普利亚的大部分人口为拉丁人，其神职人员的忠诚对拜占庭帝国的统治来说至关重要。新的贝内文托大主教区设立的目的，便是破坏阿普利北部的稳定，以获得更广泛的影响。作为回应，拜占庭重组了阿普利亚教会，建立了新的大主教区，以便与贝内文托相抗衡，并使阿普利亚教会保持对拜占庭的忠诚。10 世纪 80 年代，当奥托二世再次侵入拜占庭的意大利领土时，由本尼狄克七世教皇建立了萨勒诺大主教区，以进一步对抗拜占庭在意大利所采取的宗教措施。具体做法包括，使地处卡拉布里亚的科森扎（Cosenza）和比西尼亚诺（Bisignano）教区附属于萨勒诺。这两个教区原来是隶属于拜占庭辖下的里奇奥的希腊大主教，但是与卡拉

---

⑩ 'Vir bonus et iustus', *ibid*, c. 173, p. 176.
⑪ Schwarz（1978），pp. 37, 243，在年代鉴定方面与之相反的是 Gay（1904），p. 321.

第二十六章　10 世纪的南部意大利　　　　　　　　　705

布里亚的其他地区不同,该地区绝大多数人口实际上是拉丁人。[12] 对此,拜占庭当局也对自己的教会做出了相应调整,其中包括在科森扎创建一个大主教区,以对抗教皇的权威。

970 年之后,教会的变化构成了拜占庭意大利行政管理机构总体调整的重要组成部分。一方面,这是对来自边境新威胁的一种应对;另一方面,也是对人口分布变化做出的回应。对此,历史学界存在着广泛争议。[13] 但是,有一点似乎是清晰的,即阿拉伯人对卡拉布里亚的侵袭虽然不是持续的,但无疑是令人震惊且具有破坏性的。这使(拜占庭帝国和神圣罗马帝国)双方控制的人口均从沿海撤往更加容易防守的内陆山区,某些情况下是撤往北部与萨勒诺公国接壤的边境地区。生活于西西里的阿拉伯人统治下的希腊人,可能也跨越墨西拿海峡迁往意大利北部。这方面的证据几乎全部来自当时圣徒的传记,我们不能肯定的是,这些神职人员的迁徙是否实际伴随着世俗人士。在西西里的混乱时期,如同 10 世纪 40 年代一样,基督教修道士的境地或许是最危险的,相比来说,世俗人士对虔诚穆斯林的挑衅要小得多。[14] 但是,这里的情形是,产生于 10 世纪卡拉布里亚的所有圣徒传记中的主人公,几乎都生活在行省的北部边境墨卡瑞恩（Mercourion）及其（更北部）的拉蒂尼亚农（Latinianon）地区,其中第二个地方 9 世纪曾是萨勒诺公国的行政辖区（gastaldate）。圣徒传记明确显示,其服从者中并非仅是这些地区的希腊人。例如,阿尔门托的圣卢克（St Luke of Armento）,在从一群还未成为信徒的人手中逃脱之前,曾在拉蒂尼亚农的瓦尔迪西尼（Val di Sinni）居住了七年之久。[15] 一些希腊人——既有修道士也有世俗人士——径直进入伦巴第地区。最著名的事例便是罗萨诺的圣奈勒斯（St Nilus of Rossano）,他于 10 世纪末在卡西诺山（Monte Cassino）附近的维莱路斯（Valle-

---

[12] 萨勒诺成为大主教区的最早证据来自公元 989 年教皇的教谕,其中有较清晰的回顾;盖伊（Gay）1904 年的著作,第 358 页令人信服地指出:萨勒诺上升为大主教区的时间可追溯至公元 983 年夏天,这一观点得到普遍接受,例如 von Falken hausen（1967）, p. 148, Taviani-Carozzi（1991）, p. 673。

[13] 在梅纳热（Menager）1958 年的著作和吉洛（Guillou）1970 年的著作之间,争议尤为明显,特别是在第 9 篇的论文中。

[14] 例如,隐修同伴被阿拉伯人杀害后,斯佩累特的圣埃利亚斯（St Elias the Speleote,约公元 865—960 年）便离开了西西里, AASS Septembrii III（II September）, col. 851; Ménager（1958）, p. 763。

[15] AASS Octobrii vi（October 13）, col. 339; Ménager（1958）, pp. 767 – 8。

luce）停留了 15 年。而且这并非孤例。11 世纪，萨勒诺附近至少有四座希腊修道院，有一座还远在卡普亚公国的北部边境地区的蓬提卡沃（Pontecorvo）。⑯

卡拉布里亚的希腊人向意大利北部的扩张，引发了教会管理和世俗政权管理上的变化。从 9 世纪 80 年代开始，拜占庭控制下的意大利便出现了两个单独的、显然独立的行省朗格巴底亚（Langobardia，即阿普利亚）和卡拉布里亚。直到 10 世纪 40 年代，它们一直被正式地、时间错位地视为西西里的行省，尽管拜占庭仅仅在西西里岛的东北部保留着几个孤立的据点。尼基弗鲁斯·福卡斯统治时期，情况出现了一些变化。朗格巴底亚行省的重要性日显突出，其位于亚得里亚海出口的港口为拜占庭所控制，其统治者是职位和威望比从前的总督更显要的公爵（Catepan），由此可以很容易地进入帝国的欧洲大陆。（朗格巴底亚）公爵可能处于拜占庭在意大利的所有官职之上。也有可能的情况是，与此同时建立了新的行省，即卢卡尼亚（Lucania），尽管建立的时间不能确定，但它位于卡拉布里亚的北部，即拉蒂尼亚农、拉戈内格罗（Lagonegro）和墨丘利翁（Mercurion）这些地区，近来成为希腊人进入意大利的必经之地。建立的新教区是图尔西（Tursi），作为卢卡尼亚主教区。⑰ 图尔西教区是新建的教省（metropolitan province）的组成部分，隶属于从前独立的奥特朗托（Otranto）大主教区。双方的主教辖区内都有希腊教士，但南部阿普利亚的四个拉丁教区除外，即特里卡里科（Tricarico）、阿切伦查（Acerenza）、马泰拉（Matera）和格拉维纳（Gravina）四个教区，它们也都服从于奥特朗托大主教。在之后的几年里，有两个阿普利亚主教区上升为大主教区。978 年是塔兰托（Taranto），987 年是特拉尼（Trani）。这一进程至 11 世纪早期仍在继续，卢切拉（Lucera）、布林迪西（Brindisi）和西彭托（Siponto）也被建成大主教区。这样做的意图就是，将这些教区的拉丁教士与拜占庭政府紧密联系在一起，共同与贝内文

---

⑯ Borsari（1950）；（1963），pp. 58－60, 71－5；Loud（1994a），pp. 38－41. 萨勒诺公国的希腊世俗人士事例，请见 Codex diplomaticus Cavensis II, pp. 235－6, no. 383（986）and III, p. 88, no. 521（999）。

⑰ Von Falkenhausen（1967），pp. 46－7, 65－8, 104 认为：卢卡尼亚省（the theme of Lucania）创建于 11 世纪，其存在是短暂的，而且卡拉布里亚（Calabria）也并不隶属于公爵的（Catepan）权威。吉洛（Guillou）1965 年的著作则提出了非常令人信服的相反的情形。

托大主教做斗争。这一政策并不是反对拉丁人。因为除了阿普利亚最南部地区之外，所有这些教区的大多数人口都是拉丁人，反对拉丁人是不可能的，克雷莫纳的利乌德普兰德认为，尼基弗鲁斯·福卡斯和牧首波利尤卡特（Polyeucht）试图在南部意大利禁止拉丁仪式，显然是非常可笑的。[18] 有着拉丁主教和拉丁教士的教区仍然保留拉丁语，即使像塔兰托那样的大多数人口是希腊人的城市也是如此。然而，这些教会方面的改变有着明确的政治意图，即消除教皇的影响。这些影响是奥托派（Ottonians）和贝内文托大主教区的统治带来的，他们是"铁头"潘德尔夫及其（或许就其所拥有的权力而言）继承者们实现其野心的代理人。这一政策似乎发挥了作用。983年，时任公爵承认了特拉尼主教的特权，以作为该城被围困期间支持他的回报。[19] 但为时已晚。阿普利亚的拉丁教会仍处于严密的监控之下。教区经常被一次一次合并，又一次一次分开。政府官员扮演着教会捐助者（即法定代表）的角色。偶尔给予拉丁教士的免税特权是非常特殊和非常有限的，[20] 这是拜占庭当局为保证其国家财政基础的总体愿望的组成部分。

尽管穆斯林对卡拉布里亚的侵袭所造成的伤害是持续的，但经过一段时间的暂停之后，自10世纪70年代中叶开始，问题变得更加严峻了。拜占庭的意大利行省仍保持着凝聚力，至少保持着适度的繁荣。希腊人的影响不仅增强了，而且还向北推进了卢卡尼亚的边界——行省的设立是对这一做法的肯定——但在10世纪的最后几年里，奥托派在南部意大利政策的失败及"铁头"潘德尔夫统治的瓦解，使阿普利亚的边界也向北移动了，由奥凡托河（Ofanto）移至福尔托雷河（Fortore）。阿普利亚北部地区因此被合并到伦巴第行省，成为具有重要意义的著名的卡皮塔纳塔（Capitanata）。10世纪末，拜占庭行政上的有效管理一直延展至内陆地区，如阿普利亚-卢卡尼亚边界的特里卡里科（Tricarico），重新确定了边界，设立了新的税

---

[18] Liudprand, *Relatio*, c. 62, 关于都会的总体变迁请见 von Falkenhausen (1967), pp. 147–57; Martin (1993), pp. 563–72.

[19] *Le Carte che si conservano nell' archivio del capitolo metropolitano della citta di Trani*, pp. 32–5, no. 7.

[20] 举例来说同上，第37—8页，第8项关于特拉尼大主教（the archbishop of Trani）999年，博尔萨里1959年的著作第128—34页中有所探讨。

区（khoria）。[21] 修道院常常成为土地清理和新定居点设立的焦点，尤其是迄今一直被利用的卢卡尼亚地区，围绕着修道院建立起来的村庄都被正式划归这种征税区（khoria）。人口似乎正在增长，虽然卢卡尼亚（如上所述）地区可以用移民来解释新定居点的出现。有几例情况说明人口转移是有意而为，尽管这方面的证据主要来自利奥六世统治时期（Leo VI，886—912 年）。利奥六世以迁移伯罗奔尼撒（Peloponnese）的居民至南部意大利而闻名。到 10 世纪末，农业明显呈现出繁荣景象，至少在卡拉布里亚部分地区是如此。表现为葡萄园面积的扩大，开始生产丝绸并且在 11 世纪中叶已达到较大规模。拜占庭行省对外贸易方面的证据太少了，从本质上讲聊胜于无，但是 10 世纪可能出现了奥特朗托和布林迪西这些非常重要的港口，11 世纪，巴里港的地位也变得更加重要了。

总体说来，卡拉布里亚和卢卡尼亚的希腊人口与其他的拜占庭行省是非常相似的，并无例外，但阿普利亚的情况则无疑与此有所不同。大量拉丁人的出现意味着拜占庭政府在一定程度上允许了地方自治，或者说至少有了变化，这对帝国的整个希腊部分来说是难以置信的。与此同时，行省统治者和某些资深官员是由君士坦丁堡派来的希腊人，在将军（strategoi）和公爵（catepans）的职位上时间非常短暂（平均大约 3 年），较低级的官员中很多是拉丁人。在巴里，10 世纪晚期和 11 世纪早期，有案可查的 11 个行省军团统帅中有 8 个（或许在此时，他们是城市法官或总督而不是行省统治者的代理人）是拉丁人，只有 3 个希腊人（与此形成鲜明对照的是塔兰托，除 1 人外，全部的行省军团统帅都是希腊人）。如此使用当地出生的拉丁人为官的情况，在阿普利亚的内地更为盛行，他们还偶尔使用来自伦巴第公国的皇室地方官一词（gastald），至少在 10 世纪末，卢切拉（Lucera）有一次以贝内文托王国的特许状为蓝本起草了自己的文件。[22] 最具有意义的是，伦巴第人的法律得到广泛运用。在阿普利亚，一个真正幸运的、拥有小规模财产的阶级出现了，他们用自己的法律判案，拥有自己的拉丁教会，支持行省政府但也受行省政府的严

---

[21] Holtzmann and Guillou (1961).
[22] Von Falkenhausen (1973).

密监控，或许这是拜占庭政府在阿普利亚保持稳定统治的最好保证。但这也绝不是一贯正确。10 世纪，沿海城市也曾发生过几次反叛，[23] 1000 年后，这种情况加剧了，尽管其所做出的贡献不应低估，如 1007/1008 年那个异常严寒的冬天那样。税收负担也不能低估。意大利与拜占庭帝国其他地区一样，税收负担有可能随着 10 世纪后期皇帝们野心勃勃的军事政策而增加。拉丁编年史家们倾向于把拜占庭行省中发生的不满归因于某些统治者的苛刻和残忍。人们很容易推断出这样的结论：相比于伦巴第公国，民众认为政府体系效率要高得多，或者说更具压迫性。

这些新产生的国家，如果可以用这样的术语来表示这些明显带有早期特点的组织的话，就与拜占庭的意大利形成明显的对照。毫无疑问，与 900 年之前的情况相比，它们在 10 世纪的前 3/4 个世纪里局势更加稳定一些。那时的王公政府机关仅仅是在皇室地方官（gastalds）与把持政府机关的贵族们之间多了一个将球踢来踢去相互推诿的地方。10 世纪，世袭继承制已成为规范。为了确保世袭继承，通过在有继承权的儿子们中提名的方式，确定一位与其父共治的人，这一做法曾在那不勒斯和阿马尔菲公爵领地内推行过。在卡普亚-贝内文托公国里，家族的稳定是通过兄弟间的联合和父子间的联合实现的。其中的一个事例便是，在 939—940 年非常短暂的时间里，不少于四人共同使用着王公的头衔：兰杜尔夫一世（Landulf I）、他的两个儿子和他的弟弟阿特努尔夫二世（Atenulf II）。但总体来讲，至多有两位王公同时在位，弟弟与哥哥联合，弟弟并不企望将王位传给自己的孩子。也从来没有出现过两位兄弟以上同时拥有王公头衔的情况。"铁头"潘德尔夫虽然有几个弟弟，但他是联合其长子作为共王（co-prince），他是在其最小的弟弟于 968/969 年冬天死后才如此做的。有时情况可能是这样的，即一个王（可能是年长资深者）保有卡普亚，同时另一个王则联合治理贝内文托，这种情况在《萨勒诺编年史》（Chronicon Salernitanum）有关"铁头"潘德尔夫的记述中已有所体现。当他在卡拉布里亚边境听到其弟兰杜尔夫死亡的消息

---

[23] 举例来看，在孔韦尔萨诺（Conversano）著作的公元 947 年的条目中，特拉尼（Trani）著作的公元 982/3 年的条目中，以及巴里（Bari）著作的公元 986 年的条目中：Lupus Protospatharius, *Annales*, pp. 54–6; Carte... di Trani, no. 7.

后，便急忙离开了奥托一世的军队赶往贝内文托，以确保其子能够继位称王。但是，在同一部编年史中也记载了，几个月前，几兄弟联手引导萨勒诺的王公会见了他们的霸主神圣罗马帝国皇帝奥托一世。这一事件的意义在于，位于贝内文托的圣索菲亚王家教堂是传统意义上新王登基的地方。此事可追溯至8世纪。㉔ 通常说来，特许状上所显示王的联合，在实际上就如同潘德尔夫一世和兰杜尔夫三世于10世纪60年代一成不变的做法一样。943年，阿特努尔夫三世从贝内文托至蒙特卡西诺发布了一组特许状。尽管他是以不在场的父亲、弟弟和自己的名义做这一切的，但几乎完全可以肯定，这一做法是政治危机的征兆，因为不久之后他便被驱逐出贝内文托。据《萨勒诺编年史》的记载，他是因为"罪恶和残忍"而被驱逐的，避难于他的女婿萨勒诺的古艾玛二世（Guaimar II）处。㉕ 10世纪30年代后期，似乎联合王室家族的几位成员一起作为共同统治者的愿望已经不会成功了，或者说他直接就被弟弟所取代，对他的儿子们来说，王公头衔最终也将与之擦肩而过。但是，这段插曲表明，卡普亚或贝内文托在个别王公之间的划分的做法，既非正常也非明智。

显然，儿子与父亲联手共治，是确保王位顺利继承的重要方面。萨勒诺的吉素尔夫一世（Gisulf I）参与共治时年仅三岁。㉖ 但是，从我们所知道的为数不多的编年史的记载中可知，无论这种王位继承在指定安排和特许状中所体现的共治形式多么重要，在实际情况中，年长者才是最具效力的人，他才是发布政策者。只有例外情况下，事情才会出现不同。大多数的例外情况是继承王位者尚且年幼。卡普亚的兰杜尔夫就属此种类型，982年继承王位时年纪尚轻，有几年的时间里处于其母亲阿罗拉（Aloara）的监护之下。此类情形还出现在10世纪50年代的阿马尔菲公国和11世纪早期的加埃塔（Gaeta）公国。当然，年幼者继位具有潜在的危险性：10世纪50年代，年幼的阿马尔菲公爵马斯塔卢斯二世（Mastalus II）于958年被谋杀，其家族也被新的王朝所取代。

㉔ Chronicon Salernitanum, cc. 169–70. 但值得注意的是，公元982年，贝内文托人（Beneventans）将兰杜尔夫（Landulf）的儿子选为他们的王公。

㉕ Poupardin (1907), pp. 97–8, nos 89–91; Chronicon Salernitanum, c. 159, p. 167.

㉖ Chronicon Slernitanum, c. 159, p. 166.

与9世纪的情况相比,大部分王国的统治和沿海城市公国的统治都是稳定的,至少10世纪70年代的萨勒诺和10世纪80年代的卡普亚和贝内文托是如此。但是,令人困惑不解的是,在这种情形下,王公的权威正在被侵蚀。与此形成对照的是,9世纪,贝内文托那些做好战斗准备的王公们,在转让财权和王权的时候是非谨慎的,他们宁愿散发财产,因为财产可以通过偶发事件(如缺少继承人)或司法手段获取。10世纪,王公的继承人不再谨慎小心了,尤其是950年之后更是如此。在"铁头"潘德尔夫统治时期,从名义上讲王公的权力最为强盛,但最广泛的妥协让步也出现了。例如,964年潘德尔夫和他的兄弟割让了伊塞尔尼亚(Isernia)给他们的侄子兰杜尔夫,其中连带着广泛的豁免权,这在本质上意味着这一个县(county)脱离了他们的司法管辖。同样放弃共同权力的情形也出现在贝内文托的潘德尔夫二世身上。988年,他将格里奇(Greci)及其居民的统治权割让给了波托(Poto)伯爵;992年,将特里温托(Trivento)以相同的条件割让给了兰迪西乌斯(Randisius)伯爵。㉗在确保贵族(许多都是其亲戚)和教会人士的支持方面,或许是野心勃勃的政策使"铁头"潘德尔夫较其前任来更加不考虑后果。当然,他所遗留下来的证书中,几乎都是授予特许状。"铁头"潘德尔夫作为资深王公的20年里所颁发的特许状,比卡普亚与贝内文托合并以来的前60年所颁发的特许状都要多。但是,情况也可能是这样的,他奉行的是实用主义政策,这些授予证书如同授予伊塞尔尼亚伯爵的一样,并非真正给予什么,只是承认了已经分离出去的那部分权利而已。也有更好的理由用以解释988年向波托伯爵做出权利的割让。格里奇地处阿普利亚边境,授予其防御权显然是为安全考虑,慷慨地割让司法权和财政权,对说服贵族定居在贫瘠且具有潜在危险的地区是必要的。

事实上,权力私有化是一个长期的过程。至900年前后,皇室官员(Gastaldates)或许就是实际上的世袭制。早在9世纪,在王国的边远地区,王公的权威便明显处于无效状态。再者说来,由当时篇幅最长也是最详尽的历史著作《萨勒诺编年史》来判断,王公的权威

㉗ Poupardin (1907), pp. 105–6, 117–8, nos. 112, 140–1; Wickham (1981), p. 162, 对这些授权的第一次进行了非常有益的探讨。

这一概念是针对个人的，它源自传统的兄弟会、相互的义务和礼物交换，以及王公与贵族的共管区。如同 10 世纪法兰克（Francia）一样的附庸式联系不仅仅是微弱的，而且也从来没有存在过。在南部意大利的伦巴第，忠诚（*Fidelitas*）体现的是合同契约关系，而非依附关系。㉘ 在贝内文托，王公的宫廷所扮演的有效政府机构的角色，于 850 年前后便开始消退。从那时起，它所任命的官员已经不再出现于王公颁发的特许状中了。为了授予贵族以特权，王公至少也要发表声明，说明贵族的权威最终是来自王的，无论这种关系有多远，旨在制造某种短期的联系和相互的善意。特别是在接受这种权利割让的大多数人都是亲戚的情况下，他们无疑是期望得到这一以权利割让为标志的恩惠。即使那些世代传承的长期授予（对暂时的、可取消的割让，几乎没有可资证明的东西），对王公住地附近以外的中央权威也是极大的损伤。

这种权力私有化的症候，也是原因之一，是城堡范围内中心聚居村（*incastellamento*）的出现。私人防御的形成（在南部意大利是防御性的乡村而非纯粹而简朴的城堡）有着几方面的功能。部分是用于抵御外敌，即使萨拉森人的威胁停止之后，外部威胁依然存在。匈牙利人的入侵于 937 年深入卡普亚公国，922 年和 947 年远至阿普利亚。城堡（*castello*）也是防御贪婪邻居的重要手段，特别是中央权威微弱或鞭长莫及之时。但是城堡也是世袭领主进行有效开发、吸引新的定居者、征收公共租金和役务的工具，也为征集租金和司法权威提供了一个办事中心。建立城堡（*castelli*）和吸收移民也能够充实被遗弃地区或欠开发的地区的人口。当然，修道院编年史中断言城堡化（*incastellamento*）时代之前是如此的一片荒凉，对此说法我们也应谨慎对待，不要妄做表面判断。概而言之，10 世纪下半叶，王公们将分属王权职责范围内的防御工事的修建权割让出去，是中央权威走向衰落的一种表现。但这并不一定是社会趋于衰落的必然标志。的确，10 世纪是一个人口增长、农业繁荣的时代，尽管南部意大利较欧洲大多数地区有更多的区域性变化。管理如卡普亚平原或卡普亚王国北部宽阔而平坦的利里（Liri）谷地一样富裕地区行之有效方法，对管

㉘ Delogu（1977），ch 2，尤其是 Taviani-Carozzi（1980），（1991b），pp. 686–702.

理莫利塞（Molise）一样的山区并不一定有效。

不同公国之间也存在鲜明的差别。在萨勒诺，首都和王宫在一定程度上继续扮演着吸引贵族的角色，不同于在卡普亚和贝内文托离心力较强的公国中所扮演的角色。这或许是较大城市萨勒诺的功能所在，在公国内，相应地也具有较大的社会影响和经济影响。城市发展的标志是，980—1000 年，有 29 位公证人，都是世俗人士，并且都有自己的工作可做。㉙ 另外，南部意大利的其他主要的居住中心，与城市有着相对密切的关系。王公的亲戚们一般都继续居住在萨勒诺，而在其他公国则是居住在他们自己的城堡并拥有以领土为基础的王朝。

在卡普亚和贝内文托，起初，伯爵（comital title）是作为与王室家族有着特殊的个人关系而出现的，逐渐演变成地域性质的委派官职。伯爵取代皇室地方官（gastald）成为王公在地方上的主要官员〔9 世纪皇室官员扮演的角色类似于意大利王国（regnum Italiae）的伯爵〕。但是，地域性伯爵在南部意大利的出现，不仅意味着头衔的变化，同时也是功能上的改变，使权力私有化的发展更进一步。10 世纪后期卡普亚公国出现的伯爵，远多于 9 世纪的皇室地方官，因为地方权力变得更加牢固也更加支离破碎了，这一进程向东一直发展至莫利塞（Molise）和贝内文托公国，尽管在山区和人烟稀少的地区发展的程度并不高。㉚ 在这一过程中，王室家族的支系所发挥的作用非常明显。兰杜尔夫三世的儿子中，有两位成为圣阿加塔（Agata）伯爵和拉里诺（Larino）伯爵。"铁头"潘德尔夫年轻的儿子中，有两位依次成为泰阿诺（Teano）伯爵，取代了原已存在的传自阿特努尔夫一世的后代们的伯爵世系。在 11 世纪，这两位中的一位的后代，成为韦纳弗洛（Venafro）和普雷森扎诺（Presenzano）的伯爵。地方权力的碎片化，得到伦巴第法律中可分割遗产条款的鼓励。实际上，变化多发生于 10 世纪 50—60 年代。这一时期正值"铁头"潘德尔夫与其父共治和他统治的早期。964 年伊塞尔尼亚郡的创立，可以看作潘德尔夫对这种发展的明确认可。但也存在一种有趣的情况，即阿奎诺（Aquino）的皇室派驻官员，并非传承自卡普亚王公家族，大

㉙ Taviani-Carozzi（1991b），pp. 541 – 2.
㉚ Martin（1980），第 573 页及以后的内容，提供了非常有价值的讨论，我做了大量引用。关于萨勒诺，请见 Taviani-Carozzi（1991b），尤其是 pp. 449 – 51, 573 – 4, 725 – 7, 769 – 70.

约有 20 年没有使用伯爵称号。

在萨勒诺公国，这一进程相对较慢也较不完整，其原因已如前述。有材料显示，947 年，一位伯爵在与卡普亚公国交界的诺切拉（Nocera）确立了自己的领土主权，在一个时期两王之间的关系都处于敌对状态。但是，相关的某种猜测的证据最多也是不确定的。较有可能的情况是，伯爵是王公的亲戚，在诺切拉拥有自己的财产。或者说伯爵是阿特努尔夫二世的儿子，或者是流亡的贝内文托的阿特努尔夫三世的儿子，被分封于公国南部边境上的孔扎（Conza），面对的是拜占庭的领土，但是，他并没有伯爵的头衔。伯爵与王公吉素尔夫（Gisulf）的关系后来也陷入恶化，以至于曾被再次驱逐流放至那不勒斯。[31] 从此，在萨勒诺，伯爵头衔（comital titles）便成为一种个人身份地位的象征，而不具有制度上的职能。而且，一直到 11 世纪，王公们仍然控制着教会并垄断着公共司法。首先由远离公国中心的地方官员审理的司法案件，往往都在萨勒诺内部终结了。

在卡普亚－贝内文托公国，王公在其公国北部提升自身权威的方法是，与该地区的两大修道院卡西诺山（Monte Cassino）和圣温琴佐·阿尔·沃尔图诺（S. Vincezno al Volturno）建立联盟和培养好感。两大修道院不仅是大地主，而且拥有连续成片的领土，对那些身居偏僻之地、地理上又远离王公权力中心的地方贵族来说，很容易将之变成反对王公的力量。两座修道院都毁于阿拉伯人之手，881 年是阿尔·沃尔图诺，883 年是卡西诺山，10 世纪早期两者的团体成员仍处于被流放状态。914 年，阿尔·沃尔图诺的修道士返回其家园，而卡西诺山的修道士则仍是无家可归，先是在泰阿诺（Teano），后又到了卡普亚，直到 949 年。久居卡普亚的证据来自当时教皇的信件和后来卡西诺的传统，即兰杜尔夫一世对其进行直接的压迫，贪婪地掠取修道院的财产。[32] 果真如此的话，这一政策是短视的，因为牟取暴利者

---

[31] Chronicon Salernitanum, cc. 161, 175, pp. 168, 178; *Codex diplomaticus Cavensis* II, pp. 62–3, no. 260 (969). Mor (1953), pp. 139–40. 编年史中关于阿特努尔夫（Atenulf）是儿子的问题非常模糊，在莫尔（Mor）1952 年的著作第 294—295 页，奇伦托（Cilento）1971 年的著作表二，以及塔维亚尼-卡洛兹（Taviani-Carozzi）1991 年的著作第 397 页中，均不同意编年史中的说法。关于诺切拉（Nocera）请见 Taviani-Carozzi (1991年), pp. 492–5; *Codex diplomaticus Cavensis* I, pp. 224–5, no. 174。

[32] Agapetus II（JL, 3664）, Zimmermann, *Papsturkunden*, no. 109, pp. 191–3; *Chronica monesterii Casinense* I, no. 59, p. 147, 都明确使用了这一信件。

不是王公而是利里谷地的贵族们，是他们转让了修道院的大片土地。但在兰杜尔夫二世和潘德尔夫一世统治时期，这一政策改变了。修道士们回到了卡西诺山，王公们积极支持他们，迫使当地贵族交还偷窃的财产，并在未来尊重修道院的土地权利。阿奎诺的皇室地方官被直接武力镇压了，10世纪60年代一系列的土地诉讼又巩固了这一进程。兰杜尔夫二世同样也采取措施，保护阿尔·沃尔图诺的领地不受韦纳弗洛（Venafro）伯爵们的侵蚀。㉝ 10世纪60年代，"铁头"潘德尔夫承认了两者的财政豁免权，967年，又授予两个修道院建立防御工程的权利。㉞ 无可否认的是，人们不能过高估计两所修道院土地上城堡范围内中心村落（incastellamento）修建程度。潘德尔夫给蒙特卡西诺修道院的特许状提及的仅是两座城堡（castelli），第三个便是塔楼。修道院土地上的防御设施的发展是一个渐进的过程。至1000年前后，修道院土地上的城堡（castelli）不足六座。在圣文森蒂（Terra Sancti Vincenti），防御要塞基本上都限定在毗邻修道院主体建筑的修道院领地的中心位置。㉟ 在这些修道院土地上建立城堡范围内的中心村落之初，其重组土地利用体系比直接的军事目的重要得多［尽管在圣文森佐（S. Vincenzo）土地上建立城堡是伊塞尔尼亚伯爵的主张，但在名义上修道院对其拥有财产权］。无论如何，修道院依靠王公的支持，而且在困难的情况下，也确实得到神圣罗马帝国皇帝奥托一世和二世的支持。王公们也可以利用与修道院的关系，宣布他们在北部区域的统治的有效性，限制地方贵族权力的建立，不然的话，贵族的此类活动是很难被限制的。981年，卡普亚和贝内文托两公国分裂之后，卡普亚王公和卡西诺山修道院之间的关系变得更加密切了。当时的王公潘德纳尔夫（Pandenulf）指派了一名亲戚担任修道院的院长。1011年，两大公国有过短暂的联合，潘德尔夫二世安插其儿子就任修道院院长一职。但是，到这时，圣文森佐·阿尔·沃

㉝ Chronica monasterii Casinense II, no. 1 – 3; I placiti cassinesi del secolo X col periodi in volgare, Chronicon Vulturnese del monaco Giovanni II, no. 64 – 8.

㉞ 后者被编辑到 Tosti（ed.），Storia della badia de Montecassino I, 1226 – 1228，以及 Chronicon Vulturnense II, pp. 162 – 4.

㉟ Wickham（1985），尤其是 pp. 250 – 1; Loud（1994b），pp. 54 – 6. 亦可参见 Del Treppo（1955），pp. 74 – 100，关于城堡范围内的中心聚居村（incastellamento）的社会和经济后果的论述，也可参见 Toubert（1976）。

尔图诺修道院在这一政策的执行中已经不再发挥什么作用。981年之后，该修道院没有得到任何特权证书，至11世纪，莫利塞已经完全摆脱了王公的控制。

沿海各公国阿马尔菲、那不勒斯和加埃塔，与伦巴第各公国的情况很不相同。其中之一，这些沿海公国的地域较小，无须面对相距遥远的问题，以及对公国内侵蚀政府现象的控制问题。在那不勒斯和加埃塔，至900年，已经确立世袭王朝的统治。在阿马尔菲，通过城市统治者曼索（Manso）与其子的联合治理，统治者家族巩固了自身的统治。到907年，拜占庭政府通过授予曼索代理人（spatharocandidatus）的身份，承认了其所具有的地位。尽管这位新贵（parvenu）的身份地位相对低了一些，但实际上我们由阿马尔菲王朝可以判断出，在加里利亚诺（Garigliano）远征时期，那不勒斯和加埃塔的统治者被授予了更高的身份帕特里基奥斯（patrikios）。[36] 958年，在一场政变中，曼索家族被取而代之，但是，沿海公国的稳定仍足以保持下去，一直贯穿于这一时期，直到11世纪。阿马尔菲新的统治家族一直维持到11世纪后期，即罗伯特·吉斯卡尔（Robert Guiscard）统治时期。那不勒斯公国的统治一直维持至1139年，其最后一位公爵去世。

三个沿海公国的经济都以贸易为基础，但依赖的程度不尽相同。阿马尔菲地域狭小（且多为山区），其经济活动依赖对外贸易的程度最大；那不勒斯拥有较大面积的内陆，对贸易的依赖程度最小。根据阿拉伯旅行家伊本·哈克尔（Ibn Ḥawqāl）大约于975年的记载，阿马尔菲是"南部意大利最富庶、最高贵、最显赫的城市，就其情况而言，也是最繁荣、最富裕的城市"。[37] 10世纪40年代，阿马尔菲的一些商人出现在君士坦丁堡，10世纪末也出现在埃及。但最初的贸易目的地是北非和西西里，产自南部意大利的木材、谷物、亚麻制品和其他农产品被运抵这里。根据伊本·哈克尔的说法，那不勒斯是亚麻制品生产的中心，以其质量著称。这种贸易要求与伊斯兰教教徒保持良好关系，这也是为什么9世纪和10世纪早期，阿马尔菲和加埃

---

[36] Schwartz (1978), pp. 31–2.
[37] *Medieval Trade in the Mediterranean World*, p. 54.

塔不情愿加入在军事上反对阿拉伯人的行动当中，而且还多次向入侵者提供实际性帮助的原因。那不勒斯公国在反阿拉伯人的斗争中扮演着比较积极的角色，由此表明，与其他两个公国相比，城市贸易对其生存发展来说意义并不重要。而事实上，阿马尔菲需要从南部意大利的内地进口谷物，加埃塔很可能也是如此，由此显示，坎帕尼亚的港口也需要保持与伦巴第各公国的联系。另外，萨勒诺在这一贸易中所起的作用也不应完全排除掉。伊斯兰的金币经常被仿制成1/4第纳尔，称为塔里（tari），这是拜占庭行省之外流通的主要货币，而且自大约1000年开始，便由萨勒诺和阿马尔菲铸造。

在这一贸易中所获利润，不仅在9世纪中叶在加埃塔、9世纪90年代在阿马尔菲帮助个别家族确立了自己的统治，而且此后对其统治的巩固也起到了帮助作用。从加埃塔的两位统治者多斯比利斯一世（Docibilis I）于906年和多斯比利斯二世（Docibilis II）于954年所留下的遗嘱中可见，所处置的财产中，绝大部分是动产，显然贸易利润是其主要来源。[38] 占有铸币厂也是其权力的一个重要方面。加埃塔公爵对铸币厂有着垄断权，只有例外情况下才授予别人这一权力。从遗留下的文献来看，在阿马尔菲，铸币厂远多于公国人口所需的数量，而且价值较高。与此同时，与加埃塔垄断铸币厂的做法不同，阿马尔菲的统治者控制着相当数量的铸币厂，并可以从其收入中获利。如同其他方式一样，与伦巴第各公国相比，沿海各公国在这些方面的统治非常不同。与伦巴第王公不同的是，这些公爵并不主张其统治权最终来自神授［自10世纪50年代以后，阿马尔菲出现例外，当时靠神的恩典/天主恩赐（*dei gratia/providentia*）这种形式能够给篡夺来的新王朝以合法地位］，也不想通过传统的、时间推演的方式使其政权具有神圣性。他们的统治地位更多依靠的是，来自由公共财政和其家庭财产构成的财富，来自他们作为立法者和军事领袖的角色，来自他们对地方教会的控制，因此，他们的亲属常常担任高级官职。10世纪早期阶段，阿马尔菲的统治者常常满足于自称"审判官"（judges）。11世纪早期，那不勒斯的统治者则采用大元帅（*magister mili-*

---

[38] Codex diplomaticus Caietanus I, pp. 30, 87, nos. 19, 52. 关于加埃塔（Gaeta），请见 Skinner（1995），尤其是 ch. 3.

tum）的头衔，反映了他们作为人民保卫者的军事作用。对加埃塔和阿马尔菲的新王朝来说，拜占庭赋予的头衔是他们取得合法性的重要因素，尽管对这种头衔的使用可能也会依据他们对拜占庭的支持与联盟的需求程度而产生变化。10世纪60年代，随着奥托派的到来，以及他们对卡普亚的"铁头"潘德尔夫的支持，那不勒斯和阿马尔菲的两位公爵逐渐与东罗马帝国建立了友谊，因此在他们的文献中再次参考了拜占庭的社会等级制。因此，969年，那不勒斯公爵积极支持拜占庭对坎帕尼亚的入侵。

10世纪70年代，卡普亚-贝内文托王公正在成长着的权力，预示着将接管拜占庭统治之外的南部意大利。973年，在萨勒诺发生了一次失败的政变，其中没有子女的吉素尔夫被送到阿马尔菲成了囚犯。政变的领导者是孔扎的前领主（是贝内文托的阿特努尔夫二世或三世的儿子），许多年前曾被吉素尔夫驱逐出国，但后来又允许其返回。"铁头"潘德尔夫迅速而果断的做法便是恢复吉素尔夫的王位。但是，恢复王位的代价是潘德尔夫的儿子成为吉素尔夫的共治者，并在977年吉素尔夫去世后成为继承人，其名字也是潘德尔夫。这至少从理论上讲，旧的贝内文托公国，犹如849年分裂前的加洛林王朝时期一样，恢复了统一。但是，这一统一是虚幻的，因为981年"铁头"潘德尔夫之死即预示着其帝国的分裂。尽管有奥托二世所率军队的到来，但萨勒诺和贝内文托还是反叛了。贝内文托所推举的王公是潘德尔夫的侄子，即潘德尔夫的兄弟和共治者阿特努尔夫（去世于968/969年）的儿子。萨勒诺人则首先转向阿马尔菲公爵曼索，然后于983年12月，又转向宫廷官员斯波莱托（spoleto）的约翰。约翰获得了公国并建立了新的统治王朝。[39] 因此，自982年以来，伦巴第人的南部意大利再次分裂为三个独立公国。

982年，奥托派在南方的影响也同样经历了大消失的过程。奥托二世决定放弃969年的和约，对拜占庭行省发动一场新的侵略。奥托二世的军队先是挺进南方的阿普利亚，围城之后并没有拿下马泰拉（Matera）和塔兰托（Taranto）。然后又向卡拉布里亚挺进，

---

[39] 关于纪年，见Schwartz（1978），pp. 39-41。居住在萨勒诺（Salerno）的阿马尔菲人（Amalfitans）的数量，无疑促进了曼索（Manso）的接管过程。

那里再次受到来自西西里的阿拉伯人的入侵威胁。但是，奥托二世的意图并不十分清楚。德意志编年史家梅泽堡的蒂特马尔（Thietmar of Merseburg）表示，奥托二世的最初目标是将卡拉布里亚从阿拉伯人的威胁中解脱出来，但是，这种详细具体的描述太具倾向性和不可信了，我们不能完全采信。奥托二世的主要意图或许是兼并拜占庭人的领土。在前往卡拉布里亚的途中，在靠近科隆纳角（Cape Colonna）的地方，奥托二世的军队与入侵的阿拉伯人发生激战，彻底失败的奥托二世费尽全力才得以逃脱。[40] 卡普亚的兰杜尔夫四世和他的兄弟——被剥夺了萨勒诺王公职位的潘德尔夫——皆被杀。

　　卡拉布里亚失败刚一年多，奥托二世便去世了，帝国内部的少数派占了上风，这意味着南部意大利未来大约16年不会发生德意志人的干涉。同样也确保了三个伦巴第人公国的存在，在无神圣罗马帝国帮助的情况下，也没有任何一个统治者能够像"铁头"潘德尔夫所做的那样，统治拜占庭辖区以外的南部意大利。奥托二世对斯波莱托和卡美利诺（Camerino）的统治也给了别人。卡普亚公国落入一位未成年的、受其母亲监护的孩子手中。在卡普亚和贝内文托，以城堡范围内建立聚居中心（incastellamento）为征兆的离心力，一点一点地削弱着王公的权力。在贝内文托公国，大约1000年，城堡的发展加速了，王公的统治变得越来越有限，几乎不出贝内文托城附近区域。中央权力在逐渐弱化，确实没有因为统治家族内部的利益分化而有所改善。如985年，阿马尔菲的曼索公爵被其兄弟阿德尔弗瑞斯（Adelferius）所取代。更为严重的是，993年卡普亚的王公兰杜尔夫（Landenulf）在一次起义中被杀。有征兆显示，这场起义得到其兄弟莱杜尔夫（Laidulf）的默许，莱杜尔夫最后继承了王公职位。[41] 随后，卡普亚大主教艾恩（Aion）也被谋杀。996年，蒙特卡西诺修道院和邻近的阿奎诺伯爵经过在公国北部进行了一段公开战争之后，王公的亲戚卡西诺山修道院院长曼索，在造访卡普亚的时候被俘获并被致盲。10世纪90

---

　　[40]　Thietmar, *Chronicon* II, c. 20 – 22.
　　[41]　奥托三世（Otto III）证明其于公元999年废黜莱杜尔夫（Laidulf）职位的正当性理由是他有权干预。Chronicon monasterii Casinense II, 24. 当时卡普亚编年史记载了此事件发生不久的情况，但却是这样描述的，认为其兄弟被杀后，莱杜尔夫（Laidulf）"欣然来到"卡普亚（Capua）：Cilento (1971), pp. 308 – 9. 最令人讨厌的是 the *Vita S. Nili*, c. 79.

年代，卡普亚公国的权威几近崩塌。[42] 999 年神圣罗马帝国皇帝奥托三世的干涉，对此毫无帮助。奥托三世剥夺了莱杜尔夫的职位，将他自己提名的人选推上王公的位置。但是，他的军队刚刚撤走，他的被保护人（protégé）便遭到驱逐，其职位被贝内文托（其首都遭到皇帝奥托三世的围困，但却未被攻占）王公的弟弟所取代。

没有任何地区能像卡普亚一样让我们如此渲染，其权力分散成为一种相当普遍的现象。即使像加埃塔这样的小的公国，也如同伦巴第公国一样出现分裂的倾向，公爵家族的非长子们形成的分支所建立的几乎独立的伯爵辖区，如丰迪（Fondi）、特雷东（Traetto）和苏伊欧（Suio）等，地处公国领地的偏远地带。在拜占庭辖区内，由于存在着强大的中央行政管理机构，不存在此类问题。但是，10 世纪 80 年代和 90 年代，阿拉伯人屡屡进攻，也确实成为一个严重问题。这不仅仅是因为拜占庭帝国将注意力全部集中于对付别处的事情，较明显的有小亚细亚的反抗和与保加利亚人的战争。这些穆斯林的入侵，既深入卡拉布里亚，也深入阿普利亚。988 年，巴里的郊区遭到袭击；991 年，塔兰托遭到进攻；994 年马泰拉经过长期围困后被攻陷；1003 年，巴里自身也遭围困长达五个月之久，最后由于威尼斯人的一支舰队的到来而获救。1009 年，北方的卡拉布里亚和科森扎陷落。如果当时文献中显现出一丝悲观情绪的话，我们无须惊讶。992 年，孔韦尔萨诺（Conversano，地处阿普利亚中部）的一位居民哀叹道：在和平时期，他能够为其年长的儿子们提供适当的粮食物品，而如今的"野蛮主义时代"，他已经不能为其小儿子这样做了。[43]

西部沿岸也没有免于袭击。阿马尔菲公国的贸易联系使其得到保护，但 991 年也被侵袭。999 年，萨勒诺的外围地区也成为进一步掠夺性袭击的牺牲品。根据卡西诺山的阿马图斯（Amatus）的编年史的记载（可以确认是约 80 年后的记载），有一支来自诺曼底的约 40 人的朝圣队伍，访问耶路撒冷后返回时，自愿加入了反对侵略者的战斗，无意中赶上并打败了敌人。在此之前，他们普遍存在着恐惧感。他们非凡的表现给人留下深刻印象，王公（古艾玛三世）邀请他们

---

[42] 参见王公莱杜尔夫（Laidulf）前所未有的对卡西诺山持有财产予以尊重的誓言，大约是公元 993 年；Accessiones ad historiam abbatiae Casinensis, p. 90.

[43] Codice diplomatico Pugliese, no. 20; Le Pergamene di Conversano, pp. 56–8, no. 26.

或他们的亲戚作为商人前来经商。所以，至少传说是如此表述的，或许也是真正的事实，诺曼人来到了南部意大利。[44] 在未来的几年里，诺曼人在区域史当中仅仅是一个微弱的因素。但是，当 11 世纪来临时，诺曼人却永久性地改变了南部意大利的历史进程。

G. A. 劳德（G. A. Loud）

李增洪　译

顾銮斋　校

---

[44] Amatus of Monte Cassino, Storia de' Normanni I, 17—19, pp. 21 - 4. 关于日期，请参照 Hoffmann (1969).

第二十七章

穆斯林统治下的西西里和安达卢西亚

10 世纪之初,穆斯林在地中海世界大部分地区的扩张走到了尽头。在拜占庭帝国东南部,边境线确定在了安蒂托罗斯(Anti-Taurus)山脉,穆斯林控制了平原地区,拜占庭则控制了高地地区。衰弱的阿拔斯哈里发国家,再也没有像一个世纪前那样,利用整个近东伊斯兰世界的资源,展开对高原地区的远征。马拉蒂亚(Malatya)、西里西亚平原和安条克仍在穆斯林手中,但在一个世纪后便彻底脱离了伊斯兰世界的控制。

在东部地中海,拜占庭海军经历了逐渐复兴的过程。直到 905 年,埃及图伦王朝(Tulunid)的统治者仍控制着东部沿海的大部分地区,而且在塔尔苏斯(Tarsus)还拥有一支舰队。但是,905 年,阿拔斯王朝重新征服了埃及,这一切似乎也结束了。969 年,法蒂玛王朝(Fatimids)向东移动,从突尼斯转移到了埃及,并试图重新夺回海上主动权。但到此时,塔尔苏斯和其他北部港口已经丢失,法蒂玛王朝被迫退守的黎波里(Tripoli)和阿克城(Acre),然后再进一步南下。961 年,克里特岛落入拜占庭之手,成为这一进程中又一重要的一步。

在西部地中海,西西里、巴利阿里群岛和伊比利亚半岛的大部分地区,仍处于穆斯林的牢牢掌控之中。正是在这些地区,穆斯林能够建立起强大而有效的国家,而且从许多方面来看,10 世纪都是安达卢西亚的黄金时代。然而,即使在这些地区,也几乎停止了扩张。袭击所针对的仍是意大利和西班牙的基督教团体,但是征服时代已经过去,迎来的是官僚体制的时代。

第二十七章　穆斯林统治下的西西里和安达卢西亚

穆斯林的西班牙，912—1031 年

912 年 10 月，年老而抑郁的倭马亚王朝科尔多瓦的埃米尔阿卜杜拉·本·穆罕默德（Abd Allāh b. Muḥammad）去世了，去世前指定他的孙子阿卜杜勒·拉赫曼（Abd al-Raḥman）作为其继承人。他所留下的遗产并不巨大。在他的祖父阿卜杜勒·拉赫曼二世（Abd al-Raḥman II, 822—852 年）时代，埃米尔的权力，已经从以科尔多瓦为中心的核心地带，扩张至包括遥远的行省权力中心在内的地区，其中有美里达（Merida）、托莱多（Toledo）、萨拉戈萨（Zaragoza）和巴伦西亚（Valencia）。在他去世后的半个世纪里，在穆罕默德（Muḥammad, 852—886 年）、蒙齐尔（al-Mundhir, 886—888 年）和阿卜杜拉（ʿAbd Allāh）统治期间，权力被逐渐分化。权力衰败的原因并不是单纯统治者个人统治失败的问题。重要原因之一是各行省的穆斯林精英们有强烈的分裂倾向，这种分裂倾向，在阿卜杜勒·拉赫曼二世权力鼎盛时期也是难以控制的。由于伊斯兰教本身的成功，如今这种分裂倾向更进一步加剧了。因为随着当地人改信新宗教人数的增多，改信者开始要求与旧有的阿拉伯人中的精英和柏柏尔人的后代享有同等的政治和财政上的权利。这些争论不仅削弱了科尔多瓦政府的有效性，而且还危害了与行省大贵族之间的关系，行省大贵族中许多有着穆瓦拉德（muwallad）*的历史背景。

阿卜杜勒·拉赫曼继承来的权力，仅仅能够延伸至科尔多瓦以外及其周围土地肥沃的坎皮纳（Campiña）。军队的规模小且平淡无奇，主要依靠抢劫附近地区加以供养，随着国家资源的萎缩，官僚体制也走向势微。在行省当中，地方大贵族享受着无可争议的控制权：巴达霍斯（Badajoz）和安达卢西亚西部的大部分地区，是由穆瓦拉德人首领的后裔伊本·马万·吉里奇（Ibn Marwān al-Jillīqī，大约死于 889 年）所统治。在一个世纪的时间里，该家族在这一地区都占据着重要地位。与此同时，梅里达（Merida）以及北部和东部的牧区平

---

*西班牙语为 muladi，复数形式为 Muladies。葡萄牙语为 Muladi，复数形式为 muladis。源自阿拉伯语مولّدون，复数形式为 muwalladun 或 muwalladeen。用以指称伊比利亚裔穆斯林。——译者注

原，则由柏柏尔人的首领马斯欧德·b. 塔吉特（Masʿūd b. Tajīt）所统治。托莱多有着长期的自治传统，在穆瓦拉德的领导者的控制之下，只是在阿卜杜勒·拉赫曼二世统治时期，才暂时被中断了自治权。萨拉戈萨（Zaragoza）则由图基比（Tujībī）家族所统治。该王朝政权号称有阿拉伯血统，而且在卡拉塔尤（Calatayud）和达罗卡（Daroca）拥有分支；并且此时，埃布罗河流域的穆瓦拉德班努·卡斯（Banū Qāsī）已几乎被其完全取代。高地至托莱多以东和以南的地区，则居住着大量的柏柏尔部落。从9世纪晚期开始，他们中的领导家族是班努·扎努［the Banū Zannūn，阿拉伯化了的班努·杜·努恩（Banūʾl-Dhūʾl-Nūn）］，其影响远达巴伦西亚周围的平原地带。许多季节性移动放牧的柏柏尔人就在巴伦西亚过冬。

在安达卢西亚的中部和北部地区，地方自治长期以来都是穆斯林西班牙政治生活中的一个重要特点。对科尔多瓦政权的直接挑战来自南部的政治分歧，即传统意义上埃米尔权力中心的政治分歧。塞维利亚或许是安达卢西亚的第二大城市，被当地的阿拉伯人家族所接管，班努－哈查吉（Banūʾl-Hajjāj）和西南部大多数的小的中心，都有他们自己的地方领主。即使那些较为审慎的权力中心，也广泛存在着身为穆瓦拉德的大地主欧麦尔·伊本·哈弗森（ʿUmar b. Ḥafṣūn）所领导的起义。此事始于埃米尔穆罕默德统治时期，起义者从穆瓦拉德和穆扎拉布人（Mozarabs，处于穆斯林统治下的当地的基督教徒）中召集新成员，召集范围遍布整个南部山区，从东部的阿尔梅里亚（Almeria）一直到西部的梅地那·锡多尼亚城（Medina Sidonia）。尽管这些地区集中于龙达山区（the Serrania de Ronda）博巴斯托（Bobastro）起义者的山区堡垒附近。伊本·哈弗森的行动遭到当地阿拉伯领导者的强烈反对，特别是在埃尔维拉（Elvira）地区（如今地处格拉纳达北部的不毛之地），埃米尔阿卜杜勒试图平息这一地区的运动，但却是间歇性的、无效的。

从其统治伊始，年轻的阿卜杜勒·拉赫曼便通过有限的军队和外交技巧，有系统地扩张自己的权力。他获得了来自倭马亚王朝麦瓦利（*mawālī*，倭马亚王朝早期自由人的后代，他们在科尔多瓦地区组建了一个精英团体）阶层主要家族的坚决支持，尤其是在阿卜杜拉、班努·舒海德（Banū Shuhayd）和其他家族统治下，班努·阿比·阿卜达（Banū Abī 'Abda）家族在军事上发挥了重要作用。统治伊始，他也依赖有经验的本家族成员的支持，尤其是其叔父们如阿万（Abān）和艾尔希德·本·阿卜杜勒（al-ʿĀṣī b. ʿAbd Allāh）的支持。依靠这些组织，阿卜杜勒·拉赫曼延续了其前辈的统治模式，但也开始寻求安达卢西亚以外军事力量的支持。他还极力扩大了购买白人奴隶的做法，大部分奴隶是斯拉夫人，最初都是在奥托帝国东部边境上作战时所获的战俘，他们被俘后被奴隶贩子卖到了南方。总体来说，这些人（以 *ghulām* 或 *fatā* 而闻名，两个词语皆为听差、随从之意）构成了新模范军的核心，在军事等级体制中，其影响力在逐渐增强，最终影响至整个倭马亚国家。由此而建立起直接对他负责的、不受本土阿拉伯人制约的、有效的军事体制，如同穆瓦拉德一般。沿此道路发展的结果是出现了官僚机构大膨胀。新的头衔和官职出现了，其中部分原因来自新出现的职业军队的需要，但毫无疑问，还有部分原因是科尔多瓦政治社会的精英们谋取钱财的需要。

阿卜杜勒·拉赫曼于912年接管政权后，财力基础非常的有限，要完成上述事业是不可能的。这一运动始于他统治伊始的第一个冬天（912—913年），因为非常急于完成使命，第二年夏天，他便率领军队在内华达山（Sierra Nevada）的边缘地区，开始了扩展王权的进程。他的战术永远都是向地方军事贵族提出条件，激励他们和平交出城堡。在这方面，事实上他得益于地处南部他的主要对手伊本·哈弗森的改宗。伊本·哈弗森此时重新改信其祖先所信奉的基督教，而大多数穆斯林厌恶背教者，更愿意接受穆斯林埃米尔的霸权统治，即便为此需要缴付更多的税收。更进一步令人震惊的幸运事件，发生于913年，当时塞维利亚的年老统治者、狡猾的伊本·哈查吉（Ibn al-Ḥajjāj）去世了，其家族因遗产问题发生了争执，阿卜杜勒·拉赫曼的军队便接管了该城。

到914年，阿卜杜勒·拉赫曼已经重获安达卢西亚最富庶、人口最多地区的控制权，但最终要减缓伊本·哈弗森以山区堡垒为基地进行的反抗被证明是一件更加长期的任务。917年，叛乱的领导者去世，但斗争由其儿子们延续了下来，直到928年，才以协约的方式宣告投降，由此也结束了南部山区长达半个世纪的对科尔多瓦政权的顽强抵抗。

无论如何，此前埃米尔已经开始将其影响扩大到了安达卢西亚以外的地区。其主要手段便是 ṣā'ifah，即针对基督教北方的夏季攻势，这也是埃米尔作为穆斯林团体领导者的一个重要标志。阿卜杜勒已经终止了这项活动，阿卜杜勒·拉赫曼又恢复了起来，并将之作为实施其政策的最有效工具之一：如 924 年，他率军直抵东部沿海地区（这或许是在任埃米尔第一次造访此地），然后又抵达埃布罗（Ebro）河流域，从此他开始领导穆斯林展开对潘普洛纳（Pamplona）的掠夺。这项运动不仅使其获得了整个安达卢西亚穆斯林社团领导者的地位，而且也使他与地方大贵族有了直接的接触，如萨拉戈萨的图基比家族（Tujībīs）、迪尔－努尼底家族（Dhū'l-Nūnids），都义不容辞地服务于阿卜杜勒·拉赫曼的军队。

929 年，阿卜杜勒·拉赫曼已经有了足够自信，感觉应该按照阿拔斯哈里发的模式，公开自称哈里发并采用纳赛尔（al-Nāṣir，"常胜者"）的头衔了。这样做的原因很多。当然，安达卢西亚的倭马亚王朝是哈里发的后裔，确实在自称哈里发之前有时被称为"哈里发的儿子"：无人视其为自命不凡的新上任者，在安达卢西亚也无人能有这样的地位。但也有更直接的原因：在整个伊斯兰世界当中，理想的哈里发形象早已毁坏。10 世纪早期，巴格达的阿拔斯哈里发国家已陷入混乱，由于政治和经济问题而瘫痪了，只徒有哈里发的名号而已。与此同时，909 年在突尼斯已建立了与之对立的法蒂玛哈里发国家。法蒂玛王朝自称是先知的女儿法蒂玛（因此而得名法蒂玛王朝）和其女婿阿里的后裔，因此他们宣称拥有整个穆斯林世界的领导权。这不仅意味着存在着两个敌对的哈里发，而他们的主张和要求，对安达卢西亚的倭马亚王朝来说，也是一个特殊的危险，因为他们都认为自己有对马格里布和西班牙的统治权。当伊本·哈弗森一度将他们视为他的领主时，这一危险就更加突出了。

随着哈里发声称既是宗教的也是世俗的领导者，所有这些因素都意味着，获得哈里发的头衔是必然的一步。与之伴随的是哈里发决定如法蒂玛王朝一样铸造金币。从某种程度上说这反映出当时国家的经济繁荣程度明显提高了，同时这项决定也具有象征性意义。

武力再加上新的称号，登上权位的纳赛尔立即开始将其权威扩大至安达卢西亚的中部和北部地区。929 年，他使包括巴达霍斯

（Badajoz）和阿尔加维（Algarve）在内的低地边区（Lower March）臣服。地方领导者得到仁慈的对待，但他们却必须定居于科尔多瓦。与此同时，倭马亚王朝的警备军则被派往他们的城堡和要塞。930年是托莱多的转折点。事实证明，这是一个更加困难的问题，托莱多被围困了两年才屈服。阿卜杜勒·拉赫曼的下一个目标，是控制迪尔－努尼底家族（Dhuʾ l-Nūnids）的领地和仍由图基比家族（Tujibis）和其他强大的地方领主控制的萨拉戈萨和埃布罗河流域。10世纪30年代的大部分时间里，纳赛尔都在使这一地区屈服，但事实证明这超出了他的所能。倔强的领主们可以被迫签署协议，但却极少遵守这些协议，纳赛尔发现也很难找到迪尔－努尼底家族或图基比家族政权的替代者。即使让他们参加夏季攻势也是有些犹豫的，因为这意味着他们要被迫在自己的土地上服役，而更糟糕的是或许他们要和奴隶出身的新手士兵一起服役或在这些新手的领导下服役。正是这些紧张关系的存在导致灾难性后果。939年，纳赛尔领导了一场对杜埃罗（Duero）地区中部的远征，遭遇到的却是破碎而艰难的地形。他们在阿拉伯人称为堑壕（al-Khandaq）的一个不确定的地方，被莱昂人的军队彻底打败了。至少其中的部分原因是，韦斯卡（Huesca）的领主富尔顿·伊本·穆罕默德（Fortūn b. Muḥammad）在战斗关键阶段的离弃，这位哈里发在这场战斗中可耻地离开了战场。

失败是纳赛尔命运的转折点，似乎毁了他的雄心壮志和自信心。他再也没有发动冒险的战役，也很少离开科尔多瓦。边境上的活动局限于地方领导者所发动的小规模远征。北部边区的领主们和东部高地地区［在此，旧有的班努·迪尔－努恩（Banū Dhuʾ l-Nūn）与前来的阿尔瓦拉辛的班努·拉赞（Banū Razīn）汇合在了一起］的柏柏尔人首领们，都在毫无争议地继续行使着自己的权力。

纳赛尔的统治同样也使科尔多瓦在北非也发挥着越来越大的作用。现代的摩洛哥地区，安达卢西亚的居民则称之为 al-ʿUdwa（字面意思为"另一边"），其发展远落后于穆斯林的西班牙。除了费斯（Fes）之外，这里几乎没有城市和阿拉伯人定居点，从本质上讲，费斯仍是柏柏尔人部落区。伊德里斯王朝（Idrisids）像法蒂玛王朝一样，宣称是先知的直系后裔，实行着灵活而又断断续续的领导权，而真正的权力则在部落首领和当地统治者的手中。科尔多瓦的倭马亚王朝对这些贫穷而难以控制的地区兴趣不大，更愿意与相距最近的如地中海沿岸的纳库尔（Nakūr）的班努·萨利赫家族（the Banū Ṣalih）等，建立友好的关系。但是，法蒂玛王朝的到来，意味着这种不干涉政策不再适宜，纳赛尔开始关注这些地区了，不仅要直接统治这些地区，还要防止法蒂玛王朝占领并成为进攻安达卢西亚的基地。这一点是通过与当地的柏柏尔人建立联盟关系而实现的。922年，法蒂玛王朝进行了一次重要的远征，占领了费斯和南部的希吉玛萨（Sijilmassā）贸易前哨站。935年和953年又发动了两次远征，每次远征他们都发现，无法控制所占领的地区，因为当地部落领导者依靠倭马亚王朝的支持，可以重新获得独立，威胁波及西班牙本土的沿海地区。955年，法蒂玛王朝的舰队焚烧了阿尔梅里亚（Almeria）。为了便于严密监控北非的事态发展，纳赛尔接管了迈里拉港（Melilla, 927年）、休达港（Ceuta, 931年）和丹吉尔港（Tangier, 951年），并在非洲沿海地区建立起长久但有限的驻军。这一做法的后果之一是，提高了招募柏柏尔人参加倭马亚军队的数量，最初称作为丹吉云[ṭanjiyyūn, 丹吉尔（Tangier）人]，这一趋势对倭马亚国家产生了重要影响。

939年之后，哈里发似乎已经局限于科尔多瓦附近，巩固其自身统治的方式便是在科尔多瓦以外的马迪纳特·扎西拉（Madīnat al-Zahrā）建立新的王宫城市。在此，受雇的富人和宫廷中老于世故者向当地各阶层和外国大使大肆炫耀。外国大使中就包括，953—956年的某一时间由奥托一世派来的戈尔泽（Gorze）的约翰，以及951年来自拜占庭的修道士尼古拉斯（Nicholas）。961年，阿卜杜勒·拉赫曼正是在这样一座日渐扩大、装饰华丽的宫殿中去世的。

有关王位继承问题不存在任何疑问。他所选择的继承人哈卡姆·穆斯坦绥尔（al-Ḥakam al-Mustanṣir），出生于915年，早已拥有日常管理和战争方面的经历。他的统治特点是广泛地延续其父亲的政策，似乎也延续了纳赛尔晚年总体稳定的宫廷生活。马迪纳特·扎西拉成为安达卢西亚的凡尔赛，那些具有潜在的地方大贵族，如萨拉戈萨的图基比家族或来自摩洛哥的柏柏尔人的首领，被鼓励过着奢侈而游手好闲的生活。政府的统治逐渐地演变为由人们面见统治者，而非统治者率军队巡游各地或到各地解决问题。哈卡姆是个十分有文化修养的人,既是作家们的赞助者,也是藏书爱好者,但是,他的统治风格也确实为日后带来了一些问题。

宽松的统治风格意味着与宫廷有联系的权势人物的影响扩大了。最著名的是加里布·伊本·阿卜杜勒·拉赫曼(Ghālib b. ʿAbd al-Raḥmān)。他是一位奴隶出身的士兵,由纳赛尔提拔为军队的最高级指挥官。他在梅迪纳切利(Medinaceli)建立了领土防御基地。该地地处基督徒与穆斯林交界地区的重要位置,从科尔多瓦至埃布罗河流域的主要道路由此经过。在此,在培养了一批斯拉夫人追随者的同时,他也享受着对中部边区其他领主的统治权。他为哈卡姆很好地守卫着边疆和北非,因此得到更多的荣耀。

在内政管理上,他的反对者同样背景不清。贾法尔·乌斯曼·穆萨菲(Ja ʿfar b. ʿUthmān al-Muṣḥafī)似乎是一名来自巴伦西亚地区带有柏柏尔血统的教师的儿子,曾被指派为年轻的哈卡姆的家庭教师。贾法尔与王子成为好朋友,王子继位后,贾法尔也成为大臣。贾法尔不仅精于正规的法律文件,而且也善于安排精细的仪式,这对马迪纳特·扎西拉的生活来说是一个重要的组成部分。尽管贾法尔没有个人的权力基础,他的侄子希沙姆·伊本·穆罕默德(Hishām b. Muḥammad)则成为军队中举足轻重的人物,对巴伦西亚家乡的基地负有指挥之责。加里布与穆萨菲之间的关系密切而真诚。

在行政管理之外,哈卡姆最关注的是对北非事务的处理问题。969年,法蒂玛王朝征服了埃及,两者之间的力量平衡发生了根本性变化。法蒂玛王朝很快便放弃了将突尼斯作为统治中心的想法,将柏柏尔的首领齐里·伊本·马纳德(Zīrī b. Manād)留下来作为其代理人。这便消除了安达卢西亚遭受入侵的威胁,而且哈卡姆还试图占领该地区,但遭到包括伊德里斯王子哈桑·伊本·卡努姆(al-Ḥasan b. Qannūn)在内的许多人的反对。哈卡姆派出了一支重要的远征力量,由加里布指挥,但进展迟缓代价高昂,973年最终以有辱使命的失败而告终。至此科尔多瓦(的哈里发)才发现对北非需要太多耐性,很难直接统治,不得不指派一位名为伊本·安达卢斯(Ibn al-Andalusī)的冒险家根据北非人民利益管理这个国家。这一长期而耗资巨大的运动的结果,仅仅是证明了纳赛尔对北非采取尽量少介入的政策的英明。但是,在摩洛哥寻找可靠同盟的努力,则导致科尔多瓦的官员和柏柏尔的领导者之间，外交和私人层面的密集接触。

在这样一个相当封闭甚至使人感到有些幽闭恐怖的政治社会中，接近统治者是受到严格控制的，这种情况下有些人很容易就能掌握起巨大的权力，尽管他们没有身世背景，或广泛的政治支持。在哈卡姆统治的后期，在这些政治运作者中最成功的是穆罕默德·伊本·阿比·阿莫尔（Muhammad b. Abī ʿĀmir）。他自称有着阿拉伯人的血统，他的一位祖先也确实在711年参加过对安达卢西亚的首次征服。这首先意味着，他的家族在安达卢西亚的时间，比倭马亚人还要久远。他们定居于阿尔赫西拉斯（Algeciras），并保持着该地的繁荣，虽然平平淡淡、毫不出色，却一直延续到年轻的穆罕默德时代，其历史是被编年史家所忽略的。年轻的穆罕默德出生于938年。根据阿拉伯人的资料，他很早就想将自己打造成安达卢西亚最具实力的人物，在军事上为阿拉伯人提供的机会非常有限，因此他去了科尔多瓦，在宗教法领域获得了稳定的地位。[①] 这其中的背景我们并不完全清楚，他与哈卡姆后宫中的女眷建立了密切关系，最著名的便是苏布赫（Ṣubḥ），一个巴斯克人（Basque），王位继承人希沙姆（Hishām）的母亲。穆罕默德·伊本·阿比·阿莫尔成为她无尽财富的管理者和年轻王子的调教者。这一恩赐使其得到进一步提升。973年，他被任命为倭马亚王朝所控制的摩洛哥地区的法官（qāḍī），实际上是作为一名政治官员，和军事指挥官加里布及其继承者一道管理事务。伊本·阿比·阿莫尔成为这一地区柏柏尔人首领与科尔多瓦之间的主要联系者。

976年10月，就在哈卡姆去世之前，他刚从这一职位上返回。继任者希沙姆显然还是一个孩子，斯拉夫人军队中的资深官员试图将王位传给哈卡姆的兄弟，但是伊本·阿比·阿莫尔和穆萨菲与一支新近抵达的来自北非的柏柏尔人组成的军队密切合作，比他们技高一筹。新登基的哈里发按要求进行了就任宣告，同时被授予了穆阿亚德（al-Muʿayyad）的称号，但实权仍掌握在监护人伊本·阿比·阿莫尔和穆萨菲的手中。从这一刻起，伊本·阿比·阿莫尔便运用冷酷而系统的诡计清除其合伙者。他的第一步行动便是，罢黜斯拉夫人军队中所有反对过他的领导人。978年，在富有经验的勇士、仍驻扎于梅迪

[①] Lévi-Provençal（1951），pp. 201–2.

纳切利前线的加里布的支持下，将穆萨菲关进了监狱，之后便死于狱中。981年，伊本·阿比·阿莫尔感觉自己的力量已足够强大了，可以向现已年迈的加里布摊牌了。他向北挺进，在他家乡的土地上会见了加里布。面对加里布的边防军队及其卡斯提的同盟者，伊本·阿比·阿莫尔能够依靠的是由伊本·安达卢斯所率领的柏柏尔人组成的军队，以及通常由图基比家族所领导的北部边区的军队。在治理北非的日子里，他便与图基比家族建立了良好关系。981年7月，一场重要的战斗在阿蒂恩萨（Atienza）附近发生了，期间加里布意外被杀，他的军队也被打散了。

这一胜利意味着伊本·阿比·阿莫尔的权力已是无人能敌了。为了庆祝这一胜利，他采用了君主的年号曼苏尔（al-Manṣūr，胜利者），阿拔斯王朝最伟大的哈里发之一曾使用过的年号。在以后的20年里，他成为安达卢西亚毫无争议的统治者，穆斯林西班牙在领土安全、内部和平和经济繁荣方面达到了极盛。他谨慎地维护着一个神话，即他是年轻的倭马亚·希沙姆（Umayyad Hishām）唯一的摄政，当王子达到法定年龄时，有材料显示他希望献身宗教，委托曼苏尔来治理国家。他严格控制科尔多瓦的城堡，其防御之坚固，在得不到允准的情况下，任何人也不能进出。曼苏尔自己建立了一个统治中心，他称之为马迪纳特·扎西拉（Madīnat al-Zāhirah），正好地处科尔多瓦的东部，可以将国家官员转移到那里。

这一有效篡夺并非完全没有遭遇挑战。989年，发生了一次不成功的密谋。其中一位领导者是哈卡姆的后裔——被称为阿卜杜勒·伊本·阿卜杜勒－阿齐兹（ʿAbd Allāh b. Abd al-ʿAzīz），也叫作哈吉（al-Ḥajar，石头之意，因为其贪财而得名）。另一位领导者是曼苏尔的一个儿子，得到卡斯提伯爵加西亚·费尔南德斯（Garcia Fernandez）的支持。但密谋失败了，曼苏尔下发了对其儿子的处决令。996年，希沙姆的母亲苏布赫（Ṣubḥ）企图使他获得自由，但立即被曼苏尔的代理人揭露了出来。除此之外，很少存在内部分歧，倭马亚家族也被迫接受被排斥于权力之外这一事实。在别处，一些地方大贵族仍努力保持自己的影响力。通常说来，这一点在北方边区尤为突出。图基比家族努力维持着自己的权力，即使有些人有时会冒犯曼苏尔。我们较少听到班努·杜·努恩（Banūʾl-Dhūʾl-Nūn）和班努·拉赞

（Banū Razīn）这样一些柏柏尔人首领的有关情况，但他们的影响一直延续到 11 世纪，没有丝毫的减退。

毫无疑问，新政权得到某些民众的支持，其中部分原因是新政权带来了经济繁荣和政治稳定，同时也因为严格信奉伊斯兰教。曼苏尔本人非常虔诚，不仅手抄《古兰经》，而且还将科尔多瓦的清真寺进行了最后的大规模扩建，与哈卡姆二世时期对这座同样建筑所做的奢华装饰相比，他的装饰则显得非常朴实。他同样采取强有力措施反对任何异端倾向，对哈卡姆时期的图书馆里那些有悖正统观点的书籍进行了清理，将一位被指控具有穆尔太齐赖派（Mu'tazilite）思想的学者钉在十字架上公开处死。

然而，在对伊斯兰教的民粹主义信奉中，最重要一部分是对吉哈德（jihād，圣战）的系统追求，用以对抗基督教徒。以前的统治者，尤其是阿卜杜勒·拉赫曼二世和纳西尔（al-Nāṣir）统治的第一个阶段，利用圣战的领导权既使其统治实现了合法化，也使其与安达卢西亚的偏远地区有了接触。但是，他们中的每一个人都没有像曼苏尔那样，使这项活动发展为某种意义上的一种政策。阿拉伯人的资料中曾提及 50 多次袭击，从小规模的远征到大规模的战役不等，如 985 年攻陷巴塞罗那，997 年攻陷孔波斯特拉的圣地亚哥。[②] 尽管在事实上他没有军事方面的背景或训练，但他的远征一般都是成功的，表明他是一个不错的组织者，与军队有着良好关系。令人震惊的是曼苏尔对其胜利消息的分辨方法，因为科尔多瓦传播着的胜利消息，既有真实的报道，也有夸张或想象的内容。这方面最显著的事例便是，攻陷圣地亚哥之后，战俘们将教堂里的大钟带到了南方的科尔多瓦。

对这些胜利进行宣传的效果是巨大的，既在安达卢西亚造成了影响，也在北方的基督教地区造成了影响。在北方基督教地区，不断的袭击和持续的破坏，引发了人们的恐慌。但在实际上，他们所取得的军事成就很小。基督教教徒的抵抗十分顽强，一直持续到曼苏尔生命的结束。1000 年的夏天，卡斯提伯爵桑乔·加西亚（Sancho García）使穆斯林遭受了巨大的损失，取得了近乎标志性胜利。除了 999 年在扎莫拉（Zamora）建立了一个穆斯林军营这一短暂而不成功的尝试

[②] Lévi-Provençal (1951), pp. 233–59, 了解其细节。

之外，没有做出任何努力将穆斯林的定居点再向前推进一步，城市陷落了。令人困惑的是，这一侵略政策与边境线上姻亲关系的发展是相伴的。如前所述，名义上的哈里发希沙姆的母亲苏布赫是一位巴斯克人。曼苏尔延续了这种关系，娶了那瓦尔国王桑乔·阿巴卡（Sancho Abarca）的女儿阿卜达（'Abda），即其儿子阿卜杜勒·拉赫曼的母亲。阿卜杜勒·拉赫曼也叫作桑绰（Sanchuelo），大约出生于 983 年。993 年，据说他又娶了莱昂（León）国王韦尔穆多（Vermudo）二世的女儿作为后宫，后来又使其摆脱后宫地位并与之结婚。

曼苏尔也推行积极的北非政策。从前，科尔多瓦的北非政策是，寻找力量强大既能够保护其利益，也能接受其绝对权威的当地部落首领。此时已不存在第三种力量，像纳西尔（al-Nāṣir）统治时期的法蒂玛王朝那样努力寻找可利用的形势，但这也并没有使寻求可靠同盟的活动变得更加容易。自 988 年开始，马格拉瓦（Maghrāwa）部落联盟的首领齐里·伊本·阿提亚（Zīrī b. 'Atīya）成为科尔多瓦能够寻找到的最佳代理人，他在瓦吉达（Wajda）建立了一个新的中心作为自己的基地。阿提亚也受邀来到科尔多瓦并在这里建立了奢华的宫殿。但是，这位柏柏尔人的首领始终觉得住在这样奢华的环境里太受拘束了，很快便回到了自己的故土。997 年，他置曼苏尔的权威于不顾。此时曼苏尔决定采取更积极的政策。从这一点上讲，科尔多瓦的势力仅仅占领到休达，在 998 年，曼苏尔派遣他的军队指挥官瓦蒂赫（Wādiḥ），率领大军接管了加里布在梅迪纳切利所承担的角色和职位。费斯被占领并建立起安达卢西亚人的行政管理制度，这种管理一直延续到曼苏尔去世。

征服是短暂的，代价是巨大的，给安达卢西亚留下的重要问题是大批柏柏尔军队的处理。这些新的军队通常不是以个人的名义招募的，而是以部落为单位招募来的，他们的首领继续指挥和领导着他们。这意味着他们仍保持着许多自己部落的精神（阿拉伯资料中称之为"aṣabiyyah"）。实际上，他们中很少有人说阿拉伯语，完全不适应科尔多瓦这样的大城市的环境。这意味着他们依旧和此地格格不入，不了解安达卢西亚社会，也不被安达卢西亚社会所理解。其中最重要的军事团体并不是来自摩洛哥，而是来自齐里王朝的突尼斯（Zirid Tunisia）。齐里王朝统治者巴迪斯（Bādīs）的权威受到两位叔父的挑战，一位是马克尚（Maksān），一位是扎维（Zāwī）。他们试图推翻巴迪斯的统治失败后，与其追随者一起受曼苏尔邀请来到科尔多瓦，在科尔多瓦建立起新的军事派别。

从许多方面来说，曼苏尔的统治是这一发展趋势的顶点。有证据显示，在安达卢西亚，这一发展趋势，特别是军队的逐渐职业化、社会等级制和军事力量集中于非本土集团的发展趋势，贯穿了整个10世纪。与此同时，还存在着一些新的因素，其中并不都是有益的。曼苏尔已经大大削弱了倭马亚王朝的威望，而这种威望正是穆斯林西班牙持久统一的关键所在。不仅倭马亚的哈里发已成为势微的隐居者，而且其家族的其他成员也被完全排除在权力和影响力之外。曼苏尔已经有系统地摧毁了每一个在国家中能够发号施令的人，他的跟随者中也常常是没有独立人格者。在他管控之下，体制会运转，尽管这一体制所表现出的残暴已经达到无以复加的程度；但管控一旦放缓，其前景也很难得到保证。

曼苏尔传位给他的成年儿子阿卜杜勒·马利克·穆扎法尔（'Abd al-Malik al-Muẓaffar），他有着丰富的前线作战和管理军队的经验，从1002年至1008年，他继承了父亲的衣钵，成为安达卢西亚实际的统治者。哈里发国家解体后，依附于阿卜杜勒的作家伊本·哈延（Ibn Ḥayyān）在科尔多瓦写作。对他和其他依靠他生存的作家们来说，阿卜杜勒的统治时期像爱德华七世的夏天一样。此时安达卢西亚的和平、强大和繁荣，与接下来的混乱时期形成鲜明对照。字里行间，显然能够体会到，事情没有固定不变的，不如意十之八九。出现此类问题的部分原因，在于统治者本人的个性。阿卜杜勒·马利克是一个非常不错的战士，但却对日常管理投入的时间和热情不够，加之好饮酒，大量且经常性的饮酒使问题更加严重了。在关键时刻，这意味着具有野心、不道德之人极易利用这种形势获得绝对的行政管理权。另外，曼苏尔政府在科尔多瓦人民中是不受欢迎的，人们痛恨高税收，以及阿米尔王朝（'Amirids）及其继任者的自负。

在曼苏尔时代成长起来的新一代领导者，如今政治上已经成熟，既拥有了追随者，也有了自己的抱负。这在斯拉夫人的军队中显得特别突出。经过曼苏尔的清洗，他们大部分处于群龙无首的状态，但如今有领导的新军队出现了，这些新领导有塔拉法（Ṭarafa）、穆吉亚希德（Mujāhid），最主要的是瓦蒂赫（Wāḍiḥ），他接管了在梅迪纳切利的加里布的职位。这些新人组成了强有力的集团，共同反对柏柏尔人的部落首领。

有两位资深官员试图利用其职位获取对政府的控制权。其中第一位是斯拉夫人塔拉法（Slav Ṭarafa）。塔拉法刚被委以最重要的官职，却于1003年被定罪逮捕并处死。1006年，可以说是为首的瓦齐尔（wazīr）伊萨·b.萨义德·亚苏比（'Īsā b. Sa'īd al-Yaḥṣubī）的转折点。穆扎法尔忽视日常行政事务，出身贫寒的伊萨获得了几乎绝对的权力，并在内政方面与旧有的大家族建立了密切联系。他筹划了一场政变，企图使倭马亚王朝恢复真正的实权，当然是在他的监护下恢复其真正的实权。但是，这一计划被告发，伊萨和他推选的王位继承人纳西尔（al-Nāṣir）的孙子皆被处死。据说，此事之后穆扎法尔决定关注行政事务，但是在取得有效结果之前便去世了。这两件事情说明，在统治精英中存在着极不稳定的因素。

穆扎法尔处理这些问题或者说是逃避这些问题的方法是，投入圣战中去，每年都向基督教教徒发动袭击。对此阿拉伯编年史家留下的是一连串的胜利，但实际结果是阿拉伯人的胜仗非常少，只是攻陷了几座边防要塞而已。不同寻常的是，穆扎法尔鼓励在列伊达（Lleida，莱里达）附近的城堡定居，并对任何居住于此的人给出了金钱上的诱惑，但是，其结果我们并不清楚。对未来的担忧使基督教教徒的抵抗更加猛烈，尤其是卡斯提的桑乔·加西亚伯爵，成为能够与穆斯林相抗衡的对手。这些活动最显著的特色是，穆扎法尔与其父一样，非常注意在科尔多瓦宣传他所取得的成就，具体做法就是撰写用于星期五在清真寺里宣读的信件（这些信件成为我们进行编年记述的基本材料），以及组织胜利大游行。但是，即使如此，人们仍抱怨他俘获的奴隶没有其父俘获的多。只有在其后发生的大灾难的背景下，穆扎法尔统治时期所取得的成就才算得上是一抹金色的光辉。实际情况表明，埃米尔国家的不稳定因素日渐明显了。

穆扎法尔死后，他的兄弟阿卜杜勒·拉赫曼继任其职位。阿卜杜勒·拉赫曼又被称作桑绰（"小桑乔"，因其外祖父那瓦尔的桑乔·阿巴卡而得名）。在穆扎法尔统治时期，阿卜杜勒·拉赫曼便是其兄的得力助手，但这一丰富的经历并没有给他带来政治智慧。继位后，他便立即决定中止其父与其兄思路和章法清晰的政策。1008年11月，他迫使哈里发希沙姆指定他为明确的继承人：先前的埃米尔所精心维护且合法的两个人，如今被清除了。尽管有流传着的预言和借助先知的传统，不可掩盖的事实是，埃米尔并不是先知出身的古雅士（Quraysh）部落的成员，而这一点是所有穆斯林都认同的要成为哈里发所必须具备的资格。正是在做这一安排的过程中，阿卜杜勒·拉赫曼完全疏远了倭马亚家族的众多成员，他们认识到其家族所保留下的社会地位也会因此而被毁掉。

他的第二个行动便是公开显示对柏柏尔人的信任，最明显的事例是，命令其宫廷人员，于1009年1月13日都戴上柏柏尔人的典型帽饰头巾帽（turbans）。穆扎法尔的体制依赖于军事中不同因素之间的平衡，尤其是斯拉夫人与柏柏尔人之间的平衡，同样也依赖于由图基比家族所率领的来自北部边区的阿拉伯人。阿卜杜勒·拉赫曼依赖于一方，必然疏远另一方。

他试图继承埃米尔的传统，变本加厉地与基督徒为敌。尽管已是仲冬时节，他还是派出了一支针对基督教教徒的远征军，以图赢得胜利、证明其名分的正当性。埃米尔的对手意识到，埃米尔不在国内对他们来说是一个机会。当埃米尔一踏上基督教教徒的土地，他们便起事。起事的领导者似乎来自倭马亚家族，为首者是穆罕默德·伊本·希沙姆·伊本·阿卜杜勒–贾法尔·伊本·阿卜杜勒·拉赫曼·纳西尔（Muhammad b. Hishām b. ʻAbd al-Jabbār b. ʻAbd al-Raḥmān al-Nāṣir）。其父因1006年与伊萨·b. 萨义德共谋事变被曼苏尔处死，从此他也开始了流亡生活。与此同时，在科尔多瓦的人民中，他还吸引了相当数量的追随者。

2月15日，桑绰进入基督教教徒土地的消息传来，当晚密谋者便起事了，进攻的第一个目标便是阿尔卡扎尔（Alcazar），迫使哈里发希沙姆退位以支持穆罕默德，之后，埃米尔的城堡要塞马迪纳特·扎西拉被攻占，并遭到彻底劫掠。新哈里发采用马赫迪（al-Mahdī）的头衔，以示他是合法的伊斯兰国家的光复者。他的第一项任命便显示出，他试图让倭马亚家族发挥重要作用，而且他还任命他的侄子为哈吉布（ḥājib，首席大臣）和萨希布·舒尔塔（ṣāḥib al-shurṭa，治安总司令）。他还从科尔多瓦人民中招募民兵。显然这是故意要武装城市里的人民,以摆脱柏柏尔人和斯拉夫人对军队的束缚。编年史家往往不赞同这一点,责难他雇佣了商人和市井中的下等人到军队里,③但是,实际上这是发展权力基础的一项大胆行动。

新政权在首都的大街小巷或许是受欢迎的,但却面临着难以克服的困难。其中最小的一个问题就是桑绰,尽管所有人都提出了建议,但他还是立即回师都城。结果他的军队消失了,他本人被逮捕并被处死于科尔多瓦附近的一座修道院,他只在这里停留了一个晚上。他唯一的一位同伴就是基督教伯爵卡里翁(Carrion)的加西亚·戈麦斯(García Gomez)。他是阿米尔王朝的最后一位埃米尔,随后也没有做使其命运有所转机的尝试。

事实上,较为严重的情况是已有的军事组织直接将马赫迪运动以及新军看作对其职位的威胁。斯拉夫人组成的军队的领导者,身处梅迪纳切利的瓦蒂赫(Wādih),将运气押在了新政权一边。无疑他更喜欢一个由柏柏尔人统治的政府,但是,许多斯拉夫军人离开了科尔多瓦驻扎于黎凡特(Levante),由此马赫迪便失去了一支可以用来与柏柏尔人达成平衡的军事力量。但是,柏柏尔人自己并非是与人为善的。他们与科尔多瓦市民之间的敌对持续不断,贯穿于这一时期所有的混乱事件当中。柏柏尔人依靠的是在科尔多瓦有一个友好的政府,没有这一点他们是不可能存在下去的。但是,马赫迪需要满足他自己的支持者,而这些支持者要求对外来士兵进行羞辱。他引入了一系列措施,如禁止士兵在城里携带武器等,使士兵陷入极易受攻击的境地。扎维·伊本·齐里(Zāwī b. Zīrī)——这位最杰出领导者,也被宫廷拒之门外;大多数外来士兵安置家的地区遭到劫掠。在一次政变企图失败后,他们被驱逐出城市,所遭受的羞辱也达到了极点。

为了施行他们的主张,柏柏尔人开始选定倭马亚家族的苏莱曼·本·哈卡姆(Sulaymān b. al-Ḥakam)作为哈里发的候选人。他们向北方移动时,遭到梅迪纳切利的斯拉夫人军队指挥官瓦蒂赫的抵制,但却与卡斯提的桑乔·加西亚达成协议并获得支持。然后,柏柏尔-卡斯提联合军队向首都发起了进攻。我们所获得的怀有敌意的叙述是:科尔多瓦的军队完全由装备极差且毫无作战经历的城市民兵组

---

③ Ibn Idhāri-al-Marrakushi, Kitāb al-Bayan al-Mughrib, III, Lévi-Provençal, pp. 49–51.

成。毫不奇怪，他们被训练有素的对手彻底打败了。1009 年 11 月，苏莱曼攻入科尔多瓦城，称哈里发，其头衔为穆斯泰恩（al-Mustaʿīn）在悲伤的大众当中，他受到柏柏尔人的欢迎，并给其盟友桑乔·加西亚以正式的欢迎仪式。

反对是难以避免的。马赫迪逃到了托莱多（Toledo），瓦蒂赫获得了巴塞罗那和乌赫尔（Urgell）基督教徒的支持。1010 年 5 月，柏柏尔人被打败，马赫迪被接受为科尔多瓦的哈里发。但无论怎么说，他的统治是建立在由瓦蒂赫所率领的斯拉夫人军队的支持之上的，并没有得到民众的支持，而且人们很快便对他感到厌倦了。1010 年 7 月，他遭到谋杀，其职位再次由无用的希沙姆二世所取代。这些事件都是在柏柏尔人围城的情况下发生的，围城从 1010 年一直持续到 1013 年，在居民中造成了极大的困苦。在城里，瓦蒂赫试图扮演他从前的主人曼苏尔的角色，但却引起科尔多瓦人的担心，1011 年 10 月也遭谋杀。1013 年 5 月，市民感到力量足够强大了才提出谈判的要求。尽管已经采取安全措施，但柏柏尔军队仍难以控制他们的劫掠和毁坏行为。从多方面来看，1013 年科尔多瓦的陷落标志着其作为首都地位的结束。从那时起，它仍是一座重要的城市，但却失去了在 10 世纪所享有的统治地位。从 1013 年开始，安达卢西亚的其他权力中心才得以出现。

恢复中心权威的努力仍在继续。其中最为持久的并不是倭马亚家族，而是哈穆德兄弟（Ḥammūdīs），自称有着阿拉伯人血统的柏柏尔人。哈穆德家族是安达卢西亚政治舞台上的后来者。直到苏莱曼第二任统治时期，自 1013 年开始，阿里才被授予休达城的统治权，他的兄弟卡西姆（al-Qāsim）接管了阿尔赫西拉斯（Algeciras）和丹吉尔（Tangier）。与其他柏柏尔领导者相比，该家族的优势在于其世系。在安达卢西亚，倭马亚家族成功建立起其统治之根源在于，他们是来自大马士革的哈里发的后代，以及由此而来的威望和能力、超越地方的仇恨和妒忌、来自社会各阶层的忠诚。哈穆迪兄弟属于伊德里斯家族，因此最终追溯至第四任哈里发阿里·伊本·阿比·塔里布（ʿAlī b. Abī Ṭālib），属于先知的家族。他们作为古雅士部落（Quraysh）的后裔，甚至比那些最有势力的柏柏尔人首领，有更多的机会获取更加广泛的支持。

第二十七章 穆斯林统治下的西西里和安达卢西亚

1016年，阿里·伊本·哈穆德（'Alī b. Ḥammūd）利用柏柏尔人对哈里发苏莱曼日益增长的失望情绪，宣布为希沙姆二世的合法继承人和复仇者，并向科尔多瓦挺进。一个时期里，他试图建立科尔多瓦人民与柏柏尔人之间广泛的联合，但是，相互间的敌对意味着他越来越依靠柏柏尔人的军事力量，因此1018年遭某些家内奴隶暗杀。

之后，困惑中的哈穆德的支持者们请来了他的弟弟卡西姆（al-Qāsim），卡西姆在一段时期内确实更加成功。卡西姆安抚了科尔多瓦人，并与斯拉夫军队的领导者建立了良好关系，肯定了海冉（Khayrān）在阿尔梅里亚、祖海尔（Zuhayr）在哈恩（Jaen）的地位。为了使自己摆脱对柏柏尔人的依赖，他开始建立由黑人军队组成的卫队。与以往一样，柏柏尔人感到自己地位受到威胁，便加入阿里的儿子叶海亚（Yahya）于1012年在马拉加的起义，结果一场内战摧毁了哈穆德家族的所有企图。他的命运适合于解释任何一位试图恢复一个国家的人所面临的难以克服的问题，这个国家可以接受安达卢西人的统治，但不能接受柏柏尔人、斯拉夫人或任何一位其他组织的人的统治。

被科尔多瓦人所选中的倭马亚家族的其他成员则占据着其祖先所拥有的宫殿或城砦，但是，其中没有一个能够维持住自己的权力，他们既无可以信赖的军队，也无可支配的常规收入。对安达卢西亚的绝大部分来说，哈里发国家如今已与其不相干了。1031年，一位地方上的知名人士阿布·哈兹姆·本·贾赫瓦尔（Abū 'l-Ḥazm b. Jahwar）曾对科尔多瓦人说过哈里发国家的存在是得不偿失的，安达卢西亚的倭马亚哈里发国家也毫无疑问地最终走向了消失。这一世纪的最后25年里，哈里发国家是如此令人难以忍受，从未有人致力于它的复兴。

1031年，哈里发国家的废除，在科尔多瓦以外地区的影响很微弱。真正的变化很早就开始了，在1010—1013年的长期围困时期，中央政府已经瘫痪。这一时期，某些柏柏尔人首领的态度已出现明显的变化。在格拉纳达地区，桑哈扎（Ṣanhāja）柏柏尔人的齐里王朝的统治者确立了统治。显然，这是受当地居民邀请的结果。在这种动荡岁月里，当地居民希望得到一个保护者。至1031年，齐里王朝已经在此获得了有效权力，其优先要做的工作也发生了变化：不再希望为了柏柏尔人的利益控制中央政府，而是希望中央政府保持弱势，以保证在他们自己区域内的统治不会受到挑战。

同样的历史进程也发生于安达卢西亚的其他地区。有时是其他建立地方权力的柏柏尔士兵组织，如地处卡莫纳（Carmona）的班努·伯尔扎（Banū Birzāl）。如前所述，斯拉夫人领导者试图倾向于黎凡特地区和东部沿海地区，从北部地区的托尔托萨（Tortosa）到南部的阿尔梅里亚（Almeria）的城市，或者是像 1021 年之后的巴伦西亚（Valencia）一样处于斯拉夫领导者的统治之下，或者是如桑绰的儿子一样处于阿米尔王朝后裔的统治之下。斯拉夫人和埃米尔对这一地区的偏爱所反映出的事实是，黎凡特没有地位稳固的伊斯兰精英家族来挑战他们。直到 10 世纪，这一地区的人口还非常稀疏，大部分还是作为来自东部梅塞塔（Meseta）柏柏尔人随季节转场的冬季牧场。但是，10 世纪和 11 世纪，这一地区已经拥有了定居农业，开始变成穆斯林西班牙最富庶的地区之一。

在别处，权力由当地出身的人所掌握。在塞维利亚（Seville），10 世纪，912 年班努·哈查吉（Banūʾl-Hajjāj）所建立的统治消失了，取而代之的是另一个出身于阿拉伯人血统并得到长期认可的精英家族班努·阿巴德（Banū ʿAbbād）家族。在科尔多瓦政府垮台过程中，穆罕默德·伊本·伊兹梅尔·伊本·阿巴德（Muḥammad b. Ismāʿīl b. ʿAbbād）利用其作为卡迪（qāḍī，法官）的有利地位，成为该城市的统治者。在南部和中部边区［巴达霍斯（Badajoz）和托莱多］的中心，其地位略有不同。929—930 年，由纳西尔所发动的征服战争中，地方精英所建立的政权大部分都被摧毁了。在科尔多瓦处于危机之时，巴达霍斯由斯拉夫人的指挥官所接管，如塞维利亚一样，托莱多则由当地卡迪所接管。但无论是由谁来接管，都不能维持长久的统治。巴达霍斯和南部边区被班努·阿夫塔斯（Banūʾl-Aftasids）的柏柏尔人王朝所占领。这是长期由柏柏尔人统治的地区，阿夫塔斯是早已存在的、过着田园生活的柏柏尔人家族，并不是新来的雇佣军。托莱多也很快由建立在乡村基础上的柏柏尔人王朝班努·杜·努恩所接管。

与南部和中部边区形成对照的是，北部边区连同东部山区始终未被纳入纳西尔的有效控制之下，传统的地方权力结构存续了下来，几乎没有什么改变。自 9 世纪开始，迪尔－努尼底家族（Dhuʾl-Nunids）有效控制了韦特（Huete）和乌克莱斯（Ucles）地区，并与纳西尔达成了和平协议。在曼苏尔和穆扎法尔时期，我们未听到他们的消息，但事实上，随着哈里发国家的崩溃，他们作为地方贵族重又出现在历史舞台上，明显昭示着他们的持续存在。地处阿尔瓦拉辛（Albarracin）的班努·拉赞王朝完好地幸存了下来。而且还有从安达卢西亚早期历史发展中奇怪地幸存下来的，由费赫里（Fihrī）家族成员统治着的阿尔普安特（Alpuente）小镇。8 世纪，该家族曾对倭马亚王朝对安达卢西亚的统治权提出过挑战，与当地的柏柏尔人有着长期的联系。

萨拉戈萨和北部边区与过去的一个世纪一样，仍由图基比家族统治。曼苏尔曾对马恩·伊本·阿卜杜勒·阿齐兹·图基比（Maʿn b. ʿAbd al -ʿAzīz al-Tujībī）宠爱有加，将其任命为军队的阿拉伯统帅，并称他为阿拉伯骑士（fāris al-ʿarab）。当阿卜杜勒·拉赫曼·伊本·穆塔尔里夫·图基比（ʿAbd al-Raḥmān b. Al-Mutarrif al-Tujībī）越来越为其地位感到担忧，认为自己是这个国家中曼苏尔没有清除掉的重要人物时，便加入了曼苏尔的儿子所发动的起义，结果起义失败被杀。他在萨拉戈萨的地位被其侄子所取代：曼苏尔能够杀掉该家族的个别成员，但却没有足够的力量将其整个家族从权位上清除掉。

在某些情形下，如同柏柏尔人定居于南方一样，安达卢西亚社会中的新因素，也有意断绝与中央政权的关系，而他们正是由中央政权所培育出来的，因为控制着他们自己的收入来源感到更加安全一些。在其他许多地区，哈里发国家的消失使有着良好基础的地方政权变成了独立的拥有自己权力的统治者。如果不去回想安达卢西亚曾是各王公（taifas）组成的领地，我们便无法理解由哈里发国家分裂出各王国（Taifa）的原因；而来自科尔多瓦的中央集权统治是则是例外。

至 1025 年，安达卢西亚的分裂局面已是无法恢复统一了，基督教教徒已经占据了优势，正如 1010 年，桑乔·加西亚让他的人游行穿过科尔多瓦的大街庆祝胜利一样。但是，在这一阶段，他们仅仅满足于享受赔款、战利品和新建立起来的内部安全而已，直到 11 世纪的下半叶，基督教教徒的势力才开始夺取穆斯林所占领的土地。

西西里

　　10世纪和11世纪早期，西西里是伊斯兰世界的组成部分，随着时间的推移，逐渐变成人口稠密和经济繁荣的地方。地处巴勒莫（Palermo）的埃米尔宫廷是相当重要的文化中心，是法学家和诗人的庇护所。但是，令人遗憾的是，此时的穆斯林没有留下大量的记载。除了简短、毫无生气的编年史，他们并没有留下历史。④ 在相当怪诞的编年史中，非常知名的便是《剑桥纪事》（*Cronica di Cambridge*）一书。当时其他穆斯林的文献对我们来说并没有太大的帮助。我们所拥有的唯一的第一手记述，是地理学家伊本·哈克尔（Ibn Ḥawqāl's）于9世纪中叶留下的游记，其中包含太多偶有的细节和刻薄的评述，但对形成完整画面来说太过于简短了。⑤ 既没有考古学方面实实在在的证据，岛上也没有遗留下可以确信属于这一时代的建筑。我们只好借助于后来的编辑者伊本·阿西尔（Ibn al-Athīr，死于1234年）、伊本·艾德阿里（Ibn Idhārī，活跃于1300年）、努威里（al-Nuwayrī，死于1332年）和伊本·哈勒敦（Ibn Khaldūn，死于1406年）。他们都是认真、谨慎的史家，但他们的资料从实质来看简略且缺乏深度。

　　由诺曼时期以来的证据所引发的一个有趣的问题是，一些资料是由阿拉伯语写成的。这些资料为我们提供了许多（西西里）行政管理方面的情况，但并不清晰。这一方面情况可以回溯至10世纪和11世纪早期。在诺曼人统治下，阿拉伯人的行政管理实践又得到进一步的发展。这方面的一个事例便是，西西里岛做了众所周知的行政划分：马扎拉（Mazara）、诺托（Noto）、德蒙（Demone）三个瓦尔（Val）。在此，Val 即是阿拉伯语 *wilāyab*，意为地区。有证据显示，其第一次使用是在诺曼时期。这一行政区的划分代表着穆斯林时期的行政安排吗？或者说，这一术语是由服务于诺曼国王的阿拉伯职员设计的吗？我们不得而知。

　　缺乏资料的结果是，900—1025年穆斯林时期西西里的历史，只

---

　　④　对剑桥编年史来说，有阿拉伯语和希腊语两个版本，见 Vasiliev（1935），pp. 342–6 和（1950），pp. 99–106.
　　⑤　Ibn Ḥawqāl, Ṣūrat al-and, pp. 118–31.

是来来去去的统治者的年代记,以及诺曼人对拜占庭本土的侵袭。在 10 世纪的地中海世界中,西西里岛一定是一个更加复杂而先进的社会,但资料的缺乏使得我们很难窥其全貌。

10 世纪伊始,西西里由总督所统治,这些总督多多少少地处于伊夫里奇(Ifrīqiyyah,阿拉伯行省,大约相当于现代的突尼斯)的阿格拉比德王朝(Aghlabid)的掌控下。西西里靠近阿格拉比德王朝的权力中心,但却不是一个容易控制的行省。自 9 世纪穆斯林征服以来,西西里岛便被紧张气氛所困扰,因为总督常常在穆斯林居民的支持下,试图建立独立于阿格拉比德王朝的政权。穆斯林西西里仍是一个非常典型的由征服而形成的国家。902 年,岛上最后一个基督教徒的前哨基地塔奥米纳灭亡了。但有一点是清楚的,自 10 世纪以来,许多基督教教徒所控制的地区,尤其是西西里岛的西半部,实际上仍享有着相当广泛的自主权。对意大利本土发动突袭,仍是军事行动的重要特征,或许也是重要的收入来源。在世纪之交,在阿格拉比德王朝的埃米尔易卜拉欣(Ibrāhīm)领导下,突袭又达到一个新的强度。902 年,科森扎(Cosenza)被围困,易卜拉欣被杀。

或许是因为专注于吉哈德(*jihād*)运动,穆斯林西西里仍保持着一种土匪强盗式的政体,在政府管理制度方面似乎并没有太大的发展。政治活动只局限于巴勒莫,完全是"均德"(*jund*,由北非出身的人所组成的军队)占据着统治地位。在这一时期简略的编年史中,很少提及行省总督、国库管理或当地西西里人的改宗。

对 909 年法蒂玛王朝接管伊夫里奇首都凯鲁万,西西里穆斯林的直接反应是,驱逐阿格拉比德王朝的总督,任命他们自己的人选伊本·阿比·法瓦利斯(Ibn Abī'l-Fawāris)来代表新王朝。但是,这一带有屈从性质的地方自治表演,并没有取悦易弗里基叶王朝的新主人。当总督前去首都就职时反而遭到逮捕,法蒂玛王朝的重要支持者,奇怪地被称为"猪儿子"的哈桑·本·艾哈迈德(al-Hasan b. Ahmad)得到了任命。到任后,伊本·阿比·卡恩泽尔指派其兄弟为阿格里真托(Agrigento)的总督(*'āmil*),而阿格里真托此时已是穆斯林西西里的第二大城市。他同样也指派了称作萨希布·胡姆斯(*ṣaḥib al-khums*)的官职,实际作用相当于代理总督。胡姆斯是针对异教徒的战争中所获战利品第五部分的名称,是留给统治者的保留项目。这表明,战利品仍是国家财政的一项重要来源,但也意味着这项财政收入的管理更加程式化了。有趣的是,在伊斯兰的管理实践中,这一官职在别的地方并不存在,似乎是西西里所独有的。

以如此高压手段对付当地人的情感,终于在913年深秋时节引发了一场重大起义。这不仅仅是西西里穆斯林的一场反抗,而且还任命了被剥夺了权力的阿格拉布家族后裔为他们的总督,但是,塔奥米纳地区的基督教徒拒绝缴纳吉兹亚赫(*jizyah*,人头税),因此也拒绝穆斯林的统治。很快一个新的引起混乱的因素又加入了进来;阿格里真托的绝大多数柏柏尔穆斯林民众拒绝了这位阿格拉布总督,将他俘获遣送到易弗里基叶,并在那里将其处死。

由于916年法蒂玛王朝军队的大规模入侵,这些骚乱被镇压了下去。柏柏尔人的入侵是由阿布·赛义德·穆萨·伊本·艾哈迈德·戴夫(Abū Sa'īd Mūsā b. Ahmad al-Dayf)所率领,大部分军人来自基塔麦(Kuṭamahr)的柏柏尔人。基塔麦部落成员构成了法蒂玛王朝军队的主体。法蒂玛王朝地处北非,后来到了埃及。他们粉碎了西西里穆斯林的抵抗,摧毁了巴勒莫的城墙,解除了其居民的武装。当阿布·赛义德(Abu Said)于917年返回易弗里基叶时,他身后留下的是大批的基塔麦守备军以及库塔米(Kutami)总督萨利姆·伊本·拉希德(Salim b. Rashid)。

916—917年的入侵,使西西里岛被迫接受了法蒂玛王朝的统治。其特征表现为,对一支外国驻军(基塔麦即是此类情况)的依靠,当地穆斯林民众的敌意的消除,以及为了这支新军队的存在而征收更多的固定税。正如伊斯兰世界里常见的情况一样,它使巴勒莫新的独立官员驻地有了发展。在这些驻地,总督和其军队的生活与普通民众分离开来,必要时能够搞好自身的防御。937年,萨利姆(Salim)的继承者哈利勒·伊本·伊沙克(Khalil b. Ishaq)开始发展哈利萨赫(Khalisah)驻地[其地点和名称在巴勒莫的卡尔扎广场(Piazza della Kalza)都有所纪念]。在中世纪伊斯兰世界,此类变化有许多先例,但在阿卜杜勒·拉赫曼三世(912—961年)统治时期的穆斯林西班牙或许是最突出的。像他同时代的西班牙人一样,萨利姆在卡拉布里亚的吉哈德运动中也独树一帜,既赢得了战利品也赢得了威望。

第二十七章 穆斯林统治下的西西里和安达卢西亚

这一变化大大降低了现有穆斯林居民的特权地位，导致937年阿格里真托的公开反叛。据说，这场起义的直接原因是其居民被逼迫砍伐树木用于建造舰船，但更主要的原因是对税收和原有地位的丧失而产生的愤恨。宗教因素也从中发挥着作用：西西里岛上的绝大多数穆斯林是逊尼派，而且认为，什叶派法蒂玛王朝哈里声称对整个伊斯兰世界拥有神启的权力是不可信的或是为人所不齿的。这一点非常符合哈瓦立及派的观点，因为该派反对所有既立哈里发的权威。909年法蒂玛王朝摧毁了塔哈尔（Tahart）的哈瓦立及派社团，其部分成员逃到了西西里岛，定居于恩纳（Enna）山区和该岛的其他地区。起义迅速蔓延至巴勒莫，很快涉及整个岛屿，总督陷入无力回天的境地。

对此，法蒂玛王朝的哈里发卡伊姆（al-Qāʾim），派遣了由哈利勒·伊本·伊沙克·伊本·沃德（Khalil b. Isḥaq b. Ward）率领的大批军队，以残酷手段镇压了这场起义，蹂躏了整个乡村，还导致了一场饥荒。尽管应起义者请求，有来自拜占庭的帮助，但反抗最终还是于939年被镇压了下去，阿格里真托被迫投降。哈利勒（Khalil）因为公务要求其前去镇压北非起义，于941年离开了西西里岛。发动北非起义的阿布·叶齐德（Abū Yazīd）即"骑驴之人"（"the man on the donkey"），威胁到了法蒂玛哈里发国家的存在。虽然他留下的是一片废墟，但看到的却是大部分穆斯林民众的服从。在这一基础上，他的继任者才能够在10世纪晚期和11世纪早期，创造出一个繁荣、稳定、相对和平的穆斯林的西西里。

哈利勒离开后，西西里便陷入无政府时期，法蒂玛王朝也为北非的起义所困扰。最显著的是，巴勒莫试图重新获得已经失去的地位。直到948年，哈里发才有能力再次集中精力重建秩序。是年，哈里发曼苏尔（al-Manṣūr）任命哈桑·伊本·阿里·卡勒比（al-Ḥasan b. Alī al-Kalbī）为总督，该家族对西西里的统治一直延续到下一个世纪。哈桑宣称出身于卡勒卜（Kalb）的阿拉伯部族，卡勒卜是第一次穆斯林征服时期叙利亚沙漠地区势力强大的部族，但他最忠诚的支持者却不是阿拉伯人，而是瓜穆赫（Kuāmah）的柏柏尔人。哈桑自己成为法蒂玛王朝的军事力量中与阿布·叶齐德的起义做斗争的主要领导者，因此也成为派往令人烦恼的西西里的不二人选。

首先是克服了巴勒莫既有社会精英的反对，哈桑又在扩大了的地中海地区的竞争方面，即法蒂玛王朝与拜占庭以及科尔多瓦的倭马亚王朝之间之争夺霸权的斗争方面，扮演了重要角色。法蒂玛王朝—倭马亚王朝之间的竞争，主要是在西部马格里布（摩洛哥和西阿尔及利亚）展开。斗争双方都试图通过柏柏尔人部落中的代理人控制这一地区，但也存在着双方海上力量的较量。953年，法蒂玛王朝与传统意义上的敌人卡拉布里亚的拜占庭人达成了协议，954年，因西西里商船被捕获，与安达卢西亚的公开战争爆发了。955年，哈桑率领西西里舰队焚毁了阿尔梅里亚，阿卜杜勒·拉赫曼三世以与拜占庭结成联盟相回应。由此导致卡拉布里亚沿海零星且无结果的海上战争，西西里也遭到侵入卡拉布里亚的穆斯林的袭击。这些事件作为远交政策的范例是非常有趣的，但从10世纪的战略考虑，很少产生长期后果。

960年，哈里发穆伊兹（al-Mu'izz）召回了哈桑。此时，哈里发将目光坚定地转向了埃及，试图让卡勒比家族（Kalbīs）领导他的舰队。哈里发也需要与西西里达成和平协议，因此没有因西西里岛上的事件而分心。同时，哈里发也准备让哈桑的儿子艾哈迈德（Aḥmad）继承其父的职位。在这一阶段，确实没有让卡勒比家族继掌西西里统治大权的意图，但实际上却发生了。当时，艾哈迈德于969年被召回领导法蒂玛王朝海军，对付在埃及发生的直接针对法蒂玛王朝及其基塔麦（Kutāmah）军队的起义。哈里发被迫派遣艾哈迈德的兄弟阿布·卡西姆（Abūʾl-Qāsim，970—982年）恢复秩序，由此有效巩固了该家族的地位。969年，征服埃及之后，法蒂玛王朝优先考虑的事情发生了变化：埃及、叙利亚、拜占庭，甚至是伊拉克，成为重点关注的对象，而北非和西西里则降为次要地位。因此，齐里德家族（Zirids）被允许留在易弗里基叶，卡拉比家族则留在西西里，享有他们世袭的统治权，只是他们需要接受开罗名义上的宗主权，正式的就职仪式需要面见哈里发，需将哈里发的名字刻在硬币上，并在胡特巴（Khuṭba，星期五由祈祷者在清真寺进行的布道）上宣读。

法蒂玛王朝统治时期出现了向伊斯兰教转变的比例大幅提升的现象。对此历史资料并没有给出我们清晰的证据，但10世纪之初，西西里岛上仅有极少数人口是穆斯林，其中绝大多数集中于巴勒莫以及岛屿西部和南部的马扎拉（Mazara）地区。很可能在下一世纪的百年当中，皈依伊斯兰教的比例有了大幅提高，11世纪早期，西西里岛上总人口的半数成为穆斯林。尽管教会和少量的修道院幸存了下来，但教会的教阶体制已失去功能。皈依并非一帆风顺毫无干扰，尽管处于穆斯林的政治控制之下，但在德莫纳（Val Demona）和西西里岛的西半部，仍有大量的基督教教徒。

这一进程部分是政府行为的结果。法蒂玛王朝宣称是整个穆斯林社团的合法领导者，自然鼓励伊斯兰教的传播以加强其权力。962年，穆伊兹为1.4万名西西里男孩送来巨款和上好的长袍，作为他们同时施行割礼的礼物。他也同样写信给西西里总督，令其在西西里岛的14个区（iqlīm）中的每一个，建造清真寺和布道坛（minbar），体现了哈里发对伊斯兰教传播的关心，但也有一些地区，先前没有清真寺。卡勒比家族同样也结束了塔奥米纳和拉梅塔（Rametta）地区基督教社团的半独立状态，尽管有拜占庭的帮助，963年，拉梅塔还是陷落于穆斯林之手。在卡拉布里亚继续着的吉哈德运动，加剧了西西里岛上的宗教差别，更增添了身处穆斯林之中的基督教教徒的不信任感。

西西里皈依伊斯兰教的步伐因来自北非的更进一步的移民浪潮而加快了，尤其是1004年和1015年的饥荒之后。与此同时，一些基督教徒继续移居卡拉布里亚。如同所有早期伊斯兰国家一样，通过向非穆斯林强征吉兹亚（jizyāh，人头税）鼓励皈依伊斯兰教，这意味着成为一名穆斯林将获得金钱上的优势。这自然也降低了国家的财政收入，而且这或许就是埃米尔贾法尔·伊本·优素福·卡勒比（Ja 'far b. Yūsuf al-Kalbī，998—1019年）和他的维齐尔哈桑·伊本·穆罕默德·巴格海依（al-Ḥasan b. Muḥammad al-Baghāyī）向农产品强征什一税（'ushr）的原因。尽管在其他伊斯兰国家这是一种正常行为，但在西西里的穆斯林中则激起极大的反感和革命，并使维齐尔（wazīr）付出了生命的代价。

与西西里的伊斯兰化相伴的是，南部意大利吉哈德运动的持续。这一运动的热情，一部分来自卡勒比德王朝（Kalbid）对统治合法化的要求，一部分当然来自对获取战利品的渴望。似乎并没有将穆斯林的统治延伸至南部意大利，并在南部意大利建立永久统治基础的努力，但对南部意大利的袭击则要深入得多。卡勒比（Kalbi）埃米尔最重要的一次侵袭是阿布·卡西姆（Abūl-Qāsim，970—982年）统治时期。976年，他驱逐了占据墨西拿（Messina）的拜占庭军队，并进一步袭击了科森扎（Cosenza）、塔兰托（Taranto）和奥特朗托（Otranto），使其全部称臣纳贡。978年和981年，他又袭击了南部意大利。他所面临的最大挑战是，928年神圣罗马帝国皇帝奥托二世对卡拉布里亚的入侵。7月，阿布·卡西姆与奥托二世在卡特罗内（Capo Cotrone）对峙。起初，德意志军队占有上风，但穆斯林很快转为进攻并打败了他们。对阿布·卡西姆来说，也有了一个圆满的结局，此次战役中，他本人也被杀身亡，成为伊斯兰教的殉教者。侵袭并没有因为阿布·卡西姆的死而停止，穆斯林仍然继续对卡拉布里亚展开入侵，并更进一步深入内地：994年马泰拉（Matera）被侵占，988年、1003年和1023年，数次对拜占庭在意大利的首府巴里（Bari）构成威胁。11世纪早期，此类入侵活动减少了，未来的情形逐渐清晰。1005—1006年，波斯人的舰队出现在了墨西拿海峡，并且击败了西西里的舰队。11世纪伊始，就我们的判断来说，卡勒比德国家已停止了依靠战利品和掠夺维持运转的征服政体，如今的埃米尔已经在巴勒莫奢华宫殿里过上了持久稳定的生活，他和他的军事精英们已开始依靠税收官僚体制来维持了。

10世纪下半叶和11世纪早期，是一个经济日益繁荣和人口不断增长的时期。巴勒莫成为一个人口众多的大城市，拥有人口或许达到10万人，新来的定居人口已经延伸至农村地区。经济上的繁荣部分源自新作物的引进，如柑橘类水果、甘蔗和棉花等。同样也源自晚期罗马帝国时代生产谷物的大田庄（latifundia）被析分成较小的、更加精耕细作的地块，并实施了灌溉。棉花和桑树的种植使纺织工业兴盛了起来。国际贸易得到了发展，西西里作为阿马尔菲和其他意大利城市与法蒂玛王朝之间的交易中心，从中获得了自身的利益。与易弗里基叶之间的贸易尤其重要，西西里人输出的是农产品，交换回来的是奴隶和黄金。整个法蒂玛王朝时期，穆斯林西西里的统治者都在铸造独具特色的金币拉拜依（rubaʿī），价值1/4个第纳尔，意大利仿制的这种金币称为塔里（tari）。

969年，法蒂玛王朝迁往埃及之后，西西里的政治史出现了极大的起伏。阿布·卡西姆（Abūʾl-Qāsim）殉难之后，他的职位相继由来自其家族的三个短命的埃米尔所继承。之后，990—998年，是优素福·

伊本·阿卜杜拉（Yūsuf b. 'Abd Allāh）统治时期。他被法蒂玛王朝授予蒂卡特达乌拉（Thiqat al-Dawla）的头衔。他的统治时期被认为是卡勒比德政权在政治上和经济上的鼎盛阶段，其宫廷成为诗人和知识分子的活动中心。卡勒比德政权仍以法蒂玛王朝附庸的身份实行着对西西里的统治，该家族与开罗的政治家们有着密切联系。996 年，当哈里发哈金（al-Ḥākim）已经得以确认的时候，开罗的基塔麦军队仍坚持认为哈桑·伊本·阿马尔·卡勒比（al-Ḥasan b. 'Ammār al-Kalbī）应被任命为瓦西塔赫（wāṣitah，实际上的首席大臣），以保持他们的利益，反对突厥人的对手。

优素福的继承者贾法尔·伊本·优素福（Ja'far b. Yūsuf, 998—1019 年），继续执行其父的政策，但在其统治结束时，由于完全不清楚的原因所引起的一系列起义，使岛内和平被打破了。1015 年，基塔麦和军队中的黑奴，在埃米尔的兄弟阿里（Ali）的率领下起义了。起义军被打败和彻底失败后，根据贾法尔的命令，由于其家族主政时间如此之长，基塔麦必须离开西西里岛。三年后的 1019 年，又爆发了起义，反对前面提到的税收。贾法尔流亡到了开罗，职位由其儿子艾哈迈德（1019—1036 年）继承，也就是艾克哈尔 [al-Akḥal, 此人用黑色眼影粉（kohl）或锑来使自己的眼睛保持乌黑]。他在位期间，内部混乱加剧，尤其是埃米尔的儿子被认为更加偏袒从易弗里基叶来的新移民，而不是西西里当地穆斯林的时候。1035 年，艾克哈尔与拜占庭签订协议，接受拜占庭授予的大人（magister）的荣誉称号，这进一步分化了岛内穆斯林的思想观念。埃米尔的反对者向易弗里基叶的齐里德王朝的统治者穆伊兹·伊本·巴蒂斯（al-Mu'izz b. Bādīs）发出邀请，请其前来西西里岛，于 1036 年杀死了艾克哈尔。尽管该家族的另一个成员萨玛姆·b. 优素福（Ṣamṣām b. Yūsuf, 1040—1053 年）有能力获得统治权，但内部分裂和 11 世纪 40 年代拜占庭入侵的重新兴起，阻碍了卡勒比德政权的复兴，穆斯林西西里注定要遭受外来入侵的最后一击。

休·肯尼迪（Hugh Kennedy）
李增洪　译
顾銮斋　校

第二十八章

西班牙各王国

莱昂王国（910—1037 年）

711 年，阿拉伯人征服了伊比利亚半岛的大部分，摧毁了西哥特（Visigothic）君主政体和西班牙教会的中央集权政府架构。由此产生了第一批受益者，其中之一便是阿斯图里亚王国（Asturian realm），这个自约 718 年以来在北部山区发展起来的小王国。最初该王国是靠牺牲邻近的加利西亚人（Galician）和巴斯克人（Basque）为代价扩张而成的，一直向南扩张到梅塞塔高原（the plateau of the Meseta）。9 世纪下半叶，王国边境线南移，导致政治重心大转移，其重要标志是王室驻地和行政管理中心的转移，由阿斯图里亚斯（Asturias）的奥维耶多（Oviedo）移至以前罗马军团的驻地莱昂（León）。

910 年，阿斯图里亚王朝的阿方索三世（Alfonso III）被其儿子加西亚（García，910—913/914 年）废黜，标志着阿斯图里亚和莱昂两个君主政体的正式分裂，但两者的王朝世系仍延续着，在阿方索的第二个儿子奥东诺二世（Ordono II）统治之前（913/914—924 年），甚至国王政府的住地或许都还没有开始由奥维耶多迁至莱昂。这种迟迟不迁都的举措是为了寻求更多的安全感，因为在新的统治中心所在地，更容易受到来自阿拉伯人统治下的南方的攻击。但是，从 9 世纪 80 年代至 10 世纪 20 年代，科尔多瓦的倭马亚王朝埃米尔国家中央政权瓦解，所能造成的威胁也越来越小。与此同时，迅速扩张的前阿斯图里亚王国的南部边境地区在政治和经济上的重要性，使国王政权的中心转移到更近且更便于监控其所觊觎地区的地方。

第二十八章 西班牙各王国

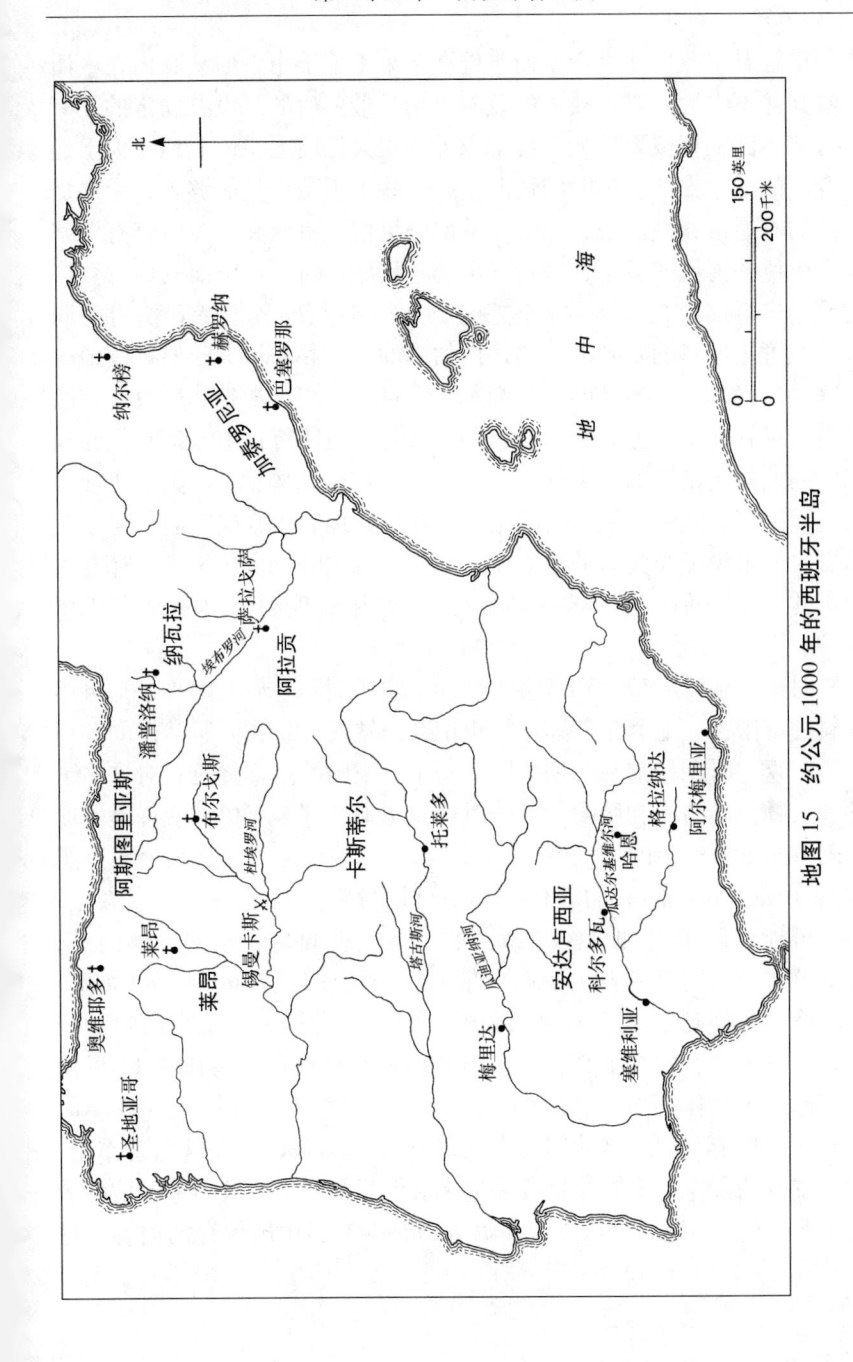

地图 15 约公元 1000 年的西班牙半岛

尽管君主政体建立伊始便掌握在一个王朝手中,但从其内在本质上看却并不强大。君主政体的政府机构是最落后的。没有固定的王家缮写室,国王权威要扩大至首都以外,很大程度上要依靠地方大土地所有者的大力支持。当时的情况是,一些国王至少是能够施行涂油加冕礼的。通常的做法是,在王国的部分世俗大贵族和王室所有有资格继承王位的男性成员中,举行一个选举程序。对一些重要的地方贵族的族谱进行描绘是可能的。这些家族的一些领导者把持着伯爵的职位。在可用资料的基础上,描述出伯爵的职责并非易事,但控制地方法庭、负责其所在地区的征兵和军事力量的指挥,却是其比较清楚的职责。尽管有关义务方面的资料并不清楚,但所有自由人都必须参与王家或伯爵所指挥的军事远征,这一点是比较清晰的。[1] 在不断推进的边疆地区,随着他们自己的地产的建立,地方贵族确立起相对于莱昂君主们来说相当强大的地方权力基础。自10世纪30年代以降,尽管正常情况下伯爵职位是作为国王的赠礼出现的,但还是变成了世袭。

对莱昂王国的政治和社会组织的了解所面临的最大困难,是可用资料的有限性,尤其是叙述性历史记载的缺乏。就我们所掌握的知识来说,这一时期比前一时期的阿斯图里亚王国的还要贫乏,对许多事件和人物只能猜想和臆测。这一时期仅留下一部编年史,或许是完成于阿方索五世统治时期(999—1027年)的编年史。这是某个叫萨姆皮罗(Sampiro)的人的著作,几乎可以肯定此人是一名王家教士,而且可能与阿斯托加(Astorga)的一名主教同名。非常遗憾的是,这部著作效仿塞维利亚的伊西多尔的《哥特史》(Historia Gothorum)的风格,只是对莱昂王国的几任国王的统治进行了一系列简短的记述,而且也没有留存下其原稿。但其内容却被保存在写作于12世纪的两部历史著作当中。其中的一部是奥维耶多主教佩拉约(Pelayo,1097—1130年)的《编年史志》(Liber chronicoum),在这部著作中,萨姆皮罗的著作文本被大量改编进来。但通常说来,较为值得信赖的是无名氏的《沉寂的历史》(Historia Silense)当中所保存的内容,这

---

[1] Sánchez-Albornoz(1965,1970).

或许是写作于莱昂的一部著作。② 除了文献传递过程中的这些问题之外，编年体史书的文本本身也过于简略、充满着令人不解的暗喻，且缺乏精确的时间顺序。由于拉丁文叙事材料方面的局限，阿斯图里亚王国的情况，可以从阿拉伯人的历史著作偶有提及的材料中，得到部分的补充。但是，由于重要文本方面零碎不完整的状况，伊本·哈延（Ibn Ḥayyān，卒于 1076 年）的《人物志》（Muqtabis）中所包含的已经散佚了的 10 世纪后期阿拉伯人著作的摘录，便成为唯一有确切年代的记载。

从所提供资料证据的角度来讲，莱昂王国大大好于其前的阿斯图里亚王国之处，是其特许状的留存。这些特许状的大部分，是由 12 世纪或 13 世纪的少量修道院的档案室保存下来的。但并非所有的特许状都进行了编辑。这些资料集很少有伪造和篡改的现象，但奥维耶多大教堂的《遗书集》（Liber testamentorum）是一个例外。③ 无论如何，这些资料为教会地产以及某种意义上世俗地产的集中提供了非常有力的证据，但只有极少数的特许状，涉及王室的起源问题。因此，很难像对 11 世纪晚期和 12 世纪早期的卡斯提－莱昂王国所进行的描述一样，据此对 10 世纪的王室宫廷人员及其活动进行形象的描述。④ 这样一来的后果是，现代学者对莱昂王国的兴趣便侧重于对特许状的编辑和对修道院地产的研究，从而避开了对其历史进行更宽泛的解读。

实际上，这些资料来自莱昂王国支离破碎的各个地区。如同 10 世纪和 11 世纪早期的莱昂王国的历史一样，在莱昂王国的国家结构中，只能将其各个部分概括成一个简单的总和，缺少一种凝聚成整体的东西。从地域方面讲，这一时期对外扩张的幅度极小。王国的边界仍是以前阿斯图里亚时期所创建的。但是，9 世纪后期以来所发生的变化是，人口短时间内快速恢复和重新定居区，特别是南部边境地区重新定居区的出现。这既涉及自阿斯图里亚斯、加利西亚（Galicia）和坎塔布里亚（Cantabria）等北部山区腹地来的流动人口，也涉及一

---

② *Sampiro, su cronica y la monarquia leonesa en el siglo X*, Pérez de Urbel; *Historia Silense*, Pérez de Urbel and González Ruiz-Zorilla.

③ Fernández Conde（1971）.

④ Rodríguez（1972，1982，1987）的著作显示了什么是可以做的。

些带着新因素进入王国境内的移民,其中既有从靠近巴斯克地区迁移到东部的移民,也有从南方阿拉伯人统治下的基督教团体迁移来的移民。后者便是我们如今所熟知的穆扎拉布(Mozarabs,摩尔阿拉伯人,摩尔穆斯林统治下的伊比利亚的基督教),他们为安达卢西亚带来了富有特色的物质文化和精神文化。⑤

王国的边境大致是由一系列自然地貌勾勒而成。杜埃罗河(Duero)中游地区和向南部瓜达拉马山(Sierra de Guadarrama)推进的飘忽不定的边界,构成了贯穿南部的边境地区。在西部,较早时期以杜埃罗河下游为界的边界,在阿斯图里亚时期就已经超越了,9世纪中叶时,新的边境定居地已经在后来成为葡萄牙的地区的中部建立了起来。地处蒙德古河(Río Mondego)上的科英布拉(Coimbra),是这一地区最主要的南部堡垒。常常作为竞逐舞台的东南部的杜埃罗河上游地区,被9世纪后期就已经在布尔戈斯(Burgos)周围存在着的卡斯提伯国与安达卢西亚的中部边区所瓜分。与此同时,卡斯提的东部边界,同样也是莱昂王国的边界,与潘普洛纳(Pamplona)的边界相对,通常是沿着奥巴萨山(Sierra de Orbasa)和奥哈河(Río Glera)分布。王国的东部地区和西部地区,恰好是阿斯图里亚向南扩张形成的莱昂地区,以及由阿拉瓦(Alava)和加利西亚发展而来的卡斯提和葡萄牙的边疆地区。10世纪中叶,双方的伯爵家族均已发展为世袭王朝,在军事力量和政治影响方面超过了早先定居于此的其他贵族家族,这些贵族家族如今已经远离了边疆。

先前的阿斯图里亚王国已经在领土方面展开了扩张活动,之后又将统治中心南移至莱昂。在很大程度上,这得益于科尔多瓦的倭马亚埃米尔国家出现了一个政治上分裂和军事上衰弱的时期。这个时期始于埃米尔穆罕默德一世(852—886年)统治时期的最后几年,一直持续到10世纪20年代。⑥ 这方面的一个持续性后果就是,莱昂王国最早的国王们对其南方邻居发动了肆无忌惮的大规模侵袭。加西亚早逝于扎莫拉(Zamora)之前,至少发动了一次这样的远征。而且913年加西亚依然在位统治期间,他的兄弟奥东诺(Ordoño)便领导了

---

⑤ 见Hitchcock(1978)的著作探讨了这方面的命名方法。
⑥ Lévi-Provençal(1950a), pp. 300 – 96.

另一次，从加利西亚向南远至埃武拉（Evora）的远征。埃武拉城被攻陷，阿拉伯统治者被杀。

以阿拉伯史学家伊本·哈延著作中的评论为基础得出的结论是令人怀疑的，根据其评论，奥东诺已经在加利西亚确立了自身独立统治的地位，在加西亚去世时，他们之间的冲突已经发生。⑦ 无论如何，他作为整个王国继承人的身份得到承认，而且完成了从扎莫拉到莱昂的迁都工作。在位统治的十年间（913/914—924 年），他延续了向南和向东对阿拉伯人统治地区发动侵袭的政策。915 年，他向南发动了对梅里达（Merida）的一次远征，918 年又联合潘普洛纳的桑乔·加尔塞斯一世（Sancho Garcés I, 905—925 年）对杜埃罗河上游地区发动了一次大规模远征，对纳杰拉（Nájera）、图德拉（Tudela）和沃尔铁拉（Valtierra）的城镇形成了威胁。尽管没有攻取这些地方，但这些战役的最初目的就是对该地区的乡村进行掠夺和获得战俘。这一点与阿拉伯军队 9 世纪对基督教国家发动战争的性质是一样的。然而，在奥东诺 10 年的统治结束时，南方的政治状况则有了极大改进，针对倭马亚王朝的一些主要反叛者被清除了。因此，919 年秋天，当埃米尔（自 929 年开始为哈里发）阿卜杜勒·拉赫曼三世（'Abd al-Raḥmān III, 912—961 年）得知奥东诺计划来年对中部边区进行一次袭击时，他感觉应该在 920 年 6 月发动一次面向北方的先发制人的打击。在埃米尔的亲自指挥下，阿拉伯军队在杜埃罗河上游地区侵入莱昂境内，7 月 25 日打败奥东诺及其盟友桑乔·加尔塞斯匆忙集合起来的军队之前，占领了奥斯马（Osma）。莱昂的两名主教在这一溃败过程中被俘。阿拉伯军队推进至埃布罗河（Ebro）的上游，并在这一地区恢复和重建了倭马亚王朝的军营。

这是倭马亚王朝 40 年来的第一次最主要的回击，尽管如此，奥东诺二世仍然继续对倭马亚进行袭击，毫不减弱。921 年，他发动了另一次袭击，阿拉伯人的资料中没有报道，但萨姆皮罗的记载中则宣称，此次袭击几乎进抵至科尔多瓦。⑧ 此次远征回来后，奥东诺的妻子加利西亚的埃尔维拉·梅嫩德斯（Elvira Menéndez）已经去世。他

---

⑦ Ibn Ḥayyān, *Al-Muqtabis*, Chalmeta and Corriente, p. 82.
⑧ *Sampiro*（双语本）, p. 315.

很快便与另一个加利西亚贵族的女儿阿拉贡塔·冈萨雷斯（Aragonta González）结了婚。但是，为了政治上的权宜之计又放弃了这场婚姻，与潘普洛纳的桑乔·加尔塞斯一世的女儿桑查（Sancha）结婚。这场婚事的背景是两位国王于923年对地处里奥哈（Rioja）的阿拉伯人要塞纳杰拉和维古埃拉（Viguera）展开的联合进攻。两座要塞都被攻占。但是，稍后的924年的最初的几个月里，奥东诺二世死于扎莫拉，并葬于莱昂新建的大教堂。

奥东诺二世的继任者是他的兄弟弗鲁埃拉二世（Fruela II, 924—925年），在位时间极短，其间特别引人注目的事情是由王位继承所引发的纷争。虽然奥东诺至少有三个儿子，但还是他最终取得了王位。他同样需要面对其父亲阿方索三世的兄弟奥尔穆德（Olmund）的儿子们，也是他的侄子们所带来的不可预料的困难。根据《萨姆皮罗编年史》(*Chronicle of Sampiro*)的记载，弗鲁埃拉以不法手段将其侄子们处死，随后他死于麻风病。编年史对此评论道：这是对其上述行为的一种天谴。[9] 他的离世导致奥东诺二世的儿子们之间的一场短暂内战，这只在伊本·哈延的著作中才有所记载。[10] 最年长的桑乔·奥多尼兹（Sancho Ordonez）夺取了莱昂，但遭到其弟阿方索的驱逐。该阿方索得到弗鲁埃拉二世的儿子阿方索的支持，也得到潘普洛纳的桑乔·加尔塞斯一世，即他的岳父的支持。桑乔·奥多尼兹最终在加利西亚建立起自己的王国，并且一直维持到929年去世为止。他的继任者是其弟弟拉米罗（Ramiro）。随着莱昂新国王，奥东诺二世的第二个儿子阿方索四世（925—931年）放弃王位和恢复王位神秘事件的出现，统治王朝内部分裂时期也达到了高潮。

931年，国王为了其弟，即以前加利西亚的统治者拉米罗，自动放弃了王位，隐退进入了修道院。无论是基督教的资料还是穆斯林的资料，都没有显示这是阿方索四世强迫所致，但如果是个人虔诚所致的话，事实证明这种虔诚是短暂的。932年，当新国王拉米罗二世因托莱多（Toledo）附近的战事而不在的情况下，阿方索离开了修道院，试图在锡曼卡斯（Simancas）发动一场反叛。显然是在某些亲戚

---

[9] *Sampiro*（双语本），p. 319.
[10] Ibn Ḥayyān, *Al-Muqtabis*, Chalmeta and Corriente, p. 233.

和先前支持者的劝说下，他才停止了行动。但是，933年他再次尝试，成功地使自己成为莱昂的主人。拉米罗二世在扎莫拉迅速予以反击，结束了其兄短暂的复辟活动。与此同时，弗鲁埃拉二世的三个儿子试图在阿斯图里亚斯建立自己的独立王国，也很快于933年被推翻。拉米罗设法将其兄阿方索和弗鲁埃拉的儿子们致盲，阻止了更进一步的反叛。

拉米罗二世（931—951年）继续追随其前任较为成功的军事目标和政治目标。这其中包括：第一，采用移民、建立或恢复定居点的办法，保卫沿杜埃罗河流域形成的王国边界线；第二，鼓励安达卢西亚边境地区任何形式的反倭马亚王朝统治的力量；第三，由皇家军队或边疆贵族的军队，对南部地区实行一系列富有经济价值的袭击活动。对科尔多瓦中央集权统治的传统式反抗，贯穿于整个倭马亚王朝统治时期，事实表明托莱多、萨拉戈萨等主要城市，为莱昂的统治者提供了相当多的机会。930—932年，阿卜杜勒·拉赫曼三世围困托莱多两年之久，拉米罗努力援助这些反叛者，但最终还是没能防止托莱多落入哈里发之手。某种程度上讲，这是他与其兄弟阿方索四世之间不和睦所带来的结果。934—937年，拉米罗向萨拉戈萨的反叛贵族穆罕默德·伊本·哈希姆（Muḥammad ibn Ḥashim）提供帮助。事实证明，这一做法是有效的，935年，阿卜杜勒·拉赫曼三世便与莱昂签订了休战协议，以阻止对萨拉戈萨的反叛贵族的援助。但是，936年，当拉米罗发现盟友被倭马亚王朝的军队围困在萨拉戈萨时，便撕毁了协议。反过来，在那些年里，莱昂干涉的成功，也引发了哈里发于937年亲率军队迫使萨拉戈萨臣服的远征。但是，拉米罗又对另一个反叛者，地处葡萄牙南部的圣塔伦（Santarém）的主人施以援助。

大概说来，莱昂不断卷入反倭马亚的起义之中，涉及的地理范围从大西洋直到埃布罗河流域，致使阿卜杜勒·拉赫曼三世在939年1月根除圣塔伦的反叛者后，再次计划对莱昂王国发动一场毁灭性打击。是年7月，所发动的对北方的远征，导致两大集团之间为数极少的几场大规模战役中的一场，结果令双方都感到惊奇。阿卜杜勒·拉赫曼经托莱多直达莱昂，仅仅在抵达地处杜埃罗河支流皮苏埃加河（Pisuerga）上的锡曼卡斯时，就遭遇了基督教徒的抵抗。8月8日，哈里发的军队惨败于莱昂军队之手。阿卜杜勒·拉赫曼本人被迫逃走，其帐篷甚至他个人的《古兰经》抄本都成为胜利者的战利品。

　　锡曼卡斯战役本身并没有什么决定性意义。940年，哈里发准备对莱昂发动另一次远征，拉米罗二世则开启了和平谈判的大门。双方都不希望重启939年那样的全面敌对状态。941年10月，双方最终达成和平协议。此外，阿卜杜勒·拉赫曼的《古兰经》也得以返还，前萨拉戈萨的反叛者穆罕默德·伊本·哈希姆，从莱昂人的囚禁中解放了出来，从此成为哈里发的忠诚者。从倭马亚王朝的统治者对此次和平的愿望，以及阿拉伯史家对这段历史的道德评判来看，939年的战役对伊斯兰士气是一次沉重的打击。在此后的统治期间，哈里发尽力避免亲率军队参战。遗憾的是，以942年的事件告终的伊本·哈延的第五部著作《人物志》（*Muqtabi*），以及他随后的著作完全遗失了。在最后结束的章节中，伊本·哈延宣称，拉米罗允许萨拉曼卡（Salamanca）伯爵韦尔穆多·努涅斯（Vermudo Nunez）袭击中部边区，派卡斯提伯爵费尔南·冈萨雷斯（Fernan Gonzalez）援助潘普洛纳国王加西亚·桑切斯（Garcia Sánchez）对图德拉的进攻，从而撕毁了942年的和平协议。⑪ 但是，从伯爵们的角度来看，这可能是他们的独自行动。950年，拉米罗生命的最后一年之前，在《萨姆皮罗编年史》中没有再出现有关国王出征的记载。950年这一年，据说他发动了一次对塔拉韦拉（Talavera）的袭击，得战俘7000人。此役返回后不久便在奥维耶多病倒了，951年1月死于莱昂。⑫

　　如果说942年的袭击可以由国王的权威单独决定的话，那么边区伯爵未经国王同意或蔑视国王而采取行动的做法便不是第一次了。932年和933年，在阿方索四世的主要支持者中，就有卡斯提伯爵费尔南多·安苏勒（Fernando Ansurez）及其姻亲，他们也曾是922年这一区域针对奥东诺二世的伯爵反叛组织的成员。他们的候选人——先前的阿方索四世重登莱昂王位失败后，国王任命权便让位于他们在地方上的对手，刚刚成为拉腊（Lara）伯爵的费尔南·冈萨雷斯。后者同样也通过与国王的遗孀桑查·桑切斯（Sancha Sánchez）结婚的方式，向为邻的潘普洛纳君主示好。桑查·桑切斯曾在其丈夫奥东诺

---

⑪ Ibn Ḥayyān, *Al-Muqtabis*, Chalmeta and Corriente, p. 326.
⑫ Rodríguez (1982), pp. 35–43, 对纪年的修正。

二世去世后，不进入女修院，公然藐视莱昂人的习俗。迎娶桑查·桑切斯使费尔南·冈萨雷斯成为潘普洛纳新国王加西亚·桑切斯一世（933—970年）的连襟（内弟）。这也同时解释了942年他愿意支持后者对图德拉展开进攻的原因。后来通过卡斯提强大军队的支持，加之有与潘普洛纳的姻亲关系做后盾，据说，费尔南·冈萨雷斯与萨尔达尼亚（Saldaña）的伯爵迭戈·芒斯（Diego Muñoz）结成了联盟，策划了一场起义。拉米罗二世迅速行动起来，将发动叛乱的两位伯爵囚禁了起来。然而，国王出于权宜之计没过多久就恢复了他的职位，这也证实了费尔南·冈萨雷斯在地方上所具有的强大的社会地位和力量。为了保证其对国王的忠诚，国王还使自己年长的儿子和继承人，即未来的奥东诺三世（大约947年），娶了伯爵的女儿。

政治上的平衡使莱昂的国王们需要不断满足敌对的地方贵族集团的愿望，在拉米罗的两个儿子统治时期，奥东诺三世（951—956年）和"胖子"桑乔一世（Sancho I the Fat，956—958年，959—966年）时期，问题变得日益尖锐。他们是同父异母的兄弟，其父的婚姻史所带来的政治上的紧张关系，是莱昂君主制保持稳定的潜在威胁。正如我们所看到的那样，拉米罗二世是在一种神秘环境中取得王位的，他得到了加利西亚伯爵们的支持，取代了潘普洛纳所支持的阿方索四世。他的第一任妻子也是他的表亲阿多辛达·古铁雷斯（Adosinda Gutierrez），出身于加利西亚一个重要的伯爵家族。拉米罗于931年登基，934年便与她离了婚，之后娶了乌拉卡·桑切兹（Urraca Sanchez），她是普罗纳的桑乔·加尔塞斯一世的女儿，也是阿方索四世妻子和费尔南·冈萨雷斯的姊妹。通过拉米罗的父亲奥东诺二世的第二、三次婚姻，莱昂王国的统治模式便基本形成：为了政治上更加实用的目的，加利西亚新娘被遗弃了，取而代之的是与那瓦尔的一场婚姻。

毫不奇怪，拉米罗二世的儿子们从两次冒险到婚姻生活，都得到各自母亲一方民众的支持。奥东诺三世依靠加利西亚的支持，事实证明这是至关重要的，956年面对潘普洛纳的加西亚·桑切斯和卡斯提的费尔南·冈萨雷斯（Fernan Gonzalez）的联盟，决定为其同父异母兄弟桑乔保住莱昂的王位。紧接着，卡斯提伯爵再次被拉回到莱昂的势力范围。他毕竟是国王的岳父。但是，奥东诺三世和乌拉卡·费尔南德斯（Urraca Fernandez）之间的关系并不好，我们所知道的国王唯一有姓名的孩子是韦尔穆多（Vermudo），几乎可以肯定是私生子，有着加利西亚血统。尽管他的年龄不能确知，但奥东诺三世去世前，他刚过了 30 岁的生日。作为一个国王，他延续了其父的军事模式，并全力以赴地致力于直达大西洋沿岸的非常有利可图的侵袭，最终洗劫了里斯本，尽管未能对其长期控制。在莱昂的历史编纂传统中，他作为受人尊敬的战争领导者而留在人们的记忆之中，正如萨姆皮罗所阐明的那样："他是一位极其聪明的人，用兵如神。"[13]

对他的继任者来说，可谓乏善可陈。奥东诺三世同父异母的兄弟桑乔一世（956—958 年，959—966 年）的不幸不仅仅是后代人所知道的"胖子"的绰号，在其有生之年，还有更重大的苦难。他不能自己跨上马背，使人不得不怀疑其作为军队领导人的能力。他和一个兄长关系很不好，人们的质疑进一步加重了他在继任这个兄长的职位时所面临的困难。在新的政治体制下，他兄长的支持者自然处于不利的地位。因此，继任两年的时间里，桑乔就被一场贵族政变推翻了，莱昂的王位被"坏人"奥东诺四世（Ordono IV the Bad，958—959 年）取而代之。"坏人"奥东诺四世即阿方索四世的儿子，也是王室血统中幸存下来的少数几个男性成员之一。除了弗鲁埃拉二世的几个盲儿子外，其他唯一的王位候选人便是奥东诺的儿子韦尔穆多，但他不仅是一个婴儿，还是一个私生子。与其说是阿方辛（Alfonsine）情感的合法性问题，不如说是因为没有存活下来的替代者，最终使奥东诺登上了王位。但他的短暂统治并没有留下任何能与其绰号相匹配的记忆。

与此同时，桑乔一世与其叔父加西亚·桑切斯（Garcia Sanchez）一世和其祖母托达·阿斯纳雷（Toda Aznarez），即潘普洛纳王国的统治者，曾于 951 年为了确保他能登上莱昂的王位而与奥东诺三世相对抗。他们主张向哈里发求助，于是桑乔前往南方请求科尔多瓦的阿卜杜勒·拉赫曼三世的帮助。这一点很快便实现了，科尔多瓦在两个方面给予了帮助：一是通过哈里发的医生之手，使其肥胖得到医学上的

---

[13] *Sampiro*, c. 24, p. 332: 'Vir satis prudens, et in exercendis disponendisque exercitatibus nimis sapiens.'

治疗；二是派出一支远征军恢复了桑乔在莱昂的权位。959 年 7 月，"坏人"奥东诺被驱逐出城市，尽管直到 960 年他还依然保持着对阿斯图里亚斯的统治，但最终还是走上流亡之路。⑭ 他请求哈里发的军事援助，但这种援助并没有到来，很快他便死于安达卢西亚。他的妻子乌拉卡（Urraca），即费尔南·冈萨雷斯的女儿、奥东诺三世从前的遗孀，仍与她的父亲一起生活，一直到 962 年这位倒霉的不幸的国王（rey malo）去世，才使她自由地嫁给了堂兄弟潘普洛纳的国桑乔·加尔塞斯二世（Sancho Garcés II）。

桑乔一世的第二个统治时期比较长，始于 959 年，终止于 966 年他去世，有较好的文献记载，可以看到宫廷贵族组织在这些年里的表现，主要是出身于莱昂、潘普洛纳或那瓦尔的贵族。从 10 世纪 60 年代早期至大约 980 年，他们维持了皇家行政管理的持续存在。非常有意义的是，在这些贵族组织中没有发现一个加利西亚的贵族。这毫不奇怪，因为总体来说，加利西亚—葡萄牙对莱昂的政治统治抱有敌意，是主要的反对势力的滋生地。与此相反，此时的卡斯提比较易于驾驭。10 世纪 50 年代时，费尔南·冈萨雷斯并没有证明自己的特别精明之处。起初是试图反叛拉米罗二世（Ramiro II），不成功地支持了桑乔于 951 年对奥东诺三世的反叛，接着又于 958/9 年支持"坏人"奥东诺反对桑乔。但是，他在地方上拥有的地位已经很稳固，因为他曾反对过的那些国王采取的措施是尽力安抚他，而不是消灭他。然而非常有意义的是，恢复职位不久，桑乔便与特里萨·安苏莱兹（Teresa Ansúrez）结婚了。而特里萨·安苏莱兹是莱昂的蒙松（Monzon）伯爵家族的成员，在卡斯提，曾经是费尔南·冈萨雷斯的对手。

在阿卜杜勒·拉赫曼三世的帮助下，"胖子"桑乔恢复了王位，但也不可避免地在其接下来的统治时间里，加重了科尔多瓦对莱昂人的影响。某种程度上，莱昂王国成了倭马亚安达卢西亚的附庸国，定期派出大使。可能每年都要向哈里发呈送礼物，由此表达莱昂王国的臣服。同样的关系，几乎可以肯定在同时期的潘普洛纳王国与科尔多瓦之间也存在着。直到 10 世纪 70 年代中期，没有再爆发任何大规模

---

⑭ Rodríguez（1987），pp. 156 – 85.

的冲突，尽管由边境两边的边疆贵族所发动的地方性袭击时有发生，但都是局部的，在其他稳定的时期也存在此类情况。桑乔一世向哈里发即如今的哈卡姆（al-Ḥakām）二世（961—976年）所寻求的利益之中，包括归还加利西亚贵族贝拉基（Pelagius）的遗体。贝拉基自愿提出去替换他的一个亲戚，即920年被阿卜杜勒·拉赫曼三世俘获的两个主教之一图伊（Tuy）主教叶尔莫朱斯（Ermogius）。到达科尔多瓦之后，他便被处死了，显然有悖于哈里发挑逗性的推进方式。科尔多瓦一位叫拉格尔（Raguel）的教士撰写了《贝拉基传》（*A Life of Pelagius*）一书。⑮ 无论这个故事真实与否，贝拉基已经被视为基督教的殉教者，其遗骸的回归是桑乔及其妹妹埃尔维拉（Elvira）所热切盼望的。埃尔维拉将位于莱昂的较早的施洗者圣约翰修道院变为双重性质的修道院，作为适合圣徒遗物存放之处。

从边境绥靖政策中获得较大的现实利益是，桑乔有时间将王权的注意力有效集中于王国的边境或周边地区。这突出表现在加利西亚南部边区，即杜埃罗河下游和科英布拉周围地区。966年，桑乔率军进入加利西亚，亲身感受了在这一地区的存在。正如编年史家萨姆皮罗所记载的那样，国王使自己成为直到杜埃罗河流域这一地区的主人，而且使杜埃罗河南部地区占统治地位的贵族贡萨洛·穆尼奥斯（Gonzalo Munoz）意识到，桑乔是不能以武力相对抗的，只能与之商谈进贡之事。在商谈过程中，他使桑乔食用了有毒的苹果，由此三天后的966年12月，不幸的国王便去世了，王位留给了年仅五岁的儿子拉米罗三世（Ramiro III，966—985年）。

新国王年幼是一个很大的问题。在阿斯图里亚王朝和莱昂王朝史上，迄今为止一直避免年幼的王子继位，到966年，仅剩下唯一的人选奥东诺三世的私生子韦尔穆多，但他却被加利西亚的贵族所控制。因此，必须为拉米罗三世设立一位摄政。有趣的是，行使摄政权的是其姑母所在修女院院长埃尔维拉·拉米雷斯（Abbess Elvira Ramírez），而不是他的母亲特里萨·安苏莱兹。后者在王室特许状中出现过一段时间之后，自970年4月开始便从王室文献记录中彻底消失了，直到975年12月没有再出现过。依据西哥特关于国王遗孀的

---

⑮ *Vita Pelagii*, ed. Flórez.

第二十八章　西班牙各王国

教规,她可能过上了修道院的生活,成为其妯娌埃尔维拉(Elvira)统治下新建的圣贝拉基双修院(double monastery of San Pelayo/Pelagius)的一名修女。[16]

966—975年,在莱昂宫廷当中,特里萨·安苏莱兹显然是占统治地位的人物。在另外一部伊本·哈延伟大著作的残篇中,对此也有记载,所覆盖年份为971—975年。[17] 在她背后起支撑作用的是贵族集团。在"胖子"桑乔整个第二任统治时期里,正是这些贵族集团的成员向王室提供了官员和王室文件的署名人。作为这一时期的一个延续,(特里萨·安苏莱兹)仍然保持着与科尔多瓦之间的良好关系,并以谨慎的态度对待加利西亚的贵族。这一时期,只有一位较为知名的加利西亚贵族进入莱昂宫廷为官。但是,任何地方的情况都是变化的。970年,潘普洛纳-纳瓦尔的加西亚·桑切斯去世,其子桑乔·加尔塞斯二世继位。是年,天生的阴谋家卡斯提伯爵费尔南·冈萨雷斯也传位给儿子加西亚·费尔南德斯(García Fernández, 970—995年)。这两者的关系非常密切,首先他们是表兄弟关系,而且潘普洛纳的妻子也是新伯爵的妹妹。此时所存在的真正危险是,权力日益增强的卡斯提伯爵有可能被拉到那瓦尔集团。在处理与科尔多瓦的关系上,新的统治者也不愿意追随其前任的被动政策。

975年,这些问题显露了出来。哈里发哈卡姆二世(al-Ḥakām II, 961—976年)必须面对的是,倭马亚王朝统治下的北非柏柏尔人的一场起义。卡斯提的加西亚·费尔南德斯错误地认为,这是夺取刚刚巩固起来的杜埃罗河上游的戈尔玛斯(Gormaz)城堡的一个好时机,该城堡是其境内南部边境上最主要的阿拉伯人的兵营要塞。此事,他得到潘普洛纳国王桑乔的支持。于是,他开始围困戈尔玛斯,起初进展非常顺利,而且哈里发匆忙派往北方的退役军队也没能突破杜埃罗河。此时,很可能是摄政埃尔维拉与拉米罗三世一起亲自指挥这场战役,其结果是将莱昂政权的安危都放在这场战役上了,事实证明这是一次危险的卡斯提人独自进行的冒险。其中表现出了不明智的决定:戈尔玛斯的阿拉伯人守备军进行了一次突围,打破了卡斯提军

---

[16] Viñayo (1982).
[17] Ibn Ḥayyān, *al-Muqtabis*, García Gómez (1967), pp. 76, 276.

队的包围圈，并迫使基督教徒军队慌忙后撤。于是，本该取胜的一场战争反而变成了一场溃败。

虽然缺少大量的叙述资料，不能确切了解实情，但我们仍可以推测出，由此埃尔维拉·拉米雷斯（Elvira Ramírez）在莱昂的优势地位便结束了。尽管有一份文献证据显示，一直到982年她还活着，[18] 975年7月之后，她的签名在王室特许状中已经不再出现，但她似乎仍留在宫廷之中。是年12月，拉米罗三世的母亲特里萨的名字出现在文献记载当中，这是自970年以来的第一次。其后，她继续发挥重要作用直至980年，之后便再次从王室特许状的签字者名单中消失。其他的文献资料显示，她一直活到10世纪90年代中期，有理由怀疑她是再次被儿子流放到修道院。这一观点得到如下事实印证，即980年10月，拉米罗三世已经与萨尔达尼亚（Saldaña）伯爵家族的桑查·迪亚兹（Sancha Díaz）结婚，该家族是其母亲所在安苏莱兹家族的对手。

拉米罗统治的最后几年里，摆脱了其姑母和母亲的影响。但此时，宫廷贵族阶层的势力已经非常微弱了。自10世纪60年代早期以来，许多曾经在莱昂把持重要官职和作为王室法庭出席者的贵族已经死亡。[19] 10世纪80年代伊始的王室特许状显示，他们已被规模小得多的贵族群体所取代，其中不少人与新王后有着亲戚关系。于是，拉米罗三世政权的权力基础，不再像其父或10世纪70年代摄政时期那么广泛了。显然，这一权力基础也一定是由少数派构成的。也正因为如此，才促使加利西亚的贵族家族于982年转而进行公开的反抗，并将奥东诺三世的私生子韦尔穆多立为他们自己的国王。983年，拉米罗三世试图武力镇压这场起义失败后，接着进行了一场不分胜负的战斗。984年，当韦尔穆多感到力量足够强大时，便率军进入莱昂附近的平原地区，对首都构成威胁之势。拉米罗政权崩溃了，拉米罗被迫离开了首都。985年6月26日，可能是在等待来自南方的支持者的帮助时，拉米罗三世突然死于阿斯托加（Astorga）附近。

由于975年对戈尔玛斯的进攻而重启的与阿拉伯人的战争，在后

---

[18] Mínguez Fernández (ed.), *Colección diplomática del Monasterio de Sahagun* (*siglos ix y x*), doc. 313 (18 January 982), pp. 377–8.

[19] 见 ed. Ruiz Asencio, *Colección documental del archivo de la Catedral de León*，Mínguez Fernández (ed) *Colección*，是这一分析结果的基础性文献。

来的几年里并未造成激烈的冲突，这主要是因为，976年哈卡姆二世的去世引发了科尔多瓦政权内部的权力之争。在这一时期的最后阶段，负责中央边区的将军加里布（Ghālib），号召卡斯提伯爵加西亚和潘普洛纳的桑乔二世（Sancho II）协助反对其女婿伊本·阿比·阿莫尔（Ibn Abī Amr），即不久之后被称为曼苏尔（al-Mansūr，"胜利者"）的人。曼苏尔已经成为倭马亚埃米尔国家的实际统治者。在981年7月发生的战斗中，联盟军队被打败，加里布被杀。之后，由曼苏尔的将军所率领的军队，侵入莱昂王国，攻陷扎莫拉。这导致拉米罗三世与潘普洛纳国王和卡斯提伯爵联合，共同策划于982年进行一场远征。但是，曼苏尔首先发动了袭击。在982年和983年的战斗中，曼苏尔打败了基督教联军，并于最后一次战斗中攻陷锡曼卡斯，杀死了王后的一个兄弟，即拉米罗三世政权的主要支持者内波西亚诺·迪亚兹（Nepociano Díaz）伯爵。很可能莱昂也被围困。对莱昂王国的国王来说，这些事件所代表的是连续的军事耻辱，可能促使了982年冬天加利西亚人的起义，之后至984年，起义在整个王国内得到更加广泛的支持。

如此一种联盟关系，使得曼苏尔于985年支持韦尔穆多二世夺取莱昂的统治权，而且拒绝向拉米罗三世党派集团请求帮助。由于来自某些贵族家族的反对，尤其是来自后来成为王后的家族的反对，直到国王驾崩后，似乎仍有几个月的时间还持续着这种反对趋势。由此韦尔穆多便可以依靠曼苏尔派遣的军队完成其征服王国的计划。其中，此时转而反对新国王的人，是从前支持他而感到没有得到应有回报的一些加利西亚人。985/986年一些阿拉伯军营可能建在了莱昂、阿斯托加和扎莫拉的主要城市里，韦尔穆多花费了一段时间才清除了这些。莱昂人的文献资料不同于萨阿贡（Sahagún）修道院，没有作为986年4月到987年1月期间在位国王统治莱昂的参考资料。到987年，韦尔穆多与曼苏尔的关系已经恶化至爆发战争的程度。987年6月，阿拉伯领导者占领了科英布拉，并在葡萄牙边区设立了护民官（Protectorate），与这一地区的某些基督教贵族建立起实际的合作关系。988年，曼苏尔侵入莱昂王国的腹地，与此同时，阿拉伯人洗劫了首都，韦尔穆多二世避难于扎莫拉。989年，是卡斯提历史发展的转折点，当时曼苏尔占领了戈尔玛斯的圣埃斯特万（San Esteban）

要塞。尽管 990 年没有发生著名战役,但该年韦尔穆多似乎短暂地失去了对莱昂的控制,拉米罗三世遗孀的外甥加西亚·戈麦斯(García Gómez)夺取了权力。[20]

重组的倭马亚王朝的军队,主要是由近期输入的来自北非的柏柏尔人军团组成,事实证明这支军队是不可抗拒的,到 993 年韦尔穆多便与曼苏尔议和了。象征议和的事件是,该年国王将自己的一个女儿送往科尔多瓦,成为曼苏尔的妻子之一。但是,不知出于什么原因,第二年战争再起。曼苏尔一定希望由此迫使基督教领导者交出各类受其庇护的阿拉伯反叛者,而他在科尔多瓦的政治地位和对柏柏尔军队的控制,是依靠对非穆斯林发动侵略战争来维持的。994 年,曼苏尔重新占领戈尔玛斯的圣埃斯特万(San Esteban),并继续袭击阿维拉(Avila),995 年,包围了阿斯托加。987 年莱昂被洗劫后,韦尔穆多二世便将宫廷迁至阿斯托加。莱昂的国王被迫屈服,并许诺按时纳贡。这并不能保证其王国的长久和平。997 年,曼苏尔领导了一次对加利西亚的远征,8 月洗劫了圣地亚哥(Santiago)圣地,毁坏了阿方索三世时期所建的教堂。教堂里的钟和许多其他战利品被带走了,首先分发给了那些来自边境地区曾帮助过他的基督教贵族。但是,被认定为圣詹姆斯的遗体,则受到人们的尊重。999 年,曼苏尔在扎莫拉建起一座军营。于是,999 年 8 月或 9 月,当"痛风者"韦尔穆多二世(Vermudo II the Gouty)去世时,他的王国仍是阿拉伯人首领和他的柏柏尔人军队可以肆意掠夺的对象,与科尔瓦多的附属国差不多。

"痛风者"韦尔穆多的统治在很多方面都是悲惨的,但却因为法学上取得的积极成就,受到萨姆皮罗的称赞,而萨姆皮罗的文字是在韦尔穆多的儿子或孙子统治时期写成的。"他是一位多谋善断的人。他批准了由万巴(Wamba)建立起来的法律"(recte Egica),"并下令使用教会法。他在仁慈和正义中获得快乐。他抑恶从善"[21]。但不幸的是,在保存下来的法律文本当中,无论是民法还是教会法,没有任何一条能够证明是由韦尔穆多批准或发布的。就现在所知,在他统

---

[20] 公元 990 年 3 月的两件特许状中有所记载:Colección, ed. Ruiz Asencio, nos. 534 and 535.

[21] 'Vir satis prudens; leges a Vambano conditas firmavit; canones aperire iussit; dilexit misericordiam et iudicium; reprobare studuit et eligere bonum': Hustoria Silense, p. 172.

治时期并没有颁布新的法律，与其他莱昂王国的国王们并无二致：莱昂王国并没有与法兰克一样的法令汇编。被保留了下来的法律文献中，一部分确实可以追溯至这一时期，其中记录了韦尔穆多主持司法会议的程序。[22]

他在其王朝步入第 50 个年头的时候去世了，使其王国再次面临年幼的继承人。他的儿子阿方索五世（999—1028 年）当时只有三岁或五岁，韦尔穆多的第二任妻子埃尔维拉，即卡斯提伯爵桑乔·加西亚（995—1017 年）的妹妹行使摄政权，至少是名义上的摄政。随着这一统治时期的开始，原始版本的《萨姆皮罗编年史》也就结束了，现在有必要转到 12 世纪奥维耶多主教佩拉约（Pelayo）对其所做续编的简短叙述上来。偶尔也可以这一时期编纂的地区编年史为补充。按照佩拉约的叙述，在加利西亚伯爵门内多·冈萨雷斯（Menendo Gonzalez）的直接指导下成长起来的阿方索，消除了门内多·冈萨雷斯与其叔父卡斯提伯爵争夺摄政权所产生的冲突。[23] 这一统治时期最早的王家特许状，是以幼儿国王与其母亲皇后埃尔维拉的名义发布的，但是到 1003 年，其母亲的名字便从持续了四年的特许状中消失了。她或许是被门内多·冈萨雷斯赶走的。门内多·冈萨雷斯在一份特许状的署名中自称"在前述国王的权威下指导诸事务"。[24] 1004 年，卡斯提伯爵试图挑战门内多伯爵的地位。问题最终于 1004 年上诉到科尔多瓦予以裁决，并做出了有利于加利西亚大贵族的判决。后来，年轻的国王与门内多伯爵的女儿埃尔维拉（死于 1022 年）订婚，加强了该王朝与加利西亚之间的关系。1008 年，门内多去世，既非战死也非被谋杀，使卡斯提的影响出现了短暂复兴。

999 年韦尔穆多二世去世时，尽管王国的军事形势看来危机四伏，但是就当时情况来说，进入发展晚期的是科尔多瓦的哈里发国家而非莱昂的君主制国家。这一点并非是直接显现的，1002 年曼苏尔去世后，尚存的长子阿卜杜勒·马利克（Abd al-Malik），继续指导一系列针对基督教国家的战争。1002/1003 年冬天，双方达成和平协

---

[22] Collins (1985).
[23] Fernández del Pozo (1984), pp. 31–41.
[24] 'qui sub imperio iam dicti regis hec omnia ordinavit et docuit.'; Fernández del Pozo (1984), p. 237.

议，但到 1005 年这份协议便维持不下去了。当时，阿卜杜勒·马利克（Abd al-Malik）领导了一场对加利西亚的远征，途中再次劫掠了扎莫拉。卡斯提伯爵桑乔·加西亚（Sancho García）与他并肩作战，这两人似乎于一年前签订了一份单独协议。至 1007 年，在与卡斯提人的协议既没有失效也没有被撕毁的情况下，又形成了莱昂、卡斯提和潘普洛纳王国之间的一个新联盟。但如从前一样，这导致了一场来自南方的先发制人的进攻。阿拉伯人首领占领并劫掠了克鲁尼亚（Clunia），这是南部卡斯提伯爵最主要的要塞城市。1008 年秋天，完成了同样的远征之后，阿卜杜勒·马利克去世，由此引发了安达卢西亚境内政治上的长期混乱和内战。

伊比利亚半岛军事力量的平衡随后出现的变化，使莱昂王国开始从 982 年至 1007 年的蹂躏中恢复了过来。内部分裂和以地方为基础的贵族组织间的派系冲突，仍是一个重要问题。如同在韦尔穆多二世统治时期一样，从一些王室特许状中可以探知，地方上存在着针对阿方索五世的反叛力量。在王室特许状中常有君主重新分配掠夺自背叛者的财产。[25] 由于缺少大量的叙述资料，追溯这些反叛的时间和描述其大致情况非常困难。但是，有材料显示，1012 年的一次反叛牵涉穆纽·费尔南德斯（Munio Fernández），他是当时国王及国王父亲的一位忠诚的支持者；1014 年的另一次反叛，则是由萨尔达尼亚（Saldaña）伯爵加西亚·戈麦斯（García Gómez）和阿方索自己的叔父卡斯提伯爵桑乔·加西亚领导的。[26] 1017 年 2 月，卡斯提伯爵去世，将卡斯提伯国遗留给了他 8 岁的儿子加西亚·桑切斯（García Sánchez, 1017—1028 年），使莱昂王国的国王获得了自由，重新加强了对日益独立地区的统治，按照有利于莱昂王国的方式调整了边界线。

1017 年，从事着莱昂城重建与居民重新迁入（人口恢复）工作的阿方索五世，在莱昂城召开了由教俗贵族组成的会议。这次会议正式颁布了莱昂令状（*Fueros*），由地方政府、领主授予其居民的司法特权和豁免权等组成。10 世纪早期以来，特许状是莱昂王国重新定

---

[25] Ruiz Asencio (1969).
[26] Fernández del Pozo (1984), pp. 61–84.

居及居民重新迁入（人口恢复）的重要组成部分。但是，从保存下来的少数几份早期令状来看，在日后的岁月里，它们几经修订和增益，文本也遭篡改，以致古老习俗有了更大的解释自由。㉗ 莱昂王国所发生的这些事情，引起了历史编纂学上有关可用法律文本的发展和完整性的争议。㉘

11 世纪 20 年代，莱昂王国正处于再次展开军事进攻的阶段，而不仅仅是恢复曼苏尔时代在边区丢失的要塞。1027 年春，阿方索五世领导发动了一场远征，试图重新获得 987 年丧失的维塞乌（Viseu）和拉梅古（Lamego）。在围攻维塞乌时，国王被一支来自城墙上的箭头射死，他将王位留给唯一的儿子韦尔穆多三世（1027—1037 年），当时他还不到 13 岁。王室会议迅速安排新国王的妹妹桑查（Sancha）与卡斯提伯爵加西亚·桑切斯结婚。但是，1028 年 4 月，当桑切斯为订婚而来到莱昂时，却被莱昂的贵族组织谋杀。这一谋杀事件背后的动机不清楚。在卡斯提伯爵与其他不那么成功的家族之间存在着近一个世纪的敌对，这种派系对立，以及阻止卡斯提伯爵在混乱的莱昂宫廷中发挥影响力的愿望，最终酿成了这场谋杀。同样也有迹象表明，国王桑乔·加尔塞斯三世（Sancho Garces III，1004—1035 年）可能卷入了这场谋杀。后者曾是陪同伯爵前往莱昂举行婚礼的人，而且他的军队就驻扎在莱昂城附近。㉙

从确切情况来看，从加西亚伯爵被杀事件中受益的，是潘普洛纳—那瓦尔王朝而非莱昂王国。被谋杀伯爵唯一的继承人是他的妹妹马约尔（Mayor），她被嫁给了潘普洛纳的国王桑乔（Sancho）。通过马约尔接管了伯国后，桑乔又任命他们的儿子费尔南多为新伯爵。韦尔穆多三世的妹妹桑查，本该嫁给加西亚伯爵，但却嫁给了费尔南多伯爵。那瓦尔人对卡斯提的统治很快便给莱昂王国带来了严重后果。桑乔要求恢复伯国被阿方索五世在直接王权统治时期占领的各种存在争议的领土，要求被拒绝后，他便于 1033 年侵入王国境内。莱昂的许多重要贵族和主教都背叛倒向了桑乔，韦尔穆多三世被迫撤到加利西亚。1035 年，国王桑乔的意外死亡，使韦尔穆多重新获得首都，

㉗ Martínez Díez (1982 and 1988).
㉘ 概要见 Fernández del Pozo (1984)，pp. 91 – 124.
㉙ Pérez de Urbel (1970)，pp. 197 – 217.

将费尔南多驱逐出卡斯提。但是,事实证明,那瓦尔人于 1037 年发动的入侵是决定性的。费尔南多和他的兄弟那瓦尔国王加西亚三世(1033—1054 年),与莱昂的支持者一起,在塔马伦打败了韦尔穆多三世。莱昂王朝的最后一位国王在战役中逝去,王位归于他的内弟胜者费尔南多一世(1037—1065 年)。

潘普洛纳或那瓦尔王国(905—1035 年)

潘普洛纳第二王朝的国王们,即希梅内斯(Jimenez)家族的国王,比 9 世纪阿里斯塔(Arista)的前辈们更著名,但与同时代的莱昂王国的国王相比,他们仍然有些逊色。对莱昂来说至少有萨姆皮罗的著作问世,而 15 世纪前的那瓦尔则没有留下叙述性的历史。[30] 10 世纪后期,在纳杰拉的宫廷中,才对王室宗谱和伯爵家族宗谱进行编辑,这意味着王国已基本进入历史编纂的时代。[31] 即使莱昂的特许状相对比较丰富,但在 11 世纪早期之前,特许状也是比较贫乏的。因此,在这一时期伊比利亚半岛的许多事务中,尤其是 10 世纪中叶以来,与较大的莱昂邻居相比,尽管潘普洛纳王国或那瓦尔王国在很多方面有较大的动力,但其内部历史的细节是完全缺失的。

新王朝的第一位国王桑乔·加尔塞斯一世(Sancho Garces I, 905—925 年)登上王位时,王国在杜埃罗河流域尚无立足之地。907 年,在对潘普洛纳的袭击过程中,班努·卡西家族(Banu Qasi)的主要成员卢勃·伊本·穆罕默德·伊本·穆萨(Lubb ibn Moḥammad ibn Mūsā)战死。卡西家族有西班牙血统,自 9 世纪 40 年代开始便统治着杜埃罗河的上游地区。穆萨的战死不仅使威胁消除了,而且也为那瓦尔的迅速扩张开辟了道路。至 923 年,桑乔·加尔塞斯已经占领了维戈拉(Viguera)、纳杰拉、阿尔贝尔达(Albelda)和卡拉奥拉(Calahorra)。由此引发了 924 年阿卜杜勒·拉赫曼三世的报复性征讨,重新占领了失去的要塞,并继续劫掠潘普洛纳。伊本·哈延对这次远征给予了大量记述,使我们有可能详细地重构这场战役。[32] 尽管

---

[30] *Crónica de López de Roncesvalles.*
[31] Lacarra (ed.), 'Textos navarros del Códice de Roda'.
[32] Cañada Juste (1976).

报复非常严厉,但于 925 年去世前,桑乔·加尔塞斯重又发起挑战,纳杰拉和维戈拉被再次夺回,由此实现了对两地的永久性占领。

在其唯一的儿子尚幼时,国王便去世了,王位传给了国王的弟弟希门诺·加尔塞斯(Jimeno Garcés,925—933 年)。新王将其侄子加西亚·桑切斯(García Sánchez)纳入他的监护之下。[33] 科尔多瓦的统治者已经接受了那瓦尔在里奥哈(Rioja)的扩张行为,以此作为对那瓦尔屈从于他的回馈。因此,当 934 年阿卜杜勒·拉赫曼三世领导的远征军抵达杜埃罗河流域时,作为摄政的托达·阿斯纳雷(Toda Aznarez)王后,便带着她年轻的儿子加西亚·桑切斯一世(933—970 年)面见哈里发,寻求对其王位的承认。有人提出,这段小插曲是科尔多瓦强加于加西亚·桑切斯的一种义务,是对其叔父及其儿子与科尔多瓦作对的惩罚,但是这种观点没有证据支持。[34] 根据伊本·哈延的《人物志》第五卷所提供的证据,哈里发政府认为,托达王后才是 933/934 年至 939 年前后潘普洛纳的真正统治者。[35] 作为桑乔·加尔塞斯一世的遗孀和国王加西亚的母亲,托达同样也是前一个王朝最后一位国王福图恩·加尔塞斯(Fortun Garces)的孙女。令人惊奇的是,甚至在其儿子已经成年的情况下,她仍然执掌大权,几件特许状显示他们是联合执政。直到公元 958 年,她仍然健在并与其子共同执政。

总体来说,10 世纪 30 年代,对哈里发国家采取和解态度是非常明显的,这种态度一直持续到 975 年的整个时期。958 年,当莱昂的"胖子"桑乔被免黜王位、"坏人"奥东诺四世得到支持时,桑乔逃往其叔父潘普洛纳的加西亚·桑切斯处,而桑切斯又将他转而送往科尔多瓦,以此来赢得帮助以确保其恢复王位。那瓦尔的君主们自 10 世纪中叶起便在里奥哈的纳杰拉愈加频繁地建立起自己的宫廷,与沿着杜埃罗河向西扩张其王国至阿拉伯人控制下的萨拉戈萨和韦斯卡城(Huesca)相比,他们对将莱昂人的卡斯提伯国拉入其势力范围更感兴趣。婚姻纽带关系,以及意义重大的巴斯克人对卡斯提人口恢复的贡献,有利于加强伯国与其东部邻居的联系。如前所述,此事的发展

---

[33] *Cartulario de San Juan de la Peña*, Ubieto Arteta ed., doc. 14 (928).
[34] Ubieto Arteta (1963).
[35] Ibn Ḥayyān, *Al-Muqtabis*, Chalmeta and Corriente, pp. 225 – 7, 271 – 5.

689 顶点是 1028 年那瓦尔人获得伯国的地位，以及此后于 1033/1034 年对莱昂王国的征服和 1037 年具有决定意义的再次征服。

与卡斯提之间较深的牵连，导致 975 年戈尔玛斯战役的发生，以及日后与已由曼苏尔在科尔多瓦确立了统治地位的哈里发国家之间的冲突再起。与其内兄（或弟）卡斯提伯爵加西亚·费尔南德斯一样，981 年，在加里布抵抗曼苏尔的不成功的尝试中，桑乔二世也支持了他。在接下来的战斗中，桑乔二世的同父异母兄弟，曾是附庸国维戈拉的国王的拉米罗被杀。这场灾难加上 982 年的报复，导致那瓦尔国王于 983 年同科尔多瓦签订和平协议，并将自己的一个女儿送去嫁给了曼苏尔。这场婚姻所生的一个儿子绰号为"桑绰"（Sanchuelo），曾在一个短暂时间内试图夺取科尔多瓦的政权（1008—1009 年）。桑乔二世本人则于 992 年对哈里发宫廷有过一次造访，签订了旨在加强基督教国王的附属地位的协议，即使对其外孙来讲，他也是处于附属地位。在桑乔二世的儿子"颤抖者"加西亚·桑切斯二世（García Sánchez II the Trembler）统治时期（994—1004 年），因不得而知的原因冲突再起，999 年，针对那瓦尔王国，曼苏尔领导了一场毁灭性的袭击。1006 年，曼苏尔的儿子阿卜杜勒·马利克（'Abd al-Malik）蹂躏了阿拉贡山谷地区（the Aragón valley），在远征埃布罗河的过程中，还占领了邻近的比利牛斯山脉中部的部分基督教伯国。

那瓦尔王国围绕着潘普洛纳，在王国腹地的西部，坐落着阿拉贡伯国，对那瓦尔的君主们来说，自 9 世纪早期以来，该伯国是由一个世代相传的伯爵家族统治着。940 年前后，加西亚·桑切斯一世娶了伯爵加林多·阿兹纳雷兹二世（Galindo Aznárez II）的女儿和继承人安德戈特·加林德克斯（Andregoto Galíndez），据记载，自 948 年，他们的儿子桑乔·加尔塞斯在其父统治时期便开始治理伯国了。此时，其父母的婚姻解体，加西亚·桑切斯重新娶了（于 943 年）一名叫特里萨的女士，其家族关系不得而知。970 年，桑乔·加尔塞斯二世继其父登上王位，阿拉贡伯国仍处于国王的直接统治之下。1035 年，伟大的国王桑乔三世（King Sancho III the Great, 1004—1035 年）去世，阿拉贡才被分开，成为他儿子拉米罗·桑切斯（Ramiro Sanchez, 1035—1064 年）的继承财产，遂发展为一个独立的王国。

越过阿拉贡的东部边界,是比利牛斯山中部的帕拉尔斯(Pallars)和里巴戈尔扎(Ribagorza)两个伯国,在当地伯爵家族的统治下仍处于实际上的自治状态,但在形式上隶属于西法兰克的国王。这种状况一直持续到诺瓦拉的桑乔三世(Sancho III of Navarre)统治时期,1016—1018年,他发动战役收复了1006年被阿拉伯人占领的地区,并在这些地区确立起自己的霸权。1018/1019年,他对里巴戈尔扎的统治得到确认,1020年这一统治权扩展至帕雷亚斯。㊱ 1025年,他的统治地位至少在里戈尔扎得到正式认同。当年,女伯爵马约尔(约1011—1125年)放弃自己的权利将伯国交给了她的侄女,其侄女也叫马约尔,是桑乔三世的妻子。贡萨洛(Gonzalo)就是他们的儿子,他致力于伯国与邻近的索布拉贝(Sobrarb)的合并,随着1035年10月18日桑乔三世去世,这里也变成了独立王国。㊲

伟大的桑乔三世统治的较后阶段,经历了王国历史上空前的扩张过程。这不仅包括那瓦尔人对比利牛斯山脉中部地区和卡斯提及莱昂统治权的确立,而且也包括1032年向北方的扩张,在其公爵桑乔·威廉(Sancho William)去世后,加斯科涅(Gascony)公国被包括进来,图卢兹(Toulouse)伯国可能也被包括了进去。与此同时,名义上作为西法兰克国王附庸的巴塞罗那伯爵贝伦格尔·拉蒙一世(Berenguer Ramón I, 1017—1035年),也成为桑乔国王宫廷中的常客。巴塞罗那伯爵的统治范围,在1033年的一份特许状的结语部分是这样写的:"统治阿拉贡、卡斯提和莱昂的国王桑乔·加尔塞斯,其权威所及从扎莫拉到巴塞罗那,再到加斯科涅全境。"㊳ 1035年,其创建者巴塞罗那伯爵一去世,这一"帝国"便分裂了,最主要的原因是他四个儿子早已谋划好的瓜分。"帝国"对比利牛斯山北部以及整个加泰罗尼亚的影响也就此一去不复返了。

我们对那瓦尔王国行政管理的结构所知甚少,至少在伟大的桑乔时代之前是如此。到10世纪末,一个极具特色的掌握着地方领主权的贵族集团出现了。尽管他们掌控的地方或许不大,但他们有着与莱

㊱ Durán Gudiol (1988), pp. 278–85.
㊲ Galtier Martí (1981).
㊳ *Cartulario de San Juan de la Peña*, ed. Ubieto Arteta, doc. 60 (19 March 1033).

昂王国的伯爵们同等重要的地位。[39] 他们的主要作用是军事上的，尤其是在沿着里奥哈和埃布罗河的边境地区。一些兵营要塞是在这一时期，特别是在桑乔三世统治时期建立起来的，但无论是城堡、道路和桥梁的修建，还是要塞的驻守，几乎找不到证据证明与公共义务有关。与此相似的是，尽管在那瓦尔王国历史后期的文献中可以看到一些税收形式，但这并不意味着它们就起源于这一时期。

在伟大的桑乔统治时期，另一个具有标志性的变化是，他的宫廷对外来文化影响的开放式接受。特别是 11 世纪 20 年代，国王对与克吕尼运动相关的修道生活的改革越来越感兴趣。[40] 1025 年，他派阿拉贡最重要的圣胡安·德拉佩纳（San Juan de la Peña）修道院院长帕特努斯（Paternus）前往克吕尼，学习克吕尼修道院的规章制度，并将之介绍给自己的修道院。在圣胡安（San Juan）训练过的修道士，随后被委任为王国境内其他修道院的院长之职，以扩大克吕尼运动的影响。与克吕尼修道院的这种特殊关系，后来到 11 世纪又被卡斯提-莱昂的费尔南多一世向前大大推进了，但是，这种特殊关系的源头是其父统治时期的那瓦尔王国。桑乔三世也意识到，西欧许多地区推行的宗教改革，同他与加泰罗尼亚伯国之间建立的联系密不可分。在圣胡安·德拉佩纳修道院的特许状登记簿中，仍保存着桑乔三世接收自著名改革家维克的主教（bishop of Vic）奥利巴（Oliba）和里波尔（Ripoll）及库克斯（Cuxa）修道院院长的信件中的一封。[41]

在 125 年的历史进程中，北部西班牙基督教王国的领土扩张，在最大限度上，也没有超过伟大的桑乔统治的最后几年，即短命的那瓦尔帝国鼎盛时期。他们此时至少收复了曼苏尔在 10 世纪 80 年代和 90 年代通过密集而有效的战役而获得的土地。同样，他们也享受着人口增长所带来的幸福，移民的涌入以及许多边境地区居民的重现都是有据可查的。在一些地区，人口数量的增长，可能在总体上与地域性的人口下降持平，如在 9 世纪具有较重要的政治和经济意义的城市阿斯图里亚斯和加利西亚北部。同样，王国领土范围的相对稳定，也

---

[39] Collins (1986), pp. 194–8.
[40] Pérez de Urbel (1950), pp. 297–321.
[41] *Cartulario de San Juan de la Peña*, ed. Ubieto Arteta, doc. 38 (11 May 1023); d'Abadal i de Vinyals (1948), pp. 208–9.

隐藏了各方军事力量的剧烈变动。像奥东诺二世和拉米罗二世一样，曾将领土扩张至王国边界以外的较早时期的莱昂国王们，在该王朝统治的最后几代，其无可争议的统治不复存在了，取而代之的是内部分裂、派系斗争及军事上的衰弱。与此形成鲜明对照的是，在整个这一历史时期里，相对较小的那瓦尔王国在军事和外交意义上已经成熟。在同一时间跨度内，地处安达卢西亚的倭马亚政权的命运，也同样发生了大的起伏。1031 年，倭马亚王朝哈里发的职位最终被取消，取而代之的是一系列独立的区域性君主国。1035 年，西班牙各国剧烈变动的政治和文化环境，为整个半岛在 11 世纪余下的时间提供了一个巨大的发展前景。

罗杰·科林斯（Roger Collins）
李增洪　译
顾銮斋　校

附录　统治者及其世系表

表 1　　　　　　　　　教皇 885—1024 年

斯蒂芬五世（六世）	约 885 年 9 月—891 年 9 月 14 日
福莫瑟斯	约 891 年 10 月 6 日—896 年 4 月 4 日
卜尼法斯六世	896 年 4 月/5 月（15 天）
斯蒂芬六世（七世）	896 年 5 月—897 年 8 月（被驱逐）
罗曼努斯	897 年 8—11 月
狄奥多勒二世	897 年 11 月/12 月（20 天）
约翰九世	898 年 1 月—900 年 1 月/5 月
本尼狄克四世	900 年 5 月/6 月—903 年 7 月/8 月
利奥五世	903 年 8—9 月（30 天）
克里斯托弗	903 年 9 月—904 年 1 月
塞尔吉乌斯三世	904 年 1 月—911 年 4 月 4 日
阿纳斯塔斯三世	约 911 年 6 月—约 913 年 8 月
兰顿	约 913 年 8 月—约 914 年 3 月
约翰十世	914 年 3 月/4 月—928 年 5 月（被废黜；卒于 929 年）
利奥六世	928 年 5—12 月
斯蒂芬七世（八世）	928 年 12 月—931 年 2 月
约翰十一世	931 年 2 月/3 月—935 年 12 月/936 年 1 月
利奥七世	936 年 1 月 3 日—939 年 7 月 13 日
斯蒂芬八世（九世）	939 年 7 月 14 日—942 年 10 月晚期
马里纳斯二世	942 年 10 月 30 日—946 年 5 月早期
阿加皮图斯二世	946 年 5 月 10 日—955 年 12 月
约翰十二世	955 年 12 月 16 日—963 年 12 月 4 日（被废黜；卒于 964 年 5 月 14 日）
利奥八世	963 年 12 月 4 日—965 年 3 月 1 日

本尼狄克五世	964 年 5 月 22 日—964 年 6 月 23 日（被废黜；卒于 966 年 7 月 4 日）
约翰十三世	965 年 10 月 1 日—972 年 9 月 6 日
本尼狄克六世	973 年 1 月 19 日—974 年 7 月（被谋杀）
卜尼法斯七世	975 年 6—7 月和 984 年 8 月—985 年 7 月 20 日（？被刺杀）
本尼狄克七世	974 年 10 月—983 年 7 月 10 日
约翰十四世	983 年 12 月—984 年 4 月（被废黜；卒于 984 年 8 月 20 日）
约翰十五世	985 年 8 月—996 年 3 月
格列高利五世	996 年 5 月 3 日—999 年 2 月 18 日
约翰十六世	？997 年 2 月—？998 年 5 月（被废黜；卒于 8 月 26 日）
西尔韦斯特二世	999 年 4 月 2 日—1003 年 5 月 12 日
约翰十七世	1003 年 5 月 16 日—11 月 6 日
约翰十八世	1003 年 12 月 25 日—1009 年 6 月或 7 月
塞尔吉乌斯四世	1009 年 7 月 31 日—1012 年 5 月 12 日
本尼狄克八世	1012 年 5 月 17 日—1024 年 4 月 9 日
格列高利六世	1012 年 5—12 月

僭称教皇者以斜体字标明。

许多日期，尤其是 10 世纪前半叶的日期是推测出来的，带有不确定性。

表 2 奥托王朝的国王和皇帝

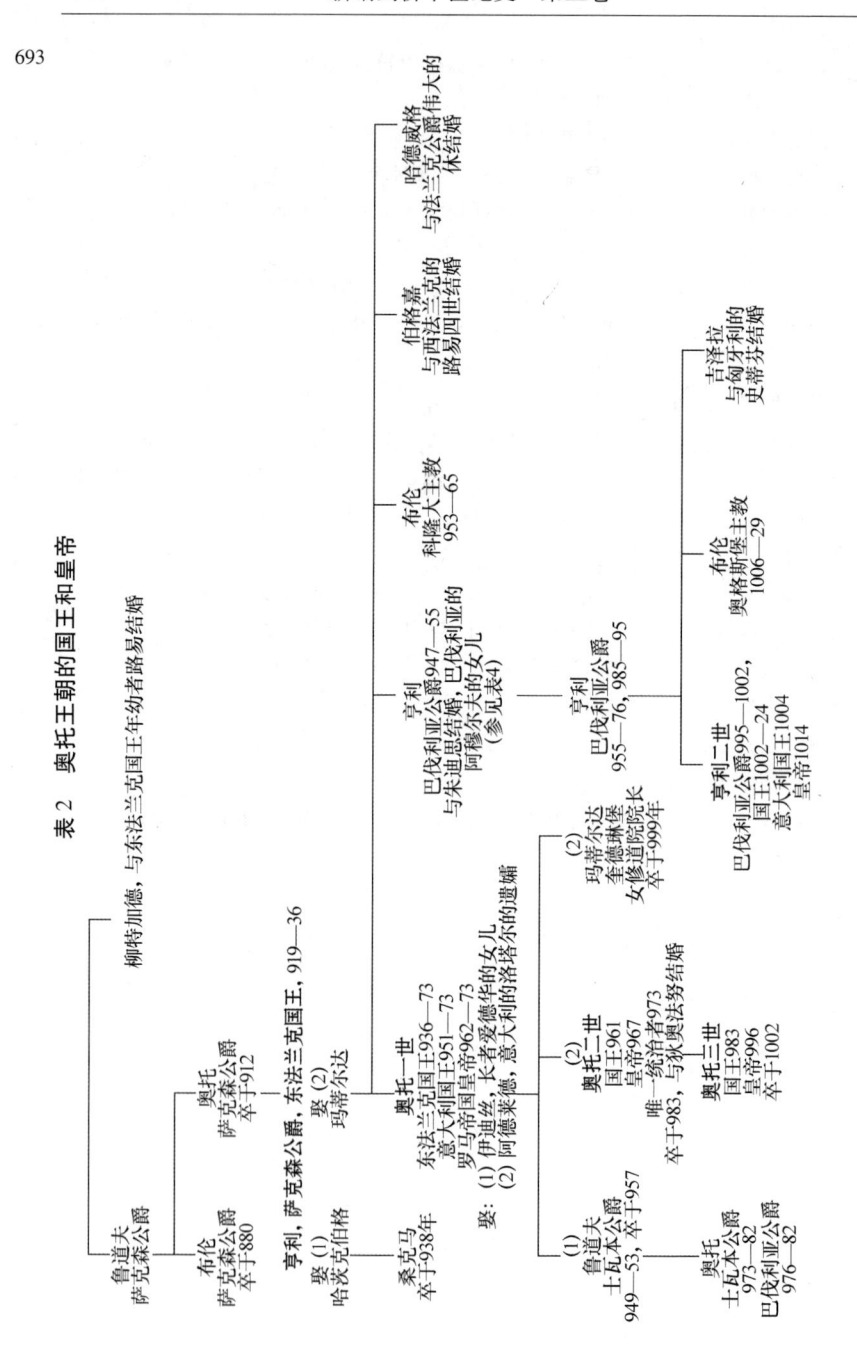

- 鲁道夫 萨克森公爵
  - 柳特加德，与东法兰克国王幼者路易结婚
- 布伦 萨克森公爵 卒于880
- 奥托 萨克森公爵 卒于912
  - 娶 (1) 哈德薇克伯格
  - 娶 (2) 玛蒂尔达
- 亨利，萨克森公爵，东法兰克国王，919—36
  - 娶 (1) 哈德薇克伯格
  - 娶 (2) 玛蒂尔达
- 桑克马 卒于938年
- 奥托一世 东法兰克国王936—73 意大利国王951—73 罗马帝国皇帝962—73
  娶:
  (1) 伊迪丝，长者爱德华的女儿
  (2) 阿德莱德，意大利洛塔尔的遗孀
  - 奥托二世 国王961 皇帝967 唯一统治者973 与秋奥法努结婚 卒于983，皇帝996
    - 奥托三世 国王983 皇帝996 卒于1002
    - (2) 玛蒂尔达 奎德琳堡 女修道院院长 卒于999年
  - 亨利 巴伐利亚公爵947—55 与朱迪思结婚，巴伐利亚的阿鲁尔夫的女儿 (参见表4)
    - 亨利 巴伐利亚公爵 955—76，985—95
      - 亨利二世 巴伐利亚公爵995—1002, 国王1002—24 意大利国王1004 皇帝1014
      - 布伦 奥格斯堡主教 1006—29
      - 吉泽拉 与匈牙利的史蒂芬结婚
    - 布伦 科隆大主教 953—65
    - 伯格嘉 与西法兰克的 路易四世结婚
    - 哈德薇格 与法兰西克公爵伟大的 休结婚
- (1) 鲁道夫 士瓦本公爵 949—53，卒于957
- 奥托 士瓦本公爵 973—82 巴伐利亚公爵 976—82

附录　统治者及其世系表

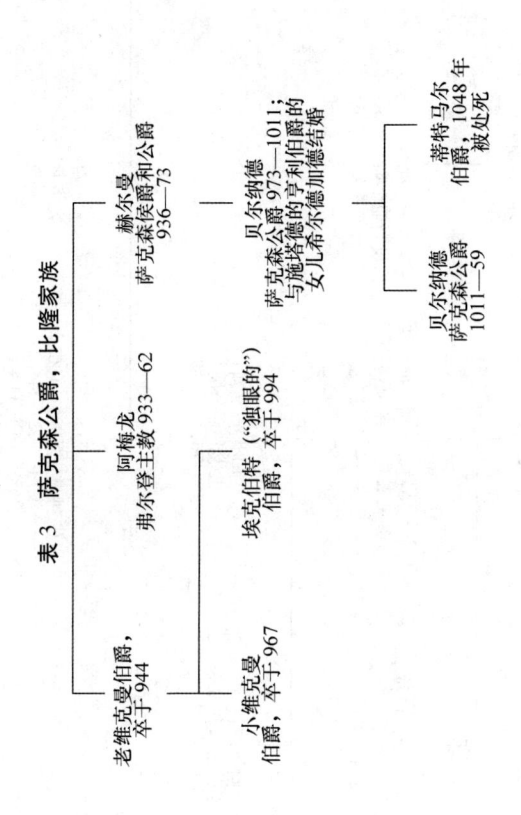

表3　萨克森公爵，比隆家族

- 老维克曼伯爵，卒于944
- 阿梅龙　弗尔登主教 933—62
- 赫尔曼　萨克森侯爵和公爵 936—73
  - 小维克曼伯爵，卒于967
  - 埃克伯特（"独眼的"）伯爵，卒于994
- 贝尔纳德公爵 973—1011；萨克森德的亨利伯爵的女儿希尔加德结婚
  - 贝尔纳德 萨克森公爵 1011—59
  - 蒂特马尔 伯爵，1048年被处死

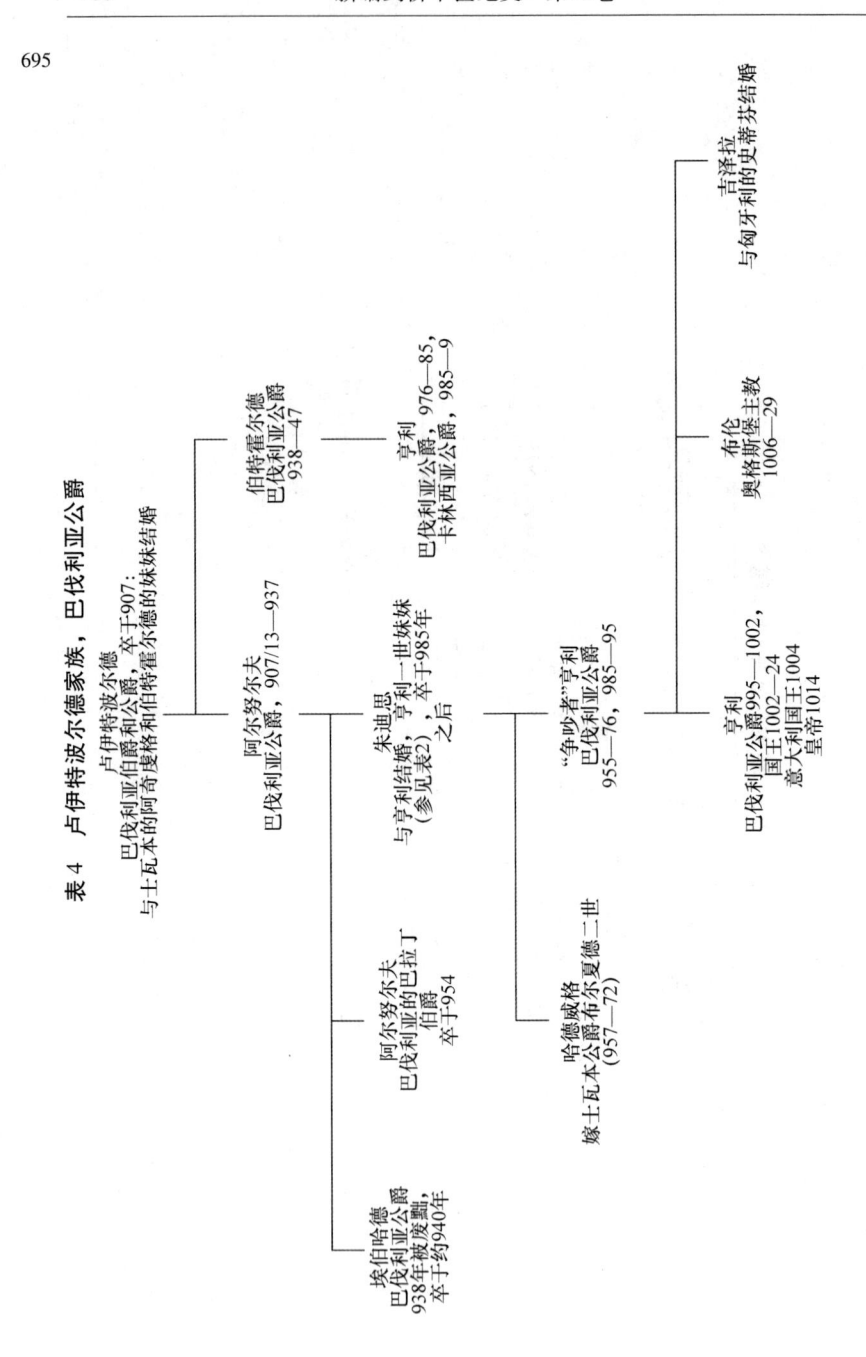

表 4　卢伊特波尔德家族，巴伐利亚公爵

```
卢伊特波尔德
巴伐利亚伯爵和公爵，卒于907：
与土瓦本的阿奇埃格利特霍尔德的妹妹结婚
            │
   ┌────────┴────────┐
阿尔努尔夫          伯特霍尔德
巴伐利亚公爵,       巴伐利亚公爵
907/13—937         938—47
   │                 │
   │                亨利
   │                巴伐利亚公爵, 976—85,
   │                卡林西亚公爵, 985—9
   │                 │
   │            ┌────┼─────────┐
   │          亨利   布伦      吉泽拉
   │        巴伐利亚公爵995—1002,  奥格斯堡主教  与匈牙利的史蒂芬结婚
   │        国王1002—24            1006—29
   │        意大利国王1004
   │        皇帝1014
   │
   ├──朱迪思
   │  与亨利结婚，亨利一世妹妹
   │  （参见表2），卒于985年之后
   │      │
   │   "争吵者"亨利
   │   巴伐利亚公爵
   │   955—76, 985—95
   │
   ├──阿尔努尔夫
   │  巴伐利亚的巴拉丁伯爵
   │  卒于954
   │
   ├──哈德威格
   │  嫁土瓦本公爵布尔夏德二世
   │  (957—72)
   │
   └──埃伯哈德
      巴伐利亚公爵
      938年被废黜,
      卒于约940年
```

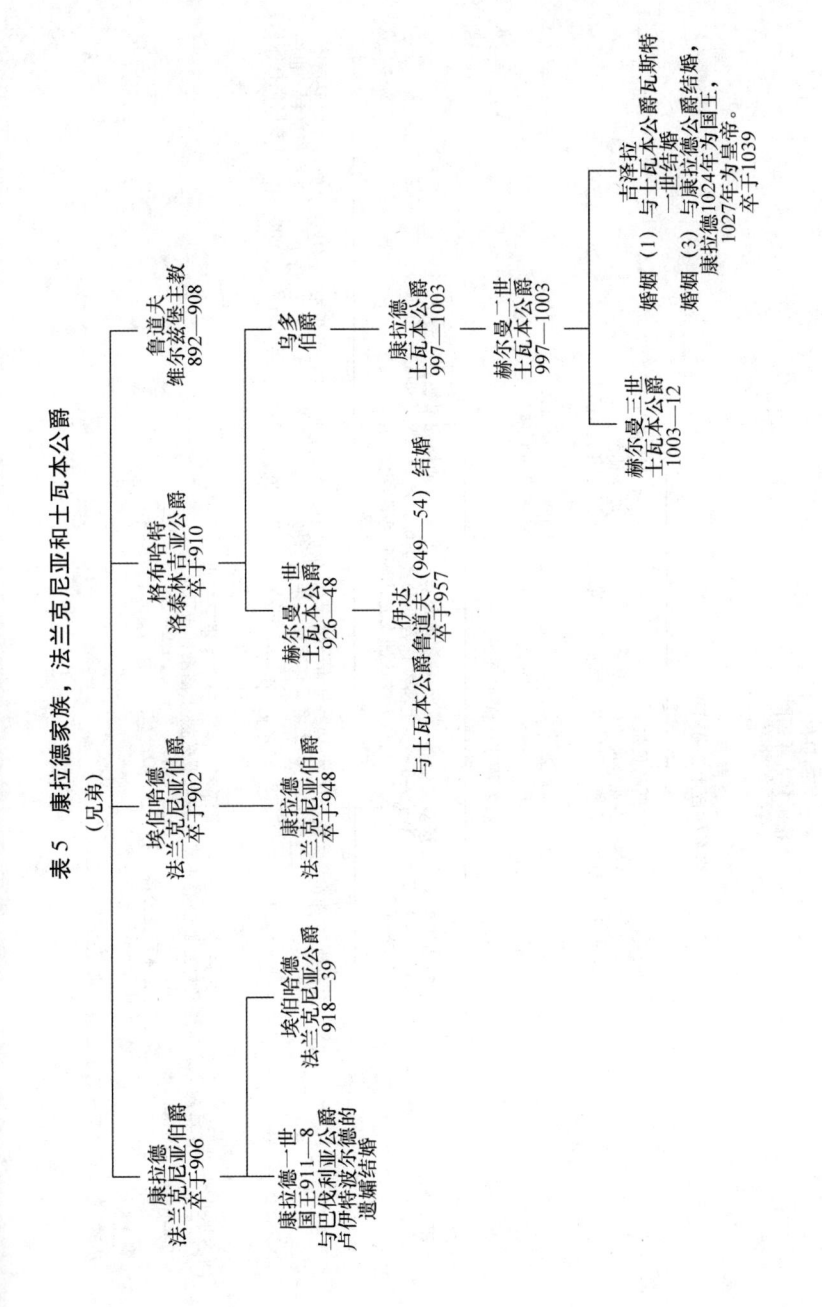

表5 康拉德家族，法兰克尼亚和士瓦本公爵

```
康拉德                埃伯哈德
法兰克尼亚伯爵 ──┬── 法兰克尼亚伯爵
卒于906       │    卒于902
（兄弟）      │
              │    鲁道夫
              │    维尔兹堡主教
              │    892—908
              │
              ├── 康拉德一世          格布哈特
              │   国王911—8          洛泰林吉亚公爵
              │   与巴伐利亚公爵      卒于910
              │   卢伊特波尔德的
              │   遗孀结婚
              │
              ├── 埃伯哈德            赫尔曼一世 ─── 乌多
              │   法兰克尼亚公爵      士瓦本公爵    伯爵
              │   918—39            926—48
              │
              └── 康拉德
                  法兰克尼亚伯爵
                  卒于948
                                     伊达 (949—54) 结婚
                                     与士瓦本公爵鲁道夫
                                     卒于957

                                                  康拉德
                                                  士瓦本公爵
                                                  997—1003
                                                      │
                                                      ├── 赫尔曼三世
                                                      │   士瓦本公爵
                                                      │   1003—12
                                                      │
                                                      └── 吉泽拉
                                                          与士瓦本公爵瓦斯特
                                                          一世结婚
                                                          与康拉德公爵结婚，
                                                          康拉德1024年为国王，
                                                          1027年为皇帝，
                                                          卒于1039
                                     赫尔曼二世
                                     士瓦本公爵
                                     997—1003
                                         │
                                         婚姻(1)
                                         婚姻(3)
```

表6 泰林吉亚：公爵家族

1. 雷吉纳里德家族

吉斯勒伯尔
洛泰林吉亚伯爵
卒于约880?

雷吉纳

吉斯勒贝尔
洛泰林吉亚公爵911—5
与东法兰克国王亨利一世的女儿格嘉伯结婚

吉斯勒贝尔
洛泰林吉亚公爵916—39

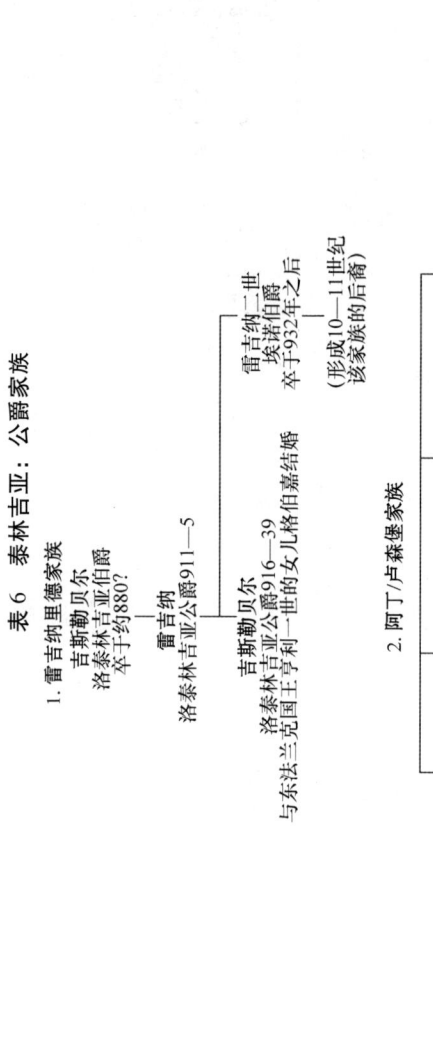

雷吉纳二世
埃诺伯爵
卒于932年之后
（形成10—11世纪该家族的后裔）

2. 阿丁/卢森堡家族

雷吉纳—戈弗雷

阿达尔贝罗　戈泽罗，伯爵　西格弗里德，伯爵
梅斯的主教　卒于943　　　上洛泰林吉亚公爵959—78
929—62　　　　　　　　　卒于998
　　　　　　　　　　　　与伟大的休的女儿比阿特丽斯结婚

阿达尔贝罗　迪特里希一世　弗雷德里克一世　亨利五世　库尼贡德
兰斯大主教　上洛泰林吉亚　阿达尔贝罗　梅斯主教　阿达尔贝罗
969—89　　　公爵　　　　　梅斯主教　　984—1005　特里尔大主教　与亨利二世结婚
　　　　　　978—1027/33　　984—1005　　　　　　　1008—15（参见奥托家族）

　　　　　　　　　　　　　　　　　　　　　　　　迪特里希
　　　　　　　　　　　　　　　　　　　　　　　　梅斯主教
　　　　　　　　　　　　　　　　　　　　　　　　1006—47

阿达尔贝罗　阿达尔贝罗　戈弗雷　戈泽罗
拉昂主教　　凡尔登主教　下洛泰林吉亚公爵　下洛泰林吉亚公爵
977—1031　　984—8　　　1012—23　　　　　1023—44
　　　　　　　　　　　　和上洛泰林吉亚公爵
　　　　　　　　　　　　1033—44

　　　　　　　　　　　　　　　　　　　　弗雷德里克二世
　　　　　　　　　　　　　　　　　　　　下洛泰林吉亚公爵
　　　　　　　　　　　　　　　　　　　　1019—26

1012年之前下洛泰林吉亚公爵，参见表12

表 7 博索家族，普罗旺斯国王

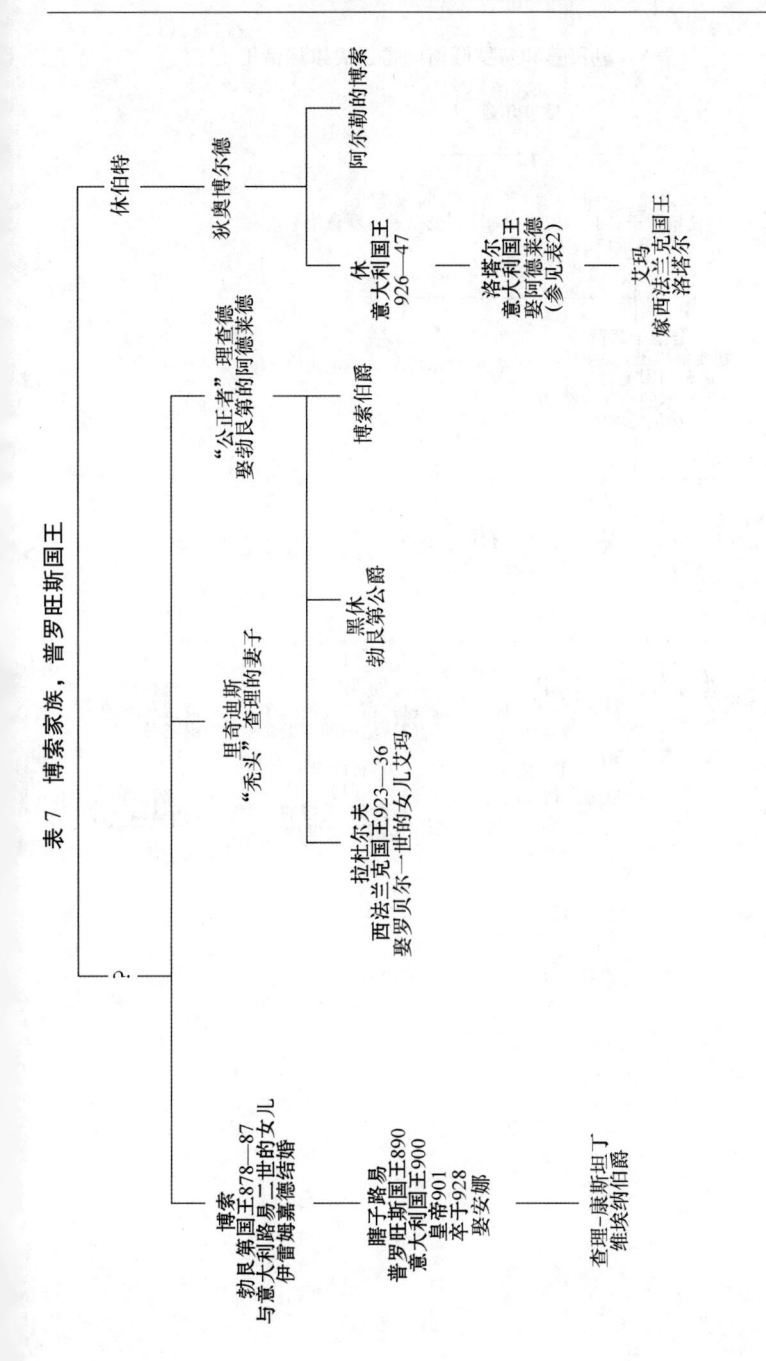

博索家族世系：

- 休伯特
  - 狄奥博尔德
    - 阿尔勒的博索
    - 休，意大利国王 926—47
      - 洛塔尔，意大利国王，娶阿德莱德（参见表2）
        - 艾玛，嫁西法兰克国王洛塔尔

- ?
  - 里奇迪斯，"秃头"查理的妻子
    - "公正者"理查，娶勃艮第的阿德莱德
      - 博索伯爵
      - 黑休，勃艮第公爵
      - 拉杜尔夫，西法兰克国王 923—36，娶罗贝尔一世的女儿艾玛
  - 博索，勃艮第国王 878—87，与意大利路易二世的女儿伊雷姆嘉德结婚
    - 瞎子路易，普罗旺斯国王 890，意大利国王 900，皇帝 901，卒于 928，娶安娜
    - 查理—康斯坦丁，维埃纳伯爵

表8　勃艮第和普罗旺斯的鲁道夫家族诸王

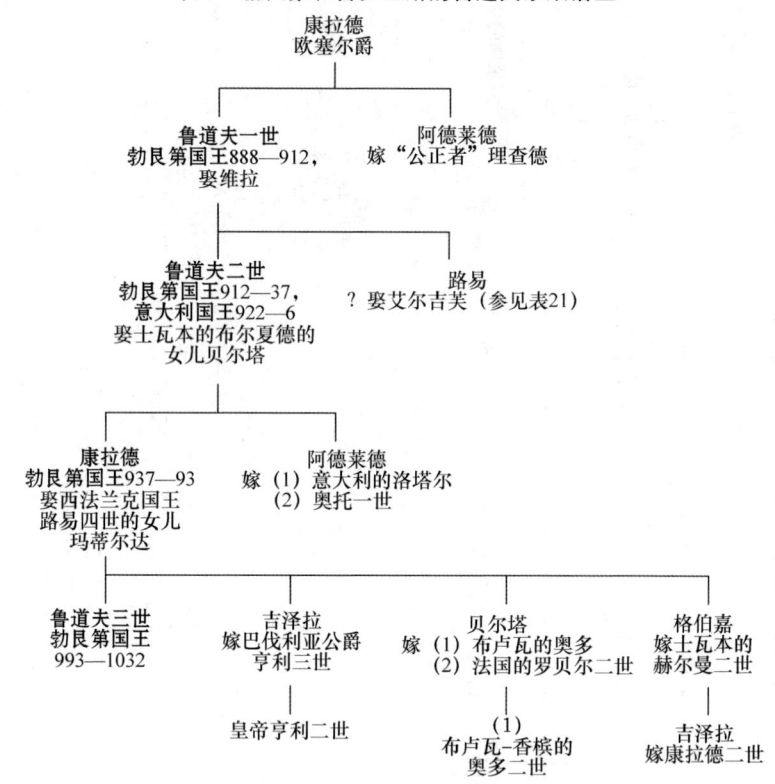

```
                    康拉德
                    欧塞尔爵
          ┌───────────┴───────────┐
      鲁道夫一世                阿德莱德
      勃艮第国王888—912,      嫁"公正者"理查德
      娶维拉
          │
      鲁道夫二世                   路易
      勃艮第国王912—37,        ？娶艾尔吉芙（参见表21）
      意大利国王922—6
      娶士瓦本的布尔夏德的
      女儿贝尔塔
          ┌───────────┴───────────┐
      康拉德                    阿德莱德
      勃艮第国王937—93          嫁（1）意大利的洛塔尔
      娶西法兰克国王               （2）奥托一世
      路易四世的女儿
      玛蒂尔达
   ┌──────────┬──────────┬──────────┐
鲁道夫三世   吉泽拉      贝尔塔         格伯嘉
勃艮第国王  嫁巴伐利亚公爵 嫁（1）布卢瓦的奥多  嫁士瓦本的
993—1032   亨利三世      （2）法国的罗贝尔二世 赫尔曼二世
              │              │              │
          皇帝亨利二世      （1）           吉泽拉
                        布卢瓦-香槟的      嫁康拉德二世
                         奥多二世
```

表9　10世纪勃艮第诸公爵

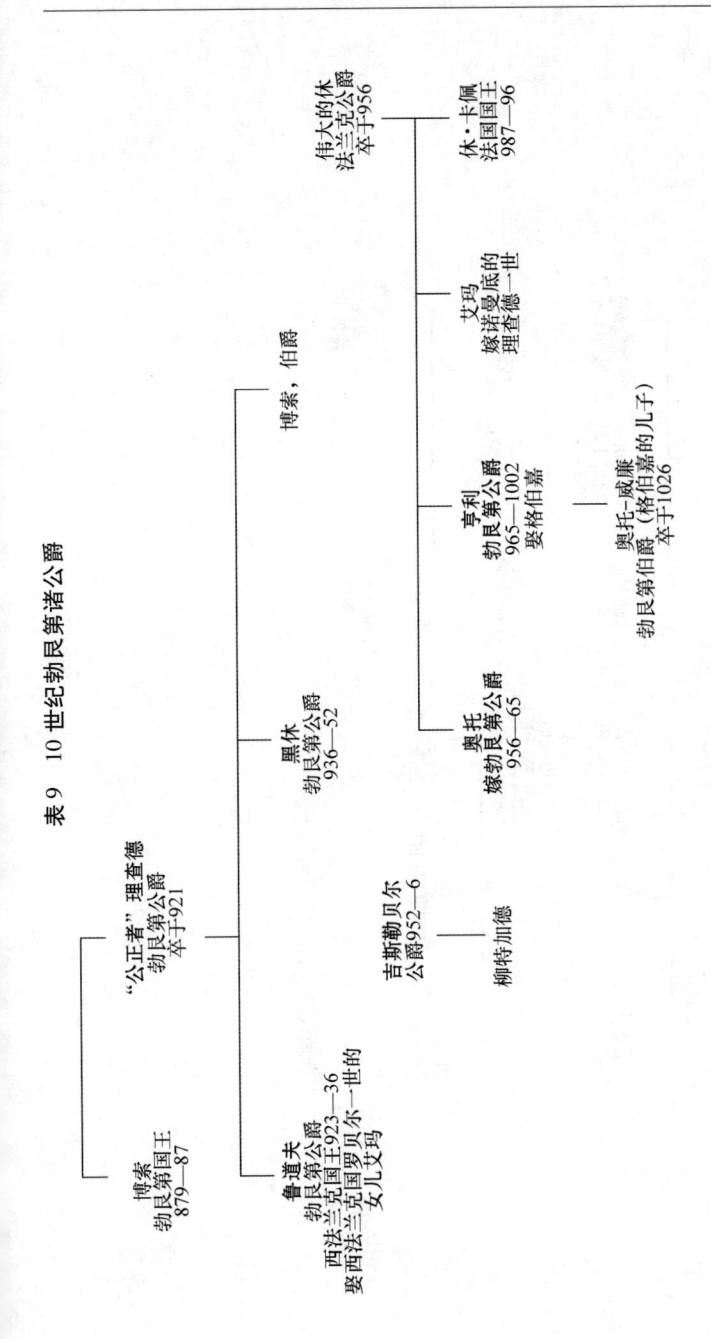

```
博索
勃艮第国王
879—87

"公正者"理查德
勃艮第公爵
卒于921

鲁道夫
勃艮第公爵
西法兰克国王923—36
娶西法兰克国王罗贝尔一世的女儿艾玛

博索，伯爵

黑休
勃艮第公爵
936—52
    ├─ 吉斯勒贝尔
    │   公爵952—6
    │   柳特加德
    ├─ 奥托
    │   嫁勃艮第公爵
    │   956—65
    ├─ 亨利
    │   勃艮第公爵
    │   965—1002
    │   娶格伯嘉
    │       └─ 奥托—威廉
    │           （格伯嘉的儿子）
    │           勃艮第伯爵
    │           卒于1026
    ├─ 艾玛
    │   嫁诺曼底的
    │   理查德一世
    └─ 伟大的休
        法兰克公爵
        卒于956
            └─ 休·卡佩
                法兰西国王
                987—96
```

表10 10世纪勃艮第部分伯爵

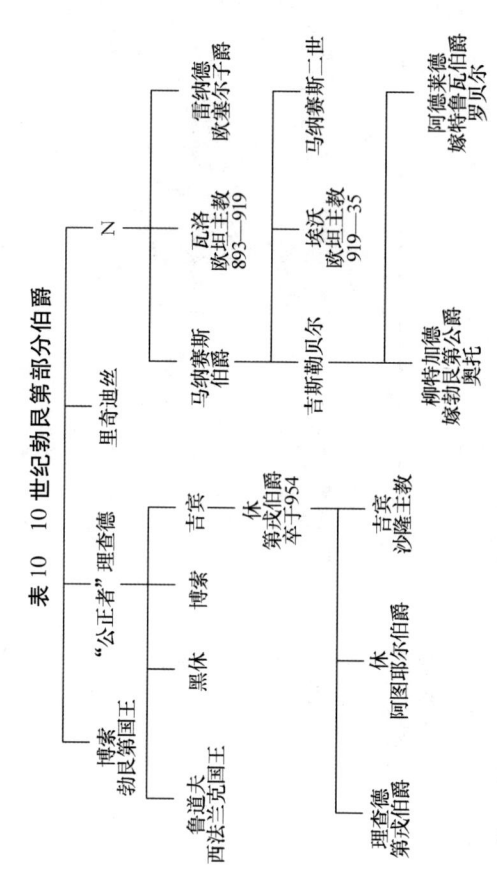

```
博索                ┬── 鲁道夫 西法兰克国王
勃艮第国王           │
                    ├── 黑休
                    │
                    ├── 博索
                    │
                    ├── "公正者"理查德 ──┬── 吉宾
                    │                    │
                    │                    ├── 休 第戎伯爵 卒于954
                    │                    │
                    │                    └── 吉宾 沙隆主教
                    │
                    ├── 休 阿图瓦耶尔伯爵
                    │
                    ├── 理查德 第戎伯爵
                    │
                    └── 里奇迪丝 ──┬── N
                                   │
                                   ├── 马纳赛斯伯爵 ──┬── 雷纳德 欧塞尔子爵伯爵
                                   │                   │
                                   │                   └── 瓦洛主教 欧坦主教 893—919
                                   │
                                   ├── 吉斯勒贝尔 ──┬── 马纳赛斯二世
                                   │                 │
                                   │                 └── 埃沃 欧坦主教 919—35
                                   │
                                   └── 柳特加德 嫁勃艮第公爵 奥托 ──┬── 阿德莱德 嫁鲁特鲁瓦伯爵罗贝尔
```

前两代伯爵的详情参见表7。

表11　意大利诸王及斯波莱托和托斯卡纳诸侯爵

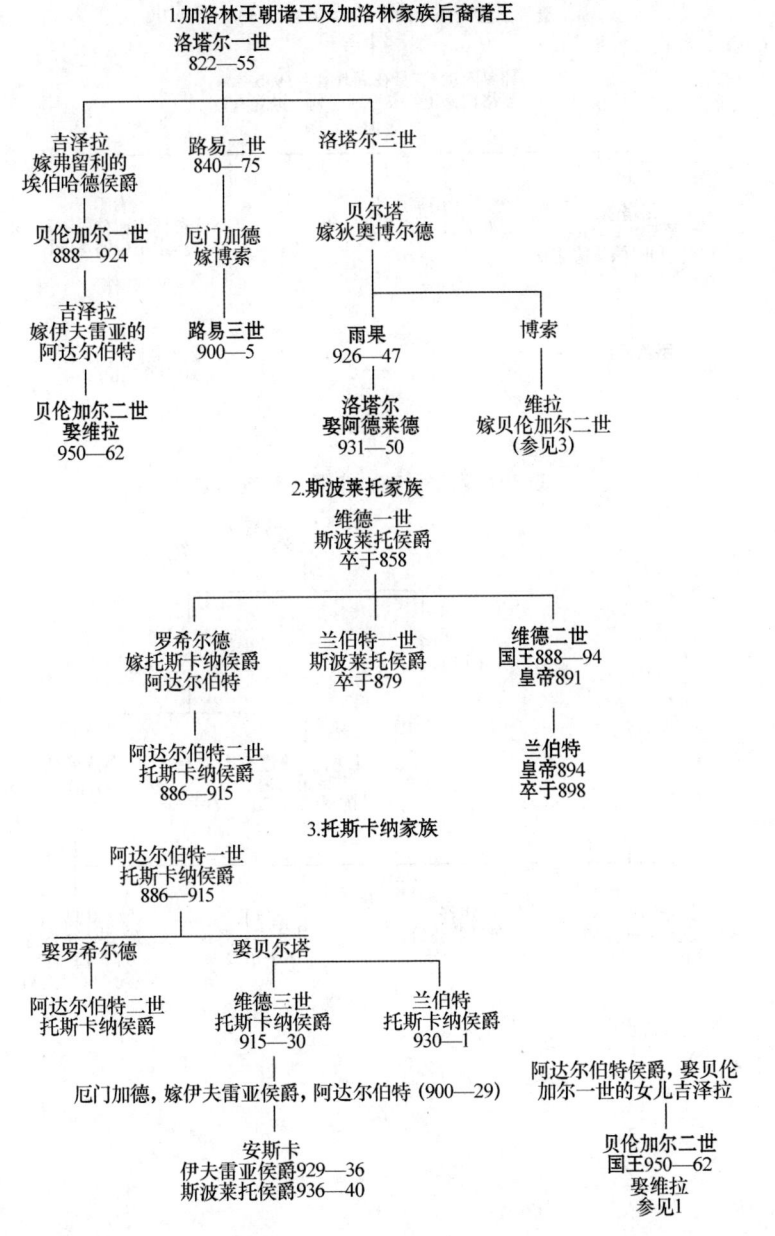

1. 加洛林王朝诸王及加洛林家族后裔诸王

洛塔尔一世
822—55

- 吉泽拉
  嫁弗留利的
  埃伯哈德侯爵
  - 贝伦加尔一世
    888—924
    - 吉泽拉
      嫁伊夫雷亚的
      阿达尔伯特
      - 贝伦加尔二世
        娶维拉
        950—62
- 路易二世
  840—75
  - 厄门加德
    嫁博索
  - 路易三世
    900—5
- 洛塔尔三世
  - 贝尔塔
    嫁狄奥博尔德
    - 雨果
      926—47
      - 洛塔尔
        娶阿德莱德
        931—50
    - 博索
      - 维拉
        嫁贝伦加尔二世
        （参见3）

2. 斯波莱托家族

维德一世
斯波莱托侯爵
卒于858

- 罗希尔德
  嫁托斯卡纳侯爵
  阿达尔伯特
  - 阿达尔伯特二世
    托斯卡纳侯爵
    886—915
- 兰伯特一世
  斯波莱托侯爵
  卒于879
- 维德二世
  国王888—94
  皇帝891
  - 兰伯特
    皇帝894
    卒于898

3. 托斯卡纳家族

阿达尔伯特一世
托斯卡纳侯爵
886—915

- 娶罗希尔德
  - 阿达尔伯特二世
    托斯卡纳侯爵
- 娶贝尔塔
  - 维德三世
    托斯卡纳侯爵
    915—30
    - 厄门加德，嫁伊夫雷亚侯爵，阿达尔伯特 (900—29)
      - 安斯卡
        伊夫雷亚侯爵929—36
        斯波莱托侯爵936—40
  - 兰伯特
    托斯卡纳侯爵
    930—1

阿达尔伯特侯爵，娶贝伦
加尔一世的女儿吉泽拉
- 贝伦加尔二世
  国王950—62
  娶维拉
  参见1

表12　西法兰克：加洛林王朝

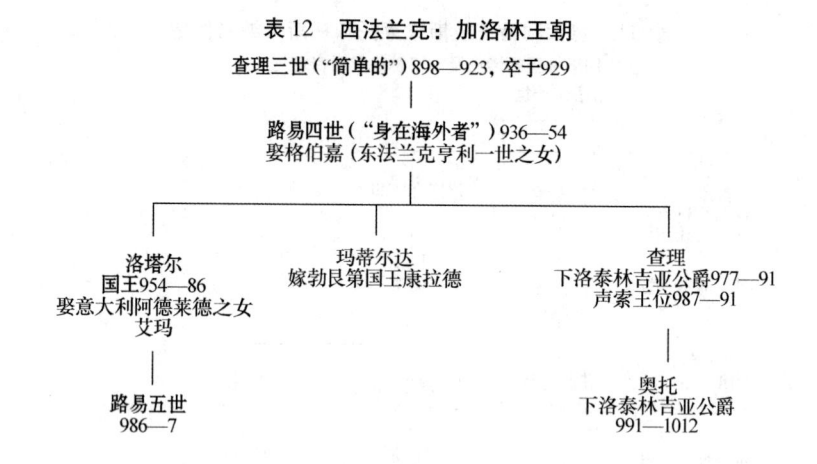

查理三世（"简单的"）898—923，卒于929
│
路易四世（"身在海外者"）936—54
娶格伯嘉（东法兰克亨利一世之女）
┌──────────────┼──────────────┐
洛塔尔　　　　玛蒂尔达　　　　查理
国王954—86　　嫁勃艮第国王康拉德　下洛泰林吉亚公爵977—91
娶意大利阿德莱德之女　　　　　　　声索王位987—91
艾玛
│　　　　　　　　　　　　　　　　│
路易五世　　　　　　　　　　　　奥托
986—7　　　　　　　　　　　　　下洛泰林吉亚公爵
　　　　　　　　　　　　　　　　991—1012

表13　西法兰克：卡佩王朝统治者

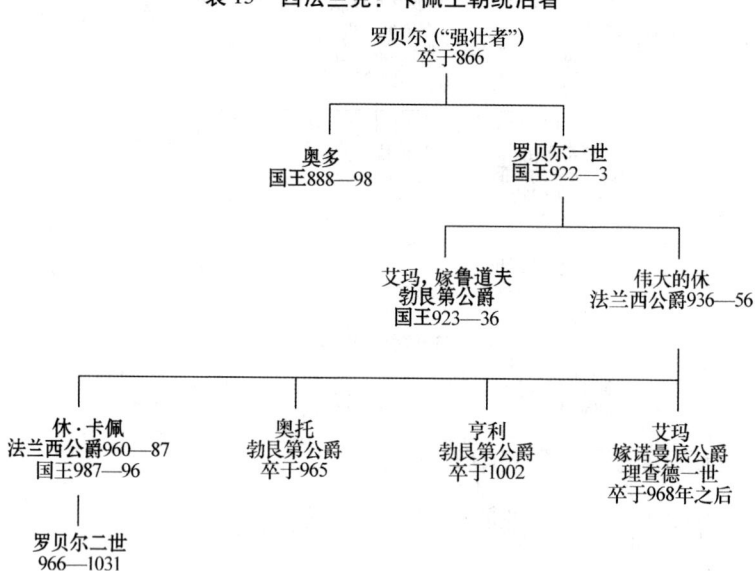

罗贝尔（"强壮者"）
卒于866
┌──────────────┴──────────────┐
奥多　　　　　　　　　　　　　罗贝尔一世
国王888—98　　　　　　　　　　国王922—3
　　　　　　　　　　　┌──────────────┴──────────────┐
　　　　　　　　　　艾玛，嫁鲁道夫　　　　　　　伟大的休
　　　　　　　　　　勃艮第公爵　　　　　　　　　法兰西公爵936—56
　　　　　　　　　　国王923—36
┌──────────┬──────────┬──────────┐
休·卡佩　　　奥托　　　　亨利　　　　艾玛
法兰西公爵960—87　勃艮第公爵　勃艮第公爵　嫁诺曼底公爵
国王987—96　　卒于965　　　卒于1002　　理查德一世
│　　　　　　　　　　　　　　　　　　卒于968年之后
罗贝尔二世
966—1031

附录　统治者及其世系表

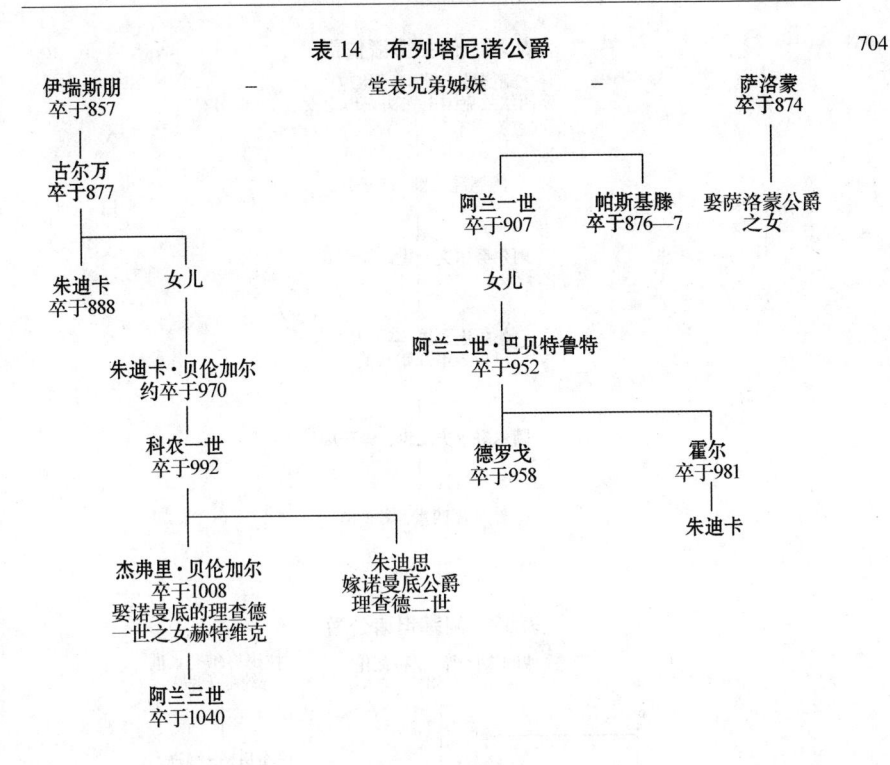

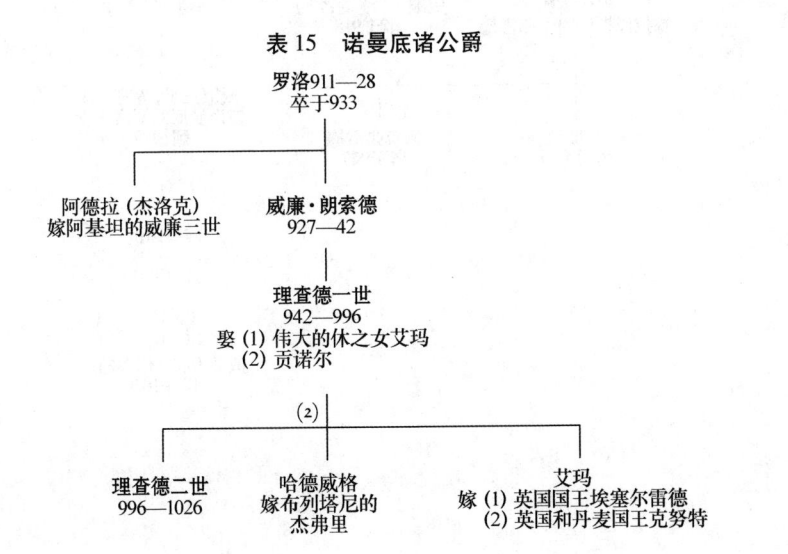

表 14　布列塔尼诸公爵

```
伊瑞斯朋 ———— 堂表兄弟姊妹 ———— 萨洛蒙
卒于857                                 卒于874
  │                                      │
古尔万                                    │
卒于877                                   │
  │                                      │
  ├─────────┐                             │
朱迪卡    女儿    阿兰一世  帕斯基滕   娶萨洛蒙公爵
卒于888           卒于907  卒于876—7    之女
           │        │
      朱迪卡·贝伦加尔  女儿
      约卒于970        │
           │     阿兰二世·巴贝特鲁特
      科农一世        卒于952
      卒于992          │
           │          ├────────┐
           │        德罗戈     霍尔
           │        卒于958    卒于981
           │                     │
  ┌────────┴──────┐             朱迪卡
杰弗里·贝伦加尔   朱迪思
卒于1008          嫁诺曼底公爵
娶诺曼底的理查德   理查德二世
一世之女赫特维克
    │
  阿兰三世
  卒于1040
```

表 15　诺曼底诸公爵

```
              罗洛911—28
              卒于933
                 │
      ┌──────────┴──────────┐
阿德拉（杰洛克）         威廉·朗索德
嫁阿基坦的威廉三世          927—42
                           │
                        理查德一世
                         942—996
                  娶 (1) 伟大的休之女艾玛
                     (2) 贡诺尔
                           │
                          (2)
         ┌─────────────┬───────────────┐
     理查德二世     哈德威格          艾玛
      996—1026   嫁布列塔尼的      嫁 (1) 英国国王埃塞尔雷德
                    杰弗里          (2) 英国和丹麦国王克努特
```

表 16　佛兰德诸伯爵

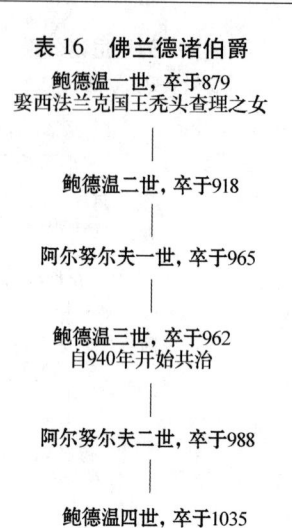

鲍德温一世，卒于879
娶西法兰克国王秃头查理之女
｜
鲍德温二世，卒于918
｜
阿尔努尔夫一世，卒于965
｜
鲍德温三世，卒于962
自940年开始共治
｜
阿尔努尔夫二世，卒于988
｜
鲍德温四世，卒于1035

表 17　阿基坦诸公爵

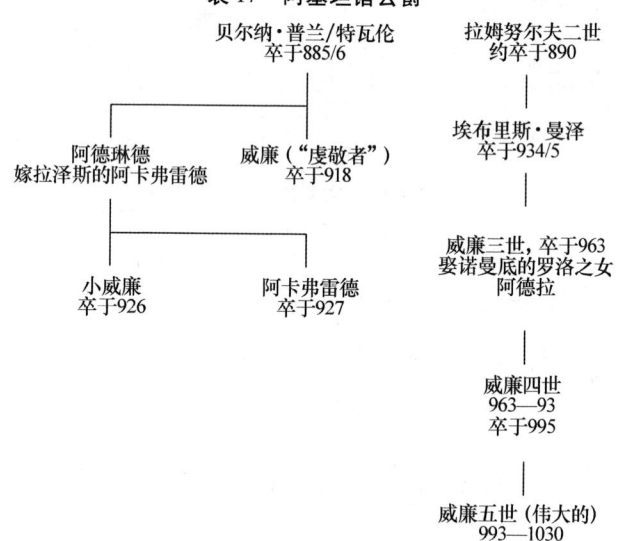

贝尔纳·普兰/特瓦伦　　　　　　　拉姆努尔夫二世
卒于885/6　　　　　　　　　　　约卒于890
┌─────────┴─────────┐　　　　　　　｜
阿德琳德　　威廉（"虔敬者"）　　埃布里斯·曼泽
嫁拉泽斯的阿卡弗雷德　卒于918　　卒于934/5
┌──────┴──────┐　　　　　　　　　　　｜
小威廉　　　阿卡弗雷德　　　　　威廉三世，卒于963
卒于926　　　卒于927　　　　　　娶诺曼底的罗洛之女
　　　　　　　　　　　　　　　　　　阿德拉
　　　　　　　　　　　　　　　　　　｜
　　　　　　　　　　　　　　　　威廉四世
　　　　　　　　　　　　　　　　963—93
　　　　　　　　　　　　　　　　卒于995
　　　　　　　　　　　　　　　　　｜
　　　　　　　　　　　　　　　威廉五世（伟大的）
　　　　　　　　　　　　　　　　993—1030

附录　统治者及其世系表

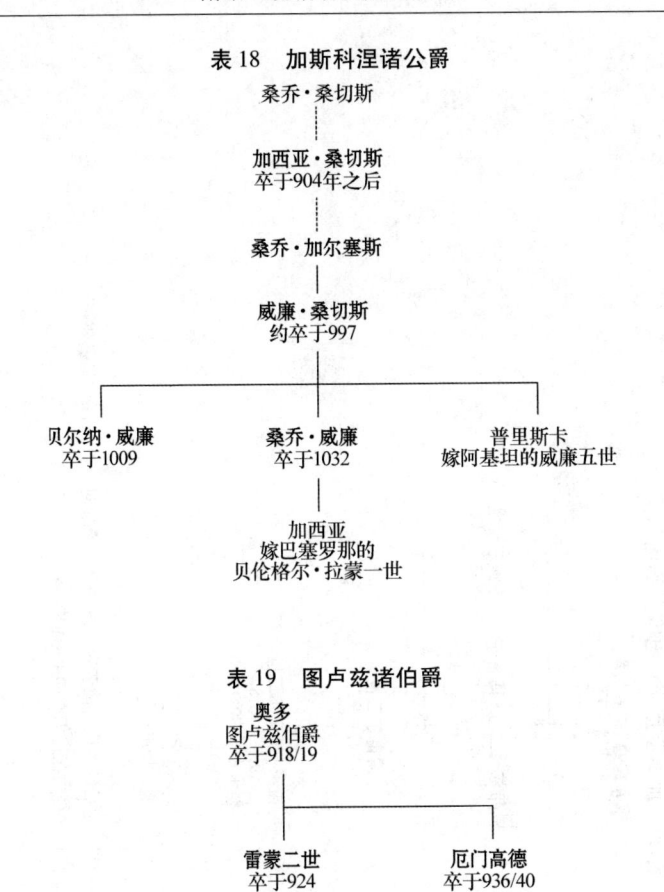

表 18　加斯科涅诸公爵

桑乔·桑切斯
⋮
加西亚·桑切斯
卒于904年之后
│
桑乔·加尔塞斯
│
威廉·桑切斯
约卒于997
├───────────────┬───────────────┐
贝尔纳·威廉　　桑乔·威廉　　　普里斯卡
卒于1009　　　　卒于1032　　　　嫁阿基坦的威廉五世
　　　　　　　　│
　　　　　　　加西亚
　　　　　　　嫁巴塞罗那的
　　　　　　　贝伦格尔·拉蒙一世

表 19　图卢兹诸伯爵

奥多
图卢兹伯爵
卒于918/19
├───────────────┬───────────────┐
雷蒙二世　　　　　　厄门高德
卒于924　　　　　　　卒于936/40
│
雷蒙三世·庞斯　　　（鲁埃格诸伯爵）
卒于944/61
│
威廉三世·泰勒菲尔
卒于1037

欲重建稀少而模糊的证据，请参见 M.de Framond,'La succession des comtes de Toulouse autour de l'an mil (940—1030)：reconsidérations',Annales du Midi 105 (1993)，445–88.

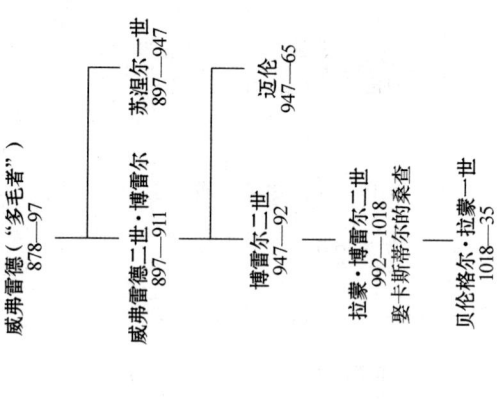

表20 加泰罗尼亚：巴塞罗那诸伯爵

威弗雷德（"多毛者"）
878—97
├── 威弗雷德二世·博雷尔 897—911
├── 苏涅尔二世 897—947
│   ├── 博雷尔二世 947—92
│   │   └── 拉蒙·博雷尔二世 992—1018
│   │   娶卡斯蒂尔的桑查
│   │   └── 贝伦格尔·拉蒙一世 1018—35
│   └── 迈伦 947—65

威弗雷德（"多毛者"）之后两代统治者有一段联合统治时期。这一时期，乌赫尔、奥索拉、赫罗纳和贝萨卢地区是由在位伯爵的弟弟们控制。

表 21　威塞克斯和英格兰诸王

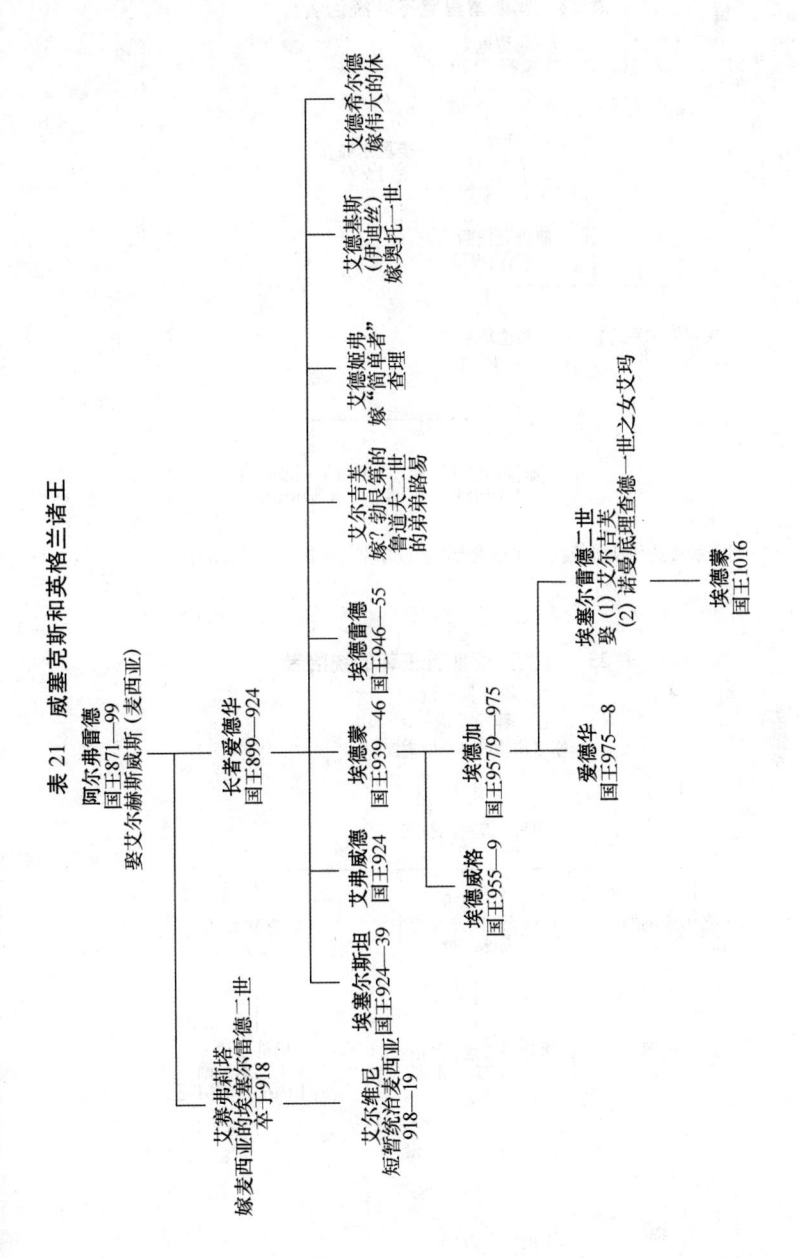

- 阿尔弗雷德　国王871—99　娶艾尔赫斯威斯（麦西亚）
  - 长者爱德华　国王899—924
    - 艾赛弗利塔　嫁麦西亚的埃塞尔雷德二世　卒于918
    - 埃塞尔斯坦　国王924—39
      - 艾尔维尼　短暂统治麦西亚918—19
    - 艾弗威德　国王924
    - 埃德雷德　国王946—55
    - 埃德蒙　国王939—46
      - 埃德威格　国王955—9
      - 埃德加　国王957/9—975
        - 埃塞尔雷德二世　娶(1) 艾尔吉芙　(2) 诺曼底查理一世之女艾玛
          - 埃德蒙　国王1016
        - 艾尔吉芙　嫁？劲良第的鲁道夫二世的弟弟路易
        - 艾德姬弗　嫁"简单者"查理
        - 艾德基斯（伊迪丝）　嫁奥托一世
        - 艾德希尔德　嫁伟大的休
    - 爱德华　国王975—8

表22 罗斯留里克王朝统治者

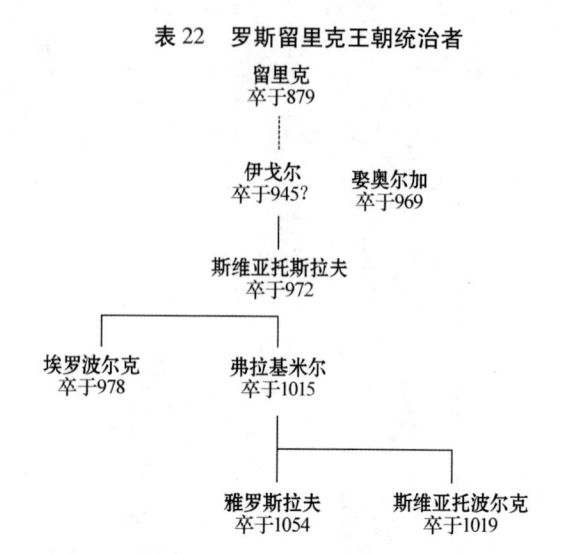

```
              留里克
              卒于879
                │
          ┌─────┴─────┐
        伊戈尔       婆奥尔加
        卒于945?      卒于969
          │
      斯维亚托斯拉夫
        卒于972
          │
    ┌─────┴─────┐
  埃罗波尔克    弗拉基米尔
   卒于978       卒于1015
                  │
          ┌───────┴───────┐
       雅罗斯拉夫      斯维亚托波尔克
        卒于1054          卒于1019
```

另一种传统使斯维亚托波尔克成为埃罗波尔克（卒于978年）的儿子。

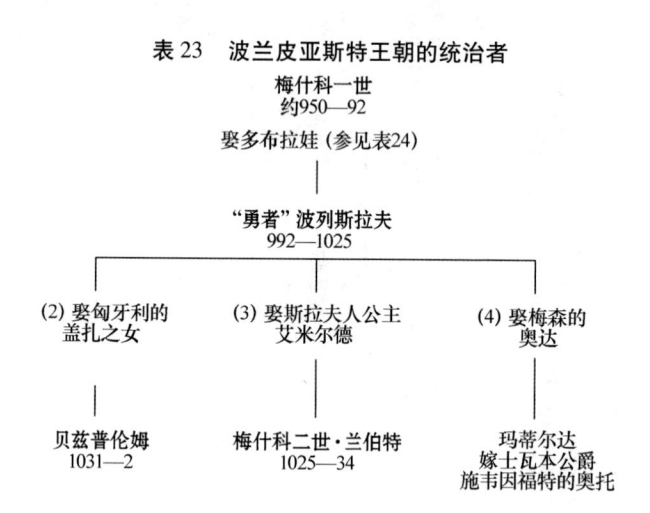

表23 波兰皮亚斯特王朝的统治者

```
              梅什科一世
               约950—92
           婆多布拉娃（参见表24）
                  │
            "勇者"波列斯拉夫
                992—1025
    ┌─────────────┼─────────────┐
(2)婆匈牙利的  (3)婆斯拉夫人公主  (4)婆梅森的
   盖扎之女       艾米尔德          奥达
    │              │                │
 贝兹普伦姆   梅什科二世·兰伯特   玛蒂尔达
  1031—2        1025—34        嫁士瓦本公爵
                                施韦因福特的奥托
```

表 24 波希米亚普热美斯王朝的统治者

```
                        弗拉蒂斯拉夫
                          905—21?
                ┌───────────┴───────────┐
          瓦茨拉夫一世              波列斯拉夫一世
           921—35?                  约935—72
         ┌─────┴─────┐                  │
      多布拉娃      波列斯拉夫二世
   嫁波兰的梅什科一世     972—99
     (参见表23)
     卒于977
                ┌───────────┬───────────┐
         波列斯拉夫三世    亚罗米尔      奥尔德里奇
         999年被驱逐,   1003—12, 1033—4   1012—33
         卒于1037?       卒于1035        卒于1055?
```

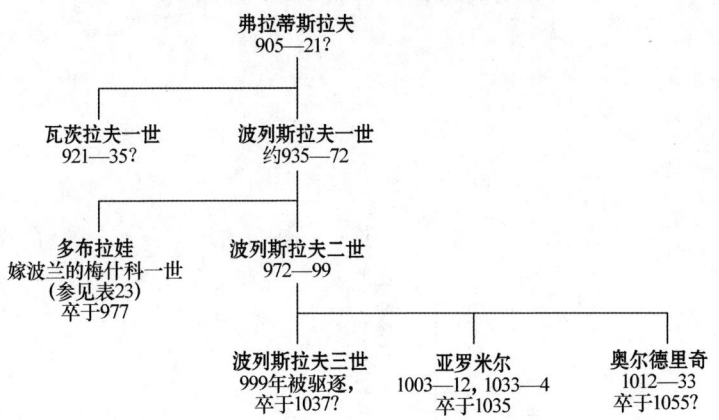

表 25 匈牙利阿尔帕德的统治者

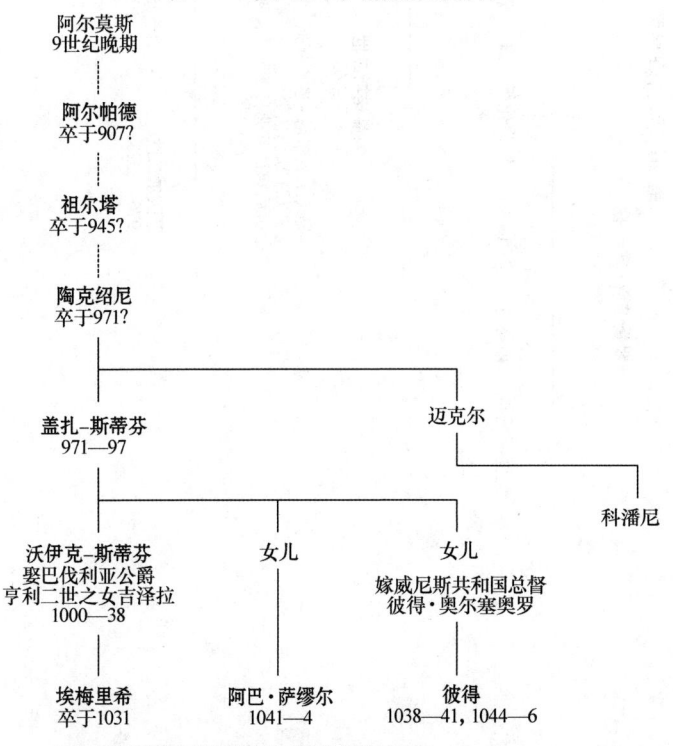

```
     阿尔莫斯
    9世纪晚期
       ┊
     阿尔帕德
     卒于907?
       ┊
      祖尔塔
     卒于945?
       ┊
     陶克绍尼
     卒于971?
   ┌────┴────┐
盖扎-斯蒂芬   迈克尔
 971—97        │
            ┌──┴──┐
                  科潘尼
┌────┬────┬────┐
沃伊克-斯蒂芬  女儿   女儿
娶巴伐利亚公爵       嫁威尼斯共和国总督
亨利二世之女吉泽拉    彼得·奥尔塞奥罗
  1000—38
埃梅里希    阿巴·萨缪尔   彼得
卒于1031    1041—4      1038—41, 1044—6
```

无论系谱还是截止到盖扎的日期都非常不确定。

表 26 拜占庭皇帝

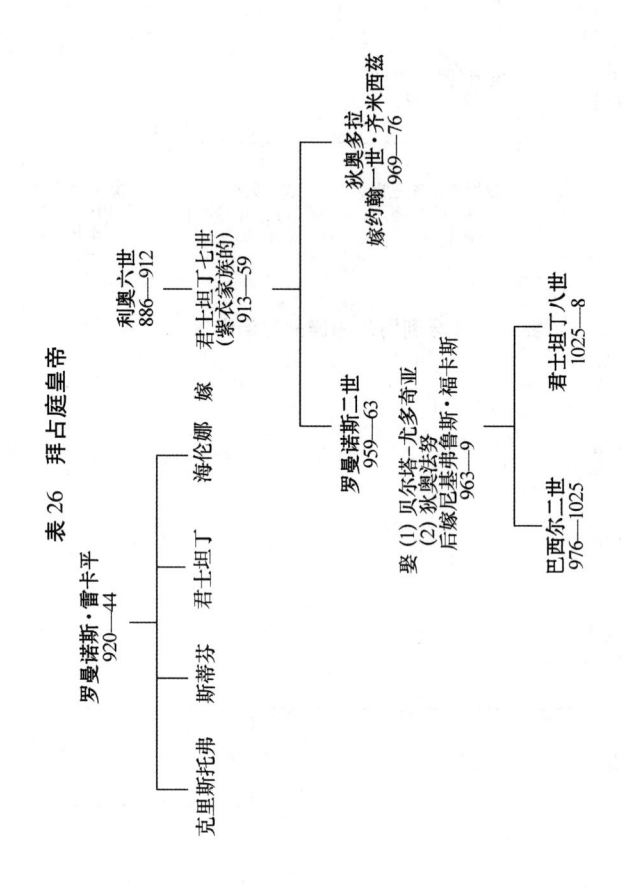

```
罗曼诺斯·雷卡平
   920—44
   │
   ├── 克里斯托弗
   ├── 斯蒂芬
   ├── 君士坦丁
   └── 海伦娜 嫁 利奥六世
                  886—912
                  │
                  君士坦丁七世
                  (紫衣家族的)
                  913—59
                  │
                  ├── 狄奥多拉
                  │   嫁约翰一世·齐米西兹
                  │   969—76
                  └── 罗曼诺斯二世
                      959—63
                      娶 (1) 贝尔塔-尤多奇亚
                         (2) 狄奥法努
                      后嫁尼基弗鲁斯·福卡斯
                      963—9
                      │
                      ├── 巴西尔二世
                      │   976—1025
                      └── 君士坦丁八世
                          1025—8
```

表 27　保加利亚的统治者

1. 第一王朝

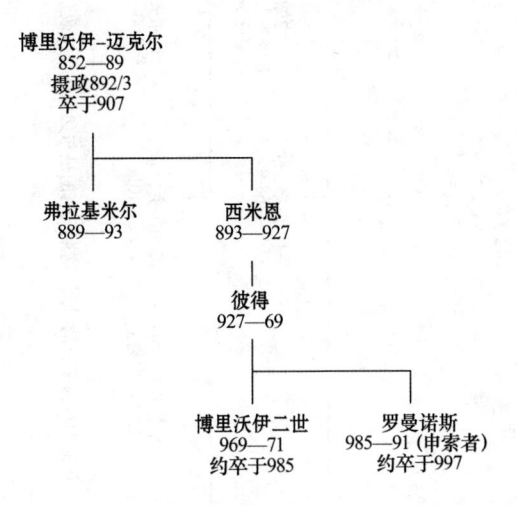

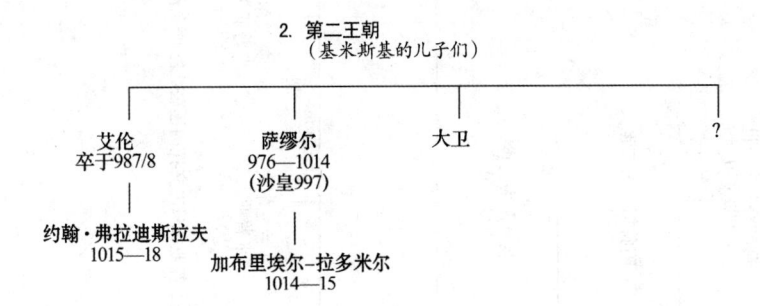

```
              博里沃伊-迈克尔
                 852—89
                摄政892/3
                 卒于907
                    │
          ┌─────────┴─────────┐
      弗拉基米尔              西米恩
       889—93                893—927
                                │
                              彼得
                             927—69
                                │
                   ┌────────────┴────────────┐
              博里沃伊二世                罗曼诺斯
                969—71                985—91（申索者）
               约卒于985              约卒于997
```

2. 第二王朝
（基米斯基的儿子们）

```
     ┌──────────┬──────────┬──────────┐
    艾伦       萨缪尔       大卫         ?
  卒于987/8   976—1014
             （沙皇997）
     │            │
 约翰·弗拉迪斯拉夫   加布里埃尔-拉多米尔
   1015—18         1014—15
```

表 28　贝内文托和卡普亚诸王公

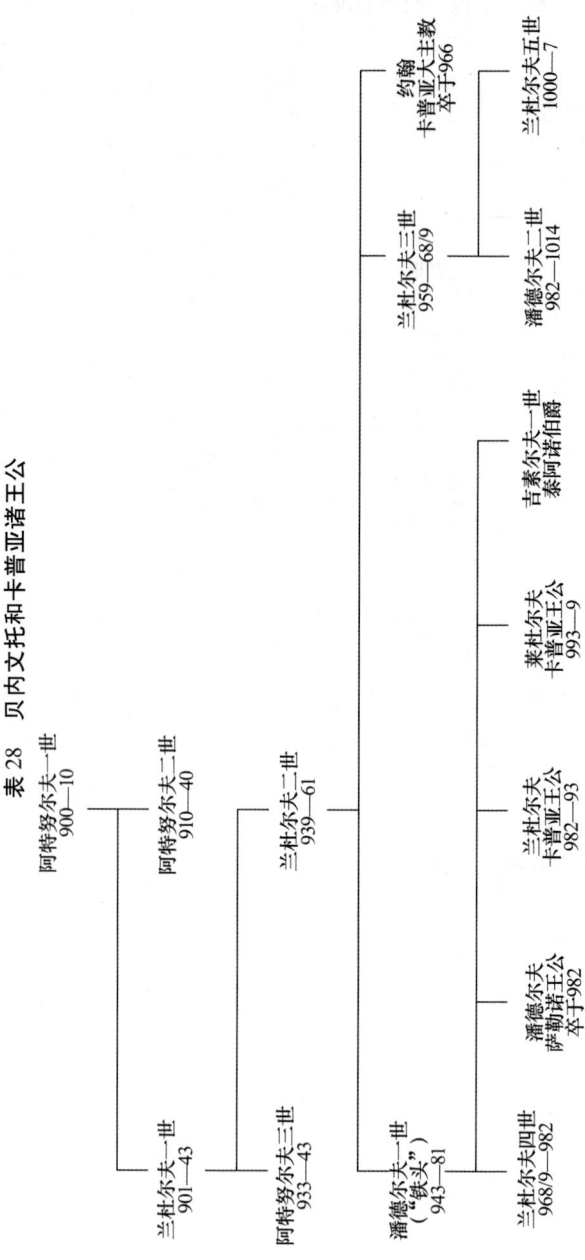

阿特努尔夫一世 900—10
├─ 兰杜尔夫一世 901—43
├─ 阿特努尔夫二世 910—40
│   └─ 阿特努尔夫三世 933—43
└─ 兰杜尔夫二世 939—61
    ├─ 潘德尔夫萨勒诺诸王公 卒于982
    │   └─ 兰杜尔夫四世 968/9—982
    ├─ 兰杜尔夫卡普亚诸王公 982—93
    ├─ 莱杜尔夫卡普亚王公 993—9
    ├─ 吉素尔夫一世泰阿诺诸伯爵
    └─ 兰杜尔夫三世 959—68/9
        ├─ 约翰卡普亚大主教 卒于966
        └─ 潘德尔夫二世 982—1014
            └─ 兰杜尔夫五世 1000—7

潘德尔夫一世（"铁头"）943—81

除非另有说明，表中人物均为卡普亚和贝内文托的王公。表中标示的年份是他们称为王公的时间，这期间有的是与父兄联合执政。

表29　萨勒诺诸王公

1. 第一王朝

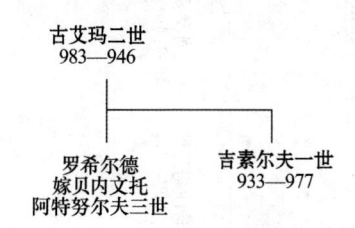

```
            古艾玛二世
            983—946
         ┌─────┴─────┐
      罗希尔德        吉素尔夫一世
      嫁贝内文托        933—977
      阿特努尔夫三世
```

2. 第二王朝

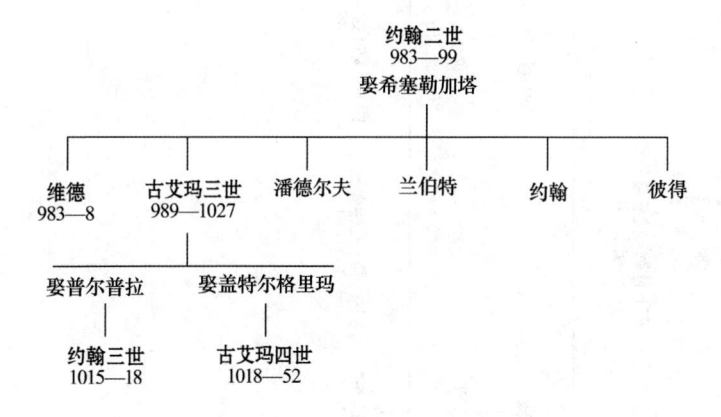

```
                    约翰二世
                    983—99
                    娶希塞勒加塔
   ┌────────┬────────┬────────┬────────┬────────┐
  维德     古艾玛三世   潘德尔夫   兰伯特    约翰     彼得
 983—8    989—1027
   ┌─────────┴─────────┐
 娶普尔普拉          娶盖特尔格里玛
   │                    │
 约翰三世            古艾玛四世
 1015—18             1018—52
```

表 30 科尔多瓦的哈里发

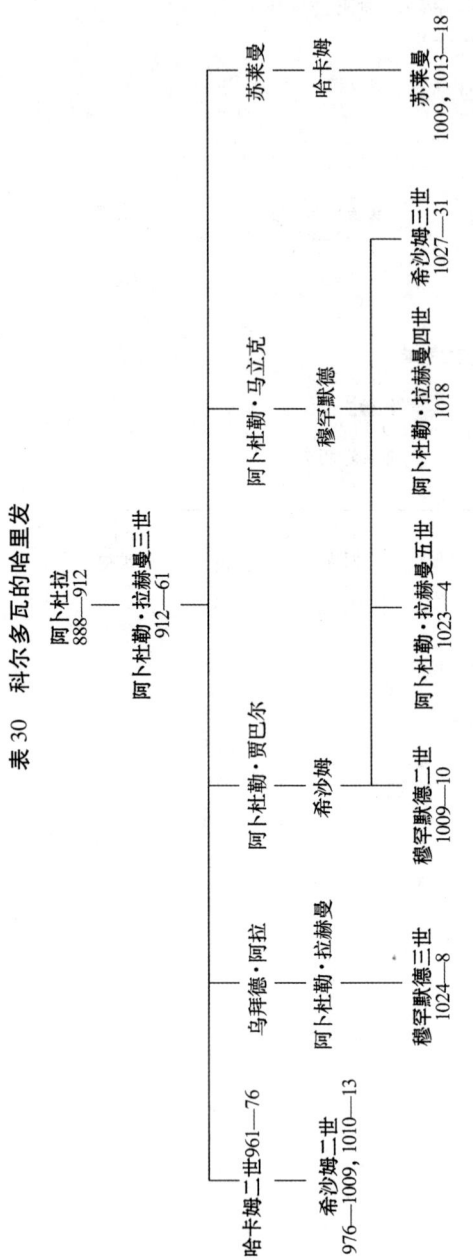

```
阿卜杜拉
888—912
    │
阿卜杜勒·拉赫曼三世
    912—61
    │
    ├─────────────┬──────────────┬──────────────┐
乌拜德·阿拉    阿卜杜勒·贾巴尔              阿卜杜勒·马立克    苏莱曼
    │              │                                              哈卡姆
阿卜杜勒·拉赫曼  希沙姆            穆罕默德                    苏莱曼
                                                            1009, 1013—18
哈卡姆二世 961—76
                   │                                          阿卜杜勒·拉赫曼四世
希沙姆二世                                                    1018
976—1009, 1010—13    阿卜杜勒·拉赫曼五世
                     1023—4
穆罕默德三世          穆罕默德二世                            希沙姆三世
1024—8               1009—10                                 1027—31
```

表31　莱昂诸国王

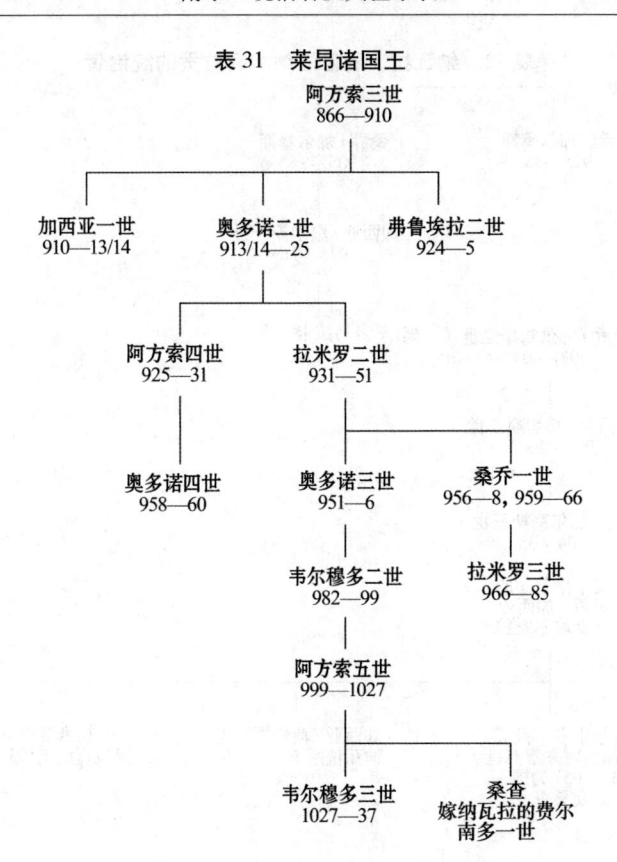

```
                    阿方索三世
                    866—910
        ┌──────────────┼──────────────┐
    加西亚一世        奥多诺二世      弗鲁埃拉二世
    910—13/14       913/14—25        924—5
              ┌──────────┴──────────┐
         阿方索四世              拉米罗二世
          925—31                931—51
              │            ┌────────┴────────┐
         奥多诺四世      奥多诺三世        桑乔一世
          958—60          951—6        956—8, 959—66
                              │              │
                         韦尔穆多二世      拉米罗三世
                          982—99          966—85
                              │
                         阿方索五世
                         999—1027
                              │
                    ┌─────────┴─────────┐
               韦尔穆多三世            桑查
                1027—37           嫁纳瓦拉的费尔
                                    南多一世
```

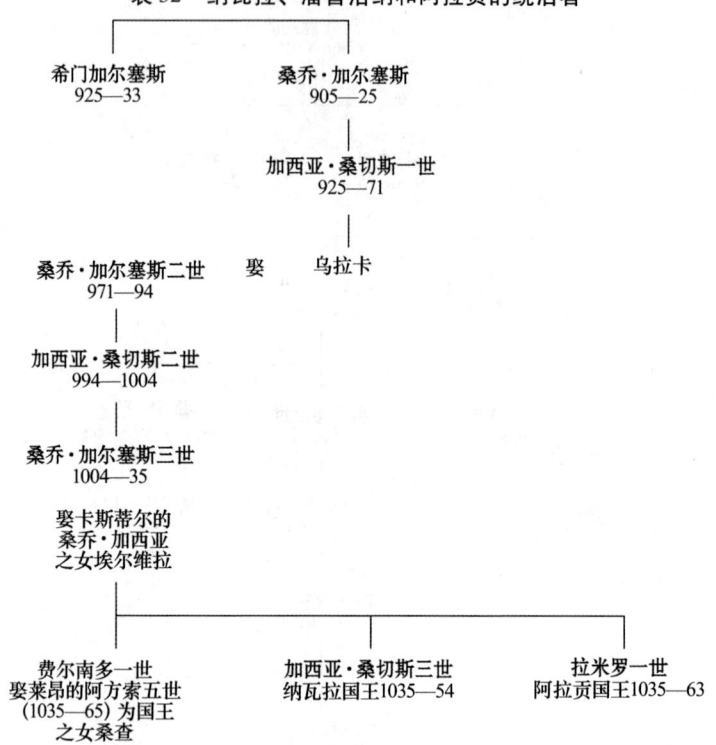

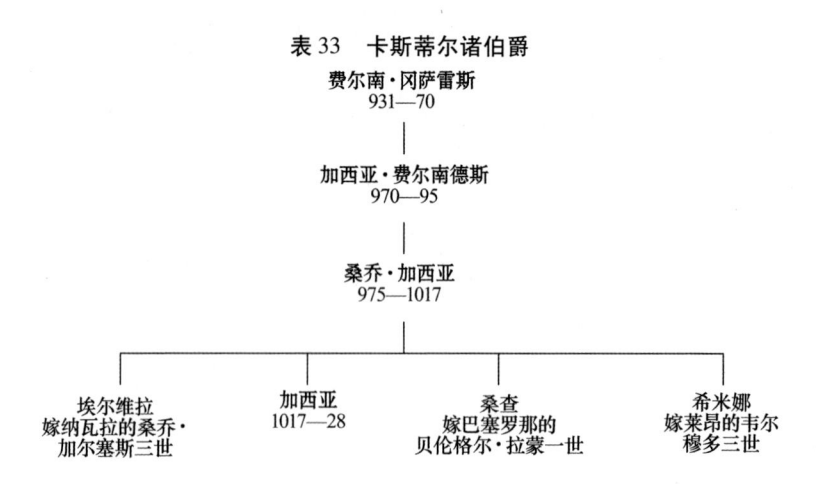

表 32　纳瓦拉、潘普洛纳和阿拉贡的统治者

```
              ┌────────────────────┬────────────────────┐
         希门加尔塞斯              桑乔·加尔塞斯
          925—33                   905—25
                                      │
                              加西亚·桑切斯一世
                                925—71
                                  │
      桑乔·加尔塞斯二世    娶    乌拉卡
          971—94
            │
      加西亚·桑切斯二世
         994—1004
            │
      桑乔·加尔塞斯三世
          1004—35
      娶卡斯蒂尔的
      桑乔·加西亚
      之女埃尔维拉
   ┌────────────┬────────────────┐
费尔南多一世    加西亚·桑切斯三世    拉米罗一世
娶莱昂的阿方索五世  纳瓦拉国王1035—54   阿拉贡国王1035—63
(1035—65) 为国王
之女桑查
```

表 33　卡斯蒂尔诸伯爵

```
          费尔南·冈萨雷斯
            931—70
              │
         加西亚·费尔南德斯
            970—95
              │
          桑乔·加西亚
           975—1017
   ┌──────┬──────┬──────┐
 埃尔维拉   加西亚    桑查      希米娜
嫁纳瓦拉的桑乔· 1017—28  嫁巴塞罗那的  嫁莱昂的韦尔
加尔塞斯三世         贝伦格尔·拉蒙一世  穆多三世
```

原始资料

A History of Sharvan and Darband in the Tenth and Eleventh Centuries, English trans. V. Minorsky, Cambridge (1958)

Abbo of Fleury, *Liber canonum*, *PL* 139, cols. 473–508

Abbo of Fleury, *Vita Sancti Eadmundi regis Anglorum*, *PL* 139, cols. 507–20; ed. M. Winterbottom, *Three Lives of English Saints*, Toronto (1972)

ʿAbd Allāh b. Buluggin, *The Tibyan: Memoirs of ʿAbd Allāh b. Buluggin, Last Zirid Amir of Granada*, English trans. A. T. Tibi, Leiden (1986)

Accessiones ad historiam abbatiae Casinensis, ed. E. Gattula, Venice (1734)

Acta archiepiscoporum Rotomagensium, ed. J. Mabillon, *Vetera Analecta*, Paris (1723), pp. 222–4, reprinted *PL* 147, cols. 273–80

Acta synodi Atrebatensis a Gerardo Cameracensi et Atrebatensi episcopo celebrata anno 1025, ed. P. Fredericq, *Corpus documentorum inquisitionis haereticae pravitatis Neerlandicae*, 5 vols., Ghent (1899–1902), I, pp. 2–5

Actus Pontificum Cenomannis in urbe degentium, ed. G. Busson and A. Ledru, Le Mans (1902)

Adalbero of Laon, *Carmen ad Robertum regem*, ed. C. Carozzi, *Carmen ad Robertum regum. Poème au roi Robert, Adalbéron de Laon*, Paris (1979); also in G.-A. Hückel, *Les poèmes satiriques d'Adalbéron*, Paris (1901)

Adalbert, king of Italy, *Diplomata*, ed. L. Schiaparelli, *I diplomi di Ugo e di Lotario, di Berengario II e di Adalberto (secolo X)* (Fonti per la Storia d'Italia 38), Rome (1924)

Adalbert of St Maximin, *Reginonis Continuatio*, ed. F. Kurze, Regino of Prüm, *Chronicon*, pp. 154–79

Adam of Bremen, *Gesta Hammaburgensis ecclesiae pontificum*, ed. B. Schmeidler, *MGH SRG* 11, Hanover (1917); ed. W. Trillmich, *Quellen des 9. und 11. Jahrhunderts zur Geschichte der Hamburgischen Kirche und des Reiches* (*AQ* 11), Darmstadt (1961), pp. 137–503; English trans. F. J. Tschan, *The Archbishops of Hamburg-Bremen by Adam of Bremen*, New York (1955)

Adhémar of Chabannes, *Chronicon*, ed. J. Chavanon, *Adémar de Chabannes, Chronique publiée d'après les manuscrits*, Paris (1897)

Adhémar of Chabannes, *Fabulae*, ed. P. Gatti and F. Bertini, *Ademaro di Chabannes, Favole*, Genoa (1988)

Adso of Montier-en-Der, *Epistula ad Gerbergam reginam de ortu et tempore Antichristi*, ed. D.

719 Verhelst, *De ortu et tempore Antichristi necnon et tractatus qui ab eo dependunt, Adso Dervensis* (CCCM 45), Turnhout (1976)
Ælfric, *Colloquy*, ed. G. N. Garmonsway, 2nd edn, London (1947)
Ælfric of Eynsham, *Lives of the Saints*, ed. W. Skeat (Early English Text Society 82), London (1885)
Æthelweard, *Chronicon*, ed. A. Campbell, *The Chronicle of Æthelweard*, London (1962)
Agnellus of Ravenna, *Liber pontificalis ecclesiae Ravennatis*, ed. G. Waitz, *MGH SRL*, Hanover (1878), pp. 265–391
Aimo of Fleury, *De gestis regum Francorum*, ed. M. Bouquet, *RHF* III, Paris (1869), pp. 21–123
Aimo of Fleury, *Vita S. Abbonis abbatis Floriacensis*, *PL* 139, cols. 387–418 (new edition in preparation by R.-H. Bautier)
Alcuin, *The Bishops, Kings and Saints of York*, ed. P. Godman, Oxford (1983)
Alfred of Wessex, *The Old English Version of Augustine's* Soliloquies, extracts translated into modern English in S. Keynes and M. Lapidge, *Alfred the Great: Asser's Life of King Alfred and Other Contemporary Sources*, Harmondsworth (1983), pp. 138–52
Alfred the Great: Asser's Life of King Alfred and Other Contemporary Sources, ed. and trans. S. Keynes and M. Lapidge, Harmondsworth (1983)
Alpertus Mettensis, *De diversitate temporum et Fragmentum de Deoderico primo episcopo Mettensi*, ed. H. van Rij, Amsterdam (1980)
Amari, M. (ed.), *Biblioteca arabo-sicula*, 2 vols., Leipzig (1857)
Amatus of Monte Cassino, *Storia de'Normanni*, ed. V. de Bartholomeis (Fonti per la Storia d'Italia 76), Rome (1935)
Andrew of Fleury, *Vita Gauzlini abbatis Floriacensis monasterii*, ed. with French trans. R.-H. Bautier and G. Labory, *André de Fleury: Vie de Gauzlin, Abbé de Fleury* (Sources d'histoire médiévale publiées par l'Institut de Recherche et d'Histoire des Textes 3) Paris (1969)
Angilram of Saint-Riquier, *Vita Sancti Richarii abbatis Centulensis primi metrice descripta*, *PL* 141, cols. 1421–38
Anglo-Saxon Charters, ed. A. J. Robertson (with English trans.), 2nd edn, Cambridge (1956)
Annales Alamannici, ed. G. H. Pertz, *MGH SS* I, Hanover (1826), pp. 22–60
Annales Altahenses maiores, ed. E. von Oefele, *MGH SRG* IV, Hanover (1891)
Annales Bertiniani, ed. F. Grat, J. Vielliard and C. Clémencet, *Annales de Saint-Bertin*, Paris (1964); ed. G. Waitz, *MGH SRG* V, Hanover (1883); English trans. J. L. Nelson, *The Annals of Saint-Bertin*, Manchester (1991)
Annales ex annalibus Iuvavensibus antiquis excerpti, ed. H. Bresslau, *MGH SS* XXX.2, Leipzig (1934), pp. 727–44
Annales Fuldenses, ed. G. H. Pertz, *MGH SS* I, Hanover (1826), pp. 337–415; ed. F. Kurze, *MGH SRG* VII, Hanover (1891); ed. with German trans. R. Rau, *Quellen zur karolingischen Reichsgeschichte* III (AQ 7), Darmstadt (1960), pp. 19–117; English trans. T. Reuter, *The Annals of Fulda*, Manchester (1992)
Annales Heremi, ed. G. H. Pertz, *MGH SS* III, Hanover (1839), pp. 138–45
Annales Hildesheimenses, ed. G. Waitz, *MGH SRG* VIII, Hanover (1878)
Annales Kamenzenses, ed. R. Röpell and W. Arndt, *MGH SS* XIX, Hanover (1866), pp. 580–2

Annales Quedlinburgenses, ed. G. H. Pertz, *MGH SS* III, Hanover (1839), pp. 22–90
Annales s. Rudberti Salisburgensis, ed. W. Wattenbach, *MGH SS* IX, Hanover (1851), pp. 758–810
Annales Sangallenses maiores, ed. I von Arx, *MGH SS* I, Hanover (1826), pp. 72–85
Annales Vedastini, ed. B. von Simson, *Annales Xantenses et Vedastini, MGH SRG* XII, Hanover (1909)
Annalista Saxo, ed. G. Waitz, *MGH SS* VI, Hanover (1844), pp. 542–777
Anonymus, *Gesta Hungarorum,* ed. E. Jakubovich and D. Pais, *Scriptores rerum Hungaricarum* I, pp. 13–118; ed. G. Silagi, *Die 'Gesta Hungarorum' des anonymen Notars: Die älteste Darstellung der ungarischen Geschichte,* Sigmaringen (1991)
Anonymus Haserensis, *Liber pontificalis Eichstetensis,* ed. L. C. Bethmann, *MGH SS* VII, Hanover (1846), pp. 253–66; ed. with German trans. S. Weinfurter, *Die Geschichte der Eichstätter Bischöfe des Anonymus Haserensis* (Eichstätter Studien N.F. 24), Regensburg (1987)
Ansegis, *Collectio capitularium,* ed. G. Schmitz (*MGH Cap.,* N.S. 1), Hanover (1996)
Anselm, *Gesta episcoporum Tungrensium, Traiectensium et Leodiensium,* ed. R. Koepke, *MGH SS* VII, Hanover (1846), pp. 189–234
Arabische Berichte von Gesandten an germanische Fürstenhöfe aus dem 9. und 10. Jahrhundert (Quellen zur deutschen Volkskunde 1), Berlin and Leipzig
Arduin, king of Italy, *Diplomata,* ed. H. Bresslau, H. Bloch, R. Holtzmann, M. Meyer and H. Wibel, in *Die Urkunden Heinrichs II. und Arduins, MGH Dip. regum* III, Hanover (1900–3)
Aristakes of Lastivert, *Récit des malheurs de la nation arménienne,* French trans. M. Canard and H. Berberian (Bibliothèque de *Byzantion* 5), Brussels (1973)
Armes Prydein: The Prophecy of Britain, ed. I. Williams with English trans. R. Bromwich (Mediaeval and Modern Welsh Series 6), Dublin (1972)
Arnulf, king of east Francia and emperor, *Diplomata,* ed. P. Kehr, *Arnolfi Diplomata, MGH Dip. Germ.* III, Berlin (1940)
Asser, *Life of King Alfred,* ed. W. Stevenson, Oxford (1904), revised D. Whitelock, Oxford (1959); English trans. S. Keynes and M. Lapidge, *Alfred the Great: Asser's Life of King Alfred and other Contemporary Sources,* Harmondsworth (1983), pp. 67–110
Athanasius, *Contra Arianos,* ed. and trans. A. Vaillant, *Discours contre les Ariens de Saint Athanase,* Sofia (1954)
Attenborough, F. L. (ed. with English trans.), *The Laws of the Earliest English Kings,* Cambridge (1922); see also *Die Gesetze der Angelsachsen*
Atto of Vercelli, *Opera omnia, PL* 134, cols. 27–900
Atto of Vercelli, *Polipticum,* ed. G. Goetz, *Attonis qui fertur Polipticum quod appellatur perpendiculum,* Leipzig (1922)
Auxilius, *De ordinationibus a Formoso papa factis, PL* 129, cols. 1053–1102
Auxilius, *Liber cuiusdam requirentis et respondentis (infensor et defensor), PL* 129, cols. 1101–12
Baronius, C., *Annales ecclesiastici* X, Cologne (1603)
Benedict of Soracte, *Chronicon,* ed. G. Zucchetti, *Il 'Chronicon' di Benedetto monaco di S. Andrea del Soratte* (Fonti per la Storia d'Italia 55), Rome (1920)
Berengar I, king of Italy, *Diplomata,* ed. L. Schiaparelli, *I diplomi di Berengario I (sec. IX–X)* (Fonti per la Storia d'Italia 35), Rome (1903)
Berengar II, king of Italy, *Diplomata,* ed. L. Schiaparelli, *I diplomi di Ugo e di Lotario, di Berengario II e di Adalberto (secolo X)* (Fonti per la Storia d'Italia 38), Rome (1924)

721 Beševliev, V. (ed.), *Die protobulgarischen Inschriften* (Berliner Byzantinische Arbeiten 23), Berlin (1963)
Böhmer, J. F., *Regesta Imperii* I: *Die Regesten des Kaiserreichs unter den Karolingern 751–918*, revised edn E. Mühlbacher and J. Lechner, Innsbruck (1908); reprinted with additions by C. Brühl and H. H. Kaminsky, Hildesheim (1966)
Böhmer, J. F., *Regesta imperii* II, 1–6: *Die Regesten des Kaiserreichs unter den Herrschern aus dem Sächsischen Haus 919–1024*. II, 1: *Heinrich I. und Otto I.*, revised edn E. von Ottenthal, Innsbruck (1893), reprinted with additions by H. H. Kaminsky, Hildersheim (1967); II, 2: *Otto II.*, revised edn H. J. Mikoltezky, Graz (1950); II, 3: *Otto III.*, revised edn M. Uhlirz, Graz (1956); II, 4: *Heinrich II.*, revised edn T. Graff, Vienna (1971); II, 5: *Papstregesten (911–1024)*, ed. H. Zimmermann, Vienna (1969); II, 6: *Register*, ed. H. Zimmermann, Vienna (1982)
Book of the Eparch, ed. and trans. J. Koder, *Das Eparchenbuch Leons des Weisen* (CFHB 33, Series Vindobonensis), Vienna (1991)
Bouquet, M., *Recueil des historiens des Gaules et de France*, 2nd edn ed. L. Delisle, 24 vols., Paris (1869)
Brun of Querfurt, *Epistola ad Heinricum regem*, ed. J. Karwasińska (Monumenta Poloniae Historica Series Nova IV.2), Warsaw (1969)
Brun of Querfurt, *Passio sancti Adalberti*, ed. J. Karwasińska, *Passio sancti Adalberti*, in *Monumenta Poloniae historica*, N.S. IV/2, Warsaw (1969), pp. 3–69
Brun of Querfurt, *S. Adalberti Pragensis episcopi et martyris vita altera*, ed. J. Karwasińska (Monumenta Poloniae Historica Series Nova 4.2), Warsaw (1969)
[Byrhtferth of Ramsey], *Vita Oswaldi archiepiscopi*, ed. M. Raine, *Historians of the Church of York and its Archbishops* (Rolls Series), London (1879), I, pp. 399–475
Cahen, C., 'Un Texte peu connu relatif au commerce oriental d'Amalfi au xe siècle', *Archivio storico per le provincie Napoletane* n.s. 34 (1955), pp. 61–6
Cantera Montenegro, M. (ed.), *Collección documental de Santa María la Real de Nájera* I: *Siglos X–XIV*, San Sebastián (1991)
Capitula episcoporum, I, ed. P. Brommer, *MGH Cap. episc.* I, Hanover (1984); II, ed. R. Pokorny and M. Stratmann with W.-D. Runge, *MGH Cap. episc.* II, Hanover (1995); III, ed. R. Pokorny, *MGH Cap. episc.* III, Hanover (1995)
Capitularia regum Francorum, ed. A. Boretius and V. Krause, *MGH Cap.*, 2 vols., Hanover (1883–97)
Carloman, king of Bavaria, *Diplomata*, ed. P. Kehr, *MGH Dip. Germ.* I, Berlin (1932–4)
Carloman II, king of west Francia, *Acta*, ed. F. Grat, J. de Font-Réaulx, G. Tessier and R.-H. Bautier, *Recueil des actes de Louis II le Bègue, Louis III et Carloman II, rois de France, 877–884*, Paris (1978)
Carmina Cantabrigiensia, ed. K. Strecker, *Die Cambridger Lieder*, *MGH SRG XL*, Berlin (1926); ed. Walther Bulst, *Carmina Cantabrigiensia*, (Heidelberger Ausgaben zur Geistes-und Kulturgeschichte 17), Heidelberg (1950)
Cartulaire de Brioude, ed. H. Doniol, Clermont-Ferrand and Paris (1863)
Cartulaire de l'abbaye de Gorze. Ms. 826 de la Bibliothèque de Metz, ed. A. d'Herbomez, 2 vols., Paris (1898–1902)
Cartulaire de l'abbaye de Saint-André-le-Bas de Vienne, suivi d'un appendice de chartes inédites sur la diocèse de Vienne, ed. C. U. J. Chevalier (Collection de Cartulaires Dauphinois 1), Vienne (1869)
Cartulaire de l'abbaye de Saint-Aubin d'Angers, ed. B. de Broussillon, 2 vols., Paris (1903)

Cartulaire de l'abbaye de Saint-Bertin, ed. B. Guérard, Paris (1841)
Cartulaire de l'abbaye de Saint-Père de Chartres, ed. B. Guérard, 2 vols., Paris (1840)
Cartulario de Albelda, ed., A. Ubieto Arteta, Zaragoza (1981)
Cartulario de San Juan de la Peña, ed. A. Ubieto Arteta, 2 vols., Valencia (1962)
Cartulario de San Millán de la Cogolla (759–1076), ed. A. Ubieto Arteta, Valencia (1976)
Cartulario de Santa Cruz de la Serós, ed. A. Ubieto Arteta, Valencia (1966)
Cartulario de Siresa, ed. A. Ubieto Arteta, Zaragoza (1986)
Cartularium Saxonicum, ed. W. de Gray Birch, 3 vols., London (1885–99)
Catalunya carolíngia, II: *Els diploms carolingis a Catalunya*, ed. R. d'Abadal i de Vinyals, Barcelona (1926–52)
Cessi, R. (ed.), *Documenti relativi alla storia di Venezia anteriori al mille*, 2 vols., Padua (1940–2)
Charles II (the Bald), king of west Francia, *Acta*, ed. A. Giry, M. Prou and G. Tessier, *Recueil des actes de Charles II le Chauve, roi de France*, 3 vols., Paris (1943–55)
Charles III (the Fat), king of east Francia, *Diplomata*, ed. P. Kehr, *MGH Dip. Germ.* II, Berlin (1937)
Charles the Simple, king of west Francia, *Acta*, ed. P. Lauer, *Recueil des actes de Charles III le Simple, roi de France, 893–923*, 2 vols., Paris (1940–9)
Chronica monasterii Casinensis, ed. H. Hoffmann, *MGH SS* XXXIV, Hanover (1980)
Chronicon episcoporum Hildesheimensium, ed. G. H. Pertz, *MGH SS* VII, Hanover (1846), pp. 845–73
Chronicon Malleacense, ed. with French trans. J. Verdon, *Chronique de Saint-Maixent, 751–1140*, Paris (1979)
Chronicon Mosomense seu Liber fundationis monasterii sancti Mariae O. S. B. apud Mosomum, ed. with French trans. M. Bur, *Chronique ou Livre de fondation du monastère de Mouzon*, Paris (1989)
Chronicon Salernitanum, ed. U. Westerbergh, *Chronicon Salernitanum: A Critical Edition*, Stockholm (1956)
Chronicon Vedastinum, ed. G. Waitz, *MGH SS* XIII, Hanover (1881), pp. 674–709
Chronicon Vulternese del monaco Giovanni, ed. V. Federici, 3 vols. (Fonti per la Storia d'Italia 58–60), Rome (1924–38)
Chronique de l'abbaye de Saint-Bénigne de Dijon, ed. E. Bougard and J. Garnier, Dijon (1875)
Chronique de Nantes, 570 environs–1049, ed. R. Merlet, Paris (1896)
Chroniques Asturiennes, ed. Y. Bonnaz, *Chroniques Asturiennes (fin IXe siècle). Avec édition critique, traduction et commentaire*, Paris (1987); ed. J. Gil Fernández, *Crónicas Asturianas; crónica de Alfonso III (Rorense y 'A Sebastián'); Crónica albedense (y 'profética')*, Oviedo (1985)
Clarius, *Chronicon Sancti Petri Vivi Senonensis*, ed. with French trans. R.-H. Bautier and M. Gilles, Paris (1979)
Codex diplomaticus Caietanus, 2 vols., Monte Cassino (1888–92)
Codex diplomaticus Cavensis, ed. M. Moroldi, OSB, 8 vols., Milan and Naples (1873–1893)
Colección documental del archivo de la Catedral de León, 3 vols., León (1987–90); I: *775–952*, ed. E. Sáez (1987); II: *953–985*, ed. E. Sáez and C. Sáez (1990); III: *986–1031*, ed. J. M. Ruiz Asencio (1987)
Concilia aevi Saxonici 916–1001 I: *916–961*, ed. E.-D. Hehl and H. Fuhrmann, *MGH Conc.* VI, Hanover (1987)
Conrad I, king of east Francia, *Diplomata*, ed. T. Sickel, *Die Urkunden Konrad I., Heinrich I. und Otto I.*, *MGH Dip. regum* I, Hanover (1879–84)

723 Conrad II, emperor, *Diplomata*, ed. H. Bresslau, *Die Urkunden Konrads II., MGH Dip. regum* IV, Berlin (1909)
Conrad, king of Burgundy, *Diplomata*, ed. T. Schieffer, *Die Urkunden der burgundischen Rudolfinger, MGH Regum Burgundiae e stirpe Rudolfina Diplomata et Acta*, Munich (1977)
Constantine, *Vita Adalberonis II Mettensis episcopi*, ed. G. H. Pertz, *MGH SS* IV, Hanover (1841), pp. 658–72
Constantine Porphyrogenitus, *De administratio imperio*: 1, ed. G. Moravcsik with English trans. R. J. H. Jenkins, Budapest (1949); reprinted (DOT 1/CFHB 1), Washington, DC (1967); II, *Commentary*, ed. R. J. H. Jenkins, London (1962).
Constantine Porphyrogenitus, *De ceremoniis*, ed. I. I. Reiske, *De cerimoniis aulae byzantinae*, 2 vols., Bonn (1829); ed. A. Vogt, *Constantin VII Porphyrogénète: le livre des cérémonies*, 2 vols., Paris (1935–9)
Constantine Porphyrogenitus, *De thematibus*, ed. A. Pertusi (Studi e Testi 160), Rome (1952)
Constantine Porphyrogenitus, *Three Treatises on Imperial Military Expeditions*, ed. J. F. Haldon (CFHB 28), Vienna (1990)
Constitutiones et acta publica imperatorum et regum inde ab a. DCCCCXI usque ad a. MCXCVII (911–1197), ed. L. Weiland, *MGH Const.*, Hanover (1893)
Constitutiones Heinrici ducis Ranshofenses, ed. J. Merkel, in *MGH Leges in folio*, ed. G. H. Pertz, III, Hanover (1863), pp. 484–5
Conventum inter Guillelmum Aquitanorum comitem et Hugonem Chiliarchum, ed. J. Martindale, *EHR* 84 (1969), pp. 528–48
Conversio Bagoariorum et Carantanorum, ed. M. Koš, *Libellus de conversione Bagoariorum et Carantanorum*, Ljubljana (1936); ed. H. Wolfram, *Conversio Bagoariorum et Carantanorum. Das Weissbuch der Salzburger Kirche über die erfolgreiche Mission in Karantanien und Pannonien*, Vienna (1979); ed. F. Lošek, *Die Conversio Bagoariorum et Carantanorum und der Brief des Erzbischofs Theotmar von Salzburg, MGH Studien und Texte* XV, Hanover (1997), pp. 90–137
Corpus Troporum, ed. O. Marcusson, G. Björkvall, G. Iverson, R. Jonsson and E. Odelman (Studia Latina Stockholmiensia 22, 25, 26, 32, 31, 34), Stockholm (1975, 1976, 1982, 1980, 1986, 1986, 1990)
Cosmas of Prague, *Chronica Boemorum*, ed. B. Bretholz, *MGH SRG*, N.S. II, Berlin (1923)
Cosmas the Priest, *Treatise against the Bogomils*, ed. M. G. Popruzhenko, *Kozma Presviter, bolgarskii pisatel' X veka* (B'lgarski Starini 12), Sofia (1936); ed. with French trans. H.-C. Puech and A. Vaillant, *Le Traité contre les Bogomiles de Cosmas le prêtre* (Travaux publiés par l'Institut d'études slaves 21), Paris (1945)
Crónica de Garci López de Roncesvalles, ed. C. Orcastegui Gros, Pamplona (1977)
Darrouzès, J. (ed.), *Epistoliers byzantins du X siècle* (Archives de l'orient chrétien 6), Paris (1960)
Das Martyrolog-Necrolog von St. Emmeram zu Regensburg, ed. E. Freise, D. Geuenich and J. Wollasch, *MGH Lib. Mem., N.S.* III, Hanover (1986)
Das Nekrolog von Möllenbeck, ed. L. Schrader, *Wigands Archiv für Geschichte und Altertumskunde Westfalens* 5 (1832), 342–84
Devic, C. and Vaissette, J. (eds.), *Histoire générale de Languedoc* V, Paris (1745)
Dennis, G. T. (ed. with English trans.), *Three Byzantine Military Treatises* (CFHB 25; DOT 9), Washington, DC (1985)

Die Gesetze der Angelsachsen, ed. F. Liebermann, 3 vols., Halle (1903–16); ed. and trans. 724
F. L. Attenborough as *The Laws of the Earliest English Kings*, Cambridge (1922)
Die 'Honorantie Civitatis Papie', ed. C. Brühl and C. Violante, Cologne and Vienna (1983)
Die Tegernseer Briefsammlung (Froumund), ed. K. Strecker, *MGH Epp. Sel.* III, Berlin (1925)
Die Traditionen des Hochstifts Regensburg und des Klosters S. Emmeram (Quellen und Erörterungen zur bayerischen Geschichte N.F. 8), Munich (1943)
Diplomata Hungariae antiquissima accedunt epistolae et acta ad historiam Hungariae pertinentia I: *1000–1131*, ed. G. Györffy, J. B. Borsa, F. L. Hervay, B. L. Kumorovitz and G. Moravcsik, Budapest (1992)
Diplomatari i escrits literaris de l'abat i bisbe Oliba, ed. E. Junyent i Subirà, Barcelona (1992)
Duchesne, A., *Histoire généalogique de la maison de Vergy*, Paris (1625)
Dudo of Saint-Quentin, *De moribus et actis primorum Normanniae ducum*, ed. J. A. Lair, Paris (1865); Eng. trans. E. Christiansen, *Dudo of St Quentin, History of the Normans* (Woodbridge, 1998)
Durán Guidol, A. (ed.), *Colección diplomática de la Catedral de Huesca*, 2 vols., Zaragoza (1965–9)
Ecbasis cuiusdam captivi per tropologiam, ed. K. Strecker, *MGH SRG* XXIV, Hanover (1935)
Edmund's Saga, English trans. H. Pálsson and P. Edwards, *Vikings in Russia: Yngvar's Saga and Edmund's Saga*, Edinburgh (1989)
Egils Saga Skallagrímssonar, ed. F. Jónsson, Halle (1924); English trans. H. Pálsson and P. Edwards, Harmondsworth (1976)
Elenchus fontium historiae urbanae II, II, ed. S. Reynolds, W. de Boer and G. MacMiocaill, Leiden (1988)
Erchempert, *Historia Langobardorum Beneventanorum*, ed. G. Waitz, *MGH SRL*, Hanover (1878), pp. 231–64
Ermoldus Nigellus, *Carmen in honorem Hludowici Pii*, ed. E. Faral, *Poème sur Louis le Pieux et Epître au roi Pépin* (Classiques de l'histoire de France au moyen âge 14), Paris (1932), repr. 1964)
Evreisko-khazarskaia perepiska v X veke, ed. P. K. Kokovtsov, Leningrad (1932)
Ex Guimanni libro de possessionibus Sancti Vedasti, ed. G. Waitz, *MGH SS* XIII, Hanover (1881), pp. 710–15.
Excerpta de legationibus, ed. C. de Boor, Berlin (1903)
Flodoard, *Annales*, ed. P. Lauer, *Les annales de Flodoard publiées d'après les manuscrits*, Paris, 1905
Flodoard, *De triumphis Christi*, *PL* 135, cols. 491–886
Flodoard, *Historia Remensis ecclesiae*, ed. J. Heller and G. Waitz, *MGH SS* XIII, Hanover (1881), pp. 405–599; ed. M. Stratmann, *MGH SS* XXXVI, Hanover (1998); ed. with French trans. P. J. F. Lejeune, *Histoire de l'église de Reims par Flodoard*, Rheims (1854); reprinted in *Revue du Moyen Age Latin* 37 (1981), pp. 7–220 (Bk I); 38 (1982), pp. 7–151 (Bk II); 39 (1983), pp. 7–203 (Bk III.i); 40 (1984), pp. 7–212 (Bk III.ii); 41 (1985), pp. 7–238 (Bk IV)
Folcuin, *Gesta abbatum S. Bertini Sithiensium*, O. Holder-Egger, *MGH SS* XIII, Hanover (1881), pp. 600–35
Fontes Byzantini historiae Hungaricae aevo ducum et regum ex stirpe Árpád descendentium, ed. G. Moravcsik, Budapest (1984)
Fontes Graeci historiae Bulgaricae I–XI, Sofia (1954–83)

725 *Fragmentum de Arnolfo duce Bavvariae*, ed. P. Jaffé, *MGH SS* xvii, Hanover (1861), p. 570; ed. Reindel, *Die bayerischen Luitpoldinger*, p. 112

Frithegod, *Breuiloquium vitae beati Wilfredi*, ed. A. E. Campbell, *Frithegodi monachi Breuiloquium vitae beati Wilfredi et Wulfstani cantoris narratio metrica de Sancto Swithuno*, Zurich (1950)

Fulbert of Chartres, *The Letters and Poems of Fulbert of Chartres*, ed. with English trans. F. Behrends, Oxford (1976)

Fulk le Réchin, *Fragmentum historiae Andegavensis*, in *Chroniques des comtes d'Anjou et des seigneurs d'Amboise*, ed. L. Halphen and R. Poupardin, Paris (1913), pp. 232–8

Gallus Anonymus, *Chronicae et gesta ducum sive principum Polonorum*, Monumenta Poloniae Historica n. s. II, ed. K. Maleczyński, Cracóv (1952)

Gardizi, 'Gardizi's two chapters on the Turks', English trans. A. P. Martinez, *Archivum Eurasiae Medii Aevi* II (1982), pp. 109–217

George Monachus Continuatus, in *Theophanes Continuatus, Chronographia*, ed. I. Bekker, Bonn (1838)

Gerard of Csanád, *Deliberatio*, ed. G. Silagi, *Gerardi Moresanae aecclesiae seu Csanadiensis episcopi Deliberatio supra hymnum trium puerorum* (CCCM 49), Turnhout (1978)

Gerard of St Medard, *Vita Sancti Romani, PL* 138, cols. 171–84

Gerbert of Aurillac, *Epistolae*, ed. F. Weigle, *Die Briefsammlung Gerberts von Reims*, *MGH Die Briefe der Deutschen Kaiserzeit* II, Weimar (1966); ed. J. Havet, *Lettres*, Paris (1889); ed. with French trans. P. Riché and J.-P. Callu, *Gerbert d'Aurillac, Correspondance*, 2 vols. (Classiques de l'histoire de France au moyen âge 35–6), Paris (1993); English trans. H. P. Lattin, *Gerbert, Letters with his Papal Privileges as Sylvester II*, New York (1961)

Gerbert of Aurillac, *Liber de astrolabio*, ed. N. Bubnov, in *Gerberti postea Silvestri II papae Opera mathematica (972–1003)*, Berlin (1899), pp. 109–47

Gerbert of Aurillac, *Opera, PL* 139, cols. 57–350

Gerhard, *Vita sancti Oudalrici episcopi Augustani*, ed. G. Waitz, *MGH SS* IV, Hanover (1841), pp. 377–428; ed. with German trans. H. Kallfelz, *Leben des hl. Ulrich, Bischof von Augsburg verfasst von Gerhard*, in *Lebensbeschreibungen einiger Bischöfe des 10.–12. Jahrhunderts* (AQ 22), Darmstadt (1973), pp. 35–167

Gesta Apollonii, ed. E. Dümmler, in *MGH Poet.* II, Berlin (1884), pp. 483–506; ed. F. Ermini, *Poeti epici latini del secolo X*, Rome (1920), pp. 109–25

Gesta archiepiscoporum Magdeburgensium, ed. W. Schum, *MGH SS* xiv, Hanover (1883), pp. 374–486

Gesta Berengarii imperatoris, ed. P. von Winterfeld, in *MGH Poetae* iv.1, Berlin (1899), pp. 354–401

Gesta comitum Barcinonensium, ed. L. Barrau Dihigo and J. Massó-Torrents (Chroniques Catalanes 2), Barcelona (1925)

Gesta consulum Andegavorum, ed. L. Halphen and R. Poupardin, *Chroniques des comtes d'Anjou et des seigneurs d'Amboise*, Paris (1913), pp. 25–73

Gesta episcoporum Cameracensium, ed. L. Bethmann, *MGH SS* vii, Hanover (1846), pp. 393–489

Gesta episcoporum Neopolitanorum, ed. G. Waitz, *MGH SRL*, Hanover (1878), pp. 396–439

Gesta episcoporum Virdunensium, ed. G. Waitz, *MGH SS* iv, Hanover (1841), pp. 36–51

Gesta Normannorum Ducum, ed. with English trans. E. Van Houts, *The Gesta*

Normannorum Ducum of William of Jumièges, Orderic Vitalis, and Robert of Torigni, 2 vols., Oxford (1992–5)
Gesta pontificum Autissiodorensium, ed. L.-M. Duru, *Bibliothèque historique de l'Yonne* 1, Auxerre (1850), pp. 309–520
Gombos, A. F., *Catalogus fontium historiae Hungaricae*, 4 vols., Budapest (1937a, 1937b, 1938, 1941)
Gr'tskite zhitiia na Kliment Okhridski, ed. A. Milev, Sofia (1966)
Hagiou Petrou episkopou Argous Bios kai Logoi, ed. K. T. Kyriakopoulos, Athens (1976)
Halphen, L. (ed.), *Recueil d'Annales angevines et vendômoises*, Paris (1903)
Hartwic, *Legenda S. Stephani regis ab Hartvico episcopo conscripta*, ed. E. Bartoniek in *Scriptores rerum Hungaricarum* II, Budapest (1938), pp. 401–40
Helgaud of Fleury, *Vie de Robert le Pieux; Epitoma vitae regis Rotberti pii*, ed. with French trans. R.-H. Bautier and G. Labory (Sources d'histoire médiévale 1), Paris (1965)
Henry I, king of east Francia, *Diplomata*, ed. T. Sickel, *Die Urkunden Konrad I., Heinrich I. und Otto I., MGH Dip. regum* I, Hanover (1879–84)
Henry II, king of east Francia and emperor, *Diplomata*, ed. H. Bresslau, H. Bloch, R. Holtzmann, M. Meyer and H. Wibel, *Die Urkunden Heinrichs II. und Arduins, MGH Dip. regum* III, Hanover (1900–3)
Hermann of the Reichenau, *Chronicon*, ed. G. H. Pertz, *MGH SS* V, Hanover (1844) pp. 67–133
Hill, B. H., *Medieval Monarchy in Action: The German Empire from Henry I to Henry IV* (selected documents in English translation), London (1972)
Historia Francorum Senonensis, ed. G. Waitz, *MGH SS* IX, Hanover, (1851) pp. 364–9
Historia Salonitana Maior, ed. N. Klaić (Srpska Akademija Nauka i Umetnosti. Posebna Izdanja, Odeljenje Drushchtvenih Nauka 55), Belgrade (1967)
Historia Silense, ed. J. Pérez de Urbel and A. González Ruiz-Zorrilla, Madrid (1959)
Hrotsvitha of Gandersheim, *Gesta Ottonis*, ed. P. Winterfeld, *Hrotsvithae Opera, MGH SRG* XXXIV, Berlin (1903), pp. 201–28
Hrotsvitha of Gandersheim, *Opera*, ed. P. Winterfeld, *MGH SRG* XXXIV, Berlin (1903); ed. K. Strecker, Leipzig (1930); ed. H. Homeyer, Paderborn (1970)
Hudud al-Alam, *'The Regions of the World': A Persian Geography 372 AH–982 AD*, English trans. and comm. V. F. Minorsky (E. J. W. Gibb Memorial Series, n.s. 11), 2nd edn, London (1970)
Hugh, king of Italy, *Diplomata*, ed. L. Schiaparelli, *I diplomi di Ugo e di Lotario, di Berengario II e di Adalberto (secolo X)* (Fonti per la Storia d'Italia 38), Rome (1924)
Hugh of Fleury, *Liber qui modernorum regum Francorum continet actus*, ed. G. Waitz, *MGH SS* IX, Hanover (1851) pp. 376–95
Hymnarius Severinianus, ed. G. M. Dreves, *Das Hymnar der Abtei S. Severin in Neapel: Nach den Codices Vaticanus 7172 und Parisinus 1092* (Hymnica medii aevi XIV-A), Leipzig (1893)
I placiti cassinesi del secolo X col periodi in volgare, ed. M. Inguanez (4th edn, Miscellanea Cassinese 24), Monte Cassino (1942)
Ibn al-Athīr, *Al-Kamīl fi'l-ta'rīkh*, ed. C. J. Tornberg, 12 vols., Leiden (1867–74)
Ibn al-Faradī, *Ta'rikh 'ulama' al-Andalus*, ed. F. Codera, Madrid (1892)
Ibn Faḍlān, *Risālah*, English trans. J. E. McKeithen, 'The Risālah of Ibn Faḍlān: an annotated translation with introduction', doctoral dissertation, Indiana University (1979)

727 Ibn Ḥawqal, *Sūrat al-anḍ*, ed. J. H. Kramem, Leiden (1939)
Ibn Ḥayyān, *al-Muqtabis*, v (dealing with the first part of ʿAbd al-Raḥmān III's reign, 912–42 AD), ed. P. Chalmeta and F. Corriente, Madrid (1979); Spanish trans. M. J. Viguera and F. Corriente, *Kitab al-Muqtabis fita-'rikh al-Andalus. Crónica de califa ʿAbdarrahman III al-Nasir entre los anos 912 y 942*. Ibn Hayyan de Córdoba, Zaragoza (1981); VII (al-Ḥakam II's reign, 971–75), ed. A. A. al-Hajji, Beirut (1965); Spanish trans. E. Garcia Gomez, *Anales palatinos de califa de Córdoba al-Hakam II*, Madrid (1967)
Ibn Idhārī al-Marrākushī, *Kitāb al-Bayān al-Mughrib* II and III, ed. G. Colin and E. Lévi-Provençal, Leiden (1948–51)
Ibn Rusteh, *Les Autours précieux / Kitāb al-Aʿlāq an-Nafīsa*, trans. G. Wiet, Cairo (1955)
Ibrāhīm ibn Yaʿqūb, *Relatio Ibrahim ibn Jaʿkub de Itinere Slavico, quae traditur apud Al-Bekri*, ed. T. Kowalski, *Monumenta Poloniae Historica* n.s. 1, Craców (1946)
Ilarion (Metropolitan), *Das Metropolitan Ilarion Lobrede auf Vladimir der Heiligen und Glaubensbekenntnis*, ed. L. Müller (Slavische Studienbücher 2), Wiesbaden (1962)
Ius graecoromanum, eds. P. and J. Zepos, 8 vols., Athens (1931)
John, Exarch of Bulgaria, *Hexaemeron*, ed. with German trans. R. Aitzetmüller, *Das Hexaemeron des Exarchen Johannes*, 7 vols., Graz (1958, 1960, 1961, 1966, 1968, 1971, 1978)
John VIII, *Epistolae*, ed. E. Caspar, *MGH Epp.* VII, Berlin (1928), pp. 1–272
John VIII, *Fragmenta Registri*, ed. E. Caspar, *MGH Epp.* VII, Berlin (1928), pp. 273–312
John Cinnamus, *Epitome historiarum*, Migne, *PG* 133, cols. 309–677; English trans. by C. M. Brand, *Deeds of John and Manuel Comnenus*, New York (1976)
John Kaminiates, *De expugnatione Thessalonicae*, ed. G. Böhlig (CFHB 4), Berlin and New York (1973)
John of Saint-Arnulf, *Vita Iohannis abbatis Gorziensis auctore Iohanne abbate S. Arnulfi*, ed. G. H. Pertz, *MGH SS* IV, Hanover (1841), pp. 335–77
John of Salerno, *Vita S. Odonis abbatis Cluniacensis*, in Bibliotheca Cluniacensis, ed. M. Marrier and A. Duchesne, Paris (1614) (reprinted Mâcon 1915), 13–56; reprinted *PL* 133, cols. 43–86; English trans. G. Sitwell, *St Odo of Cluny: Being the Life of St Odo of Cluny by John of Salerno and the Life of St Gerald of Aurillac by St Odo*, London (1958), pp. 3–93
John Skylitzes, *Synopsis historiarum*, ed. I. Thurn (CFHB 5, Series Berolinensis), Berlin and New York (1973)
John Zonaras, *Epitome historiarum*, ed. M. Pinder and T. Büttner-Wobst, 3 vols., Bonn (1841, 1844, 1897)
Kallfelz, H. (ed. with German trans.), *Lebensbeschreibungen einiger Bischöfe des 10.-12. Jahrhunderts*, Darmstadt (1973)
Kekaumenos, *Strategikon*, ed. G. G. Litavrin, *Sovety i rasskazy Kekavmena*, Moscow (1972)
Khazarian Hebrew Documents of the Tenth Century, ed. N. Golb, and O. Pritsak, Ithaca (1982)
Kiril and Methodios: Founders of Slavonic Writing, ed. I. Duichev (Dujčev), trans. S. Nikolov (East European Monographs 172), Boulder (1985)
Kitāb al Masālik wa'l-Mamālik, auctore Abū'l Kāsim Obdaillah Ibn Abdallah Ibn Kordādh-beh, accedunt excerpta e Kitāb al-Kharādj auctore Kodāma ibn djaʿfar, ed. M. J. de Goeje (Bibliotheca Geographorum Arabicorum 6), Leiden (1889)
Lacarra, J. M. (ed.), *Colección diplomática de Irache* I: *958–1222*, Zaragoza (1965)

Lacarra, J. M. (ed.), 'Textos navarros del Códice de Roda', *Estudios de Edad Media de la Corona de Aragón I*, Zaragoza (1945), 1, pp. 193–275

Lambert, king of Italy, *Diplomata*, ed. L. Schiaparelli, *I diplomi di Guido e di Lamberto (sec. IX)* (Fonti per la Storia d'Italia 36), Rome (1906)

Lampert of Hersfeld, *Annales*, ed. O. Holder-Egger, *Lampert of Hersfeld Opera, MGH SRG* XXXVIII (1894), pp. 58–304; ed. with German trans. A. Schmidt and W. D. Fritz, *Lampert von Hersfeld, Annalen (AQ* 13) Darmstadt (1962)

Landulf Senior, *Historia Mediolanensis*, ed. A. Cutolo, *Landulphi senioris Mediolanensis historiae libri quatuor (Rerum Italicarum Scriptores*, N.S. IV.), Bologna (1942)

Lapidge, M. (ed.), *The Cult of Saint Swithin* (Winchester Studies 4.2), Oxford (forthcoming)

Laudatio S. Pauli iunioris, ed. H. Delehaye, in *Der Latmos, Milet: Ergebnisse der Ausgrabungen und Untersuchungen seit dem Jahre 1899*, ed. T. Wiegand, Berlin (1913), III.1, pp. 136–57

Laurentius monachus Casinensis archiepiscopus Amalfitanus Opera, ed. F. Newton, *MGH Quellen zur Geistesgeschichte des Mittelalters* VII, Weimar (1973)

Le Carte che si conservano nell'archivio del capitolo metropolitano della città di Trani, ed. A. Prologo, Barletta, (1877)

Le Livre du Préfet, ed. J. Nicole, Geneva (1893)

Le Pergamene di Conversano, ed. G. Coniglio (Codice diplomatico Pugliese 20), Bari (1975)

Legenda s. Emerici ducis, ed. E. Bartoniek, *Scriptores rerum Hungaricarum* II, Budapest (1938), pp. 441–60

Legenda S. Gerhardi, ed. E. Szentpétery, *Scriptores rerum Hungaricarum* II, Budapest (1938), pp. 463–506

Legenda S. Gerhardi episcopi, ed. E. Madzsar, *Scriptores rerum Hungaricarum*, II, Budapest (1938), pp. 461–506

Legenda S. Stephani regis maior, ed. W. Wattenbach, *MGH SS* XI, Hanover (1854), pp. 229–42; ed. E. Bartoniek, *Scriptores rerum Hungaricarum*, II, Budapest (1938) pp. 363–92

Legenda S. Stephani regis minor, ed. W. Wattenbach, *MGH SS* II, Hanover (1854), pp. 226–9; ed. E. Bartoniek, *Scriptores rerum Hungaricarum*, II, Budapest (1938) pp. 392–400

Leo, Metropolitan of Synada, *The correspondence of Leo Metropolitan of Synada and Syncellus*, ed. with English trans. M. P. Vinson (CFHB 23/DOT 8), Washington, DC (1985)

Leo VI, *Novels*, ed. P. Noailles and A. Dain, *Les Nouvelles de Léon le Sage*, Paris (1944)

Leo VI, *Tactica, PG* 107, cols. 419–1094

Leo Grammaticus, *Chronographia*, ed. I. Bekker, Bonn (1842)

Leo of Vercelli, *Versus de Ottone et Henrico*, ed. K. Strecker, *MGH Poet.* V, Berlin (1937–9), pp. 480–3

Leo the Deacon, *Historiae*, ed. C. B. Hase, Bonn (1828)

Les Annales de Saint-Pierre de Gand et de Saint-Amand (Annales blandinienses, Annales elmarenses, Annales formoselenses, Annales elnonenses), ed. P. Grierson, Brussels (1937)

Les Documents nécrologiques de l'abbaye Saint Pierre de Solignac, ed. J. L. Lemaître (Recueil des Historiens de la France, Obituaires, sér. in 8°, 1), Paris (1984)

Letald of Micy, *Liber miraculorum Sancti Maximini Miciacensis, PL* 137, cols. 795–824

Letald of Micy, *Vita Sancti Iuliani, PL* 137, cols. 781–96

Letald of Micy, *Within piscator*, ed. F. Bertini (Fondazione Ezio Franceschini, Biblioteca del Medioevo Latino), Florence (1995)

729 *Letopis popa Dukljanina*, ed. F. von Šišić (Srpska Kraljevska Akademija. Posebna izdanja 67, filosofski i filoloshki spisi 18), Belgrade and Zagreb (1928)
Lex Baiwariorum, ed. E. von Schwind, *MGH Leges nat. Germ.* v.2, Hanover (1926)
Li romans de Garin le Loherain, ed. A. Paulin, 2 vols., Paris (1833–5)
Liber Eliensis, ed. E. O. Blake (Camden 3rd Series 92), London (1962)
Liber miracolorum Sanctae Fidis ed. A. Bouillet, Paris (1897); ed. L. Robertini (Biblioteca di 'Medioevo Latino' 10), Spoleto (1994)
Liber tramitis aevi Odilonis abbatis, ed. P. Dinter (CCM 10), Siegburg (1980)
Liber Vitae: Register and Martyrology of the New Minster and Hyde Abbey, Winchester, ed. W. de G. Birch (Hampshire Record Society 5), London and Winchester (1892)
Liudprand of Cremona, *Antapodosis*, ed. J. Becker, *Liudprandi Opera, MGH SRG* XLI, Hanover (1915), pp. 1–158; ed. with German trans. A. Bauer and R. Rau, *Quellen zur Geschichte der sächsischen Kaiserzeit (AQ* 8), 2nd edn, Darmstadt (1977), pp. 244–495
Liudprand of Cremona, *Liber de rebus gestis Ottonis magni imperatoris*, ed. J. Becker, *MGH SRG* XLI, Hanover (1915), pp. 159–75; ed. with German trans. A. Bauer and R. Rau, *Quellen zur Geschichte der sächsischen Kaiserzeit (AQ* 8), 2nd edn, Darmstadt (1977), pp. 496–523
Liudprand of Cremona, *Relatio de legatione Constantinopolitana*, ed. J. Becker, *MGH SRG* XLI, Hanover (1915), pp. 175–212; ed. with German trans. A. Bauer and R. Rau, *Quellen zur Geschichte der sächsischen Kaiserzeit (AQ* 8), 2nd edn, Darmstadt (1977), pp. 524–89; ed. with English trans. B. Scott, London (1993)
Lothar, king of Italy, *Diplomata*, ed. L. Schiaparelli, *I diplomi di Ugo e di Lotario, di Berengario II e di Adalberto (secolo X)* (Fonti per la Storia d'Italia 38), Rome (1924)
Lothar, king of west Francia, *Acta*, ed. L. Halphen and F. Lot, *Recueil des actes de Lothaire et Louis V, rois de France (954–987)*, Paris (1908)
Louis (the German), king of east Francia, *Diplomata*, ed. P. Kehr, *Die Urkunden der deutschen Karolinger (MGH Dip. Germ.* I), Berlin (1932–4)
Louis II (the Stammerer), king of west Francia, *Acta*, ed. F. Grat, J. de Font-Réaulx, G. Tessier and R.-H. Bautier, *Recueil des actes de Louis II le Bègue, Louis III et Carloman II, rois de France, 877–884*, Paris (1978)
Louis III (the Blind), king of Italy, *Diplomata*, ed. L. Schiaparelli, *I diplomi italiani di Lodovico III e di Rodolfo II* (Fonti per la Storia d'Italia 37), Rome (1910)
Louis III, king of west Francia, *Acta*, ed. F. Grat, J. de Font-Réaulx, G. Tessier and R.-H. Bautier, *Recueil des actes de Louis II le Bègue, Louis III et Carloman II, rois de France, 877–884*, Paris (1978)
Louis IV, king of west Francia, *Acta*, ed. P. Lauer, *Recueil des actes de Louis IV, roi de France (936–954)*, Paris (1914)
Louis V, king of west Francia, *Acta*, ed. L. Halphen and F. Lot, *Recueil des actes de Lothaire et Louis V, rois de France (954–987)*, Paris (1908)
Louis the Child, king of east Francia, *Diplomata*, ed. T. Schieffer, *Die Urkunden der deutschen Karolinger (MGH Dip. Germ.* IV), Berlin (1960)
Louis the Younger, king of east Francia, *Diplomata*, ed. P. Kehr, *Die Urkunden der deutschen Karolinger (MGH Dip. Germ.* I), Berlin (1932–4)
Lupus, *Vitae Maximini episcopi Trevirensis*, ed. B. Krusch, *MGH SRM* III, Berlin (1896), pp. 71–82
Lupus Protospatharius, *Annales*, ed. G. H. Pertz, *MGH SS* v, Hanover (1844), pp. 52–63

Manaresi, C. (ed.), *I placiti del 'Regnum Italiae'*, 3 vols. (Fonti per la Storia d'Italia 92, 96, 97), Rome (1955–60)
Marchegay, P. and Salmon, A. (eds.), *Chroniques d'Anjou*, Paris (1856)
Matthew of Edessa, *Chronicle*, trans. A. E. Dostourian, *Armenia and the Crusades, Tenth to Twelfth Centuries*, Lanham, New York, and London (1993)
Medieval Trade in the Mediterranean World, ed. and trans. R. S. Lopez and I. Raymond, New York (1955)
Memorials of Saint Dunstan, ed. W. Stubbs (Rolls Series), London (1874)
Michael Psellos, *Chronographia*, French ed. and trans. E. Renauld, *Chronographie*, 2 vols., Paris (1926–8); English trans. E. A. R. Sewter, *Fourteen Byzantine Rulers: The Chronographia of Michael Psellus*, Harmondsworth (1966)
Michael Psellos, *Scripta minora*, ed. E. Kurtz and F. Drexl, 2 vols., Milan (1936–41)
Mínguez Fernández, J. M. (ed.), *Colección diplomática del Monasterio de Sahagún (siglos IX y X)*, León (1976)
Miracula sancti Benedicti, ed. E. de Certain, *Les Miracles de Saint Benoît écrits par Adrevald Aimon, André, Raoul Tortaire et Hugues de Sainte Marie, moines de Fleury*, Paris (1858)
Nikephoros Phokas, *De velitatione*, ed. with French trans. G. Dagron and H. Mihǎescu, *Le Traité sur la guérilla (De velitatione) de l'empereur Nicéphore Phocas (963–969)*, Paris (1986)
Nikolaos I Mystikos, *Nicholas I Patriarch of Constantinople: Miscellaneous Writings*, ed. L. G. Westerink (CFHB 20/DOT 6), Washington, DC (1981)
Nikolaos I Mystikos, *Nicholas I Patriarch of Constantinople: Letters*, ed. and trans. L. G. Westerink and R. J. H. Jenkins (CFHB 6/DOT 2), Washington, DC (1973)
Notae necrologiae maioris ecclesiae Frisingensis, ed. F. L. Baumann, *MGH Nec. Germ.* III: *Dioceses Brixinensis, Frisingensis, Ratisbonensis*, Berlin (1905)
Notker the German, *Werke*, ed. E. H. Sehrt and T. Strack, 1, Halle (1933)
Notker the Stammerer, *Gesta Karoli*, ed. H. F. Haefele, *MGH SRG* N.S. XII), Munich (1980)
Odilo of Cluny, *Epitaphium Adelhaidae imperatricis*, ed. G. H. Pertz, *MGH SS* IV, Hanover (1841), pp. 633–45; ed. H. Paulhart, *Die Lebensbeschreibung der Kaiserin Adelheid von Abt Odilo von Cluny (MIÖG EB* 20), Graz and Cologne (1962)
Odo of Cluny, *Occupatio*, ed. A. Swoboda, Leipzig (1900)
Odo of Cluny, *Vita Sancti Geraldi Aurilacensis comitis libri quatuor*, PL 133, cols. 639–704; English trans. G. Sitwell, *St Odo of Cluny: Being the Life of St Odo of Cluny by John of Salerno and the Life of St Gerald of Aurillac by St Odo*, London (1958), pp. 94–180
Odo (Eudes) of Saint Maur, *Vie de Bouchard le Vénérable, comte de Vendôme, de Corbeil, de Melun et de Paris (X^e et XIe siècles) par Eudes de Saint Maur*, ed. C. G. Bourel de la Roncière, Paris (1892)
Odorannus of Sens, *Chronica*, ed. with French trans. R.-H. Bautier and M. Gilles, with M.-E. Duchez and M. Huglo, *Odorannus of Sens, Opera omnia* (Sources d'histoire médiévale publiées par l'Institut de Recherche et d'Histoire des Textes 4), Paris (1972), pp. 84–113
Odorannus of Sens, *Opera omnia*, ed. with French trans. R.-H. Bautier and M. Gilles, with M.-E. Duchez and M. Huglo (Sources d'histoire médiévale publiées par l'Institut de Recherche et d'Histoire des Textes 4), Paris (1972)
Oikonomides, N. (ed. with French trans.), *Les Listes de préséance byzantines du IXe et Xe siècles*, Paris (1972)

730

731 Otloh, *Vita sancti Wolfkangi episcopi Ratisbonensis*, ed. G. Waitz, *MGH SS* IV, Hanover (1841), pp. 521–42
Otto I, emperor, *Diplomata*, ed. T. Sickel, *Die Urkunden Konrad I., Heinrich I. und Otto I.*, *MGH Dip. regum* I, Hanover (1879–84)
Otto II, emperor, *Diplomata*, ed. T. Sickel, *Die Urkunden Ottos des* II., *MGH Dip. regum* II.1, Hanover (1888)
Otto III, emperor, *Diplomata*, ed. T. Sickel, *Die Urkunden Ottos des III.*, *MGH Dip. regum* II.2, Hanover (1893)
Otto von Freising, *Chronica sive historia de duabus civitatibus*, ed. A. Hofmeister, *MGH SRG* XLV, Hanover (1912); ed. with German trans. A. Schmidt and W. Lammers, *Otto Bischof von Freising: Chronik oder die Geschichte der zwei Staaten* (*AQ* 16), Darmstadt (1960); English trans. Evans, A. P. and Knapp, C. *The Two Cities: A Chronicle of Universal History to the Year 1146 A.D.*, New York (1928)
Oudalschalk, *Vita Chuonradi episcopi Constantiensis*, ed. G. H. Pertz, *MGH SS* IV, Hanover (1841), pp. 430–6
Pasqual, J., *Sacra Cathaloniae antiquitatis monumenta*, Barcelona, Biblioteca de Catalunya, ms. 729
Paul, bishop of Monemvasia, *Les Récits édifiants de Paul, évêque de Monembasie et d'autres auteurs*, ed. with French trans. J. Wortley, Paris (1987)
Paul the Deacon, *Liber de episcopis Mettensibus*, ed. G. H. Pertz, *MGH SS* II, Hanover (1829), pp. 260–70
Petit, L. (ed.), 'Office inédit en l'honneur de Nicéphore Phocas', *Byzantinische Zeitschrift* 13 (1904), pp. 398–420
Petrus Damiani, *Vita Romualdi*, ed. G. Tabacco (Fonti per la Storia d'Italia 94), Rome (1957)
Photius, *Epistulae et amphilochia*, ed. B. Laourdas and L. G. Westerink, 6 vols. (vol. VI in two parts), Leipzig (1983, 1984, 1985, 1986a, 1986b, 1987, 1988)
Pierre de Marca, *Marca Hispanica sive limes hispanicus, hoc est, geographica et historica descriptio Cataloniæ, Ruscinonis et circumjacentium populorum*, ed. E. Baluze, Paris (1688)
Pontifical Romano-Germanique, ed. C. Vogel and R. Elze, 3 vols. (Studi e Testi 226, 227, 269), Vatican City (1963, 1972)
Poupardin, R. (ed.), *Recueil des actes des rois de Provence, 855–928*, Paris (1920)
Povest' Vremennykh Let ['The Tale of Bygone Years']. *Chast' pervaia: Tekst i perevod*, ed. and trans. V. P. Adrianova-Peretts and D. S. Likhachev, 2 vols., Moscow and Leningrad (1950); English trans. S. H. Cross and O. P. Sherbowitz-Wetzor, *The Russian Primary Chronicle: Laurentian Text* (Mediaeval Academy of America Publication 60), Cambridge, MA (1953)
Pritsak, O. (ed.), *The Origin of Rus'* I: *Old Scandinavian Sources other than the Sagas*, Cambridge, MA (1981)
Provana, L. G., *Studi critici sovra la storia d'Italia a tempi del re Ardoino* (Memorie dell'Accademia delle Scienze di Torino. Classe delle Scienze Morali, Storiche e Filologiche), Turin (1844)
Purchard, *Gesta Witigowonis*, ed. K. Strecker, in *MGH Poet.* V, Berlin (1937–9), pp. 260–79
Radulf (Raoul), king of west Francia, *Acta*, ed. J. Dufour, *Recueil des actes de Robert Ier et de Raoul, rois de France, 922–936*, Paris (1978)

Radulf Glaber, *Historiarum libri quinque*, ed. with English trans. J. France, Oxford (1989) 732

Raine, J. (ed.), *The Historians of the Church of York and its Archbishops* I (Rolls Series), London (1879)

Rainer, *Miracula S. Gisleni*, ed. O. Holder-Egger, *MGH SS* xv, Hanover (1887–8), pp. 576–85

Rather of Verona, *De Vita Sancti Usmari*, PL 136, cols. 345–52; also in *Epistolae*, ed. Weigle, no. 4, pp. 27–9

Rather of Verona, *Epistolae*, ed. F. Weigle, *Die Briefe des Bischofs Rather of Verona*, *MGH Die Briefe der deutschen Kaiserzeit* I, Weimar (1949); English trans. P. L. D. Reid, *The Complete Works of Rather of Verona*, Binghampton, NY (1991)

Rather of Verona, *Phrenesis*, ed. P. L. D. Reid, in *Ratherii Veronensis Opera, Fragmenta, Glossae*, ed. P. L. D. Reid, F. Dolbeau, B. Bischoff and C. Leonardi (CCCM 46A), Turnhout (1984), pp. 197–218; English trans. P. L. D. Reid, *The Complete Works of Rather of Verona*, Binghampton, NY (1991)

Rather of Verona, *Praeloquia*, ed. P. D. L. Reid, in *Ratherii Veronensis Opera, Fragmenta, Glossae*, ed. P. L. D. Reid, F. Dolbeau, B. Bischoff and C. Leonardi (*CCCM* 46A), Turnhout (1984), pp. 1–196; English trans. P. L. D. Reid, *The Complete Works of Rather of Verona*, Binghampton, NY (1991)

Recueil des actes des ducs de Normandie de 911 à 1066, ed. M. Fauroux, Caen (1961)

Recueil des chartes de l'abbaye de Cluny, ed. A. Bernard and A. Bruel, 6 vols., Paris (1876–1903)

Regino of Prüm, *Chronicon*, ed. F. Kurze, *Reginonis abbatis Prumiensis Chronicon cum continuatione Treverensi*, *MGH SRG* L, Hanover (1890); ed. with German trans. R. Rau, *Quellen zur karolingischen Reichsgeschichte* III (*AQ* 7), Darmstadt (1969), pp. 182–319

Regularis concordia Anglicae nationis, ed. T. Symons (CCM 7/3), Siegburg (1984), pp. 60–147 (revised edition of *Regularis concordia Anglicae nationis monachorum sanctimonialiumque: The Monastic Agreement of the Monks and Nuns of the English Nation*, ed. with English trans. T. Symons, London (1953))

Reindel, K. (ed.), *Die bayerischen Luitpoldinger, 893–989: Sammlung und Erläuterung der Quellen* (Quellen und Erörterungen zur Bayerischen Geschichte N.F. 11), Munich (1953)

Richer, *Historiae*, ed. and trans. R. Latouche, Richer, *Histoire de France (888–995)* (Classiques de l'Histoire de France au Moyen Âge), 2 vols., Paris (1930, 1937) (reprinted 1960, 1964)

Robert I, king of west Francia, *Acta*, ed. R.-H. Bautier and J. Dufour, *Recueil des actes de Robert Ier et de Raoul, rois de France, 922–936*, Paris (1978)

Robert II, king of west Francia, *Acta*, ed. W. M. Newman, *Catalogue des actes de Robert II roi de France*, Paris (1937)

Rodríguez de Lama, I. (ed.), *Colección diplomática medieval de la Rioja*, II: *Documentos 923–1168*, Logroño (1976)

Rudolf I, king of Burgundy, *Diplomata*, ed. T. Schieffer, *Die Urkunden der burgundischen Rudolfinger, MGH Regum Burgundiae e stirpe Rudolfina Diplomata et Acta*, Munich (1977)

Rudolf II (of Burgundy), king of Italy, *Diplomata*, ed. L. Schiaparelli, *I diplomi italiani di Lodovico III e di Rodolfo II* (Fonti per la Storia d'Italia 37), Rome (1910)

Rudolf II, king of Burgundy, *Diplomata*, ed. T. Schieffer, *Die Urkunden der burgundischen Rudolfinger, MGH Regum Burgundiae e stirpe Rudolfina Diplomata et Acta*, Munich (1977)

733 Rudolf III, king of Burgundy, *Diplomata*, ed. T. Schieffer, *Die Urkunden der burgundischen Rudolfinger, MGH Regum Burgundiae e stirpe Rudolfina Diplomata et Acta*, Munich (1977)
Ruotger, *Vita sancti Brunonis archiepiscopi Coloniensis*, ed. I. Ott, *MGH SRG N.S.* x, Weimar (1951); reprinted with German trans. H. Kallfelz, *Lebensbeschreibungen*, Darmstadt (1973), pp 169–261
Sacramentarium Fuldense saeculi x., ed. G. Richter and A. Schönfelder, Fulda (1912), reprinted as Henry Bradshaw Society vol. 101 (1972–7)
Sampiro, su crónica y la monarquía leonesa en el siglo X, ed. J. Pérez de Urbel, Madrid (1952)
Sawyer, P., *Anglo-Saxon Charters: An Annotated List and Bibliography* (Royal Historical Society Guides and Handbooks 8), London (1968)
Scriptores rerum Hungaricarum, ed. E. Szentpétery, 2 vols., Budapest 1937–8
Ševčenko, I. (ed.), 'Poems on the deaths of Leo VI and Constantine VII in the Madrid manuscript of Skylitzes', *DOP* 23–4 (1969–70), pp. 185–228
Sharaf al-Zaman Tahir Marvazi, English trans. and comm. V. Minorsky, *Sharaf al-Zaman Tahir Marvazi on China, the Turks and India* (James G. Forlong Fund 22), London (1942)
Sigebert of Gembloux, *Vita Deoderici episcopi Mettensis*, ed. G. H. Pertz, *MGH SS* iv, Hanover (1841), pp. 754–82
Sigehard, *Miracula S. Maximini, AASS Maii* vii, Antwerp (1688), pp. 25–33
Simon de Kéza, *Gesta Hungarorum*, ed. A. Domanovszky, *Scriptores rerum Hungaricarum* i, Budapest (1937), pp. 129–94
Snorri Sturluson, *Heimskringla: History of the Kings of Norway*, English trans. L. M. Hollander, Austin (1964)
Stephen, King of Hungary, *Laws, Szent István törvényeinek XII. századi kézirata az admonti kódexben* [The twelfth-century Admont manuscript of the Laws of Saint Stephen], commentary by G. Györffy, introduction and trans. E. Bartoniek, Budapest (1988); *Laws of the Medieval Kingdom of Hungary 1000–1301*, ed. and trans. J. M. Bak, G. Bónis and J. R. Sweeney, Bakersfield, CA (1989), pp. 1–11.
Stephen, King of Hungary, *Libellus de institutione morum*, ed. J. Balogh, *Scriptores rerum Hungaricarum* ii, pp. 611–27
Stephen of Taron, *Histoire universelle*, trans. F. Macler, Paris (1917)
Sullivan, D. F. (ed. and English trans.), *The Life of Saint Nikon*, Brookline, MA (1987)
Tafel, G. L. F. and Thomas, G. M. (eds.), *Urkunden zur älteren Handels- und Staatsgeschichte der Republik Venedig* (Fontes Rerum Austricarum 12), i, Vienna (1856); reprinted Amsterdam (1964)
Thangmar, *Vita sancti Bernwardi episcopi Hildesheimensis*, ed. G. H. Pertz, *MGH SS* iv, Hanover (1841), pp. 754–82; printed with German trans. H. Kallfelz, *Lebensbeschreibungen*, Darmstadt (1973), pp. 263–361
The Anglo-Saxon Chronicle, English trans. in Whitelock, *English Historical Documents* (1979), pp. 145–261
The Law of Hywel Dda: Law Texts of Medieval Wales, ed. D. Jenkins, Llandysul (1986)
The Old English Orosius, ed. J. Bately (Early English Text Society, Supplementary Series 6), Oxford (1980)
Theodore Daphnopates, *Correspondance*, ed. with French trans. J. Darrouzès and L. G. Westerink, Paris (1978)
Theodosius the Deacon, *De Creta capta*, ed. H. Criscuolo, Leipzig (1979)
Theophanes Continuatus, *Chronographia*, ed. I. Bekker, Bonn (1838)

Thietmar of Merseburg, *Chronicon*, ed. R. Holtzmann, *MGH SRG* N.S. IX, Berlin (1935); ed. with German trans. W. Trillmich, *Thietmar von Merseburg, Chronik* (*AQ* 9), Darmstadt (1957)
Tosti, L. (ed.), *Storia della badia di Montecassino*, 3 vols., Naples (1843)
Ubieto Arteta, A. (ed.), *Jaca: documentos municipales 971–1269*, Valencia (1975)
Udina Martorell, F. *El archivo condal de Barcelona en los siglos IX–X*, Barcelona (1951)
Una cronica anonima de 'Abd al-Rahman III al-Nasir, ed. E. Lévi-Provençal and E. García Gomez, Madrid and Granada (1950)
Vita Adalberti diaconi Egmundae, ed. as *De S. Adalberto diacono Egmundae in Hollandia: Vita a monachis Mediolacensibus descripta, AASS Iunii*. v, cols. 97–103; ed. O. Oppermann, *Fontes Egmundenses*, Utrecht (1933), pp. 3–22
Vita Burchardi episcopi, ed. G. Waitz, *MGH SS* IV, Hanover (1841), pp. 829–46
Vita Euthymii Patriarchae CP., ed. with English trans. P. Karlin-Hayter (Bibliothèque de Byzantion 3), Brussels (1970)
Vita Gebehardi episcopi, ed. W. Wattenbach, *MGH SS* XI, Hanover (1854), pp. 33–50
Vita Gerardi abbatis Broniensis, *MGH SS* XV, Hanover (1887–8), pp. 654–73
Vita Mathildis reginae antiquior, ed. R. Koepke, *MGH SS* X, Hanover (1852), pp. 573–82; ed. B. Schütte, *Die Lebensbeschreibungen der Königin Mathilde*, *MGH SRG* LXVI, Hanover (1994), pp. 109–42
Vita Mathildis reginae posterior, ed. G. H. Pertz, *MGH SS* IV, Hanover (1841), pp. 282–302; ed. B. Schütte, *Die Lebensbeschreibungen der Königin Mathilde*, *MGH SRG* LXVI, Hanover (1994), pp. 145–202
Vita Meinwerci episcopi Patherbrunnensis, ed. F. Tenckhoff, *MGH SRG* LIX, Hanover (1921)
Vita Pelagii, ed. E. Flórez (España Sagrada 23) Madrid (1765)
Vita prior S. Adalberti Pragensis episcopi, ed. J. Karwasińska, *S. Adalberti Pragensi episcopi et martyris. Vita prior*, in *Monumenta Poloniae historica*, N.S. IV.1, Warsaw (1962)
Vita quinque fratrum, ed. J. Karwasińska, *Vita quinque fratrum eremitarum (seu) vita vel passio Benedicti et Iohannis sociorumque suorum auctore Brunone Querfurtensi; Epistola Brunonis ad Henricum regem*, in *Monumenta Poloniae historica*, N.S. IV.3, Warsaw (1973)
Vita S. Dunstani, see *Memorials of Saint Dunstan*
Vita S. Eliae Spelaeotae abbatis confessoris, *AASS Septembrii*, III, Antwerp (1750), cols. 848–88
Vita S. Lucae abbatis [of Armento], *AASS Octobrii*, VI, Tongerloo (1794), 337–42
Vita S. Mariae iunioris, *AASS Novembris*, IV, Brussels (1925), cols. 688–705
Vita S. Nili iunioris, *PG* 120, cols. 16–165
Vita S. Pauli iunioris, ed. H. Delehaye, reprinted in *Der Latmos, Milet: Ergebnisse der Ausgrabungen und Untersuchungen seit dem Jahre 1899*, ed. T. Wiegand, Berlin (1913), III.1, pp. 105–35
Vita ss. Cyrilli et Methodii, legenda Pannonica, ed. (excerpts) in Gombos (1938), 2330–1
Vitae sanctae Wiboradae, ed. W. Berschin, *Vitae sanctae Wiboradae: Die ältesten Lebensbeschreibungen der heiligen Wiborada*, St Gallen (1983)
Vogt, A. and Hausherr, I. (eds.), 'Oraison funèbre de Basile I par son fils Léon le sage', *Orientalia Christiana* 26 (1932), pp. 5–79
Waltharius, ed. K. Strecker, in *MGH Poet*. VI.1, Berlin (1951), pp. 1–85
Walther of Speyer, *Libellus scolasticus*, ed. P. Vossen, *Der Libellus Scolasticus des Walther von Speyer: Ein Schulbericht aus dem Jahre 984*, Berlin (1962); ed. K. Strecker, in *MGH Poet*. V.1, Berlin (1937), pp. 1–63

735 Whitelock, D. (ed.), *English Historical Documents* c. *500–1042*, 2nd edn (EHD 1), London (1979)
Wido, king of Italy, *Diplomata*, ed. L. Schiaparelli, *I diplomi di Guido e di Lamberto (sec. IX)* (Fonti per la Storia d'Italia 36), Rome (1906)
Widric, *Vita Gerardi episcopi Tullensis*, ed. G. Waitz, *MGH SS* IV, Hanover (1841), pp. 490–505
Widukind of Corvey, *Rerum gestarum Saxonicarum libri tres*, ed. P. Hirsch and H.-E. Lohmann, *MGH SRG* LX, Hanover (1935); ed. with German trans. A. Bauer and R. Rau, *Quellen zur Geschichte der sächsischen Kaiserzeit* (*AQ* 8), 2nd edn, Darmstadt (1977), pp. 1–183
William of Malmesbury, *De gestis regum Anglorum libri quinque*, ed. W. Stubbs, 2 vols. (Rolls Series), London (1887–9); *Gesta Regum Anglorum (The History of the English Kings)*, 1, ed. and trans. R. A. B. Mynors, with R. M. Thomson and M. Winterbottom, Oxford (1998)
Wipo, *Gesta Chuonradi*, ed. H. Breslau, *Wiponis Opera*, *MGH SRG* LXI, Hanover (1915), pp. 3–62; English trans. T. E. Mommsen and K. F. Morrison, *Imperial Lives and Letters of the Eleventh Century*, New York and London (1967)
Wulfstan of Winchester, *Vita sancti Æthelwoldi*, ed. M. Lapidge and M. Winterbottom, *Wulfstan of Winchester: The Life of St Æthelwold*, Oxford (1991)
Wulfstan the Cantor, *Narratio metrica de Sancto Swithuno*, ed. A. E. Campbell, *Frithegodi monachi Breuiloquium vitae beati Wilfredi et Wulfstani Cantoris Narratio metrica de Sancto Swithuno*, Zurich (1950)
Yaḥyā ibn Saʿid al-Antaki, *The Byzantine-Arab Chronicle (938–1034) of Yaḥyā ibn Saʿid al-Antaki*, ed. J. H. Forsyth (University Microfilms), 2 vols., Ann Arbor (1977)
Yngvar's Saga, English trans. H. Pálsson and P. Edwards, *Vikings in Russia: Yngvar's Saga and Edmund's Saga*, Edinburgh (1989)
Zakon sudnyj ljudem (Court Law for the People), ed. H. W. Dewey and trans. A. M. Kleimola (Michigan Slavic Materials 14), Ann Arbor (1977)
Zimmermann, H. (ed.), *Papsturkunden 896–1046*, 2 vols., Vienna (1985)
Zwentibold, king of Lotharingia, *Diplomata*, ed. T. Schieffer, *Zwentiboldi et Ludowici Infantis Diplomata*, *MGH Dip. Germ.* IV, Berlin (1960)

按章节排列的二级著作目录

第一章 导论：解读10世纪

Althoff, G. (1990), *Verwandte, Freunde und Getreue*, Darmstadt
Althoff, G. (1995), 'Von Fakten zu Motiven. Johannes Frieds Beschreibung der Ursprünge Deutschlands', *HZ* 260: 107–17
Althoff, G. (1997), *Spielregeln der Politik im Mittelalter: Kommunikation in Frieden und Fehde*, Darmstadt
Bak, J. M. (1973), 'Medieval symbology of the state: Percy E. Schramm's contribution', *Viator* 4: 33–63
Barraclough, G. (1976), *The Crucible of Europe*, London
Barthélemy, D. (1992a), 'La Mutation féodale a-t-elle eu lieu?', *Annales ESC* 47: 767–75
Barthélemy, D. (1992b), 'Q'est-ce que le servage, en France, au XI siècle?', *RH* 287: 233–84
Barthélemy, D. (1996), 'Debate: the "Feudal Revolution" 1', *Past and Present* 152: 196–205
Barthélemy, D. (1997), 'La Théoric féodale à l'épreuve de l'anthropologie (note critique)', *Annales: Histoire, Sciences Sociales* 52: 321–41
Bartlett, R. (1993), *The Making of Europe: Conquest, Colonization and Cultural Change, 950–1350*, London
Beumann, H. (1950), *Widukind von Korvei: Untersuchungen zur Geschichtsschreibung und Ideengeschichte des 10. Jahrhunderts*, Weimar
Bisson, T. N. (1994), 'The "Feudal Revolution"', *Past and Present* 142: 5–42
Bisson, T. N. (1997), 'Reply', *Past and Present* 157: 208–25
Bloch, M. (1961), *Feudal Society*, trans. C. Postan, London (originally published as *La Société féodale*, Paris (1939))
Böhme, H. W. (ed.) (1991a, 1991b), *Burgen der Salierzeit*, I: *In den nördlichen Landschaften des Reiches*; II: *In den südlichen Landschaften des Reiches* (Monographien des Römisch-Germanischen Zentralmuseum 25–6), Sigmaringen
Bois, G. (1989), *La Mutation de l'an mil*, Paris; English trans. J. Birrell as *The Transformation of the Year One Thousand: The Village of Lournand from Antiquity to Feudalism*, Manchester, 1991
Bonnassie, P. (1975, 1976), *La Catalogne du milieu du Xe à la fin du XIe siècle: croissance et mutations d'une société*, 2 vols., Toulouse
Bonnassie, P. (1991), *From Slavery to Feudalism in South-Western Europe*, Cambridge

737 Brühl, C. (1990), *Deutschland – Frankreich: Die Geburt zweier Völker*, Cologne and Vienna
Brunner, O. (1968), 'Das Problem einer europäischen Sozialgeschichte', in *Neue Wege der Sozial- und Verfassungsgeschichte*, 2nd edn, Göttingen, pp. 80–102
Calmette, J. (1941), *L'Enfondrement d'un empire et la naissance d'une Europe, IXe–Xe siècles*, Paris
Campbell, J. (1990), 'Was it infancy in England? Some questions of comparison', in M. Jones and M. Vale (eds..), *England and her Neighbours, 1066–1453: Essays in Honour of Pierre Chaplais*, London, pp. 1–17
Campbell, J. (1994), 'The late Old English state: a maximum view', *Proceedings of the British Academy* 87: 39–65
Duby, G. (1953), *La Société aux XIe et XIIe siècles dans la région mâconnaise*, Paris
Duby, G. (1974), *The Early Growth of the European Economy*, London
Duby, G. (1978) *Les trois Ordres ou l'imaginaire du féodalisme*, Paris; English trans. by A. Goldhammer as *The Three Orders: Feudal Society Imagined*, Chicago (1980)
Durliat, J. (1990) *Les Finances publiques, de Dioclétien aux Carolingiens (284–889)* (Beihefte der Francia 21), Sigmaringen
Ehlers, J. (1985), 'Die Anfänge der französischen Geschichte', *HZ* 240: 1–44
Ehlers, J. (1994), *Die Entstehung des deutschen Reiches* (Enzyklopädie deutscher Geschichte 31), Munich
Fleckenstein, J. (1966), *Die Hofkapelle der deutschen Könige, 2: Die Hofkapelle im Rahmen der ottonisch-salischen Reichskirche*, Stuttgart
Flori, J. (1979), 'Les Origines de l'adoubement chevaleresque', *Traditio* 35: 209–72
Flori, J. (1983), *L'Idéologie du glaive: préhistoire de la chevalerie*, Geneva
Folz, R. (1950), *La Souvenir et la légende de Charlemagne dans l'empire germanique médiévale*, Paris
Fossier, R. (1982), *Enfance de l'Europe: aspects économiques et sociaux (Xe–XIIe siècles)*, 2 vols. continuously paginated, Paris
Fried, J. (1989), 'Endzeiterwartung um die Jahrtausendwende', *DA* 45: 385–473
Fried, J. (1991), *Die Formierung Europas 840–1046* (Oldenbourg Grundriss der Geschichte 6), Munich
Fried, J. (1994), *Der Weg in die Geschichte bis 1024* (Propyläen Geschichte Deutschlands 1), Berlin
Fried, J. (1995), 'Über das Schreiben von Geschichtswerken und Rezensionen. Eine Erwiderung', *HZ* 260: 119–30
Geary, P. J. (1994), *Phantoms of Remembrance: Memory and Oblivion at the End of the First Millennium*, Princeton
Gelling, M. (1992), *The West Midlands in the Early Middle Ages*, Leicester
Gerhard, D. (1981), *Old Europe: A Study of Continuity, 1000–1800*, New York
Godman, P. (1987), *Poets and Emperors: Frankish Politics and Carolingian Poetry*, Oxford
Hartmann, W. (1989), *Die Synode der Karolingerzeit im Frankreich und Italien*, Paderborn
Head, T. and Landes, R. (eds.) (1993), *The Peace of God: Social Violence and Religious Response in France around the Year 1000*, Ithaca
Hodges, R. (1991), 'Society, power and the first English industrial revolution', *Settimane* 38: 125–57
Hodges, R. and Hobley, B. (eds.) (1988), *The Rebirth of the Town in the West, AD 700–1050*, London

Hoffmann, H. (1964), *Gottesfriede und Treuga Dei* (Schriften der MGH 20), Stuttgart.
Hoffmann, H. and Pokorny, R. (1991), *Das Dekret des Bischofs Burchard von Worms: Textstufen – frühe Verbreitung – Vorlagen* (MGH Hilfsmittel 12), Munich
Kantorowicz, E. H. (1957), *The King's Two Bodies: A Study in Medieval Political Theology*, Princeton
Kelly, S. (1991), 'Anglo-Saxon lay society and the written word', in McKitterick (1991), pp. 36–62
Keynes, S. (1991), 'Royal government and the written word in late Anglo-Saxon England', in McKitterick (1991), pp. 226–57
Kienast, W. (1968), *Der Herzogstitel in Deutschland und Frankreich (9.-12. Jahrhundert): Mit Listen der ältesten deutschen Herzogsurkunden*, Munich
Koziol, G. (1992), *Begging Pardon and Favor*, Ithaca
Landes, R. (1988), '"Lest the millennium be fulfilled": apocalyptic expectations and the pattern of western chronography, 100–800 C.E.', in W. D. F. Verbeke, D. Verhelst and A. Welkenhysen (eds.) *The Use and Abuse of Eschatology in the Middle Ages* (Medievalia Lovaniensia series 1, studia xv), Louvain, pp. 137–211
Landes, R. (1992), '*Millenarismus absconditus*: l'historiographie augustinienne et l'an mil', *Le Moyen Age* 98: 355–77
Landes, R. (1993), 'Sur les traces du millennium: la via negativa', *Le Moyen Age* 99: 5–26
Landes, R. (1995), *Relics, Apocalypse, and the Deceits of History: Ademar of Chabannes, 989–1034*, Harvard
Lestocquoy, J. (1947), 'The tenth century', *Economic History Review*, second series 17: 1–14
Leyser, K. (1982a), *Medieval Germany and its Neighbours, 900–1250*, London
Leyser, K. (1982b), 'Ottonian government', in Leyser (1982a), pp. 69–101
Leyser, K. (1994a), *Communications and Power in Medieval Europe: The Carolingian and Ottonian Centuries*, ed. T. Reuter, London
Leyser, K. (1994b), '*Theophanu divina gratia imperatrix augusta*: western and eastern emperorship in the later tenth century', in Leyser (1994a), pp. 143–64
Leyser, K. (1994c), 'The ascent of Latin Europe', in Leyser (1994a), pp. 215–32
Leyser, K. (1994d), 'Ritual, ceremony and gesture: Ottonian Germany', in Leyser (1994a), pp. 189–213
Leyser, K. (1994e), 'On the eve of the first European revolution', in Leyser, *Communications and Power in Medieval Europe: The Gregorian Revolution and Beyond*, ed. T. Reuter, London, pp. 1–19
Lifshitz, F. (1994), 'Beyond positivism and genre: "hagiographical" texts as historical narrative', *Viator* 25: 95–113
Lintzel, M. (1956), 'Die Mathilden-Viten und das Wahrheitsproblem in der Überlieferung der Ottonenzeit', *AKG* 38: 152–66
Lopez, R. (1962), *The Tenth Century: How Dark the Dark Ages?*, New York
McKitterick, R. (ed.) (1991), *The Uses of Literacy in Early Medieval Europe*, Cambridge
Magnou-Nortier, E. (1974), *La Société laïque et l'église dans la province ecclésiastique de Narbonne (zone cispyrenéenne) de la fin du VIIIème à la fin du XIème siècle*, Toulouse
Magnou-Nortier, E. (1981, 1982, 1984), 'La Terre, la rente et le pouvoir dans les pays de Languedoc pendant le haut moyen âge', *Francia* 9: 79–115; 10: 21–66; 12: 53–118
Magnou-Nortier, E. (1993), *Aux Sources de la gestion publique*, 1, Lille

739 Manteuffel, T. (ed.) (1968), *L'Europe aux IXe–XIe siècles: aux origines des états nationaux*, Warsaw

Menand, F. (1993), *Campagnes lombardes au moyen âge*, Rome

Moore, R. I. (1980), 'Family, community and cult on the eve of the Gregorian Reform', *Transactions of the Royal Historical Society*, fifth series 30: 49–69

Mordek, H. (1995), *Bibliotheca capitularium regum Francorum manuscripta: Überlieferung und Traditionszusammenhang der fränkischen Herrschererlasse* (MGH Hilfsmittel 15), Munich

Müller-Mertens, E. (ed.) (1985), *Feudalismus: Entstehung und Wesen*, Berlin

Murray, A. (1978), *Reason and Society in the Middle Ages*, Oxford

Nortier, E. (1996), 'La Féodalité en crise. Propos sur *Fiefs and Vassals* de Susan Reynolds', *Revue Historique* 296: 253–348

Poly, J. and Bournazel, E. (1991), *La Mutation féodale*, 2nd edn, Paris; English trans. C. Higgitt as *The Feudal Transformation, 900–1200*, Chicago (1991)

Poly, J. and Bournazel, E. (1994), 'Que faut-il préférer au "mutationisme". Ou le problème de changement sociale', *Revue d'Histoire de Droit Français et Etranger* 72: 401–12

Remensnyder, A. G. (1995), *Remembering Kings Past: Monastic Foundation Legends in Medieval Southern France*, Ithaca

Reuter, T. (1994), 'Pre-Gregorian mentalities', *JEccH* 45: 465–74

Reuter, T. (1997a), 'The medieval nobility in twentieth-century historiography', in M. Bentley (ed.), *Companion to Historiography*, London, pp. 179–202

Reuter, T. (1997b), 'Debate: the "Feudal Revolution" III', *Past and Present* 157: 177–95

Schröder, I. (1980), *Die westfränkischen Synoden von 888 bis 987 und ihre Überlieferung* (MGH Hilfsmittel 3), Munich

Stafford, P. (1985), *The East Midlands in the Early Middle Ages*, Leicester

Sullivan, R. E. (1989), 'The Carolingian age: reflections on its place in the history of the Middle Ages', *Speculum* 64: 267–306

Taviani-Carozzi, H. (1991) *La Principauté lombarde de Salerne (IXe–XIe siècles): pouvoir et société en Italie lombarde méridionale*, Rome

Tellenbach, G. (1985), '"Gregorianische Reform". Kritische Besinnungen', in K. Schmid (ed.), *Reich und Kirche vor dem Investiturstreit: Gerd Tellenbach zum 80. Geburtstag*, Sigmaringen, pp. 99–114

Tellenbach, G. (1993), *The Church in Western Europe from the Tenth to the Early Twelfth Century*, trans. T. Reuter, Cambridge

Toubert, P. (1973a, 1973b), *Les Structures du Latium médiéval: le Latium méridional et la Sabine du IXe à la fin du XIIe siècle*, 2 vols., Rome

Verhulst, A. E. (1991), 'The decline of slavery and the economic expansion of the early middle ages', *Past and Present* 133: 195–203

Verhulst, A. E. (1993), 'Marchés, marchants et commerce au haut moyen âge dans l'historiographie récent', *Settimane* 40: 23–50

Verhulst, A. E. (1994), 'The origins and early development of medieval towns in northern Europe', *Economic History Review*, second series 47: 362–73

Vollrath, H. (1985), *Die Synoden Englands bis 1066*, Paderborn

White, L. (ed.) (1955), 'Symposium on the tenth century', *Medievalia et Humanistica* 9: 3–29

White, S. D. (1996), 'Debate: the "Feudal Revolution" II', *Past and Present* 152: 205–23

Wickham, C. J. (1984), 'The other transition: from the ancient world to feudalism', *Past and Present* 103: 3–36
Wickham, C. J. (1986), *The Mountains and the City*, Oxford
Wickham, C. J. (1993), 'La Chute de Rome n'aura pas lieu. A propos d'un livre récent', *MA* 99: 107–26
Wickham, C. J. (1997), 'Debate: the "Feudal Revolution" IV', *Past and Present* 157: 195–208
Wolter, H. (1988), *Die Synoden im Reichsgebiet und in Reichsitalien von 916 bis 1056*, Paderborn
Wormald, P. (1977), 'The uses of literacy in Anglo-Saxon England and its neighbours', *Transactions of the Royal Historical Society*, fifth series 27: 95–114
Wormald, P. (1978), 'Æthelred the lawmaker', in D. Hill (ed.), *Ethelred the Unready: Papers from the Millenary Conference* (BAR, British Series 59), Oxford, pp. 47–80
Wormald, P. (1994), '"*Engla Lond*: the making of an allegiance", *Journal of Historical Sociology* 7: 1–24
Yorke, B. (1995), *Wessex in the early Middle Ages*, Leicester
Zimmermann, H. (1971), *Das dunkle Jahrhundert*, Graz

第二章　农村经济和乡村生活

Abel, W. (1962), *Geschichte der deutschen Landwirtschaft vom frühen Mittelalter bis zum 19. Jahrhundert* (Deutsche Agrargeschichte 2), Stuttgart
Alexandre, P. (1987), *Le Climat en Europe au moyen âge*, Paris
Ariès, P. and Duby, G. (eds.) (1985), *Histoire de la vie privée*, 1: *De l'empire romain à l'an mil*, Paris; English trans. A. Goldhammer as *A History of Private Life*, 1: *From Pagan Rome to Byzantium*, Cambridge, MA (1992)
Arnold, K. (1980), *Kind und Gesellschaft im Mittelalter und Renaissance*, Paderborn
Ashton, T. H. (1987), *Landlords, Peasants and Politics in Medieval England*, Cambridge
Bader, K. S. (1957, 1962, 1973), *Studien zur Rechtsgeschichte des mittelalterlichen Dorfes*, 3 vols., Weimar
Bartmuß, H.-J. (1973), *Deutschland in der Feudalepoche von der Wende des V.–VI. Jahrhunderts bis zur Mitte des XI. Jahrhunderts*, 3rd edn, Berlin
Bertrand, G., Bailloud, G., le Glay, M., and Fourquin, G. (1975), *Histoire de la France rurale*, 1: *Des origines à 1340*, Paris
Bessmertniy, Y. L. (1976), *Histoire du moyen âge*, Moscow
Bloch, M. (1990a), *Les Caractères originaux de l'histoire rurale française*, 3rd edn, Paris; English trans. J. Sondheimer as *French Rural History*, London (1966)
Bloch, M. (1990b), *La Société féodale*, 4th edn, Paris; English trans. C. Postan as *Feudal Society*, London (1961)
Blok, D. P. (ed.) (1985), *Algemene Geschiedenis der Nederlanden*, 1, Haarlem
Bonnassie, P. (1975, 1976), *La Catalogne du milieu du Xème à la fin du XIème siècle*, 2 vols., Toulouse
Bosl, K. (1970), *Die Gesellschaft in der Geschichte des Mittelalters*, Göttingen
Bourin-Derruau, M. (1987a, 1987b), *Villages médiévaux du Bas-Languedoc (XIe–XIVe siècles)*, 2 vols., Paris
Boutruche, R. (1970), *Seigneurie et féodalité*, 1, 2nd edn, Paris
Brooke, C. N. L. (1987), *Europe in the Central Middle Ages, 962–1154*, 4th edn, London

741 Burguière, A., Klapisch-Zuber, C., Segalen, M. and Zonabend, F. (eds.) (1986), *Histoire de la famille, 1: Mondes lointains, mondes anciens*, Paris; English trans. by S. Hanbury Tenison, R. Morris and A. Wilson as *A History of the Family, 1: Distant World, Ancient World*, Cambridge (1996)

Cantor, L. (ed.) (1982), *The English Medieval Landscape*, London

Chapelot, J. and Fossier, R. (1980), *Le Village et la maison au moyen âge*, Paris

Châteaux et peuplements (1980), *Châteaux et peuplements en Europe occidentale* (Flaran 1), Auch

Cipolla, C. M. (1959), *Storia dell'economia italiana*, II, Turin

Communautés villageoises (1984), *Les Communautés villageoises en Europe occidentale* (Flaran 4), Auch

Contamine, P. (ed.) (1976), *La Noblesse au moyen âge*, Paris

Dollinger, P. (1949), *L'Evolution des classes rurales en Bavière depuis la fin de l'époque carolingienne jusqu'au milieu du XIIIe siècle*, Paris

Donat, P. (1980), *Haus, Hof und Dorf in Mitteleuropa vom 7. bis zum 12. Jahrhundert*, Berlin

Duby, G. (1962), *L'Économie rurale et la vie des campagnes*, Paris; English trans. C. Postan as *Rural Economy and Country Life in the Middle Ages*, London (1968)

Duby, G. (1971), *La Société aux XIe et XIIe siècles dans la région mâconnaise*, 2nd edn, Paris

Duby, G. (1973), *Guerriers et paysans*, Paris; English trans. H. B. Clarke as *The Growth of the Early European Economy*, London (1974)

Ennen, E. (1991), *Frauen im Mittelalter*, 4th edn, Munich; English trans. of 3rd edn E. Jephcott as *The Medieval Woman*, Oxford (1989)

Ennen, E. and Janssen, W. (1979), *Deutsche Agrargeschichte: Vom Neolithikum bis zum Schwelle des Industriezeitalters*, Wiesbaden

Flandrin, J. L. (1984), *Famille, parenté, maison, sexualité dans l'ancienne société*, Paris

Flori, J. (1983), *L'Idéologie du glaive: préhistoire de la chevalerie*, Geneva

Fossier, R. (1968a, 1968b), *La Terre et les hommes en Picardie jusqu'à la fin du XIIIe siècle*, 2 vols., Paris

Fossier, R. (1982a, 1982b), *Le Moyen Age*, I: *Les Mondes nouveaux*; II: *L'Eveil de l'Europe*, Paris

Fossier, R. (1982c), *Enfance de l'Europe: aspects économiques et sociaux (Xe–XIIe siècles)*, 2 vols. continuously paginated, Paris

Fournier, G. (1978), *Le Château dans la France médiévale*, Paris

Franz, G. (1970), *Geschichte des deutschen Bauernstandes vom frühen Mittelalter bis zum 19. Jahrhundert* (Deutsche Agrargeschichte 4), Stuttgart

Fumagalli, V. (1978), *Coloni e signori nell'Italia settentrionale, secoli VI–XI*, Bologna

Ganshof, F.-L. (1955), 'Les Relations féodo-vassaliques aux temps post-carolingiens', *Settimane* 2: 67–114

Gaudemet, J. (1963), *Les Communautés familiales*, Paris

Genicot, L. (1982), *La Noblesse dans l'occident médiéval*, London

Goody, J. (1983), *The Development of Family and Marriage in Europe*, Cambridge

Grand, R. (1951), *L'Agriculture au moyen âge*, Paris

Herlihy, D. (1985), *Medieval Households*, Cambridge, MA.

Hodgkin, H. R. (1953), *A History of the Anglo-Saxons*, 3rd edn, Oxford

Hoskins, W. G. (1970), *The Making of the English Landscape*, London

Latouche, R. (1956), *Les Origines de l'économie occidentale, IVe–XIe siècles*, Paris; English trans. E. M. Wilkinson as *The Birth of Western Economy*, London (1961)

Lohrmann, D. and Janssen, W. (eds.) (1983), *Villa, curtis, grangia. économie rurale entre Loire et Rhin de l'époque gallo-romaine aux XIIe–XIIIe siècles*, Munich 742
Lopez, R. S. (1959), *The Tenth Century*, New York
Luzzatto, G. (ed.) (1954), *Problemi communi dell'Europa postcarolingia* (Settimane 2), Spoleto
Mayer, T. (ed.) (1943), *Adel und Bauern im deutschen Staat des Mittelalters*, Leipzig
Noonan, J. T. (1966), *Contraception: A History of its Treatment by Catholic Theologians and Canonists*, Cambridge, MA
Paysage rural (1980), *Le Paysage rural: réalités et représentations*, Lille
Pitz, E. (1979), *Wirtschafts- und Sozialgeschichte Deustschlands im Mittelalter*, Wiesbaden
Pognon, E. (1981), *La Vie quotidienne en l'an mil*, Paris
Postan, M. M. (ed.) (1966), *The Cambridge Economic History of Europe*, 1: *The Agrarian Life of the Middle Ages*, 2nd edn, Cambridge
Pounds, N. J. G. (1994), *An Economic History of Medieval Europe*, 2nd edn, New York
Prinz, F. (1985), *Grundlagen und Anfänge: Deutschland bis 1056* (Deutsche Geschichte 1), Munich
Reuter, T. (ed.) (1979), *The Medieval Nobility: Studies in the Ruling Classes of France and Germany from the Sixth to the Twelfth Centuries*, Amsterdam
Rösener, W. (1985), *Bauern im Mittelalter*, Munich; English trans. A. Stützer as *Peasants in the Middle Ages*, Cambridge (1992)
Russell, J. C. (1969), *Population in Europe, 500–1500*, London
Sanchez-Albornoz, C. (1980), *La España cristiana de los siglos VII al XI* (Historia de España 7), Madrid
Sawyer, P. (ed.) (1976), *Medieval Settlement*, London
Schulze, K. (1963), *Adelsherrschaft und Landesherrschaft* (Mitteldeutsche Forschungen 29), Cologne
Sereni, E. (1961), *Storia del paesaggio agrario italiano*, Bari
Settia, A. (1984), *Castelli e villaggi nell'Italia padana: popolamento, potere e sicurezza fra IX e XII secolo*, Naples
Slicher van Bath, B. H. (1963), *The Agrarian History of Western Europe, AD 500–1850*, London
Structures féodales (1980), *Structures féodales et féodalisme dans l'Occident méditerranéen, Xe–XIIIe siècles*, Rome
Structures sociales (1969), *Les Structures sociales de l'Aquitaine, du Languedoc et de l'Espagne au premier âge féodal*, Paris
Toubert, P. (1973a, 1973b), *Les Structures du Latium médiéval: le Latium méridional et la Sabine du IXe à la fin du XIIe siècle*, 2 vols., Rome
Valdeavellano, L. de (1965), *Historia de España*, Madrid
Wickham, C. (1981), *Early Medieval Italy: Central Power and Society, 400–1000*, London
Wood, M. (1965), *The English Medieval House*, London
Zimmermann, H. (1971), *Das dunkle Jahrhundert*, Graz

第三章　商人、市场和城镇

Agus, I. A. (1965a, 1965b), *Urban Civilization in Pre-Crusade Europe: A Study of Organized Town-Life in Northwestern Europe during the 10th and 11th Centuries Based on the Responsa Literature*, 2 vols., Leiden

743 Allen, T. and Gaube, H. (1988), *Das Timuridische Herat* (Tübinger Atlas des Vorderen Orient B VII 14: Beispiele islamischer Städte, fasc. 16), Tübingen
Arbman, H. (1939), *Birka. Sveriges äldsta handelsstad: Frå forntid och medeltid I*, Stockholm
Arjona Castro, A. (1982a), *Anales de Córdoba musulmana (711–1008)*, Córdoba
Arjona Castro, A. (1982b), *El reino de Córdoba durante la dominacion musulmana*, Córdoba
Ashtor, E. (1978), 'Aperçus sur les Radhanites', in Ashtor, *Studies on the Levantine Trade in the Middle Ages*, III, London
Austin, D. and Alcock, L. (eds.) (1990), *From the Baltic to the Black Sea: Studies in Medieval Archaeology* (One World Archaeology 18), London
Balbás, L. Torres (1955), 'Extensión y demografía de las ciudades hispano-musulmanas', *Studia Islamica* 3: 35–59
Balbás, L. Torres (1947), 'Plazas, zocos y tiendas de las ciudades hispano-musulmanas', *Al-Andalus: revista de las escuelas de estudios árabes de Madrid y Granada* 12: 437–76
Barley, M. W. (ed.) (1977), *European Towns: Their Archaeology and Early History*, London, New York and San Francisco
Ben-Sasson, H. H. (ed.) (1976), *A History of the Jewish People*, Cambridge, MA
Biddle, M. (1972), 'The Winton Domesday. Two surveys of an early capital', in W. Besch, K. Fehn, D. Höroldt, F. Irsigler and M. Zender (eds.), *Die Stadt in der europäischen Geschichte: Festschrift Edith Ennen*, Bonn, pp. 36–43
Biddle, M. (1974), 'The development of the Anglo-Saxon town', in *Topografia urbana e vita cittadina nell' alto medioevo in occidente* (Settimane 21/1), Spoleto, pp. 203–30
Biddle, M. (ed.) (1976), *Winchester in the Early Middle Ages: An Edition and Discussion of the Winton Domesday* (Winchester Studies 1), Oxford
Biddle, M. and Hill, D. H. (1971), 'Late Saxon planned towns', *Antiquaries Journal* 51: 70–85
Blake, N. R. (ed.) (1962), *The Saga of the Joms-Vikings*, London
Bocchi, F. (1993), 'Città e mercati nell' Italia Padana', in *Mercati e mercanti*, pp. 139–76
Bordone, R. (1991), 'La città nel X secolo', in *Il secolo di ferro: mito e realtà del secolo X* (Settimane 38), Spoleto, pp. 517–59
Borger, H. (1975), 'Die mittelalterliche Stadt als Abbild des himmlischen Jerusalem', *Symbolon: Jahrbuch für Symbolforschung* N.F. 2: 21–48
Boussard, J. (1976), *Nouvelle Histoire de Paris: de la fin du siège de 885–886 à la mort de Philippe Auguste*, Paris
Brachmann, H. and Herrmann, J. (eds.) (1991), *Frühgeschichte der europäischen Stadt: Voraussetzungen und Grundlagen* (Schriften zur Ur- und Frühgeschichte 44), Berlin
Bradley, J. (1992), 'The topographical development of Scandinavian Dublin', in F. H. A. Aalen and Kevin Whelan (eds.), *Dublin. City and County: From Prehistory to Present. Studies in Honour of J. H. Andrews*, Dublin, pp. 43–56
Brisbane, M. A. (ed.) (1992), *The Archaeology of Novgorod, Russia: Recent Results from the Town and its Hinterland* (The Society for Medieval Archaeology Monograph Series 13), Lincoln
Brown, H. F. (1920), 'The Venetians and the Venetian quarter in Constantinople to the close of the 12th century', *Journal of Hellenic Studies* 40: 68–88
Brühl, C. (1975, 1990), *Palatium und Civitas: Studien zur Profantopographie spätantiker Civitates vom 3. bis zum 13. Jahrhundert*, I: *Gallien*; II: *Belgica I, beide Germanien und Raetia II*, Cologne and Vienna

Callmer, J. (1981), 'The archaeology of Kiev ca A.D. 500–1000. A survey', in R. Zeitler (ed.), *Les Pays du Nord et Byzance (Scandinavie et Byzance): Actes du colloque nordique et international de byzantinologie tenu à Upsal 20–22 avril 1979*, Upsala, pp. 29–62 744

Carli, F. (1934), *Storia del commercio italiano: il mercato nell' alto medioevo*, Padua

Caune, A. (1992), 'Die Rolle Rigas im Dünamündungsgebiet während des 10.–12. Jahrhunderts', *Zeitschrift für Ostforschung* 41: 489–99

Chalmeta, P. (1993), 'Formation, structure et contrôle du marché arabo-musulman', in *Mercati e mercanti*, pp. 667–713

Chédeville, A. (1980), *La Ville médiévale des Carolingiens à la Renaissance* (Histoire de la France urbaine, ed. G. Duby, 2), Paris

Citarella, A. O. (1977), *Il commercio di Amalfi nell' alto medioevo*, Salerno

Citarella, A. O. (1993), 'Merchants, markets and merchandise in Southern Italy in the high middle ages', in *Mercati e mercanti*, pp. 239–82

Clarke, H. and Ambrosiani, B. (1991), *Towns in the Viking Age*, Leicester and London (2nd edn 1995)

Clarke, H. B. and Simms, A. (eds.) (1985), *The Comparative History of Urban Origins in Non-Roman Europe: Ireland, Wales, Denmark, Germany, Poland and Russia from the 9th to the 13th Century* (BAR International Series 255), 2 vols., Oxford

Constable, O. R. (1994), *Trade and Traders in Muslim Spain: The Commercial Realignment of the Iberian Peninsula, 900–1500*, Cambridge

Dasberg, L. (1958), 'De *Lex familiae Wormatiensis ecclesiae* en de herkomst van de middeleeuwse koopman', *Tijdschrift voor Geschiedenis* 71: 243–9

Despy, G. (1968), 'Villes et campagnes aux IXe et Xe siècles: l'exemple du pays mosan', *Revue du Nord* 50: 145–68

Devroey, J.-P. and Zoller, Ch. (1991), 'Villes, campagnes, croissance agraire dans le pays mosan avant l'an mil', in *Mélanges Georges Despy*, Liège, pp. 223–60

Dilcher, G. (1984), 'Personale und lokale Strukturen kaufmännischen Rechts als Vorformen genossenschaftlichen Stadtrechts', in K. Friedland (ed.), *Gilde und Korporation in den nordeuropäischen Städten des späten Mittelalters* (Quellen und Darstellungen zur hänsischen Geschichte, N.F. 29), Cologne and Vienna, pp. 65–77

Dubov, I. V. (1989), *Velikij Volžkij put'* [The great road of the Volga], Leningrad

Dumas, F. (1991), 'La Monnaie au Xe siècle', in *Il secolo di ferro*, pp. 565–609

Ebrei (1970), *Gli Ebrei nell' alto medioevo* (Settimane 26), Spoleto

Ellmers, D. (1972), *Frühmittelalterliche Handelsschiffahrt in Mittel- und Nordeuropa*, Neumünster

Endemann, T. (1964), *Markturkunde und Markt in Frankreich und Burgund vom 9. bis 11. Jahrhundert* (Vorträge und Forschungen, Sonderband 6), Constance and Stuttgart

Engels, P. (1991), 'Der Reisebericht des Ibrāhīm ibn Yaʿqūb (961–966)', in A. van Euw and P. Schreiner (eds.), *Kaiserin Theophanu. Begegnung des Ostens und Westens um die Wende des ersten Jahrtausends. Gedenkschrift des Kölner-Schütgen-Museums zum 1000. Todesjahr der Kaiserin*, I, Cologne, pp. 413–22

Ennen, E. (1981), *Frühgeschichte der europäischen Stadt*, 3rd edn, Bonn

Ennen, E. (1987), *Die europäische Stadt des Mittelalters*, 4th edn, Göttingen

Evrard, J.-P. (1990), 'Verdun, au temps de l'évêque Haymon 988–1024', in D. Iogna-Prat and J.-C. Picard (eds.), *Religion et culture autour de l'an mil: royaume capétien et Lotharingie*, Paris, pp. 272–8

Fasoli, G. (1978), 'Navigazione fluviale – porti e navi sul Po', in *Navigazione*, pp. 565–607

745 Fasoli, G. and Bocchi, F. (eds.) (1975), *La città medievale italiana*, Florence
Ferluga, J. (1993), 'Mercati e mercanti fra Mar Nero e Adriatico: il commercio nei Balcani dal VII all'XI secolo', in *Mercati e mercanti*, pp. 443–89
Fiala, Z. (1967), *Die Anfänge Prags: eine Quellenanalyse zur Ortsterminologie bis zum Jahre 1235*, Wiesbaden
Fichtenau, H. (1994), '"Stadtplanung" im früheren Mittelalter', in K. Brunner and B. Merta (eds.), *Ethnogenese und Überlieferung: angewandte Methoden der Frühmittelalterforschung* (Veröffentlichungen des Instituts für Österreichische Geschichtsforschung 31), Vienna, pp. 232–49
Frojānova, I. Ia. (1992), *Mjatežnyj Novgorod: ocerki istorii gosudarstvennosti social' noj i političeskoj bor'by konca IX – nacala XIII stoletija*, St Petersburg
Ganshof, F.-L. (1943), *Etude sur le développement des villes entre Loire et Rhin au moyen âge*, Paris and Brussels
Garcin, J.-C. (1987), *Espaces, pouvoirs et idéologies de l'Egypte médiévale*, London
Gaube, H. and Haist, A. (1991), *Kairo/Al Qahira. Baubestand* (Tübinger Atlas des Vorderen Orient B VII 14: Beispiele islamischer Städte, fasc. 23), Tübingen
Gaube, H. and Klein, R. (1989), *Das Safavidische Isfahan/Esfahar* (Tübinger Atlas des Vorderen Orient B VII 14: Beispiele islamischer Städte, fasc. 19), Tübingen
Gaube, H. and Wirth, E. (1989), *Aleppo/Hdab, Baubestand* (Tübinger Atlas des Vorderen Orient B VII 14: Beispiele islamischer Städte, fasc. 19), Tübingen
Gieysztor, A. (1993), 'Les Marchés et les marchandises entre le Danube et la Volga aux VIIIe–XIe siècles', in *Mercati e mercanti*, pp. 499–518
Gil, M. (1974), 'The Rhādhānite merchants and the land of Rhadan', *Journal of Economic and Social History of the Orient* 17: 299–328
Goehrke, C. (1980), 'Die Anfänge des mittelalterlichen Städtewesens in eurasischer Perspektive', *Saeculum* 31: 194–239
Goitein, S. D. F. (1971, 1978, 1983, 1988, 1993), *A Mediterranean Society: The Jewish Communities of the Arab World as Portrayed in the Documents of the Cairo Geniza*, 5 vols., Berkeley and Los Angeles
Hall, R. A. (1978), 'The topography of Anglo-Scandinavian York', in R. H. Hall (ed.), *Viking Age York and the North* (CBA Research Report 27), London, pp. 31–6
Halphen, L. (1909), *Paris sous les premiers Capétiens (987–1223): étude de topographie historique*, Paris
Harvey, A. (1989), *Economic Expansion in the Byzantine Empire, 900–1200*, Cambridge
Haslam, J. (ed.) (1984), *Anglo-Saxon Towns in Southern England*, Chichester
Haverkamp, A. (1987), '"Heilige Städte" im hohen Mittelalter', in F. Graus (ed.), *Mentalitäten im Mittelalter: methodische und inhaltliche Probleme* (Vorträge und Forschungen 35), Sigmaringen, pp. 119–56
Hendy, M. F. (1991), 'East and West: divergent models of coinage and its use', in *Il secolo di ferro*, pp. 637–74
Herrmann, J. (ed.) (1989a, 1989b), *Archäologie in der Deutschen Demokratischen Republik: Denkmale und Funde*, 2 vols., Leipzig and Stuttgart
Herzog, E. (1964), *Die ottonische Stadt: die Anfänge der mittelalterlichen Stadtbaukunst in Deutschland* (Frankfurter Forschungen zur Architekturgeschichte 2), Berlin
Hill, D. (1969), 'The Burghal Hidage: the establishment of a text', *Medieval Archaeology* 13: 84–92
Hill, D. (1978), 'Trends in the development of towns in the reign of Ethelred II', in

D. Hill (ed.), *Ethelred the Unready: Papers from the Millenary Conference*, (BAR British Series 59), Oxford, pp. 213–26   746

Hill, D. (1987), 'The Saxon period', in J. Schofield and R. Leech (eds.), *Urban Archaeology in Britain* (CBA Research Report 61), London, pp. 46–53

Hill, D. (1994), 'An urban policy for Cnut?', in A. R. Rumble (ed.), *The Reign of Cnut: King of England, Denmark and Norway*, Leicester, pp. 101–5

Hodges, R. (1982), *Dark Age Economics: The Origins of Towns and Trade A.D. 600–1000*, London

Hodges, R. and Hobley, B. (eds.) (1988), *The Rebirth of Towns in the West, AD 750–1050* (CBA Research Report 68), London

Hubert, J. (1959), 'Evolution de la topographie et de l'aspect des villes de Gaule du ve aux xe siècle', in *La città nell' alto medioevo (Settimane* 6), Spoleto, pp. 529–58

Huml, V. (1990), 'Research in Prague – an historical and archaeological view of the development of Prague from the 9th century to the middle of the 14th century', in Austin and Alcock (1990), pp. 267–84

Ioannisyan, O. M. (1990), 'Archaeological evidence for the development and urbanization of Kiev from the 8th to the 14th centuries', in Austin and Alcock (1990), pp. 285–312

Jakobs, H. (1979), 'Vescovi e città in Germania', in C. G. Mor and H. Schmidinger (eds.), *I poteri temporali dei Vescovi in Italia e in Germania nel Medioevo*, Bologna, pp. 283–328

Janin, V. L. (1992), 'Drevnee slavanstvo i archevlogija Novgoroda', *Voprosy Istorii* 100: 37–65

Jankuhn, H. (1986), *Haithabu: Ein Handelsplatz der Wikingerzeit*, 8th edn, Neumünster

Jankuhn, H., Schietzel, H. and Reichstein, H. (eds.) (1984), *Archäologische und naturwissenschaftliche Untersuchungen an ländlichen und frühstädtischen Siedlungen im deutschen Küstengebiet vom 5. Jahrhundert v. Chr. bis zum 11. Jahrhundert n. Chr.*, 11, Bonn

Jankuhn, H., Schlesinger, W. and Steuer, H. (eds.) (1973, 1974), *Vor- und Frühformen der europäischen Stadt im Mittelalter* (Abhandlungen der Akademie der Wissenschaften in Göttingen, Phil.-hist. Kl., 3. Folge, Nos. 83 and 84), 2 vols., Göttingen

Jarnut, J. (1979), *Bergamo 568–1098: Verfassungs-, Sozial- und Wirtschaftsgeschichte einer lombardischen Stadt im Mittelalter* (Vierteljahresschrift für Sozial- und Wirtschaftsgeschichte, Beiheft 67), Wiesbaden

Joris, A. (1988), 'Espagne et Lotharingie autour de l'an mil. Aux origines des franchises urbaines', *Le Moyen Age* 94: 5–19

Keller, H. (1976), 'Die Entstehung der italienischen Stadtkommunen als Problem der Sozialgeschichte', *FmaSt* 10: 169–211

Kirpičnikov, A. N. (1988), 'Ladoga i Ladožskaja zemlja', in *Slavjano-russkie drevnosti vyp. 1*, Leningrad, pp. 38–79

Krautheimer, R. (1983), *Rome: Profile of a City, 312–1308*, 2nd edn, Princeton

Kubiak, W. (1987), *Al-Fustat: Its Foundation and Early Urban Development*, Cairo

Lauda, R. (1984), *Kaufmännische Gewohnheit und Burgrecht bei Notker dem Deutschen: zum Verhältnis von literarischer Tradition und zeitgenössischer Realität in der frühmittelalterlichen Rhetorik* (Rechtshistorische Reihe 34), Frankfurt am Main

Lebecq, S. (1984), 'Aelfric et Alpert. Existe-t-il *un* discours clérical sur les marchands dans l'Europe du Nord à l'aube du xie siècle?', *Cahiers de Civilisation Médiévale* 27: 85–93

747 Lestocquoy, J. (1947), 'The tenth century', *Economic History Review*, first series 17: 1–14

Lévi-Provençal, E. (1953), *Histoire de l'Espagne musulmane*, III: *Le siècle du califat de Cordoue*, Paris

Lewis, A. R. (1958), *The Northern Seas: Shipping and Commerce in Northern Europe, A.D. 300–1100*, Princeton

Lopez, R. S. (1955), 'Some tenth century towns', *Medievalia et Humanistica*, first series 9: 4–6

Lopez, R. S. (1959), *The Tenth Century: How Dark the Dark Ages?* (Source Problems in World Civilization), New York

Lopez, R. S. (1967), *The Birth of Europe*, London and New York

Lopez, R. S. (1978), *Byzantium and the World Around It: Economic and Institutional Relations*, London

Lot, F. (1945, 1950, 1953), *Recherches sur la population et la superficie des cités remontant à la période gallo-romaine*, 3 vols., Paris

Loyn, H. R. (1971), 'Towns in late Anglo-Saxon England: the evidence and some possible lines of enquiry', in P. Clemoes and K. Hughes (eds.), *England Before the Conquest: Studies in Primary Sources Presented to Dorothy Whitelock*, Cambridge, pp. 115–28

Ludat, H. (1955), *Vorstufen und Entstehung des Städtewesens in Osteuropa*, Cologne

Matheus, M. (1995), 'Zur Romimitation in der Aurea Morguntina', in W. Dotzauer, W. Kleiber, M. Matheus and K.-H. Spiess (eds.), *Landesgeschichte und Reichsgeschichte: Festschrift für Alois Gerlich zum 70. Geburtstag* (Geschichtliche Landeskunde 42), Stuttgart, pp. 35–49

Maurer, H. (1973), *Konstanz als ottonischer Bischofssitz: zum Selbstverständnis geistlichen Fürstentums im 10. Jahrhundert* (Veröffentlichungen des Max-Planck-Instituts für Geschichte 39), Göttingen

Mayer, R. (1943), *Byzantion – Konstantinopolis – Istanbul* (Denkschriften der Akademie Wissenschaffen, Phil.-hist. Kl. 71,3), Vienna

Mayr-Harting, H. (1992), 'The church of Magdeburg: its trade and its town in the tenth and eleventh centuries', in D. Abulafia, M. Franklin and M. Rubin (eds.), *Church and City 1000–1500: Essays in Honour of Christopher Brooke*, Cambridge, pp. 129–50

Mercati e mercanti (1993), *Mercati e mercanti nell' alto medioevo: l'area Euroasiatica e l'area Mediterranea* (Settimane 40), Spoleto

Metz, W. (1972), 'Marktrechtsfamilie und Kaufmannsfriede in ottonisch-salischer Zeit', *Blätter für deutsche Landesgeschichte* 108: 28–55

Miquel, A. (1967a, 1967b, 1967c), *La Géographie humaine du monde musulman jusqu'au milieu du 11ᵉ siècle*, 3 vols., Paris and The Hague

Mühle, E. (1988), 'Die topographisch-städtebauliche Entwicklung Kievs vom Ende des 10. bis zum Ende des 12. Jh. im Lichte der archäologischen Forschung', *Jahrbuch für die Geschichte Osteuropas*, N.F. 36: 350–76

Mühle, E. (1991), *Die städtischen Handelszentren der nordwestlichen Rús* (Quellen und Studien zur Geschichte des östlichen Europa 32), Stuttgart

Müller-Boysen, C. (1987), '"stundum i viking e stundum i kaupðertum". Die Rolle der Wikinger im Wirtschaftsleben des mittelalterlichen Europa', *Offa* 44: 248–60

Müller-Boysen, C. (1990), *Kaufmannsschutz und Handelsrecht im frühmittelalterlichen Nordeuropa*, Neumünster

Müller-Mertens, E. (1987), 'Frühformen der mittelalterlichen Stadt oder Städte eigener

Art im Frühmittelalter? Reflexion auf die fränkisch-deutsche Stadtentwicklung vor der Jahrtausendwende', *Zeitschrift für Geschichtswissenschaft* 35: 997–1006
Müter, H. (1955), 'Het onstaan van de stad Tiel', *Bijdragen voor de Geschiedenis der Niederlanden* 9: 161–89
Navigazione (1978), *La navigazione mediterranea nell' alto medioevo* (*Settimane* 25), Spoleto
Neugebauer, W. (1968), 'Truso und Elbing, ein Beitrag zur Frühgeschichte des Weichselmündungsgebietes', in M. Claus, W. Haarnagel, and K. Raddatz (eds.), *Studien zur europäischen Vor- und Frühgeschichte*, Neumünster, pp. 213–34
Nicol, D. M. (1988), *Byzantium and Venice: A Study in Diplomatic and Cultural Relations*, Cambridge
Noonan, T. S. (1988), 'The impact of the silver crisis in Islam upon Novgorod's trade with the Baltic', in *Oldenburg–Wolin–Novgorod–Kiev*, pp. 411–47
Northedge, A. (1990), *Samarra: Entwicklung der Residenzstadt des 'albasidischen Kalifats (221–279/836–892)* (Tübinger Atlas des Vorderen Orient B VII 14: Beispiele islamischer Städte, fasc. 20), Tübingen
Nosov, E. N. (1987), 'New data on the Ryurik Gorodishche near Novgorod', *Fennoscandia Archaeologia* 4: 73–85
Oexle, O. G. (1985), 'Conjuratio und Gilde im frühen Mittelalter. Ein Beitrag zum Problem der sozialgeschichtlichen Kontinuität zwischen Antike und Mittelalter.', in B. Schwineköper (ed.), *Gilden und Zünfte: kaufmännische und gewerbliche Genossenschaften im frühen und hohen Mittelalter* (Vorträge und Forschungen 29), Sigmaringen, pp. 151–214
Oexle, O. G. (1989), 'Die Kaufmannsgilde von Tiel', in *Untersuchungen* (1989b), pp. 173–96
Oikonomides, N. (1993), 'Les Marchands byzantins des provinces (IXe–XIe s.)', in *Mercati e mercanti*, pp. 633–60
Oldenburg–Wolin–Novgorod–Kiev (1988), *Oldenburg–Wolin–Novgorod–Kiev: Handel und Handelsverbindungen im südlichen und östlichen Ostseeraum während des frühen Mittelalters* (Bericht der römisch-germanischen Kommission 69), Mainz
Patlagean, E. (1993), 'Byzance et les marchés du grand commerce vers 830–vers 1030. Entre Pirenne et Polanyi', in *Mercati e mercanti*, pp. 587–629
Pitz, E. (1991), *Europäisches Städtewesen und Bürgertum von der Spätantike bis zum hohen Mittelalter*, Darmstadt
Puhle, M. (1995), *Magdeburg im frühen Mittelalter: vom karolingischen Königshof zur ottonischen Kaiserstadt*, Magdeburg
Renouard, Y. (1969), *Les Villes d'Italie de la fin du Xe siècle au début du XIVe siècle*, vol. 1, Paris
Reynolds, S. (1977), *An Introduction to the History of English Medieval Towns*, Oxford
Roblin, M. (1951), 'Cités ou citadelles? Les enceintes romaines du Bas-Empire d'après l'exemple de Paris', *Revue des Etudes Anciennes* 53: 301–11
Rösch, G. (1982), *Venedig und das Reich: handels- und verkehrspolitische Beziehungen in der deutschen Kaiserzeit* (Bibliothek des Deutschen Historischen Instituts in Rom 53), Tübingen
Rüss, H. (1981a), 'Das Reich von Kiev', in M. Hellmann (ed.), *Handbuch der Geschichte Russlands*, 1: *bis 1613. Von der Kiever Reichsbildung bis zum Moskauer Zartum*, Stuttgart, pp. 199–429

749 Rüss, H. (1981b), 'Gross-Novgorod und Pskov', in M. Hellmann (ed.), *Handbuch der Geschichte Russlands*, 1: *Bis 1613. Von der Kiever Reichsbildung bis zum Moskauer Zartum*, Stuttgart, pp. 431–83

Sawyer, P. H. (1983), 'The royal tun in preconquest England', in P. Wormald, D. Bullough and R. Collins (eds.), *Ideal and Reality in Frankish and Anglo-Saxon Society: Studies Presented to J. M. Wallace-Hadrill*, Oxford, pp. 273–99

Schaube, A. (1906), *Handelsgeschichte der romanischen Völker des Mittelmeergebiets bis zum Ende der Kreuzzüge*, Munich and Berlin

Schlesinger, W. (1963), *Beiträge zur deutschen Verfassungsgeschichte des Mittelalters*, 2: *Städte und Territorien*, Göttingen

Schlesinger, W. (1972), 'Vorstufen des Städtewesens im ottonischen Sachsen', in W. Besch, K. Fehn, D. Höroldt, F. Irsigler and M. Jender (eds.), *Die Stadt in der europäischen Geschichte: Festschrift Edith Ennen*, Bonn, pp. 234–58

Schlesinger, W. (1973), 'Der Markt als Frühform der deutschen Stadt', in H. Jahnkuhn, W. Schlesinger and H. Steuer (eds.), *Vor- und Frühformen der europäischen Stadt im Mittelalter, Teil I*, (Abhandlungen der Akademie der Wissenschaften in Göttingen, Phil.-hist. Klasse, 3 Folge, No. 83), Göttingen, pp. 262–93

Schulte, A. (1900a, 1900b), *Geschichte des mittelalterlichen Handels und Verkehrs zwischen Westdeutschland und Italien mit Ausschluss von Venedig*, 2 vols., Leipzig

Schwarz, U. (1978), *Amalfi im frühen MA. (9.–11. Jh.): Untersuchungen zur Amalfitaner Überlieferung* (Bibliothek des Deutschen Historischen Instituts in Rom 49), Tübingen

Secolo di ferro (1991) *Il secolo di ferro: mito e realtà del secolo x* (Settimane 38), Spoleto

Settia, A. A. (1993), '"Per foros Italie". Le aree extraurbane fra Alpi e Appennini', in *Mercati e mercanti*, pp. 187–233

Sláma, J. (1986, 1988, 1989), *Střední Čechy v raném středoveku*, 3 vols., Prague

Slaski, K. (1974), 'Die Schiffe der Ostseeslawen und Polen vom 9.–13. Jahrhundert im Lichte neuer polnischer Forschungen', *Zeitschrift für Archäologie des Mittelalters* 2: 107–19

Šolle, M. (1984), *Staroslovanské hradiško: charakteristika, funkce, vývoj a význam*, Prague

Staffa, S. J. (1977), *Conquest and Fusion: The Social Evolution of Cairo A.D. 642–1850*, Leiden

Steuer, H. (1990), 'Die Handelsstätten des frühen Mittelalters im Nord- und Ostsee-Raum', in *La Genèse et les premiers siècles des villes médiévales dans les Pays-Bas méridionaux*, Brussels, pp. 75–116

Stoob, H. (1962), 'Über Zeitstufen der Marktsiedlung im 10. und 11. Jahrhundert auf sächsischen Boden', *Westfälische Forschungen* 15: 73–80 (reprinted in Stoob, *Forschungen zum Städtewesen in Europa*, 1: *Räume, Formen und Schichten der mitteleuropäischen Städte*, Cologne and Vienna (1970), pp. 43–50)

Studien (1958), *Studien zu den Anfängen des europäischen Städtewesens* (Vorträge und Forschungen 4), Lindau and Constance

Tamari, S. (1966), 'Aspetti principali dell'urbanesimo Musulmano', *Palladio*, n.s. 16: 45–82

Tatton-Brown, T. (1986), 'The topography of Anglo-Saxon London', *Antiquity* 60: 21–8

Teall, J. (1977), 'Byzantine urbanism in the military handbooks', in H. A. Miskimin, D. Herlihy and A. L. Udovitch (eds.), *The Medieval City*, New Haven and London, pp. 201–5

按章节排列的二级著作目录 835

Topografia (1974), *Topografia urbana e vita cittadina nell' alto medioevo in occidente* (*Settimane* 21), 750
Spoleto
Třeštík, D. (1973), 'Trh Moravanů – ústřední trh Staré Moravy', *Československý Časopis Historicky* 21: 869–94
Třeštík, D. (1983), 'Počátky Prahy a českehu státu', *Folia Historica Bohemica* 5: 7–37
Trudy pjatogo (1987), *Trudy pjatogo meždunarodnogo kongressa slavanskoj archeologii* (Publications of the fifth international congress of Slavonic archaeology), I, Moscow
Untersuchungen (1987, 1989a, 1989b), *Untersuchungen zu Handel und Verkehr der vor- und frühgeschichtlichen Zeit in Mittel- und Nordeuropa*, IV: *Der Handel der Karolinger- und Wikingerzeit*, ed. K. Düwel, H. Jankuhn, H. Siems and D. Timpe; V: *Der Verkehr: Verkehrswege, Verkehrsmittel, Organisation*, ed. H. Jankuhn, W. Kimmig and E. Ebel; VI: *Organisationsformen der Kaufmannsvereinigungen in der Spätantike und im frühen Mittelalter*, ed. H. Jankuhn and E. Ebel (Abhandlungen der Akademie der Wissenschaften in Göttingen, Phil.-hist. Kl., 3 Folge, nos. 156, 180, 183), Göttingen
Vdovitch, A. L. (1993), 'Market and society in the medieval Islamic world', in *Mercati e mercanti*, pp. 767–90
Verhulst, A. (1992), *Rural and Urban Aspects of Early Medieval Northwest Europe*, London
Verhulst, A. (1993), 'Marchés, marchands et commerce au haut moyen âge dans l'historiographie récente', in *Mercati e mercanti*, pp. 23–43
Verhulst, A. (1994a), 'The origins and early development of medieval towns in northern Europe', *Economic History Review*, second series 47: 362–73
Verhulst, A. (1994b), 'Le Développement urbain dans le Nord-Ouest de l'Europe du IX au Xe siècle: rupture et continuité', in *Società, Instituzioni, Spiritualità: Studi in onore di Cinzio Violante*, Spoleto, pp. 1037–55
Verhulst, A. (ed.) (1996), *Anfänge des Städtewesens an Schelde, Maas und Rhein bis zum Jahre 1000* (Städteforschung A 40), Cologne, Weimar and Vienna
Vermeesch, A. (1966), *Essai sur les origines et la signification de la France (XIe et XIIe siècles)*, Heule
Violante, C. (1981), *La società milanese nell'età precomunale* (Biblioteca universale Laterza 11), 3rd edn, Rome
Warnke, C. (1965), 'Bemerkungen zur Reise Ibrahim Ibn Jakubs durch die Slawenländer im 10. Jahrhundert', in H. Ludat (ed.), *Agrar-, Wirtschafts- und Sozialprobleme Mittel- und Osteuropas in Geschichte und Gegenwart*, Wiesbaden, pp. 393–415
Wasserstein, D. J. (1993), *The Caliphate of the West*, Oxford
Wiet, G. (1964), *Cairo: City of Art and Commerce*, Normal, ILL
Zug Tucci, H. (1993), 'Negociare in omnibus partibus per terram et per aquam: il mercante Veneziano', in *Mercati e mercanti*, pp. 51–79

第四章 统治者和政府

Airlie, S. (1993), 'After Empire – recent work on the emergence of post-Carolingian kingdoms', *EME* 2: 153–61
Airlie, S. (1994), 'The view from Maastricht', in B. E. Crawford (ed.), *Dark Age Europe*, St Andrews, pp. 33–46
Althoff, G. (1989), 'Königsherrschaft und Konfliktbewältigung im 10. und 11. Jahrhundert', *FmaSt* 23: 265–90

751 Althoff, G. (1990a), *Verwandte, Freunde und Getreue: zum politischen Stellenwert der Gruppenbindungen im früheren Mittelalter*, Darmstadt
Althoff, G. (1990b), 'Colloquium familiare – colloquium secretum – colloquium publicum. Beratung im politischen Leben des früheren Mittelalters', *FmaSt* 24: 145–67
Althoff, G. (1991), 'Huld. Überlegungen zu einem Zentralbegriff der mittelalterlichen Herrschaftsordnung', *FmaSt* 25: 259–82
Althoff, G. (1992), *Amicitiae und Pacta: Bündnis, Einung, Politik und Gebetsgedenken im beginnenden 10. Jahrhundert* (Schriften der MGH 32), Munich
Althoff, G. (1997), *Spielregeln der Politik im Mittelalter*, Darmstadt
Bailey, F. (1969), *Stratagems and Spoils: A Social Anthropology of Politics*, Oxford
Bedos Rezak, B. (1992), 'Ritual in the royal chancery: text, image, and the representation of kingship in medieval French diplomas (700–1200)', in H. Duchhardt, R. A. Jackson and D. Sturdy (eds.), *European Monarchy*, Stuttgart, pp. 27–40
Bémont, C. (1884), *Simon de Montfort, comte de Leicester,* Paris
Bernhardt, J. W. (1993), *Itinerant Kingship and Royal Monasteries in Early Medieval Germany, c. 936–1075*, Cambridge
Beumann, H. (1950), *Widukind von Korvei: Untersuchungen zur Geschichtsschreibung und Ideengeschichte des 10. Jahrhunderts*, Weimar
Beumann, H. (1956), 'Zur Entwicklung transpersonaler Staatsvorstellungen', in *Das Königtum* (Vorträge und Forschungen 3), Lindau, pp. 185–204
Bornscheuer, L. (1968), *Miseriae regum: Untersuchungen zum Krisen- und Todesgedanken in der herrschaftstheologischen Vorstellungen der ottonisch-salischen Zeit*, Berlin
Brühl, C. (1990), *Deutschland – Frankreich: die Geburt zweier Völker*, Cologne and Vienna
Byrne, F. (1973), *Irish Kings and High Kings*, London
Campbell, J. (1980), 'The significance of the Anglo-Norman state in the administrative history of western Europe', in W. Paravicini and K.-F. Werner (eds.), *Histoire comparée de l'administration* (Beihefte der Francia 9), Munich, pp. 117–34
Campbell, J. (1986), *Essays in Anglo-Saxon History*, London
Campbell, J. (1989), *Stubbs and the English State* (Stenton Lecture 1987), Reading
Collins, R. (1983), *Early Medieval Spain: Unity in Diversity*, London
Collins, R. (1993), 'Queens-dowager and queens-regent in tenth-century León and Navarre', in J. Parsons (ed.), *Medieval Queenship*, New York and Gloucester, pp. 79–92
Corbet, P. (1986), *Les Saints ottoniens: sainteté royale et sainteté féminine autour de l'an mil*, Sigmaringen
Davies, W. (1982), *Wales in the Early Middle Ages*, Leicester
Davies, W. (1990), *Patterns of Power in Early Wales*, Oxford
Davies, W. (1993), 'Celtic kingships in the early middle ages', in A. Duggan (ed.), *Kings and Kingship in the Middle Ages*, London, pp. 101–24
Deshman, R. (1976), '*Christus rex et magi reges*: kingship and christology in Ottonian and Anglo-Saxon art', *FmaSt* 10: 367–405
Deshman, R. (1988), '*Benedictus Monarcha et Monachus*: early medieval ruler theology and the Anglo-Saxon reform', *FmaSt* 22: 204–40
Dunbabin, J. (1985), 'The Maccabees as exemplars in the tenth and eleventh centuries', in K. Walsh and D. Wood (eds..), *The Bible in the Medieval World: Essays in Memory of Beryl Smalley*, Oxford, pp. 31–41
Ehlers, J. (1985), 'Die Anfänge der französischen Geschichte', *Historische Zeitschrift* 240: 1–44

Fentress, J. and Wickham, C. J. (1993), *Social Memory*, Oxford
Fichtenau, H. (1984) *Lebensordnungen des 10 Jahrhunderts: Studien über Denkart und Existenz im einstigen Karolingerreich*, Stuttgart; English trans. P. Geary as *Living in the Tenth Century: Mentalities and Social Orders*, Chicago (1991)
Fleming, R. (1993) 'Rural elites and urban communities in late-Saxon England', *Past and Present* 141: 3–37
Fletcher, R. (1992), *Moorish Spain*, London
Fried, J. (1989), 'Endzeiterwartung um die Jahrtausendwende', *DA* 45: 381–473
Fried, J. (1990), *Otto III. und Boleslaw Chrobry: das Widmungsbild des Aachenere Evangeliars, der 'Akt von Gnesen' und das frühe polnische und ungarische Königtum*, Stuttgart
Fried, J. (1991), *Die Formierung Europas, 840–1046*, Munich
Fuhrmann, H. (1993), '"Willkommen und Abschied". Über Begrüssungs- und Abschieds-rituale im Mittelalter', in W. Hartmann (ed.), *Mittelalter: Annäherungen an eine fremde Zeit*, Regensburg, pp. 111–39
Geary, P. (1986), 'Vivre en conflit dans une France sans état', *Annales ESC* 41: 1107–33; English trans. in Geary, *Living with the Dead in the Middle Ages*, Ithaca (1994), pp. 125–160
Geertz, C. (1980), *Negara: The Theater-State in Nineteenth-Century Bali*, Princeton
Görich, K. (1993), *Otto III. Romanus, Saxonicus et Italicus: kaiserliche Rompolitik und sächsische Historiographie*, Sigmaringen
Görich, K. (1998), 'Otto III. öffnet das Karlsgrab in Aachen. Überlegungen zu Heiligenverehrung, Heiligsprechung und Traditionsbildung', in G. Althoff and E. Schubert (eds.), *Herrschaftsrepräsentation im Ottonischen Sachsen*, Sigmaringen, pp. 381–430
Head, T. and Landes, R. (eds..) (1993), *The Peace of God: Social Violence and Religious Response in France around the Year 1000*, Ithaca
Heather, P. (1994), 'State formation in Europe in the first millennium A.D.', in B. Crawford (ed.), *Dark Age Europe*, St Andrews, pp. 47–70
Hoffmann, H. (1962), 'Französische Fürstenweihen des Hochmittelalters', *DA* 18:92–119
Iogna-Prat, D. (1990), 'Entre anges et hommes: les moines "doctrinaires" de l'an mil', in R. Delort and D. Iogna-Prat (eds..), *La France de l'an mil*, Paris, pp. 245–63
Keller, H. (1964), 'Das Kaisertum Ottos des Großen im Verständnis seiner Zeit', *DA* 20: 325–88
Keller, H. (1985), 'Herrscherbild und Herrschaftslegitimation', *FmaSt* 19: 290–311
Keller, H. (1989), 'Zum Charakter der "Staatlichkeit" zwischen karolingischer Reichsreform und hochmittelalterlichem Herrschaftsausbau', *FmaSt* 23: 248–64
Keynes, S. (1985), 'King Athelstan's books', in M. Lapidge and H. Gneuss (eds..), *Learning and Literature in Anglo-Saxon England: Studies Presented to Peter Clemoes*, Cambridge, pp. 143–201
Keynes, S. (1990), 'Royal government and the written word in late Anglo-Saxon England', in R. McKitterick (ed.), *The Uses of Literacy in Early Medieval Europe*, Cambridge, pp. 226–57
Keynes, S. (1991), 'Crime and punishment in the reign of Æthelred the Unready', in I. Wood and N. Lund (eds.), *People and Places in Northern Europe, 500–1600: Essays in Honour of Peter Sawyer*, Woodbridge, pp. 67–82

753 Kienast, W. (1969), 'Der Wirkungsbereich des französischen Königtums von Odo bis Ludwig VI. (888–1137) in Südfrankreich', *HZ* 209: 529–65
Klewitz, H.-W. (1939), 'Die Festkrönungen der deutschen Könige', *ZRG KA* 28: 48–97
Koziol, G. (1992), *Begging Pardon and Favor: Ritual and Political Order in Early Medieval France*, Ithaca
Lanoë, G. (1992), 'Les Ordines de couronnement (930–1050); retour au manuscrit', in M. Parisse and X. Barral i Altet (eds.), *Le Roi de France et son royaume autour de l'an mil. Actes du colloque Hugues Capet 978–1987. La France de l'an mil*, Paris, pp. 65–72
Le Goff, J. (1993), 'Le Roi dans l'Occident médiéval', in A. Duggan (ed.), *Kings and Kingship in the Middle Ages*, London, pp. 1–40
Leyser, K. (1979), *Rule and Conflict in an Early Medieval Society*, London
Leyser, K. (1994), *Communications and Power in Medieval Europe: The Carolingian and Ottonian Centuries*, ed. T. Reuter, London
McKitterick, R. (1992), 'Continuity and innovation in tenth-century Ottonian culture', in L. Smith and B. Ward (eds.), *Intellectual Life in the Middle Ages: Essays Presented to Margaret Gibson*, London, pp. 15–24
Mayr-Harting, H. (1991), *Ottonian Book Illumination*, 2 vols., London
Moore, R. I. (1994), 'Literacy and the making of heresy, *c.* 1000–*c.* 1150', in P. Biller and A. Hudson (eds.), *Heresy and Literacy, 1000–1350*, Cambridge, pp. 19–37
Mostert, M. (1987), *The Political Theology of Abbo of Fleury*, Hilversum
Nelson, J. L. (1988), 'Kingship and empire', in J. H. Burns (ed.), *The Cambridge History of Medieval Political Thought*, Cambridge, pp. 211–51
Ó Corráin, D. (1978), 'Nationality and kingship in pre-Norman Ireland', in T. Moody (ed.), *Nationality and the Pursuit of National Independence*, Belfast, pp. 1–35
Poly, J. and Bournazel, E. (1991), *La Mutation féodale*, 2nd edn, Paris; English trans. as *The Feudal Transformation, 900–1200*, Chicago (1991)
Reuter, T. (1991), *Germany in the Early Middle Ages, 800–1056*, London
Reynolds, S. (1984), *Kingdoms and Communities in Western Europe, 900–1300*, Oxford
Reynolds, S. (1994), *Fiefs and Vassals: The Medieval Evidence Reconsidered*, Oxford
Reynolds, S. (1997), 'The historiography of the medieval state', in M. Bentley (ed.), *The Writing of History: An International Guide to Classical and Current Historiography*, London, pp. 117–38
Sassier, Y. (1987), *Hugues Capet*, Paris
Sawyer, B. and Sawyer, P. (1993), *Medieval Scandinavia*, Minnesota
Schneider, R. (1989), 'Das Königtum als Integrationsfaktor im Reich', in J. Ehlers (ed.), *Ansätze und Diskontinuität deutscher Nationsbildung im Mittelalter* (Nationes 6), Sigmaringen, pp. 59–82
Schneidmüller, B. (1979), *Karolingischer Tradition und frühes französisches Königtum*, Wiesbaden
Schneidmüller, B. (1987), *Nomen patriae: die Entstehung Frankreichs in der politisch-geographischen Terminologie (10.–13. Jh.)* (Nationes 7), Sigmaringen
Schramm, P. E. (1968), 'Anlagen zu 3 A–B: die westfränkischen und die angelsächsischen Krönungsordines', in Schramm, *Kaiser, Könige und Päpste*, 4 vols. in 5 (1968–71), II, pp. 208–48
Smyth, A. P. (1984), *Warlords and Holy Men: Scotland, AD 80–1000*, 2nd edn, London

Sot, M. (1994), *Un Historien et son église: Flodoard de Reims*, Paris
Southern, R. W. (1953), *The Making of the Middle Ages*, London
Stafford, P. (1978), 'The reign of Æthelred II: a study in the limitations on royal policy and action', in D. Hill (ed.), *Ethelred the Unready*, Oxford, pp. 15–46
Stafford, P. (1983), *Queens, Concubines and Dowagers: The King's Wife in the Early Middle Ages*, London
Stafford, P. (1989), *Unification and Conquest: A Political and Social History of England in the Tenth and Eleventh Centuries*, London
Stafford, P. (1993), 'The portrayal of royal women in England, mid-tenth to mid-twelfth centuries', in J. Parsons (ed.), *Medieval Queenship*, New York and Gloucester, pp. 143–68
von Euw, A. and Schreiner, P. (eds..) (1991a, 1991b) *Kaiserin Theophanu: Begegnung des Ostens und Westens um die Wende des ersten Jahrtausends*, 2 vols.., Cologne
Warner, D. A. (1994), 'Henry II at Magdeburg: kingship, ritual and the cult of the saints', *EME* 3: 135–66
Werner, K. F. (1979), *Structures politiques du monde franc (VIe–XIIe siècles)*, London
Werner, K. F. (1987), 'Gott, Herrscher und Historiograph. Der Geschichtsschreiber als Interpret des Wirken Gottes in der Welt und Ratgeber der Könige', in E. D. Hehl, H. Seibert and F. Staab (eds.), *Deus qui mutat tempora. Menschen und Institutionen im Wandel des Mittelalters: Festschrift für Alfons Becker*, Sigmaringen, pp. 1–31
Wickham, C. (1981), *Early Medieval Italy, 400–1000*, London
Wickham, C. (1985), 'Lawyers' time: history and memory in tenth- and eleventh-century Italy', in H. Mayr-Harting and R. I. Moore (eds..), *Studies in Medieval History Presented to R. H. C. Davis*, London, pp. 53–71, reprinted in Wickham (1994), 275–94
Wickham, C. (1994), *Land and Power: Studies in Italian and European Social History, 400–1200*, London
Willmes, P. (1976), *Der Herrscher-'Adventus' im Kloster des Frühmittelalters*, Munich
Wormald, P. (1986) 'Charters, law and the settlement of disputes in Anglo-Saxon England', in W. Davies and P. Fouracre (eds..), *The Settlement of Disputes in Early Medieval Europe*, Cambridge, pp. 149–68
Zotz, T. (1994), 'Carolingian tradition and Ottonian-Salian innovation: comparative observations on palatine policy in the Empire', in A. Duggan (ed.), *Kings and Kingship in Medieval Europe*, London, pp. 69–100

第五章 教会

For fuller bibliography see the bibliographies in Mayeur et al. (1993), Tellenbach (1993) and Wolter (1988)
Aldea Vaquero, Q., Marín Martinez, T. and Vives Gatell, J. (1972–5), *Diccionario de historia eclesiástica de España*, 4 vols.., Madrid
Amann, E. and Dumas, A. (1943), *L'Eglise au pouvoir des laïques, 888–1057* (Histoire de l'Eglise 7), Paris
Arnaldi, G. (1991), 'Mito e realtá del secolo X romano e papale', in *Il secolo di ferro: mito e realtá del secolo X* (Settimane 38), Spoleto, pp. 27–53
Aubrun, M. (1981), *L'Ancien Diocèse de Limoges des origines au milieu du XIe siècle*, Clermont-Ferrand
Aubrun, M. (1986), *La Paroisse en France des origins au XVe siècle*, Paris

755 Barral i Altet, X. (1991), *La Catalogne et la France meridionale autour de l'an mil*, Barcelona
Bautier, R. H. (1951), 'Un Recueil de textes pour servir à l'histoire de l'archévêque de Reims Hervé (Xe siècle)', *Mélanges d'histoire du moyen âge dédiés à la mémoire de Louis Halphen*, Paris, pp. 1–6
Bernhardt, J. H. (1993), *Itinerant Kingship and Royal Monasteries in Early Medieval Germany, c. 936–1075*, Cambridge
Blair, J. (1987), 'Local churches in Domesday Book and before', in J. C. Holt (ed.), *Domesday Studies*, Woodbridge, pp. 265–78
Blair, J. (1988), *Minsters and Local Parishes: The Local Church in Transition, 950–1200*, Oxford
Blair, J. (1995), 'Debate: ecclesiastical organization and pastoral care in Anglo-Saxon England', *EME* 4: 193–212
Blair, J. and Sharpe, R. (eds.) (1992), *Pastoral Care before the Parish* (Studies in the Early History of Britain), Leicester
Borgolte, M. (1992), *Die mittelalterliche Kirche* (Enzyklopädie der deutschen Geschichte 17), Munich
Boshof, E. (1993), *Königtum und Königsherrschaft im 10. und 11. Jahrhundert* (Enzyklopädie der deutschen Geschichte 27), Munich
Bouchard, C. B. (1987), *Sword, Miter, and Cloister: Nobility and the Church in Burgundy, 980–1198*, Ithaca
Brandt, M. and Eggebrecht, A. (eds.) (1993), *Bernward von Hildesheim und das Zeitalter der Ottonen*, 2 vols., Hildesheim
Brooks, N. (1984), *The Early History of the Church of Canterbury* (Studies in the Early History of Britain), Leicester
Bührer-Thierry, G. (1997), *Evêques et pouvoir dans le royaume de Germanie: les églises de Bavière et de Souabe, 876–973*, Paris
Bur, M. (1983), 'Architecture et liturgie à Reims au temps d'Adalbéron', *CCM* 26: 297–302
Bur, M. (1992), 'Adalbéron, archévêque de Reims reconsidéré', in Parisse and Barral i Altet (1992), pp. 55–63
Butler, L. A. S. and Morris, R. K. (1986), *The Anglo-Saxon Church* (CBA Research Report 60), London
Cambridge, E. and Rollason, D. (1995), 'Debate: the pastoral organization of the Anglo-Saxon church: a review of the "minster hypothesis"', *EME* 4: 87–104
Campbell, J. (1986), 'The church in Anglo-Saxon towns', in J. Campbell (ed.), *Essays in Anglo-Saxon History*, London, pp. 139–54
Clayton, M. (1991), *The Cult of the Virgin Mary in Anglo-Saxon England* (Cambridge Studies in Anglo-Saxon England 2), Cambridge
Collins, R. (1989), 'Doubts and certainties on the churches of early medieval Spain', in *God and Man in Medieval Spain: Essays in Honour of J. R. L. Highfield*, Warminster, pp. 1–18
Coolidge, R. T. (1965), 'Adalbero of Laon', *Studies in Medieval and Renaissance History* 2: 1–114
Corbet, P. (1986), *Les Saints ottoniens: sainteté dynastique, sainteté royale et sainteté féminine autour de l'an mil* (Beihefte der Francia 15), Sigmaringen
Crocker, R. and Hiley, D. (eds.) (1990), *The Early Middle Ages to 1300* (The New Oxford History of Music 1), Oxford

Crusius, I. (ed.) (1989), *Beiträge zur Geschichte und Struktur der mittelalterlichen Germania Sacra* (Veröffentlichungen des Max-Planck-Instituts für Geschichte 93), Göttingen

Desportes, P. (1973), 'Les Archévêques de Reims et les droites comtaux du Xe et XIe siècles', in *Economies et sociétés au moyen âge: mélanges offerts à Edouard Perroy*, Paris, pp. 79–89

Devisse, J. (1975–6), *Hincmar, archévêque de Reims, 845–882*, 3 vols., Geneva

Duchesne, L. (1913), 'Serge III et Jean XI', *Mélanges d'Archéologie et d'Histoire* 33: 5–55

Dumas, A. (1944), 'L'Eglise de Reims au temps des luttes entre Carolingiens et Robertiens', *RHEF* 30: 5–38

Dumville, D. N. (1992), *Liturgy and the Ecclesiastical History of Anglo-Saxon England* (Studies in Anglo-Saxon History 5), Woodbridge

Ehlers, J. (1978), 'Die *Historia Francorum Senonensis* und der Aufstieg des Hauses Capet', *JMH* 4: 1–26

Engels, O. (1989), 'Der Reichsbischof in ottonischer und frühsalischer Zeit', in Crusius (1989), pp. 135–75

Fanning, S. (1988), *A Bishop and His World Before the Gregorian Reform: Hubert of Angers, 1006–1047*, Philadelphia

Fernández Conde, F. J. (1972), *La Iglesia de Asturias en la alta Edad Media*, Oviedo

Fichtenau, H. (1984), *Lebensordnungen des 10 Jahrhunderts: Studien über Denkart und Existenz im einstigen Karolingerreich*, Stuttgart; English trans. P. Geary as *Living in the Tenth Century: Mentalities and Social Orders*, Chicago (1991)

Finck von Finckenstein, A. (1989), *Bischof und Reich: Untersuchungen zum Integrationsprozess des ottonisch-frühsalischen Reiches (919–1056)* (Studien zur Mediävistik 1), Sigmaringen

Fleckenstein, J. (1956), 'Königshof und Bischofsschule unter Otto dem Großen', *AKG* 38: 38–62, reprinted in Fleckenstein (1989), pp. 168–92

Fleckenstein, J. (1985), 'Problematik und Gestalt der ottonisch-salischen Reichskirche', in Schmid (1985), pp. 83–98

Fleckenstein, J. (1989), *Ordnungen und formende Kräfte des Mittelalters: Ausgewählte Beiträge*, Göttingen

Fliche, A. (1909), 'Séguin, archévêque de Sens, primat des Gaules et de Germanie (977–999)', *Bulletin de la Société Archéologique de Sens* 24: 149–206

Fliche, A. (1934), 'La Primauté des Gaules depuis l'époque carolingienne jusqu'à la fin de la querelle des investitures (876–1121)', *RH* 173: 349–42

Fonseca, C. D. (1982), 'Particularismo istituzionale e organizzazione ecclesiastica delle campagne nell'alto medioevo nell'Italia meridionale', in *Cristianizzazione ed. organizzazione ecclesiastica delle campagne nell'alto medioevo: espansione e resistenze* (Settimane 29), Spoleto, pp. 1163–1200

Fumagalli, V. (1973), 'Vescovi e conti nell'Emilia occidentale da Berengario I a Ottone I', *SM*, serie terza, 14: 137–204

Gandino, G. (1995), *Il vocabulario politico e sociale di Liutprando di Cremona*, Rome

Garcia Villada, Z. (1929, 1933), *Historia eclesiástica de España*, 2 vols., Madrid

Garcia Villoslada, R. (ed.) (1982), *Historia de la iglesia en España*, II.1, Madrid

Geary, P. J. (1994), *Phantoms of Remembrance: Memory and Oblivion at the End of the First Millennium*, Princeton

Große, R. (1987), *Das Bistum Utrecht und seine Bischöfe im 10. und frühen 11. Jahrhundert*, Cologne

757 Hannick, C. (1993), 'Les Nouvelles Chrétientés du monde byzantin: Russes, Bulgares et Serbes', in Mayeur et al. (1993), pp. 909–39
Hauck, A. (1920), *Kirchengeschichte Deutschlands*, III, 3rd/4th edn, Leipzig
Head, T. (1991), *Hagiography and the Cult of Saints: The Diocese of Orleans 800–1200* (Cambridge Studies in Medieval Life and Thought 4th series, 14), Cambridge
Head, T. and Landes, R. (1992), *The Peace of God: Social Violence and Religious Response in France around the Year 1000*, Ithaca
Heinzelmann, M. (1979), *Translationsberichte und andere Quellen des Reliquienkultes* (Typologie des sources du moyen âge occidental 33), Turnhout
Hermann, K. J. (1973), *Das Tuskulanerpapsttum, 1012–1046*, Stuttgart
Hoffmann, H. (1986), *Buchkunst und Königtum im ottonischen und frühsalischen reich* (Schriften der MGH 30), 2 vols., Stuttgart
Iogna-Prat, D. and Picard, J.-C. (eds..) (1990), *Religion et culture autour de l'an mil*, Paris
Jaeger, C. S. (1983), 'The courtier bishop in vitae from the tenth to the twelfth century', *Speculum* 58: 291–325
Kaiser, R. (1981), *Bischofsherrschaft zwischen Königtum und Fürstenmacht: Studien zur bischöflichen Stadtherrschaft im westfränkisch-französischen Reich im frühen und hohen Mittelalter* (Pariser Historische Studien 17), Bonn
Karwasińska, J. (1960), *Les Trois Rédactions de la Vita I de S. Adalbert*, Rome
Kehr, P. (1926), *Das Papsttum und der katalanische Prinzipat bi zur Vereinigung mit Aragon* (Abhandlungen der Preussischen Akademie der Wissenschaften, Phil.-hist. Klasse 1), Berlin
Klewitz, H.-W. (1932–3), 'Zur Geschichte der Bistumsorganisation Campaniens und Apuliens im 10. und 11. Jahrhundert', *QFIAB* 24: 1–61
Kloczowski, J. (1993), 'La Nouvelle Chrétienté du monde occidental. La christianisation des Slaves, des Scandinaves et des Hongrois entre le IXe et le XIe siècles', in Mayeur et al. (1993), pp. 869–908
Kortüm, H.-H. (1985), *Richer von Saint-Rémi: Studien zu einem Geschichtsschreiber des 10. Jahrhunderts*, Stuttgart
Kortüm, H.-H. (1994), *Zur päpstlichen Urkundensprache im frühen Mittelalter*, Sigmaringen
Langres (1986), *Langres et ses évêques, VIIIe–XIe siècles: aux origines d'une seigneurie ecclésiastique. Actes du Colloque Langres-Ellwangen*, Langres
Lotter, F. (1958), *Die Vita Brunonis des Ruotger: ihre historiographische und ideengeschichtliche Stellung*, Bonn
Maccarone, M. (ed.) (1991), *Il primato del vescovo di Roma nel primo millenio: ricerche e testimonianze. Atti del Symposium storico-teologico (Roma, 9–13 ottobre, 1989)* (Pontificio comitato di scienze storiche. Atti e documenti 4), Vatican
McKitterick, R. (1983a), *The Frankish Kingdoms under the Carolingians (751–987)*, London
McKitterick, R. (1983b), 'The Carolingian kings and the see of Rheims, 882–987', in Wormald (1983), pp. 228–49
McLaughlin, M. (1994), *Consorting with Saints: Prayer for the Dead in Early Medieval France*, Ithaca
Mass, J. (1986), *Das Bistum Freising im Mittelalter*, Munich
Mayeur, J. M., Pietri, C. and L., Vauchez, A. and Venard, M. (eds..) (1993), *Histoire du Christianisme*, IV. *Evêques, moines et empereurs (610–1054)*, Paris
Nyberg, T. S. (1986), *Die Kirche in Skandinavien: Mitteleuropäischer und englischer Einfluss im 11. und 12. Jahrhundert. Anfänge der Domkapitel Børglum und Odense in Dänemark* (Beiträge zur Geschichte und Quellenkunde des Mittelalters 10), Sigmaringen

Ortenberg, V. (1990), 'Archbishop Sigeric's journey to Rome in 990', *ASE* 20: 197–246
Parisse, M. (1993), 'L'Eglise en empire (v. 900–1054)', in Mayeur *et al.* (1993), pp. 793–815
Parisse, M. and Barral i Altet, X. (1992), *Le Roi de France et son royaume autour de l'an mil*, Paris
Pokorny, R. (1993), 'Reichsbischof, Kirchenrecht und Diözesanverwaltung um das Jahr 1000', in Brandt and Eggebrecht (1993), pp. 113–19
Prinz, F. (1971), *Klerus und Krieg im früheren Mittelalter*, Stuttgart
Ramsay, N., Sparks, M. and Tatton-Brown, T. (eds.) (1992), *St Dunstan: His Life, Times and Cult*, Woodbridge
Raterio (1973), *Raterio di Verona* (Convegni del centro di studi sulla spiritualitá medievale 10), Todi
Reuter, T. (1982), 'The "imperial church system" of the Ottonian and Salian rulers: a reconsideration', *JEH* 33: 347–74
Riché, P. (1987), *Gerbert d'Aurillac, pape de l'an mil*, Paris
Ridyard, S. (1988), *The Royal Saints of Anglo-Saxon England: A Study of West Saxon and East Anglian Cults* (Cambridge Studies in Medieval Life and Thought, 4th series, 9), Cambridge
Rollason, D. (1989), *Saints and Relics in Anglo-Saxon England*, Oxford
Sansterre, J.-M. (1989), 'Otton III et les saints ascètes de son temps', *RSCI* 43: 376–412
Santifaller, L. (1964), *Zur Geschichte des ottonisch-salischen Reichskirchensystems*, 2nd edn, Vienna
Savigni, R. (1992), 'Sacerdozio e regno in età post-carolingia: l'episcopato di Giovanni X, arcívescovo di Ravenna (905–914) e papa (914–928)', *RSCI* 46: 1–29
Schieffer, R. (1989), 'Der ottonische Reichsepiskopat zwischen Königtum und Adel', *FmaSt* 23: 291–301
Schmid, K. (ed.) (1985), *Reich und Kirche vor dem Investiturstreit: Gerd Tellenbach zum 80. Geburtstag*, Sigmaringen
Schmitz, G. (1977), 'Das Konzil von Trosly (909)', *DA* 33: 341–434
Schmitz, G. (1987), 'Heriveus von Reims (900–922). Zur Geschichte des Erzbistums Reims am Beginn des 10. Jahrhunderts', *Francia* 6: 59–106
Schneider, G. (1973), *Erzbischof Fulco von Reims 883–900 und das Frankenreich*, Munich
Schröder, I. (1980), *Die westfränkischen Synoden von 888 bis 987 und ihre Überlieferung* (MGH Hilfsmittel 3), Munich
Schwarz, U. (1978), *Amalfi im frühen Mittelalter (9–11 Jahrhundert): Untersuchungen zur Amalfitaner Überlieferung* (Bibliothek des Deutschen Historischen Instituts in Rom 49), Tübingen
Sot, M. (1981), *Gesta episcoporum. Gesta abbatum* (Typologie des sources du moyen âge occidental 37), Turnhout
Sot, M. (1985), 'Rhétorique et technique dans les préfaces des "gesta episcoporum" (IXe–XIe s.)', *CCM* 28: 181–200
Sot, M. (1993), *Un Historien et son église au Xe siècle: Flodoard de Reims*, Paris
Sutherland, J. N. (1988), *Liudprand of Cremona, Bishop, Diplomat, Historian: Studies of the Man and His Age* (Biblioteca degli 'Studi medievali' 14), Spoleto
Tellenbach, G. (1993), *The Church in Western Europe from the Tenth to the Early Twelfth Century*, trans. T. Reuter, Cambridge

759 Vescovi (1964), *Vescovi e diocesi in Italia nel Medioevo (sec. IX–XIII)* (Atti del II Convegno di storia della Chiesa in Italia, Roma, 1961 = Italia sacra 5), Padua
Vitolo, G. (1990), 'Vescovi e diocesi', in G. Galasso and R. Romeo (eds.), *Storia del Mezzogiorno*, III: *Alto medioevo*, Naples, pp. 733–51
Vlasto, A. (1974), *The Entry of the Slavs into Christendom*, Cambridge
Vogel, C. (1986), *Medieval Liturgy: An Introduction to the Sources*, revised and translated by W. G. Storey and N. K. Rasmussen, Washington, DC
Vollrath, H. (1985), *Die Synoden Englands bis 1066*, Paderborn
von Euw, A. and Schreiner, P. (eds.) (1991), *Kaiserin Theophanu: Begegnung des Ostens und Westens um die Wende des ersten Jahrtausends*, 2 vols., Cologne
Weinfurter, S. (ed.) (1991), *Die Salier und das Reich*, 3 vols., Sigmaringen
Wemple, S. F. (1979), *Atto of Vercelli: Church, State and Christian Society in Tenth-Century Italy* (Temi e testi a cura di Eugenio Massa 27), Rome
Werner, K.-F. (1989), 'Observations sur le rôle des évêques dans le mouvement de paix aux Xe et XIe siècles', in C. E. Viola (ed.), *Mediaevalia Christiana XIe–XIIIe siècles: hommage à Raymonde Foreville*, Tournai, pp. 155–95
Williams, P. (1993), *The Organ in Western Culture 750–1250* (Cambridge Studies in Medieval and Renaissance Music), Cambridge
Wolter, H. (1988), *Die Synoden im Reichsgebiet und in Reichsitalien von 916 bis 1056*, Paderborn
Wormald, P. (ed.) (1983), *Ideal and Reality in Frankish and Anglo-Saxon Society*, Oxford
Yorke, B. (ed.) (1988), *Bishop Æthelwold: His Career and Influence*, Woodbridge
Zielinski, H. (1984), *Der Reichsepiskopat in spätottonischer und salischer Zeit, 1002–1125*, I, Stuttgart

第六章　修道制度：第一波改革

European monasticism in the tenth century

Fried, J. (1989), 'Endzeiterwartung um die Jahrtausendwende', *DA* 45: 381–473
Gaussier, P. (ed.) (1991), *Naissance et fonctionnement des réseaux monastiques et canoniaux. Actes du Ier Colloque Internationale du CERCOM Saint-Etienne 16–18 Sept. 1985*, Saint-Etienne
Hallinger, K. (1951a, 1951b), *Gorze – Kluny* (Studia Anselmiana 24/25), 2 vols., Rome
Iogna-Prat, D. and Picard, J.-C. (1990), *Religion et culture autour de l'an mil: royaume capétien et Lotharingie*, Paris
Schmid, K. (ed.) (1985), *Reich und Kirche vor dem Investiturstreit*, Sigmaringen
Il Secolo de Ferro (1991), *Il secolo di ferro: mito e realtà del secolo X* (Settimane 38), Spoleto
Tellenbach, G. (1988), *Die westliche Kirche vom 10. bis zum frühen 12. Jahrhundert* (Die Kirche in ihrer Geschichte. Ein Handbuch, hg. v. B. Moeller, Bd. 2, Lieferung F 1), Göttingen; English trans. T. Reuter as *The Church in Western Europe from the Tenth to the Early Twelfth Century*, Cambridge (1993)
Wollasch, J. (1973) *Mönchtum des Mittelalters zwischen Kirche und Welt* (Münstersche Mittelalter-Schriften 7), Munich

Eremitical monasticism

Gilomen-Schenkel, E. (1986), 'Einsiedeln', in *Lexikon des Mittelalters*, III: *Codex Wintoniensis bis Erziehungs- und Bildungswesen*, Munich and Zürich, cols. 1743–6

Keller, H. (1964), *Kloster Einsiedeln im ottonischen Schwaben* (Forschungen zur Oberrheinischen Landesgeschichte 13), Freiburg im Breisgau

Violante, C. and Fonseca, C. D. (eds.) (1965), *L'eremitismo in occidente nei secoli XI e XII* (Miscellanea del centro di studi medioevali 4), Milan

Cluny

Constable, G *et al.* (eds.) (1998), *Die Cluniazenser in ihrem politisch-sozialen Umfeld*, Münster

Cowdrey, H. E. J. (1970), *The Cluniacs and the Gregorian Reform*, Oxford

Das Martyrolog-Necrolog von St. Emmeram zu Regensburg, ed. E. Freise, D. Geuenich and J. Wollasch (*MGH Lib. Mem.*, NS III) Hanover (1986)

Garand, M.-C. (1978), 'Copistes de Cluny au temps de Saint-Maieul' *BEC* 136: 5–36

Gilomen, H.-J. (ed.) (1991), *Helvetia sacra*, III, 2: *Die Cluniazenser in der Schweiz*, Basel

Hallinger, K (1954), 'Zur geistigen Welt der Anfänge Klunys', *DA* 10: 417–46

Iogna-Prat, D. (1988), *Agni immaculati: recherches sur les sources hagiographiques relatives à Saint Maieul de Cluny (954–994)*, Paris

Iogna-Prat, D. (1992), 'Panorama de l'hagiographie abbatiale clunisienne (v. 940–v. 1140)', in M. Heinzelmann (ed.), *Manuscrits hagiographiques et travail des hagiographes* (Beihefte der Francia 24), Sigmaringen, pp. 77–118

Jakobs, H. (1974), 'Die Cluniazenser und das Papsttum im 10. und 11. Jahrhundert', *Francia* 2: 643–63

Leclercq, J. (1962), 'Pour une histoire de la vie à Cluny', *RHE* 57: 385–408, 783–812

Neiske, F., Poeck, D. and Sandmann, M. (eds.) (1991), *Vinculum societatis: Joachim Wollasch zum 60. Geburtstag*, Sigmaringendorf

Pacaut, M. (1986), *L'Ordre de Cluny*, Paris

Richter, H. (ed.) (1975), *Cluny*, Darmstadt

Rosenwein, B. H. (1982), *Rhinoceros Bound: Cluny in the Tenth Century*, Philadelphia.

Rosenwein, B. H. (1989), *To Be the Neighbor of St Peter: The Social Meaning of Cluny's Property, 909–1049*, Ithaca.

Sackur, E. (1892a, 1892b) *Die Cluniacenser in ihrer kirchlichen und allgemeingeschichtlichen Wirksamkeit bis zur Mitte des elften Jahrhunderts*, 2 vols., Halle an der Saale, reprinted Stuttgart (1971)

Tellenbach, G. (ed.) (1959), *Neue Forschungen über Cluny und die Cluniacenser*, Freiburg im Breisgau

Winzer, U. (1988), 'Zum Einzugsbereich Clunys im 10. Jahrhundert' *FmaSt* 22: 241–65

Winzer, U. (1989), 'Cluny und Mâcon im 10. Jahrhundert', *FmaSt* 23: 154–202

Wollasch, J. (1979), 'Les Obituaires, témoins de la vie clunisienne', *CCM* 22: 139–71

Wollasch, J. (1992), 'Cluny und Deutschland', *StMGBO* 103: 7–32

Wollasch, J. (1996), *Cluny 'Licht der Welt'*, Zurich

761 *Cluny, Italy and Rome in the tenth century*

Antonelli, G. (1958), 'L'Opera di Odone di Cluny in Italia', *Benedictina* 4: 19–40
Caraffa, F. (ed.) (1981), *Monasticon Italiae I, Roma e Lazio*, Cesena
Ferrari, G. (1957), *Early Roman Monasteries* (Studi di antichità cristiana 23), Città del Vaticano
Violante, C. (ed.) (1985), *L'Italia nel quadro dell'espansione europea del monachesimo cluniacense* (Italia Benedettina 8), Cesena
Zerbi, P. (ed.) (1979a, 1979b), *Cluny in Lombardia* (Italia Benedettina 1), 2 vols., Cesena

Brogne

Dierkens, A. (1985), *Abbayes et chapîtres entre Sambre et Meuse (VIIe–XIe siècles)* (Beihefte der Francia 14), Sigmaringen
Gérard (1960) *Gérard de Brogne et son œuvre réformatrice, RB* 70: 5–240
Misonne, D. (1983), 'Brogne', in *Lexikon des Mittelalters*, II: *Bettlerwesen bis Codex von Valencia*, Munich and Zurich, cols. 708–9
Misonne, D. (1988), 'L'Histoire des manuscrits de Saint-Denis', *Revue Bénédictine* 98: 21–30
Smet, J. M. M. (1960), 'Recherches critiques sur la Vita Gerardi Abbatis Broniensis', RB 70: 5–61

Gorze and other monasteries within the Empire

Parisse, M. (1989), 'Gorze', in *Lexikon des Mittelalters*, IV: *Erzkanzler bis Hiddensee*, Munich and Zurich, cols. 1565–7
Parisse, M. (ed.) (1971), *Le Nécrologe de Gorze* (Annales de l'Est Mém. 40), Nancy
Parisse M. and Oexle, O. G. (eds.) (1993), *L'Abbaye de Gorze au Xe siècle*, Nancy
Schmid, K. (ed.) (1978), *Die Klostergemeinschaft von Fulda im früheren Mittelalter* (Münstersche Mittelalter-Schriften 8,1–3), 3 vols.. in 5, Munich
Wisplinghoff, E. (1970), *Untersuchungen zur frühen Geschichte der Abtei S. Maximin bei Trier von den Anfängen bis etwa 1150* (Quellen und Abhandlungen zur mittelrheinischen Kirchengeschichte 12), Mainz

Saint-Benoît de Fleury-sur-Loire

Berland, J.-M. (1984), 'L'Influence de l'abbaye de Fleury-sur-Loire en Bretagne et dans les Îles Britanniques du xe au xiie siècle', *Actes du 107e Congrès national des Sociétés savantes II*, Paris, pp. 275–99
Bulst, N. and Mostert, M. (1989), 'Fleury–Saint-Benoît-sur-Loire', in *Lexikon des Mittelalters*, IV: *Erzkanzler bis Hiddensee*, Munich and Zurich, cols. 547–8
Vidier, A. (1965), *L'Historiographie à S.-Benoît-sur-Loire et les miracles de S. Benoît*, Paris
Wollasch, J. (1959), 'Königtum, Adel und Klöster im Berry während des 10. Jahrhunderts', in G. Tellenbach (ed.), *Neue Forschungen über Cluny und die Cluniacenser*, Freiburg im Breisgau, pp. 107–15
Wollasch, J. (1980), 'Bemerkungen zur Goldenen Altartafel von Basel', in C. Meier and U. Ruberg (eds.), *Text und Bild*, Wiesbaden, pp. 383–407
Wollasch, J. (1982), 'Benedictus abbas Romensis', in N. Kamp and J. Wollasch (eds.),

Tradition als historische Kraft: interdisziplinäre Forschungen zur Geschichte des früheren Mittelalters, Berlin and New York, pp. 119–37

The Regularis concordia

Brooks, N. (1984), *The Early History of the Church of Canterbury*, Leicester
John, E. (1982), 'The age of Edgar', in J. Campbell (ed.), *The Anglo-Saxons*, Oxford, pp. 160–91
Parsons, D. (ed.) (1975), *Tenth-Century Studies: Essays in Commemoration of the Millennium of the Council of Winchester and Regularis concordia*, London and Chichester
Symons, T. (1984), *Regularis concordia Anglicae nationis (CCM* VII/1), Siegburg
Vollrath, H. (1985), *Die Synoden Englands bis 1066* (Konziliengeschichte Reihe A) Paderborn

Saint-Bénigne de Dijon

Bulst, N. (1973), *Untersuchungen zu den Klosterreformen Wilhelms von Dijon* (Pariser Historische Studien 11), Bonn
Bulst, N. (1974), 'Rodulfus Glabers Vita domni Willelmi abbatis', *DA* 30: 450–87
Schamper, B. (1989), *S. Bénigne de Dijon: Untersuchungen zum Necrolog der Handschrift Bibl. mun. de Dijon, ms. 634* (Münstersche Mittelalter-Schriften 63), Munich
Schlink, W. (1978), *Saint-Bénigne in Dijon: Untersuchungen zur Abteikirche Wilhelms von Volpiano (962–1031)*, Berlin

第七章　知识生活

Airlie, S. (1992), 'The anxiety of sanctity: St Gerald of Aurillac and his maker', *JEccH* 43: 372–95
Arlt, W. and Björkvall, G. (eds.) (1993), *Recherches nouvelles sur les tropes liturgiques*, Stockholm
Autenrieth, J. (1985), 'Purchards Gesta Witigowonis im Codex Augiensis CCV', in *Festschrift für Florentine Müterich*, Munich, pp. 101–6
Barone, G. (1991), 'Une Hagiographie sans miracle. Observations en marge de quelques vies du Xe siècle', in *Les Fonctions des saints dans le monde occidental (IIIe–XIIIe siècle)* (Collection de l'Ecole française de Rome 149), Rome, pp. 435–46
Bertini, F. (1991), 'Il "Within piscator" di Letaldo di Micy', in *Lateinische Kultur*, pp. 39–48
Beumann, H. (1950), *Widukind von Korvei: Untersuchungen zur Geschichtsschreibung und Ideengeschichte des 10. Jahrhunderts*, Weimar
Bischoff, B. (1984), 'Italienische Handschriften des neunten bis elften Jahrhunderts in frümittelalterlichen Bibliotheken ausserhalb Italiens', in *Il libro e il testo*, ed. C. Questa and R. Raffaelli, Urbino, pp. 171–94
Bozzolo, C. and Ornato, E. (1983), *Pour une Histoire du livre manuscrit au moyen âge: trois essais de codicologie quantitative*, 2nd edn, Paris
Brown, V. (1988), 'Miscellanea beneventana IV. 1: a second new list of Beneventan manuscripts', *Mediaeval Studies* 50: 584–625
Brunhölzl, F. (1992), *Geschichte der lateinischen Literatur des Mittelalters, 2: Die Zwischenzeit von Ausgang des karolingischen Zeitalters bis zur Mitte des elften Jahrhunderts*, Munich

763 Cavallo, G. (1991), 'Libri scritti, libri letti, libri dimenticati', in *Il secolo di ferro*, pp. 759–94

Chiesa, P. (1991) 'Le traduzioni dal greco. L'evoluzione della scuola napoletana nel X secolo', in *Lateinische Kultur*, pp. 67–83

Chiesa, P. (1994), *Liutprando di Cremona e il codice di Frisinga Clm 6388* (Corpus Christianorum, Autographa Medii Aevi, 1), Turnhout

Chiesa, P. and Pinelli, L. (eds..) (1994), *Gli autografi medievali. Problemi paleografici e filologici* (Atti del Convegno di studio della Fondazione Ezio Franceschini), Spoleto

Constable, G. (1991), 'Cluny in the monastic world of the tenth century', in *Il secolo di ferro*, pp. 391–437

Cremascoli, G. (1991) 'Das hagiographische Werk des Letald von Micy', in *Lateinische Kultur*, pp. 87–93

Daniel, N. (1973), *Handschriften des zehnten Jahrhunderts aus der Freisinger Dombibliothek*, Munich

Davril, A. (1986), 'Johann Drumbl and the origin of the "quem quaeritis". A review article', *Comparative Drama* 20: 65–75

Díaz y Díaz, M. C. (1981), 'Vigilán y Sarracino. Sobre composiciones figurativas en la Rioja del siglo x', in W. Berschin and R. Düchting (eds.), *Lateinische Dichtungen des X. und XI. Jahrhunderts: Festgabe für Walther Bulst*, Heidelberg, pp. 60–92

Díaz y Díaz, M. C. (1991), 'Aspectos léxicos de algunas composiciones del siglo x hispano', in *Lateinische Kultur*, pp. 95–104

Dierkens, A. (1983), 'La Production hagiographique en Lobbes au xe siècle', *Revue Bénédictine* 93: 245–59

Dolbeau, F. (1987), 'Rathier de Vérone', in *Dictionnaire de spiritualité*, Paris, XIII, cols. 135–44

Dronke, P. (1984a), 'Waltharius and the Vita Walthari', *Beiträge zur Geschichte der deutschen Sprache und Literatur* 106: 390–402

Dronke, P. (1984b), 'Hrotsvitha', in Dronke, *Women Writers of the Middle Ages*, Cambridge, pp. 55–83, 293–7

Drumbl, J. (1981), *Quem quaeritis: teatro sacro dell'alto medioevo* (Biblioteca teatrale 39), Rome

Dunin-Wąsowicz, T. (1972), 'Kulty Świętych w Polsce w x w.', in *Polska w Świecie: szkice z dziejów kultury polskiej*, Warsaw, pp. 61–77

Ferrari, M. (1988), 'La biblioteca del monastero di S. Ambrogio', in *Il monastero di S. Ambrogio: episodi per una storia. Convegno di studi nel XII centenario 784–1984* (Bibliotheca erudita. Studi documenti di storia e Filologia 3), Milan, pp. 82–164

Ferrari, M. (1991), 'Manoscritti e testi fra Lombardia e Germania nel secolo x', in *Lateinische Kultur*, pp. 105–15

Garand, M.-C. (1983), 'Un Manuscrit d'auteur de Raoul Glaber? Observations codicologiques et paléographiques sur le ms. Paris, B.N., lat. 10912', *Scriptorium* 37: 5–28

Gasc, H. (1986), 'Gerbert et la pédagogie des arts libéraux à la fin du dixième siècle', *JMH* 12: 111–21

Gatch, M. (1977), *Preaching and Theology in Anglo-Saxon England: Aelfric and Wulfstan*, Toronto

Gerbert (1985), *Gerberto: scienza, storia e mito*, Bobbio

Gibson, M. (1991), 'Boethius in the tenth century', in *Lateinische Kultur*, pp. 117–24

Golinelli, P. (1991), 'Nota su Raterio agiografo', in *Lateinische Kultur*, pp. 125–31

Gompf, L. (1973), 'Die "Ecbasis cuiusdam captivi" und ihr Publikum', *Mittellateinisches Jahrbuch* 8: 30–42 764
Haug, A. (1987), *Gesungene und schriftlich dargestellte Sequenzen: Beobachtungen zum Schriftbild der ältesten ostfränkischen Sequenzenhandschriften*, Neuhausen and Stuttgart
Hoffmann, H. (1986), *Buchkunst und Königtum im ottonischen und frühsalischen Reich*, 2 vols.., Stuttgart
Hofmann, H. (1991), 'Profil der lateinischen Historiographie im zehnten Jahrhundert', in *Il secolo di ferro*, pp. 837–902
Holtz, L. (1991), 'Les nouvelles Tendances de la pédagogie grammaticale au xe siècle', in *Lateinische Kultur*, pp. 163–73
Huglo, M. (ed.) (1987), *Musicologie médiévale: notations et séquences*, Paris and Geneva
I, Deug-Su (1983), *L'opera agiografica di Alcuino*, Spoleto
I, Deug-Su (1990), 'La "Vita Rictrudis" di Ubaldo di Saint-Amand: un'agiografia intellettuale e i santi imperfetti', *SM* 31: 545–82
I, Deug-Su (1991), 'L'agiografia del secolo x attraverso le storie d'amore', in *Lateinische Kultur*, pp. 175–84
Il secolo di ferro (1991), *Il secolo di ferro: mito e realtà del secolo X* (*Settimane* 38), Spoleto
Iogna-Prat, D. (1988), *'Agni immaculati': recherches sur les sources hagiographiques relatives à Saint Maieul de Cluny (954–994)*, Paris
Iversen, G. (1987), 'Aspects of the transmission of the "quem quaeritis"', *Text. Transactions of the Society for Textual Scholarship* 3: 155–82
Jacobsen, P. C. (1978), *Flodoard von Reims: sein Leben und seine Dichtung 'De Triumphis Christi'* (Mittellateinische Studien und Texte 10), Leiden
Jacobsen, P. C. (1985), 'Die lateinische Literatur der ottonischen und frühsalischen Zeit', in K. von See (ed.), *Neues Handbuch der Literaturwissenschaft*, Wiesbaden, VI, pp. 437–75
Jacobsen, P. C. (1989), 'Rather von Verona und Lüttich', in K. Ruh, G. Keil, W. Schröder, B. Wachinger and F. J. Worstbrock (eds.), *Die deutsche Literatur des Mittelalters, Verfasserlexikon*, Berlin and New York, VII, cols. 1013–32
Jacobsson, R. M. (1991), 'Les Plus Anciens Tropes des saints. Caractère et fonction', in *Lateinische Kultur*, pp. 203–13
Jacobsson, R. (ed.) (1986), *Pax et sapientia: Studies in Text and Music of Liturgical Tropes and Sequences in Memory of Gordon Anderson* (Studia Latina Stockholmiensia 29), Stockholm
Jeudy, C. (1977), 'Israël le grammarien et la tradition manuscrite du commentaire de Rémi d'Auxerre à l'"Ars minor" de Donat', *SM* 18/2: 185–248
Keynes, S. (1985), 'King Athelstan's books', in M. Lapidge and H. Gneuss (eds.), *Learning and Literature in Anglo-Saxon England: Studies Presented to Peter Clemoes*, Cambridge, pp. 143–201
Kirsch, W. (1991), 'Hrotsvit von Gandersheim als Epikerin', in *Lateinische Kultur*, pp. 215–24
Knowles, D. (1963), *The Monastic Order in England*, 2nd edn, Cambridge
Konrad, R. (1964), *De ortu et tempore Antichristi: Antichristvorstellung und Geschichtsbild des Abtes Adso von Montier-en-Der*, Kallmünz
Kortüm, H.-H. (1985), *Richer von Saint-Remi: Studien zu einem Geschichtsschreiber des 10. Jahrhunderts* (Historische Forschungen 8), Stuttgart
Kratz, D. M. (1991), 'Leo of Naples' Alexander romance', in *Lateinische Kultur*, pp. 225–34

765 Kürbis B. (1991), 'Slavisch, Lateinisch und Griechisch. An der Schwelle der lateinischen Schriftkultur in Polen', in *Lateinische Kultur*, pp. 235–48

Langosch, K. (1973), *"Waltharius": die Dichtung und die Forschung*, Darmstadt

Lapidge, M. (1988), 'A Frankish scholar in tenth-century England: Frithegod of Canterbury/Fredegaud of Brioude', *ASE* 17: 45–65

Lapidge, M. (1991a), 'Schools, learning and literature in tenth-century England', in *Il secolo di ferro*, pp. 951–98

Lapidge, M. (1991b), 'Tenth-century Anglo-Latin verse hagiography', in *Lateinische Kultur*, pp. 249–60

Lapidge, M. (1992), 'Israel the Grammarian in Anglo-Saxon England', in H. Jan Westra (ed.), *From Athens to Chartres: Neoplatonism and Medieval Thought. Studies in Honour of Edouard Jeauneau*, Leiden and Cologne, pp. 97–114

Lateinische Kultur (1991), *Lateinische Kultur im X. Jahrhundert: Akten des I. Internationalen Mittellateinerkongresses* (Mittellateinisches Jahrbuch 24–5 (1989–90)), ed. W. Berschin, Stuttgart

Le Goff, J. (1957), *Les Intellectuels au moyen âge*, Paris; English trans. T. L. Fagan as *Intellectuals in the Middle Ages*, Oxford (1993)

Leonardi, C. (1960), 'I codici di Marziano Capella', *Aevum* 34: 1–99, 411–524

Leonardi, C. (1967), 'Anastasio Bibliotecario e l'ottavo concilio ecumenico', *SM*, serie terza 8: 59–192

Leonardi, C. (1981), 'S. Gregorio di Spoleto e l'innario umbro-romano dei codici Par. lat. 1092 e Vat. lat. 7172', in W. Berschin and R. Duchting (eds.), *Lateinische Dichtungen des X. und XI. Jahrhundert: Festgabe für Walther Bulst zum 80. Geburtstag*, Heidelberg, pp. 129–48

Leonardi, C. (1987), 'La cultura cassinese al tempo di Bertario', in F. Avagliano (ed.), *Montecassino: dalla prima alla seconda distruzione. Momenti e aspetti di storia cassinese (secc. VI-IX)*, Monte Cassino, pp. 317–29

Leonardi, C. and Menestò, E. (eds..) (1990), *La tradizione dei tropi liturgici*, Spoleto

Lindgren, U. (1991), 'Gerbert von Reims und die Lehre des Quadriviums', in A. von Euw and P. Schreiner (eds.), *Kaiserin Theophanu: Begegnung des Ostens und Westens um die Wende des ersten Jahrtausends*, 2 vols., Cologne, pp. 291–303

Lintzel, M. (1933), *Studien über Liudprand von Cremona*, Berlin

López Pereira, J. E. (1991), 'Continuidad y novedad léxica en las Crónicas Asturianas', in *Lateinische Kultur*, pp. 295–310

Lotter, F. (1983), 'Das Idealbild adliger Laienfrömmigkeit in den Anfängen Clunys: Odos Vita des Grafen Gerald von Aurillac', in W. Lourdaux and D. Verhelst (eds.), *Benedictine Culture 750–1050* (Mediaevalia Lovaniensia series 1, studia 11), Louvain, pp. 79–95

Lowe, E. A. (1980), *The Beneventan Script: A History of the South Italian Minuscule* (Sussidi eruditi 34), II, 2nd edn prepared and enlarged by V. Brown, Rome

McKitterick, R. (1993), 'Ottonian intellectual culture in the tenth century and the role of Theophanu', in *EME* 2: 53–74

Manitius, M. (1923), *Geschichte der lateinischen Literatur des Mittelalters*, II, Munich

Mayr-Harting, H. (1991a, 1991b), *Ottonian Book Illumination: An Historical Study*, 2 vols., London and New York

Mostert, M. (1987), *The Political Theology of Abbo of Fleury: A Study of the Ideas about Society and Law of the Tenth Century Monastic Reform Movement*, Hilversum

Munk Olsen, B. (1991a), *I classici nel canone scolastico altomedievale*, Spoleto
Munk Olsen, B. (1991b), 'Les Classiques au xe siècle', in *Lateinische Kultur*, pp. 341–7
Mütherich, F. (1986), 'The library of Otto III', in P. Ganz (ed.), *The Role of the Book in Medieval Culture* (Bibliologia 3 and 4), 2 vols., Turnhout, II, pp. 11–26
Norberg, D. (1954), *La Poésie latine rythmique du haut moyen âge* (Studia Latina Holmiensia 2), Stockholm
Norberg, D. (1977), *Notes critiques sur l'Hymnarius Severinianus*, Stockholm
Norberg, D. (1988), *Les Vers latins iambiques et trochaïques au moyen âge et leurs répliques rythmiques* (Filologiskt arkiv 35), Stockholm
Oexle, O. G. (1978), 'Die funktionale Dreiteilung der "Gesellschaft" bei Adalbero von Laon', *FmaSt* 12: 1–54
Oldoni, M. (1969), 'Interpretazione del "Chronicon Salernitanum"', *SM*, serie terza 10/2: 3–154
Oldoni, M. (1977), 'Gerberto e la sua storia', *SM*, serie terza 18/2: 629–704
Oldoni, M. (1980, 1983), '"A fantasia dicitur fantasma" (Gerberto e la sua storia II)', *SM*, serie terza 21/2: 493–622, 24/1: 167–245
Oldoni, M. (1991), '"Phrenesis" di una letteratura solitaria', in *Il secolo di ferro*, pp. 1034–40
Önnerfors, A. (1988), *Das Waltharius-Epos: Probleme und Hypothesen*, Stockholm
Pittaluga, S. (1991), 'Seneca tragicus nel x secolo. Eugenio Vulgario e la ricezione provocatoria', in *Lateinische Kultur*, pp. 383–91
Poncelet, A. (1908), 'La vie et les œuvres de Thierry de Fleury', *Analecta Bollandiana* 27: 5–27
Ramsay, N., Sparks, M. and Tatton-Brown, T. (eds.) (1992), *St Dunstan: His Life, Times and Cult*, Woodbridge
Riché, P. (1991), 'Les Conditions de la production littéraire: maîtres et écoles', in *Lateinische Kultur*, pp. 413–21
Sansterre, J.-M. (1989), 'Otton III et les saints ascètes de son temps', *Rivista di storia della Chiesa in Italia* 43: 377–412
Schaller, D. (1991), 'Von St. Gallen nach Mainz. Zur Verfasserproblem des Waltharius', in *Lateinische Kultur*, pp. 423–37
Scherbantin, A. (1951), *Satura Menippea. Die Geschichte eines Genos*, Graz
Schleidgen, W.-R. (1977), *Die Überlieferungsgeschichte der Chronik des Regino von Prüm* (Quellen und Abhandlungen zur mittelalterlichen Kirchengeschichte 31), Mainz
Schütze-Pflugk, M. (1972), *Herrscher- und Märtyrerauffassung bei Hrotsvit von Gandersheim*, Wiesbaden
Silagi, G. (ed.) (1985), *Liturgische Tropen: Referate zweier Colloquien des Corpus troporum in München (1983) und Canterbury (1984)*, Munich
Sot, M. (1993), *Un Historien et son église au Xe siècle: Flodoard de Reims*, Paris
Sporbeck, G. (1991), 'Froumund von Tegernsee (um 960–1006/12) als Literat und Lehrer', in G. Wolf (ed.), *Kaiserin Theophanu: Prinzessin aus der Fremde – des Westreichs grosse Kaiserin*, 2 vols., Weimar, I, pp. 369–78
Stafford, P. (1989), *Unification and Conquest: A Political and Social History of England in the Tenth and Eleventh Centuries*, London
Starnawski, J. (1991), 'Über die Anfänge der polnisch-lateinischen Hagiographie', in *Lateinische Kultur*, pp. 457–60

767 Staubach, N. (1991), 'Historia oder Satira? Zur literarischen Stellung der Antapodosis Liutprands von Cremona', in *Lateinische Kultur*, pp. 461–87

Stella, F. (ed.) (1995), *La poesia carolingia*, with preface by C. Leonardi, Florence

Sutherland, J. N. (1988), *Liudprand of Cremona, Bishop, Diplomat, Historian: Studies of the Man and his Age* (Biblioteca degli 'Studi Medievali' 14), Spoleto

Taviani-Carozzi, H. (1991) *La Principauté lombarde de Salerne (IXe–XIe siècles), pouvoir et société en Italie lombarde méridionale*, Rome

Toubert, P. (1973a, 1973b), *Les Structures du Latium médiéval: le Latium méridional et la Sabine du IXe à la fin du XIIe siècle*, 2 vols., Rome

Traube, L. (1911), *Vorlesungen und Abhandlungen*, II: *Einleitung in die lateinische Philologie des Mittelalters*, ed. P. Lehmann, Munich

van de Vyver, A. (1929), 'Les Etapes du développement philosophique du haut moyen-âge', *Revue Belge de Philologie et d'Histoire* 8: 425–52

Vinay, G. (1978a), 'La "Commedia" di Liutprando', in Vinay, *Alto Medioevo latino*, Naples, pp. 391–432

Vinay, G. (1978b), 'Rosvita: una canonichessa ancora da scoprire?', in Vinay, *Alto Medioevo latino*, Naples, pp. 483–554

Vinay, G. (1978c), 'Haec est Waltharii poesis. Vos salvet Iesus', in Vinay, *Alto Medioevo latino*, Naples, pp. 433–81

Vinay, G. (1989a, 1989b), 'La confessione sdoppiata di Raterio', and 'Una storiografia inattuale', in Vinay, *Peccato che non leggessero Lucrezio: riletture proposte da Claudio Leonardi*, Spoleto, pp. 123–35, 137–50

von den Steinen, W. (1946, 1947), 'Die Anfänge der Sequenzdichtung', *Zeitschrift für schweizerische Kirchengeschichte* 40: 190–212, 241–68; 41: 19–48, 122–62

von den Steinen, W. (1948), *Notker der Dichter und seine geistige Welt*, Berne

von den Steinen, W. (1952), 'Der Waltharius und sein Dichter', *Zeitschrift für deutsches Altertum und deutsche Literatur* 84: 1–47

von den Steinen, W. (1967), *Der Kosmos des Mittelalters*, 2nd edn, Berne and Munich

Wemple, S. F. (1979), *Atto of Vercelli: Church, State and Christian Society in Tenth Century Italy*, Rome

Werner, K. F. (1990), 'Hludovicus Augustus. Gouverner l'empire chrétien. Idées et réalités', in P. Godman and R. Collins (eds.), *Charlemagne's Heir: New Perspectives on the Reign of Louis the Pious (814–40)*, Oxford, pp. 3–123

Werner, K. F. (1991), 'Der Autor der Vita sanctae Chrothildis. Ein Beitrag zur Idee der "heiligen Königin" und des "Römischen Reiches" im X. Jahrhundert', in *Lateinische Kultur*, pp. 517–51

Westerbergh, U. (1957), *Beneventan Ninth Century Poetry* (Studia Latina Stockholmiensia 4), Stockholm

Yorke, B. (ed.) (1988), *Bishop Æthelwold: His Career and Influence*, Woodbridge

Zender, M. (1982), *Die Verehrung des heiligen Maximin von Trier*, Cologne

第八章 艺术家和赞助人

Auda, A. (1923), *Etienne de Liège*, Brussels

Belting, H. (1967), 'Probleme der Kunstgeschichte Italiens im Frühmittelalter', *FmaSt* 1: 94–143

Binding, G. (1996), *Der früh- und hochmittelalterliche Bauherr als sapiens architectus*, Darustadt 768
Bischoff, B. (1967a), 'Literarisches und künstlerisches Leben in St Emmeram (Regensburg) während des frühen und hohen Mittelalters', in Bischoff, *Mittelalterliche Studien*, Stuttgart, II, pp. 77–115
Bischoff, B. (1967b), *Mittelalterliche Schatzverzeichnisse*, Munich
Boutémy, A. (1950), 'Un Grand Enlumineur du xe siècle, l'abbé Odbert de Saint-Bertin', *Annales de la Fédération Archéologique et Historique de Belge*: 247–54
Brandt, M. (ed.) (1993), *Das Kostbare Evangeliar des Heiligen Bernward*, with contributions by M. Brandt, R. Kahsnitz and H.-J. Schuffels, Munich
Brandt, M. and Eggebrecht, A. (eds.) (1993a, 1993b), *Bernward von Hildesheim und das Zeitalter der Ottonen*, 2 vols., Hildesheim
Buckton, D. (1988), 'Byzantine enamel and the West', in J. D. Howard-Johnston (ed.), *Byzantium and the West c. 850–c. 1200: Proceedings of the XVIII Spring Symposium of Byzantine Studies, Oxford 1984*, Amsterdam, pp. 235–44
Cameron, A. (1987), 'The construction of court ritual: the Byzantine *Book of Ceremonies*', in D. Cannadine and S. Price (eds.), *Rituals of Royalty*, Cambridge, pp. 106–36
Cames, G. (1966), *Byzance et la peinture romane de Germanie*, Paris
Conant, K. J. (1959), *Carolingian and Romanesque Architecture, 800–1200*, Harmondsworth
Demus, O. (1970), *Romanesque Mural Painting*, London
Deshman, R. (1971), 'Otto III and the Warmund Sacramentary: a study in political theology', *Zeitschrift für Kunstgeschichte* 34: 1–20
Deshman, R. (1976), '*Christus rex et magi reges*: kingship and christology in Ottonian and Anglo-Saxon art', *FmaSt* 10: 367–405
Deshman, R. (1995), *The Benedictional of St Ethelwold*, Princeton
Dodwell, C. R. (1971), *Painting in Europe. 800–1200*, Harmondsworth (extensively revised and expanded edition, 1993)
Dodwell, C. R. (1982), *Anglo-Saxon Art: A New Perspective*, Manchester
Dodwell, C. R. and Turner, D. H. (1965), *Reichenau Reconsidered*, London
Dressler, F., Mütherich, F. and Beumann, H. (eds..) (1977, 1978), *Das Evangeliar Ottos III, Clm 4453, der Bayerischen Staatsbibliothek München*, 2 vols., Faksimile- und Textband, Frankfurt
Fillitz, H., Kahsnitz, R. and Kuder, U. (1994), *Zierde für ewige Zeit: das Perikopenbuch Heinrichs II*, Frankfurt am Main
Grabar, A. and Nordenfalk, C. (1957), *Early Medieval Painting*, Lausanne and New York
Hoffmann, H. (1986), *Buchkunst und Königtum im ottonischen und frühsalischen Reich* (Schriften der MGH 30,1/2) 2 vols., Stuttgart
Jantzen, H. (1947), *Ottonische Kunst*, Munich
Keller, H. (1985), 'Herrscherbild und Herrschaftslegitimation: zur Deutung der ottonischen Denkmäler', *FmaSt* 19: 290–311 and plates XXIII–XXIX
Lacarra, J. M. (1950), *Un arancel de aduanas del siglo XI*, Zaragoza
Lasko, P. (1972), *Ars Sacra, 800–1200*, Harmondsworth
Lehmann-Brockhaus, O. (1955), *Die Kunst des X. Jahrhunderts im Lichte der Schriftquellen*, Strasbourg
Magnani, L. (1934), *Le miniature del sacramentario del Ivrea, e di altoi codici Warmondiani*, Vatican
Mayr-Harting, H. (1991a, 1991b), *Ottonian Book Illumination: An Historical Study*, 2 vols., London

769 Mütherich, F. (1973), 'L'Art Ottonien', in L. Grodecki, F. Mütherich, J. Taralon and F. Wormald (eds..), *Le Siècle de l'an Mil*, Paris
Nordenfalk, C. (1972), 'The chronology of the Registrum Master', in A. Rosenauer and G. Weber (eds..), *Kunsthistorische Forschungen für Otto Pächt*, Munich, pp. 62–76
Pevsner, N. (1956), *The Englishness of English Art*, London
Puig i Cadafalch, J. (1935), *La Géographie et les origines du premier art roman*, Paris
Uhlirz, M. (1964), 'Aus dem Kunstleben der Zeit Ottos III', in P. Classen and P. Scheibert (eds..), *Festschrift P. E. Schramm zu seinem siebzigsten Geburtstag*, Wiesbaden, I, pp. 52–6
Wessel, K. (1966), *Die Kreuzigung*, Recklinghausen
Westermann-Angerhausen, H. (1973), *Die Goldschmiedarbeiten der Trierer Egbertwerkstatt*, Trier
Westermann-Angerhausen, H. (1983), 'Blattmasken, Maskenkapitelle, Säulenhäupter', *Boreas* 6: 202–11
Westermann-Angerhausen, H. (1987), 'Spolie und Umfeld in Egberts Trier', *Zeitschrift für Kunstgeschichte* 50: 305–36
Westermann-Angerhausen, H. (1990), 'Das Nagelreliquiar im Trierer Egbertschrein', in H. Krohm and C. Theuerkauf (eds.), *Festschrift für Peter Bloch*, Mainz, pp. 9–23
Williams, J. (1977), *Early Spanish Manuscript Illumination*, London

第九章 奥托家族的国王和皇帝

Althoff, G. (1989), 'Königsherrschaft und Konfliktbewältigung im 10. und 11. Jahrhundert', *FmaSt* 23: 265–90
Althoff, G. (1992), *Amicitiae und Pacta: Bündnis, Einung, Politik und Gebetsgedenken im beginnenden 10. Jahrhundert* (Schriften der MGH 32), Munich
Althoff, G. and Keller, H. (1985a, 1985b), *Heinrich I. und Otto der Grosse: Neubeginn auf karolingischen Grundlagen*, 2 vols., Göttingen
Bartmuß, H.-J. (1966), *Die Geburt des ersten deutschen Staates*, Berlin (E)
Bernhardt, J. W. (1993), *Itinerant Kingship and Royal Monasteries in Early Medieval Germany, c. 936–1075*, Cambridge
Beumann, H. (1981), *Der deutsche König als 'Romanorum rex'*, Wiesbaden
Beumann, H. (1987), *Ausgewählte Aufsätze aus den Jahren 1966–1986*, Sigmaringen
Beumann, H. (1991), *Die Ottonen*, 2nd edn, Stuttgart
Brühl, C. (1990), *Deutschland – Frankreich: die Geburt zweier Völker*, Cologne
Corbet, P. (1986), *Les Saints ottoniens*, Sigmaringen
Dümmler, E. (1888), *Geschichte des ostfränkischen Reiches*, III: *Die letzten Karolinger, Konrad I.*, 2nd edn, Leipzig, repr. Darmstadt 1963
Eggert, W. (1970), '919 – Geburts- oder Krisenjahr des mittelalterlichen deutschen Reiches', *Zeitschrift für Geschichtswissenschaft* 17: 46–65
Eggert, W. (1973), *Das ostfränkisch-deutsche Reich in der Auffassung seiner Zeitgenossen*, Berlin (E)
Eggert, W. (1992), 'Ostfränkisch – fränkisch – sächsisch – römisch – deutsch. Zur Benennung des rechtsrheinisch-nordalpinen Reiches bis zum Investiturstreit', *FmaSt* 26: 302–17
Eggert, W. and Pätzold, B. (1984), *Wir-Gefühl und Regnum Saxonum bei frühmittelalterlichen Geschichtsschreibern*, Weimar

Ehlers, J. (1994), *Die Entstehung des deutschen Reiches*, Munich
Eibl, E.-M. (1984), 'Zur Stellung Bayerns und Rheinfrankens im Reiche Arnulfs von Kärnten', *Jahrbuch für die Geschichte des Feudalismus* 8: 73–113
Engels, O. (1989), 'Der Reichsbischof in ottonischer und frühsalischer Zeit', in I. Crusius (ed.), *Beiträge zur Geschichte und Kultur der mittelalterlichen Germania Sacra*, Göttingen, pp. 135–75
Erkens, F.-R. (1982), 'Fürstliche Opposition in ottonisch-salischer Zeit', *AKG* 64: 307–70
Finck von Finckenstein, A. Graf (1989), *Bischof und Reich: Unteruchungen zum Integrationsprozeß des ottonisch-frühsalischen Reiches*, Sigmaringen
Fleckenstein, J. (1966), *Die Hofkapelle der deutschen Könige*, II: *Die Hofkapelle im Rahmen der ottonisch-salischen Reichskirche*, Stuttgart
Fleckenstein, J. (1980), *Grundlagen und Beginn der deutschen Geschichte*, 2nd edn, Göttingen
Fleckenstein, J. (1985), 'Problematik und Gestalt der ottonisch-salischen Reichskirche', in Schmid (1985b), pp. 83–98
Fleckenstein, J. (1987), *Über die Anfänge der deutschen Geschichte*, Opladen
Fried, J. (1989), *Otto III. und Boleslaw Chrobry*, Stuttgart
Fried J. (1994), *Der Weg in die Geschichte: die Ursprünge Deutschlands bis 1024*, Berlin
Fritze, W. H. (1984), 'Der slawische Aufstand von 983 – eine Schicksalswende in der Geschichte Mitteleuropas', in E. Henning and W. Vogel (eds.), *Festschrift der Landesgeschichtlichen Vereinigung zu ihrem hundertjährigen Bestehen*, Berlin, pp. 9–55
Fuhrmann, H. (1987), 'Die Synode von Hohenaltheim (916) – quellenkritisch betrachtet', *DA* 43: 440–68
Gebhardt, B., ed. (1970), *Handbuch der deutschen Geschichte*, 1, 9th edn by H. Grundmann, Stuttgart
Giesebrecht, W. von (1881, 1885), *Geschichte der deutschen Kaiserzeit*, I: *Gründung des Kaiserthums*; II: *Blüthe des Kaiserthums*, 5th edn, Leipzig
Glocker, W. (1989), *Die Verwandten der Ottonen und ihre Bedeutung in der Politik*, Cologne and Vienna
Hermann, J., Bartmuß, H.-J., Müller-Mertens, E. *et al.* (1982), *Deutsche Geschichte von den Anfängen bis zur Ausbildung des Feudalismus Mitte des 11. Jahrhunderts* (Deutsche Geschichte in zwölf Bänden 1), Berlin (E)
Hirsch, S., Pabst, H., and Bresslau, H. (1862–75), *Jahrbücher des Deutschen Reiches unter Heinrich II.*, 3 vols., Leipzig, repr. Berlin 1975
Hlawitschka, E. (1968), *Lotharingien und das Reich an der Schwelle der deutschen Geschichte*, Stuttgart
Hlawitschka, E. (1986), *Vom Frankenreich zur Formierung der europäischen Staaten- und Völkergemeinschaft 840–1046*, Darmstadt
Hoffmann, H. (1990), 'Grafschaften in Bischofshand', *DA* 46: 375–480
Holtzmann, R. (1943), *Geschichte der sächsischen Kaierzeit*, 2nd edn, Munich, repr. Darmstadt 1967
Karpf, E. (1985), *Herrscherlegitimation und Reichsbegriff in der ottonischen Geschichtsschreibung des 10. Jahrhunderts*, Wiesbaden
Keller, H. (1982), 'Reichsstruktur und Herrschaftsauffassung in ottonisch-frühsalischer Zeit', *FmaSt* 16: 74–128
Keller, H. (1985a), 'Grundlagen ottonischer Königsherrschaft', in Schmid (1985b), pp. 17–34

771   Keller, H. (1985b), 'Herrscherbild und Herrschaftslegitimation. Zur Deutung der ottonischen Denkmäler', *FmaSt* 19: 290–311

Keller, H. (1989a), 'Gruppenbildung, Herrschaftsorganisation und Schriftkultur unter den Ottonen', preface by H. Keller, *FmaSt* 23: 245–317

Keller, H. (1989b), 'Zum Charakter der "Staatlichkeit" zwischen karolingischer Reichsreform und hochmittelalterlichem Herrschaftsaufbau', *FmaSt* 23: 248–64

Köpke, R. and Dümmler, E. (1876), *Kaiser Otto der Große*, Leipzig, repr. Darmstadt 1962

Lamprecht, K. (1904), *Deutsche Geschichte*, II, 3rd edn, Freiburg

Leyser, K. (1968), 'Henry I and the beginnings of the Saxon empire', *EHR* 83: 1–32

Leyser, K. (1979), *Rule and Conflict in an Early Medieval Society: Ottonian Saxony*, London

Ludat, H. (1991), *An Elbe und Oder um das Jahr 1000: Skizzen zur Politik des Ottonenreiches und der slawischen Mächte in Mitteleuropa*, Cologne

Müller-Mertens, E. (1968), 'Die Deutschen. Zur Rolle der politischen Formung bei ihrer Volkwerdung' in *Germanen – Slawen – Deutsche: Forschungen zur ihrer Ethnogenese*, Berlin (E)

Müller-Mertens, E. (1970), *Regnum Teutonicum*, Berlin (E)

Müller-Mertens, E. (1980), *Die Reichsstruktur im Spiegel der Herrschaftspraxis Ottos des Grossen: Mit historiographischen Prolegomena zur Frage Feudalstaat auf deutschem Boden, seit wann deutscher Feudalstaat?*, Berlin (E)

Müller-Mertens, E. (1990), 'Romanum imperium und regnum Teutonicorum. Der hochmittelalterliche Reichsverband im Verhältnis zum Karolingerreich', *Jahrbuch für die Geschichte des Feudalismus* 14: 47–54

Müller-Mertens, E. and Huschner, W. (1992), *Reichsintegration im Spiegel der Herrschafspraxis Kaiser Konrads II.*, Weimar

Pauler, R. (1982), *Das Regnum Italiae in ottonischer Zeit*, Tübingen

Prinz, F. (1985), *Grundlagen und Anfänge: Deutschland bis 1056*, Munich

Reuter, T. (1991), *Germany in the Early Middle Ages, c. 800–1056*, London and New York

Schieffer, R. (1989), 'Der ottonische Reichsepiskopat zwischen Königtum und Adel', *FmaSt* 23: 291–301

Schlesinger, W. (1974), 'Die Königserhebung Heinrichs I., der Beginn der deutschen Geschichte und die deutsche Geschichtswissenschaft', in Magistrat der Stadt Fritzlar (ed.), *Fritzlar im Mittelalter*, Fritzlar, pp. 121–43

Schlesinger, W. (1987), *Ausgewählte Aufsätze von Walter Schlesinger 1965–1979*, ed. H. Patze and F. Schwind, Sigmaringen

Schmid, K. (1964), 'Die Thronfolge der Ottonen', *ZRG GA* 81: 80–163

Schmid, K. (1985a), 'Das Problem der Unteilbarkeit des Reiches', in Schmid (1985b), pp. 1–16

Schmid, K. (ed.) (1985b), *Reich und Kirche vor dem Investiturstreit*, Sigmaringen

Stern, L. and Bartmuss, H.-J. (1973), *Deutschland in der Feudalepoche von der Wende des 5./6. Jahrhunderts bis zur Mitte des 11. Jahrhunderts*, 3rd edn, Berlin (E)

Uhlirz, K. and M. (1902, 1954), *Jahrbücher des Deutschen Reiches unter Otto II. und Otto III.*, Leipzig and Berlin (W)

von Euw, A. and Schreiner, P. (eds.) (1991), *Kaiserin Theophanu: Begegnung des Ostens und Westens um die Wende des ersten Jahrtausends*, 2 vols., Cologne

Waitz, G. (1885), *Jahrbücher des Deutschen Reiches unter König Heinrich I. 919–936*, 3rd edn, Leipzig, repr. Darmstadt 1963

Weinfurter, S. (1986), 'Die Zentralisierung der Herrschaftsgewalt im Reich durch   772
Heinrich II.', *HJb* 106: 241–97
Zimmermann, H. (1970), *Das dunkle Jahrhundert*, Graz

第十章　10世纪的萨克森和易北河斯拉夫人

Althoff, G. (1982a), 'Das Bett des Königs in Magdeburg. Zu Thietmar II, 28', in H. Maurer and H. Patze (eds.), *Festschrift für B. Schwineköper zu seinem siebzigsten Geburtstag*, Sigmaringen, pp. 141–53

Althoff, G. (1982b), 'Zur Frage nach der Organisation sächsischer *coniurationes* in der Ottonenzeit', *FmaSt* 16: 129–42

Althoff, G. (1984), *Adels- und Königsfamilien im Spiegel ihrer Memorialüberlieferung: Studien zum Totengedenken der Billunger und Ottonen*, Munich

Althoff, G. (1988), 'Causa scribendi und Darstellungsabsicht: Die Lebensbeschreibungen der Königin Mathilde und andere Beispiele', in M. Borgolte and H. Spilling (eds.), *Litterae medii aevi: Festschrift für J. Autenrieth*, Sigmaringen, pp. 117–33

Althoff, G. (1990), *Verwandte, Freunde und Getreue: zum politischen Stellenwert der Gruppenbindungen im früheren Mittelalter*, Darmstadt

Althoff, G. (1991a), 'Die Billunger in der Salierzeit', in S. Weinfurter (ed.), *Die Salier und das Reich*, I: *Salier, Adel und Reichsverfassung*, Sigmaringen, pp. 309–30

Althoff, G. (1991b), 'Gandersheim und Quedlinburg. Ottonische Frauenklöster als Herrschafts- und Überlieferungszentren', *FmaSt* 25: 123–44

Althoff, G., and Keller, H. (1985), *Heinrich I. und Otto der Große: Neubeginn auf karolingischem Erbe*, 2 vols., Göttingen and Zurich

Aubin, H. (1939), *Zur Erforschung der deutschen Ostbewegung*, Leipzig

Aubin, H. (1959), *Die Ostgrenze des alten deutschen Reiches: Entstehung und staatsrechtlicher Charakter*, Darmstadt

Becher, M. (1996), *Rex, Dux und Gens: Untersuchungen zur Entstehung des sächsischen Herzogtums im 9. und 10. Jahrhundert*, Husum

Berges, W. (1963), 'Zur Geschichte des Werla-Goslarer Reichsbezirks vom neunten bis zum elften Jahrhundert', *Deutsche Königspfalzen: Beiträge zu ihrer historischen und archäologischen Erforschung* 1: 113–57

Beumann, H. (1948/1971), 'Die sakrale Legitimierung des Herrschers im Denken der ottonischen Zeit', *ZRG GA* 66: 1–45; also with supplement in E. Hlawitschka (ed.), *Königswahl und Thronfolge in ottonisch-frühdeutscher Zeit*, Darmstadt, 1971, pp. 148–98

Beumann, H. (1950), *Widukind von Korvei: Untersuchungen zur Geschichtsschreibung und Ideengeschichte des 10. Jahrhunderts*, Weimar

Beumann, H. (1969/1972), 'Historiographische Konzeption und politische Ziele Widukinds von Corvey', *Settimane* 17, Spoleto, pp. 875–94; reprinted in H. Beumann, *Wissenschaft vom Mittelalter: Ausgewählte Aufsätze*, Cologne, 1972, pp. 71–108

Beumann, H. (1974/1987), 'Laurentius und Mauritius. Zu den missionspolitischen Folgen des Ungarnsieges Ottos des Grossen', in H. Beumann (ed.), *Festschrift für W. Schlesinger*, Cologne, pp. 238–75; also in H. Beumann, *Ausgewählte Aufsätze aus den Jahren 1966–1986: Festgabe zu seinem 75. Geburtstag*, ed. J. Petersohn and R. Schmidt, Sigmaringen, 1987, pp. 139–76

Beumann, H. (1982/1987), 'Die Hagiographie "bewältigt" Unterwerfung und

773 Christianisierung der Sachsen durch Karl den Grossen', *Settimane* 28, Spoleto, pp. 129–63; reprinted in H. Beumann, *Ausgewählte Aufsätze aus den Jahren 1966–1986: Festgabe zu seinem 75. Geburtstag*, ed. J. Petersohn and R. Schmidt, Sigmaringen, 1987, pp. 289–323
Beumann, H., and W. Schlesinger (1955/1961), 'Urkundenstudien zur deutschen Ostpolitik unter Otto III.', *AfD* 1: 132–56; reprinted with additional material in W. Schlesinger, *Mitteldeutsche Beiträge zur deutschen Verfassungsgeschichte des Mittelalters*, Cologne, 1961, pp. 306–412, 479–87
Bohm, E. (1986), 'Elb- und Ostseeslaven', *Lexikon des Mittelalters*, III: *Codex Wintoniensis bis Erziehungs- und Bildungswesen*, Munich and Zurich, cols. 1779–88
Bornscheuer, L. (1968), *Miseriae regum: Untersuchungen zum Krisen- und Todesgedanken in den herrschaftstheologischen Vorstellungen der ottonisch-salischen Zeit*, Berlin
Brackmann, A. (1926/1967), 'Die Ostpolitik Ottos des Großen', *HZ* 134: 242–56; repr. in A. Brackmann, *Gesammelte Aufsätze*, 2nd edn, Darmstadt, 1967, pp. 140–53, together with further articles under the heading 'Reichspolitik und Ostpolitik'
Brüske, W. (1983), *Untersuchungen zur Geschichte des Lutizenbundes: deutsch-wendische Beziehungen des 10.-12. Jahrhunderts*, 2nd edn, Cologne and Vienna
Burleigh, M. (1988), *Germany Turns Eastwards: A Study of* Ostforschung *in the Third Reich*, Cambridge
Büttner, H. (1956), 'Die Burgenbauordnung Heinrichs I.', *Blätter für deutsche Landesgeschichte* 92: 1–17
Claude, D. (1972a, 1972b), *Geschichte des Erzbistums Magdeburg bis in das 12. Jahrhundert*, 2 vols., Cologne
Corbet, P. (1986), *Les Saints ottoniens: sainteté dynastique, sainteté royale et sainteté féminine autour de l'an mil* (Beihefte der Francia 15), Sigmaringen
Engels, O. (1983), 'Mission und Friede an der Reichsgrenze im Hochmittelalter', in H. Mordek (ed.), *Aus Kirche und Reich: Studien zu Theologie, Politik und Recht im Mittelalter. Festschrift für F. Kempf*, Sigmaringen, pp. 201–24
Engels, O. (1991), 'Das Reich der Salier – Entwicklungslinien', in S. Weinfurter (ed.), *Die Salier und das Reich*, III: *Gesellschaftlicher und ideengeschichtlicher Wandel im Reich der Salier*, Sigmaringen, pp. 479–541
Erdmann, C. (1943), 'Die Burgenordnung Heinrichs I.', *DA* 6: 59–101; also in C. Erdmann, *Ottonische Studien*, Darmstadt, 1968, pp. 131–73
Fischer, F. M. (1938), *Politiker um Otto den Grossen*, Berlin
Fried, J. (1989), *Otto III. und Boleslaw Chrobry: Das Widmungsbild des Aachener Evangeliars, der 'Akt von Gnesen' und das frühe polnische und ungarische Königtum*, Stuttgart
Fritze, W. H. (1984), 'Der slawische Aufstand von 983 – eine Schicksalswende in der Geschichte Mitteleuropas', in E. Henning and W. Vogel (eds.), *Festschrift der Landesgeschichtlichen Vereinigung für die Mark Brandenburg zu ihrem 100-jährigen Bestehen, 1884–1984*, Berlin, pp. 9–55
Giese, W. (1979), *Der Stamm der Sachsen und das Reich in ottonischer und salischer Zeit: Studien zum Einfluß des Sachsenstammes auf die politische Geschichte des deutschen Reiches im 10. und 11. Jahrhundert und zu ihrer Stellung im Reichsgefüge mit einem Ausblick auf das 12. und 13. Jahrhundert*, Wiesbaden
Görich, K. (1991), 'Ein Erzbistum in Prag oder Gnesen?', *Zeitschrift für Ostforschung* 40: 10–27

Hampe, K. (1921), *Der Zug nach dem Osten: die kolonisatorische Großtat des deutschen Volkes im Mittelalter*, Leipzig   774

Hauck, K. (1954/1965), 'Haus- und sippengebundene Literatur mittelalterlicher Adelsgeschlechter, von den Adelssatiren des 11. und 12. Jahrhunderts her erläutert', *MIÖG* 62: 121–45; revised version in W. Lammers (ed.), *Geschichtsdenken und Geschichtsbild im Mittelalter*, Darmstadt, 1965, pp. 165–99; English trans. in T. Reuter (ed.), *The Medieval Nobility*, Amsterdam, 1979, pp. 61–85

Hermann, J. (ed.) (1985), *Die Slawen in Deutschland: Geschichte und Kultur der slawischen Stämme westlich von der Oder und Neisse vom 6. bis 12. Jahrhundert*, Berlin

Hlawitschka, E. (1987), *Untersuchungen zu den Thronwechseln der ersten Hälfte des 11. Jahrhunderts und zur Adelsgeschichte Süddeutschlands: Zugleich klärende Forschungen um 'Kuno von Öhningen'*, Sigmaringen

Hoffmann, H. (1986a, 1986b), *Buchkunst und Königtum im ottonischen und frühsalischen Reich* (Schriften der MGH 30), 2 vols., Stuttgart

Holtzmann, R. (1925), 'Die Quedlinburger Annalen', *Sachsen und Anhalt* 1: 64–125

Jordan, K. (1958), 'Herzogtum und Stamm in Sachsen während des hohen Mittelalters', *Niedersächsisches Jahrbuch für Landesgeschichte* 30: 1–27

Jordan, K. (1970), 'Sachsen und das deutsche Königtum im hohen Mittelalter', *HZ* 210: 529–59

Karpf, E. (1985), *Herrscherlegitimation und Reichsbegriff in der ottonischen Geschichtsschreibung des 10. Jahrhundert*, Stuttgart

Keller, H. (1964), 'Das Kaisertum Ottos des Großen im Verständnis seiner Zeit', *DA* 20: 325–88

Keller, H. (1985a), 'Grundlagen ottonischer Königsherrschaft', in K. Schmid (ed.), *Reich und Kirche vor dem Investiturstreit: Vorträge beim wissenschaftlichen Kolloquium aus Anlaß des 80. Geburtstags von Gerd Tellenbach*, Sigmaringen, pp. 17–34

Keller, H. (1985b), 'Herrscherbild und Herrschaftslegitimation. Zur Deutung der ottonischen Denkmäler', *FmaSt* 19: 290–311

Keller, H. (1989), 'Zum Charakter der "Staatlichkeit" zwischen karolingischer Reichsreform und hochmittelalterlichem Herrschaftsaus bau', *FmaSt* 23: 248–64

Leyser, K. J. (1968a/1982), 'Henry I and the beginnings of the Saxon empire', *EHR* 83: 1–32; also in K. J. Leyser, *Medieval Germany and its Neighbours 900–1250*, London, 1982, pp. 11–42

Leyser, K. J. (1968b/1982), 'The German aristocracy from the ninth to the early twelfth century: a historical and cultural sketch', *Past and Present* 41: 25–53; also in K. J. Leyser, *Medieval Germany and its Neighbours 900–1250*, London, 1982, pp. 161–89

Leyser, K. J. (1979), *Rule and Conflict in an Early Medieval Society: Ottonian Saxony*, Oxford

Lintzel, M. (1933/1961), 'Die Schlacht bei Riade und die Anfänge des deutschen Staates', *Sachsen und Anhalt* 9: 27–51; also in M. Lintzel, *Ausgewählte Schriften*, II: *Zur Karolinger- und Ottonenzeit, zum hohen und späten Mittelalter, zur Literaturgeschichte*, Berlin, 1961, pp. 92–121

Lintzel, M. (1956), 'Die Mathilden-Viten und das Wahrheitsproblem in der Überlieferung der Ottonenzeit', *AKG* 38: 152–66

Lippelt, H. (1973), *Thietmar von Merseburg: Geschichtsschreiber und Chronist*, Cologne

Lübke, C. (1984–8), *Regesten zur Geschichte der Slaven an Elbe und Oder*, 5 vols., Berlin

Ludat, H. (1938/1969), 'Mieszkos Tributpflicht bis zur Warthe', *Deutsches Archiv für*

775 *Landes- und Volksforschung* 2: 380–5; also in H. Ludat, *Deutsch-slawische Frühzeit und modernes polnisches Geschichtsbewusstsein. Ausgewählte Aufsätze*, Cologne, 1969, pp. 185–92

Ludat, H. (1968/1982), 'Elbslaven und Elbmarken als Problem der europäischen Geschichte', in W. Schlesinger (ed.), *Festschrift für Friedrich von Zahn*, Cologne, 1, pp. 39–49; also in H. Ludat, *Slaven und Deutsche im Mittelalter: Ausgewählte Aufsätze zu Fragen ihrer politischen, sozialen und kulturellen Beziehungen*, Cologne, 1982, pp. 1–13

Ludat, H. (1971), *An Elbe und Oder um das Jahr 1000: Skizzen zur Politik des Ottonenreiches und der slavischen Mächte in Mitteleuropa*, Cologne and Vienna

Lukas, G. (1940), *Die deutsche Politik gegen die Elbslaven vom Jahre 982 bis zum Ende der Polenkriege Heinrichs II.*, Halle

Lüpke, S. (1937), *Die Markgrafen der sächsischen Ostmark in der Zeit von Gero bis zum Beginn des Investiturstreits*, Halle

Rieckenberg, H.-J. (1941/1965), 'Königsstraße und Königsgut in liudolfingischer und frühsalischer Zeit (919–1056)', *Archiv für Urkundenforschung* 17: 32–154, printed separately, Darmstadt, 1965

Schlesinger, W. (1937/1961), 'Burgen und Burgbezirke. Beobachtungen im mitteldeutschen Osten', in W. Emmerich (ed.), *Von Land und Kultur: Beiträge zur Geschichte des mitteldeutschen Ostens zum 70. Geburtstag R. Kötzsches*, Leipzig, pp. 77–105; repr. with additional material in W. Schlesinger, *Mitteldeutsche Beiträge zur deutschen Verfassungsgeschichte des Mittelalters*, Cologne, 1961, pp. 158–87, 473–7

Schlesinger, W. (1962a, 1962b), *Kirchengeschichte Sachsens*, 2 vols., Cologne

Schlesinger, W. (1974), 'Die sogenannte Nachwahl Heinrichs II. in Merseburg', in F. Prinz, F.-J. Schmale and F. Scheibt (eds.), *Geschichte und Gesellschaft: Festschrift für K. Bosl*, Stuttgart, pp. 350–69

Schneider, R. (1972), 'Die Königserhebung Heinrichs II. im Jahre 1002', *DA* 28: 74–104

Schulze, H. K. (1983), 'Burgward, Burgwardverfassung', *Lexikon des Mittelalters*, II: *Bettlerwesen bis Codex von Valencia*, Munich and Zurich, cols. 1101–3

von Stetten, W. (1954), 'Der Niederschlag liudolfingischer Hausüberlieferung in den ersten Werken der ottonischen Geschichtsschreibung', typescript dissertation, University of Erlangen

Wattenbach, W., and Holtzmann, R. (1967), *Deutschlands Geschichtsquellen im Mittelalter: die Zeit der Sachsen und Salier*, I: *Das Zeitalter des ottonischen Staates (900–1050)*, new edn by F.-J. Schmale, Darmstadt

Weinfurter, S. (1986), 'Die Zentralisierung der Herrschaftsgewalt im Reich unter Kaiser Heinrich II.', *HJb* 106: 241–97

Wilson, K. M. (ed.) (1987), *Hrotsvit of Gandersheim: rara avis in Saxonia?*, Ann Arbor, Michigan

Wippermann, W. (1981), *Der 'deutsche Drang nach Osten': Ideologie und Wirklichkeit eines politischen Schlagwortes*, Darmstadt

第十一章　10世纪和11世纪早期的巴伐利亚

Althoff, G. (1990), *Verwandte, Freunde und Getreue: zum politischen Stellenwert der Gruppenbindungen im früheren Mittelalter*, Darmstadt

Althoff, G. and Keller, H. (1985), *Heinrich I. und Otto der Große: Neubeginn auf karolingischem Erbe*, Göttingen

Bresslau, H. (1958), *Handbuch der Urkundenlehre für Deutschland und Italien*, 3rd edn, 1, 776
Berlin
Brühl, C. (1990), *Deutschland – Frankreich: die Geburt zweier Völker*, Cologne and Vienna
Brunhölzl, F. (1981), 'Die lateinische Literatur', in Spindler (1981), pp. 582–607
Brunner, K. (1973), 'Die fränkischen Fürstentitel im neunten und zehnten Jahrhundert', in H. Wolfram (ed.), *Intitulatio II* (MIÖG EB 24), Vienna, pp. 179–340
Brunner, K. (1979), *Oppositionelle Gruppen im Karolingerreich* (Veröffentlichungen des Instituts für österreichische Geschichtsforschung 25), Vienna
Brunner, K. (1991), 'Der österreichische Donauraum zur Zeit der Magyarenherrschaft', in *Österreich im Hochmittelalter (907 bis 1246)* (Veröffentlichungen der Kommission für die Geschichte Österreichs 17), Vienna, pp. 49–61
Dienst, H. (1978), 'Die Dynastie der Babenberger und ihre Anfänge in Österreich', in *Das babenbergische Österreich* (Schriften des Instituts für Österreichkunde 33), Vienna, pp. 63–102
Dienst, H. (1991), 'Werden und Entwicklung der babenbergischen Mark', in *Österreich im Hochmittelalter (907 bis 1246)* (Veröffentlichungen der Kommission für die Geschichte Österreichs 17), Vienna, pp. 63–102
Dopsch, H. (1981, 1983), *Geschichte Salzburgs*, 1, parts 1 and 2, Salzburg
Eggert, W. (1973), *Das ostfränkisch-deutsche Reich in der Auffassung seiner Zeitgenossen* (Forschungen zur mittelalterlichen Geschichte 21), Vienna, Cologne and Graz
Eibl, E. M. (1984), 'Zur Stellung Bayerns und Rheinfrankens im Reiche Arnulfs von Kärnten', *Jahrbuch für Geschichte des Feudalismus* 8: 73–113
Fichtenau, H. (1971), *Das Urkundenwesen in Österreich* (MIÖG EB 23), Vienna
Fleckenstein, J. (1959), *Die Hofkapelle der deutschen Könige*, I: *Grundlegung: die karolingische Hofkapelle* (Schriften der MGH 16/1), Stuttgart
Fried, J. (1989a), *Otto III. und Boleslaw Chrobry: das Widmungsbild des Aachener Evangeliars, der 'Akt von Gnesen' und das frühe polnische und ungarische Königtum* (Frankfurter Historische Abhandlungen 33), Stuttgart
Fried, J. (1989b), 'Endzeiterwartung um die Jahrtausendwende', *DA* 45: 381–473
Fuhrmann, H. (1987), 'Die Synode von Hohenaltheim (916) – quellenkundlich betrachtet', *DA* 43: 440–68
Glaser, H. (1981), 'Das geistige Leben. Wissenschaft und Bildung', in Spindler (1981), pp. 519–38
Grönbech, V. (1931), *The Culture of the Teutons*, 2 vols.., London and Copenhagen
Györffy, G. (1988), *König Stephan der Heilige*, Budapest
Hauck, K. (1967), 'Die Ottonen und Aachen, 876 bis 936', in W. Braunfels and P. E. Schramm (eds.), *Karl der Grosse: Lebenswerk und Nachleben*, IV: *Das Nachleben*, Düsseldorf, pp. 39–53
Keller, H. (1966), 'Zum Sturz Karls III. Über die Rolle Liutwards von Vercelli und Liutberts von Mainz, Arnulf von Kärnten und der ostfränkischen Grossen bei der Absetzung des Kaisers', *DA* 22: 333–84
Lechner, K. (1976), *Die Babenberger* (Veröffentlichungen des Instituts für österreichische Geschichtsforschung 23), Vienna
Lhotsky, A. (1963), *Quellenkunde zur mittelalterlichen Geschichte Österreichs* (MIÖG EB 19), Vienna
Mitterauer, M. (1988), '"Senioris sui nomine". Zur Verbreitung von Fürstennamen durch das Lehenswesen', *MIÖG* 96: 275–330

777 Pohl, W. (1988), *Die Awaren: ein Steppenvolk in Mitteleuropa 587–822 n. Chr.*, Munich
Prinz, F. (1981), 'Die innere Entwicklung: Staat, Gesellschaft, Kirche, Wirtschaft', in Spindler (1981), pp. 352–518
Reiffenstein, I. (1981), 'Das geistige Leben. Die althochdeutsche Literatur', in Spindler (1981), pp. 607–23
Reindel, K. (1953), *Die bayerischen Luitpoldinger, 893–989: Sammlung und Erläuterung der Quellen* (Quellen und Erörterungen zur Bayerischen Geschichte N.F. 11), Munich
Reindel, K. (1956), 'Herzog Arnulf und das Regnum Bavariae', in *Die Entstehung des deutschen Reiches*, ed. H. Kämpf (Wege der Forschung 1), Darmstadt, pp. 213–88
Reindel, K. (1981), 'Das Zeitalter der Agilolfinger (bis 788)', and 'Bayern vom Zeitalter der Karolinger bis zum Ende der Welfenherrschaft (788–1180)', in Spindler (1981), pp. 99–349
Riedmann, J. (1990), 'Mittelalter', in *Geschichte des Landes Tirol*, 2nd edn, Bozen, Innsbruck and Vienna, 1, pp. 267–637
Schmid, A. (1976), *Das Bild des Bayernherzogs Arnulf (907–937) in der deutschen Geschichtsschreibung von seinen Zeitgenossen bis zu Wilhelm von Giesebrecht*, Kallmünz (Opf.)
Schneider, H. (1991), 'Eine Freisinger Synodalpredigt aus der Zeit der Ungarneinfälle (Clm 6245)', in H. Mordek (ed.), *Papsttum, Kirche und Recht im Mittelalter: Festschrift für Horst Fuhrmann*, Tübingen, pp. 95–115
Schneider, R. (1964), *Brüdergemeinde und Schwurfreundschaft* (Historische Studien 388), Lübeck and Hamburg
Schulze, H. K. (1973), *Die Grafschaftsverfassung der Karolingerzeit in den Gebieten östlich des Rheins* (Schriften zur Verfassungsgeschichte 19), Berlin
Schünemann, K. (1923), *Die Deutschen in Ungarn bis zum 12. Jahrhundert* (Ungarische Bibliothek 18), Berlin and Leipzig
Semmler, J. (1990), 'Francia Saxoniaque oder die ostfränkische Reichsteilung von 865/76 und die Folgen', *DA* 46: 337–74
Spindler, M. (ed.) (1981), *Handbuch der bayerischen Geschichte*, 1, 2nd edn, Munich
Störmer, W. (1973), *Früher Adel* (Monographien zur Geschichte des Mittelalters 6, parts 1 und 2), Stuttgart
Störmer, W. (1988), 'Zum Wandel der Herrschaftsverhältnisse und inneren Strukturen Bayerns im 10. Jahrhundert', in F. Seibt (ed.), *Gesellschaftsgeschichte (Festschrift für Karl Bosl zum 80. Geburtstag)*, Munich, II, pp. 267–85
Störmer, W. (1991), 'Bayern und der bayerische Herzog im 11. Jahrhundert', in S. Weinfurter (ed.), *Die Salier und das Reich*, Sigmaringen, 1, pp. 503–47
Tyroller, F. (1953/4), 'Zu den Säkularisationen des Herzogs Arnulf', *StMGBO* 65: 303–14
Weinfurter, S. (1986), 'Die Zentralisierung der Herrschaftsgewalt im Reich durch Kaiser Heinrich II.', *HJb* 106: 241–97
Weissensteiner, J. (1983), *Tegernsee, die Bayern und Österreich* (Archiv für österreichische Geschichte 133), Vienna
Wenskus, R. (1976), *Sächsischer Stammesadel und fränkischer Reichsadel* (Abhandlungen der Akademie der Wissenschaften in Göttingen, Phil. hist. Kl., 3 Folge, no. 93), Göttingen
Wolfram, H. (1971), 'The shaping of the early medieval principality as non-royal rulership', *Viator* 2: 33–51
Wolfram, H. (1987), *Die Geburt Mitteleuropas: Geschichte Österreichs vor seiner Entstehung*, Vienna and Berlin

Wolfram, H. (1988), *History of the Goths*, Berkeley, Los Angeles and London 778
Wolfram, H. (1991), 'Bayern, das ist das Land, genannt die Němci', *Österreichische Osthefte* 33: 598–604

第十二章　洛泰林吉亚

Avouerie (1984), *L'Avouerie en Lotharingie* (Publications de la section historique de l'Institut grand-ducal de Luxembourg 98), Luxembourg

Boshof, E. (1989), 'Kloster und Bischof in Lotharingien', in R. Kottje and H. Maurer (eds.), *Monastische Reformen im 9. und 10. Jahrhundert* (Vorträge und Forschungen 38), Sigmaringen, pp. 197–245

Dierkens, A. (1985), *Abbayes et chapitres entre Sambre et Meuse (VIIe–XIe siècles): contribution à l'histoire religieuse des campagnes du haut moyen âge*, Sigmaringen

Dollinger-Léonard, Y. (1958), 'De la cité romaine à la ville médiévale dans la région de la Moselle et de la Haute-Meuse', in *Studien zu den Anfängen des europäischen Städtewesens* (Vorträge und Forschungen 4), Lindau, pp. 195–226

Génicot, L. (1975), 'Monastères et principautés en Lotharingie du xe au xiiie siècle', in L. Génicot (ed.), *Etudes sur les principautés lotharingiennes*, Louvain, pp. 59–139

Gérard (1960), *Gérard de Brogne et son œuvre réformatrice: études publiées à l'occasion du millénaire de sa mort (959–1959)* (Revue Bénédictine 70), Maredsous

Hlawitschka, E. (1968), *Lotharingien und das Reich an der Schwelle der deutschen Geschichte* (Schriften der MGH 21), Stuttgart

Hlawitschka, E. (1969), *Die Anfänge des Hauses Habsburg-Lothringen: genealogische Untersuchungen zur Geschichte Lothringens und des Reiches im 9., 10. und 11. Jahrhundert*, Saarbrücken

Kupper, J.-L. (1981), *Liège et l'église impériale, XIe–XIIe siècles*, Paris

Kurth, G. (1905), *Notger de Liège et la civilisation au Xe siècle*, 2 vols., Paris, Brussels and Liège

Maison d'Ardenne (1981), *La Maison d'Ardenne, Xe–XIe siècles* (Publications de la section historique de l'Institut grand-ducal de Luxembourg), Luxembourg

Mohr, W. (1974), *Geschichte des Herzogtums Lothringen*, 1: *Geschichte des Herzogtums Gross-Lothringen (900–1048)*, Saarbrücken

Parisot, R. (1898), *Le Royaume de Lorraine sous les Carolingiens (843–923)*, Paris

Parisot, R. (1909), *Les Origines de la Haute-Lorraine et sa première maison ducale (959–1033)*, Paris

Parisse, M. (1990), *Austrasie, Lotharingie, Lorraine* (Encyclopédie illustrée de la Lorraine. Histoire de la Lorraine 2), Nancy

Parisse, M., and Oexle, O. G. (eds..) (1992), *Gorze au Xe siècle*, Nancy

Rousseau, F. (1930), *La Meuse et le pays mosan en Belgique: leur importance historique avant le XIIIe siècle*, Brussels, reprinted Namur 1977

Schieffer, T. (1958), 'Die lothringische Kanzlei um 900', *DA* 14: 16–148

Schneidmüller, B. (1979), 'Französische Lothringenpolitik im 10. Jahrhundert', *Jahrbuch für westdeutsche Landesgeschichte* 5: 1–31

Schneidmüller, B. (1987), 'Regnum und Ducatus. Identität und Integration in der lothringischen Geschichte des 9. bis 11. Jahrhunderts', *Rheinische Vierteljahrsblätter* 51: 81–114

779 Sproemberg, H. (1941), 'Die lothringische Politik Ottos des Großen', *Rheinische Vierteljahrsblätter* 11: 1–101

Vanderkindere, L. (1902), *La Formation territoriale des principautés belges au moyen âge*, 2 vols., Brussels

Zimmermann, H. (1957), 'Der Streit um das Lütticher Bistum vom Jahre 920/921', *MIÖG* 65: 15–52

第十三章　勃艮第和普罗旺斯，879—1032年

Amargier, P.-A. (1963), 'La Capture de Saint Maieul de Cluny et l'expulsion des Sarrasins de Provence', *RB* 73: 316–23

Bautier, R.-H. (1973), 'Aux origines du royaume de Provence: de la sédition avortée de Boson à la royauté légitime de Louis', *Provence Historique* 3: 41–68

Bligny, B. (1965), 'Le Royaume de Bourgogne', in W. Braunfels (ed.), *Karl der Große, Lebenswerk und Nachleben*, 1: *Persönlichkeit und Geschichte*, Düsseldorf, pp. 247–68

Bouchard, C. B. (1979), 'Laymen and church reform around the year 1000: the case of Otto-William, count of Burgundy', *JMH* 5: 1–10

Bouchard, C. B. (1987), *Sword, Miter, and Cloister: Nobility and the Church in Burgundy, 980–1198*, Ithaca

Bouchard, C. B. (1988), 'The Bosonids, or rising to power in the late Carolingian age', *French Historical Studies* 15: 407–31

Bouchard, C. B. (1990), 'Merovingian, Carolingian, and Cluniac monasticism: reform and renewal in Burgundy', *JEccH* 41: 365–88

Chaume, M. (1925, 1927a, 1927b, 1931), *Les Origines du duché de Bourgogne*, 4 vols., Dijon

Dhondt, J. (1941), 'Note sur les deux premiers ducs capétiens de Bourgogne', *Annales de Bourgogne* 13: 30–8

Duby, G. (1971), *La Société aux XIe et XIIe siècles dans la région mâconnaise*, 2nd edn, Paris

Fournial, E. (ed.) (1973), 'Documents inédits des IXe, Xe, XIe et XIIe siècles relatifs à l'histoire de Charlieu', in *Actes des journées d'études d'histoire et d'archéologie organisées à l'occasion du XIe centenaire de la fondation de l'abbaye et de la ville de Charlieu*, Charlieu, pp. 107–21

Fried, J. (1976), 'Boso von Vienne oder Ludwig der Stammler? Der Kaiserkandidat Johanns VIII.', *DA* 32: 193–208

Geary, P. J. (1994), *Phantoms of Remembrance: Memory and Oblivion at the End of the First Millennium*, Princeton

Hlawitschka, E. (1968), *Lotharingien und das Reich an der Schwelle der deutschen Geschichte* (Schriften der MGH 21), Stuttgart

Jarry, E. (1948), *Formation territoriale de la Bourgogne* (Provinces et pays de France 3), Paris

McKitterick, R. (1983), *The Frankish Kingdoms under the Carolingians, 751–987*, London

Poly, J.-P. (1976), *La Provence et la société féodale (879–1166)*, Paris

Poupardin, R. (1901), *Le Royaume de Provence sous les Carolingiens (855–933?)* (Bibliothèque de l'Ecole des hautes études 131), Paris

Poupardin, R. (1907), *Le Royaume de Bourgogne (888–1038): étude sur les origines du royaume d'Arles* (Bibliothèque de l'Ecole des hautes études 163), Paris

Rosenwein, B. H. (1982), *Rhinoceros Bound: Cluny in the Tenth Century*, Philadelphia

Rosenwein, B. H. (1989), *To Be the Neighbor of Saint Peter: the Social Meaning of Cluny's Property, 909–1049*, Ithaca

Werner, K.-F. (1967), 'Die Nachkommen Karls des Großen bis um das Jahr 1000 (1.-8. Generation)', in W. Braunfels and P. E. Schramm (eds.), *Karl der Große: Lebenswerk und Nachleben*, IV: *Das Nachleben*, Düsseldorf, pp. 402–82

780

第十四章　意大利王国

Andenna, G., Nobili, M., Sergi, G. and Violante, C. (eds.) (1988), *Formazione e strutture dei ceti dominanti nel medioevo: marchesi, conti e visconti nel regno italico (secc. IX–XII) (Atti del primo convegno di Pisa, 10–11 maggio 1983)*, Rome

Andreolli, B., Bonacini, P., Fumagalli, V. and Montanari, M. (eds.) (1993), *Territori pubblici rurali nell'Italia del medioevo*, S. Marino

Archetti Giampaolini, E. (1987), *Aristocrazia e chiese nella marca del centro-nord tra IX e XI secolo*, Rome

Arnaldi, G. (1987), *Le origini dello Stato della Chiesa*, Turin

Atti (1973), *Atti del 5° Congresso internazionale di studi sull'alto medioevo, Lucca, 3–9 ottobre 1971*, Spoleto

Atti (1986), *Atti del 10° Congresso internazionale di studi sull'alto medioevo, Milano, 26–30 settembre 1983*, Spoleto

Atti (1989), *Atti dell'11° Congresso internazionale di studi sull'alto medioevo, Milano, 26–30 ottobre 1987*, Spoleto

Bazzana, A. (ed.) (1988), *Castrum 3: guerre, fortification et habitat dans le monde méditerranéen au moyen âge (Colloque de Madrid, 24–27 novembre 1985)*, Madrid and Rome

Becker, M. B. (1981), *Medieval Italy: Constraints and Creativity*, Bloomington

Bloch, H. (1897), 'Beiträge zur Geschichte des Bischofs Leo von Vercelli und seiner Zeit', *NA* 22: 13–136

Bonacini, P. (1994), 'Giurisdizione pubblica ed. amministrazione della giustizia nell territorio piacentino altomedievale', *Civiltà Padana. Archeologia e Storia del Territorio* 5: 43–98

Bordone, R. (1980), *Città e territorio nell'alto medioevo: la società astigiana dal dominio dei Franchi all'affermazione comunale* (Biblioteca storica subalpina 200), Turin

Bordone, R. (1987), *La società cittadina del regno d'Italia: formazione e sviluppo delle caratteristiche urbane nei secoli XI e XII* (Biblioteca storica subalpina 202), Turin

Bordone, R., and Jarnut, J. (eds.) (1988), *L'evoluzione delle città italiane nell'XI secolo*, Bologna

Brühl, C. (1968), *Fodrum, Gistum, Servitium Regis: Studien zu den wirtschaftlichen Grundlagen des Königtums im Frankreich und in den fränkischen Nachfolgestaaten Deutschland, Frankreich und Italien vom 6. bis zum Mitte des 14. Jahrhunderts*, Cologne and Graz

Brühl, C. (1975), *Palatium und Civitas: Studien zur Profantopographie spätantiken Civitates vom 3. bis zum 13. Jahrhundert*, vol. 1, Cologne and Vienna

Cammarosano, P. (1974), *La famiglia dei Berardenghi: contributi alla storia della società senese dei secoli XI–XIII*, Spoleto

Cammarosano, P. (1991), *Italia medievale: struttura e geografia delle fonti scritte*, Rome

Cancian, P., Patria, L. and Sergi, G. (eds..) (1992), *La contessa Adelaide e la società del secolo XI (Atti del Convegno di Susa, 14–16 novembre 1991)* (Segusium 32), Susa

Capitani, O. (1966), *Immunità vescovili ed ecclesiologia in età 'pregregoriana' e 'gregoriana': l'avvio all'restaurazione'*, Spoleto

781 Capitani, O. (1986), *Storia dell'Italia medievale*, Rome and Bari
Capitani, O. (ed.) (1978), *Studi matildici (Atti del III Convegno di studi matildici, Reggio Emilia, 7–9 ottobre 1977)*, Modena
Castagnetti, A. (1979), *L'organizzazione del territorio rurale nel medioevo: circoscrizioni ecclesiastiche e civili nella 'Langobardia' e nella 'Romania'*, Turin
Castagnetti, A. (1981), *I conti di Vicenza e di Padova dall'età ottoniana al comune*, Verona
Castagnetti, A. (1985), *Società e politica a Ferrara dall'età post-carolingia alla signoria estense (sec. X–XIII)*, Bologna
Castagnetti, A. (1986), *La marca veronese-trevigiana*, Turin
Cristiani, E. (1963), 'Note sulla feudalità italica degli ultimi anni del regno di Ugo e di Lotario', *SM* 3rd series, 4: 92–103
Darmstädter, P. (1896), *Das Reichsgut in der Lombardei und Piemont (568–1250)*, Strasbourg
Delogu, P. (1968), 'Vescovi, conti e sovrani nella crisi del regno italico (Ricerche sull'aristocrazia carolingia in Italia, III)', *Annali della scuola speciale per archivisti e bibiotecari dell'Università di Roma* 8: 3–72
Duby, G., and Toubert, P. (eds.) (1980), *Structures féodales et féodalisme dans l'Occident méditerranéen (X[e]–XIIIe siècles) (Colloque international organisé par le CNRS et l'Ecole française de Rome, 10–13 octobre 1978)*, Rome
Fasoli, G. (1949), *I re d'Italia (888–962)*, Florence
Fried, J., and Violante, C. (eds..) (1993), *Il secolo XI: una svolta? (XXXII Settimana di studio dell'Istituto storico italo-germanico di Trento, 10–15 settembre 1990)*, Bologna
Fumagalli, V. (1971), *Le origini di una grande dinastia feudale: Adalberto–Atto di Canossa*, Tübingen
Fumagalli, V. (1973), 'Vescovi e conti nell'Emilia occidentale da Berengario I a Ottone I', *SM* 3rd series 14: 137–204
Fumagalli, V. (1976), *Terra e società nell'Italia padana*, Turin
Fumagalli, V. (1978), *Il regno italico*, Turin
Gabba, E. (ed.) (1987), *Storia di Pavia*, II: *L'alto medioevo*, Pavia
Gandino, G. (1988), 'L'imperfezione della società in due lettere di Attone di Vercelli', *Bollettino Storico-Bibliografico Subalpino* 86: 5–38
Gandino, G. (1995), *Il vocabolario politico e sociale di Liutprando di Cremona* (Nuovi studi storici 27), Rome
Golinelli, P. (ed.) (1994), *I poteri dei Canossa: da Reggio Emilia all'Europa* (Atti del convegno internazionale, Reggio Emilia Carpineti, 29–31 ottobre 1992), Bologna
Guglielmotti, P. (1990), *I signori di Morozzo nei secoli X–XIV: un percorso politico del Piemonte meridionale* (Biblioteca storica subalpina 206), Turin
Haverkamp, A. (1982), *Die Städte im Herrschafts- und Sozialgefüge Reichsitaliens* (Historische Zeitschrift, N.S. 7), Munich
Hlawitschka, E. (1969), *Franken, Alemannen, Bayern und Burgunder in Oberitalien (774–962): zum Verständnis der fränkischen Königsherrschaft im Italien*, Freiburg im Breisgau
Il secolo di ferro (1991), *Il secolo di ferro: mito e realtà del secolo X* (*Settimane* 28), Spoleto
Keller, H. (1969), 'Der Gerichtsort in oberitalienischen und toskanischen Städten. Untersuchungen zur Stellung der Stadt im Herrschaftssystem des Regnum Italicum vom 9. bis 11. Jahrhundert', *Quellen und Forschungen aus italienischen Archiven und Bibliotheken* 49: 1–72

Keller, H. (1979), *Adelsherrschaft und städtische Gesellschaft in Oberitalien. 9–12. Jahrhunderts*, 782
Tübingen
Keller, H. (1982), 'Reichsstruktur und Herrschaftsauffassung in ottonisch-frühsalischer Zeit', *FmaSt* 16: 74–128
Kurze, W. (1989), *Monasteri e nobiltà nel Senese e nella Toscana medievale: studi diplomatici, archeologici, genealogici, giuridici e sociali*, Siena
Leonhard, J.-F. (1983), *Die Seestadt Ancona im Spätmittelalter*, Tübingen
Menant, F. (1992), *Lombardia feudale: studi sull'aristocrazia padana nei secoli X–XIII*, Milan
Merlone, R. (1983), 'Prosopografia aleramica (secolo x e prima metà dell' xi)', *Bollettino Storico-Bibliografico Subalpino* 81: 451–585
Mor, C. G. and Schmidinger, H. (eds..) (1979), *I poteri temporali dei vescovi in Italia e in Germania nel medioevo (Atti della Settimana di studio, Trento, 13–18 settembre 1976)*, Bologna
Padovani, A. (1990), *'Iudiciaria Motinensis': contributo allo studio del territorio Bolognese nel medioevo*, Bologna
Pauler, R. (1982), *Das Regnum Italiae in ottonischer Zeit: Markgrafen, Grafen und Bischöfe als politische Kräfte*, Tübingen
Pavoni, R. (1992), *Liguria medievale: da provincia romana a stato regionale*, Genoa
Piemonte (1985), *Piemonte medievale: forme del potere della società. Studi per Giovanni Tabacco*, Turin
Pivano, S. (1908), *Stato e chiesa da Berengario I ad Arduino (880–1015)*, Turin
Problemi (1955), *I problemi dell'Europa post-carolingia (Settimane 2)*, Spoleto
Racine, P. (1979), *Plaisance du Xe à la fin du XIIIe siècle: essai d'histoire urbaine*, Lille and Paris
Rando, D., and Varanini, G. M. (eds..) (1991), *Storia di Treviso*, II: *Il medioevo*, Venice
Rossetti, G. (1968), *Società e istituzioni nel contado lombardo durante il medioevo: Cologno Monzese*, I, Milan
Schmidinger, H. (1954), *Patriarch und Landesherr: die weltliche Herrschaft der Patriarchen von Aquileia bis zum Ende der Staufer*, Graz and Cologne
Schneider, R. (1987), 'Fränkische Alpenpolitik', in H. Beumann and W. Schröder (eds.), *Die transalpinen Verbindungen der Bayern, Alemannen und Franken bis zum 10. Jahrhundert*, Sigmaringen
Schumann, R. (1973), *Authority and the Commune: Parma 833–1133*, Parma
Schwartz, G. (1913), *Die Besetzung der Bistümer Reichsitaliens unter den sächsischen und salischen Kaisern*, Leipzig and Berlin
Schwarzmaier, H. (1972), *Lucca und das Reich bis zum Ende des 11. Jahrhundert: Studien zur Sozialstruktur einer Herzogstadt in der Toscana*, Tübingen
Sergi, G. (1981), *Potere e territorio lungo la strada di Francia: da Chambéry a Torino fra X e XIII secolo*, Naples
Sergi, G. (1994), *L'aristocrazia della preghiera: politica e scelte religiose nel medioevo italiano*, Rome
Sergi, G. (1995), *I confini del potere: marche e signorie fra due regni medievali*, Turin
Sestan, E. (ed.) (1981), *I ceti dirigenti in Toscana nell'età precomunale (Atti del 1° Convegno del Comitato di studi sulla storia dei ceti dirigenti in Toscana, Firenze, 2 dicembre 1978)*, Pisa
Sestan, E. (ed.) (1982) *Nobiltà e ceti dirigenti in Toscana nei secoli X e XIII: strutture e concetti*, Florence
Settia, A. A. (1983), *Monferrato: strutture di un territorio medievale*, Turin
Settia, A. A. (1984), *Castelli e villaggi nell'Italia padana: popolamento, potere e sicurezza fra IX e XII secolo*, Naples

783 Settia, A. A. (1989), 'Le frontiere del regno italico nei secoli VI–XI: l'organizzazione delle difesa', *Studi Storici* 1: 155–69

Settia, A. A. (1991), *Chiese, strade e fortezze nell'Italia medievale* (Italia Sacra 46), Rome

Tabacco, G. (1968), 'Il regno italico nei secoli IX–XI', in *Ordinamenti militari in Occidente nell'alto medioevo (Settimane* 15), Spoleto, pp. 763–90

Tabacco, G. (1977), 'Le Rapport de parenté comme instrument de domination consortiale: quelques exemples piémontais', in G. Duby and J. Le Goff (eds..), *Famille et parenté dans l'Occident médiéval* (Collection de l'Ecole française de Rome 30), Rome, pp. 153–8

Tabacco, G. (1979), *Egemonie sociali e strutture del potere nel medioevo italiano*, Turin

Tabacco, G. (1980), 'Alleu et fief considérés au niveau politique dans le royaume d'Italie (X^c–XII^c siècles)', *Cahiers de Civilisation Médiévale* 23: 3–15

Tabacco, G. (1987), 'Vassalli, nobili e cavalieri nell'Italia precomunale', *Rivista Storica Italiana* 99: 247–68

Tabacco, G. (1989), 'La Toscana meridionale nel medioevo', in M. Ascheri and W. Kurze (eds.), *L'Amiata nel medioevo*, Rome, pp. 1–17

Tabacco, G. (1993), *Sperimentazioni del potere nell'alto medioevo*, Turin

Taurino, E. (1970), 'L'organizzazione territoriale della contea di Fermo nei secoli VIII–X', *SM* 3rd series 11: 659–710

Taurino, E. (1973), 'Un distretto minore del ducato di Spoleto nell'alto medioevo: Monte Santo', *Studi Maceratesi* 7: 99–102

Tellenbach, G. (1975), 'L'evoluzione politico-sociale nei paese alpini durante il medioevo', in A. Borst (ed.), *Le Alpi e l'Europa*, IV: *Cultura e politica*, Bari, pp. 27–59

Toubert, P. (1973), *Les Structures du Latium médiéval: le Latium méridional et la Sabine du IXe à la fin du XIIe siècle*, 2 vols., Rome

Vescovi (1964), *Vescovi e diocesi in Italia nel medioevo (sec. IX–XIII) (Atti del II Convegno di storia della chiesa in Italia, Roma, 5–9 settembre 1961)*, Padua

Violante, C. (1953), *La società milanese nell'età precomunale*, Bari

Violante, C. (1975), *Studi sulla cristianità medievale: società, istituzioni, spiritualità*, Milan

Violante, C. (1986), *Ricerche sulle istituzioni ecclesiastiche dell'Italia centro-settentrionale nel medioevo*, Palermo

Werner, K. F. (1979), *Structures politiques du monde franc (VIe–XIIe siècles)*, London

Wickham, C. J. (1981), *Early Medieval Italy: Central Power and Local Society 400–1000*, London and Basingstoke

Wickham, C. J. (1988), *The Mountains and the City: The Tuscan Appennines in the Early Middle Ages*, Oxford

第十五章　西法兰克：王国

Bates, D. (1982), *Normandy before 1066*, London and New York

Bautier, R.-H. (1961), 'La Régne d'Eudes (888–98) à la lumière des diplômes expédiées par sa chancellerie', *Comptes-rendues de l'Académie des Inscriptions et Belles-Lettres*: 140–57.

Bautier, R.-H. (1990a, 1990b), *Chartes, sceaux et chancelleries: études de diplomatique et de sigillographie médiévales*, 2 vols., Paris

Belaubre, J. (1986), *Histoire numismatique et monétaire de la France médiévale*, Paris

Bonnassie, P. (1975, 1976), *La Catalogne du milieu du Xe à la fin du XIe siècle: croissance et mutations d'une société*, 2 vols., Toulouse

Brühl, C. (1968), *Fodrum, Gistum, Servitium Regis*, 2 vols. continuously paginated, Cologne and Graz
Brühl, C. (1989a, 1989b), *Aus Mittelalter und Diplomatik*, 2 vols., Hildesheim, Munich and Zurich
Brunner, K. (1979), 'Der fränkische Fürstentitel im neunten und zehnten Jahrhundert', in *Intitulatio II*, ed. H. Wolfram, pp. 179–340, Vienna
Bur, M. (1977), *La Formation du comté de Champagne, v. 950–v. 1150*, Nancy
Carozzi, C. (1976), 'Le Dernier des Carolingiens; de l'histoire au mythe', *Le Moyen Age* 82: 453–76
Chaume, M. (1925), *Les Origines du duché de Bourgogne*, Dijon
Chédeville, A. (1973), *Chartres et ses campagnes, XIe–XIIIe siècles*, Paris
Devailly, G. (1973), *Le Berry du Xe siècle au milieu du XIIIe: étude politique, réligieuse, sociale et économique*, Paris
Dhondt, J. (1939), 'Election et hérédité sous les Carolingiens et les premiers Capétiens', *Revue Belge de Philologie et d'Histoire* 18: 913–53
Dhondt, J. (1948), *Etudes sur la naissance des principautés terrritoriales en France (IXe–Xe s.)*, Bruges
Duby, G. (1953), *La Société aux XIe et XIIe siècles dans la région mâconnaise*, Paris
Dumas, F. (1992), 'La Monnaie comme expression du pouvoir (x^c–xii^c siècles)', in E. Magnou-Nortier (ed.), *Pouvoirs et libertés au temps des premiers Capétiens*, Paris, pp. 169–94
Dumas-Dubourg, F. (1971), *Le Trésor de Fécamp et le monnayage en Francie occidentale pendant la second moitié du Xe siècle*, Paris
Dunbabin, J. (1985), *France in the Making, 843–1180*, Oxford
Dunbabin, J. (1989), 'The reign of Arnulf II, count of Flanders, and its aftermath', *Francia* 16: 52–65
Ehlers, J. (1978), 'Die *Historia Francorum Senonensis* und der Aufstieg des Hauses Capet', *JMH* 4: 1–25
Fossier, R. (1968a, 1968b), *La Terre et les hommes de Picardie jusqu'à la fin du XIIIe siècle*, 2 vols., Paris
Fournier, G. (1978), *Le Château dans la France médiévale: essai de sociologie monumentale*, Paris
Galliou, P. and Jones, M. (1991) *The Bretons*, Oxford
Ganshof, F.-L. (1949), *La Flandre sous les premiers comtes*, 3rd edn, Brussels
Gerson, P. L. (1986), *Abbot Suger and Saint Denis: A Symposium*, New York
Guillot, O. (1972a, 1972b), *Le Comte d'Anjou et son entourage au XIe siècle*, 2 vols. Paris
Guyotjeannin, O. (1987), *Episcopus et Comes: affirmation et déclin de la seigneurie épiscopale au nord du royaume de France (Beauvais-Noyon, X^e–debut XIIIe siècle)*, Geneva and Paris
Heitz, C., Riché, P. and Héber-Suffrin, F. (1987), *Xème Siècle, recherches nouvelles: contribution au Colloque Hugues Capet 987–1987, 'La France de l'an mil'*, Nanterre
Iogna-Prat, D. and Picard, J.-C. (eds.) (1992), *Religion et culture autour de l'an mil: royaume capétien et Lotharingie*, Paris
Jacobsen, P. C. (1978), 'Die Titel *princeps* und *domnus* bei Flodoard von Reims (893/4–966)', *Mittellateinisches Jahrbuch* 13: 50–72
Kienast, W. (1974), *Deutschland und Frankreich in der Kaiserzeit (900–1270): Weltkaiser und Einzelkonige*, 2nd edn, 2 vols., Stuttgart
Kortum, H. H. (1985), *Richer von Saint-Remi: Studien zu einem Geschichtschreiber der 10. Jahrhunderts*, Stuttgart

Lauranson-Rosaz, C. (1987), *L'Auvergne et ses marges (Velay, Gevaudan) du VIIIe au XIe siècle: la fin du monde antique?*, Le Puy en Velay
Le Patourel, J. (1976), *The Norman Empire*, Oxford
Lemarignier, J.-F. (1955), 'Les Fidèles du roi de France (936–987)', in *Recueil de travaux offerts à M. Clovis Brunel*, 2 vols., Paris, II, pp. 138–62
Lemarignier, J.-F. (1965), *Le Gouvernement royal aux premiers temps capétiens (987–1108)*, Paris
Lemarignier, J.-F. (1970), *La France médiévale, institutions et société*, Paris
Lewis, A. W. (1978), 'Anticipatory association of the heir in early Capetian France', *AHR* 83: 906–27
Lewis, A. W. (1981), *Royal Succession in Capetian France: Studies in Familial Order and the State*, Cambridge, MA and London
Leyser, K. (1994), '987: the Ottonian connection', in *Communications and Power in Medieval Europe: The Carolingian and Ottonian Centuries*, ed. T. Reuter, London and Rio Grande, pp. 165–179
Macdonald, T. (1985), 'Le Ponthieu au Xe siècle: en quête de ses origines', *Bulletin de la Société d'Emulation Historique et Littéraire d'Abbeville* 25: 59–70
Magnou-Nortier, E. (ed.) (1992), *Pouvoirs et libertés au temps des premiers Capétiens*, Paris
Martindale, J. (1984), 'The kingdom of Aquitaine and the "dissolution of the Carolingian fisc"', *Francia* 11: 131–91
Media in Francia (1989), *Media in Francia: recueil de mélanges offert à K.-F. Werner à l'occasion de son 65[e] anniversaire par ses collègues et amis français*, Paris
Mostert, M. (1987), *The Political Theology of Abbo of Fleury*, Hilversum
Nicholas, D. (1992), *Medieval Flanders*, Harlow
Parisse, M. (1989), 'In media Francia: Saint-Mihiel, Salonnes et Saint-Denis (VIII[c]–XII[c] siècles)', in *Media in Francia*, Paris, pp. 319–43
Parisse, M. and Barral i Altet, X. (eds.) (1992), *Le Roi de France et son royaume autour de l'an mil. Actes du colloque Hugues Capet 987–1987. La France de l'an mil. Paris, Senlis, Juin 1987*, Paris
Poly, J.-P. and Bournazel, B (1991), *La Mutation féodale. X[e]–XIIe siècles*, 2nd edn, Paris; English trans. C. Higgitt of 1st edn as *The Feudal Transformation, 900–1200*, Chicago (1991)
Poppe, A. (1976), 'The political background to the baptism of the Rus'', *DOP* 50: 195–244
Rezak, B. R. (1986), 'Suger and the symbolism of royal power: the seal of Louis VII', in P. L. Gerson, (ed.), *Abbot Suger and Saint-Denis: A Symposium*, New York, pp. 95–103
Richard, J. (1954), *Les Ducs de Bourgogne et la formation du duché du XIe au XIVe siècle*, Paris
Sassier, Y. (1980), *Recherches sur le pouvoir comtal en Auxerrois du Xe au début du XIIIe siècle*, Paris
Sassier, Y. (1987), *Hugues Capet*, Paris
Schneider, J. (1986), *Aux Origines d'une seigneurie écclesiastique: Langres et ses évêques (VIIe–XIe siècles)*, Langres
Schneidmüller, B. (1979), *Karolingische Tradition und frühes französisches Konigtum: Untersuchungen zur Herrschaftslegitimation der westfränkisch-französischen Monarchie im 10 Jahrhundert*, Wiesbaden
Schneidmüller, B. (1987), *Nomen Patriae: die Entstehung Frankreichs in der politisch-geographischen Terminologie (10–13. Jahrhundert)*, Sigmaringen

Sot, M. (1988), 'Hérédité royale et pouvoir sacré avant 987', *Annales ESC* 43: 705–33
Sot, M. (1993), *Un Historien et son église au Xe siècle: Flodoard de Reims*, Paris
Tessier, G. (1962), *Diplomatique royale française*, Paris
Theis, L. (1984), *L'Avènement d'Hugues Capet*, Paris
Werner, K.-F. (1980), 'L'Acquisition par la maison de Blois des comtés de Chartres et de Châteaudun', *Mélanges de numismatique, d'archéologie et d'histoire offerts à Jean Lafaurie*, Paris, pp. 165–72
Werner, K.-F. (1984), *Histoire de France, 1: Les Origines*, Paris

第十六章 西法兰克：北部公国

Autrand, F., Barthélemy, D. and Contamine, P. (1991), 'L'Espace français: histoire politique du début du XIe siècle à la fin du XVe', in *L'Histoire médiévale en France: Bilan et perspectives*, Paris
Bachrach, B. S. (1976), 'A study in feudal politics: relations between Fulk Nerra and William the Great', *Viator* 7: 111–22
Bachrach, B. S. (1983), 'The Angevin strategy of castle-building in the reign of Fulk Nerra, 987–1040', *AHR* 88: 533–60
Bachrach, B. S. (1984), 'The enforcement of the *Forma Fidelitatis*: the techniques used by Fulk Nerra, count of the Angevins (987–1040)', *Speculum* 59: 796–819
Bachrach, B. S. (1985), 'Geoffrey Greymantle, count of the Angevins, 960–987: a study in French politics', *Studies in Medieval and Renaissance History* 17: 3–68
Bachrach, B. S. (1989a), 'Some observations on the origins of the Angevin dynasty', *Medieval Prosopography* 10, no. 2: 1–23
Bachrach, B. S. (1989b), 'Angevin campaign forces in the reign of Fulk Nerra, count of the Angevins (987–1040)', *Francia* 16: 67–84
Bachrach, B. S. (1993), *Fulk Nerra, the Neo-Roman Consul, 987–1040*, Berekley and Los Angeles
Barthélemy, D. (1990), *L'Ordre seigneurial (XIe–XIIe siècle)*, Paris
Barthélemy, D. (1992), 'La Mutation féodale a-t-elle eu lieu? (Note critique)', *Annales ESC* 47: 767–75
Bates, D. (1982), *Normandy before 1066*, London and New York
Bloch, M. (1962), *Feudal Society*, 2 vols. paginated as one, London
Bouchard, C. B. (1981), 'The origins of the French nobility: a reassessment', *AHR* 86: 501–32
Boussard, J. (1968a), 'Les Destinées de la Neustrie du IXe au XIe siècle', *Cahiers de Civilisation Médiévale* 11: 15–28
Boussard, J. (1968b), 'Services féodaux, milices et mercenaires dans les armées, en France, aux Xe et XIe siècles', *Settimane* 15, Spoleto, 131–68
Boussard, J. (1970), 'Les Evêques en Neustrie avant la réforme grégorienne (950–1050 environ)', *Journal des Savants*: 161–96
Boussard, J. (1979), 'L'Origine des comtés de Tours, Blois et Chartres', in *103e Congrès national des sociétés savantes, Colloque de Nancy–Metz (1978), Section de philologie et d'histoire*, Paris, pp. 85–112
Bur, M. (1977), *La Formation du comté de Champagne v. 950–v. 1150*, Nancy
Chédeville, A. (1973), *Chartres et ses campagnes (XIe–XIIIe siècles)*, Paris

787 Chédeville, A. (1974), 'L'Immigration bretonne dans le royaume de France du xie au début du xive siècle', *Annales de Bretagne* 81: 301–43
Chédeville, A. and Guillotel, H. (1984), *La Bretagne des saints et des rois, V^e–Xe siècles*, Rennes
Chédeville, A., and Tonnerre, N.-Y. (1987), *La Bretagne féodale, XIe–XIIIe siècle*, Rennes
de Bouard, M. (1955), 'De la Neustrie carolingienne à la Normandie féodale: continuité ou discontinuité?', *Bulletin of the Institute of Historical Research* 28: 1–14
Dhondt, J. (1948), *Etudes sur la naissance des principautés territoriales en France (IXe–Xe siècle)*, Bruges
Dhondt, J. (1967), 'Une Crise du pouvoir capétien (1032–1034)', in *Miscellanea Mediaevalia in memoriam J. F. Niermeyer*, Groningen, pp. 137–48
Duby, G. (1953), *La Société aux XIe et XIIe siècles dans la région mâconnaise*, Paris
Duby, G. (1978), *Les trois Ordres ou l'imaginaire du féodalisme*, Paris; trans. A. Goldhammer as *The Three Orders: Feudal Society Imagined*, Chicago and London, 1980
Dumas-Dubourg, F. (1971), *Le Trésor de Fécamp et le monnayage en Francie occidentale pendant la seconde moitié du Xe siècle*, Paris
Dunbabin, J. (1985), *France in the Making 843–1180*, Oxford
Dunbabin, J. (1989), 'The reign of Arnulf II, count of Flanders, and its aftermath', *Francia* 16: 53–65
Fanning, S. (1985), 'Acts of Henry I of France concerning Anjou', *Speculum* 60: 110–14
Fellows Jensen, G. (1988), 'Scandinavian place-names and Viking settlement in Normandy: a review', *Namn Och Bygd* 76: 113–37
Feuchère, P. (1954), 'Une Tentative manquée de concentration territoriale entre Somme et Seine: la principauté d'Amiens-Valois au xie siècle', *Le Moyen Age* 60: 1–37
Fossier, R. (1968a, 1968b), *La Terre et les hommes en Picardie*, 2 vols.., Paris
Fossier, R. (1979), 'Sur les principautés médiévales, particulièrement en France', in *Les Principautés au moyen âge: actes des congrès de la société des historiens médiévistes de l'enseignement supérieur public*, Bordeaux, pp. 9–17
France, J. (1992), 'The occasion of the coming of the Normans to southern Italy', *JMH* 17: 185–205
Galliou, P. and Jones, M. (1991), *The Bretons*, Oxford
Ganshof, F. L. (1949), *La Flandre sous les premiers comtes*, Brussels
Ganshof, F. L. (1957), 'La Flandre', in F. Lot and R. Fawtier (eds.), *Histoire des institutions françaises au moyen âge*, vol. 1: *Institutions seigneuriales*, Paris, pp. 343–426
Garnett, G. (1994): '"Ducal" succession in early Normandy', in G. Garnett and J. Hudson (eds.), *Law and Government in Medieval England and Normandy: Essays in Honour of Sir James Holt*, Cambridge, pp. 80–110
Génicot, L. (1962), 'La Noblesse au moyen âge dans l'ancienne France', *Annales ESC* 17: 1–22
Guillot, O. (1972a, 1972b), *Le Comte d'Anjou et son entourage au XIe siècle*, 2 vols.., Paris
Guillotel, H. (1979), 'Le premier siècle du pouvoir ducal breton (936–1040)', in *103e Congrès national des sociétés savantes, Colloque de Nancy–Metz (1978), Section de philologie et d'histoire*, Paris, pp. 63–84
Guyotjeannin, O. (1987), *Episcopus et Comes: Affirmation et déclin de la seigneurie épiscopale au nord du royaume de France (Beauvais-Noyon, X^e–début XIIIe siècle)*, Geneva and Paris
Guyotjeannin, O. (1989), 'Les Actes établis par la chancellerie royale sous Philippe Ier', *BEC* 147: 29–47

Hallam, E. M. (1980), 'The king and the princes in eleventh-century France', *Bulletin of the Institute of Historical Research* 53: 143–56

Halphen, L. (1906), *Le Comté d'Anjou au XIe siècle*, Paris

Hollister, C. W. (1987), 'The greater Domesday tenants-in-chief', in J. C. Holt (ed.), *Domesday Studies*, Woodbridge, pp. 219–41

Houts, E. M. C. van (1984), 'Scandinavian influence in Norman literature of the eleventh century', *Anglo-Norman Studies* 6: 107–21

Jones, M. (1981), 'The defence of medieval Brittany', *The Archaeological Journal* 138: 149–204

Jones, M. (1990), 'The Capetians and Brittany', *Historical Research* 63: 1–16

Keats-Rohan, K. S. B. (1994), 'Ivo fitz Fulcoin, the counts of Maine, the lords of Bellême: a new look at the foundation charter of L'Abbayette', *JMH* 20: 3–25

Keats-Rohan, K. S. B. (1997), '"Un Vassal sans histoire"? Count Hugh II (c. 940/55–992) and the origins of Angevin overlordship in Maine', in K. S. B. Keats-Rohan (ed.), *Family Trees and the Roots of Politics: The Prosopography of Britain and France from the Tenth to the Twelfth Century*, Woodbridge, pp. 189–210

Keynes, S. (1991), 'The æthelings in Normandy', *Anglo-Norman Studies* 13: 173–205

Latouche, R. (1910), *Histoire du comté du Maine pendant le Xe et le XIe siècle*, Paris

Lemarignier, J.-F. (1937), *Etude sur les privilèges d'exemption et de juridiction ecclésiastique des abbayes normandes depuis les origines jusqu'en 1140*, Paris

Lemarignier, J.-F. (1955), 'Les Fidèles du roi de France (936–987)', in *Recueil des travaux offert à M. Clovis Brunel*, 2 vols., Paris, II, pp. 138–62

Lemarignier, J.-F. (1965), *Le Gouvernement royal aux premiers temps capétiens*, Paris

Lemarignier, J.-F. (1968), 'Political and monastic structures in France at the end of the tenth and the beginning of the eleventh century', in F. L. Cheyette (ed.), *Lordship and Community in Medieval Europe*, New York, pp. 100–27

Lewis, A. W. (1978), 'Anticipatory association of the heir in early Capetian France', *AHR* 83: 906–27

Lex, L. (1892), *Eudes, comte de Blois, de Tours, de Chartres, de Troyes et de Meaux (995–1037) et Thibaud son frère (995–1004)*, Troyes

Louise, G. (1992, 1993), *La Seigneurie de Bellême, X^e–XIIe siècles*, 2 vols., Flers

Martindale, J. (1977), 'The French aristocracy in the early middle ages', *Past and Present* 75: 5–45

Martindale, J. (1989), 'Succession and politics in the Romance-speaking world, c. 1000–1140', in M. Jones and M. Vale (eds.), *England and her Neighbours, 1066–1453: Essays in Honour of Pierre Chaplais*, London and Ronceverte, pp. 19–41

Media in Francia (1989), *Media in Francia: recueil de mélanges offert à K.-F. Werner à l'occasion de son 65e anniversaire par ses collègues et amis français*, Paris

Musset, L. (1946), 'Les Domaines de l'époque franque et les destinées du régime domanial du IXe au XIe siècle', *Bulletin de la Société des Antiquaires de Normandie* 49: 7–97

Musset, L. (1954), 'Les Relations extérieures de la Normandie du IXe au XIe siècle, d'après quelques trouvailles monétaires récentes', *Annales de Normandie* 4: 31–8

Musset, L. (1970), 'Naissance de la Normandie (V^e–XIe siècles)', in M. de Bouard (ed.), *Histoire de la Normandie*, Toulouse, pp. 96–129

Musset, L. (1976a), 'L'Aristocratie normande au XIe siècle', in P. Contamine (ed.), *La Noblesse au moyen âge (XIe au XVe siècles: essais à la mémoire de Robert Boutruche*, Paris, pp. 71–96

Musset, L. (1976b), 'Les Apports scandinaves dans le plus ancien droit normand', in *Droit privé et institutions régionales: études historiques offertes à Jean Yver*, Paris, pp. 559–75

Musset, L. (1979), 'Origines et nature du pouvoir ducal en Normandie jusqu'au milieu du XIe siècle', in *Les Principautés au moyen âge: actes des congrès de la société des historiens médiévistes de l'enseignement supérieur public*, Bordeaux, pp. 47–59

Musset, L. (1989), 'Considérations sur la genèse et le tracé des frontières de la Normandie', in *Media in Francia*, Paris, pp. 309–18

Nelson, J. L. (1992), *Charles the Bald*, London

Potts, C. (1990a), 'The revival of monasticism in Normandy, 911–1066', Ph.D. thesis, University of California at Santa Barbara

Potts, C. (1990b), 'Normandy or Brittany? A conflict of interest at Mont Saint-Michel', *Anglo-Norman Studies* 12: 135–56

Potts, C. (1992), 'The early Norman charters: a new perspective on an old debate', in C. Hicks (ed.), *England in the Eleventh Century: Proceedings of the 1990 Harlaxton Symposium*, Stamford, pp. 25–40

Price, N. S. (1989), *The Vikings in Brittany*, London

Renaud, J. (1989), *Les Vikings et la Normandie*, Rennes

Renoux, A. (1991), *Fécamp: du palais ducal au palais de Dieu*, Paris

Sassier, Y. (1987), *Hugues Capet*, Paris

Searle, E. (1984), 'Fact and pattern in heroic history: Dudo of Saint-Quentin', *Viator* 15: 119–37

Searle, E. (1988), *Predatory Kinship and the Control of Norman Power, 840–1066*, Berkeley and Los Angeles

Shopkow, L. (1989), 'The Carolingian world of Dudo of Saint-Quentin', *JMH* 15: 19–37

Tabuteau, E. Z. (1984), Review of Bates (1982) in *Speculum* 59: 610–15

Tabuteau, E. Z. (1988), *Transfers of Property in Eleventh-Century Norman Law*, Chapel Hill and London

Thompson, K. (1985), 'Family and influence to the south of Normandy in the eleventh century: the lordship of Bellême', *JMH* 11: 215–26

Thompson, K. (1991), 'Robert of Bellême reconsidered', *Anglo-Norman Studies* 13: 263–86

Warlop, E. (1975a, 1975b, 1976a, 1976b), *The Flemish Nobility before 1300*, 2 vols. each in 2 parts, Courtrai

Werner, K. F. (1958–60), 'Untersuchungen zur Frühzeit des französischen Fürstentums (9.–10. Jahrhundert)', *Die Welt als Geschichte* 8: 256–89; 9: 146–93; 10: 87–119

Werner, K. F. (1968), 'Königtum und Fürstentum des französischen 12. Jahrhunderts', in T. Mayer (ed.), *Probleme des 12. Jahrhunderts*, Sigmaringen, pp. 177–225

Werner, K. F. (1976), 'Quelques observations au sujet des débuts du "duché" de Normandie', in *Droit privé et institutions régionales: études historiques offertes à Jean Yver*, Paris, pp. 691–709

Werner, K. F. (1978), 'Kingdom and principality in twelfth-century France', in T. Reuter (ed.), *The Medieval Nobility*, Amsterdam, New York and Oxford, pp. 243–90. This is a translation of Werner (1968)

Yver, J. (1969), 'Les premières institutions du duché de Normandie', *Settimane* 16: 299–366

第十七章　西法兰克：南部公国

Aurell, M. (1994), *Les Noces du comte: mariage et pouvoir en Catalogne (785–1213)*, Paris
Auzias, L. (1937), *L'Aquitaine carolingienne (778–987)*, Toulouse and Paris
Barral i Altet, X. (ed.) (1987), *Le Paysage monumental de la France autour de l'An Mil*, Paris
Barral i Altet, X., Iogna-Prat, D., Mundó, A. M., Salrach, J. M., and Zimmermann, M., (eds.) (1991), *Catalunya i França meridional a l'entorn de l'any mil. La Catalogne et la France meridionale autour de l'an mil*, Barcelona
Biget, J.-L. (1983), *Histoire d'Albi*, Toulouse
Bonnassie, P. (1975, 1976), *La Catalogne du milieu du Xe à la fin du XIe siècle: croissance et mutations d'une société*, 2 vols., Toulouse; abridged edn, *La Catalogue autour de l'an mil*, Paris, 1992
Bonnassie, P. (1978), 'La Monnaie et les échanges en Auvergne et Rouergue aux xe et xie siècles d'après les sources hagiographiques', *Annales du Midi*, 90: 275–88
Bonnassie, P. (1988), 'Le Comté de Toulouse et le comté du Barcelone du début du IXe au début du XIIIe siècle: esquisse d'histoire comparée', in *Vuité Colloqui de llengua i literatura catalana*, Montserrat, 1, pp. 27–45
Bonnassie, P. and Landes, R. (1992), '"Une nouvelle hérésie est née dans le monde"', in M. Zimmermann, (ed.), *Les Sociétés méridionales autour de l'an mil*, Paris, pp. 435–59
Bourin-Derruau, M. (1987a, 1987b), *Villages médiévaux en Bas-Languedoc: genèse d'une sociabilité (X^e–XIVe siècles)*, 2 vols., Paris
Castaldo, A. (1970), *L'Eglise d'Agde (X^e–XIIIe siècles)*, Paris
Clemens, J. (1986), 'La Gascogne est née à Auch au xiie siècle', *Annales du Midi* 98: 165–84
d'Abadal i de Vinyals, R. (1958), *Els primers comtes catalans* (Biografies Catalanes, Sèrie Història 1), Barcelona
d'Abadal i de Vinyals, R. (1960), *Com Catalunya s'obri al món mil anys enrera* (Collecció 'Episodis de la història' 3), Barcelona
Debax, H. (1988), 'Les Comtesses de Toulouse: notices biographiques', *Annales du Midi* 100: 215–34
Debord, A. (1984), *La Société laïque dans les pays de la Charente (X^e–XIIe siècle)*, Paris
Dhondt, J. (1948a), *Etudes sur la naissance des principautés territoriales en France (IXe–Xe siècle)*, Bruges
Dhondt, J. (1948b), 'Le Titre du marquis à l'époque Carolingienne', *Archivum Latinitatis Medii Aevi* 19: 407–17
Dufour, J. (1991), 'Obédience respective des Carolingiens et des Capétiens (fin x^e–début xie s.)', in Barral i Altet, *et al.* (1991), pp. 21–44
Duhamel-Amado, C. (1992), 'Poids de l'aristocratie d'origine wisigothique et genèse de la noblesse septimanienne', in *L'Europe héritière de l'Espagne wisigothique, Colloque, Paris*, Madrid, pp. 81–99
Duhamel-Amado, C. (1995), 'La famille aristocratique languedocienne. Parenté et patrimoine dans les vicomtes de Béziers' et d'Agde (900–1170), thèse d'état, Paris
Formació (1985–6), *La formació i expansió del feudalisme català, Colloque, Gérone 1985* (Estudi General 5–6), Girona
Guillemain, B. (1974), *Histoire du diocèse de Bordeaux*, Paris
Higounet, C. (1963), *Histoire de Bordeaux*, II: *Bordeaux pendant le haut moyen âge*, Bordeaux

791 Higounet, C. (1984), *Le Comté de Comminges de ses origines à son annexion à la Couronne*, 2nd edn, Saint-Gaudens
Iogna-Prat, D. and Delort, R. (ed.) (1990), *La France de l'an mil*, Paris
Kienast, W. (1968), *Der Herzogstitel in Deutschland und Frankreich (9.–12. Jahrhundert). Mit Listen der ältesten deutschen Herzogsurkunden*, Munich
Lauranson-Rosaz, C. (1987), *L'Auvergne et ses marges (Velay, Gevaudan) du VIIIe au XIe siècle: la fin du monde antique?* Le Puy en Velay
Lauranson-Rosaz, C. (1992), 'L'Auvergne', in M. Zimmermann (ed.), *Les Sociétés méridionales autour de l'an mil*, Paris, pp. 13–54
Lemarignier, J.-F. (1951), 'La Dislocation du pagus et le problème des *consuetudines* (x–xie siècles)', in *Mélanges d'histoire du moyen âge dédiés à la mémoire de Louis Halphen*, Paris, pp. 401–10
Lemarignier, J.-F. (1965), *Le Gouvernement royal aux premiers temps capétiens, 987–1108*, Paris
Lewis, A. R. (1965), *The Development of Southern French and Catalan Society (718–1050)*, Austin, Texas
Magnou-Nortier, E. (1964), 'Note sur le sens du mot *fevum* en Septimanie et dans la marche d'Espagne à la fin du xème et au début du xième siècle', *Annales du Midi* 76: 141–52
Magnou-Nortier, E. (1974), *La Société laïque et l'Eglise dans la province ecclésiastique de Narbonne (zone cispyrenéenne) de la fin du VIIIème à la fin du XIème siècle*, Toulouse
Mussot-Goulard, R. (1982), *Les Princes de Gascogne (768–1070)*, Marsolan
Mussot-Goulard, R. (1991), 'Les Rapports de la Gascogne avec la royauté à la fin du xème siècle', in Barral i Altet *et al.* (1991), pp. 96–101
Nadal Farreras, J. and Wolff, P. (1982), *Histoire de la Catalogne*, Toulouse
Ourliac, P. (1988), 'La Pratique et la loi: note sur les actes français et catalans du xème siècle', *Boletín Semestrial de Derecho Privado. . . de la Biblioteca Ferran Vals i Taberner*: 93–118
Poly, J.-P. (1976), *La Provence et la société féodale (879–1166): contribution à l'étude des sociétés dites féodales dans le Midi*, Paris
Saint Victor (1966), *Recueil des actes du Congrès sur l'histoire de l'abbaye Saint Victor de Marseille (29–30 janvier, 1966)*, Provence Historique 16, fasc. 65
Salrach, J.-M. (1987), *El procés de feudalització (segles III–XII)* (Història de Catalunya 2), Barcelona
Sobrequés Vidal, S. (1961), *Els grans comtes de Barcelona* (Biografies Catalanes, Série Històrica 2), Barcelona
Structures (1968), *Les Structures sociales de l'Aquitaine, du Languedoc et de l'Espagne au premier âge féodal: colloque, Toulouse 1968*, *Annales du Midi* 80: 353–624
Structures (1980), *Structures féodales et féodalisme dans l'Occident méditerranéen (X–XIIIème siècles, colloque international organisé par le Centre national de recherche scientifique et l'Ecole française de Rome (Rome, 10–13 octobre 1978. Bilan et perspectives de recherches*, Rome
Wolff, P. (1958), *Histoire de Toulouse*, 2nd edn 1974, Toulouse
Wolff, P. (1967), *Histoire du Languedoc*, Toulouse
Zimmermann, M. (1981), 'La Datation des documents catalans du ixe au xiie siècle: un itinéraire politique', *Annales du Midi* 93: 345–75
Zimmermann, M. (1989), *En els orígens de Catalunya: emancipació política i afirmació cultural*, Barcelona

Zimmermann, M. (1991), 'Naissance d'une principauté. Barcelone et les autres comtés catalans aux alentours de l'an mil', in *Catalunya i França meridional à l'entorn de l'any mil*, Barcelona, pp. 111–35

Zimmermann, M. (ed.) (1992), *Les Sociétés méridionales autour de l'an mil: Répertoire des sources et documents commentés*, Paris.

第十八章　英格兰，900—1016年

Blunt, C. E. (1974), 'The coinage of Athelstan, king of England 924–939', *British Numismatic Journal* 42: 35–160

Blunt, C. E. (1985), 'Northumbrian coins in the name of Alwaldus', *British Numismatic Journal* 55: 192–4

Blunt, C. E., Stewart, B. H. I. H. and Lyon, C. S. S. (1989), *Coinage in Tenth-Century England from Edward the Elder to Edgar's Reform*, Oxford

Brooks, N. (1992), 'The career of St Dunstan', in N. Ramsey, M. Sparks and T. Tatton-Brown (eds.), *St Dunstan: His Life, Times and Cult*, Woodbridge, pp. 1–23

Campbell, J. (ed.) (1982), *The Anglo-Saxons*, Oxford

Cooper, J. (ed.) (1993), *The Battle of Maldon: Fiction and Fact*, London

Dumville, D. N. (1983), 'Brittany and "Armes Pridein Vawr"', *Etudes celtiques* 20: 145–88

Dumville, D. N. (1992), *Wessex and England from Alfred to Edgar*, Woodbridge

Fleming, R. (1991), *Kings and Lords in Conquest England*, Cambridge

Hart, C. R. (1992), *The Danelaw*, London

Heighway, C. M. (1984), 'Anglo-Saxon Gloucester to AD 1000', in M. L. Faull (ed.), *Studies in Late Anglo-Saxon Settlement*, Oxford, pp. 35–53

Hill, D. (ed.) (1978), *Ethelred the Unready: Papers from the Millenary Conference* (BAR, British Series 59), Oxford

Keynes, S. (1980), *The Diplomas of King Æthelred 'the Unready' 978–1016: A Study in their Use as Historical Evidence*, Cambridge

Keynes, S. (1986), 'A tale of two kings: Alfred the Great and Æthelred the Unready', *TRHS*, fifth series 36: 195–217

Keynes, S. (1990), 'Royal government and the written word in late Anglo-Saxon England', in R. McKitterick (ed.), *The Uses of Literacy in early Medieval Europe*, Cambridge, pp. 226–57

Keynes, S. (1994), 'The "Dunstan B" charters', *Anglo-Saxon England* 23: 165–93

Keynes, S. (ed.) (1996), *The 'Liber Vitae' of the New Minster and Hyde Abbey, Winchester* (Early English Manuscripts in Facsimile 26), Copenhagen

Lapidge, M. (1993), *Anglo-Latin Literature 900–1066*, London

Loyn, H. (1992), *Society and Peoples: Studies in the History of England and Wales, c. 600–1200*, London

Nelson, J. L. (1986), *Politics and Ritual in Early Medieval Europe*, London

Ridyard, S. J. (1988), *The Royal Saints of Anglo-Saxon England: A Study of West Saxon and East Anglian Cults*, Cambridge

Sawyer, P. (1983), 'The royal *Tun* in pre-conquest England', in P. Wormald, D. Bullough and R. Collins (eds.), *Ideal and Reality in Frankish and Anglo-Saxon Society: Studies Presented to J. M. Wallace-Hadrill*, Oxford, pp. 273–99

Scragg, D. (ed.) (1991), *The Battle of Maldon, AD 991*, Oxford

793 Smyth, A. P. (1975, 1979), *Scandinavian York and Dublin: The History and Archaeology of Two Related Viking Kingdoms*, 2 vols.., Dublin
Stafford, P. (1989), *Unification and Conquest: A Political and Social History of England in the Tenth and Eleventh Centuries*, London
Stenton, F. M. (1971), *Anglo-Saxon England*, 3rd edn, Oxford
Thacker, A. (1988), 'Æthelwold and Abingdon', in B. Yorke (ed.), *Bishop Æthelwold: His Career and Influence*, Woodbridge, pp. 43–64
Whitelock, D. (1981), 'Wulfstan *Cantor* and Anglo-Saxon Law', in Whitelock, D. *History, Law and Literature in 10th–11th Century England*, London, no. v, pp. 83–92
Williams, A. (1979), 'Some notes and considerations on problems connected with the English succession, 860–1066', in R. A. Brown (ed.), *Proceedings of the Battle Conference on Anglo-Norman Studies, I: 1978*, Ipswich, pp. 144–67, 225–33
Williams, A. (1982), '*Princeps Merciorum gentis*: the family, career and connections of Ælfhere, ealdorman of Mercia 956–83', *Anglo-Saxon England* 10: 143–72
Wormald, P. (1999), *The Making of English Law: King Alfred to the Twelfth Century*, 1: *Legislation and its Limits*, Oxford
Yorke, B. (1988), 'Æthelwold and the politics of the tenth century', in B. Yorke (ed.), *Bishop Æthelwold: His Career and Influence*, Woodbridge, pp. 65–88

第十九章　欧洲的俄罗斯，约500—约1050年

BZ and *Russia Mediaevalis* publish fairly comprehensive and annotated bibliographies of current research on early medieval European Russia.
Arne, T. J. (1914), *La Suède et L'Orient* (Archives d'Etudes Orientales 8), Uppsala
Bálint, C. (1981), 'Some archaeological addenda to Golden's Khazar studies', *Acta Orientalia Academiae Scientiarium Hungaricae* 35: 397–412
Bálint, C. (1989), *Die Archäologie der Steppe: Steppenvölker zwischen Volga und Donau vom 6. bis zum 10. Jahrhundert*, Vienna and Cologne
Blum, J. (1953), "The beginnings of large-scale landownership in Russia', *Speculum* 28: 776–90
Boba, I. (1967), *Nomads, Northmen and Slavs: Eastern Europe in the Ninth Century*, The Hague and Wiesbaden
Bolin, S. (1953), 'Mohammed, Charlemagne, and Ruric', *Scandinavian Economic History Review* 1: 5–39
Bulkin, V. A., Dubov, I. V. and Lebedev, G. S. (1978), *Arkheologicheskie pamiatniki Drevnei Rusi IX–XI vekov*, Leningrad
Callmer, J. (1981), 'The archaeology of Kiev *ca*. AD 500–1000: a survey', *Figura* 19: 29–52
Callmer, J. (1987), 'The archaeology of Kiev to the end of the earliest urban phase', *Harvard Ukrainian Studies* 11: 323–64
Chadwick, N. (1946), *The Beginnings of Russian History: An Enquiry into Sources*, Cambridge
Chekin, L. S. (1990), 'The rôle of Jews in early Russian civilization in the light of a new discovery and new controversies', *Russian History/Histoire Russe* 17: 379–94
Cross, S. H. (1946), 'The Scandinavian infiltration into early Russia', *Speculum* 21: 505–14
Cross, S. H., and Conant, K. J. (1936), 'The earliest mediaeval churches of Kiev', *Speculum* 11: 477–99
Davidson, H. R. E. (1976), *The Viking Road to Byzantium*, London

Dejevsky, N. J. (1977), 'The Varangians in Soviet archaeology today', *Mediaeval Scandinavia* 10: 7–34
Dubov, I. V. (ed.) (1988), *Istoriko-arkheologicheskoe izuchenie Drevnei Rusi: Itogi i osnovnye problemy* (Slaviano-russkie drevnosti 1), Leningrad
Dunlop, D. M. (1954), *The History of the Jewish Khazars*, Princeton
Dvornik, F. (1956), *The Slavs: Their Early History and Civilization*, Boston
Eck, A. (1933), *Le Moyen Age russe*, Paris, ch. 1
Ericsson, K. (1966), 'The earliest conversion of the Rus' to Christianity', *Slavonic and East European Review* 44: 98–121
Fakhrutdinov, R. G. (1984), *Ocherki po istorii Volzhskoi Bulgarii*, Moscow
Froianov, I. Ia. (1980), *Kievskaia Rus': Ocherki sotsial'no-politicheskoi istorii*, Leningrad
Froianov, I. Ia. (1985–6), 'Large-scale ownership of land and the Russian economy in the tenth to twelfth centuries', *Soviet Studies in History* 24, no. 4: 9–82
Froianov, I. Ia. (1990), *Kievskaia Rus': Ocherki otechestvennoi istoriografii*, Leningrad
Gimbutas, M. (1963), *The Balts* (Ancient Peoples and Places), New York
Gimbutas, M. (1971), *The Slavs* (Ancient Peoples and Places), London
Golb, N., and Pritsak, O. (1982), *Khazarian Hebrew Documents of the Tenth Century*, Ithaca and London
Golden, P. B. (1980), *Khazar Studies: An Historico-Philological Inquiry into the Origins of the Khazars*, 1, Budapest
Golden, P. B. (1982a), 'Imperial ideology and the sources of political unity amongst the pre-Činggisid nomads of Western Eurasia', *Archivum Eurasiae Medii Aevi* 2: 37–76
Golden, P. B. (1982b), 'The question of the Rus' Qaganate', *Archivum Eurasiae Medii Aevi* 2: 77–97
Golden, P. B. (1983), 'Khazaria and Judaism', *Archivum Eurasiae Medii Aevi* 3: 127–56
Golden, P. B. (1990a), 'The peoples of the Russian forest belt', in D. Sinor (ed.), *The Cambridge History of Inner Asia*, Cambridge, pp. 229–55
Golden, P. B. (1990b), 'The peoples of the South Russian steppes', in D. Sinor (ed.), *The Cambridge History of Inner Asia*, Cambridge, pp. 256–84
Goldina, R. D. (1985), *Lomovatovskaia kul'tura v verkhnem Prikam'e*, Irkutsk
Grekov, B. (1959), *Kiev Rus*, Moscow
Hajdú, P. (1975), *Finno-Ugrian Languages and Peoples*, London
Hellie, R. (1971), *Enserfment and Military Change in Muscovy*, Chicago
Hellmann, M. (1962), 'Die Heiratspolitik Jaroslavs des Weisen', *Forschungen zur osteuropäischen Geschichte* 8: 7–25
Hellmann, M. (ed.) (1976), *Handbuch der Geschichte Russlands*, 1, Parts 1–6, Stuttgart, pp. 1–429
Hrbck, I. (1960), 'Bulghār', *Encyclopaedia of Islam*, 2nd edn, 1, Leiden, pp. 1304–8
Ioannisyan, O. M. (1990), 'Archaeological evidence for the development and urbanization of Kiev from the 8th to the 14th centuries', in D. Austin and L. Alcock (eds.), *From the Baltic to the Black Sea: Studies in Medieval Archaeology* (One World Archaeology 18), London, pp. 285–312
Khalikov, A. Kh. (1977–8), 'The culture of the peoples of the middle Volga in the tenth through the thirteenth centuries', *Soviet Anthropology and Archaeology* 16, no. 1: 49–86
Khazanov, A. M. (1984), *Nomads and the Outside World* (Cambridge Studies in Social Anthropology 44), Cambridge

795 Kipersky, V. (1952), 'The earliest contacts of the Russians with the Finns and Balts', *Oxford Slavonic Papers* 3: 67–80
Kluchevsky, V. O. (1960), *A History of Russia*, I, New York, pp. 1–100
Kodolányi, J. (1976), 'North Eurasian hunting, fishing, and reindeer-breeding civilizations', in P. Hajdú (ed.), *Ancient Cultures of the Uralian Peoples*, Budapest, pp. 145–71
Liapushkin, I. I. (1968), *Slaviane Vostochnoi Evropy nakanune obrazovaniia Drevnerusskogo gosudarstva* (Materialy i issledovaniia po arkheologii SSSR 152), Leningrad
Macartney, C. A. (1929–30), 'The Petchenegs', *SEER* 8: 342–55
Maenchen-Helfen, O. J. (1973), *The World of the Huns: Studies in their History and Culture*, Berkeley
Magomedov, M. G. (1983), *Obrazovanie khazarskogo kaganata*, Moscow
Martin, J. (1986), *Treasure of the Land of Darkness: The Fur Trade and its Significance for Medieval Russia*, Cambridge
Mezentsev, V. I. (1986), 'The emergence of the Podil and the genesis of the city of Kiev: problems of dating', *Harvard Ukrainian Studies* 10: 48–70
Mezentsev, V. I. (1989), 'The territorial and demographic development of medieval Kiev and other major cities of Rus': a comparative analysis based on recent archaeological research', *Russian Review* 48: 145–70
Mikheev, V. K. (1985), *Podon'e v sostave Khazarskogo Kaganata*, Khar'kov
Mühle, E. (1987), 'Die Anfänge Kievs (bis *ca.* 980) in archäologischer Sicht: ein Forschungsbericht', *Jahrbücher für Geschichte Osteuropas* 35: 80–101
Mühle, E. (1988), 'Die topographisch-städtebauliche Entwicklung Kievs vom Ende des 10. bis zum Ende des 12. Jh. im Licht archäologischen Forschungen', *Jahrbücher für Geschichte Osteuropas* 36: 350–76
Müller, L. (ed.) (1977–9), *Handbuch der Nestorchronik*, 3 vols.. (Forum Slavicum 48–50), Munich
Noonan, T. S. (1978), 'Cherniakhovo Culture', in *Modern Encyclopedia of Russian and Soviet History* IV, Gulf Breeze, pp. 241–3
Noonan, T. S. (1980), 'When and how dirhams first reached Russia: a numismatic critique of the Pirenne theory', *Cahiers du Monde Russe et Soviétique* 21: 401–69
Noonan, T. S. (1984), 'Why dirhams first reached Russia: the rôle of Arab–Khazar relations in the development of the earliest Islamic trade with Eastern Europe', *Archivum Eurasiae Medii Aevi* 4: 151–282
Noonan, T. S. (1985), 'Furs, fur trade', in *Dictionary of the Middle Ages*, New York, V, pp. 325–35
Noonan, T. S. (1986), 'Why the Vikings first came to Russia', *Jahrbücher für Geschichte Osteuropas* 34: 321–48
Noonan, T. S. (1988), 'Technology transfer between Byzantium and Eastern Europe: a case study of the glass industry in early Russia', in M. J. Chiat and K. L. Reyerson (eds.), *The Medieval Mediterranean: Cross-cultural Contacts*, St Cloud, MN
Noonan, T. S. (1989), *The Millennium of Russia's First Perestroika: The Origins of a Kievan Glass Industry under Prince Vladimir* (Kennan Institute Occasional Paper 233), Washington, DC
Noonan, T. S. (1992), 'Byzantium and the Khazars: a special relationship?', in J. Shepard and S. Franklin (eds.), *Byzantine Diplomacy*, Aldershot, pp. 109–32
Nosov, E. N. (1990), *Novgorodskoe (riurikovo) Gorodishche*, Leningrad

Obolensky, D. (1971), *The Byzantine Commonwealth: Eastern Europe 500–1453*, London
Oborin, V. (1976), *Drevnee iskusstvo narodov Prikam'ia: Permskii zverinyi stil'*, Perm
Paszkiewicz, H. (1954), *The Origin of Russia*, London and New York
Paszkiewicz, H. (1963), *The Making of the Russian Nation*, London
Poppe, A. (1976), 'The political background of the baptism of Rus': Byzantine–Russian relations between 986–89', *DOP* 30: 195–244
Poppe, A. (1980), 'Das Reich der Rus' in 10. und 11. Jahrhundert: Wandel der Ideenwelt', *Jahrbücher für Geschichte Osteuropas* 28: 334–54
Poppe, A. (1982), *The Rise of Christian Russia*, London
Pritsak, O. (1970), 'An Arabic text of the trade route of the corporation of Ar-Rūs in the second half of the ninth century', *Folia Orientalia* 12: 241–59
Pritsak, O. (1975), 'The Pečenegs: a case of social and economic transformation', *Archivum Eurasiae Medii Aevi* 1: 211–35
Pritsak, O. (1978), 'The Khazar kingdom's conversion to Judaism', *Harvard Ukrainian Studies* 2: 261–81
Pritsak, O. (1981), *The Origin of Rus'*, I: *Old Scandinavian Sources other than the Sagas*, Cambridge, MA
Rispling, G. (1989), 'The Volga-Bulgarian official coinage, AH 338–376 (AD 949–987)', unpublished computer listing of 23 official types
Rispling, G. (1990), 'The Volga-Bulgarian imitative coinage of al-Amir Yaltawar ("Barman") and Mikhail b. Jafar', in K. Jonsson and B. Malmer (eds.), *Sigtuna Papers: Proceedings of the Sigtuna Symposium on Viking-Age Coinage* (Commentationes de Nummis Saeculorum IX–XI in Suecia Repertis. Nova Series 6), Stockholm and London, pp. 275–82
Rybakov, B. (1965), *Early Centuries of Russian History*, Moscow
Sakharov, A. N. (1978–9), 'The "diplomatic recognition" of ancient Rus (AD 860)', *Soviet Studies in History* 17, no. 4: 36–98
Sawyer, P. H. (1982), *Kings and Vikings: Scandinavia and Europe, AD 700–1100*, London and New York
Schramm, G. (1980), 'Die erste Generation der altrussischen Fürstendynastie. Philologische Argumente für die Historizität von Rjurik und seinen Brüdern', *Jahrbücher für Geschichte Osteuropas* 28: 321–33
Sedov, V. V. (1982), *Vostochnye slaviane v VI–XIIIvv.* (Arkheologiia SSSR), Moscow
Sedov, V. V. (ed.) (1985), *Srednevekovaia Ladoga: Novye arkheologicheskie otkrytiia i issledovaniia*, Leningrad
Sedov, V. V. (ed.) (1987), *Finno-ugry i balty v epokhu srednevekhov'ia* (Arkheologiia SSSR), Moscow
Ševčenko. I. (1971), 'The date and author of the so-called fragments of Toparcha Gothicus', *DOP* 25: 115–88
Shepard, J. (1974), 'Some problems of Russo–Byzantine relations *ca.* 860–*ca.* 1050', *SEER* 52: 10–33
Shepard, J. (1978–9), 'Why did the Russians attack Byzantium in 1043?', *Byzantinisch-Neugriechischen Jahrbücher* 22: 147–212
Shepard, J. (1979), 'The Russian-Steppe frontier and the Black Sea zone', *Archeion Pontou* 35: 218–37
Shepard, J., and Franklin, S. (1996), *The Emergence of Rus, 750–1200*, London

796

797 Smedley, J. (1979), 'Archaeology and the history of Cherson: a survey of some results and problems', *Archeion Pontou* 35: 172–92
Smith, R. E. F. (1959), *The Origins of Farming in Russia*, Paris and The Hague
Smith, R. E. F. (1977), *Peasant Farming in Muscovy*, Cambridge
Sorlin, I. (1961), 'Les Traités de Byzance avec la Russie au xe siècle', *Cahiers du Monde Russe et Soviétique* 2: 313–60, 447–75
Stalsberg, A. (1982), 'Scandinavian relations with northwestern Russia during the Viking Age: the archaeological evidence', *Journal of Baltic Studies* 13: 267–95
Stokes, A. D. (1961–2), 'The Balkan campaigns of Svyatoslav Igorevich', *SEER* 40: 466–96
Stokes, A. D. (1961–2), 'The background and chronology of the Balkan campaigns of Svyatoslav Igorevich', *SEER* 40: 45–57
Sverdlov, M. B. (1982–3), 'Family and commune in Ancient Rus'', *Soviet Studies in History* 21, no. 2: 1–25
Tatishchev, V. N. (1963), *Istoriia Rossiiskaia*, II, Moscow and Leningrad
Thomsen, V. (1877), *The Relations between Ancient Russia and Scandinavia and the Origin of the Russian State*, Oxford and London
Váňa, Z. (1983), *The World of the Ancient Slavs*, Detroit
Varangian (1970), *Varangian Problems* (Scando-Slavica Supplementum 1), Copenhagen
Vasiliev, A. A. (1946), *The Russian Attack on Constantinople in 860*, Cambridge, MA
Vasiliev, A. A. (1951), 'The second Russian attack on Constantinople', *DOP* 6: 161–225
Vernadsky, G. (1948), *Kievan Russia* (A History of Russia, ed. G Vernadsky and M. Karpovich, 2), New Haven
Vlasto, A. P. (1970), *The Entry of the Slavs into Christendom: An Introduction to the Medieval History of the Slavs*, Cambridge
Vodoff, V. (1988), *Naissance de la Chrétienté russe: la conversion du prince Vladimir de Kiev (989) et ses conséquences*, Paris
Vorren, Ø., and Manker, E. (1962), *Lapp Life and Customs*, Oxford
Wozniak, F. (1984), 'Byzantium, the Pechenegs, and the Khazars in the tenth century: the limitations of a great power's influence on its clients', *Archivum Eurasiae Medii Aevi* 4: 299–316
Zakhoder, B. N. (1962–7), *Kaspiiskii svod svedenii o Vostochnoi Evrope*, 2 vols.., Moscow
Zguta, R. (1975), 'Kievan coinage', *SEER* 53: 483–92

第二十章　波希米亚和波兰：西斯拉夫人国家形成中的两个范例

Abraham, W. (1962), *Organizacja Kościoła w Polsce do połowy XII wieku*, 3rd edn, Poznań
Balzer, O. (1895), *Genealogia Piastów*, Cracow
Bosl, K. (ed.) (1966–7, 1971–4, 1967–8, 1969–70), *Handbuch der Geschichte der böhmischen Länder*, I–IV, Stuttgart
Chrystianizacja (1994), *Chrystianizacja Polski południowej*, Cracow
Davies, N. (1982a, 1982b), *God's Playground: A History of Poland*, 2 vols., 2nd edn, Oxford
Dobiáš J. (1964), *Dějiny československého území před vystoupením Slovanů*, Prague
Dowiat, J. (ed.) (1985), *Kultura Polski średniowiecznej X–XIII wieku*, Warsaw
Dvornik, F. (1949), *The Making of Central and Eastern Europe*, London

Fried, J. (1989), *Otto III. und Boleslaw Chrobry: das Widmungsbild des Aachener Evangeliars, der 'Akt von Gnesen' und das frühe polnische und ungarische Königtum*, Stuttgart
Görich, K. (1993), *Otto III. Romanus, Saxonicus et Italicus: kaiserliche Rompolitik und sächsische Historiographie*, Sigmaringen
Grabski, A. F. (1966), *Bolesław Chrobry: Zarys dziejów politycznych i wojskowych*, 2nd edn, Warsaw
Graus, F. and Ludat, H. (eds.) (1967), *Siedlung und Verfassung Böhmens in der Frühzeit*, Wiesbaden
Hellmann, M. (1985), *Daten der polnischen Geschichte*, Munich
Hoensch, J. K. (1983), *Geschichte Polens*, Stuttgart
Hoensch, J. K. (1987), *Geschichte Böhmens: von der slawischen Landnahme bis ins 20. Jahrhundert*, Munich
Jasiński, K. (1992), *Rodowód pierwszych Piastów*, Warsaw and Wrocław
Kętrzyński, S. (1961), *Polska X–XI wieku*, Warsaw
Kłoczowski, J. (ed.) (1966), *Kościół w Polskie*, 1: *Średniowiecze*, Cracow
Krzemieńska, B. (1979), *Boj knížete Břetislava I. o upevnění českého státu (1039–1041)*, Prague
Krzemieńska, B., and Třeštík D. (1979), 'Wirtschaftliche Grundlagen des frühmittelalterlichen Staates in Mitteleuropa (Böhmen, Polen, Ungarn im 10.-11. Jh.)', *Acta Poloniae Historica* 40: 5–31
Labuda, G. (1946, 1988), *Studia nad początkami państwa polskiego*, 2 vols., Poznań (1 2nd edn Poznań 1987)
Labuda, G. (1992), *Mieszko II król polski (1025–1034): czasy przełomu w dziejach państwa polskiego*, Cracow
Leciejewicz, L. (1989), *Słowianie zachodni. Z dziejów tworzenia się średniowiecznej Europy*, Wrocław
Łowmiański, H. (1963a, 1963b, 1967, 1970, 1973, 1985a, 1985b), *Początki Polski*, I–IV (vol. 6 in two parts), Warsaw
Ludat, H. (1971), *An Elbe und Oder um das Jahr 1000: Skizzen zur Politik des Ottonenreiches und der slavischen Mächte in Mitteleuropa*, Cologne and Vienna
Modzelewski, K. (1975), *Organizacja gospodarcza państwa piastowskiego X–XIII wiek*, Wrocław
Modzelewski, K. (1987), *Chłopi w monarchii wczesnopiastowskiej*, Wrocław
Myśliński, K. (1993), *Polska wobec Słowian Połabskich do końca wieku XII*, Lublin
Nasza (1988), *Nasza Przeszłość*, LXIX, Cracow
Niederle, L. (1919), *Slovanské starožitnosti*, III: *Původ a počátky Slovanů západních*, Prague
Początki (1962a, 1962b), *Początki państwa polskiego: Księga Tysiąclecia*, 2 vols., Poznań
Rhode, G. (1966), *Geschichte Polens: ein Überblick*, 2nd edn, Darmstadt
Sedlar, J. W. (1994), *East Central Europe in the Middle Ages* (A History of East Central Europe 3), Seattle and London
Slavi (1983a, 1983b), *Gli Slavi occidentali e meridionali nell'alto medioevo* (Settimane 30), 2 vols., Spoleto
Słownik (1961, 1964, 1967, 1970, 1975, 1977, 1982, 1991, 1996), *Słownik starożytności słowiańskich: encyklopedyczny zarys kultury Słowian od czasów najdawniejszych do schyłku wieku XII* (Lexicon Antiquitatum Slavicarum), 9 vols., Wrocław
Strzelczyk, J. (1999), *Mieszko Pierwszy*, 2nd edn Poznań
Třeštík, D. (1998), *Počátky Přemyslovců*, Prague

799 Turek, R. (1963), *Čechy na úsvité dějin*, Prague
Tymieniecki, K. (1951), *Ziemie polskie w starożytności: ludy i kultury najdawniejsze*, Poznań
Urbańczyk, P. (ed.) (1997a), *Origins of Central Europe*, Wrocław
Urbańczyk, P. (ed.) (1997b), *Early Christianity in Central and East Europe*, Warsaw
Wattenbach, W. and Holtzmann, R. (1967), *Deutschlands Geschichtsquellen im Mittelalter: die Zeit der Sachsen und Salier*, vols. 2 and 3, new edn by F.-J. Schmale, Weimar
Zernack, K. (1977), *Osteuropa: eine Einführung in seine Geschichte*, Munich

第二十一章 匈牙利

Antonopoulos, P. (1993), 'Byzantium and the Magyar raids', *Byzantinoslavica* 54: 254–67
Bakay, K. (1967), 'Archäologische Studien zur Frage der ungarischen Staatsgründung. Angaben zur Organisierung des fürstlichen Heeres', *Acta Archaeologica Academiae Scientiarum Hungaricae* 19: 105–73
Bakay, K. (ed.) (1994), *Sacra corona Hungariae*, Szombathely
Bálint, C. (1991), *Südungarn im 10. Jahrhundert*, Budapest
Bartha, A (1975), *Hungarian Society in the Ninth and Tenth Centuries*, Budapest
Boba, I. (1967), *Nomads, Northmen and Slavs: Eastern Europe in the Ninth Century*, Wiesbaden
Bogyay, T. (1976), *Stephanus rex*, Munich and Vienna
Bóna, I. (1971), 'Ein Vierteljahrhundert der Völkerwanderungszeitforschung in Ungarn', *Acta Archaeologica Academiae Scientiarum Hungaricae* 23: 265–336
Bowlus, C. (1995), *Franks, Moravians and Magyars: The Struggle for the Middle Danube 788–907*, Philadelphia
Chalmeta, P. (1976), 'La Mediterannée occidentale et El-Andalus de 933 à 941: les données d'Ibn ayyān', *Rivista degli studi orientali* 50: 337–51
Czeglédy, K. (1983), 'From East to West: the age of nomadic migrations in Eurasia', *Archivum Eurasiae Medii Aevi* 3: 25–125
Darkó, J. (1921), 'Zur Frage der urmagyarischen und urbolgarischen Beziehungen', *Kőrösi Csoma Archivum* 1: 292–301
Déer, J. (1965), 'Karl der Grosse und der Untergang des Awarenreiches', in H. Beumann (ed.), *Karl der Grosse, Persönlichkeit und Geschichte*, Düsseldorf, pp. 719–91
Déer, J. (1966), *Die heilige Krone Ungarns* (Osterreichische Akademie der Wissenschaften, Denkschriften, Phil.-Hist. Kl., 91), Graz
di Cave, C (1995), *L'arrivo degli ungheresi in Europa e la conquesta della patria: fonti e letteratura critica*, Spoleto
Dienes, I. (1972), *Die Ungarn um die Zeit der Landnahme*, Budapest
Fasoli, G. (1945), *Le incursioni unghare in Europa nel secolo X*, Florence
Göckenjan, H. (1972), *Hilfsvölker und Grenzwächter im mittelalterlichen Ungarn*, Wiesbaden
Golden, P. (1990) 'Peoples of the Russian Forest Belt', in D. Sinor, (ed.), *The Cambridge History of Early Inner Asia*, Cambridge, pp. 229–55
Györffy, G. (1969a), 'Zu den Anfängen der ungarischen Kirchenorganisation auf Grund neuer quellenkritischer Ergebnisse', *Archivum Historiae Pontificiae* 7: 79–113
Györffy, G. (1969b), 'Les Débuts de l'évolution urbaine en Hongrie', *CCM* 12: 127–46, 253–64

Györffy, G. (1971), 'Der Aufstand von Koppány', in L. Ligeti, (ed.), *Studia Turcica*, Budapest, pp. 175–211
Györffy, G. (1975), 'Système des résidences d'hiver et d'été chez les nomades et les chefs hongroises au xe siècle', *Archivum Eurasiae Medii Aevi* 1: 45–153
Györffy, G. (1983), *Wirtschaft und Gesellschaft der Ungarn um die Jahrtausendwende*, Vienna
Györffy, G. (1984), 'Die Anfänge der ungarischen Kanzlei im 11. Jahrhundert', *AfD* 30: 88–96
Györffy, G. (1985) 'Landnahme, Ansiedlung und Streifzüge der Ungarn', *Acta Historica Academiae Scientiarum Ungaricae* 31: 231–70
Györffy, G. (1988a), *König Stephan der Heilige*, Budapest; English trans. as *King Saint Stephen of Hungary*, Boulder, CO, 1994
Györffy, G. (1988b), 'Nomades et sémi-nomades: la naissance de l'état hongrois', *Settimane* 35: 621–35
Hóman, B. (1940), *Geschichte des ungarischen Mittelalters*, 1, Berlin
Innes, M. (1997), 'Franks and Slavs c. 700–1000: the problem of European expansion before the millennium', *Early Medieval Europe* 6: 201–16
Kiss, A. (1985), 'Studien zur Archäologie der Ungarn im 10. und 11. Jh.', in H. Wolfram and A. Scharer, (eds.), *Die Bayern und ihre Nachbarn*, 2 vols., Vienna, II, pp. 217–380
Leyser, K. (1965), 'The battle of the Lech (955). A study in tenth-century warfare', *History* 50: 1–25
Lipták, P. (1957), 'Awaren und Magyaren im Donau-Theiss-Zwischenstromgebiet', *Acta Archaeologica Academiae Scientiarum Hungaricae* 8: 199–268
Lipták, P. (1983), *Avars and Ancient Hungarians*, Budapest
Lüttich, R. (1910), *Ungarnzüge in Europa im 10. Jh.*, Berlin
Macartney, C. A. (1930), *The Magyars in the Ninth Century*, Cambridge
Macartney, C. A. (1940), *Studies on the Early Hungarian Historical Sources*, Budapest
Makk, F. (1989), *The Árpáds and the Comneni: political relations between Hungary and Byzantium in the 12th Century*, Budapest
Moór, E. (1959), 'Die Benennungen der Ungarn in den Quellen des IX. und X. Jahrhunderts', *Ural-Altaische Jahrbücher* 31: 191–229
Moravcsik, G. (1958), *Byzantinoturcica*, 2nd edn, Berlin
Moravcsik, G. (1967), *Studia Byzantina*, Budapest
Moravcsik, G. (1970), *Byzantium and the Magyars*, Budapest
Ostrogorsky, G. (1951) 'Urum-Despotes. Die Anfänge der Despoteswürde in Byzanz', *BZ* 44: 448–60
Róna-Tas, A. (1988), 'Ethnogenese und Staatsgründung. Die türkische Komponente in der Ethnogenese des Ungartums', in *Studien zur Ethnogenese* (Rheinisch-Westfälische Akademie der Wissenschaft, Düsseldorf, Abhandlungen der Phil.-hist. Kl., 78), Opladen, pp. 107–42
Schünemann, K. (1923), *Die Deutschen in Ungarn vom 9. bis 12. Jahrhundert*, Berlin and Leipzig
Silagi, G. (1988), 'Die Ungarnstürme in der ungarischen Geschichtsschreibung', *Settimane* 35: 245–72
Studien (1983), *Studien zur Machtsymbolik des mittelalterlichen Ungarn* (Insignia regni Hungariae 1), Budapest

801 Szücs, J. (1972), 'König Stephan in der Sicht der modernen ungarischen Geschichtsforschung', *Südost-Forschungen* 31: 17–40

Tagányi, K. (1902), 'Alte Grenzschutzvorrichtungen und Grenzödland: *gyepü* und *gyepüelve*', *Ungarische Jahrbücher* 1: 105–21

Vajay, S. (1962), 'Grossfürst Geysa von Ungarn', *Südost-Forschungen* 21: 45–101

Vajay, S. (1968), *Der Eintritt des ungarischen Stämmebundes in die europäische Geschichte (862–933)*, Mainz

第二十二至二十五章　拜占庭和保加利亚帝国

Ahrweiler, H. (1975), *L'Idéologie de l'Empire byzantin*, Paris

Althoff, G. (1991), 'Vormundschaft, Erzieher, Lehrer – Einflüsse auf Otto III. ', in A. von Euw and P. Schreiner (1991b), pp. 277–89

Bakalov, G. (1985), *Srednovekovniiat b'lgarski vladetel (titulatura i insignii)*, Sofia

Barbu, D. (1989), 'Monde byzantin ou monde orthodoxe?', *Revue des Etudes Sud-Est Européennes* 27: 259–71

Berschin, W. (1980), *Griechisch-Lateinisches Mittelalter von Hieronymus zu Nikolaus von Kues*, Berne and Munich

Beševliev, V. (1962), 'Souveränitätsansprüche eines bulgarischen Herrschers im 9. Jahrhundert', *BZ* 55: 11–20

Beševliev, V. (1963), *Die protobulgarischen Inschriften* (Berliner Byzantinische Arbeiten 23), Berlin

Beševliev, V. (1979), *P'rvo-B'lgarski nadpisi*, Sofia

Bibikov, M. V. (1991), 'Sravnitel'nyi analiz sostava "Izbornika Sviatoslava 1073 g." i ego vizantiiskikh analogov', *Vizantiiskii Vremennik* 51: 92–102

Bloch, H. (1984), 'Der Autor der "Graphia aureae urbis Romae"', *DA* 40: 55–175

Bloch, H. (1988), 'Peter the Deacon's vision of Byzantium and a rediscovered treatise in his *Acta S. Placidi*', *Settimane* 34.2, Spoleto, pp. 797–847

Boscolo, A. (1978), *La Sardegna bizantina e alto-giudicale* (Storia della Sardegna antica e moderna 4), Sassari

Božilov, I. (1983), *Tsar Simeon Veliki (893–927): Zlatniiat vek na srednovekovna B'lgariia*, Sofia

Božilov, I. (1986a), 'L'Idéologie politique du tsar Syméon: Pax Symeonica', *Byzbulg* 8: 73–88

Božilov, I. (1986b), 'Preslav et Constantinople: dépendance et indépendance culturelles', in *The 17th International Byzantine Congress: Major Papers (Washington, DC. August 3–8 1986)*, New York, pp. 429–54

Brokkar, W. G. (1972), 'Basil Lecapenus', *Byzantina Neerlandica* 3: 199–234

Brown, T. S. (1993), 'Ethnic independence and cultural deference: the attitude of the Lombard principalities to Byzantium c. 876–1077', in Vavřínek (1993), pp. 5–12

Browning, R. (1975), *Byzantium and Bulgaria*, London

Brühl, C. (1968), *Fodrum, Gistum, Servitium Regis* (Kölner Historische Abhandlungen 14), 2 vols. paginated as 1, Cologne and Graz

Brühl, C. (1989a, 1989b), *Aus Mittelalter und Diplomatik. Gesammelte Aufsätze*, 2 vols., Hildesheim, Munich and Zurich

Brühl, C. (1989c), 'Die Kaiserpfalz bei St. Peter und die Pfalz Ottos III. auf dem Palatin (Neufassung 1983)', in Brühl (1989a), pp. 3–31

Burgmann, L., Fögen, M.-T., and Schminck, A. (eds.) (1985), *Cupido Legum*, Frankfurt am Main
Cameron, A. (1987), 'The construction of court ritual: the Byzantine *Book of Ceremonies*', in D. Cannadine and S. Price (eds.), *Rituals of Royalty: Power and Ceremonial in Traditional Societies*, Cambridge, pp. 106–36
Canard, M. (1953), *Histoire de la dynastie des H'amdanides de Jazīra et de Syrie*, Paris
Cheynet, J.-C. (1990), *Pouvoir et contestations à Byzance (963–1210)* (Byzantina Sorbonensia 9), Paris
Chrysos, E. K. (1975), 'Die "Krönung" Symeons in Hebdomon', *Cyrillomethodianum* 3: 169–73
Connor, C. F. (1991), *Art and Miracles in Medieval Byzantium*, Princeton
Cormack, R. (1985), *Writing in Gold: Byzantine Society and its Icons*, London
Cutler, A. (1984), *The Aristocratic Psalters in Byzantium*, Paris
Dagron, G. (1983), 'Byzance et le modèle islamique au x siècle. A propos des *Constitutions tactiques* de l'empereur Léon VI', *Comptes rendus des séances de l'Académie des Inscriptions et Belles-Lettres*, Paris, pp. 219–43
Davids, A. (ed.) (1995), *The Empress Theophano: Byzantium and the West at the Turn of the First Millennium*, Cambridge
Deér, J. (1961), 'Der Globus des spätrömischen und des byzantinischen Kaisers. Symbol oder Insigne?', *BZ* 54: 53–85, 291–318
Denkova, L. (1993), 'Bogomilism and literacy. (An attempt of general analysis of a tradition)', *Etudes Balkaniques* 1: 90–6
Dimitrov, P. (1987), 'Pet′r chernorizets', *Starob′lgarska Literatura* 21: 26–49
Dobschütz E., von (1899), *Christusbilder*, Leipzig
Dölger, F. (1939), 'Der Bulgarenherrscher als geistlicher Sohn des byzantinischen Kaisers', *Izvestiia na B′lgarskoto Istorichesko Druzhestvo* 16–17 (= *Sbornik v pamet na prof. Pet′r Nikov)*, Sofia, pp. 219–32, repr. in Dölger (1976), pp. 183–96
Dölger, F. (1976), *Byzanz und die europäische Staatenwelt*, Darmstadt
Ducellier, A. (1981), *Le Façade maritime de l'Albanie au moyen âge: Durazzo et Valona du XI au XV siècle* (Institute for Balkan Studies 177), Thessalonika
Ducellier, A. (1986), *Byzance et le monde orthodoxe*, Paris
Duichev (Dujčev), I. (ed.) (1985), *Kiril and Methodios: Founders of Slavonic Writing*, trans. S. Nikolov (East European Monographs 172), Boulder, CO
Dujčev, I. (1961), Bibliographical notice on Gerasimov (1960), *BZ* 54: 249
Dujčev, I. (1965, 1968, 1971), *Medioevo Byzantino-Slavo* (Storia e Letteratura. Raccolta di Studi e Testi 102, 113, 119), 3 vols., Rome
Dujčev, I. (1978), 'On the treaty of 927 with the Bulgarians', *DOP* 32: 217–95
Falkenhausen, V. von (1978), *La dominazione bizantina nell'Italia meridionale dal IX all' XI secolo*, Bari
Falkenhausen, V. von (1989a), 'La vita di S. Nilo come fonte storica per la Calabria bizantina', in *Atti del congresso internazionale su S. Nilo di Rossano 28 Settembre – 1 Ottobre 1986*, Rossano-Grottaferrata, pp. 271–305
Falkenhausen, V. von (1989b), 'Die Städte im byzantinischen Italien', *Mélanges de l'Ecole française de Rome: Moyen Age* 101: 401–64
Farag, W. (1977), *The Truce of Safar A.H. 359, December–January 969–970*, Birmingham
Ferluga, J. (1976), *Byzantium on the Balkans*, Amsterdam

Ferluga, J. (1978), *L'amministrazione bizantina in Dalmazia*, Venice
Fine, J. V. A. (1983) *The Early Medieval Balkans: A Critical Survey from the Sixth to the Twelfth Century*, Ann Arbor
Foss, C. (1976), *Byzantine and Turkish Sardis*, Cambridge, MA and London
Foss, C. (1979), *Ephesus after Antiquity: A Late Antique, Byzantine and Turkish City*, Cambridge
France, J. (1991), 'The occasion of the coming of the Normans to southern Italy', *Journal of Medieval History* 17: 185–205
Frolow, A. (1961), *La Relique de la Vraie Croix: recherches sur le développement d'un culte* (Institut français d'études byzantines. Archives de l'Orient chrétien 7), Paris
Frolow, A. (1965), *Les Reliquaires de la Vraie Croix*, Paris
Gay, J. (1904), *L'Italie méridionale et l'Empire byzantin depuis l'avènement de Basile I jusqu'à la prise de Bari par les Normands*, Paris
Gelzer, H. (1893), 'Ungedruckte und wenig bekannte Bistümerverzeichnisse der orientalischen Kirche, II', *BZ* 2: 22–72
Georgiev, E. (1962), *Raztsvet't na b'lgarskata literatura v IX–X v.*, Sofia
Gerasimov, T. (1934), 'Tri starob'lgarski molivdovula', *Izvestiia na B'lgarskiia Arkheologicheski Institut* 8: 350–60
Gerasimov, T. (1938), 'Olovni pechati na b'lgarskite tsare Simeon i Pet'r', *Izvestiia na B'lgarskiia Arkheologicheski Institut* 12: 354–64
Gerasimov, T. (1960), 'Novootkrit oloven pechat na tsar Simeon', *Izvestiia na Arkheologicheskiia Institut* 23: 67–70
Gerasimov, T. (1976), 'B'lgarski i vizantiiski pechati ot Preslav', *Preslav* 2: 125–41
Görich, K. (1993), *Otto III. Romanus Saxonicus et Italicus: kaiserliche Rompolitik und sächsische Historiographie* (Historische Forschungen 18), Sigmaringen
Grégoire, H. (1937), 'Du nouveau sur l'histoire bulgaro-byzantine. Nicétas Pégonitès vainqueur du roi bulgare Jean Vladislav', *Byz* 12: 283–91
Gregory, T. E. (1974), 'The gold coinage of the Emperor Constantine VII', *The American Numismatic Society Museum Notes* 19: 87–118
Gregory, T. E. (1980), 'The political program of Constantine Porphyrogenitus', *Actes du XV Congrès International d'Etudes Byzantines* IV, Athens, pp. 122–30
Grierson, P. (1973a, 1973b), *Catalogue of the Byzantine Coins in the Dumbarton Oaks Collection: Leo III to Nicephorus III, 717–1081*, 2 vols., Washington, DC
Grumel, V. (1936), *Les Regestes des actes du patriarchat de Constantinople*, I.2: *Les Regestes de 715 à 1043*, Chalcedon
Györffy, G. (1988), *König Stephan der Heilige*, Budapest
Haldon, J. (1992), 'The army and the economy: the allocation and redistribution of surplus wealth in the Byzantine state', *Mediterranean Historical Review* 7: 133–53
Haldon, J. (1993), 'Military service, military lands, and the status of soldiers: current problems and interpretations', *DOP* 45: 1–67
Hamilton, B. (1979), *Monastic Reform, Catharism and the Crusades, 900–1300*, London
Harvey, A. (1989), *Economic Expansion in the Byzantine Empire 900–1200*, Cambridge
Hendy, M. (1985), *Studies in the Byzantine Monetary Economy, c. 300–1450*, Cambridge
Hiestand, R. (1964), *Byzanz und das Regnum Italicum im 10. Jahrhundert*, Zurich
Howard-Johnston, J. D. (1983), 'Byzantine Anzitene', in S. Mitchell (ed.), *Armies and*

Frontiers in Roman and Byzantine Anatolia (BAR, International Series 156), Oxford, pp. 239–90

Hunger, H. (1978a, 1978b), *Die hochsprachliche profane Literatur der Byzantiner*, 2 vols., Munich

Hussey, J. M. (1986), *The Orthodox Church in the Byzantine Empire*, Oxford

Ianeva, P. (1987), 'Za izvorite na *Letopis'ts' v'kratse* v Izbornik 1073 g.', *Palaeobulgarica* 11(3): 98–104

Ivanov, J. (1970), *B'lgarski starini iz Makedoniia*, Sofia

Jenkins, R. J. H. (1966), *Byzantium, the Imperial Centuries, A.D. 610–1071*, London

Jenkins, R. J. H. (1970), *Studies on Byzantine History of the 9th and 10th Centuries*, London

Jolivet-Levy, C. (1987), 'L'Image du pouvoir dans l'art byzantin à l'époque de la dynastie macédonienne (867–1056)', *Byz* 57: 441–70

Jordanov, I. (1984), 'Molybdobulles de Boris-Mihail (865–889) et de Siméon (893–913)', *Etudes Balkaniques* 4: 89–93

Jurukova, J. (1980), 'Sreb'ren pechat na tsar Pet'r (927–968)', *Numizmatika* 14(3): 3–12

Jurukova, J. (1984), 'La Titulature des souverains du premier royaume bulgare d'après les monuments de la sphragistique', in *Sbornik v pamet na Prof. Stancho Vaklinov*, Sofia, pp. 224–30

Jurukova, J. (1985), 'Novi nabliudeniia v'rkhu niakoi redki pametnitsi na sred'novekovnata b'lgarska sfragistika', *Numizmatika* 19, no. 3: 15–24

Jurukova, J. and Penchev, V. (eds.), (1990), *B'lgarski srednovekovni pechati i moneti*, Sofia

Karlin-Hayter, P. (1981), *Studies in Byzantine Political History*, London

Kazhdan, A. (1983), 'Certain traits of imperial propaganda in the Byzantine empire from the eighth to the fifteenth centuries', in *Prédication et propagande au moyen âge: Islam, Byzance, Occident* (Penn–Paris–Dumbarton Oaks Colloquia 3), Paris, pp. 13–28

Kennedy, H. (1986), *The Prophet and the Age of the Caliphates: The Islamic Near East from the Sixth to the Eleventh Century*, London

Kennedy, H. (1992), 'Byzantine–Arab diplomacy in the Near East from the Islamic conquests to the mid-eleventh century', in Shepard and Franklin (1992), pp. 133–43

Klaić, N. (1971), *Povijest Hrvata u ranom srednjem vijeku*, Zagreb

Kolias, G. (1939), *Léon Choerosphactès, magistre, proconsul et patrice* (Texte und Forschungen zur Byzantinisch-Neugriechischen Philologie 31), Athens

Kravari, V., Lefort, J. and Morrisson, C. (eds.) (1991), *Hommes et richesses dans l'Empire byzantin*, II: *VIII–XV siècle*, Paris

Kuev, K. (1986), 'Pokhvala na tsar Simeon – rekonstruktsiia i razbor', *Palaeobulgarica* 10(2): 3–23

Kusseff, M. (1950), 'St. Nahum', *SEER* 29: 139–52

Lemerle, P. (1967), '"Roga" et rente d'état aux x–xi siècles', *Revue des Etudes Byzantines* 25: 77–100

Lemerle, P. (1979), *The Agrarian History of Byzantium from the Origins to the Twelfth Century*, Galway

Lesńy, J. (1985), 'Państwo Samuel a jego zachodni sąsiedzi', *Balcanica Posnaniensia* 2: 87–112

Leyser, K. (1973), 'The tenth century in Byzantine–Western relationships', in D. Baker (ed.), *Relations between East and West in the Middle Ages*, Edinburgh, pp. 29–63

Leyser, K. (1988), 'Ends and means in Liudprand of Cremona', in J. D. Howard-Johnston (ed.), *Byzantium and the West c. 850–c. 1200*, Amsterdam, pp. 119–43

805 Leyser, K. (1995), 'Theophanu divina gratia imperatrix augusta: western and eastern emperorship in the later tenth century', in Davids (1995), pp. 1–27
McCormick, M. (1986), Eternal Victory: Triumphal Rulership in Late Antiquity, Byzantium and the Early Medieval West, Cambridge
Macrides, R. (1992), 'Dynastic marriages and political kinship', in Shepard and Franklin (1992), pp. 263–80
Magdalino, P. (1988), 'The bath of Leo the Wise and the "Macedonian Renaissance" revisited: topography, ceremonial, ideology', DOP 42: 97–118
Mango, C. (1980), Byzantium: The Empire of New Rome, London
Markopoulos, A. (ed.) (1989), Konstantinos Z' Porphyrogennetos kai e epoche tou (B' Diethnes Byzantinologike Synantese), Athens
Martin, J.-M. and Noyé, G. (1991), 'Les Villes de l'Italie byzantine (IX–XI siècle)', in Kravari, Lefort and Morrisson (1991), pp. 27–62
Mercati, S. G. (1970), 'Sull' epitafio di Basilio II Bulgaroctonos', repr. in Collectanea Byzantina, Bari, II, pp. 226–31
Mikhailov, S. (1990), 'Po razchitaneto na edin oloven pechat na tsar Simeon', Palaeobulgarica 14(1): 111–12
Milev, A. (ed.) (1966), Gr'tskite zhitiia na Kliment Okhridski, Sofia
Moffatt, A. (1995), 'The Master of Ceremonies' bottom drawer. The unfinished state of the De cerimoniis of Constantine Porphyrogennetos', BSl 56: 377–88
Morris, R. (1988), 'The two faces of Nikephoros Phokas', BMGS 12: 83–115
Morris, R. (1995), Monks and Laymen in Byzantium, 843–1118, Cambridge
Nesbitt, J. and Oikonomides, N. (1991–), Catalogue of Byzantine Seals at Dumbarton Oaks and in the Fogg Museum of Art, one vol. published so far, Washington, DC
Nicol, D. (1988), Byzantium and Venice, Cambridge
Obolensky, D. (1948), The Bogomils, Cambridge
Obolensky, D. (1971), The Byzantine Commonwealth: Eastern Europe, 500–1453, London
Obolensky, D. (1988), Six Byzantine Portraits, Oxford
Obolensky, D. (1993), 'Byzantium, Kiev and Cherson in the tenth century', in Vavřínek (1993), pp. 108–13
Odorico, P. (1987), 'Il calamo d'argento. Un carme inedito in onore di Romano II', Jahrbuch der österreichischen Byzantinistik 37: 65–93
Ohnsorge, W. (1958), Abendland und Byzanz, Darmstadt
Ohnsorge, W. (1983), Ost-Rom und der Westen, Darmstadt
Oikonomides, N. (ed.) (1987, 1990), Studies in Byzantine Sigillography, 2 vols., Washington, DC
Pavlova, R. (1991), 'Za tvorchestvoto na Pet'r chernorizets', Starob'lgarska Literatura 25–6: 73–84
Petrovskii, N. M. (1913), 'Pis'mo patriarkha Konstantinopol'skogo Feofilakta tsariu Bolgarii Petru', Izvestiia otdeleniia russkogo iazyka i slovesnosti Imperatorskoi Akademii Nauk 18(3): 356–72
Popov, G. (1985), Triodni proizvedeniia na Konstantin Preslavski (Kirilo-Metodievski Studii 2), Sofia
Prinzing, G. (1993), 'Das Bamberger Gunthertuch in neuer Sicht', in Vavřínek (1993), pp. 218–31
Rentschler, M. (1981), Liudprand von Cremona (Frankfurter Wissenschaftliche Beiträge, Kulturwissenschaftliche Reihe 14), Frankfurt am Main

Rodley, L. (1985), *Cave Monasteries of Byzantine Cappadocia*, Cambridge
Runciman, S. (1929), *The Emperor Romanus Lecapenus and his Reign*, Cambridge
Runciman, S. (1930), *A History of the First Bulgarian Empire*, London
Rydén, L. (1984), 'The portrait of the Arab Samonas in Byzantine literature', *Graeco-Arabica* 3: 101–8
Sansterre, J.-M. (1989), 'Otton III et les saints ascètes de son temps', *Rivista di storia della chiesa in Italia* 43: 377–412
Sansterre, J.-M. (1990), 'Le Monastère des Saints-Boniface et Alexis sur l'Aventin et l'expansion du christianisme dans le cadre de la "Renovatio imperii Romanorum"', *Revue Benedictine* 100: 493–506
Schminck, A. (1986), *Studien zu mittelbyzantinischen Rechtsbüchern* (Forschungen zur byzantinischen Rechtsgeschichte 13), Frankfurt am Main
Schramm, G. (1981), *Eroberer und Eingesessene*, Stuttgart
Schramm, P. E. (1929, 1957), *Kaiser, Rom und Renovatio*, 2 vols., vol. 1 2nd edn, Darmstadt
Schramm, P. E. (1954, 1955, 1956), *Herrschaftszeichen und Staatsymbolik* (Schriften der MGH 13/1–3), 3 vols., Stuttgart
Schramm, P. E. (1968a, 1968b, 1969b, 1970, 1971), *Kaiser, Könige und Päpste: Gesammelte Aufsätze zur Geschichte des Mittelalters*, 4 vols. in 5, Stuttgart
Schramm, P. E. (1969a), 'Kaiser Otto III. (*980, †1002), seine Persönlichkeit und sein "byzantinischer Hofstaat"', in Schramm (1969b), pp. 277–97
Schramm, P. E. and Mütherich, F. (1962), *Denkmale der deutschen Könige und Kaiser* (Veröffentlichungen des Zentralinstituts für Kunstgeschichte in München 2), Munich
Segal, J. B. (1970), *Edessa, 'The Blessed City'*, Oxford
Sevčenko, I. (1992), 'Re-reading Constantine Porphyrogenitus', in Shepard and Franklin (1992), pp. 167–95
Shepard, J. (1988), 'Aspects of Byzantine attitudes and policy towards the West in the tenth and eleventh centuries', in J. D. Howard-Johnston (ed.), *Byzantium and the West c. 850–c. 1200*, Amsterdam, pp. 67–118
Shepard, J. (1991), 'Symeon of Bulgaria – peacemaker', *Godishnik na Sofiiskiia universitet "Sv. Kliment Okhridski" Nauchen tsent'r za slaviano-vizantiiski prouchvaniia "Ivan Duichev"*, 83(3): 9–48
Shepard, J. (1995a), 'A marriage too far? Maria Lekapena and Peter of Bulgaria', in A. Davids (ed.), *The Empress Theophano: Byzantium and the West*, Cambridge, pp. 121–49
Shepard, J. (1995b), 'Imperial information and ignorance: a discrepancy', *BSl* 56:107–16
Shepard, J. and Franklin, S. (eds.) (1992), *Byzantine Diplomacy*, Aldershot
Simeonova, L. (1988), 'Vizantiiskata kontseptsiia za izkustvoto da se upravliava spored fotievoto poslanie do kniaz Boris I', *Problemi na Kulturata*, no. 4: 91–104
Simeonova, L. (1993), 'Power in Nicholas Mysticus' letters to Symeon of Bulgaria', in Vavřínek (1993), pp. 89–94
Šišić, F. von (1917), *Geschichte der Kroaten*, 1, Zagreb
Soustal, P. (1991), *Thrakien* (Tabula Imperii Byzantini 6: Österreichische Akademie der Wissenschaften, Phil.-hist. Kl., Denkschriften 221), Vienna
Sternbach, L. (1899), 'Christophorea', *Eos* 5: 7–21
Striker, C. L. (1981), *The Myrelaion (Bodrum Camii) in Istanbul*, Princeton
Sutherland, J. (1975), 'The mission to Constantinople in 968 and Liudprand of Cremona', *Traditio* 31: 55–81

807 Tapkova-Zaimova, V. (1979), *Byzance et les Balkans à partir du VI siècle*, London
Tapkova-Zaimova, V. (1986), 'Les Problèmes du pouvoir dans les relations bulgaro-byzantines (jusqu'au XII s.)', *Byzbulg* 8: 124–30
Tapkova-Zaimova, V. (1993), 'L'Administration byzantine au Bas Danube (fin du X–XI s.)', in Vavřínek (1993), pp. 95–101
Tellenbach, G. (1982), 'Kaiser, Rom und Renovatio. Ein Beitrag zu einem grossen Thema', in N. Kamp and J. Wollasch (eds.), *Tradition als historische Kraft*, Berlin and New York, pp. 231–53
Thierry, N. (1985), 'Un Portrait de Jean Tzimiskès en Cappadoce', *Travaux et Mémoires* 9: 477–84
Thomson, F. J. (1982), 'Chrysostomica Palaeoslavica. A preliminary study of the sources of the Chrysorrhoas (Zlatostruy) collection', *Cyrillomethodianum* 6: 1–65
Thomson, F. J. (1993), 'The Symeonic legium – problems of its origin, content, textology and edition, together with an English translation of the Eulogy of Tsar Symeon', *Palaeobulgarica* 17: 37–53
Tinnefeld, F. (1991), 'Die Braut aus Byzanz – Fragen zu Theophanos Umfeld und Gesellschaftlicher Stellung vor ihrer abendländischen Heirat', in Wolf (1991), pp. 247–61
Totev, T. (1987), 'Les Monastères de Pliska et de Preslav aux IX–X siècles', *BSl* 48: 185–200
Totev, T. (1989), 'Oloven pechat na tsar Pet'r (927–968)', *Numizmatika* 23(2): 40–1
Toynbee, A. J. (1973), *Constantine Porphyrogenitus and his World*, Oxford
Treitinger, O. (1956), *Die oströmische Kaiser- und Reichsidee nach ihrer Gestaltung im höfischen Zeremoniell*, Darmstadt
Tsougarakis, D. (1988), *Byzantine Crete from the 5th Century to the Venetian Conquest*, Athens
Vasiliev, A. A. (1935, 1968, 1950, 1961), *Byzance et les Arabes*, 3 vols., vol. II in 2 parts, Brussels
Vavřínek, V. (ed.) (1993), *Byzantium and its Neighbours from the mid-9th till the 12th Centuries* (= *BSl* 54), Prague
von Euw, A. (1991), 'Ikonologie der Heiratsurkunde der Kaiserin Theophanu', in A. von Euw, and P. Schreiner, (1991b), pp. 175–91
von Euw, A. and Schreiner, P. (eds.) (1991a, 1991b), *Kaiserin Theophanu: Begegnung des Ostens und Westens um die Wende des ersten Jahrtausends*, 2 vols., Cologne
Walker, P. E. (1977), 'The "Crusade" of John Tzimiskes in the light of new Arabic evidence', *Byz* 47: 301–27
Weitzmann, K. (1971), 'The Mandylion and Constantine Porphyrogennetos', repr. in his *Studies in Classical and Byzantine Manuscript Illumination*, Chicago, pp. 224–46
Weitzmann, K. (1972), *Ivories and Steatites, Catalogue of the Byzantine and Early Medieval Antiquities in the Dumbarton Oaks Collection*, III, Washington, DC
Wentzel, H. (1971), 'Das byzantinische Erbe der ottonischen Kaiser: Hypothesen über den Brautschatz der Theophanu', *Aachener Kunstblätter* 40: 11–84
Westermann-Angerhausen, H. (1995), 'Did Theophano leave her mark on the Ottonian sumptuary arts?', in Davids (1995), pp. 244–64
Wolf, G. (ed.) (1991), *Kaiserin Theophanu: Prinzessin aus der Fremde – des Westreichs grosse Kaiserin*, Cologne, Weimar and Vienna

第二十六章　10世纪的南部意大利

Borsari, S. (1950), 'Monasteri bizantini nell'Italia meridionale longobarda', *Archivio Storico per le Provincie Napoletane* 71: 1–16

Borsari, S. (1959), 'Istituzioni feudali e parafeudali nella Puglia bizantina', *Archivio Storico per le Provincie Napoletane* 77: 123–35

Borsari, S. (1963), *Il monachesimo bizantino nella Sicilia e nell'Italia meridionale prenormanne*, Naples

Borsari, S. (1966/7), 'Aspetti del dominio bizantino in Capitanata', *Atti dell'accademia Pontaniana*, n.s. 16: 55–66

Cassandro, G. (1969), 'Il ducato bizantino', in *Storia di Napoli*, II.1, Naples, pp. 3–408

Cilento, N. (1966), *Le origine della signoria capuana nella Longobardia minore*, Rome

Cilento, N. (1971), *Italia meridionale longobarda*, 2nd edn, Naples

Citarella, A. O. (1967), 'The relations of Amalfi with the Arab world before the Crusades', *Speculum* 42: 299–312

Citarella, A. O. (1968), 'Patterns in medieval trade. The commerce of Amalfi before the Crusades', *Journal of Economic History* 28: 531–55

Del Treppo, M. (1955), 'La vita economica e sociale in una grande abbazia del Mezzogiorno: San Vincenzo al Volturno nell'alto medioevo', *Archivio Storico per le Provincie Napoletane* 74: 31–110

Delogu, P. (1977), *Mito di una città meridionale*, Naples

Falkenhausen, V. von (1967), *Untersuchungen über die byzantinische Herrschaft in Süditalien vom 9. bis ins 11. Jahrhundert*, Wiesbaden

Falkenhausen, V. von (1968), 'Taranto in epoca bizantina', *SM*, 3rd series 9: 133–68

Falkenhausen, V. von (1973), 'Zur byzantinischen Verwaltung Luceras am Ende des 10. Jahrhunderts', *Quellen und Forschungen aus Italienischen Archiven und Bibliotheken* 53: 395–406

Falkenhausen, V. von (1983), 'I longobardi meridionali', in G. Galasso (ed.), *Storia d'Italia*, III: *Il Mezzogiorno dai Bizantini a Federico II*, Turin, pp. 251–364

Falkenhausen, V. von (1989), 'Die Städte im byzantinischen Italien', *Mélanges de l'Ecole française de Rome. Moyen Age* 101: 401–64

Galasso, G. (1959–60), 'Le città campane nell'alto medioevo', *Archivio Storico per le Provincie Napoletane* 77: 9–42 and 78: 9–53

Gay, J. (1904), *L'Italie méridionale et l'empire byzantin depuis l'avènement de Basile Ier jusqu'à la prise de Bari par les Normands (867–1071)*, Paris

Guillou, A. (1965), 'La Lucanie byzantine: étude de géographie historique', *Byz* 35: 119–49; reprinted in Guillou (1970)

Guillou, A. (1970), *Studies on Byzantine Italy*, London

Guillou, A. (1978), *Culture et société en Italie byzantine (VIe–XIe s.)*, London

Guillou, A. (1983), 'L'Italia bizantina dalla caduta di Ravenna all'arrivo dei Normanni', in G. Galasso (ed.), *Storia d'Italia*, III: *Il Mezzogiorno dai Bizantini a Federico II*, Turin, pp. 3–126

Hoffmann, H. (1969), 'Die Anfänge der Normannen in Süditalien', *Quellen und Forschungen aus Italienischen Archiven und Bibliotheken* 49: 95–144

Holtzmann, W. and Guillou, A. (1961), 'Zwei Katepansukunden aus Tricarico', *Quellen und Forschungen aus Italienischen Archiven und Bibliotheken* 41: 1–28; reprinted in Guillou (1970)

809 Kreutz, B. (1991), *Before the Normans: Southern Italy in the Ninth and Tenth Centuries*, Philadelphia

Loud, G. A. (1994a), 'Montecassino and Byzantium in the tenth and eleventh centuries', in M. Mullett and A. Kirby (eds.), *The Theotokos Evergetis and Eleventh Century Byzantium* (Belfast Byzantine Texts and Translations 6.1), Belfast

Loud, G. A. (1994b), 'The Liri Valley in the Middle Ages', in J. W. Hayes and I. P. Martini (eds.), *Archaeological Survey in the Lower Liri Valley, Central Italy under the Direction of Edith Mary Wightman* (British Archaeological Reports, International Series 595), Oxford, pp. 53–68

Martin, J. M. (1980), 'Eléments préféodaux dans les principautés de Bénévent et de Capoue (fin du VIIIe siècle-début du XIe siècle): modalités de privatisation du pouvoir', in G. Duby and P. Toubert (eds.), *Structures féodales et féodalisme dans l'Occident méditerranéen (X^e–XIIIe siècles) (Colloque international organisé par le CNRS et l'Ecole française de Rome, 10–13 octobre 1978)*, Rome, pp. 553–86

Martin, J. M. (1993), *La Pouille du VIème au XIIème siècle*, Rome

Ménager, L.-R. (1958–9), 'La Byzantinisation religieuse de l'Italie méridionale (IXe–XIIe siècles) et la politique monastique des Normands d'Italie', *Revue d'Histoire Ecclésiastique* 53: 747–74, and 54: 5–40

Mor, C. G. (1951), 'La lotta fra la chiesa greca e la chiesa latina in Puglia nal secolo x', *Archivio Storico Pugliese* 4: 58–64

Mor, C. G. (1952, 1953), *L'età feudale*, 2 vols., Milan

Poupardin, R. (1907), *Les Institutions politiques et administratives des principautés lombards de l'Italie méridionale (IXe–XIe siècles)*, Paris

Schwarz, U. (1978), *Amalfi im frühen Mittelalter (9.–11. Jahrhundert) Untersuchungen zur Amalfitaner Überlieferung*, Tübingen

Skinner, P. (1995), *Family Power in Southern Italy: The Duchy of Gaeta and its Neighbours, 850–1139*, Cambridge

Taviani-Carozzi, H. (1980), 'Pouvoir et solidarités dans la principauté de Salerne à la fin du xe siècle', in G. Duby and P. Toubert (eds.), *Structures féodales et féodalisme dans l'Occident méditerranéen (X^e–XIIIe siècles) (Colloque international organisé par le CNRS et l'Ecole française de Rome, 10–13 octobre 1978)*, Rome, pp. 587–606

Taviani-Carozzi, H. (1991a), 'Caractères originaux des institutions politiques et administratives dans les principautés lombardes d'Italie méridionale au xe siècle', *Settimane* 38: 273–328

Taviani-Carozzi, H. (1991b), *La Principauté lombarde de Salerne (IXe–XIe siècle): pouvoir et société en Italie lombarde méridionale*, Rome

Toubert, P. (1976), 'Pour une histoire de l'environnement économique et social du Mont Cassin (IXe–XIIe siècles)', *Comptes Rendus de l'Académie des Inscriptions et Belles-Lettres*: 689–702

Vehse, O. (1927), 'Das Bündnis gegen die Sarazenen vom Jahre 915', *Quellen und Forschungen aus Italienischen Archiven und Bibliotheken* 19: 181–204

Wickham, C. J. (1981), *Early Medieval Italy: Central Power and Local Society 400–1000*, London and Basingstoke

Wickham, C. J. (1985), 'The *Terra* of San Vincenzo al Volturno in the 8th to 12th centuries: the historical framework', in R. Hodges and J. Mitchell (eds.), *San Vincenzo al Volturno: The Archaeology, Art and Territory of an Early Medieval Monastery* (BAR International Series 252), Oxford, pp. 227–58

第二十七章　穆斯林统治下的西西里和安达卢西亚

Amari, M. (1933, 1935, 1939), *Storia dei Musulmani di Sicilia*, ed. C. Nallino, 3 vols., Catania
Ahmad, A. (1974), *A History of Islamic Sicily*, Edinburgh
Chalmeta, P. (1975), 'Concessiones territoriales en Al-Andalus', *Cuardernos de Historia* 6: 1–90
Glick, T. F. (1979), *Islamic and Christian Spain in the Early Middle Ages*, Princeton
Guichard, P. (1977), *Structures 'orientales' et 'occidentales' dans l'Espagne musulmane*, Paris
Guichard, P. (1991), *L'Espagne et la Sicile musulmane aux XIe et XIe siècles*, Lyons
Lévi-Provençal, E. (1932), *L'Espagne musulmane au Xème siècle*, Paris
Lévi-Provençal, E. (1950a, 1950b, 1951), *Histoire de l'Espagne musulmane*, 3 vols., Paris
Lomax, D. (1978), *The Reconquest of Spain*, London
Manzano Moreno, E. (1991), *La frontera de al-andalus en epoca omeya*, Madrid
Martinez-Gros, G. (1992), *L'Ideologie omeyyade: la construction de la legitimité du Califat de Cordoue*, Madrid
Pavon, B. (1992), *Ciudades Hispanomusulmanas*, Madrid
Scales, P. C. (1994), *The Fall of the Caliphate of Cordoba*, Leiden
Vallve, J. (1992), *El Califato de Cordoba*, Madrid
Vasiliev, A. A. (1935, 1968, 1950, 1961), *Byzance et les Anabes*, 3 vols. vol. II in 2 parts, Brussels
Viguera Molins, M. J. (ed.) (1994), *Los Reinos de Taifas: al-Andalus en el Siglo XI* (Historia de España Menendez Pidal 8), Madrid
Wasserstein, D. (1986), *The Rise and Fall of the Party Kings: Politics and Society in Islamic Spain, 1002–1086*, Princeton
Wasserstein, D. (1993), *The Caliphate in the West*, Oxford

第二十八章　西班牙各王国

Arbeloa, J. (1969), *Los orígines del reino de Navarra*, III: 905–925, San Sebastián
Baliñas Pérez, C. (1988), *Defensores e traditores: un modelo de relación entre poder monárquico e oligarquía na Galicia altomedieval (718–1037)*, Santiago de Compostela
Baliñas Pérez, C. (1992), *Do mito á realidade: a definición social e territorial de Galicia na alta idade media*, Santiago de Compostela
Cañade Juste, A. (1976), *La campaña musulmana de Pamplona (año 924)*, Pamplona
Collins, R. (1985), '*Sicut lex Gothorum continet*: law and charters in ninth- and tenth-century León and Catalonia', *EHR* 100: 489–512
Collins, R. (1986), *The Basques*, Oxford
Collins, R. (1993), 'Queens-dowager and queens-regent in tenth-century León and Navarre', in J. C. Parsons (ed.), *Medieval Queenship*, New York and Gloucester, pp. 79–92
Collins, R. (1995), *Early Medieval Spain, 400–1000*, 2nd edn, London
d'Abadal i de Vinyals, R. (1948), *L'abat Oliba i la seva època*, 2nd edn, Barcelona
de Almeida Fernandes, A. (1982), *Adosinda e Ximeno*, Guimarães
de Oliveira Marques, A. H. (1972), *História de Portugal*, I, Lisbon
Díaz y Díaz, M. C. (1983), *Códices visigóticos en la monarquía leonesa*, León
Díaz y Díaz, M. C. (1979), *Libros y librerías en la Rioja altomedieval*, Logroño

811 Díez Herrera, C. (1990), *La formación de la sociedad feudal en Cantabria*, Santander
Durán Gudiol, A. (1988), *Los condados de Aragón y Sobrarbe*, Zaragoza
Fernández Conde, F. J. (1971), *El libro de los Testamentos de la Catedral de Oviedo*, Rome
Fernández del Pozo, J. M. (1984), 'Alfonso V, rey de León: estudio histórico-documental', in J. M. Fernández Catón (ed.), *León y su historia*, v, León, pp. 9–262
Galtier Martí, F. (1981), *Ribagorza, condado independiente*, Zaragoza
Goñi Gaztambide, J. (1979), *Historia de los obispos de Pamplona*, I: *s. IV–XIII*, Pamplona
Gros Bitria, E. (1980), *Los límites diocesanos en el Aragón oriental*, Zaragoza
Hitchcock, R. (1978), 'El supuesto mozarabismo andaluz', in *Actas del I Congreso de Historia de Andalucía*, I, Córdoba, pp. 149–51
Isla Frez, A. (1992), *La sociedad gallega en la alta edad media*, Madrid
Lévi-Provençal, E. (1950a, 1950b, 1951), *Histoire de l'Espagne musulmanne*, 3 vols.., Leiden and Paris
Linehan, P. (1993), *History and the Historians of Medieval Spain*, Oxford
Martín Duque, A. J. (ed.) (1983), *Documentación medieval de Leire (siglos IX a XII)*, Pamplona
Martínez Díez, G. (1982), *Fueros locales en el territorio de la provincia de Burgos*, Burgos
Martínez Díez, G. (1988), 'Los fueros leoneses: 1017–1336', in *El reino de León en la edad media*, I: *Cortes, concilios y fueros*, León, pp. 285–352
Mattoso, J. (1981), *A Nobreza medieval portuguesa, a família e o poder*, Lisbon
Mattoso, J. (1982), *Religião e cultura na idade média portuguesa*, Lisbon
Pérez de Urbel, J. (1950), *Sancho el Mayor de Navarra*, Madrid
Pérez de Urbel, J. (1969a, 1969b, 1970), *El condado de Castilla*, 3 vols.., Madrid
Ramos Loscertales, J. M. (1961), *El Reino de Aragón bajo la dinastía pamplonesa*, Salamanca
Rodríguez, J. (1972), *Ramiro II, rey de León*, León
Rodríguez, J. (1982), *Ordoño III*, León
Rodríguez, J. (1987), *Sancho I y Ordoño IV, reyes de León*, León
Sánchez-Albornoz, C. (1965), *Una ciudad de la España cristiana hace mil años*, Madrid
Sánchez-Albornoz, C. (1970), 'El Ejército y la guerra en el reino asturleonés' in Sanchez-Albornoz, *Investigaciones y documentos sobre las instituciones hispanas*, Santiago de Chile, pp. 202–86
Sánchez-Albornoz, C. (1976a), *Vascos y Navarros en su primera historia*, Madrid
Sánchez-Albornoz, C. (1976b, 1976c, 1979), *Viejos y nuevos estudios sobre instituciones medievales españolas*, 3 vols., Madrid
Ubieto Arteta, A. (1989), *Historia de Aragón: orígenes de Aragón*, Zaragoza
Ubieto Arteta, A. (1963), 'Los reyes pamploneses entre 905 y 970: notas cronológicas', *Príncipe de Viana* 24: 77–82
Viñayo, A. (1982), 'Reinas e infantas de León, abadesas y monjas del Monasterio de San Pelayo y San Isidoro', in *Semana de Historia del Monacato Cantabro-Astur-Leonés*, León, pp. 123–35

索引*

Aachen 亚琛
  and Lothar IV of France 与洛塔尔四世，法兰西的 388
  and Ottonians 与奥托王朝 108，244，249，259，317，618
Aachen capitulary 亚琛法令汇编 136
Aachen Gospels 亚琛福音书 220，227，228，229，263
Aaron of Bulgaria 艾伦，保加利亚的 597
'Abbāsid caliphate 阿拔斯哈里发王朝
  and Byzantine empire 与拜占庭帝国 646
  decline 衰落 649
  and Khazars 与哈扎尔人 501
Abbo of Fleury 阿博，弗勒里的 96，98，103，191，396-7，430
  school 学校 188
'Abd Allāh b. al-Manṣūr 阿卜杜拉·本·曼苏尔 654
'Abd Allāh b. Muḥammad 阿卜杜拉·本·穆罕默德 646-8

'Abd al-Malik al-Muẓaffar，阿卜杜勒·马利克·穆扎法尔 656-7，685，689
'Abd al-Raḥmān II 阿卜杜勒·拉赫曼二世 647
'Abd al-Raḥmān III 阿卜杜勒·拉赫曼三世 68，646-8，665
  and army 与军队 647，648-9，677
  and bureaucracy 与官僚机构 648
  and Byzantium 与拜占庭 666
  as caliph 与哈里发 649
  conquests 征服 650，661-2
  and Ibn Ḥafṣun 与伊本·哈弗森 648-9
  and Jihād 与吉哈德（圣战）654
  and León 与莱昂 650，675，676-7，679，680
  and Madīnat al-Zahrā 与扎西拉城 651
  and North Africa 与北非 650-1，652
  and Otto I 与奥托一世 126-8，651

---

* 说明：斜体标注的页码为地图中的内容，**加粗**标注的页码为对中心主题的讨论内容。贵族、王权或贸易等概念被作为一般主题编入索引，也被归入个别地区、国家、公国和公爵领地。索引由索引编辑者协会注册索引编辑人梅格·戴维斯（Meg Davies）编制。

and Pamplona-Navarre 与潘普洛纳－诺瓦拉 649, 688

and sā'ifah 针对基督教北方的夏季攻势 649, 650

'Abd al-Raḥmān (Sanchuelo) 阿卜杜勒·拉赫曼（桑绰）655, 657 – 8, 689

'Abda (wife of al-Manṣūr) 阿卜达（曼苏尔之妻）655

Abingdon abbey 阿宾登修道院 143, 475, 479, 482 – 3

Abodrites 阿博德利人

and Arnulf of Carinthia 与阿尔努尔夫，卡林西亚的 236

and Henry II 与亨利二世 262

and Otto I 与奥托一世 247, 248, 283

and Otto II 与奥托二世 255

and Otto III 与奥托三世 270

and statehood 与国家地位 535

and Theophanu 与狄奥法努 257

Abraham of Freising 亚伯拉罕，弗赖辛主教 154, 309

Abū Firās 阿布·菲拉斯 591

Abū 'l-Ḥazm b. Jahwar 阿布·哈兹姆·本·贾赫瓦尔 660

Abū 'l-Qasim 阿布·卡辛 666, 667 – 8

Abū Sa'īd Mūsā b. Aḥmad al-Ḍayf 阿布·赛义德·穆萨·本·艾哈迈德·达夫 664

Abū Yazīd 阿布·亚齐德 665 – 6

Acfred of Aquitaine 阿卡弗雷德，阿基坦的 429, 434, 435

Acheloos, battle (917) 阿彻鲁斯，战役（917年）561, 575, 576, 577

Acton, J. 约翰·阿克顿 xiv

Adalbero of Augsburg 阿达尔贝罗，奥格斯堡的 236, 237

Adalbero (Ascelin) of Laon 阿达尔贝罗，拉昂的 321

and Charles of Lotharingia 与查理，洛泰林吉亚的 390

and Cluniac monasticism 与克吕尼运动 185 – 6, 196 – 7

and Hugh Capet 休·卡佩 391

and Ottonians 与奥托王朝 322, 387

and Robert II 与罗伯特二世 397

and society 与社会 61

Adalbero I of Metz 阿达尔贝罗一世，梅斯的 171 – 2, 315, 318, 320, 322

Adalbero II of Metz 阿达尔贝罗二世，梅斯的 131, 182, 184, 327

Adalbero of Rheims 阿达尔贝罗，兰斯的 147 – 8, 321 – 2, 387

and Hugh Capet 与休·卡佩 319, 389

Adalbero of Trier 阿达尔贝罗，特里尔的 321

Adalbert I of Tuscany 阿达尔伯特一世，托斯卡纳的 346, 348

Adalbert II of Tuscany 阿达尔伯特二世，托斯卡纳的 337

Adalbert Azzo of Canossa 阿达尔伯特·阿佐，卡诺萨的 356, 358, 359

Adalbert of Ivrea 阿达尔伯特，伊夫雷亚的 349, 352

Adalbert of Magdeburg 阿达尔伯特，马格德堡的 2, 3, 172, 249, 270

Adalbert of Metz 阿达尔伯特，梅斯的 171 – 2, 317

Adalbert of St Maximin *see* Adalbert of Magdeburg 阿达尔伯特，圣马克西敏的 参见 阿达尔伯特，马格德堡的

Adalbert (son of Berengar II) 阿达尔伯特（贝伦加尔二世之子）250-1, 355, 357, 611

Adalbert Vojtech of Prague 阿达尔伯特·沃伊切克，布拉格的 519, 534
  and Boleslav Chrobry 与"勇者"波列斯拉夫 258, 525
  burial 葬礼 258, 520
  Canonisation 封圣 151, 257, 535, 617
  martyrdom 殉难 195, 525, 617
  and Otto III 与奥托三世 617, 618
  and Stephen of Hungary 与斯蒂芬，匈牙利的 547, 550

Adalbert of Weissenberg *see* Adalbert of Magdeburg 阿达尔伯特，魏森伯格的 参见 阿达尔伯特，马格德堡的

Adaldag of Hamburg-Bremen 阿达尔达戈，汉堡-不来梅的 137, 145, 149

Adalward of Verden 阿达尔伍德，弗尔登的 149

Adam of Bremen 亚当，不来梅的
  and the church 与教会 149-50
  and Otto I 与奥托一世 283
  and trade 与贸易 90, 91

Adela (wife of William III of Aquitaine) 阿德拉（阿基坦的威廉三世之妻）436

Adelaide, abbess of Quedlinburg 阿德莱德，奎德林堡修女院院长 271, 274-5, 292

Adelaide of Burgundy 阿德莱德，勃艮第的
  and Otto II 与奥托二世 360
  and Otto III 与奥托三世 256, 361-2, 364
  as wife of Lothar 意大利 of Italy 作为洛塔尔的妻子 247, 318, 341-2, 353, 355-6, 359
  as wife of Otto I 作为奥托一世的妻子 102, 180, 182, 197, 251, 342-3, 356

Adelaide of Poitou (wife of Hugh Capet) 阿德莱德（休·卡佩之妻），普瓦图的 99, 319, 387, 436

Adelaide (wife of Géza of Hungary) 阿德莱德（匈牙利的盖扎之妻）547

Adelaide (wife of Louis the Blind) 阿德莱德（"瞎子"路易之妻）334

Adelaide (wife of Richard le Justicier) 阿德莱德（"公正者"理查德之妻）340

Adelaide-Blanche (wife of Louis V and William of Provence) 阿德莱德-布兰奇（路易五世和普罗旺斯的威廉之妻）344, 388, 429

Adelferius of Amalfi 阿德尔弗瑞斯，阿马尔菲的 644

Adelman of Liège 阿德尔曼，列日的 326

Adgaelbert (Babenberger) 阿德格尔伯特（巴本贝格王朝）237

Adhegrinus (hermit) 阿德赫格瑞内尤斯（隐修士）166

Adhémar of Chabannes 阿德马尔，夏巴

纳的 3, 202, 375
and Aquitaine 与阿基坦 422, 451
and Charles the Great 与查理大帝 97
and Hungary 与匈牙利 546
and Peace of God movements 与"上帝和平运动" 21

Adhémar of Poitou 阿德马尔,普瓦图的 435
  administration 行政管理
    and episcopacy 与主教制度 134
    local 地方 51, 115

Adosinda Gutiérrez (wife of Ramiro II) 阿多辛达·古铁雷斯(拉米罗二世之妻) 678

Adso of Montier-en-Der 阿德松,蒙捷昂代尔的 95–6, 198, 211, 326
  Epistola de ortu et tempore Antichristi 《身处反对基督教者中写给格伯嘉王后的信》211[*]
  and Otto II 与奥托二世 255

Ælfflæd (wife of Edward the Elder) 艾尔弗莱德(长者爱德华之妻) 467

Ælfhere of Mercia 埃尔福西耶,麦西亚的 480, 482

Ælfric 艾尔弗里克
  Colloquy, and merchants 《对话录》,与商人 87, 89
  and monarchy 与君主政治 96, 479
  as scholar 与学者 191

Ælfhryth, and church reforms 艾弗斯丽斯 116

Ælfweard of Wessex 艾弗威德,威塞克斯的 467, 468

Ælfwold 艾弗沃德 482

Ælfwyn of Mercia 艾尔维尼,麦西亚的 462

Æthelflæd (wife of Æthelred of Mercia) 艾赛弗莉塔(麦西亚的埃塞尔雷德之妻) 459, 462, 463–5, 478

Æthelred I of Wessex 埃塞尔雷德一世,威塞克斯的 461

Æthelred II ("the Unready") of England 埃塞尔雷德二世("仓促王"),英格兰的
  coinage and mints 铸币与铸币厂 60, 89
  flight 逃跑 103, 117
  and royal authority 与王室权威 117, 123
  and succession 与继位 104, 482
  tolls 通行税 81
  and Viking raids 与维京人的袭击 483–4

Æthelred of Mercia 埃塞尔雷德,麦西亚的
  and Alfred the Great 与阿尔弗雷德大王 459
  and Edward the Elder 与长者爱德华 460, 462, 463–4
  law-code 法典 6, 9

Æthelstan "Half-King" 埃塞尔斯坦,"半王" 116, 474, 476, 478

Æthelstan of Wessex 埃塞尔斯坦,威塞克斯的
  and aristocracy 与贵族 103
  charters 特许状 466, 468–70,

---

[*] 应为210,原文有误。——译者注

472，473

coinage 铸币 89，466，469，471

intellectual life 思想活动 191，470

as king of the Anglo-Saxons 盎格鲁－撒克逊的国王 468，610

as king of the English 英国国王 469，470，471－2

law-code 法典 6，471

and Louis IV 与路易四世 114，382

and Mercia 与麦西亚 467－8

and the north of England 与英格兰北部 116－7

and Northumbria 与诺森伯利亚 468

and Otto I 与奥托一世 227

and relics 与遗迹 112

and succession 与继位 10，466－7

Æthelweard (ealdorman), *Chronicon* 埃塞维尔德（方伯），《编年史》3，191，460，472 n.46，476

Æthelwine of East Anglia 埃塞尔温，东盎格里亚的 480，482

Æthelwold (æthling), and Edward the Elder 埃塞维尔德（埃塞尔林），与长者爱德华 460－1

Æthelwold of Winchester 埃塞维尔德，温切斯特的 3，116，152

and Æthelredthe Unready 与埃塞尔雷德，仓促王 484

Benedictional 赐福 146，217，223

and church music 与教会音乐 215

and Edgar 与埃德加 142－3，479，482

and monastic reform 与修道院改革 143，173－4

as scholar 与学者 142，191

Agapitus II, pope 阿伽皮图斯二世，教宗 139，142，250

Agatha (wife of Samuel of Bulgaria) 阿加莎（保加利亚的萨缪尔之妻）597

Aghlabid dynasty 阿格拉比德王朝

in North Africa 在北非 73

in Sicily 在西西里 663－4

Agilbertof Saint-Ricquier 阿吉尔伯特，圣里基耶的 213

Agilolfing dukes 阿吉洛尔芬大公 294，296

Agnes, empress (wife of Henry III) 阿涅丝，皇后（亨利三世之妻）142，184

Agriculture 农业

arable 耕地 57－8，496

and crop rotation 与轮作 58

and field pattern 与土地模式 49，57，59

and hunter-gatherers 与狩猎—采集者 31，56，488－90，496－8

and land-clearing 与开荒 56－7

and nomadism 与游牧 488，492

production levels 生产水平 64，638

and settlement patterns 定居模式 42

slash-and-burn 刀耕火种 494－5，496

and stock-rearing 与牲畜饲养 53，54，56－7，60，496，541

subsistence 生活 33，494－5

Aḥmad al-Akhal 艾哈迈德·阿克哈 669

Ahmad b. al-Hasan al-kalbī 艾哈迈德·本·哈桑·卡勒比 666

Aḥtum-Ajtony of Hungary 阿赫特穆－奥尼托尼，匈牙利的 598–9, 621
Aimard of Cluny 艾马尔，克吕尼的 180
Aimerud of Auvergne (wife of Borrell II of Barcelona) 奥弗涅的艾默卢德（巴塞罗那的博雷尔二世的妻子）447
Aimo of Auxerre 艾莫，欧塞尔的 211
Aimo of Fleury, *Degestis regum Francorum* 艾莫，弗勒里的 396
Aion of Capua 艾恩，卡普亚的 644
Akilia of León 阿基利亚，莱昂的 158
Alaholfings 阿拉霍尔芬家族 238
Alan I the Great of Brittany 伟大的阿兰一世，布列塔尼的 408
Alan II Barbetorte 阿兰二世·巴贝特鲁特 408–9, 411
Alans 阿兰人 492, 500, 501, 503
Alawich II of Reichenau 阿拉维奇二世，赖谢瑙的 227
Alberic II of Rome 阿贝尔里克二世，罗马的
  and monastic reform 与修道院改革 175, 179
  and Otto I 与奥托一世 250
  and papacy 与教皇权 139, 142, 609
Alberic of Spoleto 阿贝尔里克，斯波莱托的 348, 349
Albert of Vermandois 阿尔伯特，韦尔芒杜瓦的 385, 386
Aldred of Bamborough 阿尔德雷德，班博的 469
Alemannia *see* Suabia 阿勒曼尼亚 参见士瓦本
Aleppo, and Byzantium 阿勒颇，与拜占庭 591–2, 594
Aleram of Piedmont 阿莱拉莫，皮德蒙特的 354, 359
Alexander II, Emperor 亚历山大二世，皇帝 560
  and Symeon of Bulgaria 与西米恩，保加利亚的 573–4
Alfonso II of León, and intellectual life 阿方索二世，莱昂的 190
Alfonso III of the Asturias 阿方索三世，阿斯图里亚斯王朝的 670, 684
Alfonso IV of León 阿方索四世，莱昂的 675–7, 678
Alfonso V of León 阿方索五世，莱昂的 670, 684–5, 686–7
Alfonso of Castile, and Aquitaine 阿方索，卡斯蒂尔的，与阿基坦的 451
Alfred the Great 阿尔弗雷德大王
  and Æthelred of Mercia 与埃塞尔雷德，麦西亚的 459
  and *amicitia* 与修好同盟（政治盟友）110
  and kingdom of England 与英格兰王国 459, 484
  and law-code 与法典 471, 480
  and London 与伦敦 88, 459
  and royal marriages 与王室的婚姻 411, 459
  and Scandinavia 与斯堪的纳维亚 87
  and translations 与翻译 87, 89, 190
  and urban development 与城市发展 88
ʿAlī b. Ḥammūd 阿里·本·哈姆德 660
Allan III of Rennes 阿兰三世，雷恩的 409

allodialists 自由保有土地者
    and castle-building 与城堡修建 47
    and landholding 与土地持有 34 – 5,
    43, 45, 449, 452, 530
    and seigneurie 与领主权 51 – 3
Almería 阿尔梅里亚
    Fatimid attack 与法蒂玛王朝的进攻
    651, 666
    and Slav leaders 与斯拉夫人的首领
    660 – 1
    and trade 与贸易 68
Almish ibn Shilkī (Yuktawār, Bulgar leader) 阿米什·伊本·希尔基（尤克塔瓦，保加利亚人的首领）504
Almos of Hungary 阿尔莫斯，匈牙利的 545 – 6
Aloara of Capua 阿罗拉，卡普亚的 636
Alpert of Metz, and merchants 阿尔珀特，梅斯的，与商人 83, 87
Alsace 阿尔萨斯
    and Arnulf 与阿尔努尔夫 340
    and Henry II 与亨利二世 264
    and Magyar campaigns 与马扎尔人的战役 543
    and monastic reform 与修道院改革 325
    and Otto I 与奥托一世 249
    as part of Alemannia/Suabia 与阿勒曼尼亚/士瓦本的部分地区 310
Althing of Iceland 阿尔庭，冰岛的 151
Althoff, Gerd 阿尔特霍夫，格尔德 267 – 92
Amalfi 阿马尔菲
    and Byzantium 与拜占庭 630, 635,
    641, 642
    and co-rulers 与共治者 636
    and intellectual life 与学术生活 192 – 3
    and Lombardy 与伦巴第 626
    and princely authority 与王权 641, 642, 644
    and Saracen attack 与萨拉森人的进攻 645
    and trade 与贸易 70, 75 – 4, 75, 76 – 7, 626 – 7, 641 – 2, 645, 668
Amatus of Monte Cassino 阿马图斯，卡西诺山的 645
Ambrosius Autpert 安布罗修斯·奥特波特 210
amicitia (political friendship) 修好同盟（政治盟友）110 – 1, 239, 258, 295, 376, 399
    and Henry I 与亨利一世 108, 111, 240 – 2, 302
    and Otto I 与奥托一世 245, 247, 252, 276, 282
Anastasius the Librarian 阿纳斯塔修斯，图书馆长 189
Anastasius of Sens 阿纳斯塔修斯，桑斯的 148
ancestors, and settlementpatterns 祖先，与定居模式 45 – 6
al-Andalus 安达卢西亚 16, *646 – 62*
    Agriculture 农业 661
    Christian population 信仰基督教的人口 648, 673
    and local autonomy 与地方自治 647 – 8, 661 – 2, 685 – 6, 691

and Sicily 与西西里 666

Trade 贸易 67, 69-70, 80

see also 'Abd al-Raḥman; Cordoba; Seville 参见 阿卜杜勒·拉赫曼; 科尔多瓦; 塞维利亚

Andernach, battle (939) 安德纳赫, 战役 (939年) 245-6, 315

Andregoto Galindex (wife of Garcia Sánchez I) 安德戈特·加林德克斯 (加西亚·桑切兹一世之妻) 689

Andrew I of Hungary, marriage 安德鲁一世, 匈牙利国王 512

Andrew of Fleury 安德鲁, 弗勒里的 221-2

Andronikos Doukas 安德罗尼卡·杜卡斯 556, 560, 561

angels, in art and literature 天使, 文学与艺术中的 215

Angilberga (wife of Louis II) 安吉尔贝格 (路易二世之妻) 331

Angilberga (wife of William I of Aquitaine) 安吉尔贝格 (阿基坦的威廉一世之妻) 332-3

Angilram of Saint-Riquier 安吉尔雷姆, 圣里基耶的 200

Anglo-Saxon Chronicle《盎格鲁-撒克逊编年史》3, 191, 456, 459

   and Æthelred the Unready 与埃塞尔雷德, 仓促王 103, 483

   and Æthelstan 与埃塞尔斯坦 466

   and Eadred 与埃德雷德 474

   and Edmund 与埃德蒙 474

   and Edward the Elder 与长者爱德华 460, 465

   and Wulfstan of York 与伍尔夫斯坦, 约克的 472

Anglo-Saxon language 盎格鲁-撒克逊人的语言 190

Anglo-Saxons, kingdom 盎格鲁-撒克逊, 王国 463-4, 467-8

animals 牲畜

   for draught 牵引 54

   and stock-rearing 与家畜饲养 53, 56-7, 60

Anjou 安茹

   and Aquitaine 与阿基坦 407-8, 410

   armies 军队 415-6

   and Blois 与布卢瓦 410

   and Brittany 与布列塔尼 391, 407, 409

   and Capetians 与卡佩王朝 391-2, 402, 411, 413

   and castle-building 与城堡修建 48

   and charters 与特许状 415

   and the church 与教会 416

   and continuity with Carolingian patterns 与加洛林模式的持续 398, 400, 401, 407

   emergence 出现 383, 399, 406-7

   expansion 扩张 386, 392, 407-8

   and independent castellanries 与城主的独立 417-18

   and princely ideology 与王权观念 412-3, 415-6

   and respect for kingship 尊崇王权 409

   and warfare 与战争 411

Anna (wife of Louis of Provence) 安娜 (普罗旺斯的路易之妻) 334, 609

Anna Porphyrogenita (wife of Vladimir)

紫衣家族的安娜（弗拉基米尔之妻）510，597
Annales Bertiniani《贝坦年鉴》331
annales tradition《编年史》传统 12，204-5
Annalista Saxo《萨克索编年史》182，540
Annals of Fulda《富尔达编年史》297，332-3，538
Ansegis, capitularies 安塞吉苏斯，法令汇编 6，136
Anskar of Hamburg-Bremen 安斯卡，汉堡-不来梅的 149-50
Anskar of Ivrea 安斯卡，伊夫雷亚的 346，353
Antichrist 反基督者 95，163，210-1
anti-semitism 反犹太主义 21
Antioch, and Byzantium 安条克，与拜占庭 73，594，597，603，646
（Catalonia, Languedoc）（加泰罗尼亚，朗格多克）34，36，43，443，449
Apulia 阿普利亚
 and Byzantium 与拜占庭 348，607，611，622-3，624，626，628，630-2，634
 and Capua-Benevento 与卡普亚-贝内文托 629-31
 and the church 与教会 632-3
 and Henry II 与亨利二世 623
 Latin population 拉丁人口 630，632-4
 and Magyar attacks 与马扎尔人的进攻 544，637
 and Otto II 与奥托二世 613，616，643
 and Otto III 与奥托三世 361
 and Saracen attacks 与萨拉森人的进攻 627，644-5
Aquitaine 阿基坦
 and Angevins 金雀花王朝 407-8，410
 and aristocracy 与贵族 426，428，432，435
 and Carolingian inheritance 与加罗林的遗产 399，425，436
 and Catalonia 与加泰罗尼亚 441，447
 and Charles the Bald 与秃头查理 420
 and Charles the Simple 与"天真汉"查理 376，428-9，432
 and coinage 铸币 61
 dukes 公爵 99，331-2，420，422，428，705
 and Gascony 与加斯科涅 425-6，453
 and Hugh Capet 与休·卡佩 436，450-1
 and Hugh the Great 与伟大的休 385，386，429，434，435-6
 and Lothar IV 与洛塔尔四世 388，429-30，436
 and Louis IV 与路易四世 435-6
 and Louis V 与路易五世 429-30
 and Magyar attacks 与马扎尔人的进攻 431，544
 and monastic reform 与修道院改革 163，333，449，454-5
 and Odo of West Francia 与奥多，西法兰克的 428，435

and princely authority 与王权 451 –
4，455 – 6，451 – 2，453

and Radulf 与拉杜尔夫 111，380，
429，435

and Robert II of France 与罗贝尔二
世，法兰西的 120，393，420

and Roman law 与罗马法 426

and royal authority 与皇权 112

sources 历史资料 423 – 4

and West Francia 与西法兰克王国
425

Arab-Khazar wars 阿拉伯 – 哈扎尔战争
501

Aragon see Pamplona-Navarre 阿拉贡 参
见 潘普洛纳 – 诺瓦拉

Aragonta González (wife of Ordoño II)
阿拉贡塔·冈萨雷斯（奥东诺二世
之妻）675

Arbo, margrave 阿尔博，侯爵 298

archaeology 考古

and castles 与城堡 47 – 8

and consumption 与消费 53

contribution 贡献 30

and family patterns 与家庭模式 34

and necropolises 与大墓地 46

and settlement patterns 与定居模式
8，15，31，42，49，493，536

and urban development 与城市发展
87，89

Archbishoprics 大主教职位 132 – 3

archbishops 主教职位 131，137

archdeacons 总执事职位 135 – 6，534

Archembold of Sens 阿钦鲍尔德，桑斯
的 148

architecture 建筑 **212 – 7**

Byzantine 拜占庭人 511

church 教会 86，212 – 6，219

Romanesque 罗马式 212，222

urban 城市 93

Ardennes counts 阿丁伯爵 261，263

Arduin of Ivrea (1) 阿多因，伊夫雷亚
的 (1) 224，261，354，359

Arduin of Ivrea (2) 阿多因，伊夫雷
亚的 (2) 363，364 – 6

and Henry II 与亨利二世 367 – 8

as king of Italy 作为意大利国王
366 – 7

Aribert of Milan 阿里伯特，米兰的 78，
369

Aribo (*fidelis* of Otto III), and markets
阿里博（奥托三世的忠诚者），与
市场 84 – 5

arimanni 自由战士 34，350

aristocracy 贵族

and the church 与教会 131，134，
252 – 3，263

clerical 教士 116，131

and clientele 与受保护者 39，51

and cults of saints 与圣徒崇拜 112

and endogamy 与同部族结婚 40

and family consciousness 与家庭意识
18，31 – 2，40，131

fortified residences 防御式住宅 8，
13，15，17 – 8

"imperial" "帝国" 293

and inheritance 与继承 33，635

and kingship 与王权 102 – 4，107，816
113，119 – 20，123，263

and marriage alliances 与联姻 111，
115，121，268

and religious patronage 与宗教庇护 86, 100, 273

and royal government 王国政府 116

as separate from society 与社会分离 18, 19

and the towns 与城镇 77–8

and trade 与贸易 78

see also counts/countship; *dux*, lordship; *marchiones*, *principes* 另见 伯爵/伯爵职位；大公，领主；侯爵，元首

Arles, kingdom *see* Burgundy, imperial 阿尔勒王国 参见 勃艮第，帝国

armati (warriors) 战士（武士）28

Armenia 亚美尼亚

and Bulgaria 与保加利亚 584–5

and Byzantium 与拜占庭 561, 565, 595, 603

armies *see* Byzantium; cavalry; Cordoba; East Francia; Hungary; Saxony 军队 参见 拜占庭；骑士制度；科尔多瓦；东法兰克；匈牙利；萨克森

Arnold of Gascony 阿诺德，加斯科涅的 221, 426

Arnulf I of Flanders 阿尔努尔夫一世，佛兰德的

and castles 与城堡 85, 417

and Charles the Simple 与"天真汉"查理 379, 394

and Lothar IV 与洛塔尔四世 409

and Louis IV 与路易四世 384–6

and monastic reform 与修道院改革 171, 173

and Normandy 与诺曼底 385

and Otto I 与奥托一世 384

and Radulf of West Francia 与拉杜尔夫，西法兰克的 380, 381

and territory 与领土 403, 414

Arnulf II of Flanders 阿尔努尔夫二世，佛兰德的 387, 403

Arnulf, Count Palatine 阿尔努尔夫，巴拉丁伯爵 304

Arnulf of Bavaria 阿尔努尔夫，巴伐利亚的 295, 298–303

and Bohemia 与波希米亚 518

and Conrad I 与康拉德一世 239, 300–1

and Henry I 与亨利一世 240, 301–2

and Italy 与意大利 240, 303, 304, 352–3

and Magyars 与马扎尔人 238, 242, 297, 299–300, 303, 304, 542

and Otto I 与奥托一世 121, 245, 303

quasi-regal rule 准国王统治 301–3

and Regensburg 与雷根斯堡 85, 302

Arnulf of Carinthia, Emperor 阿尔努尔夫，卡林西亚的，皇帝

and Bavaria 与巴伐利亚 236–7, 294, 298

and Bulgaria 与保加利亚 538

and Burgundy 与勃艮第 340

and Carolingian empire 与加洛林帝国 332

and core regions 与核心地区 236–7

and Hungary 与匈牙利 538–9, 542

as imperial overlord 作为帝国霸主 233–6, 237, 246, 261

and Italy 与意大利 233, 348, 539

and Pannonia 与潘诺尼亚 538
papal coronation 教皇加冕礼 139
Arnulf of Halberstadt 阿尔努尔夫，哈尔伯施塔特的 274
Arnulf II of Milan 阿尔努尔夫二世，米兰的 146, 224, 367, 368
Arnulf of Rheims 阿尔努尔夫，兰斯的 137, 390
Arpád of Hungary 阿尔帕德，匈牙利的 536, 545, 546
Arpads, in Hungary 阿尔帕德王朝，匈牙利的 257, 306, 545, 710
art 艺术 **212–30**, 511, 619–20
  precious objects 珍贵文物 **217–22**
  see also architecture; manuscripts, illuminated 另见 建筑；手稿；装饰
Artald of Rheims 阿尔托，兰斯的 146, 148, 381, 384, 385
Ascoli, battle (921) 阿斯科利战役 (921年) 627
Ashot III of Armenia 亚美尼亚的 595
Asia Minor 小亚细亚
  Byzantine successes 拜占庭的成就 590–2, 59–4, 596–7, 603
  and Saracen raids 萨拉森人的袭击 556, 557, 565, 629
Askold of Rus' 罗斯的阿斯克里特 508
Asparukh (Bulgar leader) 阿斯帕鲁赫（保加尔人的首领）503
Asselt treaty (882) 《阿塞尔特条约》(882年) 297
Assemblies 集会 124–5
  in Saxony 在萨克森 273–7
Asser, Life of King Alfred 阿瑟，阿尔弗雷德大王的生活 191, 466

Astrik of Bamberg 阿斯蒂卡，班贝格的 548, 550
Asturia 阿斯图里亚
  and intellectual life 学术生活 190
  and León 与莱昂 670–2, 674, 676, 679, 691
Atenulf I of Capua 阿特努尔夫一世，卡普亚的 626–7, 639
Atenulf II of Capua 阿特努尔夫二世，卡普亚的 635, 639
Atenulf III of Capua 阿特努尔夫三世，卡普亚的 635, 639
Atenulf of Monte Cassino 阿特努尔夫，卡西诺山的 623
Atienza, battle (981) 阿蒂恩萨战役 (981年) 653, 683
Ato of Vic 维克的阿托 448
Atto of Vercelli, *Polypticum quod appellatur perpendiculum* 阿托，韦切利的《政治论文集》207
Augustine of Hippo, St 圣奥古斯丁，希波的 45, 210
Austria *see* Carinthia 奥地利，参见卡林西亚
autarky, Byzantine 闭关自守，拜占庭 72
authority 权威
  episcopal 主教的 137, 148–9, 156
  monastic 修道院的 219, 221
  papal 教皇的 20, 137–8, 142
  privatisation 私人化的 18–9
  public, and castle-building 公共的，与城堡建设 47
  royal 王室的 18, 52, 112–25, 174–5, 230

autobiography 自传
and hagiography 与圣徒传 194, 201
and historiography 与历史编纂学 206-7, 208
Auvergne 奥弗涅
and castle-building 与城堡建设 48
and monastic reform 与修道院改革 338
and population increase 与人口增长 62
sources 历史资料 422, 423
Auzias, Leonce 奥齐亚, 莱昂斯 421
Avar khaganate 阿瓦尔汗国 294, 494, 503, 537-8
and Islamic lands, see Sicily 与伊斯兰的土地, 参见 西西里
see also Hungary 另见 匈牙利
Aventine, 阿文特, 551

Babenbergers 巴本贝格家族
in Bavarian marches 在巴伐利亚边区 254, 261, 305-6, 307
in eastern Franconia 在东法兰克尼亚 237, 268
Bachrach, Bernard 巴赫拉赫, 贝尔纳德 401, 411
Badajoz, leadership 巴达霍斯, 领导权 647, 650, 661
Bādīs (Zirid ruler) 巴迪斯 (齐里王朝统治者) 656
Baghdad, and Byzantium 巴格达, 与拜占庭 596-7
Bakay, Kornél 巴卡伊, 科内尔 536-52
Balderic of Speyer 巴尔德里克, 施派耶尔的 145
Balderic of Utrecht 巴尔德里克, 乌特勒支的 145, 317
Baldwin I of Flanders 鲍德温一世, 佛兰德的 403
Baldwin II ("Iron Arm") of Flanders 鲍德温二世 (佛兰德的 "铁臂"), 佛兰德的
and Alfred the Great 与阿尔弗雷德大王 411
and Charles the Simple 与 "天真汉" 查理 376-7
and the church 与教会 403
and expansion of territory 与领土扩张 403
Baldwin III of Flanders 鲍德温三世, 佛兰德的 403
Baldwin IV of Flanders 鲍德温四世, 佛兰德的 321, 391, 396, 403, 410
Balkans 巴尔干人
and Bulgars 与保加尔人 503, 543
and Khazar khaganate 与哈扎尔突厥汗国 502
and Magyar attacks 与马扎尔人的进攻 546
and Rus' 与罗斯 509
and south Slavs 与南斯拉夫人 514
see also Bulgaria; Byzantium 另见 保加利亚; 拜占庭
Baltic 波罗的海
and trade 与贸易 66, 80-2, 89-92, 508
urban settlements 城市殖民 65, 90-1
Balts, and Rus' 波罗的海人, 与罗斯

488，496－7，508，510，529
ban 禁令 380，382，393
bannum 统治权 51，259
Banū 'Abbād 班努·阿巴德 661
Banū Birzā 班努·伯尔扎 661
Banū Qasī 班努·卡斯 647，687－8
Banū Razin 班努·拉赞 650，654，662
Banū Zannūn 班努·扎努 647，649，650，654，661－2
Banū 'l-Aftas 班努·阿夫塔斯 661
Banū 'l-Hajjāj 班努·哈查吉 647，661
Barcelona 巴塞罗那
  and al-Andalus 与安达卢西亚 659
  and the church 与教会 445
  Córdoban attack 科尔多瓦的进攻 447，455，654
  counts 伯爵 431，441，445，450，451，707
  and importation of gold 与黄金的输入 27，447
  and slave trade 与奴贩卖 57
  supremacy 霸权 444－6
  and West Francia 与西法兰克王国 380，383，425，690
  see also Catalonia 另见 加泰罗尼亚
Bard as Phokas 巴尔达斯·福卡斯 561，566，590，596－7
Bardas Skleros 巴尔达斯·斯科勒鲁斯 596－7
Barno of Toul 巴诺，图勒的 315
Baronius, C. 凯撒·巴洛尼乌斯 187
Barraclough, Geoffrey 巴勒克拉夫，杰弗里 10
Bashkirs 巴什基尔人 504

Basil I, Byzantine emperor 巴西尔一世，拜占庭皇帝 555，559，560，605
  and Bulgaria 与保加利亚 567
  Piety 虔敬 553，587
Basil II, Byzantine emperor 巴西尔二世，拜占庭皇帝 331
  and Bulgaria 与保加利亚 551，585，596－601，603，605，621－2
  and the church 与教会 601
  death 死亡 602，623
  and kingship 与王权 126
  and landowners 与土地所有者 602－3
  and rebellion of Bardas Skleros 与巴尔达斯·斯科勒鲁斯的起义 594－5
  and slavery 与奴隶制 38
  and Venice 与威尼斯 217，622
  and Vladimir of Rus' 与弗拉基米尔，罗斯的 509－10
  as war leader 作为战争领导者 595－6，597，599－602，604
Basil Boioannes, katepano of Italy 巴西尔·博约纳斯，意大利统治者 622－3
Basil Lekapenos, Parakoimōmenos 巴西尔·雷卡平，卫士长 592，593，594，595－6
Bates, David 巴泰士，大卫 398－419
Bautzen treaty (1018)《鲍岑条约》(1018年) 262，526
Bavaria 巴伐利亚 293－309
  and agriculture 与农业 57，59
  aristocracy 贵族 245，298，299，300，

306-8

and Arnulf of Carinthia 与阿尔努尔夫，卡林西亚的 236-7, 294, 298

and Bohemia 与波希米亚 302-3, 304-5, 517-8, 519

Carolingian inheritance 加洛林的遗产 293-8

and change of dynasty 与王朝更迭 305-8

and the church 与教会 296, 299, 302, 303, 305-6

bishops 主教 308-9

monastic reform 修道院改革 181-2, 309

monasticism 修道院制度 308

and Conrad I 与康拉德一世 102, 239, 297, 300-1

and Frankish unity 与法兰克人的统一 238, 294-8

and Henry I 与亨利一世 243, 297, 300-3

and Henry II 与亨利二世 261, 264, 277, 296, 306

and Hungary 与匈牙利 296-7, 304, 506, 547

Magyar attacks 马扎尔人的进攻 238, 248, 295, 298-9, 303, 539, 542, 544, 610

intellectual life 学术生活 308-9

and Italy 与意大利 295, 304

and Moravia 与摩拉维亚 296-7, 539

and Otto I 与奥托一世 121, 245-6, 247, 249, 303-4, 315

and Otto II 与奥托二世 254, 255, 299

and Otto III 与奥托三世 260

and population increase 与人口增长 62

as *regnum* 在位期间 238, 294-6, 298-300, 301-3

and serfs 与农奴 38

and Slavs 与斯拉夫人 294, 296

spiritual life 精神生活 308-9

see also Arnulf of Bavaria; Berthold of Bavaria; Carinthia; Eberhard of Bavaria; Henry I of Bavaria; Henry II ("the Quarrelsome"); Luitpolding dukes 另见 阿尔努尔夫，巴伐利亚的；贝特霍尔德，巴伐利亚的；卡林西亚，埃贝哈德，巴伐利亚的；亨利一世，巴伐利亚的；亨利二世（争吵者）；卢伊特波尔德家族的公爵们

Bavarian Geographer 巴伐利亚的地理学家 521-2

Beatrice (daughter of Hugh of Francia) 比阿特丽斯（法兰克的休之女）318, 320, 321

Beatus of Liébana 贝亚图斯，列瓦纳的 210

Bede 比德

Historia ecclesiastica《教会史》190, 202

and London 与伦敦 87

Beleknegini of Transylvania (wife of Geza of Hungary) 贝莱肯基尼，特兰西瓦尼亚的（匈牙利的盖佐之妻）547

Belting, Hans 贝尔廷，汉斯 224

Benedict IV, pope 本尼狄克四世，教宗 334

Benedict V, pope 本尼狄克五世，教宗 252, 360

Benedict VI, pope 本尼狄克六世，教宗 139

Benedict VII, pope 本尼狄克七世，教宗 361, 631

Benedict VIII, pope 本尼狄克八世，教宗 138, 139, 261, 367 – 9, 526, 622 – 3

Benedict IX, pope 本尼狄克九世，教宗 139

Benedict of Aniane 本尼狄克，阿尼亚纳的 157, 170, 171, 174, 175, 534

Benedict of Benevento 本尼狄克，贝内文托的 193 – 5

Benedict Biscop, St. 圣本尼狄克 217

Benedict of St. Andrew, *Chronicon* 本尼狄克，圣安德鲁的，《编年史》205

Benedict of Soracte, *Chronicon* 本尼狄克，索拉克特的，《编年史》3, 543

Benevento see Capua-Benevento 贝内文托 参见 卡普亚 - 贝内文托

Benno of Metz 本诺，梅斯的 168, 169, 315

Berbers 柏柏尔人
  in al-Andalus 在安达卢西亚 647, 650 – 6, 658 – 62, 684
  Kutāmah 基塔麦 665, 666, 668 – 9
  in North Africa 在北非 650 – 1, 652, 655, 681
  Sanhājā 桑哈扎 661

in Sicily 在西西里 664 – 6, 668 – 9

Berengar I of Friuli 贝伦加尔一世，弗留利的 332, 612

and *amicitia* 与修好同盟（政治盟友）542, 543

and aristocracy 与贵族 348 – 9

and Arnulf of Carinthia 与阿尔努尔夫，卡林西亚的 233, 348, 539

and bishops 与主教 357, 370

and Byzantium 与拜占庭 608

diplomata 证书 351

and Hungarians 与匈牙利人 539, 542, 543

and liturgy 与礼拜仪式 157

and Louis of Provence 与普罗旺斯的路易 334, 348

and papacy 与教皇权 139, 348, 608

and Rudolf II of Burgundy 与鲁道夫二世，勃艮第的 340 – 1

and Wido of Spoleto 与维德，斯波莱托的 201, 346 – 8

Berengar II of Italy 贝伦加尔二世，意大利的

and Adelaide (widow of Lothar) 阿德莱德（洛塔尔的遗孀）356, 359

and aristocracy 与贵族 355, 356, 357 – 8

and Byzantium 与拜占庭 610 – 1

and Hugh Capet 与休卡佩 390

and Hugh of Italy 与意大利的体 353, 354 – 5

and Hungary 与匈牙利 120 – 1

and Liudprand of Cremona 与利乌德普兰德，克雷莫纳的 69, 206, 207, 209, 355

and Otto I 与奥托一世 246 – 7, 250 – 1, 354, 355 – 7

and papacy 与教皇权 356

Berenguer Ramon of Barcelona 贝伦格尔·拉蒙, 巴塞罗那的 444, 690

bernagium (tax) 猎犬税（税收）415

Bernard I of Saxony 贝尔纳德一世, 萨克森的 270 – 1, 274, 283, 285

Bernard II of Saxony 贝尔纳德二世, 萨克森的 277, 281

Bernard of Angers, *Miracula sanctae Fidis* 贝尔纳, 昂热的,《圣徒信仰奇迹录》198, 221

Bernard of Cahors 贝尔纳, 卡奥尔的 221

Bernard of Gothia 贝尔纳, 戈蒂亚的 441

Bernard of Halberstadt 贝尔纳, 哈尔伯施塔特的 252

Bernard (margrave) 贝尔纳德（侯爵）242

Bernard Plantvelue of Aquitaine 贝尔纳·普兰特瓦伦, 阿基坦的 331, 432, 435, 437

Bernard Pons of Toulouse 贝尔纳·庞斯, 图卢兹的 432

Bernard of Septdmania (Gothia) 塞菩提曼尼亚的贝尔纳（戈蒂亚）111, 432

Bernard William of Gascony 贝尔纳·威廉, 加斯科涅的 439

Bernat Taliaferro of Besalu 贝尔纳特·塔利亚费罗, 贝萨卢的 444, 445

Berno of Cluny 贝尔诺, 克吕尼的 170, 175 – 6, 180

Berno of Reichenau 贝尔诺, 赖谢瑙的 227

Bernward of Hildesheim 贝恩瓦尔德, 希尔德斯海姆的 144, 146, 215, 217, 218, 274

Bertha of Burgundy (wife of Odo of Blois and Robert II) 贝尔塔, 勃艮第的,（布卢瓦的奥多和罗伯特二世之妻）342, 343, 391, 392

Bertha of Suabia (wife of Rudolf II and Hugh of Italy) 贝尔塔, 士瓦本的,（鲁道夫二世和意大利的休之妻）341, 353, 612

Bertha of Tuscany, margravine 贝尔塔, 托斯卡纳的侯爵夫人, 或女侯爵 69, 349

Bertha (wife of Boso son of Robold) 贝尔塔（罗伯德之子博索之妻）344

Bertha (wife of Romanos II) 贝尔塔（罗曼诺斯二世之妻）609 – 10

Berthold of Bavaria 伯特霍尔德·巴伐利亚的 246, 302, 303 – 4, 305

Berthold, Count, and markets 伯特霍尔德, 公爵, 与市场 84

Berthold of Reisenburg 伯特霍尔德, 瑞森博格的 298

Berthold of Suabia 伯特霍尔德, 士瓦本的 238, 300 – 1

Bessmertniy, Y. L. Y. L. 贝西默特内 35

Beumann, Helmut 博伊曼, 赫尔穆特 13

Bezprym (brother of Miesco II) 贝兹普伦姆（梅什科二世之弟）527

Biddle, M. M. 比德尔 88

Billung dukes 比隆公爵 99, 248, 264,

269 – 72, 273, 274, 276 – 7, 283 – 4

genealogical table 系谱表 694

biography, tenth-century 传记, 10 世纪 30, 194, 197

Birka, and trade 比尔卡, 与贸易 89 – 90, 91 – 2

birth rate, increase 出生率, 增长 62 – 3

Bischoff, Bernhard 比绍夫, 伯恩哈德 218

bishoprics 主教职位 132 – 3

bishops 主教 142 – 53, 162
 and aristocracy 与贵族 116, 131, 263
 and canon law 与法典 154 – 6
 and immunities 与豁免权 322 – 3
 and liturgy 与礼拜仪式 156 – 7
 and mission 与布道 149 – 51
 Ottoman 奥托曼 252 – 3
 pastoral role 牧师的作用 143, 144, 152
 and property 与财产 131 – 4, 146 – 7, 154
 and royal authority 与王权 113
 secular role 世俗的作用 77, 150, 131 – 5, 144 – 8, 151 – 2, 253, 256, 359
 spiritual role 精神的作用 135, 142 – 6, 148 – 9
 and trade 与贸易 78 – 9, 83 – 4

Black Bulgars 黑保加尔人 503

Black Sea 黑海
 and Byzantium 与拜占庭 490 – 1, 499
 littoral settlements 沿海殖民 488, 490 – 1, 498
 trade 贸易 490

Bloch, Marc 布洛赫, 马克 10, 17, 18 n. 57, 401

Blois-Chartres-Tours 布卢瓦 – 沙特尔 – 图尔
 and Anjou 与安茹 410
 and Brittany 与布列塔尼 391, 409
 and Capetians 与卡佩王朝 391, 402
 and castellanries 与堡主 417
 and the church 与教会 182, 416
 and continuity with Carolingian patterns 与加洛林模式的持续 398, 400, 401, 416
 emergence 出现 399, 406, 407
 expansion 扩张 386, 392, 407 – 8
 and princely ideology 与王权观念 413
 and warfare 与战争 411

Boethius, Anicius Manlius Severinus, Consolatio 波埃修, 阿尼西厄斯·曼利乌斯·塞弗里努斯, 190, 208, 210, 214

Bogomils 鲍格米尔派 582 – 3

Bohemia 波希米亚 515, **516 – 21**, **528 – 35**
 and aristocracy 与贵族 519 – 20, 530, 532
 and Bavaria 与巴伐利亚 302 – 3, 304 – 5, 517 – 8, 519
 Christianisation 基督教化 150, 157 – 8, 278, 309, 518
 and the church 与教会 521, 533
 bishops 主教 534
 liturgy 礼拜仪式 534

currency 货币 521
and East Francia 与东法兰克王国 518–21, 524, 529, 531, 535
and Henry I 与亨利一世 242, 281, 302–3, 518
and Henry II 与亨利二世 262, 519–20
and Henry III 与亨利三世 520
historiography 历史编纂学 15
and kingship 与王权 531
and local government 与地方政府 532–3
and Moravia 与摩拉维亚 514–6, 517–8, 520–1, 527, 529–30
and Otto I 与奥托一世 519, 524
and Otto II 与奥托二世 254
paucity of sources 历史资料缺乏 2, 15
and Poland 与波兰 256, 257, 262, 519–20, 523–4, 525–6, 527–8, 535
prehistory 史前 514–6
Premyslid rule 普热美斯王朝的统治 531
and aristocracy 与贵族 530
crisis and reconstruction 危机与重建 519–21, 525
genealogical table 系谱表 710
and unification 与统一 517–9
and Rus' 与罗斯 519
and seniorate 与长者优先继承制 521, 531
silver mines 银矿 60
and society 与社会 530–1
sources 历史资料 215, 517–8, 529

and state formation 与国家的形成 528–35
and towns 与城镇 92, 532–5
tribal geography 部落地理 516–7, 529
unity 统一 535
see also Boleslav I; Boleslav II; Boleslav III; Prague; Wenceslas of Bohemia 另见 波列斯拉夫一世；波列斯拉夫二世；波列斯拉夫三世；布拉格；瓦茨拉夫，波希米亚的

Boleslav I of Bohemia 波列斯拉夫一世，波希米亚的 528
  and Christianisation 与基督教化 150
  and Czech expansion 与捷克人的扩张 517
  and Otto I 与奥托一世 519
  and Silesia 与西里西亚 518
Boleslav II of Bohemia 波列斯拉夫二世，波希米亚的
  and Christianisation 与基督教化 150
  and the church 与教会 519
  and Czech expansion 与捷克人的扩张 517
  and Otto II 与奥托二世 254
  and Otto III 与奥托三世 270, 617
  and Poland 与波兰 356, 525
Boleslav III of Bohemia 波列斯拉夫三世，波希米亚的
  and Boleslav Chrobry 与"勇者"波列斯拉夫 520
  marriage 婚姻 519
Boleslav Chrobry of Poland "勇者"波列斯拉夫，波兰的 119, 257, 258–9, 524–5

and *amicitia* 与修好同盟（政治盟友）258

and Bohemia 与波希米亚 520, 523, 525-6, 535

　capture of Kiev 夺得基辅 526

　and Christianisation 与基督教化 119, 525, 534

　coronation 加冕礼 525, 531

　and Henry II 与亨利二世 261, 262, 520

　and Hungary 与匈牙利 549

　marriage 婚姻 547

　and monarchy 与君主政体 527

　and Otto III 与奥托三世 119, 257, 258-9, 262, 525, 620

　and Pomerani 与波美拉尼亚 522

bondmen 奴隶 38

Boniface VII, antipope 卜尼法斯七世，对立教宗 139

Boniface of Canossa 卜尼法斯，卡诺萨的 367, 369

Boniface of Mainz 卜尼法斯，美因茨的 148

Boniface of Spoleto 卜尼法斯，斯波莱托的 355

Boniface of Tuscany 卜尼法斯，托斯卡纳的 368

Bonitus the Subdeacon 博尼图斯，副执事 192

Bonn, Treaty (921)《波恩条约》(921年) 241

Bonnassie, Pierre 博纳西，皮埃尔 13, 423, 444

Bonushomo (notary) 博努斯胡姆（公证人）445

Book of the Eparch《圣经》70, 72, 554-5, 581

bookland 特许公地 466, 475

books 书籍

　illumination 启发 108, 218, 222-3, **224-31**, 326

　ornamentation 装饰 146, 219, 220, 222

　production 制作 68, 145-6, 187-8, 309, 326-7

Bordeaux, development 波尔多，发展 81

Boris II of Bulgaria, and Byzantium 博里沃伊二世，保加利亚的，与拜占庭 583-4, 585

Boris-Michael of Bulgaria 博里沃伊-迈克尔，保加利亚的 567, 568, 572-3

Borivoj of Bohemia 博里沃伊，波希米亚的 518

borough, England 城镇，英格兰 88

Borrell II of Barcelona 博雷尔二世，巴塞罗那的

　and Córdoba 与科尔多瓦 447

　and county of Urgell 与乌赫尔地区 442

　and Hugh Capet 与休·卡佩 447

　marriage 婚姻 447

　and Otto I 与奥托一世 446

　title 头衔 443-4, 450

Boso of Arles 博索，阿尔勒的 314, 317, 342, 344, 352, 353

Boso of Burgundy and Provence 博索，勃艮第和普罗旺斯的 335, 338, 340

　and Charles the Bald 与"秃头"查

理 330 – 1
opposition to 反对 351 – 2
and papacy 与教皇权 331
Boso（son of Richard le Justicier）博索（"公正者"理查德的儿子）336
Boso（son of Robold）博索（罗伯德之子）344
Bosonids 波索尼德斯 330, 332 – 3, 339, 340, 343 – 4, 698
Bosporos, and Khazar khaganate 博斯普鲁斯与哈扎尔突厥汗国 490, 499, 501
Bouchard I of Vendôme 布沙尔一世, 旺多姆的 391
Bouchard II of Vendôme 布沙尔二世, 旺多姆的 392
Bouchard, Constance Brittain 布沙尔, 康斯坦丝·布里坦 328 – 45, 401
boundaries 边界 49
Boussard, J. J. 布萨尔 411
bow and arrows 弓箭 541
Brandenburg, and trade 勃兰登堡, 与贸易 92
Braslav of Pannonia 布拉斯拉夫, 潘诺尼亚的 538
Bratislava, battle（907）布拉提斯拉瓦, 战役（907年）295, 298, 300, 542
Brenta, battle 布伦特, 战役 348, 539
Brescia, battle 布雷西亚, 战役 346
Bretislav I of Bohemia and Moravia 布雷蒂斯拉夫一世, 波希米亚和摩拉维亚的 520 – 1, 528, 531, 534, 535
Brihtsige（Mercian prince）布里黑特斯格（麦西亚公爵）461

Brisca（wife of William V of Aquitaine）布里什克（阿基坦的威廉五世之妻）451
Brittany 布列塔尼
and Anjou and Blois 与安茹和布卢瓦 391, 407, 409
and Charles the Bald 与"秃头"查理 408
and the church 与教会 416
and continuity with Carolingian patterns 与加洛林遗产的持续 398, 408, 416
dukes 公爵 704
hunter-gatherer tribes 狩猎—采集部落 31
and Normandy 与诺曼底 405, 408 – 9
and princely ideology 与王权观念 412, 418
and Robert II 与罗贝尔二世 391 – 2
and Viking attacks 与维京人的进攻 106, 404, 408
and West Francia 与西法兰克王国 106, 399
Brühl, Carlrichard 布吕尔, 卡尔理查德 4, 395
Brun of Augsberg see Gregory V, pope 布伦, 奥格斯堡的 参见 格列高利五世, 教宗
Brun of Cologne 布伦, 科隆的
as chancellor 大臣 255, 317
and the church 与教会 145, 172, 215, 252 – 3, 318 – 9, 387
as duke of Lotharingia 洛泰林吉亚公爵 246, 316, 317 – 8, 386, 388

and Wichmann 与维克曼 284
Brun of Langres 布伦，朗格勒的 182，337
Brun of Querfurt 布伦，奎尔福特的
　　and Henry II 与亨利二世 262
　　and Hungary 与匈牙利 550
　　and *Life* of Adalbert of Prague 与布拉格主教阿达尔伯特的《传记》193
　　Vita quinque fratrum《五兄弟传略》195*
Brun of Roucy 布伦，鲁西的 387
Brun of Saxony 布伦，萨克森的 268
Brunanburh, battle（937）布鲁那伯，战役（937年）466，469
Bruning 布吕南 110
Bruningus of Asti 布鲁宁豪斯，阿斯蒂的 355，556
Brüske, W. W. 布吕斯克 279
Brussels, growth 布鲁塞尔，形成 320
Budic of Nantes 布迪克，南特的 409
Bulcsú harka of Hungary 布尔丘·哈卡，匈牙利的 544，545，546
Bulgaria 保加利亚 **567–85**，569
　　and administration 与行政机构 580，583
　　and aristocracy 与贵族 572
　　and Byzantium 与拜占庭 551，561，563–4，567–80，583，596–601，603，605，621–2
　　Christianisation 基督教化 567，568–70，572，575–6
　　and the church 与教会 581–3，585，599，601

economy 经济 581
　　and Hungary 与匈牙利 537，538–9，542，543，570，583–4
　　and Khazars 与哈扎尔人 503，504，571
　　and Macedonia 与马其顿 570，579
　　and Otto I 与奥托一世 584，613
　　and papacy 与教皇权 608
　　rulers 统治者 16，712
　　and Rus' 与罗斯 581，583–4
　　and Serbia 与士瓦本 576，578，580
　　and society 与社会 581–2
　　sources 历史资料 567，573–4
　　and Thrace 与色雷斯 574–5，577，579
　　and trade 与贸易 570，581
　　see also Boris-Michael；Kubrat；Peter；Symeon 另见 博里沃伊–迈克尔；库布拉特；彼得；西米恩
Bulgarophygon, battle（896）保加罗菲特城，战役（896年）570
Bulgars 保加尔人
　　Black 黑色的 503
　　Danubian 多瑙河的 500，502，509
　　and Khazars 与哈扎尔人 501–2
　　in Russia 与俄罗斯 492
　　see also Volga Bulgar amirate 另见 伏尔加河流域保加利亚人的酋长国
Bur, Michel 布尔，米歇尔 413
Burchard of Raetia 布尔夏德，里提亚的 238
Burchard of the Reichenau, *Gesta Witigomnis* 布尔夏德，赖谢瑙的

---

* 应为193，原文有误。——译者注

201
Burchard of Suabia 布尔夏德，士瓦本的 239, 240, 251, 357
Burchard of Thuringia 布尔夏德，图林根的 238
Burchard of Worms 布尔夏德，沃尔姆斯的
 and canon law collection 与教会法令集 7, 155-6
 and fortifications 与城防建设 83-4, 85
 and liturgy 与礼拜仪式 157
 and parishes 与教区 136
Burghal Hidage《城堡土地税》88
burgi 居住点 78, 82
Burgundy 勃艮第 **328-43**, 329
 and aristocracy 与贵族 342-3
 and Capetian dynasty 与卡佩王朝 335, 336-7, 390
 Carolingian inheritance 加洛林的遗产 100, 399
 and the church 与教会 332
  bishops 主教 331, 337
  monastic reform 修道院改革 163, 182, 333, 338
  and Conrad II 与康拉德二世 343, 410
 counts 伯爵 701
 dukes 公爵 700
 French 法国人 328, 330-4, 335-8, 345, 392
 and Henry I 与亨利一世 241-2
 and Henry II 与亨利二世 261, 343
 and Hugh the Great 与伟大的休 336, 337, 386, 435

imperial 帝国的 105, 106, 528-52, 554-5, 358-45, 545, 392; *see also* Provence 另见 普罗旺斯
 and intellectual life 与学术生活 198
 and Lothar of France 与法兰西的洛塔尔 335, 337, 387
 and Lotharingia 与洛泰林吉亚 310
 and Magyars 与马扎尔人 543
 and Otto I 与奥托一世 244-5, 246-7, 541-3, 356
 paucity of sources 历史资料缺乏 3, 4
 and population increase 与人口增长 62
 and Radulf of West Francia 与西法兰克的拉杜尔夫 113, 334, 335-6, 558, 579, 382, 592
 and Robert II 与罗贝尔二世 338, 392, 394-6
 see also Provence; Rudolfings 另见 普罗旺斯；鲁道夫家族诸王
burgwards 城堡 248, 286-7
burhs (England) 城堡（英格兰）88-9, 465
burial 葬礼
 freedom of 自由 32
 monastic 修道院的 181
 see also cemeteries 另见 墓地
Byrhtferth of Ramsey 比斯弗斯，拉姆西的 107, 479
Byrhtnoth of Essex 比斯诺斯，埃塞克斯的 123, 480, 482
Byzantium 拜占庭
 Administration 行政机构 72, 554-5, 557-9, 603-4, 611

and agriculture 与农业 72, 590
army 军队 126, 509, 558, 560-2, 590-5, 595-7, 599, 602-4, 611
and Bulgaria 与保加利亚 551, 561, 563-4, 567-80, 583, 596-601, 603, 605, 621-2
and Christianisation of Europe 与欧洲的基督教化 150, 546, 549
and the church 与教会
 liturgy 礼拜仪式 158, 559
 monasteries 修道院 557
and coinage 与货币制度 66, 563, 564, 603
and court ritual 与宫廷仪式 126, 221, 558-9, 563, 587, 618, 620
and Crimea 与克里米亚 488, 490-1, 498-500, 502-3
and Croatia 与克罗地亚 151
emperors 皇帝 711
in equilibrium 平衡中的 **553-66**
expansion 扩张 **586-604**, 588-9
and *filioque* clause 与"和子"说 623
historiography 历史编纂学 15-6
and Hugh of Italy 意大利的休 353, 609-10, 628
and Hungary 与匈牙利 558-9, 542, 543-4, 545, 570, 580, 598-9, 621-2
and industry 与手工业 554
and Islamic lands 与伊斯兰的土地 591-4, 605, 646
and Khazars 与哈扎尔人 499-500, 501-3, 571-2

law-codes 法典 6, 7, 553-4
and marriage alliances 与联姻 334, 559, 561, 562, 609
monarchy 君主政体 16, 125-6
and peasantry 与农民 590, 604
and population increase 与人口增长 590, 603, 604
and post-Carolingian cultures 与后加洛林文化 24
provinces 行省 555-7, 558-9, 605-4, 629; *see also* Asia Minor; Dyrrachium; Greece; Italy, southern; Macedonia; Thessalonika; Thrace 另见 小亚细亚；迪拉基乌姆；希腊；意大利，南部；马其顿；塞萨洛尼卡；色雷斯
and Rus' 与罗斯 499, 500, 506-12, 580, 594, 597
and Saracen attacks 与萨拉森人的进攻 555-7, 565
and slavery 与奴隶制 38
sources 历史资料 4, 559, 561
and taxation 与税收 125, 554, 594, 604, 633, 634
towns 城镇 72, 590, 603
and trade 与贸易 69, 70, 72-4, 80, 90, 91, 506-9, 511, 557, 565, 570, 590, 607
and the west 与西欧 **605-23**
 Hungary 匈牙利 538-9, 542, 543-4, 545, 570, 576, 598-9, 601, 621-2
 Lombardy 伦巴第 100, 253-4, 605-6, 608-9, 624-9
 and Otto I 与奥托一世 125, 253-

索引　　　　　　　　　　　　921

4, 360, 610-5, 629-31

and Otto II 与奥托二世 255, 615-6, 630, 631, 643

and Otto III 与奥托三世 108, 257, 615-22

papacy 教皇权 140, 142, 261, 607-8, 611, 617-8, 622-3, 632-3

Venice 威尼斯 606-7, 611, 621-2

and western Christians 与西欧的基督教化 605-10

see also Italy, southern; Sicily 另见 意大利, 南部; 西西里

see also Basil II; Bulgaria; Constantine VII Porphyrogenitus; Constantinople; fleet; Italy, southern; Leo VI; Nikephoros Phokas; Romanos I Lekapenos 另见 巴西尔二世; 君士坦丁七世·波尔菲洛格尼托斯（紫衣家族的）; 君士坦丁堡; 舰队; 意大利, 南部; 利奥六世; 尼基弗鲁斯·福卡斯; 罗曼诺斯一世·雷卡平

Calabria 卡拉布里亚

agriculture 农业 633-4

Byzantine rule 拜占庭的统治 348, 606, 611, 622, 624, 626, 628, 631, 666

Greek population 希腊人口 632, 634

Latin population 拉丁人口 631

and Otto II 与奥托二世 255, 361, 613, 616, 643, 668

and Otto III 与奥托三世 361

and Salerno 与萨勒诺 628-9

and Saracen attacks 与萨拉森人的进攻 626, 627, 628, 631, 633, 643, 644-5, 665, 667-8

caliphate see Baghdad; Cordoba; Fatimid dynasty 哈里发 参见 巴格达; 科尔多瓦; 法蒂玛王朝

calligraphy 书法 327

Calvus Zyrind (Micheal) of Hungary 卡尔乌斯·齐林德（米哈伊尔），匈牙利的 546, 547, 552

Cameron, Averil 卡梅伦, 埃夫里尔 221

Candiano family of Venice 坎迪亚诺家族, 威尼斯的 361

Canigou, church of St Martin 卡尼古, 圣马丁教堂 212

Cannae, battle (1018) 坎尼, 战役（1018年）622-3

cannibalism 同类相食 28

canon law 教会法 29, 130, 153-4

collections 教令集 7, 154-6

Canterbury, and support for monarchy 坎特伯雷, 支持君主政体 112, 120

Capetian dynasty 卡佩王朝

and Anjou 与安茹 391-2, 402, 411, 413

and Burgundy 与勃艮第 335, 336-7, 390, 396

and kingship 与王权 98, 99, 102, 256, 395-6

and southern principalities 与南部公国 390-2, 393, 430, 450-5, 703

capitularies 法令汇编

Carolingian 加洛林王朝 6, 136,

350

Ottoman 奥托曼人 6, 9, 98, 120

Capodelle Colonne, battle (982) 科隆纳角, 战役 (982 年) 255, 361, 616, 645, 668

Cappadocia, and Byzantium 卡帕多西亚, 与拜占庭 555, 557, 562, 603

Capua-Benevento 卡普亚－贝内文托
  and Apulia 与阿普利亚 627-8
  and Byzantine claims 与拜占庭的主张 605, 606, 630
  and the church 与教会 639-41, 644
  music 音乐 216
  and co-rulers 与共治者 635-6, 639
  and counts 与伯爵们 638-9
  and Henry II 与亨利二世 622-3
  and intellectual life 与学术生活 188, 192
  and Magyar attacks 与马扎尔人的进攻 543, 637
  and Muslim threat 与穆斯林的威胁 626-7
  and Otto I 与奥托一世 254, 360, 613-4, 629-30
  and Otto II 与奥托二世 643
  and Otto III 与奥托三世 361, 621, 644
  and papacy 与教皇 251
  partition and unification 分裂与统一 624-6, 637, 640-1, 643-4
  and princely authority 公国的职权 636-8, 639, 642-4
  princes 诸侯 626, 713
  and Spoleto 与斯波莱托 364, 629

Carinthia 卡林西亚
  and Bavaria 与巴伐利亚 254, 256, 303-4, 305-6
  and Henry II 与亨利二世 264
  and Venice 与威尼斯 363

Carloman of Bavaria and Italy 卡尔洛曼, 巴伐利亚和意大利的 233, 240, 294-7, 299, 332, 403

Carolingians 加洛林王朝
  and capitularies 与法令汇编 6, 98
  and Carolingian inheritance 与加洛林王朝的遗产 29, 119, 162, 293-8, 346-51, 382, 702
  and the church 与教会 101, 130, 131, 134, 153-4, 252-3, 295-6
  and Frankish unity 与法兰克的统一 9, 99, 101, 293
  and kingship 与王权 97-8, 100, 113, 245-6, 295-6
  and nobility 与贵族 40
  and tenth-century kingdoms 与 10 世纪的王国 99-106, 248-9, 332
  and urban development 与城市发展 93
  see also Robertines 另见 罗伯廷斯

cartularies 房地产契据册 5, 375, 423-4, 673

Cashel, and overkingship 卡舍尔, 与超级王权 106

Casimir I ("the Restorer") of Poland 卡齐米尔一世 ("复兴者"), 波兰的 527, 528

Časlav of Serbia 查斯拉夫, 塞尔维亚的 578, 580

castellans 城堡主

索引

in Burgundy 在勃艮第 337, 339, 342
in Italy 在意大利 370
in northern principalities 在北方各公国 416, 417–8, 419
and Peace of God movement 与"上帝和平运动" 454
in southern principalities 在南方各公国 51, 223, 449, 453, 454
in West Francia 在西法兰克王国 122, 123, 394

Castile 卡斯蒂尔
and Cordoba 与科尔瓦多 654, 655, 657, 659, 681–3, 685
counts 伯爵 122, 717
frontiers 边疆 674
history 历史 12
and León 与莱昂 122, 674, 677–8, 680, 681–2, 685–7
and Pamplona-Navarre 与潘普洛纳-诺瓦拉 686–7, 688–90
population movements 人口迁徙 688
sources 历史资料 5
castle-building see incastellamento 城堡建设 参见 城堡

Catalonia 加泰罗尼亚 440–9
and agriculture 与农业 57, 58, 59, 61
and al-Mansur 与曼苏尔 390, 439, 447, 654–5
and Aquitaine 与阿基坦 441, 447
and aristocracy 与贵族 445, 446, 447, 449
titles 头衔 443–4
and castle-building 与城堡建设 48
and Charles the Simple 与"天真汉"查理 377
and the church 与教会 443, 445, 446, 448
and coinage 与铸币 61
and Córdoba 与科尔多瓦 425, 430, 441, 446–8, 455
councils 会议 446
Franks and Goths 法兰克人和哥特人 425, 441, 448–9
history 历史 13
and Hugh Capet 与休·卡佩 390–1, 422, 430, 447, 450, 455
and importation of gold 与黄金的输入 27, 447, 452
and landholding 与土地持有 34, 36, 43, 45
and Languedoc 与朗格多克 437
and Lothar IV 与洛塔尔四世 444, 447
and monastic reform 与修道院改革 449
and national consciousness 与民族国家意识 455
and Odo of West Francia 与奥多,西法兰克王国的 428
and Pamplona-Navarre 与潘普洛纳-诺瓦拉 690
and papacy 与教皇权 446
peasant communities 农民群体 449
population 人口 62, 441, 448–9
and princely authority 与公国的权威 431, 433–5, 451
and Radulf of West Francia 与西法兰克的拉杜尔夫 382, 429

and Roman inheritance 与罗马的遗产 426–7, 431, 447–8

and royal absence 王权的缺失 422, 430, 442–3, 447–8, 450

and rural society 与乡村社会 19, 34, 36, 37, 43, 45, 51

and Septimania 与塞菩提曼尼亚 447

sources 历史资料 3, 5, 422–4

and Spain 与西班牙 446

towns 城镇 441

and West Francia 与西法兰克王国 393, 430

see also Barcelona 另见 巴塞罗那

catepans see katepano 总督 参见 统治者

cathedrals 大教堂

    clergy 教士 143, 149, 174, 253, 263–4, 446

    and education 与教育 145, 144–5, 147, 253

    and urban development 与城市发展 86

cavalry 骑士

    Byzantine 拜占庭 592, 596–7, 611

    heavy 重装骑士 41, 592, 597, 611

    Magyar 马扎尔人 242, 541, 542

    Ottoman 奥托曼人 255, 281, 283

Cedynia (Zeden), battle (972) 采迪尼亚（采登），战役（972年）524

cemeteries 墓地 45–6, 62

centralisation, England 中央集权，英格兰 14

centuriation, Roman 百丈量法（罗马土地丈量法）49

Champagne 香槟，香槟地区 325, 398, 404, 406–7, 410, 417; see also Blois-Chartres-Tours 参见 布卢瓦-沙特尔-图尔

chanceries 大法官法庭 122, 149, 237, 241, 258, 269, 296

chant see music 赞美诗 参见 音乐

chapels, royal 小礼拜堂，王室的 241, 253, 263–4, 296, 318

chaplains, royal 专职教士，王室的 253, 256, 259, 263–4

Charles II ("the Bald") of France 查理二世（"秃头"），法兰西的

    and amicitia 与修好同盟（政治盟友）111, 376, 399

    and Aquitaine 与阿基坦 420

    and Brittany 与布列塔尼 408

    and Burgundy 与勃艮第 328, 330–1, 333

    and coinage 与铸币 415

    and Flanders 与佛兰德 403

    and fortification 与城防 114

    and northern principalities 与北方各公国 400

    and papacy 与教皇权 141

Charles III ("the Fat"), Emperor 查理三世（"胖子"），皇帝 157, 261, 297

    and Burgundy 与勃艮第 333

    deposition 废黜 233, 334, 379

    and papacy 与教皇权 107, 141

Charles III ("the Simple") of France 查理三世（"简单的"），法兰西的 331, 376, 381

    and amicitia 与修好同盟（政治盟友）111, 376

    and Aquitaine 与阿基坦 376, 428–

9, 432, 435
and aristocracy 与贵族 102–5, 109, 314, 580, 428
and Arnulf of Carinthia 与阿尔努尔夫, 卡林西亚的 233
and charters 与特许状 375, 377
death 死亡 293
deposition 废黜 103, 374, 379, 404
and Henry I 与亨利一世 111, 241, 314
and Lorraine 与洛林 340
and Lotharingia 与洛泰林吉亚 238, 240, 312–5, 377, 378
and Neustria 与纽斯特里亚 402
and Radulf of France 与拉杜尔夫, 法兰西的 335, 379
recovery of kingship 王权的恢复 175, 377–8, 394
and Robert I 与罗贝尔一世 335, 376–9
and Vikings in Normandy 与诺曼底的维京人 378, 380, 404

Charles the Great 查理大帝 29, 243
canonisation 封圣 9
and church architecture 与教会建筑 213
and cultural development 与文化的发展 187, 188
and Italy 与意大利 346, 359
and justice 与司法 97
and monastic reform 与修道院改革 163, 174
and Otto I 与奥托一世 244, 359, 629
and Otto III 与奥托三世 9, 97, 109, 257, 259, 618
and papacy 与教皇权 140, 141, 251
and political friendship 与政治友谊 111
and regionalisation 与地区化 249
and Saxony 与萨克森 267, 278, 287

Charles of Lorraine see Charles of Lotharingia 查理, 洛林的 参见 查理, 洛泰林吉亚的

Charles of Lotharingia 查理, 洛泰林吉亚的
and Hugh Capet 与休·卡佩 104, 389–90, 430, 447, 450
and Lotharl V of France 与洛塔尔四世, 法兰西的 254, 386, 388
and Normandy 与诺曼底 385
and Otto II 与奥托二世 125, 254, 319–20, 388–9

Charles Martel, and Aquitaine 查理·马特, 与阿基坦 425

Charles of Provence 查理, 普罗旺斯的 330

Charles the Simple see Charles III ("the Simple") of France "天真汉" 查理 参见 查理三世 ("简单的"), 法兰西的

Charles-Constantine of Provence 查理－康斯坦丁, 普罗旺斯的 97, 113, 334–5, 341, 342

Charters 特许状
papal 教皇的 138
as sources 作为历史资料 4–6, 14, 30, 70, 104–5, 115

Chartres, battle (911?) 沙特尔, 战役 (911 年?) 378, 404

Cherson 克尔松
  and Byzantium 与拜占庭 488, 499, 500, 510
  and Khazars 与哈扎尔人 501-2
  as trade centre 与贸易中心 490-1, 493
Christianisation of Europe 欧洲的基督教化 21, 118, 119, 149-51
Christianity, Latin 基督教, 拉丁的
  and Frankish unity 与法兰克的统一 9, 101
  and Islam 与伊斯兰教 128
  and Slavs 与斯拉夫人 119, 516
Christianity, Orthodox 基督教, 东正教的
  in the Balkans 在巴尔干 580, 582-3, 585
  in Rus' 在罗斯 510-1
Christopher Lekapenos 克里斯托弗·雷卡平 563, 564, 566
Chrodegang of Metz 克罗狄根, 梅斯的 148
Chronica genre 编年体体裁 2-3, 205-6, 374-5
Chronicle of Alfonso III《阿方索三世编年史》190
Chronicle of Sampiro《萨姆皮罗编年史》3, 670, 675, 677, 679, 680, 684-5
Chronicon pictum《图解编年史》2
Chronicon Salemitanum《萨勒诺编年史》192, 205, 630, 635, 637
church 教会 **130-62**
  and aristocracy 与贵族 131, 134, 252-3, 263
  and Carolingian inheritance 与加洛林王朝的遗产 130, 131, 153-4, 162
  imperial 帝国的 252-3, 317
  and kingship 与王权 95-7, 105-6, 107-8, 120, 122, 153
  and landholdings 与土地持有 39, 43, 52, 57, 131-4, 146-7
  and legislation 与立法 6-7
  and localism 与地方主义 20-1, 130
  organisation 组织化 131-7, 153-4
  and reform 与改革 7, 9-10, 29, 116, 130, 134-5, 258
  and seigneurie 与领主权 52
  and servitude 与地役制 57
  see also councils; episcopacy; monastacism; papacy 另见 会议；主教制；修道院制度；教皇权
  church and state 教会与国家 131-5
  in East Francia 在东法兰克王国 120, 122
  in England 在英格兰 116
  in Italian kingdom 在意大利王国 122
  and missionary endeavours 与传教士的努力 149-50
  in West Francia 在西法兰克王国 98, 120, 122
churches 教堂
  architecture 建筑 86, 212-6, 219
  estate 财产 136
  imperial 帝国的 255, 259, 263-4, 265
  proprietary 所有权 46
  and urban development 与城市发展 85-6, 93-4, 148

and villages 与村庄 46–7

see also liturgy；parish 另见 礼拜仪式；教区

Cicinnius 奇钦纳尤斯 192

Cilento, N. N. 奇伦托 626 n. 2

Cilicia, and Byzantine conquests 奇里乞亚，与拜占庭的征服 593–4

Cistercian order 西铎会 186

cities, Roman, in England 城市，罗马的，英格兰的 87, 88

city, episcopal 城市，主教辖区的 94, 135, 320

 in France 在法国 79

 in Italy 在意大利 78–9

 in Lotharingia 在洛泰林吉亚 312

civitates, economic development 城市，经济发展 67, 74, 76–85, 93, 287, 532

clan (Sippe) 氏族 31, 530, 541

Clarius (chronicler) 克拉里乌斯（编年史家）148

Clement II, pope 克雷芒二世，教宗 142

 Clement of Ochrid, and Symeon of Bulgaria 克雷芒，奥赫里德的与西米恩，保加利亚的 568–70, 575–6, 580, 599

clergy 教士

 cathedral 大教堂 143, 149, 174, 253, 263–4, 446

 parish 教区 136–7

 purity 纯洁教会 21

 and royal rituals 与皇家仪式 107, 110

 see also bishops 另见 主教

clientele 受保护者 39, 51

climate 气候

 fluctuation 变化 45

 improvement 改善 30, 63

Cluny 克吕尼

 archives 档案 5, 14, 37, 423

 and confraternity 与兄弟会 176–81, 182, 183

 foundation 建立 27, 170, 178, 333, 449

 and hagiography 与圣徒传 196

 and liturgy 与礼拜仪式 213, 559

 and monastic reform 与修道院改革 20, 165–6, 170, 175–86, 187, 191, 338

 and public order 与公共秩序 454

 and Radulf of West Francia 与西法兰克的拉杜尔夫 379

Cnut 克努特

 and Aquitaine 与阿基坦 451

 and England 与英格兰 87, 149, 150, 483

 law-code 法典 6

Coblenz, council (922) 科布伦茨会议（922年）43, 136–7, 154

Codex Wittekindeus《福音书手抄本》225, 226

coinage 铸币 60–2, 458

 comital 伯国的 391

 princely 公国的 415–6, 429, 433, 436, 439, 446

 and royal government 与国王政府 115, 118, 377, 382, 384, 405

 and trade 与贸易 66, 642

 and urban development 与城市发展

79, 91

see also copper; gold; money; silver 另见 铜币；金币；货币；银币

Collins, Roger 科林斯，罗杰 670–91

colloquia, in Saxony 在萨克森 274–5, 277

Cologne 科隆

diocese 主教教区 153, 252–3

growth 发展 85, 312

comes/comites see counts/countship 伯爵 参见 伯爵/伯爵职位

commerce see trade 商业 参见 贸易

communication 交流

improvement 改进 75–6

symbolic/non-verbal 符号/非语言的 22–3

see also literacy 另见 读写能力

communications, and Otto I 交流，与奥托一世 249

concords (convenientiae), as sources 和谐，作为历史资料 5

confraternities, urban 兄弟会，城市的 83

coniurationes 联盟 269, 273–7

Connacht, and overkingship 康纳赫特，与超级王权 106

Conon I of Brittany 科农一世，布列塔尼的 412

Conrad I, king of East Francia 康拉德一世，东法兰克王国国王 237, 238–9

and amicitia 友情 239

and Bavaria 与巴伐利亚 102, 239, 297, 300–1

consecration 祝圣 107, 238, 239, 303

and Henry I 与亨利一世 239, 241, 268

and Magyar attack 与马扎尔人的进攻 238–9, 542

regalia 徽章 109

Conrad II, Emperor 康拉德二世，皇帝

and Bavaria 与巴伐利亚 307

and Bohemia 与波希米亚 520

and Burgundy 与勃艮第 343, 410

election 选举 274–5

and Hungary 与匈牙利 540

and Italy 与意大利 369, 371

and kingship 与王权 102

and monastic reform 与修道院改革 183

and Poland 与波兰 527, 552

and trade 与贸易 78

Conrad of Auxerre 康拉德，欧塞尔的 340

Conrad of Constance 康拉德，康斯坦茨的 216

Conrad the Elder 大康拉德 237

Conrad the Red of Lotharingia "红色的"康拉德，洛泰林吉亚的 246, 247, 316, 317, 544

Conrad of Suabia 康拉德，士瓦本的 255, 271

Conrad ("the Pacific") of Burgundy 康拉德（"和平的"），勃艮第的

and Adelaide of Germany 与阿德莱德，德意志的 360

and Lothar of France 与洛塔尔，法兰西的 335

and Otto I 与奥托一世 244–5, 246, 341–2

paucity of records 缺乏记载 3
and Provence 与普罗旺斯 246, 342, 344

Conradine dukes 康拉丁公爵
and Carolingian rulers 与加洛林王朝统治者 236, 237 – 8
genealogical table 系谱表 696
and Henry I 与亨利一世 241, 243, 268
and Henry II 与亨利二世 260
and Lotharingia 与洛泰林吉亚 237, 238, 313, 316
and Otto I 与奥托一世 245
and Otto II 与奥托二世 255

consecration, royal 祝圣, 王室的 108

conservatism, and custom 保守主义, 与习惯 29

Constance of Arles (wife of Robert II) 阿尔勒的康斯坦丝（罗伯特二世之妻）344, 391, 393, 451

Constantine II of Scotland 君士坦丁二世, 苏格兰的 101
and Æthelstan of Wessex 与埃塞尔斯坦, 威塞克斯的 469
and royal cult-centres 与王室文化中心 106

Constantine VII Porphyrogenitus 君士坦丁七世·波尔菲洛格尼托斯（紫衣家族的）
and court ceremonial 与宫廷礼仪 558, 587
crisis of 944 944 年的危机 75, 566
death 死亡 592
and diplomacy 与外交 591

and Hungary 与匈牙利 537, 544 – 5, 610
and Italy 与意大利 610
and law 与法律 587 – 90, 602
and learning 与学问 586 – 7
legitimacy 正统 555, 559 – 60, 563, 612
marriage 婚姻 562, 610 – 11
and piety 与虔诚 587
and Polish tribes 与波兰各部族 522
and regency 与摄政 561 – 2, 574
and Romanos Lekapenus 与罗曼诺斯·雷卡平 561 – 6, 577
and Saif al-Dawlah 与"国家之剑"（艾哈迈德·托干汗的封号）591 – 2
and Sicily 与西西里 606
and Symeon of Bulgaria 与西米恩, 保加利亚的 574 – 5, 577, 587
see also De administrando imperio 另见《论帝国的治理》

Constantine VIII Porphyrogenitus 紫衣家族的君士坦丁八世 620

Constantine Doukas 君士坦丁·杜卡斯 560, 561

Constantine Gongylios 君士坦丁·贡戈利奥斯 590 – 1

Constantine Lekapenos 君士坦丁·雷卡平 564, 566

Constantine of Preslav 普雷斯拉夫的君士坦丁 568, 570

Constantinople 君士坦丁堡
Bulgar attacks 保加尔人的进攻 561, 571, 576 – 7
as imperial centre 帝国的中心 95,

554 – 5

Magyar attack 马扎尔人的进攻 543

population 人口 72，557

and Rus' 与罗斯 507

size 规格 72，126，557

and trade 与贸易 71，74，557

Constitutio romana（824）《罗马法》（824年）141

consuetudines 习惯法 114，164 – 5，182，184

consumption, levels 消费水平 53，64，68，72，76

control, social 社会控制

 and bishops 与主教 161

 and castle-building 与城堡修建 47 – 8

conventus 民众大会 77，79

Conversio Bagoariorum et Carantanorum《巴伐利亚人和加兰塔尼亚人的皈依》538

copper, as coinage 铜作为铸币 66

Córdoba 科尔多瓦

 abolition of caliphate 哈里发制度的废除 660 – 1，662，670，685，691

 administration 行政管理 68，126 – 7，64B，651，652，656 – 7

 army 军队 68，126 – 7，647 – 9，655，655 – 6

  Berbers 柏柏尔人 645，650 – 6，658 – 60，684

  and militia 与民兵组织 658 – 9

  Negro troops 黑人组成的军队 660

  Slav troops 斯拉夫人组成的军队 126 – 7，150，648，653，656 – 8，659 – 60

 caliphs 哈里发 68，649 – 50，683，715

 and Catalonia 与加泰罗尼亚 425，430，441，445，446 – 8，455

 and Christian states 与基督教国家 655，657 – 9，662；see also Catalonia；León；Pamplona-Navarre 另见加泰罗尼亚；莱昂；潘普洛纳 – 诺瓦拉

 coinage 铸币 66，649

 growth 发展 68，71，126，647

 and Islam 与伊斯兰教 654

 and Jihād 与吉哈德，（圣战）447，654，657

 and literature 与文学 190

 and Magyar attack 与马扎尔人的进攻 544

 and muwallads 与穆瓦拉德人 647 – 8

 and North Africa 与北非 650 – 2，655

 sack（1013）遭洗（1013年）659 – 60

 siege（1010—13）遭围城（1010—1013年）659，661

 and slave trade 与奴隶贩卖 69，648

 sources 历史资料 657

 and trade 与贸易 69 – 70

 see also 'Abd al-Raḥman III；al-Andalus；Al-Ḥakam；Hisham II 另见 阿卜杜勒·拉赫曼三世；安达卢西亚；哈卡姆；希沙姆二世

core and periphery, and historiography 核心与外围，与历史编纂学 16

Corinth, wealth 科林斯，财富 557

corruption 腐败

and the church 与教会 21
papal 教皇的 138-9
corvée 劳役 52, 449
Cosmas of Prague 科斯马斯, 布拉格的 2, 529
Cosmas the Priest, *Treatise against the Bogomils* 科斯马斯, 牧师 581-3
Cotrone, battle *see* Capo delle Colonne 科特罗内, 战役 参见 科隆纳角, 战役
councils, church 会议, 教会的
  and Carolingian councils 与加洛林王朝的会议 153-4
  and cults of saints 与圣徒崇拜 160-1
  and legislation 与立法 7, 154-5
  and Peace of God movement 与"上帝和平运动" 7, 52, 122, 160-1, 185, 454
  rarity 罕见的 20
country life 乡村生活 **27-63**
counts/countship 伯爵/伯爵职位
  administrative role 行政管理作用 51
  and allodial lands 与完全自主的土地 34
  in Bavaria 在巴伐利亚 295, 296-7
  in Burgundy 在勃艮第 336-9, 342-3
  in East Francia 在东法兰克王国 121
  and inheritance 与继承 99-100
  in Italian kingdom 在意大利王国 121, 350-1, 357-9, 371
  in León 在莱昂 122, 672, 677-8
  in Lotharingia 在洛泰林吉亚 238, 313, 314, 323-4
  in Provence 在普罗旺斯 113, 343-4
  in Saxony 在萨克森 52, 267, 269, 285
  in southern Italy 在南部意大利 638-9
  in West Francia 在西法兰克王国 52, 121, 221, 387, 396-7
    northern principalities 北方的各公国 406-14, 416-8
    southern principalities 南方的各公国 52, 423, 430, 433, 436, 438-9, 440-4, 446, 451, 453-4
courts (judicial) 法庭（审判庭）
  borough 城镇的 480
  hundred 百户区的 480
  shire 郡的 115-6, 117, 480
courts (royal) 宫廷（王廷）
  as artistic centres 作为艺术中心 223, 225-8
  Byzantine 拜占庭 126, 558
  Carolingian 加洛林王朝 22
  as intellectual centres 作为知识中心 22, 189-91
  Islamic 伊斯兰的 126
  itinerant 巡回的 97, 264
  and manners 与行为规范 108
Cracovia, and Bohemia and Poland 克拉可夫, 与波希米亚和波兰 256
Cracow 克拉科夫
  Bohemian capture 波希米亚夺得 520
  and the church 与教会 533-4
  and Miesco I 与梅什科一世 523
  as Polish capital 作为波兰的首都 528, 529

and trade 与贸易 92
crafts 手工业
 in al-Andalus 在安达卢西亚 68
 in Flanders 在佛兰德 84
 in Germany 在德意志 80
 in Italy 在意大利 76，77
 in Scandinavia 在斯堪的纳维亚 91 – 2
Crescentii family 克雷森提家族 564，567
 and Otto II 与奥托二世 254，361
 and Otto III 与奥托三世 258，618
 and papacy 与教皇权 139，254，258，623
Crescentius II 克雷申蒂厄斯二世 258，362，365，617 – 8
Crete, and Byzantium 克里特岛，与拜占庭 126，556 – 7，590 – 2，610，611，646
Crimea 克里米亚 487
 and Byzantium 与拜占庭 488，490 – 1，498 – 500，502 – 3
 and Hungarians 与匈牙利人 536
 and Khazars 与哈扎尔人 501
 settlement 殖民定居 490 – 1
Croatia 克罗地亚
 and Bohemia 与波希米亚 517
 and Bulgaria 与保加利亚 578，580，608
 and Byzantium 与拜占庭 601
 Christianisation 基督教化 157 – 8
 unification 统一 151
Cronica di Cambridge《剑桥纪事》663
crop rotation 轮作制 58
crowns, importance 王冠，重要性 109，233，259，548，616
cult-centres, royal 文化中心，王廷 106，109，111 – 2，118，120，124，265 – 6
culture 文化
 antique 古代的 29
 Byzantine 拜占庭的 16，228，618 – 20
 elite 社会精英 22，24
 Islamic urban 伊斯兰城市 16，66 – 71，190
 and schools 与学校 188 – 90，196
 written 书写 187
curtesy 鳏夫产业 30，44，350，362
custom 习惯
 and conservatism 与保守主义 29
 and lordship 与贵族身份 52，81
Cuthbert, St. 圣·卡斯伯特 112，117，610
Cyprus, Byzantine conquest 塞浦路斯，拜占庭的征服 594
Cyril-Constantine, St 圣·西里尔 – 君士坦丁 536，568，570
Czechs 捷克人 514，517；see also Bohemia；Prague 另见 波希米亚；布拉格

Daleminzi 达莱明齐 242
 attacks on 对其进攻 281
Dalmatia 达尔马提亚
 and Bavaria 与巴伐利亚 296，611
 and papacy 与教皇权 142，578
 and Venice 与威尼斯 601
danegeld 丹麦金 61，380，382
Danelaw 丹麦法区

and trade 与贸易 89

and Wessex 与威塞克斯 105，456，460，461，464-6

Danzig, development 但泽，发展 90

Daugmale, development 多戈梅尔，发展 90

David Curopalates of Tao 大卫·丘罗帕拉茨 596，598，602

De administrando imperio《论帝国的治理》564，579-80，586，591，605，610

De thematibus《论军区》606，612

dead, commemoration 死亡，纪念 164-5，181，184-5

deans 执事 135-6

Dečani tribe 代查尼部落 517

demography see population 人口统计学 参见 人口

Denmark 丹麦

　Christianisation 基督教化 118，149，150，252，287

　and England 与英格兰 119，149，483-4

　and Henry I 与亨利一世 243

　and kingship 与王权 97

　　royal government 国王政府 112，114，118-9，123

　　royal ritual 宫廷礼仪 100-1，106，109，118

　and Norway 与挪威 118

　and papacy 与教皇权 142

　see also Harald Bluetooth 另见 哈拉尔德·布鲁图斯

Derevlianians, and Rus' 德利夫列尼安人，与罗斯 506，508，510

demesne lands 直营地 43-5，52

Dhondt, J. J. 杜特 394，398，400，402，414，430，431

Dhu'l-Nunid 迪尔-努尼底 647，649-50，654，661-2

dialectic 逻辑论证 188，209

Díaz y Díaz, Manuel 曼努埃尔·迪亚兹-迪亚兹 190

Didactic Gospel-Book《说教用福音书》568

Diego Muñz of Saldañ 迭戈·芒斯，萨尔丹公爵 678

diet 议会 53，59-60，495

Dietrich I of upper Lotharingia 迪特里希一世，上洛泰林吉亚的 320，321

Dietrich (Brother of Miesco II), 迪特里希（梅什科二世的弟弟）527

Dietrich, margarve 迪特里希，侯爵 269-70，274，277，283，286，524

Dietrich of Metz 迪特里希，梅斯的 319，321

Dietrich of Trier 迪特里希，特里尔的 319

differentiation, social 差异，社会的 10，77，185

dioceses 主教区 131，136

diplomata, and kingship 外交官，与王权 14，109，350-1，422，428

Dir of Rus' 迪尔，罗斯的 508

districtio, in Italy 惩罚或法律上的胁迫，意大利语 121，358

districtus, in Italy 辖区，意大利的 121，351，353，366，370

Dobrava (wife of Miesco I) 多布拉娃，（梅什科一世的妻子）519，524

Docibilis I of Gaeta 多斯比利斯一世，加埃塔的 642
Docibilis II of Gaeta 多斯比利斯二世，加埃塔的 642
Dodwell, C. R. C. R. 多德维尔 218
Domesday Book《末日审判书》(《土地赋役调查簿》) 56，88 – 9，115，136
domestics (*Dienstmänner*) 家仆、管家 35
Donation of Constantine 君士坦丁赠礼 258，618
Donatus, *Ars minor* 多纳图斯，《初级语法课本》188
Dortmund, growth 多特蒙德，发展 85
Drahomira (wife of Vratislav I) 德拉霍米拉（弗拉蒂斯拉夫一世的妻子）518
drama 戏剧
  by women 女性的 199，200 – 1
  liturgical 礼拜仪式 159，195，215 – 6
dress, and "house" 服装，与"家族" 32
druzhina (levy) 卫队、亲随（征兵）532
Dublin 都柏林
  excavation 考古发掘 8
  and trade 与贸易 89，91，92
  as Viking kingdom 作为维京王国 90，92，469，472
Duby, Georges 乔治·杜比 12，29，400，403，417 – 8
Duchesne, A. A. 杜申 336 n. 12
Dudo of Saint-Quentin 杜多，圣-昆汀的 3，375，378
  Historia Normannorum《诺曼史》412
Dufour, Jean 吉恩·杜福尔 430
duke/duchy see *dux* 公爵/公国 参见 大公
Dulebi tribe 杜勒比部落 517
Dumas-Dubourg, F. F. 仲马·迪堡 394
Dunbabin, Jean 简·邓巴宾 372 – 97，399，401
Dunstan of Canterbury 邓斯坦，坎特伯雷的
  and Eadred 与埃德雷德 474 – 5
  and Eadwig 与埃德威格 476 – 7
  and Edgar 与埃德加 173，478
  and Edmund 与埃德蒙 474
  letters 书信 7
  Life《传记》476，477
  and the papacy 与教皇权 137，174
  as scholar 作为学者 191
dux 大公
  in Bavaria 在巴伐利亚 295 – 6，300 – 1，303 – 4
  in East Francia 在东法兰克王国 108，121，241
  in Hungary 在匈牙利 544
  in Italy 在意大利 623
  in Lotharingia 在洛泰林吉亚 313
  in Saxony 在萨克森 267，269 – 72，285
  in West Francia 在西法兰克王国 316，376
    northern principalities 在北方各公国 402，409，411，412，444
    southern principalities 在南方各公

国 420，427，429，431－2，434，435，439－40，444，450

Dyfed, kingdom, and royal government 迪费德，王国，与国王政府 117－8

dynasties, ruling 王朝，统治 101－6，118

Dyrrachium 迪拉基乌姆

  Bulgarian capture 保加利亚夺得 571，575，597，621

  Byzantine capture 拜占庭夺得 599，600，603

Eadgifu (wife of Edward the Elder) 艾德姬弗（长者爱德华之妻）468，475，476

Eadgifu (wife of Heribert the Old) 艾德姬弗（年长者赫里伯特之妻）384

Eadhild (wife of Hugh of Neustria) 艾德希尔德（纽斯特里亚的休的妻子）382，383

Eadred of England 埃德雷德，英格兰的

  charters 特许状 474－5

  and the church 与教会 474－5

  as king of the English 作为英国人的国王 473

  and Northumbria 与诺森伯利亚 472－3

  and royal government 与国王政府 474，478

  and Scotland 与苏格兰 473

  will 遗嘱 475－6

Eadric Streona 埃德里克·斯特奥纳 484

Eadwig of England 埃德威格，英格兰的

  and burning of Ripon 与里彭的焚毁 117

  charters 特许状 476，477，478－9

  and the church 与教会 477

  and division of the kingdom 与王国的分裂 477－9

  and Dunstan of Canterbury 与坎特伯雷的邓斯坦 476－7

  and Edgar 与埃德加 476

  as king of the English 作为英国人的国王 479

Eadwine (æthling) 埃德温（埃塞尔林）468

ealdormen (England) 方伯（英格兰）51，115，456

East Anglia 东盎格里亚

  and Ælfwold 与艾弗沃德 461

  and Edward the Elder 与长者爱德华 464，465

  and royal government 与国王政府 115

East Francia 东法兰克

  and aristocracy 与贵族 107－8，121，124，236－41，243－4

  army 军队 123－4，255，304

  and art 与艺术 223

  and Bohemia 与波希米亚 518－21，524，529，531，535

  and book production 与书籍制作 225－29

  Carolingian rulers 加洛林王朝的统治者 233－8，248－9，378

  and the church 与教会

  and bishops 与主教 143－6，148－

9, 252–3, 296, 301
and councils 与会议 154
and liturgy 与礼拜仪式 157–9
and monasticism 与修道院制度 164, 168, 170–3, 181–4
and eastward expansion 向东扩张 150, 278–80, 286–8
and historiography 与历史编纂学 10, 13–14, 98, 99, 278–9
 and intellectual life 与学术生活 195, 198, 202–3, 206–7
 kingdom 王国 240
 kingship 王权 13, 101–4, 243–4, 295
 and the church 与教会 120, 122
 and government 与政府 112, 126–8, 237
 and royal ritual 与宫廷礼仪 107–9, 111–12
 and title 与头衔 240, 241, 243, 250, 255, 258, 261, 265
and landholding 与土地持有 44
and Lotharingia 与洛泰林吉亚 310–3, 315–8, 321
and markets 与市场 85, 88
and papacy 与教皇权 139
and Poland 与波兰 525, 524, 525–6, 527–8, 529, 551, 555, 549
and population increase 与人口增长 62
regionalisation 与地方化 13, 100, 233–9
silver mines 银矿 60, 66
sources 历史资料 2, 4, 13, 15
and towns 与城镇 79–86

trade 贸易 66, 74–5, 80
see also Bavaria; Franconia; Germany; Henry II; Lotharingia; Otto I; Saxony; Suabia; Thuringia 另见 巴伐利亚；法兰克尼亚；亨利二世；洛泰林吉亚；奥托一世；萨克森；士瓦本；图林根
Ebbo of Déols 埃博，代奥勒的 176
Eberhard of Bavaria 埃伯哈德，巴伐利亚的 240, 303, 304
Eberhard of Einsiedeln 埃伯哈德，艾因西德伦的 168–9
Eberhard of Franconia, and Otto I 埃伯哈德，法兰克尼亚的，与奥托一世 110, 240, 245–6
Eberwin, abbot 埃伯温，修道院院长 551
Ebles Manzer of Poitou 埃布里斯·曼泽，普瓦图的 429, 435
Ecbasis cuiusdamper tropologiam 《寓言史诗地：魔窟脱险》202
economy 经济 17
 and Carolingian inheritance 与加洛林王朝的遗产 29
 growth 增长 27, 64, 324–5, 450, 557–8
economy, rural 经济，乡村的 27, **53–63**
 and agriculture 与农业 53–4, 57–60
 and coinage 与铸币 60–2
 and family as basic unit of production 与作为基本生产单位的家庭 30–1
 and landholding 与土地持有 32, 56–7

and markets 与市场 78, 85, 89, 458
and technology 与技术 54-6
economy, urban 经济，城市的
of Byzantium 拜占庭的 72-3, 556-7
of Islamic lands 伊斯兰世界的 66-71
and lordship 与领主 84-5
see also markets; trade 另见 市场；贸易
Edessa, and Byzantium 埃德萨，与拜占庭 565-6, 587, 600
Edgar of England 埃德加，英格兰的
and aristocracy 与贵族 480
capitularies 法令汇编 9
and Carolingian kingship 与加洛林王朝的王权 98
charters 特许状 477-80
and the church 与教会
  bishops 主教 477
  monastic reform 修道院改革 173-5, 479, 481
  reforms 改革 116, 142-3
and coinage 与铸币 481
and division of the kingdom 与王国的分裂 477-9
and Eadwig 与埃德威格 476-7
and Glastonbury 与格拉斯顿伯里修道院 106, 478
and intellectual life 与学术生活 191
law-codes 法典 480-1
marriage 婚姻 99
mints 铸币厂 89
as overlord 作为霸主 96
and succession 与继任 482

Edith (wife of Otto I) 伊迪丝（奥托一世之妻）98, 225, 289
Edmund of the East Angles 埃德蒙，东盎格鲁的 96
Edmund of England 埃德蒙，英格兰的 469, 472
  and the church 与教会 474, 610
  as king of the Anglo-Saxons 作为盎格鲁-撒克逊人的国王 473
  as king of the English 作为英国人的国王 473
  and Louis IV 与路易四世 385
  and Northumbria 与诺森伯利亚 472
Edmund Ironside, succession bid 埃德蒙·爱因塞德，继位企图 104
education 教育
  and the church 与教会 145, 144-5, 147, 525-6
  and classical authors 与古典作家 188
  curriculum 课程 188-90
Edward the Elder 长者爱德华
  and Æthelwold 与埃塞维尔德 460
  and aristocracy 与贵族 465
  and charters 与特许状 463, 465-6
  coinage 铸币 462, 463, 465
  coronation 加冕礼 463
  and the Danes 与丹麦人 461-2, 464-6
  as king of the Anglo-Saxons 作为盎格鲁-撒克逊人的国王 463-4, 467
  and Mercia 与麦西亚 460, 462-5
  and royal government 与国王政府 465
  and sources 与历史资料 460, 465-6
  and succession 与继位 467

and urban development 与城市发展 88, 462

Edward the Martyr "殉教者"爱德华
　　death 死亡 102
　　and social disorder 与社会混乱 482 – 3
　　and succession 与继位 482

Egbert of Trier 埃格伯特，特里尔的 145 – 6, 220 – 1, 223, 226, 229, 616

Egil's Saga《埃吉尔传奇》90

Egypt 埃及
　　Fatimid rule 法蒂玛王朝的统治 68, 73, 646, 652, 666, 668
　　and Jews 与犹太人 70
　　and trade 与贸易 68, 73
　　Tulunid rule 图伦王朝的统治 646

Eigenkirchen 私家教堂 136

Einold of Gorze 伊诺尔德，戈尔泽的 69, 179

Einold of Toul 伊诺尔德，图勒的 168, 171 – 2

Einsiedeln monastery 艾因西德伦修道院 168, 181

Eirik Bloodaxe 埃里克·布鲁达克斯 473

Ekbert ("the One-Eyed") of Saxony 埃克伯特（独眼的），萨克森的 248, 276, 281, 285 – 4

Ekbert of Westfalia 埃克伯特，威斯特伐利亚的 267, 268

Ekkehard I of Meissen 埃克哈德，梅森的
　　death 死亡 262
　　as duke of Thuringia 作为图林根公爵 272
　　imperial aspirations 帝国的愿望 260, 271, 274 – 5
　　and Poland 与波兰 257, 519, 525

Ekkehard I of St. Gallen 埃克哈德一世，圣·高伦的
　　Vita sanctae Wiboradae《韦布拉德圣徒言行录》198
　　Vita Waltharii manufortis 202 – 3《臂膂强健沃尔特之传记》

Ekkehard IV of St. Gallen 埃克哈德四世，圣·高伦的 202

Ekkehard "son of Liudolf" 埃克哈德，"鲁道夫之子" 269

Elbe Slavs *see* Slavs 易北河的斯拉夫人 参见 斯拉夫人

election 选举
　　abbatial 修道院院长的 174, 180, 185
　　episcopal 主教的 131, 264, 312, 318 – 9, 343, 387, 429, 434, 438, 454
　　papal 教皇的 140 – 1, 252, 359
　　royal 王室的 102, 107
　　　Bavaria 巴伐利亚 306
　　　Burgundy 勃艮第 233, 330, 331, 334, 361
　　　East Francia 东法兰克 108, 238 – 9, 255, 256, 260 – 2, 271, 274 – 6, 301
　　　England 英格兰 460
　　　Saxony 萨克森 239 – 40, 241, 270 – 1
　　　West Francia 西法兰克王国 233, 256, 320 – 1, 389, 395, 420,

430

Elvira Menéndez（wife of Ordoño II）埃尔维拉·梅嫩德斯（奥东诺二世的妻子）675

Elvira Ramirez（daughter of Ramiro II）埃尔维拉·拉米雷斯（拉米罗二世的女儿）680
 as regent 作为摄政 104，681，682

Elvira（wife of Vermudo II），as regent 埃尔维拉（韦尔穆多二世的妻子），作为摄政 684-5

Ely abbey 伊利修道院 116，143，482-3

Emma of Provence（wife of William II of Toulouse）艾玛，普罗旺斯的（威廉二世的妻子，图卢兹的）438

Emma（wife of Boleslav II）艾玛（波列斯拉夫二世的妻子）519

Emma（wife of Lothar of France）艾玛（法兰西的洛塔尔的妻子）318，342，386

Emma（wife of Louis the German）艾玛（德意志的路易斯的妻子）339

Emma（wife of Radulf of West Francia）（西法兰克的拉杜尔夫的妻子）379，380，385

Emma（wife of William IV of Aquitaine）艾玛（阿基坦的威廉四世的妻子）436

empire 帝国
 and Arnulf of Carinthia 与阿尔努尔夫，卡林西亚的 233-7
 and monarchy 与君主政体 95-6
 and papacy 与教皇权 139-42，209，246，250-1，258，361-2，367-9，622-3
 and Rome 与罗马 77，257-60

emporia, trading 商业中心，贸易
 English 英国的 87，89
 German 德意志的 82
 Mediterranean 地中海的 68-9
 Scandinavian 斯堪的纳维亚的 90，92，506

encellulement（regrouping）重组
 ecclesiastical 教会的 20
 intellectual 思想的 22
 and landownership 与土地所有权 24，41-2，44-5
 and rise of the seigneurie 与领主权的兴起 11，42，50-3

endogamy, and aristocracy 部族内部通婚，与贵族 31，40

Engilberga（wife of William II of Aquitaine）恩吉尔伯格（阿基坦威廉二世的妻子）435

England 英格兰 **456-84**，457
 and administration 与行政管理 115，480
 and agriculture 与农业 57，59，60
 aristocracy 贵族 15，116-7，125，456-7，465，474，477
 armies 军队 123
 and assemblies 与集会 125
 and book production 与书籍制作 146，223，456
 and Carolingian inheritance 与加洛林王朝的遗产 9，14，101，115
 and castle-building 与城堡建设 49
 and centralisation 与中央集权化 14，115

charters 特许状 115, 117, 463, 465–6, 468–70, 472, 475–80
and the church 与教会
 bishops 主教 142–3, 150, 473–4
 cult of Virgin Mary 圣母玛利亚崇拜 160
 monastic reforms 修道院改革 173–5, 458–9, 479, 481, 482
 monasticism 修道院制度 165, 191, 456–8, 482–3
 music 音乐 213
 organisation 组织 136
 reforms 改革 116, 142–3, 458
and coinage 铸币 66, 115, 458, 459, 462, 463, 465, 469, 478
division of the kingdom 王国的分裂 477–9, 482
historiography 历史编纂学 11, 14–5, 18, 97–8
as imperial realm 作为帝国的王国 96, 105, 112
and intellectual life 与学术生活 190–1, 195, 196, 197
kings 国王 708
and kingship 与王权 97–8, 103–5, 456
 revenues 财政收入 115–6
 ritual 礼仪 108, 112, 125
 royal government 国王政府 52, 112, 114–6, 123, 456, 459, 473–4, 480
 succession 继位 104
 titles 头衔 101, 104, 459, 465–4, 468, 469, 470, 471–3

and literacy 与读写能力 22
and Normandy 与诺曼底 410
and Norway 与挪威 118
and peasantry 与农民 34
and population increase 与人口增长 62
regionalisation 地方化 14
and rural society 乡村社会 18, 34, 44, 51
and Scandinavia 与斯堪的纳维亚 87, 149
and Scotland 与苏格兰 100–1, 112, 456, 469, 472
and serfs 与农奴 38
sources 历史资料 4, 6, 14–5, 22, 456, 458–9, 462–4, 466–7
and towns 与城镇 86–9, 458
trade 贸易 66, 81, 87, 89, 115, 458
 with France 与法兰西 89
 with Germany 与德意志 89
 with Scandinavia 与斯堪的纳维亚 87, 89–90
unification 统一 458, 469, 481, 484
and Viking raids 与维京人的袭击 87–8, 123, 483–4
and Wales 与威尔士 100–1, 117–8, 456, 469
see also Æthelstan; Alfred the Great; Danelaw; Eadwig ("All-Fair"); East Anglia; Edgar; Edward the Elder; Mercia; Northumbria; Wessex 另见 埃塞尔斯坦；阿尔弗雷德大王；丹麦法；埃德威格（"非常公正

的"）；东盎格里亚；埃德加；长者爱德华；麦西亚；诺森伯利亚；威塞克斯

environment, reorganisation 环境，重组 45–9, 56–7

Eohric of Denmark 奥赫里克，丹麦的 461

episcopacy, and papacy 主教制度，与教皇权 20

Eraclius of Liège 埃拉克琉斯，列日主教 319, 325

Erchanger of Suabia 阿奇虐格，士瓦本的 238–9, 300–1

Erchempert, *Historia Langobardorum Beneventanorum* 阿奇珀特《贝内文托地区的伦巴第人史》192, 624

Erdmann, Carl 卡尔·埃德曼 13

Erfurt, synod (932) 埃尔福特，宗教会议（932年）153, 154

Ermengald of Rouergue 厄门加德，鲁埃格的 437, 440

Ermengard (wife of Adalbert of Ivrea) 厄门加德（伊夫雷亚的阿达尔伯特的妻子）349, 352

Ermengard (wife of Boso of Burgundy and Provence) 厄门加德（勃艮第与普罗旺斯的博索的妻子）331, 332–3

Ermengard (wife of Rudolf III) 厄门加德（鲁道夫三世的妻子）343

Ermengol of Urgell 厄门戈尔，乌赫尔的 445, 446, 455

Ermentrude of Mâcon 厄门特鲁德，梅肯的 337

Ermessent of Barcelona 埃莫森特，巴塞罗那的 455

Ermogius of Tuy 叶尔莫朱斯，图伊的 680

Ermoldus Nigellus 埃尔默德斯·尼格鲁斯 425

eschatology 末世论
　　and the millennium 与千禧年 21, 178, 210–1, 297, 309
　　and monarchy 与君主政体 95–7

Essen nunnery, Ottoman treasure 埃森修道院，奥托曼人的财宝 218–20

estates, large 财产，巨额的
　　disintegration 析产 43–4
　　and labour service 与劳役 34
　　size 规格 39, 46

Esztergom (capital of Hungary) 埃斯泰尔戈姆（匈牙利首府）142, 547, 550

ethnicity 种族划分
　　and kingship 与王权 101
　　and southern principalities 与南方各公国 430–1

Eu, battle (925) 埃乌，战役（925年）380

Eudes *see* Odo 厄德 参见 奥多

Eugenius Vulgarius 尤金·瓦格留斯 207

Europe 欧洲
　　and Byzantium 与拜占庭 72–4
　　Christianisation 基督教化 21
　　and Islamic lands 与伊斯兰世界 64, 69–71
　　and trade 与贸易 66–7, 69–74
　　urban culture 城市文化 67

Everger of Cologne 埃沃格，科隆的 145

exchange, and money 交换，与货币 60-2, 66, 91
exogamy 异族通婚 33
Ezzo, count palatine of the Rhine 埃左，莱茵的巴拉丁伯爵 526

fairs 定期集市 80
Falicsi of Hungary 法利克斯，匈牙利的 545
Falkenhausen, V. von 法肯豪森，V. 冯 632 n. 17
familia 家族 31, 39, 41, 83-4
    cathedral 大教堂 131, 144
family 家庭
    aristocratic 贵族的 18, 39-40, 131
    extended 扩大的 494
    nuclear 核心的 29, 30-3, 35, 45, 63, 494, 495
    royal 王室的 101-6
    size 规格 50, 495
    see also clan 另见 氏族
famines 饥荒 53-4, 594, 607, 665, 667
Fatimid dynasty 法蒂玛王朝
    and Bulgaria 与保加利亚 577
    and caliphate 与哈里发国家 649
    in Egypt 在埃及 68, 73, 646, 652, 666, 668
    in North Africa 在北非 68, 577, 650-1, 664, 665-6
    in Sicily 在西西里 664-8
    and trade 与贸易 69
Faucembergues, battle (936) 弗塞贝尔格战役（936年）380-1
fear 恐惧 28

of the dead 对死亡的 45
Feldgraswirtschaft 草田轮作制 58
Feodum 采邑 27
Fernan Gonzalez of Castile 费尔南·冈萨雷斯，卡斯蒂尔的 677-8, 680, 681
Fernando I of Castile-León 费尔南多一世，卡斯蒂尔-莱昂的 691
Fernando I of Pamplona-Navarre 费尔南多一世，潘普洛纳-诺瓦拉的 687
Fernando Ansúrez of Castile 费尔南多·安苏勒，卡斯蒂尔的 677
feudalism 封建制度
    Carolingian 加洛林王朝 295, 296, 324
    origins 起源 11, 18-9, 28, 400
    and the rich 与富人 39-42, 52
    and serfdom 与农奴 37-9, 452, 495
    in West Francia 在西法兰克王国 421, 424, 452, 455
Fichtenau, H. H. 费希特瑙 112, 134, 148, 308
fideles/fidelitas 忠臣，忠诚于主人的人 110, 159
    in East Francia 在东法兰克 84, 610-1
    in southern Italy 在南部意大利 637
    in Spain 在西班牙 36
    in Venice 在威尼斯 621
    in West Francia 在西法兰克王国 376-7, 393-4
    northern principalities 北方各公国 401, 410, 413-4, 417, 419
    southern principalities 南方各公国

428－9，433

Fides of Conques, St, *libermiraculorum* 圣孔克（法国小镇）的菲迪斯 423

field patterns 土地经营模式 59
 and centuriation 与百丈量法 49
 strip farming 条田制 57，59

Finno-Ugrian language, and Magyar 芬兰－乌戈尔语，与马扎尔语 537

Finno-Ugrian peoples 芬兰－乌戈尔人 488，496－7，498，504，510

Fiorenzuola d'Arda, battle (923) 菲奥伦佐拉，战役（923年）349，352

fishing industry 渔业 490－1

Flanders 佛兰德
 and agriculture 与农业 59
 and Charles the Simple 与"天真汉"查理 377
 and the church 与教会
 bishops 主教 416
 monastic reform 修道院改革 171，173，181，325
 and schools 与学校 188
 and continuity with Carolingian patterns 与加洛林遗产的持续 398，400，403，416
 counts 伯爵 32，705
 and expansionism 与扩张主义 391，403
 and independent castellanries 与独立的城堡主 417
 and Lothar IV of France 与洛塔尔，法兰西的 387，403，409
 and mints 与铸币厂 61
 and population increase 与人口增长 62

 and Radulf of West Francia 与西法兰克的拉杜尔夫 380－1
 and royal authority 与王权 413
 territorial identity 地域身份 411－2
 and urban economy 与城市经济 84，85
 and Viking attacks 与维京人的进攻 380
 see also Arnulf I; Baldwin I; Baldwin II; Baldwin IV; Magyars 另见 阿尔努尔夫一世；鲍德温一世；鲍德温二世；鲍德温四世；马扎尔人

fleets 舰队
 Byzantine 拜占庭的 126，509，556，561－2，570，593，606，611
 Muslim 穆斯林的 557，577
 Venetian 威尼斯的 607，621，645

Fleury, monastery 弗勒里，修道院 173，177，178，191，213，221－2

Flodoard of Rheims 法罗多拉尔，兰斯的
 Annales 编年史 97，204－5
 and Burgundy 与勃艮第 336
 and Italy 与意大利 103
 and Lotharingia 与洛泰林吉亚 314，380
 and Radulf 与拉杜尔夫 113
 and West Francia 与西法兰克王国 122，374－5，380，404，421
 De triumphis Christi《基督的胜利》205
 Historia Remensis ecclesiae《兰斯教会史》3，97，146－8，205，206，374，381－2
 and historiography 与历史编纂学 3，

96，97，113，204－5

Florennes, battle（1015）弗洛伦尼，战役（1015年）321

fodrum（regnal dues）兵役免除税（帝国的税项）51，102，415

Folcuin of Lobbes 福尔丘，洛布的 200，326，374－5

Formosus, pope 福莫瑟斯，教宗 139－40

Fortification 筑防

 and military policy 与军事政策 411

 refuge 庇护所 17，286－7，350

 residential 住宅的 8，13，15，17－8，47

 of towns 城镇的 80，83－4，86，88，92，93，351

 see also incastellamento; residence 另见 城堡；住宅

Fortūn ibn Muhammad 富尔顿·伊本·穆罕默德 650

Fossier, Robert 罗伯特·福西耶 8，27－63，398，401

France 法兰西

 and historiography 与历史编纂学 10－3，98，99

 and literacy 与读写能力 22

 and markets 与市场 85

 and monarchy 与君主政体 81，100

 and serfs 与农奴 38

 silver mines 银矿 60

 and towns 与城镇 79－81，85，86

 trade 贸易 80－1，222

 see also Burgundy; West Francia 另见 勃艮第；西法兰克

Francia media see Lotharingia 中法兰克王国 参见 洛泰林吉亚

Francia occidentalis see West Francia 参见 西法兰克王国

Francia orientalis see East Francia 参见 东法兰克

Franconia 法兰克尼亚

 and Arnulf of Bavaria 与阿尔努尔夫，巴伐利亚的 302

 and Arnulf of Carinthia 与阿尔努尔夫，卡林西亚的 236－7

 and Conradines 与康拉丁公爵 237，238－9

 and East Frankish monarchy 与东法兰克的君主政体 101，107，243

 and Henry II 与亨利二世 265

 and Otto I 与奥托一世 245－6，249

 and population increase 与人口增长 62

 see also Babenbergers 另见 巴本贝格家族

Frankfurt, and Otto I 法兰克福，与奥托一世 105

Franks 法兰克人

 unity 统一 9，99，101，105，238，293，294－8

 see also Carolingians; East Francia; West Francia 另见 加洛林王朝；东法兰克；西法兰克王国

Fratres presbyteri, sermon《长老教派兄弟团》，布道 136

Fraxinetum 法拉科西内图姆

 Byzantine attack 拜占庭的进攻 609，613，616

 and Saracen raids 与萨拉森人的袭击 77，348

Frederick I of Upper Lotharingia 弗雷德里克一世，上洛泰林吉亚的 317，318，320，388

Frederick of Mainz 弗雷德里克，美因茨的 157，245，247

Frederick of Salzburg 弗雷德里克，萨尔茨堡的 308–9

freedom, personal 自由，个人的 33–6
  restrictiofis on 界限 33，49
  and servitude 与地役权 37–9

freemen 自由人 34，83

Frideruna (wife of Charles the Simple) 弗里德瓦娜（"天真汉"查理的妻子）314，378

Fried, J. J. 弗里德 13，163

friendship, political see amicitia 修好同盟（政治盟友）

Frisia 弗里西亚
  hunter-gatherer tribes 狩猎—采集部落 51
  and Lotharingia 与洛泰林吉亚 310
  and Otto I 与奥托一世 249
  and trade 与贸易 64

Frithegod, *Breuiloquium vitae beati Wilfredi* 弗里希戈德《天恩垂悯的威尔弗雷德的传奇史诗》191

Friuli, march, political role 弗留利，边区，政治作用 351，363

Fromund of Tegemsee 弗洛蒙德，泰根湖的 188

Fruela II of León, and succession disputes 弗鲁埃拉二世，莱昂的，与继位之争 675，676，679

fueros 市民法 36，686

Fulbert of Chartres 富尔伯特，沙特尔的 40，198，221，228，454，551
  letters 信件 7
  and William of Aquitaine 与阿基坦的威廉 98

Fulk the Good of Anjou "好人"福尔克，安茹的 410

Fulkle le Réchin "粗鲁的富尔克" 32

Fulk Nerra of Anjou 福尔克·奈拉，安茹的 391–2，408，411，417–8，418 n. 100

Fulk the Red of Anjou 激进的福尔克，安茹的 406–7

Fulk of Rheims 福尔克，兰斯的 376，377，403

funerals, royal 葬礼，王室的 108–9

fur trade 毛皮贸易 74，91，496–7，498，504，506–7，509

Al-Fusṭāṭ 福斯塔特 68–9，71
  trade 贸易 70，73

fyrd 盎格鲁–撒克逊步兵（民兵）41，49

Gabriel-Radomir of Bulgaria 加布里埃尔-拉多米尔，保加利亚的 598，600

Gaeta, duchy 加埃塔，公爵领 606，626–7
  and co-rulers 与共治者 636
  and princely authority 公国的权利 641，642，644
  and trade 与贸易 75，626，641，642

Galicia 加利西亚
  and Córdoba 与科尔多瓦 150，654，684

and León 与莱昂 122, 670, 674, 675, 678, 679–81, 682, 683, 691

Gallus Anonymous 加卢斯，安莫尼斯 2, 262 n. 9, 523, 529

Gandersheim 甘德斯海姆
  royal convent 皇家女修道院 105, 144, 267, 268, 272, 289–90
  see also Hrotsvitha 另见 赫罗茨维亚

García I of Leon 加西亚一世，莱昂的 670, 674

García Fernandez of Castile 加西亚·费尔南德斯，卡斯蒂尔的 654, 681–2, 685, 689

García Gomez of Carrion 加西亚·戈麦斯，卡里翁的 658

García Gomez of León 加西亚·戈麦斯，莱昂的 683

García Gomez of Saldana 加西亚·戈麦斯，萨尔达尼亚的 686

García Sánchez I of Pamplona-Navarre 加西亚·桑切斯一世，潘普洛纳-诺瓦拉的 677, 678, 679, 681, 688, 689

García Sánchez II ("the Trembler") of Pamplona-Navarre 加西亚·桑切斯二世（"颤抖者"），潘普洛纳-诺瓦拉的 689

García Sánchez III of Pamplona-Navarre 加西亚·桑切斯二世，潘普洛纳-诺瓦拉的 687

García Sánchez of Castile 加西亚·桑切斯，卡斯蒂尔的 686–7

García Sánchez of Gascony 加西亚·桑切斯，加斯科涅的 426

Garigliano, Saracen base 加里利亚诺河口基地萨拉森人基地 348, 626–7
  Byzantine attack 拜占庭的进攻 606, 623, 641
  and papacy 与教皇权 622

Garin le Lorrain 《洛林的加林》 61–2

Gascony 加斯科涅
  and Aquitaine 与阿基坦 425–6, 453
  and the church 与教会 439
  cultural and ethnic identity 文化与种族身份认同 427, 431
  dukes 公爵 422, 706
  and Hugh Capet 与休·卡佩 450
  and Pamplona-Navarre 与潘普洛纳-诺瓦拉 438, 440, 450, 690
  and princely authority 与公国的权力 434, 438–40, 453
  and sources 与历史资料 422, 424
  and Viking attacks 与维京人的进攻 426, 438
  and West Francia 与西法兰克王国 393, 425–6, 430

gastald, in southern Italy 领主或君主之地产的管理者，南部意大利 51, 350, 631, 634–5, 637, 638–40

Gausfred of Roussillon-Empuries 高斯弗莱德，鲁西永-安普里斯的 444

Gauzlin of Fleury 高兹林，弗勒里的 112 n. 54, 216, 221–2

Gauzlin of Toul 高兹林，图勒的 314

Gauzlin of Verdun 高兹林，凡尔登的 318

Gebhard of Constance 格布哈特，康斯坦茨的 216–7

Gebhard, duke of Lotharingia 格布哈特，上洛泰林吉亚的公爵 237，238，313

Geertz, Clifford 克利福德·格尔茨 113

genealogies, as source 宗谱，作为资料 31，32

Genoa, and trade 热那亚，与贸易 73，78，79

Geoffrey Grisegonelle of Anjou 杰弗里·格里斯戈内尔，安茹的 387-8，407，409-10，411

Geoffrey Martel 杰弗里·马特尔 410，413，417-8

George I of Georgia 乔治一世，格鲁吉亚的 602

Georgia 格鲁吉亚
　and Byzantium 与拜占庭 596，602
　and Khazars 与哈扎尔人 501

Gerald of Aurillac 杰拉德，欧里亚克的 70-1，75
　Life《传记》177，179，197，423，455
　and Odo of West Francia 与奥多，西法兰克王国的 428

Gerald of Toul 杰拉德，图勒的 319

Gerard of Augsburg, *Vitasanti Oudalrici* 杰拉德，奥格斯堡的 144，159，194

Gerard of Brogne 杰拉德，布罗涅的 20，170-1，173，181

Gerard of Cambrai I 杰拉德（一世），康布雷的 33，184*，320

Gerard of Csanád 杰拉德，乔纳德的

Deliberatio supra hymnum trium puerorum《对一首关于三个年轻人的赞美诗的沉思》193
　and Hungary 与匈牙利 550

Gerard of Saint-Médard 杰拉德，赛特-米达德的 198

Gerberga 格伯嘉
　and Berthold of Bavaria 与伯特霍尔德，巴伐利亚的 246
　as wife of Gislebert of Lotharingia 洛泰林吉亚的吉斯勒贝尔的妻子 111，241，315
　as wife of Louis IV 路易四世的妻子 99，316，317，384，386

Gerberga (wife of Albert of Vermandois) 格伯嘉（韦尔芒杜瓦的阿尔伯特之妻）385

Gerberga (wife of Hermann of Suabia) 格伯嘉（士瓦本的赫尔曼之妻）342

Gerbert of Aurillac 热贝尔，欧里亚克的 189，190，220
　and historiography 与历史编纂学 209-10，211
　and Hugh Capet 与休·卡佩 137，447
　and Life of Adalbert of Prague 与《布拉格的阿达尔伯特传》193
　and Otto II 与奥托二世 255，361
　and Otto III 与奥托三世 257，362，617，620
　as Pope Sylvester II 与教皇西尔威斯特二世 139，142，209-17，257，

---

* 应为183，原文有误。——译者注

258, 362, 365 – 6
school 学校 188
Gerbert of Rheims 热贝尔，兰斯的 20,
  95, 147, 325, 616
  letters 信件 7, 152, 322
Gerhard of Augsburg see Gerard of Augsburg 格哈德，奥格斯堡的 参见 杰拉德，奥格斯堡的
Gerhard of Metz 格哈德，梅斯的 240, 313, 318
Germany 德意志
  map 地图 164 – 5
  see also East Francia 另见 东法兰克
Gero Codex 格罗圣仪典 225 – 6
Gero of Cologne 格罗，科隆的 145, 218, 226
Gero, Margrave 格罗，边地侯爵 245, 269, 272 – 3
  and Elbe Slavs 与易北河的斯拉夫人 214, 248, 282, 284, 285
  and Gernrode convent 与盖恩罗德修道院 214 – 5
  as margrave 作为边地侯爵 285 – 6
  and Miesco of Poland 与梅什科，波兰的 252, 286
Gesta Apollonii《阿波罗尼传奇》201 – 2
Gesta Berengarii《贝伦加尔传奇》201
Gesta comitum Barcinonensium《巴塞罗那伯爵大事编》441
Geza of Hungary 盖扎，匈牙利的 306, 545, 546 – 8
Ghālib b. ʿAbd al-Rahmān 加里布·阿卜杜勒·拉曼 651, 652 – 3, 683, 689

Ghent, importance 根特，重要性 85 – 6
Gibuin of Châlons 吉宾，沙隆的 336
Gibuin (son of Richard le Justicier) 吉宾（公正者理查德之子）336
gift-giving 礼品馈赠 28, 40
Gilbert (heir of Hugh the Black) 吉尔伯特（黑休的继承人）386
Gisela (wife of Henry of Bavaria)（巴伐利亚的亨利的妻子）342
Gisela (wife of Stephen I) 吉泽拉（史蒂芬一世之妻）306 – 7, 547, 550
Giselher of Magdeburg 吉泽尔赫，马格德堡的 257
Gislebert of Burgundy 吉斯勒贝尔，勃艮第的 336
Gislebert of Lotharingia 吉斯勒贝尔，洛泰林吉亚的
  and Charles the Simple 与"天真汉"查理 314
  and Henry I 与亨利一世 98, 111, 240 – 1, 315, 380
  and monastic reform 与修道院改革 171, 172
  and Otto I 与奥托一世 245, 246, 383 – 4
  and Radulf 与拉杜尔夫 380
Gislebert of the Meuse 吉斯勒贝尔，默兹的 313
Gisulf I of Salerno 吉素尔夫一世，萨勒诺的 636, 639, 643
Glastonbury, as royal cult-centre 格拉斯顿伯里，作为王家文化中心 106, 474, 475, 478, 485
Gnëzdowo, development 格尼兹达沃,

发展 90

Gniezno 格涅兹诺
 Bohemian capture 为波希米亚夺得 520
 and the church 与教会 142, 533–4
 as Polish capital 作为波兰的首都 106, 522, 525, 526, 528, 529, 620
 and Prague 与布拉格 519
 and support for monarchy 与对君主政体的支持 120
 and trade 与贸易 92

Godfrey of Metz 戈弗雷, 梅斯的 318, 319, 321, 322

Godfrey of Verdun 戈弗雷, 凡尔登的 389

Gojslav of Croatia 戈伊斯拉夫, 克罗地亚的 601

gold 黄金
 in book illustration 书籍装饰 217
 in coinage 铸币 61, 66, 67
 in precious objects 贵重物件 217–8, 220–1
 trade in 贸易中的 27, 73, 452, 642

Gombaud of the Gascons 贡博, 加斯科涅的 439

Gonzalo Muñoz of Galicia 贡萨洛·穆尼奥斯, 加利西亚的 680–1

Goptani tribe 戈普坦尼部落 521, 522, 523

Gorze, monastery 戈尔泽修道院
 and hagiography 与圣徒传 326
 and liturgy 与读写能力 195, 213
 and monastic reform 与修道院改革 168, 170, 171–3, 181–3, 187,

191, 318, 325

Gothia 戈蒂亚 422, 425, 426, 432, 437–8, 450

government 治理 **95–129**
 and the church 与教会 134–5
 of the church 教会的 153–4
 and cultural differences 与文化差异 125–9
 royal 国王的 112–25

Gozelo I of Lower Lotharingia 戈泽罗一世, 下洛泰林吉亚的 322

grammar 语法 188–90

Gran, and support for monarchy 格兰, 与对君主政体的支持 106, 120

Granada, and Sanhaja Berbers 格拉纳达, 与桑哈扎柏柏尔人 661

gravarium (tax) 格雷威利姆（税收的一种）415

Great Moravia *see* Moravia 大摩拉维亚 参见 摩拉维亚

Greece 希腊
 Bulgarian attacks 保加利亚人的进攻 578
 Byzantine rule 拜占庭的统治 544, 557, 596, 603

Greek 希腊语 192, 573, 607, 617

Gregory III, pope 格列高利三世, 教宗 140

Gregory IV, pope 格列高利四世, 教宗 141

Gregory V, pope 格列高利五世, 教宗 137–8, 142
 and Crescentius 与克雷申蒂厄斯 365
 and Hungary 与匈牙利 550
 and liturgy 与礼拜仪式 157

and Otto III 与奥托三世 141, 258, 362, 617, 621

Gregory VII, pope, and Henry IV 格列高利七世, 教宗, 与亨利四世 186

Gregory Master 格列高利·马斯特尔 226, 229

Gregory of Saint-Sever 格列高利, 圣西弗的 224

Guadbert, *Epitoma Prisciani* 瓜达波特《普里西安文法概要》187-8

Guaimar I of Salerno 古艾玛一世, 萨勒诺的 624, 626

Guaimar II of Salerno 古艾玛二世, 萨勒诺的 626, 635

Guaimar III of Salerno 古艾玛三世, 萨勒诺的 645

Guaimar IV of Capua 古艾玛四世, 卡普亚的 623

Guarimbotus 古艾玛柏图斯 192

Guido of Arezzo 圭多, 阿雷佐的 150, 159

guilds 行会
　　craft 工艺 554
　　merchant 商人 82-3, 93

Guillot, Oliver 奥利弗·吉洛特 413

Guillou, A. A. 吉洛 632 n. 17

Gunzelin of Meissen 贡泽林, 梅森的 525

Gunzo of Novara 贡泽, 诺瓦拉的 209

Gwynedd, kingdom, and royal government 格温内思, 王国, 与国王政府 117-8

Gyula of Hungary 古拉, 匈牙利的 545, 546, 612

Gyula of Transylvania 古拉, 特兰西瓦尼亚的 547, 549

Hadwig (daughter of Henry of Bavaria) 哈德威格（巴伐利亚的亨利的女儿）610-1

Hadwig (wife of Hugh the Great) 哈德威格（伟大的休的妻子）246, 316, 317, 383

Hagano 哈格诺 103, 109, 314, 378-9, 389

hagiography 圣徒传
　　and intellectual life 与学术生活 191, 192-9, 250, 326
　　as source 作为历史资料 3, 30, 159-60, 162, 196, 423
　　verse 诗歌 196, 198-9, 205

Haithabu, and trade 海萨布, 与贸易 67, 70, 87, 89-92

Al-Ḥajar ('Abd Allah b. "Abd al-"Azīz) 哈吉（阿卜杜拉·阿齐兹）654

Al-Ḥakam II al-Mustansir, caliph 哈卡姆二世·穆斯坦绥尔, 哈里发
　　and administration 与行政管理 652
　　and army 与军队 651
　　and Castile 与卡斯蒂尔 681-2
　　and León 与莱昂 680
　　library 图书馆 651, 654
　　and North Africa 与北非 652-3, 681
　　and succession 与继位 653, 683

Al-Ḥākim, caliph 哈金, 哈里发 668

Hallinger, Kassius 海林格, 卡修斯 165

Hamburg-Bremen, archdiocese 汉堡-不来梅, 大主教管区 148-50, 152, 252, 287

索 引

Hammūdis 哈穆德朝 660
Harald III of Norway, marriage 哈拉尔德三世，挪威的，婚姻 512
Harald Bluetooth of Denmark 哈拉尔德·布鲁图斯，丹麦的
    and Christianisation 与基督教化 118, 150
    and fortresses 与堡垒要塞 106, 123
    and grave-monument 与墓碑 109, 118
    and Normandy 与诺曼底 385
    and royal government 与国王政府 118–19, 123
Harald Fairhair of Norway 金发哈拉尔德，挪威的 473
harmscar 羞辱性仪式 110
Hartwig of Salzburg 哈特维格，萨尔茨堡的 308, 551
Al-Ḥasan b. 'Alī al-Kalbī 哈桑·阿里·卡勒比 666
Al-Ḥasan b. 'Ammār al-Kalbī 哈桑·阿马尔·卡勒比 668
Al-Ḥasan b. Qannūm 哈桑·卡努姆 652
Hasday ibn Shaprut 哈斯代·伊本·沙普鲁特 128
Hatto of Mainz 哈托，美因茨的 236, 237
Head, T. 黑德，T. 159
Heimskringla《挪威王列传》2
Helena (wife of Constantine VII) 海伦娜（君士坦丁七世之妻）562
Helgaud of Fleury 赫尔高德，弗勒里的
    and Denmark 与丹麦 118
    Life of Robert the Pious《虔诚者罗贝尔传》53, 222, 375, 391, 396
Hellas, Magyar attacks 希腊，马扎尔人的进攻 544
Helmold of Bosau 赫尔莫德，博绍的 283
Henry I of Bavaria 亨利一世，巴伐利亚的 243, 246, 303, 315
    and Bohemia 与波希米亚 519
    marriage 婚姻 121
    and rebellion against Otto I 与反对奥托一世的起义 102, 144, 245, 247, 276, 304, 383
Henry I of France 亨利一世，法兰西的 393, 413–4
    and Burgundy 与勃艮第 339, 392
    marriage 婚姻 512
Henry I of East Francia 亨利一世，东法兰克的 83, 240, 246, 248–9
    and *amicitia* 与修好同盟（政治盟友）108, 111, 240–2, 302
    and aristocracy 与贵族 103, 107–8
    and Bavaria 与巴伐利亚 243, 297, 300–3, 542
    and Bohemia 与波希米亚 242, 281, 302–3, 518
    and Charles the Simple 与"天真汉"查理 111, 241, 314, 379
    and the church 与教会 107, 153, 168, 253, 315
    and Conrad I 与康拉德一世 109, 239, 241, 268
    and Danes 与丹麦人 243
    death 死亡 244
    as duke of Saxony 作为萨克森公爵 107, 239–40, 268–9, 542

and Elbe Slavs 与易北河的斯拉夫人 242-3

and *Francia et Saxonia* 法兰克-萨克森王国 240-1, 243

and Heribert of Vermandois 与赫里伯特, 韦尔芒杜瓦的 381-2

and Italy 与意大利 242

and Lotharingia 与洛泰林吉亚 241-2, 314-5, 380

and Magyars 与马扎尔人 242-3, 281, 303, 543-4

and regalia 与王室徽章 109, 242

and royal cults of saints 与国王的圣徒崇拜 112

and royal marriages 与王室联姻 98-9, 111, 240, 268, 317

and Slavs 与斯拉夫人 242, 279, 281

and Suabia 与士瓦本 240

and succession 与继位 243, 245

Henry II, Emperor 亨利二世, 皇帝 222, 260-6

and aristocracy 与贵族 263

and Bavaria 与巴伐利亚 261, 264, 277, 296, 306

and Bohemia 与波希米亚 262, 519-20

and book production 与书籍制作 225, 227-8

and Burgundy 与勃艮第 261, 343

and Byzantium 与拜占庭 261

canonisation 封圣 265-6

and the church 与教会

and bishoprics 与主教辖区 263-5, 323

and book production 与书籍制作 227, 230

monastic reform 与修道院改革 173, 181-4, 264

coronation 加冕礼 261, 368

death 死亡 75, 265, 369, 526

diplomata 外交官 261

and Elbe Slavs 与易北河的斯拉夫人 262, 277

and government 与政府 264-5

and historiography 与历史编纂学 288-9, 291-2

and Hungary 与匈牙利 306-7, 547, 548, 550, 621

and imperial kingship 与帝国的王权 261-3

imperium and *regnum* 王国与帝国 264-5

and Italy 与意大利 261, 353, 367-9, 370-1, 623

and Lotharingia 与洛泰林吉亚 261, 262, 264, 321, 323

and papacy 与教皇权 367-9, 622-3

and Poland 与波兰 262, 277, 278-9, 525, 526

and regalia 与王室徽章 271

and Saxony 与萨克森 261, 262-3, 265, 271

succession to Otto III 传位给奥托三世 260-1, 271, 274, 307

and trade 贸易 81-2, 84

and William V of Aquitaine 与阿基坦的威廉五世 451

Henry II ("the Quarrelsome") of Bavaria 亨利二世 ("争吵者"), 巴伐利

亚的 304–6
and Bohemia 与波希米亚 305
and Hungary 与匈牙利 306, 547
marriage 婚姻 342
minority 少数派 304, 309
and minority of Otto III 与奥托三世的少数派 256, 270–1, 320, 361
and Poland 与波兰 305
rebellion against Otto II 针对奥托二世的叛乱 254, 298, 305, 524
and Saxony 与萨克森 270–1, 274–7
and Slavs 与斯拉夫人 283
Henry III, Emperor 亨利三世, 皇帝
and Bohemia 与波希米亚 520
and book production 与书籍制作 225
and Burgundy 与勃艮第 343
and papacy 与教皇权 141, 142
Henry IV, Emperor 亨利四世, 皇帝
and Gregory VII 与格列高利七世 186
and Saxony 与萨克森 277
and uncultivated land 与未开化的土地 56
Henry IV of Bavaria see Henry II, Emperor 亨利四世, 巴伐利亚的 参见 亨利二世, 皇帝
Henry V, Emperor, and Saxony 亨利五世, 皇帝, 与萨克森 275
Henry V of Bavaria 亨利五世, 巴伐利亚的 321
Henry (Henry-Odo), duke of Burgundy 亨利 (亨利－奥多), 勃艮第公爵 336, 337, 338, 388, 392
Henry of Louvain 亨利, 卢万的 321
Henry of Schweinfurt 亨利, 施韦因福特的 261, 307, 525
Henry (son of Stephen of Hungary) 亨利 (匈牙利的斯蒂芬之子) 551–2
Henry of Stade 亨利, 施塔德的 217–8
Henry "the Younger" of Carinthia "年幼者" 亨利, 卡林西亚的 255, 271, 305
Henry of Trier "年幼者" 亨利, 卡林西亚的 319
Henry the Wrangler see Henry II ("the Quarrelsome") of Bavaria 亨利二世 ("争吵者"), 巴伐利亚的
Heraclius, Byzantine emperor 希拉克略, 拜占庭皇帝 500, 580
Heresy 异端
and laity 与意大利 21
and monasticism 与修道院制度 186
see also Bogomils 另见 鲍格米尔派
Heribert I of Vermandois 赫里伯特一世, 韦尔芒杜瓦的 403
Heribert II of Vermandois 赫里伯特二世, 韦尔芒杜瓦的 121, 146
and Charles the Simple 与 "天真汉" 查理 314, 379, 381
and Henry I 与亨利一世 381–2
and Hugh the Great 与伟大的休 408
and Louis IV 与路易四世 317, 383–4, 393–4
and principality of Flanders 与佛兰德公国 403–4
and Radulf of West Francia 与西法兰克的拉杜尔夫 334, 380, 381–2
Heribert (chancellor of Otto III) 赫里伯特 (奥托三世的大臣) 257, 619
Heribert the Old of Omois 赫里伯特,

年长者，奥莫伊斯的 384，386，387，404

Heribert the Young of Troyes 赫里伯特，年幼者，特鲁瓦的 389，392

Heriger of Lobbes 海力格，洛布斯的 198，326

Heriveus of Rheims 海里维斯，兰斯的 146

Hermann Billung 赫尔曼·比隆 245，248，269–70，274，281，285，286

Hermann of Hamburg-Bremen 赫尔曼，汉堡–不来梅的 150

Hermann of the Reichenau 赫尔曼，赖谢瑙的 159

Hermann I of Suabia 赫尔曼一世，士瓦本的 243，245，246，255，354

Hermann II of Suabia 赫尔曼二世，士瓦本的 260–1，264，342

hermits 隐士 33，168–70，171，173，181

Hervé of Autun 埃沃，欧坦的 336

Hevelli, conquest 赫维利征服 281，282–3

hide 海得 35，42

Hierotheus of Tourkia 海罗塞斯，图尔卡亚 546，612

Hilarion, metropolitan of Rus' 伊拉里翁，罗斯的都主教 512

Hildibald of Worms 希尔迪巴德，沃尔姆斯的 254，256

Hilward of Halberstadt 希尔沃德，哈尔伯施塔特的 145

Himerios (Byzantine commander) 海姆里奥斯（拜占庭指挥官）556

Hincmar of Rheims 安克马尔，兰斯的 146，147，396

De ecclesiis et capellis 《教会与传教士》136

Hishām II ("al-Mu" ayyad'), caliph 希沙姆二世，哈里发

and Ibn Abī Amir 与伊本·阿比·阿米尔 653–8

and al-Mahdī 与马赫迪 659–60

Hishām b. Muhammad 希沙姆·b. 穆罕默德 652

Hispania see Spain 伊比利亚半岛 参见西班牙

Historia Silense 《沉默的历史》672

historiography 历史编纂学

Marxian 马克思主义者 17，28，495

Normanist 诺曼派学者 505–6

"Romanist" 罗马派学者 28

tenth-century 10 世纪 30，107，204–10

Bavarian 巴伐利亚的 309

English 英国的 97–8

and eschatology 与末世论 21，210–1

French 法国的 97，421–2

German 德意志的 97，237

Italian 意大利的 98

Lotharingian 洛泰林吉亚的 326

Norman 诺曼的 412

Ottoman 奥托曼的 250，268，288–92

Russian 俄罗斯的 511

Saxon 萨克森的 276，288–92

twentieth-century 20 世纪

and Carolingian continuity 与加洛林王朝的连续性 9–10，401

cultural approach 文化方式 23

and *encellulement* 重组 11, 41-2

and periodisation 与时代划分 1, 27, 43

traditions 传统 10-20, 24, 28, 278

see also hagiography 另见 圣徒传

history 历史

cultural/intellectual 文化/知识分子 21-2, **187-211**

economic 经济的 17

and hagiography 与圣徒传 3

and interpretative schemata 与解释图式 xiii-xiv, 1, 9-11, 13, 16

political 政治的 xiii, 2, 10, 18-20

and ritual 与礼仪 23

religious 宗教的 20-1

social 社会的 18-20

Hodo, Margrave 霍多, 边地侯爵 286

and Miesco of Poland 与梅什科, 波兰的 110, 524

Hoffmann, Hartmut 哈特姆特·霍夫曼 226-7, 229

Hohenaltheim, synod (916) 霍恩纳塞姆, 宗教会议 (916年) 135, 153, 154, 239, 301

Holme, battle (902) 霍姆战役 (902年) 461

Holy City, as model 圣城, 作为典型 94

Holy Cross, relics 圣十字架, 圣物 86, 160, 593

Holy Lance 圣矛 109, 242, 248, 258, 271, 620-1

Holy Sepulchre, replicas 圣墓, 复制品 215-6

Honoratiae civitatis Papie see Instituta regalia 《光荣的城市帕维亚》见王国特权机构

house (dwelling) see residence 房屋 (住处) 参见 住宅

house (unit: *Haus*, *maison*, *domus*) 房屋 (单位: *Haus* 家, *maison* 住所, *domus* 住处) 31-2

household, royal 王室 122

Hrotsvitha of Gandersheim 赫罗茨维亚, 格兰德谢姆的 68, 97, 199-201, 203, 250

Abraham 《亚伯拉罕》 200-1

Calimachus 《卡里马修》 200-1

Gesta Ottonis 《奥托家族传略》 200, 201, 290

Primordia coenobii Gandeshemensis 《格兰德谢姆修女院的起源》 200, 201, 289-90

Hucbald of Saint-Amand, *Vita sancta Rictrudis* 圣阿芒的胡克巴尔德 198

Hugh I of Dijon 休一世, 第戎的 336

Hugh II of Atuyer 休二世, 阿图耶尔的 336

Hugh the Abbot 休, 修道院院长 138, 331, 340

Hugh of Arles see Hugh of Italy 休, 阿尔勒的 参见 休, 意大利的

Hugh of Beauvais 休, 博韦的 392

Hugh the Black (son of Richard le Justicier) "黑脸" 休 ("公正者" 理查德的儿子) 336, 579, 583, 584

Hugh of Burgundy see Hugh of Italy 休, 勃艮第的 参见 休, 意大利的

Hugh Capet, king of France 休·卡佩，
　法兰西国王 102, 104, 256, 317,
　382–3
　and aristocracy 与贵族 393–4
　and Byzantium 与拜占庭 617
　and Catalonia 与加泰罗尼亚 390–1,
　　422, 430, 447, 455
　and Charles of Lotharingia 与洛泰林
　　吉亚的查理 319, 388, 430, 447,
　　450
　and the church 与教会 137, 148,
　　391, 396
　and coinage 与铸币 415
　as duke of the Franks 作为法兰克人
　　的公爵 386, 390, 432
　and kingship 与王权 394, 396, 399
　and Lothar IV of France 与洛塔尔，
　　法兰西的 387–9, 409–10, 436
　and Lotharingia 与洛泰林吉亚 320–
　　1, 389
　marriage 婚姻 99, 387, 391, 436
　and northern principalities 与北方各
　　公国 402, 409, 411
　and Senlis assembly 与桑利大会
　　124–5
　and southern principalities 与南方各
　　公国 390–1, 422, 430, 436,
　　439, 450–1
Hugh of Chalon 338, 休, 沙隆的 392
Hugh of Chaumontois 休, 乔莫图斯的
　317
Hugh of Empuries 休, 安普里斯的 445
Hugh of Farfa 休, 拉法的 169, 184–6
Hugh of Francia *see* Hugh the Great 法兰
　克的休 参见 伟大的休

Hugh the Great 伟大的休
　and Aquitaine 与阿基坦 385, 386,
　　429, 434, 435–6
　and Blois and Anjou 与布卢瓦和安茹
　　406–7
　and Brittany 与布列塔尼 408
　and Burgundy 与勃艮第 336, 337,
　　386, 435
　and Charles the Simple 与"天真汉"
　　查理 378
　and church and state 与教会和国家
　　98
　as duke of the Franks 作为法兰克人
　　的公爵 316, 383, 432
　and justice 与司法 121
　andLiudprand 与利乌德普兰德 125
　and Lothar IV 与洛塔尔四世 386,
　　429
　and Louis IV 与路易四世 246, 316,
　　382–3, 385–6, 429, 434, 492
　and Normandy 与诺曼底 385
　and Otto I 与奥托一世 316, 317,
　　384
　and Radulf 与拉杜尔夫 380–1, 383
　and relics 与圣物 112
　and Saxony 与萨克森 284
Hugh of Italy 休, 意大利的 349
　and aristocracy 与贵族 352, 354–5,
　　357–8
　and Arnulf of Bavaria 与阿尔努尔夫，
　　巴伐利亚的 352–3
　and Berengar II 与贝伦加尔二世
　　246–7, 541, 554–5
　and Burgundy 与勃艮第 340–1,
　　342, 352

and Byzantium 与拜占庭 353, 609 - 10, 612, 628
as imperator 作为皇帝 612
and Louis IV 与路易四世 383
and Magyars 与马扎尔人 543
marriage 婚姻 341, 352, 353, 609, 612
and monastic reform 与修道院改革 179, 338
and Rudolf II 与鲁道夫二世 340 - 1, 352

Hugh of Lusignan, and William V of Aquitaine 休, 吕西尼昂的, 与阿基坦的威廉五世 120
Hugh of Provence see Hugh of Italy 休, 普罗旺斯的 参见 休, 意大利的
Hugh of Rheims 休, 兰斯的 146, 381, 384, 385
Hugh (son of Robert II) 休 (罗贝尔二世之子) 393
Hugh of Tuscany 休, 托斯卡纳的 361, 364
Humbert of Parma 亨伯特, 帕尔马的 359
Humbert of Tuscany 亨伯特, 托斯卡纳的 353, 355, 356
hundred 百户区 42, 51
  courts 法庭 480
Hunfridings 亨弗里丁斯 238, 239
Hungary 匈牙利 515, **536 - 52**
  and aristocracy 与贵族 546, 547, 549
  army 军队 547, 549
  and Arnulf of Carinthia 与阿尔努尔夫, 卡林西亚的 538 - 9, 542

Arpad rulers 阿尔帕德王朝的统治者 257, 306, 710
and Bavaria 与巴伐利亚 296 - 7, 304, 306, 547
Black Hungary 黑匈牙利 549, 550
and Bohemia 与波希米亚 518 - 9
and Bulgaria 与保加利亚 537, 542, 543, 570, 576, 583 - 4
and Byzantium 与拜占庭 538 - 9, 542, 543 - 4, 545, 570, 580, 598 - 9, 621 - 2
Carolingian inheritance 加洛林王朝的遗产 9, 119
Christianisation 基督教化 38, 119, 157 - 8, 259, 307, 309, 555, 556, 546 - 7, 550, 612
and the church 与教会 533, 548, 550 - 1
and Conrad II 与康拉德二世 540
and Croatia 与克罗地亚 151
eleventh-century succession 11 世纪的王位继承 551 - 2
and empire 与帝国 95, 531
and Great Moravia 与大摩拉维亚 516
and Henry I 与亨利一世 281
and Henry II 与亨利二世 306 - 7, 547, 550
historiography 历史编纂学 15
and kingship 与王权 97, 100 - 1, 106, 544 - 6
  royal government 国王政府 119
  royal regalia 王室徽章 109, 119, 142, 259, 548
  titles 头衔 544 - 5
and Lotharingia 与洛泰林吉亚 316

and Moravia 与摩拉维亚 297
and nomadism 与游牧生活 541–2
and Otto I 与奥托一世 226, 290
and Otto III 与奥托三世 119, 258, 278, 617, 621–2
and papacy 与教皇权 142, 258, 259, 548, 613
and Poland 与波兰 524, 549
and Rus' 与罗斯 512
and seniorate 与长者优先继承制 545–6
sources 历史资料 2, 4, 15, 536–8, 540–1, 544
and state formation 与国家的形成 119, 528–9, 531–5
Taksony and Géza 陶克绍尼和盖扎 546–8
territory 领土 539–41
tribes 部族 537–8, 541
see also Arpad; Geza; Magyars; Stephen; Taksony 另见 阿尔帕德王朝；盖扎；斯蒂芬；陶克绍尼

Hunifred of Pallars 哈尼弗雷德，帕拉尔斯的 444
hunter-gatherers 狩猎者—采集者 31, 56, 488–90, 496–8
hymns 赞美诗 195, 213
Hywel Dda of Wales 海韦尔·达，威尔士的 101, 118, 123, 469

Iaropolk (brother of Vladimir) 埃罗波尔克（弗拉基米尔之兄弟）511
Iaroslav ("the Wise") of Kiev 雅罗斯拉夫（"智者"），基辅的 511, 512–13, 527

Ibn 'Abbad, Muhammad b. Isma'il 伊本·阿巴德·穆罕穆德·伊兹梅尔 661
Ibn Abī 'Amir ("al-Manṣūr"), Muhammad 伊本·阿比·阿莫尔·穆罕默德 68, 652–4, 658, 685
army 军队 652–4, 662
and Catalonia 与加泰罗尼亚 390, 439, 447
and Christian states 与基督教国家 655, 683–4, 689, 691
and Jihād 与吉哈德（圣战）447, 654
and Madīnat al-Zāhirah 与马迪纳特·扎西拉 68, 653
and North Africa 与北非 655–6
and Sicily 与西西里 666
and Tujībīs 与图基比家族 652, 653, 654, 662
Ibn Abī Khanzīr (Al-Ḥasan b. Aḥmad) 伊本·阿比·卡恩泽尔（哈桑·本·艾哈迈德）664
Ibn Abī'l-Fawāris 伊本·阿比·法瓦利斯 664
Ibn al-Andalusī 伊本·安达卢斯 652, 653
Ibn al-Athīr 伊本·阿西尔 663
Ibn Faḍlān 伊本·法德兰 488, 504, 507
Ibn Ḥafṣun, 'Umar, and 'Abd al-Raḥmān 伊本·哈弗森，欧麦尔，与阿卜杜勒·拉曼 648–9
Ibn Haijan 伊本·哈伊简 544
Ibn al-Ḥajjāj 伊本·赫贾吉 648
Ibn Hawqal 伊本·哈克尔 68–9, 71,

641, 663
Ibn Ḥayyān, *Muqtabis* 伊本·哈延 656, 673, 674, 675, 677, 681, 688
Ibn Idhārī 伊本·艾德阿里 663
Ibn Khaldūn 伊本·哈勒敦 663
Ibn Khordādhbeh 伊本·胡尔达兹比赫 69, 70
Ibn Marwān al-Jilliqī 伊本·马万·吉里奇 647
Ibn Rusta 伊本·拉斯塔 544–5
Ibrahim 'Abd-Allāh 易卜拉欣·阿卜杜勒·安拉 626
Ibrāhīm ibn Ya'qūb 易卜拉欣·伊本·阿古柏
 and Bohemia 与波希米亚 528
 and Bulgaria 与保加利亚 580, 583–4
 and coinage 与铸币 66
 and Poland 与波兰 528, 532
 and Prague 与布拉格 70, 92, 93
Iceland 冰岛
 Christianisation 基督教化 151
 government 政府 123, 128
 sagas 传奇 90, 488
iconoclasm 圣像运动 607
Iconoclastic Controversy 圣像破坏之争 217
iconography 造像 30, 111, 216, 224, 227–8, 263, 616
Ida (daughter of Hermann of Suabia) 伊达（士瓦本的赫尔曼之女）246
Idrisids of North Africa 伊德里斯，北非的 650, 652, 660
Ifrīqiyyah *see* Morocco; North Africa; Tunisia 伊夫里奇 参见 摩洛哥；北非；突尼斯
Igor of Rus' 伊戈尔，罗斯的 508, 509, 511
Ilduin of Verona 埃杜因，维罗纳的 352
Immo of Chevremont 埃摩，切弗瑞蒙特的 318
Immunities 豁免权
 aristocratic 贵族的 362
 episcopal 主教的 259, 264, 322–5, 551, 358, 566, 570, 584
 monastic 修道院的 362
incastellamento 城堡化 41, 44, 51, 52
 and lordship 与领主 47–9, 78, 84–5, 114, 248, 324, 640
 in Lotharingia 在洛泰林吉亚 324
 and royal authority 与国王的权威 119, 637–8
 in southern Italy 在南部意大利 637–8, 640, 644
 and towns 与城镇 83–4, 93
 and trade 与贸易 78
 in West Francia 在西法兰克王国 417, 445, 453
infanticide, "hidden" 杀婴罪，"隐蔽的" 62
Ingelheim, synods 英格尔海姆，宗教会议
 948 948年 43, 246, 385
 972 972年 144, 153
Ingigerd (wife of Iaroslav of Rus') 英吉格德（罗斯的雅罗斯拉夫的妻子）512
Inheritance 遗产
 partible 可分的 639

see also primogeniture; seniorate 另见 长子继承制；长者优先继承制

Inn, battle (913) 艾恩战役（913年）300, 542

Innocent III, pope, and cult of saints 英诺森三世，教宗，与圣徒崇拜 144

inscriptions, runic 铭文，北欧的古字碑文 67, 93

Instituta regalia 王国特权机构 75

intellectual life 学术生活 **187–211**

    in Bavaria 在巴伐利亚 308–9

    in European periphery 在欧洲的边远地区 190–4

    historiography and literature 历史编纂学与文献 204–8

    and the millennium 与千禧年 210–1

    and monasticism 与修道院制度 190–2

    theatre and poetry 戏剧与诗歌 195, 200–5

    tropes and hagiography 修辞与圣徒传 195–9

Investiture Contest 授职权之争 185, 187

Ireland 爱尔兰

    and kingships 与王权 106

    and liturgy 与礼拜仪式 158

    and Vikings 与维京人 87

    see also Dublin 另见 都柏林

iron 铁

    and tool-making 与工具制造 54–5, 58–9, 496

    trade in 贸易 89

    and urban development 与城市发展 78

Īsā b. Saʿīd al-Yaḥṣubī 伊萨·b. 萨义德·亚苏比 657, 658

Isidore of Seville, *Historia Gothorum* 伊西多尔，塞维利亚的 672

Islam 伊斯兰教

    and Christianity 与基督教 128

    and Khazar khaganate 与哈扎尔突厥汗国 502

    spread 传播 667

    Sunni and Shiʿa 逊尼派和什叶派 665

    and Volga Bulgars 与伏尔加河的保加尔人 504–5

    see also Saracens 另见 萨拉森人

Islamic lands 伊斯兰世界

    and Byzantium 与拜占庭 591–4, 605, 646

    and Caucasus 与高加索 501

    and Europe 与欧洲 64, 69–71

    historiography 历史编纂学 15–6

    and post-Carolingian cultures 后加洛林文化 24

    and Rus' 与罗斯 506–7

    and Seljuk attacks 与塞尔柱人的进攻 38

    and slave trade 与奴隶贩卖 69, 91

    and trade 与贸易 66–71, 80, 90, 452, 506–7

    and urban culture 与城市文化 66–71

    see also al-Andalus; Catalonia; Cordoba; Sicily 另见 安达卢西亚；加泰罗尼亚；科尔多瓦；西西里

Israel the Grammarian 伊斯雷尔，语法学家 188, 191

Italy, kingdom 意大利，王国 **346–71**,

347

and administration 与行政管理 75, 349–51, 353–4, 358, 359, 361–3, 366, 370

agriculture 农业 77, 350

aristocracy 贵族 76–7, 103, 251, 348–9, 352, 354–63, 564, 566, 567–71

army 军队 350

and Arnulf of Bavaria 与阿尔努尔夫, 巴伐利亚的 240, 303, 304, 352–3

and Arnulf of Carinthia 与阿尔努尔夫, 卡林西亚的 233, 348, 5 39

and Bavaria 与巴伐利亚 240, 303, 304

and book production 与书籍制作 226

and Byzantium 与拜占庭 561, 608–10

Carolingian inheritance 加洛林王朝的遗产 346–51, 702

and the church 与教会
    and bishops 与主教 351, 353, 357–9, 363–4, 365–71
    liturgy 礼拜仪式 158–9
    monastic reform 修道院改革 179–80, 182–3, 338

and feudal mutation 封建制的变异 19

and Henry I 与亨利一世 242

and Henry II 与亨利二世 261, 353, 367–9, 370–1

historiography 历史编纂学 12–3, 98

house of Spoleto 斯波莱托的 346–9, 702

house of Tuscany 351–2, 702

and intellectual life 与学术生活 186–8, 189–90, 192, 194, 206–7

and landholding 与土地持有 36

and literacy 与读写能力 22, 98

Magyar campaigns 马扎尔人的运动 348–9, 363, 542, 543, 545

and Otto I 与奥托一世 246–7, 250–2, 253–4, 269, 342, 355–7, 359–60, 370, 610–3, 629

and Otto II 与奥托二世 254–5, 360–1, 365, 524, 616

and Otto III 与奥托三世 255, 256, 258–9, 361–2, 366, 370–1, 391

and papacy 与教皇权 251

particularism and royal power 特殊恩崇论与王权 351–9

regionalism 地方主义 13, 100, 121, 355, 362–4, 370–1

and regnal dues 与帝国的税收 102

and royal government 与国王政府 120–1

and Rudolf II of Burgundy 与勃艮第的鲁道夫二世 340–1, 349, 352

sources 历史资料 4–5, 98

and taxation 与征税 120

towns 城镇 73, 75–9, 93

and trade 与贸易 74, 75, 77–8

see also Berengar I; Berengar II; Hugh of Italy; Pavia; Rome; Wido of Spoleto 另见 贝伦加尔一世；贝伦加尔二世；休，意大利的；帕维亚；罗马；维德，斯波莱托的

Italy, southern 意大利，南部 **624–45**, administration 行政管理 631–4, 644

and agriculture 与农业 633–4，638

and aristocracy 与贵族 637–40

and book production 与书籍制作 188，224

and Byzantine empire 与拜占庭帝国 100，253–4，255，261，548，605，622–5，624–34

and Henry II 与亨利二世 265，623

and intellectual life 与学术生活 192–3

Magyar attacks 马扎尔人的进攻 637

and monasteries 与修道院 639–41

and Muslim attacks 与穆斯林的进攻 100，606，611，624–7，643–5，667–8

and Normans 与诺曼人 410，622，645

and Otto I 与奥托一世 613–5，635，640

and Otto II 与奥托二世 255–6，361，616，640，643，668

and Otto III 与奥托三世 362，621，644

and papacy 与教皇权 142

population growth 人口增长 638

and princely authority 与公国的权力 636–44

and private fortifications 与私人防御 637，644

sources 历史资料 5，624，636

and trade 与贸易 75，634，641–2

and Venice 与威尼斯 645

see also Amalfi；Apulia；Calabria；Capua-Benevento；Gaeta；Lombardy；Naples；Salerno；Sicily 另见 阿马尔菲；阿普利亚；卡普亚－贝内文托；伦巴第；那不勒斯；萨勒诺；西西里

Itil' (Khazar capital) 伊蒂尔（哈扎尔首都）493，502，503，504，506–7

ivory, use of 象牙，应用 146，217，228，327，616

Ivrea 伊夫雷亚

and Arduin (2) 与阿多因（2）363，364–8

and Berengar II 与贝伦加尔二世 355–6

and Hugh of Italy 与休，意大利的 353–5

political role 政治作用 346，349，351

Ja'far b. Yūsuf al-Kalbī 贾法尔·优素福·卡勒比 667，669

Jantzen, Hans 汉斯·扬岑 214

Jaromir (brother of Boleslav III) 亚罗米尔（波列斯拉夫三世的兄弟）519–20

Jerusalem 耶路撒冷

liberation 解放 595

pilgrimage to 前往朝圣 21，161，551

Jews 犹太人

merchants 商人 70–1，80，83

privileges 特权 82

in Spain 在西班牙 487

jihād 吉哈德（圣战）

in al-Andalus 在安达卢西亚 447，654，657

in Sicily 在西西里 663–4，665，

667

see also Saracens 另见 萨拉森人

Jimeno Garcés of Pamplona-Navarre 希门加尔塞斯, 潘普洛纳－诺瓦拉的 688

Johanek, Peter 约翰内克, 彼得 8, 64-94

John VIII, pope 约翰八世, 教宗 331

John X, pope 约翰十世, 教宗 139, 348, 352, 543, 578, 606

John XI, pope, and Byzantium 约翰十一世, 教宗, 与拜占庭 609

John XII, pope 约翰十二世, 教宗
  and Berengar II 与贝伦加尔二世 356, 357
  and Hungary 与匈牙利 546, 613
  and Otto I 与奥托一世 142, 251-2, 360, 546, 611

John XIII, pope 约翰十三世, 教宗 137, 174, 209
  and Otto I 与奥托一世 252, 253, 360, 630

John XIV, pope 约翰十四世, 教宗 137, 138

John XV, pope 约翰十五世, 教宗 143

John XVI, antipope (John Philagathos) 约翰十六世, 对立教宗 (约翰·菲拉盖素斯) 139, 362, 617-8, 619

John XVII, pope 约翰十七世, 教宗 367

John XVIII, pope 约翰十八世, 教宗 138, 139, 367

John XIX, pope 约翰十九世, 教宗 139

John of Amalfi 约翰, 阿马尔菲的 192

John Canaparius 约翰·卡纳帕里尔斯 193

John Chryselios 约翰·赫里塞利奥斯 597, 599

John Cinnamus 约翰·辛纳穆斯 545

John of Cluny 约翰, 克吕尼的 196

John the Deacon 执事约翰 192

John the Exarch 总督约翰 573

John of Gorze 约翰, 戈尔泽的 106, 326
  and 'Abd al-Raḥmān III 与阿卜杜勒·拉赫曼三世 68, 69, 126-8, 172, 651
  and monastic reform 与修道院改革 171-2

John Kourkouas 约翰·库尔库阿斯 564-6, 590

John Muzalon 约翰·穆扎隆 627

John Philagathos 约翰·菲拉盖素斯 209, 258
  as antipope John XVI 作为对立教宗约翰十六世 139, 362, 617-8, 619

John of Ravenna 约翰, 拉文纳的 255

John of Rila 约翰, 里拉的 581-2

John of Saint-Arnulf 约翰, 圣阿尔努尔夫的 105-6
  Vita Iohannis abbatis Gonjensis《戈尔泽修道院院长约翰传略》126-8, 196

John of Salerno 约翰, 萨勒诺的 97, 177, 179, 196, 213-4

John of Spoleto 约翰, 斯波莱托的 643

John Tzimisces, Byzantine Emperor 约翰·齐米西兹, 拜占庭皇帝
  campaigns against Muslims 针对穆斯

林的战役 595

death 死亡 595，596

and Nikephoros Phokas 与尼基弗鲁斯·福卡斯 594

and Otto I 与奥托一世 254，360，615

and Sviatoslav of Rus' 与斯维亚托波尔克，罗斯的 584，594

John of Vercelli 约翰，韦切利的 207

John Vladimir of Dyrrachium 约翰·弗拉基米尔，迪拉基乌姆的 599

John Vladislav of Bulgaria 约翰·弗拉迪斯拉夫，保加利亚的 600 – 1

Jordan, bishop 约尔丹，主教 533

Joseph, Khagan 哈甘·约瑟夫 487 – 8，541

Joseph Bringas, *parakoimōmenos* 约瑟夫·布林加斯，宫廷卫士长 592

Judaism, and Khazars 犹太教，与哈扎尔人 498，502，505

Judith (wife of Baldwin I of Flanders) 朱迪思（佛兰德的鲍德温一世之妻）403

Judith (wife of Henry I of Bavaria) 朱迪思，（巴伐利亚的亨利一世的妻子）246，303，309

Judith (wife of Louis the Pious) 朱迪思（虔诚者路易的妻子）339

jurisdiction, private 司法权，私人的 13，18 – 9

justice 司法

　local 地方的 51，452 – 3

　and monarchy 与君主政体 97，113 – 7，128

Kabars, and Khazars 卡巴尔人，与哈扎尔人 503

Kairuan 凯鲁万 68，71，73

Kalbīs, in Sicily 卡勒比家族，在西西里 666 – 9

Kantorowicz, E. H. 坎特罗威茨，E. H. 13

Karmates, seizure of power 卡梅特人，夺取权利 69

katepano of Italy 凯特潘诺 [（拜占庭）在意大利的地方长官] 611，622 – 3，633 – 4

Kaupang, and trade 凯于庞，与贸易 89 – 90，92

Keller, Hagen 凯勒，哈根 227

Kennedy, Hugh 肯尼迪，休 646 – 69

Keynes, Simon 凯恩斯，西蒙 456 – 84

Khalīl b. Isḥāq 哈利勒·伊沙克 665

Khalīl b. Isḥāq b. Ward 哈利勒·伊沙克·沃德 665

Al-Khandaq, battle (939) 哈达格战役（939 年）650，677

Kharijite Muslims 哈里吉教派穆斯林 665

Khazar khaganate 哈扎尔突厥汗国 490，492

　army 军队 500

　and Bosporos 与博斯普鲁斯王朝 490，499，501

　and Bulgars 与保加尔人 502，504 – 5，571

　and Byzantium 与拜占庭 499 – 500，501 – 3，571 – 2

　defeat 失败 503

　dual kingship 双重王权 500

and Islam 与伊斯兰教 501

and Judaism 与犹太教 498, 502, 505

and Magyars 与马扎尔人 499, 502

and nomadism 与游牧生活 499, 541

and Rus' 与罗斯 506 – 7, 508

as Russia's first medieval state 作为俄罗斯第一个中世纪国家 487, 498, 500 – 3

sources 历史资料 487 – 8

and trade 与贸易 493, 500, 504, 506 – 7

and tribute payments 贡物薪水 500, 502, 504, 508

Khusraw II (Turkic leader) 库斯鲁二世（突厥人首领） 501

Kiev 基辅

 Cathedral of St. Sophia 圣索菲亚大教堂 512

 and Christianisation 与基督教化 193

 establishment 确立 498, 502

 gates 门户 512

 growth 成长发展 509, 512

 Iaroslav's City 雅罗斯拉夫的城市 512

 and industry 与手工业 511

 and Khazars 与哈扎尔人 508

 and nomads 与游牧民 493, 584

 Polish capture 波兰人夺得 526

 as political centre 作为政治中心 507 – 8

 and trade 与贸易 90, 91, 92, 507

 Vladimir' City 弗拉基米尔的城市 509, 512

 see also Rus' 另见 罗斯

Kingdoms 王国

indivisibility 不可分割性 103 – 4, 118, 243, 245, 521

and kingship 与王权 99 – 106

kingship 王权

and aristocracy 与贵族 102 – 4, 107, 115, 119 – 20, 123, 263

and the church 与教会 95 – 7, 105 – 6, 107 – 8, 120, 122, 153, 375

and devolution of power 与力量的发展 127 – 8

and eschatology 与末世论 95 – 7

and ethnicity 与种族划分 101

and iconography 与造像 111, 227 – 8, 263, 616

images 想象 95 – 9

itinerant 巡回的 14, 105 – 6, 227, 236 – 7, 264, 272, 395

and kingdom 与王国 99 – 106

and ritual 与礼仪 105, 107 – 12, 157

and royal cults 与国王的崇拜 106, 109, 111 – 2, 118, 120, 124, 244 – 5, 265 – 6

and royal government 国王政府 112 – 25, 126 – 8

and royal rituals 皇（王）家礼仪 107 – 12, 113, 126 – 7

sacral 祭典 262 – 3, 451

and succession 与王位继承 102 – 4, 118

kinship structure 亲属关系结构 31 – 2

 see also clan; family; lineage; tribe 另见 氏族；家庭；世系；宗族

Kizo (Saxon noble) 基佐（萨克森贵族） 283 – 4

Klebel, Ernst 克勒贝尔，厄斯特 301
knights 骑士 41
Koblenz, synod (922) 科布伦茨，宗教会议（922年）43，136 – 7，154
Komi-Permians (Finno-Ugrian people) 科米 – 彼尔姆人（芬兰 – 乌戈尔族群）496
Komi-Zyrians (Finno-Ugrian people) 科米 – 兹梁人（芬兰 – 乌戈尔族群）496
Koppany/Calvus Laizlaus of Hungary 科帕尼/匈牙利的卡尔乌斯·莱泽劳斯 547 – 8
Kouřim, and trade 考日姆，与贸易 92
Krakras of Pernik 克拉克拉斯，佩尔尼克的 600 – 1
Krautheimer, R. R. 克劳特海默 76 – 7
Krešimir III of Croatia 克莱西米尔三世，克罗地亚的 601
Kubrat (Bulgar leader) 库布拉特（保加利亚人首领）503
Kunigunde (wife of Henry II) 库尼贡德（亨利二世之妻）261，266，271，277，289，321
Kunigunde (wife of Luitpold of Bavaria and Conrad I) 库尼贡德（巴伐利的卢伊特波尔德和康拉德一世的妻子）239，301
Kurszán of Hungary 库尔三，匈牙利的 545

Lacarra, J. M. 拉卡拉，J. M. 222
Laidulf of Capua 莱杜尔夫，卡普亚的 644

laity 世俗人士
    and cult of saints 与圣徒崇拜 159 – 61
    and episcopal property 与主教的财产 134，154，433 – 4
    and monasteries 与修道院 161，164 – 5，185 – 6，322
    participation 参与 21
    and royal rituals 宫廷礼仪 107，110
Lambert of Hainault 兰伯特，埃诺的 254，317，388
Lambert of Louvain 兰伯特，卢万的 321
Lambert of Milan 兰伯特，米兰的 349
Lambert of Spoleto 兰伯特，斯波莱托的 348 – 9
Lambert of Tuscany 兰伯特，托斯卡纳的 352
land 土地
    clearance 清除 56 – 7，58，452
    size of holdings 持有规格 44 – 5，350
    values 价值 78
land-management 土地管理 42 – 5
Landenulf of Capua 兰杜尔夫，卡普亚的 636，644
landownership 土地所有权
    allodial 自主地的 34 – 6，43，45，47，51，53，366，371，449，452，530
    and bookland 与特许公地 466，475
    and the church 与教会 39，52，57，131 – 4，146 – 7，366
    and the family 与家庭 32
    Jewish 犹太人的 70

and nobility 贵族的 40, 350
and wealth 与财富 39
Landric of Nevers 兰德里克，纳韦尔的 198, 337–8
Landulf I of Capua-Benevento 兰杜尔夫一世，卡普亚–贝内文托 348, 606, 624, 627–8, 635, 640
Landulf II of Capua-Benevento 兰杜尔夫二世，卡普亚–贝内文托 640
Landulf III of Capua-Benevento 兰杜尔夫三世，卡普亚–贝内文托 614, 635, 638
Landulf IV of Capua 兰杜尔夫四世，卡普亚的 643
Landulf of Milan 兰杜尔夫，米兰的 79
Langobardia see Apulia; Lombardy 伦巴底亚 参见 阿普利亚；伦巴第
Languedoc 朗格多克
   and castle-building 与城堡建设 48
   and Catalonia 与加泰罗尼亚 437, 449
   and coinage 与铸币 61
   and monastic reform 与修道院的改革 449
   and population increase 与人口增长 62
   and Raymond III Pons 与雷蒙三世·庞斯, 437
   and rural society 与乡村社会 34, 36, 43, 49, 59
   sources 历史资料 422, 423
   and Truce of God 与"上帝休战" 454
   see also Toulouse 另见 图卢兹
Lantfred of Winchester 兰特弗雷德，温切斯特的 479, 481
Laon, diocese, and episcopal estates 拉昂，主教教区，与主教管辖的不动产 131
Lapps 拉普人 87, 488, 497–8
Lasko, Peter 拉斯科·彼得 219
Last World Emperor 最后一个世界性皇帝 95 840
Latin 拉丁语 7, 190–3, 202–3, 204, 308–9, 427
Latium, history 拉丁姆，历史 13
laudatio parentum 亲属赞同 32
Laurence of Cassino 劳伦斯，卡西诺的 192
law 法律
   codes 法典 29
   ecclesiastical 教会的 152
   Gothic 哥特人的 427, 446, 452
   legislation as historical source 作为历史资料的立法 5–7
   Lombard 伦巴第 634, 639
   Roman 罗马 29, 33, 426
   royal 国王的 81–2, 115
   written 成文的 424
   see also canon law 另见 教会法
Lechfeld, battle (955) 莱希费尔德之战（955年）
   and Bavaria 与巴伐利亚 298, 304, 544
   and Conrad the Red 与"红色的"康拉德 316
   as decisive 决定性的 27, 127, 248, 546, 583
   and East Frankish army 与东法兰克的军队 124

and Otto I 与奥托一世 226，248，250，281，298，356

Ledgarde of Rouergue（wife of Borrell II of Barcelona）莱德加德，鲁埃格的（巴塞罗那的博雷尔二世的妻子）447

legatio/legatus 边区军事指挥官 285

Legend of Christian《基督教徒的传奇》518

legislation see law 立法 参见 法律

Leinster, and overkingship 伦斯特，与超级王权 106

Lemarignier, J.-F. 勒马里涅埃尔，J.-F. 394，397 n. 77，400，422，452

Lemuzi tribe 莱姆兹部落 517

Lendit 朗迪（集市）80

Lendizi tribe 伦迪兹部落 521–2，523，526

Lenzen, battle（929）伦岑之战（929年）242，281，285

Leo III, pope 利奥三世，教宗 140，251，572

Leo VI（"the Wise"），Byzantine Emperor 利奥六世（"智者"），拜占庭皇帝 334，586
  and army 与军队 560–1
  and the church 与教会 559–60
  and Italy 与意大利 633
  and laws 与法律 72，553–4，557
  and Louis III of Provence 与路易三世，普罗旺斯的 609
  marriages 婚姻 559，561
  and Symeon of Bulgaria 与西米恩，保加利亚的 553，561，567，571–2，573

Tactica《战略战术》555，556，558，560
  see also Book of the Eparch 另见《都主教之书》

Leo VII, pope 利奥七世，教宗 137，139，179

Leo VIII, antipope 利奥八世，对立教宗 252，357，360

Leo IX, pope, reforming councils 利奥九世，教宗，改革委员会 7

Leo, archpriest 利奥，大司祭 192

Leo Choerosphaktes 利奥·肖厄罗斯菲克特斯 570–1

Leo（papal scribe）利奥（教宗的抄写员）138

Leo Phokas（son of Nikephoros）利奥·福卡斯（尼基弗鲁斯的儿子）560–2，592–3，597，612

Leo of Synada 利奥，辛纳达的 617–18，620

Leo of Tripoli 利奥，的黎波里的 556，557，571

Leo of Vercelli 利奥，韦切利的 228，257，365，368，369

León, kingdom 莱昂，王国 **670–87**
  and 'Abd al-Raḥman 与阿卜杜勒·拉赫曼 650，675，676–7，680
  administration 行政管理 670，679–80
  and aristocracy 与贵族 122，672，677–8，679–83，686
  and Castile 与卡斯蒂尔 674，677–8，680，681–2，685–7
  charters 特许状 673，682，685，686

and the church 与教会 134
and Cordoba 与科尔多瓦 674 – 5, 676 – 7, 679, 680, 681 – 4
frontiers 边疆 673 – 4, 676, 680 – 1, 686
fueros 法典 686
kings 国王 100, 670 – 2, 716
and kingship 与王权
royal government 国王政府 122
succession 王位继承 104, 672, 675 – 87, 691
and literature 与文献 190
and Pamplona-Navarre 与潘普洛纳-诺瓦拉 674, 677 – 9, 681, 685, 686 – 7, 689 – 90
population movements 人口流动 673, 676
and rural society 与乡村社会 37
and slave revolt（975）奴隶起义（975年）37
sources 历史资料 3, 672 – 3, 683, 684 – 5, 686
Leonardi, Claudio 莱奥纳尔迪, 克劳迪奥 9, 22, 187 – 211
Leopold（margrave of Bavaria）利奥波德（巴伐利亚侯爵）237
Leotold of Mâcon 利奥托德, 梅肯的 339
Lestek of Poland 莱斯泰克, 波兰的 523
Letald of Micy 莱塔尔德, 米奇的
Liber miraculorum Sancti Maximini Miciacensis 参见页下注 197 – 8
Within piscator《捕鱼人韦欣》205 – 6

Letgardis（wife of Otto of Burgundy）莱特加迪丝（勃艮第的奥托之妻）336
letters, as sources 信件, 作为历史资料 7
Leuthoricus of Sens 莱奥泰利克斯, 桑斯的 148
Lex Baiuuariorum《巴瓦廖茹姆法典》9
Leyser, Karl 莱泽, 卡尔 124
libellarii（Italy）自由租地农（意大利语）36
Liber pontificalis《宗教名录》147
Liber Tramitis《克吕尼修道院习俗录》169
libraries 图书馆 147, 188 – 9, 207, 526 – 7, 654
Liège 列日
and church music 与教堂音乐 213
development 发展 323, 324, 325 – 6
Life of Methodius《美多迪乌斯传》521
Lindisfarne Gospels《林迪斯法内福音书》117
lineage（*gens*, *Geschlecht*）世系（基因, 性别）31 – 3
male 男性 18, 39
Lintzel, Martin 林策尔, 马丁 4
Listven, battle（1024）利斯文战役（1024年）511, 512
literacy 读写能力
decline 衰落 2, 22 – 3, 97
and government 与政府 98
and law 与法律 424, 511
lay 世俗的 67
and trade 与贸易 67, 71

see also writing 另见 书写
literature 文献
 vernacular 地方的 90, 456, 488, 568
 see also hagiography; historiography; poetry 另见 圣徒传；历史编纂学；诗歌
Lithuania, and Christianisation 立陶宛，与基督教化 151
Litomeri tribe 利托梅里部落 517
liturgy 礼拜仪式 156-8
 and architecture 与建筑 213-5
 and art 与艺术 229-30
 and chant 与圣歌 158-9, 213
 and kingship 与王权 107, 559, 573, 618
 Mozarabic 穆扎拉布 158
 and sequences and tropes 继起与转义 194-5
Liubice, and trade 柳比斯，与贸易 92
Liudgard (daughter of Otto I) 柳德加德（奥托一世的女儿）246
Liudgard (wife of Louis the Younger) 柳德加德（年幼者路易的妻子）241-2, 268
Liudolf of Saxony 鲁道夫，萨克森的 267-8, 290
Liudolf of Suabia (son of Otto I) 鲁道夫，士瓦本的（奥托一世的儿子）246, 276
 and Italy 与意大利 247, 250-1
 and Magyars 与马扎尔人 247, 544
 rebellion 叛乱 102, 144, 247-8, 250, 304, 316

Liudolfing dynasty 鲁道夫王朝
 in Bavaria 在巴伐利亚 304, 518
 and empire 与帝国 236, 238, 239-41, 260
 and indivisibility of kingdom 与王国的分裂 243-4
 and monastic reform 与修道院改革 181-2
 in Saxony 在萨克森 267-8, 272, 277
 see also Henry I of East Francia; Henry II, Emperor 另见 亨利一世，东法兰克的；亨利二世，皇帝
Liudprand of Cremona 利乌德普兰德，克雷莫纳的 2, 3
 Antapodosis《针锋相对》206, 207, 208, 250, 301-2
 and Berengar II of Italy 与贝伦加尔二世，意大利的 206, 207, 209
 and Byzantine court 与拜占庭宫廷 125-6
 and historiography 与历史编纂学 206-7, 208, 209-10
 and Hugh of Italy 与休，意大利的 341, 354-5
 and Hungary 与匈牙利 544, 546
 and intellectual life 与学术生活 188, 190
 and kingship 与王权 96
 Legatio 边区军事指挥官 614
 Liber de rebus gestis Ottonis magni imperatoris《奥托统治纪事》208*

---

* 原索引页码有误，应为206。——译者注

mission to Constantinople 前往君士坦丁堡的代表团 206, 360, 593, 609–10, 613–5, 630

and papacy 与教皇权 142, 611

Relatio de legatione Constantinopolitana《君士坦丁堡出使记》206, 207

and southern Italy 与南部意大利 632–3

and trade 与贸易 69, 73, 74, 77

Liutfrid（Mainz merchant）柳特福雷德（美因茨商人）74

Liutgard（wife of Conrad the Red）柳特加德（"红色的"康拉德的妻子）316

Liutgard（wife of Louis the Younger）柳特加德（年幼者路易的妻子）268

Liuthar, margrave 柳泰尔，边地侯 271, 275

Liutizic confederation 柳蒂奇联盟

and Bohemia 与波希米亚 256–7, 530

and Henry II 与亨利二世 262, 278, 526

and Ottomans 与奥托曼人 255, 283–4

Liutwald of Vercelli 柳特沃尔德，维切利的 297

Lombard, Maurice 隆巴德，莫里斯 222

Lombardy 伦巴第地区

and agriculture 与农业 57

and Bavaria 与巴伐利亚 303, 505

and book production 与书籍制作 188

and Byzantium 与拜占庭 100, 253–4, 605–6, 608–9, 622–3, 624–9, 630, 632, 634–5

and castle-building 与城堡建设 48

and law 与法律 634, 639

and Magyar attack 与马扎尔人的进攻 544

and Ottomans 与奥托曼人 253–4, 361, 363, 643

and population increase 与人口增长 62

and princely authority 与王公的权威 120, 642

and Rudolf II 与鲁道夫二世 340, 543

and rural society 与乡村社会 34, 37, 49

and slave trade 与奴隶贩卖 37

and succession 与王位继承 635

and towns 与城镇 77

see also Capua-Benevento; Salerno; Spoleto-Camerino 另见 卡普亚-贝内文托；萨勒诺；斯波莱托-卡美利诺

London 伦敦

and Alfred the Great 与阿尔弗雷德大王 88, 459

and trade 与贸易 81, 87, 89, 115

lordship 领主权

and castle-building 与城堡建设 48, 78, 84–5, 114

and imperial kingship 与皇权 263, 273

legitimation 合法化 18, 104–5

and markets 与市场 76, 84–5, 86, 114

and monastic reform 与修道院改革

165, 169, 170–5, 177
and serfdom 与农奴制 38–9
signs 标志 9
and towns 与城镇 92–3
see also aristocracy; seigneurie 另见贵族；领主权
Lot, Ferdinand 洛特，斐迪南 21
Lothar I, Emperor 洛塔尔一世，皇帝
and imperial Burgundy 与帝国的勃艮第 328
and liturgy 与礼拜仪式 158
and Lotharingia 与洛泰林吉亚 312, 316
and papacy 与教皇权 141
Lothar II, Emperor 洛塔尔二世，皇帝
and Burgundy 与勃艮第 233, 330, 340
and Lotharingia 与洛泰林吉亚 312
Lothar, king of West Francia 洛塔尔，西法兰克国王
and Aquitaine 与阿基坦 388, 429–30, 436
and aristocracy 与贵族 387, 393–4
and bishops 与主教 387
and Burgundy 与勃艮第 355, 337, 387
and Catalonia 与加泰罗尼亚 444, 447
and Charles of Lotharingia 与查理，洛泰林吉亚的 254, 319, 386, 388
and charters 与特许状 375, 396, 409, 418
and Flanders 与佛兰德 387, 403, 409
funeral 葬礼 109

and Hugh Capet 与休·卡佩 387–9, 409–10, 436
and justice 与司法 121
and kingship 与王权 394–5, 397
and Lotharingia 与洛泰林吉亚 388–9, 394, 395, 430
marriage 婚姻 318, 342, 386
and Otto II 与奥托二世 320, 388–9, 409
and Otto III 与奥托三世 256, 320
and succession 与继位 102, 386
and trade 与贸易 78, 79
Lothar of Italy 洛塔尔，意大利的 352
and Berengar II 与贝伦加尔二世 246–7, 355, 357, 610
marriage 婚姻 247, 318, 341, 342, 353
and monastic reform 与修道院改革 179
Lotharingia 洛泰林吉亚 310–27, 311
900–39 900—939 年 236–8, 240–2, 310–5
939–65 939—965 年 249, 315–9
965–1033 965—1033 年 254, 256, 319–24
and al-Andalus 与安达卢西亚 126
aristocracy 贵族 312–3, 315, 317–8, 321–4
and Arnulf of Carinthia 与阿尔努尔夫，卡林西亚的 236, 237
and art 与艺术 326–7
borders 边界 310–2, 316
and castle-building 与城堡建设 48
and Charles the Simple 与"天真汉"

查理 238，240，312 – 5，377，578
and the church 与教会 296
bishops 主教 310，315，318 – 9，322 – 3
landholdings 土地持有 43
monastic reform 修道院改革 163，172，309，325
monasticism 修道院制度 170
and Conradines 与康拉丁公爵 257，238，313
division 分裂 312，318，319
ducal families 公爵家族 697
and East Francia 与东法兰克 310 – 3，315 – 8，321
economic growth 经济成长 324 – 5
and Frankish unity 与法兰克人的统一 99
and Henry I 与亨利一世 240 – 2，314 – 5，380
and Henry II 与亨利二世 261，263，264，321
and intellectual life 与学术生活 195，319，325 – 6
landholdings 土地持有 43，44
languages 语言 312
and Lothar IV of France 与洛塔尔四世，法兰西的 388 – 9，394，395，430
and Louis IV 与路易四世 315，316，384
Lower 下洛泰林吉亚 319 – 20，321 – 2
and Magyars 与马扎尔人 316，377，542
and markets 与市场 85，325

and Otto I 与奥托一世 245，249，315 – 8
and Otto II 与奥托二世 254，319 – 20，323
and Otto III 与奥托三世 320，323
and Ottoman unity 与奥托曼的统一 105
and Radulf of West Francia 与西法兰克的拉杜尔夫 380，382
sources 历史资料 3
and Theophanu 与狄奥法努 256
and towns 与城镇 80，320，324 – 5
trade 贸易 80，324
as transit region 作为过渡地区 324 – 7
Upper 上洛泰林吉亚 263，320 – 1
and West Francia 与西法兰克王国 310，313 – 5，316，319 – 21，374，378，383 – 4，386 – 90
see also Aachen; Brunof Cologne; Dietrich I of Upper Lotharingia; Frederick I of UpperLodiaringia; Gislebert of Lotharingia; Zwentibald 另见 亚琛；布伦，科隆的；迪特里希一世，上洛泰林吉亚的；弗雷德里克一世，上洛泰林吉亚的；吉斯勒贝尔，洛泰林吉亚的；茨文蒂博尔德
Loud, G. A. 劳德，G. A. 624 – 45
Louis I ("the Pious"), Emperor 路易一世（"虔诚的"），皇帝
and Burgundy 与勃艮第 328
and empire 与帝国 261，267，294
and Jews 与犹太人 70
and Lotharingia 与洛泰林吉亚 384
marriage 婚姻 339

and monastic reform 与修道院改革 163，174

and papacy 与教皇权 140，251

Louis II, Emperor 路易二世，皇帝 141，331

Louis II（"the Stammerer"）of West Francia 路易二世，西法兰克的（"结舌的"）331，441

Louis III（"the Blind"）路易三世（"瞎子"）

 and Arnulf of Carinthia 与阿尔努尔夫，卡林西亚的 233

 and Carolingian inheritance 与加洛林王朝的遗产 97，332

 as emperor 与皇帝 335，612

 as king of Italy 作为意大利国王 334，340 – 1，348

 as king of Provence 作为普罗旺斯国王 233，333 – 4，341，348，435

 marriage 婚姻 534，609

Louis IV（"d'Outtemer"）of West Francia 路易四世，西法兰克的（"身在海外者"）

 and Æthelstan 与埃塞尔斯坦 114，382，411

 and aristocracy 与贵族 385，393 – 4，395

 and Burgundy 与勃艮第 335，336，342

 and charters 与特许状 375

 and the church 与教会 384

 and duchy of the Franks 与法兰克公爵领 383，402

 and Heribert of Vermandois 与赫里伯特，韦尔芒杜瓦的 317，383，386，393 – 4

 and Hugh the Great 与伟大的休 204，316，382 – 3，385 – 6，409，429，434

 and kingship 与王权 394 – 5，397

 and Lotharingia 与洛泰林吉亚 315，316，384

 marriage 婚姻 99，315

 and Normandy 与诺曼底 385 – 6，394

 and Otto I 与奥托一世 246，315 – 7，384，385

 and papacy 与教皇权 384

 and southern principalities 与南方各公国 432，435 – 6

Louis IV（"the Child"），of East Francia 路易四世，东法拉克的（"孩童"）294 – 5

 and Bavaria 与巴伐利亚 237，298

 and Lotharingia 与洛泰林吉亚 312 – 3

 and Magyars 与马扎尔人 238，542

 marriage 婚姻 268

 and Saxony 与萨克森 240，268

Louis V of West Francia 路易五世，西法兰克王国的

 and Aquitaine 与阿基坦 429 – 30

 and Catalonia 与加泰罗尼亚 447

 as co-ruler 作为共治者 102，589，397，429

 death 死亡 320

 and Lotharingia 与洛泰林吉亚 389

 marriage 婚姻 344，388，409，429 – 30

Louis the Blind see Louis III（"the Blind"）"瞎子"路易 参见路易三

世（"瞎子"）
Louis the German 日耳曼人路易 244
　　and Bavaria 与巴伐利亚 294 – 5,
　　296 – 7
　　and Bulgaria 与保加利亚 538
　　and Hungarian attack 与匈牙利人的
　　进攻 536
　　and marriage alliances 与联姻 239,
　　339
Louis the Pious see Louis I（"the Pious"）虔诚者路易 参见 路易一世
　　（"虔诚的"）
Louis（son of Radulf of West Francia）
　　路易（西法兰克的拉杜尔夫的儿
　　子）379
Louis the Younger of East Francia "年
　　幼者"路易, 东法兰克的 240,
　　241 – 2, 268
Lucania, and Byzantium 卢卡尼亚, 与
　　拜占庭 628, 632, 633 – 4
Ludat, H. 卢达特, H. 280
Ludmila（wife of Bořivoj）卢德米拉
　　（博里沃伊的妻子）150, 518
Luitpirc（wife of Tassilo III）卢伊特皮
　　尔克（塔西洛三世的妻子）297
Luitpold of Bavaria, margrave 卢伊特波
　　尔德, 巴伐利亚的, 边地侯 238,
　　295, 542
Luitpolding dukes 卢伊特波尔德家族的
　　公爵们
　　and Bavaria 与巴伐利亚 254, 255,
　　295, 299, 304 – 5
　　and empire 与帝国 236, 238
　　genealogical table 系谱表 695
Luke of Armento, St 阿尔门托的卢克,

圣 631 – 2
Lupus Aznar of Gascony 卢普斯·阿斯
　　纳尔, 加斯科涅的 429
Lusatia, and Poland 卢萨蒂亚, 与波兰
　　525 – 6, 527
Luxemburg dynasty 卢森堡王朝 261,
　　263, 318
luxury goods 奢侈品
　　production 生产 68, 72
　　trade in 贸易 67, 75, 76, 89, 91,
　　217, 222, 490, 607

Macedonia, and Bulgaria 马其顿, 与保
　　加利亚 570, 579, 583, 597
McKitterick, Rosamond 麦基特里克,
　　罗莎蒙德 20, 130 – 62
Madīnat al-Zāhirah 马迪纳特·扎西啦
　　68, 653, 658
Madīnat al-Zahrā 扎西拉城 68, 126,
　　128, 651, 652
Magdeburg 马格德堡
　　archbishopric 大主教区 225, 248,
　　250 – 2, 278, 288, 290 – 1, 534
　　cathedral 大教堂 86
　　diocese 主教教区 150
　　and monarchy 与君主政体 109, 120,
　　212, 244, 274
　　monastery 修道院 244, 248
　　and trade 与贸易 80, 82
Magi, as kings 东方三圣, 作为国王
　　109
Magyar language 马扎尔语 537, 538
Magyars 马扎尔人
　　and Arnulf of Bavaria 与阿尔努尔夫,
　　巴伐利亚的 258, 242, 297, 299 –

300, 303, 304, 542
campaigns 战役 84, 281, 306, 541-4
  in Aquitaine 在阿基坦 431
  in Balkans 在巴尔干 546
  in Bavaria 在巴伐利亚 248, 258, 295, 298-9, 303, 539, 542, 544, 610
  in Italy 在意大利 548-9, 565, 559, 542, 545-4, 545, 657
  in Lotharingia 在洛泰林吉亚 316, 377, 543
  in Moravia 在摩拉维亚 539, 542
  in Saxony 在萨克森 242, 542-3
  in Spain 在西班牙 544
  in Suabia 在士瓦本 248, 542, 543
  in Thuringia 在图林根 238, 542
  in West Francia 在西法兰克王国 377-8, 379, 382, 542, 544
  defeat see Lechfeld, battle 失败 参见 莱希费尔德之战（955年）
  and Luitpold 与卢伊特波尔德 295
  as mercenaries 作为雇佣兵 349, 542
  in Russia 在俄罗斯 492, 499, 502
  tribes 部落 537
  see also Hungary 另见 匈牙利
Al-Mahdī, Muḥammad b. Hishām, caliph 马赫迪, 穆罕默德·b. 希沙姆, 哈里发 658-9
Mainz, councils 美因茨, 会议
  852   852年 155
  1049 1049年 7
Maiolus of Cluny 马约勒斯, 克吕尼的 180, 182, 184-5, 196, 344
Maksān (Zirid leader) 马克尚（齐里首领）656
Mal of Derevlianians 马尔, 德利夫列尼安人的 506
Malcanus, *Dialogus de statu sanctae ecclesiae* 马尔卡努斯：《圣教现状对话录》131-2
Malcolm of Scodand, and Edmund of England 马尔科姆, 苏格兰的, 与埃德蒙, 英格兰的 472
Manasses "l' Ancien' 老马纳赛斯 336, 344, 355-6
mancipia 奴房 37
mandylion 曼迪罗圣像 565-6, 587
Manigold, and relics 马内戈尔德, 与圣物 86
Manso of Amalfi 曼索, 阿马尔菲的 641, 643, 644
Manso of Monte Cassino 曼索, 蒙特卡西诺的 640-1, 644
Al-Manṣūr, caliph of Baghdad 曼苏尔, 巴格达的哈里发 501
Al-Manṣūr of Córdoba see Ibn Abī ʿĀmir （"al-Manṣūr"）曼苏尔, 科尔多瓦的 参见 伊本·阿比·阿米尔（曼苏尔）
mansus 曼苏 42, 48-9
manuscripts 手稿
  collection 汇编 189
  illuminated 装饰 8, 22, **222-9**, 326
  production 制作 187-8, 190-1, 309, 326-7
marches see *marchiones* 边区 参见 侯爵
marchiones see margraves 侯爵 参见 边地侯

margraves 边地侯
  in Bavaria 在巴伐利亚 293
  in East Francia 在东法兰克 121, 244, 248
  in Italy 在意大利 358–9, 370–1
  in Lotharingia 在洛泰林吉亚 314
  in Saxony 在萨克森 285–6
  in West Francia 在西法兰克王国 376
    northern principalities 北方各公国 402, 412
    southern principalities 南方各公国 432, 435–6, 437–8, 440, 443, 448

Margut, peace (980) 马尔居和平 (980年) 388

Mari/Cheremis (Finno-Ugrian people) 马里人/切列米斯人 (芬兰-乌戈尔族) 496, 497

Maria (wife of John Vladislav) 玛丽亚 (约翰·弗拉迪斯拉夫之妻) 601

Maria (wife of Peter of Bulgaria) 玛丽亚 (保加利亚的彼得的妻子) 564, 579, 583

Marinus II, pope 马里纳斯二世, 教宗 139

markets 市场
  and lordship 与领主权 76, 84–5, 86, 114
  monastic 修道院 84
  regulation 规则 93
  and royal government 与国王政府 115
  and rural economy 与乡村经济 78, 458
  and towns 与城镇 76, 77–8, 80, 81–9, 92, 259, 325

Marozia (wife of Hugh of Italy) 玛罗齐亚 (意大利的休的妻子) 209, 352, 609

marquess see margraves 侯爵 参见 边地侯

marriage 婚姻
  age at 婚配年龄 62–3
  aristocratic 贵族的 111, 115, 121, 268, 436
  and the church 与教会 32
  endogamous 族内通婚 31, 40
  exogamous 异族通婚 33
  freedom 自由 33
  in French principalities 在法兰西各公国 410
  Pagan-Christian 异教徒—邪教徒 283
  royal 王室的 98–9, 108, 111–2, 115, 240, 246, 268, 360
  and serfdom 与农奴制 38

Martin, St., and monarchy 圣马丁, 与君主政体 97

Marwān, caliph 马尔万, 哈里发 502

Marxism, and historiography 马克思主义, 与历史编纂学 17, 28, 495

Mastalus II of Amalfi 马斯塔卢斯二世, 阿马尔菲的 636

Maṣūd b. Tajīt 马斯欧德·b. 塔吉特 647

Maṣūdi 马苏迪 69, 612

Matfrid of Lotharingia 马特弗里德, 洛泰林吉亚的 313

Matfriding dukes 马特弗里德公爵 237, 240, 313, 314

Mathuedoi of Cornouaille 玛蒂埃多瓦, 科努瓦耶的 408

Matilda of Essen 玛蒂尔达，埃森的 218–20, 221, 460
Matilda of Quedlinburg 玛蒂尔达，奎德林堡的 271, 275, 290–1
Matilda（wife of Conrad of Burgundy）玛蒂尔达（勃艮第的康拉德的妻子）335, 342
Matilda（wife of Henry I）玛蒂尔达（亨利一世之妻）96, 99, 197, 243–4, 268, 288–9, 290, 291
Maurice, St 圣莫里斯 112
Mayr-Harting, Henry 迈尔-哈廷，亨利 22, 212–30
Mazovi/Mazovia 马佐维/马佐维亚 522, 523, 527–8, 529
Mediterranean Sea 地中海
　and trade 与贸易 66–75
　and urban culture 与城市文化 64–6
Meinwerk of Paderborn 迈因韦尔克，帕德博恩的 94, 184, 274
Melitene, and Byzantium 梅利蒂尼，与拜占庭 565, 566, 591
Melo of Apulia 阿普利亚的梅洛 622–3
mendicant orders 乞食僧团 186
Menendo Gonzalez of Galicia 门内多·冈萨雷斯，加利西亚的 685
mercenaries 雇佣兵
　Magyar 马扎尔人 349, 542
　Viking 维京人 511
merchants 商人
　English 英国的 87
　European 欧洲的 74–5, 78–83, 86–7
　Greek 希腊的 72
　guilds 行会 82–3, 93
　importance 重要性 64
　Islamic 伊斯兰的 66–7, 69, 71
　Jewish 犹太人的 70–1, 80, 83
　privileges 特权 81–2
　Rus' 罗斯的 506–7, 509, 511
　and urban development 与城市发展 82–3, 86, 93
Mercia 麦西亚
　and Æthelstan 与埃塞尔斯坦 467–8
　and the church 与教会 462
　and Danelaw 与丹麦法 460
　and Danes 与丹麦人 103–4, 464
　and Eadwig 与埃德威格 476
　and Edgar 与埃德加 477–9
　and Edward the Martyr 与"殉教者"爱德华 482
　kingship and aristocracy 王权与贵族 105
　and royal government 国王政府 115
　towns 城镇 88
　and Wessex 与威塞克斯 103–4, 117, 456, 459, 460, 462–4
Merians（Finno-Ugrian people）梅里安人（芬兰-乌戈尔人）496–7
Merseburg, and trade 梅泽堡，与贸易 82
Merseburg, peace（1013）梅泽堡和平协议（1013年）526
Mesopotamia, and Byzantium 美索不达米亚，与拜占庭 565, 584, 594
metal-working 金属制造 54–5, 327, 496
Methodius, St 美多迪乌斯，圣 150, 518, 536, 544, 568, 570
Metz, diocese 梅斯，主教区

and aristocracy 与贵族 131
and church lands 与教会土地 131
and monastic reform 与修道院改革 171–2
Michael III, Byzantine emperor 米哈伊尔三世, 拜占庭皇帝 553
Michael (Calvus Zyrind) of Hungary 匈牙利的米哈伊尔 (卡尔乌斯·泽林) 546, 547, 552
Michael Psellos 米哈伊尔·普塞洛斯 602, 604
Miectaw of Mazovia 米克托, 马佐维亚的 527
Miesco I of Poland 梅什科一世, 波兰的 101, 528, 532
 and army 与军队 124
 and Bohemia 与波希米亚 519, 524
 and Christianisation 与基督教化 150, 252, 524
 death 死亡 525
 and Elbe Slavs 与易北河的斯拉夫人 284
 marriage 婚姻 519, 524
 and Otto I 与奥托一世 252, 282, 286, 524
 and Otto II 与奥托二世 254
 and Otto III 与奥托三世 257, 270, 524
 and papacy 与教皇权 524
 and Pomerani 与波美拉尼亚 522, 523–4
 and Silesia 与西里西亚 523, 524
Miesco II of Poland 梅什科二世, 波兰的
 and collapse of Piast state 与皮亚斯特国家的崩溃 527–8
 death 死亡 520, 527
 marriage 婚姻 526
 and royal ritual 与王室礼仪 110
Milan, and trade 米兰, 与贸易 77–8, 79
miles 士兵 41
milites 士兵 41, 108, 110, 242, 299
millennium 千禧年
 and eschatology 与末世论 21, 163, 210–1, 309
 and images of monarchy 与对君主制的想象 95
 and "Terrors" 与 "恐怖" 28, 63
mills 磨坊 55–6, 61, 452, 642
Milo of Verona 米罗, 维罗纳的 353, 355
Milzen, and Poland 梅尔森, 与波兰 525–6, 527
ministeriales 领主的侍从官 35, 83, 93, 122, 530
mints 铸币厂
 and episcopal power 与主教的权力 322–3, 384, 433
 and royal government 与国王政府 115, 116, 394, 462
 and urban development 与城市发展 88–9, 325
Miro of Roussillon 米罗, 鲁西永的 441
Missal 弥撒书 157
Mistui (Abodrite prince) 米斯特维 (阿博德利王子) 270, 283, 286
monarchy *see* kingship 君主政体 参见王权
monasteries 修道院

新编剑桥中世纪史 第三卷

and education 与教育 145, 325-6
Greek 希腊语 607
and *incastellamento* 与城堡 640
as landowners 作为土地所有者 39, 43
and lay support 与世俗支持 161, 273
and markets 与市场 84
proprietory 所有权 163-6, 168, 170-3, 176-8, 182-3
royal 王室的 104, 105, 272
secularisation 世俗化 299
and support for monarchy 与对君主政体的支持 120, 227
and urban development 与城市发展 86, 186
monasticism 修道院制度
and care for the poor 与对穷人的关照 184-5
centres 中心 189
and commemoration of the dead 与对死者的纪念 166-7, 181, 184-5
"imperial" "帝国的" 264, 272, 291-2
and intellectual life 与学术生活 190-2, 325-6
reform 改革 20-1, 130, 143, **163-86**, 264, 318, 325
and eremitism 与隐修主义 168-70, 171, 173, 181
first wave 第一次浪潮 163-6
and hagiography 与圣徒传 196
and lordship 与领主权 165, 169, 170-5, 177
second wave 第二次浪潮 186

see also Cluny 另见 克吕尼
and women 与妇女 200-1
monetisation 货币化 17
money 货币
gold 金币 66
silver 银币 60-2, 506
Monte Cassino abbey 卡西诺山修道院
and Henry II 与亨利二世 623
and *incastellamento* 与城堡 640-1, 644
and intellectual life 与学术生活 192
land holdings 土地持有 43, 640
and manuscript illustration 与手稿插图 224
and reform monasticism 与改革修道院生活 169, 183
Saracen attack 萨拉森人的进攻 627, 639-40
Montpensier, battle (892) 蒙庞西埃战役 (892年) 407
Moravia 摩拉维亚
and Bavaria 与巴伐利亚 296-7, 539
and Bohemia 与波希米亚 514-6, 517-8, 520-1, 527, 529-50
and Christianisation 与基督教化 150, 158
and the church 与教会 533, 534
collapse 崩溃 516, 518, 539
and East Francia 与东法兰克王国 531, 538-9
and Magyar attack 与马扎尔人的进攻 539, 542
and Poland 与波兰 514-6, 520, 523, 526, 529

Mordvins (Finno-Ugrian people) 摩德汶人（芬兰－乌戈尔人）496

Morocco 摩洛哥
and Cordoba 与科尔多瓦 650-1, 652-3
see also Fatimid dynasty 另见 法蒂玛王朝

Morosini family of Venice 莫罗西尼家族，威尼斯的 361

mozarabs 穆扎拉布 128, 648, 673

Mstislav of Rus' 姆斯基斯拉夫，罗斯的 511, 512

Muḥammad I of Cordoba 穆罕默德一世，科尔多瓦的 647, 648, 674

Muḥammad b. Hashim of Zaragoza 穆罕默德·伊本·哈希姆，萨拉戈撒的 676, 677

Muḥammad b. Hisham (Al-Mahdī), caliph 穆罕默德·伊本·希沙姆（马赫迪），哈里发 658-9

Al-Mu'izz, caliph 穆伊兹，哈里发 666, 667

Al-Mu'izz b. Bādīs 穆伊兹·伊本·巴迪斯 669

Al-Muktafī, caliph 穆克塔菲，哈里发 69

Müller-Mertens, Eckhard 米勒－梅腾斯，埃克哈特 233-66

Al-Mundhir of Córdoba 蒙齐尔，科尔多瓦的 647

Munio Fernández 穆纽·费尔南德斯 686

Al-Muqaddasī 穆卡达西 504

Muromians (Finno-Ugrian people) 穆罗缅人（芬兰－乌戈尔人）496-7

Al-Muṣḥafi, Ja'far b. 'Uthman 穆萨菲，贾法尔·乌斯曼 652, 653

music, and liturgy 音乐，与礼拜仪式 150, 158-9, 194-5, 213-5

Musset, Lucien 缪塞，吕西安 405

mutation, feudal 变异，封建制的 18-9

Mütherich, Florentine 米特里奇，佛罗伦萨人 224

mujvallads, in al-Andalus 在安达卢西亚 647-8

Al-Muẓaffar, 'Abd al-Malik 穆扎法尔，阿卜杜勒－马利克
and administration 与行政管理 656-7
and *jihād* 与吉哈德（圣战）657, 685, 689

Naples 那不勒斯 622, 626, 635
and Arab attacks 与阿拉伯人的进攻 606, 627, 641
and Byzantium 与拜占庭 611, 628, 630, 642
and intellectual life 与学术生活 192-3
and Magyar attacks 与马扎尔人的进攻 543
and Otto III 与奥托三世 361
and princely authority 与王公的权威 641, 642
and trade 与贸易 73, 626, 641

Al-Nāṣir see 'Abd al-Rahmān III 纳西尔 参见 阿卜杜勒·拉赫曼三世

Nāṣir-i-Khusrau 纳西尔－埃－库斯劳 71

nation-state, origins 民族国家，起源 10

Nauching, battle（910）纳乌岑战役（910年）542

Naum of Ochrid 瑙姆，奥赫里德的 568，570，580，599

Navarre see Pamplona-Navarre 诺瓦拉 参见 潘普洛纳-诺瓦拉

navies see fleets 海军 参见 舰队

necropolises 大墓地 45-6，62

Nelson, Janet L. 纳尔逊，珍尼特·L. 95-129，402

Nentsy people 涅涅茨人 488，497

Neuching, battle（909）纳乌岑战役（909年）299

Neustria 纽斯特里亚 400，402，413，435

and Charles the Simple 与"天真汉"查理 376-8

and Hugh the Great 与伟大的休 383，386

and Odo of West Francia 与奥多，西法兰克王国的 420

and Robert the Strong 与罗贝尔，（"强壮者"）399

see also Anjou; Blois-Chartres 另见 安茹；布卢瓦-沙特尔

Nicholas I, pope 尼古拉一世，教宗 141

Nicholas Picingli（strategos of Lombardy）尼古拉·皮奇利（伦巴第的将军）606，623

Nikephoros Mystikos of Constantinople, and Romanos Lekapenos 君士坦丁堡的尼基弗鲁斯·梅斯蒂科斯，与罗曼诺斯·雷卡平 563

Nikephoros Ouranos（general）尼基弗鲁斯·乌拉诺斯（将军）598

Nikephoros Phokas II, Byzantine Emperor 尼基弗鲁斯·福卡斯二世，拜占庭皇帝

and attacks on Islamic lands 对伊斯兰世界的进攻 592-4，595

as commander 作为指挥官 560，583-4，591-2，602，629

and court ritual 与宫廷礼仪 126

and imperial title 与皇帝的头衔 612

and Liudprand of Cremona 与利乌德普兰德，克雷莫纳的 128，207

and Otto I 与奥托一世 614-15

and southern Italy 与南部意大利 624，629-30，632-3

Nikolaos Mystikos of Constantinople 尼科劳斯，梅斯蒂科斯，君士坦丁堡的

and Constantine VII 与君士坦丁七世 561-3

and Leo VI of Byzantium 与利奥六世，拜占庭的 559-60，561-3

and Symeon of Bulgaria 与西米恩，保加利亚的 561，567，574-7，608

Nilus of Rossano, St 圣罗萨诺的奈勒斯 169，181，362，617，632

Nomadism 游牧生活

in Hungary 在匈牙利 541-2

in Russia 在俄罗斯 488-90，491-3，497-8，499，500，511

and trade 与贸易 492-3

see also Khazar khaganate 另见 哈扎

尔突厥汗国

Noonan, Thomas S. 诺南，托马斯·S. 487–513

Norman Conquest, and development of English state 诺曼征服，与英吉利人国家的发展 14

Normandy 诺曼底

 and Brittany 与布列塔尼 405，408–9

 and Burgundy 与勃艮第 338

 and castle-building 与城堡建设 48

 and Charles the Simple 与"天真汉"查理 377–9

 charters 特许状 415

 and the church 与教会 410，416

 monastic reform 修道院改革 182

 and coinage 与铸币 405，415–6

 comites 伯爵 414

 and continuity with Carolingian patterns 与加洛林遗产的持续 398，401–2，405–6，412，415–6

 dukes 公爵 704

 and England 与英格兰 410

 foreign policies 外交政策 410，622

 and French monarchy 与法国君主政体 122–3，400，413

 and Hugh the Great 与伟大的休 385

 and independent castellanries 与独立的堡主 418

 and Louis IV of France 与法兰西的路易四世 385–6，394

 and population increase 与人口增长 62

 and princely ideology 与王权观念 412

 and Radulf of West Francia 与西法兰克的拉杜尔夫 380

 and rural society 与乡村社会 38，51，52

 and southern Italy 与南部意大利 74，410，622，645，663

 territorial identity 地区身份认同 411–2

  and Viking settlement 与维京人的殖民 377–8，399，404–6，411，418

North Africa 北非

 and Al-Manṣūr 与曼苏尔 655

 and coinage 与铸币 66

 and Córdoba 与科尔多瓦 650–1，652–3，655，681

 and southern Italy 与南部意大利 624

 and trade 与贸易 67，73，641，668

 see also Fatdmid dynasty；Morocco；Tunisia 另见 法蒂玛王朝；摩洛哥；突尼斯

North Sea, and trade 北海，与贸易 81，82，87，91

Northumbria 诺森伯利亚

 and Æthelstan of Wessex 与埃塞尔斯坦，威塞克斯的 468

 and Æthelwold 与埃塞尔雷德 461

 and Danes 与丹麦人 464

 and Eadred of England 与埃德雷德，英格兰的 472–3

 and Edgar 与埃德加 479

 and Edmund of England 与埃德蒙，英格兰的 472

 and royal government 与国王政府 115

 and Scotland 与苏格兰 472

 and Wessex 与威塞克斯 456，461

Norway 挪威
　　Christianisation 基督教化 118，149，150，151
　　and Denmark 与丹麦 118
　　and East Francia 与东法兰克 149
　　and England 与英格兰 118
　　as kingdom 作为王国 97
　　and royal government 与国王政府 118
　　and Rus' 与罗斯 512
　　and Saami people 与萨米人 87，497–8
notariate, papal 公证处，教廷的 137–8
Notker the German 日耳曼人诺特克 93
Notker of Liege 诺特克，列日的 212，320，323，325
Notker of St. Gallen ("the Stemmerer") 诺特克（"口吃者"），圣高伦 75，194
Nouy, battle (1044) 诺伊战役（1044年）408
Novels《新律》
　　of Constantine VII 君士坦丁七世的 590
　　of Leo VI 利奥六世的 553–4
Novgorod 诺夫哥罗德
　　as political centre 作为政治中心 508
　　and trade 与贸易 90，92，497，498，507
Al-Nuwayrī 努威里 663

oath-taking 发誓 28
　　in Saxony 在萨克森 275–6
Ochrid, as Bulgarian capital 奥赫里德，作为保加利亚的首都 599–601

Oda (wife of Miesco I) 奥达（梅什科一世之妻）524–5
Oda (wife of Zwentibald) 奥达（茨文蒂博尔德之妻）240，268，313
Odalbert of Salzburg 奥达尔伯特，萨尔茨堡的 308
Odbert of Saint-Bertin 奥德伯特，圣伯廷的 223
Odelric of Rheims 奥德瑞克，兰斯的 319
Odilo of Cluny 奥迪罗，克吕尼的
　　and Hungary 与匈牙利 551
　　and monastic reform 与修道院改革 180，182–6，196–7，454
　　and Otto III 与奥托三世 169
　　and Robert II of France 与罗贝尔二世，法兰西的 176
　　and Stephen of Hungary 与斯蒂芬，匈牙利的 551
Odilo of Verdun 奥迪罗，凡尔登的 171，172
Odo I of Blois 奥多一世，布卢瓦的 342，389，391，418 n. 100
Odo II of Blois 奥多二世，布卢瓦的
　　and Burgundy 与勃艮第 343，410
　　and Champagne 与香槟 404，407，410
　　and charters 与特许状 415
　　and coinage 与铸币 416
　　division of territory 领土分裂 414
　　and Fulk Nerra 与福尔克·奈拉 392–3，408
　　and Normandy 与诺曼底 406
　　and Robert II of France 与法兰西的罗贝尔二世 413

Odo of Canterbury 奥多，坎特伯雷的 191

Odo of Cluny 奥多，克吕尼的 75
  Life《传记》97，179，196
  Life of Gerard of Aurillac《欧里亚克的杰拉德传》177，179，196，428，455
  and monastic reform 与修道院改革 163，166，170，173，175–80
  and music 与音乐 213–4

Odo of Paris see Odo of West Francia 奥多，巴黎的 参见 奥多，西法兰克王国的

Odo of Toulouse 奥多，图卢兹的 437

Odo of West Francia 奥多，西法兰克王国的
  and Blois 与布卢瓦 407
  and Charles the Simple 与"天真汉"查理 313，376–7
  and Cluny 与克吕尼 175
  election as king 当选国王 235，293，332，380，420
  and Robert I 与罗贝尔一世 382
  and southern principalities 与南方各公国 420，428，431，433，435，443

Odorannus (chronicler) 奥多兰努斯（编年史家）148

officiales 官员 35

Oghuz Turks 乌古兹土耳其人 502，512

Ogo of St. Maximin 奥戈，圣马克西敏的 172

Ohtere (Ottar; traveller) 奥太亚（奥塔尔，旅行家）87，89，93，497，498

Ohtrich of Magdeburg 奥特里奇，马格德堡的 145

Olaf Guthfrithsson 奥拉夫·格斯弗里森 469，472

Olaf Haraldson of Norway, and Christianisation 挪威的奥拉夫·哈拉尔德逊，与基督教化 150

Olaf Sihtricsson 奥拉夫·西特雷克森 472，473

Olaf of Sweden, and Rus' 瑞典的奥拉夫，与罗斯 512

Olaf Tryggvason of Norway, and Christianisation 挪威的奥拉夫·哈拉尔德逊，与基督教化 150

Old English 古英语 105

Old Ladoga, and trade 古老的拉多加湖，与贸易 90，506，507

Olderic of Rheims 奥尔德里克，兰斯的 387，521

Oldřich (brother of Boleslav III) 奥尔德里奇（波列斯拉夫三世的弟弟）519–20

Oleg of Kiev 奥列格，基辅的 508，509

Olga (wife of Igor) 奥尔加（伊戈尔之妻）508，510，612

Oliba of Besalu 奥利巴，贝萨卢的 444

Opole, and trade 奥波莱，与贸易 92

order, "public" 秩序，"公共的" 18

orders, monastic 教团教士，修道士 20，186
  see also Cluny 另见 克吕尼

ordines 弥撒祷告指南
  ecclesiastical 教会的 155–7
  royal 王室的 104，107，108，250

Ordoño II of León 奥多诺二世，莱昂的 670, 674–5, 677, 678, 691

Ordoño III of León 奥多诺三世，莱昂的 678–9, 680, 681

Ordoño IV （"the Bad"） of León "坏人"奥多诺四世，莱昂国王 679, 680, 688

organs 机构 157, 215

Orosius, *World Chronicle* 奥罗修斯，《世界编年史》87, 89, 190

Oskytel of York 奥斯基台尔，约克的 137

Oslac of Northumbria 奥斯拉克，诺森伯利亚的 480, 482

Oswald, St 圣奥斯瓦尔德 112

Oswald of Worcester 奥斯瓦尔德，伍斯特的 191

Otbert of Piedmont 奥特伯特，皮德蒙特的 354, 357, 358

Othelbert of Saint-Bavo 奥塞尔伯特，圣巴沃的 85–6

Otloh of St Emmeram 奥特拉赫，圣埃默兰的 309

Otric of Magdeburg 奥特里奇，马格德堡的 209

Otto I, Emperor 奥托一世，皇帝
  and 'Abd al-Raḥman III 与阿卜杜勒·拉赫曼三世 126–8, 651
  and amicitia 与修好同盟（政治盟友）245, 247, 252, 276, 282
  and aristocracy 与贵族 102, 244–5, 247, 251, 357, 359–60
  and assemblies 与集会 125
  and Bavaria 与巴伐利亚 121, 245–6, 247, 249, 303–4, 315
  and Bohemia 与波希米亚 519, 524
  and book production 与书籍制作 225–7
  and Bulgaria 与保加利亚 584, 613
  and Burgundy 与勃艮第 244–5, 246–7, 541–5, 356
  and Byzantium 与拜占庭 125, 253–4, 360, 610–5, 629–30
  and Catalonia 与加泰罗尼亚 446
  and the church 与教会 144, 245, 247
    bishops 主教 149–50, 153, 322, 559
    monastic reform 修道院改革 172, 180
    organisation 组织 248–9, 250–2, 278, 287–8
  consecration and coronation 神圣化与加冕礼 108, 141–2, 244, 250–1, 271, 605
  diplomata 外交官 14, 245, 359, 360, 361
  and Elbe Slavs 与易北河的斯拉夫人 244, 248, 250–1, 278, 280, 281–5, 285
  as emperor 作为皇帝 250–4, 611–2
  funeral 葬礼 108–9
  Gesta Ottonis《奥托家族传略》202, 290
  and Italy 与意大利 269, 359–60, 370, 610–13
    and Byzantium 与拜占庭 253–4, 360
    kingdom 王国 253–4, 359–60,

370，610－13
and Berenger II 与贝伦加尔二世 246－7，250－1，354，355－7
and Hugh of Italy 与意大利的休 246－7，342，354－5
as rex Langobardorum 伦巴第国王 356－7，359
　Rome 罗马 351－2，360，615，629
　Venice 威尼斯 74，613
and justice 与司法 128
kingdom 王国 243，244－9
and Liudolf's rebellion 与鲁道夫的叛乱 102，144，247，250，304，316，383－4
and Liudprand of Cremona 与利乌德普兰德，克雷莫纳的 206
and Lotharingia 与洛泰林吉亚 245，249，315－8
and Louis IV of France 与路易四世，法兰西的 246，315－7，384，385
and Magyars 与马扎尔人 226，247－8，298，356，543－4，546
marriage 婚姻 98，112，342
and Miesco of Poland 与梅什科，波兰的 110，252，282，286，524
and papacy 与教皇权 141，142，246，250，251－2，360，546
and patronage of the arts 与对艺术的庇护 214－5
and Radulf 与拉杜尔夫 114
and royal marriages 与王室联姻 121，206，246，254，316，360，613－5
and Saxony 与萨克森 254，269－70，285－7，315

and southern Italy 与南部意大利 613－15，635，640
and succession 与王位继承 102，104，251，254
and trade 与贸易 81
and urban development 与城市发展 86
and West Francia 与西法兰克王国 245，246，315－7，384，385，386
Otto II，Emperor 奥托二世 250，254－5
and aristocracy 与贵族 254，361
army 军队 255
and Bavaria 与巴伐利亚 254，255，299
and book production 与书籍制作 225，227
and Byzantium 与拜占庭 255，615－6，631，643
as co-ruler 作为共治者 102，227，251，254，290，359，360，613－4
court 宫廷 144
death 死亡 146，206，255，320，389，616，643
and Elbe Slavs 与易北河的斯拉夫人 255－6
and historiography 与历史编纂学 288－9
and imperial ideology 与帝国观念 254－60，616
and Italy 与意大利
　Byzantine 拜占庭 255－6，361，631，640，643，668
　northern kingdom 北方王国 254－5，360－1，365，524，616

Rome 罗马 361, 616
Venice 威尼斯 361, 616
and Lothar IV 与洛塔尔四世 320, 388–9, 409
and Lotharingia 与洛泰林吉亚 125, 254, 319, 323, 388
marriage 婚姻 98, 254, 360, 615, 630
and monastic reform 与修道院改革 173
and papacy 与教皇权 361
and rebellion of Henry the Quarrelsome 与巴伐利亚的"争吵者"亨利的叛乱 254, 298, 505
and royal regalia 与王室徽章 109
and Suabia 与士瓦本 254, 255
and succession 与王位继承 104, 108, 251, 254, 255–6, 270, 274
and trade 与贸易 82
Otto III, Emperor 奥托三世 255–60
and *amicitia* 与修好同盟（政治盟友）258
and book production 与书籍制作 225, 227, 228–30
and Byzantium 与拜占庭 108, 255, 257, 615–22
and Catalonia 与加泰罗尼亚 446
and Charles the Great 与查理大帝 9, 97, 109, 257, 259, 618
and the church 与教会 227, 257–9, 322, 360–1, 617
coronation 加冕礼 228, 255, 257–8, 362
as co-ruler 作为共治者 255, 270
court 宫廷 258, 618–20

crown 王冠 220
death 死亡 362
diplomata 外交官 86, 258, 259, 260, 362, 618–9
and empire 与帝国 95, 616–21
and Gerbert of Aurillac 与欧里亚克的热尔贝 209, 257, 258–9, 362, 366
and Hungary 与匈牙利 119, 258, 278, 548, 617, 621–2
and Italy 与意大利
Byzantine 拜占庭人 361, 362, 621, 644
and Byzantium 与拜占庭 255
kingdom 王国 255, 256, 258–9, 361–2, 366, 370–1, 391
and Lombardy 与伦巴第 361
Rome 罗马 77, 257, 258–60, 261, 265, 362, 616–22
Venice 威尼斯 224, 622
and kingship 与王权 263, 621
imperial 帝国的 257–60
library 图书馆 207
and Lothar IV 与洛塔尔四世 256, 320
and papacy 与教皇权 139, 141, 209, 258–9, 362, 618
and Poland 与波兰 119, 257, 258–9, 262, 278, 524, 525, 617, 620
and regency 与摄政 256, 270, 561–2, 364, 524, 616
and St Romuald 与圣罗穆亚尔德 33, 168–9, 181, 255–60, 617
and Saxony 与萨克森 270–1, 275
and Slavs 与斯拉夫人 279

and succession 与王位继承 255, 271, 274, 307, 320
and trade 与贸易 78, 81, 86, 259
and Venice 与威尼斯 222, 621
Otto (brother of Miesco II) 奥托（梅什科二世的兄弟）527
Otto of Burgundy 奥托, 勃艮第的 336, 386, 387
Otto of Carinthia 奥托, 卡林西亚的 261, 367
Otto of Lower Lotharingia 奥托, 下洛泰林吉亚的 519, 321
Otto the Magnificent 奥托, 高贵的 238, 268
Otto Orseolo of Venice 威尼斯 601
Otto (son of Conrad the Red) 奥托（"红色的"康拉德的儿子）83
Otto of Suabia and Bavaria (son of Liudolf) 奥托, 士瓦本和巴伐利亚的 218-9, 254, 255, 299
Otto of Verdun 奥托, 凡尔登的 315-6
Otto-William of Burgundy 奥托-威廉, 勃艮第的 337-9, 343, 392
Ottomans 奥托曼人
  and art 与艺术 225-30
  and capitularies 与法令汇编 6
  and the church 与教会 252-3, 259, 263-4, 322
  and court culture 与宫廷文化 615-6, 617-21
  development of regions 区域的发展 233-9
  and eastward expansion 与向东扩张 149, 278-80, 286-8
  Francia et Saxonia 萨克森化的法兰克 105, 240-9, 260
  and Frankish unity 与法兰克的统一 99, 105
  genealogical table 系谱表 693
  in Italy 在意大利 74, 75, 76-7, 100, 153, 359-70
  as kings and emperors 作为国王和皇帝 81, 98, 112, **233-66**, 359
  and royal portraiture 与国王的肖像 260
  and trade 与贸易 81
  see also East Francia 另见 东法兰克
Ottonianum 奥托特权 258, 261
Otwin of Hildesheim 奥特温, 希尔德斯海姆的 145
Ourliac, P. 乌赫利亚, P. 454
Owain of Gwent 欧文, 格温特的 469

Pactum Ludovictanum (817)《卢多维克协约》(817年) 141
Pactum Ottonianum《奥托协约》141
paganism 异教 151
  in Bohemia 在波希米亚 534
  in Bulgaria 在保加利亚 568
  in Denmark 在丹麦 118
  of Magyars 马扎尔人的 541, 547, 549
  in Poland 在波兰 526, 527-8
  in Rus' 在罗斯 510
pagi 培吉 51
  of Lotharingia 洛泰林吉亚的 310, 313, 319, 323
  of West Francia 西法兰克王国的 382, 397, 403-4, 415, 437, 452
painting, wall-painting 绘画, 壁画 8,

216-7, 224
Palaces 宫殿
　　Carolingian 加洛林王朝的 415
　　Ottoman 奥托曼的 214
Palermo, Muslim rule 巴勒莫，穆斯林统治 662, 664-6, 668
Pamplona, Muslim sack（924）潘普洛纳，穆斯林的洗劫（924年）649, 688
Pamplona-Navarre, kingdom 潘普洛纳-诺瓦拉，王国 687-91
　　administration 行政管理 690
　　and Aragon 与阿拉贡 689
　　aristocracy 贵族 690
　　and Castile 与卡斯蒂尔 686-7, 688-90
　　and Cordoba 与科尔多瓦 674-5, 680, 683, 687-9
　　expansion 扩张 689-91
　　and Gascony 与加斯科涅 438, 440, 450, 690
　　intellectual life 学术生活 190
　　and León 与莱昂 674, 677-9, 681, 685, 686-7, 689, 690
　　and monasticism 与修道院制度 690-1
　　rulers 统治者 687, 717
　　sources 历史资料 687, 688
Pandenulf of Capua 潘德纳尔夫，卡普亚的 640-1
Pandulf I（"Ironhead"）of Capua 潘德尔夫一世（"铁头"），卡普亚的
　　capture 俘虏 615
　　and the church 与教会 640
　　and co-ruler 与共治者 635, 639
　　and Otto I 与奥托一世 360, 613, 614, 629-30, 642
　　and papacy 与教皇权 360, 630, 633
　　and princely authority 与诸侯的权威 636-7, 639
　　and Salerno 与萨勒诺 643
Pandulf II of Capua-Benevento 潘德尔夫二世，卡普亚-贝内文托的 636, 641
Pandulf IV of Capua 潘德尔夫四世，卡普亚的 623
Pandulf of Salerno 潘德尔夫，萨勒诺的 643
Pannonia 潘诺尼亚
　　and Bavaria 与巴伐利亚 296
　　and Hungarians 与匈牙利人 538-9, 542
　　and Moravia 与摩拉维亚 516
Papacy 教皇权
　　and administration 与行政管理 137, 142
　　and antipopes 与对立教皇 139
　　and aristocracy 与贵族 76-7
　　authority 权威 20, 137-9, 142
　　and Bulgaria 与保加利亚 608
　　and Byzantine empire 与拜占庭帝国 140, 142, 261, 607-8, 611, 617-18, 622-3, 632-3
　　and Capua-Benevento 与卡普亚-贝内文托 251
　　and Dalmatia 与达尔马提亚 142, 578
　　and empire 与帝国 139-43, 209, 246, 250-1, 258, 361-2, 367-9, 618, 622-3

and Hungary 与匈牙利 142，258，259，548，613

leadership 领导权 20

list of popes 教皇列表 692

and monasticism 与修道院制度 175，178－9

andnotariate 与公证处 137－8

and Poland 与波兰 524

and Rome 与罗马 76－7，141，142，251－2，253，254

and southern Italy 与南部意大利 142

papal states 教皇国 141，346，364

parakoimōmenos in Byzantium 拜占庭的宫廷卫士长 561－2，592－3，594，595－6

parias, Catalan, and gold 加泰罗尼亚语，与黄金 27，61

Paris, development 巴黎，发展 81

parish, formation 教区 30，42，46－7，135－6，534

Parisse, Michel 帕里希，米歇尔 310－27

paterfamilias 家长 30

patrimoftium Petri see papal states 参见教皇国

patronage 赞助

of the arts 对艺术 145－6，**212－30**

of church 对教会 86，100，134，178，181，410

saintly 圣人 159

Paul I, pope 保罗一世，教宗 140

Paul the Deacon 执事保罗

Gesta episcoporum Mettensium《梅斯主教的历史》147

Historia Langobardorum《伦巴第人史》202

as translator 作为翻译者 194

Paul of Latros 保罗，拉特洛斯的 579

Paul of Serbia 保罗，塞尔维亚的 576

Pavia 帕维亚

as capital 作为首都 346，349－50，358，367

mint 铸币厂 60－1

and regnal dues 与帝国的税收 102

and royal government 与国王政府 120，617

sack 遭洗 543

and trade 与贸易 75，89

Peace of God movement "上帝和平运动"

in Aquitaine 在阿基坦 52，434，454

and councils 与会议 7，52，122，160－1，185，454

mass participation 群众参与 21

and monastic reform 与修道院改革 185

and post-Carolingian crisis 与后加洛林危机 28，114

peasantry, free 农民，自由的 54，56，41

allodial 自主地的 34

exploitation 土地开发 44

and labour service 与劳役 44－5，52－3

and lordship 与领主权 48，51－2，449

and monastic landownership 与修道院的土地所有权 43

and serfdom 与农奴 17，495，590

Slav 斯拉夫人 493－5

Pecheneg nomads 佩彻涅格游牧民
　　and Bulgaria 与保加利亚 570, 580
　　and Byzantium 与拜占庭 499 – 500,
　　　503, 561, 575
　　and Hungary 与匈牙利 536, 537,
　　　543, 570
　　and Khazar khaganate 与哈扎尔突厥
　　　汗国 502
　　and Rus' 与罗斯 492 – 3, 511 – 2,
　　　526, 584
　　and seniorate 与长者优先继承制 545
　　and trade 与贸易 493
Pelagius, St. 圣贝拉基 190, 199, 680
Pelayo of Oviedo, *Liberchrontcorum* 佩
　　拉约, 奥维耶多的 672, 685
Pereiaslavets (Rus' capital) 佩雷亚斯
　　拉夫（罗斯的首都）509
Persia, Sasanian 波斯, 萨珊王朝 499,
　　500
Peter II Orseolo, doge of Venice 彼得二
　　世·奥尔塞奥罗, 威尼斯总督 222,
　　621
Peter IV Candiano, doge of Venice 彼得
　　四世·坎迪亚诺, 威尼斯总督 611,
　　613
Peter of Argos 彼得, 阿哥斯的 556
Peter, brother of John X 彼得, 约翰十
　　世的兄弟 543
Peter of Bulgaria 彼得, 保加利亚的
　　and Byzantium 与拜占庭 564, 567,
　　　579, 583 – 4
　　and the church 与教会 582 – 3
　　and the economy 与经济 581
　　and Serbia and Croatia 与士瓦本和克
　　　罗地亚 580

Peter of Como 彼得, 科莫的 366
Peter the Deacon 执事彼得 619
Peter the Monk 修士彼得 582 – 3
Peter Orseolo of Venice 彼得·奥尔塞
　　奥罗, 威尼斯的 552
Peter of Orte (papal legate) 彼得, 奥
　　尔泰的（教宗的使节）153, 239
Peter (papal scribe) 彼得（教皇的文
　　书）138
Peter Phokas 彼得·福卡斯 594
Peter of Serbia 彼得, 塞尔维亚的 576
Peter the Subdeacon 副助祭彼得 192
Peter of Vercelli 彼得, 维切利的 365
Petrus Damiani, St, *Vita Romualdi* 圣
　　佩特鲁斯·达米亚尼《罗穆亚尔德
　　传》168 – 9
Pevsner, Nikolaus 佩夫斯纳, 尼古拉
　　斯 223
Photius, Patriarch 佛提乌, 牧首 572,
　　587
Piast dynasty 皮亚斯特王朝 530, 531
　　collapse of Piast state 皮亚斯特国家
　　　的崩溃 527 – 8　　　　　　　850
　　genealogical table 系谱表 709
　　and Gniezno 与格涅兹诺 523
　　and Przemyslids 与普热梅斯里德人
　　　256 – 7, 262
Picardy 皮卡迪
　　and mints 与铸币厂 61
　　and serfs 与农奴 38
Pilgrim of Passau 皮尔格林, 帕绍的
　　308, 546
pilgrimage 朝圣 21, 161, 451, 551,
　　607
　　and shrines of saints 与圣徒有关的圣

地 198

　　and urban development 与城市的发展 86

Pippin III, king of the Franks 丕平三世, 法兰克王

　　and Aquitaine 与阿基坦 425

　　and papacy 与教皇权 140, 141, 251

piracy, and Byzantium 海盗, 与拜占庭 556–7, 609

Pisa, and trade 比萨, 与贸易 73, 78, 79

Pîtres, edict 普特尔法令（864 年）114, 415

place-names, villages 地名, 村庄 49–50, 57

placita（judicial decisions）placita（法院判决）4, 120

plaints（querimoniae）, as sources 诉状（querimoniae）, 作为历史资料 5

ploughs 犁 54, 58–9

Ployeucht, Patriarch 普罗尤科特, 牧首 633

poetry 诗歌

　　epic 史诗 31, 32–3, 53, 199–205

　　hagiographic 圣徒传 196, 198–9, 205

　　Latin 拉丁语 7, 308

　　and sequence and trope 接续与转义 194–5

Poitevin dynasty 普瓦图王朝 99, 333, 434–6

Polabian Slavs 波拉比安斯拉夫人 514, 523, 524, 525, 529–30, 535

　　and Bohemia 与波希米亚 518–9

　　and Moravia 与摩拉维亚 516

　　and Otto I 与奥托一世 248, 256

　　and Otto III 与奥托三世 257

　　and Poland 与波兰 519

Poland 波兰 515, **521–35**

　　and aristocracy 与贵族 530, 532

　　armies 与军队 124

　　and Bohemia 与波希米亚 256, 257, 262, 519–20, 523–4, 525–6, 527–8, 535

　　and Byzantium 与拜占庭 523

　　Carolingian inheritance 加洛林王朝的遗产 119

　　Christianisation 基督教化 119, 150, 157, 252, 278, 510, 523–4, 525, 535

　　and the church 与教会

　　　bishops 主教 525, 533–4

　　　monasticism 修道院制度 534

　　　and pagan revolution 与异教革命 527

　　and collapse of Piast state 与皮亚斯特国家的崩溃 527–8

　　and East Francia 与东法兰克 523, 524, 525–6, 527–8, 529, 531, 535, 549

　　and empire 与帝国 95

　　Greater Poland 大波兰 521, 522, 527

　　and Henry II 与亨利二世 262, 277, 278–9, 525, 526

　　historiography 历史编纂学 15

　　and Hungary 与匈牙利人 524, 549

　　and kingship 与王权 97, 100, 101, 106

　　　regalia 徽章 109, 119, 258

ritual 仪式 531

royal government 国王的政府 112, 114, 119

Little Poland 小波兰 516, 518, 522, 523, 524, 527, 533

and local government 地方政府 532-3

and Otto I 与奥托一世 110, 252, 282, 286, 524

and Otto III 与奥托三世 119, 257, 258-9, 262, 278, 617, 620

and papacy 与教皇权 142, 258, 524

Piast rulers 皮亚斯特王朝的统治者 523, 531, 709

prehistory 史前史 514-6

royal insignia 王室徽章 527

and Rus' 与罗斯 262, 510, 512, 523, 526, 527

and Silesia 与西里西亚 516, 520, 522, 523

as Slavic homeland 作为斯拉夫人的故乡 493, 514, 521

and society 与社会 530-1

sources 历史资料 2, 15, 521-3, 529

and state formation 与国家的形成 119, 528-35

and towns 与城镇 92, 532-3

tribal geography 部落地理 521-3, 529

unification 统一 523-4, 527, 535

Vistulani and Polani 维斯瓦人和波拉尼人 523-5

and western Slavs 与西斯拉夫人 525-6

see also Boleslav Chrobry; Miesco I; Miesco II; Moravia 另见"勇者"波列斯拉夫；梅什科一世；梅什科二世；摩拉维亚

Polani 波拉尼人 519, 521-2, 523

and Vistulani 与维斯瓦人 523-5

Polania see Poland 波兰尼亚 参见 波兰

politics, and ritual 政治, 与仪式 23

Pomerani/Pomerania 波美拉尼亚 514, 522, 523-4, 526, 527-8, 529

Pontelevoy, battle (1016) 蓬勒瓦之战（1016年）392

pontificals 主教仪典书 98, 108, 157

Popiel dynasty of Poland 波皮耶王朝, 波兰的 522

Poppe, A. 波普, A. 510

Poppo of Stavelot 波波, 斯塔沃洛的 183

Poppo of Trier 波波, 特里尔的 551

population 人口

increase 增长 17, 28, 29-30, 62-3, 64, 452, 590, 603, 638

movements 流动的 42-3, 45, 673

urban 城镇的 68

Portugal, and León 葡萄牙, 与莱昂 673-4, 676, 678, 679-80, 683

positivism 实证主义

and historiography 与历史编纂学 14

and source-criticism 与史料批判 2-4

Poznań, peace (1005) 波茨南和平协议（1005年）526

Prague 布拉格

development 发展 92, 93, 517

diocese and archbishopric 主教教区

与大主教教区 150, 151, 305, 519, 533-4

and Gniezńo 与格涅兹诺 519

and trade 与贸易 70, 92

Pravda Russkaia《东斯拉夫法典》495, 512

Přemyslid rule, in Bohemia 普热美斯王朝的统治, 在波希米亚 517-21, 525, 530, 531, 710

Preslav, Bulgarian royal residence 普雷斯拉夫, 保加利亚王室住地 568, 570, 572-5, 580-1, 585-4, 597

priest *see* clergy 神父 参见 教士

Primary Chronicle《往年纪事》2, 488, 506, 508, 583

primogeniture 长子继承制 33, 104, 399, 414, 545

principes 元首

and kingship 与王权 107, 123-4

in Lotharingia 在洛泰林吉亚 314

princeps militiae 军事统帅 269, 285

in West Francian principalities 在西法兰克的各公国 430-4, 438, 444, 446, 450-1

Priscian, *Institutiones grammaticae* 普里西安《语法原理》188-9

procurationes 委托代理制 269-70

production, family as basic unit 生产, 家庭作为基本单位 30-1

Provence 普罗旺斯 113, 233, 329, 332, 343-5

and agriculture 与农业 57, 59

aristocracy 贵族 334

and castle-building 与城堡建设 48

and Conrad of Burgundy 与勃艮第的康拉德 246, 342, 344

and monasticism 与修道院制度 344

and Otto I 与奥托一世 342

and population increase 与人口增长 62

and Rudolf II 与拉杜尔夫二世 341

and rural society 与乡村社会 34, 37, 43

Saracen attacks 萨拉森人的进攻 334, 341, 342, 344, 353

as separate kingdom 作为单独的王国 333-4, 343, 353

see also Boso; Burgundy, imperial; Louis III ("the Blind"); Rudolfings 另见 博索; 勃艮第, 帝国的; 路易三世("瞎子"); 鲁道夫家族诸王

province, ecclesiastical 省, 教会的 131

Przemyslids, and Piasts 普热梅斯里德人, 与皮亚斯特王朝 256-7, 262

Pseudo-Callisihenes, *Nativitas et victoria Alexandri magm regis* 伪卡利斯蒂尼,《亚历山大传奇》192

Pseudo-Isidorean Decretals《伪伊西多尔教令集》155

Psovi tribe 普索维部落 517

Puig y Cadafalch, J. 普伊赫·卡达法尔克, J. 212

punishment, ritual 惩罚, 仪式 110

Pyrzyczani tribe 皮里茨坎尼部落 522

Al-Qāʾim, caliph 卡依姆, 哈里发 665

Al-Qāsim b. Ḥammud 卡西姆·穆罕默德 660

quadrivium 中世纪的四门学科（后四

艺：算术，几何，天文，音乐）188，209，326
Quedlinburg Annals《奎德林堡编年史》97，275，291-2
Quedlinburg convent 奎德林堡修女院
and historiography 与历史编纂学 290-2
and Ottoman unity 与奥托曼人的统一 105，214，244，272

Radhanite Jews 拉德汉尼特犹太人 70
Radulf Glaber 拉杜尔夫·格拉贝
as historian 作为历史学家 3，63，189，375
and Normandy 与诺曼底 406，413
and Peace of God movements 与"上帝和平运动" 21
and Radulf of West Francia 与西法兰克的拉杜尔夫 380
and Robert II of France 与罗贝尔二世，法兰西的 131
Radulf of West Francia 拉杜尔夫，西法兰克的
and amicitia 与修好同盟（政治盟友）111，379
and aristocracy 与贵族 380-2，393
and Burgundy and Provence 与勃艮第和普罗旺斯 113，334，335-6，379，382
and Charles the Simple 与"天真汉"查理 335，379，381
and Flanders 与佛兰德 380，381
and Henry I 与亨利一世 242
and Heribert of Vermandois 与赫里伯特，韦尔芒杜瓦的 334，381-2
and Hugh the Great 与伟大的休 380-1，383
and Lotharingia 与洛泰林吉亚 380，382
and monastic reform 与修道院改革 176，177
and royal authority 与国王权威 113-4，335，379-80
and southern principalities 与南部各公国 380，421，429，435，443
and succession 与王位继承 382
and William II of Aquitaine 与威廉二世，阿基坦的 111
Radzim-Gaudentius (brother of Adalbert-Vojtech) 拉齐姆-高登提斯（阿达尔伯特·弗基特奇的弟弟）520，534，550
Raffelstetten trading ordinance (903-6)《拉弗斯特腾贸易条例》（903—906年）70，83，92
Ragnald Guthfrithsson 雷格纳德·古斯弗里森 472
Raguel, Vita Pelagii 拉格尔《贝拉基传》680
Raimbold of Cologne 兰博尔德，科隆的 326
Rainald of Burgundy 雷纳尔德，勃艮第的 339
Ramiro II of León 拉米罗二世，莱昂的
and 'Abd al-Raḥman 与阿卜杜勒拉赫曼 676-7，691
and Castile 与卡斯蒂尔 677-8，680
and succession 与王位继承 104，675-6
Ramiro III of Leon 拉米罗三世，莱昂

的 104, 681-3
Ramiro of Galicia 拉米罗，加利西亚的 675
Ramiro Sanchez of Castile 拉米罗·桑切斯，卡斯蒂尔的 689
Ramnulf II of Aquitaine 阿基坦的拉姆努尔夫二世 376, 420, 435
Ramon Borrell II of Barcelona 拉蒙·博雷尔二世，巴塞罗那的 444, 445, 450, 455
Ramwold (hermit) 拉姆伍德（隐士） 173, 181
Raoul see Radulf 拉乌尔 参见 拉杜尔夫
Rather of Verona 拉瑟，维罗纳的 21, 145, 319
  and Arnulf of Bavaria 与阿尔努尔夫，巴伐利亚的 349
  and hagiography 与圣徒传 198
  and historiography 与历史编纂学 207-8, 209-10, 250
  and Hugh of Italy 与休，意大利的 352-3
  and intellectual life 与学术生活 187, 188-9, 325
  letters 信件 7, 152, 208
  and Ottomans 与奥托曼人 122
  Phrenesis《疯狂》208
  Praeloquia《序言》135, 208
  Qualitatis coniectura cuiusdam《那种罪恶积于一身的人的本性》208
Raymond II of Toulouse 雷蒙二世，图卢兹的 437
Raymond III Pons of Toulouse 雷蒙三世，图卢兹的

as *dux Aquitanorum* 作为阿基坦公爵 435-6
and Louis IV 与路易四世 383, 432
as *marchio Gothiae* 作为戈蒂亚侯爵 437
and Radulf 与拉杜尔夫 380, 429
and Roman inheritance 与罗马的遗产 426
razzias 劫掠
  Arab 阿拉伯人 606
  Byzantine 拜占庭人 556, 599
  on Córdoba 在科尔多瓦 445
  Magyar 马扎尔人 84, 541
  Saracen 萨拉森人 77
  Viking 维京人 90, 91
Reccemund (bishop) 雷克西蒙德（主教）128
Recknitz, battle (955) 莱克尼茨战役（955年）248
Reconquista, and castle-building 收复失地运动（列康吉斯达），与城堡修建 48
Redarii 雷德里 255, 270, 281, 286
Redon, archives 雷顿，档案馆 5
regalia, royal 徽章，王室的 108-9, 548, 583, 620
Regensburg 雷根斯堡
  and book production 与书籍制作 227-8
  growth 成长 85, 306
  and rebellionagainst Otto I 与反对奥托一世的叛乱 247
  and trade 与贸易 80, 82, 83
Reginar IV of Hainault 雷吉纳四世，埃诺的 254, 317-8, 319, 378, 388

Reginar Longneck 雷吉纳·郎内克 238, 240, 313, 314

Reginarid dukes 雷吉纳里德, 诸公爵 237, 263

Regino of Prüm 雷吉诺, 普吕姆的
   Chronicon seu libellus de temporibus dominicae incarnationis《编年史：从基督诞生以来的历史》99, 206, 330–1, 420
   and Hungary 与匈牙利 563
   De synodalibus causis et disdplinis ecclesiasticis《教会会议的起源与教规》156

regionalism 地方主义 13–4, 100, 293
   and internationalism 与国际主义 24

regna 统治
   of East Francia 东法兰克的 99, 105, 107–8, 237–9, 255, 293–4, 301, 305, 307–8
   of West Francia 西法兰克王国的 96, 100, 109, 372, 401, 411, 414, 428, 430, 432

Regularis Concordia 修道规约 165, 173–5, 215, 479, 481

Reichenau 赖谢瑙
   and book production 与书籍制作 157, 225, 227–9
   and church music 与教会音乐 214
   and reform monasticism 与改革修道院制度 170, 181

Reichenau Gospels 赖谢瑙福音书 525

Reinald of Paris 雷纳尔, 巴黎的 392

Reinald of Roucy 雷纳尔, 鲁西的 395

relics 圣物
   and royal cults 与国王崇拜 112, 244–5
   and urban development 与城市发展 85–6, 94, 148
   veneration 崇拜 21, 149, 159–60, 565–6, 587, 595

religion, popular 宗教, 大众的 159–61

reliquaries 圣物箱 146, 218, 220–1, 327

Remedius of Chur, canon law collection 雷默迪乌斯, 库尔的, 教会法汇编 155

Remigius of Auxerre 雷米吉乌斯, 欧塞尔的 188

renaissance, urban 文艺复兴, 城市的 17

render 进贡
   in coin 货币的 61
   in kind 实物的 45, 57, 64

rents 租金 45, 61

residence 住宅
   appearance 出现 50
   fortified 防御的 8, 13, 15, 17–8, 30, 61

Responsa literature 犹太法学家对有关犹太法律和仪式的解释文献 71

revolution, feudal 革命, 封建的 18–9

Reynolds, S. 雷诺兹, S. 155

Rheims 兰斯
   development 发展 81
   and episcopacy 与主教制度 131, 146–8, 153, 154
   and monarchy 与君主政体 120
   royal burials 国王的葬礼 109

Rheims, council（1049）兰斯, 宗教

会议（1049 年）7
rhetoric 修辞学 188，209
Rhineland 莱茵兰
 and Arnulf of Carinthia 与阿尔努尔夫，卡林西亚的 236 - 7
 and Conradines 与康拉丁公爵 258，259
 and Henry I 与亨利一世 243
 and Otto I 与奥托一世 244，249
 and Ottoman unity 与奥托曼的统一 105
 and trade 与贸易 80，82，91
Riade, battle（933）利雅得战役（933 年）543
Ribemont, peace（880）利博蒙和平（880 年）378
Richard I of Normandy 理查德一世，诺曼底的 385，387，415，418
Richard II of Normandy 理查德二世，诺曼底的
 armies 军队 411
 and the church 与教会 410，416
 and Hugh Capet 与休·卡佩 391
 and independent castellanries 与独立的城堡主 418
 and royal government 与国王政府 112 - 3，406
Richard of Dijon 理查德，第戎的 336
Richard le justicier 理查德，"公正者"
 and Charles the Simple 与"天真汉"查理 376，378
 and French Burgundy 与法兰西的勃艮第 330，332，334，335 - 6，340，432
Richard of Saint-Vanne 理查德，圣瓦讷的 182
Richard of Verdun 理查德，凡尔登的 551
Richer of Prüm 里歇尔，普吕姆的 314
Richer of Rheims, *Historiae* 兰斯的里歇尔，《历史》
 and Adelbero of Rheims 与阿德尔贝罗，兰斯的 148
 and Hugh Capet 与休·卡佩 104，124 - 5，409，430
 and kingship 与王权 96
 and northern principalities 与北方各公国 407，411，418
 and Robert II of France 与罗贝尔二世，法兰西的 120
 as source 历史资料 3 - 4，206，374 - 5
 and southern principalities 与南方各公国 421，432
Richeza（wife of Miesco II）莉切萨（梅什科二世的妻子）526，527
Richildis（wife of Charles the Bald）里奇迪丝（"秃头"查理的妻子）331
Ricuin of Verdun 里丘恩，凡尔登的 314，315
Ricult of Soissons, *capitula*, 苏瓦松的里卡尔特《法令集》155
ritual 礼仪
 Byzantine 拜占庭的 221
 ecclesiastical *see* liturgy 教会的 参见礼拜仪式
 and politics 与政治 23
 royal 王室的 105，107 - 2，113，125，221，558 - 9，563，587

Robert I of France 罗贝尔一世，法兰西的 53, 98
  and aristocracy 与贵族 103, 393-4
  and Charles the Simple 与"天真汉"查理 335, 376-9
  and succession 与王位继承 102, 382
Robert I of Normandy 罗贝尔一世，诺曼底的 413
Robert II ("the Pious") of France 罗贝尔二世（"虔诚者"），法兰西的
  and aristocracy 与贵族 392-3, 397
  and Blois 与布卢瓦 413
  and Brittany 与布列塔尼 392
  and Burgundy 与勃艮第 338, 392-3, 394-6
  and the church 与教会 131, 392, 396
  as co-ruler 与共治者 102, 389-90
  extent of territory 领土范围 372
  and Italy 与意大利 369
  marriage 婚姻 342, 344, 391, 617
  and monastic reform 与修道院改革 176, 182, 183, 185
  and royal government 与国王政府 112-3, 397
  and southern principalities 与南部各公国 391, 440, 451
  and William of Aquitaine 与阿基坦的威廉 120, 420
Robert of Burgundy 罗贝尔，勃艮第的 339
Robert Guiscard of Amalfi 罗伯特·吉斯卡尔，阿马尔菲的 641
Robert of Jumièges 罗贝尔，朱米埃日的 146
Robert of Neustria see Robert I of France 罗贝尔，纽斯特里亚的 参见 罗贝尔一世，法兰西的
Robert the Pious see Robert II ("the Pious") of France "虔诚者"罗贝尔 参见 罗贝尔二世（"虔诚者"），法兰西的
Robert of Rouen 罗贝尔，鲁昂的 146
Robert the Strong 罗贝尔（"强壮者"）241, 314, 332, 340, 399
  and royal power 与国王的权力 376
Robert of Troyes 罗贝尔，特鲁瓦的 336, 386
Robertines 罗贝尔家族
  and Carolingians 与加洛林王朝 382, 399, 410
  and northern principalities 与北方各公国 384-6, 400, 402, 404, 407-8
  and southern principalities 与南方各公国 386, 428-9, 433, 435, 443
  see also Hugh Capet; Hugh the Great; Robert I; Robert the Strong 另见 休卡佩；伟大的休；罗贝尔一世；罗贝尔（"强壮者"）
Robold of Provence 罗伯尔德，普罗旺斯的 344
Rodez, council (1012) 罗德兹宗教会议（1012年）160
Rodulf of Liège 罗杜尔夫，列日的 326
Roger I of Laon 罗杰一世，拉昂的 381
Roger II of Laon 罗杰二世，拉昂的 384
Rogvolod of Polotsk, and Vladimir I of Kiev 罗格沃罗德，波洛茨的，与基辅的弗拉基米尔 508

Rollo of Normandy 罗洛，诺曼底的 378, 380, 404–5

Romano-Germanic Pontifical《罗马－日耳曼主教仪典书》108, 157

Romanos I Lekapenos 罗曼诺斯一世·雷卡平
    as admiral 与舰队司令 561–3, 593
    as co-emperor 作为共治皇帝 563–6, 590
    and Italy 与意大利 609
    and papacy 与教皇权 608
    and Phokas family 与福卡斯家族 561–2, 590
    and Serbia 与塞尔维亚 580
    and Symeon of Bulgaria 与西米恩，保加利亚的 563–4, 577–8

Romanos II, Byzantine Emperor 罗曼诺斯二世，拜占庭皇帝 590
    and attacks on Muslims 与对穆斯林的进攻 592
    marriage 婚姻 609, 610

Romanos III, Byzantine Emperor, and relics 罗曼诺斯三世，拜占庭皇帝，与圣物 86, 577

Romanos-Simeon of Bulgaria 罗曼诺斯－西蒙，保加利亚的 585

Rome 罗马
    and aristocracy 与贵族 251–2, 258–9, 629, 630
    and Byzantium 与拜占庭 607–8, 612, 619
    and Henry II 与亨利二世 261, 265, 368
    and Magyar attacks 与马扎尔人的进攻 543
    and monastic reform 与修道院改革 179–80
    and Otto I 与奥托一世 351–2, 360, 615, 629
    and Otto II 与奥托二世 361, 616
    and Otto III 与奥托三世 77, 257, 258–60, 261, 265, 362, 616–22
    and papacy 与教皇权 76–7, 141, 142, 251–2, 253, 254, 612
    pilgrimage to 朝圣之处 20, 21, 161, 607
    and trade 与贸易 76

Romuald, St. 圣罗穆亚尔德
    and Cluniac monasticism 与克吕尼修道院制度 185
    and Hungary 与匈牙利 550
    and Otto III 与奥托三世 33, 168–9, 181, 255–60, 617

Romuald of Ravenna 罗穆亚尔德，拉文纳的 193

Rorico of Laon 劳里克，拉昂的 131, 384

Rorivoj of Moravia 劳里沃伊，摩拉维亚的 150

Roscilla (wife of Fulk the Red) 罗西拉（"红脸"福尔克的妻子）406–7

Rothilde (daughter of Charles the Bald) 罗希尔德（秃头查理的女儿）379

Rouergue, counts 鲁埃格，诸伯爵 437

Rousseau, Félix 鲁瑟考，菲力克斯 324

Rozala of Italy (wife of Hugh Capet) 罗泽拉（休·卡佩的妻子），意大利的 390

Rudolf I of Burgundy 鲁道夫一世，勃

艮第的 332, 334, 335, 339, 340
and Arnulf of Carinthia 与阿尔努尔夫, 卡林西亚的 233
and succession 与王位继承 103, 340
Rudolf II of Burgundy 鲁道夫二世, 勃艮第的
 and Henry I 与亨利一世 242, 314
 and Italy 与意大利 340 – 1, 349, 352, 543
 and Magyars 与马扎尔人 543
 and Otto I 与奥托一世 244, 315
 and succession 与王位继承 103
Rudolf III of Burgundy 鲁道夫三世, 勃艮第的
 and Conrad II 与康拉德二世 343
 and Henry II 与亨利二世 261, 343
 and Otto-William 与奥托-威廉 339
 revolt of aristocracy 与贵族叛乱 342 – 3
 and succession 与继任 343
Rudolfings, genealogical table 鲁道夫家族诸王, 系谱表 699
Rule of St Benedict 圣本尼狄克规章 264
 and *consuetudines* 与习俗 166
 and eremitic monasticism 与隐修式修道院制度 169, 171
 and liturgy 与礼拜仪式 215
 and monastic reform 与修道院改革 143, 174, 175, 177 – 80, 325
Ruotbert of Trier 罗特波特, 特里尔的 145
Ruotger, *Vita Brunonis* 罗特格,《布伦传奇》250, 253, 317
Ruotger of Trier 罗特格, 特里尔的 136, 156
Ruotpert of Mittlacht 罗特波特, 米特拉希特的 198
Rurik of Rus' 留里克, 罗斯的 508
Rurikids 留里克王朝 508, 511, 513, 709
Rus' 罗斯
 agriculture 农业 488 – 90, 493 – 6
 and art 与艺术 511
 and Bohemia 与波希米亚 519
 and Bulgaria 与保加利亚 581, 583 – 4
 and Byzantium 与拜占庭 499, 500, 506 – 12, 580, 594, 597
 Christianization 基督教化 150, 193, 510 – 1
 civil wars 内战 511
 division of state 国家分裂 511 – 2
 and feudalism 与封建制度 488, 495
 as first east Slavic state 作为首个东斯拉夫人的国家 498, 502, 505 – 13
 foreign policies 外交政策 512
 historiography 历史编纂学 15
 and Khazar khaganate 与哈扎尔突厥汗国 506 – 7, 508
 and law 与法律 495, 511, 512
 as multi-ethnic state 作为多民族国家 505 – 6, 510, 511
 and Pechenegs 与佩彻涅格人 492 – 5, 499, 511 – 2
 and Poland 与波兰 262, 510, 512, 523, 526, 527
 principalities 各公国 507 – 8
 Rurikid rulers 留里克王朝的统治者

709

and slave trade 与奴隶贩卖 504, 507

and Slavs 与斯拉夫人 493 - 5, 508 - 9, 510, 514

sources 历史资料 2, 15, 487 - 8, 492 - 3, 494, 497, 506, 508

and trade 与贸易 90, 504, 505 - 9, 511

and tribute payment 与贡物薪酬 495, 505, 507 - 9

and Vikings 与维京人 505 - 6, 507, 510 - 1

and Volga Bulgars 与伏尔加河的保加尔人 505, 506 - 7, 510

see also Iaroslav; Igor; Kiev; Rurik; Sviatoslav; Vladimir 另见 雅罗斯拉夫; 伊戈尔; 基辅; 留里克; 斯维亚托波尔克; 弗拉基米尔

Russia, European 俄罗斯, 欧洲的 **487 - 513**, 489

Hunnic invasion 匈奴人的入侵 490, 492, 503

and Khazar khaganate 与哈扎尔突厥汗国 487, 490, 498, 500 - 3

peoples 居民 488 - 98

and riverine trade 与沿河贸易 90

and Scandinavia 与斯堪的纳维亚 90

and slave trade 与奴隶贩卖 91

states 国家 498 - 500

and Volga Bulgar amirate 与伏尔加河流域保加利亚人的酋长国 487, 503 - 5

see also Rus' 另见 罗斯

Saami 萨米人 87, 488, 497 - 8

sacramentaries 主礼圣事书 98, 156 - 8, 230

Sa'ifab (summer raid) 萨伊发 (夏季进攻) 649, 650

St Andrews, as royal cult-centre 圣安德鲁斯, 作为王室文化中心 106, 120

St Emmeram abbey, Regensburg 圣埃默兰修道院, 雷根斯堡

and book production 与书籍制作 225, 227

and diocese of Regensburg 与主教教区, 雷根斯堡的 309

landholdings 土地持有 43, 70, 82

and monastic reform 与修道院改革 181 - 2

St Gallen 圣高伦

archives 档案馆 5

and liturgy 与礼拜仪式 157, 159, 214, 296 - 7

and reform monasticism 与改革修道院制度 170, 173, 182, 183

wall-paintings 壁画 216

St Maximin monastery, Trier 圣马克西敏修道院, 特里尔 172 - 3, 181, 183, 325

Saint-Clair-sur-Epte, treaty (911) 《埃普特河畔圣克莱尔条约》(911 年) 378, 404

Saint-Denis, council (992) 圣德尼宗教会议 (992 年) 43

Saint-Denis fairs 圣德尼集市 80

saints 圣徒

episcopal 主教的 142 - 4

and kingship 与王权 97, 111 - 2

national 民族的 151, 518, 534 - 5

and popular religion 与大众宗教 159–61
privatised cults 私人的崇拜 100
royal 王（皇）家的 96, 244, 266
Salerno 萨勒诺
 and Byzantium 与拜占庭 630, 631
 and Calabria 与卡拉布里亚 628–9
 and Capua-Benevento 与卡普亚－贝内文托 643
 and counts 与伯爵 639
 Greek population 希腊的人口 632
 and intellectual life 与学术生活 192
 Lombard control 对伦巴第的控制 626, 628
 and Otto I 与奥托一世 635
 and princely authority 与诸侯的权威 638
 and princes 与王公 639, 714
 and Saracen attack 与萨拉森人的进攻 645
 and trade 与贸易 75, 642
Salians, and Saxony 萨利安人，与萨克森 117, 277
Salīm b. Rashīd 萨利姆·b.拉希德 664–5
salt trade 食盐贸易 70, 83
Salzburg annals 萨尔茨堡编年史 240, 301–2, 309
Sāmānid amirate 萨曼尼德酋长国 504, 507
Samonas (Byzantine eunuch) 萨摩纳斯（拜占庭阉人）559
Sampiro of Astorga *see Chronicle of Sampiro* 萨姆皮罗，阿斯托加的 参见《萨姆皮罗编年史》

Ṣamṣam b. Yūsuf 萨玛姆 b·优素福 669
Samson, count palatine 萨姆森，巴拉丁伯爵 352
Samuel Kometopoulos of Bulgaria 萨缪尔·考莫图普罗斯，保加利亚的
 and Basil II 与巴西尔二世 584–5, 596–9, 621
 and the church 与教会 585, 599
 marriage 婚姻 547
 revenues 财政收入 600
Sancha Diaz (wife of Ramiro III) 桑查·迪亚兹（拉米罗三世的妻子）682
Sancha Sanchez (wife of Ordoño II) 桑查·桑切斯（奥东诺二世的妻子）675, 677
Sancha (wife of Fernando I of Pamplona-Navarre) 桑查（潘普洛纳－诺瓦拉的费尔南多一世的妻子）686–7
Sancho I ("the Fat") of León "胖子"桑乔一世，莱昂国王
 and administration 与行政管理 679–80
 and Castile 与卡斯蒂尔 680
 and Galicia 与加利西亚 680–1
 and Pamplona-Nayarre 与潘普洛纳－诺瓦拉 688
 and succession disputes 与王位继承之争 678, 679
Sancho Abarca of Pamplona-Navarre 桑乔·阿巴卡，潘普洛纳－诺瓦拉的 657
 and al-Manṣūr 与曼苏尔 655
Sancho Garcés I of Pamplona-Navarre 桑

乔·加尔塞斯一世，潘普洛纳-诺瓦拉的

and Córdoba 与科尔多瓦 674 – 5, 679, 687 – 8

and intellectual life 与学术生活 190

and Ramiro II 与拉米罗二世 678

Sancho Garcés II of Pamplona-Navarre 桑乔·加尔塞斯二世，潘普洛纳-诺瓦拉的 679, 681, 683, 689

Sancho Garcés III of Pamplona-Navarre 桑乔·加尔塞斯三世，潘普洛纳-诺瓦拉的 440, 686 – 7, 689

and Aquitaine 与阿基坦 451

and extension of kingdom 与王国的扩张 689 – 90, 691

and monastic reform 与修道院改革 690 – 1

Sancho García of Castile 桑乔·加西亚，卡斯蒂尔的

and al-Andalus 与安达卢西亚 655, 657, 659, 662, 685

and León 与莱昂 683 – 4, 686

Sancho García of Gascony 桑乔·加西亚，加斯科涅的 438 – 9

Sancho Mitarra of Gascony 桑乔·米塔拉，加斯科涅的 426

Sancho Ordoñez of León 桑乔·奥多尼兹，莱昂的 675

Sancho of Pamplona-Navarre, and trade 桑乔，潘普洛纳-诺瓦拉的，与贸易 222

Sancho Sánchez of Gascony 桑乔·桑切斯，加斯科涅的 439

Sancho William of Gascony 桑乔·桑切斯，加斯科涅的 439 – 40, 451, 690

Sanchuelo ('Abd al-Rahmān) 桑绰（阿卜杜勒·拉赫曼）655, 657 – 8, 689

Sandrat of St Maximin 桑德拉特，圣马克西敏的 173

Santiago de Compostella 孔波斯特拉的圣地亚哥 855

as pilgrimage site 作为朝圣地 161

sack (997) 遭洗 (997 年) 126, 150, 654, 684

Saracens 萨拉森人

and Byzantium 与拜占庭 555 – 7, 565, 611, 613

effects on trade 对贸易的影响 77, 80

and Gascony 与加斯科涅 438

and Italy 与意大利 348, 367, 606, 616, 624 – 8, 631, 633, 643 – 5, 665

and Otto II 与奥托二世 255, 361, 616

and Provence 与普罗旺斯 334, 341, 342, 344, 353

Sardinia, and Byzantium 撒丁，与拜占庭 609

Satcenses people 萨森人 517

Saxo Grammaticus 萨克索·格拉马蒂库斯 2, 270

Saxony 萨克森 **267 – 92**

aristocracy 贵族 243 – 4, 262, 263, 267, 269, 272 – 3, 276 – 7, 287

army 军队 242 – 3

and Arnulf of Carinthia 与阿尔努尔夫，卡林西亚的 236

and Carolingian incorporation 与加洛

林王朝的合并 267-8, 279, 287
and the church 与教会 134, 277, 287-8, 325
comital organisation 伯爵组织 267
and Conradines 与康拉丁公爵 238, 239, 241
consensus-formation 意见一致的形成 273-7
and dukedom 与公爵领地 268-72
and Elbe Slavs 与易北河流域的斯拉夫人 **278-88**
    and border warfare 与边境战争 281-4
    and Liudolf's rebellion 与鲁道夫叛乱 248
    and organisation 与组织 285-8
    and Ottoman expansion 与奥托曼人的扩张 149, 278-80, 286-8
Francia et Saxonia 法兰克与萨克森 101, 110, 240-9, 260, 267
and Henry I 与亨利一世 107, 268-9
and Henry II 与亨利二世 261, 262-5, 265, 271
historiography 历史编纂学 277, 288-92
and kingship 与王权 117
and Magyar invasions 与马扎尔人的入侵 242, 542-3
and Otto I 与奥托一世 254, 269-70, 285-7, 315
and Otto II 与奥托二世 255
and Otto III 与奥托三世 270-3, 620
and Ottoman unity 与奥托曼人的统一 105
and royal saints 与皇家圣徒 96
and silver mines 与银矿 105
and Thuringia 与图林根 272-3
and trade 与贸易 69, 91
see also Billung dukes; Liudolfing dynasty 另见 比隆公爵；鲁道夫王朝
Sayf al-Dawlah 萨义夫·道莱 591-2
Scandinavia 斯堪的纳维亚
    Christianisation 基督教化 91, 149, 510
    and England 与英格兰 87, 89-90
    hunter-gatherer tribes 狩猎—采集部落 31
    paucity of sources 历史资料缺乏 2
    and trade 与贸易 87, 89-90, 93
    urban settlements 城市殖民 65, 90-2
    see also Denmark; Iceland; Norway; Vikings 另见 丹麦；冰岛；挪威；维京人
Schaller, Dieter 沙勒，迪特尔 204
schemata, interpretative 解释框架 xiii-xiv, 1, 9-11, 13, 16
Schlesinger, Walter 施莱辛格，瓦尔特 287
Schleswig, development 石勒苏益格，发展 92
Schmid, K. 施密德，K. 243 n. 3
scholarship, and writing 学问，与书写 189-90
schools 学校
    cathedral 大教堂的 145, 144-5, 147, 255
    monastic 修道院的 145, 188, 325-

6

reduced importance 降低重要性 22,
188–9, 194

Schramm, Percy Ernst 施拉姆,帕西·
厄斯特 9, 13

Schulze, H. K. 舒尔茨, H. K. 296

sciences, study 科学, 研究 188

Sclavinia 斯克拉维尼亚

and trade 与贸易 69, 70, 91, 92

see also Poland 另见 波兰

Scotland 苏格兰

and Eadred of England 与埃德雷德,
英格兰的 473

and Edgar of England 与埃德加, 英
格兰的 481

and England 与英格兰 100–1, 112,
456, 469, 472

hunter-gatherer tribes 狩猎—采集部
落 31

and royal cult centres 与皇家崇拜中
心 106

and royal government 与国王政府 123

see also Constantine II; Malcolm 另见
君士坦丁二世；马尔科姆

sculpture 雕塑 146, 215, 222, 332

seals, royal 御玺 111

Searle, Eleanor 瑟尔, 埃莉诺 401–2,
404–5, 412

Šebir of Prague 赛柏, 布拉格的 521,
534

Sedličane tribe 赛德利坎尼部落 517

Seguin of Sens 赛甘, 桑斯的 148

seigneurie 领主权

and castle-building 与城堡建设 47,
52, 114, 417

and *encellulement* 与单独监禁 11,
42, 50–3

in French principalities 在法国各公
国 400

Origins 起源 34–5, 39, 50–3, 63

and protection 与保护 57

and public government 与公共政府
371

see also incastellamento 另见（*incastellamento*）城堡

Seligenstadt, council (1022) 塞里根斯
塔德议会（1022 年）43

Seljuks, attacks by 塞尔柱人, 对外进
攻 38

seniorate 长者优先继承制

amongst Pechenegs 在佩彻涅格人中
545

in Bohemia 在波希米亚 521, 531

in Hungary 在匈牙利 545–6

Senlis, assembly (987) 桑利大会
（987 年）124–5

Sennacherim of Vaspurakan 森那奇里
姆, 瓦斯普拉坎的 602

Sens, diocese 桑斯, 教区 148, 155

Septimania 塞菩提曼尼亚

and Aquitaine 与阿基坦 425

and Catalonia 与加泰罗尼亚 447,
448–9

and Gothic inheritance 与哥特人的遗
产 426

and monastic reform 与修道院改革
449

and princely authority 与王公的权威
432, 437–8, 454

sequences and tropes 接续与转义 194–

5

Serbia, and Bulgaria 塞尔维亚，与保加利亚 576，578，580

serfdom 农奴制

    and move from slavery 与奴隶制的脱离 11，13，17，19，37 – 9，452

    and taxation 与征税 53

    and tribute payment 与贡物薪酬 495

Sergi, Giuseppe 塞吉，吉斯佩 346 – 71

Sergios of Constantinople 塞尔吉奥，君士坦丁堡的 602

Sergius II, pope 塞尔吉乌斯二世，教宗 141

Sergius IV, pope 塞尔吉乌斯四世，教宗 367

service, labour 役务，劳役的 34 – 5，38，44 – 5，52 – 3，58，449

    commutation 代偿 61

    and fortification 与城防 86

service, military 役务，军事的

    in Bohemia and Poland 在波希米亚和波兰 530 – 1，532

    in Byzantium 在拜占庭 509

    and the church 与教会 116

    in Italy 在意大利 350

    in Saxony 在萨克森 242

    and tenancy 与租期 27，49

servitude 地役权 37 – 9

settlement patterns 定居模式 8，17，31

    and boundaries 与边界 49

    and castles 与城堡 47

    England 英格兰 15

    and traders 与行商 93

    and villages 与村庄 45 – 7

    see also towns 另见 城镇

Seulf of Rheims 瑟伊尔，兰斯的 146，381

Seville 塞维利亚

    and 'Abd al-Raḥman 与阿卜杜勒·拉赫曼 649

    amirs 埃米尔 647，648，661

Shepard, Jonathan 谢帕德，乔纳森 553 – 66，567 – 85，586 – 604，605 – 23

sheriff *see* shire-reeve 郡 另见 郡守

Shi 'a Muslims 什叶派穆斯林 68，665

shire-reeve（England）郡守（英格兰）51，115，117

Shopkow, Leah 肖普科乌，利厄 412

Sicily, Muslim rule 西西里，穆斯林的统治 192，**662 – 9**

    administration 行政管理 663，664，668

    agriculture 农业 668

    and al-Andalus 与安达卢西亚 666

    Berber population 柏柏尔人的人口 664 – 5

    Byzantine attacks 拜占庭的进攻 593，602，608 – 9，611，629

    Byzantine bases 拜占庭人的基地 605 – 6，607 – 8，623，626，652

    Christian population 基督教徒的人口 606，667

    coinage 货币制度 668

    and cooperation with Byzantium 与拜占庭的合作 666，669

    Greek population 希腊人的人口 631 – 2，663，664

    and *Jihād* 与吉哈德（圣战）663 – 4，665，667

Kharijite revolt 哈里吉教派的反抗 665

Muslim population 穆斯林人口 666 – 7, 669

Norman rule 诺曼人的统治 663

revenues 财政收入 664, 667

sources 历史资料 16, 662 – 3

and southern Italy 与南部意大利 624, 626, 628, 641, 643, 663 – 4, 667 – 8

and taxation 与税收 664, 665, 667 – 8, 669

trade 贸易 668

Siegbert of Saxony 西格贝特，萨克森的 277

Siegfried, Margrave of Saxony 西格弗里德，萨克森侯爵 242, 272, 285

Siegfried (son of Gero) 西格弗里德（格罗的儿子）214

Siegfried of Upper Lotharingia 西格弗里德，上洛泰林吉亚的 321, 323

Siemomysl of Poland 谢莫米斯尔，波兰的 523

Siemowit of Poland 谢莫维特，波兰的 523

Sigehard of Trier 西吉哈德，特里尔的 198

Sigtuna, development 锡格蒂纳，发展 90, 92

Sigulf of Piacenza 希格尔夫，皮亚琴察的 359

Sihtric of Northumberland 希特里克，诺森伯兰郡的 468

Silesia 西里西亚

and Bohemia 与波希米亚 256, 518, 520, 523, 528, 533

and Moravia 与摩拉维亚 523

and Poland 与波兰 256, 516, 520, 522, 523 – 4, 529

tribal structure 部族结构 522

silk 丝绸

production 生产 72, 554, 634

trade 贸易 89, 91

silver 银

in England 在英格兰 115

introduction 引入 60 – 2, 66, 91, 105

in precious objects 贵重物品 217, 218

and Vikings 与维京人 506

Simancas, battle (939) 锡曼卡斯战役（939 年）650, 677

Simon de Kéza 西蒙·德凯扎 2

Skirmishing (Byzantine military treatise)《将略》（拜占庭的军事著作）555 – 6, 560

Slav languages 斯拉夫语 514, 529, 538

slave trade 奴隶贩卖

Byzantine 拜占庭的 91, 607

European 欧洲的 37, 70, 80, 648

Islamic 伊斯兰世界的 69

Levant 黎凡特 74

Russian 俄罗斯的 91, 504, 507

slavery 奴隶制

and armies 与军队 126, 127, 281

extent 范围 19, 426, 449, 452

and manumission 与奴隶解放 37

and move towards serfdom 向农奴制发展 11, 13, 17, 19, 27, 37 – 9

Slavnikids 斯拉夫尼克斯家族 257,
517, 519, 525
Slavonic language 斯拉夫语 309, 521,
568, 572, 580
Slavs 斯拉夫人
in al-Andalus 在安达卢西亚 126–7,
150, 648, 653, 656–8, 659–60,
661
as slaves 作为奴隶 37, 69
Slavs, eastern 斯拉夫人，东部的
in European Russia 在俄罗斯的欧洲
部分 487, 495–5, 502, 505–15,
514
and Khazars 与哈扎尔人 508
and Sviatoslav 与斯维亚托波尔克
509
and Volga Bulgars 与伏尔加河流域
的保加利亚人 504
see also Kiev; Rus' 另见 基辅；罗斯
Slavs, Elbe 斯拉夫人，易北河流域的
and border warfare 与边境战争 281–
4
and Christianisation 与基督教化 149,
151, 193, 278, 280, 282–3
conquest and incorporation into Saxony
征服并合并到萨克森 278–80
and Henry I 与亨利一世 242, 279,
281
and Henry II 与亨利二世 262, 277,
519
organisation 组织 285–8
and Otto I 与奥托一世 244, 248,
250–1, 278, 280, 281–3, 285
and Otto II 与奥托二世 255–6
and Otto III 与奥托三世 278, 279

and Theophanu 与狄奥法努 256–7
uprising of 983 983 年的起义 278,
279, 283, 285, 288, 524
see also Abodrites; Hevelli; Liutizic-
confederation; Redarii; Rus' 另见 阿
博德利人；赫维利；柳蒂奇联盟；
雷德里；罗斯
Slavs, southern 斯拉夫人，南部的 514
Slavs, western 斯拉夫人，西部的
514–16, 529
Christianisation 基督教化 38, 149,
516
and towns 与城镇 92, 93
see also Bohemia; Poland 另见 波希
米亚；波兰
Slezi tribe 斯莱兹部落 522
Slovaks/Slovakia 斯洛伐克
and Poland 与波兰 514, 520, 523,
526
and statehood 与国家地位 535
smith, importance of 铁匠，重要性
54–5, 78
society 社会
fragmentation 碎片化 11
rural 乡村的 **27–53**
and Carolingian inheritance 与加洛
林王朝的遗产 29
and the family 与家庭 30–3, 39
and landholding 与土地持有 32
nomadic 游牧的 492–3
and the rich 与富人 39–42
and servitude 与地役权 37–9
and solidarity 与团结 36
and tenancy 与租约 34–6
see also aristocracy; lordship; peas-

索 引　　　　　1011

antry; seigneurie 另见 贵族；领主权；农民；领地
urban differentiation 城市的分化 77
see also differentiation, social 另见 分化；社会的
Soissons, battle（923）苏瓦松战役（923年）314, 379
soldier see milites 士兵 参见 milites（军人）
Solomon III of Constance 所罗门三世，康斯坦茨的 236, 238
Song of Roland《罗兰之歌》97
songs, vernacular 歌集，地方语言的 97
Sophie, abbess of Gandersheim 索菲，冈德谢姆女修道院院长 271, 274–5
Sorbs, and Otto I 索布人，与奥托一世 248
source-criticism, positivist 史料批评派，实证主义者 2–4
sources 历史资料 1–9, 12, 15–7, 22–3
　　ecclesiastical 教会的 130
　　interpretation 翻译 23–4
　　material 材料 8–9
　　paucity of 缺乏 2–5, 15, 29, 36, 421–4
Southern, Richard 萨瑟恩，理查德 104–5
Spain 西班牙 670–91, 671
　　and book production 与书籍制作 224
　　and the church 与教会 158
　　historiography 历史编纂学 12–5
　　and Islamic culture 与伊斯兰文化 190, 209
　　and literacy 与读写能力 22
　　paucity of sources 资料缺乏 4–5
　　reconquista 收复失地运动（列康吉斯达）222
　　regionalism 地方主义 13
　　and royal government 国王政府 112
　　and royal ritual 与王室礼仪 108
rural society 乡村社会 36
　　and serfs 与农奴 38
　　and trade 与贸易 222
　　see also al-Andalus; Castile; Catalonia; Cordoba; León 另见 安达卢西亚；卡斯蒂尔；加泰罗尼亚；科尔多瓦；莱昂
Sparta, wealth 斯巴达，财富 557
spice trade 香料贸易 67, 73, 74–5, 89
Spoleto-Camerino, duchy-march 斯波莱托–卡美利诺，公爵领地边区 614, 629, 643–4
　　and Hugh of Italy 与意大利的休 353
　　and Otto I 与奥托一世 360
　　political role 政治作用 346, 351, 355, 364
Spytihnev of Bohemia/Moravia 斯皮蒂赫内夫，波希米亚/摩拉维亚的 150–1, 518
Stanilas of Cracow 斯坦尼拉斯，克拉科夫的 535
Staraja Lagoda see Old Ladoga 斯塔拉贾拉戈达 参见 古老的拉多加湖
Starigard, and trade 斯塔里加特，与贸易 92
state 国家

role 作用 29
see also church and state 另见 教会与国家
Stephen III（IV）, pope 斯蒂芬三世（四世），教宗 140
Stephen IV（V）, pope 斯蒂芬四世（五世），教宗 140
Stephen VII（X）, pope 斯蒂芬七世（十世），教宗 139, 140
Stephen VIII, pope 斯蒂芬八世，教宗 384
Stephen of Cambrai 斯蒂芬，康布雷的 313
Stephen of Gévaudun 斯蒂芬，热沃当的 429
Stephen（Vajk）of Hungary, St 斯蒂芬（沃依克），匈牙利的，圣徒 535, 545, 548 – 51
 and Basil II of Byzantium 与拜占庭的巴西尔二世 601, 621 – 2
 and Brun of Querfurt 与布伦，奎尔福特的 193
 and the church 与教会 548, 550 – 1
 crown 王冠 142, 259, 548
 "Exhortations" "劝诫" 548, 550
 and Henry II 与亨利二世 306 – 7, 547, 548, 550, 621
 and Koppany 与科帕尼 547 – 8
 law-codes 法典 6, 548 – 9
 marriage 婚姻 306 – 7, 547, 621
 and Otto III 与奥托三世 119, 259, 548, 621 – 2
 and papacy 与教皇权 142, 259, 548
 succession to 传位于 551 – 2
Stephen Lekapenos 斯蒂芬·雷卡平 564, 566
Stephen of Liège 斯蒂芬，列日的 213, 313, 325
Stephen of Novara 斯蒂芬，诺瓦拉的 145, 207
Stephen（papal scribe）斯蒂芬（教廷的书记员）138
Stephen of Troyes 斯蒂芬，特鲁瓦的 392
Stoinef（Wend*princeps*）斯多尼弗（温德人的首领）281 – 2, 284
Strachwas（brother of Boleslav II）斯特拉沃斯（波列斯拉夫二世的兄弟）519
Strachwas-Chrystian of Prague 斯特拉沃斯－克里斯蒂安，布拉格的 534
strategos 将军（拜占庭军职）555, 558 – 9, 560, 606, 627, 634
Strojmir of Bohemia 斯托伊米尔，波希米亚的 518
Strzelczyk, Jerzy 斯切尔兹克，耶日 514 – 35
Suabia 士瓦本
 and Alsace 与阿尔萨斯 310
 and Arnulf of Carinthia 与阿尔努尔夫，卡林西亚的 236
 and Conradines 与康拉丁公爵 258, 259, 243
 and Henry I 与亨利一世 240, 243
 and Henry II 与亨利二世 264
 and Magyar campaigns 与马扎尔人的战役 248, 299 – 300, 542, 543
 and Otto I 与奥托一世 246, 247, 249
 and Otto II 与奥托二世 254, 255

and Otto III 与奥托三世 260
Ṣubḥ（mother of Hishām）苏布赫（希沙姆的母亲）653，654，655
Sulaymān b. al-Ḥakam（al-Mustaʿīn），caliph 苏莱曼·b. 哈卡姆（穆斯泰恩），哈里发 659，660
Sunifred of Cerdaña 苏尼弗雷德，塞尔达涅的 446
Sunni Muslims 逊尼派穆斯林 665
Sunyer of Barcelona 苏涅尔，巴塞罗那的 444，447
Sutri, synod (1046) 苏特里，宗教会议（1046年）142
Sven I Haraldsson of Denmark, and royal government 斯文一世·哈拉尔德松，丹麦的，与国王政府 119
Sviatopolk（brother of Iaroslav）斯维亚托波尔克（雅罗斯拉夫的弟弟）511，526
Sviatopolk of Great Moravia 斯维亚托波尔克，大摩拉维亚的 150，514–6，523，538–9
Sviatoslav of Rus' 斯维亚托波尔克，罗斯的
　and Bulgaria 与保加利亚 583–4
　and Byzantium 与拜占庭 584，594
　and Christianity 与基督教 510
　and civil wars 与内战 511
　and Danubian Bulgars 与多瑙河的保加利亚人 500，509
　and east Slavs 与东斯拉夫人 509
　and Khazars 与哈扎尔人 503
　and Magyars 与马扎尔人 546
Sweden, Christianisation 瑞典，基督教化 118，149

Swein Forkbeard of Denmark 丹麦的斯维恩·福克比尔德 483
Sylvester II, pope 西尔威斯特二世，教皇 139，142
　and Arduin of Ivrea 与伊夫雷亚的阿多因 365–6
　and Otto III 与奥托三世 209，257，258–9，362，366，620
　and Stephen of Hungary 与斯蒂芬，匈牙利的 259，548
　see also Gerbert of Aurillac 另见热贝尔，欧里亚克的
Symeon of Bulgaria 西米恩，保加利亚的
　and the church 与教会 568–70，572，575–6，578
　and Croatia 与克罗地亚 578
　and diplomacy and warfare 与外交和战争 570–1，573–8
　and justice 与司法 572
　and learning 与学问 576，587
　and Leo VI 与利奥六世 553，561，567，571–2，573
　and Preslev 与普雷斯拉夫 572–3，581
　and Romanos Lekapenus 与罗曼诺斯·雷卡平 563–4，577–8，608
synods 宗教会议 130，152–6，160
East Francia 东法兰克 122，155–6
Syria, and trade 叙利亚，与贸易 69
Szár László（Calvus Laizlaus）of Hungary 萨尔·拉斯洛（卡尔乌斯·莱泽劳斯），匈牙利的 547–8

Tagino of Magdeburg 塔基诺，马格德

堡的 227
taille 人头税 53，61
Taksony of Hungary 陶克绍尼，匈牙利的 544，545，546
Tale of Bygone Years《往年纪事》2
Ṭālib ibn Aḥmad（Bulgar amir）塔里波·伊本·阿赫马德（保加利亚的埃米尔）505
Tanner 坦纳 xiv
tapestries 挂毯 8
Tara, and overkingship 塔勒，与超级王权 106
Ṭarafa（Slav leader in al-Andalus）塔拉法（在安达卢西亚王国的斯拉夫领导人）656-7
Tarento 塔兰托
    Magyar attack 马扎尔人的进攻 543
    siege（982）围城战（982 年）255
Tassilo III of Bavaria 塔西洛三世，巴伐利亚的 294，297
Taube, Ludwig 陶贝·路德维希 188
taxation 税收
    and government 与政府 125
    and the seigneurie 与领主权 41，53
    see also Byzantium; Italy, kingdom; Sicily; West Francia 另见 拜占庭；意大利，王国；西西里；西法兰克王国
technology 技术
    control of 控制 55-6
    progress in 进步 54-5，511
Tedald of Canossa 泰达尔德，卡诺萨的 366
Tedald of Spoleto-Camerino 泰达尔德，斯波莱托-卡美利诺的 352，353

Tellenbach, Gerd 特伦巴赫，格尔德 163-4，291
tenancy 租约 34-6
    exploitation 剥削 44
    and labour service 与劳役 35，44-5，52
    and military service 与军役 27
    and size of holding 与持有规格 44，45
Teresa Ansúrez（wife of Sancho I of León）特里萨（莱昂的桑乔一世之妻）680，681，682
terrorism 恐怖主义 28
"Terrors", and millennium "恐怖分子"，与千禧年 28，63
Tetburgis（wife of Charles-Constantine）特布基斯（查理-君士坦丁之妻）335
Teterow, and trade 泰特罗，与贸易 92
Tettenhall, battle 特滕霍尔之战 464
textiles 纺织品
    industry 工业 668
    trade in 贸易 75，222
    see also silk; wool 另见 丝绸；羊毛
Thangmar, Vita sancti Bemwardi 桑格马，《圣徒贝恩瓦尔德传》144
Thankmar（son of Henry I）桑克马（亨利一世之子）
    death 死亡 102
    and Otto I 与奥托一世 285
    and succession to Henry I 与传位亨利一世 243，245
thegns, England 塞恩，英格兰 456，480
theme see Byzantium, provinces 塞姆 参

见 拜占庭，行省

Theobald of Chartres 狄奥博尔德，沙特尔的 436

Theobald "le Tricheur" of Blois "骗子" 狄奥博尔德，布卢瓦的 407，410，415

Theobald of Spoleto 狄奥博尔德，斯波莱托的 356

Theoderic II of Metz 狄奥多里克二世，梅斯的 173

Theoderic of Fleury 狄奥多里克，弗勒里的 198

Theoderic of Metz 狄奥多里克，梅斯的 145

Theodosiopolis, and Byzantium 狄奥多希奥波利斯，与拜占庭 565，596

Theophanu of Essen 狄奥法努，埃森的 222

Theophanu (wife of Nikephoros Phokas) 狄奥法努（尼基弗鲁斯·福卡斯之妻）593，594

Theophanu (wife of Otto II) 狄奥法努（奥托二世之妻）98，146，215，220，254-5，360-1，615，630
　impact on Ottoman court 对奥托曼宫廷的影响 615-16
　Marriage Roll 结婚名单 228-9，289
　as regent 作为摄政 256-7，270，361-2，617

Theophylact of Constantinople 狄奥菲拉克特，君士坦丁堡的 546，583，608

Theophylact family 狄奥菲拉克特家族 138-9，352

Theophylact of Ochrid 狄奥菲拉克特，奥赫里德的 567-8

Theotmar of Salzburg 狄奥特玛尔，萨尔茨堡的 542

Thessalonika 塞萨洛尼卡
　and Bulgaria 与保加利亚 570，571，575-6，583，597
　and Byzantium 与拜占庭 598
　sack (904) 遭洗 (904 年) 556，571
　size 规模 72

Thiedag of Prague 蒂埃达格，布拉格的 519，534

Thietmar (margrave) 蒂特马尔（侯爵）242，274，281

Thietmar of Merseburg, Chronicon 蒂特马尔，梅泽堡的，《编年史》3，21，63
　and Burgundy 与勃艮第 339，342
　and Ekkehardines 与埃克哈德家族 273-2
　and Henry II 与亨利二世 262
　and Hungary 与匈牙利 547，548
　and Otto I 与奥托一世 225
　and Otto II 与奥托二世 643
　and Otto III 与奥托三世 258，259，620
　and Poland 与波兰 283-4，286，526
　and Saxony 与萨克森 273，274-6，283-4，286，292
　and Venice 与威尼斯 74

Thorkell the Tall 高个子托尔凯尔 483，484

Thrace, and Bulgaria 色雷斯，与保加利亚 543，574-5，577，579，

859

583, 596
Thuringia 图林根
   and empire 与帝国 237, 238
   and Henry I 与亨利一世 243
   and Henry II 与亨利二世 261, 272
   and Magyar attacks 与马扎尔人的进攻 238, 542
   and Otto I 与奥托一世 249
   and Saxony 与萨克森 272-3
Tiddingford, peace (906) 蒂汀福德和约（906年）464
Tiel, and merchants 蒂尔，与商人 82-3, 87, 93
Toda Aznárez of Pamplona-Navarre 托达·阿斯纳雷，潘普洛纳-诺瓦拉的 679, 688
Todor (Theodore) Doksov 托多尔（狄奥多勒）·多克索夫 570
Toledo 托莱多
   and 'Abd al-Rahmān 与阿卜杜勒·拉赫曼 650, 676
   leadership 领导权 647, 661
tolls 通行税 76
Tomislav of Croatia 托米斯拉夫，克罗地亚的 151, 578, 608
tools 工具 54-5, 58-9, 496
Tormás of Hungary 托马斯，匈牙利的 544
Toubert, Pierre 图博特·皮埃尔 13
Toul, council (971) 图勒，宗教会议（971年）46
Toulouges, synod (1027) 图卢日，宗教会议（1027年）454
Toulouse 图卢兹
   counts 伯爵 454, 456-8, 455-4,

706
   and Pamplona-Navarre 与潘普洛纳-诺瓦拉 690
   and royal authority 与国王的权威 422, 438, 450, 454
   sources 历史资料 3, 423, 437
   and West Francia 与西法兰克王国 393
towns 城镇 **64-94**, 65
   and aristocratic power 与贵族的权力 78, 116
   Byzantine 拜占庭 72-3
   and castle-building 与城堡建设 83-4, 85, 93
   and church-building 与教堂建设 85-6, 93-4, 148
   and citizens 与市民 83-4
   fortification 城防 80, 83-4, 86, 88, 92, 93-4, 352
   growth 成长 85, 186
   Islamic 伊斯兰的 66-70, 71
   and lordship 与领主权 92-3
   and markets 与市场 76, 81-9, 92
   and merchants 与商人 82-3, 86, 93
   as seigneuries 作为领主权 50
   size 规格 79-80, 84-5
   and streets 与市区道路 88
   and urban renaissance 与城市的复兴 17
trade 贸易
   Baltic 波罗的海 66, 80-2, 89-92, 508
   Black Sea 黑海 490
   Byzantine 拜占庭 69, 70, 72-4, 80, 90

索 引　　　　　　　　　　　　1017

Islamic lands 伊斯兰世界 66－71，80，90
and law 与法律 81－2
long-distance 长途 64，70－1，72，75－8，80－1，83，89，95，452
and nomads 与游牧民 492－3
North Sea 北海 81，82，87，91
riverine 河流的 224，506－7
and towns 与城镇 64，76－81
transalpine 阿尔卑斯山北的 74，75，77
in West Francia 在西法兰克王国 452
see also fur trade; luxury goods; markets; merchants; wine trade 另见 毛皮贸易；奢侈品；市场；商人；葡萄酒贸易

transhumance 随季节转场放牧 60，647，661
translations 翻译 194
transport, river 运输，河流 90，222，324，506－7
Transylvania 特兰西瓦尼亚 537－8，540－1，547，549－50
Trebbia, battle 特雷比亚战役 346
tribe 部落 31，492，503，530
Tribur, council (895) 特里布尔公会议（895年）46，153
Trier, synod (927) 特里尔，宗教会议（927年）137，153
trivium（中世纪学校的）三科（语法、修辞、逻辑）190，209，326
tropes 修辞 194－5
Trosly, council (909) 特洛斯里，公会议（909年）43，146－7，154
Truce of God movement "上帝休战运动" 7，21，454

Tugumir (Hevelli prince) 图库米尔（赫维利王子）282－3
Tujībī dynasty 图基比王朝 647，649，650，651，653，654，658，662
Tulunid dynasty of Egypt 图伦王朝，埃及的 646
Tunisia 突尼斯
and Aghlabids 与阿格拉比人 73，663
and Berber groups 与柏柏尔人集团 655－6
see also Fatimid dynasty; North Africa 另见 法蒂玛王朝；北非
Tuotilo of St. Gallen, Hodie cantandus 托提罗，圣高伦的，195
Turks 突厥人/土耳其人
and Khazan khaganate 与合赞汗国 500－1，502
see also Bulgars; Volga Bulgar amirate 另见 保加尔人；伏尔加河流域保加利亚人的酋长国
Tuscany 托斯卡纳
and Magyar attack 与马扎尔人的进攻 543
and peasantry 与农民 34
political role 政治作用 346，349，351－2，364，367，370－1
and towns 与城镇 77

Udmurts (Finno-Ugrian people) 乌德穆尔特人（芬兰－乌戈尔族）496
Ukraine, as Slavic homeland 乌克兰，作为斯拉夫人的故乡 493
Uldarich, count palatine 乌尔达里赫，

巴拉丁伯爵 349
Uldarich Manfredi of Turin 乌尔达里赫·曼弗雷迪,都灵的 366, 368
Ulrich of Augsburg 乌尔里克,奥格斯堡的 143-4, 145, 152
Umayyad dynasty 倭马亚王朝
  in al-Andalus 在安达卢西亚 68, 646, 648-54, 656-60, 666, 675, 691
  and Byzantium 与拜占庭 499
  and Khazars 与哈扎尔人 501
  and León 与莱昂 670, 674, 676-7
Unger, bishop 乌格尔,主教 534
United States of America, and historiography 美国,与历史编纂学 16-7
Unni of Hamburg-Bremen 汉堡-不来梅的温尼 149
Unwan of Hamburg-Bremen 昂万,汉堡-不来梅的 149, 277
urbanism see towns 城市化 参见 城镇
Urgell, and al-Andalus 乌赫尔,与安达卢西亚 659
Urraca Sánchez (wife of Ramiro II) 乌拉卡·桑切兹(拉米罗二世之妻) 678, 679
Ursoleon of Langobardia 乌尔苏莱昂,伦巴第的 627

Vajk-Stephen of Hungary see Stephen (Vajk) of Hungary, St 沃依克-斯蒂芬,匈牙利的 参见 斯蒂芬(沃依克),匈牙利的
Valencia, local rulers 巴伦西亚,地方统治者 647, 652, 661
Varangians 瓦兰吉亚人
  in Byzantine army 在拜占庭的军队中 126
  and tribute payment 与贡物薪酬 91
vassalage rights 侍从(家臣)的权利 40
Vászoly of Hungary 瓦斯佐利,匈牙利的 552
Veleti tribe 维勒蒂部落 524
vendetta 仇杀 28
Venice 威尼斯
  and aristocracy 与贵族 78
  and Byzantium 与拜占庭 73, 74, 606-7, 611, 622
  commercial contracts 商业合同 27
  and Croatia 与克罗地亚 151, 601
  and Ottomans 与奥托曼人 74, 222, 361, 613, 616, 621
  and slave trade 与奴隶贩卖 37
  and southern Italy 与南部意大利 645
  and trade 与贸易 75-4, 75, 77, 79, 217, 606-7
Vermudo II ("the Gouty") of León 韦尔穆多二世("痛风者"),莱昂的 678, 679, 681, 682, 685
  and al-Mansūr 与曼苏尔 655, 683-4
Vermudo III of León 韦尔穆多三世,莱昂的 686, 687
Vermudo Nuñez of Salamanca 韦尔穆多·努涅斯,萨拉曼卡的 677
Ves' (Wīsu) people 维斯(维苏)族 498, 504, 505
vicomtes/ vicecomtes 子爵 371, 406-7, 415, 423, 437-40, 453-4
Vienna, growth 维也纳,成长 306

Vikings 维京人
  attacks in England 对英格兰的进攻 87-8, 123, 483-4
  attacks in Flanders 对佛兰德的进攻 380
  attacks in West Francia 对西法兰克王国的进攻 377-8, 380-1, 399, 403-4, 408, 438
  and Brittany 与布列塔尼 106, 404, 408
  and evolution of Normandy 与诺曼底的演变 377-8, 399, 404-5
  in Rus' 在罗斯 505-7, 510-1
  and slave trade 与奴隶贩卖 91
  and trade 与贸易 80, 90, 506-7
  tribute paid to 贡物薪酬 116
  and urban development 与城市发展 80-1, 84, 86-7, 90
  see also Dublin; Scandinavia 另见 都柏林; 斯堪的纳维亚
villay and village 罗马化庄园与村庄 30, 42
villages 村庄 8, 63, 530-1
  and artisans 与工匠 55-6
  and castles 与城堡 48-9
  and cemeteries 与墓地 45-6
  and churches 与教堂 46-7
  names 名称 49-50
  and seigneurie 与领主权 53
  and *villa* 与郊区住宅 30, 42
violence 暴力 13, 19, 28
  and decline of princely power 与大公权力的衰落 418, 450, 453-5
Virgin Mary, cult 圣母玛利亚崇拜 99, 160, 213, 619

Vistulani tribe 维斯瓦人部落 521
  and Polani 与波拉尼人 523-5
Vita Burchardi《布尔夏德传》83-4
Vita sancti Æthelmldi《圣埃塞维尔德传》142-3
Vita sancti Oudalrici《圣乌尔里克传》144, 159, 194
Vitae Matildis《玛蒂尔达传》250, 262, 288-9
viticulture 葡萄种植 59-60
Vitislav of Bohemia 波希米亚的 518
Vladimir I of Kiev 弗拉基米尔一世,基辅的
  and Bohemia 与波希米亚 519, 526
  and Byzantium 与拜占庭 509-10, 597
  and Christianisation 与基督教化 150, 193, 510-1
  and civil wars 与内战 511
  and east Slavs 与东斯拉夫人 509
  and Rogvolod of Polotsk 与罗格沃罗德, 波洛茨的 508
  and sack of Cherson 与克尔松的洗劫 491
Vladimir of Bulgaria 弗拉基米尔, 保加利亚的 568
Vladivoj of Poland, and Bohemia 弗拉迪沃依, 波兰的, 与波希米亚 519-20
Volga Bulgar amirate 伏尔加河流域保加利亚人的酋长国 487, 503-5
  and Byzantium 与拜占庭 499
  and coinage 与铸币 505
  extent 范围 504
  and Islam 与伊斯兰教 504-5, 510

and Khazars 与哈扎尔人 503，504 - 5

and Rus' 与罗斯 505，506 - 7，510

sources 历史资料 488

and trade 与贸易 497，498，504，505，506 - 7

Vollrath，Hanna 沃尔拉特，汉纳 173

Vratislav I of Bohemia 弗拉蒂斯拉夫一世，波希米亚的 518

Vueremundus（Italian noble）武莱茫德斯（意大利贵族）78

Wāḍiḥ（Slav commander）瓦蒂赫（斯拉夫人指挥官）655 - 6，659

Waldo of Como 沃尔多，科莫的 355，357

Waldo of Freising 沃尔多，弗赖辛的 236

Wales 威尔士

and Æthelstan of Wessex 与埃塞尔斯坦，威塞克斯的 469 - 70

coinage 铸币 118

and Edgar of England 与埃德加，英格兰的 481

and England 与英格兰 100 - 1，117 - 8，456

and royal authority 与国王的权威 101，117 - 8，123

see also Dyfed；Gwynedd 另见 迪费德；格温内思

wall-paintings 壁画 8，216 - 7，224

walls，city 城市 80，84，86，93

Waloof Autun 瓦洛，欧坦的 336

Walpert of Milan 瓦尔佩尔，米兰的 357

Waltharius《沃尔特之歌》201，202 - 3

Walther of Orlĕans 瓦尔特，奥尔良的 159

Walther of Speyer 瓦尔特，施派耶尔的 198 - 9

warfare，siege 战争，攻城战 411

Warin of Cologne 韦林，科隆的 255

Warmund of Ivrea 瓦蒙德，伊夫雷亚的 224，365

waterpower 水力 55

Wazul of Hungary 瓦祖尔，匈牙利的 547

wealth，and land-ownership 财富，与土地所有权 39，452

Welfs 韦尔夫王朝 331，339 - 40

Wenceslas of Bohemia 瓦茨拉夫，波希米亚的

and Bavaria 与巴伐利亚 518

and Christianisation 与基督教化 150，151

and Henry I 与亨利一世 242

as national saint 作为民族的圣徒 518，535

Wends，and Otto I 文德人，与奥托一世 281 - 2

Werner，K.-F. 沃尔讷，K. F. 377，398，400，402，406 - 7

werra（raiding）维拉（抢劫活动）28，29

Wessex 威塞克斯

capitularies 法令汇编 9

and the church 与教会 134

and Danelaw 与丹麦法 105，456，460，461

索 引

and Danish invasion（1016）丹麦人的入侵（1016年）103-4
and Edgar 与埃德加 479
kings 国王 103，708
and titles 与头衔 101
and Mercia 与麦西亚 103-4，117，456，459，460，462-4
and Northumbria 与诺森伯利亚 456
and royal cult-centre 与宫廷文化中心 106
and royal government 与国王政府 116-7
and succession to Alfred 与传位于阿尔弗雷德 460-1，463
towns 城镇 88
see also Æthelstan; Alfred the Great; Edwardthe Elder; England 另见 埃塞尔斯坦；阿尔弗雷德大王；长者爱德华；英格兰

West Francia 西法兰克王国 **372-97**，373
and aristocracy 与贵族 121，123，279，314，380，385-7，589，593-5
and assemblies 与集会 124-5
and book production 与书籍制作 223-4
Carolingian rule 加洛林王朝的统治 282-3，334-5，374-8，382-7，392，398-9，703
and castle-building 与城堡建设 114
charters 特许状 394
and the church 与教会
bishops 主教 146-8，154，384，386，391，394-6

episcopal troops 主教的军队 395
liturgy 礼拜仪式 157，159
monasticism 修道院制度 163，175-81，416
and empire 与帝国 95-6
as entity 作为实体 372-4，395，398
and feudal mutation 与封建制的变异 19
and Flanders 与佛兰德 380，381
and Henry I 与亨利一世 241
and intellectual life 与学术生活 194-5，198
and kingship 与王权 100，101-4，375-6
church 与教会 120
decline 衰落 113-5，375-6，394-5
revenues 财政收入 394
rex Francorum 法兰克人的国王 101，432
and royal government 与国王政府 52，112-5，122-3，374，377，396-7，427
and royal ritual 与宫廷礼仪 108-9，111，396
and literacy 与读写能力 120
and Lotharingia 与洛泰林吉亚 310，313-5，319-21，374，378，380，383-4，386-90，430
Magyar campaigns 马扎尔人的运动 377-8，379，382，542，543
and mints 与铸币厂 61
and Otto I 与奥托一世 245，246
and Ottomans 与奥托曼人 256

and papacy 与教皇权 139 – 40, 384

regionalisation 地方化 13, 100, 114, 163, 376, 395, 427

regna see West Francia: northern principalities; West Francia: southern principalities 统治 另见 西法兰克王国：北方各公国；西法兰克王国：南方各公国

and Rus' 与罗斯 512

sources 历史资料 4 – 5, 12, 15, 374 – 5, 379

and taxation 与税收 122, 415

and Theophanu 256

Viking campaigns 维京人的活动 377 – 8, 380, 399

see also Charles III; Hugh Capet; Lothar IV; Louis IV; Louis V; Odo of West Francia; Radulf of West Francia; Robert I; Robert II 另见 查理三世；休·卡佩；洛塔尔四世；路易四世；路易五世；奥多，西法兰克的；拉杜尔夫，西法兰克的

West Francia: northern principalities 西法兰克王国：北方各公国 398 – 419

and aristocracy 与贵族 411

armies 军队 411

and castellanries 与城堡主 85, 411, 417 – 8, 419

charters 特许状 415 – 6, 418

and the church 与教会 410, 416

and continuity with Carolingian patterns 与加洛林遗产的持续 398 – 403, 405, 407, 412, 415 – 8

foreign policies 外交政策 410 – 1

and princely authority 与诸侯国的权威 411 – 9, 432

and royal authority 与王权 409 – 10, 411, 413 – 4, 418 – 9, 427

see also Anjou; Blois-Chartres; Brittany; Flanders; Normandy 另见 安茹；布卢瓦 – 沙特尔；布列塔尼；佛兰德；诺曼底

West Francia: southern principalities 西法兰克王国：南方各公国 420 – 55

and aristocracy 与贵族 421, 428, 431, 453, 454

and Capetian rule 与卡佩王朝的统治 390 – 2, 393, 430, 450 – 5, 703

and Carolingian inheritance 与加洛林王朝的遗产 427

and the church 与教会 433 – 4, 454

cultures 文化 426 – 7

definition 定义 425 – 6

and feudalism 与封建制 452, 455

and justice 与司法 452 – 3, 454

and monastic reform 与修道院改革 449, 454

and Odo of West Francia 与西法兰克的奥多 420, 428, 431, 433

and princely authority 与诸侯的权威 435, 440 – 4, 450 – 5

and princely groupings 与诸侯集团 434 – 40

and Radulf 与拉杜尔夫 380, 421, 429, 435

rise 兴起 427 – 40

and royal absence 国王的缺失 420 – 1, 422, 426, 427, 428 – 30, 458, 450 – 1

society 社会 448 – 9, 452 – 3, 455

sources 历史资料 421 – 4
towns 城镇 449
trade 贸易 452
see also Aquitaine; Auvergne; Catalonia; Gascony; Languedoc; Toulouse 另见 阿基坦；奥弗涅；加泰罗尼亚；加斯科涅；朗格多克；图卢兹
Westermann-Angerhausen, Hiltfud 韦斯特曼·安格豪森，希尔特鲁德 220 – 1
Whitney, J. P. 惠特尼，J. P. xiii, xiv
Wichmann I ("the Elder") 维克曼一世（"老维克曼"） 245, 269, 285 – 6
Wichmann II ("the Younger") 维克曼二世（"小维克曼"） 248, 276, 281, 285 – 4
Wido III of Tuscany 维德三世，托斯卡纳的 352
Wido of Cluny 维德，克吕尼的 176
Wido of Modena 维德，摩德纳的 354 – 5, 356, 357, 359, 370
Wido (son of Berengar II) 维德（贝伦加尔二世之子） 357
Wido of Spoleto 维德，斯波莱托的 261, 349, 355
　and Arnulf of Carinthia 与阿尔努尔夫，卡林西亚的 233, 348
　and Berengar I 与贝伦加尔一世 201, 346 – 8
　and papacy 与教皇权 139
Widukind of Corvey 维杜金德，科尔韦的 2, 3 – 4, 13, 250
　and kingship 与王权 96, 97, 99, 107, 109, 125, 244

　and regnum Francorum 与法兰克王国 249
　Res gestae Saxonicae《萨克森英雄传》205, 268, 269, 285 – 6
　and Berengar II 与贝伦加尔二世 355
　and Gernrode convent 与盖恩罗德修道院 215
　and Henry I 与亨利一世 244, 281
　and Matilda of Quedlinburg 与玛蒂尔达，奎德林堡的 290 – 1, 292
　and Otto I 与奥托一世 125, 225, 249, 250, 281 – 3
　and Otto III 与奥托二世 271
　and Poland 与波兰 286, 524
　and Slavs 与斯拉夫人 281 – 4
Widukind of Saxony 维杜金德，萨克森的 268, 272
Wifred II Borrell 威弗雷德二世，博雷尔 429, 444
Wifred of Besalú 威弗雷德，贝萨卢的 443
Wifred the Hairy of Catalonia "多毛者"威弗雷德，加泰罗尼亚的 440, 441, 444, 446
Wifred of Cerdaña 威弗雷德，塞尔达涅的 212, 455
Wigeric of Lotharingia 维戈里克，洛泰林吉亚的 313, 314, 315, 318
Wigeric of Metz 维戈里克，梅斯的 171, 315
Wigfrid of Verdun 维格弗里德，凡尔登的 319
Wilhelm (Regensburg merchant) 威廉（雷根斯堡的商人）82, 83

Willa（wife of Berengar II）维拉（贝伦加尔二世之妻）207，353，354，357
Willa（wife of Rudolf I and Hugh of Arles）维拉（鲁道夫一世之妻，也是阿尔勒的休之妻）341
William I of Arles 威廉一世，阿尔勒的 344
William I（"the Pious"）of Aquitaine 威廉一世（"虔敬者"），阿基坦的
 and Burgundy 与勃艮第 322–3，334，337
 and Charles the Simple 与"天真汉"查理 376，432，435
 and the church 与教会 434
 and Cluny 与克吕尼 175，176，555，449
 marriage 婚姻 332–3，435
 and princely authority 与诸侯的权威 431，435
 and Robert the Pious 与"虔诚者"罗贝尔 120，420
 and royal authority 与国王的权威 420，428
William II of Auvergne 威廉二世，奥弗涅的 380，382
William II（"the Younger"）of Aquitaine 威廉二世（"年幼者"），阿基坦的
 and *amicitia* 与修好同盟（政治盟友）111
 and Charles the Simple 与"天真汉"查理 432
 and coinage 与铸币制 429，433
 and Radulf 与拉杜尔夫 111，429

 territory 领土 433，435
William III Taillefer of Toulouse 威廉三世·泰勒菲尔，图卢兹的 438，450，453
William III（"Towhead"）of Aquitaine 威廉（"麻头"），阿基坦的 586–7，409，429，435–6
William IV（"Fierabras"）of Aquitaine 威廉四世（"铁臂"），阿基坦的 436，450
William V（"the Great"）of Aquitaine 威廉五世（"伟大的"）阿基坦的 98
 and the church 与教会 454
 and Hugh Capet 与休·卡佩 451
 and Hugh of Lusignan 与休，吕西尼昂的 120
 and Italy 与意大利 369，451
 marriage 婚姻 451
 and Robert II 与罗贝尔二世 440，451
 and royal government 与国王政府 112–3，451，453，454
William of Angoulême 威廉，昂古列姆的 551
William of Burgundy 威廉，勃艮第的 339
William the Conqueror 威廉，征服者 412，418
William the Good of Bordeaux "好人"威廉，波尔多的 439
William Longsword of Normandy 威廉·朗索德，诺曼底的
 and Aquitaine 与阿基坦 436
 and coinage 与铸币 415

sources 历史资料 421-4
towns 城镇 449
trade 贸易 452
see also Aquitaine; Auvergne; Catalonia; Gascony; Languedoc; Toulouse 另见 阿基坦；奥弗涅；加泰罗尼亚；加斯科涅；朗格多克；图卢兹
Westermann-Angerhausen, Hiltfud 韦斯特曼·安格豪森，希尔特鲁德 220-1
Whitney, J. P. 惠特尼，J. P. xiii, xiv
Wichmann I ("the Elder") 维克曼一世（"老维克曼"）245, 269, 285-6
Wichmann II ("the Younger") 维克曼二世（"小维克曼"）248, 276, 281, 285-4
Wido III of Tuscany 维德三世，托斯卡纳的 352
Wido of Cluny 维德，克吕尼的 176
Wido of Modena 维德，摩德纳的 354-5, 356, 357, 359, 370
Wido (son of Berengar II) 维德（贝伦加尔二世之子）357
Wido of Spoleto 维德，斯波莱托的 261, 349, 355
　　and Arnulf of Carinthia 与阿尔努尔夫，卡林西亚的 233, 348
　　and Berengar I 与贝伦加尔一世 201, 346-8
　　and papacy 与教皇权 139
Widukind of Corvey 维杜金德，科尔韦的 2, 3-4, 13, 250
　　and kingship 与王权 96, 97, 99, 107, 109, 125, 244

　　and *regnum Francorum* 与法兰克王国 249
　　Res gestae Saxonicae《萨克森英雄传》205, 268, 269, 285-6
　　and Berengar II 与贝伦加尔二世 355
　　and Gernrode convent 与盖恩罗德修道院 215
　　and Henry I 与亨利一世 244, 281
　　and Matilda of Quedlinburg 与玛蒂尔达，奎德林堡的 290-1, 292
　　and Otto I 与奥托一世 125, 225, 249, 250, 281-3
　　and Otto III 与奥托二世 271
　　and Poland 与波兰 286, 524
　　and Slavs 与斯拉夫人 281-4
Widukind of Saxony 维杜金德，萨克森的 268, 272
Wifred II Borrell 威弗雷德二世，博雷尔 429, 444
Wifred of Besalú 威弗雷德，贝萨卢的 443
Wifred the Hairy of Catalonia "多毛者"威弗雷德，加泰罗尼亚的 440, 441, 444, 446
Wifred of Cerdaña 威弗雷德，塞尔达涅的 212, 455
Wigeric of Lotharingia 维戈里克，洛泰林吉亚的 313, 314, 315, 318
Wigeric of Metz 维戈里克，梅斯的 171, 315
Wigfrid of Verdun 维格弗里德，凡尔登的 319
Wilhelm (Regensburg merchant) 威廉（雷根斯堡的商人）82, 83

Willa（wife of Berengar II）维拉（贝伦加尔二世之妻）207，353，354，357

Willa（wife of Rudolf I and Hugh of Arles）维拉（鲁道夫一世之妻，也是阿尔勒的休之妻）341

William I of Arles 威廉一世，阿尔勒的 344

William I（"the Pious"）of Aquitaine 威廉一世（"虔敬者"），阿基坦的
and Burgundy 与勃艮第 322－3，334，337
and Charles the Simple 与"天真汉"查理 376，432，435
and the church 与教会 434
and Cluny 与克吕尼 175，176，555，449
marriage 婚姻 332－3，435
and princely authority 与诸侯的权威 431，435
and Robert the Pious 与"虔诚者"罗贝尔 120，420
and royal authority 与国王的权威 420，428

William II of Auvergne 威廉二世，奥弗涅的 380，382

William II（"the Younger"）of Aquitaine 威廉二世（"年幼者"），阿基坦的
and *amicitia* 与修好同盟（政治盟友）111
and Charles the Simple 与"天真汉"查理 432
and coinage 与铸币制 429，433
and Radulf 与拉杜尔夫 111，429

territory 领土 433，435

William III Taillefer of Toulouse 威廉三世·泰勒菲尔，图卢兹的 438，450，453

William III（"Towhead"）of Aquitaine 威廉（"麻头"），阿基坦的 586－7，409，429，435－6

William IV（"Fierabras"）of Aquitaine 威廉四世（"铁臂"），阿基坦的 436，450

William V（"the Great"）of Aquitaine 威廉五世（"伟大的"）阿基坦的 98
and the church 与教会 454
and Hugh Capet 与休·卡佩 451
and Hugh of Lusignan 与休，吕西尼昂的 120
and Italy 与意大利 369，451
marriage 婚姻 451
and Robert II 与罗贝尔二世 440，451
and royal government 与国王政府 112－3，451，453，454

William of Angoulême 威廉，昂古列姆的 551

William of Burgundy 威廉，勃艮第的 339

William the Conqueror 威廉，征服者 412，418

William the Good of Bordeaux "好人"威廉，波尔多的 439

William Longsword of Normandy 威廉·朗索德，诺曼底的
and Aquitaine 与阿基坦 436
and coinage 与铸币 415

and Hugh the Great 与伟大的休 384, 408

and Louis IV 与路易四世 411

murder 谋杀 385, 403

and territorial expansion 与领土扩张 405

William of Mainz 威廉, 美因茨的 157, 248, 250, 252, 290, 316

William of Malmesbury 威廉, 马姆斯伯里的 466

William of Normandy 威廉, 诺曼底的 413–4

William (Otto-William) of Burgundy 威廉（奥托-威廉）, 勃艮第的 337–9

William the Pious see William I ("the Pious") of Aquitaine 虔诚者威廉 参见 威廉一世（"虔诚者"）, 阿基坦的

William of Poitou 威廉, 普瓦图的 383, 384, 385

William Sanchez of Gascony 威廉·桑切斯, 加斯科涅的 439, 450

William (son of Robold) 威廉（罗伯德之子）344

William Towhead see William III (Towhead) of Aquitaine "麻头发" 威廉 参见 威廉三世（"麻头发"）, 阿基坦的

William of Volpiano 威廉, 沃尔皮亚诺的 20, 173, 182–3, 416

Willigis of Mainz 威利吉斯, 美因茨的 157, 254, 255, 256, 260, 270

Winchester 温切斯特

book production 书籍制作 146, 223

cathedral canons 大教堂教士 143, 174

and liturgy 与礼拜仪式 159, 195, 215

Old and New Minsters 新旧大教堂 462, 467–8, 475, 476, 479

and support for monarchy 与对君主政体的支持 112, 120

windpower 风力 55

wine trade 葡萄酒贸易 81, 89, 91, 490

Wipo, *Gesta Chuonradi* 维波, 《康拉德传》540

Wolfgang of Regensburg 沃尔夫刚, 瓦迪斯瓦夫 173, 181, 309, 546

Wolfram, Herwig 沃尔弗拉姆, 赫维希 293–309

Wolin 沃林

development 发展 90

and trade 与贸易 89, 91

Wolini tribe 沃里尼部落 522

Wollasch, Joachim 沃拉斯彻, 乔基姆 20, 143, 161, 163–86

women 妇女

and domestic craft 与家庭手工业 496

exclusion from public role 排除在公共角色之外 31

and literature 与文学 199–201

royal 宫廷的 98–9, 108, 274–5

woodland 林地

extent 范围 56

and iron-working 与铁器加工 54–5

and pasturage 与放牧 56, 57–8, 60

wool, export of cloth 羊毛, 呢布出口 91

Worcester, and support for monarchy 伍斯特，与对君主政体的支持 120, 462, 474

Worms 沃尔姆斯
 and episcopal control 与主教的控制 83, 84
 growth 成长 85
 market 市场 84

writing 书写
 and book production 与书籍制作 187-8, 189, 309
 decline 衰落 119-20
 and scholarship 与学问 189-90
 in southern principalities 在南方各公国 424, 427
 and trade 与贸易 67, 71

Wulfstan (traveller), and Scandinavia 伍尔夫斯坦（旅行者），与斯堪的纳维亚 87, 89

Wulfstan of Winchester 伍尔夫斯坦，温切斯特的 142-3, 193, 479

Wulfstan of York 伍尔夫斯坦，约克的 21, 472

Yaḥya b. 'Alī b. Ḥammūd 叶海亚·阿里·哈穆德 660

York 约克
 excavation 考古发掘 8
 and royal mint 与王家铸币厂 89, 116
 and trade 与贸易 87, 89
 Viking kingdom 维京王国 116, 469, 472, 473

Yūsuf b. 'Abd Allāh 优素福·阿布杜拉 668

Yver, J. 伊韦，J. 405

Zacharias, pope 扎卡里亚，教宗 140

Zaragoza 萨拉戈萨
 and 'Abd al-Rahmān 与阿卜杜勒·拉赫曼 650, 677
 Arab rulers 阿拉伯统治者 647, 649, 651, 662, 676

Zāwī (Zirid leader) 扎维（齐里德人的首领）656, 659

Zimmermann, Michel 齐默尔曼，迈克尔 420-55

Zīrī b. 'Atīya 齐里·阿提亚 655

Zirid dynasty 齐里德王朝 655-6, 661, 666, 669

Zličani people 兹里坎尼人 517

Zoe (daughter of Constantine VIII) 佐伊（君士坦丁八世的女儿）620

Zoe (wife of Leo VI of Byzantium) 佐伊（拜占庭利奥六世的妻子）561-2, 574

zoos, royal 动物园，皇家的 110

Zulta of Hungary 祖尔塔，匈牙利的 545, 546

Zurich, growth 苏黎世，成长 75

Zwentibald of Lotharingia 茨文蒂博尔德，洛泰林吉亚的 233, 240, 268, 310
 and Italy 与意大利 348
 rebellion against 针对他的叛乱 237, 312-3